lonely p

Grèce

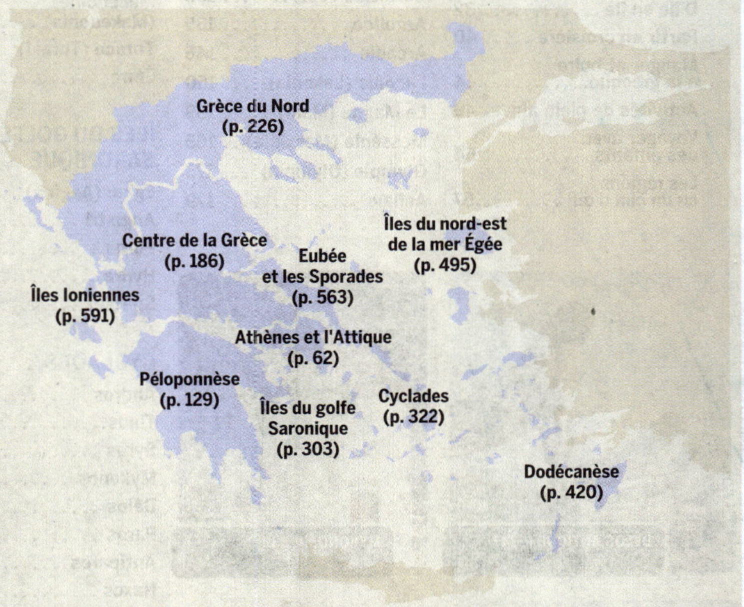

CETTE ÉDITION A ÉTÉ ÉCRITE ET MISE À JOUR PAR

Korina Miller,

Kate Armstrong, Alexis Averbuck, Michael Stamatios Clark, Chris Deliso, Victoria Kyriakopoulos, Richard Waters

PRÉPARER SON VOYAGE

SUR LA ROUTE

DEA/G. DAGLI ORTI/GETTY IMAGES ©

DÉLOS ANTIQUE P. 347

MURAT TANER/GETTY IMAGES ©

MYKONOS P. 339

STUART BLACK/GETTY IMAGES ©

SAMOS P. 507

CAMILLA SJODIN/GETTY IMAGES ©

LA CUISINE GRECQUE P. 681

Sommaire

COMPRENDRE

GUIDE PRATIQUE

SECTIONS SPÉCIALES

Bienvenue en Grèce

Des kilomètres de littoral, des vestiges antiques blanchis par le soleil, le goût de l'ouzo et des olives de Kalamata. Mais la Grèce, c'est aussi un peuple accueillant, épris d'art, de discussions enflammées et de convivialité.

Une culture millénaire

La Grèce exerce un attrait magique chez les amateurs d'histoire, et la simple évocation de son nom rappelle un passé prestigieux : ce pays est le berceau de la démocratie, de la poésie épique, de la statuaire et de l'architecture monumentale… En matière de patrimoine archéologique, la Grèce a peu de rivaux. À Athènes, le musée national d'Archéologie et le musée de l'Acropole rassemblent les principaux trésors antiques mis au jour dans le pays. Le Parthénon sur l'Acropole à Athènes, le théâtre d'Épidaure, le sanctuaire d'Apollon à Delphes ou des sites majestueux bien moins fréquentés, tels que le théâtre de Dodone en Épire, sont autant de joyaux de l'humanité.

Saveurs méditerranéennes

Les Grecs aiment faire preuve de *filoxenia* (hospitalité), et les repas tiennent une bonne place dans la chaleur de leur accueil. La fraîcheur du *tzatziki* maison et le fumet du souvlaki (viande grillée) ne sont que les prémices des agréables repas qui vous attendent ! Si on retrouve les ingrédients de base, comme la feta et l'huile d'olive, dans toutes les cuisines du pays, les mille manières d'accommoder ces produits phares font d'un séjour en Grèce un réel plaisir gourmand.

Un grand bol d'air

On l'oublie trop souvent : la Grèce est l'un des pays les plus montagneux d'Europe. Le relief lunaire des Météores promet de merveilleurs souvenirs aux amateurs de marche et d'escalade. Les collines du Magne sont parcourues de nombreux sentiers et l'on peut faire du rafting sur les rivières des montagnes d'Arcadie. Le nord du pays cache une surprenante diversité de paysages, des villages des Zagoria, ce royaume de pierre et d'ardoise, aux lacs de Macédoine ou aux plaines vallonnées de la Thrace. Plus traditionnelle, l'image d'une contrée maritime, baignée par des eaux d'un bleu parfait, trouve son illustration idéale dans les îles des Cyclades. Et il suffit d'embarquer sur un caïque pour découvrir des spots de premier ordre pour le kitesurf ou la plongée.

Vivre intensément

Les Grecs sont prompts à accueillir les nouveaux venus dans leurs grandes familles, pour un café, un verre d'ouzo, un air de bouzouki ou une conversation animée. Ce sont des gens passionnés, et cette fougue continue d'entraîner la société grecque vers l'avant malgré la tourmente économique actuelle. Vivre pleinement : voici sans doute le secret d'un pays qui compte autant d'amoureux de la vie.

Pourquoi j'aime la Grèce

Par Korina Miller, auteur

J'ai découvert la Grèce à 18 ans, âge auquel j'ai sacrifié aux rites initiatiques des nuits passées sur le pont des ferries et des repas frugaux d'olives et de feta, la peau couverte de sel à force de nager dans la mer Égée. C'est en assistant à un spectacle à la belle étoile dans le théâtre antique d'Épidaure que je suis définitivement tombée amoureuse de ce pays. Alors que ce drame, écrit il y a plus d'un millénaire, se jouait à nouveau devant moi, assise sur ces pierres usées par les siècles, j'ai eu la sensation de me retrouver hors du temps, voire immortelle ! J'aime la Grèce parce qu'il n'est guère difficile d'y vivre des moments magiques comme cet instant-là.

Pour en savoir plus sur nos auteurs, voir pp. 739-740

Ci-dessus : Oia (p. 393), Santorin

Grèce

Thessalonique
La deuxième ville de Grèce est une métropole branchée (p. 230)
Les Zagoria
De charmants villages de pierre et d'ardoise (p. 285)
Corfou
Un patrimoine qui témoigne d'une riche histoire (p. 596)
Les Météores
Des monastères juchés sur de hauts pitons rocheux (p. 220)
Delphes antique
L'ancien sanctuaire d'Apollon était le centre du monde grec antique (p. 189)
L'Acropole d'Athènes
Les monuments emblématiques de la Grèce ancienne (p. 69)
Le Magne
Une région appréciée par les randonneurs pour ses paysages et sa culture singulière (p. 159)
ANCIENNE RÉPUBLIQUE YOUGOSLAVE DE MACÉDOINE
ALBANIE
ITALIE
GRÈCE
TIRANA
Mer Adriatique
MER MÉDITERRANÉE
Mer de Myrto
Promahonas
Exohi
Evzoni
Doïrani
Kilkis
Serres
MACÉDOINE
Niki
Florina
Edessa
Giannitsa
Kotas
Kristallopigi
Naoussa
Alexandria
Thessalonique
Kalamaria
Kastoria
Veria
Vergina
Ptolemaida
Chalcidique
Kozani
Katerini
Lac Aliakmonas
Litohoro
Golfe de Kassandra
Péninsule de Kassandra
Mertziani
Konitsa
Mt Olympe
Kakavia
Metsovo
Météores
Corfou
Corfou (Kerkyra)
Sagiada
Ioannina
Tirnavos
Kalambaka
Larissa
ÉPIRE
Trikala
Igoumenitsa
THESSALIE
Volos
Péninsule du Pélion
Parga
Karditsa
Alonisso
Arta
Skiathos
Skopelos
Sporades
Preveza
Lac Kremasta
Karpenisi
Lamia
Agios Konstantinos
Leucade
STEREA ELLADA
Mt Œta
Mytikas
Delphes antique
Agrinio
Mt Parnasse
Eubée
Ithaque
Missolonghi
Nafpaktos
Delphi
Marathon
Thèbes
Sami
Patras
Golfe de Corinthe
Mt Parintha
Argostoli
Céphalonie
Diakofto
Perahora
ATHÈNES
ÎLES IONIENNES
Loutraki
Le Pirée
Rafi
Agios Nikolaos
Kyllini
Corinthe
ATTIQUE
Amaliada
Lauric
Zakynthos
Mycènes
Épidaure
Égine
Golfe Saronique
Zante
Pyrgos
Olympie
Nauplie
Poros
Tripoli
Megalopoli
Kyparissia
PÉLOPONNÈSE
Spetsès
Hydra
Sparte
Kalamata
Geraki
Mystras
Pylos
Gythio
Monemvassia
Areopoli
Golfe de Laconie
Neapoli
Cythère
Anticythère
Paleohora
41°N
39°N
38°N
37°N
36°N
35°N
19°E
20°E
21°E
22°E
23°E

0
100km
ALTITUDE
4 000 m
3 000 m
2 000 m
1 000 m
500 m
0
BULGARIE
Ormenio
Kastanies
Edirne
Orestiada
Didymoticho
THRACE
Soufli
Xanthi
Komotini
Kipi
Kavala
Alexandroupoli
İstanbul
Mer de Marmara
Thassos
Mer de Thrace
Détroit des Dardanelles
Samothrace
Péninsule de Gallipoli
Imvros (Gökçeada)
Chalcidique
Des plages magnifiques et un environnement varié (p. 247)
Myrina
Limnos
ÎLES DU NORD-EST DE LA MER ÉGÉE
TURQUIE
Hydra
L'une des plus belles îles d'Europe (p. 312)
Agios Efstratios
Lesbos
Mytilène
Santorin (Thira)
Des paysages exceptionnels sur cette île née d'une éruption volcanique (p. 384)
Skyros
Psara
Chios
Chios
Çeşme
İzmir
Mer Égée
Nea Styra
Karystos
Vieille ville de Rhodes
Une cité médiévale à l'atmosphère magique (p. 425)
Kuşadası
Gavrio
Andros
Samos
Kea
Tinos
Icarie
Îles Fourni
Syros
Mykonos
Patmos
Milas
Kythnos
Délos
CYCLADES
Léros
Hora (Naxos)
Bodrum
Serifos
Antiparos
Donoussa
Kalymnos
Marmaris
Sifnos
Paros
Naxos
Kos
Péninsule de Datça
Kimolos
Petites Cyclades
Kos
Datça
Amorgos
Symi
Sikinos
Ios
Astypalea
Milos
Nissyros
Rhodes
Folegandros
Tilos
Kastellorizo (Megisti)
Anafi
Rhodes
Mer des Carpathes
Halki
Santorin (Thira)
Mer Égée
Lindos
Kattavia
MER MÉDITERRANÉE
DODÉCANÈSE
Olymbos
Un village accroché aux flancs du mont Profitis Ilias, sur l'île de Karpathos (p. 445)
Saria
Olymbos
Karpathos
Mer de Crète
Pigadia
Hania
Crète
Kassos
Rethymno
Heraklion
Sitia
Plakias
Agios Nikolaos
Agia Galini
Ierapetra
Gavdos
Matala
40°N
39°N
38°N
37°N
36°N
26°E
27°E
28°E
29°E

20 façons de voir la Grèce

1

Découvrir l'Acropole

1 Les vestiges du siècle de Périclès, qui marque l'apogée de la Grèce antique, dominent encore Athènes depuis l'Acropole, la "ville haute" littéralement. Le majestueux Parthénon (Vᵉ siècle av. J.-C.) est un trésor de l'humanité qui frappent les esprits depuis des siècles par sa grandeur et sa puissance. Pourtant, ne vous contentez pas d'admirer ce temple. Découvrez des endroits plus discrets, comme le petit sanctuaire d'Athéna Niké (p. 73) ou le musée de l'Acropole (p. 76), qui met en valeur la grâce éthérée des derniers trésors découverts sur le site.

En bas à gauche : le Parthénon (p. 73)

Les Météores

2 Impossible d'oublier le premier choc visuel que créent les Météores (p. 220) – des pitons rocheux s'élançant vers le ciel, coiffés d'une poignée de monastères orthodoxes, dont certains datent du XIVᵉ siècle. Les échelles de corde qui permettaient jadis aux moines d'atteindre le sommet ont été remplacées par des escaliers taillés dans la roche. De nos jours, ces spectaculaires géants de pierre captivent les pèlerins comme les amateurs d'escalade du monde entier.

En bas à droite : le monastère Roussanou (Moni Agias Varvaras Rousanou, p. 222)

RICARDO DE MATTOS/GETTY IMAGES ©

JAANA ELEFTHERIOU/GETTY IMAGES ©

3

4

5

Site antique de Delphes

3 Il faut arriver tôt pour capter la magie des rayons du soleil inondant le sanctuaire d'Athéna Pronaia à Delphes (p. 190), le "nombril" du monde grec antique, là où souffle le plus fort l'esprit des Anciens. Seules trois colonnes subsistent de ce magnifique sanctuaire, mais c'est assez pour que l'imagination s'emballe. La Voie sacrée qui traverse le site conduit au sanctuaire d'Apollon, où les prophéties de la Pythie envoyaient les armées au combat et décidaient de la destinée des cités-États de la Grèce ancienne.

Ultramoderne capitale

4 Athènes (p. 64) conjugue subtilement l'Antiquité à la vie contemporaine. La ville bouillonne et les Athéniens adorent profiter de cette effervescence. Galeries et clubs présentent les expositions, les spectacles et les manifestations de la scène artistique en plein essor de la ville. Des restaurants tendance et des tavernes servent leurs clients vite et bien, à bon prix. Les cafés, bondés, sont de tous styles, de punk rock à chic. Et Athènes regorge de discothèques et de bars où l'on danse jusque tard dans la nuit. En haut à droite : le bar Brettos (p. 110)

Santorin au crépuscule

5 Santorin (Thira ; p. 384) a bien plus à offrir que ses couchers du soleil ! Mais cette île remarquable, formée par les éruptions volcaniques, a fait sienne la célébration du coucher de l'astre solaire. Les soirs d'été, les villes de Fira et d'Oia accueillent de nombreux visiteurs impressionnés par les nuances écarlates du ciel. Pour échapper à la foule, postez-vous près de l'ancien cratère. Et si vous êtes matinal, tournez cette fois vos regards vers l'est, pour assister au lever du soleil, également spectaculaire. En haut à droite : Oia (p. 393)

Vieille ville de Rhodes

6 Se perdre dans la vieille ville de Rhodes est fortement recommandé ! Flâner dans ses ruelles pavées, surplombées d'arcades et s'ouvrant sur des jardins, permet de saisir toute la beauté de cette cité, dont le charme réside dans ses recoins. Déambulez sur les remparts de la ville : d'un côté, ils surplombent la mer et, de l'autre, un musée à ciel ouvert. En soirée, écoutez de la musique traditionnelle dans des tavernes exiguës ou dégustez des plateaux de fruits de mer, attablé sur une terrasse.

Fêtes pascales

7 Si le calendrier grec compte d'innombrables fêtes, Pâques constitue l'événement majeur de l'année pour l'Église grecque orthodoxe. Villes et villages sont en liesse : on danse et on organise d'immenses barbecues dans les rues, des feux d'artifice illuminent le ciel et l'ouzo coule à flots. Le Vendredi saint, les festivités commencent par des processions à travers les rues. Le samedi, les fidèles cassent des œufs teints en rouge en chantant *Hristos Anesti* (Christ ressuscité). En bas : procession pascale au mont Athos (p. 251)

8

9

Plaisirs de la table

8 Votre voyage sera gourmand ! Commencez par goûter aux mezze, de délicieux hors-d'œuvre, puis soyez curieux des cuisines régionales – à Thessalonique, les saveurs ont un piquant tout oriental, les plats de pâtes ont droit de cité à Corfou et dans le Dodécanèse, alors que les villages de pêcheurs dans les îles vous serviront du poisson frais et des salades de saison. Partout, les pâtisseries au goût de miel rappellent la présence ottomane. À Santorin ou à Athènes, les recettes traditionnelles sont revisitées avec audace par les chefs novateurs.

D'île en île

9 Fiefs d'une vie nocturne animée à l'exemple de Kos et de Ios ou plus secrètes comme la reculée Anafi, les îles grecques ont chacune leur personnalité. Disséminées dans les mers Égée et Méditerranée, ces joyaux portent des vestiges antiques (Délos), des forteresses médiévales (Rhodes) ou une forêt pétrifiée (Lesbos). Mettez le cap sur les Cyclades, le Dodécanèse, les îles Ioniennes ou celles du golfe Saronique, vous ne regretterez pas un instant ce périple !

Ci-dessus : Kalymnos (p. 473)

Péninsule du Pélion

10 Il était une fois une région de Thessalie bénie des dieux… Territoire à la végétation exubérante bordé de plages de sable fin et d'une mer turquoise, le Pélion (p. 209) se découvre été comme hiver. On ne peut qu'être séduit par son atmosphère paisible, préservée de la trop forte fréquentation touristique, par ses villages, tel celui de Damouhari (p. 214), accessibles par des sentiers pavés à parcourir à pied, accompagné d'une mule de bât et par son littoral. En haut : Plage du Pélion (p. 406)

Thessalonique

11 L'élégante Thessalonique (p. 230) est la ville la plus animée du nord de la Grèce, grâce à ses universités, sa scène culturelle et artistique ou sa vie nocturne. L'ambiance y est détendue, et il est facile de s'y déplacer à pied. Au crépuscule, partez admirer la cité depuis les murailles de son quartier ancien. La ville haute, Ano Poli, est un enchevêtrement de petites rues colorées aux maisons chaulées, où des chats nonchalants se promènent près de somptueuses églises datant de l'époque byzantine.

12

BETHEL FATH/GETTY IMAGES ©

13

14

Hydra

12 En débarquant sur l'île de Hydra (p. 313), vous découvrirez un village aux maisons immaculées, occupant une baie délimitée par des collines disposées en cercle. Ici, pas de voitures. Au port, voiliers, caïques et yachts mouillent à quai, sous les yeux des badauds attablés aux terrasses des cafés du front de mer. À 1 heure 30 d'Athènes seulement, Hydra incarne l'escapade parfaite vers un paradis insulaire, avec son littoral sauvage qui invite à la baignade, son charme et sa riche histoire maritime. La quintessence de l'escale balnéaire.

Mycènes

13 La visite de la cité-forteresse de Mycènes (p. 136), l'une des plus anciennes de la prospère civilisation mycénienne, si bien décrite par Homère, est propice à un passionnant voyage dans le temps. Ses imposants vestiges, notamment la célèbre porte des Lionnes (photo ci-dessus, en haut à droite) et le tombeau d'Agamemnon, se dressent au sommet d'une colline aride entourée de montagnes. Les fouilles menées sur place ont révélé de riches trésors partiellement exposés dans le musée du site.

Lesbos

14 La grande Lesbos (p. 526) est loin d'être monotone. Les oliveraies et les fraîches forêts de pins de l'est et du centre, des régions vallonnées, cèdent la place à des plaines arides dans l'ouest, là où se dresse l'une des rares forêts pétrifiées du monde. Les côtes sont bordées de plages, pour la plupart préservées du tourisme. La capitale de Lesbos, Mytilène, est animée par une importante population estudiantine, comme l'attestent ses cafés et ses bars actifs. Le délicieux ouzo local, le vin, les églises byzantines et la ville fortifiée ajoutent à son charme. Ci-dessus : port de Molyvos (Mythimna), Lesbos

Villages des Zagoria

15 Après une impressionnante série de tunnels, l'autoroute Egnatia parvient aux paysages arides de l'Épire. Vous y trouverez, accrochés aux montagnes du Pinde, les villages traditionnels des Zagoria (p. 285) et le canyon le plus profond d'Europe, les gorges de Vikos (p. 287). Ici, l'air est frais et pur, et le panorama éblouissant. On peut explorer la région à pied ou à vélo, ou simplement se détendre au coin du feu dans l'un des nombreux gîtes de montagne.

Ci-dessous : les gorges de Vikos

Corfou

16 L'histoire de Corfou (p. 596) est gravée sur la façade de ses bâtiments. Une promenade dans cette jolie ville à taille humaine vous conduit de forteresses byzantines en ruine aux palais néoclassiques du protectorat britannique du XIXe siècle, en passant par les arcades à la parisienne, les clochers des églises orthodoxes et les étroits passages mouchetés de soleil de la vieille ville vénitienne ; tous sont l'héritage de l'histoire tumultueuse de la Méditerranée.

17

18

Chalcidique et mont Athos

17 Au nord de la Grèce, trois presqu'îles s'avancent dans la mer Égée : bienvenue dans la péninsule de Chalcidique (p. 247). La première presqu'île, Kassandra, attire les foules et vibre en été au rythme des clubs en plein air. La deuxième, Sithonia, aux plages de sable paisibles, est un refuge de campeurs. Quant à la troisième, Agion Oros ("Montagne sacrée"), elle renferme, sur les hauteurs boisées du mont Athos, une communauté monastique (p. 251) qui perpétue le rite byzantin depuis plus de mille ans. En haut : vers le mont Athos

Randonnée dans le Magne

18 La péninsule du Magne (p. 159) baigne dans une atmosphère unique en Grèce. Durant des siècles, les familles en conflit y ont appliqué leurs propres lois, donnant naissance à une culture singulière. Les sentiers et les paysages du Magne font aujourd'hui rêver les randonneurs du monde entier. Ce petit coin du Péloponnèse mérite qu'on s'y attarde, avec ses hauts plateaux rocheux et ses oasis de végétation, ses tavernes de pêcheurs et ses austères maisons-tours fortifiées. Ci-dessus : Vathia (p. 162)

Olymbos (île de Karpathos)

19 Oubliez quelques temps le littoral pour pénétrer à l'intérieur des terres, au nord de l'île de Karpathos (Dodécanèse), et rejoindre le village d'Olymbos (p. 445), perché au sommet du Profitis Ilias, à plus de 700 m d'altitude. Le bourg retrouve son calme au départ des visiteurs, le soir, et vous pourrez alors en apprécier tout le charme. Dans les ruelles battues par le vent, près des vestiges des moulins, des femmes vêtues à la mode traditionnelle parlent encore un dialecte où l'on distingue des traces de dorien.

Olympie antique

20 La cité d'Olympie (p. 173), dans le Péloponnèse, a accueilli les premiers Jeux olympiques de l'histoire. Son grand sanctuaire dédié à Zeus abritait une statue du dieu haute de 12 m. C'était l'une des Sept Merveilles du monde. Inscrite au patrimoine mondial de l'Unesco, la cité antique compte encore de beaux vestiges. Vous pourrez accéder au stade, où prenaient place pas moins de 45 000 personnes, vous aligner sur les lignes de départ et d'arrivée du 120 m, ou vous asseoir sur le banc des juges.

L'essentiel

Pour plus d'informations, voir *Grèce pratique* (p. 696)

Devise
Euro (€)

Langue
Grec

Argent
Distributeurs automatiques de billets (DAB) répandus dans tout le pays et cartes bancaires acceptées dans la plupart des établissements. Prévoyez en revanche des espèces pour un séjour dans les hameaux et les petites îles.

Visa
Aucun visa pour les ressortissants européens et les Suisses. Les Canadiens séjournant moins de trois mois en sont également dispensés.

Téléphones portables
Standards européens. Acheter une carte SIM grecque permet de disposer d'un numéro local et de passer des appels moins chers.

Heure locale
Heure d'Europe de l'Est (GMT/UTC plus 2 heures)

Quand partir

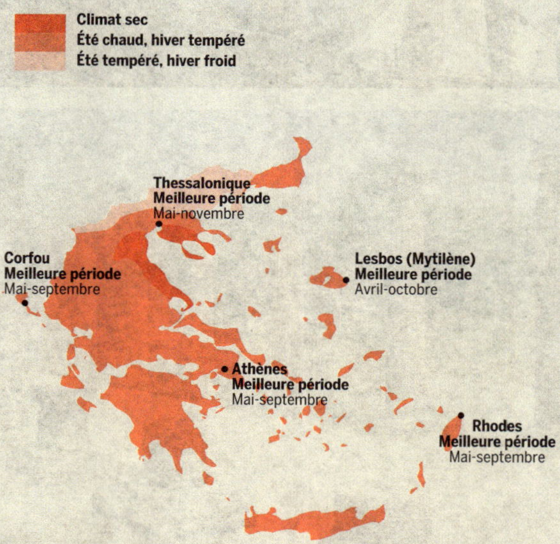

Haute saison
(mai-août)

- L'activité bat son plein et les transports sont nombreux.
- Les prix de l'hébergement peuvent doubler.
- Pic de la fréquentation et des températures.

Intersaison
(avril et septembre)

- Prix jusqu'à 20% moins chers.
- Températures plus douces.
- Fréquence réduite des vols intérieurs et des ferries.
- Visiteurs peu nombreux.
- Les fêtes de Pâques attirent la foule.

Basse saison
(octobre-mars)

- Fermeture de nombreux hôtels, sites et restaurants.
- Prix de l'hébergement jusqu'à deux fois moins cher qu'en haute saison.
- Horaires des ferries réduits au minimum.

Sites Internet

Centre culturel hellénique (http://cchel.com/). À Paris. Expositions, informations culturelles. Organise aussi un voyage annuel en Grèce.

EOT (Office du tourisme grec ; www.visitgreece.gr). Information touristique succincte.

Greek Travel Pages (www.gtp.gr). Horaires des ferries et répertoire des hébergements.

Info Grèce (www.info-grece.com). Portail francophone : actualité, adresses et liens sur la destination.

Lonely Planet (www.lonelyplanet.fr). Informations sur les destinations, réservation d'hôtels, forum de voyageurs.

Ministère de la Culture (www.culture.gr). Pour les événements et les sites culturels (en grec et en anglais).

Numéros utiles

Pour appeler la Grèce depuis l'étranger, faites le code d'accès international de votre pays (☎00), suivi de l'indicatif du pays (☎30), puis composez les 10 chiffres (avec indicatif régional) du numéro de votre correspondant.

Indicatif du pays	☎30
Ambulance	☎166
Dépannage (ELPA)	☎104
Police	☎100
Police touristique	☎171

Taux de change

Canada	1 $C	0,66 €
Suisse	1 FS	0,81 €

Pour connaître les derniers taux de change, consultez le site www.xe.com.

Budget quotidien

Moins de 60 €

- Lit en dortoir 10-20 € et *domatia* (chambres d'hôtes) à partir de 25 €.
- Les étals de marché et les kiosques ambulants vous assurent des repas à moindre coût.
- Économisez en optant pour l'intersaison.

60-100 €

- Prix d'une chambre double en hôtel milieu de gamme : 35-60 €.
- De nombreuses tavernes pratiquent des prix abordables (voir p. 46-47).
- Les prix d'entrée des sites sont raisonnables.

Plus de 150 €

- Prix d'une chambre double en hôtel haut de gamme : à partir de 90 €.
- Excellents restaurants.
- Activités comme la plongée ou la voile.
- Innombrables options de sorties dans les bars de nuit et de spectacles.

Horaires d'ouverture

Les heures d'ouverture varient au fil de l'année. Nous mentionnons les horaires qui concernent la haute saison ; ces créneaux sont considérablement réduits au cours des saisons de moindre activité touristique, durant lesquelles nombre d'établissements ferment parfois complètement.

Banques 8h30-14h30 lun-jeu, 8h-14h ven

Restaurants 11h-12h et 19h-1h

Cafés 10h-minuit

Bars 20h-fermeture tardive

Discothèques 22h-4h

Poste 7h30-14h lun-ven (campagne), 7h30-20h lun-ven, 7h30-14h sam (villes)

Magasins 8h-15h lun, mer et sam, 8h-14h30 et 17h-20h mar, jeu et ven

Arriver en Grèce

Aéroport international d'Athènes – Eleftherios Venizélos (p. 705)

- Des navettes relient 24h/24 l'aéroport avec le centre-ville et Le Pirée.
- Entre 5h30 et 23h30, des métros circulent toutes les demi-heures entre le centre-ville et l'aéroport.
- Comptez 30 € la course en taxi entre l'aéroport et le centre-ville (1 heure).

Aéroport de Thessalonique – Macédoine (p. 705)

- Le bus 78 circule toutes les 30 minutes. Il dessert l'aéroport, la principale gare routière et la gare ferroviaire.
- La course en taxi pour le centre-ville coûte 12 €.

Aéroport de Diagoras – Rhodes, Dodécanèse (p. 705)

- Les bus circulent entre l'aéroport et la ville de Rhodes de 6h30 à 23h15 (à partir de 11h45 dim).
- Un taxi depuis l'aéroport coûte près de 22 €.

Pour en savoir plus sur **Comment circuler**, voir p. 709

Quoi de neuf ?

La cité antique d'Akrotiri

Longtemps fermé, ce site spectaculaire de Santorin, désormais protégé par une enceinte, a rouvert ses portes. Les édifices, les céramiques et les fresques de cette cité minoenne jadis florissante ont été arrachés aux cendres de l'éruption volcanique de 1613. Les vestiges sont désormais plus accessibles grâce à un réseau de passerelles, depuis lesquelles on peut admirer les archéologues à l'œuvre en contrebas. Les visites gratuites permettent de découvrir l'intéressante histoire du lieu (p. 395).

Un brasseur artisanal

Sans filtrage, ni pasteurisation ni conservateur, le nouvel élixir de Santorin est facilement reconnaissable à son âne sur l'étiquette, en version "Red Donkey" (équivalent de l'*ale* anglaise), "Yellow Donkey " (blonde) ou "Crazy Donkey", la première India Pale Ale (une *ale* fortement houblonnée) grecque. Visite de la brasserie et dégustation recommandées !

Ladadika, Thessalonique

Ladadika, le quartier historique de la cité macédonienne, a gommé une partie de son caractère apprêté et bourgeois pour se transformer en un bastion nocturne animé, avec d'excellents restaurants, des salles de concerts et certains des meilleurs hébergements de la ville. (p. 237)

Funky Gourmet, Athènes

Ce restaurant athénien n'a pas volé son nom. Avec son bar de style Art déco et son espace restauration décoré d'œuvres d'art contemporain et de lampes de créateurs, cette adresse nouvelle et originale affiche autant de menus dégustation qu'un *komboloï* compte de perles ! (p. 106)

Xanthi

Ce ravissant bourg de Thrace, avec ses ruelles sinueuses bordées de maisons à pans de bois, connaît aujourd'hui un second souffle. Le soir, ses rues attirent les papillons de nuit, avec leurs nombreux bars et leurs *mezedopoleia* (p. 269).

Scène artistique athénienne

Des artistes tentent de répondre à leur manière à la crise économique du pays. Résultat : la scène artistique est aujourd'hui florissante et il existe désormais plus de 50 collectifs d'artistes à Athènes, tandis que des galeries spontanées fleurissent dans les boutiques et les restaurants désertés.

Plages immaculées

Avec 393 plages et 9 marinas labellisées "Pavillon bleu" en 2014, la Grèce émarge désormais au deuxième rang d'une liste de 49 pays dans le monde. Le site www.blueflag.org peut vous aider à choisir votre coin de paradis.

Marathon originel

En 2013, le nombre de participants étrangers au marathon annuel d'Athènes a bondi de 25%. Pour vous lancer en novembre prochain à l'assaut des 42,195 km, inscrivez-vous sur www.athensclassicalmarathon.org. Cette course, instaurée lors des premiers Jeux olympiques (1896), évoquerait l'exploit d'un messager qui aurait parcouru cette même distance pour avertir Athènes de la victoire de ses troupes sur les Perses à la bataille de Marathon, en 490 av. J.-C.

Pour plus de recommandations et de commentaires, voir lonelyplanet.fr

Envie de...

Art

L'art va comme un gant à la Grèce ! Si vous aimez l'Antiquité, visitez les musées archéologiques qui exposent des œuvres parfois sauvées des eaux de la mer Égée.

Iconographie byzantine L'art des icônes s'épanouit dans les églises orthodoxes et les monastères mais aussi, désormais, dans toutes les galeries d'art du pays. Mention spéciale à celles d'Ouranoupoli, près du mont Athos, de Patmos et de la vieille ville de Rhodes.

Musée national d'Art contemporain C'est un excellent point de départ, à compléter par la visite des galeries d'art de la capitale et la présence à de nombreux événements culturels. La scène artistique est actuellement en pleine effervescence. (p. 87)

Art Space Logée dans les caves d'un ancien domaine viticole de Santorin, cette belle galerie expose les meilleurs artistes grecs actuels. (p. 396)

Galerie d'Art nationale Ce musée (p. 69), qui renferme une riche collection, est actuellement en travaux. Agrandi de quelque 11 000 m², il devrait rouvrir ses portes en 2016. En attendant, visitez ses rejetons, telle la galerie nationale de Sculptures (p. 69).

Musées

Oubliées les salles poussiéreuses ! Vous prendrez au contraire plaisir à visiter ces édifices à l'architecture parfois ultra-moderne qui rescellent des joyaux, témoins de civilisations disparues.

Musée de l'Acropole Des trésors découverts sur le site de l'Acropole sont exposés dans des salles à la scénographie très contemporaine. (p. 76)

Musée Benaki Musée privé plein à craquer de collections éclectiques, allant d'objets de l'âge du bronze provenant de Mycènes et de la Thessalie à des œuvres byzantines, des peintres grecs du XXe siècle à des costumes régionaux. (p. 87)

Randonnée

Péninsule du Pélion Des sentiers réservés aux marcheurs, parfois accompagnés par des ânes, sillonnent les collines plantées de vergers du Pélion et traversent de paisibles villages pour rejoindre le littoral (p. 209).

Mont Olympe Des chemins mènent à travers bois au sommet de l'Olympe, auréolé de nuages, que les anciens Grecs considéraient comme le domaine des dieux (p. 258).

Samos Cette île de la mer Égée est un petit paradis pour ceux qui aiment marcher au cœur de forêts luxuriantes, des balades à ponctuer de baignades rafraîchissantes en rivière ou sous les cascades (p. 507).

Cuisine régionale

La gastronomie grecque a ses classiques, souvent revisités par des chefs talentueux et imaginatifs !

Influences ottomanes... Les saveurs turques sont bien présentes dans les cuisines de Thessalonique et du nord de la Grèce, avec le kebab *yiaourtlou* (viande grillée, servie dans un pain pita avec du yaourt) et les *loukoumi* (un délice !).

...et italiennes Les Italiens ont laissé aux Grecs le goût des pâtes. Testez les *makarounes* (pâtes fraîches, cuisinées avec du fromage et des oignons) et visitez le port de Corfou, où l'on produit la meilleure *pasta* du pays.

Fruits de mer Les cuisines proches du port voient arriver la pêche du jour (maquereaux, seiches, calamars et oursins, notamment), que les convives dégustent grillée, frite, rôtie ou encore farcie au fromage et aux herbes. Régalez-vous notamment au 1500 BC (p. 391), à Santorin, ou au Nireas, à Rhodes (p. 432).

Musique

La scène musicale permet de mesurer combien la Grèce est fière de son folklore. À travers tout le pays, des clubs programment des joueurs de *rembetika* (rébétiko, ou blues grec), des chansons populaires ou de la musique actuelle. Il est habituel de prendre un verre d'ouzo ou de dîner en écoutant les musiciens.

Thessalonique Vous entendrez ici plus de musique qu'ailleurs, et dans les endroits les plus improbables – des trios de jazz se produisant dans des librairies aux nouveaux groupes punks jouant dans un bar alternatif. (p. 241)

Café Chantant Difficile de trouver plus authentique que ce club de la vieille ville de Rhodes : les musiciens y jouent des airs plein d'entrain, repris par les habitués, assis à de longues tables en bois, ou en train de danser en mesure. (p. 433)

Rockwave Festival Un festival rock pur et dur, en plein air, avec des groupes renommés et un public nombreux. (p. 93)

Shopping

Cuir Sandales, sacs à main, ceinture, bottes... Les articles en cuir sont d'excellente facture.

Marchés et produits locaux Les marchés constituent un joyeux méli-mélo d'objets, en particulier à Athènes (p. 116). Les étals alimentaires sont aussi agréables d'un point de vue culturel que gastronomique. Impossible de repartir sans les épices, les herbes aromatiques, les pistaches et les miels locaux.

Artisanat en argent Une tradition ancienne à Ioannina. (p. 283)

En haut Mykonos (Hora ; p. 341)

En bas Grottes bleues (p. 627), Zante

Mois par mois

LE TOP 5

Pâques, avril

Festival hellénique, de juin à août

Carnaval, février

Festival international du film de Thessalonique, novembre

Nuit de la pleine lune, août

Janvier

Durant les mois d'hiver, pendant que les îles hibernent, Athènes et la Grèce continentale sont le théâtre de plusieurs fêtes. La chaleur de l'hospitalité grecque remplace alors celle du soleil.

Saint-Basile (Agios Vasilios)

Le 1er janvier, jour de la Saint-Basile, est l'objet d'une cérémonie dans les églises. Elle est suivie de cadeaux, de chants, de danses et d'un repas de fête. On coupe la *vasilopita* (le gâteau du Nouvel An, au glaçage doré) : selon la tradition, qui trouve une pièce dans sa part connaîtra la prospérité toute l'année.

Épiphanie (bénédiction des eaux)

Le jour du baptême du Christ par saint Jean-Baptiste est célébré dans toute la Grèce le 6 janvier. Les mers, les lacs et les cours d'eau sont bénis. La plus grande cérémonie a lieu au Pirée.

Gynécocratie

Le 8 janvier, les rôles s'inversent à l'occasion de la Gynaikokratia, une fête célébrée dans les villages des préfectures de Rodopi, de Kilkis et de Serrès au nord de la Grèce. Les femmes passent la journée au *kafeneio* (café), tandis que les hommes s'occupent des tâches domestiques à la maison.

Février

Février est un mois inhabituel pour se rendre en Grèce, mais vous ne serez pas déçu par votre séjour, surtout s'il coïncide avec le carnaval.

Carnaval

La période du carnaval débute trois semaines avant le jeûne du carême, de mi-janvier à la fin février (ou début mars). Toutes sortes de petites manifestations sont organisées, qui culminent en un prodigieux week-end festif. Parades costumées, chars colorés, repas de fête et danses, les traditions changent d'une région à l'autre, mais la folie reste la même ! Les carnavals les plus exceptionnels seraient celui de Skyros (Sporades), et celui de Patras (Péloponnèse).

Lundi pur

Pour ce "lundi pur" (*Kathara Deftera*), ainsi nommé parce qu'on nettoie la maison avant le carême, les Grecs vont à la montagne pour pique-niquer et lancer des cerfs-volants.

Mars

Peu de jours fériés au calendrier civil, mais quantité de fêtes religieuses, propres à chaque village ou chaque île et célébrées avec ferveur.

Jour de l'Indépendance

Le 25 mars, les Grecs célèbrent avec des parades et des danses l'anniversaire du début de la guerre d'Indépendance. Ce jour-là, les insurgés ont hissé le drapeau grec au monastère Agias Lavras, dans le Péloponnèse.

Avril

Pâques est le jour le plus important de l'année en Grèce. C'est le moment où le pays sort de sa torpeur hivernale. Le week-end de Pâques est chargé : réservez votre séjour bien à l'avance.

Pâques

La communauté grecque orthodoxe célèbre dans la joie la résurrection du Christ. Les festivités commencent avec des processions aux chandelles le Vendredi saint ; la plus impressionnante est celle du mont Lycabette (p. 87) à Athènes. Quand s'achève le carême, commencé 47 jours avant Pâques, on brise des œufs peints en rouge, on fait claquer des pétards, on mange et on danse. Le monastère Saint-Jean à Patmos, dans le Dodécanèse, est intéressant à visiter à cette occasion.

Saint-Georges (Agios Georgios)

La Saint-Georges est célébrée le 23 avril en l'honneur du saint patron du pays et des bergers. Les festivités sont particulièrement exubérantes à Arachova, près de Delphes.

Mai

Pour les amateurs de randonnées, mai est un bon mois pour visiter la Grèce. Les températures sont douces et les fleurs sauvages égaient les paysages de leurs couleurs.

1er-Mai et fête du Travail

Les Grecs se mettent au vert et organisent des pique-niques. On cueille des fleurs sauvages avec lesquelles on fabrique des couronnes pour décorer les maisons. Cette date coïncide avec la fête du Travail qui se traduit désormais, en ces temps si difficiles pour les travailleurs grecs, par des marches et des manifestations de rue.

Juin

Les festivals sont légion sur le continent. L'occasion d'assister aux spectacles de grands noms de la scène musicale.

Semaine de la marine

Début juin, les villages de pêcheurs et les ports de tout le pays organisent des reconstitutions historiques et des fêtes.

Festival de Nauplie

Ce festival de musique classique est organisé à la forteresse de Palamède (p. 139). Des musiciens du monde entier s'y retrouvent. Pour plus de détails, voir le site www.nafplionfestival.gr.

Saint-Jean-Baptiste

Le pays crépite sous les flammes le 24 juin, lorsque les couronnes confectionnées le 1er mai sont mises à feu.

Rockwave Festival

Fin juin, dans un immense parc forestier à la lisière d'Athènes, ce festival réunit des artistes internationaux de premier plan (Moby, The Killers ou Mötley Crüe). Pour en savoir plus : www.rockwavefestival.gr.

Festivalhellénique

S'étalant de juin à août, c'est le plus important festival de l'été. Concerts, spectacles de danse et de théâtre sont donnés à l'odéon d'Hérode Atticus, à Athènes et à l'amphithéâtre d'Épidaure (p. 145). Billetterie en ligne : www.greekfestival.gr.

Juillet

Le mercure grimpe et on se précipite à la plage ; la vie nocturne d'Athènes, avec ses cinémas de plein air et ses grands clubs balnéaires, continue d'attirer les foules.

Festival du vin et de la culture

Organisé dans le village côtier de Karystos, sur l'île d'Eubée, cette fête qui se déroule en juillet-août, programme des danses traditionnelles, du théâtre, des concerts, des expositions et pour finir, une dégustation des vins de la région.

Festival culturel de Delphes

Chaque année, le Centre culturel européen de Delphes accueille 10 jours durant un festival culturel avec des expositions d'art plastique, un parcours de sculptures et des représentations théâtrales au théâtre de plein air.

Août

Dans la torpeur d'août, on songe surtout à se prélasser. Les Grecs sont nombreux à prendre la route ou la mer à la mi-août : pensez à réserver vos trajets en bus ou en bateau.

Nuit de la pleine lune

Pour la nuit de la pleine lune du mois d'août, l'entrée aux monuments d'Athènes est gratuite et des spectacles au clair de lune sont proposés. Magique ! Cet événement se tient aussi dans d'autres villes et sites.

Assomption (Dormition de la Vierge)

Le 15 août se fête en famille. Des milliers de personnes se rendent en pèlerinage sur l'île de Tinos, dans les Cyclades, pour son icône miraculeuse de Panagia Evangelistria (la Vierge Marie).

Novembre

Les températures chutent, mais la vie continue de battre son plein en ville.

Festival international du film de Thessalonique

À la mi-novembre, quelque 150 films sont projetés pendant 10 jours dans tout Thessalonique. Le festival met l'accent sur les réalisateurs indépendants. Pour en savoir plus : www.filmfestival.gr.

Préparer son voyage

Itinéraires

2 SEMAINES

Cyclades et Grèce continentale

S'il s'agit de votre premier séjour en Grèce, ce circuit vous emmènera vers les sites, les plages et les rendez-vous culturels les plus emblématiques du pays. En outre, vous parcourrez toute la gamme de la cuisine grecque, des restaurants novateurs d'Athènes aux plats d'inspiration turque de la Grèce du Nord, en passant par les saveurs typiques des îles. Pour un rythme moins soutenu, choisissez une île et consacrez davantage de temps aux loisirs balnéaires.

Commencez ce grand tour par deux jours à **Athènes**, le temps de visiter l'Acropole, site emblématique de l'Antiquité grecque, et les musées phares de la capitale, mais aussi de prendre le pouls de la vie athénienne et d'apprécier l'ambiance sur les marchés, sa scène artistique contemporaine et sa vie nocturne. De là, prenez un ferry pour rejoindre la clinquante **Mykonos**, fameuse pour son port coloré, ses plages et ses bars. Changement complet d'atmosphère sur la petite île sacrée de Délos pour en explorer les vestiges antiques. Un autre ferry vous conduira vers l'île spectaculaire de **Santorin**. Les impressionnantes

Mykonos (Hora ; p. 341)

parois à pic de sa caldeira constituent un balcon de choix pour admirer le coucher du soleil sur la mer Égée. On trouve aussi à Santorin d'excellents domaines viticoles, des vestiges antiques et des plages de sable noir d'origine volcanique.

Quittez les Cyclades pour rejoindre en avion le nord de la Grèce et la trépidante **Thessalonique**, une ville décontractée à la pointe de la création artistique. Passez quelques jours à explorer ses ruelles, à admirer son architecture éclectique où surgissent des vestiges byzantins, régalez-vous d'une cuisine d'inspiration ottomane et réjouissez-vous de sa scène dynamique. Rejoignez ensuite le **mont Olympe** (2 918 m), à 90 minutes en voiture plus au sud. Ce point culminant de la Grèce, premier parc national du pays, coïncide avec le royaume des dieux de l'Antiquité. Aujourd'hui, c'est une végétation foisonnante et des oiseaux en grand nombre que vous découvrirez le long de ses sentiers. Prochaine étape : les **monastères des Météores**, érigés au sommet de pics rocheux. Dirigez-vous ensuite vers le sud jusqu'à **Delphes**, le centre du monde grec antique, avant de revenir au temps présent et de reprendre la route vers Athènes.

ALBANIE
Corfou
GRÈCE
MER
ÉGÉE
Céphalonie
Îles Ioniennes
Kyllini
ATHÈNES
MER
IONIENNE
Olympie antique
Mycènes
Tiryns
Nauplie
Épidaure
Méthana
Péloponnèse
Mystras
Monemvassia
Le Magne
MER
MÉDITERRANÉE
Cap Tenaro
MER
DE MYRTO

DAVID C TOMLINSON/GETTY IMAGES ©

OLIVIERO OLIVIERI/GETTY IMAGES ©

En haut : Lourdata (p. 614), Céphalonie
En bas : Théâtre d'Épidaure (p. 145)

2 SEMAINES

Îles Ioniennes et Péloponnèse

Si vous rêvez de goûter à la vie insulaire tout en découvrant de magnifiques villes médiévales, des sites antiques et un paysage impressionnant, ce circuit dans les îles de la mer Ionienne et le Péloponnèse comblera vos souhaits. Libre à vous d'ajouter des activités de plein air à votre séjour.

Débutez votre circuit à **Corfou**. Une ou deux journées conviendront pour explorer cette ville incroyable qui marie les architectures italienne, française et britannique, savourer une cuisine pour les gourmets, découvrir de pittoresques villages côtiers et flâner sur de fabuleuses plages de sable. Le littoral de l'île se prête à la planche à voile et l'intérieur des terres, vallonné, réjouira les cyclistes. De Corfou, prenez un ferry pour l'île plus méridionale de **Céphalonie**. Dormez dans le village de Fiskardo, plein de charme, gagnez des plages de sable doré en kayak et goûtez au vin de l'île, réputé. De là, une courte traversée en ferry vous conduira à **Kyllini**, dans la péninsule du Péloponnèse. Visitez le sanctuaire de l'**antique Olympie**, puis passez la nuit dans la ville moderne et profitez de ses excellents musées. Plus au sud, admirez les vestiges de **Mystra**, inscrites au patrimoine mondial de l'Unesco. Cette imposante ville fortifiée fut le dernier avant-poste de l'Empire byzantin.

Poursuivez en direction du **Magne**, une région rude et reculée. Alliant les spectaculaires montagnes du Taygète et de minuscules criques isolées, le Magne est un paradis pour les randonneurs, qui peuvent ainsi rejoindre à pied l'un des points les plus méridionaux d'Europe continentale, le **cap Tenaro** (ou Matapan), évoqué par Homère comme l'une des portes des Enfers. Suivez ensuite la côte vers l'est jusqu'à l'impressionnante **Monemvassia**. Passez au moins une journée à explorer cette cité médiévale, où se trouvent des joyaux de l'art byzantin. Découvrez ensuite les demeures, les musées et le port animé de la gracieuse **Nauplie**, au nord. De là, il est facile de rallier l'acropole de **Tirynthe** ou la citadelle de **Mycènes**, emblématiques d'une civilisation disparue. Plus à l'est, le théâtre antique d'**Épidaure** mérite une halte le temps d'une représentation sous un ciel étoilé. Le ferry au départ de **Méthana** vous ramènera à **Athènes**.

3 SEMAINES

Est de la mer Égée et Dodécanèse

Pour les voyageurs intrépides qui ont du temps devant eux, la Grèce orientale séduit par l'étendue de ses côtes, sa végétation luxuriante, ses paysages et ses plages spectaculaires. Les ferrys sont réguliers, mais peu fréquents – ce n'est pas un problème, car vous ne ressentirez pas d'urgence à quitter ces îlots !

Commencez par le Dodécanèse et passez quelques jours sur l'île de **Rhodes** pour explorer la vieille ville fortifiée et vous imprégner de la vie nocturne de la capitale de l'île. Visitez ensuite l'acropole de Lindos et les vestiges des forteresses de la côte nord qui offrent une vue à couper le souffle. Si vous avez un peu de temps, prévoyez une excursion d'une journée à **Symi**, pour profiter de son joli port et du superbe Moni Taxiarhou Mihail Panormiti.

De Rhodes, gagnez l'île reculée de **Tilos**, appréciée des randonneurs et des ornithologues amateurs. D'anciens sentiers pavés vous mèneront vers de petites criques inaccessibles sauf à pied. Plus au nord, la paisible **Léros** à l'architecture d'inspiration italienne a joué un rôle clé pendant la Seconde Guerre mondiale – en témoigne son musée-bunker. Toujours plus au nord, rejoignez le royaume des randonneurs, **Samos**, aux belles forêts ponctuées de cascades et aux plages idylliques. De là, mettez le cap sur le nord-est de la mer Égée, vers **Chios**. Pavées de pierre, les ruelles du village de Mesta, au sud de l'île, sont un labyrinthe ! Filez vers l'intérieur des terres pour cheminer entre orangers et citronniers à l'ombre des pics montagneux.

Votre prochaine étape est **Lesbos (Mytilène)**, berceau de la poétesse Sappho et lieu d'une vie nocturne animée. On y déguste les meilleurs ouzos et huiles d'olive de Grèce. La ville de Mytilène bénéficie d'un remarquable musée d'art moderne et, perché au bord d'un volcan, le monastère byzantin, Moni Ypsilou, conserve de magnifiques manuscrits. Entre marais salants, sources chaudes, forêts denses et jolies plages, le paysage déploie une grande diversité. Rendez-vous ensuite sur **Limnos** où vous vous régalerez de la pêche du jour sur le port de Myrina. Continuez vers l'île retirée d'**Agios Efstratios**, aux belles étendues de sable volcanique, avant de prendre le bateau de nuit pour **Athènes**.

En haut : Molyvos (p. 532), Lesbos

En bas : Palais des Grands Maîtres (p. 428), vieille ville de Rhodes.

Limnos
Ag os
Efstrat os
Lesbos
(Mytilène)
GRÈCE
THESSALIE
SPORADES
MER
ÉGÉE
STEREA
ELLADA
Eubée
Chios
TURQUIE
ATHÈNES
ATTIQUE
Samos
PÉLOPONNÈSE
Leros
CYCLADES
DODÉCANÈSE
Tilos
MER
ÉGÉE
Rhodes
MER
MÉDITERRANÉE

L'île de Symi (p. 450), dans le Dodécanèse

Préparer son voyage

D'île en île

En Grèce, voyager d'île en île fait déjà partie de l'aventure. Vous vous imaginerez très vite en nouveaux Robinsons ou en navigateurs au long cours, que vous ayez envie de faire du cabotage et de rester aux abords des côtes, d'observer les flots du haut d'un pont de ferry ou de survoler les eaux turquoise dans un petit avion à hélices.

PANORAMIC IMAGES/GETTY IMAGES ©

Les meilleures îles

Pour la culture

Délos Un site archéologique exceptionnel.

Karpathos Olymbos, musée vivant de la culture dorienne.

Patmos La grotte où saint Jean l'Évangéliste écrivit l'Apocalypse.

Rhodes La vieille ville médiévale.

Pour les activités

Mykonos La nage avec les dauphins.

Karpathos Les meilleurs spots de kitesurf.

Céphalonie Criques et plages isolées à gagner en kayak.

Kalymnos De spectaculaires falaises à escalader.

Hors saison

Santorin Des couchers de soleil inoubliables.

Hydra Une retraite à deux pas d'Athènes.

Lesbos L'isolement total.

Pour les saveurs

Santorin Dégustations dans les caves.

Ios Restaurants haut de gamme.

Icarie Festin de fruits de mer.

Corfou Viande braisée, risottos et pâtes.

Quelques points clés

Vous constaterez vite qu'un peu d'organisation en amont – choix des îles, saison du voyage, itinéraires, survol des horaires, etc. – facilitera grandement votre périple. Un peu d'organisation mais pas trop ! En effet, pour conserver à l'aventure tout son charme, mieux vaut rester flexible et se laisser porter par le voyage – notamment en ce qui concerne les informations relatives aux transports qui sont, en Grèce plus qu'ailleurs, sujettes aux changements. Tout, des conditions climatiques aux grèves, peut provoquer le retard ou l'annulation en dernière minute de votre avion ou de votre bateau. De plus, les horaires des liaisons maritimes ou des vols changent d'une année ou d'une saison à l'autre. Les compagnies de ferries, notamment, modifient leurs itinéraires en fonction des contrats. Les horaires sont parfois un peu comme la marée, ils varient. Alors un maître mot pour voyager avec bonheur : rester souple et s'adapter.

Quand partir

Haute saison

Pendant la semaine de Pâques et de juin à début septembre, de nombreux bateaux et avions relient les îles entre elles et avec le continent. À cette période, le soleil brille, l'eau est chaude, les infrastructures touristiques (hôtels, restaurants) et les sites sont ouverts et les activités battent leur plein. Toutefois, les modes de transport et les hôtels sont parfois complets plusieurs mois à l'avance. C'est particulièrement vrai pour les îles les plus prisées et lorsque les distances sont plus importantes. Ainsi, il est préférable de réserver vos places de ferry de nuit depuis/vers Athènes quelques semaines avant votre départ, à moins d'aimer voyager sur le pont.

Basse saison

En saison creuse (novembre-mars), programmer tôt son voyage est tout aussi important. Les liaisons maritimes et aériennes se raréfient et les propriétaires de nombreux hôtels et restaurants ferment boutique pour reprendre une activité à Athènes. En plein hiver, la majorité des îles les plus fréquentées sont désertes, ou presque. De fait, avant de partir, renseignez-vous sur les liaisons possibles et les hôtels susceptibles de vous accueillir. Et ne songez pas à vous baigner, à moins d'aimer l'eau froide !

Saisons intermédiaires

Avril-mai et septembre-octobre sont des mois excellents pour visiter les îles. Le climat printanier et automnal reste doux et la plupart des hébergements, restaurants et sites sont ouverts. Quant au transport, bien que légèrement réduit, il permet de rejoindre la plupart des destinations. Surtout, vous n'aurez pas à affronter la foule et les prix sont plutôt bon marché.

Liaisons maritimes

Bateaux

Desservant chaque île habitée, le réseau maritime est étendu et varié. Les vaisseaux rouillés qui sillonnaient lentement les flots appartiennent au passé, ou presque. Les ferries rapides, désormais les plus courants, effectuent la plupart des longs trajets et les plus empruntés. Les ferries locaux, les bateaux d'excursion et quelques bateaux de pêche de particuliers (les caïques) relient souvent les îles et îlots voisins. Il existe aussi des bateaux-taxis qui vous conduiront à des plages et à des criques désertes. À l'autre extrémité de la gamme, les catamarans et les hydroglisseurs permettent de réduire considérablement le temps de trajet. Les beaux jours des hydroglisseurs sont derrière eux, mais ces embarcations rapides desservent encore les îles et les archipels les plus lointains. Les catamarans, qui ont conquis la grande bleue, offrent plus de confort et sont mieux adaptés en cas de mauvaise météo.

Bien sûr, libre à vous d'opter pour un bateau poussif, naviguant d'une île à l'autre, et sur lequel vous dormirez sur le pont dans un sac de couchage pour économiser une nuit d'hôtel... Les ferries grecs ont pourtant radicalement changé ces dix dernières années, et l'on peut aujourd'hui voyager confortablement à une vitesse correcte. En contrepartie, les prix des voyages au long cours ont bien sûr grimpé. Une couchette dans une cabine, du Pirée à Rhodes, coûte parfois plus cher qu'un billet d'avion à bas prix.

Billets

Les ferries étant souvent sujets à des retards et à des annulations, il est préférable, pour les trajets courts, de n'acheter son billet que lorsque le départ a été confirmé. En haute saison, ou si vous avez une voiture, vous devrez réserver. Les bateaux express comme les catamarans affichent complet beaucoup plus rapidement que les ferries lents. Pour les ferries de nuit, il vaut toujours mieux réserver, surtout si vous désirez une cabine ou un type particulier de couchage. Si le départ est annulé, votre billet sera généralement valable pour le prochain ferry disponible de la même compagnie.

TROUVER SON ÎLE

ÎLES	CUISINE	FAMILLES	VIE NOCTURNE	PLAGES	CULTURE	ACTIVITÉS	ACCESSIBILITÉ
Amorgos					✓	✓	
Corfou	✓	✓		✓	✓		✓
Hydra					✓	✓	✓
Ios	✓		✓	✓		✓	✓
Céphalonie	✓	✓		✓		✓	✓
Kos	✓	✓	✓	✓	✓	✓	✓
Leucade				✓	✓	✓	✓
Milos				✓	✓	✓	✓
Mykonos			✓	✓			✓
Naxos	✓	✓	✓	✓	✓	✓	✓
Paros	✓	✓	✓	✓	✓		✓
Rhodes	✓	✓	✓		✓		✓
Samos	✓	✓		✓	✓	✓	✓
Santorin	✓		✓	✓	✓		✓
Sifnos					✓	✓	
Skiathos			✓	✓		✓	✓
Thássos		✓		✓	✓	✓	✓
Zante				✓	✓		✓

Ci-dessus : Kassiopi (p. 602), Corfou

À droite : Corfou (p. 596)

HANS PETER MERTEN/GETTY IMAGES ©

Liaisons maritimes

Liaisons très fréquentées
Autres liaisons
ATHÈNES
Le Pirée
ATTIQUE
Agia Marina
Rafina
Nea Styra
Marmari
Karystos
Laurion
ÎLES DU GOLFE SARONIQUE
Angistri
Égine
Poros
Methana
Galatas
Ermioni
Porto Heli
Hydra
Spetsès
Nafplio
PÉLOPONNÈSE
Kalamata
Gythio
Neapoli
Cythère
Anticythère
ÎLES IONIENNES
Pesada
Poros
Agios Nikolaos
Kyllini
Zante
Zakynthos (ville)
MER IONIENNE
MER DE MYRTO
CYCLADES
Andros
Gavrio
Hora
Tinos
Kéa (Tzia)
Kythnos
Syros
Mykonos
Sérifos
Sifnos
Kimolos
Milos
Paros
Naxos
Sikinos
Ios
Folégandros
Petites Cyclades
Amorgos
Katapola
Donoussa
Santorin (Thira)
Anafi
Mer de Karpathos
Icarie
Agios Kirykos
Samos
Karlovasi
Vathy (Samos)
Kuşadasi
Îles Fourni
Patmos
Skala
Arki
Agathonissi
Lipsi
Léros
Kalymnos
Psérimos
Bodrum
TURQUIE
Marmaris
Datça
Kos (Hora)
Mastihari
Kos
Symi
Nisyros
Astypalea
Tilos
Halki
Rhodes (ville)
Skala Kamirou
DODÉCANÈSE
Rhodes
Kastellorizo (Megisti)
Diafani
Karpathos
Pigadia
Kassos
Fry
MER DE CRÈTE
Kissamos-Kastelli
Hania
Réthymnon
Héraklion
Paleohora
Hora Sfakion
CRÈTE
Agios Nikolaos
Sitia
Gavdos
MER MÉDITERRANÉE

TUUL/GETTY IMAGES ©

Maison de Cléopatre, Délos (p. 347)

De nombreuses compagnies maritimes proposent désormais des réservations sur Internet. À défaut, vous pouvez acheter votre billet auprès de leurs bureaux locaux ou de la plupart des agences de voyages du pays. Les voyagistes en question bordent le front de mer et les ports, et refusent souvent de donner des renseignements sur les bateaux dont ils ne vendent pas les billets. La plupart des horaires sont affichés à l'extérieur. Consultez-les pour connaître l'heure du prochain départ, ou demandez au *liménarhio* (agent de la police portuaire).

Tarifs

Fixés par le gouvernement, les tarifs des ferries dépendent de la distance parcourue. Les petits écarts de prix que vous constaterez correspondent à la part de commission que certaines agences sont prêtes à sacrifier pour pouvoir prétendre à l'appellation de "service à prix réduit" (cette part dépassant rarement 0,50 €).

Les ferries à grande vitesse et les hydroglisseurs coûtent environ 20% de plus que les ferries normaux, tandis que les catamarans affichent souvent des tarifs supérieurs d'un tiers, voire deux fois plus élevés. Les caïques et les bateaux-taxis sont généralement très abordables, alors que les bateaux d'excursion sont onéreux – mais leur service reste fort utile pour atteindre des îles isolées. Les enfants de moins de 5 ans voyagent gratuitement et les 5-10 ans bénéficient en principe d'une réduction de 50%.

Classes

Il n'existe qu'une seule classe sur les bateaux de moindre taille, les hydroglisseurs et les catamarans, et même les grands navires proposent de moins en moins de classes différentes. Les espaces publics des ferries modernes sont généralement ouverts à tout le monde. En revanche, le confort du couchage varie sur les bateaux de nuit.

Un billet de pont donne en principe accès au pont et à l'intérieur du bateau, sans couchette. Un cran au-dessus se trouvent les sièges inclinables, dans lesquels il est (en théorie) possible de dormir. Viennent ensuite différents types de cabines : une cabine intérieure à quatre, trois ou deux couchettes coûte moins cher qu'une cabine extérieure avec hublot. Les cabines sont le plus souvent très confortables et ressemblent à de petites chambres d'hôtel (avec sdb). Certes, le coût est équivalent à celui d'un vol à bas prix, mais vous économisez une nuit d'hôtel.

Si vous ne précisez pas le type de billet, on vous donnera automatiquement une place en classe pont. Sauf indication contraire, les tarifs mentionnés dans cet ouvrage correspondent aux billets de pont.

Avec une voiture

La plupart des ferries qui transportent passagers et véhicules sont coûteux et vous devez prévoir votre réservation très à l'avance. Nous vous conseillons plutôt de louer une voiture en arrivant sur l'île. La location sur un ou deux jour(s), relativement économique, est en théorie possible sur toutes les grandes îles (les plus petites se découvrent à pied).

Renseignements

La liste complète des départs depuis Le Pirée affichée chaque semaine à l'EOT (ou GNTO, office du tourisme national), à Athènes, est relativement fiable. Pour obtenir les renseignements les plus à

LUTTER CONTRE LE MAL DE MER

Même les estomacs les plus robustes sont parfois victimes du mal de mer en cas de mauvais temps. Voici quelques conseils pour garder le pied marin.

- Fixer son regard sur l'horizon, pas sur les flots. Ne pas lire et ne pas attacher son regard à des objets considérés comme stables.
- Boire beaucoup et manger léger. On dit que les biscuits ou le thé au gingembre sont bénéfiques pour l'estomac.
- Ne pas utiliser de jumelles.
- Si c'est possible, rester à l'extérieur – éviter le pont inférieur et de voyager en hydroglisseurs où l'on doit rester enfermé.
- Porter éventuellement un bracelet d'acupression si l'on est sujet au mal de mer.
- S'occuper l'esprit.

jour sur les ferries, adressez-vous au *liménarhio* local (agent de la police portuaire), dont les bureaux se trouvent généralement sur le quai ou à proximité.

Outre les sites Internet spécifiques dédiés aux transports en Grèce, nombre d'opérateurs maritimes disposent de sites Internet qui permettent de planifier un peu ses trajets maritimes. En dernière minute, vérifiez toujours les horaires en ligne, auprès des compagnies ou des agences de voyages. Les compagnies de ferries disposent souvent de bureaux locaux sur la plupart des îles, consultez les chapitres régionaux pour plus de détails sur les ferries et les petits caïques locaux.

Deux sites bien utiles :

Danae Travel (www.danae.gr). Pour réserver des billets de bateau.

Greek Travel Pages (www.gtp.gr). Bon menu de recherche et liens pour les ferries.

Liaisons aériennes

Flotte aérienne

Outre le temps gagné, le voyage par avion présente l'avantage de la vue magnifique sur tous ces archipels. Les îles les plus grandes et les plus fréquentées possèdent généralement un aéroport, mais ce n'est pas le cas des plus petites. Les vols inter-îles sont courts et se font à bord de petits avions – vous serez parfois secoué. La grande majorité des liaisons intérieures sont opérées par les compagnies nationales : Olympic Air et **Aegean Airlines** (☎801 112 0000 ; www.aegeanair.com), sa principale concurrente. Toutes deux proposent des services réguliers et des prix compétitifs. Des services privés sur les itinéraires peu fréquentés et des hydravions viennent compléter l'offre.

Billets et tarifs

Internet est le moyen le plus facile de réserver ses billets, via les compagnies elles-mêmes. Vous pouvez aussi acheter vos billets d'avion dans la plupart des agences de voyages de Grèce. Olympic Air possède des agences dans les villes qu'elle dessert et dans les autres villes importantes. Les prix indiqués dans ce guide sont les tarifs pleins pour la classe économique (taxes aériennes comprises). Vous pouvez bénéficier de réductions sur les allers-retours quand les vols ont lieu en semaine (lundi-jeudi) et de remises plus importantes pour des voyages qui incluent le samedi soir. Ces informations sont disponibles sur les sites Internet des compagnies aériennes.

Renseignements

Pour des informations à jour sur les horaires, consultez les sites Internet. Les compagnies aériennes disposent souvent de bureaux locaux dans les îles.

- **Aegean Airlines** (☎801 112 0000, 210 626 1000 ; www.aegeanair.com)
- **Athens Airways** (☎801 801 4000, 210 669 6600 ; www.athensairways.com)
- **Greek Travel Pages** (www.gtp.gr).
- **Olympic Air** (☎801 801 0101 ; www.olympicair.com)
- **Sky Express** (☎28102 23500 ; www.skyexpress.gr)

Préparer son voyage

Partir en croisière

Avec plus de 1 400 îles disséminées dans ses eaux territoriales, la Grèce semble avoir été créée pour les plaisanciers. Rien d'étonnant à ce que le mode croisière plaise de plus en plus pour visiter le pays. Pris en charge, vous n'avez pas le stress d'organiser vos traversées d'une île à l'autre, ni de prévoir itinéraire, hébergement et repas. La croisière offre l'opportunité de vivre en mer, le *meltemi* (vent sec venu du nord) dans le dos et toujours une nouvelle île en vue. Les formules offrent l'embarras du choix : visites culturelles, expériences atypiques, destinations inédites.

Les meilleures compagnies pour...

Les activités culturelles

Silversea propose des croisières plutôt chics et bien occupées, avec cours de langue et de cuisine, conférences et spectacles lors des escales.

La liberté

Azamara assure un service irréprochable et peu d'activités organisées.

Le luxe

Seadream Yacht Club dorlote ses hôtes avec un personnel presque aussi nombreux que ses passagers.

Le sur-mesure

Variety Cruises n'embarque pas plus de 50 personnes. Vous aurez la mer pour piscine.

L'originalité

Star Clippers possède les plus grands voiliers du monde.

La bonne formule

Les croisières ont beaucoup changé. Elles ne collent plus forcément à l'image de royaume flottant des tables à jetons bleus ou verts et des machines à sous. Répondant aux attentes d'une clientèle toujours plus importante et exigeante, elles se spécialisent souvent en fonction des différents créneaux et centres d'intérêt. Mais qui dit plus grande concurrence dit aussi de meilleurs équipements, des excursions plus diversifiées et, à bord, des distractions de qualité et des menus variés. Trentenaire ou senior, couple ou famille, à la recherche de luxe ou de décontraction, il y a des chances pour que le paquebot de vos rêves vous attende quelque part.

La taille des navires

Le navire conditionne bien sûr le type de croisière. Si les plus grands bateaux évoquent volontiers des stations balnéaires flottantes, ce n'est pas le cas d'un bateau accueillant un peu moins de 50 passagers.

Paquebots (*megaships*)

- Capacité de plus de 1 000 passagers.
- Activités non-stop et toutes les commodités.

NAVIGUER EN INDÉPENDANT

Le voilier est un moyen exceptionnel pour naviguer, car il offre la liberté de visiter des îles éloignées et/ou inhabitées. Plusieurs options s'offrent à vous. À partir de 1 700 €/semaine, vous pouvez louer un bateau coque nue (un yacht sans équipage) si 2 personnes à bord possèdent un permis bateau. Si vous ne souhaitez pas manœuvrer, **Trekking Hellas** (p. 92) propose un voilier avec équipage et 10 couchettes pour un minimum de 3 800 €/jour. À partir de 840/1 280 € la semaine pour 1/2 personnes, **Tasemaro** (www.tasemarosailing.eu) embarque sur ses bateaux au maximum 4 personnes, qui ont la liberté de participer ou non aux manœuvres.

Le site **Hellenic Yachting Server** (www.yachting.gr) présente des informations sur la navigation dans les îles, de nombreux liens, notamment sur l'affrètement des yachts.

La saison de navigation s'étend d'avril à octobre, mais elle bat son plein entre juillet et septembre. C'est malheureusement à cette période que le *meltemi* (vent du nord) souffle le plus. Pas de problème sur la mer Ionienne : le *maestros*, un vent estival de nord-ouest léger à modéré, se lève l'après-midi pour s'essouffler au coucher du soleil.

- Casinos, restaurants, spas, théâtres, clubs pour enfants, discothèques, bars, cafés et boutiques.
- Escales dans les plus grands ports et les plus connus en raison de leur gabarit.
- Un débarquement qui ressemble à un torrent de touristes déversé sur une île.

Navires de taille moyenne

- Capacité de 400 à 1 000 passagers.
- Priorité à la destination, au nombre d'étapes et d'excursions, bien plus qu'aux activités à bord.
- Spa, piscine, restaurants et bars.
- Escales souvent possibles dans les petites îles.

Petits bateaux

- Destinations plus variées, leur gabarit donnant accès aux petits ports peu fréquentés.
- Périples à thème, du luxe pur et simple aux activités aventureuses ou originales.
- Pas de piscine, de spa, de grande cabine, ni de menus en cascade.

Itinéraires

Les compagnies internationales ont tendance à parcourir la Grèce depuis/vers des ports étrangers – Italie, Turquie et Croatie. Les ports de départ et d'arrivée sont donc souvent différents. Les compagnies basées en Grèce se concentrent essentiellement sur les ports nationaux, et font souvent un trajet en boucle. Avec une ou deux escales chaque jour, la destination constitue le cœur de leur offre. L'équipage est souvent composé de Grecs (ce qui ajoutera à votre sentiment d'immersion dans la culture nationale) ; la cuisine et les distractions sont plus couleur locale, avec un soupçon d'ingrédients internationaux. Voici quelques compagnies grecques intéressantes :

- **Golden Star** (www.golden-star-cruises.com)
- **Louis Cruises** (www.louiscruises.com)
- **Variety Cruises** (www.varietycruises.com)
- **Windstar Cruises** (www.windstarcruises.com)

Principaux ports d'escale

- **Le Pirée**. Le port d'Athènes pour visiter les sites antiques et s'immerger dans la Grèce actuelle.
- **Mykonos**. Temple de la vie nocturne dont il faut goûter le temps d'une soirée tout le glamour.
- **Délos**. Un incontournable site archéologique, où il faut passer une demi-journée au moins.
- **Corfou**. Une architecture fantastique, un beau panel d'activités et des excursions vers des plages exceptionnelles.
- **Santorin**. Les villages, les plages, la caldeira de l'ancien volcan à explorer à pied et le soleil couchant à contempler d'un des bars à cocktails.
- **Katakolon** Le plus proche du site d'Olympie.
- **Nauplie** Proche du magnifique site de Mycènes.
- **Itéa** Havre attaché à la desserte du site antique de Delphes.
- **Rhodes** L'amarre jetée dans le port de la vieille ville, incursion dans les remparts de la cité médiévale qui est tout sauf morte.
- **Patmos** Refuge artistique et lieu de pèlerinage, à la mémoire de saint Jean l'Évangéliste.

Excursions

Afin de profiter au maximum de vos escales, parfois courtes, les excursions sont souvent ce qui fait l'intérêt du voyage. Regardez bien si le prix des excursions est compris. Celles-ci sont généralement plus intéressantes lorsque les sites sont éloignés du port ou qu'un guide dirige la visite. Si les sites sont proches du port, il vaut mieux vous y rendre par vous-même et profiter de ce moment d'indépendance. Si vous prévoyez de faire les visites seul, vérifiez les informations avant de réserver. Certains gros bateaux débarquent dans des ports éloignés des centres d'intérêt et des principales villes.

Très prisées, les excursions se réservent avant le départ ou lors de l'embarquement selon le principe du "premier arrivé, premier servi". Si vous choisissez votre croisière en fonction des excursions, veillez à les réserver le plus tôt possible. Les visites coûtent en général 35-60/70-110 € la demi-journée/journée. Celles basées sur les activités (comme le VTT ou le kayak) coûtent 100 €/la demi-journée en moyenne.

Budget

Le prix des croisières varie baucoup selon les périodes de l'année. Si partir en basse saison est une bonne affaire, vous ne visiterez que les ports les plus grands et les plus animés, puisque les îles plus petites cessent pratiquement toute activité.

Les croisières sont accessibles à tous les budgets. Comptez 60-144 € par jour pour une croisière économique, 145-359 € pour une croisière milieu de gamme, et 360-560 € par jour pour un paquebot de luxe. Les tarifs des croisières comprennent les repas, les activités à bord, les distractions, les taxes portuaires et le transport. Des frais de carburant s'y ajoutent parfois. Prévoyez également un budget pour l'arrivée en avion, les pourboires, l'alcool, l'hébergement avant et après la croisière, et les excursions. Parmi les bonnes affaires à guetter : deux croisières pour le prix d'une, les offres avion + hôtel, et les tarifs lève-tôt.

LE BOTTIN® DES CROISIÈRES

COMPAGNIE	CONTACT	BATEAU	DURÉE	DESTINATIONS	BUDGET
Azamara	www.azamaracruises.com	moyen	7-10 jours	Grèce, Turquie, Italie	€
Celebrity Cruises	www.celebrity.com	méga	10-13 jours	Grèce, Italie, Turquie, France	€
Costa Cruise Lines	www.costacruises.com	grand	7-9 jours	Grèce, Italie, Turquie, Croatie	€
Crystal Cruises	www.crystalcruises.com	grand	7-12 jours	Grèce, Italie, Turquie	€€
Cunard Line	www.cunard.com	grand	7-21 jours	Grèce, Italie, Croatie, Turquie, Royaume-Uni, Espagne	€
Golden Star	www.golden-star-cruises.com	moyen	3-7 jours	Grèce, Turquie	€
Holland America Line	www.hollandamerica.com	grand	6-12 jours	Italie, Grèce, Espagne	€
Louis Cruises	www.louiscruises.com	moyen et grand	3-7 jours	Grèce, Turquie	€
MSC	www.msccruises.com	grand	7-10 jours	Grèce, Turquie, Croatie, Italie	€
Oceania Cruises	www.oceaniacruises.com	moyen	10-12 jours	Grèce, Turquie, Italie, Espagne	€€€
Princess Cruises	www.princess.com	moyen et grand	6-24 jours	Grèce, Italie	€
Regent Seven Sea Cruises	www.rssc.com	moyen	10-20 jours	Grèce, Italie, Turquie	€€€

Réservation

Si vous êtes habitué à surfer sur Internet et savez ce que vous attendez d'une croisière, le plus simple est de réserver en ligne. Si c'est une première expérience, il peut être sage de s'adresser à une agence. Un professionnel bien informé vous aidera à trouver votre voyage au milieu d'une offre pléthorique. Les agents de voyages sauront vous renseigner sur les frais et suppléments des excursions, souvent ignorés lors d'une commande en ligne.

Les prix sont souvent très attractifs si vous vous y prenez tôt. Et vous bénéficierez d'un plus grand choix de cabines, de repas, d'excursions, etc. En dernière minute, les affaires ne manquent pas à condition de faire preuve de souplesse sur les dates et les options. Si vous réservez votre vol auprès de la compagnie maritime, on vous conduira de l'aéroport jusqu'au bateau, et si votre vol est retardé, on vous attendra ou vous acheminera jusqu'au port le plus proche.

Choisir sa cabine

Trois éléments sont à prendre en compte : le budget, le confort et le temps que vous comptez passer dans la cabine. Les cabines standard ressemblent à de petites chambres d'hôtel avec une sdb, un lit double et un espace pour défaire ses bagages. Pour ceux qui surveillent leur budget et n'ont pas l'intention de passer trop de temps dans leur chambre, l'option d'hébergement la moins chère est la "cabine intérieure" (sans fenêtre). Si vous êtes claustrophobe, vous devrez payer sensiblement plus cher pour une "cabine extérieure" (avec fenêtre ou hublot). En général, plus on monte les étages, plus les prix augmentent, mais au détriment du mouvement du navire ! Si vous êtes sujet au mal de mer, choisissez un étage inférieur, plus stable.

Les cabines sont prévues pour 2 personnes. Si vous voyagez en solo, vous paierez un supplément ; si vous souhaitez partager une cabine à 3 ou 4 personnes, vous bénéficierez au contraire de réductions importantes. On parle de couchette inférieure et supérieure, mais il existe aussi des cabines à lit matrimonial ou lits jumeaux rapprochables, ou encore des cabines familiales qui communiquent.

Contrôlez également la distance entre votre cabine et le restaurant ou la boîte de nuit et, si vous payez un supplément pour une fenêtre, veillez à ce qu'un canot de sauvetage ne vous cache pas la vue.

La vie à bord

L'embarquement

- L'enregistrement 2 à 3 heures avant le départ.
- La vérification de votre passeport à la douane.
- Le programme de la première journée et un plan du bateau dans votre cabine.
- Une proposition de visite guidée du navire.
- Un gilet de sauvetage obligatoire.
- La possibilité d'ouvrir un compte-crédit personnel à bord.
- Votre place attitrée dans la salle à manger.

Repas

Les services de repas et l'attribution des places sont la norme sur la plupart des navires, mais vous pourrez choisir vos horaires et la taille de votre table lors de la réservation. Beaucoup de bateaux organisent des dîners habillés. Le code vestimentaire est décrit dans un bulletin délivré chaque matin dans votre cabine. Pour un dîner habillé : smoking ou costume, robe du soir ou de cocktail. Les tenues informelles incluent vestes et cravates, jupes et robes simples. Quant au style décontracté, la notion est floue. Les jeans ou les shorts ne sont jamais les bienvenus. Certains bateaux plus petits ont une politique vestimentaire "tout décontracté" ; d'autres présentent des alternatives pour ceux qui ne souhaitent pas participer à ces soirées habillées.

Pourboires

Ne donnez pas de pourboire au capitaine ou aux officiers de bord. C'est différent pour le personnel dont les pourboires constituent une large part de la rémunération. Le dernier jour, vous trouverez quelques instructions dans votre cabine. On compte en général 8 € par personne et par jour. Ce n'est pas une obligation mais un usage d'autant plus respecté qu'il est attendu, surtout si le service est prévenant.

Marché central (p. 106), Athène

Préparer son voyage

Manger et boire à la grecque

La convivialité n'est pas un vain mot en Grèce, et les repas tiennent une grande place dans cette sociabilité. Qu'il s'agisse de festins avec famille et amis au restaurant ou d'une collation dans un bourg de pêcheurs, un repas en Grèce ne saurait se limiter au contenu de l'assiette : c'est une expérience qui mettra tous vos sens en éveil. Et ne vous fiez pas à l'aspect de l'établissement !

GEORGE TSAFOS/GETTY IMAGES ©

Calendrier gourmand

Saisons de production et visites à la ferme

Nombre de producteurs d'huile d'olive ou de fromage, de domaines viticoles et de coopératives agricoles accueillent les visiteurs toute l'année.

Fêtes gastronomiques

Des fêtes annuelles célèbrent les spécialités locales et les récoltes.

La fête de la sardine sur l'île de Lesbos et la fête de la *marhida* (friture) à Ithaque sont deux rendez-vous festifs autour des produits de la mer (août-octobre).

La fête de l'aubergine de Léonidio, dans le Péloponnèse, a lieu en août.

Mi-septembre, les producteurs de pistaches d'Égine organisent la Fistiki Fest.

Les meilleurs marchés

Visitez le marché central d'Athènes et le marché Modiano de Thessalonique, ou allez flâner sur l'un des marchés fermiers qui se tiennent chaque semaine partout dans le pays.

À table !

Un repas de poisson et de fruits de mer, tout juste pêchés, dans une taverne en bord de mer fait partie des joies quotidiennes d'un séjour en Grèce.

Comme les Grecs, partez en quête de poisson frais et de viande d'élevage dans les villages de pêcheurs et les bourgs montagnards. Recherchez ces adresses produisant leurs propres légumes, vins et huiles, et où la cuisine est encore familiale ! Profitez aussi des mets régionaux et de l'atmosphère des auberges qui égaient les marchés du pays.

Il existe des variantes régionales des grands classiques de la cuisine grecque, et chaque ville et région, sur le continent ou dans les îles, a su faire preuve d'originalité pour agrémenter les produits phares du pays, du fromage à l'huile d'olive (voir aussi p. 556 et p. 681).

Meilleures tables pour un repas inoubliable

- **Varoulko** (p. 106) Excellents poissons fruits de mer, préparés par l'un des chefs vedettes du pays, et dégustés avec vue sur l'Acropole.
- **1800** (p. 394) Cuisine de la mer créative, cadre élégant et vue stupéfiante sur la caldeira de Santorin.
- **Levantis** (p. 353) Superbe cuisine grecque moderne, d'influence égéenne, dans une délicieuse cour intérieure, à Paros.
- **Katogi** (p. 383) Mezze appétissants et inventifs, dans un charmant cadre arboré, à Ios.
- **Klimataria** (p. 603) Formidable cuisine de taverne, fraîche et simple, dans le village de Benitsès, à Corfou.
- **Thalassaki** (p. 332) Produits locaux habilement travaillés et fruits de mer remarquables, dans un charmant cadre balnéaire, à Tinos.
- **Hotzas** (☎22710 42787 ; Kondyli 3 ; plat à partir de 6 €) Exquise cuisine traditionnelle et fusion, dans une taverne typique, à Chios.
- **Hatzikelis** (p. 432) Poisson pêché au harpon et découpé devant vous, dans ce joyau de l'île de Rhodes.
- **Paparouna** (p. 239) Cuisine grecque moderne et créative, dans le quartier animé de Ladadika, à Thessalonique.

Gourmandises et snacks de rue

- **Souvlakis** Le souvlaki (viande grillée) reste l'en-cas favori des Grecs, qui le dégustent sous forme de *gyros* ou de brochettes enrobées dans du pain pita, avec de la tomate, des oignons et de la sauce *tzatziki*.
- **Feuilletés** Les boulangeries déclinent à l'infini la *tyropita* (feuilleté au fromage) et la *spanakopita* (feuilleté aux épinards).
- **Dans la rue** *Koulouria* (petits pains ronds saupoudrés de sésame) et snacks de saison, comme les châtaignes grillées ou des épis de maïs.

CATÉGORIES DE PRIX

Les prix mentionnés dans ce guide indiquent le coût moyen d'un plat principal.

€ Moins de 10 €

€€ 10-20 €

€€€ Plus de 20 €

À rapporter dans sa valise

Glissez quelques délices grecs dans votre valise : olives et huile extra-vierge issues d'une production bio artisanale, miel de thym, origan, thé des montagnes et fleurs de camomille séchés, ou biscuits secs à base d'orge. Pour un dessert facile, couronnez votre yaourt ou votre glace de fruits au sirop, ou "douceurs à la cuillère".

Cours de cuisine

Les ateliers culinaires, animés par des gourmets ou des chefs grecs, ont de plus en plus de succès. Ils se tiennent essentiellement au printemps et en automne, sur les îles ou à Athènes principalement. La plupart, indiqués dans les chapitres régionaux de ce guide, se font en anglais.

Pratique

La cuisine grecque, toute en décontraction et hospitalité, est très évocatrice de l'esprit du pays : concoctée à base de produits régionaux et dégustée de façon conviviale, souvent à l'extérieur ! Étant donné la longueur des étés et la douceur des hivers, les terrasses, sur les trottoirs, les places ou les plages, occupent une place essentielle pour les repas.

Lisez l'encadré p. 48 pour ne pas faire d'impair et froisser la susceptibilité de vos hôtes !

Quand se restaurer

Le petit-déjeuner est souvent négligé, beaucoup de Grecs se contentant d'un café, voire d'un *koulouri* (pain rond au sésame) ou d'une *tyropita* (feuilleté au fromage), avalés à la hâte. Dans les hôtels et sur les sites touristiques, on sert des petits-déjeuners plus consensuels.

Dolmades (feuilles de vigne farcies)

Les Grecs mangent tard et dînent rarement avant le coucher du soleil en été, lequel coïncide avec l'heure de fermeture des commerces. Aussi les restaurants ne se remplissent-ils pas avant 22h. Pour éviter la cohue, arrivez de préférence vers 21h.

Si l'évolution des horaires de travail affecte le schéma traditionnel de la journée, le déjeuner demeure le repas principal et ne débute pas avant 14h.

La plupart des tavernes sont ouvertes toute la journée, mais certains restaurants haut de gamme n'accueillent des clients que pour le dîner.

Choisir un établissement

Fuyez les restaurants "pour touristes", suivez les habitants et, de façon générale, évitez les établissements sur les grandes artères, avec des rabatteurs, de grandes enseignes lumineuses et des plats en photo. Méfiez-vous aussi des recommandations des hôtels, car certains ont des accords avec les restaurants. Ne jugez pas les endroits à leur apparence ou à leur emplacement. Privilégiez les adresses affichant un choix limité, car

Mykonos (Hora ; p. 340)

il est plus probable que les plats y soient fraîchement mitonnés.

Guide des restaurants

➡ Avec un service sans façons et d'un bon rapport qualité/prix, la **taverne** est décontractée et conviviale. Elle se décline en plusieurs variantes : **psarotaverna** pour le poisson et les fruits de mer ; **hasapotaverna** ou **psistaria** pour la viande grillée au barbecue ou rôtie à la broche.

➡ Le **mayireio** (cuisine comme à la maison) excelle dans les ragoûts traditionnels et les plats au four (*mayirefta*).

➡ Restaurant plus chic et formel, l'**estiatorio** propose une cuisine internationale ou des spécialités grecques qui ressemblent fort à celles de la taverne.

➡ Le **mezedhopoleio** sert quantité de mezze, tout comme l'**ouzeri** (les hors-d'œuvre sont alors apportés avec chaque tournée d'ouzo). Dans le nord ou le centre de la Grèce, les **tsipouradhika** sont l'équivalent des *ouzeria* et proposent du *tsipouro*, la liqueur locale.

➡ Le **kafeneio**, ce bastion traditionnel de la vie grecque, sert essentiellement du café et des spiritueux.

Choisir un plat

Les établissements sont tenus d'afficher leurs menus et tarifs à l'entrée. Si les cartes en anglais sont répandues, elles sont exclusivement en grec dans les

L'HEURE DE L'OUZO

Ce célèbre alcool anisé incarne tout un art de vivre. L'ouzo se déguste idéalement avec des mezze, par un long après-midi d'été. Il se sirote lentement et de façon systématique entre les plats, afin de se refaire le palais. Il est généralement servi dans de petites bouteilles ou *karafakia* (carafes), avec un bol de glaçons pour le diluer (il devient alors blanc laiteux).

L'ouzo est fabriqué à partir de raisin distillé, avec des résidus de fruits, de céréales et de pomme de terre. Il est ensuite aromatisé avec des épices, anisées pour l'essentiel, d'où ce goût si caratéristique. Le meilleur ouzo, dit-on, est produit à Lesbos (Mytilène).

US ET COUTUMES À TABLE

- Les tavernes grecques sont parfois très décontractées. Hormis dans les établissements haut de gamme, le code vestimentaire est généralement informel dans les restaurants.
- Le service pourra vous paraître lent (et inégal). L'aspect positif ? On ne vous bousculera jamais pour libérer la table.
- Votre table ne sera d'ailleurs pas débarrassée tant que vous n'aurez pas demandé l'addition. Dans les établissements traditionnels, celle-ci est accompagnée de fruits ou de douceurs offerts par la maison, voire d'un digestif. Il peut arriver qu'elle soit posée sur la table au début du repas, en prévision d'un contrôle fiscal impromptu.
- Si les Grecs boivent de l'alcool à table (l'âge légal est 16 ans), l'ébriété en public, rare, reste mal perçue.
- La réservation, conseillée dans les restaurants haut de gamme, est superflue dans la majorité des tavernes.
- Le service est inclus dans l'addition. Néanmoins, la plupart des clients laissent un petit pourboire ou arrondissent le montant (10-15%). Si vous voulez partager l'addition, mieux vaut faire les calculs vous-même. Les Grecs sont plus enclins à se chamailler pour savoir qui va payer plutôt qu'à diviser la somme entre les convives…
- Les Grecs sont des hôtes généreux et fiers. Ne refusez pas un café ou un verre – tenu pour un geste d'hospitalité et de bienveillance. Au restaurant, votre hôte paiera généralement pour vous. Si vous êtes invité chez quelqu'un, apportez un petit cadeau (des fleurs ou des douceurs) et arrivez l'appétit bien ouvert afin de scrupuleusement terminer votre assiette.
- S'il est interdit de fumer dans les lieux publics clos, notamment les restaurants et les cafés, le tabac est largement toléré à l'extérieur.

endroits peu fréquentés. En maints lieux, le *mayirefta* du jour est présenté sur un grand plateau et vous serez invité à aller voir ce qui se mitonne en cuisine, histoire de juger sur pièces !

Du pain, accompagné de petites sauces, ou des en-cas sont servis dès votre arrivée (on ne vous laisse pas le choix, et ce grignotage vous sera facturé).

Vous n'êtes pas obligé de respecter l'ordonnancement des trois plats – la plupart des Grecs partagent plusieurs entrées et plats, le repas pouvant même être entièrement constitué de mezze. Les mets arrivent parfois dans un ordre aléatoire.

Les ingrédients surgelés, notamment les produits de la mer, sont généralement signalés sur la carte (par un astérisque ou la mention “kat” sur les menus en grec).

Le poisson est en général vendu au poids plutôt qu'à la portion, et habituellement cuit entier, et non découpé en filets. Il est courant d'aller choisir son poisson en cuisine (privilégiez une chair ferme et des yeux brillants). Vérifiez le poids du produit cru pour éviter les surprises au moment de l'addition.

Snorkelling, îles Ioniennes (p. 591)

Préparer son voyage

Activités de plein air

La Grèce tire parti de ses paysages ourlés de flots bleus et caressés de vents chauds. Son littoral, ses falaises spectaculaires, ses forêts et ses prairies luxuriantes sont rendus accessibles par un réseau de chemins ancestraux. Si les visiteurs, tout juste sortis de leur torpeur balnéaire, ont l'envie de bouger, le choix abonde : les kitesurfeurs débutants comme les cyclistes confirmés, les amateurs de randonnées ou même de ski trouveront ici leur bonheur.

Meilleurs sites pour...

La plongée, les sports nautiques et de glisse

Ios (Cyclades) Baptême de plongée.

Paros (Cyclades) Le paradis du kitesurf.

Péninsule de Sithonia (Grèce du Nord) Pour plonger dans la mer Égée.

Poros (golfe Saronique) Ski nautique destiné aux néophytes.

Santorin (Cyclades) Des grottes immergées pour les plongeurs avertis.

Vassiliki (îles Ioniennes) Parfait pour s'initier à la planche à voile.

La randonnée à pied et à vélo

Andros (Cyclades) Des sentiers séculaires à travers les collines et les vallées encaissées.

Kos (Dodécanèse) Cyclisme sur terrain plat.

Nissyros (Dodécanèse) Un paysage luxuriant jusqu'au cratère du volcan

Péloponnèse À vélo sur les routes de montagne.

Samos (nord-est de la mer Égée) Environnement forestier arrosé de cascades (baignade possible !).

Skopélos (Sporades) et Paxi (îles Ioniennes) À pied à travers les champs et les oliveraies.

Zagoria (Grèce du Nord) Des sentiers muletiers dans le massif du Pinde.

Activités nautiques et aquatiques

Plongée et snorkeling

On peut pratiquer le snorkeling à peu près partout le long de la côte, d'autant que l'équipement est facile à trouver et bon marché. Parmi les meilleurs spots de snorkeling figurent Monastiri sur Paros, Paleokastritsa à Corfou, la baie de Xirokambos sur Léros et toute la côte de Kastellorizo (Megisti). Beaucoup de clubs de plongée utilisent leurs bateaux pour emmener les groupes sur des sites splendides.

La loi grecque est très claire : afin de se prémunir contre le pillage des antiquités immergées en Méditerranée et dans la mer Égée, seules les écoles sont autorisées à pratiquer la plongée. Il faut donc passer par elles. Jusqu'à récemment, les sites de plongée étaient limités et strictement contrôlés, mais de nouveaux spots sont désormais accessibles et les centres de plongée se multiplient. On en trouve notamment à Parga sur le continent et à Glyfada près d'Athènes, ainsi que sur les îles de Corfou, d'Eubée (Evia), de Léros, de Milos, de Mykonos, de Paros, de Rhodes, de Santorin et de Skiathos.

L'**Association professionnelle des moniteurs de plongée** (PADI ; www.padi.com) fournit notamment la liste des centres de plongée certifiés PADI en Grèce.

Planche à voile

La planche à voile est le sport nautique le plus pratiqué en Grèce. Hrysi Akti sur Paros et Vassiliki sur Leucade (Lefkada) se dispute le titre de meilleure plage dans le cœur des véliplanchistes. Certains affirment que Vassiliki est l'un des meilleurs sites au monde pour s'initier à ce sport.

Les bons spots ne manquent pas autour des îles. Citons notamment Kalafatis sur Mykonos, Agios Georgios sur Naxos, Mylopotas Beach à Ios, le cap Prassonissi dans le sud de Rhodes, les environs de Tingaki sur Kos et Kokkari à Samos.

Vous trouverez des planches à louer un peu partout, moyennant 10 à 25 € selon l'endroit et l'équipement. La plupart des loueurs proposent aussi des cours pour débutants. Les ressortissants de l'Union européenne sont libres d'apporter leur planche à voile. Les voyageurs venant d'autres pays doivent se soumettre à une procédure particulière. Pour plus de détails, contactez l'**Association hellénique de planche à voile** (☎210 323 3696 ; Filellinon 4, Syntagma, Athènes).

Kitesurf et surf

Forte d'un vent presque constant et de conditions idéales, la plage de Pounda, sur Paros, attire les meilleurs kitesurfeurs du monde ; les épreuves de la Professional Kiteboard Riders Association et du Kiteboard Pro World Tour s'y déroulent. Avec ses eaux peu profondes, c'est aussi un formidable endroit pour s'initier au surf. Mikri Vigla, autre excellent spot, à Naxos, propose des cours à deux pas d'une splendide plage de sable blanc.

Rafting

Le rafting et d'autres sports en rivière se sont rapidement développés ces dernières années, car de plus en plus de Grecs habitant en ville, surtout à Athènes, apprécient les expériences en pleine nature.

Trekking Hellas (p. 92) propose cinq ou six parcours, notamment sur les rivières Ladonas et Alphée dans le Péloponnèse, le fleuve Arachthos en Épire et l'Acheloos en Thessalie. **Eco Action** (☎210331 7866 ; www.ecoaction.gr ; Agion Anargyron, Psyrri) organise des descentes en raft et en kayak sur la rivière Ladonas, où se sont déroulées les épreuves de kayak des Jeux olympiques de 2004, ainsi que sur trois autres rivières en Grèce.

Ski nautique

Les eaux relativement calmes et chaudes de la Méditerranée rendent agréables sa pratique. Toutefois, en août, les conditions sont parfois difficiles lorsque le *meltemi* (vent sec du nord) souffle dans la zone centrale de la mer Égée. Sur l'île de Poros, près d'Athènes, l'activité est particulièrement bien organisée. Le club **Passage** (☎22980 42540 ; www.passage.gr ; baie de Neorion) comprend une école de ski nautique prisée et un parcours de slalom.

Randonnée à pied

La Grèce est un pays montagneux et s'apparente, à bien des égards, à un paradis pour les randonneurs. Les sentiers les plus fréquentés sont bien balisés et entretenus, mais l'**EOS** (Club alpin grec ; ☎210321 2429 ; Plateia Kapnikareas 2, Athènes ; succursales en Épire) manque cruellement de moyens : par conséquent, beaucoup de parcours moins empruntés sont envahis par la végétation et mal balisés.

Les gorges de Loussios et le Magne, dans le Péloponnèse, sont deux des plus belles contrées à arpenter, mais on peut aisément y ajouter : la péninsule du Pélion et les Météores dans le centre, le massif du Pinde ou le mont Olympe dans le nord de la Grèce. Randonner dans les îles est particulièrement gratifiant (voir aussi l'encadré page suivante). Sur les petites îles, vous rencontrerez une belle variété

PLONGÉE DANS L'HISTOIRE

Les lois grecques se sont assouplies au cours de la dernière décennie pour permettre l'accès à davantage de sites de plongée. Si plongeurs et associations s'en réjouissent, les historiens et les archéologues s'en inquiètent et appellent à un retour aux lois d'avant 2007, qui limitaient la plongée à quelques zones. Leurs raisons ? Le pillage des sites archéologiques sous-marins.

Les fonds marins bordant la Grèce ont permis une profusion de découvertes historiques. Au cours des siècles, de nombreuses statues ont été fondues pour fabriquer des armes et des pièces de monnaie. Par conséquent, beaucoup des plus grandes statues antiques que vous verrez dans les musées grecs ont été sauvées des eaux au cours du dernier siècle. La mer est aujourd'hui le plus grand site archéologique de Grèce. Environ cent sites sous-marins sont protégés, mais les historiens affirment que des milliers restent à découvrir. Le fond des mers sert de cimetière à de nombreuses épaves parfois très anciennes, à la fois intéressants sites de plongée et mines d'or archéologiques.

Malgré une loi de 1932 édictant que tout objet trouvé appartient à l'État (voir aussi *Douane*, p. 697), des plongeurs émergent avec des sculptures, des bijoux, des casques de guerriers et davantage encore. Les archéologues avertissent que prélever les objets, même les plus banals, peut affecter les sites, et finir par les détruire.

Ne soyez donc pas un pirate chaussé de palmes, contentez-vous du plaisir des yeux.

de sentiers, en particulier les *kalderimia*, des voies pavées ou dallées de l'époque byzantine qui relient les villages entre eux ; les *monopatia*, des sentiers de bergers ou de moines, qui conduisaient à l'origine aux villages dotés de bergeries ; ou encore des sentiers non balisés cheminant entre les bourgs les plus isolés. Ces parcours sont parfois très abrupts et difficiles à repérer.

Si l'on compte s'aventurer hors des sentiers battus, une bonne carte est primordiale. Malheureusement, la plupart des cartes touristiques vendues sur les îles sont insuffisantes pour la randonnée. Les meilleures cartes de randonnée sont éditées par **Anavasi** (www.anavasi.gr) et **Terrain** (www.terrainmaps.gr).

Le printemps (avril-mai) est la meilleure période pour la randonnée, car les campagnes, verdoyantes après les pluies hivernales, sont couvertes de fleurs. L'automne (septembre-octobre) est également un bon moment ; en juillet-août, en revanche, comme les températures ne descendent jamais en dessous de 40°C, il n'est vraiment pas agréable de marcher. Quelle que soit la période choisie, il faut s'équiper d'une bonne paire de chaussures de marche pour affronter un sol dur et caillouteux, d'un chapeau à large bord, d'une bouteille d'eau et d'une crème solaire à indice de protection élevé.

Plusieurs agences proposent des randonnées organisées. La plus grande,

LE TOP DES RANDONNÉES DANS LES ÎLES

ARCHIPEL	DESTINATION	NIVEAU	DESCRIPTION
Cyclades	Traghéa, Naxos	facile-moyen	Vaste plaine centrale jalonnée d'oliveraies, de villages authentiques et de nombreux sentiers
Cyclades	Filoti, Naxos	moyen-difficile	Ascension ardue jusqu'à la grotte de Zeus (caverne naturelle sur les flancs du mont Zeus)
Dodécanèse	Tilos	facile-moyen	D'innombrables sentiers longeant d'impressionnantes falaises et descendant sur des plages isolées ; un paradis pour les ornithologues
Dodécanèse	Nissyros	facile-moyen	Île volcanique luxuriante dont les randonnées mènent jusqu'aux cratères du mont Polyvotis
Eubée	Steni	moyen-difficile	Randonnées d'une journée et expéditions plus ardues sur le mont Dirfys, le plus haut sommet de l'Eubée
Îles Ioniennes	Paxi	facile	Sentiers longeant d'anciennes oliveraies et des murets en pierre sèche, appréciés des serpents ; parfaits pour s'isoler
Îles Ioniennes	Ithaque	facile-moyen	Pour les amateurs de mythologie et d'épopée homérique, qui marcheront dans les pas d'Ulysse
Îles du nord-est de la mer Égée	Samos	facile-moyen	Une exploration de l'intérieur de l'île, de ses villages de montagne et des versants boisés du mont Ampelos
Îles du golfe Saronique	Hydra	facile	Île réservée aux piétons, dotée d'un réseau de sentiers bien entretenus, desservant des plages et des monastères
Îles Sporades	Alonissos	facile	Plusieurs sentiers conduisent à des plages superbes
Îles Sporades	Skopélos	facile	Des sentiers bien balisés cheminant à travers des forêts, des oliveraies, des vergers et des vignobles

À pied sur la côte

Trekking Hellas (p. 92), met sur pied des balades de 4 heures dans la vallée de Loussios, des randonnées d'une semaine autour du mont Olympe et des Météores, ou encore dans les Cyclades.

Cyclotourisme

Avec plus de 4 000 km de routes côtières en Grèce continentale et 80% de terrain montagneux, la Grèce est de plus en plus prisée par les cyclistes. Il est possible de louer un vélo pour la journée, mais beaucoup de voyageurs en font leur principal mode de transport. Les vélos peuvent généralement être embarqués gratuitement à bord des trains et des ferries, et de plus en plus d'agences se spécialisent dans le cyclotourisme. Les Canadiens peuvent se renseigner auprès de **Vélo Québec** (☎514 521-8356 ; www.veloquebecvoyages.com ; Maison des cyclistes, 1251 rue Rachel Est, Montréal, Québec H2J 2J9), qui organise des itinéraires de cyclotourisme en Grèce.

Soyez prévoyant avant de partir : mieux vaut emporter un kit de crevaison et une trousse de premiers secours. Les motards sont connus pour rouler très vite et pas forcément sur leur voie, et il convient d'être particulièrement prudent dans les virages et sur les routes étroites. En juillet-août, la plupart des cyclistes font une pause entre 12h et 16h pour éviter les risques de coup de chaleur et de déshydratation.

SUR LA TOILE

Diving Greece (www.diving-greece.net). Renseignements sur le sites et centres de plongée, avec des liens et des articles.

Trekking Hellas (www.trekking.gr). Renseignements sur la randonnée et le rafting.

Snow Report (www.snowreport.gr). Pour les conditions d'enneigement.

Cycle Greece (www.cyclegreece.gr). Circuits à vélo, sur route et en montagne, à travers presque toute la Grèce, pour différents niveaux.

Bike Greece (www.bikegreece.com). Différents circuits d'une semaine à VTT pour débutants ou expérimentés

Ski

Il est tout à fait possible de skier en Grèce, en particulier dans le nord du pays, qui compte 16 stations, toutes dotées d'équipements de base. Les principaux domaines skiables sont le mont Parnasse, à 195 km au nord-ouest d'Athènes, et le mont Vermion (p. 260), à 110 km à l'ouest de Thessalonique. Il n'existe pas de forfaits vendus depuis l'étranger pour ces stations, qui sont surtout fréquentées par des Grecs.

La saison dépend des conditions d'enneigement mais s'étend généralement de janvier à fin avril. Pour plus de renseignements, procurez-vous un exemplaire de *Greece: Mountain Refuges & Ski Centres* publié par le bureau de l'EOT (office du tourisme national grec). Vous pourrez aussi vous renseigner auprès de la **Fédération hellénique de ski** (☎210 323 0182 ; press@ski.org.gr ; Karageorgi Servias 7, Syntagma, Athènes).

Préparer son voyage

Voyager avec des enfants

La Grèce ne compte pas des centaines de parcs d'attractions ou des menus spécifiques dans chaque restaurant. En revanche, les bambins sont ici accueillis avec naturel et invités à participer à la vie locale et aux activités. Les habitants offriront souvent des bonbons ou de menus présents à vos petits : apprenez-leur à dire merci en grec, et la glace sera brisée !

Les meilleures destinations en famille

Athènes

Athènes est parfaite pour les enfants, avec ses vestiges antiques, ses musées et ses lieux destinés aux petits, de grands parcs et jardins, une cuisine variée et des hôtels accueillant les familles.

Dodécanèse

Citadelles médiévales, plages et îles à rejoindre en catamaran font du Dodécanèse un bon compromis pour les familles, sans compter, héritage italien oblige, qu'on s'y régale de plats de pâtes.

Grèce du Nord

Elle a beaucoup d'attraits : des températures estivales plus clémentes, les plages de la Chalcidique et des pâtisseries au goût de miel ! La tranquille Ioannina ou Parga, très appréciée des familles, font des camps de base parfaits.

Îles Ioniennes

Un lieu phare pour les activités : exploration de forteresses, chasse au trésor sur la plage, kayak de mer, vélo et randonnées à pied. À table, les saveurs et la cuisine sans chichis plaisent aux petits.

En Grèce avec des enfants

À voir et à faire

Les musées grecs sont souvent emplis de reliques et d'objets qui n'intéresseront pas forcément les voyageurs en herbe, mais le cadre est souvent intrigant, puisqu'on se balade dans des édifices semblables à des palais antiques. Les histoires liées aux objets peuvent aussi captiver les enfants : statues découvertes au plus profond de l'océan ou casques portés par des gladiateurs. Les innombrables sites antiques leur laissent souvent un meilleur souvenir que les musées.

La plage se prête à bon nombre d'activités ludiques. En été, dans les plus grandes stations balnéaires, il est possible de louer des planches à voile, des surfs et des Bodyboards, ainsi que du matériel de snorkeling. En outre, on peut souvent prendre des cours, sortir en bateau ou se faire tracter sur une banane gonflable. Sur certaines plages, il faut se méfier du fond qui descend de façon abrupte ou des courants forts, mais, en général, il existe un secteur plus calme ou une baie protégée. Les habitants pourront vous renseigner.

La plupart des bourgades comptent au moins une petite aire de jeux, tandis que les grandes villes disposent généralement de parcs plus vastes et équipés pour que les petits se dépensent.

Vos enfants vont vous surprendre : ils dépasseront avant vous la barrière de la langue et s'amuseront avec les petits Grecs pendant que vous ferez une pause dans un café ou au parc. Certaines destinations touristiques (notamment Athènes et Rhodes) sont également pourvues de parcs de loisirs aquatiques.

Au restaurant

La cuisine grecque se caractérise notamment par le partage ; en commandant des mezze en petites portions variées, les enfants auront la possibilité de goûter les spécialités locales. Par ailleurs, on trouve toujours les classiques favoris des plus jeunes : pizzas, pâtes, omelettes, frites, pain, savoureux feuilletés et yaourts.

Les tavernes sont très familiales et les propriétaires font généralement tout leur possible pour satisfaire leurs petits clients.

Beaucoup de plats comportent des noix et des produits laitiers : si vos enfants souffrent d'allergies, mieux vaut demander à quelqu'un de l'écrire très clairement en grec sur un papier que vous pourrez montrer au personnel des restaurants.

Hébergement

De nombreux hôtels ne facturent pas de supplément pour les jeunes enfants et installent un lit d'appoint dans la chambre des parents. Tous les établissements, à l'exception des plus petits, sont dotés de lits pour bébé, mais il est plus prudent de vous en assurer à l'avance. Dans les complexes hôteliers et les grandes villes, des forfaits sont souvent proposés pour les familles et tout est prévu pour les bambins : activités, baby-sitting, chambres attenantes, pataugeoires, lits pour bébé et chaises hautes.

Sécurité

La Grèce est une destination sûre où il est facile de voyager avec des enfants. Les petits Grecs jouissent de beaucoup de liberté et jouent souvent sur les places et dans les aires de jeux jusque tard le soir. Toutefois, en voyage encore plus qu'ailleurs, mieux vaut être très vigilant avec les enfants. C'est d'autant plus vrai sur les plages ou dans les aires de jeux où ils peuvent facilement s'égarer. Il est également prudent de ne pas laisser vos enfants utiliser des sacs, vêtements, serviettes, etc. comportant leur nom ou des données personnelles car ces informations pourraient être utilisées par des personnes mal intentionnées.

Ceci dit, les désagréments qui menacent le plus vos enfants sont les coups de chaleur, les parasites et problèmes intestinaux, les piqûres de moustiques et les écorchures. Vous trouverez toujours un hôpital ou un centre médical à proximité, mais mieux vaut emporter une trousse de premiers secours avec un désinfectant, des pansements et des remèdes de base.

Les incontournables

Activités

➡ **Excursions en bateau** Filez sur les flots à bord d'un catamaran, participez à une partie de pêche en mer ou échappez-vous sur un voilier dans une baie isolée.

➡ **Kayak** Pagayez en compagnie de dauphins et explorez d'anciens repaires de pirates au large de la Céphalonie.

➡ **Plage** Sautez dans les vagues, construisez des châteaux de sable et enfilez masque et tuba pour explorer les fonds marins.

➡ **Vélo** Pédalez sur les routes plates du littoral.

Découverte

➡ **Acropole et autres sites antiques** L'idéal est d'explorer les temples des dieux grecs tôt le matin pour éviter la fournaise.

➡ **Forteresses médiévales** (p. 422) Perdez-vous dans les citadelles perchées sur les falaises de l'île de Rhodes – une destination parfaite pour l'escalade et faire travailler son imagination.

➡ **Volcan de Nisyros** (p. 461) Il est possible de s'approcher au plus près les cratères.

Repas

➡ **Yemista** Légumes (généralement des tomates) farcies au riz.

➡ **Pastitsio** Gratin de macaronis et de viande hachée d'agneau.

N'OUBLIEZ PAS

- Un rehausseur de voyage (modèle gonflable ou en tissu, qui s'attache au dos de la chaise ; légers et faciles à emballer)
- Un lit pour bébé léger et pliable (si vous prévoyez des destinations isolées)
- Un siège auto (les agences de location, en particulier les plus petites, ne sont pas toujours fiables sur ce point)
- Des verres en plastique et des couverts pour enfants
- Les médicaments de vos enfants accompagnés de leur ordonnance
- Des comprimés pour le mal des transports et du répulsif anti-moustiques
- Des chapeaux, de l'écran solaire résistant à l'eau, des lunettes de soleil et des bouteilles d'eau

- **Tzatziki** Hors-d'œuvre onctueux à base de concombre, de yaourt et d'ail.
- **Loukoumadhes** Beignets ronds au miel et, parfois, à la cannelle.
- **Galaktoboureko** Pâte feuilletée à la crème.
- **Politiko pagoto** Glace à la façon de Constantinople (un peu caoutchouteuse) préparée avec une résine végétale tirée du lentisque.

Culture

- **Carnaval** Déguisements, parades et danses traditionnelles amuseront les petits comme les grands. Ne manquez pas celui de Patras.
- **Football** Allez découvrir l'ambiance locale dans les gradins d'un stade.
- **Musée hellénique des enfants** Un excellent lieu de divertissement à Athènes. Les enfants peuvent participer à des cours de cuisine grecque ou d'artisanat.

Préparer son voyage

Les saisons intermédiaires (avril/mai et septembre/octobre) sont idéales pour voyager avec les plus jeunes : les températures sont plus douces et il y a moins de monde. Un bon moyen de préparer vos enfants et d'éveiller leur curiosité pour la destination qui les attend consiste à les familiariser avec certains livres ou DVD avant le départ. Beaucoup d'enfants apprécient les récits de la mythologie, tandis que les plus grands prendront plaisir à regarder *Mamma Mia !* ou d'autres films tournés en Grèce. Vous pourrez aussi trouver des livres pour enfants présentant la vie locale, avec quelques mots grecs que vos bambins pourront retenir.

Si vos enfants sont encore trop jeunes pour marcher longtemps, prévoyez un porte-bébé ; les poussettes ne sont vraiment pas pratiques dans les villages, à cause des rues pavées et des hauts trottoirs. Toutefois, avec un modèle adapté aux terrains difficiles, vous devriez vous débrouiller.

Les trajets en ferry, bus et train sont gratuits pour les enfants de moins de 4 ans. Ils paient moitié prix jusqu'à l'âge de 10 ans (ferry) ou 12 ans (bus et train). Pour les autres, le tarif plein s'applique. Pour les vols nationaux, vous paierez 10% du tarif adulte pour garder un enfant de moins de 2 ans sur vos genoux. En avion, les enfants de 2 à 12 ans paient moitié prix. Si vous prévoyez de louer une voiture, mieux vaut emporter votre propre siège auto ou rehausseur car beaucoup de petites agences n'en possèdent pas.

On trouve facilement du lait frais dans les grandes villes et les zones touristiques. Le plus sûr est de l'acheter au supermarché. Les petits pots et le lait concentré ou pasteurisé sont vendus presque partout. Les couches jetables sont aussi facilement disponibles, mais si vous allez dans des villages, mieux vaut les prévoir en quantité suffisante pour faire face à une éventuelle rupture de stock sur place.

Bien d'autres conseils pratiques figurent dans le guide *Voyager avec ses enfants*, publié par Lonely Planet.

Les régions en un clin d'œil

Athènes et l'Attique

Vestiges antiques
Vie nocturne
Musées

Vestiges antiques
Flâner parmi les vestiges sur la colline de l'Acropole ou assister à la représentation d'une tragédie dans l'odéon d'Hérode Atticus sont des expériences incontournables. Au-delà de ces grands classiques, la capitale grecque et l'Attique ont de quoi alimenter plusieurs jours d'exploration pour les amateurs.

Vie nocturne
Athènes ne dort jamais : les boîtes branchées du bord de mer sont animées par des DJ internationaux et fréquentées par des milliers de fêtards, alors que les clubs de rébétiko, plus intimes, sont l'occasion d'écouter airs et chansons mélancoliques, un verre d'ouzo à la main.

Musées
Athènes contribue largement au patrimoine mondial, avec les collections du Musée byzantin, les antiquités du musée national d'Archéologie, et les trésors longtemps invisibles de l'ultramoderne musée de l'Acropole.

p. 62

Péloponnèse

Vestiges antiques
Architecture
Randonnée

Vestiges antiques
Les sites évocateurs jalonnent le Péloponnèse. Visiter le sanctuaire de l'antique Olympie, berceau des Jeux olympiques, explorer les citadelles de Mycènes et de Tirynthe ou aller voir un spectacle au théâtre d'Épidaure : autant de voyages dans le passé.

Architecture
Des cités byzantines aux forteresses vénitiennes, cette région est émaillée de trésors architecturaux. Ne manquez pas Monemvassia, ses églises et son château en retrait du littoral, ainsi que les maisons-tours du XVIIe siècle de la région du Magne.

Randonnée
Enfilez vos chaussures de marche ! Le Magne, péninsule isolée et sauvage du sud de la région, est très apprécié des randonneurs, avec des montagnes offrant un panorama imprenable sur la côte. Au nord-ouest, traversez à pied la gorge de Loussios pour dénicher des villages-monastères.

p. 129

Centre de la Grèce

Vestiges antiques
Activités sportives
Plages

Vestiges antiques

Cette région renferme deux des plus beaux sites de Grèce. Le sanctuaire de Delphes, sur les versants du mont Parnasse, qui jouit de points de vue sur les oliveraies et la mer dans le lointain. Non loin, les monastères des Météores ont été construits à partir du XIVe siècle, au sommet de vertigineux pics rocheux.

Activités sportives

Les randonneurs inscriront la presqu'île du Pélion, sillonnée de sentiers pavés qui relient les villages, à leur carnet de voyage, ou marcheront dans les pas d'Héraclès en explorant les profondeurs verdoyantes du parc national de l'Œta. Les sportifs peuvent aussi descendre les rivières en raft ou faire du kayak sur le fleuve Achéloos.

Plages

Le golfe de Corinthe et la péninsule du Pélion sont jalonnés de stations balnéaires décontractées, de jolies criques et de longues étendues de sable.

p. 186

Grèce du Nord

Cuisine et vin
Randonnée
Plages

Cuisine et vin

La culture des mezze est ici profondément ancrée. Elle se caractérise par ses saveurs épicées, héritées des Grecs d'Asie Mineure, réfugiés de la péninsule anatolienne en Turquie. On peut aussi déguster un pilaf aux moules et des écrevisses, siroter du vin de Macédoine et goûter les douceurs ottomanes dans les cafés et pâtisseries de Thessalonique.

Randonnée

Les randonneurs rendent visite à Zeus en gravissant le mont Olympe, point culminant du pays. Les villages des Zagoria sont un autre must pour les randonneurs.

Plages

Avec ses plages de sable, ses îles et son parfum d'Italie, Parga est à l'image des villes côtières de la région : populaire, elle est autant appréciée des familles que des noctambules. Vous recherchez la tranquillité ? Cap sur les criques de sable isolées de la Chalcidique.

p. 226

Îles du golfe Saronique

Activités sportives
Architecture
Musées

Activités sportives

Plongez avec les dauphins pour explorer des grottes sous-marines ou des épaves. Sur la terre ferme, découvrez à pied les forêts et les collines de Poros, d'Hydra et de Spetsès.

Architecture

À ne pas manquer : la ville d'Hydra et ses demeures traditionnelles qui descendent jusqu'au rivage, le vieux port de Spetsès (Hora) et les édifices anciens de l'île, où l'on observe aussi les techniques ancestrales de construction navale.

Musées

Tous les musées ont du charme ici : maisons de marins restaurées, collections navales ou exposition d'objets cultuels et ecclésiastiques couverts d'or. La demeure de Lazaros Koundouriotis est l'un des principaux attraits de Hydra. À Spetsès, on visite aussi la maison de l'aventurière des mers, Laskarina Bouboulina.

p. 303

Cyclades

Vestiges antiques
Cuisine
Vie nocturne

Vestiges antiques

Le sanctuaire de Délos, l'ancienne île sacrée de l'Antiquité, est l'un des sites les plus importants de Grèce. La cité minoenne d'Akrotiki, à Santorin, est tout aussi évocatrice.

Gastronomie

Anguille et jambon fumés, *prosciutto*, fromages artisanaux et champignons sauvages étoffent les menus de Mykonos et de Paros. La cuisine rime ici avec inventivité : les recettes traditionnelles sont revisitées et le visiteur, repu de la plage, apprécie beaucoup le temps des repas !

Vie nocturne

Les noctambules sont chez eux à Mykonos, où les nuits suivent un rythme frénétique. Ios, moins tapageuse, reste très animée. À Santorin, le *nec plus ultra* est de prendre un cocktail dans un bar chic dominant la caldeira.

p. 322

Dodécanèse

Architecture
Activités sportives
Cuisine

Architecture

Côté pile, le patrimoine : châteaux accrochés aux collines, églises byzantines, vieille ville de Rhodes, bourgs de montagne perchés à l'abri des pirates, temples antiques en ruine et villes portuaires vénitiennes.

Activités sportives

Côté face, les sports et loisirs de plein air, avec certains des meilleurs sites d'escalade, de kitesurf, de plongée et de randonnée au monde – sans oublier les plages. Suivez des sentiers pour observer des espèces menacées, randonnez sur les pentes des volcans ou revoyez vos figures de surf.

Cuisine

Mixez les traditions culinaires grecques avec des influences italiennes et le résultat sera succulent. Le Dodécanèse compte aussi plusieurs restaurants dont les chefs s'approvisionnent auprès des fermes d'agriculture biologique.

p. 420

Îles du nord-est de la mer Égée

Activités sportives
Cuisine
Plages

Activités sportives

L'eau cristalline qui baigne ces îles est idéale pour la plongée. Elles invitent également à gagner des cascades au milieu des bois, à goûter l'eau des rivières et à explorer des forêts primaires, à pied ou à vélo.

Cuisine

Vous êtes au bon endroit pour savourer des fruits de mer et du poisson pêché du jour. Au quotidien, on vous proposera des palourdes, des oursins, de la langouste ou de la morue, à accompagner d'un verre d'ouzo ou de vin doux de Samos. Partout, vous serez accueilli avec des repas faits comme à la maison.

Plages

Côte d'Ikaria jalonnée de galets blancs, criques abritées des îles Fourni, étendues de sable immaculé de Chios ou stations balnéaires de Samos... On n'est jamais très loin d'une plage dans le royaume bleu-vert de la mer Égée.

p. 495

Eubée et les Sporades

Activités sportives
Cuisine
Vie nocturne

Activités sportives

Le programme est vaste, des sports les plus simples (randonnée à travers des oliveraies et de belles prairies ou baignade dans un parc marin en guettant les dauphins) aux plus aventuriers (plongée sur d'excellents spots).

Cuisine

Ne manquez pas le miel d'*elatos* (sapin) et de *pefko* (pin), le poisson ultra-frais – à choisir à peine sorti des filets et à déguster sur les quais. Les légumes cultivés sur place et l'huile d'olive pressée à froid complètent la cuisine maison de *yiayia* (grand-mère).

Vie nocturne

Les sorties ne se limitent pas aux discothèques. Écoutez certains des meilleurs joueurs de bouzouki du pays et admirez le coucher du soleil à l'horizon depuis un bar à vins au style épuré.

p. 563

Îles Ioniennes

Architecture
Activités sportives
Cuisine

Architecture

La ville de Corfou conjugue demeures vénitiennes aux teintes pastel, passages couverts à la française et architecture néoclassique britannique, ce qui lui vaut d'être considérée comme l'une des plus jolies villes de Grèce. On trouve aussi sur l'île une forteresse du VIe siècle. Sur les îles voisines, place aux maisons chaulées et aux moulins à vent.

Activités sportives

Rejoignez en kayak des criques isolées, faites du voilier et randonnez dans les montagnes. Des portions ininterrompues de côte sublime et un paisible arrière-pays attirent les amateurs de loisirs sportifs jusqu'ici.

Cuisine

Viande braisée, ail, pain fait maison, risottos aux fruits de mer et pâtes fraîches évoquent l'Italie. N'ayant jamais été sous domination turque, les Corfiotes ont une cuisine bien particulière.

p. 591

Sur la route

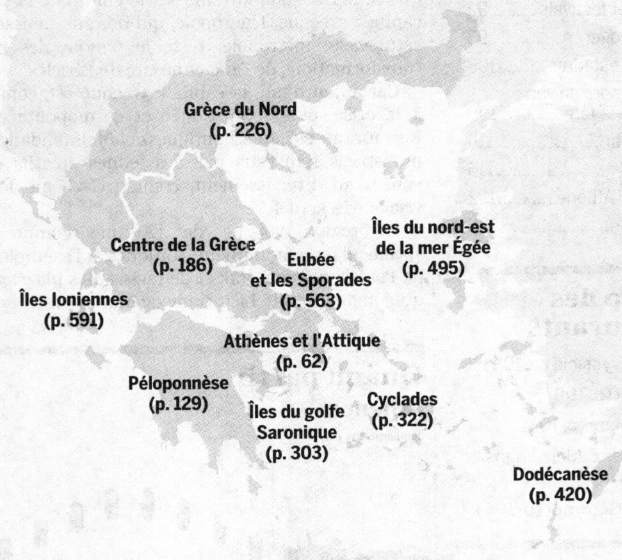

Grèce du Nord
(p. 226)
Centre de la Grèce
(p. 186)
Eubée
et les Sporades
(p. 563)
Îles du nord-est
de la mer Égée
(p. 495)
Îles Ioniennes
(p. 591)
Athènes et l'Attique
(p. 62)
Péloponnèse
(p. 129)
Îles du golfe
Saronique
(p. 303)
Cyclades
(p. 322)
Dodécanèse
(p. 420)

Athènes et l'Attique

Dans ce chapitre ➡

Le top des restaurants

- Café Avyssinia (p. 105)
- Spondi (p. 109)
- Mani Mani (p. 107)
- Tzitzikas & Mermingas (p. 103)
- Funky Gourmet (p. 106)

Le top des hébergements

- Magna Grecia (p. 98)
- Athens Gate (p. 102)
- Hotel Grande Bretagne (p. 96)
- Electra Palace (p. 96)
- NEW Hotel (p. 94)

Pourquoi y aller

Athènes (Αθήνα) est un mélange grisant d'histoire millénaire et d'effervescence contemporaine. Le centre historique constitue un véritable musée en plein air, et c'est pourtant là que se déroule aujourd'hui la vie culturelle et sociale de la capitale grecque. L'Acropole, qui domine majestueusement cette vaste métropole, reste le témoin des nombreuses transformations de l'ancienne cité de Périclès.

Car aujourd'hui, la capitale grecque est, comme un défi à la crise, plus sophistiquée et cosmopolite que jamais. Restaurants élégants, boutiques et hôtels tendance, quartiers industriels réinvestis par des jeunes créatifs et enclaves vouées au divertissement, comme Gazi, lui dessinent un visage très actuel.

La région voisine de l'Attique compte aussi de spectaculaires monuments antiques, à l'exemple du temple de Poséidon à Sounion, et de ravissantes plages telles celles qui jouxtent le site historique de Marathon.

Quand partir

Athènes

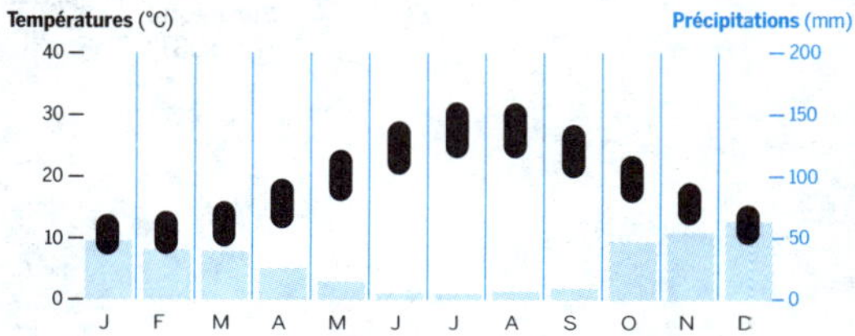

Juin Imprégnez-vous des sites antiques avant d'aller prendre le soleil en bord de mer.

Fin mai-octobre Spectacles et concerts animent la capitale lors du Festival hellénique.

Septembre Le temps fraîchit et la vie reprend son cours avec la fin des vacances des Athéniens.

À ne pas manquer

1 L'**Acropole** (p. 69), un magnifique site du Ve siècle av. J.-C.

2 Une promenade à Plaka, Monastiraki et Thisio, au cœur du **centre historique** (p. 79)

3 La **vie nocturne** (p. 109) d'Athènes : bars animés, clubs de plage chics et cinémas en plein air

4 La confrontation des arts ancien et contemporain au **musée national d'Archéologie** (p. 86), au **musée d'Art cycladique** (p. 87) et au **musée Benaki** (p. 87)

5 Un spectacle à l'odéon d'Hérode Atticus dans le cadre du **festival d'Athènes** (p. 92)

6 Les étals et les boutiques du **marché aux puces de Monastiraki** (p. 116)

7 Les sculptures du Parthénon exposées au **musée de l'Acropole** (p. 76)

8 Un dîner à **Thisio** (p. 105), **Keramikos** (p. 105) ou **Makrygianni** (p. 107), devant l'Acropole illuminée

ATHÈNES

ΑΘΗΝΑ

3,8 MILLIONS D'HABITANTS

Histoire

Histoire ancienne

Les premiers temps de l'histoire d'Athènes sont si inextricablement liés à la mythologie qu'il est impossible de démêler la réalité de la fiction. On sait de manière certaine que le site élevé de l'Acropole, doté de deux sources abondantes, attira les premiers habitants du néolithique. Lorsqu'un paisible mode de vie agricole céda la place à une cité plus guerrière, l'Acropole fournit une position défensive idéale.

En 1400 av. J.-C., l'Acropole était devenue une puissante ville mycénienne. Elle survécut à l'attaque dorienne de 1200 av. J.-C., mais n'échappa pas à l'âge des ténèbres qui frappa la Grèce au cours des quatre siècles qui suivirent. Puis, au VIIIe siècle av. J.-C., pendant une période de paix, Athènes, qui excellait en matière de céramique, devint le centre artistique de la Grèce.

Au VIe siècle av. J.-C., Athènes était dirigée par des aristocrates et des généraux. Ouvriers et paysans n'eurent aucun droit civique jusqu'à ce que Solon, fondateur de la démocratie athénienne, devienne archonte (grand magistrat) en 594 av. J.-C. et améliore le sort des pauvres grâce à des réformes comme l'annulation des dettes et l'instauration de jurys lors des procès.

Profitant de l'agitation suscitée par les réformes, le tyran Pisistrate s'empara du pouvoir en 560 av. J.-C. Cet ancien chef de l'armée rassembla une formidable flotte de guerre et étendit la sphère d'influence athénienne. Amateur d'art, il inaugura les Grandes Dionysies, préfiguration du théâtre attique, et commanda de nombreuses œuvres splendides, dont la plupart furent détruites par les Perses.

Son fils Hippias lui succéda en 528 av. J.-C. Athènes se débarrassa de ce dernier oppresseur en 510 av. J.-C. avec l'aide de Sparte.

L'âge d'or d'Athènes

Après qu'Athènes eut enfin repoussé l'Empire perse à la bataille de Salamine (480 av. J.-C.) et de Platées (avec l'aide de Sparte), sa puissance ne connut plus de limites.

En 477 av. J.-C., Athènes établit une confédération sur l'île sacrée de Délos et réclama des tributs aux îles voisines pour les protéger des Perses. Le trésor de Délos fut déplacé à Athènes en 461 av. J.-C. C'est à cette époque qu'émerge la figure de Périclès, élu quinze fois stratège entre 443 et 429 av. J.-C. Sous sa gouvernance, la vie politique se démocratise, de nouveaux

ATHÈNES EN...

Deux jours

Commencez par gravir les rues de Plaka vers l'**Acropole**, le site de la ville ancienne, puis descendez par l'**Agora antique**. Explorez **Plaka** et le **marché aux puces de Monastiraki**, en faisant une pause dans un café d'Adrianou. Puis partez visitez le **musée de l'Acropole** pour notamment admirer la frise du Parthénon. Déambulez sur la **grande promenade**, puis montez jusqu'à la **colline de Philopappos** et aux cafés du **Thisio**, avant de dîner dans un restaurant donnant sur l'Acropole.

Le deuxième jour, regardez la **relève de la garde** à Syntagma avant de traverser les jardins jusqu'au **stade panathénaïque** et au **temple de Zeus olympien**. Prenez un tram jusqu'au **musée national d'Archéologie** puis assistez à un spectacle à l'**odéon d'Hérode Atticus**, ou rendez-vous à **Gazi** pour dîner et sortir.

Quatre jours

Avec deux jours de plus, visitez le **musée Benaki**, le **musée d'Art cycladique** et le **musée d'Art byzantin et chrétien**, avant de déjeuner et de faire du shopping à **Kolonaki**. Prenez le *teleferik* ou gravissez à pied le **Lycabette** pour la vue panoramique. Regardez un film au clair de lune dans l'un des **cinémas en plein air**, à moins de préférer faire la tournée des **bars à cocktails** des environs de Plateia Karytsi et de Plateia Agia Irini. En hiver, passez la soirée dans un **club de rébétiko**.

Le quatrième jour, explorez le dynamique **marché central** et le **site de Keramikos**. Parcourez la côte jusqu'au cap Sounion et son **temple de Poséidon** ou gardez votre énergie pour une sortie nocturne, en été, dans les **bars de plage de Glyfada**.

ATHÈNES ET LE RAMEAU D'OLIVIER

La mythologie rapporte un affrontement entre Athéna, patronne de la ville, et Poséidon. Après que le Phénicien Cécrops eut fondé la ville sur un énorme rocher près de la mer, les dieux de l'Olympe proclamèrent que la cité devrait hériter du nom de la divinité qui ferait le don le plus précieux aux mortels. Athéna (déesse de la Sagesse, entre autres attributions) leur donna l'olivier, symbole de paix et de prospérité. Poséidon (dieu de la Mer) frappa un rocher de son trident et fit apparaître une source d'eau salée (certaines versions évoquent plutôt un cheval). Les dieux jugèrent que le don d'Athéna serait plus utile aux Athéniens, car il leur garantirait nourriture, huile et bois.

Athéna domine encore aujourd'hui la mythologie athénienne et de grands monuments de la ville lui sont dédiés.

monuments sont édifiés sur l'Acropole et Athènes impose son hégémonie sur les cités voisines. Cette période est considérée comme l'âge d'or d'Athènes, l'apogée de la période classique. Le théâtre et la littérature s'épanouirent, grâce à de grands noms comme Eschyle, Sophocle et Euripide. Les sculpteurs Phidias et Myron et les historiens Hérodote, Thucydide et Xénophon marquèrent aussi cette époque.

Rivalité avec Sparte

Sparte devait faire de l'ombre à la gloire nouvellement acquise d'Athènes. La rivalité entre les deux cités déboucha sur les guerres du Péloponnèse en 431 av. J.-C., qui se poursuivirent jusqu'en 404 av. J.-C., date à laquelle Sparte prit le dessus. Athènes ne devait jamais retrouver sa grandeur passée. Cependant, au IVe siècle av. J.-C., la sphère intellectuelle est marquée par trois des plus grands orateurs et philosophes occidentaux : Socrate, Platon et Aristote.

En 338 av. J.-C., Athènes et les autres cités-États grecques furent conquises par Philippe II de Macédoine. Après l'assassinat de ce dernier, son fils Alexandre le Grand favorisa Athènes au détriment des autres cités-États. Après la mort prématurée d'Alexandre, Athènes passa rapidement entre les mains de ses généraux.

Rome et Byzance

Au début du IIe siècle av. J.-C., la domination romaine supplante celle des Macédoniens. Athènes demeura un grand centre d'érudition où venaient se former les jeunes Romains fortunés. Quiconque comptait un peu à Rome à l'époque parlait le grec. Les empereurs romains, tout particulièrement Hadrien, dotèrent Athènes de nombreux édifices majestueux. Au IVe siècle, le christianisme devint la religion officielle à Athènes et le culte des dieux grecs "païens" ne tarda pas à être décrété hors la loi.

Après la division de l'Empire romain en empires oriental et occidental, Athènes demeura un important centre culturel et intellectuel jusqu'à ce que l'empereur Justinien ferme ses écoles de philosophie en 529. La ville connut une période de déclin et, entre 1200 et 1450, subit des invasions continuelles : Francs, Catalans, Florentins et Vénitiens cherchèrent tous à s'octroyer une part d'un Empire byzantin vacillant.

Férule ottomane et indépendance

Les Turcs s'emparèrent d'Athènes en 1456, et près de quatre siècles de domination ottomane s'ensuivirent. L'Acropole devint le siège du gouverneur turc, le Parthénon fut transformé en mosquée et l'Érechthéion en harem.

Le 25 mars 1821, les Grecs déclenchèrent leur guerre d'Indépendance (ils déclarèrent leur indépendance en 1822). De violents combats eurent lieu dans les rues d'Athènes, qui changea de mains plusieurs fois. La Grande-Bretagne, la France et la Russie finirent par intervenir et détruisirent la flotte turco-égyptienne lors de la bataille de Navarin en octobre 1827.

La ville de Nauplie fut d'abord choisie comme capitale de la Grèce. Après l'assassinat en 1831 du président élu Jean Capo d'Istria (Ioannis Kapodistrias), la Grande-Bretagne, la France et la Russie intervinrent de nouveau, et proclamèrent la monarchie en Grèce. Le trône échut au prince Othon de Bavière, âgé de 17 ans, qui transféra sa cour à Athènes. En 1834, la nouvelle capitale grecque n'était plus alors qu'une petite ville tranquille de 6 000 âmes. Les architectes bavarois créèrent d'imposants bâtiments néoclassiques, des boulevards bordés d'arbres et des places. Leoforos

Agglomération d'Athènes

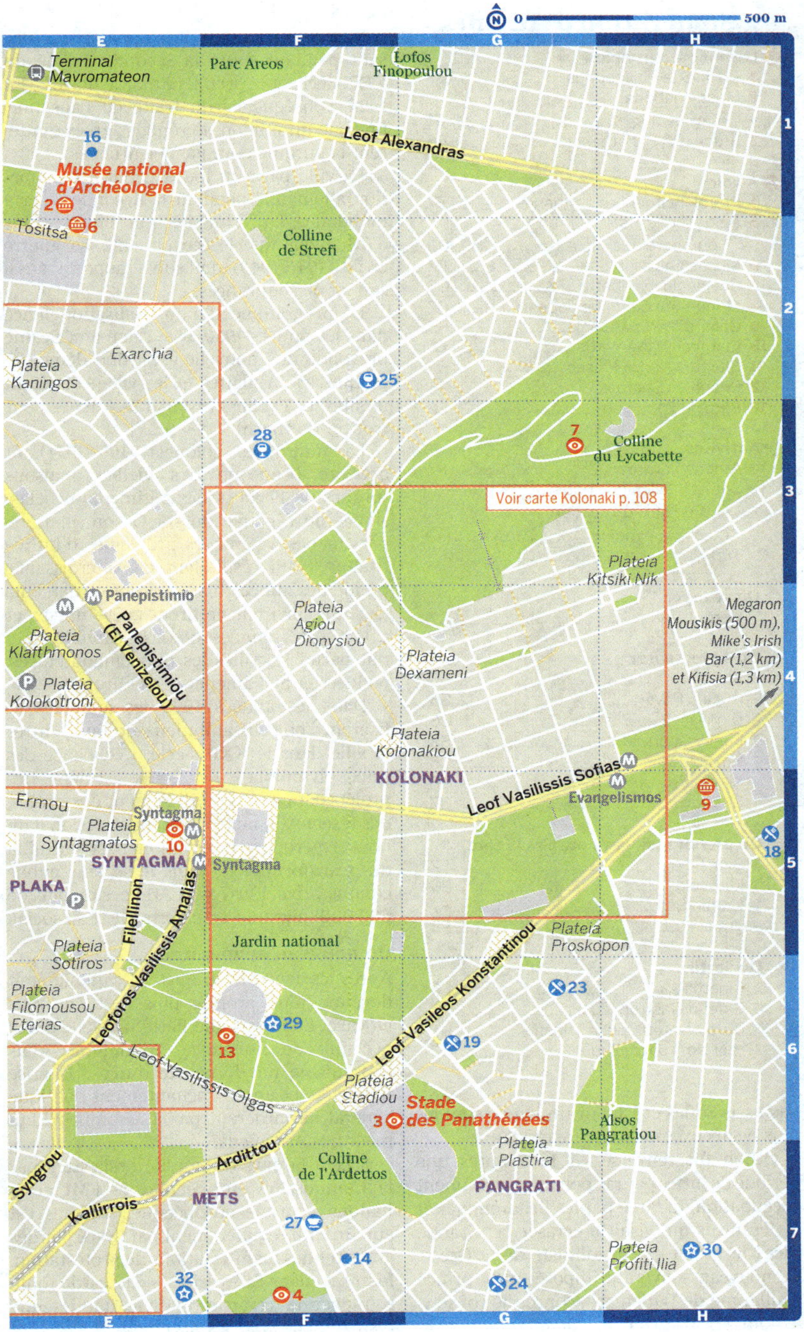
0
500 m
Terminal Mavromateon
Parc Areos
Lofos Finopoulou
Leof Alexandras
16
Musée national d'Archéologie
2
Tositsa
6
Colline de Strefi
Plateia Kaningos
Exarchia
25
28
7
Colline du Lycabette
Voir carte Kolonaki p. 108
Plateia Kitsiki Nik
Megaron Mousikis (500 m), Mike's Irish Bar (1,2 km) et Kifisia (1,3 km)
Panepistimio
Plateia Agiou Dionysiou
Plateia Dexameni
Plateia Klafthmonos
Panepistimiou (El Venizelou)
Plateia Kolokotroni
Plateia Kolonakiou
KOLONAKI
Leof Vasilissis Sofias
Evangelismos
9
18
Ermou
Syntagma
Plateia Syntagmatos
10
SYNTAGMA
Syntagma
PLAKA
Filellinon
Leoforos Vasilissis Amalias
Jardin national
Plateia Proskopon
Leof Vasileos Konstantinou
23
Plateia Sotiros
Plateia Filomousou Eterias
29
13
19
Leof Vasilissis Olgas
Plateia Stadiou
Stade des Panathénées
3
Alsos Pangratiou
Plateia Plastira
Arditou
Colline de l'Ardettos
PANGRATI
Syngrou
Kallirrois
METS
27
14
Plateia Profiti Ilia
30
32
24
4
E
F
G
H
1
2
3
4
5
6
7

Agglomération d'Athènes

Les incontournables

1 Colline de Philipappos ... B7
2 Musée national d'Archéologie ... E1
3 Stade des Panathénées ... F6

À voir

4 Premier cimetière d'Athènes ... F7
5 Agios Dimitrios Loumbardiaris ... C6
6 Musée épigraphique ... E2
7 Colline du Lycabette ... G3
8 Monument de Philopappos ... C7
9 Galerie d'art nationale ... H5
10 Plateia Syntagmatos ... E5
11 Sanctuaire des Muses ... C7
12 Prison de Socrate ... C6
13 Parc du Zappeion ... F6

Activités

14 Athens Centre ... F7
15 Société hellénique pour l'étude et la protection du phoque moine ... D2
16 Trekking Hellas ... E1

Où se loger

17 Hotel Tony ... C7

Où se restaurer

18 Alatsi ... H5
19 Cucina Povera ... G6
20 Dionysos ... C6
21 Funky Gourmet ... B3
22 Kuzina ... C5
23 Mavro Provato ... G6
24 Spondi ... G7

Où prendre un verre et faire la fête

25 Blue Fox ... F2
26 Mirovolos ... B3
27 Odeon Cafe ... F7
28 Tralala ... F3

Où sortir

29 Cinéma Aigli ... F6
30 Cafe Alavastron ... H7
31 Dora Stratou Dance Theatre ... B7
32 Half Note Jazz Club ... E7

Vasilissis Sofias et Panepistimiou en sont les plus beaux exemples encore existants.

Othon fut renversé en 1862 après une période de luttes pour le pouvoir, notamment l'occupation du Pirée par les Britanniques et les Français qui visait à écraser la "Grande Idée", le projet expansionniste de la Grèce. Le nouveau souverain imposé fut le prince Guillaume de Danemark, couronné roi sous le nom de Georges Ier en 1863.

Le XXe siècle

Athènes connut un développement croissant pendant toute la seconde moitié du XIXe siècle et la première moitié du XXe. En 1923, conséquence du traité de Lausanne, presque un million de réfugiés grecs quittèrent la Turquie pour gagner Athènes.

La ville paya un lourd tribut à l'occupation allemande pendant la Seconde Guerre mondiale. La faim décima encore plus d'Athéniens que le feu ennemi. La guerre civile (1946-1949) qui suivit apporta aussi son lot de souffrances.

Le programme d'industrialisation lancé dans les années 1950 avec l'aide américaine provoqua une nouvelle explosion démographique, les insulaires et les villageois étant nombreux à venir s'installer à Athènes pour trouver du travail.

La junte des colonels (1967-1974) fit détruire beaucoup des vieilles maisons turques de Plaka et des bâtiments néoclassiques de l'époque du roi Othon, mais ne parvint pas à gérer les problèmes d'infrastructures qui résultaient de la croissance rapide des années 1950. Les gouvernements élus qui suivirent ne firent guère mieux, et à la fin des années 1980, la capitale figurait parmi les villes les plus embouteillées, polluées et mal aménagées d'Europe.

Dans les années 1990 les autorités se fixèrent l'objectif ambitieux de faire entrer la ville dans le XXIe siècle. L'échéance des Jeux olympiques de 2004 accéléra des projets comme l'agrandissement des routes, des réseaux du métro et la construction d'un nouvel aéroport international, et entraîna des transformations dans le secteur public comme privé. L'arrivée à Athènes de plus de 600 000 migrants, transforma le tissu social.

Un nouveau millénaire

Après les Jeux olympiques, la capitale était devenue plus propre, plus verte et plus efficace. Elle tirait une fierté nouvelle d'une décennie de croissance économique. Mais l'optimisme fut de courte durée : la crise financière et un désenchantement politique général ne tardèrent pas à assombrir l'humeur des Athéniens.

Face à la cure d'austérité orchestrée par la Commission européenne, le FMI et la Banque centrale européenne, Athènes est aujourd'hui régulièrement paralysée par des grèves et des manifestations de protestation. Même si, dans l'adversité, la cité garde toute son énergie créatrice, la vie quotidienne reste difficile pour les Athéniens.

À voir

Plateia Syntagmatos (place Syntagma ou place de la Constitution), au cœur de l'Athènes moderne, est dominée par le Parlement. On peut la rejoindre à pied à partir de la plupart des sites touristiques (voir la promenade p. 96). Au sud, le quartier turc de Plaka correspond au périmètre de la cité quand elle fut déclarée capitale. Ses rues étroites et pavées s'étirent sur le versant nord-est de l'Acropole et desservent plusieurs sites antiques. Très touristique, **Plaka** reste le quartier d'Athènes le plus empreint de caractère.

Autour de la très animée **Plateia Monastirakiou** (place Monastiraki), la zone de marché juste à l'ouest de Syntagma ne manque pas de charme. **Psyrri**, au nord de Monastiraki, est ponctué de bars et de restaurants. La renaissance de **Gazi** a débuté avec la transformation de sa vieille usine à gaz en centre culturel. Ses cheminées rouges illuminent les rues d'un nouveau quartier gay rempli de bars et de restaurants.

Kolonaki, niché sous le **Lycabette** à l'est de Syntagma, est très huppé : ses rues comptent nombre de boutiques élégantes et de galeries d'art, des dizaines de cafés et de restaurants tendance. À l'est de l'Acropole, Pangrati est un quartier résidentiel sans prétention où sont installés des clubs de musique, des cafés et des restaurants intéressants. Les quartiers résidentiels tranquilles de **Makrygianni** et **Koukaki**, au sud de l'Acropole, non loin du musée de l'Acropole, sont agréablement peu touristiques.

Le quartier commerçant d'**Omonia**, autrefois l'un des plus chics de la ville, reste un lieu interlope aujourd'hui, et encore peu recommandable, surtout la nuit, malgré des efforts certains pour le réhabiliter. **Exarchia**, le quartier bohème coincé entre le Polytechnio et la colline de Strefi, a la faveur des étudiants, des artistes et des intellectuels.

Les quartiers huppés de **Kifisia** (à l'intérieur) et de **Glyfada** (en bord de mer) comptent leurs propres boutiques, cafés et lieux de sortie nocturnes. Le bassin d'Athènes est entouré de montagnes : au nord le **mont Parnitha**, au nord-est le **mont Pendeli**, à l'ouest le **mont Egaleo** et à l'est le **mont Ymittos**. Le centre-ville est dominé par des collines moins imposantes.

Athènes possède nombre de bâtiments néoclassiques réalisés après l'indépendance, notamment la célèbre trilogie architecturale située dans Panepistimiou, à mi-chemin entre Omonia et Syntagma : la **Bibliothèque nationale** (carte p. 100 ; ☎210 338 2541 ; www.nlg.gr ; Panepistimiou 32, Syntagma ; ⏱9h-20h lun-jeu, 9h-14h ven et sam ; Ⓜ Panepistimio) GRATUIT, l'**université d'Athènes** (carte p. 100 ; ⏱fermée au public ; Ⓜ Panepistimio) et l'**Académie**.

Lors de notre passage, la **Galerie d'art nationale** (carte p. 66 ; ☎210 723 5937 ; www.nationalgallery.gr ; Leoforos Vasileos Konstantinou 50, Kolonaki ; Ⓜ Evangelismos) était fermée pour deux ans à fins de rénovations. La **Galerie nationale de sculptures** (glyptothèque ; ☎210 770 9855 ; parc de l'armée, Katehaki ; tarif plein/réduit 3 €/gratuit ; Ⓜ Katehaki), à 8 km au sud-est, accueille en revanche à nouveau des visiteurs.

Acropole

Acropole MONUMENT EMBLÉMATIQUE

(carte p. 82 ; ☎210 321 0219 ; http://odysseus.culture.gr ; tarif plein/réduit/enfant 12/6 €/gratuit, le billet donne accès à plusieurs sites, voir p. 74 ; ⏱8h-20h, réduit hors-saison ; Ⓜ Akropoli). L'Acropole est le site antique majeur du monde occidental. Couronnée par le Parthénon, visible de presque tous les points de la ville, elle semble veiller sur Athènes telle une sentinelle. Ses temples de marbre pentélique (du nom de la montagne de l'Attique) brillent de toute leur blancheur dans le soleil de midi et prennent progressivement une teinte de miel à mesure que le soir tombe, avant d'être illuminés la nuit venue.

Ces impressionnants monuments ne sont pourtant que de pâles vestiges de la ville de Périclès dédiée au culte d'Athéna. Athènes abritait au temps de sa splendeur une profusion d'édifices colorés et de statues, certaines en bronze, d'autres en marbre plaqué d'or et incrusté de pierres précieuses, réalisées avec les matériaux les plus nobles par les meilleurs architectes et sculpteurs.

Le site fut peuplé dès le néolithique (4000-3000 av. J.-C.). Les premiers temples furent érigés à l'époque mycénienne en hommage à la déesse Athéna et l'Acropole fut habitée jusqu'à la fin du VIe siècle av. J.-C. En 510 av. J.-C., l'oracle de Delphes annonça en effet qu'elle devait être seulement le domaine des dieux.

Les Perses ayant réduit en cendres tous les édifices de l'Acropole à la veille de la bataille de Salamine (480 av. J.-C.), Périclès mit en œuvre un ambitieux programme de reconstruction. Il transforma donc l'Acropole en

L'Acropole

Imaginez-vous la majesté de l'Acropole (p. 69) il y a 2500 ans. Le Parthénon, son monument dédié à la déesse Athéna, trônait fièrement sur la cité en contrebas qu'elle dominait de toute sa splendeur. À l'apogée d'Athènes, au Ve siècle avant notre ère, pèlerins et prêtres venaient prier dans les temples de cette "ville haute". La plupart existent encore à divers stades de restauration. À l'origine, beaucoup étaient peints de couleurs chatoyantes et abondamment ornés de sculptures en ivoire, en or et en pierres semi-précieuses.

Aujourd'hui, en entrant sur le site, on aperçoit, juché sur la droite, l'un des édifices de l'Acropole les mieux restaurés : le tout petit **temple d'Athéna Nikè** 1. Suivez la Voie sacrée qui traverse les Propylées et montez jusqu'au **Parthénon** – icône du monde occidental. Ses **majestueuses colonnes** 2 soutiennent les plus belles sculptures de l'époque : **frontons, métopes et frise** 3. Promenez-vous autour du temple pour admirer la vue spectaculaire sur Athènes et Le Pirée en contrebas.

En retournant vers le centre de l'Acropole, vous ferez la rencontre de jeunes femmes célèbres, les **caryatides** 4 de l'Érechthéion. Sur la face nord de ce monument, le **temple de Poséidon** 5, souvent oublié, se dresse dans l'enceinte de l'ingénieux **mur de Thémistocle** 6. À l'ouest de l'Érechthéion, vous découvrirez le don qu'Athéna fit à la ville : un **olivier** 7.

À SAVOIR

➡ Impossible de se rendre à Athènes sans visiter l'**Acropole** (p. 69). Pour éviter la foule, venez tôt le matin ou en fin d'après-midi.

ALEXIS AVERBUCK ©

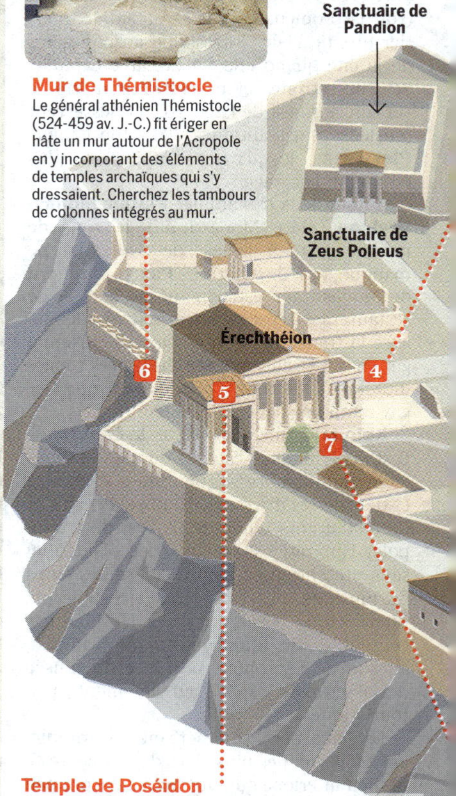

Mur de Thémistocle
Le général athénien Thémistocle (524-459 av. J.-C.) fit ériger en hâte un mur autour de l'Acropole en y incorporant des éléments de temples archaïques qui s'y dressaient. Cherchez les tambours de colonnes intégrés au mur.

Temple de Poséidon
Bien qu'ayant échoué à devenir le dieu tutélaire de la ville, Poséidon était adoré du côté nord de l'Érechthéion, qui porte encore la marque de son coup de trident. Imaginez le porche à caissons, finement décoré, peint de couleurs éclatantes.

ALEXIS AVERBUCK ©

ALEXIS AVERBUCK ©

Les caryatides

Les éléments les plus reconnaissables de l'Acropole sont sans doute les majestueuses Caryatides (vers 415 av. J.-C.). Inspirées par des femmes de Karyai (aujourd'hui Karyès, en Laconie), ces jeunes filles portaient sans doute un bol à libation dans une main, et tenaient leur robe de l'autre.

ALEXIS AVERBUCK ©

Frontons, métopes et frise du Parthénon

Les frontons du Parthénon (éléments triangulaires surmontant les façades est et ouest) étaient emplis de sculptures. Le côté ouest montrait Athéna et Poséidon se disputant le patronage de la ville, le côté est Athéna naissant de la tête de Zeus. Les métopes sont des panneaux sculptés carrés, placés entre des triglyphes cannelés. Ils dépeignent des scènes de batailles, notamment le pillage de Troie et l'affrontement entre Lapithes et Centaures. La cella était surmontée d'une frise ionique, une bande sculptée continue dépeignant la procession des Panathénées.

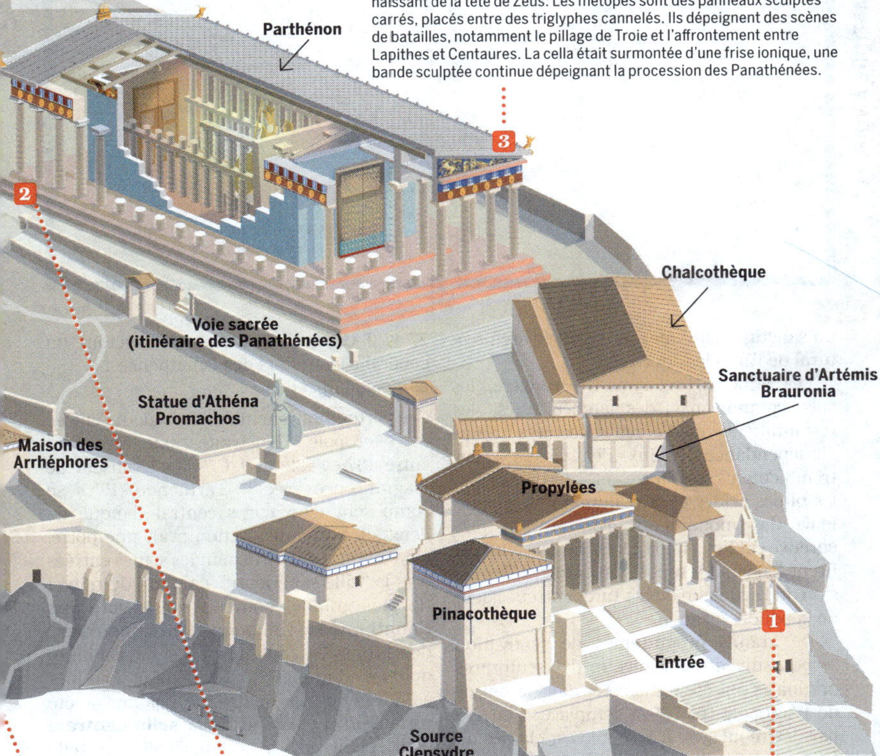

Colonnes du Parthénon

Les colonnes doriques cannelées du Parthénon furent conçues pour créer une illusion d'optique : les fondations (comme toutes les surfaces "horizontales" du temple) sont légèrement concaves et les colonnes légèrement convexes, ce qui donne à l'ensemble une apparence bien droite.

Temple d'Athéna Nikè

Récemment restauré, ce précieux et minuscule temple de marbre pentélique fut conçu par Callicratès et érigé autour de 425 av. J.-C. La cella abritait une statue en bois d'Athéna Nikè (la "victoire personnifiée") et les frises extérieures illustraient les triomphes militaires d'Athènes.

Olivier d'Athéna

L'olivier, près de l'Érechthéion, est censé être l'arbre sacré qui permit à Athéna de remporter la compétition dont Athènes était l'enjeu.

ALEXIS AVERBUCK ©

ALEXIS AVERBUCK ©

Acropole

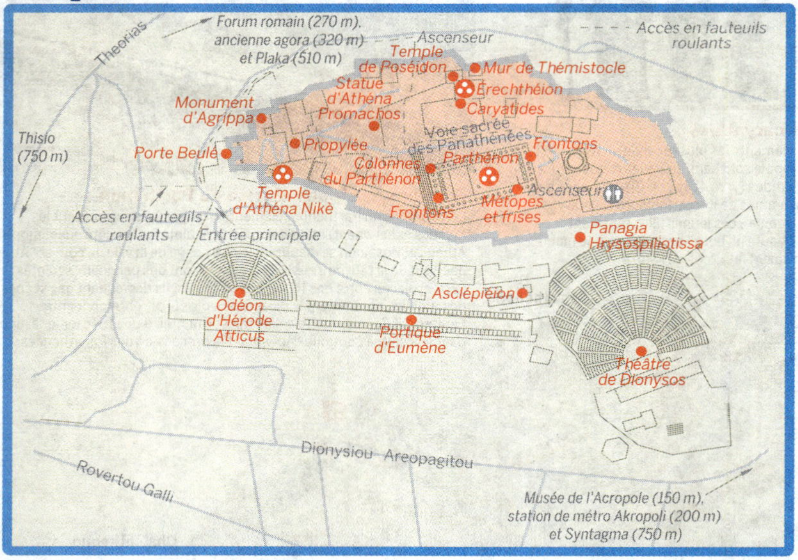

un sanctuaire qui marque l'apogée architectural de l'âge classique.

Les années d'occupation étrangère, les vols commis par des archéologues, les restaurations médiocres effectuées après l'indépendance, l'afflux des visiteurs, les tremblements de terre et, dernièrement, les pluies acides et la pollution ont endommagé les monuments. Pourtant, la pire épreuve eut lieu en 1687, lorsque les Vénitiens firent feu sur l'Acropole, provoquant l'explosion du Parthénon où les Turcs entreposaient de la poudre à canon.

De grands programmes de rénovation se poursuivent et beaucoup des sculptures originales ont été transférées dans le musée de l'Acropole (p. 76) et remplacées in situ par des moulages. L'Acropole est classée au Patrimoine de l'humanité depuis 1987.

➡ *Porte Beulé et monument d'Agrippa*

En empruntant le sentier à l'intérieur du site, vous apercevrez bientôt à gauche la porte Beulé, du nom de l'archéologue français Ernest Beulé, qui la découvrit en 1852. Le socle de 8 m de hauteur sur la gauche, à mi-parcours de la rampe qui monte en zigzags jusqu'aux Propylées, supportait autrefois le monument d'Agrippa, homme de confiance de l'empereur Auguste. Cette statue de bronze avait été érigée en 27 av. J.-C. pour commémorer la victoire du général romain lors des Panathénées.

➡ *Propylées*

Ces portes monumentales formaient l'entrée de l'Acropole. Construites par Mnésiclès entre 437 et 432 av. J.-C., elles rivalisent de magnificence avec le Parthénon. Elles se composent d'un corps central flanqué de deux ailes. Chaque section avait une porte, cinq au total qui formaient les seules entrées vers la "ville supérieure". La porte du milieu (la plus grande) s'ouvrait sur la **voie des Panathénées**. L'imposant **portique ouest** des Propylées était formé de six colonnes doubles, doriques à l'extérieur et ioniques à l'intérieur. La quatrième colonne a été restaurée. Le plafond de la **salle centrale** était peint en bleu foncé et constellé d'étoiles. L'**aile nord** servait de *pinakothiki* (galerie d'art) et l'aile sud d'antichambre au temple d'Athéna Nikè.

Alignées sur le Parthénon, les Propylées représentent l'un des premiers exemples de perspective architecturale. Demeurées intactes jusqu'au XIIIe siècle, elles subirent ensuite divers ajouts et furent endommagées au XVIIe siècle par l'explosion du dépôt de poudre ottoman. Au XIXe siècle, l'archéologue Heinrich Schliemann finança le retrait d'une tour franque. Des travaux de reconstruction furent engagés entre 1909 et 1917, et reprirent après la Seconde Guerre mondiale.

➡ *Temple d'Athéna Nikè*

Le petit temple d'Athéna Nikè ("la victoire personnifiée"), aux proportions exquises, se dresse sur une plate-forme juchée sur le bord sud-ouest, abrupt, de l'Acropole, à droite des Propylées. Démonté pierre par pierre en 2003 pour une rénovation hors site controversée, il resplendit aujourd'hui après un difficile réassemblage. Les Turcs l'avaient déjà démembré en 1686 pour poser un énorme canon sur sa plateforme. Il fut soigneusement reconstruit entre 1836 et 1842, avant d'être démantelé de nouveau 60 ans plus tard car la plateforme s'écroulait.

Conçu par Callicratès, ce temple en marbre pentélique fut érigé entre 427 et 424 av. J.-C. Presque carré, il possède quatre gracieuses colonnes ioniques à chaque extrémité. Il ne reste que des fragments de la frise, qui arborait des scènes de la mythologie, de la bataille de Platée (479 av. J.-C.) et des Athéniens luttant contre les Béotiens et les Perses. Certaines parties de la frise se trouvent dans le musée de l'Acropole, tout comme certains des bas-reliefs, dont une magnifique représentation d'Athéna Nikè attachant sa sandale. Le temple renfermait à l'origine une statue en bois d'Athéna.

➡ *Statue d'Athéna Promachos*

En parcourant la voie des Panathénées, vous verrez sur votre gauche les socles des statues qui bordaient jadis le parcours, notamment celui de la statue d'Athéna Promachos (*promachos* signifie "champion"), haute de 9 m, œuvre de Phidias. Symbole de l'invincibilité d'Athènes face aux Perses, la déesse casquée tenait un bouclier dans la main gauche et une lance dans la droite. La statue fut emportée à Constantinople par l'empereur Théodose en 426. En 1204, sa lance ayant entre-temps disparu, les habitants de Constantinople accusèrent la statue d'avoir fait signe de sa main désarmée aux croisés qui assiégeaient la ville, et la détruisirent.

➡ *Parthénon*

Le Parthénon symbolise plus qu'aucun autre monument la gloire de la Grèce antique. Son nom signifie "appartement de la vierge". Il est dédié à Athéna Parthenos, la déesse incarnant le pouvoir et le prestige de la ville. C'est le plus grand temple dorique en Grèce, et le seul construit entièrement en marbre pentélique (sauf pour le bois du toit). Sa construction dura 15 ans.

Érigé au sommet de l'Acropole, le Parthénon avait deux fonctions : abriter la grande statue d'Athéna commandée par Périclès, et contenir le trésor de la cité. Au moins quatre sanctuaires dédiés à Athéna l'avaient précédé sur le site. Créé par les architectes Ictinos et Callicratès, sous la supervision de Phidias, pour être le fleuron de l'Acropole, il fut achevé pour les grandes Panathénées de 438 av. J.-C.

Le temple était formé de huit **colonnes** doriques cannelées à chaque extrémité et de dix-sept autres de chaque côté. Pour lui donner une forme parfaite, ses lignes étaient incurvées, créant une illusion d'optique – les fondations sont légèrement concaves et les colonnes légèrement convexes pour que l'ensemble paraisse droit. Sous la direction de Phidias, Agoracrite et Alcamène sculptèrent les frontons, les frises et les métopes, alors rehaussés d'or et de couleurs vives.

Les **métopes** côté est représentent les combats des géants et les dieux de l'Olympe, et à l'ouest, Thésée menant les jeunes Athéniens à la bataille contre les Amazones. Ceux au sud illustrent la compétition entre les Lapithes et les Centaures lors d'un banquet de noces, et ceux au nord, la guerre de Troie.

Une grande partie de la **frise** dépeignant la procession des Panathénées (voir l'encadré p. 76) a été endommagée lors

ℹ ACCÈS À L'ACROPOLE

Il existe plusieurs voies d'accès au site. Du sud, Dionysiou Areopagitou mène aux escaliers qui conduisent, par-delà l'odéon d'Hérode Atticus, à l'**entrée principale**. Vous pouvez aussi emprunter l'entrée du **théâtre de Dionysos**, près de la station de métro Akropoli, puis monter.

Les personnes avec un sac à dos, un bagage ou une sacoche photo doivent passer par l'entrée principale et laisser leur sac au vestiaire. La voie principale, au départ de Plaka, suit le sentier qui prolonge Dioskouron.

Un ascenseur permet aux personnes en fauteuil roulant d'accéder au site, côté nord. Informez-vous à l'entrée principale.

Arrivez aussi tôt que possible, ou venez en fin d'après-midi, car la foule peut être dense et la chaleur étouffante. Prévoyez des chaussures solides – les sentiers autour du site sont irréguliers et glissants.

SIX POUR LE PRIX D'UN

Le billet pour l'Acropole (p. 69) permet d'accéder aux principaux sites antiques d'Athènes : théâtre de Dionysos, Agora antique, Agora romaine, bibliothèque d'Hadrien, Keramikos et temple de Zeus olympien. Il est valable 4 jours, après quoi il faut payer chaque droit d'entrée. Mieux vaut vérifier les horaires, variables d'une année sur l'autre. Le site http://odysseus.culture.gr indique les jours de gratuité.

de l'explosion de 1687 ou vandalisée plus tard par les chrétiens. La partie la mieux conservée (plus de 75 m) est en l'occurence les marbres du Parthénon, qui ont été emportés par lord Elgin, ambassadeur d'Angleterre à Constantinople, et sont aujourd'hui exposés au British Museum de Londres. Le musée du Louvre expose quant à lui un métope et un fragment de la frise est du temple.

Le Parthénon, comme les Propylées, arborait un **plafond** bleu constellé d'étoiles dorées. À son extrémité est se situait la **cella** (ou *naos*), sanctuaire où ne pénétraient que de rares privilégiés.

C'est là que se dressait la statue qui inspira l'érection du temple – l'**Athéna Polias** (Athéna de la cité), l'une des merveilles du monde antique. Conçue par Phidias et achevée en 432 av. J.-C., elle était constituée d'une armature en bois recouverte d'or et se dressait à presque 12 m sur son piédestal. Son visage, ses mains et ses pieds étaient en ivoire, et ses yeux en pierres précieuses. Vêtue d'une longue robe dorée, la tête de Méduse gravée en ivoire sur son sein, la déesse tenait une statuette de Nikè (déesse de la Victoire) dans la main droite, et dans la gauche une lance avec, à sa base, un serpent. Sur son casque se dressait un sphinx flanqué de griffons en relief.

En 426, la statue fut transportée à Constantinople, où elle disparut. Une copie romaine (l'Athéna du Varvakéion) est exposée au musée national d'Archéologie.

➡ ***Érechthéion***

Monument le plus impressionnant de l'Acropole, le Parthénon était davantage un symbole qu'un véritable sanctuaire. Ce rôle était dévolu à l'Érechthéion, édifié sur la partie la plus sacrée de l'Acropole, où Poséidon avait frappé le sol de son trident, et où Athéna avait fait naître l'olivier. Le temple était consacré au culte d'Athéna, de Poséidon et d'Érechthée, roi mythique d'Athènes qui lui donna son nom.

L'Érechthéion se reconnaît d'emblée à ses six jeunes filles servant de colonnes soutenant son portique sud, les **caryatides** (inspirées par des femmes de Caryes, une ville de Laconie). Celles que l'on voit sont des reproductions en plâtre, les originaux (sauf celle emportée par lord Elgin et exposée au British Museum) se trouvent au musée de l'Acropole.

Le temple faisait partie du projet de Périclès, mais en raison de la guerre du Péloponnèse sa réalisation ne débuta qu'en 421 av. J.-C., soit huit ans après sa mort. Il fut achevé vers 406 av. J.-C.

D'un point de vue architectural, c'est l'édifice le plus original de l'Acropole, un magnifique exemple d'architecture ionique, construit sur plusieurs niveaux pour compenser l'irrégularité du terrain. Le temple principal est divisé en **deux cellas** – l'une dédiée à Athéna, l'autre à Poséidon – marquant la réconciliation des deux divinités après leur affrontement. Dans la cella de la déesse se tenait une statue en bois d'olivier d'Athéna Polias, armée d'un bouclier orné d'une tête de gorgone. C'est sur cette statue qu'était placé le péplos sacré (tunique brodée) à la fin des grandes Panathénées.

Le **portique nord** est formé de six colonnes ioniques ; on voit sur le sol les fissures qu'aurait provoquées la foudre envoyée par Zeus pour tuer le roi Érechthée. Au sud se trouvait le Cécropion – sépulture du roi Cécrops.

L'Érechthéion fut le dernier bâtiment public érigé sur l'Acropole pendant l'Antiquité, hormis un petit temple romain dédié à l'empereur Auguste, disparu depuis.

Versant sud de l'Acropole et Makrygianni

♥ **Théâtre de Dionysos** SITE ANTIQUE

(carte p. 82 ; ☎ 210 322 4625 ; Dionysiou Areopagitou ; tarif plein/réduit 2 €/gratuit, gratuit avec le billet pour l'Acropole ; ⏲ 8h-20h, réduit hors-saison ; Ⓜ Akropoli). Au VIe siècle av. J.-C., le tyran Pisistrate introduisit les fêtes annuelles des Dionysies, lesquelles se tinrent à l'origine dans un théâtre en bois, le premier au monde, bâti sur le versant sud de l'Acropole. Tous venaient assister aux compétitions.

Des hommes vêtus de peaux de chèvre chantaient et dansaient avant les festivités.

Le théâtre tel que nous le connaissons est l'héritage de ces compétitions. Lors d'une d'entre elles, le poète Thespis d'Icare quitta le groupe et se plaça au centre de la scène pour une performance en solo, acte considéré comme fondateur du spectacle théâtral.

Au Ve siècle av. J.-C., cette fête annuelle était l'un des événements majeurs de la cité. Un magistrat, l'archonte, était chargé d'organiser des concours de tragédie (une joute oratoire appelée agon), où Eschyle, Sophocle et Euripide présentaient leurs œuvres ; les comédies faisaient aussi l'objet d'agons (Aristophane en fut l'un des lauréats) et l'on venait de toute l'Attique pour y assister.

Le théâtre fut reconstruit en pierre et en marbre par Lycurgue entre 342 et 326 av. J.-C., avec une capacité de 17 000 places sur 64 niveaux, dont une vingtaine existent encore. Hormis ceux du premier rang, les sièges en calcaire du Pirée étaient destinés aux citoyens ordinaires (les femmes étaient reléguées à l'arrière). Au premier rang, 67 **trônes**, en marbre

Acropole et Makrygianni

Acropole et Makrygianni

Les incontournables
1 Musée de l'Acropole.........................B2
2 Porte d'Hadrien.........................D1
3 Temple de Zeus olympien.........................D1

À voir
4 Asclépiéion et portique d'Eumènes.........A1

Activités
5 Athens Segway Tours.........................C1
6 GO Tours.........................C2
7 Hop In Sightseeing.........................C2

Où se loger
8 Art Gallery Hotel.........................A3
9 Athens Backpackers.........................C2
10 Athens Gate.........................C1
11 Athens Studios.........................B2
12 Hera Hotel.........................B2
13 Herodion.........................B2
14 Philippos Hotel.........................B2

Où se restaurer
15 Aglio, Olio & Peperoncino.........................C2
16 Mani Mani.........................B3
17 Strofi.........................A1
18 Trapezaria.........................C3

Où prendre un verre et faire la fête
19 Duende.........................C1
20 Lamda Club.........................C2
21 Tiki Athens.........................C2

LA PROCESSION DES PANATHÉNÉES

Dans l'Antiquité, la manifestation la plus impressionnante à Athènes était la procession des Panathénées, laquelle marquait l'apogée de la fête du même nom célébrant Athéna. On peut admirer des fresques colorées dépeignant cette procession dans la frise du Parthénon, de 160 m de longueur, aujourd'hui exposée au musée de l'Acropole.

Deux fêtes étaient célébrées : les petites Panathénées se déroulaient chaque année le jour de l'anniversaire d'Athéna, et les grandes Panathénées avaient lieu le même jour tous les quatre ans.

Ces dernières débutaient par des danses, puis des compétitions athlétiques, théâtrales et musicales suivaient. Le dernier jour, la procession partait de Keramikos, puis empruntait la voie des Panathénées, qui traversait l'Acropole en son centre. Elle était menée par des hommes qui portaient les animaux offerts en sacrifice à Athéna, suivis par des vierges chargées de *rhytons* (verres en forme de corne) et par des musiciens. Des jeunes filles de noble extraction tenaient haut le péplos sacré, une tunique brodée couleur safran. Le grand final de la fête consistait à en vêtir la statue d'Athéna Polias dans l'Érechthéion.

pentélique, étaient réservés aux dignitaires et aux prêtres. Le plus majestueux, protégé du soleil par un dais, était celui du prêtre de Dionysos. On le distingue grâce aux pattes de lion sculptées de chaque côté.

À l'époque romaine, le théâtre accueillait des événements officiels et des spectacles.

À l'arrière de la scène, les **bas-reliefs** dépeignent les exploits de Dionysos et datent du IIe siècle av. J.-C. Les deux costauds bossus sont des silènes, adorateurs de Silène, compagnon et précepteur de Dionysos, dont le passe-temps favori était de sillonner les montagnes à la recherche de nymphes.

Asclépiéion et portique d'Eumène VESTIGES
(carte p. 75). Au-dessus du théâtre de Dionysos, des marches mènent à l'Asclépiéion, temple érigé autour d'une source sacrée. Le culte d'Esculape, médecin et fils d'Apollon, naquit à Épidaure et fut introduit à Athènes en 429 av. J.-C. alors qu'une épidémie de peste ravageait la ville.

Sous l'Asclépiéion se dresse le portique d'Eumène, colonnade édifiée par Eumène II, roi de Pergame (197-159 av. J.-C.), pour permettre aux spectateurs du théâtre de déambuler à l'abri.

♥ **Odéon d'Hérode Atticus** THÉÂTRE ANTIQUE
(carte p. 82 ; ☎210 324 1807 ; www.greekfestival.gr pour le festival d'Athènes). Le sentier se poursuit à l'ouest de l'Asclépiéion jusqu'à l'odéon d'Hérode Atticus, érigé en 161 par le riche Romain Hérode Atticus en mémoire de son épouse Regilla. Il fut découvert en 1857-1858 et restauré entre 1950 et 1961. Représentations théâtrales, concerts et spectacles de danse y sont donnés pendant le festival d'Athènes.

Panagia Hrysospiliotissa CHAPELLE
(carte p. 82). Au-dessus du théâtre de Dionysos, un sentier creusé dans la roche débouche sur une grotte à flanc de paroi que Thrasyllos transforma en temple dédié à Dionysos en 320 av. J.-C. Elle abrite l'émouvante chapelle Panagia Hrysospiliotissa (Notre-Dame des Grottes), aux murs ornés de peintures et d'icônes. Au-dessus de la chapelle se dressent deux colonnes ioniques, vestiges du temple initial. Elle est fermée au public sauf le 15 août.

♥ **Musée de l'Acropole** ANTIQUITÉ GRECQUE
(carte p. 75 ; ☎210 900 0901 ; www.theacropolismuseum.gr ; Dionysiou Areopagitou 15, Makrygianni ; tarif plein/réduit 5/3 € ; ⏲8h-20h mar-dim, 8h-22h ven avr-oct, 9h-17h lun-jeu, 9h-22h ven, 9h-20h sam-dim nov-mars ; Ⓜ Akropoli). Conçu par l'architecte suisse Bernard Tschumi et le Grec Michael Photiadis, le musée de l'Acropole a ouvert ses portes en 2009, sur les contreforts sud de l'Acropole. Dix fois plus grand que son prédécesseur, cet imposant bâtiment contemporain rassemble les trésors subsistants de l'Acropole, notamment des objets autrefois conservés dans d'autres musées ou dans des réserves, et d'autres restitués par des musées étrangers. Si la collection couvre les périodes archaïque et romaine, l'accent est mis sur l'Acropole du Ve siècle av. J.-C., époque considérée comme l'apogée des arts de l'Antiquité grecque classique.

Le **restaurant** a l'attrait d'une vue superbe (étonnamment, il présente aussi un bon rapport qualité/prix), et la **boutique** du musée vaut le coup d'œil.

Colline de Philopappos PARC
(carte p. 66 ; Ⓜ Akropoli). Également appelée colline des Muses, la colline de Philopappos – avec celles de la Pnyx et des Nymphes – était, selon Plutarque, le lieu de la bataille entre Thésée et les Amazones. Habités de la préhistoire à l'ère postbyzantine, ces versants couverts de pins se prêtent à une agréable promenade, agrémentée du spectacle de l'Attique, du golfe Saronique, de diverses ruines et de l'Acropole.

La colline se repère au sud-ouest de l'Acropole grâce au **monument de Philopappos** (carte p. 66) qui en couronne le sommet. Il fut construit entre 114 et 116 en l'honneur de Julius Antiochus Philopappos, éminent consul et administrateur romain.

Le sentier en dur jusqu'au sommet débute près du *periptero* (kiosque) sur Dionysiou Areopagitou. Après 250 m, il passe devant l'**église Agios Dimitrios Loumbardiaris** (carte p. 66) qui renferme de jolies fresques et poursuit vers la **prison de Socrate** (carte p. 66), le **sanctuaire des Muses** (carte p. 66) puis jusqu'au sommet.

Colline de l'Aréopage PARC
(carte p. 82 ; Ⓜ Monastiraki). Cet affleurement rocheux, en contrebas de l'Acropole, a l'attrait de sa vue sur l'Agora antique. Selon la mythologie, Arès y aurait été jugé par les dieux pour le meurtre d'Allyrothius, fils de Poséidon. Ce déicide lui fut pardonné, après qu'il eut plaidé avoir défendu sa fille, Alcippé, d'avances inopportunes.

Sur cette colline se tenaient les procès pour meurtre, trahison et corruption devant

LE MUSÉE DE L'ACROPOLE PAS À PAS

À l'entrée, le sol en Plexiglas laisse voir les vestiges d'un ancien quartier découverts pendant les travaux et savamment intégrés dans l'architecture du musée.

Les objets trouvés sur les versants de l'Acropole sont exposés dans la **première galerie**, dont le sol en verre incliné rappelle la pente de la colline sacrée, tout en permettant d'admirer les ruines en contrebas. On peut y voir des vases peints et des offrandes votives provenant des sanctuaires où les dieux étaient honorés, ainsi que des objets plus récents trouvés lors des fouilles, notamment deux statues d'argile de Nikè, à l'entrée.

Au 1er étage, la **galerie archaïque**, baignée par la lumière naturelle, est une véritable forêt de statues, représentant pour la plupart des offrandes à Athéna. On peut ainsi voir d'étonnants exemples de *korê* (vierges) du VIe siècle, statues de jeunes femmes vêtues de drapés et aux cheveux tressés, qui tiennent une grenade, une couronne ou un oiseau. La plupart ont été découvertes dans une fosse de l'Acropole, où les Athéniens les avaient ensevelies après la bataille de Salamine.

Le jeune homme portant un veau (570 av. J.-C.) est l'une des rares statues masculines que l'on ait retrouvées. On recense aussi des figurines de bronze et des objets provenant de temples antérieurs au Parthénon, détruits par les Perses, notamment de magnifiques sculptures de temples plus anciens, comme celles d'Hercule tuant l'Hydre de Lerne et d'une lionne dévorant un taureau.

Au même étage, cinq des **caryatides**, les statues, représentant des vierges, qui soutenaient l'Érechthéion (la sixième se trouve au British Museum), et un *akrotirion* floral géant (élément décoratif placé sur la brique terminant le pignon d'un édifice classique), qui couronnait jadis l'arête sud du fronton du Parthénon.

Dernier niveau du musée, la **galerie du Parthénon** est aussi le clou de la visite. Cet atrium de verre construit dans l'alignement du temple est une réplique virtuelle de la cella du Parthénon, que l'on peut voir depuis la galerie. Y sont exposées des sculptures et des métopes du temple, ainsi qu'une frise de 160 m de long relatant la procession des Panathénées – cette frise a longtemps été cachée au public. La procession débute à l'angle sud-ouest du temple, où deux groupes se scindent pour se retrouver côté est lors de la remise du *peplos* (tunique brodée) à Athéna. Entre les originaux aux teintes dorées, des répliques en plâtre remplacent les pièces manquantes, à savoir les marbres subtilisés par lord Elgin en 1801, puis vendus au British Museum (plus de la moitié de la frise se trouve au Royaume-Uni).

Le **film** racontant l'histoire de l'Acropole est à ne pas manquer.

LA GRANDE PROMENADE

Les rues autrefois encombrées du centre historique d'Athènes ont laissé place, depuis les Jeux olympiques de 2004, à une spectaculaire promenade de 3 km, reliant les principaux sites antiques de la ville. Athéniens et touristes sortent en nombre pour la *volta* (promenade) historique du soir – l'un des plus longs parcours piétonnier d'Europe – sous l'Acropole inondée de lumière.

La **grande promenade** débute au théâtre de Dionysos, en face du temple de Zeus olympien, longe les contreforts sud de l'Acropole, jusqu'à l'Agora antique, bifurque à Thisio vers Keramikos et Gazi, et au nord dans Adrianou jusqu'à Monastiraki et Plaka.

le conseil de l'Aréopage. En 51, saint Paul y délivra son célèbre "Sermon au dieu inconnu" qui suscita la première conversion d'un Athénien, Dionysos, par la suite connu sous le nom de Denys l'Aréopagite, et devenu saint patron de la ville.

Colline de la Pnyx PARC

(carte p. 88 ; Ⓜ Thisio). Au nord de Philopappos, cette colline rocheuse était le lieu de rassemblement de l'Assemblée démocratique au Ve siècle av. J.-C., où s'exprimèrent les grands orateurs Aristide, Démosthène, Périclès et Thémistocle. Ce site moins visité offre une belle vue sur Athènes et une promenade tranquille.

Colline des Nymphes PARC

(carte p. 88 ; Ⓜ Thisio). Au nord-ouest de la colline du Pnyx, cette colline supporte l'**ancien observatoire d'Athènes** érigé en 1842.

Nord de l'Acropole : Monastiraki et Keramikos

♥ Agora antique SITE HISTORIQUE

(carte p. 82 ; ☎ 210 321 0185 ; http://odysseus.culture.gr ; Adrianou ; tarif plein/réduit 4 €/gratuit, gratuit avec le billet pour l'Acropole ; ⏲ 11h-15h lun, 8h-15h mar-dim ; Ⓜ Monastiraki). Cœur de l'Athènes antique, l'Agora était le centre animé de la vie administrative, politique, commerciale et sociale. Socrate y exposait sa philosophie, et en 49, saint Paul y prêcha le christianisme.

Place publique au VIe siècle av. J.-C., l'Agora fut dévastée par les Perses en 480 av. J.-C., mais immédiatement reconstruite. Florissante à l'époque de Périclès, elle survécut jusqu'en 267, date à laquelle elle fut détruite par les Hérules, peuple originaire de Scandinavie. Les Turcs bâtirent un quartier résidentiel sur le site, qui fut démoli par les archéologues après l'indépendance, puis fouillé jusqu'aux niveaux de la période classique et, en partie, du néolithique.

Aujourd'hui, le site, ponctué de magnifiques monuments et d'un bon musée, à l'écart des rues encombrées, est un havre de paix. L'entrée la plus pratique est celle du nord, dans Adrianou.

♥ Agora romaine et tour des Vents VESTIGES

(carte p. 82 ; ☎ 210 324 5220 ; angle Pelopida et Eolou, Monastiraki ; tarif plein/réduit 2/1 €, compris dans le billet pour l'Acropole ; ⏲ 8h-15h ; Ⓜ Monastiraki). On entre sur ce forum par la **porte d'Athéna Archegetis** bien préservée, flanquée de quatre colonnes doriques, érigée au Ier siècle av. J.-C. et financée par Jules César.

Bien préservée, la **tour des Vents** fut élevée au Ier siècle av. J.-C. par un astronome syrien, Andronicos. Cet ingénieux édifice octogonal en marbre pentélique servait de cadran solaire, de girouette, de clepsydre et de boussole. Chaque côté représente un point cardinal et s'orne d'un personnage flottant dans les airs, symbolisant le vent soufflant dans cette direction. Sous chacun des bas-reliefs apparaissent les traces très estompées des cadrans solaires. La girouette, un triton de bronze, a disparu depuis longtemps. Durant l'occupation ottomane, les derviches faisaient usage de la tour.

Le reste de l'Agora romaine n'est pas facilement reconnaissable. À droite de l'entrée se trouvent les fondations de latrines publiques du Ier siècle. Dans la zone sud-est subsistent celles d'un propylée (vestibule) et d'une rangée de boutiques.

♥ Keramikos SITE ANTIQUE

(carte p. 88 ; ☎ 210 346 3552 ; Ermou 148, Keramikos ; tarif plein/réduit musée compris 2 €/gratuit, gratuit avec le billet pour l'Acropole ; ⏲ 8h-17h lun-ven, 8h-15h sam-dim, horaires réduits en basse saison ; Ⓜ Thisio). Nécropole de la ville du XIIe siècle av. J.-C. jusqu'à l'époque romaine, Keramikos était à l'origine un lieu où étaient installés des potiers attirés par l'argile des rives du fleuve Iridanos. Les trop fréquentes

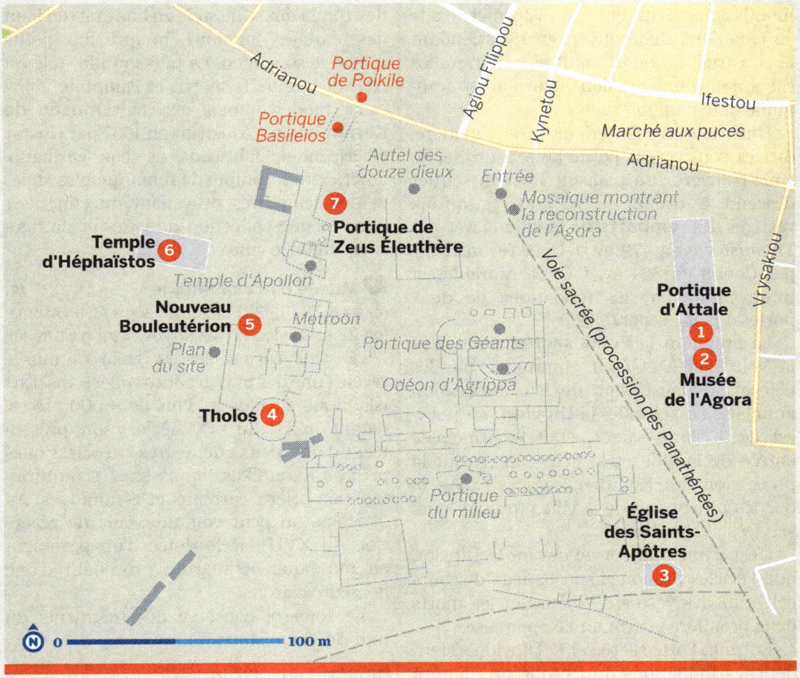

Visite de **l'Agora antique**

DURÉE 2 HEURES
VOIR AGORA ANTIQUE (P. 78)

En entrant dans l'Agora, dirigez-vous vers le magnifique 1 **portique d'Attale**, construit par le roi Attale II de Pergame (159-138 av. J.-C.), il fut la première galerie marchande sous arcades. Ce portique (*stoa*, en grec), dont la façade était jadis peinte en rouge et bleu, compte 45 colonnes doriques en bas et des colonnes ioniques en haut. Le public s'y rassemblait tous les quatre ans pour regarder les processions des Panathénées.

Dans le *stoa*, l'excellent 2 **musée de l'Agora** renferme une maquette de l'antique lieu de rassemblement, ainsi qu'une collection d'objets découverts sur le site. Des statues de dieux ornent aussi les lieux.

Continuez vers le sud jusqu'à 3 l'**église des Saints-Apôtres**, aux jolies fresques byzantines, érigée au début du Xe siècle pour commémorer les enseignements de saint Paul sur l'Agora. Ses ajouts du XIXe siècle lui furent ôtés entre 1954 et 1957 et elle a retrouvé son aspect d'origine.

En allant vers le nord du site, vous passerez par le 4 **Tholos** circulaire où se rassemblaient les dirigeants et le 5 **nouveau Bouleutérion** (assemblée), qui réunissait les sénateurs.

Direction la bordure ouest de l'Agora pour admirer l'étonnant 6 **temple d'Héphaïstos**, édifice dorique le mieux préservé de Grèce, érigé en 449 av. J.-C. par Ictinos, l'un des architectes du Parthénon. Dédié à Héphaïstos, dieu des Forges, il fut l'un des premiers projets de Périclès. Il compte 34 colonnes et une frise sur le côté est, dépeignant neuf des douze travaux d'Hercule. En 1300, il devint l'église Saint-Georges. La dernière messe y fut célébrée en 1834 en l'honneur de l'arrivée du roi Othon à Athènes.

Au nord-est du temple reposent les fondations du 7 **portique de Zeus Éleuthère**, un des sites où Socrate exposa les principes de sa philosophie.

inondations incitèrent à transformer le site en cimetière. Redécouvert en 1861 pendant la construction de la rue Pireos, Keramikos est aujourd'hui un lieu luxuriant et tranquille doté d'un joli musée.

Une fois à l'intérieur du cimetière, dirigez-vous vers la petite butte à droite, où vous trouverez un plan du site. Un sentier descend à droite de la butte jusqu'aux vestiges des **remparts de la ville** élevés par Thémistocle en 479 av. J.-C. et reconstruits par Conon en 394 av. J.-C. La muraille est interrompue par les fondations de deux portes à peine repérables.

La première, la **Porte sacrée**, enjambait la Voie sacrée et était empruntée par les pèlerins d'Éleusis lors de leur procession annuelle. La seconde, le **Dipylon**, au nord-est de la Porte sacrée, était la principale entrée de la ville et le lieu d'où partait la procession des Panathénées. C'est aussi là que les prostituées de la ville offraient leurs services aux voyageurs.

C'est d'une plateforme devant le Dipylon que Périclès prononça son fameux discours célébrant les vertus d'Athènes et les morts de la première guerre du Péloponnèse.

Entre la Porte sacrée et le Dipylon s'étendent les fondations du **Pompéion**, lieu où était entreposé le matériel utilisé lors des Panathénées.

L'**allée des Tombeaux**, ancien lieu de sépulture des Athéniens de haut rang, part de la Voie sacrée, à gauche en sortant de la ville. On peut y voir des répliques de stèles dont les originaux sont présentés au musée national d'Archéologie. Notez l'étonnante diversité des monuments funéraires et de leurs bas-reliefs. Les citoyens ordinaires étaient ensevelis de part et d'autre de l'allée des Tombeaux. Une stèle en bon état (en haut des marches, au nord) montre une petite fille avec son chien. La plus grande stèle est celle des sœurs Démétria et Pamphilè.

Le modeste mais excellent **musée de Keramikos** fut construit en 1937 par Gustav Oberlaender, fabricant de bas germano-américain. Il compte de remarquables stèles et des sculptures provenant du cimetière, ainsi qu'une collection de vases et de figurines en terre cuite.

♥ Musée d'Art islamique — ART

(carte p. 88 ; ☎ 210 325 1311 ; angle Agion Asomaton 22 et Dipylou 12, Keramikos ; tarif plein/réduit 7/5 € ; ⏲ 9h-17h mar-dim ; Ⓜ Thisio). Ce musée recèle l'une des plus grandes collections d'art islamique au monde. Plus de 8 000 pièces, datant du XIIe au XIXe siècle, y sont présentées dans deux demeures néoclassiques près de Keramikos : tapisseries, sculptures, tapis de prière, carreaux et céramiques. Au 3e étage, on peut voir une salle de réception du XVIIe siècle dotée d'un pavement en mosaïque de marbre provenant d'une demeure cairote.

Le sous-sol conserve des fragments du mur de Thémistocle.

Bibliothèque d'Hadrien — VESTIGES

(carte p. 82 ; ☎ 210 324 9350 ; Areos, Monastiraki ; tarif plein/réduit 2 €/gratuit, gratuit avec le billet pour l'Acropole ; ⏲ 8h-15h, plus tôt hors saison ; Ⓜ Monastiraki). Au nord de l'Agora romaine, cette vaste bibliothèque du IIe siècle est le plus grand édifice construit par l'empereur Hadrien. Elle comprenait une cour entourée d'un péristyle de cent colonnes autour d'un bassin. Outre les livres, elle renfermait des salles de musique et de conférence, ainsi qu'un théâtre. Dernière entrée 30 minutes avant fermeture.

ATHÈNES BYZANTINE

Les vestiges byzantins sont rares à Athènes qui, au moment de la partition de l'Empire romain, n'était plus qu'une petite ville de province. L'édifice le plus remarquable de cette époque, le **monastère de Dafni** (Moni Dafniou ; ☎ 210 581 1558 ; ⏲ 9h-14h mar et ven) GRATUIT, datant du XIe siècle et classé par l'Unesco, est à 10 km au nord-ouest d'Athènes. L'une des plus anciennes églises de la capitale, l'**église des Saints-Apôtres** (carte p. 82 ; Monastiraki) dans l'Agora antique, remonte pour sa part au Xe siècle.

Les églises byzantines les plus notables du centre-ville sont citées dans la rubrique *À voir* (elles sont en général ouvertes à des horaires irréguliers).

Ne manquez pas l'**église Agia Ekaterini** des XI-XIIe siècles, à Plaka près du **monument de Lysicrate** (carte p. 82), et Agios Dimitrios Loumbardiaris (p. 77), du XVe siècle, sur la colline de Philopappos. Le monastère byzantin de **Kaisarianis** (☎ 210 723 6619 ; Hymette ; tarif plein/réduit 2 €/gratuit ; ⏲ 8h30-14h45 mar-dim, jardin 8h30-crépuscule mar-dim), à 5 km à l'est de la ville, mérite aussi le détour.

MUSÉES GRATUITS À ATHÈNES

Musée Kanellopoulos (p. 85). Belle collection d'objets d'art des différentes époques de l'histoire grecque.

Musée des Instruments de musique populaire (carte p. 82 ; 210 325 4119 ; www.instruments-museum.gr ; Diogenous 1-3, Plaka ; 10h-14h mar et jeu-dim, 12h-18h mer ; M Monastiraki) GRATUIT. Instruments traditionnels, costumes de musiciens et enregistrements, notamment des maîtres de la musique grecque. Des concerts sont organisés dans la cour les soirs d'été. Le bain turc restauré, dans la boutique de souvenirs, est l'un des rares qui subsistent à Athènes.

Musée épigraphique (210 821 7637 ; http://odysseus.culture.gr ; Tositsa 1, Exarchia ; 8h30-15h mar-dim ; M Viktoria). Véritable bibliothèque d'inscriptions grecques gravées dans la pierre, à côté du musée national d'Archéologie.

Centre des arts et traditions populaires (carte p. 82 ; 210 324 3987 ; www.cityofathens.gr ; Hatzimihali Angelikis 6, Plaka ; 9h-13h et 17h-21h mar-ven, 9h-13h sam-dim ; M Syntagma) GRATUIT. Superbe demeure de Plaka où sont organisées d'intéressantes expositions historiques.

Agios Eleftherios ÉGLISE BYZANTINE
("Petite Métropole" ; carte p. 82 ; Plateia Mitropoleos, Plaka, Monastiraki ; M Monastiraki). Cette église du XIIe siècle en marbre pentélique, l'une des plus belles de la ville, s'orne d'une frise extérieure en bas-relief représentant des animaux symboliques. Dédiée à l'origine à la Panagia Gorgoepikoos ("la Vierge qui exauce vite"), elle fut autrefois la cathédrale de la ville, et se tient aujourd'hui à l'ombre de la nouvelle **cathédrale**, bien plus grande.

Kapnikarea ÉGLISE BYZANTINE
(carte p. 82 ; Ermou, Monastiraki ; 8h-14h mar, jeu et ven ; M Monastiraki). Cette petite église du XIe siècle occupe le cœur d'Ermou, l'artère commerçante. Elle fut sauvée des bulldozers et restaurée par l'université d'Athènes. Son dôme est soutenu par quatre grandes colonnes romaines.

Bain turc HAMMAM
(carte p. 82 ; 210 324 4340 ; Kyrristou 8, Monastiraki ; 2 € ; 8h-15h mer-lun ; M Monastiraki). Bain turc du XVIIe siècle magnifiquement restauré, l'un des rares vestiges de l'époque ottomane. Intéressante visite avec audioguide.

Sud-est de l'Acropole

Temple de Zeus olympien SITE ANTIQUE
(carte p. 75 ; 210 922 6330 ; tarif plein/réduit 2 €/gratuit, compris dans le billet pour l'Acropole ; 8h-15h ; M Syntagma, Akropoli). Impossible de manquer cette merveille en plein centre d'Athènes : le plus grand temple de Grèce, dont la construction commença au VIe siècle av. J.-C. sous Pisistrate, mais fut abandonnée par manque de fonds. Divers dirigeants contribuèrent à sa réalisation, mais ce fut Hadrien qui l'acheva en 131. Son édification prit plus de sept siècles.

Les 15 colonnes corinthiennes restantes sur les 104 d'origine affichent des dimensions impressionnantes (17 m de hauteur pour 1,7 m de diamètre) – celle qui gît fut victime d'un coup de vent en 1852. Hadrien avait fait placer une statue colossale de Zeus dans la cella à côté d'une autre, tout aussi colossale, à son effigie.

Porte d'Hadrien MONUMENT ANTIQUE
(carte p. 75 ; angle Leoforos Vasilissis Olgas et Leoforos Vasilissis Amalias ; M Syntagma) GRATUIT. L'empereur romain Hadrien vouait une affection particulière à Athènes, qu'il gratifia de nombreux monuments inspirés de la période classique. Hadrien fit ériger ce majestueux monument de marbre pentélique en 132 à la jonction de Leoforos Vasilissis Olgas et de Leoforos Vasilissis Amalias, probablement pour commémorer la consécration du temple de Zeus olympien.

Les inscriptions montrent qu'elle servait aussi de séparation entre la ville antique et la ville romaine. Au nord, on lit sur la frise : "Voici Athènes, ancienne cité de Thésée" et au sud-est "Voici la ville d'Hadrien, et non de Thésée."

Stade des Panathénées SITE ANTIQUE
(carte p. 66 ; 210 752 2984 ; www.panathenaicstadium.gr ; Leoforos Vasileos Konstantinou, Pangrati ; tarif plein/réduit 3/1,50 € ; 8h-19h, plus tôt hors-saison ; M Akropoli). Ce stade

Syntagma, Plaka et Monastiraki

0
200 m
E
F
G
H
1
2
3
4
5
6
7
Kolokotroni
Havriou
Karytsi
Plateia Kolokotroni
Amerikis
Panepistimiou (El Venizelou)
Stadiou
Leka
Romvis
Thiseos
Voulis
Perikleous
Karageorgi Servias
Kornarou
Kolokotroni
Ktena
Ermou
Fokionos
Evangelistrias
Aiolou
Skopa
SYNTAGMA
Nikis
Vasileos Georgiou I
Plateia Syntagmatos
Syntagma
Parlement (20 m)
Petraki
Mitropoleos
Pendelis
Nikis
Othonos
Ipatias
Voulis
Bus 040 vers Le Pirée
Bus express X95 vers l'aéroport
Terminus des trams
Apollonos
Agias Filotheis
Thoukididou
Xenofontos
Ipitou
Skoufou
Nikis
Filellinon
Bus vers le cap Sounion
Bus vers Glyfada
Navarhou Nikodimou
Souri G
PLAKA
Flessa
Scholiou
Adrianou
Iperidou
Kodrou
Lamahou
Plateia Rallou Manou
Leoforos Vasilissis Amalias
Jardin national
Kekropos
Epiharmou
Hill
Iperidou
Sotiras
Plateia Sotiros
Kydathineon
Nikis
Simonidou
Bus 024 vers la gare routière B
Tripodon
Monis Asteriou
Tsatsou K
Tsatsou K
Palais du Zappéion (100 m)
Hrysostomou
Kydathineon
Plateia Filomousou Eterias
Dedalou
Tsangari
Rangava
Farmaki
Periandrou
Parc du Zappéion
Thespidos
Shelley
Adrianou
Afroditis
Thalou
Pittakou
Aigli (200 m)
Herefontos
Goura
Epimenidou
Lysikratous
Vakhou
Vyronos
Frynihou
Eschinou
Leof Andreas Syngrou
Leof Vasilissis Olgas
MAKRYGIANNI
Dionysiou Areopagitou
74
24
83
81
68
69
67
64
72
79
88
42
53
44
38
96
47
31
90
66
37
33
10
59
45
40
91
32
54
49
63
78
41
48
12
35
87
43
21
18
8
14
17
51
56
84
27
71
46
9
20

Syntagma, Plaka et Monastiraki

Les incontournables
1 Agora A3
2 Odéon d'Hérode Atticus B6
3 Agora romaine et tour des vents C4
4 Théâtre de Dionysos D6

À voir
5 Acropole B6
6 Agios Nikolaos Rangavas D5
7 Colline de l'Aréopage A5
8 Centre des arts et des traditions F5
9 Agia Ekaterini F6
10 Agios Eleftherios E3
11 Église de Kapnikarea D2
12 Église de Sotira Lykodimou G4
13 Église des Saints-Apôtres A4
14 Musée d'Art populaire grec F5
15 Musée d'Art populaire grec : L'homme et l'outil B4
16 Bibliothèque d'Hadrien B3
17 Musée hellénique des enfants F5
18 Musée juif G5
19 Musée Kanellopoulos B5
20 Monument à Lysikrate E6
21 Musée d'art enfantin F4
22 Musée populaire des Instruments de musique C3
23 Musée des céramiques grecques traditionnelles B2
24 Musée national d'Histoire G1
25 Église Panagia Hrysospiliotissa C6
26 Agora romaine C4
27 Thermes G5
28 Taf A2
29 Temple d'Athéna Nikè B6
30 Bains turcs C4

Activités
31 Athens Happy Train G2
32 CHAT G4
33 CitySightseeing Athens G3

Où se loger
34 A for Athens B1
35 Acropolis House Pension F4
36 Adrian Hotel C3
37 Arethusa Hotel G3
38 Athens Cypria Hotel F2
39 Athens Style B1
40 Central Hotel F3
41 Electra Palace F4
42 Hotel Achilleas F1
43 Hotel Adonis F4
44 Hotel Grande Bretagne H2
45 Hotel Hermes F3
46 Hotel Phaedra E6
47 Magna Grecia E2
48 NEW Hotel G4
49 Niki Hotel G4

grandiose qui s'étend entre deux collines plantées de pins entre les quartiers de Mets et Pangrati, fut édifié au IVe siècle av. J.-C. pour accueillir les compétitions athlétiques des Panathénées. Lors de l'investiture d'Hadrien en 120, un millier d'animaux sauvages y auraient été sacrifiés. Hérode Atticus fit ensuite reconstruire les sièges en marbre pentélique.

Après des siècles d'abandon, le stade fut intégralement restauré en 1895 par le mécène grec Georgios Averof pour accueillir les premiers Jeux olympiques modernes l'année suivante. C'est une réplique fidèle du stade des Panathénées d'origine, avec ses sièges en marbre pentélique pour 70 000 spectateurs, une piste de course et une arène centrale. Il servit de cadre aux épreuves de tir à l'arc et à l'arrivée du marathon des Jeux olympiques de 2004. Il accueille parfois des concerts et des manifestations publiques. C'est le lieu d'arrivée du marathon annuel d'Athènes.

Thermes romains VESTIGES

(carte p. 82 ; Leoforos Vasilissis Amalias ; Ⓜ Syntagma) GRATUIT. Le percement d'un puits d'aération pour le métro a mis au jour les ruines bien conservées d'un vaste ensemble de thermes romains qui s'étendaient jusqu'au jardin national. Construits au bord de la rivière Ilissos après les attaques des Hérules au IIIe siècle, ils furent détruits puis reconstruits au Ve ou VIe siècle.

Syntagma et Plaka

♥ Jardin national PARC

(carte p. 108 ; entrées dans Leoforos Vasilissis Sofias et Leoforos Vasilissis Amalias, Syntagma ; 7h-crépuscule ; Ⓜ Syntagma). Délicieux refuge ombragé l'été, le Jardin national était autrefois le jardin royal dessiné par la reine Amalia. On y trouve une vaste **aire de jeux** pour enfants, une mare aux canards et un **café** ombragé.

Parc du Zappéion PARC

(carte p. 66 ; entrées dans Leoforos Vasilissis Amalias et Leoforos Vasilissis Olgas, Syntagma ; Ⓜ Syntagma). Ces jardins qui s'étendent entre le Jardin national et le stade des Panathénées forment un réseau de larges allées autour

50	Plaka Hotel	D2
51	Student & Travellers' Inn	F5
52	Tempi Hotel	C1

Où se restaurer

53	Ariston	F2
54	Avocado	G4
55	Café Avyssinia	A2
56	Glykis	F5
57	Kostas	D1
58	Mama Roux	D1
59	Meatropoleos 3	G3
60	Melilotos	D1
61	Ouzou Melathron	A2
62	Palia Taverna Tou Psara	D4
63	Paradosiako	F4
64	Pure Bliss	E1
65	Thanasis	C2
66	Tzitzikas & Mermingas	G3

Où prendre un verre et faire la fête

67	Baba Au Rum	E1
68	Barley Cargo	F1
69	Bartessera	E1
70	Booze Cooperativa	D1
71	Brettos	E6
72	Drunk Sinatra	E1
73	Faust	D1
74	Galaxy Bar	G1
75	Loukoumi	A2
76	Magaze	C1
77	Melina	D4
78	Oinoscent	F4
79	Seven Jokers	G1
80	Six DOGS	C1
81	Sixx	G1
82	Tailor Made	D1
83	Toy	F1

Où sortir

84	Ciné Paris	E5
85	Mostrou	D4
86	Palea Plakiotiki Taverna Stamatopoulos	D4

Achats

87	Amorgos	F4
88	Aristokratikon	G1
89	Centre of Hellenic Tradition	C2
90	Ekavi	F3
91	Eleftheroudakis	G3
92	John Samuelin	A2
93	Melissinos Art	B1
94	Marché aux puces de Monastiraki	A2
95	Olgianna Melissinos	A2
96	Public	G2

du **palais du Zappéion**. Érigé dans les années 1870, celui-ci accueille conférences et expositions. Un agréable café, un restaurant et le cinéma en plein air Aigli (p. 115) se trouvent à côté.

Plateia Syntagmatos PLACE

(carte p. 66 ; Syntagma ; Ⓜ Syntagma). La place centrale d'Athènes (Syntagma ou Constitution) tire son nom de la Constitution accordée par le roi Othon le 3 septembre 1843. Ce vaste carrefour urbain est aussi le siège du pouvoir et, partant, l'épicentre des manifestations.

Entouré d'hôtels de luxe, de banques et du Parlement (côté est, en hauteur), le centre de la place est dominé par une fontaine de marbre à côté de l'entrée du métro et de deux cafés parfaits pour regarder le va-et-vient. Côté ouest, la rue piétonne Ermou donne accès à l'un des quartiers les plus commerçants d'Athènes.

➡ ***Parlement et relève de la garde***

Devant le Parlement et la **tombe du soldat inconnu**, les *evzones* (gardes présidentiels, membres d'une unité cérémonielle) sont relevés toutes les heures. Le dimanche à 11h, c'est tout un peloton qui descend en fanfare Vasilissis Sofias jusqu'au tombeau.

Les uniformes de ces gardes d'apparat, composés de fustanelles (courts jupons masculins) et de chaussures à pompons s'inspirent du costume des klephtes (combattants montagnards de la guerre d'Indépendance).

Musée Kanellopoulos COLLECTION PRIVÉE

(carte p. 82 ; ☎210 321 2313 ; http://odysseus.culture.gr ; Theorias 12, angle Panos et Plaka ; ⏲9h-16h mar-dim, plus tôt hors-saison ; Ⓜ Monastiraki) GRATUIT. Cet excellent musée, aménagé dans une demeure du XIXe siècle, sur le versant nord de l'Acropole, conserve la vaste collection de la famille Kanellopoulos. Donnée à l'État en 1976, elle comprend bijoux, vases et figurines d'argile et de pierre, armes, icônes byzantines, bronzes et autres objets d'art

Musée d'Art populaire grec FOLKLORE

(carte p. 82 ; www.melt.gr ; ☎210 322 9031 ; Kydathineon 17, Plaka ; tarif plein/réduit 2 €/gratuit ; ⏲9h-14h mar-dim ; Ⓜ Syntagma). Superbe collection d'art populaire laïque et religieux, principalement des XVIIIe et

XIXe siècles. Le 1er étage renferme des broderies, des poteries, des tissus et des poupées, et le 2e la reproduction d'une maison villageoise traditionnelle, ornée de peintures de Theophilos. Des costumes traditionnels grecs sont exposés aux étages supérieurs.

Ce musée compte deux annexes : le **musée d'Art populaire grec : l'homme et les outils** (carte p. 82 ; ☎210 321 4972 ; Panos 22, Plaka ; Ⓜ Monastiraki), dans Plaka, et le **musée des Céramiques grecques traditionnelles** (carte p. 82 ; ☎210 324 2066 ; Areos 1, Monastiraki ; Ⓜ Monastiraki), à l'ancienne mosquée de Monastiraki.

Musée national d'Histoire HISTOIRE

(carte p. 82 ; ☎210 323 7617 ; www.nhmuseum.gr ; Stadiou 13, Syntagma ; tarif plein/réduit 3 €/gratuit, gratuit dim ; 9h-14h mar-dim ; Ⓜ Syntagma). Spécialisé dans la guerre d'Indépendance, ce musée expose le casque et l'épée de lord Byron, des peintures illustrant les événements ayant conduit à la guerre, ainsi qu'une collection de photographies et de portraits royaux. Il est aménagé dans l'ancien bâtiment du Parlement, où le Premier ministre Theodoros Deligiannis fut assassiné en 1905.

Musée juif HISTOIRE

(carte p. 82 ; ☎210 322 5582 ; www.jewishmuseum.gr ; Nikis 39, Plaka ; tarif plein/réduit 6 €/gratuit ; 9h-14h30 lun-ven, 10h-14h dim ; Ⓜ Syntagma). Le musée retrace l'histoire de la communauté juive, présente en Grèce depuis le IIIe siècle av. J.-C., au moyen d'une impressionnante collection de documents et d'art populaire et religieux. On y voit aussi la reconstitution d'une petite synagogue.

Agii Theodori ÉGLISE BYZANTINE

(carte p. 100 ; angle Dragatsaniou et Agion Theodoron, Syntagma ; Ⓜ Panepistimio). Cette église du XIe siècle située derrière Plateia Klafthmonos possède un dôme carrelé et des murs ornés d'une jolie frise en terre cuite représentant des plantes et des animaux.

Agios Nikolaos Rangavas ÉGLISE BYZANTINE

(carte p. 82 ; ☎210 322 8193 ; Prytaniou 1, angle Epiharmou et Plaka ; 8h-12h et 17h-20h ; Ⓜ Akropoli, Monastiraki). Cette jolie église du XIe siècle faisait partie du palais de la famille Rangavas, à laquelle appartenait l'empereur de Byzance Michel Ier. Sa cloche fut la première installée à Athènes après la fin de la présence ottomane : elle annonça la libération de la ville en 1833.

Sotira Lykodimou ÉGLISE BYZANTINE

(carte p. 82 ; Plateia Rallou Manou, Plaka ; Ⓜ Syntagma). L'actuelle cathédrale russe orthodoxe, dont l'origine date du XIe siècle, est la seule église byzantine octogonale.

Thisio

Musée Hérakleidon ART

(carte p. 88 ; ☎210 346 1981 ; www.herakleidon-art.gr ; Herakleidon 16, Thisio ; tarif plein/réduit 6 €/gratuit ; 13h-21h ven, 11h-19h sam-dim ; Ⓜ Thisio). Ce superbe musée privé souligne les passerelles existant entre art, mathématiques et philosophie. Il abrite, dans une demeure néoclassique joliment restaurée, l'une des plus grandes collections de l'artiste néerlandais MC Escher et du peintre Victor Vasarely. Excellentes visites de 2 heures en anglais sur réservation (25 €, 10 participants minimum).

Exarchia

♥ Musée national d'Archéologie ANTIQUITÉ GRECQUE

(carte p. 66 ; ☎210 821 7717 ; www.namuseum.gr ; 28 Oktovriou-Patision 44, Exarchia ; tarif plein/réduit 7/3 € ; 13h-20h lun, 8h-20h mar-sam, 8h-15h dim ; Ⓜ Viktoria ; 🚎2, 4, 5, 9 ou 11, arrêt Polytechnio). Ce remarquable musée recèle la plus belle collection d'artefacts de l'Antiquité grecque au monde. Il renferme, exposés suivant un ordre thématique, de superbes sculptures, poteries, bijoux, fresques et objets découverts dans toute la Grèce, datant de la période néolithique à la période classique.

À l'étage, la collection retrace le développement de la poterie depuis l'âge du bronze. Ne manquez pas les céramiques à figures rouges (fin V^{e}-début du IVe av. J.-C.), ainsi que les six amphores panathénaïques exposées : chaque vainqueur des Panathénées en recevait jusqu'à 140, remplies d'huile tirée des oliviers sacrés d'Athènes.

Prévoyez du temps pour admirer les collections (plus de 11 000 objets) de cet immense édifice du XIXe siècle qui s'étend sur 8 000 m^{2}. S'il faut plusieurs jours pour apprécier tous ces trésors, on peut voir les principaux en une demi-journée (voir la visite p. 94). Les expositions temporaires sont aussi de qualité.

Le musée est à 10 minutes à pied de la station de métro Viktoria. Autre mode d'accès : prenez le trolleybus 2, 4, 5, 9 ou 11 devant la cathédrale Saint-Denis, dans Panepistimiou, et descendez à l'arrêt Polytechnio.

Kolonaki

Musée Benaki — COLLECTION PRIVÉE

(carte p. 108 ; ☎ 210 367 1000 ; www.benaki.gr ; Koumbari 1, angle Leoforos Vasilissis Sofias et Kolonaki ; tarif plein/réduit 7/5 €, gratuit jeu ; 9h-17h mer et ven, 9h-minuit jeu et sam, 9h-15h dim ; Ⓜ Syntagma, Evangelismos). Ce musée privé sert d'écrin à la splendide et vaste collection d'Antonis Benákis, rassemblée pendant ses 35 ans de voyages en Europe et en Asie. On peut y voir des objets de l'âge du bronze mis au jour à Mycènes et en Thessalie ; deux œuvres du Greco ; du mobilier religieux provenant d'Asie Mineure ; des poteries, du cuivre, de l'argenterie et des objets en bois rapportés d'Égypte, d'Asie Mineure et de Mésopotamie, ainsi qu'une étonnante collection de costumes régionaux grecs.

Le musée, agrandi et divisé entre plusieurs lieux, accueille de nombreuses expositions temporaires.

L'**annexe Pireos du musée Benaki** (carte p. 88 ; ☎ 210 345 3111 ; www.benaki.gr ; Pireos 138, angle Andronikou et Rouf ; 4-6 € ; 10h-18h mer, jeu et dim, 10h-22h ven et sam, fermé août ; Ⓜ Keramikos) propose régulièrement des expositions d'art plastique, culturelles et historiques, ainsi que de grands événements internationaux. Cet ancien bâtiment industriel impressionnant compte un café et une excellente boutique.

Musée d'Art cycladique — ARCHÉOLOGIE

(carte p. 108 ; ☎ 210 722 8321 ; www.cycladic.gr ; Neofytou Douka 4, angle Leoforos Vasilissis Sofias et Kolonaki ; tarif plein/réduit 7 €/gratuit ; 10h-17h lun, mer, ven et sam, 10h-20h jeu, 11h-17h dim ; Ⓜ Evangelismos). Ce musée privé possède la plus grande collection indépendante d'art cycladique, à découvrir au travers d'excellentes expositions temporaires. La simplicité et la pureté de forme des figurines de marbre du 1er étage (entre 3 000 et 2 000 av. J.-C.) inspirèrent de nombreux artistes du XXe siècle, comme Picasso et Modigliani. Le reste du musée expose des œuvres grecques et chypriotes datant de 2 000 av. J.-C. au IVe siècle de notre ère, tandis que le 4e étage est consacré aux "Scènes de la vie quotidienne dans l'Antiquité", évoquées sous forme d'objets et de films.

Musée byzantin et chrétien — ART RELIGIEUX

(carte p. 108 ; ☎ 210 721 1027 ; www.byzantinemuseum.gr ; Leoforos Vasilissis Sofias 22, Kolonaki ; tarif plein/réduit/enfant 4/2 €/gratuit ; 9h-18h mar-dim, plus tôt hors-saison ; Ⓜ Evangelismos). Installé sur le domaine de l'ancienne Villa Ilissia, véritable oasis urbaine, ce musée conserve une inestimable collection d'art chrétien des IIIe au XXe siècle. Des aperçus thématiques du monde byzantin et postbyzantin y sont présentés chronologiquement dans de grandes galeries bien éclairées, avec des traductions en anglais. La collection comprend des icônes, des fresques, des sculptures, des tissus, des manuscrits, des habits de cérémonie et des mosaïques.

Des ruines antiques jalonnent le parc, comme l'aqueduc de Pisistrate et le **lycée d'Aristote**.

Musée national d'Art contemporain — ART

(carte p. 108 ; ☎ 210 924 2111 ; www.emst.gr ; angle Vassileos Georgiou B 17 -19 et Rigillis, conservatoire d'Athènes, Kolonaki ; tarif plein/réduit 3 €/gratuit ; 11h-19h mar, mer et ven-dim, 11h- 22h jeu ; Ⓜ Syngrou-Fix). Belles expositions temporaires, d'art contemporain grec et international. Peintures, installations, photographies, vidéos, nouveaux médias et architecture expérimentale y ont leur place. Les collections sont actuellement visibles au conservatoire d'Athènes (adresse ci-dessus), le temps que s'achèvent les travaux du nouvel édifice. Le musée doit en effet s'installer d'ici 2015 dans l'ancienne **brasserie Fix** (angle Kallirois et Frantzi ; Ⓜ Syngrou-Fix) sur Leoforos Syngrou.

Lycabette (Lykavittos) — PARC

(carte p. 66 ; Ⓜ Evangelismos). Lycabette signifie "colline des loups", nom datant de l'Antiquité, époque où la campagne entourait la colline dont les versants couverts de pins abritaient des loups. Aujourd'hui, elle se dresse au milieu d'une mer de béton pour offrir l'un des plus jolis panoramas de la ville, sur le bassin de l'Attique, les montagnes environnantes et les îles de Salamine et d'Égine – quand le *nefos* (nuage de pollution) le permet. Un sentier conduit au sommet depuis le haut de la rue Loukianou. On peut aussi emprunter le **funiculaire** (☎ 210 721 0701 ; aller-retour 6 € ; 9h-15h, ttes les 30 min), ou *teleferik*, du haut de Ploutarhou, à Kolonaki.

Perchée au sommet, la petite **chapelle Agios Georgios** s'éclaire la nuit tel un phare. En haut, le café et le restaurant chic **Orizontes** (☎ 210 722 7065 ; plats 23-38 €) offrent une vue spectaculaire. L'été, le **théâtre Lykavittos** (carte p. 66) de plein air, au nord-est du sommet, accueille des concerts.

Gazi, Keramikos et Thisio

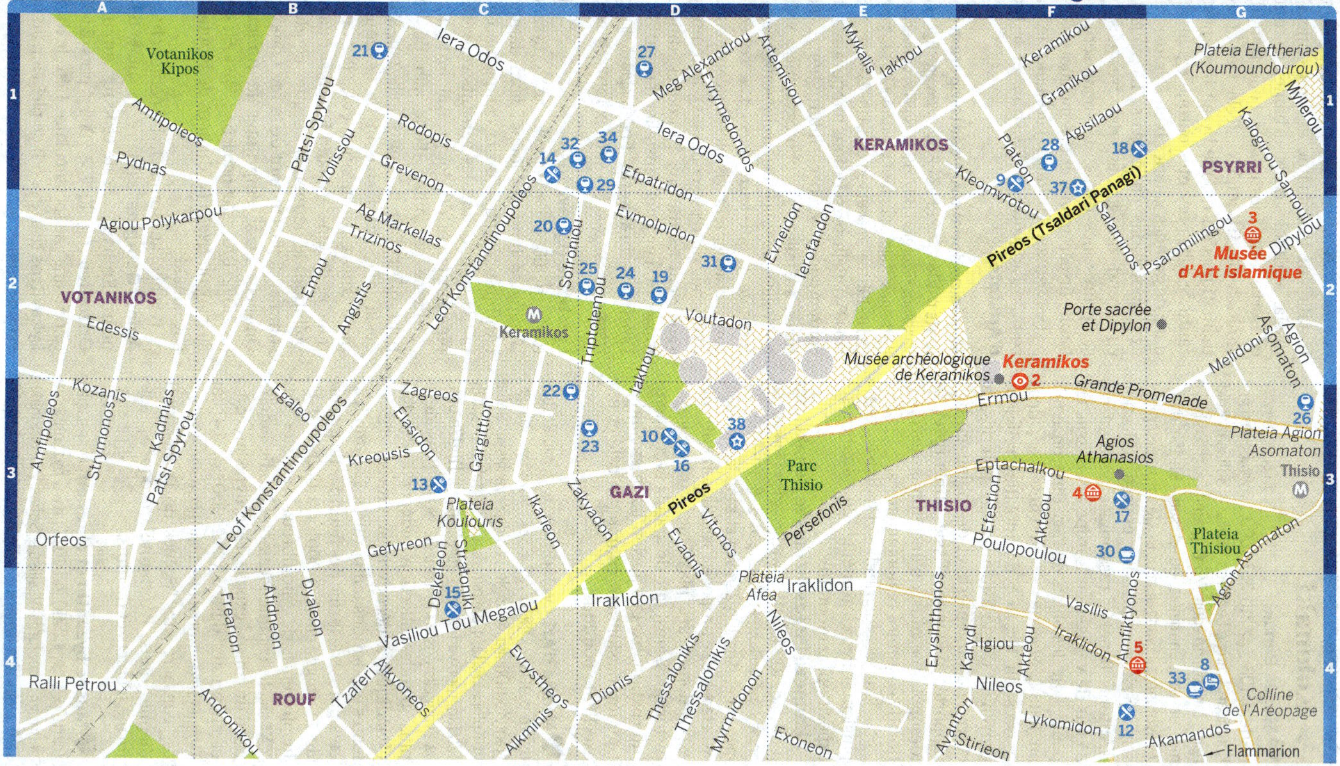

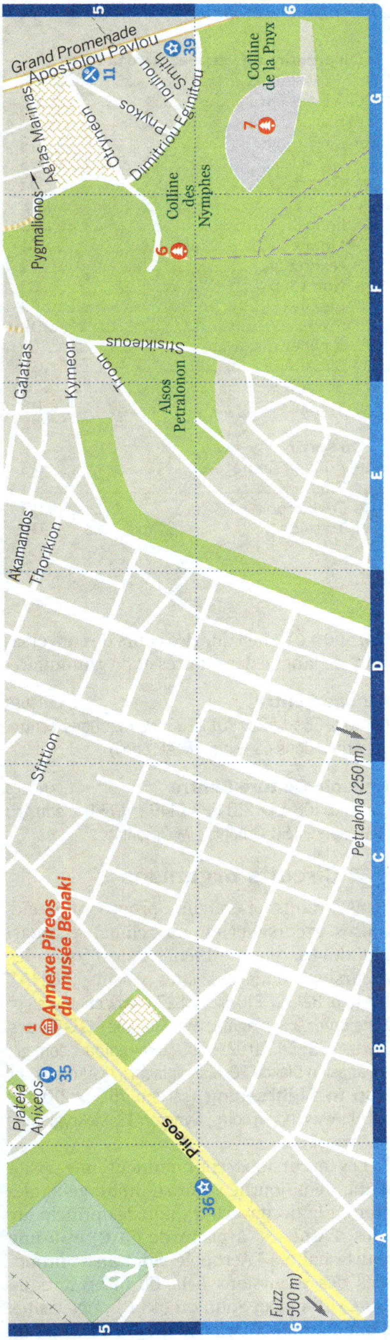

Mets

Premier cimetière d'Athènes CIMETIÈRE

(carte p. 66 ; Anapafseos, Trivonianou, Mets ; ⏲7h30-crépuscule ; Ⓜ Syngrou-Fix). De nombreux Grecs et philhellènes illustres reposent dans ce site tranquille. Parmi les plus célèbres, citons l'archéologue Heinrich Schliemann (1822-1890), dont le mausolée est orné de scènes de la guerre de Troie. La plupart des sépultures arborent un décor extrêmement riche. On y trouve même des œuvres d'art, telle *La Vierge endormie* d'Halepas, qui orne la tombe d'une jeune fille.

Le littoral

Glyfada, à 17 km au sud-est d'Athènes, marque le début d'une étendue de littoral appelée la **côte d'Apollon**, dotée d'un chapelet de jolies plages et de stations balnéaires haut de gamme qui s'étendent au sud jusqu'au cap Sounion. C'est là que prend place, en saison estivale, une bonne part de la vie nocturne.

Les meilleures plages sont privées et payantes (4-15 € par adulte). Elles sont généralement accessibles de 8h au crépuscule, de mai à octobre (plus tard si la chaleur persiste) et comportent des transats et des parasols (parfois en supplément), des vestiaires, des aires de jeux et des cafés.

La plus tapageuse et la plus renommée est **Astir Beach** (☎210 890 1621 ; www.astir-beach.com ; tarif plein/réduit 15/8 € lun-ven, 25/13 € sam-dim), qui propose sports nautiques, boutiques et restaurants. Vous pouvez même réserver en ligne.

Les plages suivantes sont accessibles en tram puis en bus de Glyfada ou de Voula :

Akti Tou Iliou (☎210 985 5169 ; Alimo ; tarif plein/réduit 6/3 € lun-ven, 8/4 € sam-dim).

Asteras (☎210 894 1620 ; www.asterascomplex.com ; Glyfada ; tarif plein/réduit 6/3 € lun-ven, 7/3 € sam-dim).

Yabanaki (☎210 897 2414 ; www.yabanaki.gr ; Varkiza ; tarif plein/réduit 7/4,50 € lun-ven, 8/4,50 € sam-dim).

Vous trouverez des plages gratuites à Palio Faliro (Edem), Kavouri et Glyfada, et de bons lieux de baignade (gratuits aussi) à Shinias, Marathon et Brauron, au nord, mais mieux vaut disposer d'un véhicule pour s'y rendre.

On peut nager toute l'année à **Limni Vouliagmenis** (☎210 896 2239 ; Leoforos

Gazi, Keramikos et Thisio

Les incontournables

1 Annexe Pireos du musée Benaki B5
2 Keramikos F2
3 Musée d'Art islamique G2

À voir

4 Galerie d'art Bernier-Eliades F3
5 Musée Herakleidon F4
6 Colline des Nymphes F5
7 Colline de la Pnyx G6

Où se loger

8 Phidias Hotel G4

Où se restaurer

9 Athiri F1
10 Butcher Shop D3
11 Filistron G5
12 Gevomai Kai Magevomai F4
13 Jamon C3
14 Kanella C1
15 Oina Perdamata C4
16 Sardelles D3
17 To Steki tou Ilia F3
18 Varoulko F1

Où prendre un verre et faire la fête

19 45 Moires D2
20 A Liar Man C2
21 BIG B1
22 Dirty Ginger C3
23 Gazaki D3
24 Gazarte D2
25 Hoxton D2
26 Loop G3
27 MoMix D1
28 Nixon Bar F1
29 Noiz Club D1
30 Peonia Herbs F3
31 Pixi D2
32 S-cape C1
33 Sin Athina G4
34 Sodade D1
35 Venue B5

Où sortir

36 Athinon Arena A6
37 Bios F1
38 Technopolis D3
39 Thission G5

Vouliagmenis ; tarif plein/réduit 8/5 € ; 7h-20h ; A2 jusqu'à l'arrêt Plateia Glyfada, puis 114, ou l'été : express E2 jusqu'à Plateia Katraki Vasos), un lac d'eau mi-salée, mi-douce dont la température reste supérieure à 20°C. Le lac s'étend au bord d'une impressionnante falaise en saillie, près de la côte, et sa clientèle de seniors vêtus de maillots de bain d'un autre âge lui confère une atmosphère surannée.

Activités

Aegean Dive Centre PLONGÉE
(210 894 5409 ; www.adc.gr ; Zamanou 53, angle Pandoras, Glyfada ; brevet PADI à partir de 390 €, plongée jour/nuit 35/100 €). Plongées entre Vouliagmeni et le cap Sounion.

Planet Blue Dive Centre PLONGÉE
(229 202 6446 ; www.planetblue.gr ; Velpex Factory, Laurion ; brevet PADI à partir de 300 €, plongées 35-80 €). Les plongeurs expérimentés apprécient ce club, qui propose aussi des descentes pour tous niveaux autour du cap Sounion.

Cours

Plusieurs organismes offrent des cours intensifs de grec pour différents niveaux. La plupart de ceux cités ici organisent des cours d'immersion d'une à dix semaines (370-900 €), ainsi que des cours de conversation, de langue des affaires et de grammaire.

Athens Centre LANGUES
(carte p. 66 ; 210 701 2268 ; www.athens centre.gr ; Arhimidous 48, Mets ; M Akropoli)

Hellenic Culture Centre LANGUES
(carte p. 108 ; 210 523 8149 ; www.hcc.edu.gr ; Halkokondyli 50, Omonia ; M Omonia)

Circuits organisés

Trois grands opérateurs proposent d'onéreuses excursions en bus climatisé, quasi identiques, dans Athènes, ainsi que des excursions dans des sites voisins : **CHAT** (carte p. 82 ; 210 323 0827 ; www.chatours.gr ; Xenofontos 9, Syntagma ; M Syntagma), **GO Tours** (carte p. 75 ; 210 921 9555 ; www.gotours.com.gr ; Athanasiou Diakou 20, Makrygianni ; M Akropoli) et **Hop In Sightseeing** (carte p. 75 ; 210 428 5500 ; www.hopin.com ; Syngrou 19, Makrygianni ; M Akropoli).

Les excursions comprennent une visite d'une demi-journée, qui se limite généralement à la découverte rapide des principaux sites d'Athènes (à partir de 68 €) et à une courte halte à l'Acropole. Sont aussi proposées des excursions à la Corinthe antique (58 €) et au cap Sounion (43 €) ; des visites d'une journée à Delphes (91 €), au canal de

DES ARTS FLORISSANTS

La vie artistique athénienne s'épanouit. Si la ville (et ses habitants) doit faire face à de sérieux problèmes financiers et sociaux, musiciens, acteurs et plasticiens restent à pied d'œuvre, et des galeries polyvalentes ont vu le jour, évoquant pour l'une un musée, pour l'autre une boîte de nuit tendance ou un squat alternatif.

Fondation Theocharakis pour les beaux-arts et la musique (carte p. 108 ; 210 361 1206 ; www.thf.gr ; Leoforos Vasilissis Sofias 9, Kolonaki ; tarif plein/réduit 6 €/gratuit ; 10h-18h lun, mer et ven-dim, 10h-22h jeu ; M Syntagma). Un excellent centre, sur trois niveaux où sont exposés des artistes locaux et internationaux des XXe et XXIe siècles, un théâtre, une boutique d'art et un sympathique café. Concerts de septembre à mai.

Taf (The Art Foundation ; carte p. 82 ; 210 323 8757 ; www.theartfoundation.gr ; Normanou 5, Monastiraki ; 13h-24h ; M Monastiraki). Un espace réservé à l'art, à la musique et au théâtre, pour des spectacles et des projections souvent gratuits. Le café dans la cour centrale, entouré d'édifices en ruine des années 1870, attire une foule jeune et éclectique.

Six DOGS (carte p. 82 ; 210 321 0510 ; www.sixdogs.gr ; Avramiotou 6, Monastiraki ; M Monastiraki). Le jardin à l'arrière se prête merveilleusement à la détente devant un café, tandis que, le soir venu, le bar déborde dans la rue à l'avant... Spectacles et expositions.

Centre culturel Onassis (213 017 8000, réservations 210 900 5800 ; www.sgt.gr ; Leoforos Syngrou 107-109, Neos Kosmos ; M Syngrou-Fix). Un centre luxueux où se produisent les grands noms des arts visuels et du spectacle. À 1,5 km au sud-ouest de la station de métro Syngrou-Fix.

Bios (carte p. 88 ; www.bios.gr ; Pireos 84, Gazi ; M Thisio). L'avant-garde dans un bâtiment industriel Bauhaus, près de Gazi, regroupant bar, salles de concert et d'exposition, nouveaux médias, discothèque, salle de projection art et essai et jardin sur le toit.

Technopolis (carte p. 88 ; 210 346 7322 ; www.technopolis-athens.com ; Pireos 100, Gazi ; M Keramikos). Une usine à gaz joliment transformée en un centre culturel : expositions multimédias, concerts et diverses autres manifestations.

Événements artistiques

Art-Athina (www.art-athina.gr). Salon international d'art contemporain, en mai.

Biennale d'Athènes (www.athensbiennial.org). Tous les deux ans de juin à octobre.

ReMap (http://remapkm.com). Des expositions dans des bâtiments désaffectés en parallèle à la Biennale.

Galeries d'art

La liste de toutes les galeries et des espaces artistiques figure sur www.athensartmap.net. Autre source d'information : le magazine *Athens Contemporary Art Map*, disponible dans les galeries et les cafés de la ville.

AD Gallery (carte p. 100 ; 210 322 8785 ; www.adgallery.gr ; Pallados 3, Psyrri ; 12h-21h mar-ven, 12h-16h sam, fermé août ; M Monastiraki)

CAN (carte p. 108 ; 210 339 0833 ; www.can-gallery.com ; Anagnostopoulou 42, Kolonaki ; 11h-15h et 17h-20h mar-ven, 11h-16h sam, fermé août ; M Syntagma)

Bernier-Eliades (carte p. 88 ; 210 341 3935 ; www.bernier-eliades.gr ; Eptachalkou 11, Thisio ; 10h30-18h30 mar-ven, 12h-16h sam ; M Thisio)

Galerie Qbox (carte p. 100 ; 211 119 9991 ; www.qbox.gr ; Armodiou 10, Monastiraki ; 12h-18h mar-ven, 12h-16h sam ; M Omonia, Monastiraki)

Galerie Andreas Melas et Helena Papadopoulos (carte p. 100 ; 210 325 1881 ; http://melaspapadopoulos.com ; Epikourou 26, angle Korinis, Psyrri ; 12h-18h mar-ven, 12h-16h sam ; M Omonia, Monastiraki)

Medusa Art Gallery (carte p. 108 ; 210 724 4552 ; www.medusaartgallery.com ; Xenokratous 7, Kolonaki ; M Evangelismos)

ATHÈNES POUR LES ENFANTS

Athènes manque certainement de terrains de jeux, mais non de divertissements. Le **Jardin national** (p. 84), ombragé, possède une aire de jeux, une mare aux canards et un mini-zoo. Il existe aussi un terrain de jeux ombragé et clos au **parc du Zappéion** (p. 84).

Le **musée hellénique des Enfants** (carte p. 82 ; 210 331 2995 ; www.hcm.gr ; Kydathineon 14, Plaka ; 10h-14h mar-ven, 10h-15h sam-dim ; M Syntagma) GRATUIT s'apparente plus à un centre de loisirs qu'à un musée, avec une salle de jeux et un tunnel de métro (reconstitué) à explorer. Ateliers boulangerie, bulles et autres. Les enfants doivent rester sous la surveillance des parents.

Le **musée d'Art enfantin** (carte p. 82 ; 210 331 2621 ; www.childrensartmuseum.gr ; Kodrou 9, Plaka ; 10h-14h mar-sam, 11h-14h dim, fermé en août ; M Syntagma) GRATUIT permet aux enfants de libérer leur énergie créatrice ou de s'instruire sur la Grèce antique.

Le **parc zoologique Attica** (210 663 4724 ; www.atticapark.gr ; Yalou, Spata ; tarif plein/réduit 15/11 € ; 9h-crépuscule) accueille une impressionnante colonie d'oiseaux, de félins, de reptiles et d'autres animaux, dont une "forêt de singes" et un "Cheetah Land", sur 19 ha près de l'aéroport, à l'est de la ville.

Échappez à la chaleur et amusez les enfants avec une visite en réalité virtuelle de la Grèce antique au **Hellenic Cosmos** (212 254 0000 ; www.hellenic-cosmos.gr ; Pireos 254, Tavros ; spectacle adulte 5-10 €, enfant 3-8 €, forfait jour tarif plein/réduit 15/12 € ; 9h-16h lun-ven, 10h-15h dim, fermé 2 sem mi-août ; métro Kalithea), ou explorez l'univers au **Planétarium** (210 946 9600 ; www.eugenfound.edu.gr ; Leoforos Syngrou 387, Palio Faliro ; adulte 6-8 €, enfant 4-5 € ; 17h30-20h30 mer-ven, 10h30-20h30 sam-dim, fermé mi-juil à fin août), de qualité. Au **musée de la Guerre** (carte p. 108 ; 210 725 2975 ; www.warmuseum.gr ; Rizari 2, angle Leoforos Vasilissis Sofias et Kolonaki ; tarif plein/réduit 3/1,50 € ; 9h30-17h mar-dim ; M Evangelismos), les enfants peuvent grimper dans le cockpit d'un avion de la Seconde Guerre mondiale.

Plus éloigné, l'imposant **Allou Fun Park & Kidom** (210 425 6999 ; www.allou.gr ; angle Leoforos Kifisou et Petrou Rali, Renti ; entrée libre, manèges 2-4 € ; 17h-23h lun-ven, 10h-24h sam-dim) est le plus grand parc d'attractions de la capitale. Kidom cible les enfants plus petits.

Corinthe, à Mycènes, à Nauplie et à Épidaure (mêmes tarifs) ; et des croisières à Égine, à Poros et à Hydra (99 € déjeuner compris). Les hôtels effectuent les réservations et offrent souvent des réductions.

CitySightseeing Athens CIRCUITS EN BUS
(carte p. 82 ; 210 922 0604 ; www.city-sightseeing.com ; Plateia Syntagmatos, Syntagma ; tarif plein/réduit 15/6,50 € ; ttes les 30 min 9h-20h ; M Syntagma). Des bus à impériale découverte sillonnent la ville pour un circuit de 1 heure 30 au départ de Syntagma, desservant 15 arrêts où vous pouvez monter et descendre à volonté pendant 24 heures.

Trekking Hellas EXCURSIONS
(carte p. 66 ; 210 331 0323 ; www.trekking.gr ; Rethymnou 12, Exarchia ; M Viktoria). Les activités vont des balades à pied dans Athènes (39 €) au trekking dans le Péloponnèse.

Athens : Adventures CIRCUITS ORGANISÉS
(210 922 4044 ; www.athensadventures.gr). Basé à l'Athens Backpackers, ce prestataire programme des visites à pied d'Athènes (6 €) et des excursions d'une journée à Nauplie et à Delphes.

Alternative Athens VISITES GUIDÉES
(6948405242 ; www.alternative-athens.com). Visites et ateliers pour sortir des sentiers battus.

Athens Happy Train PETIT TRAIN
(carte p. 82 ; 210 725 5400 ; www.athenshappytrain.com ; Plateia Syntagmatos, Syntagma ; tarif plein/réduit 6/4 € ; 9h-minuit ; M Syntagma). Ce petit train fait halte à l'Acropole, à Monastiraki et au stade des Panathénées. Le circuit dure une heure. Le billet reste valable 5 heures pour la descente. Départ du haut d'Ermou toutes les 30 minutes.

Fêtes et festivals

Festival hellénique ARTS DU SPECTACLE
(www.greekfestival.gr ; fin mai-oct). Il s'agit en réalité de plusieurs festivals culturels, assez prestigieux, programmant des

concerts, ainsi que des spectacles de danse et de théâtre.

Les spectacles du **festival d'Athènes** ont pour cadre le magnifique odéon d'Hérode Atticus (p. 76), avec l'Acropole baignée de lumière en second plan. Des événements sont également organisés dans des sites modernes de la ville.

Le **festival d'Épidaure** présente des mises en scènes grecques et internationales de pièces antiques dans le magnifique théâtre antique (p. 145) les vendredi et samedi soir en juillet-août. Cette ville du Péloponnèse est à 2 heures de route à l'ouest d'Athènes. Des **bus KTEL** (☎210 513 4588 ; aller-retour 23 €) font spécialement le voyage jusqu'à Épidaure (voir le site Internet du festival).

Réservez les billets en ligne, par téléphone, à la **billetterie du Festival hellénique** (carte p. 100 ; ☎210 327 2000 ; Arcade, Panepistimiou 39, Syntagma ; ⏲8h30-16h lun-ven, 9h-14h sam ; métro Panepistimio), ou dans les magasins Public et Papasotiriou. Les files d'attente sont parfois très longues aux guichets des théâtres. Réductions pour les étudiants (sur justificatif) pour la plupart des spectacles.

European Jazz Festival MUSIQUE
(www.cityofathens.gr ; ⏲fin mai-début juin). Organisé par la municipalité d'Athènes, tout comme d'autres concerts estivaux gratuits et des spectacles, tel le **festival de danse international**.

Rockwave Festival MUSIQUE
(☎210 882 0426 ; www.rockwavefestival.gr ; ⏲juin-juil). Concerts de musique rock organisés chaque année à Terra Vibe, un parc de Malakassa, à la périphérie d'Athènes. Bus spéciaux de la ville et camping bon marché sur place.

Fête de la Pleine Lune MUSIQUE
(⏲août). Tous les ans en août, à la pleine lune, des spectacles musicaux sont donnés dans des sites historiques, notamment l'Acropole et l'Agora romaine, à Athènes et dans toute la Grèce.

Festival international du film d'Athènes CINÉMA
(☎210 606 1413 ; www.aiff.gr ; ⏲sept). Rétrospectives, avant-premières, films d'art et d'essai et documentaires internationaux.

Où se loger

Athènes compte un vaste choix d'établissements, mais la qualité du service est irrégulière. Plaka est le quartier le plus prisé des touristes. Les hôtels haut de gamme se regroupent autour de Syntagma. D'excellents établissements plus petits jalonnent les quartiers tranquilles de Makrygianni et de Koukaki. À Omonia, certains hôtels ont été rénovés mais le quartier, haut lieu de la drogue et de la prostitution, reste encore peu recommandable, surtout le soir.

Il est important de réserver en juillet-août. Si les tarifs indiqués ci-après sont ceux de pleine saison, il est envisageable de négocier un rabais hors saison, pour les longs séjours et une réservation en ligne.

Bon à savoir : les lois anti-tabac ne sont pas toujours appliquées.

Syntagma et Plaka

Hotel Adonis HÔTEL $
(carte p. 82 ; ☎210 324 9737 ; www.hotel-adonis.gr ; Kodrou 3, Plaka ; s/d/tr avec petit-déj 60/70/85 € ; ❄@📶 ; Ⓜ Syntagma). Confortable pension dans une rue piétonne tranquille de Plaka. Chambres basiques et propres, avec TV, aux petites sdb parfaitement rénovées. Vue sur l'Acropole du 4e étage et du toit-terrasse où est servi le petit-déjeuner. Les cartes bancaires ne sont pas acceptées.

Acropolis House Pension PENSION $
(carte p. 82 ; ☎210 322 2344 ; www.acropolishouse.gr ; Kodrou 6-8, Plaka ; d/tr/q avec petit-déj à partir de 60/90/116 € ; ❄📶 ; Ⓜ Syntagma). Agréable pension, tenue en famille, dans une magnifique maison du XIXe siècle, aux murs joliment peints. Réductions possibles à partir de 3 nuitées. Certaines chambres ont une sdb privative dans le couloir.

Niki Hotel HÔTEL $
(carte p. 82 ; ☎210 322 0913 ; www.nikihotel.gr ; Nikis 27, Syntagma ; s/d/tr avec petit-déj à partir de 56/65/90 € ; ❄@📶 ; Ⓜ Syntagma). Petit hôtel à la limite de Plaka, au mobilier et au design contemporains. Chambres bien équipées et une suite familiale en duplex (140 €), avec balcons sur l'Acropole.

Arethusa Hotel HÔTEL $
(carte p. 82 ; ☎210 322 9431 ; www.arethusahotel.gr ; Mitropoleos 6, angle Nikis et Syntagma ; s/d avec petit-déj 50/70 € ; 📶 ; Ⓜ Syntagma). Basique et central.

Student & Travellers' Inn AUBERGE DE JEUNESSE $
(carte p. 82 ; ☎210 324 4808 ; www.studenttravellersinn.com ; Kydathineon 16, Plaka ; dort 20-25 €, s/d/tr 57/73/90 €, sans sdb 50/65/81 € ; ❄@📶 ;

Ⓜ Syntagma). En plein cœur de Plaka, voici une auberge prisée des voyageurs de tous âges, avec son agréable cour ombragée et ses dortoirs et chambres rudimentaires, parfois avec sdb et climatisation. La propreté des sdb communes, assez délabrées, laisse parfois à désirer. Aide utile à l'organisation de votre voyage.

♥ NEW Hotel BOUTIQUE-HÔTEL $$
(carte p. 82 ; ☎ 210 628 4565 ; www.yeshotels.gr ; Filellinon 16, Plaka ; d avec petit-déj à partir de 123 € ; P ❄ 📶 ; Ⓜ Syntagma). Qu'il s'agisse du mobilier des créateurs Campana Brothers ou de l'assortiment d'oreillers, vous serez forcément séduit par sa fantaisie. Ce dernier venu sur la scène hôtelière athénienne appartient à une chaîne locale renommée d'hôtels design.

Central Hotel BOUTIQUE-HÔTEL $$
(carte p. 82 ; ☎ 210 323 4357 ; www.centralhotel.gr ; Apollonos 21, Plaka ; d avec petit-déj à partir de 90 € ; ❄ @ ; Ⓜ Syntagma). Hôtel élégant, décoré avec goût dans des tons légers et contemporains. Chambres confortables aux bonnes sdb. Charmante terrasse sur le toit avec vue sur l'Acropole, petit spa et solarium. Idéalement situé entre Syntagma et Plaka.

Athens Cypria Hotel HÔTEL $$
(carte p. 82 ; ☎ 210 323 8034 ; www.athenscypria.com ; Diomias 5, Syntagma ; d 89 € ; ❄ @ 📶 ; Ⓜ Syntagma). Dans une ruelle donnant sur Ermou, un petit hôtel un peu quelconque mais moderne, confortable et très bien situé. Balcon dans certaines chambres, sans vue notable. Chambres familiales (à partir de 170 €).

Adrian Hotel HÔTEL $$
(carte p. 82 ; ☎ 210 322 1553 ; www.douros-hotels.com ; Adrianou 74, Plaka ; s/d/tr avec petit-déj 95/115/135 € ; ❄ @ 📶 ; Ⓜ Monastiraki). Minuscule hôtel en plein cœur de Plaka, servant les petits-déjeuners sur une terrasse adorable avec vue sur l'Acropole. Chambres bien équipées, agréables quoiqu'un peu fatiguées. Les meilleures, au 3e étage, possèdent de grands balcons donnant sur la place.

Hotel Phaedra HÔTEL $$
(carte p. 82 ; ☎ 210 323 8461 ; www.hotelphaedra.com ; Herefontos 16, Plaka ; d/tr 80/90 € ; ❄ @ 📶 ; Ⓜ Akropoli). Plusieurs chambres de ce petit hôtel tenu en famille possèdent un balcon donnant sur une église ou l'Acropole. Meublées avec goût, elles sont parfois

Visite du **Musée national d'Archéologie**

DURÉE 2 HEURES VOIR MUSÉE NATIONAL D'ARCHÉOLOGIE (P. 86)

Tout droit en entrant dans le musée, la (1) **collection préhistorique** recèle certaines des pièces les plus importantes de l'art néolithique, mycénien et cycladique. La fabuleuse collection (2) d'**antiquités mycéniennes** (galerie 4) constitue le fleuron du musée. La première vitrine renferme le célèbre (3) **masque d'Agamemnon**, découvert à Mycènes par Heinrich Schliemann, ainsi que des trouvailles majeures, issues du premier cercle de tombes, comme des poignards de bronze ornés de scènes de chasse. Les magnifiques (4) **gobelets de Vaphio** en or repoussé, décorés de scènes figurant la capture de taureaux sauvages, sont considérés comme l'un des plus beaux exemples de l'art mycénien.

La (5) **collection cycladique** (galerie 6) comprend de superbes figurines des IIIe et IIe siècles av. J.-C., qui inspirèrent notamment Pablo Picasso.

Les galeries à gauche de l'entrée abritent les sculptures les plus anciennes et remarquables du musée. Le colossal (6) **Kouros de Sounion** (salle 8), en marbre de Naxos (VIIe siècle av. J.-C.), se tenait devant le temple de Poséidon à Sounion. La salle 15 est dominée par la (7) **statue de Zeus ou de Poséidon** (460 av. J.-C.), découverte au large d'Eubée.

La (8) **statue d'Athéna Varvakeion** (200 av. J.-C.) est la reproduction la plus fameuse (très réduite) de la statue d'Athéna Polias, réalisée par Phidias, qui ornait autrefois le Parthénon.

Dans la salle 21, vous verrez l'étonnante (9) **statue d'un cheval et d'un jeune cavalier** (IIe siècle av. J.-C.), trouvée dans une épave au large du cap d'Artémision, à Eubée. Face au cheval se dresse la (10) **statue d'Aphrodite**, d'une exquise facture.

Les spectaculaires (11) **fresques de Théra** (Santorin), à l'étage, furent découvertes sur le site préhistorique d'Akrotiri, qui fut enseveli par une éruption volcanique à la fin du XVIe siècle av. J.-C.

MUSÉE NATIONAL D'ARCHÉOLOGIE

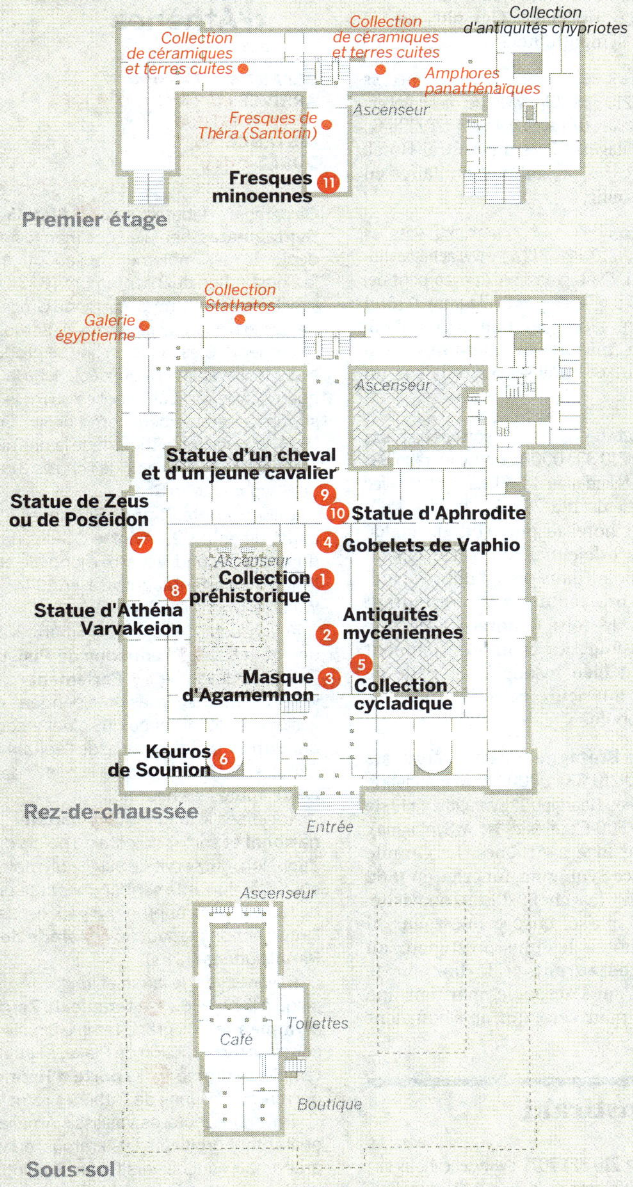

exiguës mais douillettes. Certaines, un peu moins chères (60/70 €) ont des sdb particulières mais dans le couloir. L'agréable toit-terrasse et sa situation en font l'un des meilleurs choix de Plaka. Qui plus est, le personnel est sympathique !

Hotel Hermes BOUTIQUE-HÔTEL $$
(carte p. 82 ; ☎210 323 5514 ; www.hermeshotel.gr ; Apollonos 19, Plaka ; d/q avec petit-déj 120/195 € ; ❄@📶 ; Ⓜ Syntagma). Près du Central Hotel, l'Hermes offre des prestations similaires en un peu moins chic.

Hotel Achilleas HÔTEL D'AFFAIRES $$
(carte p. 82 ; ☎210 323 3197 ; www.achilleashotel. gr ; Leka 21, Syntagma ; s/d/q avec petit-déj 105/125/135 € ; ❄@📶 ; ⓂSyntagma). Hôtel d'affaires bien situé, au hall tape-à-l'œil, avec sols en marbre et chambres bien équipées, dont certaines s'ouvrent sur un balcon fleuri.

♥ **Electra Palace** HÔTEL DE LUXE $$$
(carte p. 82 ; ☎210 337 0000 ; www.electrahotels. gr ; Navarhou Nikodimou 18, Plaka ; d/ste avec petit-déj à partir de 185/255 € ; P❄@📶≋ ; ⓂSyntagma). L'hôtel le plus chic de Plaka. Prenez le petit-déjeuner sur votre balcon face à l'Acropole (dans les chambres catégorie supérieure) et dînez au restaurant très chic sur le toit. Rénovées avec une élégance classique, les chambres, joliment équipées, sont bien insonorisées. Salle de gym, piscine intérieure et sur le toit avec vue sur l'Acropole.

Hotel Grande Bretagne HÔTEL DE LUXE $$$
(carte p. 82 ; ☎210 333 0000 ; www.grandebretagne.gr ; Vasileos Georgiou 1, Syntagma ; ch/ste à partir de 295/600 € ; P❄@📶 ; ⓂSyntagma). Le comble du luxe à Athènes. Le Grande Bretagne, place Syntagma, fut érigé en 1862 pour accueillir les chefs d'État en visite. Riche de son passé, encore mjestueux, il est l'un des hôtels les plus prestigieux au monde. Le **restaurant** et le **bar** sur le toit, avec vue sur l'Acropole, méritent une visite, même pour ceux qui ne séjournent pas à l'hôtel.

Monastiraki

Hotel Cecil HÔTEL $
(carte p. 100 ; ☎210 321 7079 ; www.cecilhotel.gr ; Athinas 39, Monastiraki ; s/d/tr/q avec petit-déj à partir de 60/75/120/155 € ; ❄@📶 ; Ⓜ Monastiraki). Vieil hôtel charmant dans une avenue

Promenade à pied dans le Centre d'Athènes

DÉPART SYNTAGMA
ARRIVÉE MARCHÉ AUX PUCES DE MONASTIRAKI
DISTANCE 3.5 KM
DURÉE 2 HEURES

Ce parcours débute sur la ❶ **Plateia Syntagmatos**, haut lieu des manifestations depuis le rassemblement qui aboutit à la Constitution du 3 septembre 1843, proclamée par le roi Othon Ier de Grèce depuis le balcon du palais royal (actuel Parlement). C'est aussi ici que se produisit, en 1944, l'événement qui déclencha la guerre civile, lorsque la police ouvrit le feu sur un rassemblement communiste. En 1954, la place fut le théâtre de la première manifestation en faveur de l'*enosis* (union) de Chypre et de la Grèce.

L'illustre Hotel Grande Bretagne, construit en 1862, devint le QG des nazis durant la Seconde Guerre mondiale et le lieu d'un attentat qui visa, en 1944, Winston Churchill.

À la gauche de l'entrée du métro s'étend une partie de ❷ l'**aqueduc de Pisistrate**.

Postés devant le ❸ **Parlement** (p. 85), les *evzones*, ou gardes présidentiels, veillent sur le tombeau du soldat inconnu, qui comporte des extraits de l'épitaphe de Périclès. Patientez jusqu'à la relève de la garde, toutes les heures.

Traversez le luxuriant ❹ **Jardin national** et sortez du côté du palais du Zappéion, qui servit de village olympique en 2004. Suivez le sentier qui passe près de l'aire de jeux et prenez à gauche jusqu'à l'intersection menant au ❺ **stade des Panathénées** (p. 81).

Revenez vers le jardin et longez-le jusqu'à l'entrée du ❻ **temple de Zeus olympien**, le plus grand temple jamais construit. En direction de Plaka, à l'angle du temple, se dresse ❼ la **porte d'Hadrien**, qui marque la limite de l'Athènes romaine.

Traversez Leoforos Vasilissis Amalias et filez tout droit vers Lysikratous, où vous prendrez à gauche vers Plaka. Sur votre droite, vous distinguerez les vestiges d'un monument romain dans l'avant-cour de ❽ l'**église Agia Ekaterini** (p. 80).

En poursuivant tout droit vous arrivez au 9 **monument de Lysicrate**, érigé en 334 av. J.-C. pour commémorer le prix reçu par Lysicrate lors d'un concours de chant. Les bas-reliefs dépeignent la bataille entre Dionysos et les pirates tyrrhéniens, que le dieu transforma en dauphins. Il se dresse dans la rue Tripodon, ancienne rue des Trépieds, où les vainqueurs des concours de théâtre et de chant antiques dédiaient leurs trophées à Dionysos. Au XVIIIe siècle, le monument fut intégré à la bibliothèque d'un couvent de capucins français (incendié en 1890), où séjourna lord Byron en 1810-1811 et où il écrivit *Le Pèlerinage de Childe Harold*.

Face au monument, tournez à gauche puis à droite dans Epimenidou. Au sommet des marches, prenez à droite dans Stratonos, qui borde l'Acropole. Devant vous se dresse 10 l'**église Saint-Georges-du-Rocher**, qui marque l'entrée du 11 **quartier d'Anafiotika**, une enclave paisible. Le lacis de ruelles blanchies à la chaux est l'héritage des tailleurs de pierre venus de l'île cycladique d'Anafi pour construire le palais royal après l'indépendance.

Poursuivez jusqu'à la petite 12 **église Agios Simeon**. Sous son air d'impasse, le sentier débouche en réalité sur la route de l'Acropole. Prenez à droite puis à gauche dans Prytaniou, puis bifurquez sur la droite au bout de 50 m dans Tholou. Le bâtiment ocre au n°5 est 13 l'**ancienne université d'Athènes**, de 1837 à 1841, édifiée par les Vénitiens. Les Turcs y installèrent leur administration.

Descendez jusqu'aux ruines de 14 l'**Agora romaine** (p. 78). À droite de la tour des Vents, dans Kyrristou, vous verrez les 15 **bains turcs**. Le 16 **musée des Instruments de musique populaire** (p. 81), dans Diogenous, renferme l'un des seuls bains turcs qui subsistent à Athènes. En bifurquant dans Pelopida, vous apercevrez la 17 **mosquée Fethiye**, sur l'Agora. Suivez la route qui longe l'Agora jusqu'aux ruines de la 18 **bibliothèque d'Hadrien** (p. 80), voisines du 19 **musée des Céramiques grecques traditionnelles** (p. 81), aménagé dans la mosquée de Tzistarakis (1759) qui perdit son minaret et servit de prison après l'indépendance.

Vous voici à Monastiraki, une place animée avec ses vendeurs de rues et son célèbre 20 **marché aux puces** (p. 116), sur la gauche.

animée, avec hauts plafonds à moulures, parquets lustrés et ascenseur-cage. Des chambres meublées avec goût mais sans réfrigérateur. Deux chambres reliées, partageant une sdb, conviennent parfaitement aux familles.

Tempi Hotel HÔTEL $

(carte p. 82 ; ☎210 321 3175 ; www.tempihotel.gr ; Eolou 29, Monastiraki ; d/tr 57/67 €, s/d sans sdb 38/50 € ; ❄📶 ; Ⓜ Monastiraki). Emplacement et tarifs sont les atouts de ce vénérable établissement familial, situé dans une rue piétonne. Les balcons à l'avant donnent sur Plateia Agia Irini, très animée le soir venu, ceux du côté sur l'Acropole. Les chambres, sommaires, ont la TV sat. mais les sanitaires sont rudimentaires. Les chambres du dernier étage sont petites et la montée est laborieuse. Cuisine commune.

♥ **Magna Grecia** BOUTIQUE-HÔTEL $$

(carte p. 82 ; ☎210 324 0314 ; www.magnagreciahotel.com ; Mitropoleos 54, Monastiraki ; d avec petit-déj 90-140 €, tr à partir de 120 € ; ❄📶 ; Ⓜ Monastiraki). Hôtel intime dans un bâtiment restauré face à la cathédrale, avec magnifique vue sur l'Acropole depuis les chambres à l'avant et la terrasse du toit. Les 12 chambres (chacune portant le nom d'une île grecque) sont ornées de fresques et parfaitement équipée : matelas confortables, lecteur DVD et minibar. Personnel affable et du charme à revendre.

A for Athens HÔTEL $$

(carte p. 82 ; ☎210 324 4244 ; http://aforathens.com ; Miaouli 2, Monastiraki ; d à partir de 130 € ; ❄📶 ; Ⓜ Monastiraki). Moderne mais simple, au-dessus de la place centrale de Monastiraki. Magnifique café-bar sur le toit, avec panorama à 360°, notamment sur l'Acropole (de même que certaines chambres).

Plaka Hotel HÔTEL $$

(carte p. 82 ; ☎210 322 2096 ; www.plakahotel.gr ; Kapnikareas 7, angle Mitropoleos et Monastiraki ; d avec petit-déj à partir de 135 € ; ❄📶 ; Ⓜ Monastiraki). Merveilleuse vue sur l'Acropole depuis le jardin du toit et les plus hautes chambres. Des chambres nettes avec parquet et meubles de bois, TV sat et petites sdb. Plus près de Monastiraki que de Plaka.

Thisio

Phidias Hotel HÔTEL $

(carte p. 88 ; ☎210 345 9511 ; www.phidias.gr ; Apostolou Pavlou 39, Thisio ; s/d/tr avec petit-déj 57/70/80 € ; ❄📶 ; Ⓜ Thisio). À mi-chemin de la majestueuse promenade de Thisio, des chambres sans fioritures, idéalement situées. Personnel chaleureux.

Psyrri, Omonia et Exarchia

Athens Style AUBERGE DE JEUNESSE $

(carte p. 82 ; ☎210 322 5010 ; www.athenstyle.com ; Agias Theklas 10, Psyrri ; dort 18-26 €, s/d 51/75 €, app à partir de 84 € ; ❄@ ; Ⓜ Monastiraki). Établissement lumineux un peu bohème, au personnel accueillant. Studios bien équipés et lits en dortoir. Le métro, les principaux sites et les établissements nocturnes sont accessibles à pied. Les dortoirs sont équipés de casiers, certains balcons donnent sur l'Acropole. Billard, home cinéma et coin Internet dans l'agréable salon en sous-sol qui accueille des expositions. Sympathique happy-hour le soir au petit bar installé sur le toit, avec vue sur l'Acropole.

City Circus AUBERGE DE JEUNESSE $

(carte p. 100 ; ☎213 023 7244 ; www.citycircus.gr ; Sarri 16, Psyrri ; dort avec petit-déj 27-30 €,

LOUER UN APPARTEMENT À ATHÈNES

Pour de longs séjours ou une équipée familiale, un studio ou un appartement meublé constitue une réelle aubaine.

Près de l'Acropole, d'excellents appartements, simples, modernes, confortables et présentant différentes configurations, sont proposés par **Athens Studios** (carte p. 75 ; ☎210 923 5811 ; www.athensstudios.gr ; Veïkou 3a, Makrygianni ; app avec petit-déj 80-120 €, ménage quotidien assuré ; @📶 ; Ⓜ Akropoli).

À Psyrri, Athens Style (p. 98) loue des studios bien équipés de niveau supérieur, avec kitchenette, TV à écran plat, sdb moderne et grand balcon donnant sur l'Acropole.

Boutique Athens (☎6985083556 ; www.boutiqueathens.com ; app 80-210 €, 2 nuitées au minimum ; ❄📶 ; Ⓜ Thisio) possède de vastes appartements bien rénovés ou des maisons. L'un d'eux, à Psyrri, compte un immense toit paysager avec vue sur l'Acropole.

d 60-90 € ; ❄📶). L'auberge de jeunesse la plus récente d'Athènes tient toutes ses promesses. Des chambres lumineuses et bien conçues, aux sdb modernes, sont aménagées en dortoirs ou en chambres privatives, parfois avec cuisine. Ambiance enjouée et chaleureuse.

Hotel Attalos HÔTEL $

(carte p. 100 ; ☎210 321 2801 ; www.attaloshotel.com ; Athinas 29, Psyrri ; s/d/tr à partir de 56/70/80 € ; ❄@📶 ; M Monastiraki). Hôtel confortable et central, à la décoration très quelconque. Son meilleur atout : le bar sur le toit avec sa vue superbe sur l'Acropole, dont profitent également les chambres à l'arrière, dotées de balcons (supplément 9 €).

Hotel Exarchion HÔTEL $

(carte p. 100 ; ☎210 380 0731 ; www.exarchion.com ; Themistokleous 55, Exarchia ; d/tr/q avec petit-déj à partir de 40/50/64 € ; ❄@ ; M Omonia). Au cœur du quartier bohème d'Exarchia, dans une tour des années 1960, un hôtel simple mais confortable aux chambres rénovées et bien équipées, parfois avec balcon. Café-bar sur le toit et grand choix de restaurants et de bars à proximité.

Fresh Hotel BOUTIQUE-HÔTEL $$

(carte p. 100 ; ☎210 524 8511 ; www.freshhotel.gr ; Sofokleous 26, angle Klisthenous et Omonia ; ch/ste avec petit-déj à partir de 104/250 € ; ❄📶🏊 ; M Omonia). Le premier des hôtels tendance à ouvrir dans le quartier interlope d'Omonia se révèle agréable. Cadre élégant et chambres colorées, avec tout le confort moderne. Fantastique vue sur l'Acropole depuis le toit aménagé d'une piscine, d'un bar et d'un restaurant.

Melia HÔTEL D'AFFAIRES $$

(carte p. 100 ; ☎210 332 0100 ; www.melia.com ; Halkokondyli 14, angle 28 Oktovriou-Patision et Omonia ; d à partir de 76 € ; ❄📶🏊 ; M Omonia). Personnel sérieux, chambres impeccables, vue sur l'Acropole depuis le toit et bar-piscine-Jacuzzi font du Melia une excellente adresse, à mi-chemin entre Omonia et Exarchia.

Ochre & Brown BOUTIQUE-HÔTEL $$$

(carte p. 100 ; ☎210 331 2940 ; www.oandbhotel.com ; Leokoriou 7, Psyrri ; d 135-300 €, ste 225-580 € ; ❄📶 ; M Thisio). L'hôtel le plus branché de Psyrri, s'il jouxte les rues commerçantes animées de Monastiraki, n'en constitue pas moins une luxueuse retraite.

> **HÔTELS D'AÉROPORT**
>
> Si votre vol est très matinal, choisissez l'un des deux hôtels suivants : le **Sofitel** (☎210 354 4000 ; www.sofitel.com ; aéroport ; d à partir de 168 €), dans le terminal, ou le **Holiday Inn** (☎210 668 9100 ; www.hiathens.com ; Peania, près de l'aéroport ; d à partir de 90 €) à 15 minutes en navette (gratuite).

Acropole (Akropoli), Makrygianni et Koukaki

♥ **Athens Backpackers** AUBERGE DE JEUNESSE $

(carte p. 75 ; ☎210 922 4044 ; www.backpackers.gr ; Makri 12, Makrygianni ; dort avec petit-déj 24-28 €, app 2/4/6 pers 95/125/155 € ; ❄@📶 ; M Akropoli). Le bar du toit, où l'on déguste des boissons bon marché en contemplant l'Acropole, est un atout majeur de cette auberge moderne et accueillante, prisée des baroudeurs, près du métro Akropoli. Barbecue dans la cour, cuisine bien approvisionnée et vraie vie sociale. Dortoirs impeccables avec sdb particulières, vestiaires et draps (location de serviette 2 €). La direction propose aussi des appartements avantageux et modernes non loin.

Art Gallery Hotel PENSION $

(carte p. 75 ; ☎210 923 8376 ; www.artgalleryhotel.gr ; Erehthiou 5, Koukaki ; s/d/tr/q à partir de 50/60/70/80 € ; ❄📶 ; M Syngrou-Fix). Accueil chaleureux dans un établissement familial et pittoresque. Les espaces communs ont conservé leur mobilier des années 1960. Certaines chambres sont petites, mais du balcon du haut on aperçoit l'Acropole. Les moins chères partagent les salles de bains.

Marble House Pension PENSION $

(☎210 923 4058 ; www.marblehouse.gr ; Zini 35a, Koukaki ; s/d/tr 35/45/55 €, d/tr/q avec sdb commune 40/50/60 € ; ❄@📶 ; M Syngrou-Fix). Donnant dans une impasse tranquille, cette adresse est l'une des plus avantageuses d'Athènes. Chambres rénovées avec goût, lits en fer forgé et sdb en marbre. Toutes ont un réfrigérateur et des ventilateurs, certaines la climatisation (supplément 9 €). Un peu éloignée de la zone touristique, mais près du métro.

♥ **Hera Hotel** BOUTIQUE-HÔTEL $$

(carte p. 75 ; ☎210 923 6682 ; www.herahotel.gr ; Falirou 9, Makrygianni ; d avec petit-déj 130-160 €,

Psyrri, Omonia et Exarchia

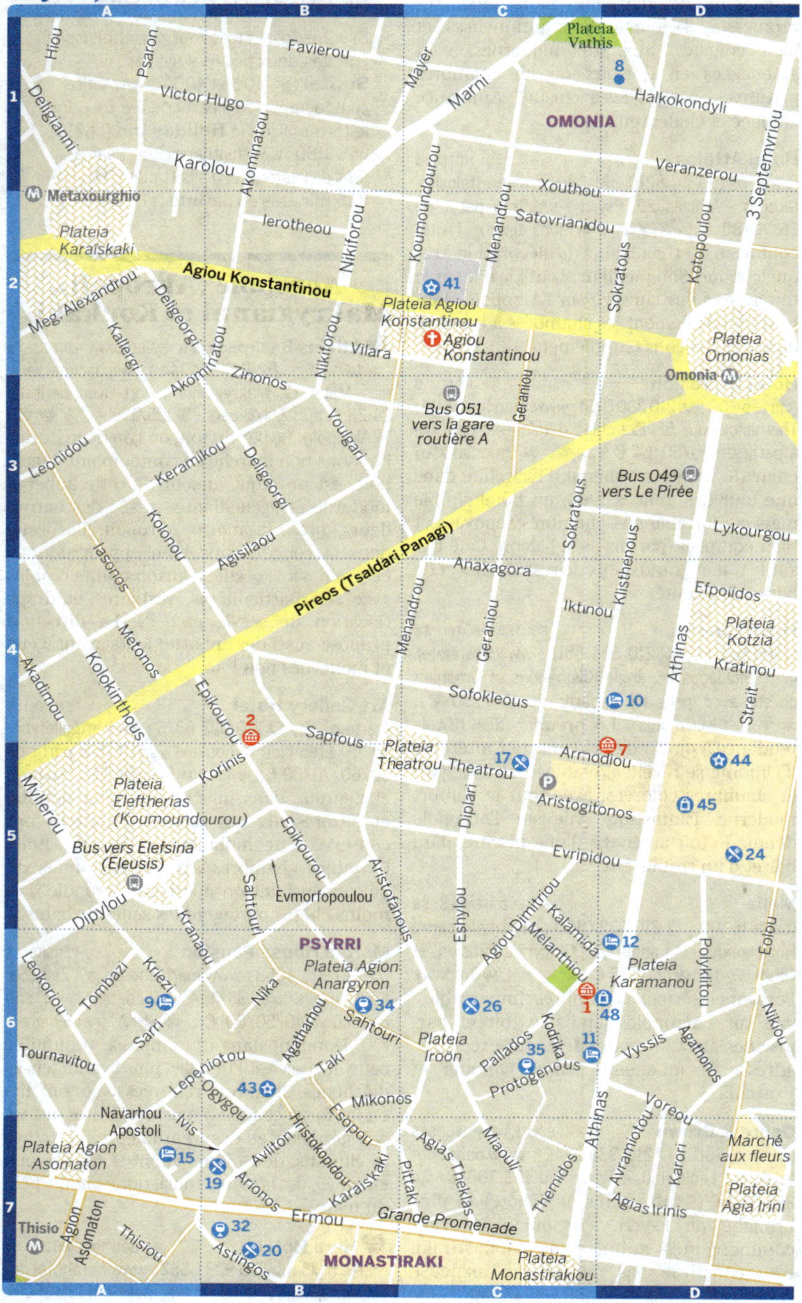

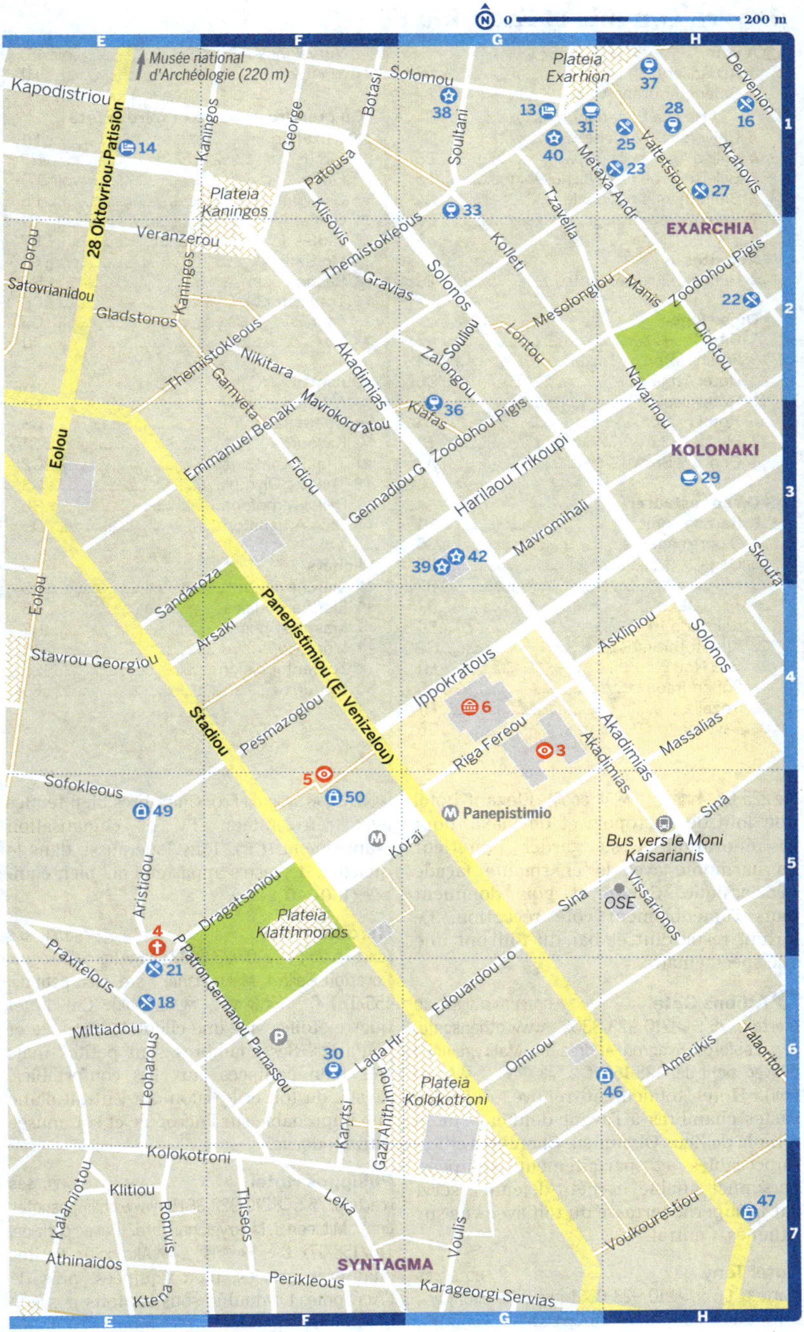
0
200 m
E
F
G
H
1
2
3
4
5
6
7
Musée national d'Archéologie (220 m)
Kapodistriou
28 Oktovriou-Patision
Kaningos
George
Botasi
Solomou
Soultani
Plateia Exarhion
Dervenion
Arahovis
Valtetsiou
Metaxa Andr
Tzavella
Patousa
Klisovis
Plateia Kaningos
Veranzerou
Themistokleous
Solonos
Kolleti
EXARCHIA
Zoodohou Pigis
Dorou
Satovrianidou
Gladstonos
Gravias
Mesolongiou
Manis
Didotou
Lontou
Soullou
Zalongou
Nikitara
Gamveta
Mavrokordatou
Akadimias
Kiaras
Navarinou
Emmanuel Benaki
Fidiou
Gennadiou G
Harilaou Trikoupi
KOLONAKI
Eolou
Mavromihali
Skoufa
Sandaroza
Arsaki
Panepistimiou (El Venizelou)
Asklipiou
Stavrou Georgiou
Ippokratous
Stadiou
Pesmazoglou
Riga Fereou
Massalias
Sofokleous
Panepistimio
Sina
Bus vers le Moni Kaisarianis
Koraï
Aristidou
Dragatsaniou
Plateia Klafthmonos
OSE
Vissarionos
Praxitelous
P Patron Germanou
Edouardou Lo
Miltiadou
Leoharous
Parnassou
Lada Hr
Omirou
Amerikis
Valaoritou
Plateia Kolokotroni
Karytsi
Gazi Anthimou
Kolokotroni
Kalamiotou
Klitiou
Romvis
Thiseos
Leka
Voulis
Voukourestiou
Athinaidos
SYNTAGMA
Perikleous
Karageorgi Servias
Ktena
1
3
4
5
6
13
14
16
18
21
22
23
25
27
28
29
30
31
33
36
37
38
39
40
42
46
47
49
50

Psyrri, Omonia et Exarchia

À voir
1 AD Gallery C6
2 Galerie Andreas Melas et Helena Papadopoulos B4
3 Université d'Athènes G4
4 Église Agii Theodori E5
5 Billetterie du Festival hellénique F5
6 Bibliothèque nationale G4
7 Galerie Qbox D5

Activités
8 Hellenic Culture Centre D1

Où se loger
9 City Circus A6
10 Fresh Hotel D4
11 Hotel Attalos C6
12 Hotel Cecil D6
13 Hotel Exarchion G1
14 Melia E1
15 Ochre & Brown A7

Où se restaurer
16 Barbagiannis H1
17 Diporto Agoras C5
18 Doris E6
19 Ivis B7
20 Kalipateira B7
21 Kalnterimi E6
22 Kimatothrafstis H2
23 Oxo Nou H1
24 Papandreou D5
25 Rozalia H1
26 Taverna tou Psyrri C6
Varvakios Agora .... (voir 45)
27 Yiantes H1

Où prendre un verre et faire la fête
28 Alexandrino H1
29 Circus H3
Floral .... (voir 37)
30 Gin Joint F6
31 Ginger Ale G1
32 James Joyce B7
33 Mo Better G1
34 Second Skin B6
35 Tranzistor C6
36 Tsin Tsin G3
37 Vox H1

Où sortir
38 AN Club G1
39 Opéra national G3
40 Kavouras G1
41 Théâtre national C2
42 Théâtre Olympia G3
43 Paliogramofono B6
44 Stoa Athanaton D5

Achats
45 Marché central D5
46 Eleftheroudakis H6
47 Mastiha Shop H7
48 Mompso D6
49 To Pantopoleion E5
50 Xylouris F5

ste 225 € ; ❄@📶 ; Ⓜ Akropoli). Élégant hôtel non loin de l'Acropole et de Plaka, dont la rénovation a su garder l'intérieur en harmonie avec la charmante façade néoclassique. Cuivre et bois dominent dans l'ameublement côté réception. Le jardin, restaurant et bar du toit ont une vue spectaculaire.

♥ Athens Gate HÔTEL D'AFFAIRES **$$**
(carte p. 75 ; ☎210 923 8302 ; www.athensgate.gr ; Leoforos Syngrou Andrea 10, Makrygianni ; d avec petit-déj 125-165 € ; ❄@📶 ; Ⓜ Akropoli). Hôtel totalement rénové, dont les vastes chambres à l'avant donnent sur le temple de Zeus Olympien. Chambres chics, impeccables et parfaitement équipées. Personnel affable et petit-déjeuner servi sur la superbe terrasse du toit avec vue sur Athènes. Central.

Hotel Tony HÔTEL **$$**
(carte p. 66 ; ☎210 923 0561 ; www.hoteltony.gr ; Zaharitsa 26, Koukaki ; s/d/tr/app 65/85/95/130 € ; ❄@📶 ; Ⓜ Syngrou-Fix). Chambres bien tenues avec réfrigérateur, TV et climatisation (supplément 9 €). Tony loue aussi, dans le quartier, de vastes appartements bien équipés (130-140 €).

Herodion HÔTEL **$$$**
(carte p. 75 ; ☎210 923 6832 ; www.herodion.com ; Rovertou Galli 4, Makrygianni ; s/d avec petit-déj 155/170 € ; ❄@📶 ; Ⓜ Akropoli). Cet hôtel quatre étoiles vise une clientèle fortunée et d'affaires. Ses chambres sont petites mais très bien équipées, aux lits confortables. Le spa du toit et le salon ont l'attrait d'une vue imprenable sur l'Acropole et son musée ultramoderne.

Philippos Hotel HÔTEL **$$$**
(carte p. 75 ; ☎210 922 3611 ; www.philipposhotel.com ; Mitseon 3, Makrygianni ; s/d/tr avec petit-déj 110/158/171 € ; ❄@📶 ; Ⓜ Akropoli). Petites chambres prisées, bien équipées, près de l'Acropole. La double sous les toits possède une terrasse privée.

Kolonaki

Periscope BOUTIQUE-HÔTEL $$
(carte p. 108 ; ☎210 729 7200 ; www.periscope.gr ; Haritos 22, Kolonaki ; d avec petit-déj à partir de 87 € ; ; Ⓜ Evangelismos). Hôtel chic à la décoration industrielle, donnant sur le Lycabette. Des trouvailles ingénieuses distinguent l'établissement, telles que le diaporama dans le hall et les photos aériennes de la ville au plafond. Des articles de toilette bio (Korres) et un nouveau restaurant branché, le **Pbox**, complètent le tableau. Vue sensationnelle depuis le spa privatif de l'appartement sur le toit.

Camping

La brochure *Camping in Greece* réalisée par l'EOT (office du tourisme grec) et www.travelling.gr recensent les campings de l'Attique. Ceux situés près d'Athènes sont en général rudimentaires et éloignés des standards européens. Si vous ne pouvez pas loger ailleurs, essayez **Athens Camping** (☎210 581 4114 ; www.campingathens.com.gr ; Leoforos Athinon 198, Haidari ; empl 8,50/5/4 € par adulte/tente/voiture ; toute l'année ;), le plus proche, à 7 km à l'ouest du centre-ville sur la route de Corinthe. Il existe de meilleurs campings plus loin, à Shinias et Cap Sounion.

Où se restaurer

Rien ne vaut un repas sans chichis et convivial pris en terrasse ! Se rassembler pour discuter autour d'un bon repas, convenablement arrosé, est la distraction favorite des Grecs. Une nouvelle génération de chefs tire son inspiration de la cuisine régionale et des produits locaux ; il en résulte un mélange intéressant de sophistication culinaire et de cuisine traditionnelle. Les établissements nouvelle cuisine rivalisent avec les tavernes traditionnelles, les *ouzeria* (servant ouzo et en-cas légers) et les pittoresques *mayiria* (restaurants à l'ancienne).

Difficile d'éviter Plaka, surtout quand on y loge, mais la cuisine y est généralement coûteuse et pas toujours de qualité. Gazi et Monastiraki comptent de nombreuses tavernes modernes, parfaites pour manger un morceau avant de sortir en boîte dans le quartier. À Monastiraki, l'extrémité de Mitropoleos est le royaume des souvlakis (viandes grillées), à déguster au milieu des musiciens. Les *mezedhopoleia* (restaurants de mezze) et des restaurants plus chics jalonnent Adrianou. Les restaurants populaires d'Exarchia accueillent surtout des Athéniens, et le chic Kolonaki compte certaines des meilleures tables gastronomiques. La réservation est impérative dans les restaurants haut de gamme.

Syntagma et Plaka

Tzitzikas & Mermingas MEZZE $
(carte p. 82 ; ☎210 324 7607 ; Mitropoleos 12-14, Syntagma ; mezze 6-11 € ; déj et dîner ; Ⓜ Syntagma). Les murs de ce joyeux et moderne *mezedhopoleio* du centre d'Athènes sont tapissés de produits grecs. Il sert un beau choix de savoureux mezze créatifs (comme celui au fromage, miel et bacon) à une nombreuse clientèle locale.

Avocado VÉGÉTARIEN $
(carte p. 82 ; ☎210 323 7878 ; www.avocadoathens.com ; Nikis 30, Plaka ; plats 6,50-9,50 € ; 11h-22h lun-sam, 11h-19h dim ; ; Ⓜ Syntagma). Ce nouveau-venu dans le centre-ville jouxte un marché bio et sert en abondance, très logiquement, des délices bio, végétariennes et sans gluten – une rareté en Grèce. Dégustez sandwichs, quinoa aux aubergines ou curry coco-légumes dans le minuscule patio, à accompagner d'un jus de fruits frais ou d'un lassi de mangue élaborés sur place.

Glykis MEZZE $
(carte p. 82 ; ☎210 322 3925 ; Angelou Geronta 2, Plaka ; mezze 5,50-6 € ; 10h30-1h30 ; Ⓜ Akropoli). Dans un coin tranquille de Plaka, discret *mezedhopoleio* doté d'une cour ombragée, principalement fréquenté par des Athéniens et des étudiants. Savoureux choix de mezze, *briam* traditionnel (ragoût de légume au four) et seiche au vin.

Doris MAYIRIO $
(carte p. 100 ; ☎210 323 2671 ; Praxitelous 30, Syntagma ; plats 4-9 € ; 8h-18h30 lun-sam ; Ⓜ Panepistimio). Cette institution athénienne, une ancienne *galaktopoleio* (crèmerie) ouverte en 1947, est devenue un *mayirio* traditionnel, fréquenté par les employés de la ville. Ses tables de marbre, ses photos d'antan et ses serveurs à l'ancienne lui donnent une ambiance désuète. Faites votre choix parmi les plateaux de plats du jour et finissez par les célèbres *loukoumadhes* (beignets ronds au miel et à la cannelle).

Pure Bliss CAFÉ $
(carte p. 82 ; ☎210 325 0360 ; www.purebliss.gr ; Romvis 24a, Syntagma ; en-cas 3-9 € ; 10h-1h

MANGER SUR LE POUCE À ATHÈNES

Au cœur des vestiges antiques d'Athènes, vous pourrez vous rassasier à loisir auprès des vendeurs de rue proposant des *koulouria* (pain frais en couronne, saupoudré de graines de sésame), du maïs grillé ou des châtaignes, ou plus classiquement dans les fast-foods. Du côté des en-cas typiquement grecs, impossible de vous tromper en optant pour les *tiropita* (feuilletés au fromage), en particulier ceux concoctés par **Ariston** (carte p. 82 ; 210 322 7626 ; Voulis 10, Syntagma ; feuilleté 1,40-2 € ; 10h-16h lun-ven ; Syntagma), en activité depuis 1910.

Mais l'en-cas préféré des Grecs reste le souvlaki (viande grillée, servie en brochette ou dans un pain pita) qui, à quelque 2,50 € la pièce, présente le meilleur rapport qualité/prix du marché. Ce guide fournit des adresses dans la plupart des quartiers mais, parmi les meilleures, figure le minuscule **Kostas** (carte p. 82 ; 210 323 2971 ; Plateia Agia Irini 2, Monastiraki ; souvlaki 2 € ; 9h-17h ; Monastiraki), sur la jolie place face à l'église Agia Irini, et dont la marque de fabrique reste sa fameuse sauce tomate relevée.

lun-sam, 17h-21h dim ; ; Syntagma). L'un des rares établissements d'Athènes servant des produits bio et issus du commerce équitable, à l'exemple du café, des thés exotiques et des produits à base de soja. Bon choix de salades, de sandwichs et de smoothies, ainsi que des vins et des cocktails. Ambiance décontractée.

Meatropoleos 3 SOUVLAKIS $
(carte p. 82 ; 210 324 1805 ; www.meatropoleos3.com ; Mitropoloeos 3 ; plats 8-9 €, souvlakis 1,50 € ; 12h-minuit). Pour se régaler de grillades avant une soirée en ville.

Paradosiako TAVERNE $$
(carte p. 82 ; 210 321 4121 ; Voulis 44a, Plaka ; plats 5-12 € ; déj et dîner ; ; Syntagma). Établissement sans fioritures à la périphérie de Plaka. Quelques tables sur le trottoir et menu basique. Préférez un plat du jour aux fruits de mer frais, comme du *saganaki* de crevettes.

Palia Taverna Tou Psara TAVERNE $$
(carte p. 82 ; 210 321 8734 ; www.psaras-taverna.gr ; Erehtheos 16, Plaka ; plats 12-24 € ; 11h-24h30 mer-lun ; Akropoli). À l'écart de l'agitation, voici une taverne au-dessus de la moyenne. Elle sert les meilleurs produits de la mer de Plaka (poisson 65 €/kilo) et les tables, bien garnies, débordent dans la rue.

Monastiraki

Kalnterimi TAVERNE $
(carte p. 100 ; 210 331 0049 ; www.kalnterimi.gr ; Plateia Agion Theodoron, angle Skoulenio et Monastiraki ; plats 5-8 € ; déj et dîner ; Panepistimio). Derrière l'église Agii Theodori, cette taverne ouverte propose une cuisine grecque authentique. Tout y est frais et délicieux. Les tables, peintes à la main, sont dressées dehors, sur le trottoir d'une rue piétonne. Elles forment un îlot de paix dans l'un des quartiers les plus animés de la ville.

Mama Roux INTERNATIONAL $
(carte p. 82 ; 213 004 8382 ; Eolou 48-50, Monastiraki ; plats 5-10 € ; 9h-minuit mar-sam, 9h-17h lun, 12h-17h dim ; ; Monastiraki). Restaurant bon marché le plus tendance du centre-ville, bondé d'Athéniens savourant de délicieux plats d'une grande fraîcheur, des burritos et plats cajuns aux burgers américains. Bière Yellow Donkey Santorini (une bière artisanale brassée à Santorin) à la pression et brunch jazzy le dimanche. Mieux vaut réserver.

Melilotos GREC $
(carte p. 82 ; 210 322 2458 ; www.melilotos.gr ; Kalamiotou 19, Monastiraki ; plats 6,50-8,50 € ; 12h-18h lun, 12h-1h mar-sam, 14h-22h dim). Une cuisine délicieuse et abordable, avec des plats du jour variés.

Kalipateira MEZZE $
(carte p. 100 ; 210 321 4152 ; Astingos 8, Monastirkai ; plats 4-10 € ; déj et dîner ; Monastiraki). Dans un édifice néoclassique donnant sur un site de fouilles, de jeunes Athéniens discutent autour de mezze et de carafes d'ouzo. Rébétiko (musique populaire) du jeudi au dimanche.

Ouzou Melathron TAVERNE $
(carte p. 82 ; 210 324 0716 ; Agiou Filipou 10, angle Astingos, Monastiraki ; mezze 5-7 € ; 12h-tard ; Monastiraki). Succursale de la célèbre chaîne d'*ouzeria* de Thessalonique, au

milieu de la place du marché de Monastiraki. Restaurant prisé et simple, servant des mezze tirés d'un menu fantaisiste.

Thanasis SOUVLAKIS $

(carte p. 82 ; ☎210 324 4705 ; Mitropoleos 69, Monastiraki ; gyros 2,50 € ; ⏲8h30-2h30 ; Ⓜ Monastiraki). Au cœur d'un quartier spécialisé en souvlakis, à l'extrémité de Mitropoleos, Thanasis est réputé pour ses brochettes dans des pitas, accompagnées de tomates et d'oignons grillés.

♥ **Café Avyssinia** MEZZE $$

(carte p. 82 ; ☎210 321 7047 ; www.avissinia.gr ; Kynetou 7, Monastiraki ; plats 10-16 € ; ⏲11h-1h mar-sam, 11h-19h dim ; Ⓜ Monastiraki). Sur la pittoresque Plateia Avyssinias, au milieu du marché aux puces, ce *mezedhopoleio* bohème prisé pour son ambiance, sa cuisine et son service. Spécialisé dans la cuisine grecque régionale, de la *fava* chaude aux aubergines à la tomate et au fromage, il propose une bonne sélection d'ouzos, de raki (eau-de-vie) et de *tsipouro* (alcool distillé voisin de l'ouzo, en plus fort).

Musique acoustique grecque le week-end, et vue imprenable sur l'Acropole à l'étage.

Kuzina GREC MODERNE $$

(carte p. 66 ; ☎210 324 0133 ; www.kuzina.gr ; Adrianou 9, Monastiraki ; plats 12-25 € ; ⏲déj et dîner ; Ⓜ Thisio). La lumière qui coule à flots à travers les vitres colorées réchauffe les tables bondées en hiver. L'été, installez-vous dehors dans la rue Adrianou, piétonne. Cuisine grecque fusion, à l'exemple des *parpadelles* crétoises ou du poulet aux figues et au sésame.

Gazi, Thisio et Keramikos

Kanella TAVERNE $

(carte p. 88 ; ☎210 347 6320 ; Leoforos Konstantinoupoleos 70, Gazi ; plats 7-10 € ; ⏲13h30-tard ; Ⓜ Keramikos). Pain maison, vaisselle dépareillée et nappes en papier marron donnent le ton dans cette taverne tendance. Le personnel, aimable, vous servira des plats régionaux délicieux, comme de l'agneau au citron avec des pommes de terre ou une salade courgettes-avocats.

To Steki tou Ilia TAVERNE $

(carte p. 88 ; ☎210 345 8052 ; Eptahalkou 5, Thisio ; côtelettes 9/30 € par portion/kilo ; ⏲20h-tard ; Ⓜ Thisio). On fait la queue pour dîner dans cette *psistaria* sans prétention de porc et d'ag et des frites. V sous les arb face à l'ég

Jamon

(carte p. 88 ; Elasidon 15, Gazi ; Ⓜ Keramikos). Délicieu à accompagner de vin e

Gevomai Kai Magevomai

(carte p. 88 ; ☎210 345 2802 ; www.g vome.gr ; Nileos 11, Thisio ; plats 6-11 € ; dîner ; wifi ; Ⓜ Thisio). Petite taverne sur une piétonne. Prisée pour sa cuisine mitonnée à partir d'ingrédients frais.

Oina Perdamata TAVERNE $

(carte p. 88 ; ☎210 341 1461 ; Vasiliou tou Megalou 10, Gazi ; plats 6-9 € ; ⏲déj et dîner ; wifi ; Ⓜ Kera- mikos). Pour se restaurer d'un plat du jour dans un établissement modeste, près de l'animation de la rue Pireos. Essayez les grands classiques, comme la morue frite, sauce à l'ail et légumes rôtis, ou un ragoût de viande.

♥ **Athiri** GREC MODERNE $$

(carte p. 88 ; ☎210 346 2983 ; www.athirirestaurant.gr ; Plateon 15, Keramikos ; plats 16-19 € ; ⏲20h-1h mar-sam, 18h-minuit dim ; Ⓜ Thisio). Dans une charmante cour verdoyante, on vous servira un menu réduit mais créatif. Essayez les petites fèves de Santorin et le ragoût de bœuf au *myzithra* (fromage de chèvre), ou les pâtes maison de Karpathos.

Filistron MEZZE $$

(carte p. 88 ; ☎210 346 7554 ; Apostolou Pavlou 23, Thisio ; mezze 8-14 € ; ⏲déj et dîner mar-dim ; Ⓜ Thisio). Mieux vaut réserver pour obtenir une table sur la terrasse du toit de cet excellent *mezedhopoleio*, avec vue sur l'Acropole et le Lycabette. Spécialisé dans la cuisine régionale, il propose de savoureux mezze et une longue carte des vins.

Dirty Ginger GREC MODERNE

(carte p. 88 ; ☎210 342 3809 ; www.dirtyginger.gr ; Triptolemou 46, Gazi ; plats 10-15 € ; ⏲dîner mai-oct ; Ⓜ Keramikos). Idéale l'été, avec ses tables disposées autour d'un palmier géant dans la cour illuminée, cette "taverne postmoderne" a de quoi combler les amateurs de viande. Le lieu, qui se transforme en bar très animé, n'est en revanche pas un modèle de quiétude.

POISSON $$
…47 8050 ; Persefonis 15, Gazi ; … déj et dîner ; Ⓜ Keramikos). … dehors, face à l'usine à gaz …our déguster des mezze de fruits …éparés avec simplicité, dans une …nappes en papier et de pots de basi… voisin, le **Butcher Shop** (carte p. XX ; …341 3440 ; Persefonis 19, Gazi ; Ⓜ Keramikos), … plutôt fait une spécialité de viandes.

Funky Gourmet MÉDITERRANÉEN MODERNE $$$
(carte p. 66 ; 210 524 2727 ; www.funkygourmet.com ; Paramithias 3, angle Salaminas, Keramikos ; menu à partir de 68 € ; 20h-23h30 mar-sam). Restaurant raffiné, étoilé au Michelin, promettant nouvelle cuisine et ingrédients méditerranéens les plus frais. Accords mets-vins sur les menus dégustation. Réservez.

♥ **Varoulko** POISSON $$$
(carte p. 88 ; 210 522 8400 ; www.varoulko.gr ; Pireos 80, Keramikos ; plats 35-60 € ; à partir de 20h30 lun-sam ; Ⓜ Thisio, Keramikos). Cet établissement, également distingué par le guide Michelin, combine vue sur l'Acropole et délicieux fruits de mer. Le service est parfois irrégulier, mais la carte des vins et le toit-terrasse sont remarquables.

Psyrri, Omonia et Exarchia

Les rues jouxtant le marché animé et coloré **Varvakios Agora** (marché central ; carte p. 100 ; Athinas, Omonia ; lun-sam ; Ⓜ Monastiraki) sont un délice pour les sens. Le **marché au poisson et à la viande** occupe le bâtiment historique côté est, en face du **marché de fruits et légumes**. Les tavernes du marché à la viande, comme **Papandreou** (carte p. 100 ; 213 008 2242 ; Aristogitonos 1 ; plats 7-8 € ; 24h/24 ; Ⓜ Omonia, Monastiraki) sont une institution athénienne, aussi bien fréquentée par les commerçants que par les couples sur leur trente et un en quête d'une *patsas* (soupe de tripes) en sortant d'un club.

♥ **Diporto Agoras** TAVERNE $
(carte p. 100 ; 210 321 1463 ; angle Theatrou et Sokratous ; assiettes 5-6 € ; 8h-18h lun-sam, fermé 1er-20 août). Un véritable joyau, que cette vénérable et singulière taverne. Pas d'enseigne, juste deux portes menant à une cave rustique. Les mêmes plats sont servis depuis des années, sans carte. Les *revythia* (pois chiches) sont la spécialité, généralement suivis par un poisson grillé et arrosé du vin tiré à l'un des immenses tonneaux alignés le long des murs. Le service, souvent fantasque, participe du caractère de l'ensemble.

Kimatothrafstis CAFÉ $
(carte p. 100 ; 213 030 8274 ; Harilaou Trikoupi 49, Exarchia ; petite/grande assiette 3/6 € ; 8h-23h, fermé dim soir ; Ⓜ Omonia). Café moderne, lumineux et d'un très bon rapport qualité/prix. Faites votre choix au buffet du jour, puis asseyez-vous à l'une des tables communes. Deux tailles d'assiettes selon votre appétit.

Barbagiannis TAVERNE $
(carte p. 100 ; 210 330 0185 ; Emmanuel Benaki 94, Exarchia ; plats 5-7 € ; déj et dîner lun-sam, jusqu'à 19h dim ; Ⓜ Omonia). Institution d'Exarchia, ce sobre *mayirio* est prisé des étudiants et des amateurs de cuisine authentique à prix doux.

Oxo Nou CRÉTOIS $
(carte p. 100 ; 210 380 1778 ; Emmanuel Benaki 63-65, angle Metaxa et Exarchia ; plats 8-11 € ; 15h-tard ; Ⓜ Omonia). Excellente cuisine crétoise dans le centre d'Athènes.

Ivis MEZZE $
(carte p. 100 ; 210 323 2554 ; Navarhou Apostoli 19, Psyrri ; mezze 4-10 € ; Ⓜ Thisio). Ce *mezedhopoleio*, confortable et joliment décoré, sert un choix modeste mais délicieux de mezze préparés du jour. Demandez le plat du jour car la carte est rédigée en grec et à la main. Bon choix d'ouzos.

Rozalia TAVERNE $
(carte p. 100 ; 210 330 2933 ; Valtetsiou 58, Exarchia ; plats 5-11 € ; Ⓜ Omonia). Établissement familial apprécié, dans une rue piétonne animée d'Exarchia. Grillades et cuisine comme à la maison.

Taverna tou Psyrri TAVERNE $
(carte p. 100 ; 210 321 4923 ; Eshylou 12, Psyrri ; plats 6-8 € ; fermé 2 sem en août ; Ⓜ Monastiraki). Une taverne établie de longue date, à côté de Plateia Iroön. Cuisine traditionnelle, honorable et sans prétention, à savourer dans une joyeuse ambiance.

♥ **Yiantes** TAVERNE $$
(carte p. 100 ; 210 330 1369 ; Valtetsiou 44, Exarchia ; plats 9-12 € ; déj et dîner ; Ⓜ Omonia). Installé dans une ravissante cour-jardin, ce restaurant moderne, plutôt haut de gamme pour le quartier, avec nappes blanches et fleurs, sert une cuisine exquise et très largement bio. Goûtez aux *almirikia* (légumes verts), au poisson grillé à la perfection ou aux succulents calamars au safran.

Acropole (Akropoli), Makrygianni et Koukaki

Mani Mani GREC $$

(carte p. 75 ; 210 921 8180 ; www.manimani.com.gr ; Falirou 10, Makrygianni ; plats 10-16 €, mezze 7,50 € ; 15h-12h30 mar-ven, à partir de 13h sam, 13h-17h30 dim, fermé juil-août ; Akropoli). Ce restaurant moderne a pour spécialité les recettes régionales du Magne (Péloponnèse). Les raviolis aux blettes, cerfeuil et fromage et la piquante saucisse à l'orange sont deux plats phares de la carte. On peut presque tout commander en demi-portion (moitié prix), ce qui permet d'en goûter davantage.

Trapezaria GREC MODERNE $$

(carte p. 75 ; 210 921 3500 ; www.trapezaria.gr ; Negri 1, Makrygianni ; plats 8-15 € ; dîner lun-sam ; Akropoli). Restaurant grec contemporain au cadre quelconque, où se pressent les Athéniens amateurs de cuisine savoureuse et abordable. Remarquable carte des vins.

Aglio, Olio & Peperoncino ITALIEN $$

(carte p. 75 ; 210 921 1801 ; Porinou 13, Makrygianni ; plats 15-25 € ; 13h-minuit lun-ven, 20h-2h sam, 14h-19h dim ; Akropoli). Établie dans un lieu improbable, derrière la station de métro, cette table italienne sert des plats de pâtes dans une ambiance de trattoria.

Strofi GREC $$

(carte p. 75 ; 210 921 4130 ; www.strofi.gr ; Rovertou Galli 25, Makrygianni ; plats 11-15 € ; Akropoli). Mieux vaut réserver pour profiter de la vue sur le Parthénon depuis le toit du Strofi, installé dans une demeure joliment rénovée. La cuisine sans apprêt, le cadre et le service de bonne tenue participent du romantisme du lieu.

Hytra MÉDITERRANÉEN $$$

(217 707 1118, 210 331 6767 ; www.hytra.gr ; Onassis Cultural Centre, Syngrou 107-109 ; plats 29-31 € ; dîner mar-dim). Ce restaurant, l'un des meilleurs d'Athènes, a récemment déménagé dans le Centre culturel Onassis. Réservez pour déguster une cuisine grecque modernisée, merveilleusement présentée. En pleine saison, une filiale ouvre sur la côte au Westin Athens, dans l'Astir Palace Beach Resort, à Vouliagmeni.

Dionysos MÉDITERRANÉEN $$$

(carte p. 66 ; 210 923 1939 ; www.dionysoszonars.gr ; Rovertou Galli 43, Makrygianni ; plats 18-28 € ; restaurant 12h-1h, café 8h-1h ; Akropoli). Installez-vous devant la baie vitrée donnant sur le versant sud de l'Acropole. La vue a un prix mais le service reste attentionné et le cadre convient aux repas d'amoureux.

Kolonaki et Pangrati

Oikeio MÉDITERRANÉEN $

(carte p. 108 ; 210 725 9216 ; Ploutarhou 15, Kolonaki ; plats 7-13 € ; 13h-14h30 lun-sam ; Evangelismos). Excellente cuisine maison, servie dans une taverne moderne à la hauteur de son nom ("accueillant"). Une allure de bistrot, avec tables sur le trottoir et prix raisonnables pour le quartier. Au menu figurent pâtes, salades et bonne cuisine internationale ; essayez aussi les *mayirefta* (plats "comme à la maison") comme les excellentes courgettes farcies. Mieux vaut réserver.

Filippou TAVERNE $

(carte p. 108 ; 210 721 6390 ; Xenokratous 19, Kolonaki ; plats 8-12 € ; déj et dîner, fermé sam soir et dim ; Evangelismos). Filippou sert de la bonne cuisine grecque depuis 1923. Repas réconfortants, à déguster sur nappe blanche au cœur de Kolonaki.

Mavro Provato MEZZE $

(carte p. 66 ; 210 722 3466 ; www.tomauroprovato.gr ; Arrianou 31-33, Pangrati ; plats 4-12 € ; déj et dîner). Réservez pour tester ce *mezedhopoleio* moderne et très populaire de Pangrati.

Kalamaki Kolonaki SOUVLAKIS $

(carte p. 108 ; 210 721 8800 ; Ploutarhou 32, Kolonaki ; plats 7 € ; 12h30-2h ; Evangelismos). Choisissez des *kalamaki* (brochettes ; 1,70 €), ajoutez salades et pitas, et régalez-vous en regardant les gens passer dans le meilleur restaurant de souvlakis de Kolonaki.

Yozen DESSERTS $

(carte p. 108 ; 210 360 3196 ; Tsakalof 7, Kolonaki ; yaourt glacé à partir de 3 € ; 11h-tard ; Syntagma). Le yaourt glacé, véritable régal, est la nouvelle tendance de Kolonaki. Nature, aux fruits, au chocolat ou autres. Ajoutez-y des garnitures variées, chocolat liquide ou douceurs sucrées.

Nice N' Easy CAFÉ $

(carte p. 108 ; 210 361 7201 ; www.niceneasy.gr ; Omirou 60, Kolonaki ; sandwichs 5-10 € ; déj et dîner tlj, petit-déj sam-dim ; Panepistimio). Dégustez sandwichs bio très frais, salades

Kolonaki

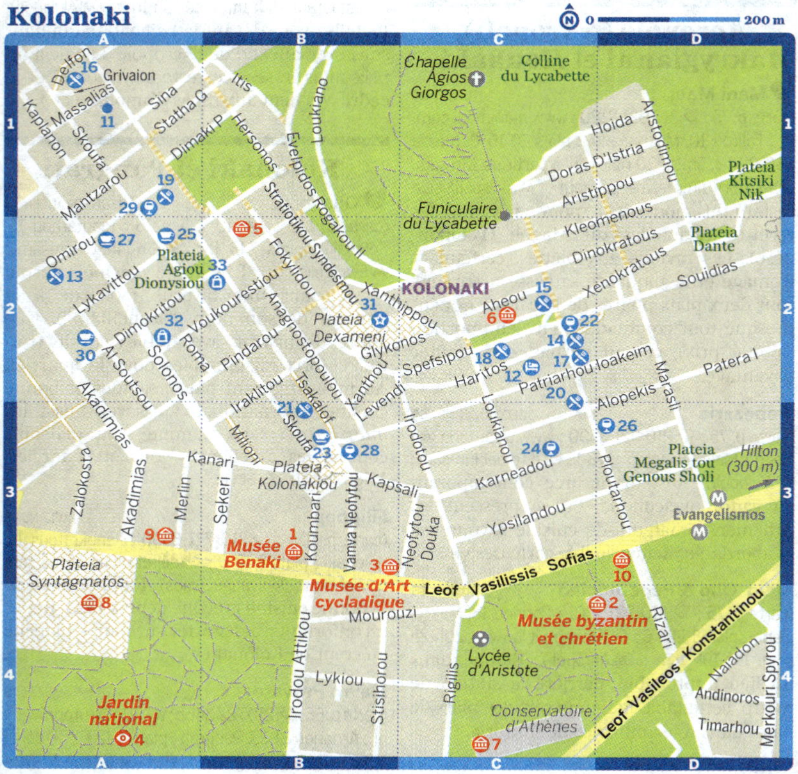

et délicieux brunchs, comme des *huevos rancheros*, sous le regard de Louis Armstrong et de Marilyn Monroe.

Kavatza TAVERNE **$**
(carte p. 108 ; ☎ 210 724 1862 ; Spefsipou 10, Kolonaki ; plats 4-8 € ; ⏲ déj et dîner ; Ⓜ Evangelismos). Plats grecs simples et avantageux.

Cucina Povera MÉDITERRANÉEN **$$**
(carte p. 66 ; ☎ 210 756 6008 ; www.cucinapovera.gr ; Efforionos 13, Pangrati ; plats 9-14 € ; ⏲ dîner mar-sam, brunch dim ; Ⓜ Evangelismos). Des plats exquis (mais pas toujours), comme la salade aux avocats, poires et fromage de chèvre. Salle tendance et ambiance détendue. Remarquable carte des vins.

Café Boheme CAFÉ **$$**
(carte p. 108 ; ☎ 210 360 8018 ; Omirou 36, Kolonaki ; plats 9-15 € ; ⏲ déj et dîner ; Ⓜ Panepistimiou). Établissement jazzy de style brasserie, proposant une excellente carte des vins.

Capanna ITALIEN **$$**
(carte p. 108 ; ☎ 210 724 1777 ; Ploutarhou 38 et Haritos 42, Kolonaki ; plats 10-17 € ; ⏲ 13h-1h mar-dim ; Ⓜ Evangelismos). L'un des restaurants les plus récents de Kolonaki dispose ses tables autour d'une fontaine l'été. Cuisine italienne du jour, des immenses pizzas aux gnocchis au Gorgonzola. Solides portions, service attentif et verre de vin compris.

Alatsi CRÉTOIS **$$**
(carte p. 66 ; ☎ 210 721 0501 ; Vrasida 13, Ilissia ; plats 12-17 € ; ⏲ 13h-1h lun-sam ; Ⓜ Evangelismos). Appartenant à la nouvelle génération de tables haut de gamme, Alatsi sert des plats crétois traditionnels, comme le *gamopilafo* (pilaf nuptial) à l'agneau, et des mets rares, comme ces *stamnagathi* (légumes sauvages), aux Athéniens branchés.

Il Postino ITALIEN **$$**
(carte p. 108 ; ☎ 210 364 1414 ; Grivaion 3, Kolonaki ; pâtes 8-12 € ; Ⓜ Panepistimio). Dans une petite

Kolonaki

ruelle, dégustez une assiette de gnocchi au pesto maison sous de vieilles photos de Rome, avant une nuit en discothèque.

Spondi MÉDITERRANÉEN $$$
(carte p. 66 ; 210 756 4021 ; www.spondi.gr ; Pyrronos 5, Pangrati ; plats 35-50 € ; 20h-tard). Deux étoiles au Michelin pour ce restaurant plusieurs fois élu comme le meilleur d'Athènes. Haute cuisine méditerranéenne à forte influence française, servie dans le cadre chic et détendu d'une demeure ancienne. Carte, menu et carte des vins.

Le restaurant arbore un beau jardin de bougainvillées. Réservez et prenez un taxi – il est difficilement accessible en transports en commun.

Où prendre un verre et faire la fête

Nombre de cafés et de restaurants se transforment en bars et clubs le soir venu.

Syntagma, Plaka et Monastiraki

Les établissements les plus animés se situent près de Plateia Karytsi au nord de Syntagma, et entre Plateia Agia Irini et Monastiraki. À Monastiraki, Adrianou, qui longe l'Agora antique, est bordée de cafés, avec des tables dressées à l'ombre. Taf (p. 91) et Six DOGS (p. 91) font galerie, café et bars, et ne désemplissent pas.

Tailor Made CAFÉ, BAR
(carte p. 82 ; 213 004 9645 ; www.tailormade.gr ; Plateia Agia Irini 2, Monastiraki ; M Monastiraki). Cette petite brûlerie, nouvelle et très fréquentée, sert toute une gamme de cafés et de thés. Café caracoli, rooibos, desserts maison (5 €) et sandwichs (6 €). Salle ornée d'art moderne et tables à l'extérieur, près du marché aux fleurs. Devient un bar à cocktails tendance le soir.

Faust BAR, SPECTACLES
(carte p. 82 ; 210 323 4095 ; www.faust.gr ; Kalamiotou 11 et Athinaidos 12 ; sept-mai ; M Monastiraki). L'un des nouveaux lieux branchés de la ville. Ce minuscule établissement programme des concerts, des spectacles de cabaret et des événements artistiques.

Barley Cargo BAR
(carte p. 82 ; 210 323 0445 ; Kolokotroni 6, Syntagma ; M Syntagma). Bar fantastique proposant plus de 150 sortes de bières, dont beaucoup issues de microbrasseries grecques. On peut aussi siroter une trappiste à l'une des tables en forme de tonneau.

Drunk Sinatra BAR À COCKTAILS
(carte p. 82 ; ☎210 331 3733 ; Thiseos 16, Syntagma ; Ⓜ Syntagma). Le dernier-né des bars en vogue.

Melina CAFÉ
(carte p. 82 ; Lyssiou 22, Plaka ; Ⓜ Akropoli, Monastiraki). Hommage à la grande Mercouri, Melina est un havre de charme et d'intimité dans l'animation du centre-ville.

Seven Jokers BAR
(carte p. 82 ; Voulis 7, Syntagma ; Ⓜ Syntagma). Animé et central, un pilier de la fête, tout comme le vaste **42** au coin de la rue. Sert des cocktails dans un splendide décor tout de boiseries.

Baba Au Rum BAR À COCKTAILS
(carte p. 82 ; Klitiou 6, Syntagma ; Ⓜ Syntagma). Des barmen talentueux seront à même de concocter le breuvage de vos rêves.

Bartessera BAR
(carte p. 82 ; Kolokotroni 25, Syntagma ; Ⓜ Syntagma). Un lieu sympathique, passant de la bonne musique au bout d'une étroite galerie.

Brettos BAR
(carte p. 82 ; Kydathineon 41, Plaka ; Ⓜ Akropoli). Rien de notable ne se passe dans les bars de Plaka, mais le Brettos est un délicieux bar-distillerie ancien, au mur couvert de bouteilles colorées et d'énormes tonneaux. Dégustez ses vins, ouzos, cognacs et autres liqueurs maison.

Booze Cooperativa CAFÉ, BAR
(carte p. 82 ; ☎211 400 0863 ; www.boozecooperativa.com ; Kolokotroni 57, Syntagma ; ⏲10h-tard lun-ven, à partir de 15h sam, à partir de 12h dim ; wifi ; Ⓜ Monastiraki). Le jour, cet espace bohème accueille de jeunes Athéniens jouant aux échecs et au backgammon, ou rivés à leur ordinateur ; le soir, il se transforme en bar branché jusque tard dans la nuit. Expositions au sous-sol et théâtre à l'étage.

À L'USAGE DES NOCTAMBULES

- Les bars commencent véritablement à se remplir à compter de 23h et restent ouverts tard.
- Actuellement, Gazi, le quartier autour de Plateia Karytsi (au nord de Syntagma) et Plateia Agia Irini (Monastiraki) ont le vent en poupe. Kolonaki attire les plus branchés.
- L'été, prenez un taxi (ou un tram) pour rejoindre les clubs de plage, plus animés – ceux d'Athènes ferment plus tôt (voir l'encadré p. 111).

Gin Joint BAR À COCKTAILS
(carte p. 100 ; Lada 1, Syntagma ; Ⓜ Syntagma). Soixante sortes de gin et autres boissons fantaisistes, parfois chargées d'histoire.

Galaxy Bar BAR
(carte p. 82 ; Stadiou 10, Syntagma ; ⏲lun-sam ; Ⓜ Syntagma). À ne pas confondre avec le bar panoramique du Hilton. Adorable petit établissement tapissé de lambris où l'on se sent chez soi.

Sixx CLUB
(carte p. 82 ; ☎6979470638 ; Amerikis 6, Syntagma ; ⏲23h-7h jeu-sam ; Ⓜ Syntagma). Les DJ vous feront danser jusqu'à l'aube.

Oinoscent BAR À VINS
(carte p. 82 ; ☎210 322 9374 ; www.oinoscent.gr ; Voulis 45-47, Plaka ; Ⓜ Syntagma). Large choix de vins grecs et internationaux, et vente à emporter.

Toy BAR À COCKTAILS
(carte p. 82 ; Plateia Karytsi 10, Syntagma ; Ⓜ Syntagma). Bar prisé d'une clientèle de trentenaires, venus prendre un café en journée et siroter des cocktails le soir.

James Joyce PUB
(carte p. 100 ; ☎210 323 5055 ; Astingos 12, Monastiraki ; Ⓜ Monastiraki). La Guinness coule à flots dans ce pub irlandais servant une cuisine correcte (plats 9-14 €) à une flopée de voyageurs et d'expatriés. Concerts.

Gazi, Thisio et Keramikos

Descendez du métro à Keramikos pour vous retrouver au beau milieu de l'animation de Gazi. À Thisio, les cafés bordant la rue piétonne Apostolou Pavlou bénéficient d'une vue magnifique sur l'Acropole et, le soir, ceux d'Iraklidon (une voie interdite aux voitures) ne désemplissent pas.

♥ **Gazarte** BAR
(carte p. 88 ; ☎210 346 0347 ; www.gazarte.gr ; Voutadon 32-34, Gazi ; Ⓜ Keramikos). Vidéos sur écran géant, vue magnifique sur la ville et l'Acropole, musique à la mode et clientèle de trentenaires branchés à l'étage. Musique live à l'occasion, cinéma et restaurant.

LES CLUBS EN ÉTÉ

L'été, la scène nocturne se déplace vers les grandes discothèques du bord de mer. Beaucoup sont desservies par le tram, qui circule jusqu'à 2h30 le vendredi et le samedi. À moins de réserver pour le dîner, vous devrez payer l'entrée (entre 10 et 20 €, avec une boisson). Tenue glamour requise.

Akrotiri (210 985 9147 ; www.akrotirilounge.gr ; Vasileos Georgiou B 5, Agios Kosmas). Grande discothèque de plage, accueillant jusqu'à 3 000 personnes. Bar, restaurant et salons sur plusieurs niveaux. Les soirées festives attirent les meilleurs DJ athéniens et étrangers. Piscine-parties en journée.

Balux (210 894 1620 ; www.baluxcafe.com ; Leoforos Poseidonos 58, Glyfada). Il faut le voir pour le croire ! Glamour en diable, ce club-restaurant sur la plage vous en mettra plein les yeux, avec ses transats au bord de la piscine et ses lits à baldaquin. Cerise sur le gateau, la rangée de DJ réputés qui officient juste à côté, à l'**Akanthus** (210 968 0800 ; www.akanthus.gr).

Island (210 965 3563 ; www.islandclubrestaurant.gr ; Varkiza, km 27, route Athènes-Sounion). Discothèque et restaurant de rêve, au bord de l'eau, dans un magnifique cadre insulaire.

Hoxton BAR
(carte p. 88 ; Voutadon 42, Gazi ; M Keramikos). Un cadre original, avec œuvres d'art, poutres métalliques et canapés en cuir, prisé d'une clientèle tendance et bohème.

Gazaki BAR
(carte p. 88 ; Triptolemou 31, Gazi ; M Keramikos). Ce pionnier de Gazi a ouvert avant que le quartier ne soit devenu incontournable. De sympathiques Athéniens se pressent à l'agréable bar du toit.

Nixon Bar BAR
(carte p. 88 ; Agisilaou 61b, Keramikos ; M Thisio). Un tantinet plus chic que les autres, le Nixon Bar sert en-cas et cocktails à côté de l'entraînant **Belafonte**.

MoMix BAR À COCKTAILS
(carte p. 88 ; 6974350179 ; http://momix.gr ; Keleou 1-5, Gazi ; M Keramikos). Le premier bar de mixologie moléculaire d'Athènes.

A Liar Man BAR
(carte p. 88 ; www.aliarman.gr ; Sofroniou 2, Gazi ; M Keramikos). Minuscule repaire à l'ambiance tranquille.

Pixi CLUB
(carte p. 88 ; 210 342 3751 ; http://pixi.gr ; Evmolpidon 11, Gazi ; M Keramikos). Bons DJ et éclairage stroboscopique attirant les plus jeunes.

45 Moires BAR
(carte p. 88 ; Iakhou 18, angle Voutadon et Gazi ; M Keramikos). Incursion au pays du hard rock. De la terrasse, on distingue Gazi et l'Acropole.

Venue CLUB
(carte p. 88 ; 210 342 2606 ; www.venue-club.com ; Tzaferi 11, angle Andronikou, Rouf ; sept-mai ; M Keramikos). Le plus grand club de la ville, les soirées les plus suivies et les DJ du moment.

Sin Athina CAFÉ
(carte p. 88 ; 210 345 5550 ; www.sinathina.gr ; Iraklidon 2, Thisio ; M Thisio). Petit café-bar au croisement des deux rues piétonnes, bordées de cafés, avec vue dégagée sur l'Acropole.

Peonia Herbs SALON DE THÉ
(carte p. 88 ; 210 341 0260 ; Amfiktyonos 12, Thisio ; 10h-16h lun-ven, 10h-15h sam ; M Thisio). Salon de thé et herboristerie apaisante.

Loop BAR
(carte p. 88 ; 210 324 7666 ; Plateia Agion Asomaton 3 ; M Thisio). Espace semi-industriel où les noctambules dansent sur une musique mixée par les meilleurs DJ.

Kolonaki

Kolonaki compte deux grands lieux de rendez-vous nocturnes : le haut de Skoufa et Haritos, dont les bars sont toujours bondés.

♥ **Rock'n'Roll** CLUB
(carte p. 108 ; 210 721 7127 ; Plateia Kolonakiou, Kolonaki ; M Evangelismos). Une adresse classique qui porte bien son nom et attire une clientèle haut de gamme et branchée. Le samedi, les après-midi dansants sont explosifs et, tous les soirs, se produisent

de nouveaux DJ. Bonne ambiance, mais le contrôle à l'entrée est parfois sévère...

Da Capo CAFÉ
(carte p. 108 ; Tsakalof 1, Kolonaki ; Ⓜ Syntagma). Un endroit pour être vu. On va chercher soi-même ses consommations, à condition d'avoir trouvé une table.

Mai Tai BAR
(carte p. 108 ; Ploutarhou 18, Kolonaki ; Ⓜ Evangelismos). Joignez-vous aux fêtards les plus chics de Kolonaki. Ils se retrouvent dans ce petit bar, ou à sa porte, pour voir et se montrer.

Filion CAFÉ
(carte p. 108 ; Skoufa 34, Kolonaki ; Ⓜ Syntagma). Malgré un cadre plutôt quelconque, le Filion attire une clientèle bohème d'artistes, d'auteurs et de cinéastes.

Doors BAR
(carte p. 108 ; Karneadou 25-29, Kolonaki ; Ⓜ Evangelismos). Pour un dîner-spectacle en semaine ou un verre le soir. C'est le voisin de **La Boom**, une discothèque façon années 1980, qui s'installe l'été à Agios Kosmas, près d'Akrotiri.

Petite Fleur CAFÉ
(carte p. 108 ; Omirou 44, Kolonaki ; Ⓜ Panepistimio). Grandes tasses de chocolat chaud et cappuccinos dans une ambiance tranquille.

City BAR
(carte p. 108 ; Haritos 43, Kolonaki ; Ⓜ Evangelismos). Ce bar, l'un des meilleurs d'Haritos, élabore un excellent cocktail *mastiha* (liqueur produite avec le fruit résineux du lentisque).

Rosebud BAR
(carte p. 108 ; Omirou 60, angle Skoufa, Kolonaki ; Ⓜ Panepistimiou). Jeunes cadres et autres bobos de Kolonaki se retrouvent dans ce bar à cocktails proposant des en-cas végétariens.

To Tsai SALON DE THÉ
(carte p. 108 ; ☎ 210 338 8941 ; Alexandrou Soutsou 19, Kolonaki ; ⏲ 6h-21h lun-sam, tlj l'hiver ;

ATHÈNES GAY ET LESBIEN

La scène gay et lesbienne d'Athènes est relativement discrète, bien que le défilé de l'**Athens Pride** (www.athenspride.eu) soit organisé en juin depuis 2005, principalement autour de Plateia Klafthmonos. Voyez www.athensinfoguide.com, www.gay.gr ou la brochure *Greek Gay Guide* dans les *periptera* (kiosques à journaux).

Les lieux de rendez-vous de la communauté homosexuelle se regroupent autour de Gazi, en un "triangle" qui se dessine près de la voie ferrée sur Leoforos Konstantinoupoleos et Megalou Alexandrou. Des boîtes gays et gay-friendly existent dans plusieurs quartiers, à Makrygianni, Psyrri, Metaxourghio et Exarchia.

Sodade (carte p. 88 ; ☎ 210 346 8657 ; www.sodade.gr ; Triptolemou 10, Gazi ; Ⓜ Keramikos). À Gazi. Petite boîte chic, idéale pour danser.

S-cape (carte p. 88 ; ☎ 210 341 1003 ; www.s-cape-club.blogspot.com ; Megalou Alexandrou 139, Gazi ; Ⓜ Keramikos). Toujours très fréquenté par les jeunes.

Noiz Club (carte p. 88 ; ☎ 210 342 4771 ; www.noizclub.gr ; Evmolpidon 41, Gazi ; Ⓜ Keramikos)

BIG (carte p. 88 ; www.barbig.gr ; Falesias 12, Gazi ; ⏲ mar-dim ; Ⓜ Keramikos). Centre névralgique de la scène *bear*, très vivante, d'Athènes.

Magaze (carte p. 82 ; ☎ 210 324 3740 ; Eolou 33, Monastiraki ; Ⓜ Monastiraki). Adresse gay-friendly, avec des tables à l'extérieur donnant sur l'Acropole.

Loukoumi (carte p. 82 ; Plateia Avyssinias 3, Monastiraki ; Ⓜ Monastiraki). Café la journée, DJ et concerts le soir.

Lamda Club (carte p. 75 ; ☎ 210 942 4202 ; Lembesi 15, angle Leoforos Syngrou et Makrygianni ; Ⓜ Akropoli). Sur trois niveaux. Âmes sensibles s'abstenir.

Mirovolos (carte p. 66 ; ☎ 210 522 8806 ; Giatrakou 12, Metaxourghio ; Ⓜ Metaxourghio). Un café-bar-restaurant lesbien populaire.

Koukles (☎ 694 755 7443 ; Zan Moreas 32, Koukaki). Excellent drag-show.

Limanakia, une plage bordée de rochers, est fréquentée par les gays mais pas seulement. Elle s'étend près de Varkiza. Prenez le tram ou le bus express A2/E2 pour Glyfada, puis le bus n°115 ou 116 jusqu'à l'arrêt B de Limnakia.

Ⓜ Syntagma). Établissement zen où l'on sirote un thé à une table en bois naturel, parfois au son du jazz. Repas légers possibles (6-8 €).

Psyrri, Omonia et Exarchia

À Exarchia, des bars animés occupent Plateia Exarhion. Le quartier des cafés bon marché de Mesolongiou, non loin, a la faveur d'étudiants et de jeunes alternatifs. Omonia, en revanche, est à éviter le soir.

Vox BAR
(carte p. 100 ; Themistokleous 80, Exarchia ; Ⓜ Omonia). Bonne adresse pour prendre un café en journée et un verre avec les habitants du quartier le soir.

Alexandrino BISTROT
(carte p. 100 ; Emmanuel Benaki 69, Exarchia ; Ⓜ Omonia). De bons vins et des cocktails.

Blue Fox BAR
(carte p. 66 ; Asklipiou 91, Exarchia ; Ⓜ Omonia). L'improbable Blue Fox est un plongeon dans les années 1950 : swing et rockabilly, Vespas et jupettes.

Tralala BAR
(carte p. 66 ; Asklipiou 45, Exarchia ; Ⓜ Panepistimio). Bar fréquenté par les acteurs appréciant ses œuvres d'art originales, ses propriétaires enjoués et son ambiance conviviale.

Ginger Ale CAFÉ, BAR
(carte p. 100 ; ☎ 210 330 1246 ; Themistokleous 80, Exarchia ; Ⓜ Omonia). Retour dans les années 1950 pour ce café vénérable, qui swingue le soir venu.

Tsin Tsin BAR À COCKTAILS
(carte p. 100 ; ☎ 210 384 1460 ; Kiafas 6, Exarchia ; Ⓜ Omonia). Un lieu minuscule et excentré, dont le barman est un vrai magicien.

Tranzistor BAR
(carte p. 100 ; ☎ 210 322 8658 ; Protogenous 10, Psyrri ; Ⓜ Monastiraki). Bar tamisé et tables en extérieur.

Circus CAFÉ, BAR À COCKTAILS
(carte p. 100 ; www.circusbar.gr ; Navarinou 11, Exarchia ; Ⓜ Panepistimiou). Savourez un café tranquille en journée et des cocktails le soir, sous l'œil d'un Ganesh en fil de fer.

Mo Better BAR
(carte p. 100 ; Kolleti 32, angle Themistokleous et Exarchia ; Ⓜ Omonia). Du rock classique dans un bâtiment néoclassique.

QUOI DE NEUF À ATHÈNES ?

Pour connaître l'agenda des spectacles et des grands événements de la ville :

www.breathtakingathens.gr Site touristique de la ville.

www.elculture.gr Calendrier culturel et artistique.

www.tickethour.com Billetterie en ligne (manifestations sportives comprises).

www.tickethouse.gr Billetterie pour le Rockwave et autres grands festivals.

www.ticketservices.gr Billetterie pour de nombreux événements.

Second Skin BAR
(carte p. 100 ; www.secondskinclub.gr ; Plateia Agion Anargyron 5, Psyrri ; Ⓜ Thisio). Le premier bar gothique d'Athènes organise des garden-parties "torture" et autres réjouissances.

Floral CAFÉ
(carte p. 100 ; Themistokleous 80, Exarchia ; 📶 ; Ⓜ Omonia). Café moderne et chic, décoré d'images rétro et à la décoration fleurie. Les Athéniens viennent y acheter des livres, papoter et regarder les passants.

Acropole (Akropoli) et Makrygianni

Duende BAR
(carte p. 75 ; Tzireon 2, Makrygianni ; Ⓜ Akropoli). Pub intime au style de brasserie, dans une petite rue tranquille.

Odeon Cafe CAFÉ
(carte p. 66 ; ☎ 210 922 3414 ; Markou Mousourou 19, Mets ; Ⓜ Akropoli). Café de quartier où des amis devisent tranquillement sous le lierre. Concerts de temps en temps.

Tiki Athens BAR
(carte p. 75 ; ☎ 210 923 6908 ; www.tikiathens.com ; Falirou 15, Makrygianni ; ⏲ 16h30-tard ; Ⓜ Akropoli). Décor années 1950, musique éclectique, menu d'inspiration asiatique et public jeune alternatif en font un lieu sympathique pour prendre un verre.

☆ Où sortir

Pour connaître la liste des activités culturelles et des événements organisés en ville, consultez *Athens News* et *Athens Plus*, des publications qui paraissent en anglais, ou les sites Internet des salles de concerts et de spectacles (voir l'encadré p. 113). Les nombreux espaces polyvalents de la capitale accueillent toutes sortes de manifestations.

☆ Musique grecque

C'est à Athènes que vous entendrez le meilleur rébétiko (musique populaire aux accents mélancoliques). La plupart des salles ferment de mai à septembre mais, l'été, les tavernes de Plaka et de Psyrri invitent des musiciens. En général, vous entendrez un mélange de rébétiko et de *laïka* (musique urbaine). Les concerts débutent vers 23h30 ; si la plupart des établissements ne demandent pas de droit d'entrée, ils se rattrapent sur les boissons, parfois onéreuses. Le Café Avyssinia programme des concerts soir et week-end (p. 105).

♥ **Stoa Athanaton** RÉBÉTIKO
(carte p. 100 ; ☎210 321 4362 ; Sofokleous 19, Marché central ; ⏲15h-18h et minuit-6h lun-sam, fermé juin-sept ; Ⓜ Monastiraki, Panepistimio, Omonia). Club légendaire, au-dessus du marché à la viande, prisé pour le rébétiko et les *laïka* classiques joués par des musiciens reconnus. Débute souvent en milieu d'après-midi. Accès par un ascenseur dans la galerie.

Perivoli Tou Ouranou RÉBÉTIKO
(☎210 323 5517 ; Lysikratous 19, Plaka ; ⏲21h-tard jeu-dim, fermé juil-sept ; Ⓜ Akropoli). Un établissement à l'ancienne de Plaka, où l'on peut dîner (plats 18-29 €).

Kavouras RÉBÉTIKO
(carte p. 100 ; ☎210 381 0202 ; Themistokleous 64, Exarchia ; ⏲23h-tard jeu-sam, fermé juil-août ; Ⓜ Omonia). Au-dessus d'un restaurant de souvlakis, ce club animé joue jusqu'à l'aube pour une clientèle étudiante.

Palea Plakiotiki Taverna Stamatopoulos TAVERNE ET CONCERTS
(carte p. 82 ; ☎210 322 8722 ; www.stamatopoulostavern.gr ; Lyssiou 26, Plaka ; ⏲19h-2h lun-sam, 11h-2h dim ; Ⓜ Monastiraki). Cette institution de Plaka attire tous les soirs une foule d'Athéniens pour ses concerts. Venez tôt.

Mostrou TAVERNE ET CONCERTS
(carte p. 82 ; ☎210 322 5558 ; Mnisikleous 22, angle Lyssiou, Plaka ; ⏲21h-tard jeu-dim ; Ⓜ Monastiraki). Scène et piste de danse très appréciées. L'été, concerts plus sages sur la terrasse.

Paliogramofono TAVERNE ET CONCERTS
(carte p. 100 ; ☎210 323 1409 ; Navarhou Apostoli 8, Psyrri ; Ⓜ Thisio). L'une des nombreuses tavernes musicales de Psyrri. Elle sert aussi une cuisine correcte.

☆ Concerts rock

Dotée d'une scène rock animée, Athènes est une étape dans les tournées européennes de nombreux artistes. L'été, consultez le programme des festivals, notamment celui du Rockwave.

♥ **Gagarin 205 Club** CONCERTS
(☎213 024 8358 ; www.gagarin205.gr ; Liossion 205, Thymarakia ; Ⓜ Agios Nikolaos). De grands noms du rock et de la scène underground s'y produisent les vendredis et samedis soir.

AN Club CONCERTS
(carte p. 100 ; ☎210 330 5056 ; www.anclub.gr ; Solomou 13-15, Exarchia ; Ⓜ Omonia). Petite salle accueillant des formations internationales moins connues et des groupes grecs.

Mike's Irish Bar CONCERTS
(☎210 777 6797 ; www.mikesirishbar.com ; Sinopis 6, Ambelokipi ; Ⓜ Ambelokipi). Un des lieux

LES BOUZOUKIA, LA FOLIE DES SOIRÉES ATHÉNIENNES

Les *bouzoukia* ou les *skyladika* (littéralement "niches," termes ironiques désignant les établissements de seconde zone où chantent les crooneurs) sont des lieux uniques à Athènes. Les plus spectaculaires, qui présentent de véritables shows pailletés pour adultes, accueillent des vedettes du genre. Les femmes qui dansent le *tsifteteli* (danse orientale) sont couvertes d'œillets et les fêtards s'en donnent à cœur joie jusqu'à l'aube. Parmi les adresses les plus chics figure l'**Athinon Arena** (carte p. 88 ; ☎210 347 1111 ; www.athenspantheon.com ; Pireos 166, Rouf ; ⏲ven-sam ; Ⓜ Petraluna) – pourquoi pas, si vous êtes en fonds (mieux vaut acheter à l'avance les billets pour les tables et payer les onéreuses boissons sur place) et si vous aimez l'aventure !

À NE PAS MANQUER

CINÉMA D'ÉTÉ

L'un des grands rendez-vous des chaudes soirées d'été reste les projections de films au clair de lune. Beaucoup de cinémas retapés, équipés de systèmes audio de qualité, fonctionnent encore dans des jardins et sur les toits d'Athènes.

Situé dans le parc du Zappéion, l'**Aigli** (carte p. 66 ; ☎210 336 9369 ; www.aegli zappiou.gr ; parc du Zappéion, Syntagma ; Ⓜ Syntagma) est sans doute l'un des plus anciens parmi les cinémas en plein air. On peut assister à la projection tout en sirotant un verre de vin.

À Kolonaki, le **Dexameni** (carte p. 108 ; ☎210 362 3942 ; Plateia Dexameni, Kolonaki ; Ⓜ Evangelismos) se dresse sur une place tranquille.

Le **Cine Paris** (carte p. 82 ; ☎210 322 0721 ; www.cineparis.gr ; Kydathineon 22, Plaka ; Ⓜ Syntagma), à Plaka, permet à quelques chanceux d'obtenir un siège avec vue sur l'Acropole. Vous pouvez aussi arpenter les contreforts de l'antique ville haute pour rejoindre le **Cine Thisio** (carte p. 88 ; ☎210 342 0864 ; http://cine-thisio.gr ; Apostolou Pavlou 7, Thisio ; Ⓜ Thisio).

favoris de la communauté d'expatriés. Concerts presque tous les soirs.

Fuzz CONCERTS
(☎210 345 0817 ; www.fuzzclub.gr ; Pireos 209, Tavros ; Ⓜ Akropoli). Des bœufs avec des groupes internationaux comme les Wailers ou le groupe gitan Gogol Bordello.

☆ Jazz et musiques du monde

♥ **Half Note Jazz Club** JAZZ
(carte p. 66 ; ☎210 921 3310 ; www.halfnote.gr ; Trivonianou 17, Mets ; Ⓜ Akropoli). Près du cimetière d'Athènes, un club élégant et la première salle de jazz de la ville, où passent des sommités internationales.

Cafe Alavastron CONCERTS
(carte p. 66 ; ☎210 756 0102 ; Damareos 78, Pangrati). Mélange de modern jazz, de musiques du monde et de musique grecque de qualité dans un cadre décontracté et intime.

Théâtre et spectacle vivant

L'été, le principal événement culturel est le Festival hellénique (p. 92).

♥ **Megaron Mousikis** ARTS DU SPECTACLE
(salle de concerts d'Athènes ; ☎210 728 2333 ; www.megaron.gr ; Kokkali 1, angle Leoforos Vasilissis Sofias, Ilissia ; ⏲ billetterie 10h-18h lun-ven, 10h-14h sam ; Ⓜ Megaro Mousikis). Salle de concerts ultramoderne qui présente un riche programme hivernal d'opéras et de concerts, par des artistes internationaux et grecs de classe mondiale.

Opéra national OPÉRA
(Ethniki Lyriki Skini ; carte p. 100 ; ☎210 366 2100 ; www.nationalopera.gr). La saison se déroule de novembre à juin. Les spectacles ont généralement lieu à l'**Olympia Theatre** (carte p. 100 ; ☎210 361 2461 ; Akadimias 59, Exarchia ; Ⓜ Panepistimio) ou, l'été, à l'odéon d'Hérode Atticus (p. 76).

Théâtre national ART DRAMATIQUE
(carte p. 100 ; ☎210 528 8100 ; www.n-t.gr ; Agiou Konstantinou 22-24, Omonia ; Ⓜ Omonia). Pièces contemporaines et théâtre antique dans l'un des plus beaux édifices néoclassiques de la ville. Plusieurs salles en ville, et l'été, représentations dans des théâtres antiques de toute la Grèce.

Dora Stratou Dance Theatre DANSE TRADITIONNELLE
(carte p. 66 ; ☎210 324 4395 ; www.grdance.org ; colline de Philopappos ; tarif plein/réduit 15/5 € ; ⏲ spectacles 21h30 mer-ven, 20h15 sam-dim juin-sept ; Ⓜ Petralona, Akropoli). Chaque été, cette compagnie présente un répertoire de danses folkloriques de toute la Grèce dans son théâtre de plein air sur le flanc ouest de la colline de Philopappos. Elle propose aussi des ateliers de danse folklorique l'été.

Sport

Les Athéniens aiment particulièrement le basket – consultez le site de l'**Association hellénique de basket** (www.basket.gr) – et le foot. Les grandes équipes de foot sont Panathinaikos, AEK et Olympiakos, originaire du Pirée, les trois dans la Ligue européenne des champions. Pour vous informer sur les matchs, voyez les sites Internet des clubs, la presse ou les sites www.greeksoccer.com ou www.tickethour.gr.

Achats

La grande rue commerçante d'Athènes est Ermou, artère piétonne, bordée de boutiques de mode, qui va de Syntagma à Monastiraki.

Designers et bijoutiers internationaux de renom sont installés autour de Syntagma, du grand magasin Attica aux boutiques fashion de Kolonaki en passant par la rue piétonne de Voukourestiou. Les boutiques de souvenirs et de streetwear sont légion à Plaka et à Monastiraki. Les principales rues sont Kydathineon et Adrianou. Les grands magasins ponctuent Stadiou de Syntagma à Omonia. Kifisia et Glyfada comptent aussi d'excellentes boutiques haut de gamme.

Toutes sortes de délicieuses denrées et d'épices vous attendent au **marché central** (Varvakios Agora ; carte p. 100 ; Athinas, entre Sofokleous et Evripidou ; 7h-15h lun-sam ; M Monastiraki, Panepistimio, Omonia), très coloré, et tous les objets pour la maison sont disponibles dans les rues alentours.

♥ Marché aux puces de Monastiraki MARCHÉ

(carte p. 82 ; Adrianou, Monastiraki ; tlj ; M Monastiraki). Marché traditionnel à l'ambiance festive. Les brocantes et magasins de pièces de collection ouvrent toute la semaine, et les rues autour de la gare et d'Adrianou s'emplissent de vendeurs proposant bijoux, artisanat et bric-à-brac.

♥ Mastiha Shop ALIMENTATION, BEAUTÉ

(carte p. 100 ; 210 363 2750 ; www.mastihashop.com ; Panepistimiou 6, Syntagma ; 9h-21h ; M Syntagma). Le mastic, résine tirée du lentisque et produite exclusivement sur l'île de Chios, est le principal ingrédient des produits de cette boutique, des lotions pour la peau à une liqueur servie glacée.

♥ Anavasi LIVRES

(210 321 8104 ; www.anavasi.gr ; Voulis 32, Apollonos, Syntagma ; 9h30-17h30 lun et mer, 9h30-20h30 mar, jeu et ven, 10h-15h sam ; M Syntagma). Excellente librairie de voyage proposant une foule de cartes de la Grèce et de guides de randonnée et autres activités.

Mompso ACCESSOIRES

(carte p. 100 ; 210 323 0670 ; www.mompso.com ; Athinas 33, Psyrri ; M Monastiraki). Boutique d'équitation et d'accessoires traditionnels pour meneurs d'ânes (harnachements en perles), bergers (cloches en bronze) et adeptes du grand air (bâtons de randonnée).

Xylouris MUSIQUE

(carte p. 100 ; 210 322 2711 ; www.xilouris.gr ; Arcade, Panepistimiou 39, Panepistimio ; M Syntagma). Caverne d'Ali Baba musicale gérée par la famille de la légende crétoise Nikos Xylouris. Nombreuses musiques traditionnelles et enregistrements rares. Filiale au musée des Instruments populaires (p. 81).

Apivita BEAUTÉ

(carte p. 108 ; 210 364 0760 ; www.apivita.com ; Solonos 26, Kolonaki ; M Syntagma). Le navire amiral d'Apivita a en magasin l'ensemble de ses excellents produits de beauté naturels, et dispose également d'un spa express.

To Pantopoleion ALIMENTATION

(carte p. 100 ; 210 323 4612 ; Sofokleous 1, Omonia ; M Panepistimio). Ce grand magasin vend des produits alimentaires traditionnels provenant de toute la Grèce : câpres de Santorin, huiles d'olive, biscottes crétoises, gourmandises et vins grecs.

Ekavi JEUX

(carte p. 82 ; 210 323 7740 ; www.manopoulos.com ; Mitropoleos 36, Syntagma ; M Syntagma). Vaste choix de plateaux de backgammon et de magnifiques jeux d'échecs inspirés, entre autres, de la guerre de Troie.

Aristokratikon ALIMENTATION

(carte p. 82 ; 210 322 0546 ; www.aristokratikon.com ; Voulis 7, Syntagma ; M Syntagma). Un assortiment incroyable de chocolats faits main est vendu dans cette minuscule boutique.

Amorgos ARTISANAT

(carte p. 82 ; 210 324 3836 ; www.amorgosart.gr ; Kodrou 3, Plaka ; M Syntagma). Charmante boutique croulant sous l'artisanat grec, les bibelots, les céramiques, les broderies et les meubles en bois fabriqués par le propriétaire.

Parthenis VÊTEMENTS

(carte p. 108 ; 210 363 3158 ; www.orsaliaparthenis.gr ; Dimokritou 20, angle Tsakalof, Kolonaki ; M Syntagma). Totalement hellènes et 100% naturels, des vêtements pour femme conçus par un père et sa fille. Qualité et fibres naturelles.

Melissinos Art VÊTEMENTS, ACCESSOIRES
(carte p. 82 ; ☎210 321 9247 ; www.melissinos-art.com ; Agias Theklas 2, Psyrri ; Ⓜ Monastiraki). Pantelis Melissinos perpétue la tradition des sandales de son célèbre père, poète et sandalier, Stavros, qui fournissait les Beatles, Sophia Loren et Jackie Onassis. La fille de Pantelis gère l'excellent **Olgianna Melissinos** (carte p. 82 ; ☎210 331 1925 ; Normanou 7, Monastiraki ; Ⓜ Monastiraki), où l'on trouve un vaste choix d'objets en cuir. Fabrication sur mesure possible.

John Samuelin MUSIQUE
(carte p. 82 ; ☎210 321 2433 ; www.musicshop.gr ; Ifestou 36, Monastiraki ; Ⓜ Monastiraki). Boutique dans le centre pleine à craquer d'instruments de musique grecs et autres.

Eleftheroudakis LIVRES
Syntagma (carte p. 100 ; ☎210 325 8440 ; Panepistimiou 15, Syntagma ; Ⓜ Syntagma) ; **Plaka** (carte p. 82 ; ☎210 323 1401 ; Nikis 20, Plaka ; Ⓜ Syntagma). Livres grecs et en langue étrangère.

Libraire française Kauffman LIVRES
(☎210 322 2160 ; Stadiou 28, Panepistimio ; Ⓜ Panepistimio). Cette librairie francophone bien fournie existe depuis 1919. Son **annexe** (Odos Sina 60 ; Ⓜ Panepistimio) est située en face de l'Institut français.

Public MULTIMÉDIA
(carte p. 82 ; ☎210 324 6210 ; Plateia Syntagmatos, Syntagma ; 📶 ; Ⓜ Syntagma). Palais du multimédia : ordinateurs, papeterie et livres.

Centre of Hellenic Tradition ARTISANAT
(carte p. 82 ; ☎210 321 3023 ; Pandrosou 36, Monastiraki ; Ⓜ Monastiraki). Superbes céramiques, sculptures et artisanat de toutes les régions de Grèce. Le centre abrite aussi un *ouzeri* et une galerie.

ℹ Renseignements

ACCÈS INTERNET

La plupart des hôtels ont un accès Internet et le Wi-Fi. Vous trouverez des hot-spots Wi-Fi gratuits à Syntagma, Thisio, Gazi, Plateia Kotzia et au port du Pirée. Vous pourrez trouver des cartes prépayées pour votre ordinateur portable chez les distributeurs OTE (principal opérateur grec) ou dans les boutiques Germanos.

ARGENT

Les principales banques possèdent des filiales à Syntagma, et les DAB abondent dans la ville.

Eurochange Syntagma (☎210 331 2462 ; Karageorgi Servias 2 ; ⏲8h-21h ; Ⓜ Syntagma) ; Monastiraki (☎210 322 2657 ; Areos 1 ; Ⓜ Monastiraki). Change les chèques de voyage et permet les transferts d'argent.

Banque nationale de Grèce (☎210 334 0500 ; angle Karageorgi Servias et Stadiou, Syntagma ; Ⓜ Syntagma). Appareil de change automatique 24h/24.

CONSIGNES

La plupart des hôtels gardent vos bagages gratuitement, ce qui revient parfois à les empiler dans le hall. Des consignes sont ouvertes à l'aéroport et aux stations de métro Omonia, Monastiraki et Le Pirée.

DÉSAGRÉMENTS ET DANGERS

Si les délits violents sont assez rares sur la voie publique, il convient de rester sur ses gardes, en particulier le soir.

Le quartier d'Omonia, lieu de prostitution où se retrouvent aussi de nombreux junkies, a mauvaise réputation. Ses rues sont à éviter la nuit.

Bars

- De nombreux touristes ont été victimes d'escroqueries dans des bars du centre d'Athènes, notamment près de Syntagma. Le scénario se déroule souvent ainsi : un Grec avenant aborde un voyageur seul, avoue ne pas être du coin et suggère d'aller prendre un verre dans un bar. Là, de jeunes femmes surgissent de nulle part, les verres se succèdent et votre ami disparaît, vous laissant devant une addition plus que salée. Les sourires se figent alors et l'ambiance devient menaçante.
- D'autres bars attirent des hommes alcoolisés avec des promesses de prestations sexuelles avant de leur présenter une note astronomique.
- Certains établissements et clubs d'Athènes servent des *bombes*, boissons diluées avec des alcools importés de mauvaise qualité ou des substituts d'alcool à base de méthanol. Les lendemains sont très déprimants.

Pickpockets

Le métro est le terrain de chasse de prédilection des pickpockets, notamment la ligne Pirée-Kifisia, ainsi que les rues très fréquentées autour d'Omonia, d'Athinas et du marché aux puces de Monastiraki.

Taxi

- Souvent (mais pas toujours), les chauffeurs peu scrupuleux sont ceux des aéroports, des gares ferroviaires ou routières et, surtout, du port du Pirée. Au Pirée, évitez les chauffeurs qui attendent à la sortie du port ; hélez-en un dans la rue.

➡ Certains conducteurs ne mettent pas le compteur et exigent une somme astronomique. D'autres contestent le montant que vous venez de leur remettre et vous rendent moins qu'ils ne devraient. Ne négociez que si vous avez une idée du prix ; à défaut, cherchez un autre taxi.

➡ Certains chauffeurs tenteront de vous convaincre que votre hôtel est complet, même si vous avez une réservation.

MÉDIAS

Bonjour Athènes (www.insider-publications.com). Magazine francophone sur Athènes et la Grèce. Sélection d'adresses, annonces et infos pratiques utiles.

Le Petit Journal (www.lepetitjournal.com). Journal en ligne de la communauté francophone d'Athènes et de Grèce.

Kathimerini (www.ekathimerini.com). Édition anglaise du *Kathimerini*, publié tous les jours (sauf dimanche) avec l'*International Herald Tribune*. Actualités, arts, sorties cinéma et horaires des ferries.

Athens News (www.athensnews.gr, en anglais). Programmation culturelle chaque vendredi.

OFFICES DU TOURISME

EOT (office national du tourisme grec ; carte p. 75 ; ☎210 331 0716, 210 331 0347 ; www.visitgreece.gr ; Dionysiou Areopagitou 18-20, Makrygianni ; ⏰8h-20h lun-ven, 10h-16h sam-dim mai-sept, 9h-19h lun-ven oct-avr ; Ⓜ Akropoli). Cartes gratuites d'Athènes, renseignements sur les transports et brochure *Athens & Attica*. Lors de notre passage, l'antenne de l'aéroport était fermée.

Guichet d'informations de l'aéroport d'Athènes (⏰24h/24). Renseignements sur Athènes, brochures et cartes de réduction Athens Spotlighted valables pour certains biens et services à l'aéroport et en ville.

Kiosque d'informations municipal (www.breathtakingathens.com). Aéroport (☎210 353 0390 ; ⏰8h-20h ; Ⓜ Airport) ; Acropole (carte p. 75 ; ⏰9h-21h juin-août ; Ⓜ Akropoli). Plans et informations sur les transports et sur Athènes.

POSTE

Poste de Syntagma (carte p. 82 ; Plateia Syntagmatos ; ⏰7h30-20h lun-ven, 7h30-14h sam ; Ⓜ Syntagma)

SERVICES MÉDICAUX

Le site de l'ambassade de France présente une liste de médecins francophones à Athènes et en province (www.ambafrance-gr.org/avocats-medecins-notaires)

Ambulance/conseils d'urgence (☎166)

Pharmacies (☎1434). Les pharmacies de garde sont affichées sur les vitrines des pharmacies fermées. La pharmacie de l'aéroport est ouverte 24h/24.

SOS médecins (☎1016, 210 821 1888 ; ⏰24h/24). Service payant employant des médecins anglophones.

SITES INTERNET

Pour ceux qui lisent la langue d'Homère, deux sites très utiles, chacun avec une version papier : **Athinorama** (www.athino rama.gr) et **Athens Voice** (www.athensvoice.gr).

Site touristique officiel d'Athènes (www.breathtaking athens.gr). Le site de l'Agence de développement économique et du tourisme d'Athènes liste les événements en cours.

Arts et culture (www.elculture.gr). En grec et en anglais. Théâtre, musique et cinéma.

Ministère de la Culture (www.culture.gr). Musées, sites archéologiques et événements culturels.

Vidéos (www.athensliving.net). Instantanés, en video, de la vie athénienne.

TÉLÉPHONE

On peut téléphoner à l'étranger des téléphones publics, avec des cartes téléphoniques vendues dans les kiosques, où l'on trouve également des cartes SIM à prix raisonnable.

URGENCES

ELPA urgences routières (☎10400)

Police (☎100)

Commissariat Central (☎210 770 5711/17 ; Leoforos Alexandras 173, Ambelokipi ; Ⓜ Ambelokipi) ; Syntagma (☎210 725 7000 ; Mimnermou 6-8 ; Ⓜ Syntagma)

Police touristique (☎24h/24 171, 210 920 0724 ; Veïkou 43-45, Koukaki ; ⏰8h-22h ; Ⓜ Syngrou-Fix)

Urgences touristiques (☎112). Numéro gratuit en anglais 24h/24.

ℹ Depuis/vers Athènes

AVION

Le moderne aéroport international Eleftherios Venizelos (p. 705), à Spata, à 27 km à l'est d'Athènes, possède des consignes ouvertes 24h/24 dans le terminal des arrivées, une salle de jeux et un petit musée archéologique au-dessus de la salle d'enregistrement.

Les tarifs des vols intérieurs aller simple oscillent entre 56 et 140 €, mais ils varient beaucoup selon la saison ; Olympic Air propose des vols vers toutes les îles dotées d'aéroports. Les plus fréquentées sont aussi desservies par Aegean Airlines et Athens Airways.

Aegean Airlines (☎801 112 0000, 210 626 1000 ; www.aegeanair.com)

Athens Airways (☎801 801 4000, 210 669 6600 ; www.athensairways.com)

Olympic Air (☎801 801 0101, 210 355 0500 ; www.olympicair.com)

Sky Express (☎281 022 3500 ; www.skyexpress.gr). Compagnie crétoise desservant toute la Grèce.

BATEAU

La plupart des ferries, des hydroglisseurs et des catamarans rapides desservant les îles partent du grand port athénien du Pirée (voir p. 122).

Certains services pour Eubée et les Cyclades partent des ports de Rafina et de Laurion.

Les billets s'achètent au port, dans des kiosques sur le quai près des ferries, par téléphone, en ligne ou dans les agences de voyages.

BUS

Athènes compte deux gares routières interurbaines **KTEL** (☎14505 ; www.ktel.org), l'une à 5 km et l'autre à 7 km au nord d'Omonia. Les horaires sont disponibles au bureau touristique.

Terminal A, Kifissos (☎210 512 4910 ; Kifissou 100, Peristeri ; Ⓜ Agios Antonios). Bus pour Thessalonique, le Péloponnèse, les îles Ioniennes et l'ouest de la Grèce, comme Igoumenitsa, Ioannina, Kastoria et Edessa, entre autres destinations. Le bus n°051 dessert le centre d'Athènes (au carrefour de Zinonos et Menandrou, près d'Omonia) toutes les 15 minutes de 5h à minuit. Un taxi pour Syntagma coûte environ 8 €.

Terminal B, Liossion (☎210 831 7153 ; Liossion 260, Thymarakia ; Ⓜ Agios Nikolaos). Bus pour le centre et le nord de la Grèce, comme Trikala (pour Meteora), Delphes, Larissa, Thiva et Volos. Pour vous y rendre, prenez le bus n°024 devant la porte principale du Jardin national, dans Amalias, et demandez à descendre à Praktoria KTEL. Descendez à Liossion 260, prenez à droite dans Gousiou et vous verrez la gare routière. Les transports en commun ne la desservent pas entre 23h40 et 5h ; un taxi pour Syntagma vous coûtera environ 8 €.

Terminal Mavromateon (carte p. 66 ; ☎210 822 5148, 210 880 8000 ; angle Leoforos Alexandras et 28 Oktovriou-Patision, Pedion Areos ; Ⓜ Viktoria). Les bus pour des destinations dans le sud de l'Attique partent d'ici, à environ 250 m au nord du musée national d'Archéologie. Les bus pour Rafina, Laurion et Marathon partent de la partie nord du terminal de Mavromateon (à 150 m au nord).

Principaux bus du terminal A de Kifissos

VERS	DURÉE	TARIF (€)	FRÉQUENCE
Alexandroupolis	11h	71	1/jour
Corfou*	9h30	46	3/jour
Épidaure	2h30	14	3/jour
Igouménitsa	7h30	47	4/jour
Ioannina	7h	39	7/jour
Ithaque*	7h30	52	2/jour
Kalavryta	3h	18	2/jour
Céphalonie*	7h	55	4/jour
Leucade	5h30	36	4/jour
Monemvassia	6h	29	2/jour
Nauplie	2h30	13	1/heure
Olympie	5h30	31	2/jour
Patras	3h	22	ttes les 30 min
Thessalonique	7h	42	12/jour
Zante*	6h	38	4/jour

*avec passage en ferry

Principaux bus du terminal B de Liossion

VERS	DURÉE	TARIF (€)	FRÉQUENCE
Agios Konstantinos	2h30	15	1/h
Delphes	3h	17	5/jour
Halkida	1h15	7	ttes les 30 min
Karpénission	4h30	25	3/jour
Paralia Kymis	4h30	15	1/jour
Trikala	4h30	28	6/jour
Volos	4h30	25	11/jour

Principaux bus du terminal Mavromateon

VERS	DURÉE	TARIF (€)	FRÉQUENCE
Cap Sounion (route côtière)	1h30	7,50	ttes les 30 min
Laurion	1h30	5,20	ttes les 30 min
Marathon	1h15	4,50	ttes les 30 min
Port de Rafina	1h	2,40	ttes les 30 min

TRAIN

Les trains Intercity (IC) vers le nord et le centre de la Grèce partent de la **gare ferroviaire Larisis**, dans le centre, à 1 km au nord-ouest de Plateia Omonias.

Pour le Péloponnèse, prenez le train de banlieue jusqu'à Kiato et changez pour prendre d'autres services OSE, ou renseignez-vous à la gare de Larisis.

Lors de notre passage, la ligne vers Patras était fermée pour travaux et remplacée par des bus OSE.

En outre, le système ferroviaire grec était perturbé par la crise financière. Les trains internationaux étaient aléatoirement assurés ; vérifiez horaires et tarifs en ligne ou auprès d'**OSE** (☎1110, 210 362 4405, 210 362 4402 ; www.ose.gr ; Sina 6, Syntagma ; ⌚8h-5h lun-sam ; Ⓜ Panepistimio). Le tableau n'est qu'indicatif.

VERS	DURÉE	TARIF (€)	FRÉQUENCE
Alexandroupolis (via Thessalonique)	12h15	40	1/jour
Alexandroupolis (IC ; via Thessalonique)	11h	65	2/jour
Corinthe (train de banlieue)	1h20	8	13/jour
Kiato (train de banlieue)*	1h40	8	13/jour
Kiato-Patras	2h	8,50	5/jour
Kiato-Patras (IC)	1h40	9	4/jour
Thessalonique	6h	25	1/jour
Thessalonique (IC)	5h	45	6/jour
Volos (via Larissa)	6h30	16	1/jour
Volos (IC ; via Larissa)	5 h	30	6/jour

* De Kiato, changez pour des services réguliers ou Intercity (IC)

VOITURE ET MOTO

L'Attiki Odos (autoroute de l'Attique), l'Ethniki Odos (route nationale) et diverses rocades facilitent l'accès à Athènes.

La partie supérieure de Leoforos Syngrou, près du temple de Zeus olympien, est jalonnée d'agences de location de voitures. Les compagnies locales offrent souvent de meilleures affaires que les multinationales. Comptez 45 € la journée, bien moins pour 3 jours ou plus.

Loueurs de voitures et de motos :

Avis (☎210 322 4951 ; www.avis.gr ; Leoforos Vasilissis Amalias 46, Makrygianni ; Ⓜ Akropoli)

Budget (☎210 922 4200 ; www.budget-athens.gr ; Leoforos Syngrou 8, Makrygianni ; Ⓜ Akropoli)

Europcar (☎210 921 1444 ; www.europcar-greece.gr ; Leoforos Syngrou 25, Makrygianni ; Ⓜ Akropoli)

Hertz (☎210 922 0102 ; www.hertz.gr ; Leoforos Syngrou 12, Makrygianni ; Ⓜ Akropoli)

Kosmos (☎210 923 4696 ; www.kosmos-carrental.com ; Leoforos Syngrou 9, Makrygianni ; Ⓜ Akropoli)

Motorent (☎210 923 4939 ; www.motorent.gr ; Rovertou Galli 1, Makrygianni ; Ⓜ Akropoli). De 50 cm^3 à 250 cm^3 (à partir de 16 €/jour) ; prévoyez un permis moto et des nerfs d'acier.

ℹ Comment circuler

DEPUIS/VERS L'AÉROPORT

Le métro et les trains de banlieue assurent des liaisons rapides vers le centre d'Athènes. Le bus est moins cher mais plus lent. Les trains de banlieue desservent aussi Le Pirée.

Bus

Des bus express circulent 24h/24 entre l'aéroport et le centre-ville, Le Pirée et les gares routières KTEL. À l'aéroport, achetez des tickets (5 € ; uniquement valides dans ces bus) au kiosque près des arrêts.

Plateia Syntagmatos Bus X95, 1 heure à 1 heure 30, toutes les 30 minutes non-stop. L'arrêt Syntagma se trouve dans la rue Othonos.

Gare routière terminal A Kifissos Bus X93, 1 heure, ttes les 30 min, 24h/24.

Ligne de métro n°3 à la station Ethniki Amyna Bus X94, 25 min, ttes les 10 min, 7h30-23h30.

Le Pirée Bus X96, 1 heure 30, ttes les 20 min, 24h/24. Pour Plateia Karaïskaki.

Kifisia Bus X92, environ 45 min, ttes les 45 min, 24h/24.

Ligne de métro n°2 à la station Dafni Bus X97, 1 heure, ttes les 30 min, 24h/24.

Métro

La ligne n°3 du métro dessert l'aéroport. Certains trains s'arrêtent avant, à Doukissis Plakentias, où il faut descendre et attendre un train pour l'aéroport (affiché sur les trains et les quais).

Les trains partent toutes les 30 minutes, au départ de Monastiraki entre 5h50 et minuit, et de l'aéroport entre 5h30 et 23h30.

Les tickets pour l'aéroport coûtent 8 € par adulte ou 14 € l'aller-retour (retour valable 48 heures). Pour deux passagers, comptez 7 € chacun (même réduction pour les trains de banlieue). Les billets sont valables pour tous les moyens de transport publics pendant 1 heure 30 (validez de nouveau votre ticket dans votre dernier mode de transport pour prouver qu'il s'agit du même trajet).

Taxis

Les tarifs fixes sont affichés. Comptez 35/50 € de jour/nuit pour le centre-ville et 47/65 € pour le Pirée. Les deux trajets durent une heure au minimum, plus en cas d'embouteillages. Voyez www.athensairporttaxi.com pour plus d'informations.

Trains de banlieue

Prenez le train de banlieue (1h, même tarif que le métro, mais le billet de retour reste valide un mois) à la gare centrale d'Athènes (Larisis). Puis, changez de train pour l'aéroport à Ano Liosia ou à Nerantziotissa (ligne n°1 du métro). Le métro dessert aussi Doukissis Plakentias (ligne n°3). Les trains pour l'aéroport circulent de 6h à minuit ; les trains de l'aéroport à Athènes circulent entre 5h10 et 23h30 ; toutes les 15 minutes de Nerantziotissa. Les trains de banlieue circulent aussi entre l'aéroport et Le Pirée (changez à Nerantziotissa) et Kiato, dans le Péloponnèse (via Corinthe).

TAXI

Malgré le grand nombre de taxis jaunes, il peut s'avérer difficile d'en trouver un, surtout aux heures de pointe. Agitez vigoureusement les bras... et hurlez votre destination au chauffeur en espérant qu'il soit intéressé. Assurez-vous que le compteur fonctionne.

Si le taxi vous prend alors qu'il a déjà un client, la course n'est pas partagée : chacun paie le prix au compteur, moins les détours pour prendre d'autres passagers (notez où il en est en montant). Les trajets courts dans le centre d'Athènes coûtent environ 5 €. Les compagnies de taxi sont **Athina 1** (☎ 210 921 2800), **Enotita** (☎ 18388) et **Parthenon** (carte p. 82 ; ☎ 210 532 3000). Leurs tarifs :

- Prise en charge 1,19 €
- Surtaxe ports, gares routière et ferroviaire 1,07 €
- Surtaxe aéroport 3,79 €
- Tarif jour (tarif 1 au compteur) 0,68 €/km
- Tarif nuit (tarif 2 au compteur) 1,19 €/km (minuit-5h)
- Bagage 0,40 €/bagage de plus de 10 kilos
- Tarif jours fériés (Pâques et Noël) 1-2 €/km
- Course minimum 3,16 €
- Le supplément pour réserver un radio taxi est de 1,88 €.

TRANSPORTS PUBLICS

Athènes compte un réseau étendu et abordable de transports en commun, comprenant bus, métro, trolleybus et tram. Vous trouverez des plans dans les offices du tourisme ou en ville : **Organisation des transports urbains d'Athènes** (OASA ; ☎ 185 ; www.oasa.gr ; ⏲ 6h30-23h30 lun-ven, 7h30-22h30 sam-dim).

Billets

Les billets sont valables 1 heure 30 (1,40 €), le pass 24 heures (4 €) et les billets hebdomadaires (14 €) sont valables pour tous les transports hormis ceux qui desservent l'aéroport. Les billets uniquement bus/trolleybus (1,20 €) ne sont pas valables dans le métro. Les enfants de moins de 6 ans voyagent gratuitement, les personnes de moins de 18 ans et de plus de 65 ans paient demi-tarif. Les billets s'achètent dans les stations de métro, les agences des transports publics ou les *periptera* (kiosques). Validez votre titre en montant à bord.

> **CARTES DE TRANSPORTS**
>
> Le pass de 24 heures (4 €) et le forfait hebdomadaire (14 €) vous permettent d'emprunter de façon illimitée tous les transports en commun d'Athènes, excepté ceux desservant l'aéroport. Les forfaits touristiques (3 jours/1 semaine 20/50 €) comprenant un aller-retour à l'aéroport ne sont vendus qu'à l'aéroport et aux arrêts de bus.

Bus et trolleybus

Les bus express bleu et blanc, les bus réguliers et les trolleybus passent toutes les 15 minutes de 5h à minuit. La plupart des itinéraires sont indiqués sur le plan gratuit de l'OASA.

Bus du Pirée

En circulation 24h/24 (toutes les 20 minutes 6h-minuit, puis toutes les heures) :

De Syntagma (bus n°040), à l'angle de Syntagma et Filellinon. Pour Akti Xaveriou.

D'Omonia (bus n°049), au bout d'Athinas côté Omonia. Pour Plateia Themistokleous.

Métro

Le métro fonctionne bien et les plans affichés sont clairs (ils comportent des traductions en anglais). Les rames circulent de 5h à minuit (toutes les 4 minutes en période de pointe, toutes les 10 minutes) ; le vendredi et le samedi, les lignes n°2 et 3 circulent jusqu'à 2h. Renseignements sur www.amel.gr ou www.ametro.gr, et pour la ligne n°1 sur www.isap.gr et www.ametro.gr. Toutes les stations sont accessibles en fauteuil roulant.

Ligne n°1 (verte). L'ancienne ligne aérienne Kifisia-Le Pirée, surnommée *Ilektriko*, circule moins vite que les autres. Changez à Omonia et Attiki pour la ligne n°2 ; Monastiraki pour la ligne n°3 et Nerantziotissa pour les trains de banlieue. Le bus nocturne qui passe toutes les heures (n°500 Le Pirée-Kifisia) suit cet itinéraire, et les arrêts se font devant les gares.

Ligne n°2 (rouge). Circule entre Agios Antonios au nord-ouest et Agios Dimitrios au sud-est. Correspondance à Attiki et Omonia avec la ligne n°1, à Syntagma avec la n°3.

Ligne n°3 (bleue). Circule au nord-est d'Egaleo à Doukissis Plakentias, où le train pour l'aéroport prend le relais. Changement pour la ligne n°1 à Monastiraki et pour la ligne n°2 à Syntagma.

Train

Un rapide **train de banlieue** (☎ 1110 ; www.trainose.gr) relie Athènes à l'aéroport, au Pirée, aux régions limitrophes et au nord du Péloponnèse. Correspondance avec le métro aux gares de Larisis, Doukissis Plakentias et

Nerantziotissa. Circule de l'aéroport à Kiato (1 heure 45, 14 €).

Tram

Le **tram** athénien (www.tramsa.gr) offre un trajet lent et panoramique sur le littoral jusqu'à Faliro et Voula via Glyfada.

Les trams circulent de Syntagma à Faliro (45 min), de Syntagma à Voula (1 heure) et de Faliro à Voula de 5h30 à 1h du dimanche au jeudi (ttes les 10 min), et de 5h30 à 2h30 les vendredi et samedi (ttes les 40 min).

Le terminus de Syntagma est situé dans Leoforos Vasilissis Amalias, face au Jardin national. Des billetteries automatiques sont installées sur les quais.

VÉLO

Les cyclistes les plus chevronnés trouvent difficiles les rues athéniennes, dépourvues de pistes cyclables, et parcourues d'automobilistes imprudents. La location coûte environ 12 €/jour. **Funky Rides** (☎211 710 9366 ; www.funkyride.gr ; Dimitrakopoulou 1, Koukaki ; Ⓜ Akropoli)

VOITURE ET MOTO

Les célèbres embouteillages d'Athènes, les panneaux improbables, les conducteurs impatients ou fantasques et les sens uniques du centre-ville peuvent transformer un petit trajet en véritable cauchemar.

Contrairement à ce que l'on voit, il est illégal de stationner le long des trottoirs marqués en jaune, sur les trottoirs et dans les rues piétonnes. Les parkings payants exigent des tickets vendus dans des kiosques.

PORTS D'ATHÈNES

Le Pirée Πειραιάς

163 910 HABITANTS

Emblématiques du Pirée, premier port de Grèce, ferries, hydroglisseurs et navires marchands s'alignent en rangées impressionnantes, amarrés le long de ses quais apparemment interminables. Le Pirée, à 10 km au sud-ouest d'Athènes, est le plus grand port méditerranéen (avec plus de 20 millions de passagers annuels), le centre névralgique du réseau de ferries de la mer Égée et du commerce maritime grec, et la base de sa vaste flotte marchande. C'est une ville à part, mais aujourd'hui elle a virtuellement fusionné avec l'agglomération d'Athènes.

Le centre du Pirée, très embouteillé, ne se prête pas à la flânerie. Outre ses compagnies maritimes, les banques et les édifices publics, on y trouve un mélange de zones piétonnes, de rues commerçantes et de secteurs relativement délabrés. Le quartier le plus sympathique s'étend à l'est autour de **Zea Marina** et du port touristique de **Mikrolimano**, bordé de cafés et de restaurants.

Le Pirée succéda à Phaleron (actuelle Faliro) comme port d'Athènes quand Thémistocle y transféra la flotte de la cité-État au Ve siècle av. J.-C. Dépassé par d'autres ports, Le Pirée se réduisit à un minuscule village de pêcheurs au Moyen Âge et durant la période ottomane. Sa renaissance date de 1834, lorsque Athènes devint la capitale de la Grèce. Visitez le **Musée archéologique du Pirée** (☎210 452 1598 ; Harilaou Trikoupi 31 ; 3 € ; ⏲8h30-15h mar-dim) pour sa magnifique statue d'Apollon, ou le **Musée maritime hellénique** (☎210 451 6264 ; Akti Themistokleous, Plateia Freatidas, marine Zea ; 3 € ; ⏲8h30-13h mar-dim).

Où se loger

Si vous prenez un ferry matinal, il peut être judicieux de séjourner au Pirée plutôt que dans le centre d'Athènes, mais beaucoup d'hôtels autour de Megas Limin (Grand Port) sont médiocres et s'adressent avant tout aux marins ou aux couples clandestins. Ne dormez pas à la belle étoile : Le Pirée est l'endroit le moins sûr du pays pour passer la nuit dehors.

Hotel Triton HÔTEL **$**
(☎210 417 3457 ; www.htriton.gr ; Tsamadou 8 ; d/tr avec petit-déj à partir de 57/86 € ; ❄@ ; Ⓜ Piraeus). Hôtel simple et commodément situé au personnel serviable ; un bonheur en regard du délabrement habituel des établissements du Pirée. Certaines chambres donnent sur le marché animé. Une suite familiale (132 €).

Pireaus Dream Hotel HÔTEL **$**
(☎210 411 0555 ; www.piraeusdream.gr ; Filonos 79-81 ; s/d/tr avec petit-déj 55/60/90 € ; ❄@ ; Ⓜ Piraeus). Chambres tranquilles à partir du 4e étage. Un hôtel rénové à environ 500 m de la gare, bien équipé.

Piraeus Theoxenia HÔTEL DE LUXE **$$**
(☎210 411 2550 ; www.theoxeniapalace.com ; Karaoli Dimitriou 23 ; d/tr avec petit-déj à partir de 110/150 € ; ❄@📶). Hôtel huppé et central, avec peignoirs douillets et TV sat. Les meilleures offres sont en ligne.

Où se restaurer et prendre un verre

Le Grand Port est bordé de nombreux cafés, restaurants et fast-foods médiocres. Des établissements de meilleure qualité sont installés dans les ruelles ou, plus loin, autour du port de Mikrolimano, à Zea Marina et sur la promenade du front de mer à Freatida.

Le Pirée

Le Pirée

À voir

1 Musée archéologique du Pirée D4

Où se loger

2 Hotel Triton D2
3 Piraeus Theoxenia D2
4 Pireaus Dream Hotel D3

Où se restaurer

5 Marché central D2
6 Mandragoras D2
7 Piraikon D2
8 Rakadiko D2

Transports

9 Bus 040 vers Syntagma D2
10 Bus X96 vers l'aéroport C2
11 Porte E1 (Dodécanèse) A2
12 Porte E2 (Crète et îles du Nord-Est de la mer Égée) B2
13 Porte E4 (Crète) B1
14 Porte E7 (Cyclades) C1
15 Porte E7 (Cyclades de l'Ouest et du Centre) C1
16 Porte E8 (pour les îles du golfe Saronique) C2
17 Porte E9 (Cyclades) D2
18 Porte E9 (Cyclades, Samos, Ikaria) C3
19 Navette vers les portes E1 à E3 .... C1

Mandragoras ÉPICERIE FINE $
(☎210 417 2961 ; Gounari 14 ; ⏲7h30-16h lun, mer et sam, 7h30-20h mar, jeu et ven ; Ⓜ Piraeus). Au cœur du marché central, cette superbe épicerie fine propose un grand et savoureux choix de fromages, de mezze, d'épices, de diverses huiles d'olive et de conserves, le tout de premier choix.

♥ **Margaro** POISSON $$
(☎210 451 4226 ; Hatzikiriakou 126 ; plats 6-21 € ; ⏲12h-minuit sept-juil). Cet établissement très prisé mérite la course de taxi nécessaire pour s'y rendre. Une fois sur place, des montagnes de langoustines fraîches vous attendent ! Une adresse originale et décontractée.

Rakadiko TAVERNE $$
(☎210 417 8470 ; Stoa Kouvelou, Karaoli Dimitriou 5 ; plats 9-17 € ; ⏲déj et dîner mar-sam). Une taverne parfaite pour déguster paisiblement des mezze de toute la Grèce. Concerts de rébétiko le week-end.

Plous Podilatou POISSON $$
(☎210 413 7910 ; www.plous-podilatou.gr ; Akti Koumoundourou 42, Mikrolimano ; plats 12-20 €). Restaurant moderne de Mikrolimano, fort de sa carte méditerranéenne, où poissons et fruits de mer frais occupent la vedette.

General Market MARCHÉ $
(Dimosthenous ; ⏲6h-16h lun-ven). Le marché de plein air de Dimosthenous propose toutes sortes de victuailles et de bric-à-brac.

Piraikon SUPERMARCHÉ $
(Ippokratous 1 ; ⏲8h-20h lun-ven, 8h-16h sam). Pratique pour faire des réserves en prévision d'un long trajet.

ℹ Renseignements

La station de métro dispose de consignes (3 € les 24 heures) et d'un spot Wi-Fi gratuit.

ARGENT

DAB et bureaux de change bordent le Grand Port.

Emporiki Bank (angle Antistaseos et Makras Stoas)

Banque nationale de Grèce (angle Antistaseos et Tsamadou)

ℹ Depuis/vers Le Pirée

Le métro et le train de banlieue venant d'Athènes s'arrêtent à l'angle nord-est du Grand Port dans Akti Kalimassioti. La plupart des points de départ des ferries ne sont pas très loin à pied, par la passerelle. À 250 m à gauche en sortant du métro on arrive à Plateia Karaïskaki, terminus des bus de l'aéroport.

BATEAU

Le Pirée est le port le plus fréquenté de Grèce. Il voit partir quotidiennement des bateaux pour la plupart des archipels, sauf pour les îles Ioniennes, dont seule Kythira est desservie (pour les autres îles, partez de Patras et d'Igouménitsa), les Sporades, ainsi que Kea (Tzia) et Andros dans les Cyclades (départs de Rafina et de Laurion). Des ferries desservent aussi le Péloponnèse (Méthana, Ermioni, Porto Heli, Monemvassia et Gythio).

Vérifiez toujours le quai de départ auprès du guichetier.

Pour la Crète, il y a deux points de départ au Pirée. Les ferries pour Héraklion partent de l'extrémité ouest d'Akti Kondyli ; ceux qui desservent les autres ports crétois accostent certaines fois là et d'autres ailleurs.

Horaires et billets Toutes les compagnies publient les horaires des ferries en ligne et disposent de kiosques sur les quais. Les bateaux circulent moins fréquemment en avril, mai et octobre, et le trafic est très restreint l'hiver, surtout vers les petites îles. Voyez les horaires et achetez vos billets en ligne (www.greekferries.gr, www.openseas.gr, www.ferries.gr ou sites des compagnies), dans les agences de voyages ou appelez directement les compagnies. Dans ce guide, nous listons les horaires de ferry dans chaque chapitre.

Les autorités portuaires du Pirée (☎1441 ; www.olp.gr) fournissent les horaires.

BUS

L'**Express X96 Pirée-aéroport d'Athènes** (5 €) part de l'angle sud-ouest de Plateia Karaïskaki et s'arrête aussi sur Kalimassioti. Le **bus 040** va de Leoforeos Vasileos Geourgiou à Athènes.

MÉTRO

Le moyen le plus rapide et le plus pratique d'aller du Grand Port à Athènes est le métro (1,40 €, 30 min, ttes les 10 min, 5h-minuit) ; la station se trouve près des ferries à l'extrémité nord d'Akti Kalimassioti. Attention aux pickpockets sur la section entre Le Pirée et Monastiraki.

ℹ VERS LES CYCLADES DU NORD

Les ports de Laurion et de Rafina, proches de l'aéroport d'Athènes, assurent les liaisons maritimes vers les Cyclades du Nord. S'il s'agit de votre destination, il est souvent plus rapide de se rendre de l'aéroport à l'un des deux ports, sans passer par Athènes ou Le Pirée.

TRAIN

Le Pirée est aussi desservi par le réseau ferré de banlieue, dont le terminus est situé en face de la station de métro. Pour vous rendre à l'aéroport ou dans le Péloponnèse, changez à Nerantziotissa.

Comment circuler

Le port est gigantesque et une **navette gratuite** longe régulièrement le quai depuis la station de métro (voir les plans affichés).

La ville du Pirée possède son propre réseau de bus. Les lignes susceptibles d'intéresser les voyageurs sont les bus n°904 et 905 entre Zea Marina et la station de métro.

Rafina Ραφήνα

Rafina, sur la côte est de l'Attique, est le principal port de pêche d'Athènes et le deuxième port de ferries de passagers. Il est bien plus petit que Le Pirée et moins déroutant – les tarifs sont environ 20% moins chers –, mais il faut compter une heure de bus pour s'y rendre.

Depuis/vers Rafina

BATEAU

Autorités portuaires de Rafina (☎229 402 8888 ; www.rafinaport.gr). Dispensent des informations sur les ferries. S'agissant des billets, voir les chapitres des destinations concernées.

Bateaux au départ de Rafina

VERS	DURÉE	TARIF (€)	FRÉQUENCE
Andros	2h30	16	4-8/jour
Eubée (Marmari)	1h	7	2-4/jour
Ios*	4h	55	5/sem
Mykonos	4h30	25	2-3/jour
Mykonos*	2h10	49	2/jour
Naxos*	3h	52	1/jour
Paros	5h	29	1/jour
Paros*	3h	50	1/jour
Santorin (Thira)*	4h45	69	1/jour
Tinos*	1h45	49-54,50	4-5/jour
Tinos	4h	23	4/jour

* hydroglisseurs

BUS

De fréquents **bus KTEL** (☎Rafina 22940 23440, info 210 880 8080/8000 ; www.ktelattikis.gr) vont de la gare routière athénienne Mavromateon à Rafina (2,40 €, 1 heure) entre 5h45 et 22h30. Les bus de l'aéroport d'Athènes (3 €, 45 min) partent devant le terminal des arrivées, près du Sofitel. Les deux s'arrêtent au quai de Rafina.

Laurion (Lavrio) Λαύριο

Laurion, ville industrielle située sur la côte à 60 km au sud-est d'Athènes, est le port des ferries desservant Kea et Kythnos et, en saison, des catamarans pour les Cyclades occidentales. Durant l'Antiquité, les mines d'argent du Laurion contribuèrent à la richesse et à la puissance d'Athènes. Elles permirent notamment de financer la flotte qui eut raison des Perses lors de la bataille de Salamine en 480 av. J.-C. Bon nombre des monuments de l'époque classique à Athènes ont été construits grâce au revenu des mines. On peut encore voir certains puits souterrains et galeries minières. La ville compte un petit **Musée archéologique** (☎229 202 2817 ; Sepieri ; 2 € ; ⏲10h-15h mar-dim) et un **Musée minéralogique** (☎229 302 6270 ; Iroön Polytehniou ; 1,20 € ; ⏲10h-12h mer, sam-dim).

La ville possède de nombreuses tavernes et *ouzeria,* ainsi qu'un excellent marché au poisson.

Depuis/vers Laurion

BATEAU

Les **autorités portuaires de Laurion** (☎229 202 5249) vous informent sur les ferries.

VERS	DURÉE	TARIF (€)	FRÉQUENCE
Kea (Tzia)	1h15	10	4/jour
Kythnos	2h	10	2/jour
Syros	5h	18	2/jour
Limnos	10h30	30	2/jour

BUS

Les bus (p. 119) pour Laurion (5,20 €, 2 heures, ttes les 30 min) partent du terminal Mavromateon à Athènes. Les navettes de l'aéroport (5 €, 1 heure) partent devant le terminal des arrivées près du Sofitel, et il faut changer de bus à Markopoulo. Les deux s'arrêtent au quai de Laurion.

TAXI

Lavrio taxis (☎6981040085, 229 202 5871). Desservent l'aéroport (40 €, 30 min), le centre d'Athènes (50 €, 1 heure) et Le Pirée (60 €, 1 heure 30).

ATTIQUE

Jusqu'au VIIe siècle, l'Attique se composait de plusieurs petits royaumes, comme ceux d'Éleusis (Elefsina), de Rhamnonte et de Brauron (Vravrona). Les vestiges de ces villes demeurent les centres d'intérêt de la région, bien qu'elles soient éclipsées par le superbe temple de Poséidon, au cap Sounion.

Autrefois couverte d'oliviers, l'Attique possédait aussi d'autres richesses : les mines du Laurion et les carrières de marbre du Pentélique, dont les architectes

Attique

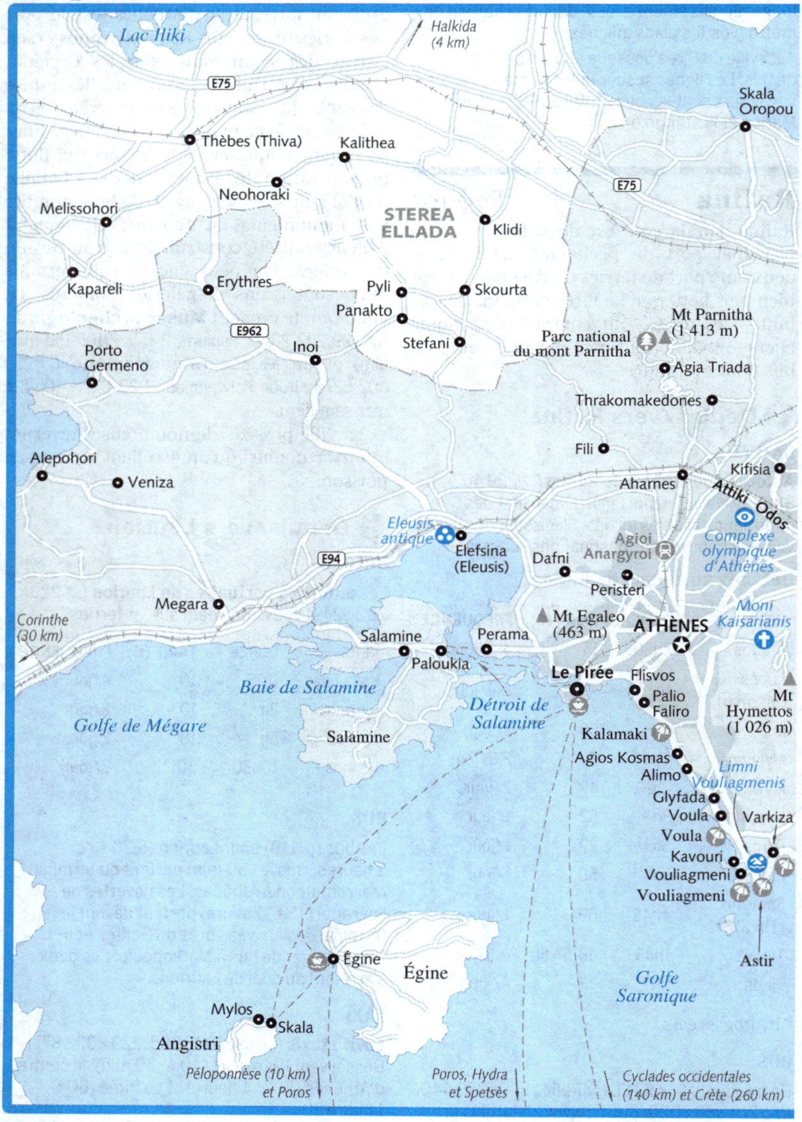

firent profit. Aujourd'hui, c'est plutôt l'industrie qui domine.

Beaucoup de ces destinations sont desservies (parfois de façon très irrégulière) par des bus municipaux réguliers ou des bus KTEL du terminal Mavromateon. Le mieux est de s'y rendre en voiture.

Cap Sounion

Les Grecs anciens savaient choisir des sites dignes des dieux. C'est particulièrement vrai au cap Sounion, à 70 km au sud d'Athènes, où le **temple de Poséidon** (☎229 203 9363 ; tarif plein/réduit 4 €/gratuit ; ⏰9h30-20h) trône sur un éperon rocheux qui plonge dans la mer 65 mètres plus bas. Édifié en 444 av. J.-C., il est fait de marbre d'Agrilesa et doté de colonnes doriques élancées dont 16 subsistent. Il serait l'œuvre d'Ictinos, architecte du temple d'Héphaïstos dans l'Agora antique d'Athènes.

Mont Parnitha

Le **parc national du mont Parnitha** (www.parnitha-ng.gr) densément boisé, à 25 km au nord d'Athènes, est la plus haute chaîne de montagne encerclant la ville ; c'est le "poumon" d'Athènes. Hélas, plus de 4 200 hectares de pins et sapins séculaires ont disparu dans les tragiques incendies de 2007. Depuis, l'État a triplé la surface du parc national et lancé un important programme de reforestation.

Le mont Parnitha se compose de plusieurs petits sommets dont le plus élevé, le **Karavola** (1 413 m) se couvre de neige en hiver. Les sentiers de randonnée et de VTT sillonnent le parc, qui compte deux refuges pour randonneurs. Les sentiers sont signalés sur la carte de randonnée *Road Editions* de la région. Le parc abrite des grottes et de nombreux animaux sauvages, comme les cerfs élaphes.

Marathon et ses environs

La plaine qui entoure la petite ville quelconque de Marathon, à 42 km au nord-est d'Athènes, fut le théâtre de l'une des batailles les plus célèbres du monde. En 490 av. J.-C., une armée de 9 000 Grecs et de 1 000 Platéens l'emporta sur 25 000 Perses, prouvant que ces derniers n'étaient pas invincibles. Les Grecs durent leur victoire au génie tactique de leur commandant Miltiade, qui parvint à encercler l'ennemi en dégarnissant le centre de la ligne au profit des flancs. Croyant que les Grecs seraient faciles à battre, les Perses foncèrent et subirent une attaque de flanc. Le soir venu, 6 000 Perses avaient trouvé la mort contre 192 Grecs seulement. Après la bataille, un coureur, Philippidès, fut envoyé à Athènes pour annoncer la victoire. Il mourut d'épuisement après avoir crié "*Enikesame !*" (On a gagné !), et fut à l'origine de l'actuelle course à pied de 42 km appelée marathon.

Les 192 hommes tombés à Marathon eurent l'honneur d'être incinérés et ensevelis dans le **Tumulus de Marathon** (☎229 405 5462 ; site et musée tarif plein/réduit 3 €/gratuit ; ⏲8h30-15h mar-dim), à 4 km de la ville.

Plus près de la ville, l'excellent **musée** (☎22940 55155) expose des découvertes archéologiques de différentes périodes, dont des poteries néolithiques provenant de la grotte de Pan, des objets trouvés dans le tumulus et plusieurs statues bien conservées découvertes dans un sanctuaire égyptien.

Les ruines du port antique de **Rhamnonte** (Ramnous ; ☎22940 63477 ; tarif plein/réduit 2 €/gratuit ; ⏲8h30-15h) s'étendent à 10 km au nord-est de Marathon. Ce site isolé, envahi par la végétation mais très évocateur, s'étend sur un plateau surplombant la mer. Parmi les ruines, on distingue les vestiges doriques du temple de Némésis (435 av. J.-C.), ainsi que les ruines d'une forteresse. Aucun transport public ne rejoint le site.

La longue plage de sable de **Shinias**, bordée de pins et très fréquentée le week-end, est la meilleure de cette partie de l'Attique.

Brauron (Vravrona)

À Brauron le **sanctuaire d'Artémis** (☎22990 27020 ; tarif plein/réduit 3 €/gratuit ; ⏲8h-14h45 mar-dim), a été bâti sur un site d'abord occupé au néolithique. Le lieu était vénéré par les adorateurs d'Artémis, déesse de la Chasse et protectrice des parturientes et des nouveau-nés. Les vestiges du temple datent d'environ 420 av. J.-C. Le musée renferme de magnifiques objets découverts dans le sanctuaire.

Éleusis

Les ruines de l'**Éleusis antique** (☎210 554 6019 ; tarif plein/réduit 3 €/gratuit ; ⏲8h30-15h mar-dim) sont voisines de la cité industrielle d'Elefsina (Éleusis), à 22 km à l'ouest d'Athènes. Niché sur les versants d'une colline basse proche du rivage du golfe Saronique, ce site bâti autour du sanctuaire de Déméter remonte à la période mycénienne, lorsque naquit le culte de la déesse. Ce dernier donna lieu à l'époque classique à de grandes cérémonies annuelles d'initiation aux mystères d'Éleusis. L'empereur romain Théodose y mit fin au IVe siècle.

Peania

Peania est surtout connue pour être le lieu de naissance de l'homme d'État athénien et fin orateur Démosthène (384-322 av. J.-C.). Les visiteurs y affluent désormais pour visiter la remarquable **grotte de Koutouki** (☎210 664 2910 ; www.culture.gr ; tarif plein/réduit 5 €/gratuit ; ⏲9h-15h lun-ven, 9h30-14h30 sam-dim) et le **musée Vorres** (☎210 664 2520 ; www.culture.gr ; Parodos Diadohou Konstantinou 4, Peania ; tarif plein/réduit 4,40 €/gratuit ; ⏲10h-14h sam-dim).

Péloponnèse

Dans ce chapitre ➡

Le top des restaurants

- Antica Gelateria di Roma (p. 142)
- Voula's Yesterday & Today (p. 163)
- Zerzova (p. 148)
- Elies (p. 165)

Le top des hébergements

- Elies (p. 164)
- Pirgos Mavromichali (p. 161)
- Pension Marianna (p. 142)
- Mpelleiko (p. 147)

Pourquoi y aller

Le Péloponnèse (Pelopónnēsos, Πελοπόννησος) est le berceau de la mythologie : quel dieu ou héros grec n'a pas combattu, séduit ou tué sur ces terres ? La région n'a pourtant rien d'une fable, comme en témoignent ses nombreux sites historiques – palais mycéniens aux murs cyclopéens, temples classiques, cités byzantines et forteresses franques et vénitiennes.

Ses trésors naturels sont tout aussi impressionnants, qu'il s'agisse de montagnes couronnées de neige, de gorges verdoyantes, de vallées couvertes de vignobles et de vergers d'agrumes, de cyprès et de plages inondées de soleil. Pendant des siècles, les Grecs ont combattu les envahisseurs pour défendre leur paradis du Péloponnèse, mais désormais les étrangers sont plus que bienvenus.

La *filoxenia* (hospitalité) est aussi chaleureuse que dans le reste du pays, et la cuisine régionale compte parmi les meilleures de Grèce. Les habitants affirment n'avoir que le meilleur à offrir. Et ce n'est pas un mythe.

Quand partir

Nauplie

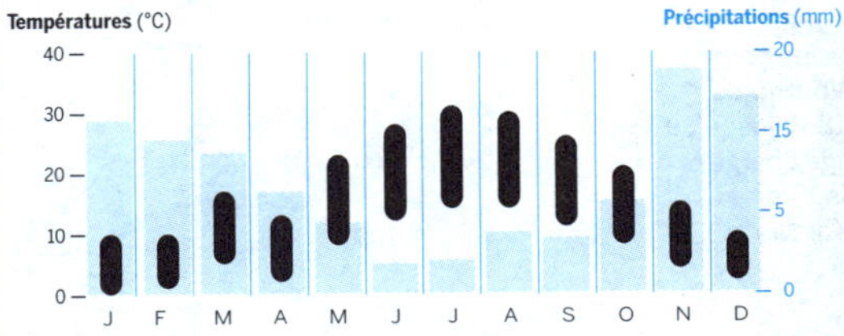

Avril-juin Explorez la région à votre rythme, dans un décor enchanteur des fleurs sauvages.

Septembre-octobre Plages et soleil en toute quiétude, après le départ des foules estivales.

Pâques Les festivités religieuses et les agapes sont inoubliables.

À ne pas manquer

❶ Les villes vénitiennes de **Nauplie** (p. 138) et de **Monemvassia** (p. 155)

❷ **Olympie** (p. 173), le berceau antique des Jeux olympiques

❸ Les tours fortifiées dans la région rude et enclavée du **Magne** (p. 159)

❹ Une randonnée à la découverte des monastères des **gorges de Loussios** (p. 147) et de charmants villages de montagne : **Stemnitsa** (p. 147), **Dimitsana** (p. 148), **Karitena** (p. 149) et **Andritsena** (p. 177)

❺ La cité byzantine de **Mystra** (p. 152), classée au patrimoine mondial de l'Unesco

❻ Une mémorable plongée dans les temps anciens : la citadelle de **Mycènes** (p. 137), le sanctuaire de **Némée** (p. 134) et le théâtre d'**Épidaure** (p. 145)

❼ Un peu de pittoresque avec le voyage en train dans les **gorges de Vouraïkos** (p. 183), jusqu'au village chargé d'histoire de Kalavryta

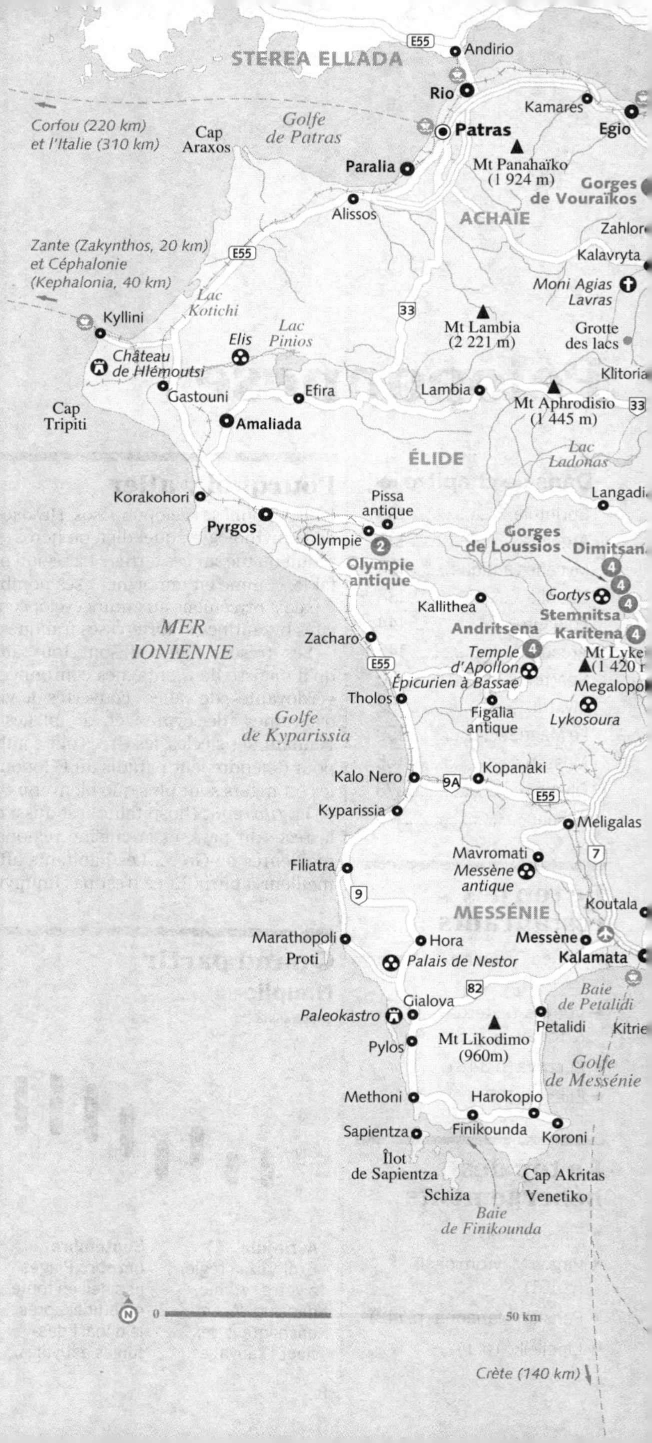

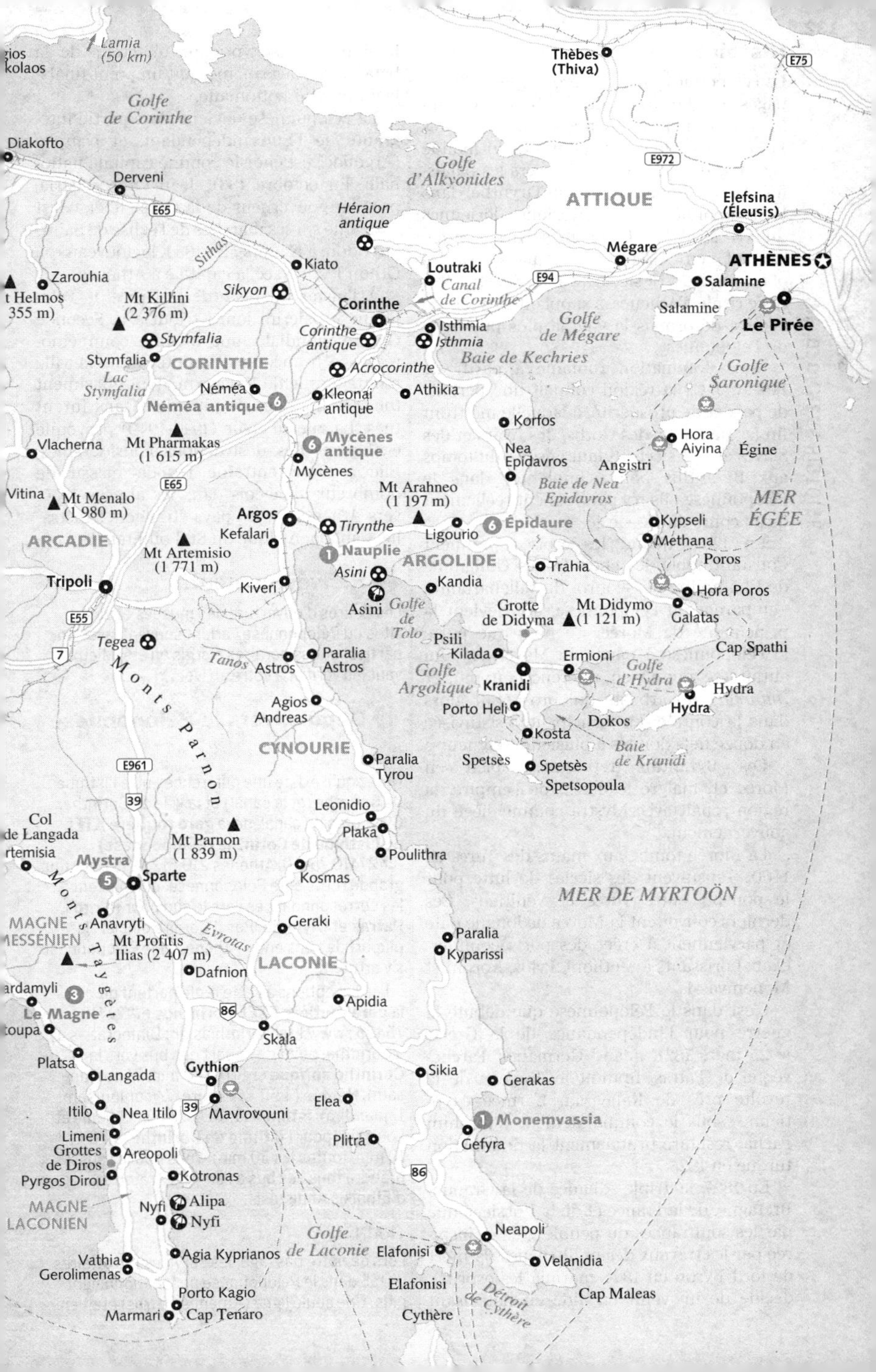

Lamia (50 km)
Golfe de Corinthe
Diakofto
Derveni
E65
Sithas
Zarouhia
Mt Killini (2 376 m)
Stymfalia
Lac Stymfalia
CORINTHIE
Néméa
Néméa antique
Mt Pharmakas (1 615 m)
Vlacherna
Vitina
Mt Menalo (1 980 m)
ARCADIE
Mt Artemisio (1 771 m)
Tripoli
E55
7
Tegea
Monts Parnon
Héraion antique
Kiato
Sikyon
Corinthe
Corinthe antique
Acrocorinthe
Kleonai antique
Athikia
Mycènes antique
Mycènes
Argos
Kefalari
Kiveri
Tiryn the
Nauplie
Asini
Golfe de Tolo
Tanos
Astros
Paralia Astros
Agios Andreas
CYNOURIE
Paralia Tyrou
Leonidio
Plaka
Poulithra
Kosmas
E961
39
Mt Parnon (1 839 m)
Col de Langada
Mystra
Sparte
Monts Taygètes
MAGNE MESSÉNIEN
Anavryti
Mt Profitis Ilias (2 407 m)
Evrotas
Geraki
Dafnion
LACONIE
Le Magne
86
Apidia
Skala
Platsa
Langada
Gythion
Mavrovouni
Itilo
Nea Itilo
Limeni
Grottes de Diros
Areopoli
Pyrgos Dirou
Kotronas
MAGNE LACONIEN
Nyfi
Alipa
Vathia
Gerolimenas
Agia Kyprianos
Porto Kagio
Marmari
Cap Tenaro
Golfe de Laconie
Elafonisi
Cythère
Détroit de Cythère
Neapoli
Velanidia
Cap Maleas
Elea
Plitra
Sikia
Gerakas
Monemvassia
Gefyra
Paralia
Kyparissi
Thèbes (Thiva)
E75
E972
Golfe d'Alkyonides
ATTIQUE
Elefsina (Éleusis)
Mégare
ATHÈNES
Loutraki
Canal de Corinthe
E94
Isthmia
Golfe de Mégare
Baie de Kechries
Salamine
Le Pirée
Golfe Saronique
Korfos
Nea Epidavros
Baie de Nea Epidavros
Hora Aiyina
Égine
Angistri
MER ÉGÉE
Mt Arahneo (1 197 m)
Ligourio
Épidaure
ARGOLIDE
Kypseli
Methana
Poros
Hora Poros
Galatas
Trahia
Kandia
Grotte de Didyma
Mt Didymo (1 121 m)
Psili
Kilada
Golfe Argolique
Kranidi
Ermioni
Golfe d'Hydra
Hydra
Cap Spathi
Porto Heli
Dokos
Kosta
Baie de Kranidi
Spetsès
Spetsopoula
MER DE MYRTOÖN

Histoire

Le Péloponnèse a vu se dérouler les grandes pages de l'histoire de la Grèce. Quand la civilisation minoenne décline, après 1450 av. J.-C., le centre politique du monde égéen se déplace de la Crète vers les palais-forteresses de Mycènes et de Tirynthe, dans le Péloponnèse. Les invasions doriennes du XIIe siècle av. J.-C. sont suivies, comme partout en Grèce, par quatre siècles obscures. Au VIIe siècle av. J.-C., Sparte, éternelle rivale d'Athènes, a supplanté Mycènes ; elle est désormais la ville la plus puissante du Péloponnèse.

Sous domination romaine à partir de 146 av. J.-C., la région connaît une période de paix et de prospérité, à laquelle mettront fin les invasions des Goths, des Avars et des Slaves au IIIe siècle. Il faut ensuite du temps aux Byzantins pour s'implanter dans le Péloponnèse : ils n'y parviennent réellement qu'au cours du IXe siècle.

En 1204, quand les croisés prennent Constantinople, les chefs francs Guillaume de Champlitte et Geoffroi de Villehardouin s'emparent du Péloponnèse, qui devient la principauté de Morée. Ce nom que porte le Péloponnèse à partir du Moyen Âge lui aurait été donné en référence au mûrier (*mouria*), un arbuste qui prospérait alors dans la contrée. La principauté est divisée en douze fiefs donnés à plusieurs seigneurs.

Les Byzantins reprennent pied en Morée et, malgré le déclin de l'empire, la région renaît avec Mystra comme siège du gouvernement.

La Morée tombe aux mains des Turcs en 1460. S'ensuivent des siècles de lutte pour le pouvoir entre Turcs et Vénitiens. Ces derniers convoitent la Morée de longue date et parviennent à créer des ports commerciaux florissants à Methoni, Pylos, Koroni et Monemvassia.

C'est dans le Péloponnèse que débute la guerre pour l'indépendance de la Grèce, le 25 mars 1821, quand Germanos, l'archevêque de Patras, brandit le drapeau de la révolte près de Kalavryta. L'armée égyptienne, sous le commandement d'Ibrahim Pacha, restaure brutalement la domination turque en 1825.

En 1827, la Triple Alliance de la Grande-Bretagne, de la France et de la Russie, émue par les souffrances du peuple grec et inspirée par les travaux des philhellènes (la mort de lord Byron en 1824 marqua les esprits), décide de lui venir en aide en détruisant la flotte turco-égyptienne au cours de la bataille de Navarin, mettant un point final à la domination ottomane.

Le Péloponnèse devient alors partie intégrante de l'État indépendant, et Nauplie (Argolide) est choisie comme capitale nationale. En octobre 1831, Jean Capo d'Istria, premier gouverneur de la Grèce libérée, est assassiné sur les marches de l'église de Saint-Spyridon, à Nauplie. En 1834, le nouveau roi, Othon Ier, déplace la capitale à Athènes.

À l'instar du reste de la Grèce, le Péloponnèse paie un lourd tribut à la Seconde Guerre mondiale, une histoire commémorée avec beaucoup d'émotion dans la ville montagnarde de Kalavryta, dont quasiment tous les hommes de plus de 15 ans furent tués. La guerre civile (1944-1949) provoque également des destructions considérables. Elle a aussi entraîné l'exode massif de nombreux villageois dans les années 1950, vers Athènes ou les pays étrangers (Australie, Canada, Afrique du Sud ou États-Unis).

ℹ Renseignements

Les heures d'ouverture des musées et des sites du Péloponnèse varient souvent, avec en particulier des horaires élargis en été. Mieux vaut les vérifier à votre arrivée.

ℹ Depuis/vers le Péloponnèse

BUS

Notez qu'il existe une différence entre l'isthme de Corinthe (et le canal) et la ville de Corinthe. C'est près du canal, de la **gare routière KTEL de l'isthme de Corinthe (Péloponnèse)** (☎27410 75410, Athènes 210 512 4919), sur une grande route côté Péloponnèse, que partent les correspondances vers le sud pour **Pyrgos, Patras** et **Olympie**. Pas d'horaire officiel : la plupart des bus entre Athènes et le Péloponnèse s'y arrêtent.

Les exceptions à cette règle partent de la **gare routière KTEL Korinthos** (☎27410 75425 ; www.ktel-korinthias.gr ; Dimocratias 4) à Corinthe, point de départ des bus vers la **Corinthe antique** (1,60 €, 20 min, 7/jour lun-sam), **Némée** (4,50 €, 1 heure, 7/jour lun-sam, 1/jour dim), **Isthmia** (1,60 €, 15 min, 3/jour) et Loutraki (pour l'**isthme de Corinthe** ; 1,70 €, 10 min, toutes les 30 min). Vous pouvez aussi prendre tous ces bus à l'angle d'Aratou et d'Ethnikis Andistasis.

TRAIN

Lors de notre passage, les services ferroviaires d'OSE dans le Péloponnèse ne fonctionnaient plus. Une seule ligne (Athènes-Patras) était en service, avec un bus de remplacement entre Kiato et Patras. En réalité, les bus KTEL sont plus pratiques pour accéder à la région.

Le *proastiako*, le train de banlieue utile d'Athènes, circule entre Kiato, Corinthe et l'aéroport international d'Athènes (12 €, 1 heure 30, environ 8/jour, les horaires changement régulièrement). Une navette circule entre la Plateia Kentriki de Corinthe et la gare ferroviaire (1,50 €, 20 min).

Un train local circule deux à trois fois par jour entre Pyrgos et Olympie (antique).

Le seul moyen de se rendre à **Diakofto** (pour prendre le train à crémaillère en direction de Kalavryta) est le bus de remplacement des trains OSE de Corinthe (et non les bus KTEL réguliers).

CORINTHIE ΚΟΡΙΝΘΙΑ

La Corinthie (Korinthia, Κορινθία) a finalement peu à offrir au voyageur en regard de l'incroyable richesse de son histoire tumultueuse, qu'elle doit en grande partie à une position stratégique sur l'isthme de Corinthe. Au fil des siècles, plusieurs armées impériales s'y sont affrontées pour tenter de conquérir le Péloponnèse. Les Romains allèrent jusqu'à ériger une muraille, détruite par les Turcs plusieurs siècles plus tard, le long de l'isthme. L'idée de creuser un canal est également ancienne (voir page suivante).

La Corinthie était autrefois dominée par la puissante cité de Corinthe, dont les vestiges constituent une intéressante visite. Si vous avez du temps et un véhicule, plusieurs sites mineurs méritent aussi un détour dans l'arrière-pays, à l'ouest de Corinthe.

Corinthe antique et Acrocorinthe
Αρχαία Κόρινθος et Ακροκόρινθος

Les tremblements de terre et des siècles de pillage ont laissé peu de traces de la ville antique, à l'exception des édifices les plus imposants, encore visibles à 7 km au sud-ouest de la ville moderne. Grâce aux sentiers, aux panneaux explicatifs et au joli musée du site (divisé en deux périodes, classique et romaine), la visite du site est passionnante.

Culminant 575 m plus haut, l'Acrocorinthe, l'ancienne acropole de la cité ancienne, est un imposant piton calcaire, qui offre un point de vue spectaculaire sur les vallées et les collines environnantes.

Histoire

Au VIe siècle av. J.-C., Corinthe est l'une des villes les plus riches de la Grèce antique, en raison de sa position stratégique sur l'isthme de Corinthe. Ses ports jumeaux, l'un sur la mer Égée (le Kenchrée, près de Kechries) et l'autre sur la mer Ionienne (le Lechaion), lui permettent de commercer avec toute la Méditerranée. La ville résiste à la guerre du Péloponnèse, et s'épanouit sous la domination macédonienne. En 146 av. J.-C., pourtant, elle est mise à sac par Mummius, consul romain, pour s'être opposée aux visées de Rome. En 44 av. J.-C., Jules César fait reconstruire la ville, qui redevient un port prospère.

Au Ier siècle, Paul de Tarse (saint Paul) séjourne longuement à Corinthe et y prêche, comme en témoignent ses célèbres *Épîtres aux Corinthiens* du Nouveau Testament.

À voir

Corinthe antique SITE ARCHÉOLOGIQUE
(☎27410 31207 ; site et musée adulte/tarif réduit 6 € ; ⏲8h30-15h). Grâce à la taille réduite du site (même si les fouilles se poursuivent) et à la signalétique, la visite est d'un grand d'intérêt.

Les vestiges datent pour la plupart de l'époque romaine, à une exception près : l'imposant **temple dorique d'Apollon**, du Ve siècle av. J.-C. Au sud du temple, l'immense **agora** (ou forum) est longée sur son côté sud par les fondations d'une stoa. Elle avait été construite afin de recevoir les personnalités envoyées sur place par Philipe II en 337 av. J.-C. pour signer les serments d'allégeance envers la Macédoine. Au milieu de l'alignement central de boutiques, on peut voir un **bema**, podium en marbre d'où les officiels romains s'adressaient au peuple.

Du côté est du forum subsistent les ruines de la **basilique Julienne**, et au nord, la **fontaine basse de Pirène** – la fontaine haute se trouvant sur l'Acrocorinthe. La mythologie dit que Pirène, la fille du fleuve Asopos, a versé tant de larmes quand son fils Kenchrias a été tué par Artémis que les dieux, plutôt que de perdre toute cette précieuse eau, ont décidé de la transformer en fontaine (il s'agit en fait d'une source). Les citernes d'eau sont dissimulées dans un édifice à la façade ornée de six arches.

À l'ouest de la fontaine, des marches mènent à la **route du Lechaion**, autrefois la voie principale menant au port de Lechaion. En prenant cette route vers l'est, on arrive sur le **péribole d'Apollon**, une

LE CANAL DE CORINTHE — ΔΙΩΡΥΓΑ ΤΗΣ ΚΟΡΙΝΘΟΥ

L'idée de percer un canal dans l'isthme de Corinthe pour relier les mers Ionienne et Égée revient en premier lieu à Périandre, tyran de la cité de Corinthe à la fin du VIIe siècle av. J.-C. Mais il recula devant l'ampleur de la tâche et opta pour une sorte de voie dallée (*diolkos*) sur laquelle les marins tiraient les bateaux de petite taille à l'aide de chariots. Cette méthode restera utilisée jusqu'au XIIIe siècle.

Par la suite, l'idée du canal fit des émules. Alexandre le Grand et Caligula la caressèrent, mais c'est Néron qui lança les travaux en 67. Il donna lui-même le premier coup à l'aide d'une pioche en or et laissa 6 000 prisonniers juifs continuer le travail. Le projet s'interrompit avec la mort de l'empereur.

La voie d'eau artificielle que l'on connaît aujourd'hui fut finalement creusée de 1883 à 1893 par des ingénieurs français. Taillé dans la roche, le canal de Corinthe mesure plus de 6 km de long sur 23 m de large. Les parois verticales s'élèvent à 90 m au-dessus de l'eau. Le canal a largement contribué à faire du Pirée un grand port de la Méditerranée. Il est très impressionnant à voir, surtout lorsqu'un bateau y passe.

Les amateurs d'adrénaline s'adresseront à **Zulu Bungy Jump** (☎932702535 ; www.zulubungy.com ; 60 € ; ⏲10h-17h mer-dim juin-sept) qui organise des sauts à l'élastique, histoire de voir les parois du canal sous un angle unique !

Si vous êtes motorisé, rendez-vous dans la ville voisine d'Isthmia pour admirer le **pont submersible**, l'un des deux ponts enjambant le canal (l'autre se trouve près de Loutraki). Il offre une excellente perspective du canal, et les berges jouissent d'un point de vue imprenable si vous avez la chance d'arriver pour le passage d'un bateau.

Tous les bus d'Athènes passent par le pont et s'arrêtent à l'arrêt KTEL "Corinth Isthmus", à 200 m du canal.

cour à portique soutenue par des colonnes ioniques dont certaines ont été restaurées. Non loin, d'anciennes **latrines publiques** ont conservé quelques sièges.

Au sud du musée, le **temple E** (ou temple d'Octavie ; selon Pausanias, il était dédié à Octavie, sœur d'Auguste) conserve encore plusieurs colonnes debout.

Le **musée** du site comporte trois salles principales : les deux premières renferment de superbes statues, mosaïques, figurines, bas-reliefs et frises des époques grecque et romaine. La troisième salle, dernier ajout du musée, conserve les trouvailles des fouilles réalisées non loin au sanctuaire d'Asclépios, un temple du Ve siècle av. J.-C. Parmi les pièces intéressantes, on peut voir des pierres tombales et des ex-voto anatomiques datant du IVe siècle av. J.-C. En face de l'entrée du site se trouvent le **théâtre antique** (Ve siècle av. J.-C.), qui accueillait jusqu'à 15 000 spectateurs et fut modifié à différentes périodes, et l'**odéon** (théâtre couvert), une construction romaine du Ier siècle. Les deux sont visibles depuis la route.

Acrocorinthe VESTIGES

(⏲8h-15h) GRATUIT. Aujourd'hui réduite à un bloc de calcaire, l'Acrocorinthe était l'une des plus belles fortifications naturelles de la Grèce antique et reste, à ce jour, un vestige impressionnant d'où l'on bénéficie d'une vue magnifique sur les environs. La forteresse d'origine a été modifiée au fil du temps par des envahisseurs : les ruines présentent ainsi un mélange d'imposants remparts romains, byzantins, francs, vénitiens et turcs, où se côtoient les restes de chapelles byzantines, de maisons et de mosquées turques.

En haut du plus élevé des deux sommets de l'Acrocorinthe se dresse les ruines du **temple d'Aphrodite**, où les courtisanes sacrées rendient hommage à la déesse de l'Amour. Il ne reste pas grand-chose du temple, mais le panorama exceptionnel vous consolera.

À pied, il faut grimper 4 km jusqu'à la forteresse, ce qui représente une balade éprouvante mais faisable. Portez de bonnes chaussures, car le sol est très irrégulier. Vous pouvez aussi prendre un taxi au village.

Némée antique
Αρχαία Νεμέα

Au nord-est de la ville moderne de Némée, la **Némée antique** (☎27460 22739 ; site, musée et stade tarif plein/réduit 4/2 €, site et musée 3/2 € ; ⏲musée 8h-15h, musée fermé lun matin) est à 31 km au sud-ouest de Corinthe. Ce site remarquable est de plus en plus populaire, notamment grâce aux jeux de la “Némée moderne” qui se tiennent pendant 2 jours en juin, chaque année olympique. Selon la mythologie grecque, c'est ici qu'Héraclès aurait accompli le premier de ses douze travaux : tuer le lion envoyé par Héra pour détruire Némée.

Tout comme Olympie, Némée était avant tout un sanctuaire, et le site accueillait tous les deux ans les Jeux néméens, en l'honneur de Zeus. Organisés par la ville voisine de Cléonai, ils faisaient partie des Jeux panhelléniques. Il subsiste trois colonnes doriques du **temple de Zeus** (IVe siècle av. J.-C.), auxquelles s'ajoutent deux colonnes reconstituées par une équipe d'archéologues américains. Parmi les autres ruines, on distingue des **thermes**, où les athlètes se préparaient sans doute avant les compétitions, et une **auberge**.

Le **musée** comporte deux maquettes du site antique : la première représente la ville en 573 av. J.-C., et la seconde en 500. Il y a aussi des explications en anglais. Joyau de la collection, au sens propre et figuré, le **trésor d'Aidonia** est un superbe assortiment de bagues, de sceaux et de perles en or provenant du site d'Aidonia, près de Némée. Une vidéo explique le mécanisme de départ des courses, très élaboré (sous-titres en anglais).

Le **stade** (tarif plein/réduit 2/1 € ; 8h-15h), à 500 m en retrait de la route, était autrefois relié au temple par une voie sacrée. On peut toujours y voir la ligne de départ des athlètes, ainsi que des repères de distance. Dans la galerie empruntée par les athlètes subsistent quelques graffitis d'époque.

Depuis/vers Némée

Le mieux est de visiter Némée avec son propre véhicule. Les bus provenant de l'isthme de Corinthe (4,50 €, 1 heure, environ 4-5/jour, moins le dimanche) à destination de la ville moderne de Némée, une bourgade agricole à environ 4 km au nord-ouest de la Némée antique, s'arrêtent à l'extérieur du site.

ARGOLIDE ΑΡΓΟΛΙΔΑ

La péninsule d'Argolide (Argolida, Αργολίδα), qui sépare les golfes Saronique et Argolique, est un enchantement pour les passionnés d'archéologie. La ville d'Argos, qui donne son nom à la région, serait la plus ancienne cité de Grèce habitée de façon continue. L'Argolide était le siège du pouvoir de l'Empire mycénien, qui domina la Grèce de 1600 à 1100 av. J.-C. Ses citadelles, Mycènes et Tirynthe, constituent les deux sites majeurs de cette région, sans oublier le célèbre théâtre d'Épidaure. La charmante ville vénitienne de Nauplie constitue un point de chute idéal pour explorer les environs.

Argos Αργος

22 200 HABITANTS

La ville d'Argos est fière de son histoire vieille de 6 000 ans. Les vestiges de sa gloire passée sont en grande partie enfouis sous la cité actuelle. Éclipsée par Nauplie,

LA ROUTE DES VINS DE NÉMÉE

La région de Némée, dans les coteaux situés au sud-ouest de Corinthe, est l'un des terroirs viticoles les plus réputés du pays. Elle produit des rouges charpentés, issus du cépage local *agioritiko*, et des crus élaborés à base de *roditis*, un cépage local de raisin blanc. Cette tradition viticole remonte à l'époque mycénienne, lorsque l'ancienne Phlionte produisait du vin pour la cour royale de Mycènes.

Près d'une dizaine de domaines proposent des dégustations, en général gratuites, aux visiteurs ; vous devrez parfois prendre rendez-vous. Citons notamment **Skouras** (27510 23688 ; www.skouraswines.com ; 9h-15h lun-ven, 10h-18h sam, 11h-15h dim), au nord-ouest d'Argos, **Ktima Palivou** (27460 24190 ; www.palivos.gr ; Némée antique ; 8h30-17h) et **Lafkioti** (27460 31000 ; www.lafkiotis.gr ; Cléonai antique ; 11h-16h), à 3 km à l'est de la Némée antique. Au nord de Némée, au milieu de collines enchanteresses, **Gaia Wines** (27460 31000 ; www.gaia-wines.gr ; Koutsi ; sur rendez-vous) produit des vins non filtrés et des appellations d'origine contrôlée (AOC). Non loin, le **Domaine Helios** (21062 16811 ; www.semeliwines.com ; sur rendez-vous), magnifiquement situé, produit divers rouges et blancs, et un rosé.

sa voisine située à 12 km, Argos est pourtant une ville animée extrêmement agréable. Le marché de Tsokri (mercredi et samedi) est divertissant.

À voir

Musée archéologique d'Argos ANTIQUITÉ
(☎27510 68819 ; Plateia Agiou Petrou ; tarif plein/réduit 2/1 € ; 8h-15h mar-dim). Juste à côté de la place centrale, le Musée archéologique occupe trois niveaux et possède un joli jardin. La collection comporte de remarquables mosaïques et sculptures romaines, ainsi que des objets en bronze découverts dans les sépultures mycéniennes. Signalons surtout une statuette représentant une déesse, la mosaïque des quatre saisons dans la cour, une armure en bronze du VIIIe siècle av. J.-C. et de belles poteries, dont de superbes vases argiens gris et brun datant au moins de 1600 av. J.-C.

Ruines romaines SITE ARCHÉOLOGIQUE
(8h-15h) GRATUIT. D'impressionnants vestiges romains se dressent des deux côtés de la route de Tripolis. Depuis la place centrale, empruntez Danaou en direction du sud sur 500 m environ, puis tournez à droite dans Theatrou, qui rejoint la route de Tripolis juste en face du monument phare : l'immense **théâtre**, qui pouvait accueillir jusqu'à 20 000 personnes (soit plus de spectateurs que celui d'Épidaure). Édifié à l'époque classique, il a été considérablement remanié par les Romains. On peut voir non loin les vestiges d'un **odéon** (théâtre couvert) du Ier siècle, ainsi que des **thermes romains** et, en face, l'**agora**.

La signalétique permet de mieux se figurer le cadre de l'époque.

Forteresse de Larissa CITADELLE
GRATUIT La forteresse est visible depuis les vestiges romains. L'ouvrage, qui mêle les architectures byzantine, franque, vénitienne et turque, s'élève sur les fondations d'ancienne citadelle. Une route, indiquée depuis le centre et le nord de la ville, serpente sur 5 km jusqu'à l'arrière de la forteresse. Les fouilles se poursuivent (attention à ne pas empiéter sur les champs de fouilles).

Depuis/vers Argos

Un peu au sud de la place centrale, les bus **KTEL Argolis** (☎27510 67324 ; www.ktel-argolidas.gr ; Kapodistriou 8) desservent Nauplie (1,60 €, 30 min, toutes les heures), Mycènes (1,60 €, 30 min, 3/jour) et Némée (3 €, 1 heure, 2 bus jeu).

Des bus se rendent également à Athènes entre 5h30 et 20h30 (12 €, 2 heures, toutes les heures) via l'isthme de Corinthe (5 €, 50 min), et à Tripolis (7 €, 1 heure, 4/jour sauf dim).

Mycènes antique
Αρχαία Μυκήνες

Sur les contreforts désertiques du mont Agios Ilias (750 m) et du mont Zara (600 m) se dressent les vestiges évocateurs de **Mycènes** (☎27510 76585 ; 8 € ; 8h-18h lun-ven, 8h-15h sam-dim en hiver). Durant 400 ans (1600-1200 av. J.-C.) cette cité fut un royaume puissant, qui dominait l'Argolide et exerçait son influence sur les autres royaumes mycéniens.

Histoire

Mycènes est associée aux noms d'Agamemnon, d'Homère et de... Schliemann. Au IXe siècle av. J.-C., Homère fait référence dans l'*Iliade* à "Mycènes, bien construite et riche en or" et relate la guerre de Troie dont revint victorieux le roi Agamemnon. Mais jusqu'au XIXe siècle, on ne vit dans ses poèmes que des légendes. Dans les années 1870, l'archéologue amateur Heinrich Schliemann (1822-1890), passant outre les sarcasmes des professionnels, découvrit Troie puis Mycènes. La réputation de ce pionnier de l'archéologie a toutefois été ternie par des allégations selon lesquelles il aurait parfois falsifié ses découvertes pour justifier ses théories.

À Mycènes, le mythe et l'histoire sont intimement mêlés. Selon Homère, nous devons la fondation de Mycènes à Persée, fils de Danaé et de Zeus, qui s'illustra en tuant la Méduse (dont le regard pétrifiait ses adversaires). Finalement, la dynastie de Persée fut renversée par Pélops, un fils de Tantale. La dynastie des Atrides (Atrée est le fils de Pélops et le père d'Agamemnon) régna sur Mycènes au cours du XIIIe siècle av. J.-C. Agamemnon, son chef illustre, régnait sur l'Argolide et beaucoup d'îles. Leur chute (voir l'encadré p. 138) donna raison à une malédiction prononcée en raison des méfaits perpétrés par Pélops.

Si l'on s'en tient aux découvertes archéologiques, Mycènes fut habitée dès le VIe millénaire av. J.-C. Entre 2100 et 1900 av. J.-C, la Grèce voit s'établir les Achéens. Les envahisseurs apportèrent avec eux une culture sophistiquée, favorisant l'éclosion d'une civilisation originale dans

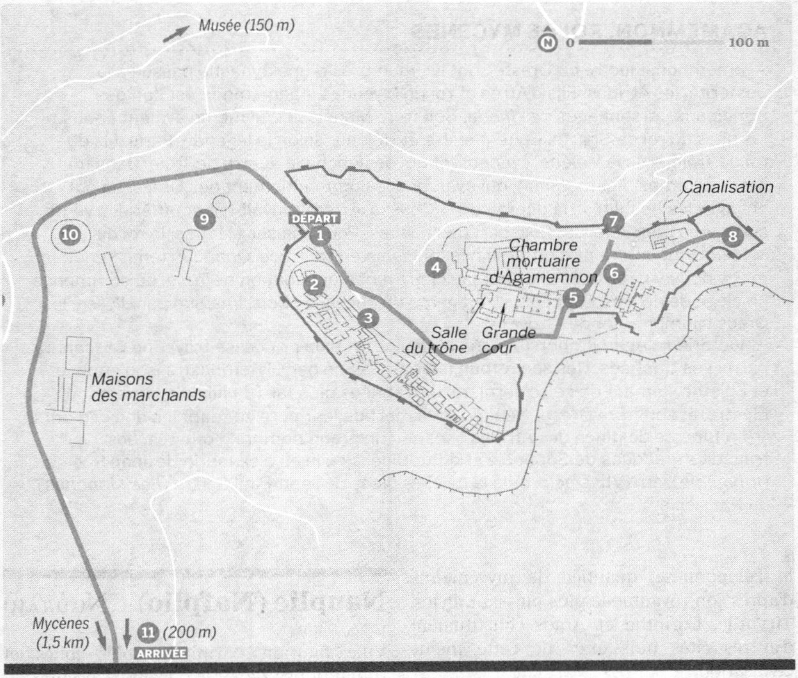

Visite du site de **la citadelle de Mycènes**

DÉPART PORTE DES LIONNES
ARRIVÉE MUSÉE
DISTANCE 2,5 KM
DURÉE 2 HEURES

L'entrée se fait par la spectaculaire 1 **porte des Lionnes**, constituée de blocs de pierre massifs, dominés par deux lionnes, sans doute le symbole de la maison royale d'Atrée.

À l'intérieur de la citadelle, le 2 **cercle des tombes A**, sur la droite en entrant, est un cimetière royal de six tombes. Cinq d'entre elles furent découvertes entre 1874 et 1876 par Heinrich Schliemann, qui mit au jour des trésors, notamment un masque funéraire en or. Bouleversé par cette trouvaille, il envoya un télégramme au roi de Grèce : "J'ai vu le visage d'Agamemnon." En réalité, ce masque était celui d'un roi inconnu, mort 300 ans avant le souverain mythique... Au sud de ce cercle se tiennent les ruines d'un groupe de 3 **maisons**, dont l'une abritait la grande jarre, considérée par Schliemann comme l'une de ses plus grandes découvertes car elle permet de se représenter les lutteurs de Mycènes.

Le chemin principal mène au 4 **palais d'Agamemnon**, disposé autour de la grande cour. Du côté nord : les appartements privés du roi, où il aurait été assassiné. Au sud-est du palais, le 5 **mégaron** (salle de réception) et, par-delà, les 6 **quartiers des artisans**.

À la limite nord de la citadelle, on peut voir la 7 **poterne**, par laquelle Oreste se serait échappé après avoir assassiné sa mère. Dans l'angle nord-est de la citadelle se trouve la 8 **citerne secrète**.

Jusqu'à la fin du XVe siècle av. J.-C., les Mycéniens inhumèrent les dépouilles royales dans des tombes à fosse. Ils utilisèrent ensuite une nouvelle forme de sépulture – le tholos, ou "tombe en ruche". Revenez en passant par les 9 **tombes à tholos** d'Égisthe et de Clytemnestre et, non loin, par 10 le **cercle de tombes B**. Visitez le musée, puis revenez par la route vers la Mycènes moderne jusqu'au 11 **Trésor d'Atrée**, ou tombeau d'Agamemnon. Un passage de 40 m de long conduit à cette vaste salle dont l'apparence évoque la forme d'une ancienne ruche en osier.

AGAMEMNON, ROI DE MYCÈNES

Agamemnon, Électre ou Oreste sont les membres d'une dynastie passée à la postérité, les Atrides. Fils d'Atrée et roi de Mycènes, Agamemnon est l'un des principaux personnages de l'*Iliade*. Son frère Ménélas et lui même avaient épousé les filles du roi de Sparte, Clytemnestre et Hélène. Selon la légende, Pâris, fils du roi de Troie, enleva Hélène, événement qui déclencha la guerre de Troie. Dans un premier temps, Agamemnon, qui avait pris le commandement des Grecs, ne put engager les hostilités : la déesse de la Chasse, Artémis, avait fait souffler des vents contraires pour retarder le départ des navires. Pour apaiser Artémis, le roi de Mycènes fut contraint d'offrir sa fille Iphigénie en sacrifice. Quand Artémis rendit la mer à nouveau navigable, les bateaux partirent à destination de Troie, où commença un siège de dix ans. Grâce au stratagème du cheval de bois, imaginé par Ulysse, les Grecs triomphèrent des Troyens.

Victorieux, Agamemnon regagna l'Argolide, avec la princesse troyenne Cassandre parmi ses trophées. Dès son retour, il fut assassiné par Clytemnestre, son épouse, et Égisthe, l'amant de cette dernière. Des années plus tard, la fille d'Agamemnon, Électre, et son frère Oreste, vengèrent la mort de leur père en tuant les deux amants.

La funeste destinée des Atrides a inspiré un grand nombre d'œuvres, des tragédies grecques de Sophocle et d'Euripide, à celle en alexandrin de Jean Racine (*Iphigénie*), au XVIIe siècle, ou à la célèbre pièce de Jean-Paul Sartre (*Les Mouches*) au XXe siècle.

le Péloponnèse, qualifiée de mycénienne d'après son royaume le plus puissant. Pylos, Tirynthe, Corinthe et Argos constituaient d'autres cités puissantes de cette même civilisation.

La cité de Mycènes se composait d'une citadelle fortifiée entourée d'habitations. Ses remparts (13 m de haut et 7 m d'épaisseur), formés de blocs de pierre pouvant peser jusqu'à 6 tonnes, étaient si épais que les Grecs de l'Antiquité attribuaient leur construction à un Cyclope, l'un des géants décrits dans l'*Odyssée* – on parle d'ailleurs de murs cyclopéens.

Des preuves archéologiques indiquent que les royaumes mycéniens périclitèrent vers 1200 av. J.-C. et que le palais lui-même fut brûlé autour de 1100 av. J.-C. On ne sait toujours pas avec certitude si la destruction fut une conséquence de l'invasion des Doriens ou si elle résulta de différends entre royaumes mycéniens.

ℹ Depuis/vers Mycènes

Trois bus quotidiens, du lundi au samedi, desservent Mycènes depuis Nauplie (2,60 €, 1 heure) et Argos (1,60 €, 30 min). Ils s'arrêtent au village et devant le site antique.

D'autres bus, comme celui reliant Athènes à Nauplie, s'arrêtent au village de Fihtio sur la grand-route ; de là, il reste 3 km à parcourir jusqu'au village de Mycènes (à 2 km du site antique).

Nauplie (Nafplio) Ναύπλιο

14 200 HABITANTS

Ville figurant parmi les plus jolies et romantiques de Grèce, Nauplie occupe un emplacement remarquable, sur un petit port dominé par l'imposante citadelle Palamède, à 12 km au sud-est d'Argos sur le golfe Argolique. Elle se caractérise par de belles rues étroites, d'élégantes maisons vénitiennes, des demeures néoclassiques et d'intéressants musées. Les visiteurs étrangers et les Athéniens en week-end viennent de plus en plus nombreux profiter de cette cité animée en plein essor. Nauplie compte de nombreux cafés en bord de mer, des boutiques chics, ainsi que des hôtels et des chambres d'hôtes confortables (l'affluence est forte pendant les vacances et les jours fériés).

Nauplie fut la première capitale de la Grèce après l'indépendance (entre 1833 et 1834), mais elle doit sa renommée à son port, très actif depuis l'âge du bronze. Une position aussi stratégique fait forcément des envieux, et trois forteresses ne sont pas de trop pour la défendre : Palamède, la plus imposante, Acronauplia, plus modeste, et enfin Bourtzi, un fort miniature installé sur un îlot à l'ouest de la vieille ville.

Desservie par un réseau de bus efficace, la ville constitue une bonne base pour explorer les nombreux sites archéologiques des environs.

À voir et à faire

Citadelle Palamède ARCHITECTURE MILITAIRE
(☎27520 28036 ; 4 € ; ⏲8h-19h30 mai à mi-oct, 8h-15h mi-oct à avr). Cette imposante forteresse est érigée sur un promontoire rocheux de 216 m de haut, qui offre un excellent point de vue sur la mer et les environs. Construite par les Vénitiens entre 1711 et 1714, on la considère comme un chef-d'œuvre de l'architecture militaire. Entre ses murs se tient un ensemble de bastions indépendants, stratégiquement placés sur la colline. Le plus important et le mieux conservé, le **bastion Agios Andreas**, se dresse du côté ouest, en haut de l'escalier qui part de la ville. Il servait de logement au chef de la garnison et doit son nom à la minuscule église de la cour intérieure. La muraille du bastion permet d'admirer une superbe vue sur la citadelle d'Acronauplia et la vieille ville.

Le **bastion Miltiades**, au nord-est, le plus grand, servit de prison entre 1840 et 1920. Le héros de la guerre d'Indépendance, Théodore Kolokotronis, y passa plusieurs années après sa condamnation pour trahison.

Deux options pour rejoindre la forteresse : par la route (8 € environ pour l'aller en taxi) ou, pour les sportifs, par l'escalier qui démarre au sud-est de la gare routière. Le nombre exact de marches est sujet à controverse : 999 selon les habitants, ce qui a incité de nombreux voyageurs à les compter ; la plupart des visiteurs rapportent un nombre largement inférieur, ce à quoi les habitants répondent qu'il faut compter jusqu'à l'église d'Agios Andreas. Quoi qu'il en soit, partez tôt et emportez de l'eau.

Forteresse d'Acronauplie ARCHITECTURE MILITAIRE
Dominant la vieille ville, Acronauplie est certes la plus ancienne des trois que compte la ville, mais elle est la moins intéressante. La partie basse des murailles remonte à l'âge du bronze. Jusqu'à l'arrivée des Vénitiens, la ville se limitait à ces remparts ; d'ailleurs, les Turcs l'appelaient *İç Kale* ("château intérieur"). Elle fit office de prison politique entre 1936 et 1956.

À l'extrémité ouest de la ville, dans Plateia Poliko Nosokomiou, un ascenseur indiqué par des drapeaux à l'entrée d'un tunnel permet de monter jusqu'à la citadelle. Il mène à un complexe hôtelier clinquant (le Nafplia Palace), d'où on peut accéder à la forteresse. L'ancienne porte d'accès de la citadelle, surmontée d'un emblème représentant un beau lion vénitien, se trouve en haut de Potamianou, au-dessus de l'Hotel Marianna.

Bourtzi ÎLOT, CITADELLE
(bateau 4 € l'aller-retour). L'îlot fortifié de Bourtzi émerge à environ 600 m à l'ouest du port. L'essentiel des bâtiments qui subsistent fut construit par les Vénitiens. Les bateaux desservant l'île partent de l'extrémité nord-est d'Akti Miaouli.

Musée de la fondation des Arts populaires du Péloponnèse TRADITIONS
(☎27520 28379; www.pli.gr ; Vasileos Alexandrou 1 ; 2 € ; ⏲9h30-14h30 mer-lun). Cet excellent musée présente une belle collection de costumes traditionnels et d'objets quotidiens datant des premiers temps de Nauplie. Créé par son propriétaire philanthrope, il constitue une visite incontournable. Jolie boutique de souvenirs au rez-de-chaussée.

Musée militaire HISTOIRE
(Amalias 22 ; ⏲9h-14h mar-dim) GRATUIT. Il retrace l'histoire militaire de la Grèce depuis la guerre d'Indépendance à travers une collection de photographies, de peintures, d'uniformes et d'armes diverses.

Musée archéologique ANTIQUITÉ GRECQUE
(☎27520 27502 ; Plateia Syntagmatos ; tarif plein/réduit 2/1 € ; ⏲12h-16h lun, 9h-16h mar-dim). Dominant la Plateia Syntagmatos, ce musée a rouvert en 2009 après sept ans de travaux. De belles pièces y sont exposées sur 2 étages spacieux et lumineux. Les plus anciens objets datent de 32 000 av. J.-C. Pièce maîtresse : une armure en bronze découverte près de Mycènes et datant des XIIIe-XIIe siècles av. J.-C.

Galerie nationale – musée Alexandros Soutzos ART
(Sidiras Merarhias 23 ; tarif plein/réduit 3/2 €, entrée libre lun ; ⏲10h-15h lun, jeu et sam, 10h-15h et 17h-20h mer et ven, 10h-14h dim). Cette annexe de la galerie nationale d'Athènes occupe un édifice néoclassique magnifiquement restauré. On y trouve des œuvres inspirées de la guerre d'Indépendance grecque de 1821, notamment des peintures des artistes grecs Vryzakis et Tsokos, considérés comme les peintres les plus importants de l'après-guerre. Les peintures, quelques sculptures et les divers artefacts sont classés par thèmes : batailles, morts de héros, victoires navales, conséquences de la guerre sur la vie quotidienne et idéologie de l'État indépendant.

Nauplie (Nafplio)

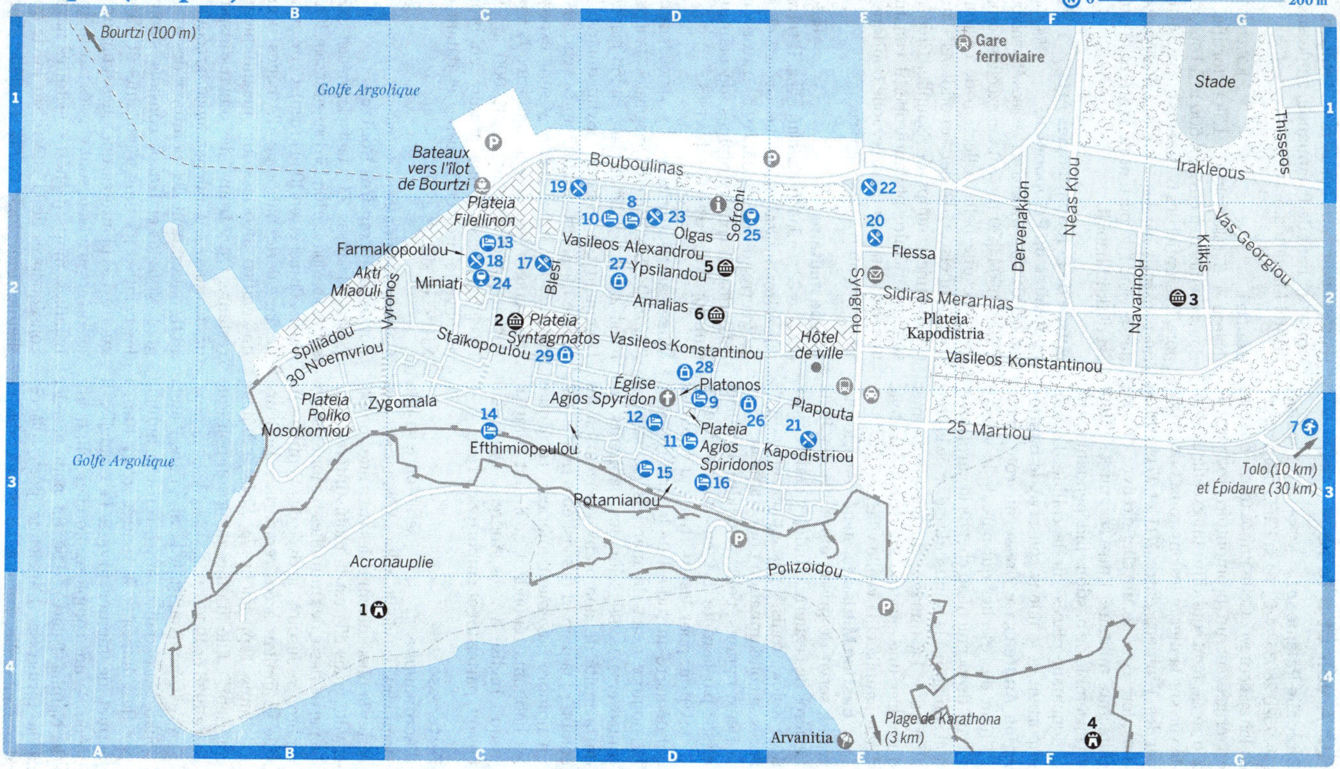

Nauplie (Nafplio)

À voir
1 Forteresse d'Acronauplie B4
2 Musée archéologique C2
3 Galerie nationale – musée Alexandros Soutzos G2
4 Citadelle Palamède F4
5 Musée de la foundation des Arts Populaires du Péloponnèse D2
6 Musée militaire D2

Activités
7 Nafplio Bike G3

Où se loger
8 Adiandi D2
9 Aetoma D3
10 Amymone D2
11 Grand Sarai D3
12 Hotel Byron D3
13 Hotel Grande Bretagne C2
14 Hotel Leto C3
15 Pension Dimitris Bekas D3
16 Pension Marianna D3

Où se restaurer
17 Alaloum C2
18 Antica Gelateria di Roma C2
19 Arapakos C1
20 Carrefour E2
21 Mezedopoleio O Noulis E3
22 Nafplios E1
23 To Omorfo Tavernaki D2

Où prendre un verre et faire la fête
24 Cafe Rosso C2
25 O Mavros Gatos D2

Achats
26 Glykos Pirasmos D3
27 Karonis D2
28 Musée du komboloï D2
29 Odyssey C2

Îles du golfe Saronique CROISIÈRES
(☎27250 59430 ; www.pegasuscruises.gr ; aller/aller-retour 20/34 € ; ⏲fin avr-fin sept). Pegasus Cruises propose des excursions d'une journée, très prisées, vers Hydra (p. 313) et Spetsès (p. 318) depuis Tolo, à 10 km au sud-est de Nauplie. Des escales de 2 heures sont prévues sur chaque île. Prenez un taxi pour rejoindre Tolo (12 €) ou l'un des bus desservant le bourg si les horaires sont compatibles. Il y a au moins deux départs par semaine (davantage en juillet-août) et toutes les agences de voyages vendent des billets.

Nafplio Bike LOCATION DE VÉLOS
(www.nafplio-bike.gr ; Kipou 2 ; 15 €/jour ; ⏲9h-21h lun-sam). VTT et vélos de ville. Location à l'heure possible.

Plages

Arvanitia, une petite plage de galets à 10 minutes de marche au sud de la ville, est nichée à côté de la forteresse d'Acronauplie. Si vous vous sentez en forme, empruntez le chemin qui longe la côte vers l'est : il vous mènera en une heure de marche (environ 3 km) à la plage de sable de **Karathona**, à l'extrémité de la citadelle Palamède. Cette balade est magnifique, et la plage le serait aussi si elle n'était pas jonchée d'ordures.

Fêtes et festivals

La ville est un bon point de chute pour assister aux représentations de pièces antiques dans le célèbre théâtre d'Épidaure en juillet-août, dans le cadre du Festival culturel hellénique (qui se décline en festival d'Épidaure, voir p. 92).

Festival de musique classique MUSIQUE
(www.nafplionfestival.gr). Nauplie accueille, entre fin mai et début juin, un festival de musique classique où se produisent des artistes grecs et internationaux. Certaines représentations ont lieu dans les citadelles de Palamède et de Bourtzi. Consultez le site Internet pour les dates précises.

Où se loger

Hotel Byron PENSION $
(☎27520 22351 ; www.byronhotel.gr ; Platonos 2 ; d avec petit-déj 50-70 € ; ❄). Dans un joli bâtiment vénitien, cette adresse a fait ses preuves : direction sympathique, chambres propres, lits en fer forgé et meubles d'époque. Petit-déjeuner 5 €.

Pension Dimitris Bekas PENSION $
(☎27520 24594 ; Efthimiopoulou 26 ; s/d/tr 20/30/40 €). Unique adresse "économique" de Nauplie – des chambres accueillantes, disposées autour de la maison du propriétaire et magnifiquement situées sur les versants de l'Acronauplie.

Hotel Leto HÔTEL $
(☎27520 28093 ; www.leto-hotel.com ; Zygomala 28 ; s/d/tr 40/55/65 €). Plus de personnalité en façade qu'à l'intérieur (avec une décoration

CHARME ET CONFORT DES BOUTIQUES-HÔTELS

Les boutiques-hôtels, alliant l'élégance ancestrale au confort contemporain, sont légion à Nauplie. Ces anciennes demeures rénovées visent une clientèle aisée d'Athéniens venus en week-end et d'étrangers. La plupart des hôtels possèdent 4 à 8 chambres (souvent exiguës), agrémentées d'une décoration kitsch, actuelle ou d'époque. Les prix comprennent la TV câblée. Notez que tous ces établissements possèdent des escaliers très raides. Parmi l'offre pléthorique, les adresses suivantes sont nos favorites :

Aetoma (27520 27373 ; www.nafplionhotel.com ; Plateia Agios Spiridonos 2 ; d 80-120 €, tr 130 €, avec petit-déj ;). Petit mais confortable, avec des meubles foncés, lourds et élégants. Copieux petit-déjeuner traditionnel.

Adiandi (27520 22073 ; www.hotel-adiandi.com ; Othonos 31 ; ch avec petit-déj 70-110 € ;). Les chambres de cet établissement original et haut de gamme sont rehaussées d'une décoration contemporaine, originale et parfois loufoque. Au rez-de-chaussée, le petit-déjeuner est servi dans une belle salle qui fait aussi office de café.

Amymone (27520 99477 ; www.amymone.gr ; Othonos 39 ; ch avec petit-déj 70-105 € ; @). Hôtel affilié à Adiandi, où l'on prend le petit-déjeuner. Un bonheur d'architecte d'intérieur – coloré et tendance.

années 1980), mais bien situé dans la vieille ville.

Pension Marianna HÔTEL $$
(27520 24256 ; www.pensionmarianna.gr ; Potamianou 9 ; s 50 €, d 65-75 €, tr 85 €, q 100 € avec petit-déj ; P). Le top du prix et de l'accueil. Ses propriétaires, les chaleureux frères Zotos, incarnent parfaitement la *filoxenia* grecque et prodiguent d'utiles conseils de voyage. Le petit-déjeuner comprend des produits maison, et les chambres, propres et confortables, donnent sur des terrasses avec vue magnifique. Il vous faudra gravir plusieurs volées de marches, après vous être garé sur la route en contrebas, qui mène à la forteresse. Comptez 5 € de moins sans le petit-déjeuner.

Grand Sarai BOUTIQUE-HÔTEL $$
(27520 22563 ; www.grandsarainafplio.com ; Fotomara et Potamianou 3 ; s 60-130 €, d 70-160 €). Le dernier venu à Nauplie est un édifice bien rénové, à l'intérieur moderne. Élégant sans ostentation, avec des parquets blonds et des salles de bains chics. Ascenseur et petit bar. De délicieux petits-déjeuners, à base de produits locaux, sont servis dans un cadre intime.

Hotel Perivoli BOUTIQUE-HÔTEL $$
(27520 47905 ; www.hotelperivoli.com ; Pirgiotika ; ch 120-130 € ;). À environ 8,5 km de Nauplie (suivez les panneaux indiquant Pirgiotika), ce complexe a l'atout d'une magnifique vue sur la campagne, les oliveraies et les agrumeraies. Les 12 chambres, à la décoration stylée et moderne, ont un accès direct à la piscine. Petit restaurant, petit-déjeuner à base de produits locaux. Deux nuitées au minimum de juin à septembre.

Hotel Grande Bretagne HÔTEL DE LUXE $$
(27520 96200 ; www.grandebretagne.com.gr ; Plateia Filellinon ; s/d/tr avec petit-déj à partir de 95/130/145 € ;). Un hôtel d'époque, traditionnel et élégant, sur le front de mer.

Où se restaurer

Dans l'ensemble, les restaurants de Nauplie, corrects, n'ont rien d'exceptionnel. Ignorez les établissements touristiques de Staïkopoulou pour découvrir des adresses plus surprenantes.

Carrefour (angle Syngrou et Flessa) est le seul supermarché du centre.

Antica Gelateria di Roma GLACIER $
(27520 23520 ; www.anticagelateria.gr ; angle Farmakopoulou et Komninou ; à partir de 2 €). L'unique "vrai" glacier de Nauplie, où les maîtres glaciers italiens Marcello, Claudia ou Monica Raffo vous accueillent avec un "*Bongiorno !*". Seuls des produits naturels et locaux sont utilisés, et tout est fait sur place. Il s'agit peut-être du meilleur choix de glaces traditionnelles hors d'Italie ! Les paninis sont parfaits pour un pique-nique.

Mezedopoleio O Noulis MEZZE $
(27520 25541 ; Moutzouridou 22 ; mezze 4-10 € ; déj lun-sam oct-avr, déj et dîner mai-sept). Un choix frais et savoureux, bien qu'un peu

cher, de mezze. Cela dit, l'assiette dégustation de 10 pièces (9 €) tient d'un véritable repas.

Nafplios TAVERNE $
(☎27520 97999 ; angle Bouboublinas et Syngrou ; plats 7-10 € ; ⏲déj et dîner). Cet établissement simple et animé, donnant sur un parking, sert de copieux plats traditionnels.

To Omorfo Tavernaki GREC $
(☎27520 25944 ; Vasilissis Olgas 1 ; plats 8-15 €). Petites portions délicieuses, servies dans un cadre convivial. Les assiettes de mezze sont particulièrement savoureuses.

Alaloum GREC $$
(☎27520 29883 ; Papanikolaou 10 ; plats 10-18 €). Des spécialités grecques généreuses, à déguster dans un lieu ravissant donnant sur une place verdoyante.

Fougaro GREC $$
(www.fougaro.gr ; Asklipiou 98 ; plats 8-12 €). Un café-espace culturel, pourvu d'une boutique et d'un espace de détente autour d'une cour, où sont servis des plats délicieux. Il se trouve à 3 km de Nauplie dans une usine désaffectée, sur la route d'Épidaure. Cherchez la cheminée ("*fougaro*").

Arapakos POISSON $$
(☎27520 27675 ; www.arapakos.gr ; Bouboulinas 81 ; poisson 35-65 €/kilo). La meilleure adresse pour les amateurs de poisson.

Où prendre un verre et sortir

Promenez-vous dans la vieille ville pour en découvrir les cafés et les bars animés. Commencez par **O Mavros Gatos** (Sofroni 1 ; ⏲8h30-tard), où un DJ mixe à partir de 21h, ou discutez avec les fidèles du **Cafe Rosso** (Komninou 5), où chaque table est différente, pour finir la soirée en beauté au **3Sixty** (Papanikolaou 26), un café-bar-restaurant très chic et pourvu d'une excellente cave.

Achats

Les fanas du shopping se feront plaisir à Nauplie, où se succèdent les boutiques de bijoux, de produits régionaux et d'artisanat.

Glykos Pirasmos DOUCEURS
(Plapouta 10). Délicieux gâteaux maison, baklavas et loukoums.

Karonis VINS
(☎27520 24446 ; www.karoniswineshop.gr ; Amalias 5). Une bonne sélection de crus provenant de tout le pays, mais notamment de Némée. Des dégustations sont proposées.

Musée du Komboloï SOUVENIRS
(☎27520 21618 ; www.komboloi.gr ; Staïkopoulou 25 ; adulte/tarif réduit 3 €/gratuit ; ⏲9h30-20h, horaires variables selon la saison). Cette boutique surmontée d'un musée privé vend des *kombolia* (petits chapelets), des charmes et des amulettes.

Odyssey LIBRAIRIE
(☎27520 23430 ; Plateia Syntagmatos). Journaux internationaux, cartes et petite sélection de romans en français.

Renseignements

Banque nationale de Grèce (Plateia Syntagmatos)

Hôpital (☎27520 98100 ; angle Asklipiou et Kolokotroni)

Police touristique (☎27520 98727/8 ; Eleftherias 2)

Poste (angle Syngrou et Sidiras Merarhias ; ⏲7h30-14h lun-ven)

Staikos Tours (☎27520 27950 ; Bouboulinas 50). Agence de voyages, dont le personnel, serviable et fiable, répond volontiers aux demandes des touristes. Peut réserver les billets de ferry.

LES PÉRÉGRINATIONS DE PAUSANIAS

En matière de guides de voyage, Lonely Planet et ses concurrents ont été battus de quelque vingt siècles. En effet, le voyageur et géographe Pausanias (IIe siècle) a écrit ce que l'on considère comme le premier – et le plus fiable – des "guides" touristiques. Son œuvre, *Description de la Grèce* (éd. Belles Lettres), est une série de dix livres dans lesquels il décrit la majeure partie de la Grèce, notamment la quasi-totalité du Péloponnèse. Pour les historiens de la Grèce antique, ce travail revêt une importance majeure car il permet d'en savoir plus sur les lieux, les habitants, les monuments et les sites, ainsi que sur les légendes et les événements de l'époque. On pense que Pausanias était originaire de Lydie, en Asie Mineure, et qu'il aurait voyagé en Grèce, en Macédoine, en Italie et dans certaines régions d'Asie et d'Afrique.

To Kentrikou (Plateia Syntagmatos ; 7h30-tard). Bar et point Internet où l'on peut surfer sur la toile pour le prix d'une ou deux boissons.

Depuis/vers Nauplie

Des bus partent de la **gare routière KTEL Argolis** (27520 27323 ; www.ktel-argolidas.gr ; Syngrou) à destination d'Athènes (13,10 €, 2 heures 30, toutes les heures) via la gare routière KTEL de l'isthme de Corinthe (près de Corinthe ; 6,50 €, 1h30), Argos (1,60 €, 30 min, ttes les 30 min), Tolo (1,60 €, 15 min, toutes les heures), Épidaure (2,60 €, 45 min, 4/jour, 1/jour dim), Mycènes (2,60 €, 1 heure, 2/jour sauf dim), Kranidi (8 €, 2 heures, 3/jour sauf dim) et Galatas (8,20 €, 2 heures, 2/jour lun-ven). Parmi les autres destinations : Tripolis (6 €, 1 heure 30, 2/jour). Le week-end, les services sont souvent réduits.

Comment circuler

Pour un taxi, appelez le 27520 24120 ou rendez-vous à la station dans Syngrou.

Pour louer une voiture :

Avis (27520 24160 ; Bouboulinas 51)

Bounos Rent a Car (27520 24390 ; www.bounos-carrental.com ; Syngrou)

Hermes Car Rental (27520 25308 ; www.hermestravel.gr ; Sigrou 18)

Tirynthe (Tiryns) Τίρυνθα

À 4 km de Nauplie, légèrement à l'est de la route Nauplie-Argos, s'élève l'impressionnante et méconnue acropole de **Tirynthe** (27520 22657 ; tarif plein/réduit 3/2 € ; 8h-19h été, 8h-15h hiver), qui incarne l'apogée de l'architecture mycénienne. Ses imposantes murailles, qui par endroits atteignent 7 m d'épaisseur, auraient été élevées par les Cyclopes, selon la mythologie.

Le site antique de Tirynthe est classé au patrimoine mondial de l'Unesco. Il est cependant moins saisissant que Mycènes. La reconstitution de certains des vestiges est facile à imaginer, et il y a moins de monde. À ce jour, le site ne comporte aucune signalétique, il est donc judicieux d'acheter un guide, comme *Tiryns*, du Dr Alkestis Papademetriou (8 €) à la billetterie. Une nouvelle campagne de fouilles ayant été entreprise, la visite est limitée aux citadelles haute et basse. Renseignez-vous sur l'emplacement de la galerie, un tunnel impressionnant (visible d'un côté, mais sans accès possible).

Tous les bus Nauplie-Argos peuvent vous déposer devant le site.

Épidaure (Epidavros) Επίδαυρος

À son apogée, **Épidaure** (27530 22009 ; 6 € ; 8h-20h avr-oct, 8h-17h nov-mars), 30 km à l'est de Nauplie, avait la réputation d'être un lieu de guérison miraculeuse. On parcourait de grandes distances pour venir jusqu'au temple d'Asclépios, le dieu de la Médecine (l'Esculape des Romains), en espérant y trouver la guérison. Sur les pancartes, Épidaure est parfois indiqué "Sanctuaire d'Asclépios".

Aujourd'hui, les visiteurs viennent plutôt admirer son théâtre bien préservé, qui accueille encore des pièces du répertoire classique, ainsi que des représentations plus modernes, de l'opéra et des concerts dans le cadre du Festival hellénique. Le théâtre bénéficie d'un emplacement de choix sur des collines couvertes de pins. Épidaure, rien d'étonnant à cela, figure sur la Liste du patrimoine mondial de l'Unesco.

Si vous visitez Épidaure avec votre véhicule, ne soyez pas dérouté par les pancartes "P Epidavros" (Paleia Epidavros), ce qui signifie Ancienne Épidaure. Pour compliquer les choses, le "petit théâtre" utilisé pour certains spectacles du festival se trouve ici, tandis que le "grand théâtre" évoqué dans le programme du festival, fait partie du site principal, indiqué "théâtre d'Edipavros".

Histoire

Selon la mythologie, Asclépios est le fils d'Apollon et de Coronis. Alors qu'elle lui donnait naissance, Coronis fut frappée par la foudre et mourut. Apollon emmena son enfant au mont Péion afin que le médecin Chiron lui enseigne l'art de guérir.

Apollon faisait l'objet d'un culte à Épidaure durant les époques mycénienne et archaïque. Au IVe siècle av. J.-C., son fils le surpassa en popularité. Épidaure était réputée pour être le lieu de naissance d'Asclépios et, si des malades l'honoraient dans des sanctuaires partout en Grèce, les deux principaux temples se trouvaient l'un à Épidaure, l'autre sur l'île de Kos.

Des serpents, en particulier des couleuvres, étaient présents dans le sanctuaire et pouvaient servir d'intercesseurs entre le dieu et les prêtres. Asclépios est d'ailleurs souvent représenté avec un serpent, dont la mue symbolise la régénération, et son baton autour duquel se love une couleuvre a été repris comme symbole (caducée) par les médecins de nombreux pays.

Tous les quatre ans, des fêtes étaient données en l'honneur d'Asclépios. Elles comportaient des épreuves gymniques et dramatiques.

À voir

Théâtre d'Épidaure SITE ANTIQUE

Ce théâtre du IIIe siècle est l'un des bâtiments classiques les mieux conservés en Grèce. Il est aussi réputé pour son acoustique exceptionnelle : si l'on fait tomber une pièce de monnaie au centre de la scène, le son est propagé jusqu'en haut des gradins. Cet édifice construit en pierre calcaire peut accueillir jusqu'à 14 000 personnes. Son entrée est flanquée de **pilastres corinthiens** restaurés. Il accueille des représentations de théâtre classique grec lors du Festival hellénique (p. 92), organisé tous les ans.

Temple VESTIGES

Les touristes se pressent en moins grand nombre autour des ruines du temple que dans les environs du théâtre. Au sud se trouve l'imposant **katagogéion**, qui hébergeait les pèlerins et les patients. À l'ouest, la vaste **salle de banquet** dans laquelle les Romains avaient construit un **odéon** où se déroulaient les fêtes d'Asclépios. En face, le **stade** recevait les compétitions d'athlétisme. Ce secteur, comme plusieurs autres, est en cours de reconstruction ; lors de notre passage, un côté était achevé.

Les fondations du **temple d'Asclépios** occupent le nord du site, à côté de l'**abaton**. Parmi les traitements de l'époque figuraient la diététique, les remèdes à base de plantes et, parfois, la chirurgie. Les remèdes administrés ici s'appuyaient sur l'influence de l'esprit sur le corps. Les patients commençaient, pense-t-on, par un entretien avec un prêtre qui vantait les pouvoirs d'Asclépios, puis on les faisait dormir dans l'*abaton*, où ils recevaient en rêve la visite du dieu, qui leur révélait en songe le traitement à suivre.

À l'est, le **temple des dieux égyptiens** nous révèle que le culte d'Asclépios pouvait être une adaptation du culte d'Imhotep, vénéré en Égypte pour ses pouvoirs de guérisseur. On peut apercevoir, au sud-ouest du temple d'Asclépios, les ruines d'une **tholos** (édifice de forme circulaire, construit en 360-320 av. J.-C.), dont la fonction reste inconnue à ce jour.

Lors de notre passage, certains édifices, notamment la *tholos* et l'*abaton*, étaient en cours de reconstruction. Des tronçons de colonnes ont été ajoutés et certaines parties des ruines entièrement recréées.

Musée ARCHÉOLOGIE

Situé entre le temple et le théâtre, le musée expose des statues, des inscriptions dans la pierre rappelant des traitements miraculeux, des instruments chirurgicaux, des offrandes votives et des reconstitutions partielles de la *tholos* du temple, en son temps très sophistiquée. Les explications sont limitées, mais la statuaire et les blocs de marbre laissent entrevoir la grandeur passée des lieux. Après le théâtre, la *tholos* était l'édifice le plus impressionnant du site, comme en témoignent des fragments de ses hauts-reliefs finement sculptés. La plupart des statues sont des copies (les originaux sont conservés au musée national d'Archéologie d'Athènes).

Fêtes et festivals

Festival d'Épidaure THÉÂTRE

(☎27530 22026 ; www.greekfestival.gr/en ; ⏲9h-14h et 17h-20h lun-jeu, 9h30-21h30 ven-sam en été). Le théâtre d'Épidaure accueille des représentations théâtrales (classiques ou modernes) lors du festival organisé chaque année en juillet-août (les dates exactes varient), dans le cadre du Festival hellénique. Les billets sont en vente à Épidaure, au bureau du site, ou auprès du bureau des réservations du Festival hellénique (p. 93), à Athènes. Les prix varient en fonction du placement et les étudiants bénéficient de réductions. Des bus spécialement affrétés font le trajet depuis Athènes (23 € environ, 2 heures) et Nauplie (8 € environ, 45 min).

Où se loger et se restaurer

Plusieurs restaurants sont installés dans la rue principale de Ligourio, à quelques kilomètres d'Épidaure.

Hotel Avaton HÔTEL $

(☎27530 22178 ; www.avaton.com.gr ; s/d/tr avec petit-déj 45/55/65 € ; P ❄). Si vous prévoyez une visite matinale du site, ce petit hôtel propre et moderne est la meilleure option. Il se situe à 1 km seulement des vestiges, à l'intersection entre la route de Kranidi et celle menant à Épidaure.

Depuis/vers Épidaure

Des bus circulent entre Nauplie et Épidaure (3 €, 45 min, 4/jour sauf dim) et deux à trois bus par jour se rendent à Athènes au départ de Ligourio (environ 13 €, 2 heures 30). Un **taxi** (☎27530 23322) depuis Ligourio coûte environ 6 € ; le trajet à pied entre Ligourio et Épidaure, le long d'une grande route, est déconseillé.

Sud-ouest de l'Argolide

Trop peu de voyageurs prennent le temps de s'aventurer dans la pointe sud-ouest de la péninsule de l'Argolide. La région, organisée autour du bourg de **Kranidi** (90 km au sud-est de Nauplie), est célèbre pour ses grenades, auxquelles le climat hivernal doux convient particulièrement. Ces fruits d'un beau rouge rubis arrivent à maturité en novembre.

Les petites stations balnéaires de **Porto Heli**, 4 km au sud de Kranidi, et d'**Ermioni**, 4 km à l'est de Kranidi, offrent des liaisons pratiques avec Hydra et Spetsès, deux îles du golfe Saronique.

À environ 1 km à l'ouest du village de Didyma, ne manquez pas les **grottes de Didyma** GRATUIT (bien indiquées). Elles se sont effondrées il y a des milliers d'années, formant ces vastes cavités en forme de cratère. L'une dissimule une minuscule église byzantine construite sous une fissure.

Depuis/vers le sud-ouest de l'Argolide

BATEAU

Les liaisons avec un hydroglisseur changent à chaque saison ; lors de notre passage, **Hellenic Seaways** (☎27540 32408 ; www.hellenicseaways.gr) assurait le service. Normalement, des liaisons régulières partent de Porto Heli à destination du Pirée via Spetsès et Hydra, et d'Ermioni à destination du Pirée via Hydra. Des caïques font la navette entre Galatas et Poros (1 €, 5 min, 1,50 €, ⏲ minuit-5h).

BUS

Des **bus régionaux** (☎27540 21237) circulent entre Kranidi et Nauplie (9 €, 2 heures, 3/jour sauf dim) ; de Kranidi, des bus locaux desservent Ermioni (1,85 €, 10 min, 1-2/jour) et Porto Heli (1,60 €, 10 min, 1-2/jour).

ARCADIE ΑΡΚΑΔΙΑ

La très rurale préfecture d'Arcadie (Arkadia, Αρκαδία) occupe une grande partie du centre du Péloponnèse. Son nom évoque des champs verdoyants, des montagnes boisées sillonées de ruisseaux et des grottes obscures. Dans la mythologie, il s'agissait du terrain de jeu favori de Pan.

La situation reculée de l'Arcadie, presque encerclée de hautes montagnes, lui a longtemps permis d'échapper aux batailles et aux guerres intestines qui agitaient le reste de la Grèce. La région fut la seule du Péloponnèse à n'avoir jamais été conquise par les Doriens. Aujourd'hui, ses cours d'eau, ses villages médiévaux en ruine, ses monastères retirés et ses châteaux francs lui valent la faveur des amateurs de grand air. L'Arcadie, c'est aussi 100 km d'une côte rude et sauvage sur le golfe Argolique, entre les jolies villes de Kiveri et Léonidion.

Depuis/vers l'Arcadie

KTEL Arcadia, à Tripolis, est le point de départ des bus vers Stemnitsa (5 €, 1 heure, 1/jour lun-ven), Dimitsana (6,50 €, 1 heure 30, 1/jour) et Andritsena (8,60 €, 1 heure 30, 1/jour) via l'embranchement vers Karitena.

Cette agence gère également les bus pour Athènes (via l'isthme de Corinthe, 15 €, 1/h). Certains bus desservent Olympie (12,40 €, 1/jour), Pyrgos (14 €, 1/jour), Nauplie (6,70 €, 2/jour) et Patras (16,20 €, 1 à 2/jour). L'**arrêt de bus** (☎27102 42086) sur Lagopati concerne les départs pour Sparte et Kalamata.

Centre de l'Arcadie

La région située à l'ouest de Tripolis est un maillage de villages médiévaux, de ravins impressionnants et de routes étroites qui sinuent à travers les vallées des monts Menalon. Ici, au cœur de l'Arcadie, vous verrez les plus beaux paysages du

BATEAUX DEPUIS/VERS LE SUD-OUEST DE L'ARGOLIDE

VERS	PORT	DURÉE	TARIF	FRÉQUENCE
Hydra	Ermioni	20-40 min	9,50 €	3-4/jour
Hydra	Porto Heli	1 heure	15 €	3-4/jour
Poros	Methana	30 min	4,30 €	1/jour
Spetsès*	Porto Heli	15 min	5,50 €	3-4/jour
Spetsès*	Ermioni	20-30 min	7,50 €	2-3/jour

*hydroglisseurs

À LA DÉCOUVERTE DES GORGES DE LOUSSIOS

Randonnée

Cet environnement superbe forme un cadre parfait pour les randonneurs. Plusieurs circuits sont envisageables dans les **gorges de Loussios** ; les points de départ les plus accessibles se situent à Stemnitsa ou Dimitsana. Qu'il s'agisse de balades d'une heure ou d'une marche de plusieurs jours à travers les collines, vous pourrez parcourir toute la longueur des gorges, en passant par plusieurs monastères, dont Prodomou et Philosophou (nouveau et ancien). D'autres itinéraires vont au-delà des gorges jusqu'à des bourgs de montagne. Plusieurs randonnées sont décrites dans l'excellent guide (en anglais) *Walker's Map of the River Lousios Valley* (7,50 €), vendu au musée en plein air de la Force hydraulique (p. 148), à Dimitsana.

Rafting et kayak

Basé à Dimitsana, **Trekking Hellas of Arcadia** (☎6974459753, 27910 25978 ; www.trekkinghellas.gr) propose différentes activités, notamment du rafting (50-80 €) sur les rivières Loussios et Alphée et des randonnées dans les gorges (20-50 €). Vous devrez vous joindre à un groupe pour que le nombre de participants soit suffisant.

Attention : les activités en rivière ne doivent pas être prises à la légère. Des accidents graves peuvent se produire.

Péloponnèse, mais attention, avec l'altitude, les nuits sont fraîches, même en été, et il neige souvent en hiver.

Il est fortement conseillé de disposer d'un véhicule, mais les trois villages les plus importants – Karitena, Stemnitsa et Dimitsana – sont desservis (assez aléatoirement) par les transports publics depuis Tripolis.

Stemnitsa Στεμνίτσα

200 HABITANTS

Stemnitsa, 16 km au nord de Karitena, vous surprendra par ses maisons en pierre et ses églises byzantines. Plusieurs monastères sont érigés sur les berges autour du **site antique de Gortys**. Le secteur est un excellent point de départ pour des randonnées à pied dans les gorges de Loussios.

Le village compte un petit **musée des Arts populaires** (horaires variables), ainsi qu'une école d'orfèvrerie. Pas moins d'une quarantaine d'églises sont disséminées dans les collines des environs. Demandez les clés pour entrer dans celles qui sont les plus accessibles.

Où se loger et se restaurer

Sarakiniotis Rooms PENSION $

(☎6974451200 ; www.sarakiniotis.gr ; s/d/tr 45/55/65 € ; ❄). L'une des rares options pour les voyageurs à petit budget, avec des chambres rudimentaires et un peu sombres, d'un rapport qualité/prix discutable.

♥ **Mpelleiko** CHAMBRES D'HÔTES $$

(☎6976607967 ; www.mpelleiko.gr ; s/d/tr avec petit-déj 65/75/85 € ; 📶). Avec une décoration et un emplacement bien supérieurs à la moyenne, cette maison joliment restaurée, perchée derrière le village, constitue de loin l'hébergement le plus original. Accueillante et sympathique, Nena, la propriétaire, a transformé la maison familiale, datant de 1650, en une élégante maison d'hôtes contemporaine. Vous pourrez même dormir dans l'ancienne écurie des mules. Servi dans une belle salle avec cheminée, le petit-déjeuner se compose de produits bio faits maison. Pour vous y rendre, renseignez-vous à la boutique de confitures, tout au sud du village (repérez la pancarte “B&B”).

Xenonas Tsarbou BOUTIQUE-HÔTEL $$

(☎27950 81406 ; www.xenonas-tsarbour.gr ; d avec petit-déj à partir de 70 € ; P 📶). Cet établissement raffiné a été aménagé, de façon un peu incongrue, dans un bâtiment historique en pierre. Les chambres élégantes, un rien exiguës, sont agrémentées de dorures et de velours. Un bar douillet avec cheminée occupe le rez-de-chaussée.

I Stemnitsa TAVERNE $

(☎27950 81371 ; plats 4-14 € ; ⏲déj et dîner). Dans la seule taverne de Stemnitsa ouverte toute l'année, les tables sont installées sous d'immenses parasols et la cuisine est bonne bien qu'assez peu variée. Le propriétaire est le boucher du village : la viande est généreusement servie et d'excellente qualité.

Depuis/vers Stemnitsa

Chaque jour en semaine, un bus circule entre Stemnitsa et Tripolis, dans les deux sens (4,10 €, 1 heure). Le bus pour Tripolis se rend à Dimitsana (5 €). Un taxi pour Dimitsana coûte environ 10 €, pour Podromos (départ de randonnée) 15 €, le Gortys antique 25 € et le monastère de Filosofos 20 €. Les horaires varient selon la saison.

Dimitsana Δημητσάνα

340 HABITANTS

Beau village médiéval construit en amphithéâtre sur deux collines au début des gorges de Loussios, Dimitsana se trouve à 11 km de Stemnitsa. Ce hameau a joué un rôle majeur dans la lutte pour l'indépendance. Son école grecque, fondée en 1764, devint un vivier pour les idées nationalistes qui conduisirent à la révolte contre les Turcs. Parmi ses anciens élèves célèbres, citons l'évêque Germanos de Patras et le patriarche Grégoire V, qui fut pendu par les Turcs en représailles du massacre de Tripolis. Le village a également abrité un certain nombre d'usines de poudre à canon ainsi qu'une branche de la très secrète Filiki Eteria (Société des amis), fondée en 1814, où les Grecs évoquaient la renaissance culturelle et politique de leur nation.

À voir

Musée en plein-air de la Force hydraulique HISTOIRE DES TECHNIQUES
(27950 31630 ; www.piop.gr ; tarif plein 3 € ; 10h-18h mer-lun mars-oct, 10h-17h mer-lun nov-fév). Le nom ne vous inspire peut-être pas, mais sachez que cet excellent petit musée offre un aperçu passionnant du passé préindustriel de la région. Il occupe l'ancien complexe du moulin d'Agios Yiannis, environ 1,5 km au sud de la ville (bien indiqué), où l'eau d'un ruisseau actionnait autrefois plusieurs moulins qui se succèdent en bas de la pente.

Où se loger et se restaurer

Les tavernes du village, un peu désuètes, sont assez semblables et servent des plats corrects comme le coq au vin et la *fasoladha* (soupe aux haricots).

Amanites BOUTIQUE-HÔTEL $$
(27950 31090 ; www.amanites.gr ; ch 80-100 €, week-end 120 € ; P). Charmante demeure reconvertie, forte de 7 chambres à la décoration stylée, aux lourdes tentures et jolis tissus. Quatre ont des balcons côté façade, d'autres une kitchenette. Sympathique propriétaire anglophone. Les prix baissent considérablement hors saison (hiver).

Tsiapa Rooms to Rent PENSION $$
(27950 31583 ; www.xenonastsiapas.gr ; d 60 € ;). Les chambres simples mais impeccables sont équipées d'un réfrigérateur et d'une plaque chauffante. Le salon commun est réchauffé par une cheminée. Indiqué depuis la Plateia Agias Kyriakis.

Depuis/vers Dimitsana

En semaine, un ou deux bus vont chaque jour de Tripolis à Dimitsana (5 €, 1 heure 30) et un bus fait le trajet inverse. Un taxi pour Stemnitsa coûte 10 €, pour le monastère de Filosofos 15 € et pour la Gortys antique 25 €.

Cynourie (Kynouria) Κυνουρία

La région de Cynourie, sur la côte de l'Arcadie, couvre une étroite bande de terre depuis le village de Kiveri, à 41 km à l'est de Tripolis, jusqu'à Kosmas, haut perché dans les monts Parnonas. Pour l'essentiel très accidentée, la Cynourie comporte une plaine étroite au bord du littoral et très peu de terre fertile.

VAUT LE DÉTOUR

LE GOÛT DES CHOSES SIMPLES

Zerzova (6932847358, 27950 31753 ; Panaghia ; plats 6-15 € ; déj et dîner ven-lun sept-mai) , un minuscule restaurant à 14 km au sud-ouest de Dimitsana, fait un sans-faute ! Développement durable, collecte d'herbes aromatiques sauvages et produits cultivés sur place par le couple de propriétaires, cuisine du jour… Même les vieilles dames des alentours aiment venir ici. Il est aménagé dans un charmant et vénérable bâtiment doté d'une cave, dans un village de 7 habitants. On s'y presse pour son charme simple et sa délicieuse cuisine.

VAUT LE DÉTOUR

KARITENA ΚΑΡΙΤΑΙΝΑ

Amateur de vieilles pierres et d'histoire médiévale, passez par Karitena, un bourg haut perché au-dessus de la route Megalopolis-Andritsena. Un chemin à degrés permet d'accéder au château franc du XIIIe siècle, juché sur un promontoire rocheux. Remarquez au passage la belle église byzantine d'**Agios Nikolaos**. Le château, investi par l'armée grecque sous le commandement de Kolokotronis au début de la guerre d'Indépendance, devint une place forte stratégique au cours du conflit.

Avant l'avènement de l'euro, on pouvait reconnaître sur les billets de 5 000 drachmes le magnifique pont voûté en pierre enjambant la rivière Alphée. L'ouvrage existe toujours, mais il est désormais surplombé par un grand pont moderne en béton.

Un bus quotidien relie Karitena et Tripolis dans les deux sens (via Mégalopolis ; 6 €, 1 heure). Un bus continue jusqu'à Andritsena (2,60 €) – vérifiez les horaires au Café Vrenthi. Attention : certains bus arrivent/partent du carrefour en contrebas du village, il reste alors une marche assez pénible pour rejoindre ce dernier.

Dans l'Antiquité, la région fut l'objet de rivalités entre Argos, qui contrôlait la partie nord, et Sparte, au sud. L'accès est plus facile depuis Argos.

Léonidion (Leonidio) Λεωνίδιο

3 200 HABITANTS

Léonidion, à 76 km au sud d'Argos, bénéficie d'un emplacement exceptionnel, à l'embouchure de la gorge de Badron, et tire une part de sa renommée de la **fête de l'Aubergine**, organisée chaque été. Sa petite Plateia 25 Martiou représente l'archétype des places de village grecques. Avec de la chance, vous rencontrerez peut-être un ancien qui parle encore le tsakonika, dialecte très particulier remontant à la Sparte antique.

Quelques plages relativement agréables s'étendent près du village voisin de **Plaka**, à 5 km de Léonidion. Si vous tombez sous le charme de ce petit port de pêche, passez la nuit à l'**Hotel Dionysos** (☎ 6970804050, 27570 23455 ; s 30-35 €, d et tr 45-50 € ; ❄). Les quatre tavernes sont recommandées pour leurs plats traditionnels et leur poisson.

Des bus parcourent la côte dans les deux sens depuis/vers Argos (8 €, 2 heures 15, 2/jour) et Tripolis (9,20 €, 2 heures 30, 2/jour en semaine, quotidien le week-end). En été, des bus réguliers circulent entre Plaka et Léonidion (1,60 €, 10 min). La gare routière KTEL se situe au **Café Bar 2Porto** (☎ 27570 22255 ; Thioporto).

Au sud de Léonidion

La route qui part du sud de Léonidion pour traverser les monts Parnonas en direction du village laconien de Geraki (à 48 km) est l'une des plus belles du Péloponnèse. Sur les douze premiers kilomètres, elle serpente à l'ouest de la **gorge de Badron**, avant de monter en s'éloignant progressivement de la rivière jusqu'à ce qu'on ne distingue plus qu'un petit filet argenté, tout en bas. On quitte alors la gorge, tandis que la montée se fait plus marquée dans une série d'épingles à cheveux jusqu'à Kosmas.

Un peu avant le sommet, une route goudronnée, sur la gauche, mène au petit **monastère Panagias Elonis**, accroché au flanc de la montagne. On y accepte volontiers les visiteurs, à condition qu'ils soient correctement vêtus. Il faut ensuite parcourir 14 km depuis le monastère pour atteindre **Kosmas**, joli et paisible bourg de montagne. Plusieurs adresses permettent d'y passer la nuit, notamment les **Selinounta Studios** (☎ 6979001030 ; www.selinounta.gr ; place centrale, Kosmas ; s/d/tr et q 50/55/60 €), où vous pourrez vous fondre dans la vie du village en occupant l'un des cinq studios (avec cuisine), aménagés dans un beau bâtiment en pierre. Renseignez-vous au magasin voisin (les propriétaires parlent un peu anglais). Si vous ne passez pas la nuit sur place, goûtez au moins la spécialité du village (de la chèvre) dans une taverne, à l'ombre des platanes de la place.

Après Kosmas, la route redescend plus doucement vers le village de **Geraki**. Accordez-vous une petite pause pour visiter les églises pittoresques et observer les habitants sur la place animée. De là, vous pourrez ensuite continuer vers Sparte, à 40 km vers l'ouest, ou vers le sud, jusqu'à Monemvassia, via Skala, Molai et Sikia, en Laconie.

Hormis un bus hebdomadaire le mercredi (3 €), il n'y a pas de transports publics entre Léonidion et Kosmas.

LACONIE (LAKONIA) ΛΑΚΩΝΙΑ

La Laconie (Lakonia, Λακωνία) actuelle occupe à peu près le même territoire que le puissant royaume bordé de montagnes que dirigeait le roi Ménélas à l'époque mycénienne. Les voyageurs s'y rendent pour visiter Sparte, auréolée de son histoire ancienne, et, non loin, les spectaculaires ruines de Mystra, dernier bastion de l'Empire byzantin.

Le paysage est dominé par deux grandes chaînes de montagnes : les monts Taygètes à l'ouest et les monts Parnonas à l'est, qui se prolongent pour former les "doigts" centre et est du Péloponnèse.

C'est aux aux habitants de Laconie que nous devons l'expression "laconique" : ils étaient en effet réputés pour ne prononcer que de rares paroles.

Sparte (Sparta) Σπάρτη

16 200 HABITANTS

La ville moderne de Sparte se caractérise par un quadrillage de rues évoquant l'image de rigueur militaire de la cité antique. La comparaison s'arrête là. Car de l'austère rivale d'Athènes, dont elle triompha lors de la guerre du Péloponnèse (404 av. J.-C.), il ne subsiste presque rien. Sparte est aujourd'hui une ville sans intérêt particulier, au cœur de la vallée de l'Eurotas, entourée d'oliviers et de citronniers, avec en arrière-plan à l'ouest, la superbe chaîne des Taygètes enneigée jusqu'en juin.

Sparte fut refondée en 1834 sur ordre du roi Othon. Le souverain et ses conseillers décidèrent en effet que, puisque Athènes allait être reconstruite pour refléter sa gloire passée, Sparte le serait aussi. Aujourd'hui, on peut y voir une place assez plaisante et un musée de l'Huile d'olive, ainsi que de rares vestiges attestant de son influence passée. La plupart des visiteurs se rendent directement au site voisin de Mystra, mais n'hésitez pas à faire une halte à Sparte.

À voir

Sparte antique VESTIGES

Il suffit d'une petite promenade parmi ces ruines éparses, sur un site du nord de la ville, pour apprécier pleinement la prophétie de Thucydide :

> "Admettons que la ville des Lacédémoniens soit détruite et que subsistent seulement les temples et les fondations des constructions de toute sorte, la postérité, longtemps après, mettrait vivement en doute que la puissance des Lacédémoniens ait égalé leur renommée."
> Thucydide, *Histoire de la guerre du Péloponnèse*

Il est vrai que le plus impressionnant ici reste la vue sur les monts Taygètes enneigés. Pour vous rendre au site, rejoignez la **statue du roi Léonidas**, qui se dresse au nord de Paleologou. À l'ouest, des panneaux indiquent la direction de l'Acropole.

Des panneaux vous guideront sur la gauche (vers l'ouest) à travers des oliveraies jusqu'au **théâtre antique** du IIe ou IIIe siècle av. J.-C., l'édifice le mieux conservé.

Le principal chemin pavé conduit au nord de l'acropole (dont une partie est close), en passant devant l'**église byzantine du Christ Sauveur** avant d'arriver au **sanctuaire d'Athéna Halkioitou**, en haut de la colline, d'où proviennent plusieurs trouvailles archéologiques exposées dans le musée. De là, vous pourrez aussi voir le théâtre et vous en approcher.

Musée archéologique ANTIQUITÉ

(☎27310 28575 ; angle Lykourgou et Agiou Nikonos ; 2 € ; ⏲8h30-15h mar-dim). Le Musée archéologique de Sparte est installé dans un beau parc, agrémenté d'une fontaine et d'une orangeraie. Il conserve des objets rappelant l'illustre passé de la ville, notamment des faucilles votives que les jeunes garçons de Sparte dédiaient à Artémis Orthia, les têtes et les torses de différentes divinités, une statue dite du roi Léonidas, des masques et une stèle funéraire. On y voit aussi des mosaïques des périodes hellénistique et romaine de Sparte.

Musée de l'Olive et de l'Huile d'olive grecque TECHNIQUE

(☎27310 89315 ; www.piop.gr ; Othonos Amalias 129 ; tarif plein/réduit 3/1,50 € ; ⏲10h-18h mars à mi-oct, 10h-17h mi-oct à fév). Ce musée à la conception étonnante vous apprendra absolument tout sur les olives. Les explications (en anglais) retracent l'histoire de ce fruit si cher aux Grecs depuis son apparition en Méditerranée. On peut également y admirer d'anciens pressoirs à olives ou des modèles actuels, illustrant ainsi les progrès

Sparte

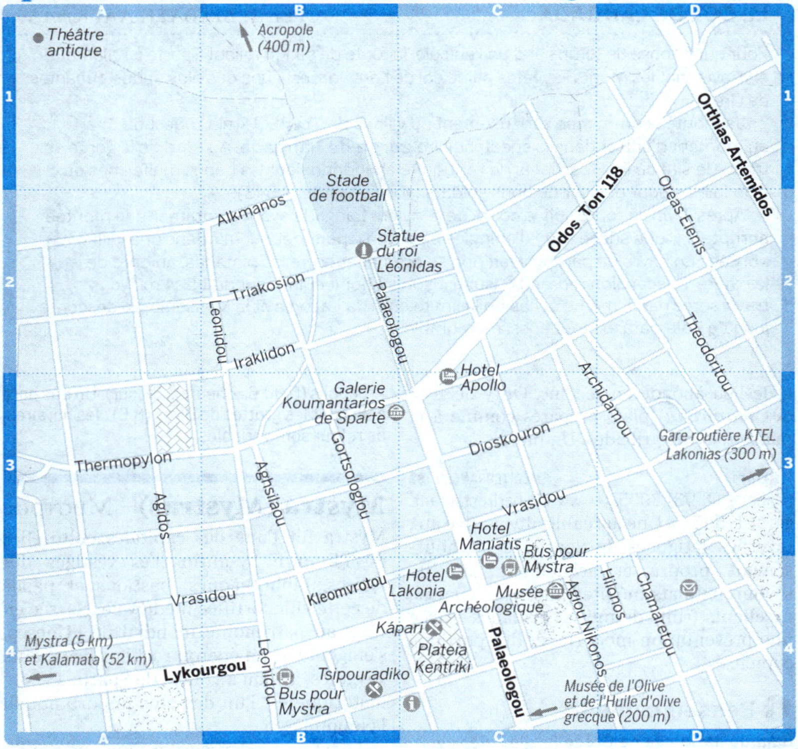

de la technique du pressage. Bon café en bas pour déguster un expresso.

Galerie Coumantarios ART
(☎ 27310 81557 ; Paleologou 123 ; ⊙ 8h-15h mer-lun) GRATUIT. Annexe de la Galerie d'art nationale d'Athènes, cette petite galerie montre une collection permanente d'une quarantaine de peintures. Également expositions temporaires.

Où se loger

Les campings les plus proches se trouvent l'un à 2 km du centre de Sparte, l'autre à côté du village de Mystra.

Hotel Lakonia HÔTEL $
(☎ 27310 28951/2 ; www.lakoniahotel.gr ; Paleologou 89 ; s/d avec petit-déj 40/55 € ; ❄ 📶). Les 32 chambres contemporaines sont très élégantes. Fauteuils bicolores, éclairages soignés et accès sécurisé. Le double vitrage protège du bruit de la rue.

Hotel Apollo HÔTEL $
(☎ 27310 22491/2/3 ; fax 27310 23936 ; Thermopylon 84 ; s/d/tr 30/35/40 €). Une adresse pour les voyageurs à petit budget, sommaire mais impeccable.

Hotel Maniatis HÔTEL $$
(☎ 27310 22665 ; www.maniatishotel.gr ; Paleologou 72-76 ; s/d avec petit-déj 80/100 € ; ❄ 📶). Les chambres plaisantes et lumineuses sont très design et le service est efficace. Le restaurant chic Zeys (plats 7-17 €) fait partie de l'établissement.

Où se restaurer

Tsipouradiko TAVERNE $
(☎ 27310 83585 ; Evangelistrias 50 ; 6-10 € ; ⊙ déj lun-sam, dîner tlj). Établissement restauré de manière à ressembler à un *tsipouradiko* à l'ancienne. Des tonneaux anciens, de la porcelaine et de vieilles boîtes en festonnent ainsi les murs. La cour est fantastique

VAUT LE DÉTOUR

LE COL DE LANGADA ΟΡΕΙΝΗ ΔΙΑΒΑΣΗ ΛΑΓΚΑΔΑ

Pour qui dispose de temps et d'un véhicule, la route de 59 km reliant Sparte à Kalamata, en traversant les monts Taygètes par le col de Langada, est l'une des plus époustouflantes de Grèce.

La montée commence sérieusement au village de **Trypi**, 9 km à l'ouest de Sparte, au moment d'entrer dans la spectaculaire **gorge de Langada**. Au nord de la gorge se trouve le site où les Spartiates de l'Antiquité abandonnaient les bébés malformés ou trop faibles pour devenir de bons soldats (voir l'encadré p. 643).

Après Trypi, la route suit le cours de la rivière Langada avant d'entamer une montée abrupte par une succession d'épingles à cheveux, pour déboucher dans une vallée abritée : un havre de paix où il fait bon se promener entre les platanes, au bord de la rivière. L'ascension reprend ensuite jusqu'au point culminant de 1 524 m ; vous traverserez par la même occasion la limite entre la Laconie et la Messénie. La descente jusqu'à Kalamata est tout aussi mémorable.

et le lieu abonde en recoins. On y déguste des *mayirefta* (plats préparés comme à la maison) et des grillades. Un must.

Kápari MÉDITERRANÉEN **$$**
(Caper ; ☎2731 300520 ; www.kaparirestaurant.gr ; plats 5-15 €). Une agréable alternative aux tavernes fatiguées de Sparte. Cet établissement propre et accueillant sert de savoureux plats méditerranéens – salades, excellents fruits de mer et grillades – avec une présentation moderne et des portions copieuses.

Renseignements

Banque nationale de Grèce (angle Paleologou et Dioskouron).

Police (☎27310 24852 ; Evangelistrias 83-91).

Poste (Archidamou 10 ; ⏲7h30-14h lun-ven).

Revanche Internet Cafe (Gortsologou 51 ; 2 €/h ; ⏲9h-tard).

Sparta Tourism (☎27310 28166 ; www.sparti.gr ; Evangelistrias 83-91 ; ⏲8h-315h lun-ven). Petite agence au personnel serviable, partageant un bureau avec la police locale.

Depuis/vers Sparte

Bien organisée, la **gare routière KTEL Lakonia** (☎27310 26441 ; angle Lykourgou et Thivronos) de Sparte accueille les bus pour Athènes (19,50 €, 3 heures 15, 9/jour) via Corinthe (2h heures), Gythion (4,30 €, 1 heure, 6/jour), Néapolis (14,20 €, 3 heures, 3-4/jour), Tripolis (5,40 €, 1 heure, 9/jour), Géraki (4 €, 45 min, 3/jour) et Monemvassia (10 €, 2 heures, 4/jour).

Pour aller à Kalamata (3,20 €, 1 heure, 1 à 2/jour), il faut changer de bus à Artemisia (3,20 €, 40 min), du côté messénien du col de Langada.

On rejoint la péninsule du Magne en bus depuis Gérolimenas (10,30 €, 2 heures 15, 3/jour) et Aréopolis (6,90 €, 2 heures, 3/jour). Un bus part à 9h pour les grottes de Diros (8 €) ; les horaires de retour sont variables.

Mystra (Mystras) Μυστράς

Mystra fut l'une des capitales culturelles de l'Empire byzantin. Les vestiges des églises, bibliothèques, bastions et palais de cette ville fortifiée médiévale, classée en 1989 au patrimoine mondial de l'Unesco, s'étagent sur un éperon rocheux des monts Taygètes, à 7 km à l'ouest de Sparte. Ce site historique est l'un des plus importants du Péloponnèse.

Le bourg moderne est à 1 km environ du site médiéval.

Histoire

Le chef franc, prince de Morée, Guillaume de Villehardouin fit bâtir la forteresse en 1249. Quand les Byzantins reprirent la Morée aux Francs, l'empereur Michel VIII Paléologue captura Guillaume et choisit Mystra pour capitale et siège du gouvernement. Des habitants des plaines environnantes commencèrent à s'y installer, notamment pour échapper aux invasions des Slaves. À partir de cette époque et jusqu'à ce que Démétrios se rende aux Turcs en 1460, Mystra fut dirigée par un despote de Morée (un fils ou un frère de l'empereur byzantin régnant). Elle devint un centre spirituel et intellectuel de l'Empire byzantin pourtant sur le déclin.

Mystra connut en effet une renaissance sous le règne des despotes. Gémiste Pléthon (1355-1452) y fonda une école de philosophie humaniste, dont les idées éclairées (parmi lesquelles un retour aux enseignements de Platon et de Pythagore) attirèrent des intellectuels de tout l'Empire byzantin. Après l'occupation turque de Mystra, les disciples de Pléthon partirent pour Rome et Florence où ils apportèrent leur pierre à la Renaissance italienne. On peut encore voir des témoignages de l'art et de l'architecture florissants à cette époque dans les splendides bâtiments et les fresques de la ville.

En sommeil sous la domination turque, Mystra retrouva une part de son influence après sa conquête par les Vénitiens en 1687, période où l'industrie de la soie prospérait. La population atteint alors 40 000 habitants. Les Turcs la reprirent en 1715 et la ville connut par la suite une succession de drames : elle fut incendiée par les Russes en 1770, par les Albanais en 1780 et par Ibrahim Pacha en 1825. Au moment de l'Indépendance, Mystra n'était plus qu'un champ de ruines. Depuis les années 1950, d'importants travaux de restauration ont été entrepris et se poursuivent encore aujourd'hui.

À voir

Vestiges de Mystra SITE BYZANTIN
(☎ 23315 25363 ; adulte 5 € ; ⏲ 8h30-17h30 lun-sam, jusqu'à 15h dim, parfois plus tard en été).

➡ ***Kastro et ville haute (hora)***

Face au kiosque d'entrée du haut, un chemin marqué "*kastro*" mène à la forteresse, édifiée par les Francs et agrandie par les Turcs. De la billetterie, le chemin descend à **Agia Sofia**, l'église du château, où des fresques sont toujours visibles. Un escalier descend jusqu'à une intersection en T.

Le chemin de gauche mène à la **porte de Nauplie**. Non loin se dresse l'imposant **palais des Despotes** (fermé pour restauration lors de notre passage), un ensemble de bâtiments d'époques différentes.

Mystra (Mystras)

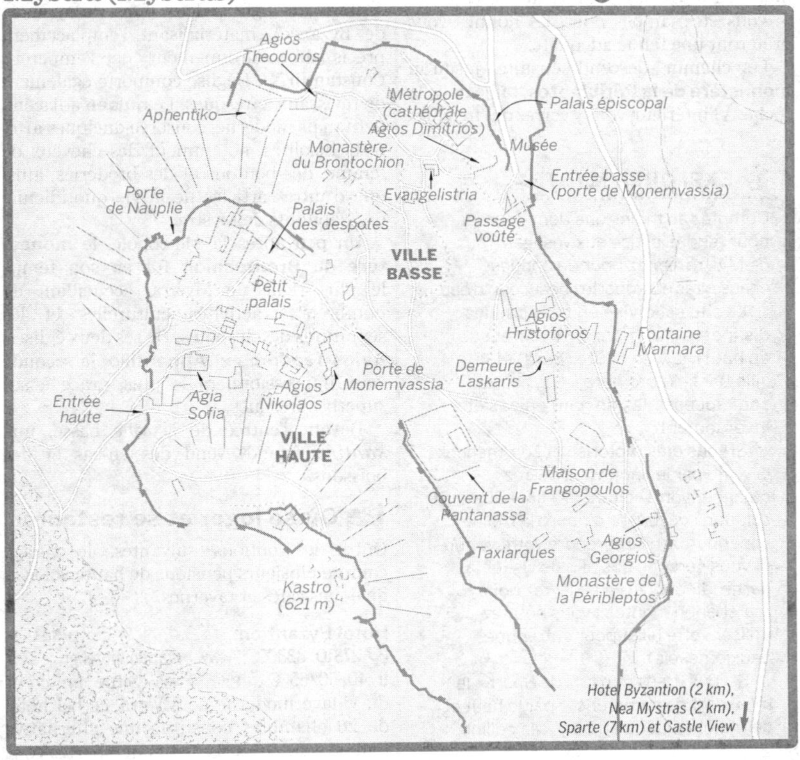

Depuis le palais, un chemin pavé serpente en descendant jusqu'à la **porte de Monemvassia**, entrée de la ville basse.

➡ ***Ville basse (kato hora)***

Juste après la porte de Monemvassia, tournez à droite pour découvrir le **couvent de la Pantanassa**, une architecture du XIVe siècle bien conservée. Les nonnes sont seules à résider sur le site : elles se chargent de l'entretien de ce bâtiment aux proportions parfaites et à la belle façade sculptée. Les superbes fresques du XVe siècle, richement colorées, constituent l'un des plus beaux témoignages de l'art byzantin tardif. Derrière la grande icône de la Vierge, remarquez les petites offrandes votives estampillées, en or et en argent. Ces tablettes portent toutes sortes de dessins (des yeux, des oreilles, des bras, des jambes, des seins et même des maisons), selon la demande des fidèles. Depuis la terrasse à colonnades de la façade nord, profitez d'une jolie vue sur la plaine de Laconie.

Portez des vêtements qui couvrent les bras et les jambes pour visiter le couvent. Si vous êtes jambes nues, les nonnes vous prêteront une tenue adéquate.

Le chemin descend ensuite jusqu'au **monastère de la Péribleptos**, taillé dans la roche. À l'intérieur, vous y verrez des fresques du XIVe siècle dans un état de conservation quasi parfait, capables de rivaliser avec celles de Pantanassa. L'église comporte un dôme très élevé, et l'on remarque le Pantocrator en son centre (le Christ représenté, selon les Byzantins, comme universel et tout-puissant), entouré des apôtres, ainsi que la Vierge accompagnée de deux anges.

En continuant à descendre vers la Mitropolis, on passe devant **Agios Georgios**, l'une des nombreuses chapelles privées de Mystra. Plus loin, au-dessus du chemin de gauche, se dresse la **maison Laskaris**, une construction typiquement byzantine.

La **Métropole** (cathédrale Agios Dimitrios) constitue un ensemble de bâtiments ceints par un mur très haut. L'église d'origine date des années 1200 mais, considérablement remaniée depuis le XVe siècle, elle se tient aujourd'hui dans une agréable cour entourée de portiques et de balcons. Parmi les décorations et meubles religieux, vous remarquerez une iconostase en marbre, un trône en bois finement sculpté ainsi qu'une plaque de marbre dans le sol représentant un aigle à deux têtes (le symbole de Byzance), matérialisant l'emplacement précis du couronnement de l'empereur Constantin XI. L'église comporte également de ravissantes fresques. Le **musée** adjacent, petit mais moderne, conserve quelques artefacts insolites, notamment des cheveux de femme, des boutons et des broderies, ainsi que d'autres articles de la vie quotidienne des habitants de Mystra.

Un peu après la Métropole, le **monastère du Brontochion** fut en son temps le plus riche de Mystra, accueillant de nombreuses activités culturelles et les sépultures des despotes. De ses deux églises, **Agios Teodoros** et **Aphentiko**, la seconde vous impressionnera le plus, grâce à ses superbes fresques.

Devant l'entrée de la ville basse, une *kantina* (stand) vend des en-cas et des boissons.

EXPLORER MYSTRA

Comptez au moins une demi-journée pour rendre justice aux vestiges de Mystra. Optez pour de bonnes chaussures et emportez beaucoup d'eau.

Le site est divisé en trois parties distinctes : le *kastro* (la forteresse, en haut), la ville haute (*hora*) et la ville basse (*kato hora*). Les ruines sont accessibles de haut en bas et inversement.

Si vous êtes motorisé et commencez la visite par le haut, vous devrez regagner votre voiture à la fin. Autre solution : découvrir d'abord la moitié supérieure, puis reprendre votre voiture et vous garer en bas afin de visiter la partie inférieure (vous devrez donc marcher en montée ; vous pourrez utiliser votre billet pour entrer une deuxième fois).

Si vous prenez un taxi de Sparte, le mieux est de commencer par le haut et de marcher jusqu'au bas de la colline.

Où se loger et se restaurer

Outre les options suivantes, le village compte plusieurs pensions de haute volée et quelques cafés et tavernes.

Hotel Byzantion HÔTEL **$$**
(☎27310 83309 ; www.byzantionhotel.gr ; s/d/tr 40/50/65 € ; P ❄ @ ≋). Situé au cœur du village moderne de Mystra, ce bel hôtel de 26 chambres constitue une alternative tentante aux hébergements de Sparte. Vous

appréciérez le personnel serviable, l'adorable jardin à l'arrière et les chambres lumineuses, dotées de balcons offrant une vue saisissante sur la vallée ou les montagnes. À 1 km environ du site.

Castle View CAMPING $
(☎ 27310 83303 ; www.castleview.gr ; empl adulte/tente/voiture 6/4/4 €, bungalow 2 pers 25 €, ⏲ avr-oct ; 📶🏊). Ce camping a reçu des éloges de nombreux lecteurs. Environ 1 km avant le village moderne de Mystra, au milieu des oliviers. Les bus s'y arrêtent à la demande.

ℹ Depuis/vers Mystra

Pour se rendre en bus à Mystra (1,60 €, 30 min, 7/jour) de Sparte, rendez-vous à l'arrêt près du bâtiment de l'OTE sur Lykourgou, ou à celui de Leonidou. Sinon, un radio-taxi de Sparte à l'entrée basse du site antique (Xenia Restaurant) coûte environ 10 €, un peu plus pour l'entrée haute.

Monemvassia Μονεμβάσια

L'imposante citadelle de Monemvassia trône au large de la côte, avec des falaises abruptes s'élevant à des centaines de mètres au-dessus de la mer, simplement reliée à la terre par une digue étroite facile à défendre.

Aujourd'hui, Monemvassia englobe à la fois le rocher, dont le bourg médiéval est ceint par les murailles du *kastro*, et le village moderne de Gefyra sur la terre ferme, de l'autre côté de la digue. En été, les deux sites attirent d'innombrables visiteurs (alors que seules 7 personnes y résident à l'année). Le poète Yiannis Ritsos (1909-1990) est né ici.

De Gefyra, on distingue à peine la forteresse mais il suffit de traverser la digue et de suivre la route qui contourne la masse rocheuse pour parvenir à l'entrée officielle, un étroit tunnel creusé dans le mur fortifié. Le tunnel formant un L, on ne peut en apercevoir l'extrémité avant d'arriver, ébloui (dans tous les sens du terme).

Histoire

Monemvassia était autrefois reliée au continent, jusqu'à ce jour de 375 où un tremblement de terre en fit une île. Son nom signifie "entrée unique" (*moni* : simple, *emvasia* : entrée), car il n'existe qu'une voie pour pénétrer dans la ville médiévale.

Au cours du VIe siècle, des incursions barbares contraignirent les habitants des environs à se réfugier dans cette forteresse naturelle. Au XIIIe siècle, elle devint le principal centre d'échanges de la Morée byzantine – Mystra constituant plutôt le centre spirituel – et toute l'Europe appréciait son vin à base de raisin malvasia, le malvoisie.

Les Francs, les Vénitiens et les Turcs l'envahirent successivement au cours des siècles suivants. Au terme d'un siège de trois mois pendant la guerre d'Indépendance, ses habitants turcs furent massacrés après leur capitulation.

👁 À voir

Kastro FORTERESSE, VILLE MÉDIÉVALE

"On peut trouver tout ce que l'on veut dans cette ville, sauf de l'eau."
Un voyageur turc du XVIIIe siècle

Paradoxalement, le Kastro est presque entièrement entouré par la mer, et la précieuse eau douce était conservée dans des citernes souterraines dont beaucoup depuis converties en chambres d'hôtel.

La rue principale, étroite et pavée, est bordée par quantité de boutiques de souvenirs et de tavernes, et flanquée d'escaliers sinueux qui se perdent dans un dédale de maisons en pierre aux jardins et aux cours entourés de murs. Cette rue vous emmènera jusqu'à la place centrale et sa **cathédrale du Christ enchaîné** (XIIIe siècle). En face, l'**église Agios Pavlos** fut construite en 956. Un peu plus loin, l'**église de Myrtidiotissa**, pratiquement en ruine, comporte toujours un petit autel et un cierge allumé. Dominant la mer, l'**église de Panagia Hrysafitissa**, blanchie à la chaux, date du XVIe siècle.

En haut de l'escalier à gauche de la place centrale, un panneau indique le chemin pour la **forteresse** et la **ville haute**. Cette dernière n'est plus qu'un vaste et saisissant ensemble de ruines, exception faite de l'**église Agia Sophia**, perchée sur une falaise abrupte.

Musée archéologique de Monemvassia PATRIMOINE
(☎ 2732061403 ; tarif plein/réduit 2/1 € ; ⏲ 8h30-15h mar-dim l'hiver, 9h-16h mar-dim en été). Ce petit musée est aménagé dans Agios Andreas (datant de 596), le plus ancien temple du village encore debout, exposant une carte détaillée de Monemvassia, utile pour s'orienter. Y sont également présentés des objets découverts pendant les fouilles et les travaux réalisés dans la vieille ville. La pièce phare est le **templon** (le jubé, qui entoure le chœur) d'une église du XIe siècle située près de la porte qui mène à la mer. Autres pièces dignes d'intérêt : un cadre de porte

en marbre provenant d'Agia Sophia et de superbes céramiques.

Où se loger

Il n'y a pas d'hébergement bon marché dans le *kastro,* mais vu le cadre, certains établissements présentent un excellent rapport qualité/prix. Les tarifs fluctuent énormément en fonction de l'offre et de la demande. Les hôtels sont quasi identiques – avec toujours beaucoup de charme, des meubles en bois élégants et des couleurs douces.

Une lampe torche et de bonnes chaussures vous seront utiles dans les rues pavées et mal éclairées du *kastro.*

Sachez que Gefyra compte des hôtels moins onéreux et de nombreuses *domatia* (chambres d'hôtes).

Monopati Rooms & Apartments CHAMBRES D'HÔTES **$$**
(27320 61772 ; www.byzantine-escapade.com ; Monemvassia ; app 70-85 €, "petite maison" 110-140 €). Deux types de logement charmants, appartements et maisons, qui ont beaucoup de personnalité, à l'instar de leurs chaleureux propriétaires. Les volumes originaux des appartements sont rehaussés par une décoration soignée ; ils disposent d'un coin cuisine, les maisons d'une cuisine équipée. Les tarifs varient selon le nombre de personnes, et les longs séjours ont droit aux meilleures affaires. Le petit-déjeuner (servi où et quand vous voulez) coûte 6 €.

Hotel Byzantino HÔTEL **$$**
(27320 61351 ; www.hotelbyzantino.com ; Monemvassia ; ch 70-135 € ;). Des chambres aménagées dans cinq bâtiments distincts, de tous les styles et à tous les prix (les moins chères n'ont pas de vue, les plus chics des balcons de front de mer) ; la plupart sont meublées d'antiquités. Petit-déjeuner 6 €. La tarification varie parfois.

Malvasia Hotel HÔTEL **$$**
(27320 61160 ; http://en.malvasiahotel-traditional.gr ; d à partir de 70 €). Chambres agréables, de toutes tailles, disséminées dans le village, à partir de 70 € (double) avec petit-déjeuner dans les plus anciennes, et de 90 € dans les bâtiments rénovés. Certaines sont un peu délabrées, d'autres charmantes.

The Flower of Monemvasia HÔTEL **$$**
(27320 61395 ; www.flower-hotel.gr ; Gefyra ; s/d/tr avec petit-déj 68/80/100 € ; P). Côté continental de Gefyra, face au *kastro* de Monemvassia, un établissement propre et moderne à mille lieues des hôtels plus traditionnels de la région. La plupart des 20 chambres ont vue sur la mer et certaines possèdent des kitchenettes. Réductions intéressantes hors saison.

New Malvasia HÔTEL **$$**
(27230 63007/8 ; www.malvasia-hotel.gr ; ch avec petit-déj 75-110 € ;). Le "Nouveau Malvasia" (parfois nommé le Malvasia, ce qui prête à confusion) est le plus récent hôtel du clan Malvasia, sis à l'extrémité du village. Il loue 16 chambres petites et modernes, dans un bâtiment historique. Le petit-déjeuner est servi dans un pittoresque café.

Hotel Lazareto HÔTEL **$$$**
(27320 61991 ; www.lazareto.gr ; Monemvassia ; d 170-280 €, ste 365 € ;). À l'extérieur des murs de la forteresse, après la digue, le Lazareto occupe un beau bâtiment en pierre qui fut jadis un hôpital de quarantaine. C'est aujourd'hui l'hôtel le plus luxueux des environs, décoré d'un mobilier élégant et de couleurs bien choisies, et à 15 minutes de marche du *kastro.* Attention à votre front : les portes sont basses.

Où se restaurer

Trois tavernes jouent des coudes dans la vieille ville de Monemvassia : **Matoula** (27320 61660 ; plats 8-13 €), **Marianthi** (27320 61371 ; plats 8-13 €) et **To Kanoni** (27320 61387 ; plats 7-12 €). Aucune ne vous décevra (sauf si vous n'aimez pas les chats du village). Choisissez en fonction des plats (tous traditionnels) ou de l'ambiance.

Pour faire vos courses, rendez-vous au supermarché de Lefkakis, juste après la poste à Gefyra.

Renseignements

Tous les services se trouvent à Gefyra. La rue principale, 23 Iouliou, part de la digue vers le sud pour suivre la côte, tandis que Spartis court au nord et se prolonge par la route de Molai.

Malvasia Travel (27320 61752 ; 7h30-14h30 et 17h15-18h15, 17h15-20h l'été lun-sam), juste avant la digue de Geyfra, tient lieu d'arrêt de bus et vend des billets (il peut ouvrir exprès, et ne respecte pas toujours les horaires affichés). Vous trouverez plusieurs DAB et la **poste** (7h30-14h lun-ven) non loin. La **police** (27320 61210 ; Spartis 137) est rue Spartis.

Depuis/vers Monemvassia

Les bus partent devant Malvasia Travel, juste avant la digue à Geyfra. Des bus desservent

Athènes (30 €, 6 heures, au moins 2/jour) via Sparte (10 €, 2 heures 30), Tripolis (15,50 €, 3 heures 30) et l'isthme de Corinthe (22,90 €, 4 heures 30). Les ferries s'arrêtent à Monemvasia entre juin et septembre avant d'aller en Crête (via Cythère). Renseignez-vous à l'agence de voyages de **Panagiotis Angelakos** (☎27320 61219), près de la station-service, de l'autre côté de la digue.

Comment circuler

Le *kastro* médiéval de Monemvassia est inaccessible aux voitures et motos, qui peuvent néanmoins traverser la digue. Il est possible de se garer le long de la route étroite qui contourne le rocher, à l'extérieur de la vieille ville. Il est parfois plus aisé de stationner à Gefyra.

Un **bus-navette** (⏲8h-24h juin-sept, Noël et Pâques) transporte les visiteurs de Gefyra au *kastro*.

Néapolis (Neapoli) Νεάπολη

2 727 HABITANTS

Néapolis, près de l'extrémité sud du "doigt" sud-est du Péloponnèse, est le point de départ vers l'île Ionienne de Cythère (Kythira), que l'on aperçoit de l'autre côté de la baie. On y passe aussi en se rendant à la grotte de Kastani.

De mars à décembre, deux ferries quotidiens circulent entre Néapolis et Diakofti, à Cythère (11/44 € par personne/voiture, 1 heure 15). Les billets sont vendus à la **Vatika Bay Shipping Agency** (☎27340 24004 ; ⏲9h-21h en été, 2 heures avant le bateau le reste de l'année), 350 m avant le petit pont. Prévoyez beaucoup de temps pour trouver l'endroit et acheter vos billets.

Également aisément accessible, la petite île d'**Elafonisi** est réputée pour ses plages de sable blanc et ses tortues caouannes *(Caretta caretta)*. Des ferries réguliers effectuent le trajet de 10 minutes depuis le port de Viglafia, environ 13 km à l'ouest de Néapolis.

KTEL (☎27340 23222 ; www.ktel-lakonias.gr) assure des liaisons en bus de Néapolis à Athènes (34 €, 3/jour), via Sparte (14,20 €, 3 heures) et Molai (7 €, 1 heure 15). À Molai, une correspondance permet de relier Monemvassia.

Grotte de Kastani
Σπήλαιο Καστανιάς

La **grotte de Kastani** (☎27343 22226 ; tarif plein/réduit 7/3 € ; ⏲ 10h-16h30 sam-dim en été), située au bout d'une route sinueuse de 17 km au nord-est de Néapolis (prévoyez 30 minutes de trajet), renferme des stalactites et des stalagmites parmi les plus rares d'Europe. Les stalactites auraient quelque 3 millions d'années, puisqu'il faut 100 ans pour former 1 cm. Les visiteurs peuvent admirer 1 500 m² environ de stalactites le long d'un circuit de 300 m, surélevé et éclairé. De vastes secteurs de la grotte n'ont pas encore été explorés. Visites en anglais toutes les heures (dernière visite à 16h30).

Les heures d'ouverture et de visites varient volontiers ; vérifiez-les sur l'affiche devant l'hôtel de ville de Néapolis.

LE PÉLOPONNÈSE, BERCEAU DE LA MYTHOLOGIE GRECQUE

Si la mythologie grecque vous passionne, sachez que le Péloponnèse est l'occasion d'explorer les lieux d'origine de nombreuses légendes. Dans cette région, les panneaux routiers évoquent sans cesse des sites issus des récits mythologiques et pourtant bien réels, qu'il s'agisse de Mycènes, de Tirynthe ou du palais de Nestor, les fiefs des héros et des traîtres de l'*Iliade* d'Homère. Certains sites sont plus discrets... Ainsi, pour trouver l'entrée des Enfers, cherchez le long du Styx, dans le nord-est de l'Arcadie : le fleuve s'appelle aujourd'hui le Mavronéri. De Neapolis, vous pouvez aussi admirer le lieu de naissance d'Aphrodite, dans un site enchanteur sur l'île isolée de Cythère.

Le nom même de Péloponnèse vient d'un personnage mythique, Pélops, qui fit saboter le char d'Œnomaos, gagna la course contre son prédécesseur et devint roi d'Élide. Ses successeurs s'employèrent ardemment à prouver un lien de parenté avec lui. Des dieux et des demi-dieux ont également sévi ici, notamment Pan, qui laissait libre cours à ses désirs auprès des nymphes dans la bucolique Arcadie, et Hercule, qui débarrassa la région d'Argos de l'Hydre de Lerne et étrangla l'effroyable lion de Némée. Si l'on en croit Plutarque, auteur grec de l'Antiquité, Zeus lui-même serait venu fêter sa victoire contre son père Cronos, en organisant les premiers Jeux olympiques dans l'ancienne cité d'Olympie.

Gythion (Gythio) Γύθειο

4 700 HABITANTS

Jadis port de l'ancienne cité de Sparte, Gythion constitue le point de départ vers le Magne laconien. Cette agréable petite ville de pêcheurs, aux bâtiments pastel du XIXe siècle, a beaucoup souffert de la crise économique. Son dynamisme et ses entreprises en ont pâti, mais elle reste un lieu charmant. Six kilomètres de plages de sable débutent au village de **Mavrovouni**, à 2 km au sud de Gythion.

À voir

Îlot de Marathonisi — MYTHOLOGIE

Selon la mythologie, la tranquille Marathonisi, plantée de pins, est l'ancienne Cranae, où Pâris (prince de Troie) et Hélène (épouse de Ménélas, le roi de Sparte) vécurent leur passion. C'est l'enlèvement d'Hélène par Pâris qui déclencha la guerre de Troie. La **tour Tzanetakis Grigorakis** du XVIIIe siècle (fermée au public) se dresse au centre de l'île.

Musée du Théâtre d'ombres — MUSÉE

(☎2733 022 064 ; www.hassanakos.gr ; Kalkandi 4 ; ⏲10h30-14h lun, mer, jeu et sam, 17h30-20h30 mar et ven) GRATUIT. Ce joli atelier-musée-boutique est tenu par le sympathique Giorgos Hassanako, artiste de son état. La galerie rend hommage aux marionnettes du théâtre d'ombre traditionnel, avec un aperçu historique (en grec seulement) et des créations de Giorgos, notamment des marionnettes satiriques de politiciens grecs.

Où se loger

Vous pouvez aussi tenter votre chance aux studios de la plage de Mavrovouni.

Saga Pension — HÔTEL $

(☎27330 23220 ; www.sagapension.gr ; Kranais ; d 50 € ; ❄📶). Bon rapport qualité/prix pour ces chambres confortables, dont certaines avec balcon. Le propriétaire, aimable, est français. À 150 m du port, devant l'îlot de Marathonisi et à l'étage du restaurant chic Saga (plats 9-15 €, poisson 40-60 €/kilo). Petit-déjeuner 5 €.

Matina's — PENSION $

(☎27330 22518 ; s/d/tr 25/30/40 €). Des chambres immaculées et tout confort, d'un rapport qualité/prix correct et bien situées, en plein centre-ville. La propriétaire, Matina, très accueillante, ne parle que le grec.

Camping Meltemi — CAMPING $

(☎27330 23260 ; www.campingmeltemi.gr ; empl adulte/tente 5,50/6 €, bungalows 30-60 € ; ⏲avr-oct ; 📶🏊). Le meilleur des trois campings de Mavrovouni. Situé à 3 km au sud-ouest de Gythion, juste derrière la plage, il comporte des emplacements entretenus disséminés au milieu de 3 000 oliviers. Vous pouvez aussi opter pour des bungalows avec cuisine, climatisation et TV. Les bus pour Aréopolis s'arrêtent devant.

Xenia Karlaftis — PENSION $

(☎27330 22719 ; face à l'îlot Marathonisi ; s/d/tr 25/30/40 €). Établissement petit budget un peu défraîchi. La cuisine commune comprend un réfrigérateur et une cuisinière. Voula, la propriétaire, loue aussi d'agréables appartements à Mavrovoumi.

Où se restaurer

Sur le front de mer d'Akti Vasileos Pavlou s'alignent des tavernes servant poisson et fruits de mer, en particulier sur Kranais, où les touristes doivent esquiver les serveurs rabattant les clients. Le secteur a été durement frappé par la crise, et on ne peut plus jurer que le poisson y soit du jour.

Palai (o) Polis — TAVERNE $

(☎27330 23322 ; Irakeous 10 ; plats 6-8 € ; ⏲déj et dîner). Le dernier-né de Gythion est apprécié pour sa belle décoration mêlant des lustres et des objets traditionnels. Choisissez parmi les plats du jour.

Poulikakos Restaurant-Grill — TAVERNE $

(☎27330 22792 ; plats 6-14 €, poisson 40-60 €/kilo ; ⏲déj). Décoration basique, savoureuse cuisine traditionnelle, portions gargantuesques et prix raisonnables.

Taverna O Potis — TAVERNE $

(☎27330 23245 ; plats 7-15 € ; ⏲fermé jeu en hiver). Dans cette taverne en forme de bateau, face à l'îlot de Marathonisi, les habitants viennent nombreux pour les plats copieux et la cuisine de qualité.

Renseignements

Police (☎27330 22100 ; Akti Vasileos Pavlou)

Poste (angle Ermou et Arheou Theatrou)

Depuis/vers Gythion

BATEAU

En été, **LANE Lines** (www.lane.gr ; 23/60 € par personne/voiture) assure un ferry hebdomadaire pour la Crète via Cythère

(Kythira) et Anticythère (Antikythira). Consultez les horaires qui varient constamment auprès de Rozakis Travel (ci-dessous), sur le front de mer.

BUS

La **gare routière KTEL Lakonia** (☎ 27330 22228 ; http://ktel-lakonias.gr ; angle Vasileos Georgios et Evrikleos) se trouve au nord-ouest le long du front de mer, près du Jande Café. Des bus se rendent au nord jusqu'à Athènes (23,80 €, 4 heures 30, 6/jour) ou via Sparte (4,30 €, 1 heure) et Tripolis (9,70 €), et au sud jusqu'à Aréopolis (2,60 €, 30 min, 4/jour), Gérolimenas (6 €, 1 heure 15, 3/jour), les grottes de Diros (3,70 €, 1 heure, 1/jour) et Vathia (6,80 €, 1 heure 30, 2/sem).

Le personnel, efficace, vous expliquera quel est le meilleur moyen d'explorer le Magne au départ de Gythion dans la journée.

Se rendre à Kalamata peut en revanche être compliqué : il faut changer à Itylo (3,80 €, 45 min) ou à Sparte. Il n'y a que deux bus par jour (5h et 13h, sauf dim) pour Itylo, et celui de 13h implique parfois un changement à Aréopolis. Pour Monemvassia, changez de bus à Sparte.

Comment circuler

Les taxis attendent en face de la gare routière.

Rozakis Travel (☎ 27330 22207 ; rosakigy@otenet.gr ; Pavlou 5). Location de voitures.

> **ENTRE LES DEUX MAGNE**
>
> Pour voyager entre les Magne laconien et messénien, il faut changer de bus à Itylo. Capitale du Magne au Moyen Âge, **Itylo**, à 11 km au nord d'Aréopolis, est traditionnellement considérée comme la frontière entre les Magne intérieur et extérieur. Deux bus quotidiens (sauf dimanche) relient Aréopolis (1,60 €, 20 min) et Kalamata (4 €, 2 heures 15). Les bus Aréopolis-Itylo passent par Néa Itylo et Limeni.

LE MAGNE (MANI)

H MANH

La région du Magne (Mani), qui occupe la péninsule centrale au sud du Péloponnèse, est encore rude et sauvage. Les Grecs d'autres régions vous diront peut-être "à l'image de ses habitants". La réputation des Maniotes de l'intérieur des terres était si redoutable que nombre d'envahisseurs potentiels préférèrent passer leur chemin.

Les habitants du Magne se considèrent comme des descendants directs des Spartiates. Après le déclin de Sparte, les citoyens restés fidèles aux principes de Lycurgue, le fondateur de la constitution de Sparte, choisirent de se retirer dans les montagnes plutôt que de vivre sous un joug étranger. Plus tard, des réfugiés fuyant les différentes puissances occupantes les rejoignirent et les désignèrent par le terme Maniotes, du grec "mania". Les Maniotes se targuent d'être les seuls Grecs à n'avoir jamais plié sous une domination étrangère, pas même celle des Turcs. Peut-être y a-t-il là quelque exagération. Mais il est vrai que ce peuple a toujours bénéficié d'une certaine autonomie et conservé son mode de vie singulier. Jusqu'à l'indépendance, la vie sociale était organisée en clans regroupant des dizaines de familles. Les guerres pour la possession des rares terres fertiles étaient fréquentes. Vengeances et représailles faisaient partie du quotidien. Partout dans la région, mais en particulier dans l'intérieur des terres, vous verrez des tours qui servaient de refuges durant les guerres intestines qui se produisirent à partir du XVIIe siècle.

Après avoir activement participé à la guerre d'Indépendance, les Maniotes abandonnèrent à contre-cœur leur autonomie et rejoignirent le nouveau royaume.

Vous ne regretterez pas d'inclure cette région dans votre itinéraire. Les pentes abruptes des Taygètes (parcourues de superbes chemins de randonnée), les criques et les ports qui s'y cachent constituent des paysages mémorables. Sans oublier les tours, les magnifiques églises et les grottes.

On fait généralement la distinction entre le **Magne messénien** (ou Magne extérieur) et le **Magne laconien** (ou Magne intérieur). Le Magne messénien commence au sud-ouest de Kalamata et s'étend vers le sud entre la côte et les Taygètes, tandis que le Magne laconien couvre le reste de la péninsule au sud d'Itylo.

Le Magne laconien

Des rochers gris auxquels se cramponnent quelques buissons de maquis caractérisent les rudes montagnes de l'intérieur du Magne. Les terres cultivables, rarissimes, reçoivent tout juste quelques oliviers et figuiers.

Au printemps, les fleurs sauvages qui poussent entre les rochers couvrent la vallée.

Les falaises d'une côte très découpée plongent dans la mer, tandis que des avancées rocheuses masquent parfois une petite plage de galets. Ce paysage aride ne s'interrompt que pour laisser la vedette à d'imposantes et austères tours de pierre, sentinelles veillant sur la région ; beaucoup ont été restaurées.

Si vous êtes motorisé, vous pouvez explorer le Magne par la route qui descend le long de la côte ouest au départ d'Aréopolis, la ville principale, jusqu'à Gérolimenas, avant de revenir par la côte est (ou vice versa). Les transports publics sont limités.

Aréopolis (Aeropoli) Αρεόπολη

800 HABITANTS

Aréopolis doit son nom à Arès, dieu de la Guerre. Elle est aujourd'hui considérée comme la capitale historique du dème (municipalité) du Magne oriental. Sur la place centrale, Plateia Athanaton, se dresse une statue de Petrobey Mavromichalis, instigateur de la révolte contre les Turcs. Son frère Konstantinos et son fils Georgos Mavromichalis assassinèrent le gouverneur de la Grèce, Jean Capo d'Istria, qui l'avait fait emprisonner. La ville conserve de nombreux témoignages de son passé.

À voir et à faire

Églises

Dans les allées étroites autour de Plateia 17 Martiou, on peut admirer quelques beaux bâtiments hérités de l'architecture maniote.

Église des Taxiarques ÉGLISE

Bâtie au XVIIIe siècle, l'église des Taxiarques (ou taxiarches, les archanges Michel et Gabriel) se dresse au sud de la place. Son clocher de quatre étages la distingue des nombreuses autres églises de la ville. Ne manquez pas les hauts-reliefs, très bien conservés, au-dessus de la porte principale.

Agios Ioannis ÉGLISE

Cette église bien plus ancienne, à l'extrémité sud de la vieille ville, abrite une série de fresques relatant la vie de Jésus. Elle fut construite par la famille Mavromichalis.

Tours

Parmi les nombreuses tours (maisons fortifiées), certaines s'avèrent bien mal en point. Les mieux conservées ont été transformées en hébergement chic. La **tour Mavromichalis** (Tzani Tzanaki), au sud de Plateia 17 Martiou, autrefois la plus puissante de la ville, se trouve aujourd'hui dans un état de délabrement avancé.

Musée de la Tour Pikoulakis MUSÉE

(www.culture.gr ; 8h30-14h30 mar-dim) GRATUIT. À l'extrémité sud de la ville (demandez l'emplacement exact), le musée de la Tour Pikoulakis est incontournable. Aménagé dans une tour restaurée, il conserve de beaux objets et documents byzantins provenant des églises du Magne, notamment des manuscrits et bijoux.

Randonnée

La région se découvre à pied. Repérez les panneaux sur la place principale, qui indique les départs des meilleurs itinéraires. Mieux vaut savoir se servir d'une boussole et être bien équipé, car les sentiers ne sont pas forcément entretenus.

Où se loger

Hotel Kouris HÔTEL $

(27330 51340 ; hotel_kouris@yahoo.gr ; Plateia Athanaton ; s/d avec petit-déj 35/55 €). Incongru par rapport aux tours maniotes, ce bâtiment en béton sans charme ne s'en révèle pas moins un hébergement économique.

Londas Pension CHAMBRES D'HÔTES $$

(27330 51360 ; www.londas.com ; près de l'église des Taxiarques ; s/d/tr avec petit-déj 65/75/103 €, s/d sans sdb 56/65 €). Dans cette tour vieille de deux siècles, les chambres blanchies à la chaux sont agréablement décorées. La petite enseigne est difficile à repérer à côté de l'église des Taxiarques. Deux nuitées minimum ; prix "de crise". Les propriétaires aident à organiser des balades en montagne.

Areos Polis BOUTIQUE-HÔTEL $$

(27330 51028 ; www.areospolis.gr ; s/d/tr avec petit-déj à partir de 40/70/80 € ;). Sympathique adresse sur la place principale. Chaque chambre est unique, des plus modernes aux plus traditionnelles, avec fer forgé et fanfreluches.

Où se restaurer et prendre un verre

Le choix est limité à Aréopolis ; quelques tavernes occupent la place principale et la rue menant à l'église.

Le petit supermarché Koilakos est près de Plateia Athanaton.

Barba Petros TAVERNE $

(☎27330 51205 ; plats 8-12 € ; ⊙ déj et dîner). Cette taverne, dans la même famille depuis 1917, est tenue par le petit-fils du propriétaire d'origine et sa fille. La viande de porc provient d'animaux élevés sur place, et les autres viandes sont locales. Optez pour le plat du jour, préférable au menu.

Aula BAR

(cocktails 7-8 € ; ⊙ 9h-tard). Ce petit bar mexicain branché, dans l'Aréopolis ancienne, sert les meilleures margaritas de la région (7 €).

Achats

Invincible Mani LIBRAIRIE

(☎27330 53670 ; Plateia Athanaton). Excellent choix de cartes et livres sur la région.

Renseignements

Le bourg se divise en deux parties : l'une moderne, dans la partie haute, autour de Plateia Athanaton, et la vieille ville, ou ville basse, autour de Plateia 17 Martiou. Les deux places sont reliées par une rue "principale" (sans nom officiel, anciennement Kapetan Matapan). Pas d'office du tourisme ni de police touristique.

Banque nationale de Grèce (Petrobey Mavromihali). Seule banque de la ville. DAB.

Poste (Petrobey Mavromihali ; ⊙ 7h30-14h lun-ven). À l'extrémité nord de la ville.

Depuis/vers Aréopolis

La **gare routière** (☎27330 51229 ; Plateia Athanaton) est à côté du lycée, à l'extrémité nord de la ville. Des bus se rendent à Gythion (2,60 €, 30 min, 4/jour) et continuent jusqu'à Athènes (27 €). D'autres desservent Itylo (1,60 €, 20 min, 2/jour lun-sam) via Limeni, Gérolimenas (3,40 €, 45 min, 3/jour), les grottes de Dirou (1,60 €, 15 min, 1/jour ; 10h15, retour à 12h45), Lagia (3,70 €, 40 min, 1/jour) et Vathia (4,20 €, 1 heure, 3/semaine).

Limeni Λιμένι

Ce hameau est à 3 km au nord d'Aréopolis, du côté sud de la jolie **baie de Limeni**.

Si vous tombez sous le charme de ce joyau, passez la nuit au **Pirgos Mavromichali Hotel** (☎27330 51042 ; www.pirgosmavromichali.gr ; d avec petit-déj 120 €, ste 250 € ; ❄📶), le nouveau venu de Limeni. Le propriétaire a reconverti sa demeure familiale trois fois centenaire pour créer 13 chambres chics et modernes.

Joliment situé au-dessus de l'eau, le **Takis** (☎27330 51327 ; poisson 50-65 €/kilo ; ⊙ déj et dîner avr-oct) attire une clientèle nombreuse. C'est l'endroit idéal pour manger du poisson (excellent, mais cher).

Grottes de Dirou Σπήλαιο Διρού

Ces **grottes** (☎27330 52222 ; tarif plein/réduit 12/7 € ; ⊙ 10h-17h juin-sept, 10h-15h oct-mai) à 11 km au sud d'Aréopolis, sont indiquées depuis le village voisin de **Pyrgos Dirou**.

L'entrée naturelle des grottes se trouve sur la plage. Si les habitants aiment à penser qu'elles se prolongent jusqu'à Sparte, les spéléologues, eux, estiment qu'elles s'étendent sur 14 km ; les touristes n'en découvrent 1,2 km (le premier quart à pied, le reste en bateau). Habitées au néolithique, elles furent désertées après un tremblement de terre au IVe siècle av. J.-C., et redécouvertes en 1895. Leur exploration, à proprement parler, commença en 1949 et elles doivent aujourd'hui leur célébrité à leurs stalactites et stalagmites aux noms évocateurs (Forêt de palmiers, Lys de cristal ou les Trois Rois mages).

On regrette que la visite des grottes (en grec généralement) soit si rapide et ne couvre que le secteur du lac, passant outre les formations les plus spectaculaires sur la partie à sec.

Tout proche, le **musée du Néolithique de Dirou** (☎27330 52233 ; adulte/tarif réduit 2/1 € ; ⊙ 8h30-15h mar-dim) conserve les objets découverts dans une grotte néolithique attenante, la **grotte d'Alepotrypa** (ne se visite pas).

De Pyrgos Dirou à Gérolimenas
Πύργος Διρού προς Γερολιμένας

En allant vers le sud par la côte ouest du Magne, de Pyrgos Dirou à Gérolimenas, le rude paysage de montagne laisse de temps à autre la place à des sites où subsistent des tours imposantes. En prenant à droite à 9 km au sud de Pyrgos Dirou, vous atteindrez la **baie de Mezapos**, abritée à l'est par la péninsule de Tigani. Sur la péninsule, subsistent les ruines du **château de Maina**, construit en 1248 par Guillaume de Villehardouin, alors chef de la principauté de Morée, puis modifié par les Byzantins.

Kita, 13 km au sud de Pyrgos Dirou, réunit quantité de tours et de maisons fortifiées en ruine. Le dernier conflit entre familles dont l'histoire ait trace eut lieu ici en 1870 et fut si violent que l'armée dut intervenir, au point d'employer l'artillerie pour rétablir l'ordre.

Gérolimenas Γερολιμένας

55 HABITANTS

Gérolimenas est un village de pêcheurs tranquille, installé autour d'une petite baie abritée, à l'extrémité du "doigt" sud de la péninsule : idéal pour une retraite au calme dans un cadre paradisiaque.

Où se loger et se restaurer

Sur la promenade, vous trouverez un petit supermarché ainsi que quelques cafés et tavernes.

Hotel Akrogiali HÔTEL $

(☎27330 54204 ; www.gerolimenas-hotels.com ; s 25-30 €, tr 45-60 €, app 2-4 pers 850-100 € ; ❄). Bel emplacement au-dessus de la baie, en périphérie ouest de la ville. Différentes options : doubles correctes dans le bâtiment d'origine, chambres plus ternes dans la nouvelle aile en pierre, et appartements d'une ou deux pièces à proximité.

Kyrimi B&B CHAMBRES D'HÔTES $$

(☎27330 53078 ; www.kyrimi.com ; ch avec petit-déj 85 € ; ❄). À ne pas confondre avec l'Hotel Kirimai (juste à côté), ce nouveau venu propose des chambres élégantes décorées de bois et de marbre, un agréable salon commun et un patio extérieur.

Hotel Kirimai HÔTEL DE LUXE $$$

(☎27330 54288 ; www.kyrimai.gr ; d 110-200 €, ste 260-300 € ; P❄≈). Le luxueux Kirimai est l'un des hôtels les plus réputés de la région. Il bénéficie d'un cadre idyllique à l'extrémité sud du port. Les chambres au sol en pierre et aux poutres apparentes, toutes personnalisées, semblent sorties d'un magazine de décoration. Le restaurant est aussi ouvert aux personnes ne séjournant pas sur place (plats 15-25 €).

Depuis/vers Gérolimenas

Trois bus quotidiens circulent entre Gérolimenas et Aréopolis (5 €, 45 min). Ils poursuivent jusqu'à Gythion (10 €, 1 heure 15), Sparte (2 heures 15) et Athènes (30 €). L'arrêt de bus se trouve devant l'Hotel Akrotenaritis ; les billets s'achètent à bord du bus.

De Gérolimenas à Porto Kagio Γερολιμένας προς Πόρτο Κάγιο

Au sud de Gérolimenas, la route continue sur 4 km en direction du village d'Alika, avant de se séparer en deux routes. L'une traverse les montagnes de la côte est, l'autre part au sud pour rejoindre Vathia et Porto Kagio. La route du sud longe la côte et ses petites plages de galets. Elle monte ensuite de façon abrupte vers **Vathia**, à l'intérieur des terres, sans doute l'un des plus beaux villages traditionnels du Magne, composé d'un ensemble compact de maisons fortifiées perchées sur un piton rocheux.

À 9 km au sud d'Alika, un embranchement à droite conduit à **Marmari** et à ses deux plages de sable, tandis que la route principale traverse la péninsule en direction du hameau de pêcheurs de **Porto Kagio**, installé sur une baie en fer à cheval de la côte est. Les trois hébergements du village comptent parmi les adresses les plus isolées du Péloponnèse.

Marchez 10 minutes et vous arriverez à une péninsule sur laquelle est accrochée la petite **église Saint-Nicolas**. Les randonneurs courageux atteindront l'un des points les plus méridionaux d'Europe, le **cap Tenaro** (ou cap Matapan), dont le superbe phare a été récemment rénové. Pendant des millénaires, ce cap a joué un rôle important et il fut mentionné pour la première fois par Homère dans l'*Iliade*. Suivez les indications depuis Porto Kagio ; le parking est à 45 minutes à pied. Vous verrez quelques vestiges romains, en particulier de belles mosaïques.

Les trois tavernes du front de mer (ouvertes toute la journée en pleine saison) proposent poissons et fruits de mer, à peu près aux mêmes prix (plats 7-17 €, poisson 40-70 € le kilo).

Où se loger

Hotel Psamathous HÔTEL $

(☎27330 55221 ; www.portokayio.com ; Porto Kagio ; d 50 €, tr 70-80 €, avec petit-déj ; ❄). Établissement de style maniote moderne, géré par des habitants de Porto Taverna, en retrait du bord de mer. Lits à plateforme de pierre, mezzanines et effet presque design.

Porto Kale PENSION $

(☎6980755528, 27330 54202 ; Porto Kagio ; d/tr 50/65 €). Bonne adresse de Porto Kagio – des chambres simples, propres et élégantes.

Akrotiri Domatia PENSION $$

(☎27330 52013 ; www.porto-kagio.com ; Porto Kagio ; d/tr avec petit-déj 75/85 €). Sur le front de mer. Les meilleures chambres sont à l'avant, avec balcon sur la baie. Nikos, le propriétaire, organise des excursions en bateau.

La côte est

À l'est, la côte est encore plus aride et torturée qu'à l'ouest. La splendide **Lagia**, ville principale, se situe à 12 km au nord-est de l'embranchement pour Alika. Perchée à 400 m au-dessus du niveau de la mer, elle fut la capitale du Magne du sud-est. Certaines de ses tours sont en ruine, mais beaucoup sont en cours de restauration.

Depuis Lagia, la route descend en offrant une vue superbe sur le petit village de pêcheurs d'**Agios Kyprianos**, non loin de la route principale. Vient ensuite le village animé de **Kokala** et ses deux plages de galets. La plage la plus agréable se situe plus au nord : à **Nyfi**, une bifurcation à droite conduit à **Alipa Beach**, une plage abritée. En continuant vers le nord, après Flomohori, une route descend vers **Kotronas**, tandis que la route principale traverse à nouveau la péninsule jusqu'à Aréopolis.

Au besoin, quelques hôtels saisonniers vous accueilleront à Kokala ou à Kotronas.

Les transports en commun se limitent à un bus quotidien qui circule entre Aréopolis et Lagia (environ 4 €, 40 min).

Le Magne messénien

Le Magne messénien, ou Magne extérieur, se situe au nord de la partie laconienne, entre les Taygètes et la côte ouest de la péninsule du Magne. Au nord de la péninsule se trouve la ville de Kalamata. Le long de ce littoral sauvage, adossé à des montagnes dont les sommets restent enneigés jusqu'à fin mai, s'égrènent les criques et les petites plages. Le panorama et les possibilités de randonnées sont exceptionnels. Les randonneurs gagneront à utiliser la carte d'Anavasi *Mani-Kardamyli-Stoupa, Aghios Nikolaos ; 1/25 000.*

Stoupa — Στούπα

625 HABITANTS

L'ancien village de pêcheurs de Stoupa, 10 km au sud de Kardamyli, est devenu une station balnéaire prise d'assaut par le tourisme de masse (très prisée des Britanniques, en particulier). Stoupa n'est pas aussi pittoresque que Kardamyli mais elle possède deux belles plages.

L'écrivain Nikos Kazantzakis (1883-1957) a vécu ici un temps, s'inspirant pour écrire un de ses plus célèbres romans (*Zorba le Grec*) de la personnalité d'Alexis Zorbas, contremaître dans une mine de charbon de Pastrova, près de Stoupa.

Où se loger et se restaurer

Les pensions et *domatia* (chambres d'hôtes) qui poussent comme des champignons, ont tendance à être entièrement réservées par les tour-opérateurs. Vous trouverez peut-être de l'aide auprès d'une agence de voyages.

Des supermarchés sont installés sur la route principale derrière Stoupa.

Hotel Lefktron — HÔTEL $$
(☎27210 77322 ; www.lefktron-hotel.gr ; s/d avec petit-déj à partir de 80/87 € ; avr-oct ;). Indiqué sur la route du sud vers Stoupa.

Hotel Stoupa — HÔTEL $$
(☎27210 77308 ; www.hotel-stoupa.gr ; s/d avec petit-déj 65/75 € ;). Simple mais propre et confortable, le seul hôtel ouvert à Stoupa l'hiver. À quelques rues en retrait de la plage.

♥ **Voula's Yesterday & Today** — MÉDITERRANÉEN $$
(☎27210 77535 ; www.voula-yesterdayandtoday.gr ; plats 7-12,50 € ; dîner mai-oct). Voula "cuisine avec son cœur" et sert des plats traditionnels d'antan rehaussés d'une touche personnelle et moderne. Plats de porc fumé (12,50 €) et délicieux gâteaux maison. Elle expose des objets sur le Magne et possède son propre livre de recettes. À ne pas manquer.

Taverna Akrogiali — TAVERNE $$
(☎27210 77335 ; plats 7-14 €, poisson 35-60 €/kilo ; petit-déj, déj et dîner ;). Cette taverne, lieu de rencontre prisé des habitants, bénéficie d'un cadre fabuleux à l'extrémité sud de la plage. La carte met l'accent sur les produits de la mer (assiettes à 14 €) et de bons plats locaux. La maîtresse des lieux veille encore à la bonne marche des fourneaux.

Renseignements

Stoupa est située à 1 km à l'ouest de la route principale Aréopolis-Kalamata, et est desservi par deux routes, l'une au nord et l'autre au sud. Toutes deux mènent à la plus étendue des principales plages de Stoupa – un croissant de sable blond. Pas d'office du tourisme.

Supermarché Katerina's (☎27210 77777). Fait office de poste, change les espèces et vend des cartes de téléphone.

Thomeas Travel (☎27210 77689 ; www.thomeastravel.gr). Change les devises et organise location de voiture, excursions, billets de ferry et d'avion. Bon échange de livres.

Depuis/vers Stoupa

Stoupa se trouve sur le principal itinéraire de bus Itilo-Kalamata. Un bus (2 l'été) dessert quotidiennement Itilo (40 min) ; 4 vont à Kalamata (4,40 €, 1 heure 30). Des arrêts sont aménagés aux carrefours des deux routes d'accès du nord et du sud – les bus n'entrent pas dans le village.

Kardamyli Καρδαμύλη

300 HABITANTS

Kardamyli fit partie des sept cités qu'Agamemnon offrit à Achille. Plus récemment, elle servit de décor au film *Before midnight*, avec Ethan Hawke et Julie Delpy (2013). Niché entre les eaux bleues du golfe de Messénie et les Taygètes, ce hameau possède l'un des plus beaux cadres du Péloponnèse. La **gorge de Vyros**, un peu au nord de la ville, file jusqu'au pied du **mont Profitis Ilias** (2 407 m), point culminant des Taygètes. La gorge et ses environs sont particulièrement appréciés des randonneurs et le nombre de visiteurs explose en été.

Activités

La randonnée représente désormais l'atout principal de Kardamyli. Dans les collines derrière le village s'entrecroisent quantité de sentiers signalés par des codes de couleur. Les maisons d'hôtes du village fournissent en général des cartes, plus ou moins précises, de ces chemins. La plupart des itinéraires sont difficiles : de bonnes chaussures de randonnée s'imposent sur ce sol très irrégulier, surtout si vous vous aventurez dans la gorge même, parsemée de rochers. Autre impératif : emportez de l'eau en quantité suffisante.

Nombre des sentiers traversent le bourg de montagne d'**Exohorio**, perché au bord de la gorge de Vyros, à 450 m d'altitude. Les moins sportifs pourront se rendre au village par la route, puis s'accorder un moment d'exploration plus tranquille. L'embranchement pour Exohorio apparaît à 3 km au sud de Kardamyli.

2407 Mountain Activities AVENTURE
(27210 73752 ; www.2407m.com). Pour ceux qui souhaitent être accompagnés, Action Jacksons, à 2407 Mountain Activities, organise un bon choix d'activités : marche à pied (à partir de 30 €/personne ; 4 personnes au minimum), escalade (le long d'une paroi de 80 m) ou balades à VTT (20-30 €) dans les Taygètes et les environs. Il en coûte 100 € pour une journée complète vers le point culminant des Taygètes. Les propriétaires entretiennent d'anciens sentiers muletiers et respectent l'esprit du "voyage et non du tourisme". Ainsi, ils ne pénètrent pas dans les villages et se limitent à leurs lieux confidentiels. Le bureau est à mi-chemin de la rue principale.

Où se loger

De nombreux panneaux indiquent des *domatia* dans la rue principale. Les prix baissent énormément hors saison.

Olympia Koumounakou Rooms PENSION $
(27210 73623 ; s/d 35/45 €). Olympia propose, à prix doux, des chambres propres et confortables, ainsi qu'une cuisine commune.

Volvere Studios (Stratis Bravakos Rooms) APPARTEMENTS $
(27210 73326 ; www.yvolvere.gr ; d/tr 40/55 €). Des studios impeccables avec kitchenette, juste en face d'Olympia. Bon rapport qualité/prix.

Elies APPARTEMENTS $$
(27210 73140 ; www.elieshotel.gr ; app 2/4/6 pers 120/140-170/220 € ;). Maisonnettes de pierre décorées avec goût, nichées dans une oliveraie (laquelle se transforme en parking en haute saison). À 1 km au nord du village, près de la plage de Ritsa. La taverne Elies n'est pas loin.

Kalamitsi Hotel HÔTEL $$
(27210 73131 ; www.kalamitsi-hotel.gr ; d/ste 110/160 €). À 1 km au sud de la ville, un hôtel en pierre, charmant et moderne, aux chambres tranquilles et bien équipées (bungalows familiaux 220 €). Dans le jardin ombragé, des sentiers conduisent à une plage de galets isolée. Dîners maison et buffet de petit-déjeuner frais, réservés aux résidents.

Hotel Vardia HÔTEL $$
(27210 73777 ; www.vardia-hotel.gr ; studio 80 €, app 115-165 € ; mars-nov ; @). Hôtel chic et relaxant, près d'une ancienne tour de guet, derrière le village, après le Kardamyli antique. Les 18 chambres de style studio, bien équipées, donnent sur le golfe de Messénie. Si vous êtes motorisé, n'hésitez pas à gravir la colline. L'accès se fait par le sud de la ville.

Où se restaurer

Les restaurants ne manquent pas à Kardamyli et alentour. Dans les terres, les villages de Saidona, Mileu et Exochori comptent d'excellentes tavernes.

Deux supermarchés se trouvent à l'extrémité nord du village.

Elies TAVERNE $

(☎27210 73140 ; plats 6-13 € ; déj avr-oct, dîner 15 juin-15 sept). À côté de la plage de Ritsa, niché dans les oliviers à 1 km au nord de la ville, cet établissement typiquement méditerranéen propose de la cuisine de grande qualité. S'il fait beau, prévoyez de vous y attarder pour l'après-midi.

O Perivoulis TAVERNE $

(☎27210 73713 ; plats 7-11 € ; dîner mar-dim, fermé déc). Vous n'y trouverez pas le bord de mer (cette taverne est dans le village), mais un intérieur douillet, un joli jardin et d'excellents plats à base d'ingrédients locaux.

Taverna Dioskouri TAVERNE $

(☎27210 73236 ; www.dioskuri.gr ; plats 7-14 € ; déj et dîner). Une table fiable, un propriétaire charmant et un point de vue époustouflant sur le littoral – la taverne surplombe l'océan de la colline située un peu au sud du village.

Renseignements

Kardamyli se situe sur la route principale Aréopolis-Kalamata. La place centrale, Plateia 25 Martiou 1821, est à l'extrémité nord de la rue principale.

La plage principale de Kardamyli, de galets et de rochers, se trouve au bord de la route de Kalamata ; tournez à gauche après le pont à la limite nord de la ville. La route pour la vieille ville (ou ville haute) de Kardamyli part sur la droite avant le pont. La **poste** (7h30-14h lun-ven) se trouve dans la rue principale.

Le site www.kardamili-greece.com fournit des renseignements utiles.

Depuis/vers Kardamyli

Kardamyli se trouve sur la ligne de bus principale Itylo-Kalamata (environ 4 €, 1 heure, 2-4/jour, davantage en été). Le bus s'arrête sur la place centrale à l'extrémité nord de la rue principale et devant la librairie à l'extrémité sud.

Deux bus hebdomadaires se rendent à Exohorio (1,60 €, horaires variables) ; les voyageurs préfèrent généralement prendre un taxi (environ 18 €). Le personnel serviable du **Cafe Plateia** (☎27210 73067), à l'ouest de la ville, vous indiquera les horaires.

MESSÉNIE (MESSINIA)

ΜΕΣΣΗΝΙΑ

Les plages de Messénie, au sud-ouest du Péloponnèse, sont très attrayantes, et si des villages comme Koroni subissent les affres du tourisme de masse, les anciennes villes vénitiennes de Pylos et de Méthoni restent des destinations de choix.

Les frontières de la Messénie se dessinèrent en 371 av. J.-C., après la défaite de Sparte face à Thèbes lors de la bataille de Leuctres. Cette défaite clôtura près de 350 ans de domination de Sparte dans le Péloponnèse – période pendant laquelle les exilés messéniens fondèrent la cité de Messine, en Sicile – et permit aux Messéniens de développer leur royaume dans la région qui s'étend à l'ouest des Taygètes. Leur capitale, l'ancienne Messène, se situe à environ 25 km au nord-ouest de Kalamata, sur le versant du mont Ithomi.

Kalamata Καλαμάτα

54 100 HABITANTS

Capitale de la Messénie et deuxième ville du Péloponnèse, Kalamata n'inspire guère les visiteurs qui lui préfèrent ses paisibles environs. Néanmoins, elle saura satisfaire les amateurs de musées et de lèche-vitrines. Construite sur le site de l'ancienne Pharai, la ville doit son nom actuel à une icône miraculeuse de la Vierge Marie connue comme le "bon œil", *kalo mata*. Elle fut découverte dans les étables d'un *aga* (gouverneur) ottoman, qui se convertit au christianisme en raison des miracles attribués à l'image. L'icône est aujourd'hui exposée dans la cathédrale de la ville, l'église d'Ypapantis.

En dessous du *kastro* s'étend la vieille ville, petite mais plaisante, qui fut presque entièrement détruite par les Turcs pendant la guerre d'Indépendance, puis reconstruite par des ingénieurs français dans les années 1830. Le 14 septembre 1986, un séisme secoua Kalamata, détruisant plus de 10 000 maisons et faisant 20 morts et des centaines de blessés.

À voir

Kastro FORTERESSE

(8h-14h lun-ven, 9h-15h sam-dim) GRATUIT. Dominant la ville, le *kastro* du XIIIe siècle a survécu au tremblement de terre de 1986. L'élément le plus remarquable est sa porte d'entrée. Beau panorama depuis les remparts.

Kalamata

Kalamata

À voir

1 Musée archéologique de Messénie A2
2 Église d'Ypapantis B1
3 Musée historique et folklorique de Kalamata B1
4 Kastro B1

Où se loger

5 Hotel Rex A2

Où se restaurer

6 Marché B1
7 I Milopetra B2

Musée archéologique de Messénie
HISTOIRE

(☎ 27210 83485 ; www.archmusmes.gr ; Benaki et Agiou Ioannou ; 3 € ; ⏲ 13h30-20h lun, 8h-20h mar-dim en été, 8h30-15h mar-dim en hiver). Ce musée qui enchantera les enfants a récemment rouvert après des années de travaux. C'est une visite incontournable pour comprendre l'histoire de la Grèce antique. Les éléments sont classés selon leur région d'origine – Kalamata, Pylia, Messène et Trifylia – et vous pourrez suivre un parcours qui serpente parmi les vitrines pour découvrir sculptures, mosaïques et autres documents. Juste au nord de Plateia 23 Martiou.

Musée historique et folklorique
ARTS POPULAIRES

(☎ 27210 28449 ; Ioannou 12, angle Kyriakou ; adulte/tarif réduit 2/1 € ; ⏲ 9h-13h jeu-sam, 10h-13h dim). Cet édifice bleu pâle abrite une superbe collection d'objets régionaux – des métiers à tisser aux vêtements et objets quotidiens de la maison – qui offre un regard sur le passé de la ville.

Musée militaire
HISTOIRE

(☎ 27210 21219 ; Mitropolitou Meletiou 10 ; ⏲ 9h-14h mar-sam, plus 18h-20h mer, 11h-14h dim) GRATUIT. Ce musée couvre un large pan de l'histoire de la Grèce, depuis l'occupation turque (dépeinte dans des tableaux sinistres) jusqu'au XXIe siècle. Des militaires de l'armée nationale se chargent des visites guidées (tous les panneaux sont en grec).

Fêtes et festivals

Festival international de danse
MUSIQUE

(www.kalamatadancefestival.gr). En juillet chaque année, ce festival attire les foules grâce à des spectacles de qualité de musique et danses traditionnelles, donnés notamment dans l'amphithéâtre et le *kastro*. Voir le site Internet pour les dates et les tarifs.

Où se loger et se restaurer

Kalamata possède de bonnes adresses, mais sur le front de mer, à l'est de la rue Faron, s'alignent des hôtels sans charme. La marina est l'endroit idéal pour trouver une taverne et de bons produits de la mer, pour tous les goûts et toutes les bourses.

Hotel Rex HÔTEL **$$**
(☎27210 94440 ; www.rexhotel.gr ; Aristomenous 26 ; d/ste avec petit-déj à partir de 100/200 € ; ❄📶). La meilleure adresse de Kalamata (et l'ascenseur le plus lent). Bel édifice néoclassique, aux chambres confortables, modernes mais un peu exiguës. La n°403, dans l'angle, profite d'une belle vue sur les toits.

Hotel Haikos HÔTEL **$$**
(☎27210 88902 ; www.haikos.gr ; Navarino 115 ; s/d/tr avec petit-déj 50/70/80 €). Un bon choix sur le front de mer. Cet hôtel d'affaires a été rénové il y a peu. Les chambres à l'avant, donnant sur la rue, peuvent être bruyantes.

I Milopetra MÉDITERRANÉEN **$**
(☎27210 98950 ; plats 5-10 € ; ⏲8h-tard). Ce café haut de gamme à l'ambiance cosmopolite décline le thème de l'olive et dispose d'une situation pratique, près de Plateia 23 Martiou, dans la vieille ville. En-cas gastronomiques et produits à base d'olive. Strictement non-fumeurs.

Marché alimentaire PRODUITS LOCAUX **$**
(Nedontos). Faites un tour au grand marché face à la gare routière KTEL de Messénie, de l'autre côté du pont. Kalamata est réputée pour ses olives, son huile et ses figues.

Aragma GREC **$**
(☎27210 97949 ; Salaminos 50, Marina ; plats 6-15 €). Établissement agréable, qui fait office de café et d'*ouzeri*. Il sert des *mezedopoleio* (mezze) et de bons plats traditionnels – et les meilleurs calamars de la région !

Renseignements

Banque nationale de Grèce (Aristomenous, place centrale ; angle Akrita et Navarinou)

Poste (Olgas et Navarinou ; ⏲7h30-14h lun-ven). Au port.

Police touristique (☎27210 44680 ; Messinis ; ⏲8h-21h lun-ven)

The Web (Stathmou 19 ; 2,20 €/h ; ⏲24/24h). Internet efficace.

Depuis/vers Kalamata

AVION

Les compagnies aériennes desservant Kalamata changent constamment. Lors de notre passage, **Aegean Airlines** (www.aegeanair.com) assurait, de juin à septembre, des vols de Kalamata à Athènes et Thessalonique.

BATEAU

De juin à septembre, un service hebdomadaire de ferry géré par LANE Lines va de Kalamata à la Crète (25/56 € par personne/voiture) via Cythère (17/46 €). Contactez **SMAN Travel/Maniatis** (☎27210 20704 ; smantrv@otenet.gr ; angle Likourgou et Psaron 148), près du port, pour les horaires.

BUS

De la **gare routière KTEL Messinia** (☎27210 28581 ; www.ktelmessinias.gr ; Artemidos) des bus partent pour Athènes (23 €, 4 heures 30, 13/jour), via l'isthme de Corinthe (16 €, 2 heures 30), Tripolis (8,10 €, 1 heure 15, 5/jour), Kyparissia (7 €, 1 heure 15, 4/jour sem) et Patras (23 €, 4 heures, 2/jour) via Pyrgos (14 €, 2 heures).

Vers l'ouest, des bus desservent Koroni (5 €, 1 heure 30, 6/jour), Finikounda (6 €, 1 heure 45, 2/jour), Méthoni (6,10 €, 1 heure 30, 5/jour) et Pylos (5 €, 1 heure 15, 7/jour).

Pour aller vers l'est et traverser le col de Langada jusqu'à Sparte (5 €, 45 min, 1-2/jour), il faut changer de bus à Artemisia. Deux à quatre bus quotidiens se rendent à Itylo (7,40 €, 2 heures 15),

LES OLIVES DE KALAMATA

Kalamata a donné son nom à la célèbre olive, charnue et de couleur violet foncé, que l'on peut désormais acheter dans des épiceries fines partout dans le monde. Celle-ci fait l'objet d'une culture extensive (mais non exclusive) dans la province voisine de Laconie, le climat de la région (hivers pluvieux et étés chauds) lui étant propice.

L'olivier de Kalamata se distingue de l'olivier commun (cultivé pour son huile) par la dimension de ses feuilles : plus vertes, elles peuvent mesurer le double de celles des autres variétés. Il en résulte des fruits plus généreux.

Contrairement aux autres variétés, ces olives ne peuvent être cueillies vertes : il faut attendre la maturité, fin novembre, et les ramasser à la main pour leur éviter les chocs. Vous pourrez les acheter et les goûter sur les marchés de Kalamata.

dans le Magne messénien, via Kardamyli (4 €, 1 heure) et Stoupa (4,40 €, 1 heure 15).

Attention : le week-end, les services sont limités, voire inexistants, sur toutes les lignes.

Comment circuler

DEPUIS/VERS L'AÉROPORT

L'aéroport de Kalamata est à 10,5 km à l'ouest de la ville, près de Messène. Aucun bus n'assure la navette avec l'aéroport. Un taxi coûte 20 €.

BUS

Les bus locaux partent de la gare routière KTEL Messinia. Le plus utile est le bus n°1, qui part du front de mer au sud et continue vers l'est dans la rue Navarinou jusqu'au Filoxenia Hotel. Achetez vos billets (1,20 €) dans les kiosques ou auprès du chauffeur.

VOITURE ET MOTO

Kalamata est un bon endroit pour louer un véhicule, en raison de la concurrence entre les agences de la rue Faron, sur le front de mer. Prestataires recommandés :

Avis (☎27210 20352 ; Kesari 2)

Verga Rent a Car (☎27210 95190 ; Faron 202)

Messène antique

Αρχαία Μεσσήνη

350 HABITANTS

Les vestiges de Messène sont disséminés dans une petite vallée au-dessous de Mavromati, à 25 km au nord-ouest de Kalamata. Ce village doit son nom à la fontaine de la place centrale ; ici, l'eau jaillit à flots d'un trou de rocher qui ressemble à un œil noir (*mavro mati* en grec). Depuis peu, le nom de "Mavromati" tend à être abandonné ; celui d'"ancienne Messène" désigne à la fois le site historique et le village.

Histoire

Messène fut fondée en 371 av. J.-C. après la victoire d'Épaminondas, général de Thèbes, à la bataille des Leuctres, qui libéra les Messéniens de près de 350 ans de domination spartiate. Construite sur l'emplacement d'une ancienne forteresse, la nouvelle capitale messénienne faisait partie d'un ensemble de sites défensifs destinés à surveiller Sparte. Épaminondas lui-même aurait participé à la construction des fortifications, notamment un mur épais s'étirant sur 9 km autour des crêtes environnantes, encerclant ainsi complètement la ville.

Messène était bénie des dieux : selon la légende, Zeus serait né ici, et non en Crète, et aurait été élevé par les nymphes Néda et Ithomé, qui le baignaient dans la source ayant donné son nom au village moderne.

À voir

Messène antique SITE HISTORIQUE
(☎27240 51201 ; www.ancientmessene.gr ; musée et site 5 € ; ⌚8h-crépuscule). Pour apprécier ce superbe site, le mieux est de l'admirer depuis la place centrale du village. Prenez le temps d'étudier la configuration de la ville avant d'explorer tout cela en détail. On accède au site par quelques marches de chaque côté du musée, à environ 300 m au nord-ouest de la place.

Le **musée** (adulte 2 € ; ⌚8h30-16h mar-dim, plus tard l'été), au-dessus du site sur la route du village, expose une petite collection intéressante d'objets trouvés dans la Messénie antique, principalement des statues provenant de l'*asclépion* (centre médical). Deux d'entre elles représenteraient Machaon et Podalirios, les fils d'Asclépios, dieu de la Médecine. On les attribue au sculpteur Damophon (IIe siècle av. J.-C.), qui a laissé plusieurs statues monumentales de dieux et de héros. Il serait l'auteur d'un grand nombre de statues ornant l'ancienne Messène.

Avant de descendre vers le site, parcourez encore 800 m le long de la route qui passe devant le musée pour admirer la célèbre **porte d'Arcadie**. Celle-ci, originale par sa forme ronde, était censée veiller sur la route de Mégalopolis (aujourd'hui celle conduisant, au nord, à Meligalas et à Zerbisia) qui passe au-dessous. Un peu plus haut sur la colline par rapport à la porte se trouve la partie la mieux conservée de la muraille bâtie par Épaminondas. Impressionnante avec ses fortins carrés, elle mérite largement la marche en pente douce depuis le village.

Le site n'a pas encore fini d'émerger du sol de la vallée, et les fouilles s'y poursuivent. Lors de notre passage, elles concernaient l'impressionnante **agora** (place publique) et l'**amphithéâtre**, dont une partie était en cours de reconstruction – soyez à l'affût d'éventuelles représentations.

De l'asclépion, descendez vers l'imposant **stade**, entouré des ruines d'un **gymnase**.

Où se loger et se restaurer

Likourgos Rooms PENSION $
(☎27240 51297 ; roomslykourgos@yahoo.gr ; d/tr 45/60 €). Établissement spacieux, moderne et confortable, d'où l'on aperçoit les ruines

depuis les chambres à l'avant. Victoria, la sympathique propriétaire, parle anglais.

Taverna Ithomi TAVERNE $
(☎ 27240 51298 ; www.ithomi.gr ; plats 6-12 € ; ⌚ déj et dîner tlj fév-nov, sam-dim seulement déc-jan). Outre un ou deux *cafeneia* (cafés), c'est le seul restaurant de la ville. Cuisine traditionnelle. Nikos, l'agréable propriétaire, est une mine d'informations.

Depuis/vers Messène

Deux bus relient Messène/Mavromati et Kalamata (3 €, 1 heure, lun, mer et ven), l'un tôt le matin et l'autre dans l'après-midi. Les horaires varient : renseignez-vous à la Taverna Ithomi.

Koroni Κορώνη

1 700 HABITANTS

Koroni est une jolie bourgade portuaire vénitienne, à 43 km au sud-ouest de Kalamata, sur la baie de Messénie. Des maisons médiévales et des églises jalonnent ses rues sinueuses et étroites. Elles mènent à un promontoire, sur lequel est perché un immense château.

À voir et à faire

Château SITE HISTORIQUE
L'ancien château est en grande partie occupé par le **couvent Timios Prodromos**. S'il est ouvert, vous pourrez entrer (en respectant un code vestimentaire très strict). Remarquez l'impressionnante entrée de style gothique. Derrière le château, promenez-vous tranquillement sur le petit promontoire, qui offre de jolies vues sur le golfe de Messénie et les Taygètes.

Plage de Zaga BAIGNADE
Principal atout de Koroni, la plage de Zaga déroule son sable blond juste au sud de la ville. Il faut marcher 20 minutes environ pour y parvenir – on peut couper par le château ou passer par la route. Demandez la direction aux habitants.

Koroni est aussi un fief des tortues caouannes, qui pondent près de Zaga.

Où se loger et se restaurer

Les possibilités d'hébergement sont assez limitées à Koroni. La plupart des chambres se répartissent dans des *domatia* proches de la mer, à l'extrémité est de la rue principale. Il existe aussi des chambres d'hôtes avec vue sur la plage de Zaga, mais elles affichent souvent complet en été.

Hotel Diana HÔTEL $
(☎/fax 27250 22312 ; www.dianahotel-koroni.gr ; s/d 30/40 € ; ❄ 📶). Passés le hall et le bar clinquants, les chambres sont convenables. En retrait de la place centrale, presque en bord de mer.

Sofotel HÔTEL $
(☎ 27250 22230 ; www.koroni-holidays.com ; d 60 € ; ❄). Parfait si vous appréciez les chambres modernes et impeccables, avec une décoration chargée... Certaines ont des balcons.

Camping Koroni CAMPING $
(☎ 27250 22119 ; www.koronicamping.com ; empl adulte/tente et voiture 8/8 € ; 📶 🏊). Ce camping bien équipé est situé à 200 m seulement de Koroni, à côté de la plage.

Zaga Apartments APPARTEMENTS $$
(☎ 6973754036, 27250 22722 ; www.zaga.gr ; Zaga Beach ; app 2/4/6 pers 70/85/125 € ; ⌚ 15 mai-fin sept ; P ❄). Agréables appartements avec cuisine et balcon, et vue sur la plage de Zaga.

Agia Playa TAVERNE $
(Falanthi ; plats 6-13 € ; ⌚ dîner, fermé lun oct). Cette jolie taverne située à Falanthi, à 5 km environ de Koroni, semble sortie d'un livre d'histoires pour enfants, avec ses fontaines, ses vignes, ses platanes et son ruisseau. Quant aux grillades et autres préparations culinaires, vous y prêterez finalement peu d'attention dans un tel cadre.

Renseignements

La rue principale (son nom officiel, Perikli Ralli, n'est pas très usité) part vers l'est depuis la place centrale, à un pâté de maisons de la mer.

Il n'y a pas d'office du tourisme. Une grande carte de la ville, affichée sur un mur de la cathédrale, indique l'emplacement des deux banques et de la **poste** (⌚ 7h30-14h lun-ven).

Depuis/vers Koroni

Les bus vous déposeront sur la place centrale, devant l'église Agios Dimitrios, à une rue du port vers l'intérieur. Cinq bus quotidiens rallient Kalamata (5 €, 1 heure 30) et un rejoint Athènes (27,20 €). Les billets s'achètent au salon de coiffure, près de la place centrale.

Méthoni Μεθώνη

1 169 HABITANTSS

Méthoni, 12 km au sud de Pylos, est une autre des sept cités qu'Agamemnon offrit à Achille. Homère la décrivait comme "riche en vignes". Aujourd'hui, c'est une jolie ville de bord de mer dont la plage attire du monde, gardée par une forteresse vénitienne massive du XVe siècle.

À voir

Kastro CITADELLE

(8h-15h) GRATUIT. Cette vaste forteresse, exemple remarquable d'architecture militaire, renferme encore entre ses murs des bains turcs, une cathédrale, une demeure, une citerne et des passages souterrains.

Construite sur un promontoire au sud de la ville moderne, elle est entourée par la mer sur trois côtés et séparée de la terre ferme par un fossé. La ville portuaire médiévale, à l'intérieur des murs de la forteresse, fut la première possession des Vénitiens dans le Péloponnèse, et celle qu'ils gardèrent le plus longtemps. Les pèlerins en route vers la Terre sainte y faisaient étape. Au Moyen Âge, on appelait les citadelles jumelles de Méthoni et Koroni "les yeux de la République sérénissime".

Une chaussée relie la forteresse à la tour octogonale Bourtzi, érigée sur un îlot voisin.

Où se loger et se restaurer

Apartments Melina APPARTEMENTS $$

(27230 31505 ; www.methoni-apartments.gr ; studio 60 €, 2/3/4 pers app 70/85/85 €, "villa" 6 pers 100 €). Une perle ! Des appartements immaculés et spacieux face à la plage, jouxtant un jardin de roses odorantes, de vignes et de palmiers, tenus par Kathy et Spiros, les très serviables propriétaires.

Hotel Achilles HÔTEL $$

(27230 31819 ; achilleshotel@hotmail.com ; s/d 55/70 € ; toute l'année ;). Le plus chic des hôtels familiaux de Méthoni, avec 13 chambres confortables et modernes, une agréable terrasse, et une salle à manger lumineuse. Petit-déjeuner 6 €

Nonda's GREC, SOUVLAKI $

(27230 31791 ; plats 2-8,50 € ; dîner). L'adresse favorite des habitants, amateurs de bonnes grillades. Le cadre n'a rien d'idyllique mais les portions sont généreuses et les excellentes salades grecques méritent le détour.

Taverna Klimataria TAVERNE $

(27230 31544 ; Miaouli ; plats 7-10 € ; déj et dîner mai-oct). Les habitants recommandent cette adresse pour ses plats traditionnels. Dans une ancienne maison reconvertie en taverne, les tables ont été disposées sous la véranda et dans la cour. Goûtez la tarte aux oignons ou les beignets de fleurs de courgettes. Une friture d'éperlans est offerte en entrée.

Renseignements

En lisière de l'agglomération, la route venant de Pylos se sépare pour former les deux rues principales de Méthoni, qui courent parallèlement jusqu'à la citadelle. Celle de droite est la rue commerçante, avec de nombreuses boutiques, des *cafeneia*, la Banque nationale de Grèce (et un DAB de l'ATE Bank) et un supermarché. Celle de gauche mène directement au parking de la citadelle, en passant par la **poste** (7h30-14h lun-ven).

Il n'y a ni office du tourisme ni police touristique ; en cas d'urgence, appelez la **police** (27230 31203).

Depuis/vers Méthoni

Les bus partent de l'embranchement des deux grandes rues, du côté de Pylos. Ils desservent Pylos (1,60 €, 15 min, 3 à 6/jour) et Kalamata (6 €, 1 heure 30). Certains vont à Finikounda (2,60 €, 15 min, 1 à 2/jour lun-sam). Étonnamment, aucun bus ne circule entre Méthoni et Koroni : il faut changer à Finikounda, si les horaires le permettent. Le bus pour Kalamata s'arrête à Harakopio, à 4,5 km de Koroni. Plus de renseignements sur les bus au 27230 22230.

Pylos Πύλος

2 760 HABITANTS

Sur la côte, à 51 km au sud-ouest de Kalamata, Pylos a beaucoup d'atouts : une immense baie (la baie de Navarino), un port naturel fermé par l'îlot de Sfaktiria, une jolie place plantée d'arbres, deux forteresses et des collines couvertes de pins. C'est l'une des villes les plus charmantes du Péloponnèse.

Le 20 octobre 1827, les flottes britannique, française et russe, sous le commandement de l'amiral Codrington, firent feu depuis la baie sur la flotte d'Ibrahim Pacha (qui réunissait des navires turcs, égyptiens et tunisiens). On dénombra 53 bateaux coulés et 6 000 hommes tués côté ottoman contre 174 du côté de la coalition.

Si la bataille de Navarin (l'ancien nom de la ville) marqua un tournant dans la guerre d'Indépendance, elle n'était pourtant absolument pas prévue : la flotte alliée entendait simplement convaincre Ibrahim Pacha de partir, mais les événements prirent une tournure imprévue. Une fois averti, le roi de Grande-Bretagne, George IV, qualifia l'épisode de "déplorable malentendu".

À voir et à faire

Neo Kastro CHÂTEAU

(☎27230 22955 ; 3 € ; ⏲8h30-15h mar-dim). Des châteaux se dressent des deux côtés de la baie de Navarino. Celui-ci est le plus accessible, dominant la colline au sud de la ville, sur la route de Méthoni. Construit par les Turcs en 1573, puis base de lancement lors de l'invasion de la Crète, il est bien conservé et ses remparts sont impressionnants. À l'intérieur, on découvre la citadelle, une mosquée convertie en église et une cour ceinte de murailles (utilisée comme prison jusque dans les années 1900). Il était question de déplacer le petit **musée archéologique** (☎27230 22448 ; 2 € ; ⏲8h-15h mar-dim) sur ce site.

Exposition René Puaux MUSÉE

(⏲8h30-15h mar-dim). Cette collection autour de la bataille de Navarin fut offerte par René Puaux (1878-1937), un journaliste français, amoureux de la Grèce et collectionneur d'objets de l'époque de la guerre d'Indépendance. Il fit don de ses porcelaines, gravures et lithographies à condition qu'elles soient exposées à Pylos, près du site de la bataille.

Club Boats CROISIÈRE

(☎6972263565, 27230 23155 ; www.pyloscruises.gr ; kiosque sur le quai ; ⏲juin-sept). Expéditions autour de la baie de Navarino et à l'îlot de Sfaktiria (on peut voir des épaves de navires turcs couvertes de vase dans l'eau claire). Le prix dépend du nombre de passagers ; prévoyez près de 15 €/personne (un nombre minimum de participants est requis).

Où se loger

Karalis Beach Hotel HÔTEL $$

(☎27230 23021 ; www.karalisbeach.gr ; Paralia ; s/d/tr 75/90/110 €). Le haut du panier hôtelier à Pylos, aménagé dans un cadre somptueux – sous les remparts du château, accroché à la falaise. Des chambres petites mais élégantes, dans les tons beiges. Celles de l'avant ont des balcons.

Hotel Miramare HÔTEL $$

(☎27230 22751 ; www.miramarepylos.gr ; Tsamadou 3 ; d avec petit-déj 60 € ; P❄). Trente-cinq chambres spacieuses et simples dans un établissement devant la mer, déclinant un thème marin. Des groupes y séjournent souvent ; réservez.

Où se restaurer

De nombreuses tavernes servent les plats classiques ; si l'air marin vous donne envie de dévorer du poisson, vous trouverez de quoi vous réjouir. Les prix fluctuent énormément selon la saison.

Restaurant Grigoris TAVERNE $

(☎27230 22621 ; plats 5-12 €). Sous les platanes à l'angle de la place centrale (et au-dessus de la route, sous une terrasse) ce charmant restaurant expose les plats à votre disposition, qu'il ne vous reste qu'à choisir et à déguster en profitant de la vue. Toutes les saveurs de la Grèce.

Koukos TAVERNE $

(☎27230 22950 ; plats 7-10 €). Cette taverne à l'ancienne, sans prétention, sert de généreuses portions de grillades et plats au four. Le menu change régulièrement. À une courte marche depuis le port, en montée de colline. Demandez votre chemin sur la place centrale.

Renseignements

Tous les services importants sont accessibles à pied de la place centrale, Plateia Trion Navarhon (place des Trois-Amiraux), près du front de mer.

ATE Bank (Plateia Trion Navarhon). Avec DAB.

Banque nationale de Grèce (Plateia Trion Navarhon). Avec DAB.

Computerra (Papaflessa Sq ; 2,20 €/h ; ⏲10h-tard). Pour surfer et prendre un verre.

Police (☎27230 23016). Sur la place centrale.

Poste (Nileos ; ⏲7h30-14h lun-ven)

Depuis/vers Pylos

La **gare routière KTEL Messinia** (☎27230 22230) se trouve sur la place centrale. De là, les bus partent pour Kalamata (5 €, 1 heure 15, 4-7/jour), Kyparissia (6,10 €, 1 heure 15, 2-4/jour), via le palais de Nestor (2 €, 30 min) et Hora (2 €, 35 min), Méthoni (1,60 €, 20 min, 3-4/jour) et Finikounda (1,80 €, 30 min, 3/jour, pas de service dim). Deux bus quotidiens vont à Athènes (28 €, 5 heures). Pour Patras, il y a une correspondance chaque jour à Kyparissia. Les services sont réduits, voire inexistants le week-end. Aucun bus ne circule entre Pylos et Koroni.

Gialova Γιάλοβα

275 HABITANTS

À 8 km au nord de Pylos, sur la côte nord-est de la baie de Navarino, vous découvrirez le joli hameau de Gialova. Sa belle plage de sable et ses eaux calmes bien protégées permettent de se baigner sereinement. La lagune est idéale pour observer les oiseaux en hiver (voir l'encadré page suivante).

Où se loger et se restaurer

Camping Erodios CAMPING $

(☎27230 23269 ; www.erodioss.gr ; empl adulte/tente/voiture 7/5/4 €, bungalows 2/4 lits 65/75 € ; 📶). Ce camping impeccable profite d'une belle étendue de plage sur la baie de Navarino et possède d'excellents équipements. Au nord-ouest du village, sur la route menant à la lagune de Gialova et au Paleokastro.

Hotel-Restaurant Zoe HÔTEL $$

(☎27230 22025 ; www.zoeresort.com ; ch avec petit-déj à partir de 65 €, app à partir de 85 € ; ❄🏊). Ce qui était jadis un petit hôtel familial sur le bord de mer, à côté du port, s'est transformé en un complexe en plein essor. Notre préférence va aux anciennes chambres avec petit balcon, même si elles peuvent être bruyantes quand l'animation bat son plein dans la taverne du Zoe. Le reste du complexe, plus moderne, manque d'ombre.

Elia MÉDITERRANEÉN $

(☎27230 23503 ; www.elia-gialova.gr ; plats 6-15 € ; ⏲fév-oct). Restaurant gréco-méditerranéen contemporain. Délicieux poulpe et porc fumé, et une ambiance de choix, rehaussée par des luminaires de créateurs et des fleurs.

Depuis/vers Gialova

Plusieurs bus se rendent chaque jour à Pylos (2 €, 15 min), au sud ; d'autres vont au nord, jusqu'à Kyparissia via le palais de Nestor et Hora. Un taxi Gialova-Pylos coûte près de 15 €.

Environs de Gialova

À voir

Paleokastro VESTIGES D'UNE FORTERESSE

Ces ruines s'élèvent à 5 km à l'ouest de Gialova, sur la **colline du Coryphasion**, un emplacement défensif exceptionnel au-dessus de l'entrée nord de la baie de Navarino.

Un panneau au nord du village indique la route à suivre. Celle-ci passe sur la petite bande de terre qui sépare la baie de Navarino de la lagune de Gialova et s'arrête au niveau du parking, au sud de la colline. Des panneaux indiquent une route de terre qui monte en serpentant sur le versant de la colline jusqu'à l'entrée de la forteresse.

Celle-ci, construite par les Francs à la fin du XIIIe siècle, se dresse sur le site de l'acropole de l'ancienne Pylos. En 1381, il fut occupé par des mercenaires espagnols originaires de Navarre (province dont la baie porte encore le nom).

Le parking marque aussi le point de départ d'un autre sentier, qui contourne le bas de la colline du Coryphasion jusqu'à la **plage de Voidokilia**. Cette jolie baie de sable en forme de fer à cheval serait la "sablonneuse Pylos" d'Homère, où Télémaque aurait été chaleureusement accueilli lorsqu'il vint demander au sage roi Nestor des nouvelles de son père Ulysse, roi d'Ithaque, disparu depuis longtemps.

Un autre chemin en direction du château part du sud de la plage et passe devant la

OBSERVER LES OISEAUX : LA LAGUNE DE GIALOVA

Le meilleur endroit, et probablement le plus accessible, pour observer les oiseaux dans le Péloponnèse est la lagune de Gialova. Entre septembre et mars, cette zone humide accueille 20 000 oiseaux aquatiques de toutes sortes, tandis que des migrateurs y font escale au printemps, sur leur route entre l'Afrique et l'Europe de l'Est.

L'Association ornithologique hellénique y a recensé 265 des quelque 400 espèces présentes en Grèce, dont 10 variétés de canards et 8 de hérons. Les échassiers y viennent par milliers, sans oublier les flamants et les ibis falcinelles. Parmi les oiseaux de proie, citons l'aigle impérial (espèce menacée partout dans le monde), le balbuzard pêcheur, le faucon pèlerin et plusieurs busards.

La lagune et les marécages qui l'entourent couvrent 700 ha au nord de la baie de Navarino, dont ils sont séparés par l'étroite bande de terre qui mène à la colline du Coryphasion. Ils sont alimentés par deux sources d'eau douce qui coulent dans des lits de roseaux sur les rives nord et est de la lagune, et se déversent dans la baie de Navarino, au pied de la colline du Coryphasion.

Les marécages et les habitats côtiers qui les entourent bénéficient du statut de zone protégée depuis 1997. L'ancien bâtiment abritant la pompe, autrefois le centre névralgique d'un projet de drainage contesté, fait désormais office de centre d'information. Il marque aussi le point de départ de deux sentiers pédestres qui guident les visiteurs à travers divers habitats.

grotte de Nestor. Dans cette grotte ornée de quelques stalactites, Hermès aurait dissimulé le bétail qu'il avait volé à Apollon.

On peut aussi rejoindre la plage de Voidokilia par une route qui part du village de **Petrohori**, à 6 km au nord de Gialova par la route de Hora.

Palais de Nestor VESTIGE MYCÉNIEN

(27630 31437). Lors de notre passage, le palais de Nestor était fermé pour rénovations, et devait rouvrir fin 2014.

Ce palais, dit-on, aurait abrité la cour du héros mythique Nestor, qui aurait participé à l'expédition des Argonautes et à la guerre de Troie. Cet édifice est le mieux conservé de tous les palais mycéniens. Le bâtiment s'élevait autrefois sur deux étages ; les murs ne font plus qu'un mètre de haut, ce qui donne une bonne idée de la disposition d'un ensemble palatial mycénien. L'édifice principal, au centre, comportait de nombreuses salles. La plus grande est la **chambre du trône**, où le roi traitait les affaires d'État. Au milieu de la pièce, un grand foyer circulaire entouré de quatre colonnes décorées soutenait le balcon du 1er étage. Certaines des belles fresques découvertes ici sont exposées au musée du village voisin, Hora. Autour du trône : une guérite, un garde-manger, une salle d'attente, un vestibule et, surtout, une salle de bains pourvue d'une baignoire en terre cuite.

Le site a notamment livré quelque 1 200 tablettes portant des inscriptions en linéaire B, forme archaïque du grec ancien. Ce sont les premières à avoir été découvertes en Grèce continentale. Le musée de Hora en expose quelques-unes. Le palais a été fouillé plus tard que les autres sites mycéniens, entre 1952 et 1965. Un excellent guide écrit par Carl Blegen, qui conduisit les opérations, est vendu sur place (5 €).

Le palais de Nestor est à 17 km au nord de la ville moderne de Pylos.

Musée archéologique de Hora ANTIQUITÉ

(27632 31358 ; tarif plein 3 € ; 8h30-15h mar-dim). Cet intéressant petit musée, à 4 km au nord-est du palais de Nestor, expose des objets découverts sur le site, ainsi que d'autres vestiges de l'époque mycénienne provenant de la région. Ne manquez pas les fresques (incomplètes) de la salle du Trône du palais et les tablettes en linéaire B (même s'il s'agit de copies).

Tous les bus circulant entre Pylos et Kyparissia s'arrêtent à Hora.

OLYMPIE (OLYMPIA)
ΟΛΥΜΠΙΑ

La préfecture d'Élide (*Elia*, Ελιά), dans l'ouest du Péloponnèse, abrite un site majeur de l'Antiquité grecque, Olympie. Pour le reste, la région est agricole.

L'ancienne capitale, Élis, qui doit son nom au roi Hélios, est aujourd'hui une ruine oubliée sur la route de Gastouni vers le lac Pinios. Les Francs, dès leur arrivée, lui avaient préféré Andravida pour diriger leur principauté de Morée. Désormais, la ville un peu terne de Pyrgos joue ce rôle.

Comment s'y rendre et circuler

Des liaisons régulières sillonnent la région. Au départ de Pyrgos, 7 bus quotidiens se rendent à Athènes (27,70 €, 4 heures), 10 à Patras (10 €, 2 heures) et 2 à Andritsena (6,20 €, 2 heures) et Kalamata (13,10 €, 2 heures). Service réduit pendant le week-end. Les bus pour Olympie partent également de Pyrgos (2,20 €, 30 min).

Un petit train se rend de Pyrgos à Olympie (2 €, 40 min, 2/jour).

De Tholos à Olympie

Quand on pénètre dans l'Élide depuis la Messénie, les montagnes de l'est cèdent la place à des plaines plus peuplées, ourlées de plages de sable doré. La côte élidienne consiste en une immense étendue de plages, interrompues ici et là par des rivages de galets et des avancées rocheuses. Malheureusement, les bâtiments édifiés derrière les plages gâchent de plus en plus le paysage. Parmi les plus belles plages du sud, mentionnons **Tholos**, **Kakovatos** et **Kouroutas**. Chaque village propose des hébergements en bord de mer, mais la plupart sont situés dans des bâtiments en béton sans charme.

Olympie (Olympia) Ολυμπία

1 000 HABITANTS

Avec ses rues verdoyantes et bien entretenues, ses innombrables boutiques de souvenirs et ses restaurants hors de prix, le village moderne d'Olympie accueille chaque année des centaines de milliers de touristes venus visiter les vestiges de la cité antique, située seulement 500 m plus bas au sud, au-dessus de la rivière Kladeos. Les abords du site ont été gravement touchés par les incendies de 2007, qui détruisirent tous les arbres, mais l'Olympie antique a survécu, grâce aux efforts des habitants et des pompiers. Serti dans un environnement de toute beauté, ce site majeur reste l'un des plus beaux du pays.

À voir

Trois musées sont consacrés à l'Olympie antique. Si le Musée archéologique (à voir de préférence avant la visite du site) et le musée historique des Jeux olympiques sont incontournables, le musée historique des fouilles à Olympie n'est pas une priorité.

Les horaires d'accès à l'Olympie antique et aux musées changent selon les années et les saisons – renseignez-vous auprès du personnel de votre hôtel en arrivant. Vous pourrez faire des économies en achetant un billet combiné pour le site olympique et le Musée archéologique.

Le site www.ancientolympiahotels.gr fournit des renseignements utiles.

Musée historique des Jeux olympiques SPORTS ET COMPÉTITION
(12h30-19h30 lun, 8h-19h30 mar-dim mai-oct, 10h-17h lun, 8h-15h mar-ven nov-avril) GRATUIT. Ouvert en 2004 après les Jeux olympiques d'Athènes, cet espace bien agencé présente l'histoire de tout ce qui a trait au sport et aux Jeux néméens, panathénaïques et olympiques. Les sculptures, les mosaïques et autres objets rendent hommage aux athlètes et à l'athlétisme.

Musée historique des Fouilles à Olympie ARCHÉOLOGIE
(13h30-20h lun, 8h-20h mar-dim avr-oct, 10h-17h lun, 8h-15h mar-ven nov-mars) GRATUIT. À côté du musée historique des Jeux olympiques et aménagé dans un petit édifice historique, ce musée plaira aux amateurs d'archéologie et d'histoire. Il expose des pièces provenant des fouilles allemandes réalisées sur le site au XIXe siècle.

LES OLYMPIADES ANTIQUES

Les Jeux olympiques étaient l'une des fêtes les plus importantes de l'Antiquité. Les cités-États déposaient alors les armes et respectaient une trêve sacrée d'un mois, le temps de la compétition.

Les origines d'Olympie remontent à l'époque mycénienne. Au culte de la déesse Rhéa succède, à l'époque classique, le culte de Zeus, son fils. Une petite fête régionale, qui comportait sans doute des épreuves sportives, apparaît au XIe siècle av. J.-C. En 776 av. J.-C., le roi Iphitos, d'Élis, déclare ouverts les premiers Jeux olympiques. En 676 av. J.-C., tous les citoyens grecs peuvent y participer, mais les Jeux n'atteignent leur apogée qu'à partir de 576 av. J.-C.

Organisée en l'honneur de Zeus, considéré comme leur fondateur, la compétition se déroule en général au moment de la pleine lune du mois d'août. Elle dure alors cinq jours et comporte les épreuves suivantes : course de chars et de chevaux, pentathlon (lutte, disque, javelot, saut en longueur et course à pied), lutte et pancrace (sorte de boxe à mains nues). À l'origine, seuls les Grecs peuvent y prendre part, mais les citoyens romains finissent par y être admis. Les esclaves et les femmes en sont exclus, même en tant que spectateurs.

Le but de la rencontre ne se limite pas à la compétition sportive. Les Jeux sont aussi l'occasion pour les écrivains, les poètes et les historiens de lire leurs œuvres devant un large public, et pour les citoyens des différentes cités-États de se rencontrer, de conclure des accords commerciaux ou de résoudre des différends politiques par la diplomatie. Les Jeux se poursuivent sous la domination romaine, mais leur importance diminue peu à peu. En 67, Néron participe à la course de chars avec dix chevaux, interdisant aux autres participants d'en avoir plus de quatre. Malgré cet avantage, il tombe et abandonne, ce qui n'empêche pas les juges de le déclarer vainqueur. Les Jeux sont organisés pour la dernière fois en 393 avant d'être interdits, comme toutes les fêtes païennes, par l'empereur chrétien Théodose Ier. En 426, Théodose II fait détruire les temples de la ville d'Olympie.

Depuis que Pierre de Coubertin les a ressuscités en 1896, les Jeux olympiques modernes ont lieu tous les quatre ans dans différentes villes du monde. La flamme est toujours allumée sur l'ancien site d'Olympie avant d'être portée par des athlètes jusqu'à la ville organisatrice.

Olympie antique

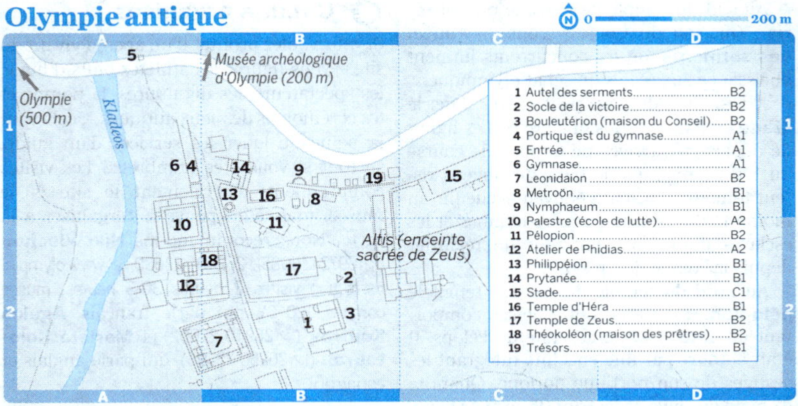

♥ Musée archéologique d'Olympie

ANTIQUITÉ

(☎/fax 26240 22742 ; tarif plein/réduit 6/3 €, avec visite du site 9/5 € ; ⏲10h-17h lun, 8h-20h mar-ven, horaires réduits en hiver) GRATUIT. Ce superbe musée, situé à environ 200 m au nord de la billetterie du site, est idéal pour commencer ou finir votre visite de l'Olympie antique.

Il comprend une maquette du site, ainsi que des reconstitutions des frontons et des métopes du temple de Zeus (hélas incomplètes). Le **fronton est** met en scène la course de chars entre Pélops et Œnomaos, le **fronton ouest** dépeint le combat entre les Centaures et les Lapithes, tandis que les **métopes** illustrent les douze travaux d'Héraclès.

Ne manquez pas la statue en marbre de Paros du IVe siècle d'**Hermès de Praxitèle**, chef-d'œuvre de la sculpture classique, provenant du temple d'Héra. Hermès était chargé d'emmener le petit Dionysos au mont Nysa. Vous verrez aussi des offrandes votives ornementées, découvertes sur le site, sans oublier la **tête sculptée d'Héra**.

Olympie antique

SITE HISTORIQUE

(☎26240 22517 ; tarif plein/réduit site seul 6/3 €, site et musée 9/5 € ; ⏲8h-20h lun-ven, 8h-15h sam-dim, moins longtemps l'hiver). Organisés tous les quatre ans pendant un millénaire au moins, les Jeux furent abolis par l'empereur Théodose Ier en 393. Le site d'Olympie, inscrit au patrimoine mondial de l'Unesco, regroupe un ensemble de temples, d'habitations destinées aux prêtres et de bâtiments publics. Des panneaux explicatifs présentent les édifices. On trouve aussi un plan et une description du site.

La direction du site antique est indiquée depuis le village moderne. L'entrée se trouve après le pont qui enjambe la rivière Kladeos. L'action de Théodose II au Ve siècle et quelques violents tremblements de terre ont eu raison des superbes constructions de l'Olympie antique, mais les vestiges suffisent pour que la promenade dans ce cadre verdoyant soit un enchantement ; prévoyez au moins une demi-journée. Une visite préalable au Musée archéologique (ci-contre) vous aidera à visualiser les bâtiments disparus.

Dirigez-vous tout d'abord vers le **gymnase**, qui date du IIe siècle av. J.-C. Au sud, vous découvrirez la **palestre** (école de lutte), en partie restaurée, où s'entraînaient les concurrents, puis le **théokoléon** (maison des prêtres). À l'arrière, on peut voir l'**atelier de Phidias**, où l'artiste sculpta la monumentale statue de Zeus en or et en ivoire, l'une des Sept Merveilles de l'Antiquité. L'atelier a été identifié par des archéologues grâce à la découverte d'outils et de moules. Après le théokoléon, le **léonidaion** était un vaste édifice où logeaient les dignitaires.

L'**Altis**, ou **enceinte sacrée de Zeus**, surgit à l'est du chemin. Son bâtiment principal, l'immense **temple dorique de Zeus**, du Ve siècle, abritait la statue de Phidias, jusqu'à ce que Théodose II ne l'envoie à Constantinople (où elle fut détruite dans un incendie en 475). Une colonne a été restaurée et remise en place, qui donne une idée de la taille du monument.

Au sud du temple de Zeus, le **bouleutérion** (maison du Conseil) contient l'**autel des serments**, où les concurrents juraient obéissance aux règles du sénat olympique.

À l'est de l'Altis, on peut entrer dans le **stade** en passant sous une arche. Les lignes de départ et d'arrivée de la piste de course du 120 m ainsi que le banc des juges existent toujours. Le stade pouvait accueillir au moins 45 000 spectateurs, les femmes et les esclaves devant se contenter de regarder depuis la colline de Cronos.

Au nord du temple de Zeus se tenait le **pélopion**, une petite butte boisée comportant un autel destiné au culte de Pélops. Il était entouré par une enceinte intégrant les vestiges de son portique dorique. Quantité d'objets découverts ici sont désormais exposés au musée.

Plus au nord, le **temple dorique d'Héra** (VIe siècle) est l'édifice le mieux conservé du site. Le culte d'Héra et de Rhéa avait décliné au profit de celui de Zeus.

À l'est de ce temple, le **nympheum**, érigé par le riche banquier romain Hérode Atticus en 156-160, est typique des bâtiments financés par des mécènes romains. Cette grandiose construction en demi-cercle comportant des colonnes doriques était flanquée de chaque côté par un temple circulaire, qui renfermait des statues d'Hérode Atticus et de sa famille. Malgré son apparence sophistiquée, le *nympheum* avait un but pratique : il abritait une fontaine alimentant Olympie en eau de source.

Derrière le nympheum et en haut d'un escalier en pierre, une rangée de 12 **trésors**, sortes de petites chapelles, s'étend jusqu'au stade, chacun érigé par une cité-État. Ils marquent la limite nord de l'Altis.

Au pied de l'escalier, vous devinerez peut-être les vestiges d'un **metroön** du Ve siècle av. J.-C, un temple en l'honneur de Rhéa, mère de tous les dieux. Des orgies y étaient organisées, dit-on, pour lui rendre hommage.

Les fondations du **philippéion**, à l'ouest du temple d'Héra, sont tout ce qu'il reste d'un bâtiment circulaire à colonnes ioniques, construit par Philippe II de Macédoine pour commémorer la bataille de Chéronée (338 av. J.-C), au cours de laquelle il vainquit les Athéniens et les Thébains. L'édifice contenait des statues de Philippe et de sa famille.

Au nord du philippéion, le **prytanée** était la résidence du magistrat. Ici, on fêtait et distrayait les athlètes victorieux.

Circuits organisés

Si vous voulez profiter d'un aperçu vivant du site – vous figurer les athlètes oints d'huile, les spectateurs, les dignitaires, la pompe et les cérémonies des Jeux antiques –, cela vaut la peine de louer les services d'un guide, surtout si vous êtes nombreux. Les visites comprennent généralement le site et le musée, mais elles peuvent s'organiser à la carte. Nous recommandons **Niki Vlachou** (6972426085, 26240 23630 ; www.olympictours.gr ; visites 2 heures 30-3 heures, musée compris, 120 €), qui parle français, **Agelos Koutras** (26240 22602) et **Marieta Kolotourou** (26250 23596), qui parle anglais et espagnol.

Où se loger

Venir en voiture d'Athènes, de Nauplie ou de Kalamata pour la journée demande du temps et pas mal d'énergie. Le mieux est d'y passer au moins une nuit. Vous pouvez aussi séjourner à Stemnitsa ou Dimitsana, sur votre chemin si vous voyagez d'est en ouest.

Hotel Pelops HÔTEL $
(26240 22543 ; www.hotelpelops.gr ; Varela 2 ; s/d/tr avec petit-déj 40/50/70 € ;). Face à l'église, l'une des meilleures adresses de la ville loue des chambres confortables. Les charmants propriétaires, la famille Spiliopoulos, assurent un service avisé et un petit-déjeuner correct. Thé et café dans chaque chambre.

Hotel Kronio HÔTEL $
(26240 22188 ; www.hotelkronio.gr ; Tsoureka 1 ; s/d/tr avec petit-déj 39/45/55 € ;). Panagiotis, propriétaire serviable et polyglotte, participe de l'attrait de cet excellent hôtel aux chambres vastes et lumineuses.

Pension Posidon PENSION $
(26240 22567 ; www.pensionposidon.gr ; Stefanopoulou 9 ; s 35 €, d 40-45 €, tr 50 € ;). Établissement central, tenu par un couple sympathique. Chambres simples, douillettes et agréables, avec balcon. Petit-déjeuner 5 €.

Camping Diana CAMPING $
(26240 22314 ; www.campingdiana.gr ; empl 8/6/5 € par adulte/tente/voiture ;). Camping bien tenu, aux propriétaires âgés et polyglottes, ombragé d'une végétation luxuriante. Indiqué clairement à 250 m à l'ouest du village et ouvert toute l'année.

Hotel Hermes PENSION $
(☎26240 22577 ; hermes72@otenet.gr ; s/d/tr avec petit-déj 25/30/35 € ; ❄). Adresse économique et accueillante, tenue en famille, proposant 7 chambres basiques et impeccables, aux sols en lino. Une taverne y est rattachée. Après la station-service BP, à droite quand on entre dans la ville par le sud.

Best Western Europa HÔTEL $$
(☎26240 22650 ; www.hoteleuropa.gr ; Drouva 1 ; s/d/tr avec petit-déj 75/95/110 € ; P❄@📶🏊). Hôtel franchisé apprécié par les groupes. Des chambres de taille et de qualité variées – les plus grandes, avec balcon et vue, sont plus luxueuses. Bar, piscine et taverne au bord de l'eau, sous les oliviers, ajoutent au confort.

Où se restaurer

Blasés par le flux constant de touristes, les restaurants d'Olympie se contentent d'assurer le minimum syndical. Vous gagnerez au change en rejoignant les villages des environs, par exemple Floka, à 1,5 km au nord.

Il existe un bon supermarché à côté de la station-service Shell.

Takis Tyropitas À EMPORTER $
(Praxitelis Kondilis 36 ; en-cas 1,50 € ; ⏲7h-15h). Ce comptoir de vente à emporter est en activité depuis 24 ans, une longévité qui atteste sa qualité. Takis, le propriétaire, concocte les meilleures *tyropita* (feuilletés au fromage) et autres délices maison du Péloponnèse – voire de Grèce.

Taverna Thea TAVERNE $
(☎26240 23264 ; Floka ; plats 6,50-12 € ; ⏲dîner toute l'année, déj mai-oct). Faites l'effort d'emprunter la route sinueuse jusqu'au village de Floka, à 1,5 km au nord d'Olympie, pour déguster de solides plats traditionnels. On savoure là, aussi, une belle vue sur le village depuis la grande terrasse... s'il reste de la place, car la taverne est prise d'assaut par les gens du coin.

Mithos SOUVLAKI $
(☎6970605395 ; plats 6-10 € ; ⏲déj et dîner). Une adresse recommandée par les habitants, à l'écart du circuit touristique. Idéal pour des grillades de qualité.

The Garden Taverna GREC $$
(☎26240 22650 ; Best Western Hotel Europa International ; plats 9,50-15 € ; ⏲déj et dîner mai-sept). Ne vous laissez pas rebuter par le fait que ce restaurant soit situé dans le jardin d'un hôtel. Il sert d'excellentes grillades et des plats touristiques plus standards (moussaka, pâtes) dans un cadre charmant, sous les oliviers et au bord d'une piscine. Très agréable par beau temps.

Renseignements

Banque nationale de Grèce (angle Praxitelous Kondyli et Stefanopoulou)

Cafe Zeus (Praxitelous Kondyli ; ⏲8h-tard mars-nov). L'un des nombreux cafés offrant une connexion Wi-Fi.

Poste (Pierre Coubertin 3)

Depuis/vers Olympie

BUS

Il n'y a pas de bus direct entre Olympie et Athènes. Quelque 14 bus (moins le week-end) passent par Pyrgos (2,30 €, 30 min) et permettent d'attraper une correspondance pour Athènes. D'Olympie, 2 bus quotidiens se rendent vers l'est jusqu'à Tripolis (14,30 €, 3 heures) et un à Dimitsana (environ 7 €, 2 heures 30) les lundi et vendredi ; tous les autres jours, des bus desservent Karkalou, à 5 km de Dimitsana. Attention : pour Tripolis, il faut réserver son billet via **KTEL Pyrgos** (☎26210 20600 ; www.ktelileias.gr) la veille du trajet ; les hôtels peuvent s'en charger.

TRAIN

Le train depuis/vers Olympie dessert uniquement Pyrgos – il y a deux ou trois départs par jour (1 €, 30 min). De là, mieux vaut prendre un bus.

VOITURE

Trois itinéraires sont possibles entre Olympie et Athènes et/ou Nauplie. Le premier suit la principale route côtière direction nord via Patras. Le deuxième passe par une route à péage en direction de Tripolis, via Mégalopolis et Kalo Nero. Le troisième et dernier, le plus sinueux, emprunte une route à péage en direction de Tripolis. Après le tunnel d'Artemisio, suivez le panneau sur la droite indiquant l'ancienne Olympie (*Archaia Olympia*) et continuez sur cette route qui traverse les montagnes d'Arcadie. Attention aux très nombreux virages. Ces itinéraires sont tous assez difficiles ; demandez la durée des trajets à votre hôtel (et prévoyez au moins une heure de plus pour respecter les limitations de vitesse et faire des pauses photos).

Andritsena Ανδρίτσαινα

575 HABITANTS

Andritsena, à 65 km au sud-est de Pyrgos, domine la vallée de la rivière Alphée depuis une colline. Des maisons en pierre délabrées aux balcons vermoulus bordent les rues étroites et pavées du village, tandis qu'un torrent traverse littéralement la place centrale, Plateia Agnostopoulou. Une fontaine émerge du tronc d'un énorme platane. Andritsena constitue un bon point de départ pour explorer, à 14 km, le site du temple d'Apollon Épicurien à Bassae (Vassae), classé au patrimoine mondial de l'Unesco.

À voir

Bibliothèque Nikolopoulos BIBLIOPHILIE
(26260 22242 ; 8h30-14h mar-sam) GRATUIT. Nul besoin d'être un grand lecteur pour apprécier l'incroyable donation de Nikolopoulos à cette bibliothèque. En 1838, il offrit 4 000 livres rares à la ville natale de son père pour y fonder une école. À l'époque, il s'agissait de l'une des plus grandes collections privées de livres en Europe. Celle-ci comprenait notamment un ouvrage datant de 1502 et une Bible de 1657. Le village voisin de Stemnitsa a donné 4 000 livres de plus, et la collection est désormais exposée, aux côtés de manuscrits datant de la guerre d'Indépendance grecque de 1821. Ne manquez pas la courte vidéo explicative (en anglais). La bibliothèque donne derrière l'Hotel Theoxenia.

Musée des Arts populaires TRADITIONS
(11h-14h et 18h-20h). Beaucoup de publicité pour ce musée rarement ouvert ! Belle collection d'art populaire, allant des meubles aux vêtements traditionnels. Pour vous faire ouvrir, utilisez le combiné téléphonique installé sur la porte.

Temple de Bassae (Vassae) SITE HISTORIQUE
(26260 22275 ; tarif plein 3 € ; 8h-20h avr-oct, 8h-18h nov-mars). Voici l'un des sites les plus romantiques et les plus majestueux de toute la Grèce : classé au patrimoine mondial de l'Unesco, le temple d'Apollon Épicurien se dresse dans un lieu isolé et sauvage, surplombant de rudes montagnes et collines. Les 14 km de route depuis Andritsena suivent la crête d'une montagne, révélant au fur et à mesure un paysage de plus en plus spectaculaire jusqu'à l'arrivée au temple, à une altitude de 1 200 m.

Bien conservé, ce temple saisissant est quelque peu défiguré par l'énorme tente qui le protège le temps d'une très laborieuse restauration.

Il fut construit en 420 av. J.-C. par les habitants de Phigalie (*Figalia*), une ville voisine, pour remercier Apollo Epikourios (le Guérisseur) de les avoir libérés de la peste.

> VAUT LE DÉTOUR
>
> **ESCALE ŒNOLOGIQUE**
>
> La région viticole de Némée (p. 135) n'est pas la seule région viticole du Péloponnèse. Le beau **domaine Mercouri** (26210 41601 ; www.mercouri.gr ; dégustations 10 € ; 9h-14h lun-sam), à 1 km au nord de Korakohori et à 15 km de Pyrgos, mérite une visite. On y produit un Foloi blanc sec et le "Domaine Mercouri", un rouge primé. Des visites de la propriété sont possibles sur réservation.

Conçu par Ictinos, l'architecte du Parthénon, le monument allie des colonnes doriques et ioniques et une seule colonne corinthienne (l'exemple le plus précoce de ce style).

Il n'y a pas de bus publics. Essayez de former un groupe pour partager un taxi.

Où se loger et se restaurer

Pour vous sustenter, choisissez parmi les cinq ou six tavernes et restaurants de grillades, sans prétention, installés dans la rue principale.

Epikourios Apollon HÔTEL $$
(26260 22840 ; www.epikoureios-apollon.gr ; Plateia Agnostopoulou ; s/d/tr avec petit-déj 40/60/75 € ; toute l'année ;). Cet hôtel-maison d'hôtes loue des chambres toutes simples mais chaleureuses, donnant sur la place centrale ou la vallée à l'arrière.

Renseignements

La banque ATE (avec DAB) et la poste sont proches de la place centrale.

Depuis/vers Andritsena

Des bus desservent Pyrgos (environ 6,20 €, 1 heure 30, 2/jour sauf week-ends) et Athènes (24 €, 2 heures, 2/jour) via Karitena, Mégalopolis, Tripolis et l'isthme de Corinthe.

Kyllini Κυλλήνη

C'est dans le port de Kyllini, à 78 km au sud-ouest de Patras, qu'on prend le ferry pour les îles Ioniennes de Céphalonie et de Zante. La plupart des voyageurs arrivent de Patras en bus pour embarquer.

Des bateaux desservent Zante (6,50/29,90 € par pers/voiture, 1 heure 15, jusqu'à 4/jour en été), Poros (11,50/61 € par pers/voiture, 1 heure 30, jusqu'à 4/jour en été) et Argostoli (2 heures, 1/jour en été seulement) sur Céphalonie. Consultez le site www.ionianferries.gr car les horaires changent régulièrement.

Chaque jour, deux bus partent de Pyrgos (6 €, 1 heure) et trois à quatre partent de la gare routière KTEL Zakynthos à Patras (8 €, 1 heure 15). Certains assurent la correspondance avec les ferries pour Zante (bus et ferry 15,90 €). Il n'y a en revanche pas de bus entre Kyllini et Patras. Un **taxi** (☎ 6973535678) pour Patras coûte environ 60 €.

ACHAÏE ΑΧΑΪΑ

Les visiteurs étrangers découvrent peu à peu les charmes de l'Achaïe (Akaïa, Αχαΐα). Cette région spectaculaire leur réserve un bouquet de stations balnéaires, des montagnes élevées où l'on peut faire du ski (accessibles par un remarquable train à crémaillère) et une capitale très animée : Patras.

La région doit son nom aux Achéens, la branche indo-européenne d'un peuple implanté en Grèce continentale, qui allait donner naissance à la civilisation mycénienne. À l'arrivée des Doriens, les Achéens durent se réfugier dans la partie nord-ouest du Péloponnèse, repoussant à leur tour les premiers Ioniens.

Selon la légende, les Achéens auraient fondé les douze cités de la future Ligue achéenne, qui existera jusqu'à la période romaine, dont les deux villes principales sont les ports de Patras et d'Egio (sur la côte du golfe de Corinthe).

Patras Πάτρα

168 000 HABITANTS

Première ville du Péloponnèse et capitale de l'Achaïe, Patras doit son nom au roi Patras, qui gouverna l'Achaïe aux environs de 1100 av. J.-C. Malgré ses 3 000 ans d'une histoire mouvementée, Patras intéresse peu les voyageurs, dont beaucoup ne font que transiter pour prendre un bateau pour l'Italie ou les îles Ioniennes.

Les boutiques fermées, l'absence d'office du tourisme et les rues piteuses près du port témoignent de la crise. Pourtant, dans le centre piétonnier, vous découvrirez une ville cosmopolite, dotée de cafés et de clubs animés (la ville compte quelque 2 000 étudiants), quelques sites intéressants, ainsi qu'une communauté artistique et culturelle bien vivante.

Le profil de Patras est dominé par un ancien port (le nouveau port des ferries est au sud de la ville), des logements ternes des années 1950 et quelques édifices néoclassiques, survivants du XIXe siècle. Mais la cité possède aussi de jolies places et des joyaux d'architecture comme le théâtre d'Apollon, le musée archéologique et l'impressionnant pont suspendu Rion-Antirion (*Andirio*), qui relie la ville à l'ouest de la Grèce continentale.

À voir et à faire

Musée archéologique de Patras ANTIQUITÉ
(☎ 26104 20645 ; angle Amerikis et route nationale Patras-Athènes; 8h30-15hmar-dim) GRATUIT. Ultramoderne, doté d'étincelants dômes métalliques et de bâtiments de style contemporain, ce musée est le deuxième plus grand du pays. Ses collections – installées dans trois salles thématiques (vie domestique, vie publique et nécropole) – comportent des objets datant de la préhistoire à l'époque romaine (notamment d'extraordinaires mosaïques, sarcophages et bijoux) découverts à Patras et dans les environs. Il possède également un superbe ensemble d'épées mycéniennes. Le musée est à quelque 7 km de la ville.

Kastro FORTERESSE
(8h30-15h mar-dim) GRATUIT. Le *kastro* se dresse sur le site de l'acropole de l'ancienne Patras. Si les Byzantins ont été les premiers à construire un fort, autour de 550, l'édifice actuel date des Francs et a fait l'objet de nombreux remaniements au cours des siècles, par les Byzantins, les Vénitiens et les Turcs. La forteresse a servi de position défensive au cours de la Seconde Guerre mondiale. Située dans un joli parc au milieu des pins, on y arrive après 200 marches environ, à l'extrémité sud-est de la rue Agiou Nikolaou. La récompense : une superbe vue sur les îles Ioniennes de Zante et de Céphalonie.

Agios Andreas ÉGLISE
(Agiou Andreou). Avec 5 500 places, cette église est l'une des plus grandes des Balkans. Elle abrite des icônes et des peintures, ainsi que le crâne de saint André et une partie de la croix sur laquelle il fut crucifié.

Hammam BAINS TURCS
(☎ 2610 274 267 ; Boukaouri 29 ; 9h-21h lun-sam en hiver seulement). Bains et soins corporels.

Fêtes et festivals

Chaque année, les habitants font la fête lors du **carnaval de Patras** (www.carnivalpatras.gr), qui commence par différentes manifestations avant de culminer lors d'un week-end débridé, fin février ou début mars, avec parades costumées et défilés de chars. Attention, ce carnaval attire du monde ! Si vous comptez rester une nuit à Patras durant cette période, mieux vaut réserver tôt. Consultez le site Internet pour connaître la date précise.

Où se loger

Les prix doublent pendant le carnaval.

Pension Nikos HÔTEL $

(☎2610 623 757 ; angle Patreos 3 et Agiou Andreou 121 ; s/d/tr 30/40/55 €, s/d avec sdb commune 25/35 € ; ❄). En plein centre-ville, cette pension de style années 1960 est un peu défraîchie vue de l'extérieur, mais les chambres réparties sur plusieurs étages sont bien tenues et le toit-terrasse est correct.

Maison Grecque BOUTIQUE-HÔTEL $$

(☎2610 241 212 ; www.mghotels.gr ; 25 Martiou St 116 ; s/d/tr avec petit-déj 65/85/135 €). Chaque chambre de cet établissement chic et sophistiqué possède une décoration

Patras

0 — 200 m

unique, en général dans des tons sombres et chatoyants. L'hôtel est commodément situé, à 5 minutes à pied du centre piéton.

Hotel Marie Palace HÔTEL **$$**
(☎ 2610 331 302 ; www.mariepalace.gr ; Gounari 6, s/d avec petit-déj 40/60 € ; ❄📶). Le personnel agréable et efficace compense tous les défauts de ces chambres sommaires, appréciées des voyageurs d'affaires au budget limité. Les chambres à l'avant, avec balcon, peuvent être bruyantes le soir.

Hotel Byzantino HÔTEL **$$**
(☎ 2610 243 000 ; www.byzantino-hotel.gr ; Riga Fereou 106 ; s/d/tr avec petit-déj 75/85/100 € ; ❄📶). Cet élégant édifice néoclassique se démarque des habituels blocs de béton de Patras. Il loue de belles chambres avec cadres de lit originaux, parquets et meubles d'époque.

Où se restaurer

Pour un délicieux "frappé" (café glacé à la grecque), dirigez-vous dans la rue Agiou Nikolaou ; de nouveaux cafés branchés se succèdent aussi dans Riga Fereou (Michalakopoulou), piétonne depuis peu. Les bons restaurants sont regroupés au sud-est, dans Trion Navarhon. Les étudiants apprécient les adresses bon marché dans Gerokostopoulou.

Où prendre un verre et sortir

Au crépuscule, Patras la cosmopolite s'anime, se met sur son trente et un, et ses cafés bourdonnent de vie. Essayez Agiou Nikolaou et Riga Fereou, aux cafés-bars tendance. Radinou est une petite allée très animée.

Renseignements

Les cybercafés ne manquent pas autour de Plateia Olgas.

Banque nationale de Grèce (Plateia Trion Symachon ; ⏲ 8h-14h30 lun-jeu, 8h-14h ven). En face de la gare ferroviaire.

Centre de premiers secours (☎ 2610 277 386 ; angle Karolou et Agiou Dionysiou ; ⏲ 8h-20h)

Kiosque (☎ 2610 273 092 ; Agiou Andreou 77). Modeste choix de romans, journaux et magazines internationaux.

Police touristique (☎ 2610 695 191 ; Gounari 52 ; ⏲ 7h30-21h)

Poste (angle Zaïmi et Mezonos ; ⏲ 7h30-20h lun-ven, 7h30-14h sam-dim)

Depuis/vers Patras

Lors de notre passage, plus aucun ferry ne rejoignait Corfou depuis Patras ; ils n'appareillaient plus que d'Igounemitsa. Les compagnies de ferries n'en continuaient pas moins de faire, sur leurs sites Internet, la promotion de liaisons disparues. Pour toutes les destinations, appelez pour vérifier les horaires, très variables, avant de rejoindre Patras.

Les gares routière et ferroviaire sont sur Iroön Polytehniou et Othonos Amalias.

BATEAU

Ouvert en 2011 à plusieurs kilomètres au sud de la ville, le "nouveau" port est le point de départ des ferries.

Les agences des ferries de toutes les compagnies suivantes sont présentes dans les ports, mais celles des bateaux (dont nous indiquons les numéros) sont également représentées sur Iroön Polytehniou et Othonos Amalia. Les horaires et tarifs des ferries changent en fonction des saisons.

Liaisons nationales

Patras est le point de départ des ferries pour Céphalonie, Ithaque et Corfou.

Strintzis Lines (☎ 2610 240 000 ; www.strinzisferries.gr) assure les liaisons pour Céphalonie (Sami ; 2/jour, 2 heures 45, 18,80/64 € par personne/voiture). Le même bateau se rend à Ithaque (Pisoaetos ; 2/jour, 3 heures 30 ; 19 €).

Liaisons internationales

Patras est le principal port grec des ferries à destination de l'Italie (Ancône, Bari, Brindisi et Venise). Certains de ces ferries s'arrêtent à Igoumenitsa et à Corfou (aucune escale gratuite à Corfou n'est autorisée).

Superfast/Blue Star Ferries (☎ 2610 622 500 ; www.superfast.com ; Othonos Amalias 12) dessert Ancône (à partir de 78 €, 21 heures) et Bari (à partir de 75 €, 15 heures 30).

Minoan Lines (☎ 261 042 6000 ; www.minoan.gr) et **ANEK Lines** (☎ 2610 343 655 ; www.anek.gr ; Othonos Amalias 25) desservent Ancône (à partir de 95 €, 22-24 heures) et Venise (à partir de 65 €, 20 heures).

Les prix indiqués valent pour des sièges sur le pont ; les sièges à l'intérieur ou en cabine coûtent plus cher. Les horaires changent régulièrement – consultez les sites Internet.

BUS

La **gare routière KTEL Achaia** (☎ 2610 623 886 ; www.ktelachaias.gr ; Othonos Amalias 4) assure des liaisons pour :

➡ Athènes (19 €, 3 heures, ttes les 30 min) via Diakofto et l'isthme de Corinthe (12,60 €, 1h30)

- Ioannina (24 €, 4 heures 30, 2/jour)
- Kalamata (23 €, 4 heures, 2/jour)
- Kalavryta (7 €, 2 heures, au moins 2/jour)
- Pyrgos (9 €, 2 heures, 10/jour)
- Thessalonique (44,20 €, 7 heures, 2 ou 3/jour).

Depuis/vers Athènes, les bus circulent entre la gare routière KTEL Achaia, à Patras, et le Terminal A (Kiffisou St) à Athènes, d'où des bus fréquents assurent la liaison depuis/vers l'aéroport international.

La **gare routière KTEL Kefallonia** (☎2610 274 938 ; angle Othonos Amalias 58) dessert les îles Ioniennes de Lefkada (16,20 €, 2/sem, 3 heures) et de Céphalonie (21,50 €, 1/jour). De Céphalonie, rejoignez en bus le port de Kyllini, d'où vous prendrez un ferry pour Poros (1 heure 30) et continuez par la route jusqu'à Argostoli (1 heure). Les bus à destination d'Amfissa (pour Delphes ; 13 €, 3 heures, 2/jour lun-ven, 1/jour sam-dim) partent également de cette gare routière.

La **gare routière KTEL Zakynthos** (☎2610 220 993 ; www.ktel-zakynthos.gr ; Othonos Amalias 84) assure des liaisons vers Zante, via le port de Kyllini (ferry, 16 €, 3 heures 30, 2-3/jour).

Les horaires changent selon les saisons.

TRAIN

Six trains se rendent chaque jour à Athènes (17 €). Lors de notre passage, un bus de remplacement allait jusqu'à Kiato, d'où part le *proastiako* (train de banlieue). En arrivant à Athènes, votre billet de *proastiako* est valable pendant 1 heure 30 dans le métro, mais vous devrez le composter pour éviter une amende.

Comment circuler

Hertz (☎2610 220 990 ; www.hertz.gr ; Akti Dimaion 40). Agence fiable de location de véhicules.

Zahlorou Ζαχλωρού

40 HABITANTS

Ce village pittoresque et préservé, à mi-chemin sur la ligne Diakofto-Kalavryta, s'étend des deux côtés de la voie ferrée et de la rivière. Certains voyageurs prennent le train jusqu'ici puis retournent à Diakofto à pied – le trajet, en grande partie le long de la voie, demande à peu près 4 heures.

De Zahlorou, vous pourrez aussi monter jusqu'au **Moni Megalou Spileou** (monastère de la grande caverne ; ☎26920 23130 ; 8h-12h et 13h-crépuscule l'hiver, 8h-13h et 14h-crépuscule l'été) GRATUIT, une promenade de 3 km (1 heure). Le monastère d'origine fut détruit en 1934, quand la poudre à canon entreposée pendant la guerre d'Indépendance y explosa. Le nouveau monastère renferme des évangiles décorés d'enluminures, des reliques et une icône miraculeuse de la Vierge Marie, qui aurait été découverte non loin, dans une caverne, par saint Théodore et saint Simon en 362.

Des deux adresses économiques sur le quai de la gare, **Zachlorou** (☎6983125616, 26920 22789 ; www.zachlorou.gr ; ch à partir de 40 €) est préférable à l'**Hotel Romantzo** (☎6986885779, 26920 22758 ; ch à partir de 35 €). Mieux vaut opter pour la **Taverna Oneiro** (☎6945776821, 26920 23772 ; www.villa-oneiro.gr ; ch avec petit-déj à partir de 50 € ; oct-mai), qui loue 9 studios aux allures de chalets de montagne, ornés de boiseries.

Tous les trains Diakofto-Kalavryta marquent un bref arrêt à Zahlorou. On peut se rendre en voiture jusqu'à Zahlorou par une route étroite qui part de la route Diakofto-Kalavryta. La bifurcation est à 7,5 km au nord de Kalavryta.

Kalavryta Καλάβρυτα

1 800 HABITANTS

À 756 m au-dessus du niveau de la mer, Kalavryta est une station touristique agréable pour profiter de l'air pur de la montagne, de sources vivifiantes et d'une grande place ombragée. La ville est devenue un lieu de villégiature prisé par les Athéniens, qui arrivent en rangs serrés le week-end et pendant la saison de ski. Du coup, les prix peuvent être plus élevés ici que dans d'autres villages.

Deux événements historiques ont assuré à Kalavryta une place particulière dans le cœur du peuple grec. D'abord, même si de nombreuses preuves indiquent que les combats avaient commencé ailleurs, la version officielle de la guerre d'Indépendance veut que la révolte contre les Turcs ait débuté tout près d'ici, le 25 mars 1821, quand Germanos, l'archevêque de Patras, brandit le drapeau grec dans le monastère d'Agia Lavra, à 6 km de Kalavryta. Ensuite, le 13 décembre 1943, les nazis commirent ici un de leurs pires méfaits perpétrés en Grèce lors de la guerre. En représailles contre les résistants, ils mirent le feu à la bourgade et exécutèrent tous ses habitants de sexe masculin de plus de 15 ans (soit 498 personnes). La vieille horloge de la cathédrale restera éternellement figée sur 2h34, heure à laquelle commença la tuerie. L'ancienne école abrite désormais un

LE PETIT TRAIN DIAKOFTO-KALAVRYTA

S'il est bien un voyage à ne pas manquer dans le Péloponnèse, c'est le trajet entre Diakofto et Kalavryta à bord du petit **train** (☎6986307176, 26910 43206 ; aller simple/aller-retour 9,50/19 €), qui, au départ de Diakofto, traverse les spectaculaires **gorges de Vouraïkos**. Grâce à un système de crémaillère qui le tracte dans les portions les plus pentues, le train avale un dénivelé de plus de 700 m sur une distance de 22,5 km. Construite par une entreprise italienne entre 1885 et 1895, cette ligne de chemin de fer est un ouvrage d'art dont il n'existe que quelques exemples dans le monde (notamment dans les Alpes suisses ou en France).

En avançant dans les gorges, sous l'épaisse frondaison des platanes, la ligne grimpe jusqu'à un étroit replat surplombant la rivière. Elle traverse en chemin sept tunnels tortueux. Le trajet dure un peu plus d'une heure, arrêt à Zahlorou inclus. L'horaire des départs quotidiens varie. Pour plus de détails : www.odontotos.com, un site géré par un passionné du rail.

Entre 2007 et 2009, l'ensemble des rails et des crémaillères a été remplacé. Désormais, quatre nouveaux trains circulent à la place des anciens wagons. Les locomotives à vapeur qui circulaient à l'origine sur cette ligne ont été remplacées par des machines Diesel dans les années 1960, mais on peut encore admirer ces vieilles motrices dans les gares de Diakofto et de Kalavryta.

Aucun bus KTEL régulier ne s'arrête à Diakofto. Pour vous y rendre, prenez la seule ligne ferroviaire qui fonctionne : Corinthe-Patras (des bus OSE remplacent les trains sur la ligne Diakofto-Kiato). En quittant Diakofto, reprenez la même ligne de remplacement vers l'ouest jusqu'à Patras, ou vers l'est celle qui dessert Kiato, d'où vous pourrez prendre le *proastiako* qui va à Corinthe (un arrêt) et jusqu'à l'aéroport d'Athènes.

musée émouvant consacré aux victimes des massacres qui eurent lieu dans la région et firent quelque 700 victimes.

La région est réputée pour son espèce de papillons bleus uniques et endémiques, et connaît également une affluence croissante d'ornithologues amateurs.

À voir

Musée des Martyrs de Kalavryta HISTOIRE

(☎26920 23646 ; www.dmko.gr ; 1-5 Syngrou ; 3 € ; 9h-16h mar-dim). La visite de ce musée s'impose lorsque l'on arrive au village. Il rend un vibrant hommage aux quelque 700 personnes massacrées par l'armée allemande dans la région pendant la Seconde Guerre mondiale, en particulier les 498 victimes de la tuerie du 13 décembre 1943. Dans un récit sobre mais très évocateur, il restitue la lutte entre l'armée allemande et les résistants de la région, ainsi que les événements précédant le massacre, notamment un bain de sang déclenché après l'exécution, par les résistants, d'un groupe de prisonniers allemands.

Ne manquez pas les vidéos projetées en continu tout au long de l'exposition. Elles restituent le témoignage de villageois ayant échappé à la mort, certains après avoir été enfermés avec leur mère dans l'école (désormais transformée en musée), pour être brûlés vifs. Les Allemands leur laissèrent finalement la vie sauve afin qu'ils enterrent les cadavres. Mémorial bouleversant, un mur est tapissé des photos des villageois abattus.

Mémorial des Martyrs MONUMENT

Une grande croix blanche qui domine une colline couverte de cyprès, juste à l'est de la ville, indique le site du massacre de 1943. Sous l'imposant mémorial, un sanctuaire rend hommage aux victimes. Dans Konstantinou, un panneau en indique la direction.

Où se loger

Le village lui-même compte peu d'hôtels mais il existe des pensions dans les environs. Pendant la saison de ski (novembre-avril), il est essentiel de réserver, de même que le week-end tout au long de l'année, car les Athéniens aiment venir profiter de l'air de la montagne. Le reste du temps, les prix baissent de 50%. Le site Internet de l'association des hôtels (www.kalavrita-hotels.gr) répertorie de bonnes adresses.

Les hébergements les moins chers sont les *domatia* dans les rues derrière la gare ferroviaire.

Hotel Kynaitha HÔTEL $$
(☎26920 22609 ; www.kynaitha.gr ; Ethnikis Andistasis 11 ; s/d/tr/ste avec petit-déj 65/85/98/145 € ; ❄📶). Moderne et confortable, avec des chambres spacieuses et bien meublées, des sdb étincelantes et des articles de toilette raffinés.

Finday Boutique Hotel BOUTIQUE-HÔTEL $$
(☎26920 24552 ; www.findayhotel.gr ; ch avec petit-déj à partir de 60 €). Cette adresse haut de gamme est idéale pour des longs séjours. Les chambres et studios élégants – édredons et lits en fer forgé – ont l'attrait d'une belle vue sur la ville. Ils sont très cotés auprès des jeunes mariés grecs.

Hotel Filoxenia HÔTEL $$
(☎26920 22422 ; www.hotelfiloxenia.gr ; Ethnikis Andistasis 10 ; s/d/tr avec petit-déj 70/90/110 € ; P❄📶). Sombre et un peu délabré, le Filoxenia fait penser à un vieux refuge de ski, mais il est confortable et chaleureux. Les chambres possèdent des balcons. Tarifs moins élevés en semaine.

Hotel Helmos HÔTEL $$
(☎26920 29222 ; www.hotelhelmos.gr ; Plateia Eleftherias 1 ; s/d/tr 70/90/110 € ; ❄📶). Aménagé dans l'un des superbes édifices d'origine du village, cet hôtel rénové dispose – malgré la relative exiguïté de certaines chambres – de tout le confort nécessaire, dans un cadre contemporain.

Où se restaurer

La plupart des restaurants sont regroupés dans 25 Martiou ; descendez la rue et fiez-vous à la clientèle grecque. Kalavryta est l'une des destinations préférées des Athéniens pour le week-end, comme le rappellent les bars et cafés branchés.

To Spitikou TAVERNE $
(☎26920 24260 ; plats 6-12 € ; 🕒déj et dîner). En face de la gare routière et hors du circuit touristique, cette taverne douillette à l'ambiance de refuge de ski propose des plats traditionnels de qualité, dont beaucoup sont préparés par la mère du propriétaire.

Gri Gri Café DOUCEURS $
(25 Martiou ; en-cas 1,50-4 € ; 🕒8h-20h). En face du musée, une bonne adresse familiale. Délicieux gâteaux et en-cas maison, comme la tarte au fromage, le baklava et la *crèma* (crème très sucrée).

Ellinikon BOULANGERIE $
(en-cas 1,50-4 €). À côté de la station-service sur la route quittant le village en direction de Patras et Klitoria, cette excellente boulangerie est idéale pour composer un pique-nique : pain délicieux, mini-pizzas et beaucoup de pâtisseries.

Renseignements

La gare ferroviaire se situe à l'extrémité nord de la ville, en face du musée. À droite du musée, Syngrou/25 Martiou est une zone piétonne. À gauche du musée se trouve Konstantinou. La place centrale, Plateia Kalavrytou, est à deux rues de la gare ferroviaire.

Il n'y a pas d'office du tourisme.

Banque nationale de Grèce (25 Martiou). Juste avant la Plateia Kalavrytou.

Poste (🕒7h30-14h lun-ven). Derrière la Plateia Kalavrytou.

Comment s'y rendre et circuler

Les horaires du train à crémaillère depuis/vers Diakofto via Zahlorou sont irréguliers.

Des bus desservent Patras (8 €, 2 heures, 3/jour semaine), Athènes (17 €, 3h heures, au moins 1 à 2/jour) et Klitoria (3 €, 1 à 2/jour). La **gare routière** (☎26920 22224) est à 200 m avant l'entrée de la ville (de la route venant de Diakofto), à côté de la station-service Jetoil.

La **station de taxis** (☎26920 22127) de Kalavryta est située devant la gare ferroviaire.

La plupart des sites intéressants se trouvant en dehors de la ville, disposer d'un véhicule est très pratique.

Environs de Kalavryta

Kalavryta et les montagnes environnantes comptent plusieurs sites intéressants. Certains sont proches de la ville, les autres, plus lointains, demandent une voiture. Impossible de rouler vite sur les routes sinueuses, mais le paysage est magnifique dans toute sa variété.

À voir et à faire

Moni Agias Lavras MONASTÈRE
(☎26920 22363 ; 🕒10h-13h et 15h-16h l'hiver, 10h-13h et 16h-17h l'été). Le monastère d'origine, datant du Xᵉ siècle, fut brûlé par les nazis. Le nouveau possède un petit musée où sont exposés des objets monastiques et

l'étendard de l'Indépendance (il fut hissé par les insurgés, en signe de révolte, et cet acte marqua le début de la guerre d'Indépendance). Il se dresse à 6 km au sud-ouest de Kalavryta, d'où un taxi vous demandera 20 € aller-retour, avec une demi-heure d'attente le temps de visiter le monastère.

Grotte des lacs
GROTTE

(☎26920 31588 ; www.kastriacave.gr ; tarif plein/réduit 9/4,50 € ; ⏲9h30-16h30, horaires plus larges en été). La remarquable grotte des lacs se trouve à 16,5 km au sud de Kalavryta, près du village de Kastria. Elle fait partie intégrante de la mythologie grecque et figure dans les écrits du voyageur de l'Antiquité Pausanias (voir l'encadré p. 143). Pourtant, on ne la localisa qu'en 1964, quand des habitants remarquèrent, après une forte pluie, de l'eau sortant à gros bouillons du toit d'une grotte plus petite. Ils découvrirent alors une grande caverne pleine de chauves-souris, précédant une grotte de 2 km de long creusée par une rivière souterraine.

On y pénètre désormais par une entrée artificielle, qui marque le point de départ d'une promenade de 500 m sur une passerelle serpentant au-dessus de la rivière. Il faut obligatoirement se joindre à une visite guidée de 35 minutes (en grec). Les lacs consistent en un ensemble de treize bassins de pierre, formés par les minéraux déposés au cours des siècles.

Rejoindre les grottes par les transports en commun relève du casse-tête. Un taxi depuis Kalavryta coûte 40 € environ l'aller-retour (attente incluse). Vérifiez les horaires d'ouverture de la grotte, car ils changent régulièrement.

Fermes piscicoles et restaurants
TRUITES

Le hameau de Planitero, à environ 20 km au sud de Kalavryta (6 km au nord du village de Klitoria), est l'occasion de passer un bon après-midi tout en se régalant : cinq ou six restaurants de truites (ils pratiquent des tarifs similaires : 8-11 € la truite) et de nombreuses fermes piscicoles sont installés au bord de la rivière Aroanios, souvent à l'ombre des platanes.

La bifurcation pour Planitero est indiquée sur la gauche à 4 km de Klitoria.

Domaine skiable
SKI

(☎26920 24451 ; www.kalavrita-ski.gr ; ⏲9h-16h déc-avr). À 14 km à l'est de Kalavryta, sur le mont Helmos (2 355 m), un domaine skiable, situé à une altitude de 1 700 à 2 340 m, s'enorgueillit de 12 pistes et 7 remontées mécaniques (dont 2 télésièges). Il ne compte pas d'hébergements, mais vous pourrez y louer du matériel de ski et de snowboard (20-25 € pour des chaussures et des skis ou un snowboard). À Kalavryta, **Ski Time Center** (☎26920 22030 ; Agiou Alexiou) loue des skis.

Depuis Kalavryta, aucun transport en commun ne dessert le domaine skiable. Un taxi revient à 40 € l'aller-retour environ. La saison s'étale de décembre à avril, selon les conditions d'enneigement.

Centre de la Grèce

Dans ce chapitre ➡

Le top des restaurants

- Taverna Vakhos (p. 195)
- Bebelis (p. 199)
- Taverna Orea Ammoudia (p. 213)
- Georgaras (p. 216)

Le top des hébergements

- Lost Unicorn Hotel (p. 215)
- Hotel Ganimede (p. 198)
- Mansion Karagiannopoulou (p. 216)
- Doupiani House (p. 225)

Pourquoi y aller

“Centre du monde” de la Grèce antique, Delphes est aujourd’hui l’un des endroits les plus visités du pays pour son sanctuaire dédié à Apollon, sans doute le site antique où l’esprit souffle le plus. La vue (magnifique) sur le golfe de Corinthe ajoute encore à cette dimension spirituelle. Seuls les Météores, ces impressionnants pitons rocheux couronnés de monastères, peuvent rivaliser en renommée, et pas seulement auprès des passionnés d’escalade.

Le centre de la Grèce réserve d’autres surprises, comme les vallées et les prairies alpines dans la chaîne du Pinde, idéale pour skier, trouver la fraîcheur en été ou pratiquer le rafting, ou la presqu’île du Pélion, terre mythique de Jason et des Argonautes, sillonnée de chemins pluriséculaires reliant de ravissants hameaux, avec des criques et des plages qui n’ont rien à envier à celles des plus belles îles ! À cela s’ajoutent les plaisirs de la table et, surtout, la gentillesse et le sens de l’hospitalité des habitants, autant de promesses de chaleureuses rencontres humaines.

Quand partir

Delphes

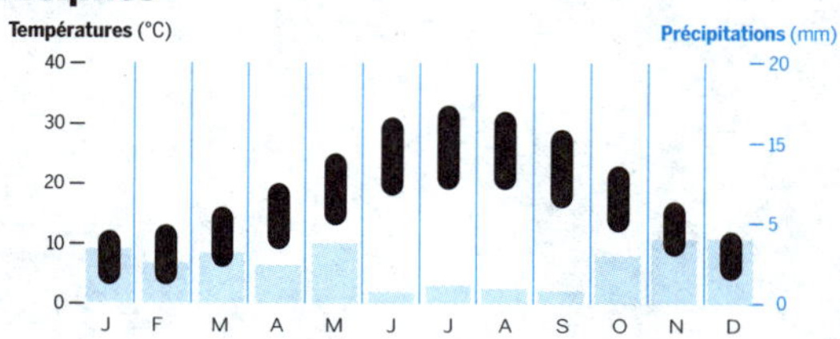

Avril-mai
Les fleurs sauvages émaillent les prairies alpines.

Septembre
Temps stable et ensoleillé, avec moins de monde.

Pâques
Processions religieuses et bonne chère dans les villages traditionnels.

DELPHES ET LA STEREA ELLADA

Mythologie et histoire semblent se fondre dans le paysage accidenté de la Sterea Ellada (Στερεά Ελλάδα, Grèce continentale). Sur les pentes du mont Parnasse, voici Delphes, que les Grecs de l'Antiquité considéraient comme le "nombril du monde". Au-delà, les terres s'étendent à l'est vers l'Attique, où Œdipe rencontra son destin, et à l'ouest vers Missolonghi, où lord Byron, poète romantique, mourut alors qu'il était venu soutenir la guerre d'Indépendance des Grecs. Ce territoire ne fut baptisé Sterea Ellada qu'en 1827, lorsqu'il rejoignit le nouvel État grec.

Thèbes (Thiva) Θήβα

Le berceau d'Héraclès et de Dionysos, qui occupe une situation stratégique entre le nord de la Grèce et le Péloponnèse, fut une puissante cité-État jusqu'en 400 av. J.-C. Le destin tragique de la dynastie des rois de

À ne pas manquer

1. Une balade vers la mer le long d'anciens sentiers muletiers sur la **péninsule du Pélion** (p. 209)
2. Un festin de truites de montagne, pêchées près de **Karpénission** (p. 202)
3. Un *tsipouro* en bonne compagnie, à **Volos** (p. 208)
4. La randonnée jusqu'aux monastères des **Météores** (p. 222) et la découverte des grottes des ermites en chemin
5. Un moment de méditation aux dernières lueurs du jour dans le **sanctuaire d'Athéna Pronea**, au cœur de la **Delphes antique** (p. 190)

Sterea Ellada

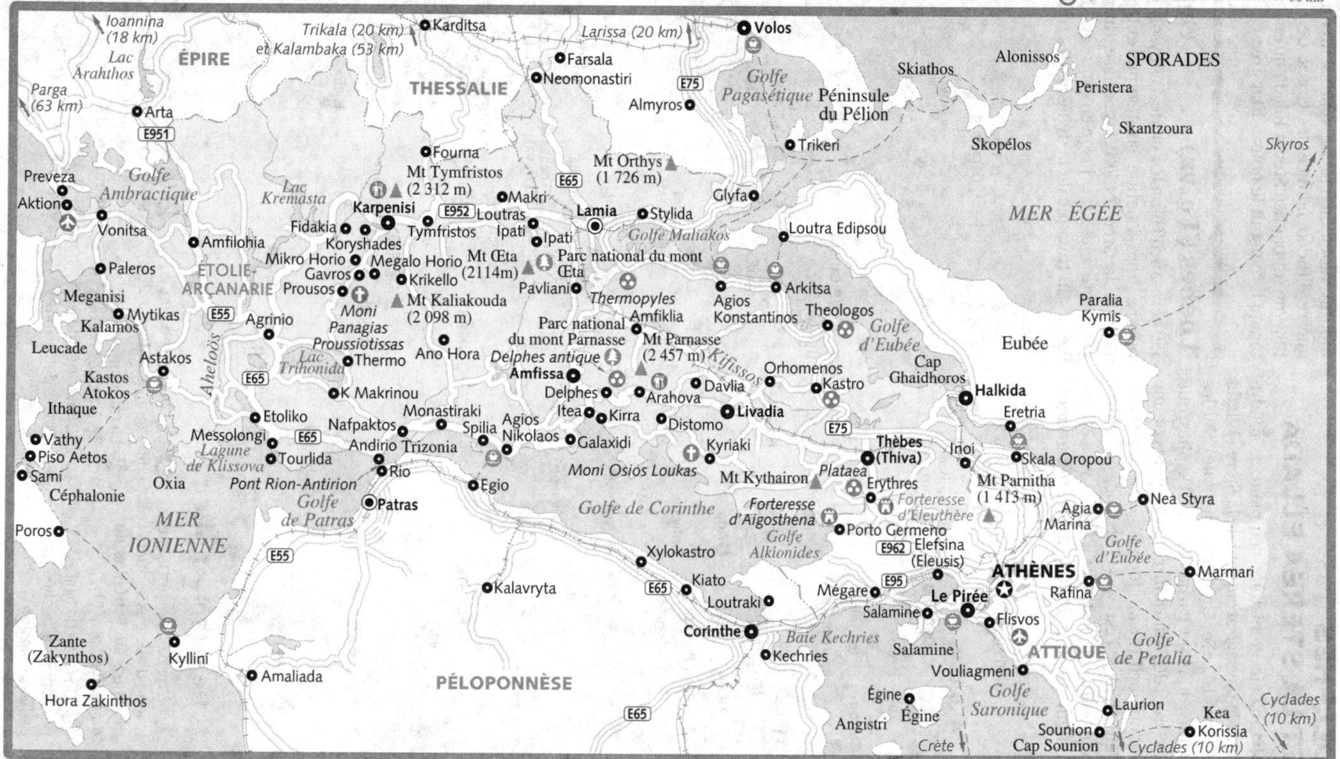

Thèbes, centrée autour de l'histoire d'Œdipe, rivalisa avec celui des Atrides à Mycènes.

À l'issue de la guerre de Troie, vers 1200 av. J.-C., Thèbes dominait la Béotie. Sa gloire s'effondra brutalement quand, en 335 av. J.-C., elle fut détruite par Alexandre le Grand pour s'être rangée du côté de la Perse.

Si la Thèbes moderne a conservé peu de vestiges de son âge d'or (à l'exception de la collection d'un merveilleux musée archéologique, étonnamment fermé depuis quelques années), les inconditionnels de l'histoire grecque s'y arrêteront pour mémoire. Son centre est suffisamment agréable pour y flâner une heure ou deux.

Depuis/vers Thèbes

Des bus relient Athènes (8 €, 1 heure 30, toutes les heures) à la **gare routière** centrale de Thèbes (☎22620 27512 ; KTEL Thiva), à 500 m au sud de la place Agios Kalotinis. Des trains au départ de la **gare ferroviaire de Thèbes** (☎22620 27531 ; www.trainose.gr), à 500 m au nord du musée, desservent Athènes (normal/express/intercity 5/9/10,30 € ; 75/70/60 min, 10/jour) et Thessalonique (normal/express/Intercity 16,70/25/33 € ; 4/5/5 heures 30, 1/jour).

Delphes (Delphi) Δελφοί

1 020 HABITANTS

Pour les Grecs de l'Antiquité, Delphes, qui accueillait le sanctuaire où Apollon (et donc Zeus) parlait aux hommes par l'intermédiaire de la Pythie, était le "nombril du monde" (*omphalos*). Perché au-dessus d'un ravin à pic, dans le cadre majestueux du mont Parnasse, Delphes s'inscrit dans un décor naturel impressionnant, qui fait oublier le mercantilisme des temps actuels et le va-et-vient incessant des bus de visiteurs. Point de départ pour visiter les vestiges, le bourg moderne est à 178 km au nord-ouest d'Athènes.

Histoire

Delphes atteignit son apogée entre le VIe et le IVe siècle av. J.-C., époque à laquelle les pèlerins affluaient pour consulter la Pythie qui délivrait les oracles d'Apollon.

Le sanctuaire était administré par les représentants de l'Amphictyonie, une confédération de douze cités-États (soit la majeure partie de la Grèce du Sud) qui avait notamment le pouvoir de déclencher les guerres sacrées : celle de 595-586 av. J.-C. fit de Delphes un État autonome jouissant d'une grande prospérité due à ses nombreux bienfaiteurs. L'oracle exerçait une influence fondamentale sur la vie politique et intellectuelle et son influence dépassait même le monde grec.

Le sanctuaire, qui avait survécu à un incendie (548 av. J.-C.) et à un tremblement de terre (373 av. J.-C.), fut conquis au IIIe siècle av. J.-C. par les Étoliens, puis par les Romains en 191 av. J.-C. Si le général Sylla pilla le sanctuaire en 86 av. J.-C., les empereurs romains, fascinés par la réputation du sanctuaire, laissèrent le culte s'exercer. L'influence de l'oracle ne faiblit que face à l'essor du christianisme. Les cultes païens furent finalement interdits par l'empereur chrétien Théodose à la fin du IVe siècle.

Au VIIe siècle, un nouveau village, Kastri, s'était installé sur le site antique. Une bonne part de ce que nous savons aujourd'hui sur Delphes provient des notes rédigées au IIe siècle par le géographe athénien Pausanias (voir l'encadré p. 143).

À voir

Delphes antique SITE HISTORIQUE

(☎22650 82312 ; www.culture.gr ; site ou musée 6 €, billet combiné adulte/étudiant 9/5 € ; ⏲7h30-20h été, 8h-15h hiver). De tous les lieux antiques de Grèce, Delphes est celui où "l'esprit" souffle le plus. Dominant le golfe de Corinthe et s'étendant dans une vallée plantée de cyprès et d'oliviers, ce site doit son classement au patrimoine mondial autant à son environnement spectaculaire qu'à ses vestiges.

Vérifiez à l'avance les horaires d'ouverture, qui varient. En été, visitez le site en tout début de journée pour éviter la foule et la chaleur. N'arrivez pas trop près de l'heure de fermeture ; les gardes commencent tôt à battre le rappel des visiteurs et ne vous laisseront pas effectuer une visite complète.

Consultez le plan du sanctuaire p. 192.

➡ *Sanctuaire d'Apollon*

Le sanctuaire d'Apollon, considéré comme le siège de l'oracle, se trouve à gauche de la route en marchant vers Arachova. À 100 m à droite du musée (suivez la chaussée), on remarque l'**agora** romaine en brique.

Depuis l'entrée principale, des marches sur la droite mènent à la Voie sacrée, qui serpente jusqu'aux fondations du temple dorique d'Apollon. En pénétrant sur le site, on dépasse plusieurs **socles en pierre**. Le premier est le piédestal qui supportait jadis la **statue** d'un taureau dédié à la ville de Corfou (Kerkyra). Juste derrière, sur la droite, se trouvent les vestiges de l'ex-voto des Lacédémoniens, commémorant une victoire. Les deux structures suivantes, semi-circulaires, de part et d'autre de la Voie sacrée, furent érigées par les Argiens (peuple d'Argos). Sur leur droite se dressaient les monuments des rois d'Argos.

Dans l'Antiquité, la Voie sacrée était bordée de "trésors" (petits temples) et de statues offerts par les cités-États pour remercier Apollon d'avoir accédé à leurs vœux, mais aussi pour faire montre de leur richesse et de leur pouvoir. Au nord du trésor des Athéniens reconstitué, on distingue les fondations du **Bouleutérion** (siège de l'assemblée de la cité).

Au centre du sanctuaire, le **temple d'Apollon** (IVe siècle av. J.-C.) renfermait une statue du dieu et une flamme éternelle. C'est sur le vestibule de ce temple qu'étaient inscrits les commandements de Delphes, des sentences morales telles que "Connais-toi toi-même" ou "Ne fais rien d'excessif".

Au-dessus du temple, le **théâtre** du IVe siècle av. J.-C., restauré par les rois de Pergame au Ier siècle et bien préservé, offre une vue magnifique depuis ses gradins supérieurs. Des spectacles s'y déroulaient tous les quatre ans à l'occasion des jeux Pythiques. Du théâtre, le chemin continue jusqu'au **stade**, le mieux conservé de toute la Grèce. À l'extrémité est, on distingue les blocs de départ en pierre des coureurs. L'accès au stade est parfois limité pour des raisons de sécurité.

Du sanctuaire d'Apollon, le chemin pavé vers Arachova, parallèle à la route principale, conduit à la **fontaine Castalie** sur la gauche, où les pèlerins se purifiaient avant de consulter l'oracle (elle était fermée lors de notre passage en raison de travaux destinés à contenir les éboulements).

➠ *Gymnase*

De l'autre côté de la route, au sud, à l'ouest du sanctuaire d'Athéna Pronea, on distingue les ruines d'un **gymnase**. Deux pistes de course occupaient la terrasse supérieure tandis que pugilistes et lutteurs s'exerçaient sur la terrasse inférieure avant de se rafraîchir dans le grand **bassin** circulaire alimenté par une source, encore visible.

➠ *Sanctuaire d'Athéna Pronaia*

Après le gymnase, le site du sanctuaire d'Athéna Pronaia (Marmaria) inclut la **tholos** (un temple ici), le monument le plus remarquable de Delphes. Cet édifice gracieux, du IVe siècle av. J.-C., était entouré d'un péristyle de 20 colonnes surmontant un podium à trois degrés. Trois de ces colonnes ont été relevées dans les années 1940. La partie blanche de chaque colonne est en marbre d'origine, la partie plus sombre dans un matériau récent. À l'ouest, les fondations du temple d'Athéna Pronaia sont tout ce qui

L'ORACLE DE DELPHES

On venait de toute la Méditerranée à Delphes, le plus important oracle de la Grèce antique, pour y entendre les paroles du dieu Apollon transmises par la Pythie. Certains mythes racontent que, pour établir son sanctuaire à Delphes, Apollon avait dû tuer le serpent Python. Celui-ci gardait l'antre d'une divinité chtonienne qui déjà prophétisait (des tessons du XIIe siècle av. J.-C. confirment en partie cette croyance). Après avoir tué Python, Apollon l'aurait jeté dans un gouffre où le serpent, en pourrissant, dégageait des vapeurs toxiques (d'après les archéologues, il s'agirait plutôt d'éthylène s'échappant d'une ligne de fracture causée par l'écoulement d'eaux souterraines). Pour prophétiser, la Pythie était assise sur un trépied placé au-dessus de ce gouffre, au fond du temple. Sous l'effet des vapeurs, elle atteignait un état de transe qui lui permettait d'être possédée par Apollon. Inspirée par le dieu, la Pythie répondait alors aux questions des pèlerins. Ses réponses étaient interprétées par des prêtres.

Citoyens, hommes politiques ou rois, tous venaient la consulter sur les affaires d'importance qu'il s'agisse de se purifier après un homicide, d'instaurer des lois ou d'opter pour la guerre ou la paix. Quiconque voulait interroger l'oracle devait acquitter une taxe et pratiquer un rigoureux rituel. Offrandes, ex-voto et trésors abondaient dans le sanctuaire. Durant plus de six siècles, Delphes influa sur l'histoire du monde gréco-romain avec ses prophéties souvent prémonitoires et très sibyllines. Ainsi Crésus, roi de Lydie, à qui l'oracle répondit que s'il entrait en guerre, un grand royaume serait détruit, crut qu'il s'agissait de l'Empire perse – il s'agissait en fait du sien. Le site de Delphes, étonnamment bien préservé, dégage encore un sentiment de mystère.

Ville de Delphes

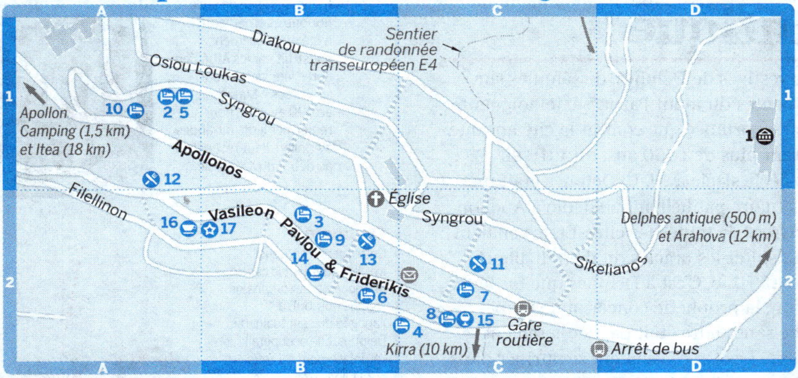

Delphes

À voir

1 Musée de Delphes D1

Où se loger

2 Arion Hotel A1
3 Fedriades Hotel B2
4 Hotel Acropole C2
5 Hotel Apollonia A1
6 Hotel Hermes B2
7 Hotel Leto C2
8 Hotel Sibylla C2
9 Rooms Pitho B2
10 Sunview Pension A1

Où se restaurer

11 Souvlaki Pita Gyros C2
12 Taverna Gargadouas A1
13 Taverna Vakhos B2

Où prendre un verre et faire la fête

14 Café Agora B2
15 Café Apollon C2
16 Cafe Ihor A2

Où sortir

17 Club Katoi B2

reste de cette structure rectangulaire gravement endommagée par les glissements de terrain et le séisme qui ont aussi ravagé une grande partie de la tholos.

Musée de Delphes TRÉSOR

(☎22650 82312 ; www.culture.gr ; site ou musée adulte 6 €, billet combiné adulte/étudiant 9/5 € ; ⏲9h-16h été, 8h-14h45 hiver). Ce magnifique musée donne toute la mesure du trésor que Delphes commença à amasser dès le VIIIe siècle av. J.-C.

Le *Sphinx ailé*, qui date de 560 av. J.-C., est l'une des pièces maîtresses du musée (salle 5). Cette salle conserve aussi la frise sculptée, bien préservée, du trésor de Siphnos, illustrant un épisode de la guerre de Troie mettant aux prises Achille et Memnon. Une autre partie de la sculpture représente le combat des Dieux et des Géants, et une autre encore (à gauche de l'entrée) le Jugement de Pâris. La salle 3 abrite deux superbes *kouroi*, les “Jumeaux d'Argos”, datant du VIe siècle av. J-C.

Dans les salles de gauche sont exposées des frises figurant sur les métopes (panneaux sculptés) du trésor des Athéniens : elles représentent les travaux d'Héraclès, le combat de Thésée et la bataille des Amazones (salle 7). Plus loin, impossible de manquer la colonne aux trois “Danseuses”, particulièrement élevée, dotée d'un chapiteau d'acanthes, sur laquelle s'adossent trois caryatides. La colonne était surmontée d'un *omphalos*, visible à côté ; cette pierre sculptée en forme de cône marquait le centre du monde selon les Anciens. Enfin, la salle 13 sert d'écrin au célèbre *aurige de Delphes* (conducteur de char) : la statue de bronze commémorait la victoire d'un prince de Sicile aux jeux Pythiques de 478 ou 474 av. J.-C.

Activités

Deux **randonnées d'une journée**, fort prisées, partent du sentier européen de grande randonnée (*orivatiko monopati*) E4

La Delphes antique

Les vestiges de Delphes, disséminés sur les pentes du mont Parnasse, témoignent de l'importance que connut la cité antique durant plus de 1 500 ans, du VIIIe au IVe siècle siècle av. J.-C. Delphes était un sanctuaire panhellénique dédié à Apollon : les Grecs de toutes les cités-États venaient y consulter les oracles du dieu divulgués par la Pythie. C'est à Delphes que fut faite, dit-on, la prophétie concernant Œdipe.

Le sanctuaire était particulièrement vénéré. Les Grecs venaient se purifier dans la fontaine Castalie (aujourd'hui fermée au public), apportaient un *pelanos* (tribut) et pouvaient acquérir un ex-voto sur l'**agora** 1 s'ils le souhaitaient. Ils remontaient ensuite la **Voie sacrée** 2 jusqu'au temple d'Apollon. En chemin, ils passaient devant des milliers d'offrandes, notamment des statues, des sculptures et de petits temples ("trésors"). Ces derniers monuments, tel le **trésor des Athéniens** 3 près de l'**omphalos** 4, furent bâtis par les cités-États victorieuses qui y enfermèrent leurs butins de guerre. Les fidèles passaient ensuite devant le **rocher de la Sibylle** 5, avant d'arriver au portique (*stoa*) des Athéniens, derrière lequel se dresse un **mur polygonal** 6. Enfin, ils parvenaient au **temple d'Apollon** 7, au cœur du sanctuaire. C'est là que les prêtres d'Apollon interprétaient les chants de la Pythie. Le **théâtre** 8 situé derrière le temple accueillait des épreuves d'art dramatique et de musique.

À SAVOIR

- Venez le matin ou en fin d'après-midi pour éviter la chaleur et la foule.
- Gardez un peu de temps pour la visite du stade, situé un peu plus haut.
- Portez des chaussures de marche et un chapeau. Prévoyez de l'eau.
- Les heures d'ouverture peuvent varier. Renseignez-vous au préalable.
- Le musée de Delphes permet de replacer le site dans son contexte.

Trésor des Athéniens

Ce petit édifice de style dorique et ornementé a été originellement construit par les Athéniens après leur victoire sur les Perses à Marathon, en 490 av. J.-C., pour renfermer leurs offrandes à Apollon. Il fut reconstruit au début du XXe siècle.

Omphalos

Cette pierre marquait symboliquement le centre du monde grec (*omphalos* signifie nombril) à l'apogée du sanctuaire de Delphes. Elle occuperait l'emplacement où Zeus aurait libéré deux aigles. Un autre *omphalos* se trouve dans l'*adyton* (pièce particulière) du temple où la Pythie rendait ses oracles.

KATE ARMSTRONG ©

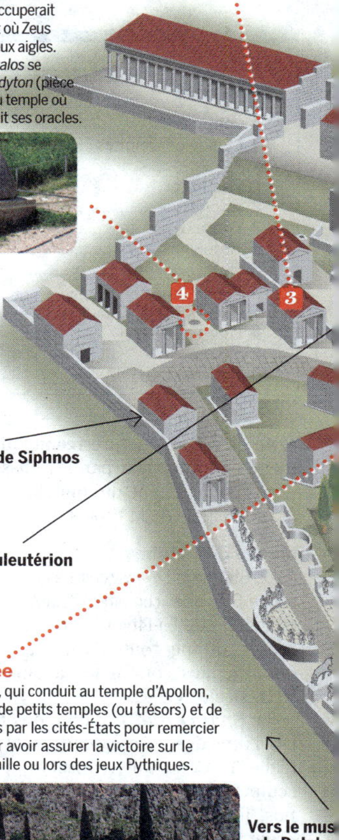

Voie sacrée

La Voie sacrée, qui conduit au temple d'Apollon, était jalonnée de petits temples (ou trésors) et de statues, offerts par les cités-États pour remercier Apollon de leur avoir assurer la victoire sur le champ de bataille ou lors des jeux Pythiques.

KATE ARMSTRONG ©

Temple d'Apollon

Ce temple, le troisième construit sur ce site (IVe siècle av. J.-C) est l'édifice le plus sacré du sanctuaire. Une large rampe conduit à l'intérieur, où la Pythie prononçait ses oracles.

KATE ARMSTRONG ©

Théâtre

Les jeux Pythiques se déroulaient à Delphes tous les quatre ans et comportaient des épreuves d'athlétisme, de musique (domaine de prédilection d'Apollon) et d'art dramatique. Le théâtre qui subsiste date du Ier siècle av. J.-C. Il pouvait accueillir 5 000 spectateurs.

KATE ARMSTRONG ©

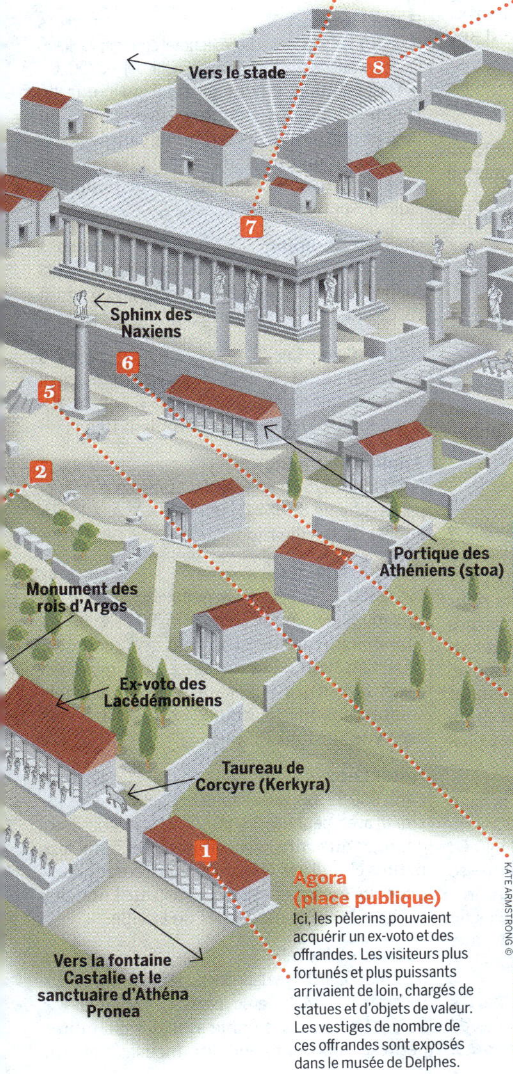

KATE ARMSTRONG ©

Mur polygonal

Cet imposant mur de soutènement est constitué de pierres polygonales imbriquées. Il comporte près de 800 inscriptions relatives à l'émancipation des esclaves.

Agora (place publique)

Ici, les pèlerins pouvaient acquérir un ex-voto et des offrandes. Les visiteurs plus fortunés et plus puissants arrivaient de loin, chargés de statues et d'objets de valeur. Les vestiges de nombre de ces offrandes sont exposés dans le musée de Delphes.

KATE ARMSTRONG ©

Rocher de la Sibylle

Selon la légende, c'est à cet endroit que la première Sibylle (une prophétesse de temps plus anciens, qu'il ne faut pas confondre avec la Pythie), prononça le premier oracle de Delphes.

et font une boucle à partir de Delphes. La première relie deux sites antiques, le temple d'Apollon et l'**antre Corycien**, une grotte consacrée au dieu Pan et aux Nymphes. À flanc de montagne, celle-ci comporte un amphithéâtre rempli de stalactites et de stalagmites. On peut s'avancer jusqu'à 80 m à l'intérieur (attention à ne pas glisser). Souvent, les randonneurs se rendent d'abord en taxi d'Arachova jusqu'à Kalyvia (environ 25 €), puis à pied jusqu'à la grotte (500 m), et reviennent à Delphes en 4 heures par le sentier bien balisé. En chemin, superbes points de vue sur Delphes, la plaine d'Amphissa et Galaxidi.

Une deuxième randonnée serpente durant 3-4 heures à l'ombre des oliviers (la plus grande oliveraie continue de Grèce) qui s'étendent de Delphes jusqu'à l'antique Kirra sur le golfe de Corinthe. Après un déjeuner ou une baignade, on peut regagner Delphes en bus (environ 2 €). Le sentier E4 est indiqué 100 m à l'est de l'hôtel Acropole.

Circuits organisés

D'excellentes visites de Delphes sont proposées par **Vicki Tsonis** (6945494583), qui parle le français, la charismatique **Penny Kolomvotsos** (6944644427 ; kpagona@hotmail.com), qui parle anglais et allemand, et sait faire revivre le site, ou par l'anglophone **Christina Stoli** (6944987411).

Où se loger

Rooms Pitho PENSION $
(22650 82850 ; www.pithohotel.gr ; Vasileon Pavlou/Friderikis 40a ; s/d/tr avec petit-déj à partir de 40/55/65 € ;). Excellente option pour les petits budgets, avec 8 chambres modernes et un excellent emplacement (à mi-chemin de la rue, au-dessus d'une boutique de souvenirs). Les propriétaires sont extrêmement chaleureux et le service est prévenant. Intégrée à une habitation, cette adresse est plus calme que certains hôtels.

Hotel Sibylla HÔTEL $
(22650 82335 ; www.sibylla-hotel.gr ; Vasileon Pavlou/Friderikis 9 ; s 24 €, d 26-30 €, tr 35-40 € ;). Cet hôtel douillet est une adresse à moindre coût parfaite. Sept chambres lumineuses et impeccables, toutes dotées de ventilateurs, certaines d'une vue sur le golfe. Les propriétaires sont exquis.

Sunview Pension PENSION $
(22650 82349 ; dkal@otenet.gr ; Apollonos 84 ; s/d/tr avec petit-déj à partir de 30/40/45 € ; P). Pension sommaire mais agréable, magnifiquement située sur les hauteurs de Delphes. Les chambres sont peintes de couleurs vives et les chaleureux propriétaires prennent particulièrement soin de l'endroit. Normal, c'est leur maison.

Arion Hotel HÔTEL $
(22650 82097 ; www.ariondelphihotel.com ; Syngrou 29 ; s/d/tr/q avec petit-déj 35/45/55/65 € ; @). Confort et bon rapport qualité/prix dans un coin tranquille, au fin fond de la ville.

Hotel Hermes HÔTEL $
(22650 82318 ; www.hermeshotel.com.gr ; Vasileon Pavlou/Friderikis 27 ; s/d avec petit-déj 40/50 € ;). Cet établissement familial au cœur de Delphes loue des chambres avec volets en bois et, souvent, balcon donnant sur le golfe. Les sols en marbre dans les couloirs peuvent s'avérer bruyants. Magnifique vue depuis la salle du petit-déjeuner.

Chrissa Camping CAMPING $
(22650 82020 ; www.chrissacamping.gr ; empl par pers/tente/voiture 6,50/6/3,50 €). À 6 km à l'ouest de la ville moderne.

Delphi Camping CAMPING $
(22650 82209 ; www.delphicamping.com ; empl par pers/tente/voiture 6,70/5/3,90 € ; P). À 4,5 km de Delphes sur la route d'Itea.

Apollon Camping CAMPING $
(22650 82762 ; www.apolloncamping.gr ; empl par pers/tente 8,50/4 € ; P@). À 2 km à l'ouest de la ville moderne.

Hotel Apollonia HÔTEL $$
(22650 82919 ; www.hotelapollonia.gr ; Syngrou 37-39 ; s/d avec petit-déj 75/90 € ; @). Établissement chic et intime, légèrement à l'écart en haut de la rue Syngrou. Chambres assez modernes – élégant mobilier en bois sombre, moquette, grande sdb – et balcons avec vue sur tout Delphes.

Hotel Leto HÔTEL $$
(22650 82302 ; www.leto-delphi.gr ; Apollonos 15 ; s/d/tr avec petit-déj 48/60/78 € ;). Pour changer du cadre grec habituel, cet hôtel aux petites chambres élégamment décorées dans des tons crème et orange constitue l'une des options les plus modernes de la ville.

Fedriades Hotel HÔTEL $$
(22650 82370 ; www.fedriades.com ; Vasileon Pavlou/Friderikis 46 ; s/d/tr avec petit-déj 46/59/73 € ;). Une adresse fiable avec des chambres petites, modernes et lumineuses, et un

personnel sympathique. Babis, l'enthousiaste et serviable propriétaire, vous aidera à planifier la suite de votre voyage. Douceurs maison au petit-déjeuner et hall-salon accueillant.

Hotel Acropole HÔTEL $$

(☎22650 82675 ; www.delphi.com.gr ; Filellinon 13 ; s/d/tr avec petit-déj 51/55/74 € ; ❄📶). En contrebas de l'artère principale, dans une rue plus tranquille, cet établissement possède une ambiance de chalet montagnard, un peu surannée. Chambres agréables, la plupart avec éléments en bois et fer forgé. Vue superbe sur le golfe depuis les chambres mansardées du dernier étage.

Où se restaurer

Les restaurants de Delphes ne laissent pas toujours un souvenir inoubliable. Ces adresses font exception.

Taverna Vakhos TAVERNE $

(☎22650 83186 ; www.vakhos.com ; Apollonos 31 ; plats 6-11 € ; 📶). Prenez l'escalier au-dessus de la Banque nationale pour atteindre cette excellente auberge familiale qui sert des mets traditionnels. Informez-vous sur les produits frais du jour – la maison utilise généralement des produits régionaux. À défaut, faites un repas de mezze et de *formaela*, le fromage local (6 €).

Taverna Gargadouas TAVERNE $

(☎22650 82488 ; Vasileon Pavlou/Friderikis ; plats 7-10 €). L'adresse la plus prisée pour les viandes grillées. En été, la spécialité maison est le *provatina* (agneau rôti). On peut aussi faire un repas à prix raisonnable (13 €) à base de pâtes, souvlaki, salade et fruits de saison. Bon rapport qualité/prix généralement.

Souvlaki Pita Gyros SOUVLAKI $

(Apollonos ; plats 2-6 €). Viandes grillées de qualité et servies rapidement. En face de l'Hotel Leto.

Où prendre un verre et sortir

Les cafés-bars sont nombreux dans Vasileon Pavlou et Friderikis. Tandis que le reste de Delphes dort, un club fait danser la rue principale jusqu'à l'aube.

Cafe Ihor CAFÉ

(☎22650 83095 ; Vasileon Pavlou/Friderikis 61 ; ⏲10h-fermeture tardive ; 📶). Cool et contemporain, avec accès Wi-Fi et superbe véranda avec vue.

Café Agora CAFÉ

(☎22650 83116 ; www.agoracafe.gr ; Vasileon Pavlou/Friderikis ; petit-déj et en-cas 2-10 € ; 📶). Wi-Fi, véranda avec vue, bonnes pizzas et crêpes.

Café Apollon CAFÉ

(Vasileon Pavlou/Friderikis ; ⏲7h-22h). Ce charmant *kafeneio* traditionnel sert le café le moins cher du coin.

Club Katoi CLUB

(☎6932526578 ; entrée 5-10 €). L'unique endroit de Delphes où l'on peut danser jusque tard dans la nuit.

Renseignements

Tout ce dont vous pouvez avoir besoin, ou presque, se trouve dans Vasileon Pavlou et Friderikis. Les autres rues importantes sont Apollonos, parallèle aux deux premières, qui se dirige vers le nord, et Filellinon, vers le sud, également parallèle à l'artère principale. Quatre escaliers raides relient transversalement ces trois rues.

Étrangement, il n'y a pas d'office du tourisme. Friderikis compte une **poste** (Vasileon Pavlou/Friderikis ; ⏲7h30-14h) et plusieurs DAB.

Il existe un petit centre médical dans Apollonos. En cas de problème médical sérieux, mieux vaut aller à l'**hôpital d'Amphissa** (☎22650 22222).

Depuis/vers Delphes

Bus Les bus partent de la **gare routière** (carte p. 191 ; ☎22650 82317 ; Vasileon Pavlou/Friderikis), au bout de la ville, en direction d'Itea.

Pour rejoindre Kalambaka/les Météores, mieux vaut passer par Lamia et Trikala, plutôt que par Larissa, en particulier avec le bus qui quitte Delphes à 10h.

VERS	DURÉE	TARIF (€)	FRÉQUENCE
Amphissa	30 min	2,10	6/jour
Arachova	20 min	1,60	1-5/jour
Athènes	3h	15,10	1-5/jour
Galaxidi	45 min	3,50	1-4/jour
Itea	30 min	1,90	4-5/jour
Lamia	2h	9,10	1/jour
Larissa	3h30	20	1/jour
Livadia	55 min	4,20	1-5/jour
Naupacte (Nafpaktos)	2h30	9,70	3/jour
Patras	4h	14	1/jour
Thessalonique	5h	35	1/jour
Thèbes (Thiva)	1h15	8	1-5/jour

Environs de Delphes

La route bordée d'oliviers qui part au sud de Delphes rejoint 18 km plus loin la bourgade d'Itea, sur le golfe de Corinthe. De là, une route bifurque vers l'est vers **Kirra** (2 km), l'ancien port de Delphes, devenu un paisible faubourg de la balnéaire **Itea** (longue plage de sable et de galets au bord d'une mer limpide, dotée d'un bon camping).

À 21 km à l'ouest de Delphes sur la route de Lamia, on atteint les contreforts montagneux et les oliveraies qui abritent la ville d'**Amphissa** (nouveau chef-lieu de la préfecture). Détruite en 338 av. J.-C. par Philippe de Macédoine, elle doit aujourd'hui sa réputation à ses olives vertes, à son ancien château, à son église byzantine Agios Sotiras (Saint-Sauveur), bien conservée, et à son petit **Musée archéologique** (☎22650 23344 ; tarif plein/réduit 2/1 € ; ⏲8h-14h30 mar-sam), qui recèle une superbe collection replaçant Delphes et ses environs dans leur contexte.

À l'ouest de Delphes en direction d'Amphissa et d'Itea, le **Moni Profiti Ilia** (☎22650 35002 ; ⏲8h-14h et 16h-coucher du soleil), un monastère du XIXe siècle, se dresse à flanc de coteau et surplombe le golfe de Corinthe. L'embranchement est signalé par une petite croix et l'indication "3 km".

Parc national du mont Parnasse (Parnassós)
Εθνικός Δρυμός Παρνασσού

Créé en 1938, le **parc national du mont Parnasse** (www.routes.gr), au nord de Delphes et d'Arachova, inclut trois sommets dépassant les 2 300 m : le Liakoura (2 457 m), le Gerondovrachos (2 396 m) et le Tsarkos (2 416 m). La face du Kouvelos (1 882 m) est aussi fort appréciée des grimpeurs. Le mont Parnasse se trouve également sur le parcours du sentier européen de grande randonnée *(orivatiko monopati)* E4 qui mène de Gibraltar à Chypre. Pour en savoir plus sur ce sentier transeuropéen, consultez le site **European Ramblers Association** (www.era-ewv-ferp.org).

Entre 800 m et 1 800 m, les flancs du Parnasse sont couverts de sapins de Grèce, d'épicéas et de genévriers avec, çà et là, des buissons à fleurs jaunes, des prunelliers et des *Daphne jasminea*, une espèce rare à fleurs mauves. Plus haut, les arbres cèdent la place à des prairies de graminées. Au printemps, crocus, scilles, tulipes, orchidées et iris poussent dans les failles des rochers calcaires. Le Parnasse est fréquenté par des renards, des lièvres, des écureuils et des chacals, ainsi que par des faucons, des passereaux et des vautours.

Activités

Randonnée

L'ascension la plus appréciée est celle du mont Liakoura. L'itinéraire débute au refuge du Parnasse (1 990 m), à 20 km au nord d'Arachova et à 25 km au sud d'Amfiklia. Pour des renseignements, adressez-vous au guide **Nikos Chatzis** (☎6938008699) ou au **Club alpin grec d'Amphissa** (☎6974824456 ; eosamfissas@gmail.com).

Ski

Pour en savoir plus, consultez www.snow-report.gr. La **station de ski du Parnasse** (☎22340 22694 ; www.parnassos-ski.gr ; nov-mai), à 24 km d'Arachova et à 17 km d'Amphissa, permet de pratiquer ski et snowboard sur les pentes du **Kelaria** (1 950 m). Lors de notre passage, elle comptait 13 remontées couvrant plus de 20 pistes. La station possède toutes les infrastructures requises : restaurants et cafés chics, service de secours et centre médical, écoles de ski et de snowboard. En matière d'hébergement, vous n'aurez d'autre choix que de loger à Arachova, car la plupart des habitations installées sur le plateau avant la station sont privées. Jouxtant le Kelaria, les pentes plus escarpées de **Fterolakkas** (6 remontées) font la joie des skieurs de l'extrême.

Depuis/vers le parc national du mont Parnasse

Aucun transport public ne relie Arachova et la station de ski. Depuis Delphes, le trajet en taxi revient à 45 € environ.

Arahova (Arahova) Αράχωβα

3 240 HABITANTS

Bâtie à 960 m d'altitude, sur un éperon rocheux du Parnasse, à seulement 12 km de Delphes, Arachova est avant tout une station de ski à la mode, dont les ruelles escarpées conservent un certain charme.

Des boutiques vendent broderies, sacs tissés à la main et *flokati* (tapis en laine à longs poils). Arachova est aussi réputée pour son fromage, son miel, ses *hilopites* (pâtes plates, sortes de *fettuccine*) et son vin rouge.

Fêtes et festivals

Agios Georgios FÊTE DE RUE

La Saint-Georges, le 23 avril (si la date tombe pendant le Carême, la fête est reportée au mardi de Pâques), donne lieu à 3 jours de fête avec force costumes, danses et chants, un concours de bras de fer et, le dernier jour, un banquet d'agneau rôti, le tout offert par la municipalité.

Où se loger

De novembre à avril, le prix des chambres augmente de 50 % environ les week-ends et jours fériés.

Xenonas Maria HÔTEL €€

(☎22670 31803 ; www.mariarooms.com ; d/tr 50/65 €). Cet hôtel au charme désuet loue des chambres en mezzanine. Situé derrière la mairie, il est ouvert toute l'année.

Hotel Likoria HÔTEL €€

(☎22670 31180 ; www.likoria.gr ; ch/tr avec petit-déj à partir de 60/85 € ; P ❄ @ ᯤ). À l'écart de la grand-route, à 250 m au nord-ouest de la place Xenias, cet hôtel discret a plutôt l'air d'une auberge de campagne. Les chambres sont assez traditionnelles avec d'immenses lits mous, des tapis et des volets ouvrant sur de vastes balcons. Le sympathique personnel parle anglais.

Pension Alexandros PENSION €€

(☎22670 32884 ; www.alexandrosgr.com ; ch à partir de 80 € ; ⌚sept à mi-mai ; ❄ ᯤ). Demeure haut de gamme avec objets anciens et fresques, derrière la place Lakka.

Où se restaurer

Taverna Agnandio TAVERNE $

(plats 7-12 €). Cette séduisante et chaleureuse table grecque, à 30 m à l'est de la place Lakka, sert quotidiennement une sélection de plats cuits au four et de grillades.

To Yefira Taverna TAVERNE $

(☎22670 31917 ; plat 8-13 € ; ⌚déj et dîner). Adresse basique, au décor coloré, près du pont, avec vue ravissante sur le clocher. Au menu : une bonne cuisine maison, notamment les *pites* (feuilletés) et les moussakas.

Taverna Karamalis TAVERNE $

(plats 5-14 €). Cadre de bon goût, avec chaises en paille vert olive et belle vue. Les plats du jour sont bons, tout comme les *hilopites* (pâtes plates) – mais n'espérez rien d'autre qu'une sauce tomate comme garniture.

LE CARREFOUR DU DESTIN

De la route entre Delphes et Livadia, le voyageur attentif aperçoit le point où "trois routes se croisent" décrit par Sophocle. C'est à ce carrefour fatidique que le fier Œdipe croisa son père, le roi Laïos. Accomplissant la prophétie de l'oracle de Delphes, il allait, sans le savoir, tuer son père et épouser sa mère. Pour repérer le site (en allant de Livadia à Delphes), cherchez d'abord le panneau routier indiquant Distomon, puis 1 km plus loin celui de Davlia. Grimpez ensuite sur 1,5 km jusqu'au parking (P) indiqué sur la droite. En regardant en bas, sur la droite, on distingue les traces de ce carrefour antique, là où la prophétie rencontra l'histoire.

Taverna Panagiota TAVERNE $$

(☎22670 32735 ; plats 9-25 € ; ⌚déj ven-dim, dîner jeu-dim, déj et dîner tlj hiver). Rien de tel pour se mettre en appétit que de gravir les 263 marches conduisant à cette douillette auberge, plutôt haut de gamme, derrière Agios Georgios. On y sert de savoureux plats traditionnels cuits au four et, en hiver, le feu crépite dans la cheminée.

Renseignements

La **poste** (Plateia Xenias) se situe près de DAB, et tout le bourg est connecté au Wi-Fi.

Depuis/vers Arachova

Les bus quotidiens Athènes-Delphes s'arrêtent sur la place Xenias à Arachova (15,10 €, 2 heures 30).

Moni Osios Loukas
Μόνη Οσίου Λούκα

À 23 km au sud-est d'Arachova, entre les villages de Distomon et de Kyriaki, se dresse le **Moni Osios Loukas** (monastère Saint-Luc ; ☎22670 22228 ; 3 € ; ⌚été 8h-18h, hiver 8h-17h). Une tenue décente est exigée pour la visite (pas de shorts). Ce monastère, classé au patrimoine mondial de l'Unesco, est dédié à l'ermite Loukas le Stiriote, canonisé pour ses visions prophétiques et ses pouvoirs de guérison. Le monastère compte deux églises.

DISTOMON

Distomon (Distomo, Διστομο) est connu dans toute la Grèce pour le massacre de 218 villageois perpétré le 10 juin 1944 par les nazis en représailles à une embuscade tendue par les partisans grecs à Steiri, non loin de là. Un mémorial de guerre en marbre blanc, érigé en 1966 par l'Allemagne, rend hommage à ces victimes.

La plus grande, **Agios Loukas**, abrite une somptueuse symphonie de marbres et certaines des plus belles mosaïques byzantines de Grèce remontant à l'an mille, caractéristiques du "deuxième âge d'or byzantin". Elle renferme aussi des icônes du XVIe siècle, œuvres du Crétois Damaskinos. Les baies en marbre ouvragé créent dans le corps principal d'étonnants jeux d'ombre et de lumière. Ne manquez pas le remarquable cycle de fresques dans la crypte où repose la dépouille de l'ermite.

La plus petite, **Agia Panagia** (église de la Vierge) fut érigée au Xe siècle.

Au départ de Delphes, le bus Livadia-Athènes dépose les voyageurs au carrefour (2,10 €, 35 min, 5/jour) ; il faut ensuite parcourir à pied ou en stop les 2 km jusqu'à Distomon. Des taxis vont au monastère depuis Distomon (20 € aller-retour), Livadia (30 € aller-retour) ou Delphes (40 € aller-retour) et patientent une heure moyennant un supplément. De Livadia, un bus quotidien dessert le monastère (3,50 €, 30 min).

Galaxidi Γαλλαξίδι

2 010 HABITANTS

La plus ravissante des petites stations balnéaires du golfe de Corinthe constitue une base agréable pour ceux qui souhaitent visiter Delphes : d'étroites ruelles pavées, de jolies maisons en pierre, deux petits ports et, face au front de mer, un promontoire boisé bordé par un sentier pédestre de 1,5 km et des criques de galets où aiment venir les baigneurs. Galaxidi est plutôt tranquille sauf l'été, les week-ends et jours fériés, quand son charme est mis à l'épreuve par des Athéniens motorisés arrivant en force. De 1830 à 1910, le village fut un chantier prospère de construction de caïques.

À voir

Musée de l'Histoire maritime MUSÉE NAVAL
(☎22650 41795 ; Plateia Manousakia ; tarif plein/réduit 5 €/gratuit ; ⊙10h10-13h30 et 17h30-20h30 juin-sept, 10h10-16h15 oct-mai). Ce beau musée illustre l'histoire maritime de la Grèce et l'art de la construction navale de Galaxidi. On peut notamment y voir de splendides figures de proue.

Agios Nikolaos ÉGLISE
L'iconostase en bois sculpté de cette église est l'une des plus belles de Grèce.

Des panneaux indiquent la direction du musée et de l'église.

Moni Metamorfosis MONASTÈRE, PANORAMA
Ce petit monastère de la Transfiguration (XIIIe siècle) se niche au milieu des oliviers et des cyprès, à 4 km de Galaxidi, dans l'intérieur des terres. De là, le panorama sur le golfe de Corinthe est à couper le souffle. Pour vous y rendre, passez sous l'autopont et prenez la route en face.

Où se loger

En été, plusieurs cafés du front de mer louent des chambres, mais rien de formidable pour le prix.

Hotel Galaxidi HÔTEL €
(☎22650 41850 ; www.hotelgalaxidi.gr ; ch avec petit-déj 50 € ; 📶). Des lits bas en pin, style des années 1970, dans un cadre sans chichis.

♥ **Hotel Ganimede** BOUTIQUE-HÔTEL $$
(☎6937154567, 22650 41328 ; www.ganimede.gr ; Nik Gourgouris 20 ; s/d/tr avec petit-déj 55/75/95 € ; ❄📶). Aménagé dans l'ancienne demeure d'un armateur, avec cour intérieure du XIXe siècle, cet hôtel offre un choix de chambres charmantes, avec leurs tons pastel, leur plafond à caissons et leur mobilier d'époque. Cela dit, l'endroit est surtout réputé pour les copieux petits-déjeuners préparés par Chrisoula – confitures maison, fromages, jus de fruits fraîchement pressés et pains sortant de la boulangerie familiale.

MiraMare Studios APPARTEMENTS $$
(☎6937154567 ; studio d 75 €). Charmants studios, lumineux et spacieux, avec kitchenette et balcon. À deux pas de l'animation du bord de mer.

To Spitaki PENSION $$
(☎6977512238, 22650 41257 ; www.tospitaki.com ; d 70-110 €, f 120-160 €, avec petit-déj ; P 🚭 ❄ @). À mi-chemin entre le port et la place

principale, cette "petite maison" occupe un ancien *ouzeri* en pierre des années 1850. Elle fait partie de quatre habitations mitoyennes, chacune avec sa cuisine et son joli jardin fleuri.

Archodiko Art Hotel BOUTIQUE-HÔTEL **$$**
(☎22650 42292 ; www.archontikoarthotel.gr ; s 45 €, d 50-70 € avec petit-déj ; P 📶). Près de l'ancien port, cette maison aurait besoin d'un petit rafraîchissement, mais ses chambres à thème (la "soleil" avec son lit rond, la "lune" avec son miroir au plafond ou la "marine" avec son lit en forme de bateau) sont amusantes.

Où se restaurer

Bebelis TAVERNE **$**
(plats 6,50-12 € ; ⏲sept-mai). À quelques pas du "nouveau port", ce restaurant aux bouquets de fleurs fraîches et aux rideaux de dentelle ajoute une note de charme à Galaxidi. Les photos des plats proposés donnent une idée des savoureuses spécialités maison.

Albatross TAVERNE **$**
(☎22650 42233 ; Konstadinou Satha 36 ; plats 6-8 € ; ⏲déj et dîner). Nous adorons ce petit établissement près de l'église Agios Nikolaos, tenu par un couple établi de longue date à Galaxidi. Les copieuses portions de mezze (testez les *dolmades*, des feuilles de vigne farcies) et les plats au four sont toujours délicieux et bon marché.

Skeletovrachos POISSON **$$**
(plats 10-20 €, poisson 36-50 €/kilo). Dans cette adresse fiable (qui doit son nom à un capitaine de navire), le fils du propriétaire officie en cuisine. Les fruits de mer sont de mise et le menu est "coquin" (à savoir "aphrodisiaque"), des huîtres aux crevettes en passant par le "riz immoral" (épicé, forcément). Séduction mise à part, la cuisine est de qualité.

Renseignements

La poste et une banque se situent dans Nikolaou Mama. Tous les cafés offrent le Wi-Fi gratuit.

Depuis/vers Galaxidi

L'**arrêt de bus** (☎22650 42087) se trouve sur Plateia Manousakia. Les bus desservent Delphes (3,50€, 45 min, 4/jour), Athènes (18,70 €, 3 heures 30, 4/jour) et Patras (10,10 €, 1 heure 45, 2/jour). Pour Delphes et Athènes, il faut changer à Itea ; le tarif du billet couvre tout le trajet.

Naupacte (Nafpaktos)
Ναύπακτος

13 300 HABITANTS

À l'ouest de Galaxidi, la nationale qui longe le littoral traverse des localités maritimes, dont le pittoresque Monastiraki, 12 km à l'est de la ville animée de Naupacte. S'étendant autour d'un joli port circulaire ceint de remparts, à l'ombre des platanes, la ville abrite des cafés à la mode et une **plage** idéale pour la baignade (Psani). Elle accueille un marché tous les samedis.

C'est au large de Naupacte (anciennement Lépante) que se déroula le 7 octobre 1571 la fameuse bataille opposant la flotte ottomane aux forces de la Sainte Ligue (Espagne, Venise et Saint-Siège). La victoire remportée sur les Turcs mit temporairement fin à leur domination navale en Méditerranée.

L'auteur espagnol Cervantès combattit (et perdit un bras) dans la bataille de Lépante. Une petite statue sur le front de mer lui rend hommage, aux côtés du héros grec Giorgos Anemogiannis (1796-1821). Durant la guerre d'Indépendance grecque, ce dernier tenta d'incendier la flotte turque amarrée dans le port (il échoua et fut exécuté par les Turcs).

À voir

Musée Botsari COLLECTION DE PEINTURES
(⏲9h-13h30). Les amateurs de batailles gagneront sans hésiter la tour de Botsaris, de style vénitien, qui abrite un musée géré par la fondation Botsaris (propriétaire du lieu). On y trouve des copies de tableaux et de gravures signés des plus fameux artistes de l'époque (Vasari et le Tintoret entre autres), illustrant la bataille de Lépante. Sonnez aux heures d'ouverture.

UN PONT VERS LE PÉLOPONNÈSE

Un grandiose pont à haubans relie Antirion, sur le continent, à Rion, dans le Péloponnèse, une traversée que l'on ne pouvait effectuer auparavant qu'en ferry. Malgré le droit de péage élevé (13,20 € l'aller simple), il facilite grandement l'accès à Patras et au-delà. Si vous n'êtes pas pressé, une liaison en ferry (6 €) est également prévue toutes les 20 minutes. Le départ se fait sous le pont (suivez les panneaux) et offre un formidable aperçu de l'ouvrage d'art vu du dessous.

BUS AU DÉPART DE NAUPACTE

VERS	GARE	DURÉE	PRIX (€)	FRÉQUENCE
Athènes via Antirio-Rio	Naupacte	3h	21	2/jour
Delphes	Fokida	3h	12	3/jour
Galaxidi	Fokida	1h30	7,40	3-4/jour
Itea	Fokida	2h	9	3/jour
Lamia	Naupacte	3h30	14,50	1/jour
Missolonghi	Naupacte	50 min	5	3-4/jour
Patras	Naupacte	30 min	3,30	2-8/jour lun-sam
Thessalonique	Naupacte	6h	44	2/jour

Kastro FORTERESSE, PROMENADE

Bien préservés, les remparts et le *kastro* vénitien de la ville sont intéressants à voir. Ce dernier est protégé par une série de cinq murs de pierre en terrasses érigés par les conquérants successifs – Doriens, Romains, Byzantins, Vénitiens et Turcs. Le château était fermé au public lors de notre passage, mais la promenade et la vue valent le détour.

Où se loger et se restaurer

Hotel Akti HÔTEL $$

(☎26340 28464 ; www.akti.gr ; plage de Grimbovo ; s/d/tr/ste 55/70/90/160 € ; ❄📶). Derrière une façade qui joue la gamme des pastels, l'intérieur réserve une jolie surprise avec de beaux tapis et des objets anciens, des chambres vastes, hautes de plafond et confortables. Les belles suites du dernier étage peuvent loger 4 à 6 personnes. Giorgos, le sympathique propriétaire, parle anglais.

Evinos MÉDITERRANÉEN $

(plats 6-9,50 € ; ⏲déj et dîner, fermé déj en été). Cette charmante adresse ("evinos" se traduit par "bon vin") est un pôle gastronomique à Naupacte. Point d'assiettes brisées ici l'endroit n'a rien de traditionnel –, mais des mets internationaux, pâtes et risottos, ainsi que des spécialités revisitées, comme le feuilleté au halloumi (un fromage au lait de brebis et de chèvre, originaire de Chypre). Cadre charmant, même si l'Evinos n'est pas en bord de mer.

Depuis/vers Naupacte

Naupacte possède deux gares routières. La **gare KTEL de Naupacte** (☎26340 27224 ; angle Manassi et Botsari) se situe derrière la grande église Agios Dimitrios. La **gare KTEL de Fokida** (☎26340 27241 ; angle Kefalourisou et Asklipiou) est 400 m plus à l'est.

Missolonghi (Mesologi)

Μεσολόγγι

14 400 HABITANTS

Vu de loin, le paysage plat de Missolonghi n'est guère attirant. La ville borde la **lagune de Klisova**, la plus vaste zone humide naturelle du pays, qui accueille des milliers d'oiseaux migrateurs en hiver et qui est un important lieu de nidification du pélican dalmate, une espèce menacée. De nombreux ornithologues amateurs et des photographes fréquentent le site. Le charme des lieux tient aussi aux *pelades*, des cabanes sur pilotis. Le centre-ville est très animé, avec ses bars et ses tavernes dans les ruelles piétonnes autour de la place centrale.

Histoire

Pendant la guerre d'Indépendance (1821-1830), Missolonghi fut un important foyer de résistance contre les Turcs. Le poète George Gordon Byron y débarqua avec l'intention d'organiser les troupes et de soutenir l'effort de guerre des Grecs. Après des mois de vaines tentatives, il succomba à la fièvre le 19 avril 1824, sans avoir accompli son dessein.

Au printemps 1826, la ville tomba aux mains des Turcs, non sans s'être défendue héroïquement. Le dénouement tragique du siège de Missolonghi est passé à la postérité. Pour permettre aux femmes et aux enfants de quitter la ville avant l'assaut final, les combattants grecs organisèrent une diversion. Dans la nuit du 22 avril 1826, tandis qu'ils chargeaient les troupes ottomanes, les habitants s'échappaient par une issue appelée porte de l'Exode. Beaucoup purent trouver refuge au mont Zygos. Peu après, les Ottomans entraient dans Missolonghi et les derniers combattants se sacrifiaient en mettant à feu les réserves de poudre. Cet exode tragique a été immortalisé par le poème épique de Dionysios Solomos *I Eleftheri Poliorkimeni* (*Les Libres Assiégés*). Des romantiques français, comme le peintre Eugène Delacroix (*La Grèce sur les ruines de Missolonghi*) ou Victor Hugo, prirent eux aussi fait et cause pour l'indépendance grecque.

Élevé au rang de héros national, lord Byron fut à l'origine d'un vaste mouvement philhellène européen. Aujourd'hui encore, des Grecs s'appellent Byron (*Vyronas*) et des villes possèdent une rue à son nom.

À voir

Jardin des Héros PARC, MÉMORIAL

(8h-20h). Au-delà de la porte de l'Exode s'étend le jardin des Héros. Ce parc-mémorial fut créé à l'instigation du premier gouverneur de la Grèce indépendante, Ioannis Kapodistrias (Jean Capo d'Istria). C'est à lui que l'on doit l'inscription figurant en grec sur la stèle de marbre à l'entrée du jardin :

> "[...] dans les murs de Missolonghi gisent les ossements de ces hommes courageux qui ont combattu bravement pour défendre leur ville [...] le devoir nous revient de rassembler les dépouilles sacrées de ces hommes et de leur rendre hommage : ils reposent dans ce mémorial où notre pays pourra, chaque année, leur témoigner sa gratitude."

Une **statue de lord Byron** se dresse en évidence dans le jardin. La disparition du poète qui avait pris fait et cause pour leur liberté toucha profondément les Grecs. Après 21 jours de deuil, le corps de Byron fut envoyé en Angleterre, mais on enterra son cœur sous la statue. À l'époque, les autorités britanniques refusèrent que Byron soit inhumé dans l'abbaye de Westminster. Aujourd'hui, deux drapeaux, l'un britannique et l'autre grec, signalent le monument.

Musée d'Histoire et d'Art MÉMOIRE LOCALE

(26310 22134 ; Plateia Markou Botsari ; 9h-13h30 et 16h-18h) GRATUIT. Dédié à la Révolution, ce musée expose une collection d'objets personnels et de tableaux de Byron. Le vendeur de billets est fidèle au poste depuis plus de 26 ans.

Musée-galerie Diexodos ART, COLLECTION PRIVÉE

(26310 51260 ; www.diexodos.com.gr ; Razikotsika 23 ; 10h30-13h mer-dim) GRATUIT. Aménagé par un avocat de la région dans une demeure du XVIIIe siècle amoureusement restaurée, le beau musée-galerie Diexodos abrite une collection de tableaux privée, présente des expositions temporaires et accueille des manifestations culturelles.

> VAUT LE DÉTOUR
>
> **TOURLIDA** ΤΟΥΡΛΙΔΑ
>
> En partant de Missolonghi, on peut traverser la lagune de Klisova à pied, à vélo ou en voiture sur une chaussée de 5 km et aller visiter le hameau sablonneux de **Tourlida**.
>
> Là, l'**Alikes Taverna** (26310 22189 ; www.alykes.eu ; plats 5-10 €) mérite une halte pour son excellente anguille grillée, et l'on peut facilement passer la nuit à l'accueillante **Domatia Iliovasilema** (6977928335, 26310 51408 ; d/tr/q 40/50/60 € ; P ❄).

Où se loger et se restaurer

Pas moyen de se tromper si l'on choisit un *ouzeri* ou un restaurant dans Razikotsika ou à proximité, surtout si l'on commande les spécialités locales : *heli* (anguille) et *avgotaraho* (mulet doré).

Hotel Avra HÔTEL $

(26310 22284 ; www.hotelavramesolongi.gr ; Harilaou Trikoupi ; s/d/tr 40/55/75 € ; ❄). Seize chambres propres et confortables ; celles sur l'arrière échappent au bruit de Plateia Markou Botsari voisine.

Allotino TAVERNE $

(Razikotsika 7 ; plats 7-13 € ; déj et dîner ; wifi). Bon choix dans la piétonnière Razikotsika, ce bel établissement sert une sélection de plats traditionnels. *Allotino* signifie "quelque chose provenant du passé".

Renseignements

Missolonghi est le chef-lieu de la préfecture d'Étolie-Acarnanie. Sa place centrale, Plateia Markou Botsari, est dominée à l'est par le musée d'art et l'hôtel de ville. Plusieurs cafés alentour offrent l'accès Wi-Fi gratuit.

Depuis/vers Missolonghi

La **gare routière KTEL** (26310 22371) est à l'extérieur des remparts, près de la porte de l'Exode. Ses bus desservent régulièrement Athènes via Rion-Antirion (24 €, 3 heures 30, 10/jour), Patras (6 €, 1 heure, 8/jour), Naupacte (5 €, 50 min, 4/jour), Amphissa (13,20 €, 3 heures, 1/jour) et Mytikas (9 €, 1 heure 30, 1/jour).

Karpénission (Karpenisi)
Καρπενήσι

7 350 HABITANTS

Ce séduisant bourg montagnard (chef-lieu de la préfecture d'Eurytanie) se dresse sur les pentes boisées du mont Tymphrestos (Tymfristos), ou Vélouchi (2 312 m), entre Lamia et le lac Kremasta. Surnommé "la Suisse de la Grèce", Karpénission a des allures de village alpin avec ses petits chalets, ses églises et ses tavernes. Il est possible de pratiquer plusieurs activités de plein air aux alentours ou, simplement, de découvrir par la route ses forêts, ses villages et ses monastères.

Activités

Domaine skiable SKI

(☎22370 23506 ; www.snowreport.gr/karpenissi). La station de ski de Karpénission sur le mont Tymphrestos compte 4 remontées mécaniques et 5 pistes, ouvertes de novembre à mars. C'est aussi le paradis de la randonnée, du rafting, du VTT et de l'escalade.

Quelques prestataires proposent des sports extrêmes comme le rafting en eaux vives, le snowboard, le canyoning, l'escalade, la randonnée au fil de l'eau et le VTT. Hélas, ces activités sont majoritairement réservées aux groupes. **Trekking Hellas** (☎22370 25940 ; www.trekking.gr) reste la meilleure option pour un groupe de 4 personnes environ. Les tarifs, variables selon l'activité, incluent équipement et transport.

Vous pouvez également suivre le sentier européen de grande randonnée E4 entre Karpénission et Krikello.

Où se loger

Hotel Galini HÔTEL $

(☎22370 22914 ; www.galini-hotel.com ; Riga Fereou 3 ; s/d avec petit-déj 25/40 €). Située dans une rue tranquille, cette très bonne adresse économique loue des chambres simples. Les propriétaires sont sympathiques. De la place, suivez la rue Tsitsara sur 100 m.

Deluxe Hotel Anesis HÔTEL $$

(☎22370 80700 ; www.anesis.gr ; Zinopoulou 50 ; s 50-55 €, d 55-65 €, tr 65-75 €, avec petit-déj ; ❄📶). Un air de chalet suisse, sans la neige, un peu kitsch mais néanmoins joli, avec une entrée accueillante et des chambres chaleureuses.

Où se restaurer et prendre un verre

Le bourg n'offre qu'un choix limité de restaurants de qualité. Si vous êtes motorisé, il peut être amusant d'opter pour l'une des bonnes tavernes installées entre Karpénission et Megalo Horio/Gavros.

Taverna En Elladi TAVERNE $

(☎22370 22235; www.enelladi-tavern.gr; Kotsidou 4 ; plats 6-12 €). L'emplacement, juste au-dessus de la *plateia*, est idéal et la cuisine est correcte : copieuses soupes maison et plats au four comme le veau En Elladi (veau aux pommes de terre et au fromage, 8 €).

Taverna Panorama TAVERNE $

(☎22370 25976 ; Riga Fereou 18 ; plat 6-13 €). Ce restaurant, doté d'une vaste salle et d'une terrasse verdoyante, privilégie la cuisine plutôt que l'atmosphère. La carte, interminable, compte quantité de grillades de mouton ou de porc, ainsi qu'une copieuse soupe à la viande de chèvre (7 €).

Saloon Park BAR, CAFÉ

(route de Prousos). À 3 km au sud du bourg, ce café-bar très populaire mise sur l'ambiance western, ou la rencontre de Jack Daniels et de l'ouzo. Centre d'équitation attenant.

Renseignements

Plusieurs banques sur la place centrale disposent de DAB.

Hôpital (☎22373 50100 ; Ethnikis Antistasis 9)

Phoenix Internet Café (Kosma Aitolou ; 2 €/h ; ⏲11h-tard)

Police (☎22370 23666 ; Pavlou Bakogianni 2)

Poste (angle Agiou Nikolaou et Athanasiou Karpenisiotou ; ⏲7h30-14h)

Depuis/vers Karpénission

La **gare routière KTEL** de Karpénission (☎22370 80013/4) se situe à 1,5 km au sud-est du bourg. Des bus desservent Athènes (25 €, 5 heures, 2/jour) et Lamia (7,20 €, 1 heure 30, 2/jour).

Environs de Karpénission

De Karpénission, une route de montagne spectaculaire conduit vers le sud au village de Prousos (34 km) et au **Moni Panagias Proussiotissas** (☎22370 80705) du XIIe siècle. À l'occasion de la fête de l'Assomption (appelée Dormition de la Vierge, en Grèce), les pèlerins affluent dans ce monastère pour boire à la source sacrée et s'incliner devant une icône miraculeuse de la Vierge, qui se trouve dans le *catholicon* (principale église du monastère).

À 14 km au sud de Karpénission, vous arriverez aux villages jumeaux de **Mikro Horio** (Petit Village), avec deux ou trois bonnes tavernes, et de **Megalo Horio** (Grand Village). L'une des maisons de pierre traditionnelles héberge un charmant **musée du Folklore** (⌚10h-14h30 ven-dim sept-juil, 10h30-14h30 et 18h-20h ven-dim août).

Megalo Horio est aussi le point de départ et de retour de l'ascension du **mont Kaliakouda** (2 098 m). Pour une promenade au relief plus tranquille, empruntez le sentier qui part en face de la gare routière et longe la rive du Karpenisiotis.

De retour sur la grand-route, au pied de Megalo Horio, **Gavros** connaît un grand succès auprès des familles des environs, qui viennent y faire un bon repas à la campagne ou flâner au bord de la rivière.

Si vous êtes motorisé, vous pourrez visiter le village restauré de **Koryshades**, dont l'embranchement se situe à 3 km environ au sud-ouest de Karpénission.

Où se loger et se restaurer

Pension Agrambeli PENSION $$
(☎22370 41148 ; www.agrampeli.gr ; Gavros ; d/tr à partir de 60/70 €, ste 75-120 €, avec petit-déj ; @ 📶 🏊). Située à Gavros, avec vue sur la rivière et le mont Talakondia, cette maison montagnarde compte 7 chambres, toutes différentes par leur taille et leur décoration. Certaines possèdent des lits en fer forgé et des tapis de fabrication locale, d'autres sont équipées d'une cuisine et d'une cheminée.

Taverna To Spiti tou Psara TAVERNE $
(Maison du Pêcheur ; Gavros ; plats 6,50-9 € ; ⌚déj et dîner). Non loin de Gavros, cette excellente taverne sur les berges de la rivière a pour spécialité la *pestrofa* (truite sauvage grillée ; 8,50 €). Ses *pites* (4 €) maison, son agneau rôti (9 €) et la carte de ses vins justifient l'excursion depuis Karpénission.

Depuis/vers les environs de Karpénission

BUS

Deux bus locaux partent de Karpénission (mardi, jeudi, samedi) pour Megalo Horio, Mikro Horio et Gavros (1,60 €, 25 min). Deux bus rallient Prousos (3,40 €, 50 min) : en partant par le bus de 5h45, on peut revenir par celui de 15h. Vérifiez les horaires auprès de **KTEL** (22370 80013/4), car ils peuvent changer.

TAXI

Depuis la place centrale de Karpénission, comptez 17 € pour rallier Gavros, Megalo Horio ou Mikro Horio et environ 35 € pour Prousos. Le chauffeur vous attendra une heure moyennant 10 €.

LES ÎLES IONIENNES AU DÉPART D'ASTAKOS

Astakos (Αστακός) a pour principal intérêt d'être un point de départ pratique pour rallier les îles Ioniennes, via le ferry biquotidien pour Céphalonie (Sami) en été (environ 10 €, 3 heures). Quelques cafés, *domatia* et tavernes bordent le front de mer. Le meilleur reste le **Poseidon Palace** (plats 6-12 €), où Kristos s'engage à vous servir"tout ce qu'il vous plaira, du simple souvlaki au meilleur des poissons".

Lamia Λαμία

52 000 HABITANTS

Chef-lieu du Phthiotide, à mi-chemin entre Delphes et les Météores, Lamia figure rarement sur l'itinéraire des voyageurs. Pourtant, cette ville où les places se succèdent est un lieu plein de vie toute l'année, d'où il est facile d'accéder au parc national de l'Œta (Iti). Vous pourrez aussi vous y régaler de *kokoretsi* (tripes d'agneau), de *kourabiedes* (sablés aux amandes) et de *xynogalo* (lait caillé).

À voir

Le samedi matin, un marché animé se tient dans Riga Fereou et les rues alentour.

Frourio CITADELLE
L'ascension jusqu'au *frourio* est récompensée par une vue splendide. La citadelle abrite un **Musée archéologique** (☎22310 29992 ; 2 € ; ⌚8h30-15h mar-dim) présentant des pièces intéressantes allant du néolithique à l'époque romaine, dont plusieurs jouets d'enfant des époques hellénistique et romaine.

Viaduc ferroviaire de Gorgopotamos OUVRAGE D'ART
Le viaduc ferroviaire de Gorgopotamos, qui franchit un profond ravin à 7 km

LA TOURNÉE DES VILLAGES

Si vous êtes motorisé, sachez que les villages de Loutra Ypatis et d'Ypati possèdent des hébergements meilleur marché et plus tranquilles que Lamia, et constituent, de fait, une bonne base pour explorer la région.

au sud de Lamia, fut détruit à l'explosif le 25 novembre 1942 par les résistants grecs et leurs alliés britanniques, afin de retarder l'avancée allemande. Cet acte de sabotage fut considéré comme l'un des plus importants de l'époque, forçant l'armée allemande à détourner des troupes du front russe. Le pont a été reconstruit sur des piles qui n'ont plus rien à voir avec celles de l'époque.

Défilé des Thermopyles SITE HISTORIQUE
À quelque 20 km au sud-est de Lamia se trouve le fameux défilé des Thermopyles où, en 480 av. J.-C., le roi de Sparte Léonidas, à la tête de 300 hommes, repoussa temporairement l'armée perse de Xerxès. Seule une statue de Léonidas rappelle le site de cette bataille héroïque, où les combattants luttèrent jusqu'à la mort face à un nombre bien supérieur d'attaquants.

Où se loger et se restaurer

Les viandes grillées comptent parmi les spécialités de la Grèce centrale, et Lamia est championne en la matière. De nombreuses et excellentes *psistaria* (restaurants de grillades), exposant en vitrine agneaux, chèvres et cochons de lait rôtis, occupent l'extrémité sud de Plateia Laou.

Hotel Athina HÔTEL $
(22310 27700 ; www.hotelsline.gr/athina ; Rozaki Angeli 41 ; s/d/tr avec petit-déj 40/55/70 € ; P ❄ wifi). Rénové en 2008, cet hôtel sympathique et géré efficacement en famille loue des chambres modernes, aux lits confortables et aux grandes sdb. Proche de Plateia Laou et de Plateia Eleftherias, il dispose d'un parking.

Fitilis Restaurant TAVERNE $
(22310 26761 ; Plateia Laou 6 ; plats 6-12 €). Sur une place ravissante, cet établissement sert de classiques plats *mayirefta* (ragoûts ou plats cuits au four, comme la maison) d'un bon rapport qualité/prix.

Renseignements

Six banques avec DAB bordent Plateia Parkou.
Police (22310 22431 ; Patroklou)
Poste (Athanasiou Diakou). En face de Plateia Parkou.

Depuis/vers Lamia

Tous les bus partent de la **gare routière KTEL** (22310 51345-6 ; Taygetou), à 2,5 km au sud-ouest du centre. Un taxi entre le centre et la gare routière coûte 5 €.

Pour le parc national de l'Œta, allez à Ipati (2,20 €, 40 min, 9/jour) ou à Pavliani.

VERS	DURÉE	TARIF (€)	FRÉQUENCE
Agios Konstantinos	50 min	4,30	1/jour
Amphissa	1h30	7,10	1-2/jour
Athènes	3h	20,50	1/h
Delphes*	2h	9,20	1-2/jour
Karpénission	1h45	7,20	2-3/jour
Larissa	1h30	12,70	6/jour
Patras	3h	18,80	3/jour
Thessalonique	4h	25,80	6/jour
Trikala**	2h	11,80	6/jour
Volos	2h	12,70	2/jour

* correspondance à Amphissa
** correspondance pour les Météores et Kalambaka

TRAIN

La gare principale de Lamia se situe à Lianokladi, 6 km à l'ouest du centre-ville. On peut acheter ses billets au **guichet OSE** (22310 44883 ; Konstadinopoleos ; Kon/Poleos), d'où un bus OSE assure la liaison avec la gare de Lianokladi.

Des trains desservent régulièrement Athènes et Thessalonique.

Parc national de l'Œta (Iti)

Εθνικός Δρυμός Οίτης

Le parc national de l'Œta (Iti) est l'un des plus beaux de Grèce, mais c'est aussi l'un des moins aménagés. Ses prairies et ses forêts de sapins et de pins noirs sont habitées par des piverts, des aigles, des cerfs et des sangliers, tandis que ses lacs sont bordés d'orchidées des marais. D'après les récits mythologiques, c'est sur cette montagne qu'Héraclès, pour échapper aux souffrances de la tunique empoisonnée de Nessos, se serait jeté dans le bûcher. Le héros aurait ensuite été enlevé pour rejoindre les dieux de l'Olympe.

Les sentiers ne sont pas toujours bien balisés, mais on peut entreprendre une randonnée d'une journée à partir d'Ypati et grimper jusqu'au refuge de Trapeza (1 850 m), près du sommet du Pyrgos (2 152 m). D'autres randonnées d'une journée rejoignent les bourgs de Kastania et de Kapnohori. Pour en savoir plus, adressez-vous à la **Fédération hellénique d'alpinisme** (☎21036 45904 ; www.eooa.gr), à Athènes, et consultez les cartes de randonnée *Grèce centrale : Giona, Œta, Vardhousia* (n°2.3, éd. Anavasi), ou *Iti (Œta)* (n°43, Road Editions).

Le village limitrophe d'**Ypati**, à 22 km à l'ouest de Lamia et à 8 km au sud de la route Karpénission-Lamia, conserve les vestiges d'une forteresse. Il constitue (comme Pavliani, au sud) un point de départ pour les randonnées au mont Œta. La Plateia d'Ainianon, ombragée, est flanquée de cafés traditionnels. Un peu plus loin se trouve le charmant **monastère d'Agathon** (lever-coucher du soleil), du XVe siècle.

En été, on peut prendre des bains de soufre dans le magnifique village de **Loutra Ipatis**.

Où se loger et se restaurer

Hotel Alexakis HÔTEL $

(☎22310 59380 ; www.alexakis.gr ; Loutra Ypati ; s/d avec petit-déj 35/50 € ; ❄ @ P). Fraîchement rénové, cet hôtel immaculé bénéficie de chambres contemporaines, d'une jolie terrasse et d'un vaste point de vue sur le mont œta. Sans parler du merveilleux sens de l'hospitalité de ses charmantes propriétaires, Julia et Sofia.

I Mouries TAVERNE $

(www.lymouries.gr ; Loutra Ipatis ; plats 6-8 € ; déj et dîner ;). Une douillette adresse villageoise préparant de fabuleux plats *mayirefta* et d'excellentes grillades du jour (une viande différente chaque jour).

Agios Konstantinos
Αγιος Κωνσταντίνος

3 410 HABITANTS

Ce joli village, situé sur la route principale entre Athènes et Thessalonique, est l'un des trois ports du continent (avec Volos et Thessalonique) qui dessert Skiathos, Skopélos ou Alonissos, dans les Sporades du Nord.

Deux agences de voyages sont situées sur la place en face du port et de la billetterie des ferries : **Bilalis Travel** (☎22350 31614 ; www.bta.gr; Karaiskaki 4) et **Alkyon** (☎21038 32545).

Depuis/vers Agios Konstantinos

BATEAU

Hellenic Seaways assure la traversée vers Skiathos (37/75 € par pers/voiture), Skopélos (49,50/80 € par pers/voiture) et Alonissos (49,50/80 € par pers/voiture). L'été, un bateau part tous les jours, avec des horaires variables. D'octobre à avril, un petit ferry assure uniquement le transport des passagers.

BUS

De la **gare routière KTEL** (☎22350 32223), 200 m au sud du débarcadère du ferry, on trouve des bus pour Athènes (16 €, 2 heures 30, toutes les heures) et Lamia (4,70€, 1 heure, 9/jour) ; pour Patras et Thessalonique, il faut changer à Lamia.

LA THESSALIE ET LES MÉTÉORES

La Thessalie (Θεσσαλία) englobe une vaste portion du centre-est de la Grèce, entre le massif du Pinde et la mer Égée. La plaine fertile, arrosée par une rivière, a vu l'implantation de l'un des plus anciens établissements néolithiques du continent. Aujourd'hui, elle renferme deux sites naturels exceptionnels : les Météores et le massif du Pélion. Les montagnes et les prairies alpines autour d'Elati et de Pertouli sont très prisées pour les activités de plein air.

Larissa Λάρισα

162 600 HABITANTS

Sur la rive orientale de l'antique Pénée (Pinios), Larissa constitue le principal centre de transports et de services pour toute la grande plaine agricole de Thessalie, ainsi qu'une importante base militaire. Derrière son aspect quelconque se cache une ville universitaire dynamique, aux cafés animés et aux innombrables boutiques et fontaines. Habité bien avant le néolithique, le site conserve aussi des vestiges de son passé byzantin et ottoman.

À voir

Les fouilles en cours ont mis au jour dans le centre-ville, à 100 m au nord de Plateia Sarka, un **théâtre** du IIIe siècle av. J.-C. bien

Thessalie

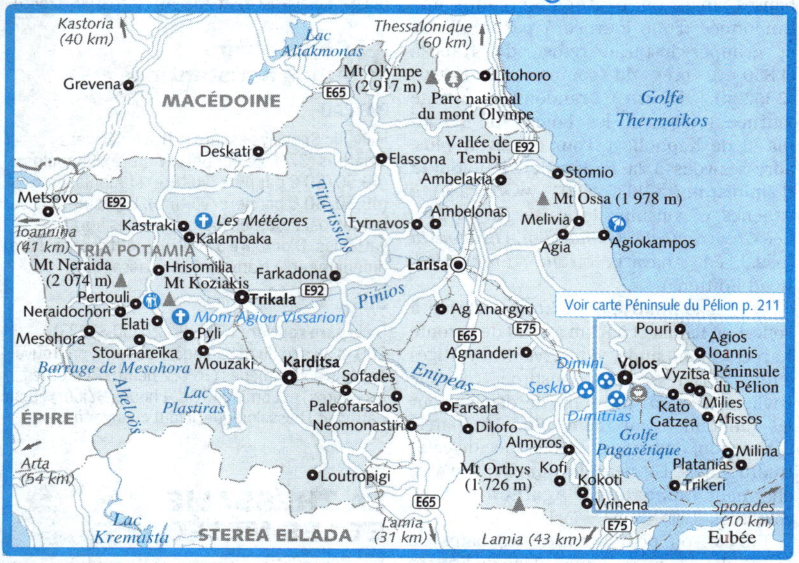

conservé. À proximité, la colline d'Agios Ahillios a été habitée dès le néolithique (6 000 av. J.-C.).

Pinacothèque Katsigra ART CONTEMPORAIN
(☎24106 16266 ; Pinakothiki Katsigra ; angle Papandreou et Kliou Patera ; 3 € ; ⏲10h-14h mar-dim). Cette superbe collection privée d'art grec contemporain se classe juste derrière la Galerie d'art nationale d'Athènes.

Où se loger

Hotel Metropol HÔTEL $$
(☎24105 37161 ; www.hotelmetropol.gr ; Rousvelt 14 ; s/d/f avec petit-déj 45/60/755 € ; P❄@📶). Une adresse ancienne mais convenable, de style hôtel d'affaires, avec de grandes chambres décorées de tableaux signés du propriétaire. Entre Plateia Kentriki (place centrale) et Ethnarhou Makariou.

Renseignements

Vous trouverez plusieurs banques autour de Plateia Mihail Sapka.

Hôpital (☎24102 30031 ; Tsakalof 1)

K-Net (☎24105 39355 ; Rousvelt 24 ; 2 €/h ; ⏲24h/24). Accès Internet.

Office du tourisme municipal (☎24106 18189 ; ereot@otenet.gr ; Ipirou 58 ; ⏲7h30-15h lun-ven)

Police (☎100 ; Papandreou 14)

Poste (angle Papanastasiou et Athanasiou Diakou)

Depuis/vers Larissa

BUS

De la **gare routière KTEL de Larissa** (☎24105 67600 ; angle Georgiadou et Olympou), des bus desservent Athènes (28 €, 4 heures, 8/jour), Thessalonique (15 €, 2 heures, 7/jour), Volos (5,30 €, 1 heure, 10-12/jour) et Ioannina (18,70 €, 4 heures, 3/jour).

De la **gare routière KTEL de Trikalon** (☎24106 10124 ; Iroön Polytechniou), près du carrefour avec Gazi Anthimou, des bus conduisent à Trikala (6,30 €, 1 heure, toutes les heures). Pour les Météores, prenez le bus pour Trikala, puis de là un bus pour Kalambaka.

TRAIN

Des trains express et normaux passent quotidiennement par la **gare ferroviaire de Larissa** (☎24102 36250 ; angle 28 Octovriou et Iroön Polytechniou) depuis/vers Thessalonique (normal 6,70 €, 1 heure 45, express 15-20 €, 90 min) et Athènes (normal 23 €, express 28-36 €, 3 heures 30, 3/jour). On peut acheter son billet au **bureau OSE** (☎24105 90239 ; Papakyriazi 35-37 ; ⏲9h-14h mar et jeu, 9h-14h et 17h-21h mer et ven).

Volos Βόλος

85 000 HABITANTS

L'antique Iolcos serait la ville natale de Jason et des Argonautes, des héros combattants partis à la recherche de la Toison d'or. Aujourd'hui, Volos est une grande ville universitaire animée, à la lisière nord du golfe Pagasétique. Elle permet d'accéder à la péninsule du Pélion et aux Sporades.

À voir

Musée archéologique ART ANTIQUE
(☎24210 25285 ; Athanasaki 1 ; 2 € ; ⊙8h30-15h). Cet excellent musée donnant sur une roseraie recèle une collection d'objets issus des fouilles des sites de Dimini et de Sesklo, ainsi qu'une impressionnante collection de stèles funéraires peintes, provenant du site hellénistique de Dimitrias. L'audioguide fourni (passeport en caution) est bien fait.

Musée de la briquetterie Tsalapatas ANCIENNE USINE
(☎24210 29844 ; vieille ville ; 3 € ; ⊙10h-18h mer-lun 1er mars-15 oct, 10h-17h 16 oct-28 fév). De 1926 à 1975, la fabrique de briques et de tuiles Tsalapatas joua un rôle crucial à Volos. Restaurée et reconvertie en un musée intéressant, l'usine a rouvert en 2006 où l'on peut voir machines-outils et gigantesques fours.

Où se loger

Les campings les plus proches se situent côte à côte à Kato Gatzea, à 17 km de Volos sur la côte ouest du Pélion : le **Camping Hellas** (☎24230 22267 ; www.campinghellas.gr ; empl par adulte/tente 7/4 € ; @ wifi) et le **Sikia Camping** (☎24230 22279 ; www.camping-sikia.gr ; empl par adulte/tente 5,50/3,60 € ; @ wifi). Bien gérés, ils sont pourvus de restaurants, de supérettes et de bars sur la plage. Réservation conseillée en juillet-août.

Hotel Jason HÔTEL $
(☎24210 26075 ; www.jason-hotel.gr ; s/d/tr 25/45/60 €). Parmi les rares hôtels petits budgets de Volos, cette adresse loue des chambres plutôt sommaires. Atout : sa situation près du port.

Hotel Philippos HÔTEL $
(☎24210 37607 ; www.philippos.gr ; Solonos 9 ; s/d/tr avec petit-déj 45/55/65 €). Voici un établissement respectable avec service professionnel, grande réception et chambres basiques impeccables.

Hotel Kipseli HÔTEL $$
(☎24210 24420 ; www.hotelkipseli.gr ; Agiou Nikolaou 1 ; s/d/ste avec petit-déj à partir de 55/65/75 € ; clim wifi). Très bien situé sur la promenade, près du quai, cet hôtel chic et moderne a de belles chambres, mais il peut être bruyant en raison de son emplacement central. Le bar sur le toit possède la meilleure vue sur le port la nuit.

Volos Palace Hotel HÔTEL $$
(☎24210 76501 ; www.volospalace.gr ; Xenothontos ; ch avec petit-déj 98-118 €, ste 150-170 € ; P clim wifi). Ce vaste établissement haut de gamme affiche lourds drapés, moquettes épaisses et accueil professionnel. Il donne néanmoins quelques signes du passage des ans. Les chambres à l'avant donnent sur l'amphithéâtre moderne, une bénédiction ou une malédiction en fonction du spectacle. Offres avantageuses possibles.

Où se restaurer

Stafylos GREC $
(Malounas 6 ; plats 7-10 € ; ⊙déj et dîner). En signe de bienvenue, on vous offre un petit verre de *tsipouro*, des olives et un dip à la tomate en

VAUT LE DÉTOUR

ENVIRONS DE LARISSA

Si vous n'êtes pas pressé, rendez-vous en voiture jusqu'à la **vallée de Tempé (Tembi)**, 28 km au nord-est de Larissa, où le Penée se fraye un étroit chemin entre l'Olympe et l'Ossa, considérée par les Anciens comme un lieu sacré dédié à Apollon. Du parking, un petit pont permet d'accéder à la chapelle **Agia Paraskevi** (XIIIe siècle) et aux ruines d'une **forteresse médiévale**, 2 km plus loin.

À 5 km au-dessus du village de Tempé, par une route sinueuse, le pittoresque village d'**Ambelakia** fut au XVIIIe siècle un centre textile prospère. C'est aujourd'hui un plaisir d'en arpenter les ruelles pavées à la découverte de ses anciennes demeures : il en subsiste plusieurs dizaines sur les six cents qu'il comptait à l'origine.

LES TSIPOURADHIKA

Volos est réputée dans toute la Grèce pour ses *ouzeria* et ses *tsipouradhika*. Un *ouzeri* (ou, plus exactement, un *tsipouradhiko*) est un petit restaurant qui sert des assiettes de mezze variées et de minuscules bouteilles de *tsipouro*, un alcool semblable à l'ouzo, en plus fort. Comme pour l'ouzo, on peut ajouter de l'eau au *tsipouro* pour le rendre moins corsé ou faire durer le plaisir. Normalement, les tournées s'enchaînent jusqu'à ce que le convive soit repu ou... ne tienne plus debout. La règle de base : boissons et petits plats vont de pair. Parmi les mezze typiques, citons l'*ohtapodi* (poulpe) grillé et les calamars frits. Traditionnellement, les *tsipouradhika* étaient uniquement ouverts en journée. Voici quelques-unes de nos adresses favorites à Volos :

Kyklos Tsipouradiko (☎24210 20872 ; Mikrasiaton 85 ; mezze 2-6 € ; ⌚lun-sam)

Sesklo (Papakiriazi 44 ; mezze à partir de 3,50 € ; ⌚11h-18h)

Kavouras Tsipouradiko (Gatziagiri 8 ; boisson et mezze 3-4 € ; ⌚11h-18h lun-sam)

Kerasia Tsipouradiko (Le Cerisier ; Papakiriazi 40 ; mezze 3-5 € ; ⌚9h-18h)

apéritif. Au menu : de savoureuses recettes de toute la Grèce, notamment un délicieux *apaki* (viande de porc marinée dans des épices), et même des escargots.

Plagios MÉDITERRANÉEN $$
(angle Kontaratou et Skirou ; plats 9-25 €). Alternative aux classiques *tsipouradhika* (voir l'encadré) de Volos, cette adresse élégante et un rien snob se présente comme un bar-restaurant ouvert toute la journée. La cuisine grecque y est rehaussée d'une touche contemporaine.

Où prendre un verre et sortir

Si l'envie vous prend d'écouter de la musique, de boire et de danser toute la nuit, il faut aller à Palaia, l'ancien quartier industriel (déconseillé aux femmes seules). Sinon, la plupart des habitants de Volos semblent passer leurs soirées dans le centre-ville, en particulier autour de Koumoundourou et de Kontaratou.

♥ **Bar Balthassar** BAR
(☎6949383200 ; Oikonomaki 76). Le Balthassar – du nom d'un ancien moine italien, brasseur de son métier – est un lieu tranquille pour déguster des bières belges ou du monde entier, accompagnées de saucisses. Dans le quartier animé de Volos.

Thalasses CLUB
(☎24210 87577 ; Pagasson 68 ; ⌚mai-sept). Dans le quartier de Palaia, le Thalasses programme des concerts de bouzouki ; on y boit et on y danse, mais inutile d'y aller avant minuit.

Achats

Ekonomou O Papous LOUKOUMS
(☎24210 34606 ; Anthimou Gazi 135). Jolie boutique vendant des *loukoumi*, variante grecque des douceurs turques.

Renseignements

Stationner dans Volos peut être très difficile. Allez directement dans un parking, celui qui se trouve sur le quai étant le plus pratique (1,50 €/h). Plusieurs banques avec DAB jalonnent Argonafton, Iasonos et Dimitriados.

Centre d'information de Volos et Association hôtelière de Magnésie (☎24210 30940 ; www.voloinfo.gr ; angle Grigoriou Lambraki et Sekeri ; ⌚8h-16h lun-ven, 8h-14h sam). En face de la gare routière KTEL, ce centre moderne, au personnel polyglotte et très prévenant, fournit des informations sur l'hébergement, des plans de la ville, les horaires des bus, trains et ferries, ainsi que des conseils utiles sur le Pélion.

Hôpital général de Volos (☎24210 94200 ; Polymeri 134). Près du Musée archéologique.

Police touristique (☎24210 39065 ; 28 Octovriou 179). Les habitants désignent aussi la rue 28 Octovriou sous le nom d'Alexandras.

Poste (angle Dimitriados et Agiou Nikolaou). Près de l'église Agios Nikolaos.

Web (Iasonos 137 ; 2,20 €/h ; ⌚24h/24). Cybercafé. Nombre de cafés du front de mer proposent l'accès Wi-Fi gratuit.

Depuis/vers Volos

BATEAU

Volos est un point de passage vers les Sporades du nord : Skiathos, Skopélos et Alonissos. Les ferries arrivent et partent de la fin du quai ; les hydroglisseurs du début du quai. Les horaires suivants (ils changent régulièrement) sont ceux de la haute saison.

VERS	DURÉE	TARIF (€)	FRÉQUENCE
Alonissos	5h30	27,50	2/jour
Alonissos*	3h	48	1/jour
Skiathos	2h	23	1/jour
Skiathos*	1h30	37,50	3/jour
Skopélos (Hora)	4h	27,50	1/sem
Skopélos (Glossa)*	2h	40	1/jour
Skopélos (Hora)*	3h	48	4/jour

*hydroglisseurs

BUS

À la **gare routière KTEL de Volos** (☎24210 33254 ; www.ktelvolou.gr ; angle Zachou et Almyrou), en face du centre d'information touristique, des bus partent pour Athènes (28 €, 4 heures 30, 10/jour), Larissa (5,30 €, 1 heure, 8/jour), Thessalonique (19 €, 2 heures 30, 8-9/jour), Trikala (14 €, 2 heures 30, 4/jour) et Ioannina (24 €, 4 heures 30, 3/jour).

Pour les bus vers le Pélion, voir p. 210.

TRAIN

La **gare ferroviaire de Volos** (☎24210 24056 ; Papadiamanti) se situe 200 m au nord-ouest de Plateia Riga Fereou. Neuf trains partent quotidiennement à Larissa (34 €, 1 heure), où des correspondances rejoignent Athènes (normal/express 19/36 €, 7/jour) et Thessalonique (normal/express 12/22 €, 1/h) – vérifiez que ces trains roulent toujours car il est question de les supprimer. Vous pouvez vérifier les horaires et acheter vos billets au **bureau OSE** (Dimitriados ; ⏲8h-16h lun-ven), près de l'université.

Comment circuler

Les sociétés **Hertz** (☎24210 22544 ; stvolos@herz.gr), sur le port près du marché au poisson, et **Avis** (☎24210 22880 ; avisvolos@otenet.gr ; Argonafton 41) louent des véhicules.

Environs de Volos

À l'ouest de Volos, deux sites archéologiques importants remontent aux débuts de la civilisation grecque en Thessalie. **Dimini** (☎24210 85960 ; 2 € ; ⏲8h30-14h30 mar-dim), qui date de la fin du néolithique (4 800-4 500 av. J.-C.) et fut habité à l'âge du bronze, présente des vestiges de rues et d'habitations ainsi qu'une superbe tombe à tholos (voûtée). **Sesklo** (☎24210 95172 ; 2 € ; ⏲8h30-14h30 mar-dim) possède les vestiges de la plus ancienne acropole de Grèce (6 000 av. J.-C.). Comme l'atteste leur architecture, ces deux localités abritaient une communauté agraire organisée, capable de nourrir une population beaucoup plus importante que celles des chasseurs-cueilleurs du paléolithique.

Péninsule du Pélion (Pilio)

Πήλιον Ορος

Le massif du Pélion, qui s'étire le long d'une presqu'île au sud-est de Volos, culmine au mont Pourianos Stavros (1 624 m). Son versant oriental largement inaccessible est formé de hautes falaises spectaculaires, tombant à pic dans la mer. Moins abrupt, son versant occidental épouse les contours du golfe Pagasétique. À l'intérieur de la presqu'île, les arbres ployant sous les fruits le disputent aux oliveraies sauvages et aux forêts de châtaigniers, chênes, noyers, hêtres et eucalyptus. Au cœur de cette végétation luxuriante, les villages, se caractérisent par leurs maisons chaulées à colombages, avec balcons en encorbellement et toits de lauzes, et leurs passages étroits et sinueux.

Nombre d'*archontika*, maisons de pierre traditionnelles, ont été converties en charmantes pensions aménagées avec goût et pratiquant des tarifs raisonnables. Enfin, la région jouit d'une tradition culinaire ancienne qui fait la part belle aux herbes aromatiques de la montagne. Parmi les spécialités, la *fasoladha* (soupe de haricots), le *kouneli stifadho* (lapin en ragoût), le *spetsofai* (saucisses artisanales de porc et poivrons) et le *tyropsomo* (pain au fromage).

Histoire

La mythologie fait du Pélion le domaine des centaures, créatures mi-hommes mi-chevaux, aux mœurs violentes et barbares. Deux centaures échappaient toutefois à cette sauvagerie, tel Chiron, savant et bienfaisant, qui éleva notamment Achille, Jason et Asclépios, le dieu de la Médecine.

Durant l'occupation ottomane, les Grecs abandonnèrent les villes de la côte ouest au profit des villages montagnards inaccessibles du Centre et de l'Est. Ceux-ci connurent dès lors une économie florissante basée sur l'exportation vers l'Europe de la soie et de la laine. Sur le plan culturel, l'Église orthodoxe préserva l'identité grecque par l'intermédiaire d'"écoles clandestines" (*Kryfa Skolia*). À l'instar d'autres régions retirées de la Grèce, le Pélion fut un creuset du mouvement qui conduisit à la guerre d'Indépendance.

Depuis/vers le Pélion

Des bus à destination des villages du Pélion partent de la gare routière de Volos.

VERS	DURÉE	TARIF (€)	FRÉQUENCE
Agios Ioannis	2h	6,60	1-2/jour
Kala Nera	50 min	1,70	15/jour
Makrinitsa (via Portaria)	45 min	1,60	6-8/jour
Milina (via Argalasti et Horto)	1h30	4,60	3-5/jour
Pinakates	1h	2,40	2 en semaine
Platanias	2h	6,40	2-4/jour
Pouri	1h45	5	2-3/jour
Trikeri	3h	7,60	1-2/jour
Tsagarada	1h30	5,10	1-3/jour
Vyzitsa (via Miliès)	1h10	2,80	4-6/jour
Zagora (via Hania)	1h30	4,30	1-3/jour

Nord-ouest du Pélion

DE VOLOS À MAKRINITSA

La route qui part de Volos vers le nord-est en direction de Makrinitsa grimpe durant 6 km jusqu'au village d'**Anakasia** (juste après Ano Volos), où l'on peut visiter le passionnant **musée Theophilos** (Anakasia ; 8h-14h30 lun-ven) GRATUIT. Installé dans l'ancienne demeure de Theophilos Hatzimichael (1866-1934), un artiste de la région qui circula dans le Pélion en vendant ses œuvres pour vivre, ce musée possède (à l'étage) des peintures murales illustrant des scènes de la vie locale et des visions de l'artiste.

Portaria, à 12 km au nord-est de Volos et à 2 km à l'est de Makrinitsa, est typique du Pélion avec son vieux platane sur la grand-place et sa petite **église Panagia** (XIIIe siècle), ornée de belles fresques.

Où se loger et se restaurer

Portaria offre divers hébergements de catégories moyenne et supérieure.

Arhontiko Kritsa HÔTEL $
(24280 99418 ; Portaria ; s/d 40/50 €). Pour sa modestie et son charme à l'ancienne, cette adresse (à ne pas confondre avec l'Hotel Kritsa) a nos faveurs. Au choix : 3 chambres communicantes dans un vieux bâtiment de caractère, ou des chambres de style années 1980.

Hotel Despotiko BOUTIQUE-HÔTEL $$$
(24280 99046 ; www.despotiko.gr ; Portaria; ch à partir de 100 € ;). Pour une expérience haut de gamme (avec une qualité de service variable), essayez cette demeure joliment reconvertie. Offres spéciales parfois proposées en ligne.

Kritsa Hotel Restaurant GREC $
(24280 99121 ; www.hotel-kritsa.gr ; Portaria ; plats 6-14 €). Sur Plateia Portaria, cette adresse accueillante sert d'extraordinaires spécialités du Pélion : agneau à l'étouffée (11 €) et légumes verts sautés à l'œuf (8 €).

MAKRINITSA ΜΑΚΡΙΝΙΤΣΑ

650 HABITANTS

Accroché à flanc de montagne, Makrinitsa est à juste titre appelé le "balcon du Pélion". De loin, ses maisons semblent empilées les unes sur les autres. De près, le visiteur distingue, entre les maisons blanchies à la chaux, des escaliers escarpés, noyés sous les géraniums, les hortensias et les roses. Toujours pentu, le chemin mène à plus de 50 fontaines en pierre. C'est l'un des plus jolis villages du Pélion, et sa proximité avec Volos en fait aussi l'un des plus visités.

Le bourg est entièrement piétonnier. L'arrêt de bus et un parking ombragé se situent à l'entrée. Sur la place centrale se dressent un vénérable platane creux qui ravit les enfants, une fontaine en marbre et la minuscule chapelle d'**Agia Panagia**.

À voir

Musée d'Art populaire MUSÉE
(2 € ; 10h-16h30 mar-dim). Cette demeure restaurée datant de 1844 recèle notamment un ancien alambic à *tsipouro*, un phonographe modèle "la machine parlante" Victrola, et une fontaine cachée dans un mur de pierre.

Où se loger et se restaurer

Le village compte plusieurs hôtels. Les tarifs indiqués peuvent augmenter de 50% les week-ends d'hiver. Arrêtez-vous sur la grand-place pour la vue, mais continuez plus loin pour dénicher les meilleurs restaurants.

Arhontiko Repana PENSION $
(24280 99067 ; www.repana.gr ; s/d/tr avec petit-déj à partir de 45/55/75 € ; P). Nous apprécions tout particulièrement cet établissement

Péninsule du Pélion

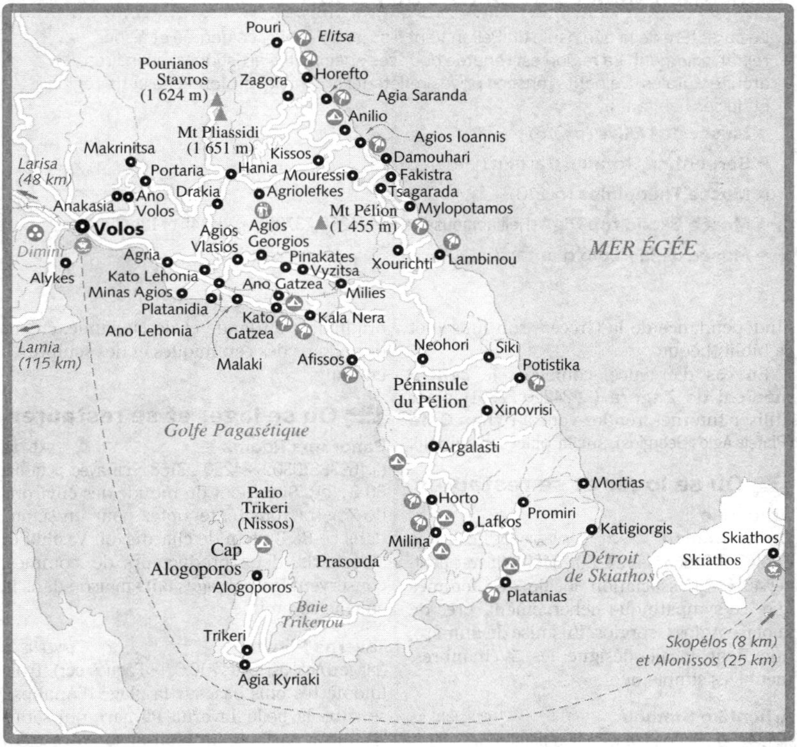

chaleureux, tenu par une famille, pour son hospitalité et son rapport qualité/prix. Chambres confortables avec lambris et tapis rouges ; cheminée dans l'une d'entre elles.

Sisilianou Arhontiko PENSION $$
(☎ 24280 99556 ; www.arhontiko-sisilianou.gr ; d avec petit-déj 75-90 € ; wifi). Élégante demeure réaménagée, avec chambres de taille variable (les plus petites sont un peu étouffantes), dotées de mobilier d'époque et de sdb bien équipées. Dans la n°7, votre regard embrassera la montagne depuis le lit. Avec un peu de chance, le père du propriétaire, Nico, vous emmènera faire une excursion le dimanche.

Taverna Alpha-Beta TAVERNE $
(plats 7-11 € ; ⏲ mar-dim). Située 150 m après la place, cette adresse tire le meilleur parti des produits locaux de saison, avec des spécialités comme le lapin au vin rouge, ainsi que d'excellents hors-d'œuvre et salades. La vue depuis la véranda mérite qu'on s'y installe, ne serait-ce que pour goûter la cuvée du patron.

Taverna Leonidas TAVERNE $
(plats 6-10 € ; ⏲ déj et dîner tlj, fermé lun-ven en hiver). Juste après la place, une bonne adresse pour la cuisine locale et le panorama.

Nord-est du Pélion

ZAGORA ΖΑΓΟΡΑ

3 821 HABITANTS

Depuis Hania, la route en lacets descend à travers les châtaigniers jusqu'à un embranchement menant à Zagora, le plus grand village du Pélion et un important centre de culture maraîchère (c'est la capitale grecque de la pomme). Jusqu'à l'effondrement de l'industrie de la soie en 1850, le bourg exportait aussi de belles soieries sur tout le continent. Zagora compte par ailleurs deux lieux emblématiques du combat pour

TOP 5 DES MUSÉES INSOLITES DU PÉLION

La caractère de la péninsule du Pélion tient à sa géographie accidentée et à son relatif isolement. La région est réputée pour ses spécificités artistiques, culinaires et architecturales. De petits musées privés reflètent l'originalité profonde de cette région et de ses habitants.

- **Musée de l'Olive** (p. 216)
- **Serpentine Organic Garden** (jardin ; p. 215)
- **Musée Theophilos** (p. 210)
- **Musée Skolio tou Riga** (Hellinomouseion ; ☎24260 23708 ; ⏲9h-14h et 18h-20h)
- **Musée de la Radio d'antan** (p. 217)

l'indépendance de la Grèce – son musée et sa bibliothèque.

En cas d'urgence, contactez le **centre médical de Zagora** (☎24260 22591). Pour utiliser Internet, rendez-vous à l'**Ylien Cafe** (Plateia Agios Georgios), sur la place principale.

Où se loger et se restaurer

Arhontiko Dhrakopoulou AUBERGE DE JEUNESSE **$**
(☎24260 23566 ; fax 24260 23460 ; ch avec petit-déj 40 €). L'association locale des femmes gère ce sympathique hébergement, près de la place Agios Georgios. En guise de numéro, une fleur locale désigne les 5 chambres, meublées simplement.

Arhontiko Stamou PENSION **$$**
(☎24260 23880 ; www.stamou-hotel.com ; s 55 €, d 55-70 €, tr 80 €, avec petit-déj ; P @). Près de Plateia Agios Georgios, cette belle et spacieuse villa (vers 1863) partage une cour avec l'agréable Café Anemella ("ver à soie", en grec). Le propriétaire est une précieuse source de renseignements.

Taverna Niki TAVERNE **$**
(Meintani ; plats 4-7,50 €). Sur la place Sotira, cet établissement noyé sous les fleurs sert d'excellents *mayirefta*, grillades et salades.

ENVIRONS DE ZAGORA

Le village tranquille de **Pouri**, accroché à flanc de montagne au-dessus d'une petite baie, abrite quelques tavernes en contrebas de l'église. À 3 km du village se trouvent deux jolies plages, celle d'**Elitsa**, couvertes de galets, et la sablonneuse **Analipsi**.

À voir

Atelier Popotech ARTISANAT D'ART
(☎6945447878 ; www.popotech.blogspot.com). À 2 km au sud de Pouri, Gemma et Gary, originaires d'Irlande et de Hollande, créent des bijoux, des céramiques et des sculptures en fonte.

Où se loger et se restaurer

Panorama Rooms B&B **$$**
(☎6938810309, 24260 23168 ; ch avec petit-déj 60 € ; P). Si ce bout du monde des environs de Zagora vous tente, optez pour un séjour dans ce B&B plein de charme, où Vasiliki et Theoharis, deux producteurs de pommes, conservent les fromages faits maison dans la cuisine commune.

Taverna Plimari TAVERNE **$**
(plage d'Analipsi ; plats 7-10 € ; ⏲Pâques-oct). Trois kilomètres plus bas, sur la plage d'Analipsi, se situe la belle Taverna Plimari, qui serait "l'endroit parfait pour réaliser son rêve grec", selon le propriétaire.

DE ZAGORA À KISSOS

De pittoresques villages jalonnent la route de Zagora à Tsagarada, l'une des plus spectaculaires du Pélion. Le village d'**Anilio** ("sans soleil", en grec) se niche à l'ombre d'une crête couverte de noyers et de châtaigniers, ressource essentielle pour le **groupe agricole des femmes d'Anilion** (☎24260 31329). Basée à la lisière nord du village, cette coopérative fabrique et vend d'excellentes confitures et pâtisseries.

Le village fleuri de **Kissos** s'étage en terrasses autour de l'**Agia Marina** (XVIIIe siècle), une église qui renferme les fresques les plus remarquables de la péninsule.

À Kissos, déjeunez ou dînez à la **Taverna 5F** (O Makis ; plats 4-8 € ; ⏲déj et dîner), réputée pour ses *dolmades*, ou à la **Taverna Klimataria** (plats 6,50-9,50 €), connue pour ses *spetsofai* (plat du Pélion, avec saucisses artisanales et poivrons, 7,50 €).

HOREFTO ΧΟΡΕΥΤΟ

À 8 km au sud de Zagora, Horefto est une station balnéaire discrète. Dans la mythologie, c'était le domaine du centaure Chiron, qui possédait des pouvoirs de guérison. La longue plage principale, bordée de palmiers, est agréable, mais la crique isolée d'**Agia Seranda**, 2 km au sud, est superbe et abrite une simple *domatia* et une taverne.

Où se loger et se restaurer

Hotel Cleopatra HÔTEL $
(24260 22606 ; s/d 35/50 € ;). Hôtel paré de vigne vierge, avec chambres spacieuses tout en carrelage et lambris, balcons et ventilateurs. Bon rapport qualité/prix. En face de la plage, quand on arrive à Horefto.

Hotel Aeolos HÔTEL $$
(24260 23260 ; d/app à partir de 80/100 € ;). Élégante adresse dans le bourg.

Marabou Hotel HÔTEL $$
(24260 23710 ; www.marabouhotel.gr ; s/d/ste 45/70/110 € ;). Hôtel confortable, sur une colline verdoyante, à 250 m de la plage.

Taverna O Petros TAVERNE $
(plats 4-7 €). Cette bonne adresse de bord de mer vous servira gracieusement *tsipouro* et mezze avant de passer aux savoureux poissons grillés, viandes variées et plats végétariens, dont l'*hortopita* (tourte à la chicorée sauvage), la spécialité locale.

Taverna Ta Delfinia GREC $
(plats 4-8 €). Réputée pour ses *mayirefta*.

AGIOS IOANNIS ΑΓΙΟΣ ΙΩΆΝΝΗΣ

660 HABITANTS

Agios Ioannis est devenu la station balnéaire la plus fréquentée de la côte orientale. Petits hôtels, tavernes et pizzerias jalonnent le front de mer. Deux belles plages de sable s'étendent à une courte marche au nord (Plaka) et au sud (Papa Nero).

Où se loger et se restaurer

Katerina's Apartments STUDIOS $
(6945762183, 24260 31159 ; www.pilio-katerina.gr ; s/d/f à partir de 35/45/90 € ; avr-oct ;). Une ruelle au sud de la plage de Papa Nero mène à l'agréable cour plantée d'un oranger et d'un citronnier de ce bijou de pension, accueillante et familiale. Chambres lumineuses, soignées et charmantes, avec kitchenette.

Camping Papa Nero CAMPING $
(24260 31319 ; www.campingpapanero.com ; empl par adulte/tente/voiture 6/4/5 €). Propre et ombragé, au sud du front de mer.

The Magic Balcony PENSION $$
(6979114086 ; www.magicbalcony.com ; s/d/app à partir de 50/60/120 € ; avr-oct). Établissement très calme, tenu par des hôtes accueillants, respectueux de l'environnement et bons connaisseurs de la région. Au choix : chambres doubles artistiquement décorées, ou appartements avec chambres séparées et salon, équipé d'une cheminée et de canapés.

Hotel Anesis HÔTEL $$
(24260 31123 ; www.hotelanesis.gr ; s/d/tr avec petit-déj 60/75/90 € ;). Joliment situé à l'écart de la rue, cet établissement possède des chambres pastel agréables, quoiqu'un peu datées, équipées de sdb. Petit-déjeuner servi sur une terrasse ombragée, donnant sur la mer.

Hotel Kentrikon HÔTEL $$
(24260 31232 ; www.bungalows-kentrikon.gr ; s/d/ste à partir de 91/104/234 € ;). Un choix raisonnable, avec des suites luxueuses et de chambres défraîchies façon studio.

Sofokles Hotel HÔTEL $$
(24260 31230 ; www.sofokleshotel.com ; ch avec petit-déj 115 € ;). Récemment rénové, ce bel hôtel loue des chambres bien conçues et de petits balcons. Petit-déjeuner servi sur la terrasse face à la plage.

Taverna Orea Ammoudia GREC $
(plats 4-8 € ; mai-oct ;). Installée sous un feuillage luxuriant, à l'extrémité sud de la plage de Papa Nero, cette taverne tenue en famille prépare de délicieux plats au four, notamment de la morue ou du poulet aux pommes de terre, de l'agneau grillé et des salades originales. En été, un bar en plein air sert des boissons fraîches et des glaces.

Taverna Akrogiali POISSON $
(www.akrogialipelion.gr ; plats 8-10 € ; déj et dîner mai-oct). Prisé des habitants de Volos pour ses plats de fruits de mer, notamment le *rizi tou psara* (risotto de la mer, sorte de paëlla grecque ; 8 €). "Nous proposons une cuisine honnête", affirme le propriétaire. À savoir, des produits grecs à un prix raisonnable.

Taverna Poseidonas POISSON $
(plats 7-10 €, poisson 25-45 €/kg ; déj et dîner). Les patrons se font fort de ne servir que le fruit de leur pêche (facturé au kilo), souvent cuisiné au four.

DAMOUHARI ET MOURESSI ΝΤΑΜΟΥΧΆΡΗ ΕΤ ΜΟΥΡΈΣΙ

Le pittoresque hameau de **Damouhari** se situe en lisière d'une vaste oliveraie, elle-même au bord d'une plage de galets et d'une crique si secrète qu'elle le préservait jadis des attaques des pirates. La tradition locale veut que le nom du village dérive de l'expression *dos mou hari* ("donnez-moi la grâce"). La petite église **Agios Nikolaos** renferme de jolies fresques (Apostolis, de la taverne à côté, en détient les clés). Damouhari est aussi le point de départ d'une superbe balade de 4 km jusqu'à la plage de **Fakistra**. Le hameau a connu son heure de gloire en 2008 en accueillant durant deux semaines le tournage du film *Mamma Mia !*

Niché à l'écart de la route, à 3 km au nord de Tsagarada, le paisible village de **Mouressi** est réputé pour ses cerises, ses châtaignes et ses mûres (*mouria*). Depuis la place ombragée par des tilleuls, le panorama sur la mer Égée est magnifique.

Où se loger et se restaurer

Old Silk Store PENSION $
(☎6937156780, 24260 49086 ; www.pelionet.gr ; Mouressi ; d 55 € ; ⏲mi avr à mi-oct). Quoiqu'un peu vieillissante, la vaste demeure de l'élégant Britannique Jill Sleeman reste une merveille néoclassique. Chambres traditionnelles au milieu d'un jardin, avec petit-déjeuner maison (7,50 €).

Hotel Damouhari HÔTEL $$
(☎24260 49840 ; www.damouchari.gr ; Damouhari ; ch à partir de 85 € ; P ❄). Des chambres originales pour cet hôtel plein de charme, tout en pierre et proche du port. Patio et jardin arboré. Sur place, le Kleopatra Miramar, décoré avec des marines et des maquettes de bateaux, est parfait pour boire un verre.

Domatia Victoria PENSION $$
(☎24260 49872 ; Damouhari ; d 60 € ; ❄@). L'une des deux *domatia* de Damouhari très convenables. Belle vue sur la baie.

Taverna O Vangelis TAVERNE $
(Mouressi ; plats 6-9 €). Vangelis, qui assure la cuisine, le service et la conversation, a gagné une clientèle fidèle avec ses bonnes grillades (côtelettes de porc 6 €) et ses copieux *spetsofai* (4,50 €).

Taverna Karagatsi TAVERNE $
(Damouhari ; plats 4-9 €). Une fleur derrière l'oreille, Apostolis sert de bons classiques de taverne, de généreuses salades grecques et de savoureux mezze, telle la *taramasalata* (tarama et pommes de terre, avec huile et jus de citron). Vue sur la baie en contrebas.

Taverna To Tavernaki TAVERNE $
(Mouressi ; plats 5,50-9 €). Une adresse réputée pour ses *mayirefta*, en face de la station-service.

RANDONNER DANS LE PÉLION

Avec son réseau séculaire de *kalderimia* (sentiers muletiers pavés), qui relient la majorité des villages de montagne et du littoral, le Pélion est un paradis pour les randonneurs. Nombre de ces circuits de randonnée doivent leur existence aux "Amis du Kalderimi" (www.friendsofthekalderimi.org), qui entretiennent et restaurent ces chemins pavés historiques.

Au nord, deux balades non balisées mais aisément accessibles démarrent près de **Tsagarada**. Depuis la place d'**Agia Paraskevi**, il faut compter 2 heures pour descendre jusqu'à la petite baie de Damouhari. Du village de **Xourichti**, 4 km au sud d'Agia Paraskevi, un bon sentier transversal mène au village de **Miliès**, une marche de 3 heures environ. Une belle randonnée en forêt commence à la plage de Fakistra, au-dessus de la route, et suit la côte jusqu'à la plage de Plaka, soit 2 heures environ.

Au sud, un formidable sentier descend de **Promiri** vers **Platanias**. Le chemin entre **Lafkos** et **Milina** fait partie des classiques, avec une vue sur les deux flancs de la péninsule. Le parcours qui relie **Argalasti** à **Kalamos** et à **Lefokastro** est aussi très populaire.

Un site Internet vous sera précieux : http://walking-pelion.blogspot.com (en anglais), géré par un Grec ultra-passionné, qui s'emploie actuellement à cartographier la région avec un GPS. La carte détaillée *Central Pelion*, au 1/25 000 (éditions Anavasi), ainsi que l'excellente carte n°218 sont disponibles dans les librairies de Volos. Plusieurs hébergements vendent aussi le formidable *Pelion Walks* (5-6 €, en anglais), qui recense sept randonnées aux environs de Tsagarada.

TSAGARADA ΤΣΑΓΚΑΡΑΔΑ

710 HABITANTS

Au cœur d'une forêt de chênes et de platanes, Tsagarada (qui s'écrit parfois Tsangarada) couvre une très vaste superficie englobant quatre localités distinctes : Agio Taxiarhes, Agios Stefanos, Agia Kyriaki et Agia Paraskevi, la plus grande des quatre, située juste au nord du principal axe Volos-Miliès-Tsagarada. Le platane de la place centrale d'Agia Paraskevi passe pour être l'un des plus grands et des plus vieux de Grèce.

Hôtels, *domatia* et tavernes jalonnent Tsagarada. Il y a un DAB à côté de la poste.

À voir

Serpentine Organic Garden JARDIN BIO

(☎24260 49060 ; www.serpentin-garden.com ; Taxiarhes ; don à l'entrée). Ce jardin est l'œuvre d'une femme passionnée, Doris, qui a passé trente ans à créer un jardin-musée planté d'arbres et de rosiers rares, ainsi que quantité de plantes de tous les pays, des légumes bio, des baies et des herbes aromatiques. Doris propose la pension complète aux bénévoles qui font partie du **World Wide Opportunities on Organic Farms**, et accueille des visiteurs sur rendez-vous uniquement.

Où se loger et se restaurer

Villa Ton Rodon PENSION $

(☎24260 49340 ; www.villatonrodon.gr ; Agia Paraskevi ; s/d/tr avec petit-déj 35/50/60 € ; P). Cette adresse modeste mais confortable est installée dans le jardin des sympathiques propriétaires. À 50 m de la route (panneau), au milieu des pins.

Lost Unicorn Hotel HÔTEL $$

(☎6979795252, 24260 49930 ; www.lostunicorn.com ; Agia Paraskevi ; s/d avec petit-déj à partir de 70/90 € ; avr-oct ; P ❄ @ wifi). Tapis persans, ventilateurs paresseux et pièces aux meubles anciens. Dans cette élégante maison du XIXe siècle au cœur d'une jolie clairière, Christos le Grec et Clare l'Anglaise savent ménager une ambiance décontractée. Leur petit-déjeuner est à la hauteur du cadre. En été, la féerique salle à manger se transforme en restaurant servant une cuisine internationale, Christos ayant une formation de cuisinier (plats 10-18 €).

Aleka's House PENSION $$

(☎24260 49380 ; www.alekashouse.gr ; Tsagarada ; d/tr avec petit-déj 85/100 € ; P ❄ wifi). Cette séduisante adresse, s'inscrivant dans un beau cadre, est l'un des rares hébergements de la région ouverts toute l'année. Sur place : une cafétéria et un charmant restaurant travaillant les produits locaux. Mention spéciale aux plats du jour.

Taverna To Agnanti TAVERNE $

(Agio Taxiarches ; plats 7-13 €). Restaurant plein de charme, à droite de la petite fontaine quand on arrive sur la place Taxiarhes. Au menu : cuisses de porc, agneau, risotto aux crevettes et spaghettis au poulpe.

MYLOPOTAMOS ΜΥΛΟΠΟΤΑΜΟΣ

À 7 km d'Agia Paraskevi, composante de Tsagarada, la belle Mylopotamos est divisée par un affleurement rocheux, comportant un "tunnel" naturel qui relie deux jolies petites plages.

Où se loger et se restaurer

Diakoumis Rooms PENSION $$

(☎24260 49203 ; s/d/tr à partir de 50/70/80 €, app 90 € ; P ❄ wifi). Les sympathiques propriétaires, Stathis et Athina, ont tiré le meilleur parti de ce spectaculaire emplacement à flanc de rocher, situé 1 km avant le village et la plage. Les chambres spacieuses et lumineuses, au sol en pierre, jouissent d'une excellente vue sur la baie et au-delà, comme les 4 appartements équipés.

Taverna Angelika TAVERNE $

(plats 6-10 €). Les habitants du Pélion l'apprécient pour la qualité de sa cuisine et de son vin, sans parler de sa vue.

Pélion central et occidental

DE VOLOS À PINAKATES, VYZITSA ET MILIÈS
ΒΟΛΟΣ ΠΡΟΣ ΠΙΝΑΚΆΤΕΣ, ΒΥΖΊΤΣΑ ΕΤ ΜΗΛΙΈΣ

Au-delà de Volos, la route de la côte occidentale traverse les villages touristiques d'Agria et d'Ano Lehonia, d'où on peut emprunter une nouvelle route vers Agios Vlasios, Pinakates, Vyzitsa et Miliès, à l'intérieur des terres, tandis que la voie principale continue sur Kato Gatzea, Ano Gatzea et Kala Nera. Après les routes étroites et tortueuses desservant les villages de l'est du massif, ce tronçon est un vrai bonheur.

Deux curiosités méritent l'attention. Le **petit train du Pélion** commence son parcours à **Ano Lehonia**. Il fait halte dans plusieurs anciennes gares, dont celle d'Ano

Gatzea, où l'attrayant **musée de l'Olive** (☎6945854310, 24230 22009 ; www.mouseioelias.gr ; ⏲8h-17h, ou quand le train arrive) GRATUIT, installé dans une vieille bâtisse en pierre, présente en détail la cueillette et la transformation de l'olive : outils, échelles, presses, paniers, etc. Il y a également une petite boutique.

PINAKATES ΠΙΝΑΚΑΤΕΣ

100 HABITANTS

Outre son vénérable platane et son église, Plateia Agios Dimitrios possède une petite fontaine, deux tavernes, une boutique de céramique et une boulangerie avec four à bois. L'électricité n'est arrivée qu'en 1973 dans le village, qui semble n'avoir guère changé depuis cette date.

Où se loger et se restaurer

Hotel Ta Xelidonakia HÔTEL $$

(Petites hirondelles ; ☎24230 86920 ; www.pinakates.com;d/travecpetit-déj100/120€; P @ wifi). Magnifiquement restaurée, cette demeure classique balance entre charme historique et confort grand chic. Dans sa véranda trône un foudre (vaste tonneau) en châtaignier de 3 000 l.

Taverna Drosia TAVERNE $

(plats 4-8,50 € ; ⏲dîner). Prolongement d'une maison de famille, cette table sert des spécialités du Pélion (chèvre rôtie et *spetsofai*), accompagnées d'un bon vin local.

O Pileas TAVERNE $

(plats 5,50-8,50 €). L'une des deux tavernes de la ville, prisée des habitants pour sa cuisine villageoise.

VYZITSA ΒΥΖΙΤΣΑ

280 HABITANTS

Les jolis chemins pavés de Vyzitsa serpentent entre des maisons traditionnelles, à toits de lauzes, mais relookées. Pour rejoindre sa place et ses tavernes, suivez le chemin pavé près du Thetis Café.

Où se loger et se restaurer

Hotel Stoikos HÔTEL $

(☎24230 86406 ; www.hotelstoikos.gr ; s/d/tr à partir de 40/50/60 € ; P ❄ wifi). Cet établissement bien tenu a conservé des détails anciens, notamment les poutres et les vitraux dans les spacieuses chambres de l'étage supérieur (d'où la vue est magnifique). Un bon rapport qualité/prix pour Vyzitsa.

Mansion Karagiannopoulou PENSION $$

(☎6945479570, 24230 86717 ; www.karagiannopoulou.com ; d 60-80 €, tr à partir de 70 €, avec petit-déj ; wifi). Cette magnifique pension, qui compte d'étonnants salons et chambres, mêle habilement le traditionnel et le moderne.

Georgaras Restaurant GREC $

(www.georgarasvizitsa.gr ; plats 7-11 € ; ⏲déj et dîner mai-sept, dîner week-end oct-avr). La meilleure table de Vyzitsa. Au menu : salades, ragoûts, soupes, porc à l'orange et *kouneli stifadho*. "Visiter Vyzitsa sans manger ici revient à visiter Athènes sans voir l'Acropole", clame la maison. C'est un peu exagéré, mais l'expérience vaut le détour.

Achats

Esperides ALIMENTATION

(Vizitsa). L'adresse incontournable pour les souvenirs comestibles. Un groupe de dix femmes y confectionne notamment des confitures traditionnelles.

MILIÈS ΜΗΛΙΕΣ

640 HABITANTS

La splendide Miliès compte une place ombragée et de nombreuses fontaines. Le village joua un rôle majeur dans le mouvement intellectuel et culturel qui aboutit à l'indépendance de la Grèce. C'est le lieu de naissance d'Anthimos Gazis (1761-1828), qui organisa les forces révolutionnaires de Thessalie en 1821 et parcourut les villages montagnards du Pélion pour encourager la résistance des habitants contre la domination ottomane.

Miliès constitue aussi le point de départ/d'arrivée du petit train du Pélion. La charmante balade qui descend jusqu'à l'ancienne gare vaut vraiment le coup (mais ne sous-estimez pas le nombre de marches).

À voir et à faire

Agios Taxiarhes ÉGLISE

Sur la place centrale trône l'église Agios Taxiarhes, aux superbes fresques du XVIIIe siècle. Elle vaut le détour pour ses 48 "jarres" en céramique, qui en renforcent l'acoustique, et ses fresques uniques, achevées par un moine au bout de 33 ans.

Musée de Miliès ART POPULAIRE

(☎24230 86602 ; ⏲10h-14h30 et 18h30-21h mer-dim). Collection d'objets artisanaux et de costumes locaux.

Où se loger et se restaurer

Palios Stathmos PENSION $$
(ancienne gare ; ☎24230 86425 ; www.paliosstathmos.com ; s/d avec petit-déj à partir de 40/60 €). Niché au milieu des platanes, le Palios Stathmos est une confortable pension qui rappelle des temps révolus, mais seulement depuis les fenêtres en encorbellement donnant sur l'ancienne gare aux voies étroites.

Taverna Panorama TAVERNE $
(plats 5-7,50 €). À quelque 200 m au nord de la place centrale, envahie de rosiers grimpants, cette rôtisserie sert des spécialités régionales comme le feuilleté de courgettes, les côtelettes de porc au vin et les *spetsofai*.

Anna Na Ena Milo CAFÉ $
(en-cas 3-6 € ; ⏲9h-tard). Chaleureux café servant des crêpes à la confiture. Nicoletta et Nicos préparent tout eux-mêmes (le cheesecake est délicieux).

Korbas BOULANGERIE $
(en-cas 1,50-4 €). Le rendez-vous des gourmands sur la route principale. Goûtez les succulents *tyropsomo* (pain au fromage) et *eliopsomo* (pain aux olives).

Sud du Pélion

LE SUD JUSQU'À TRIKERI

La partie sud de la presqu'île du Pélion présente un paysage plus ouvert, formé de collines aux forêts clairsemées, d'innombrables oliveraies et de ravissantes plages. Avant de pénétrer dans l'intérieur des terres après Kala Nera, la route longe le village de pêcheurs d'Afissos, monte en serpentant à travers les terres agricoles d'Argalasti puis bifurque ; l'embranchement de droite conduit aux stations balnéaires de Horto et de Milina. De Milina, la route tourne vers le sud-est en direction de Platanias et vers le sud-ouest en direction de Trikeri.

À mesure que la route de Milina à Trikeri devient de plus en plus déserte, on a le sentiment d'atteindre le bout du monde. À Trikeri, les ânes sont plus nombreux que les voitures. Les habitants, marins et farouches combattants contre les Turcs durant la guerre d'Indépendance, se vantent d'être les gardiens des coutumes de la région. La semaine qui suit Pâques est l'occasion de réjouissances au cours desquelles tout le monde danse et où les femmes en costume traditionnel rivalisent de coquetterie.

HORTO ET MILINA ΧΟΡΤΟ ΕΤ ΜΗΛΙΝΑ

Ces deux bourgs du littoral s'étendent sur une partie tranquille de la presqu'île, avec des eaux cristallines et quelques jolies plages de galets. Milina, le plus grand, voit passer beaucoup de touristes en voyage organisé.

À voir et à faire

Musée de la Radio d'antan COLLECTION PRIVÉE
(☎6970374922 ; ⏲tlj 16 mai-14 sept, sam-dim 15 sept-15 mai). Si vous pensez que la nostalgie n'est plus ce qu'elle était, filez dans ce musée, situé dans le village de Lafkos, 5 km à l'est de Milina, pour découvrir l'histoire d'amour d'un collectionneur avec la radio d'autrefois.

LE PETIT TRAIN DU PÉLION

Une voie ferrée de 13 km a été construite en 1895 entre Volos et Ano Lehonia. En 1903, cette ligne à voie étroite fut prolongée jusqu'à Miliès, qui devint alors un centre de commerce prospère. **To Trenaki** (☎24210 39723 ; www.trainose.gr ; tarif plein/réduit 18/10 € ; ⏲tlj août-sept, sam-dim avr-juil et oct), le train à vapeur qui parcourait la ligne a cessé officiellement son activité en 1971, puis a repris du service en 1997 comme attraction touristique le week-end et les jours fériés. Les quatre wagons du train quittent Ano Lehonia à 10h et reviennent vers 15h, ce qui laisse le temps de découvrir Miliès.

La locomotive belge à charbon, qui tirait le train sur cette ligne depuis sa réouverture, a été remplacée en 2000 par un engin Diesel, car les cheminots en avaient assez d'éteindre les feux de broussailles provoqués sur les bas-côtés par les escarbilles s'échappant de la chaudière. Malgré l'amélioration de son impact écologique, son surnom de *Moutzouris* lui est resté, un terme affectueux pour dire qu'il "salit". Attention : vérifiez les horaires car ils changent tous les ans.

Où se loger et se restaurer

Hotel Leda HÔTEL $$

(☎24210 27931 ; www.ledahotel.gr ; Horto ; ch 80 € ; avr-oct ; P ❄ ☕ ≋). Un complexe hôtelier, avec bar de plage et piscine.

Ouzerie Vangelis OUZERI

(Milina). Parmi les tavernes près de la principale jetée de Milina, celle-ci sert d'excellents mezze de fruits de mer avec du *tsipouro*.

Renseignements

À l'agence **Milina Holidays** (☎24230 65020 ; www.milina-holidays.com), sur le front de mer, George Fleris, un homme plein de ressources, apporte son aide pour l'hébergement, la location de vélos ou de bateaux, et propose des croisières d'une journée à Palio Trikeri (tarif plein/réduit 25/15 €).

AGIA KYRIAKI ΑΓΙΑ ΚΥΡΙΑΚΗ

À 2 km de la route principale par une voie escarpée, ou à 1 km à pied par un chemin pavé, voici la dernière étape dans le Pélion. Ce bourg de pêche accueille peu de touristes, et ses bateaux orange font vivre une population de 200 âmes. L'**Agia Kyriaki Hotel** (☎24230 91112, 6978771831 ; www.agiakyriaki.gr ; s/d avec petit-déj 35/50 € ; mai-sept) bénéficie d'un cadre stupéfiant, tandis que trois tavernes de poisson sont alignées face à Eubée (Evia), sur l'autre rive. **Manolas** est réputée pour ses spaghettis à la langouste.

PALIO TRIKERI ΠΑΛΙΟ ΤΡΙΚΕΡΙ

Si vous avez envie de vous échapper encore plus loin, envisagez une retraite sur cet îlot, au large des côtes du Pélion, qui compte 15 résidents à l'année. En téléphonant à Nikos, à la **Taverna Diavlos** (☎6976851056 ; plats 5-10 € ; fév-nov) sur Nissos, on peut rejoindre l'île en caïque (5 min, 2 €/pers) depuis le village de pêcheurs d'**Alogoporos**. Sur place, la taverne compte 2 chambres et on peut pratiquer le camping sauvage.

PLATANIAS ΠΛΑΤΑΝΙΑΣ

Station fréquentée jusqu'à l'arrêt du service des hydroglisseurs en 2001, Platanias est désormais redevenue une localité sans histoire. Elle dispose d'une belle plage de sable et de galets, d'un camping, de quelques tavernes et *domatia*.

Activités

Africana CIRCUIT EN BATEAU

(☎6939848464, 6973496818 ; www.africana-cruises.gr ; tarif plein/réduit 25/12,50 €). De début juin à fin août environ, l'*Africana*, un bateau d'excursion de 100 places assure des liaisons (s'il y a suffisamment de passagers) entre Platanias et l'île de Skiathos. Départ de Platanias à 9h30 et retour à 17h30.

Où se loger

Olive Store Cottage PENSION $$

(☎6945575360 ; www.holidaylettings.co.uk/rentals/pelion/347420 ; maison 2 pers 100 €). Pour séjourner dans ce bout du monde, mettez le cap vers cette magnifique maison (sans restauration), tenue par deux expatriés enthousiastes et passionnés de marche, à 4 km au nord de Platanias.

Trikala Τρίκαλα

81 000 HABITANTS

Les vélos sont la première chose que vous remarquerez à Trikala, une ville agricole plaisante et dynamique. La moitié des habitants, jeunes et moins jeunes, semblent circuler en pédalant. Chaque année, en septembre, la ville organise deux journées sans voitures, une façon d'entretenir l'esprit deux-roues. À peu près à mi-chemin entre Karditsa et Kalambaka, Trikala correspond à l'ancienne Trikké, patrie d'Asclépios, le dieu de la Médecine. Une statue dressée sur un petit pont, près de la place principale, honore la divinité.

À voir

Forteresse de Trikala VESTIGE BYZANTIN

L'ascension jusqu'aux jardins qui entourent ce fort byzantin restauré se justifie, ne serait-ce que pour prendre un verre au café qui surplombe la ville. De la place centrale, montez la rue Sarafi sur 400 m et repérez le panneau pointant vers la droite.

Sanctuaire d'Asclépios VESTIGES ANTIQUES

Les ruines de ce sanctuaire se trouvent juste avant l'embranchement pour la forteresse.

Varousi QUARTIER OTTOMAN

Plus intéressant, le vieux quartier turc de Varousi, à l'est de la forteresse, recèle un lacis de ruelles et de belles demeures ottomanes à encorbellement. Au coin des rues Anagiron et Virvou, l'église **Agioi Anargiri** (XVIe siècle) renferme de belles fresques. Environ 200 m au-dessus de Varousi, sur la colline, se dresse la **chapelle Profitis Ilias**.

Koursoun Tzami MOSQUÉE

(8h-14h lun-ven). Édifiée au XVIe siècle par Sinan, l'architecte de la Mosquée bleue d'Istanbul, Koursoun Tzami fut restaurée dans les années 1990 grâce à des subventions européennes. De la gare routière, suivez la rivière vers le sud sur 300 m.

Où se loger

Hotel Panellinion HÔTEL $$
(☎24310 73545 ; www.hotelpanellinion.com ; Plateia Riga Fereou ; s/d avec petit-déj 45/60 € ; ❄📶). Face à la rivière, ce spacieux hôtel construit en 1914, aujourd'hui restauré, renferme quantité d'objets anciens, comme des vieux téléphones et de beaux tapis.

Hotel Achilleon HÔTEL $$
(Asklinniou 2 ; s/d avec petit-déj 50/60 € ; 📶). Bénéficiant d'un service professionnel, ce grand établissement situé sur la place possède une touche Art déco façon années 1970 et des chambres confortables.

Où se restaurer

Les cafés sont regroupés à l'extrémité nord d'Asklipiou et de l'autre côté de la rivière, dans le quartier ancien de Manavika. Ypsilanti est jalonnée de tavernes et de *tsipouradhika*. Plateia Kitrilaki, on peut faire un repas à petit prix avec de bons souvlakis à 2 €.

Kebab Karthoutsos SNACK $
(☎24310 38084 ; Ioulietas Adam 5 ; plats 3-6 €). Proche de la place Riga Fereou, cette institution propose un savoureux kebab de porc (servi sur du papier), de la *horta* (chicorée sauvage servie cuite), de la feta et du vin local pour environ 10 € par personne.

Taverna Palia Istoria TAVERNE $
(☎24319 77627 ; Ypsilanti 3 ; plats 7-13,50 €). Cette table est prisée pour ses grillades, accompagnées de sauces à la crème et à la moutarde. Elle sait aussi revisiter les classiques, comme en témoigne la *Salata Cleopatra* (salade aux figues, pignons et vinaigre balsamique ; 6 €).

Où prendre un verre et sortir

Le week-end, les habitants font le plein de caféine le long d'Asklipiou jusqu'à minuit, avant de traverser le pont pour goûter à l'ambiance "mojitos, mezze et musique" du quartier de Manavika. Sur trois pâtés de maisons, ces ruelles bordées de tables en terrasse regorgent de bars musicaux, d'*ouzeria* et de cafés ouverts toute la nuit.

Pour entendre du rébétiko authentique, joignez-vous à la clientèle de l'**Aparhes Bar** (☎24310 75800 ; Manavika ; ⌚ven-sam), sur la berge de la rivière.

Renseignements

Des banques avec DAB bordent les places de part et d'autre de la rivière. La plupart des cafés entourant Plateia Riga Fereou offrent l'accès Wi-Fi gratuit.

Neos Kosmos (Vyronos 20 ; 2 €/h ; ⌚8h-minuit). Wi-Fi et ordinateurs rapides.

Police (☎24310 63013 ; Sidiras Merarhias)

Poste (Sarafi 13). Près de Plateia Riga Fereou.

Depuis/vers Trikala

BUS

La **gare routière KTEL de Trikala** (☎24310 73130 ; Rizargio) se situe à 4 km au sud de la ville. Une navette (0,60 €) y conduit depuis la **billetterie** (angle Othonos et Garivaldi).

VERS	DURÉE	TARIF (€)	FRÉQUENCE
Athènes	4h30	28	7/jour
Elati	1h	3,40	1-2/jour
Ioannina	2h30	15	2/jour
Kalambaka	30 min	2,30	1/h
Lamia	2h	12	7/jour
Larissa	1h	6,30	1/h
Thessalonique	3h	19	5/jour
Volos	2h15	14	4/jour

TRAIN

La **gare ferroviaire** (☎24317 70666) de Trikala dessert Kalambaka (1,80 €, 15 min, 5/jour), Larissa (5,80 €, 1 heure, 2/jour), Athènes (intercity 17,80 €, 4 heures, 2/jour) et Thessalonique (14,10 €, 3 heures, 1/jour).

Environs de Trikala

À 18 km au sud-ouest de Trikala, le village de **Pyli** ("porte") jouxte le spectaculaire défilé de Portaes qui débouche sur des espaces naturels parmi les plus beaux de Grèce.

À l'entrée des gorges, l'**église de Porta Panagia** (XIIIe siècle) renferme deux impressionnantes icônes couvertes de mosaïques et une iconostase de marbre. Pour atteindre l'édifice, il faut traverser la passerelle qui enjambe la rivière, puis tourner à gauche.

Le **Moni Agiou Vissarion** (XVIe siècle) se dresse à 5 km de Pyli, sur un versant du mont Koziakas ; franchissez le pont sur la rivière et montez sur 500 m en suivant les panneaux.

Les Météores (Meteora)
Μετέωρα

Le cadre exceptionnel des Météores et leur classement au patrimoine mondial de l'Unesco en font l'un des endroits les plus visités de Grèce.

Dans chaque monastère, les cellules des moines, les chapelles et le réfectoire s'organisent autour d'une cour au centre de laquelle s'élève le *catholicon* (église principale).

Histoire

Le nom de Météores dérive de l'adjectif *meteoros* signifiant "suspendu dans les airs", et cette image peut se justifier quand on découvre ces pitons de grès coiffés de monastères, massifs et lunaires tout à la fois.

Dès le XIe siècle, des grottes disséminées dans la région abritèrent des anachorètes. Au XIVe siècle, lorsque les Ottomans disputaient le territoire à un Empire byzantin sur le déclin, les moines orthodoxes trouvèrent refuge au sommet des Météores, retraite idéale du fait de son inaccessibilité.

À l'origine, l'ascension jusqu'aux monastères s'effectuait à l'aide d'échelles de corde amovibles. Par la suite, des treuils furent utilisés pour hisser dans des filets les religieux qui remettaient ainsi leur vie entre les

Les Météores, Kastraki et Kalambaka

mains de Dieu. Aujourd'hui, il suffit d'emprunter les escaliers taillés dans la roche vers 1920 et une route à l'arrière.

À voir

Avant de partir visiter les *mones* (pour plus de détails sur l'accès aux monastères, voir p. 223), choisissez votre itinéraire. En démarrant de bonne heure, on peut en découvrir plusieurs, voire tous, dans la journée. La principale route goudronnée (15 km) conduit à l'ensemble des rochers et monastères des Météores.

Si vous n'avez pas de voiture, un bus (20 min, 1,20 €) part de Kalambaka et de Kastraki à 9h, et revient à 13h (12h40 le week-end) : il laisse le temps voulu pour explorer trois monastères – le Grand Météore (Moni Megalou Meteorou), Varlaam et Roussanou (Moni Agias Varvaras Rousanou). La meilleure formule est peut-être de prendre le bus à l'aller jusqu'au sommet, puis de redescendre à pied, en finissant soit par Agios Nikolaos Anapausas (Moni Agiou Nikolaou) du côté de Kastraki, soit par le Moni Agias Triados du côté de Kalambaka.

Quant aux bons marcheurs, ils ne devraient pas hésiter à explorer la région à pied en suivant les *monopatia* (sentiers des moines).

L'été, des cantines ambulantes vendent boissons et en-cas sur certains parkings de monastères.

Moni Agios Nikolaos Anapausas — MONASTÈRE

(ou Moni Agiou Nikolaou ; ☎24320 22375 ; 9h-15h30 sam-mar nov-mars, 9h-14h avr-oct). Le plus proche de Kastraki : les marches escarpées menant au *moni* se situent juste à 2 km de la place du village. Il est souvent méconnu des voyageurs (à tort). Bâti au XVe siècle, il conserve dans son catholicon de remarquables fresques peintes par le moine Théophane le Crétois (Theophanes Strelizas), dont la superbe scène *Adam nommant les animaux* (1527).

Grand Météore — MONASTÈRE

(Megalou Meteorou ou Megalo Meteoron ; ☎24320 22278 ; 9h-17h mer-lun avr-oct, 9h-16h jeu-lun nov-mars). Le plus célèbre du lot trône sur le piton le plus haut de la vallée, à 613 m au-dessus du niveau de la mer. Fondé au XIVe siècle par saint Athanase, cet imposant monastère bénéficia des largesses de saint Joasaph, le prince serbe héritier du trône d'Épire et disciple d'Athanase, qui passa 40 ans au monastère et y mourut. Le catholicon, coiffé d'une magnifique coupole à douze côtés, renferme un étonnant cycle de fresques illustrant le martyre des saints.

Moni Varlaam — MONASTÈRE

(☎24320 22277 ; 9h-16h sam-jeu avr-oct, sam-mer nov-mars). Environ 700 m en contrebas du précédent, ce monastère abrite un petit musée, une corbeille d'origine (grâce à laquelle moines et provisions étaient hissés jusque dans les années 1930) et de belles fresques byzantines tardives, dont une *Dormition de la Vierge* de Frangos Kastellanos. On remarquera aussi la représentation d'Alexandre le Grand sous la forme d'un humble squelette.

Pour contempler un panorama intéressant sur le site, il faut parcourir 300 m à l'est de la fourche signalée au nord-est du

Les Météores, Kastraki et Kalambaka

À voir

1 Adhrakhti ... B3
2 Agios Andonios ... B3
3 Église de la Dormition de la Vierge ... C4
4 Rocher Doupiani ... B2
5 Moni Agias Triados ... D3
6 Moni Agiou Nikolaou ... B1
7 Moni Varlaam ... C1
8 Marché ... B4

Activités

9 Hobby Shop ... B4

Où se loger

10 Alsos House ... C4
11 Dellas Boutique Hotel ... A4
12 Doupiani House ... A2
13 Guest House Elena ... C4
14 Hotel Meteora ... B4
15 Hotel Tsikeli ... A2
16 Monastiri Guest House ... B5
17 Pyrgos Adrachti ... B3
18 Rooms Ziogas Vasiliki ... A2
19 Vrachos Camping ... A4

Où se restaurer

20 Panorama ... A4
21 Restaurant Meteora ... B4
22 Taverna Meteora Vavitsas ... A2
23 Taverna Paradisos ... A3
24 Taverna To Paramithi ... B4

monastère de Varlaam jusqu'au **point de vue de Psaropetra**.

Moni Roussanou (Agia Barbara) MONASTÈRE

(Moni Agias Varvaras Rousanou ; 9h-18h jeu-mar avr-oct, 9h-14h nov-mars). L'accès à ce monastère s'effectue par un petit pont en bois. Le superbe catholicon décoré de peintures murales sur les thèmes de la *Résurrection* (à gauche en entrant) et de la *Transfiguration* (à droite) constitue le clou de la visite. Bâti sur un éperon particulièrement escarpé, le couvent est en soi une réalisation étonnante. Il abrite aujourd'hui une quinzaine de nonnes. À l'heure de la fermeture, on peut entendre l'appel des vêpres.

Moni Agias Triados MONASTÈRE

(Sainte-Trinité ; 24320 22220 ; 9h-17h ven-mer avr-oct, 10h-16h ven-mar nov-mars). C'est le plus éloigné de tous, celui où règne l'ambiance la plus sereine. Il a servi de cadre à certaines scènes d'un *James Bond*, *Rien que pour vos yeux* (1981). Il faut dire qu'il offre une perspective extraordinaire. Le petit catholicon (XVIIe siècle) renferme de très belles fresques, notamment le *Jugement de Pilate* et l'*Hospitalité d'Abraham*. Un *monopati* bien balisé ramène en 1 km à Kalambaka.

Moni Agiou Stefanou MONASTÈRE

(24320 22279 ; 9h-13h30 et 15h30-17h30 mar-dim avr-oct, 9h30-13h et 15h-17h nov-mars). Bâti en 1798, le plus récent des deux catholicons de ce monastère honore saint Charalambos. Ces dernières années, l'hagiographe grec Vlassios Tsotsonis l'a superbement repeint (avec des illustrations de la vie du Christ). Des nonnes vendent des souvenirs pieux. Le monastère se situe tout au bout de la route, 1,5 km après Agias Triados.

Activités

Randonnée

Les amateurs de marche à pied seront dans leur élément en explorant les *monopatia* qui sillonnent la région et méritent qu'on leur consacre plusieurs jours. Les bonnes cartes indiquent ces itinéraires.

L'**Adhrakhti**, centre géologique des Météores, se dresse telle une obélisque toujours visible depuis Kastraki. Un sentier de 1 km permet d'y grimper en une vingtaine de minutes depuis la place centrale de Kastraki.

Non loin, sur le versant est du rocher de Pixari, le plus proche de Kastraki, on aperçoit la chapelle rupestre d'**Agiou Andonios**. À gauche de la chapelle, dans les cavités de la paroi rocheuse, se trouvent les **Askitaria** (ermitages rupestres) avec leurs échelles qui pendent et leurs nids de colombes. Occupés jusqu'au début du XXe siècle par des anachorètes, ces *Askitaria* témoignent de l'esprit originel des Météores.

Par ailleurs, le sentier situé au-dessus de l'Alsos House (p. 223) offre de charmantes balades jusqu'aux monastères d'**Agias Triados** et d'**Agiou Stefanou**.

Escalade

Les Météores attirent depuis plusieurs années de nombreux grimpeurs venus de toute l'Europe. Quel que soit votre niveau, vous aurez le choix entre plus de cent pics et pitons aux noms évocateurs tels que "Tour du Saint-Esprit", "Tour du Diable", "Coin de la folie" ou "Arête de fer". Les saisons les plus propices se situent de mi-mars à mi-juin et de mi-août à mi-novembre.

Une escalade classique avec guide dure en moyenne 3 heures (à partir de 40 € par personne, selon la route et la difficulté). La plupart permettent de gravir des hauteurs

L'ORIGINE GÉOLOGIQUE DES MÉTÉORES

L'étrange relief des Météores s'est formé à partir de sédiments d'une mer intérieure. Il y a quelque dix millions d'années, des mouvements tectoniques verticaux soulevèrent les fonds marins hors de l'eau, puis rapprochèrent les montagnes les unes des autres, exerçant une pression extrême sur les dépôts sédimentaires durcis. Des fissures et des crevasses se formèrent alors dans la roche composite (calcaire, marbre et serpentine séparés par des couches de sable et de schistes argileux). À l'aube de l'humanité, l'érosion rongea le grès et le schiste argileux, sculptant des falaises et des rochers aux formes fantastiques ou creusant des grottes et des surplombs.

Dès le XIe siècle, les grottes de ces pitons servirent de retraite aux anachorètes (ermites). Plus tard, vingt-quatre monastères furent édifiés au sommet, dont six (ouverts à la visite) accueillent aujourd'hui encore des communautés religieuses.

VISITER LES MONASTÈRES

Dans chaque monastère s'appliquent un même droit d'entrée (3 €) et une même règle : pas d'épaules dénudées, port du pantalon obligatoire pour les hommes et d'une jupe couvrant les genoux pour les femmes (des jupes amples sont prêtées à l'entrée). Avant d'organiser votre itinéraire, vérifiez soigneusement les jours et heures d'ouverture, chaque monastère ayant les siens. Voici la liste des jours de fermeture relevés lors de notre venue :

Grand Météore (Megalou Meteorou) Fermé mardi (et mercredi novembre-mars)

Agiou Stefanou Fermé lundi

Roussanou (Agias Varvaras Rousanou) Fermé mercredi

Agias Triados Fermé jeudi (et mercredi novembre-mars)

Agios Nikolaos Anapausas (Agiou Nikolaou) Fermé vendredi

Varlaam Fermé vendredi (et jeudi novembre-mars)

de 90 à 200 m. Un parcours pour débutant dure environ 2 heures sur le **rocher Doupiani**. Tout l'équipement (y compris le harnais, les chaussures et le casque) est inclus dans les prix.

Pour des escalades assistées, contactez le moniteur d'alpinisme Kostas Liolios (ci-dessous, ou **Lazaros Botelis** (☎6948043655, 24320 79165 ; meteora.guide@gmail.gr ; Kastraki).

Circuits organisés

Des visites des Météores sont notamment proposées par **Christos Konis** (☎6972825212), guide à la longue expérience qui parle le français, mais aussi par **Ekaterini Kaiki** (☎6973890701 ; www.katerinakaiki.com ; 4 pers maximum à partir de 120 €), qui parle anglais et italien, et par **Kostas Liolios** (☎6972567582 ; ksts_liolios@yahoo.com ; Kalambaka), également moniteur d'alpinisme.

Kalambaka Καλαμπακά

8 620 HABITANTS

Incendiée par les nazis durant la Seconde Guerre mondiale, la porte des Météores est aujourd'hui une ville presque entièrement moderne. Comme une journée est nécessaire pour visiter l'intégralité des monastères, il faut passer la nuit à Kalambaka ou dans le village de Kastraki.

À voir et à faire

Vous serez surpris, en arrivant, par les rochers verticaux qui gardent la limite nord de l'agglomération. Un marché très animé se tient le vendredi.

Église de la Dormition de la Vierge ÉDIFICE RELIGIEUX

(1,50 € ; 8h-13h et 15h-20h). Ne manquez pas cette cathédrale byzantine du VIIe siècle, qui comporte trois nefs et de superbes fresques du XIVe siècle (à ne pas confondre avec l'église dans le centre). On peut assister aux vêpres à 18h30.

Où se loger

Mieux vaut éviter la bruyante rue Trikalon.

♥ **Alsos House** PENSION $

(☎24320 24097 ; www.alsoshouse.gr ; Kanari 5 ; s/d/tr avec petit-déj 35/45/65 €, f avec petit-déj 75-80 €, app 80-100 € ; P ❄ @). Bien tenue, cette pension située à 500 m du centre et à deux pas d'un magnifique *monopati* offre une cuisine commune, une laverie et une belle vue sur les rochers. L'accueillant propriétaire, Yiannis Karakantas, se plie en quatre pour ses hôtes. Il parle anglais et connaît la région par cœur.

Guest House Elena BOUTIQUE-HÔTEL $

(☎6976562529, 24320 77789 ; www.elenaguesthouse.gr ; Kanari 3 ; s/d/tr avec petit-déj à partir de 40/50/60 €, ste 100 € ; P ❄ @). Mobilier d'époque, ambiance intime et propriétaire polyglotte.

Hotel Meteora PENSION $

(☎24320 22367 ; www.hotel-meteora.blogspot.com ; Ploutarhou 14 ; s/d/tr avec petit-déj 25/30/45 € ; P ❄ @). Au bout d'une impasse paisible, au pied des rochers, voici une bonne option petits budgets. Nous avons eu l'écho d'excellents petits-déjeuners à base de produits maison. Les clients ont accès à une piscine située dans le grand hôtel tenu par un parent.

Monastiri Guest House BOUTIQUE-HÔTEL **$**
(☎24320 23952 ; www.monastiri-guesthouse.gr ; Agios Kostantinos Elenis ; s/d/tr/ste avec petit-déj 45/55/75/100€ ; P ❄ wifi). Derrière la gare ferroviaire, cette bâtisse en pierre reconvertie possède une décoration colorée, des lits à baldaquin, ainsi que des sdb claires et aérées. Beau coin salon, tout en bois et en pierre, avec cheminée et bar.

Où se restaurer

Pour un repas sur le pouce ou un *gyros* (viande cuite à la broche servie généralement dans un pain pita), parcourez le pâté de maisons au sud de Plateia Riga Fereou.

Taverna To Paramithi TAVERNE **$**
(☎24320 24441 ; Patriarhou Dimitriou 14 ; plats 5,50-8 € ; ⏲déj et dîner mars-déc). Outre les excellentes grillades et les pâtes fraîches servies dans une ambiance conviviale, Makis et Eleni cuisinent chaque jour du poisson frais et de savoureux classiques. Des musiciens y terminent souvent la soirée, guitare ou bouzouki à la main (voire un verre de vin ou quelque *tsipouro* maison).

Restaurant Meteora GREC **$**
(www.restaurant-meteora.gr ; Oikonomou 2 ; 7,50-10 € ; ⏲déj). Certes, cet établissement, géré par la même famille depuis trois générations, se trouve sur la place principale et vise une clientèle touristique. Néanmoins, ce bâtiment évoquant une époque disparue constitue un endroit charmant pour déguster des spécialités régionales. Jetez un coup d'œil au contenu des marmites dans la cuisine et faites votre choix.

Panorama GREC **$$**
(www.meeoronpanorama.gr ; plats 8-12 €). L'endroit est vaste (impressionnant quand on mange tout seul), mais la vue magnifique justifie son nom. La cuisine est excellente, notamment les grillades. Essayez aussi l'agneau en papillote.

Renseignements

On trouve des banques avec DAB autour de Plateia Riga Fereou, dans la rue Trikalon, ainsi qu'un bureau de change près de la poste.

Centre médical (☎24320 22222 ; Pindou)

Police touristique (☎24320 78516 ; angle Ipirou et Pindou)

Poste (Trikalon 24)

Visit Meteora (www.visitmeteora.travel ; Patriarchou Dimitriou 2 ; ⏲9h-21h). Tenu par un personnel jeune, ce nouvel office du tourisme privé veut subvenir à tous les besoins des visiteurs. Une première halte utile pour aborder la région – il fournit des plans et organise visites guidées, déplacements et activités.

Depuis/vers Kalambaka

BUS

La **gare routière KTEL** (☎24320 22432 ; Ikonomou) est à 50 m de la place principale, de la fontaine et de l'arrêt des bus réguliers desservant Trikala. Pour rejoindre Delphes, il faut passer par Trikala et Lamia (et non Larissa) : prenez le bus de 9h et changez à Lamia pour le bus Amphissa/Delphes de 12h45 qui arrive à 15h30.

VERS	DURÉE	TARIF (€)	FRÉQUENCE
Athènes	5h	29	6/jour sauf week-end
Ioannina	2h30	12,50	2/jour
Lamia (changer à Trikala)	2h	14,10	7/jour
Thessalonique	3h30	20	5/jour
Trikala	30 min	2,30	1/h
Volos (changer à Trikala)	2h30	16	4/jour

TRAIN

Les trains partent de la **gare ferroviaire** de Kalambaka (☎24320 22451). Pour Athènes, Thessalonique et Volos, vous devrez peut-être changer à Paleofarsalos.

VERS	DURÉE	TARIF (€)	FRÉQUENCE
Athènes (normal)	5h30	18,30	1/jour
Athènes (IC)	4h30	18,30	1/jour
Thessalonique	4h	15,20	1/jour
Volos	1h30	9,40	1/jour

Comment circuler

BUS

Un bus dessert Kastraki (1 €) toutes les 2 heures ; il part de la fontaine sur Plateia Dimarhiou. De mai à septembre, deux bus se rendent chaque jour aux Météores (1,60 €) au départ de la gare routière KTEL (on peut aussi embarquer à l'hôtel de ville). Renseignez-vous sur les horaires au bureau de KTEL.

TAXI

Ceux qui stationnent en face de la fontaine vont à Kastraki (3,50 €) et dans tous les monastères (environ 10 €). On peut négocier un circuit en taxi pour 20 € l'heure environ.

VÉLO

Pour louer un vélo (10 €) ou une moto (20 €) à la journée, dressez-vous au **Hobby Shop** (hobbyshop@hotmail.gr ; Patriarhou Dimitriou 28).

Kastraki Καστράκι

1 200 HABITANTS

À 2 km de Kalambaka , Kastraki jouit d'une situation impressionnante, au pied des pitons rocheux. C'est une excellente base pour explorer les monastères des Météores ou pratiquer l'escalade.

Où se loger

Doupiani House PENSION $
(☎24320 75326 ; www.doupianihouse.com ; s/d/tr avec petit-déj 40/50/60 € ; P ❄ @ ᯤ). Ce délicieux hôtel a bien des atouts : des chambres impeccables, décorées avec goût, avec balcon ou accès au jardin ; un emplacement incomparable à la sortie du village, face aux Météores (la maison offre l'une des plus belles vues panoramiques de la région) ; enfin, le petit-déjeuner, accompagné par le chant des oiseaux, est servi sur la terrasse. Le tout sous l'œil attentif des hôtes, Toula et Thanasis.

Hotel Tsikeli HÔTEL $
(☎24320 22438 ; www.tsikelihotel.gr ; s 35 €, d 45-50 €, avec petit-déj ; P ❄ ᯤ). Des chambres simples au décor de bois et de marbre, de grands balcons et un jardin en façade. Un atout quiétude : les couloirs moquettés.

Rooms Ziogas Vasiliki PENSION $
(☎24320 24037 ; www.ziogasrooms.com ; s/d/tr à partir de 25/35/40 € ; P ❄ ᯤ). Cette chaleureuse option à petit budget est spacieuse et lumineuse. Plusieurs chambres ont une superbe vue sur les rochers. Petit-déjeuner : 5 €.

Vrachos Camping CAMPING $
(☎24320 22293 ; www.campingmeteora.gr ; empl par tente/adulte 7,50 €/gratuit ; ≋). Camping bien ombragé offrant d'excellentes prestations. Sur la route Kalambaka-Kastraki.

Dellas Boutique Hotel BOUTIQUE-HÔTEL $$
(☎24320 78260 ; www.dellasboutiquehotel.com ; s 55 €, d 60-78 €, tr 85 €, avec petit-déj ; ⊙avr-sept). Cette belle adresse située entre Kastraki et Kalambaka est prisée pour ses chambres soignées et élégantes, ainsi que la qualité de son service. Tarifs variables selon la vue.

Pyrgos Adrachti BOUTIQUE-HÔTEL $$
(☎24320 22275 ; www.hotel-adrachti.gr ; s 40 €, d 50-69 €, tr 80 € ; P ❄ ᯤ). Ambiance chic et cool – détails design dans les chambres, le bar et les espaces communs, plus un jardin soigné où se détendre. L'hôtel est niché sous les rochers, en lisière nord du village. Demandez le chemin.

Où se restaurer

Taverna Paradisos TAVERNE $
(☎24320 22723 ; plats 6,50-9 €). Dans le cadre spacieux du Paradisos, la cuisine traditionnelle à base de produits frais et locaux de première qualité devient absolument divine grâce à la touche magique du patron, Koula. Ne manquez pas le rôti à la broche du dimanche.

Taverna Meteora Vavitsas TAVERNE $
(☎24230 22285 ; plats 6-10 €). Face à l'Hotel Kastraki, cette taverne réputée pour sa viande se trouve en retrait, sur une verdoyante terrasse en brique.

Cafe Milios DOUCEURS $
Ce café est l'un des rares endroits où l'on peut acheter des *soutzouki,* un bonbon traditionnel fabriqué en plongeant maintes fois une ficelle dans du jus de raisin pour obtenir un cylindre à l'aspect gélatineux. À lui seul, l'effort mérite un achat (au poids). Faites-vous indiquer le chemin.

Renseignements

Seul cybercafé de Kastraki, l'**All Time Café** (2 €/h; ⊙9h-minuit) est situé dans la rue principale, en face de la Taverna Paradisos.

Grèce du Nord

Dans ce chapitre ➡

Le top des restaurants

- Paparouna (p. 239)
- Castello Restaurant (p. 293)
- Kivotos (p. 249)
- Sta Riza (p. 289)
- Sapore Cucine Italiana (p. 277)

Le top des hébergements

- Colors Central Ladadika (p. 238)
- Arhontiko Dilofo (p. 288)
- Salvator Villas & Spa (p. 293)
- Cavo Olympo Luxury Resort & Spa (p. 257)

Pourquoi y aller

La Grèce du Nord (βόρεια Ελλάδα) compose une vaste région aux paysages sauvages qui possède ses propres spécificités historiques, culturelles et culinaires. Elle s'étend de la mer Ionienne jusqu'à la frontière turque, englobant les pentes escarpées de l'Épire, les lacs et les vignobles de Macédoine, les plaines et les montagnes de Thrace. À cette géographie s'ajoute un patrimoine évocateur - églises, monastères, mosquées, citadelles ou musées -, qui témoigne d'une histoire foisonnante, allant d'Alexandre le Grand à l'Empire ottoman.

Pour l'animation urbaine, commencez votre séjour par Thessalonique, qui a tout d'une métropole branchée, ou par Ioannina. Les amateurs de plage apprécieront les eaux limpides de la péninsule de Chalcidique, la "Riviera épirote" et le littoral à l'est du mont Olympe. Quant aux adeptes des activités de plein air, ils apprécieront tout spécialement les gorges de Vikos, les lacs Prespa, la région protégée du delta d'Évros ou la réserve forestière de Dadia.

Quand partir

Thessalonique

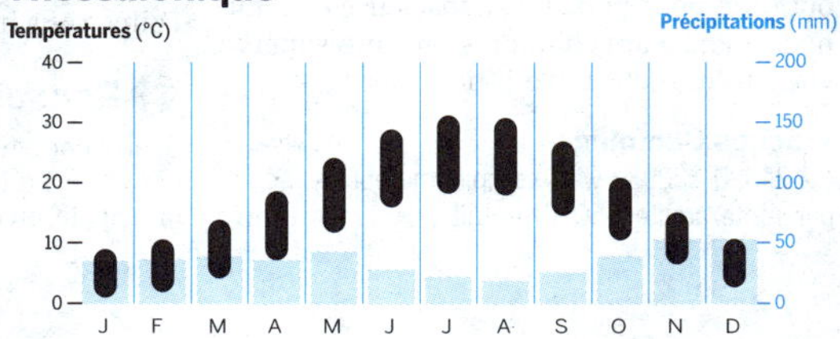

Juin-août Idéal pour farnienter sur les plages de Chalcidique ou celles de Parga, en Épire.

Septembre-novembre La saison culturelle de Thessalonique bat son plein.

Décembre-mars Pour fêter Noël près du mont Athos ou randonner dans les Zagoria.

À ne pas manquer

1. L'exubérante **Thessalonique** (p. 230)
2. Le charme vénitien de **Parga** (p. 292), sur la mer Ionienne.
3. Le panorama sur la mer Égée et sur le mont Olympe depuis la **forteresse de Platamon** (p. 259)
4. La **péninsule de Chalcidique** (p. 247), des plages de Sithonia aux monastères du mont Athos.
5. L'ambiance du **carnaval d'hiver** (p. 269) de **Xanthi**
6. Les vautours et les faucons de la **réserve forestière de Dadia** (p. 275), en Thrace
7. Le quartier de la citadelle de **Ioannina** (p. 280) et l'orfèvrerie locale.
8. Une randonnée dans les **gorges de Vikos** (p. 287), dans la région des Zagoria
9. Les joies du vélo ou du kayak, parfaites pour apprécier le charme mystérieux du lac de **Kastoria** (p. 265)

MACÉDOINE (MAKEDONIA) ΜΑΚΕΔΟΝΙΑ

Pour beaucoup de voyageurs, la Macédoine évoque d'abord la figure d'Alexandre le Grand. Musées et sites antiques de Pella et de Vergina rappellent ce passé glorieux. Or la plus grande province de Grèce offre bien d'autres attraits. À commencer par Thessalonique, deuxième ville de Grèce, réputée pour son raffinement, sa gastronomie et sa vie nocturne. À l'est, la péninsule de Chalcidique réunit de longues plages, de jolies criques et les monastères byzantins du mont Athos. Parmi les autres sites phares de Macédoine, le mont Olympe, demeure des dieux dans la mythologie et plus haut sommet de Grèce (2 918 m), invite à de belles randonnées. En face, la forteresse byzantine de Platamon surplombe le littoral boisé de Pieria, ourlé de plages. Au nord-ouest, les vestiges de basiliques et des églises troglodytes ornées de fresques côtoient les eaux scintillantes des lacs Prespa ; dans la paisible Kastoria, des églises byzantines bordent un autre lac.

L'environnement – montagnes aux forêts profondes, plaines arides, rivages et régions lacustres – raviront les amateurs de nature et d'activités de plein air. Les pélicans, les cormorans et autres oiseaux migrateurs qui fréquentent les lacs et les estuaires font par ailleurs le bonheur des ornithologues.

Les gourmets ne sont pas oubliés. Florina est réputée pour ses poivrons rouges, les meilleurs de Grèce, et pour ses hautes terres où vivent des ours, tandis que Véria est connue pour ses pêchers et les vignobles voisins qui produisent d'excellents vins.

Histoire

Peuplée depuis plus de 700 000 ans, la Macédoine a vu s'épanouir une belle civilisation, dont l'apogée correspond au règne d'Alexandre le Grand (336-323 av. J.-C.). Les Macédoniens ont assujetti la Grèce sous le règne de Philippe II (le père d'Alexandre) et adopté les mœurs grecques. Alexandre diffusa largement la culture et la langue grecques, que les Romains assimilèrent par la suite. En 168 av. J.-C., la défaite du roi Persée lors de la bataille de Pydna scella le sort du royaume macédonien. Devenue province romaine, la Macédoine suit les vicissitudes de l'empire. Au IVe siècle, elle rejoint l'empire romain d'Orient, où la langue grecque occupe une place prééminente.

Thessalonique devient la deuxième ville de l'Empire byzantin, prospérant grâce à sa situation stratégique à la croisée des routes commerciales des Balkans – la Via Egnatia, qui permet le passage d'est en ouest et la vallée du Vardar (*Axios* en grec), qui remonte vers le nord à travers les Balkans. Pourtant, aux VIe et VIIe siècles, l'Empire byzantin doit faire face à l'expansion et aux migrations slaves qui modifient sa physionomie. Il doit aussi affronter régulièrement les Bulgares entre les IXe et Xe siècles. En 1018, l'empereur Basile II éclipse son rival, le tsar bulgare Samuel, qui régnait sur une grande partie du sud des Balkans en partant du lac Mikri Prespa en Macédoine.

Après le règne des Serbes au XIVe siècle, la Macédoine et les Balkans sont envahis par les Turcs. Le système ottoman différenciant ses sujets par la religion et non par l'origine ethnique, de nombreux conflits éclatent au XIXe siècle. Des mouvements d'insurrection contre les Turcs apparaissent, appelant à l'annexion de la Macédoine à la Grèce, à la Bulgarie, ou même à la création d'une "Macédoine pour les Macédoniens".

Les atrocités commises par les Ottomans à l'encontre des populations chrétiennes de Macédoine ne sont qu'un prélude à la première guerre des Balkans de 1912, au cours de laquelle la Grèce, la Bulgarie et la Serbie boutent les Turcs hors de Macédoine. Les Bulgares, mécontents de la partition, déclarent la guerre à leurs alliés en 1913 : c'est la seconde guerre des Balkans. Leur défaite se traduit par la perte des territoires qui leur avaient été attribués à l'est de la Macédoine et de la Thrace. La Grèce en sort gagnante, prenant possession de près de la moitié de la Macédoine, les Serbes (38%) et les Bulgares (13%) récupérant le reste. L'Albanie, nouvellement créée, reçoit la partie attenante aux lacs Ohrid et Prespa.

En 1923, lors d'échanges massifs de populations grecques et turques, le gouvernement installe de nombreux Grecs originaires d'Anatolie en Macédoine, déplaçant les populations d'origine (non grecques). Un vigoureux programme censé faciliter l'assimilation des non-Grecs avait déjà été mis en place par l'intermédiaire des enseignants et de l'Église. Pendant la Seconde Guerre mondiale, la Grèce est occupée par les nazis, qui déportent et massacrent la quasi-totalité de la population juive séfarade de Macédoine. Par la suite, pendant la guerre civile grecque (1944-1949), les autorités stigmatisent les partisans communistes – argument souvent

Macédoine

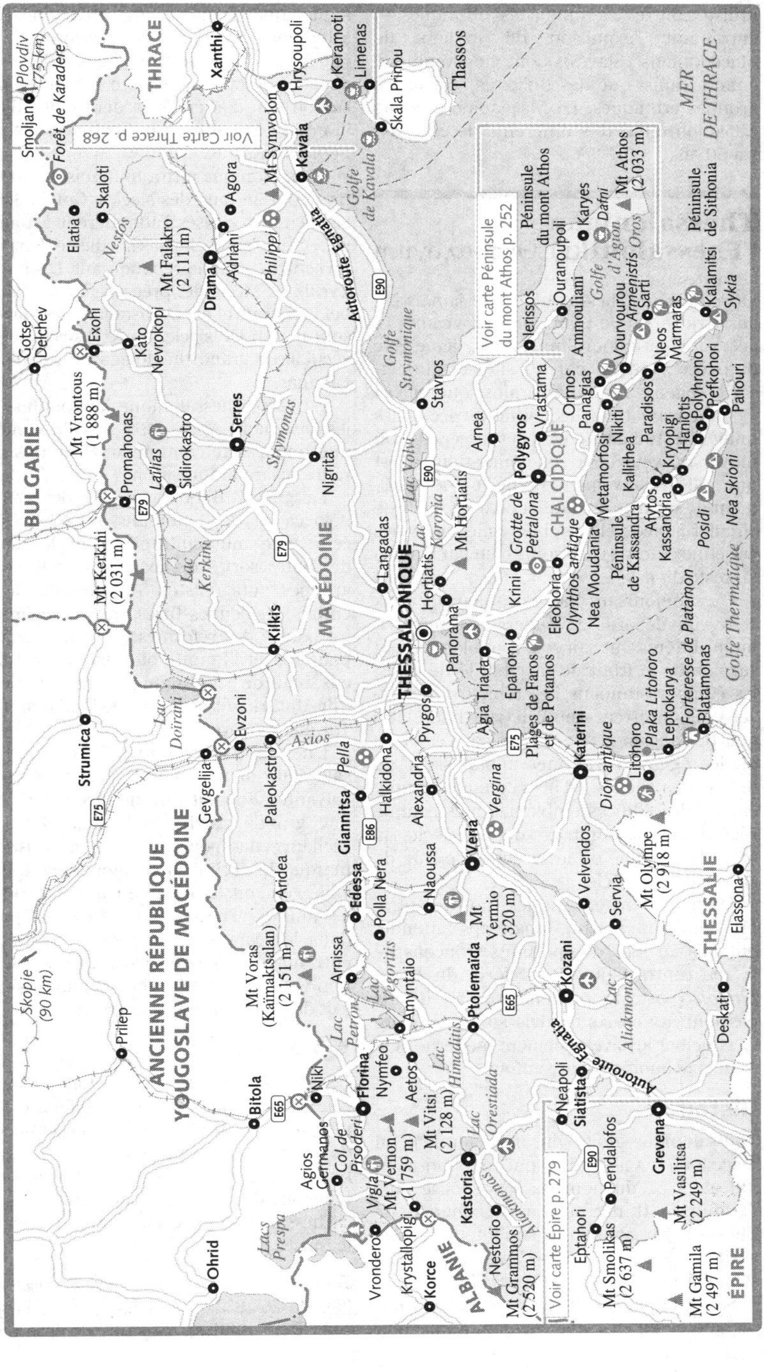

BULGARIE
THRACE
MACÉDOINE
THESSALONIQUE
CHALCIDIQUE
THESSALIE
ÉPIRE
ALBANIE
ANCIENNE RÉPUBLIQUE YOUGOSLAVE DE MACÉDOINE
MER DE THRACE
Voir Carte Thrace p. 268
Voir carte Péninsule du mont Athos p. 252
Voir carte Épire p. 279
0
50 km
Smoljan
Plovdiv (75 km)
Forêt de Karadere
Xanthi
Hrysoupoli
Keramoti
Limenas
Thassos
Skala Prinou
Kavala
Mt Symvolon
Golfe de Kavala
Agora
Adriani
Philippi
Drama
Mt Falakro (2 111 m)
Elatia
Skaloti
Nestos
Gotse Delchev
Exohi
Kato Nevrokopi
Autoroute Egnatia
E90
Mt Vrontous (1 888 m)
Promahonas
Laïlias
Sidirokastro
Serres
Strymonas
Nigrita
Golfe Strymonique
Stavros
Mt Kerkini (2 031 m)
E79
Lac Kerkini
Kilkis
Langadas
Lac Volvi
Lac Koronia
Hortiatis
Mt Hortiatis
Arnea
Polygyros
Vrastama
Ierissos
Ouranoupoli
Péninsule du mont Athos
Karyes
Dafni
Mt Athos (2 033 m)
Ammouliani
Golfe d'Agion Oros
Vourvourou
Armenistis
Sarti
Ormos Panagias
Nikiti
Neos Marmaras
Paradisos
Péninsule de Sithonia
Kalamitsi
Sykia
Porto Koufo
Metamorfosi
Nea Moudania
Kallithea
Haniotis
Polyhrono
Pefkohori
Paliouri
Kryopigi
Afytos
Kassandria
Péninsule de Kassandra
Posidi
Nea Skioni
Grotte de Petralona
Krini
Eleohoria
Olynthos antique
Panorama
Epanomi
Agia Triada
Plages de Faros et de Potamos
Pyrgos
Lac Doïrani
Strumica
Evzoni
Gevgelija
Axios
Paleokastro
Pella
Giannitsa
Halkidona
Alexandria
E75
Golfe Thermaïque
Katerini
Dion antique
Litohoro
Plaka Litohoro
Leptokarya
Forteresse de Platamon
Platamonas
Vergina
Veria
Naoussa
Mt Vermio (320 m)
Polla Nera
Edessa
Aridea
Mt Voras (Kaïmaktsalan) (2 151 m)
Arnissa
Lac Vegoritis
Lac Petron
Amyntaio
Ptolemaïda
E86
E65
Kozani
Velvendos
Servia
Mt Olympe (2 918 m)
Elassona
Lac Aliakmonas
Deskati
Skopje (90 km)
Prilep
Bitola
Niki
Florina
Nymfeo
Aetos
Mt Vitsi (2 128 m)
Lac Himaditis
Mt Vernon
Col de Pisoderi
Agios Germanos
Vigla
Lacs Prespa
Vronderos
Krystallopigi (1 759 m)
Kastoria
Lac Orestiada
Aliakmonas
Nestorio
Mt Grammos (2 520 m)
Siatista
Neapoli
Grevena
Pendalofos
Eptahori
Mt Smolikas (2 637 m)
Mt Vasilitsa (2 249 m)
Mt Gamila (2 497 m)
Ohrid
Korce

utilisé contre les minorités ethniques –, entraînant l'expulsion de milliers de Macédoniens (Slaves), dont de nombreux enfants, ainsi que des Bulgares et d'autres groupes ethniques. La Macédoine grecque est aujourd'hui très différente de celle d'il y a 60 ans.

Thessalonique (Thessaloniki) Θεσσαλονίκη

325 182 HABITANTS

La séduisante Thessalonique n'a jamais été aussi riche sur le plan culturel, vivante et accessible qu'aujourd'hui. La deuxième ville de Grèce s'impose par ses sites et musées, ses excellents restaurants, ainsi que par sa vie nocturne branchée et novatrice – les milliers d'étudiants grecs et étrangers de son université veillent à son animation ! C'est une ville relativement petite, où le sentiment de sécurité prévaut et où il est facile de circuler à pied ; elle est bien reliée par voies aérienne et terrestre (moins bien par la mer) au reste du pays.

C'est toujours un plaisir de séjourner dans cette ville débordante d'énergie et au patrimoine intéressant : ainsi la Tour blanche, qui surplombe le front de mer bordé de cafés, les édifices ottomans, les remparts médiévaux qui enserrent Ano Poli (ville haute), un quartier ancien de vieilles maisons colorées où les églises byzantines apparaissent au détour des ruelles... Thessalonique compte encore des édifices emblématiques comme l'église Agios Dimitrios du Ve siècle, la rotonde romaine ou les vestiges de l'arc de Galère du IIIe siècle.

Dernièrement encore, les travaux entrepris pour le métro, longtemps attendu, ont mis au jour d'importants tronçons de la rue centrale du VIe siècle et du *tetraphylon* (porte monumentale). Des débats passionnés s'en sont suivis sur la manière de concilier le développement moderne et le riche patrimoine encore enfoui.

Histoire

Thessalonique doit son nom au général macédonien Cassandre, qui la baptisa en 316 av. J.-C., du nom de son épouse, fille de Philippe II, née pendant la conquête de Thessalie par son père. À son retour, celui-ci avait annoncé que sa fille s'appellerait Thessaloniké, ou "Victoire en Thessalie".

Sa situation idéale dans le golfe Thermaïque et sur des voies de communication stratégiques favorisa l'importance de Thessalonique. Pendant la Tétrarchie (fin IIIe-début du IVe siècle), elle servit de résidence à l'empereur Galère. La division de l'empire en 395 en fit la deuxième ville de l'Empire byzantin, une petite Constantinople florissante.

Thessalonique attira toutefois les convoitises tout au long des siècles. Goths, Slaves, Sarrasins et croisés l'attaquèrent à tour de rôle. Cela n'empêcha pas la ville de demeurer un centre culturel prépondérant. Les moines Cyrille et Méthode, précurseurs de l'alphabet cyrillique et évangélisateurs des Slaves, y sont nés au IXe siècle. Au XIVe siècle, la ville accueille le grand théologien saint Grégoire Palamas.

En 1430, Thessalonique fut conquise par les Ottomans. Après 1492, la ville accueillit une importante communauté de juifs séfarades fuyant l'Inquisition.

La guerre d'Indépendance de 1821 ne délogea pas les Ottomans. Au XIXe siècle, cette ville multiculturelle était le repaire de toutes sortes de sociétés secrètes et de groupes antagonistes. Au nombre de ces entités, les Jeunes-Turcs, qui cherchèrent à introduire des réformes de type occidental pour sauver l'Empire ottoman. L'un d'entre eux, natif de Thessalonique, Mustafa Kemal (dit Atatürk) allait devenir le fondateur de la Turquie moderne.

Une succession de tragédies frappa Thessalonique au cours des quatre décennies suivantes. En août 1917, un incendie dévasta une grande partie de la ville. En 1923, l'échange des populations avec la Turquie marqua le déclin du cosmopolitisme de la ville. Pendant la Seconde Guerre mondiale, les juifs de Thessalonique furent déportés dans les camps. La guerre civile grecque entraîna aussi le déplacement forcé d'autres non-Grecs. En 1950, Thessalonique s'efforçait de redevenir une cité grecque.

À voir

Les sites antiques et la Thessalonique byzantine (comme les musées se référant à ces périodes) constituent les curiosités majeures de la ville. Les édifices ottomans, régulièrement rénovés, attirent l'œil également. L'histoire de la communauté juive, ancienne à Thessalonique, est notamment relatée par le Musée juif.

Tour blanche MONUMENT HISTORIQUE

(2310 267 832 ; www.lpth.gr ; Lefkos Pyrgos ; 8h30-15h mar-dim). L'histoire du monument le plus célèbre de la ville, la Tour blanche, est en réalité entachée de sang. En 1826, le sultan ottoman Mahmoud II y fit massacrer des janissaires (troupe d'élite de fantassins, souvent de jeunes chrétiens convertis à l'islam) séditieux. Après la reconquête grecque de 1913, la "tour ensanglantée" fut blanchie à la chaux pour la laver de cet épisode. Le nom est resté. Le musée interactif de la tour présente l'histoire de la ville à travers des expositions multimédias.

Palais, arc et rotonde de Galère — VESTIGES ROMAINS

GRATUIT. Ces trois monuments romains du début du IVe siècle, époque de l'empereur Galère, se dressent non loin de la Via Egnatia, sur la Plateia Navarinou. Du **palais de Galère** (8h30-15h mar-dim) s'étendant d'est en ouest sur la place, il ne reste que des pavements de sol en mosaïque, des colonnes et quelques murs. Au nord d'Egnatia, à Kamara, l'**arc de Galère** présente des bas-reliefs sculptés de soldats ; il fut érigé en 303 pour célébrer une victoire contre les Perses.

Au nord de l'arc, l'imposante **rotonde** (2310 218 720 ; Plateia Agiou Georgiou ; 8h-17h mar-dim) fut édifiée par Galère, sans doute pour lui servir de mausolée (l'empereur repose en fait en Serbie). Constantin le Grand en fit la première église de Thessalonique (Agios Giorgios), puis les Ottomans la transformèrent en mosquée. Le minaret a fait l'objet d'une restauration. Quelques fresques subsistent à l'intérieur.

Agora — VESTIGES ANTIQUES

(Plateia Dikastirion ; 8h-15h mar-dim) GRATUIT. Ces vestiges de la place publique des époques hellénistique et romaine se situent au nord de la Plateia Aristotelous. Établie par les Macédoniens au IIIe siècle, elle conserva sa fonction sous les Romains. Sur le site subsistent les vestiges des murs de rangées d'échoppes et de pavements en mosaïques.

L'été, l'agora connaît une ambiance festive lors du **pique-nique urbain** offert par la ville, accompagné de concerts.

Kastro (Ano Poli) et remparts byzantins — QUARTIER HISTORIQUE

GRATUIT. Le **kastro** (citadelle), aussi appelé Ano Poli (ville haute), abrite des églises byzantines et des maisons à colombages de couleur pastel, aux étages supérieurs en encorbellement. Il faut aussi aller contempler la vue sur la ville et le golfe Thermaïque depuis le **pyrgos** (tour), du côté est des **remparts byzantins**. Cette tour, rouverte depuis peu après restauration, est un édifice plein de poésie.

Les remparts furent édifiés par l'empereur Théodose (379-475) sur le modèle de ceux de Constantinople. Reconstruits au XIVe siècle, ils ont été renforcés en 1821 par les Turcs à l'aide de marbre provenant du cimetière juif. On y accède en montant presque jusqu'au bout la rue située en face de l'université (Panepistimio Aristotelion).

Ano Poli, qui était alors le quartier turc, fut le seul à survivre à l'incendie de 1917 : le feu démarra ici, mais le vent poussa les flammes vers la mer et la ville basse. Aujourd'hui, le charme de ce paisible quartier résidentiel reste entier.

Agios Dimitrios — ÉGLISE

(Saint-Dimitri ; 2310 270 008 ; Agiou Dimitriou 97 ; 8h-22h). Cette immense église célèbre le saint patron de Thessalonique. Détruite en 1917 par un incendie, elle a été reconstruite à l'identique et évoque assez fidèlement une basilique byzantine du VIIe siècle.

La légende rapporte que l'officier romain Dimitrios fut tué vers 303 à cet endroit (alors occupé par des thermes), sur ordre de l'empereur Galère, durant la grande persécution des chrétiens. Le site du martyre est aujourd'hui la **crypte** souterraine, ouverte pendant la journée et pour l'office du vendredi soir, auquel on peut assister. En 1980, les reliques de Dimitrios ont été ramenées d'Italie : elles sont conservées dans un reliquaire doublé d'argent.

Les Ottomans ont transformé l'église en mosquée, recouvrant les fresques murales de plâtre. Après la reconquête grecque de 1913, les plus belles mosaïques religieuses de Thessalonique ont été dégagées et l'on peut aujourd'hui en admirer cinq, datant du VIIe ou du VIIIe siècle, autour de l'autel.

Agia Sofia (Sainte-Sophie) — ÉGLISE

(Plateia Agias Sofias ; 7h-13h et 17h-18h30). Surplombant la place, l'église Sainte-Sophie du VIIIe siècle, dédiée à la Sagesse Divine, s'inspire de l'église éponyme d'İstanbul. Sa coupole est ornée d'une superbe mosaïque représentant l'Ascension du Christ. Bâtie sur un édifice paléochrétien du IIIe siècle, elle combine le plan basilical à trois nefs (sans transept) et le plan en croix grecque à coupoles.

Panagia Achiropiitos — ÉGLISE

(7h-12h et 16h30-18h30). Cette église byzantine du Ve siècle, construite selon un plan basilical, possède de belles mosaïques et fresques.

Thessalonique

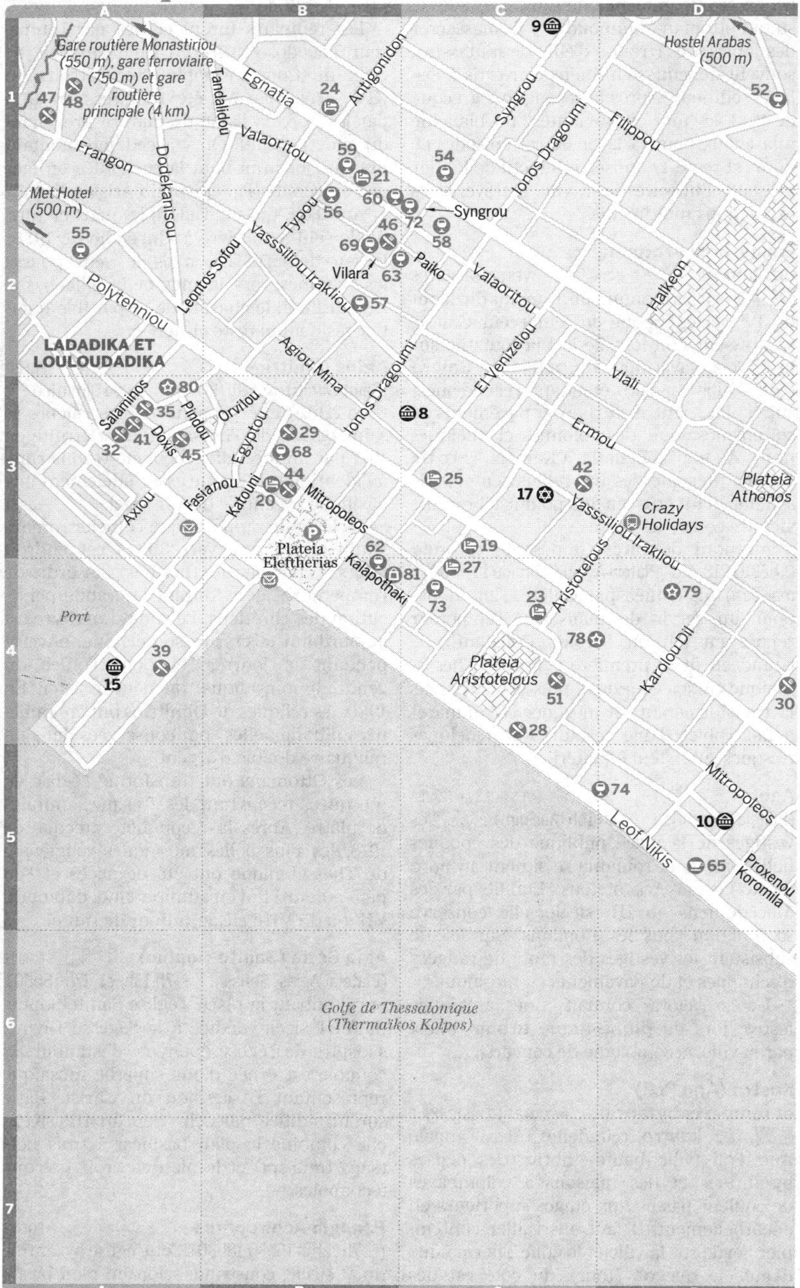

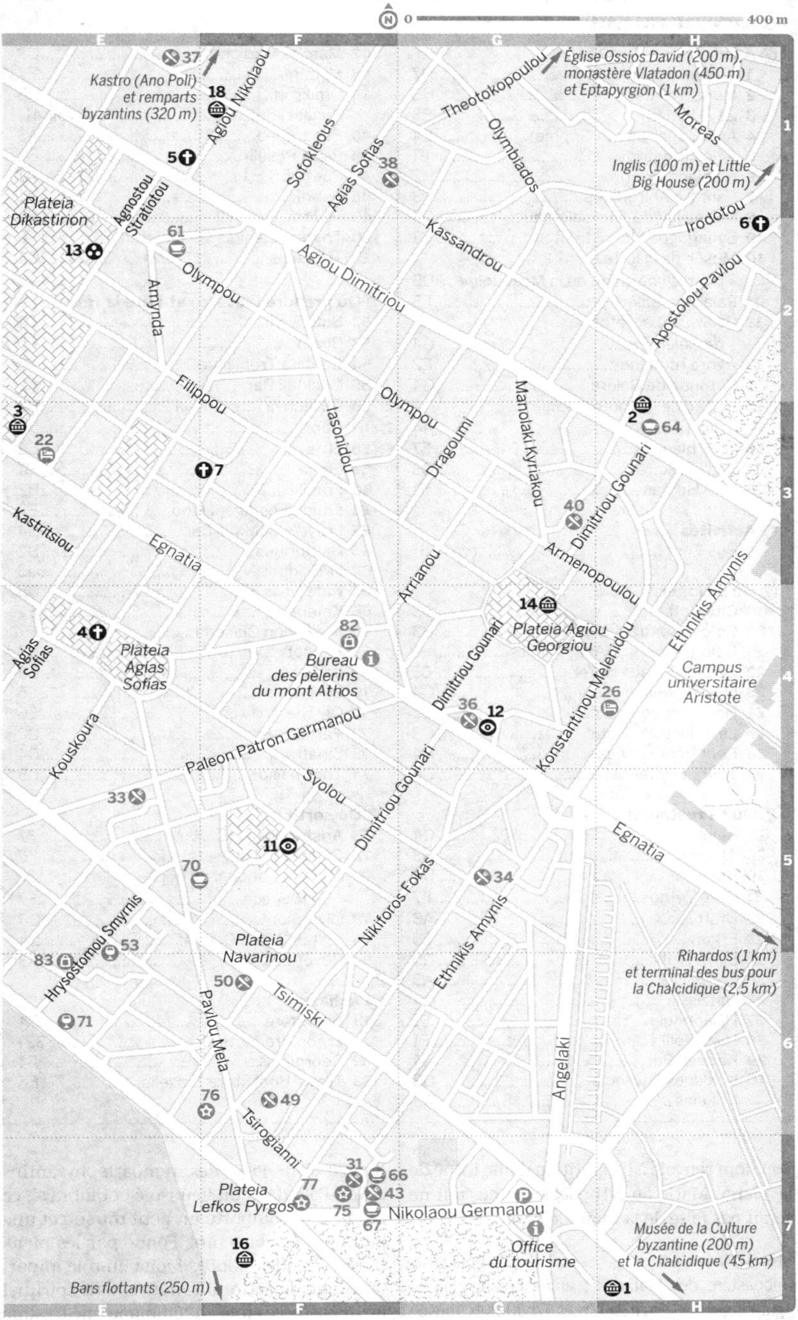

0
400 m
Kastro (Ano Poli) et remparts byzantins (320 m)
Église Ossios David (200 m), monastère Vlatadon (450 m) et Eptapyrgion (1 km)
Inglis (100 m) et Little Big House (200 m)
Agiou Nikolaou
Theotokopoulou
Moreas
Sofokleous
Agias Sofias
Olymbiados
Plateia Dikastirion
Agnostou Stratiotou
Irodotou
Kassandrou
Agiou Dimitriou
Olympou
Amynda
Apostolou Pavlou
Filippou
Iasonidou
Olympou
Manolaki Kyriakou
Dragoumi
Dimitriou Gounari
Kastritsiou
Egnatia
Armenopoulou
Arrianou
Ethnikis Amynis
Plateia Agiou Georgiou
Agias Sofias
Plateia Agias Sofias
Bureau des pèlerins du mont Athos
Dimitriou Gounari
Konstantinou Melenidou
Campus universitaire Aristote
Kouskoura
Paleon Patron Germanou
Svolou
Dimitriou Gounari
Egnatia
Nikiforos Fokas
Ethnikis Amynis
Hrysostomou Smyrnis
Plateia Navarinou
Tsimiski
Rihardos (1 km) et terminal des bus pour la Chalcidique (2,5 km)
Pavlou Mela
Angelaki
Tsirogianni
Plateia Lefkos Pyrgos
Nikolaou Germanou
Office du tourisme
Musée de la Culture byzantine (200 m) et la Chalcidique (45 km)
Bars flottants (250 m)

Thessalonique

À voir

1 Musée archéologique H7
2 Maison d'Atatürk H3
3 Bey Hamam E3
4 Agia Sofia (Sainte-Sophie) E4
5 Agios Dimitrios E1
6 Nikolaos Orfanos H2
7 Panagia Ahiropiitos F3
8 Musée juif de Thessalonique C3
9 Synagogue Monastirioton C1
10 Musée de la lutte pour la libération de la Macédoine D5
11 Palais de Galère F5
12 Palais, arc et rotonde de Galère G4
13 Agora romaine E2
14 Rotonde de Galère G4
15 Musée de la Photographie de Thessalonique A4
16 Tour blanche F7
17 Yad Lazikaron C3
18 Yeni Hamam F1

Activités

Bus Tour .... (voir 16)

Où se loger

19 City Hotel C3
20 Colors Central Ladadika B3
21 Colors Rooms & Apartments B1
22 Egnatia Palace Hotel E3
23 Electra Palace Hotel C4
24 Hotel Aegeon B1
25 Le Palace Art Hotel C3
26 Rent Rooms Thessaloniki H4
27 Tourist Hotel C4

Où se restaurer

28 Agioli C4
29 Athivoli B3
30 Ble D4
31 Dore Zythos F7
32 Draft A3
33 Ergon E5
34 Extra Blatt G5
35 Fri A3
36 Hatzis G4
37 I Giannoula E1
38 I Nea Follia F1
39 Kitchen Bar A4
40 Kokkinos Fournos G3
41 Krikelas A3
42 Marché Modiano C3
43 Myrsini F7
44 Omikron B3
Panellinion .... (voir 41)
45 Paparouna A3
46 Pizza Poselli B2
47 Punto.ES A1
48 Sebriko A1
49 To Etsi F6
50 Trigona Elenidis F6
51 Turkenlis C4

Où prendre un verre et faire la fête

52 Bate Skyli D1
53 Berlin E5
54 Cantina Tropicana C1
55 Cocktail Bar A2
56 Collectiva Alternativa B2
57 Coo B2
58 Elvis C2
59 Enola B1
60 Fragile B2
61 Freidirikos Agapi Mou E2
62 Froyd's Cocktail Bar B4
63 Gambrinus B2
64 I Prinkipos H3
65 Kafe Nikis 35 .... D5
66 Kafenai F7
67 Kafeneion Giasemi F7
68 Kismet B3
69 La Doze B2
70 Loxias E5
71 On The Road E6
72 Partizan Bar C2
73 Sinatra C4
74 Thermaïkos D5

Où sortir

75 Aristotelion F7
76 Cinéma Pallas F6
77 Théâtre national du nord de la Grèce F7
78 Olympion C4
79 Plateia Alpha Odeon D4
80 Rover A3

Achats

81 Beerstore B4
Ergon Products .... (voir 33)
82 Georgiadis F4
83 Travel Bookstore Traveller E6

Son nom renvoie à l'apparition d'une icône de la Vierge Marie au XIIe siècle, icône "qui ne serait pas faite de la main de l'homme".

Moni Vlatadon MONASTÈRE

(monastère des Vlatades ; angle Eptapyrgiou et Agathangelou ; 7h30-17h et 17h30-20h, musée 10h-12h dim). Près des remparts byzantins d'Ano Poli, dans un lieu isolé et ombragé, ce monastère comporte un petit **musée** et une boutique de souvenirs. Fondé par les pieux frères Vlatades (1360), il joua un rôle important dans le cadre du mouvement spirituel hésychaste, comme en témoigne une fresque de saint Grégoire Palamas, le théologien de l'hésychasme (doctrine de l'Église orthodoxe visant la paix de l'âme par la communion avec Dieu, la prière, le renoncement au monde, voire le silence et l'érémitisme). D'autres fresques remarquables datent des années 1360-1380.

Ossios David ÉGLISE

(Osios David, Vlatadon ; ⌚9h-12h et 16h-18h lun-sam). Cette petite église du Ve siècle aurait été construite pour commémorer le baptême de Théodora, la fille de Galère qui fut un persécuteur notoire des chrétiens. On peut y admirer des mosaïques bien préservées – en particulier la Vision d'Ezéchiel, sans doute contemporaine de la fondation de l'église – et des fresques rares du XIIe siècle représentant le baptême du Christ.

Agios Nikolaos Orfanos ÉGLISE

(☎2310 213 627 ; Irodotou 20 ; ⌚8h30-14h30 mar-dim). Cette église du XIVe siècle possède de superbes fresques byzantines, un peu noircies par le temps. Pour mieux les préserver, les bougies ne sont allumées qu'à l'occasion de la messe du dimanche matin.

Musée archéologique PRÉHISTOIRE, ANTIQUITÉ

(☎2310 830 538 ; www.amth.gr ; Manoli Andronikou 6 ; tarif plein/étudiant/enfant 6/3 €/gratuit, billet combiné musée de la Culture byzantine 8 € ; ⌚8h-15h). Ce musée présente les principaux vestiges antiques macédoniens et hellénistiques mis au jour en Macédoine, à l'exception des objets en or retrouvés dans les tombes de Vergina (exposés sur le site p. 259). On peut admirer le **cratère de Derveni** (330-320 av. J.-C.), un grand vase hellénistique en bronze et en étain, décoré de figures représentant Dionysos et d'autres personnalités de la mythologie, des animaux et du lierre. Le **trésor de Derveni** contient la pièce de papyrus la plus ancienne de Grèce (320-250 av. J.-C.). Au rez-de-chaussée, l'exposition sur la Thessalonique préhistorique présente le **trésor de Petralona** (les objets préhistoriques retrouvés dans la grotte de Petralona au nord de la Chalcidique), ainsi que des dagues, des poteries et des outils néolithiques et de l'âge du bronze.

Musée de la Culture byzantine HISTOIRE

(☎2313 306 400 ; www.mbp.gr ; Leof Stratou 2 ; 4 €, billet combiné Musée archéologique 8 € ; ⌚8h-20h mar-dim). Cet agréable musée présente plus de 3 000 objets byzantins : fresques, mosaïques, broderies, céramiques, inscriptions et icônes du début du christianisme jusqu'au XVe siècle. Entrée libre lors de certaines fêtes.

Musée de la lutte pour la libération de la Macédoine HISTOIRE

(☎2310 229 778 ; www.imma.edu.gr ; Proxenou Koromila 23 ; ⌚9h-14h mar-ven, 10h-14h sam) GRATUIT. Installé dans l'ancien consulat général de Grèce pendant la période ottomane, ce musée présente dans ses grandes lignes la libération de la Macédoine des mains des Ottomans et des Bulgares. On y découvre, entre autres, des cartes rares, des armes à feu anciennes, des photos et des uniformes.

Musée de la Photographie de Thessalonique PHOTOGRAPHIES

(☎2310 566 716 ; www.thmphoto.gr ; Entrepôt A, port ; 2 € ; ⌚11h-19h mar-dim). Dans un ancien entrepôt du port, ce musée expose des photographies anciennes et contemporaines et organise des expositions temporaires. Son café donnant sur la mer vaut le détour.

Maison d'Atatürk ÉDIFICE HISTORIQUE

(☎2310 248 452 ; Apostolou Pavlou 75 ; ⌚9h-17h) GRATUIT. C'est dans ce bâtiment, abritant aujourd'hui le consulat général de Turquie, qu'est né le fondateur de la Turquie moderne, Mustafa Kemal (1881-1938). Fidèlement restaurée, cette maison n'a jamais connu autant de succès. Au nombreux meubles d'origine s'ajoutent souvenirs et effets personnels d'Atatürk, comme des costumes, des gants blancs et une canne. Pour la visite, munissez-vous d'une pièce d'identité.

Eptapyrgion ÉDIFICE HISTORIQUE

(Ano Poli) GRATUIT. Cet édifice ottoman a servi de prison jusqu'en 1989. L'Eptapyrgion, ou *Yediküle* en turc (ce qui, dans les deux langues, signifie "sept tours"), situé derrière les remparts byzantins, rappelle l'ancienne tutelle ottomane sur la ville.

Yeni Hamam ÉDIFICE HISTORIQUE

(Aigli ; angle Kassandrou et Agiou Nikolaou). Ces anciens bains turcs, à la belle architecture et à l'excellente acoustique, accueillent des concerts et des expositions d'art contemporain.

Bey Hamam ÉDIFICE HISTORIQUE

(bains Paradeisos ; angle Egnatia et Plateia Dikastirion ; ⌚9h-21h lun-ven, 8h30-15h sam-dim) GRATUIT. Ce hammam est le plus ancien de Thessalonique (1444). Il accueille désormais des expositions.

Musée juif de Thessalonique HISTOIRE JUIVE
(☎2310 250 406 ; www.jmth.gr ; Agiou Mina 13 ; 🕒11h-14h mar, ven et dim, 11h-14h et 17h-20h mer-jeu) GRATUIT. Ce musée retrace l'histoire des juifs de Thessalonique, de 140 av. J.-C. à l'arrivée des juifs séfarades au XVIe siècle, puis à la déportation durant la Seconde Guerre mondiale. Il renferme aussi des vestiges du cimetière israélite vandalisé par les nazis.

Synagogues LIEUX DE CULTE
La **synagogue Monastirioton** (☎2310 524 968 ; Syngrou 35) est le seul lieu de culte israélite de Thessalonique qui a survécu aux destructions nazies. Les offices ont toutefois lieu dans la petite synagogue de **Yad Lazikaron** (☎2310 275 701 ; Vassiliou Irakliou 24), sur Mitropolios, dans l'ancien quartier juif.

Demeures juives PATRIMOINE
Du côté est de la ville, deux demeures du XIXe siècle témoignent de l'importance de la communauté juive de Thessalonique à l'époque : la **Villa Allatini** (Olgas 98) et la **Villa Mordoch** (Olgas 162). Elles sont toutes deux situées sur Leoforos Vasillissis Olgas, à 15 minutes en bus sur cette avenue. Celle-ci croise d'ailleurs Saadi Levi, une rue qui doit son nom à l'éditeur de l'un des 35 journaux israélites de l'époque à Thessalonique.

Banque nationale de Grèce ARCHITECTURE
(Tsimiski 11). Grandiose exemple d'édifice néoclassicisme.

Centre de diffusion des sciences et musée de la Technologie Noesis TECHNIQUES
(☎2310 483 000 ; www.noesis.edu.gr ; à 6 km sur la route Thessalonique-Thermi ; tarif plein/réduit 7/5 € ; 🕒10h-14h30 mar-ven, 18h-22h sam-dim). Situé à 6 km à l'est de la ville, ce passionnant musée des sciences et des technologies, passées et nouvelles, mérite le détour. Il regroupe un planétarium, un écran de cinéma géant et un simulateur pour les enfants. Son exposition sur les Grecs anciens et leur technologie montre leur ingéniosité ! En dehors de l'été, le musée ouvre à 13h le week-end. Le bus urbain n°66 va jusqu'à l'arrêt Noesis. À défaut, prenez un taxi.

Circuits

Bus Tour BUS TOURISTIQUE
(Tour blanche ; 3 € ; 🕒toutes les heures 8h-21h juin-sept, 9h-16h oct-mai). Notre balade à pied (ci-contre) est le meilleur moyen de découvrir Thessalonique, mais on peut aussi emprunter le bus touristique gratuit de la ville. Il part de la Tour blanche et

Promenade à pied **dans Thessalonique**

DÉPART KASTRO/REMPARTS BYZANTINS
ARRIVÉE PORT
DISTANCE 4,5 KM
DURÉE 3-4 HEURES

Partez tôt (vers 9h), car de nombreuses églises ferment à 12h. Évitez le lundi, car la plupart des sites sont alors fermés.

Depuis le Kastro, gagnez la ❶ **plateforme d'observation** pour le panorama. Montez en haut du *pyrgos* (tour), à l'extrême est des remparts qui entourent la citadelle intérieure, ou Eptapyrgio. Suivez les remparts vers l'ouest sur la route principale (également appelée Eptapyrgio) pour aller voir, après Agathangelou, l'église et le musée du ❷ **Moni Vlatadon** (p. 234). Poursuivez ensuite vers l'ouest le long d'Eptapyrgio, tournez à gauche dans Sthenonos pour descendre les escaliers, puis tournez à droite dans Dimitriou Poliorkitou. Plus loin à gauche, un escalier étroit décrit une boucle. Une fois en bas, tournez à gauche dans Parodos Kassianis jusqu'à ❸ l'**église Ossios David** du Ve siècle (p. 235), qui renferme des fresques du XIIe siècle représentant le baptême du Christ. De là, dirigez-vous vers l'est dans les ruelles labyrinthiques de la ville haute (Ano Poli). Le chemin le plus direct suit Fotiou. Après Akropolitis, filez tout droit vers Krispou, descendez Arolou, puis remontez par Moreas, prenez à droite dans Amfitryonos, avant de tourner à gauche dans Irodotou pour rejoindre ❹ **Agios Nikolaos Orfanos** (p. 235), une église du XIVe siècle, qui renferme des fresques de la même époque. Revenez sur Moreas et suivez la rue vers le sud, dépassez Olymbiados pour atteindre Kassandrou. Marchez vers l'est et, quelques pâtés de maisons plus bas, descendez vers le sud sur Agiou Nikolaou. À droite, le ❺ **Yeni Hamam** (ou Aigli, p. 235) est un bain turc restauré du XVIIe siècle, plein de charme, qui accueille des concerts. En contrebas, l'immense ❻ **Agios Dimitrios** (p. 231), dédiée au saint patron de Thessalonique, renferme notamment de belles mosaïques du VIIe siècle. Descendez toujours au sud sur Agnostou Stratiotou et dépassez Olympou vers ❼ l'**agora** (p. 231). Revenez sur vos pas jusqu'à Agiou Dimitriou et dirigez-vous vers l'est :

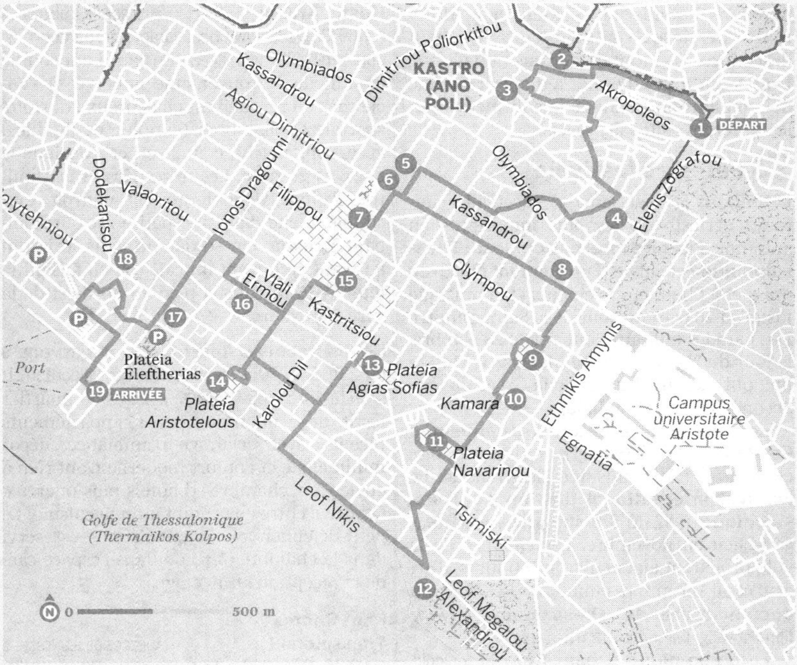

neuf pâtés de maisons plus bas se trouve la 8 **maison d'Atatürk**, (p. 235), sur la gauche, dans le consulat de Turquie.

Un pâté de maisons plus à l'est d'Agiou Dimitriou, tournez à droite dans Dimitriou Gounari pour découvrir la 9 **rotonde** (p. 231). Descendez ensuite vers 10 l'**arc de Galère**, à Kamara. Traversez Egnatia et continuez tout droit. Des ruines romaines jalonnent cette rue piétonne dont la pièce maîtresse est le 11 **palais de Galère** (p.231). Continuez à descendre, traversez Tsimiski et, à la Plateai Fanarioton, tournez à gauche dans Pavlou Mela pour rejoindre la 12 **Tour blanche** (p. 230) et son musée high-tech. Puis cap à l'ouest pour une balade le long de la mer. Quittez le littoral en traversant Leof Nikis au niveau d'Agias Sofias. On peut visiter l'église 13 **Agia Sofia** (p. 231) en continuant tout droit jusqu'à la place éponyme, ou bien se diriger vers l'ouest dans Tsimiski, riche en boutiques de mode. On rejoint Aristotelous, ses cafés, son architecture unique et la majestueuse 14 **Plateia Aristotelous**, très animée.

En remontant Aristotelous du côté ouest, et en traversant Egnatia, on parvient au charmant 15 **Bey Hamam** (p. 235), un bain turc restauré, reconverti en lieu d'exposition (art et photo). Revenez ensuite dans Aristotelous et tournez à droite dans Ermou. Faites un tour sur le 16 **marché Modiano**, parmi les étals de poissons, les plateaux d'olives et de fromages. Traversez le marché, dépassez Venizelou et tournez vers la mer dans la rue Ionos Dragoumi. Vous passerez par Louloudadikat, l'ancien quartier des fleuristes, qui compte aujourd'hui des boutiques de vêtements, des bars et des restaurants. Descendez Ionos Dragoumi et, à l'intersection avec Tsimiski, observez le splendide immeuble de la 17 **Banque nationale de Grèce** (p. 236). Juste après, tournez à droite dans Mitropoleos, puis immédiatement à gauche dans Katouni et à droite encore dans Aigyptou. C'est ici que commence le 18 **quartier des Ladadika**, les anciens entrepôts d'huile d'olive, où sont désormais installés des restaurants et bars.

La balade prend fin de l'autre côté de Kountouriotou, dans le port récemment embelli. Passez le portail et, sur la jetée est, calé dans un confortable sofa, détendez-vous devant un verre au 19 **Kitchen Bar** (p. 240).

parcourt la ville en passant par différents sites jusqu'à la ville haute. On peut descendre et monter du bus à volonté. L'office du tourisme met à disposition une documentation détaillée sur l'itinéraire et les différents sites desservis.

Fêtes et festivals

L'**HelExpo** (www.helexpo.gr) accueille des foires et festivals, les plus importants en automne. La **Foire internationale de Thessalonique** est suivie d'un **festival culturel**, qui met à l'honneur le cinéma et la musique jusqu'au 26 octobre, jour de la Saint-Dimitri. Des parades militaires ont lieu le 28 octobre, le jour du "Non" (l'*oxi* de Metaxas à Mussolini, qui marque l'entrée de la Grèce dans la Seconde Guerre mondiale).

Le **Festival international de musique Reworks** (www.reworks.gr), en septembre, est consacré à la musique électronique. Le **Festival international du film de Thessalonique** (☎2310 378 400 ; www.filmfestival.gr) a lieu en novembre. Les cinémas de la ville projettent alors environ 150 films, d'art et d'essai ou grand public. Le **Festival du documentaire de Thessalonique** (www.filmfestival.gr) se déroule mi-mars.

Le **pique-nique urbain** (www.urbanpicnic.gr), une initiative financée par la ville, attire en été plus de 3 000 visiteurs sur l'agora. Repas, concerts et projections gratuits.

L'office du tourisme (p. 244) fournit des informations sur l'agenda culturel.

Où se loger

Des auberges de jeunesse de qualité, des appartements et des hôtels de catégorie moyenne ont fait leur apparition. En général, les prix augmentent en automne durant la période des salons et des festivals qui se tiennent notamment à l'HelExpo.

Little Big House AUBERGE DE JEUNESSE $
(☎2313 014 323 ;. www.littlebighouse gr ; Andokidou 24, Ano Poli ; dort/d à partir de 17/48 € ; ❄📶). Au calme, dans la ville haute, cette nouvelle auberge propre et douillette, tenue par Vicky et son frère Haris, est une excellente base pour découvrir la ville à pied. Entre ses dortoirs, avec cuisine et sdb, et sa chambre particulière, elle ne compte que 22 lits, aussi réservez tôt. Café et thé gratuits. Savoureuses tavernes à proximité.

De la gare ferroviaire, prenez le bus n°23 jusqu'à l'arrêt Agios Pavlos. Autre repère : la Plateia Kallithea, située juste en contrebas d'Andokidou.

Hostel Arabas AUBERGE DE JEUNESSE $
(☎6973817188 ; www.hostelarabas.gr ; Sahtouri 28 ; dort/s/d11/25/34 € ; ❄📶). En haut d'une colline et difficile à trouver, une auberge "à l'ancienne", où l'accueil est chaleureux : dortoirs spartiates, chambres (simples et doubles) avec sdb, machine à laver et consigne à bagages gratuite. Les frères Kostas et Dimitris Pappas veillent sur cet endroit tout simple, niché dans une petite rue surplombant Egnatia. On se détend dans le jardin à l'avant en buvant un café (ou en faisant la fête). À 15 minutes à pied au nord-est de la gare ferroviaire.

Colors Rooms & Apartments APPARTEMENTS $
(☎2310 502 280 ; www.colors.com.gr ; Valaoritou 21 ; s/d/ste 45/55/65 € ; ❄📶). Dans le quartier festif de Valaoritou, ces 15 appartements récents, avec éclairage d'ambiance, décor minimaliste et confort moderne n'ont rien à envier aux chambres d'hôtels plus onéreux. Quatre d'entre eux comptent une cuisine. Le petit-déjeuner avec viennoiseries est servi dans la chambre (5 €) ou dans l'espace café de la réception au 1er étage.

Rent Rooms Thessaloniki AUBERGE DE JEUNESSE $
(☎2310 204 080 ; www.rentrooms-thessaloniki.com ; Konstantinou Melenikou 9, près de Kamara ; dort/ s/d/tr/q avec petit-déj 19/38/49/67/82 € ; ❄📶). Cette auberge bien tenue, dans le quartier de Kamara, possède un café dans un petit jardin à l'arrière, avec vue sur la Rotonde, où sont servis boissons et petit-déjeuner. Dortoirs et chambres avec sdb et, pour certains, une kitchenette. Personnel sympathique et bien informé (il vous aidera à louer un vélo).

Hotel Aegeon HÔTEL $
(☎2310 522 921 ; www.aegeon-hotel.gr ; Egnatia 19 ; s/d avec petit-déj 45/60 € ; ❄📶). Même si elles sont un peu exiguës, ces chambres simples sont une bénédiction pour les petits budgets dans ce quartier de l'ouest d'Egnatia, qui ne compte que des hôtels de chaîne chers ou des hébergements sordides. La gare ferroviaire est à 5-10 minutes à pied et les bars animés de Valaoritou peu éloignés.

♥ **Colors Central Ladadika** BOUTIQUE-HÔTEL $$
(☎2316 007676 ; www.colorscentral.gr ; Oplopoiou 1, Ladadika ; s/d/ste 55/65/75 € ; ❄📶). Ouvert à l'été 2013, cet élégant boutique-hôtel, aménagé dans une belle demeure ancienne, abrite 12 chambres, chacune

décorée différemment. Il joue l'éclectisme en alliant le moderne et l'ancien, avec un décor pop art aux couleurs vives et un coin musique dans l'esprit traditionnel de Thessalonique. On y trouve même des distributeurs de "forfaits séjours". Son enthousiaste propriétaire, Christina Drakopoulou, vous fournira tous les renseignements sur l'agenda local.

Met Hotel HÔTEL DE LUXE **$$**
(☎2310 017 000 ; www.themethotel.gr ; 26 Oktovriou 48 ; s/d avec petit-déj à partir de 70/100 € ;). Assez proche des gares maritime et ferroviaire, ce luxueux hôtel au décor minimaliste possède un spa et une piscine découverte à côté du bar, le plus beau sur un toit-terrasse de Thessalonique. Une baisse récente des tarifs le rend encore plus attractif, d'autant qu'il est aussi assez proche des cafés et restaurants branchés.

Le Palace Art Hotel HÔTEL **$$**
(☎2310 257 400 ; www.lepalace.gr ; Tsimiski 23 ; s/d/tr avec petit-déj à partir de 50/60/75 € ;). Sur cette artère très animée, Le Palace occupe un bâtiment néoclassique protégé du bruit de la rue par des doubles vitrages (pour la plupart). Chambres modernes et hautes de plafond au décor raffiné. Petit-déjeuner buffet.

City Hotel HÔTEL D'AFFAIRES **$$**
(☎2310 269 421 ; www.cityhotel.gr ; Komninon 11 ; d/tr/ste avec petit-déj à partir de 80/110/130 € ; @). Ce quatre-étoiles à l'élégance discrète, voisin de la Plateia Eleftherias, à l'est de Ladadika, possède de belles chambres à la décoration épurée et un spa. Copieux petit-déjeuner de style américain. Certaines chambres sont accessibles en fauteuil roulant.

Tourist Hotel HÔTEL **$$**
(☎2310 270 501 ; www.touristhotel.gr ; Mitropoleos 21 ; s/d/tr avec petit-déj 55/70/90 € ;). Un hôtel classique, datant de 1925, où un ascenseur dans une cage en fer forgé mène aux chambres rénovées, bien isolées du bruit et élégamment décorées. Bon petit-déjeuner, mais personnel parfois bourru.

Electra Palace Hotel HÔTEL DE LUXE **$$$**
(☎2310 294 000 ; www.electrahotels.gr ; Plateia Aristotelous 9 ; d à partir de 150 € ;). Ce beau cinq-étoiles surplombe la Plateia Aristotelous. Chambres rénovées et spacieuses, mobilier raffiné et équipement luxueux, avec deux piscines, dont une sur le toit, et un hammam. On peut aussi s'attabler dans le café sur le toit et profiter de la vue sur le port.

Egnatia Palace Hotel HÔTEL **$$$**
(☎2310 222 900 ; www.egnatia-hotel.gr ; Egnatia 61 ; s/d/ste 90/120/140 € ;). Ce quatre-étoiles, bien situé au-dessus de la Plateia Aristotelous, dispose de chambres et de suites claires. Il est un peu cher, mais le côté "bien-être" comprend piscine, salle de gym, hammam, sauna et massages.

Où se restaurer

Thessalonique offre un vaste choix en matière de restauration : échoppes de souvlakis, restaurants de poisson ou de cuisine internationale, pâtisseries. Pour répondre à la crise, des restaurants proposent un menu fixe le "mardi à 10 €". D'autres adresses sur www.tavernoxoros.gr.

♥ **Paparouna** GREC MODERNE **$**
(☎2310 510 852 ; www.paparouna.com ; angle Pangaiou 4 et Doxis ; plats 7-11 € ; 10h-2h). Nouvellement transféré à Ladadika, le Paparouna connaît toujours autant de succès, avec sa carte créative qui change selon la saison, son personnel enjoué, son décor coloré ou sa grande terrasse sur le trottoir. Goûtez le sauté de porc à la moutarde et aux champignons frais ou la dorade au four et aux légumes de saison. Son propriétaire et chef charismatique, Antonis Ladas, contribue à l'ambiance en jouant du jazz, de la soul et de la musique latino.

I Nea Follia GREC **$**
(☎2310 960 383 ; angle Aristomenous et Haritos ; plats 7-11 € ; 13h30-1h sept-juil). Cette sobre taverne ouverte en 1966, dans une ruelle anodine côté nord, a été reprise depuis peu par trois jeunes chefs qui revisitent les classiques grecs dans un esprit contemporain. La carte change tous les jours, mais elle comporte un choix de plats végétariens et un (étonnant) plateau de fromages.

I Giannoula GREC **$**
(☎2310 263 928 ; Kassandrou 50 ; plats 4-6 € ; 10h-23h sept-juin). Bien qu'âgée de 80 ans, l'aimable Kyria Giannoula continue à mitonner la plupart des plats de cette petite taverne qu'elle a ouverte en 1974, au nord de l'agora. Sa salade d'épinards et son *kotopoulo gemisto* (poulet au fromage) sont délicieux, sans parler des éventuelles surprises à découvrir en cuisine !

Myrsini CRÉTOIS **$**
(☎2310 228 300 ; Tsopela 2 ; plats 8-12 € ; déj et dîner sept-juin, fermé juil-août en général). Proche de la Tour blanche, ce restaurant mitonne

un large éventail de plats crétois : *dakos* (biscotte à la tomate et à l'huile d'olive), *horta* (chicorée sauvage servie cuite avec du citron), lapin rôti et *myzithropitakia* (chausson au fromage de chèvre frais et sucré). Décor traditionnel avec parquet ancien et musique crétoise en fond sonore.

To Etsi SOUVLAKIS $

(☎2310 222 469 ; Nikoforos Fokas 2 ; grillades 2,80-4 € ; ⊙11h-1h). Cette échoppe, située à deux pas de la Tour blanche, affiche l'humour sur tous ses murs. Véritable institution locale, elle sert des souvlakis plus légers que d'habitude et des *soutzoukakia* (boulettes de viande à la sauce tomate) avec des légumes en sauce, dans du pain pita chypriote.

Sebriko GREC $

(☎2310 557 513 ; Frangon 2 ; plats 7-11 € ; ⊙9h-1h mar-ven, 14h-1h sam-dim). Depuis son ouverture en 2012, ce restaurant situé près des remparts byzantins (côté ouest) remporte un franc succès. Il n'a pas vu sur la muraille, mais c'est un endroit chaleureux au décor simple, de style taverne. On y déguste de bonnes salades et grillades, ainsi que du *Sfakiani pita* (pita servie avec du miel).

Fri MEZZE $

(☎2310 222 008 ; Doxis 4 et Salaminos, Ladadika ; mezze 6-8 € ; ⊙12h-minuit lun-ven, 12h-1h sam-dim). Cette nouvelle adresse branchée de Ladadika, très prisée de la jeunesse grecque, est spécialisée dans les mezze tels que les algues à la feta et aux tomates cerises, les crevettes frites ou le risotto à l'encre de seiche. À accompagner de *tsipouro* (alcool semblable à l'ouzo, en plus fort) et de vin.

Ergon GREC MODERNE $

(☎2310 284 224 ; www.ergonproducts.gr ; Kouskoura 3-5 ; mezze 6-10 € ; ⊙9h-1h). Jouxtant sa boutique éponyme, l'Ergon cultive le souhait actuel de "manger local" en proposant des recettes et des ingrédients provenant de différentes régions de la Grèce. Le style est un peu emprunté et les portions sont petites, mais il est indéniable que ce célèbre chef qu'est Dimitris Skarmoutsos (juge dans l'émission de télévision "MasterChef") connaît son métier. Aubergines au *prosciutto*, œufs "grésillants" et croquettes de fromage vous permettront d'en juger.

Omikron GREC $

(☎2310 532 774 ; Oplopiou 3, Ladadika ; plats 7-10 € ; ⊙12h-1h). Cette nouvelle taverne propre et soignée séduit par la fraîcheur de ses poissons et la créativité de ses grillades (*soutzoukakia* de bœuf sur du risotto au yaourt). Les spécialités du jour sont affichées sur l'ardoise, derrière la porte.

Athivoli CRÉTOIS $

(☎2310 508 509 ; www.athivoli.gr ; Katouni 15, Ladadika ; mezze 5-8 € ; ⊙déj et dîner). Repérable par son enseigne au néon dessinant les contours de la Crète, ce restaurant sert une savoureuse cuisine sur fond de musique traditionnelle. Portions limitées toutefois et *myzithropitakia* (chausson au myzithra, fromage de chèvre frais) moins sucrés que ne l'attendent les puristes.

To Inglis GREC $

(Irodotou 32 ; plats 6-10 € ; ⊙12h-2h). En haut de l'Ano Poli près de la Plateia Kallithea, cette adresse plébiscitée par les habitants sert les classiques grecs, et notamment de bonnes boulettes de viande et des salades croquantes (le *lahmacan*, en revanche, ne ressemble que de loin à l'original turc). Mardi et mercredi, des musiciens jouent du rébétiko.

Extra Blatt INTERNATIONAL $

(☎2310 256 900 ; Svolou 46 ; plats 7-11 € ; ⊙9h-2h). À l'est de la Plateia Navarinou, une adresse très fréquentée au déjeuner pour sa cuisine de pub et jusqu'au soir pour ses nombreuses bières européennes.

Pizza Poselli PIZZA $

(Vilara 1 ; part de pizza 2,30 € ; ⊙12h-4h). Cette boutique curieusement installée dans une salle richement décorée, sous un immense lustre, ne désemplit pas. La clientèle des bars de Valaoritou s'y presse jusque tard dans la nuit pour son vaste choix de pizzas fines et croustillantes servies à la part.

Punto.ES GREC $$

(☎2310 532 503 ; Frangon 4 ; plats 9-15 € ; ⊙8h-2h mar-dim). Par les chaudes soirées d'été, il règne ici une ambiance unique. Attablé dans une cour pavée de galets, nichée dans un coin fleuri à l'ouest des remparts byzantins, on déguste par exemple, sur fond de jazz, des hors-d'œuvre à la *bruschetta* et au saumon fumé, suivis d'un poulet relevé au mastello, un fromage sifniote.

Kitchen Bar INTERNATIONAL $$

(☎2310 502 241 ; www.kitchenbar.com.gr ; Entrepôt B, Port ; plats 11-17 € ; ⊙9h-minuit). Sur le port, dans un grand entrepôt rénové et avec des tables au bord de l'eau, ce café-restaurant est toujours aussi apprécié. Dans la cuisine ouverte, les chefs préparent d'excellents

PAUSE SUCRÉE À THESSALONIQUE

Les gourmands trouveront difficilement mieux que les *zaharoplasteia* (pâtisseries) de Thessalonique, qui ne renient pas l'influence ottomane. Les prix des gâteaux sont généralement fixés au kilo. Comptez 2-4 € la pièce.

Juste au-dessus de la Rotonde, la boulangerie **Kokkinos Fournos** (Apostolou Pavlou 1, Rotonde) confectionne les meilleurs *koulourakia vanilias* de la ville (des gâteaux dorés et croustillants, délicieux au petit-déjeuner avec du miel et un café grec). Autre délice du premier repas de la journée, le *tzoureki* (pain brioché, parfumé à la *mastiha*, une résine végétale, tirée du lentisque, et au *mahlepi*) est un régal chez **Turkenlis** (Plateia Aristotelous 4 ; 1-3 €), qui vend par ailleurs tout un éventail de douceurs.

Depuis 1908, **Hatzis** (☎2310 968 400 ; Egnatia 119 ; douceurs 1,40-3 €) perpétue les saveurs de la vieille Constantinople. Après avoir goûté à ses gourmandises, vous ne pourrez plus manger un baklava sans regret. Parmi ses spécialités : le *vezir parmak* (gâteau fourré à la crème), le *hanoum bourek* (pâtisserie aux raisins secs, cacahuètes et crème) et le *malempi mastiha* (crème fraîche et riz aromatisé à la *mastiha*, le tout servi avec du sirop de rose). Autre bonne adresse locale, plus récente, l'élégant **Ble** (☎2310 231 200 ; www.ble.com.gr ; angle Agias Sofias 19 et Georgiou Stavrou ; 2-5 € ; ⏲24h/24) concocte des profiteroles au chocolat et des desserts aux fruits, tous délicieux. Au fond de la boutique trône un four haut de 12 m – le plus grand qui soit aux dires du propriétaire ! Enfin, véritable institution depuis 1960, **Trigona Elenidis** (☎2310 257 510 ; angle Dimitriou Gounari et Tsimiski) se distingue par son originalité. La boutique s'est en effet spécialisée dans un seul gâteau, devenu légendaire : un cône triangulaire fourré d'une crème légère. Les habitants l'achètent par boîtes de 2 kilos...

risottos, de bons burgers et de superbes salades. Évitez les plats "mexicains".

Agioli INTERNATIONAL **$$**
(www.agioli.gr ; angle Leof Nikis et Ploutarhou ; plats 7-15 € ; ⏲9h30-1h). Sur le front de mer, l'Agioli sert, au rez-de-chaussée, des burgers gourmets, des plats de pâtes aériens et des salades, mais aussi des mets plus recherchés (bar avec risotto au citron et aux champignons) à l'étage. Menu enfant (11 €) uniquement servi à l'étage.

Dore Zythos TAVERNE **$$**
(☎2310 279 010 ; Tsirogianni 7 ; plats 10-18 € ; ⏲déj et dîner). S'il fait beau, attablez-vous en terrasse pour regarder la Tour blanche en savourant une cuisine méditerranéenne imaginative.

Panellinion TAVERNE **$$**
(☎2310 567 220 ; Salaminos 1, Ladadika ; plats 8-16 € ; ⏲déj et dîner). Parquet à l'ancienne et murs tapissés de bouteilles et de bidons d'huile d'olive, voilà pour la décoration. Côté dégustation : délicieux mezze aux fruits de mer, fromages et nombreux ouzos.

Draft GREC **$$**
(☎2310 555 518 ; angle Lykourgou 3 et Salaminos, Ladadika ; plats 10-19 € ; ⏲10h-1h). Restaurant classique en bois et brique, sur trois niveaux, avec un long bar en cuivre et un jukebox vintage. Il sert de la cuisine de brasserie revisitée. Ambiance plus lounge à l'étage, avec lumières tamisées et son jazz et latino.

Krikelas GREC **$$$**
(☎2310 501 600 ; Salaminos 6, Ladadika ; plats 16-25 € ; ⏲lun-sam, déj et dîner). Certes, ce bon vieux Krikelas est un peu touristique (et donc un peu plus cher que les autres tables de Ladadika). Pourtant, il offre une très belle carte des vins pour accompagner sa cuisine originale, qui comprend du gibier, des escargots à la crétoise et des spécialités locales.

Où prendre un verre et sortir

À Thessalonique, la crise économique n'a pas affecté la scène nocturne : bars, cafés et clubs rivalisant de créativité. Voici une sélection d'adresses par quartiers.

Valaoritou

Avec son côté alternatif et bohème, le quartier de Valaoritou reste grand favori depuis cinq ans, et ce malgré l'apparition d'autres lieux plus grecs et plus classiques.

♥ **La Doze** BAR
(Vilara 1 ; ⏲20h-4h). La Doze est probablement le seul bar de la ville où se côtoient

des passionnés de skateboard sans le sou et des propriétaires de voitures de sport. La foule est dense et diverse dans ce joyeux petit bar aux lumières scintillantes et aux DJ freestyle. Mentionnons aussi les 50 variétés de tequila proposées par les barmen et les 150 cocktails concoctés de main de maître. Le propriétaire, George Tsiridis (marchand d'art et grand voyageur lui-même) adore les voyageurs (et vous pourrez sans doute poser votre sac à dos dans l'entrepôt fermé à clé de la galerie d'art à l'étage).

Gambrinus BAR

(☎ 6987151489 ; Vilara 2 ; ⏲ 12h-tard, fermé dim). Vous n'aurez pas de mal à le distinguer de ses voisins : il en sort un rock tonitruant. Ses enthousiastes patrons tchèques servent un excellent choix de bières de leur pays. Savoureux en-cas, saucisses et... pop-corn gratuit !

Fragile (Taratsa) BAR

(☎ 2310 547 443 ; Valaoritou 29 ; ⏲ 23h-5h avr-oct). Du haut de son toit-terrasse, ce bar en plein air a vue sur les autres immeubles de bureau, sombres et décatis, et sur les boutiques délabrées du quartier. On est loin de l'image de carte postale, mais qu'importe ! Il y a de l'ambiance toute la nuit avec un mélange de pop, d'indie et d'*electronica*. À savoir : les habitants l'appellent aussi Taratsa.

Partizan Bar BAR

(☎ 6947945492 ; Valaoritou 29 ; ⏲ 8h-3h lun-jeu, 8h-5h ven-sam, 12h-3h dim). Ce bar bohème, le premier à s'implanter à Valaoritou, est toujours aussi populaire presque une décennie plus tard. Contrairement à la plupart des établissements de ce quartier, il ouvre comme café dans la journée, mais il est surtout bondé le soir.

Elvis BAR, CLUB

(☎ 2310 556 828 ; angle Valaoritou 31 et Syngrou). Anciennement sur le front de mer, l'Elvis a déménagé à Valaoritou, où il a conservé son ambiance de bar-club, grâce à son cadre séduisant et à ses soirées DJ décontractées.

Coo BAR

(☎ 2311 274 752 ; coobarcafe@gmail.com ; Vasileos Irakliou 4 ; ⏲ 18h-3h). Ce qui n'était au départ qu'un lieu pour promouvoir les créations musicales de quelques amis est devenu un bar alternatif. La cave accueille du théâtre expérimental, des expositions de photos et des concerts en été. Il y a aussi une station de radio Internet Coo, avec des DJ de différents pays.

Collectiva Alternativa BAR

(☎ 6977228195 ; Katholikon 1 et Typou ; ⏲ 21h-3h). Niché dans une petite rue, ce bar grunge a fait des adeptes depuis son ouverture en 2012. Quand il accueille des groupes, dans son cadre exigu, il fait alors salle comble.

Enola BAR

(www.enola.gr ; Valaoritou 19, 2e ét. ; ⏲ 22h-3h). Le bar gay le plus populaire de la ville se trouve curieusement situé au-dessus d'une boutique de fournitures ecclésiastiques, dans un passage qui donne dans Egnatia. Entrez du côté de Valaoritou et prenez l'ascenseur pour le 2e étage. Dance et musique des années 1980 ont généralement la faveur, sauf le jeudi, jour de la "soirée grecque".

Ladadika et les environs

Il fut un temps où Ladadika était réputée pour ses lupanars auprès des marins de passage. Dans les années 1990, ses entrepôts ont été rénovés pour abriter des tavernes. Après quoi, Ladadika a perdu de son attrait. Stimulé par la concurrence de Valaoritou, le quartier fait depuis peu un retour remarqué.

♥ **Rover** CONCERTS

(☎ 2310 544 304 ; Salaminos 6, Ladadika). Une excellente adresse pour la musique live, en particulier le rock et le blues. Dans son cadre en bois et briques, haut sous plafond, un long balcon offre une vue superbe sur le coin scène bien éclairé, donnant un sentiment de salle de concert intime. Mais vu la profondeur des lieux, il y a aussi des recoins à l'étage pour les conversations tranquilles.

Cocktail Bar BAR

(☎ 2310 524 242 ; Polytehneiou 17 ; ⏲ 20h30-3h30). Le Cocktail Bar attire du beau monde et fait partie des nouvelles adresses les plus courues de Thessalonique. C'est le seul bar à cocktails de la ville où les barmen suivent vos instructions - mais on peut aussi commander leurs délicieuses préparations (prix assez élevé).

Sinatra BAR

(☎ 2310 223 739 ; angle Mitropoleos 20 et Komninon ; ⏲ 7h-4h). Bar à expressos dans la journée, bar à vins le soir, ce petit dernier de l'empereur des bars Filippos Apostolidis offre un vaste choix de vins grecs (on en compte 85) à déguster sur la musique jazzy. Gros succès auprès des trentenaires.

Kismet BAR
(☎2310 548 490 ; Katouni 11, Ladadika ; ⏲22h-4h). Au beau milieu des restaurants de Ladadika, le Kismet est parfait, quoique un peu exigu, pour écouter des groupes, allant du rock au pop et au *rébétiko* (musique populaire).

Froyd's Cocktail Bar BAR
(☎6942464672 ; Kalapothaki 3 ; ⏲19h-3h). Dans une petite rue plus tranquille, ce nouveau bar propose des cocktails doux et créatifs. Soirées DJ le week-end.

Tour blanche et front de mer

Haut lieu de la vie nocturne de la Thessalonique moderne, l'ouest de la Tour blanche et le front de mer présentent surtout, aujourd'hui, une succession de bars clinquants tous similaires, à l'exception de quelques établissements plus intéressants.

♥ **Kafeneion Giasemi** CAFÉ
(☎2315316300 ; Tsopela 4 ; ⏲11h-2h). Un délicieux café. Douillet et intime, avec juste quelques tables à l'intérieur dont la décoration associe un côté rustique à un pittoresque côté rétro. Il sert aussi de petits mezze. Ioanna, sa sympathique et jeune propriétaire, joue du swing et fait partie d'un big band. L'été, des musiciens s'y produisent parfois.

Thermaïkos BAR-CLUB
(☎2310 239 842 ; www.thermaikos.net ; Leof Nikis 23 ; ⏲10h-4h). Les bars apparaissent et disparaissent, mais le Thermaïkos restera toujours solidement ancré sur le front de mer. Côté déco, on apprécie ses colonnes de marbre, ses lanternes à la douce lumière, ses recoins elliptiques et ses miroirs. Jusqu'au petit matin, la deep-house des DJ aux platines enflamme une clientèle branchée.

Loxias CAFÉ
(☎2310 233 925 ; Isavron 7 ; ⏲18h-2h). Les intellectuels grecs se retrouvent depuis des lustres dans ce *steki* (lieu de prédilection) où ils parlent philosophie, politique et littérature autour d'un ouzo et de mezze. Loxias est décoré de fûts de vins, d'étagères débordant de livres, de photos anciennes et d'estampes. Les amoureux peuvent s'isoler à la table pour deux située sur le balcon du fond, qui donne sur les ruines romaines.

On The Road BAR
(☎2310 271 240 ; Leof Nikis 61 ; ⏲10h-3h). Musique latino et absence de clinquant rendent ce bar, bondé d'étudiants et de gens plus âgés, plus amusant et plus intéressant que ses voisins du front de mer.

Kafenai CAFÉ
(☎2310 220 310 ; angle Ethnikis Amynis et Tsopela ; ⏲9h-2h). Ce *kafeneio* classique rappelle la Thessalonique d'antan avec son décor de style grec années 1950 et ses hauts plafonds soutenus par des colonnes. Pas étonnant qu'il attire étudiants, artistes et musiciens du coin !

Kafe Nikis 35 CAFÉ
(☎2310 230 449 ; Leof Nikis 35). Ce confortable café, situé sur le front de mer juste en contrebas de la rue, est parfait pour l'*espresso* du dimanche matin. Attablez-vous près de la fenêtre et rêvassez devant les rayons du soleil qui filtrent à travers les stores.

Bars flottants BARS
(front de mer ; ⏲18h-1h). Les amateurs d'ambiance aquatique iront boire un verre dans ces bars flottants qui mouillent au sud de la Tour blanche, en face de la statue d'Alexandre le Grand. La décoration varie légèrement de l'un à l'autre, et la musique va de la pop au reggae en passant par le R'n'B. Départs toutes les 20 minutes pour 30 minutes de croisière autour du Thermaikos Kolpos. Entrée gratuite, mais consommation obligatoire. On peut rester à bord toute la soirée.

Berlin BAR
(Hrysostomou Smyrnis 10 ; ⏲2h-7h). Ce bar d'after qui existe depuis 1979 continue d'attirer une foule de fêtards désireux de s'amuser jusqu'au point du jour. Musique variée, comme la clientèle.

Nord d'Egnatia

Plus calme et plus résidentiel, le quartier au nord d'Egnatia réserve pourtant quelques surprises intéressantes.

Cantina Tropicana BAR
(☎2310 539 727 ; Egnatia 31 ; ⏲22h-4h). Juste au-dessus d'Egnatia, en terrasse dans un passage et à l'intérieur d'un bar étroit, résonne la musique de la Cantina Tropicana où jouent parfois des groupes. L'ambiance n'est pas très "tropicale", mais c'est un bar décontracté, amusant quand on y vient tard.

I Prinkipos CAFÉ
(Apostolou Pavlou 22). À deux pas du consulat turc, ce grand *kafeneio* pour étudiants est

idéal pour un café turc et une partie de backgammon.

Bate Skyli BAR ROCK
(Olympou 61 ; ⌚15h-3h). Bar punk et métal à la clientèle plutôt conviviale.

Freidirikos Agapi Mou CAFÉ, BAR
(☎2310 238 532 ; Olympou 87 ; ⌚10h-2h). Hors des sentiers battus, ce sobre café-bar, qui porte le nom du chien chéri du propriétaire, attire une clientèle qui vient souvent accompagnée de son chien pour boire un café ou, le soir, un cocktail (peu coûteux).

Où sortir

Le **Théâtre national du nord de la Grèce** (☎2310 288 000 ; www.ntng.gr ; Ethnikis Amynis 2) programme des pièces classiques et contemporaines, ainsi que de l'opéra.

Voici une liste des cinémas du centre :

Aristotelion (☎2310 262 051 ; Ethnikis Amynis 2)

Cinéma Pallas (☎2310 278 515 ; Leoforos Nikis 73)

Olympion (☎2310 277 113 ; Plateia Aristotelous)

Plateia Alpha Odeon (☎2310 290 100 ; angle Tsimiski et Plateia Aristotelous)

Achats

L'ouest d'Egnatia est le domaine des bonnes affaires, alors que Tsimiski est celui des articles plus haut de gamme. Le grands centres commerciaux sont aux portes de la ville. Les soldes de janvier sont intéressantes.

Georgiadis ARTISANAT RELIGIEUX
(Egnatia 107 ; icônes à partir de 15 € ; ⌚9h-14h et 17h-21h). Depuis 1902, cette petite boutique de Kamara vend des icônes artisanales, de toutes tailles et de toutes formes. Vous pouvez aussi commander une icône personnalisée.

Ergon Products ÉPICERIE FINE
(☎2310 223 550 ; www.ergonproducts.gr ; Kouskoura 5 ; ⌚9h-19h). Jouxtant le restaurant du même nom (p. 240), cette épicerie vend sous la marque Ergon des centaines de produits en provenance de toute la Grèce, huiles d'olive, sauces et assaisonnements traditionnels ou miel. Région de production, qualité, culture bio : tout est transparent.

Beerstore BIÈRE
(☎2310 233 438 ; www.beer.gr ; Kalapothaki 6 ; ⌚12h-2h). Une boutique originale qui vend plus de 200 bières brassées un peu partout, de la Crète à la Californie, en passant par la Belgique et l'Europe centrale (bien représentées). Comptez 2 € de plus pour consommer sur place, ce qui est courant le soir.

Rihardos INSTRUMENTS DE MUSIQUE
(☎2310 860 254 ; www.rihardos.gr ; Konstantinopoleos 27). Qui aurait imaginé qu'il existe une telle variété de bouzoukis ? Le sympathique propriétaire Rihardos Rihardos, l'un des plus grands fournisseurs de Grèce, a rassemblé un vaste choix d'instruments grecs (et occidentaux) dans cette boutique et deux autres magasins proches. Prenez le bus n°31 d'Egnatia vers l'est jusqu'à l'arrêt Faliro (5-10 min), marchez jusqu'à l'intersection avec Paraskeopoulos puis tournez à gauche.

Travel Bookstore Traveller LIVRES
(☎2310 275 215 ; www.traveler.gr ; Proxenou Koromila 41). Une petite boutique disposant de cartes et d'ouvrages de voyage.

Renseignements

ACCÈS INTERNET

On trouve partout des zones de connexion Wi-Fi gratuite et des cybercafés.

AGENCE DE VOYAGES

Remember Travel (☎2310 246 026 ; remembertravel@mail.gr ; Egnatia 119). À côté de Kamara. Bon service client et vente de billets.

ARGENT

Banques et DAB sont très répandus, sauf à Ano Poli (ville haute). Des bureaux de change (aux commissions élevées) se trouvent à l'ouest d'Egnatia.

OFFICES DU TOURISME

Pour être au courant des manifestations locales, consultez **www.enjoythessaloniki.com**, site tenu par des jeunes de la ville et régulièrement mis à jour.

Office du tourisme (☎2310 221 100 ; www.visitgreece.gr ; Tsimiski 136 ; ⌚9h-15h lun-ven). Installé à côté de la Tour blanche, il est tenu par une équipe bien informée, qui parle notamment anglais et allemand.

PERMIS

Bureau des pèlerins du mont Athos (☎2310 252 575 ; www.agioritikiestia.gr ; Egnatia 109 ; ⌚9h-16h lun-sam). Délivre les permis pour se rendre dans les monastères du mont Athos.

POSTE

Bureux de poste Aristotelous (Aristotelous 26 ; ⌚7h30-20h lun-ven, 7h30-14h15 sam, 9h-13h30 dim) ; Koundouriotou (Koundouriotou 6 ; ⌚7h30-14h). Le bureau de la rue Koundouriotou est proche du port. La gare ferroviaire dispose aussi d'un guichet de poste.

URGENCES

Lorsqu'elles sont fermées, les pharmacies de Thessalonique affichent la liste des officines de garde. À l'ouest d'Egnatia, la **Farmakeio Sofia Tympanidou** (☎2310 522 155 ; Egnatia 9), tenue par Kyria Sofia, peut fournir rapidement des médicaments difficiles à trouver ailleurs. À Ano Poli, la **Farmakeio Gouva-Peraki** (☎2310 205 544 ; Agias Sofias 110, Ano Poli ; 👪) compte un personnel compétent.

Le plus grand hôpital public de la ville, **Ippokration** (☎2310 837 921 ; Papanastasiou 50), se situe à 2 km du centre. Les soins en salle de petites urgences sont généralement gratuits.

ℹ Depuis/vers Thessalonique

AVION

L'**aéroport Makedonia** (www.thessalonikiairport.com) est à 14 km au sud-est de la ville. Outre la compagnie grecque **Aegean Airlines** (☎2310 280 050 ; El Venizelou 2), quelques compagnies étrangères (Ryanair et Lufthansa, notamment) assurent des vols depuis/vers Thessalonique. Les prix et les itinéraires fluctuent : consultez le site de l'aéroport.

BATEAU

La deuxième ville de Grèce est assez mal desservie par bateau. Au moment de la rédaction de ce guide, **Nel Lines** (www.nel.gr) proposait une seule traversée par semaine vers les îles du nord-est de la mer Égée : Lemnos (20 €, 8 heures), Lesbos (30 €, 14 heures), Chios (32 €, 19 heures) et Samos (40 €, 20 heures). Le vieux ferry des Sporades n'était pas en service. Renseignez-vous après des agences de voyages du côté du port comme **Karacharisis Travel et Shipping Agency** (☎2310 513 005 ; b_karachari@tincewind_techpath.gr ; Navarhou Koundourioti 8 ; ⏲8h-20h30).

BUS

Liaisons intérieures

La **gare routière centrale** (☎2310 595 408 ; www.ktelmacedonia.gr ; Monastiriou 319) de Thessalonique, KTEL Makedonia, se situe à 3 km à l'ouest du centre. À chaque destination correspond un guichet spécifique. Pour Athènes seulement, rendez-vous à la **gare routière de Monastiriou** (☎2310 500 111 ; Monastiriou 69) – bureau en face de la gare ferroviaire –, d'où partent tous les bus pour Athènes avant de s'arrêter à KTEL Makedonia. Enfants, étudiants, voyageurs ayant des besoins spéciaux, retraités et militaires grecs bénéficient de tarifs réduits.

Les bus pour la **Chalcidique** partent de la **gare routière Halkidiki** (☎2310 316 555 ; www.ktel-chalkidikis.gr ; Karakasi 68). Pour vous y rendre, prenez le bus n°45A ou 45B, qui part de la gare routière principale et s'arrête en chemin à la gare ferroviaire, à la Plateia Aristotelous et à Kamara. Avec le temps d'attente et la circulation, ce service "express" peut mettre plus de 1 heure. Après quoi, il reste le trajet jusqu'en Chalcidique même. Au total, comptez 3 à 6 heures ; mieux vaut louer une voiture.

Liaisons internationales

KTEL assure deux liaisons quotidiennes avec Sofia (5 heures, 26 €) et Tirana (9 heures, 30 €).

Actuellement, de petites compagnies de bus partent en face du tribunal (Dikastirion) pour rallier Skopje, İstanbul, Tirana, Sofia et Bucarest. Notamment **Simeonidis Tours** (☎2310 540 970 ; www.simeonidistours.gr ; 26 Oktovriou 14 ; ⏲9h-21h lun-ven, 9h-14h sam). Depuis l'arrêt de bus Kolomvou dans Egnatia, marchez vers l'ouest, puis prenez à gauche 26 Oktovriou.

Crazy Holidays (www.crazy-holidays.gr) assure également deux bus quotidiens pour İstanbul (via Kavala, Xanthi, Komotini et Alexandroupoli), qui partent à 7h et à 23h. La compagnie a des bureaux dans Aristotelous et près de la gare ferroviaire, mais ses bus partent près de KTEL Makedonia, à la hauteur d'Anagnostaki et de Konstantinoupoleos ; pour vous y rendre, prenez le bus n°8 ou n°3, qui longe Egnatia, jusqu'au bout. Crazy Holidays dessert aussi Tirana, Sofia, Skopje et Belgrade.

Bus au départ de la gare routière centrale (KTEL) de Thessalonique

VERS	DURÉE	TARIF (€)	FRÉQUENCE
Alexandroupolis	3h45	34	8/jour
Athènes	6h15	42	11/jour
Drama	2h	15	20/jour
Didymoticho	5h30	39	8/jour
Édessa	2h	9	11/jour
Florina	2h45	17	6/jour
Igouménitsa	4h	43	2/jour
Ioannina	3h30	32	6/jour
Kastoria	2h30	19	9/jour
Kavala	2h15	17	11/jour
Komotini	2h45	28	7/jour
Litochoron	1h15	9	12/jour
Orestiada	6h	45	8/jour
Pella	45 min	4	12/jour
Serres	1h15	11	12/jour
Véria	1h	8	13/jour
Volos	4h	21	8/jour
Xanthi	2h30	22	9/jour

TRAIN

Au moment de la rédaction de ce guide, les trains internationaux étaient toujours suspendus pour une durée illimitée et les liaisons intérieures sévèrement réduites. La situation étant toujours fluctuante, renseignez-vous à la **gare ferroviaire** (☎2310 599 421 ; www.trainose.gr ; Monastiriou) de Thessalonique ou consultez le site OSE (www.trainose.gr).

Les trains sont dits réguliers (IC) ou interurbains (Intercity ; ICE). Il existe aujourd'hui d'agréables trains Thessalonique-Larissa et Thessalonique-Édessa. Sauf mention contraire, les tarifs indiqués sont ceux des trains réguliers. Réservez de préférence la veille, car il y a souvent de longues files d'attente.

Les trains réguliers pour Athènes (36 €, 6 heures 45, 10/jour) passent par Litochoron (Litohoro, 7 €, 1 heure), Larissa (10 €, 2 heures) et Volos (14 €, 4 heures 30). Les trains interurbains pour Athènes (48 €, 5 heures 30) sont plus chers, mais pas beaucoup plus rapides.

Plusieurs trains quotidiens rallient Véria, Édessa et Florina ; et seulement deux par jour desservent désormais Xanthi, Komotini et Alexandroupolis en Thrace.

La gare ferroviaire de Thessalonique abrite des toilettes mal entretenues, des DAB, une poste, des téléphones à carte, des petits restaurants modernes et… une chapelle orthodoxe. Il existe une consigne à bagages automatique (à partir de 3 €), ainsi qu'une consigne tenue par le personnel (3 €/jour par bagage, tlj jusqu'à 22h) – le billet de train est demandé pour tout dépôt.

Comment circuler

DEPUIS/VERS L'AÉROPORT

Le bus n°78 circule toutes les 30 minutes entre l'aéroport et la gare routière centrale en passant par la gare ferroviaire (0,80 €). Un taxi coûte 15-25 € en journée et le soir, plus entre minuit et 5h.

BUS

Les bus urbains disposent de panneaux électroniques lumineux indiquant la prochaine destination, laquelle est aussi annoncée en grec et en anglais. À la plupart des arrêts de bus, des écrans affichent également les temps d'attente avant les prochains bus. Le bus n°1 circule entre la gare routière et la gare ferroviaire. Les bus n°s 45A et 45B desservent également ces deux gares (plus la Plateia Aristotelous et Kamara) en chemin vers la gare routière Chalkidikis. Les points névralgiques d'Egnatia sont constamment desservis par des bus comme les n^{os}10 et 14 en provenance de la gare routière.

Les billets sont vendus dans les *periptera* (kiosques) pour 0,80€ ou dans les distributeurs à bord des bus (0,90 €). Compostez votre billet dans les machines orange. Un même billet permet de circuler en changeant de bus durant 1 heure 30.

Vous pouvez aussi acheter un billet à usage illimité durant 24 heures (3 €). Les distributeurs bleus ne rendent pas la monnaie et n'acceptent pas les billets de banque. Il est donc préférable d'acheter vos billets dans les kiosques ou de prévoir l'appoint. Les contrôleurs de bus sont implacables : en cas d'infraction, vous devrez payer 30 € sur-le-champ ou les suivre au poste de police.

TAXI

Les taxis bleu et blanc peuvent embarquer plusieurs passagers et ne vous prendront pas si vous n'allez pas dans la même direction que les personnes déjà à bord. Pour les héler, postez-vous dans la direction où vous souhaitez vous rendre, faites signe à un taxi, criez votre destination et attendez-vous à voir le conducteur lever les yeux au ciel en guise de refus. Le tarif minimum est fixé à 3,40 € ; le tarif de nuit, plus onéreux, est appliqué jusqu'à 5h.

VOITURE

Pour l'assistance routière, appelez l'**ELPA** (Automobile Club de Grèce ; ☎2310 426 319 ; Vasilissis Olgas 228). **Budget Rent a Car** (☎2310 229 519 ; Angelaki 15) et **Euro Rent** (☎2310 826 333 ; Georgiou Papandreou 5) louent des véhicules. En voiture, évitez les rues étroites et escarpées d'Ano Poli.

Il est difficile de trouver une place de parking dans les rues du centre. Optez pour le grand parking voisin du terminal passagers des ferries (2 €/heure), ou celui de la Tour blanche, de Tsimiski et de l'office du tourisme qui s'appelle Parking XANTH (abréviation grecque pour le YMCA situé juste à côté). Les entrées se trouvent dans Tsimiski et au coin de Nikolaou Germanou. Comptez 4,50 € pour la première heure, 3,50 € pour la deuxième et 2,50 €/h ensuite.

Environs de Thessalonique

À 25 km au sud de Thessalonique, le village d'**Épanomi** offre les plaisirs de la plage et de la baignade, ainsi que de bonnes tavernes de poisson. Ses deux églises du XIXe siècle renferment de riches icônes. Le remarquable **domaine viticole Ktima Gerovassiliou** (☎23920 44567 ; www.gerovassiliou.gr ; Épanomi) occupe un site spectaculaire, en haut d'une falaise qui surplombe la mer (par temps clair, on voit jusqu'au mont Olympe). Après avoir visité les installations et goûté les crus locaux, ne manquez pas l'intéressant **musée du Vin**, qui regroupe des amphores mycéniennes et byzantines, des outils antiques en cuivre, des pressoirs (XVIIIe-XXe siècle) et des collections de bouteilles de couleur (XVIe-XXe siècle) et de tire-bouchons.

À 3 km d'Épanomi, les **plages de sable de Faros** et de **Potamos** se caractérisent par la clarté de leurs eaux. On y trouve des cafés et, l'été, elles accueillent beach volley et concerts. Bien tenu, l'**Hotel Camping Akti Retzika** (6937456551 ; www.retzikas.gr ; plage de Potamos, Épanomi ; empl camping par pers/tente 5/5 €, ch à partir de 35 € ; mai-oct) dispose d'un vaste terrain de camping, de chambres modernes, d'un restaurant et d'un snack-bar.

Non loin, les **marais de la réserve de Fanari** (5,5 km²), qui abrite une flore et une faune rares, attirent des oiseaux migrateurs. Le personnel du domaine viticole ou du camping vous donneront plus de détails.

Chalcidique (Halkidiki)
Χαλκιδική

La **péninsule de Chalcidique** pourrait se caractériser ainsi : **Kassandra** pour la vie nocturne, **Sithonia** pour les plages et **Athos** pour une retraite auprès de moines orthodoxes (si vous appartenez à la gent masculin).

La presqu'île la plus proche de Thessalonique, Kassandra, est aussi la plus construite (avec quelques plages agréables). La deuxième, Sithonia, moins défigurée, possède des criques isolées aux eaux limpides. Toutes deux sont très fréquentées par des touristes grecs et des visiteurs originaires d'Europe centrale et de l'Est. Quant à la troisième, la plus à l'est, elle appartient pour la majeure partie à la communauté monastique du mont Athos. Ces monastères plus que millénaires ne sont accessibles que par bateau, et ouverts aux seuls hommes (sur réservation préalable).

La population de Kassandra et de Sithonia se concentre sur le littoral, l'intérieur étant escarpé et couvert d'épaisses forêts de pins. Les routes principales longent donc la côte. Les bourgs du littoral de la Chalcidique ont souvent été fondés lors des transferts de population avec la Turquie en 1923, le gouvernement grec ayant cédé ces terres "inutilisées" aux nouveaux venus. L'explosion du tourisme balnéaire a démarré dans les années 1970.

En plein été, il n'est pas évident de trouver à se loger et la circulation peut être exaspérante. Avec la crise économique, le prix des *domatia* est resté bas et il existe plus d'une trentaine d'excellents campings. Pour faire la fête dans les bars de plage et les discothèques, juillet-août est la période idéale. Les familles et les amateurs de tranquillité préféreront septembre : l'eau est alors la plus chaude et les visiteurs se raréfient.

Presqu'île de Kassandra
Χερσόνησος Κασσάνδρας

Les week-ends d'été, la moitié de la population de Thessalonique afflue à Kassandra, où les stations balnéaires urbanisées accueillent aussi des groupes de touristes européens. La vie nocturne est trépidante et l'hébergement un peu moins cher qu'à Sithonia.

Bars et clubs fleurissent à **Kallithea** dont la longue plage est bondée. Pour trouver des chambres avec kitchenette, renseignez-vous au marché de Kallithea, à côté de l'arrêt de bus, ou auprès de **Manita Tours** (23740 24036), qui organise aussi des excursions à la journée, comme des croisières en bateau (30 €) vers les plages de Sithonia.

Quelques kilomètres plus loin, le long de la côte est, **Polyhrono** est plus calme, plus familial et moins cher. La station est très fréquentée par des touristes venant des pays de l'ex-Yougoslavie. Essayez l'**Hotel Odysseas** (23720 51923 ; www.odysseas.net ; d/tr 56/64 € ; P ❄ ᯤ ≋), doté de chambres propres et spacieuses, d'un jardin et d'une piscine, à 70 m de la plage. Près de la plage aussi, l'**Akrogiali Boutique Hotel** (23740 51500 ; www.hotelakrogiali.com ; d/tr 60/80 € ; P ❄ ᯤ) est un hôtel-restaurant chic et bien agencé. Sur le front de mer, la **Flegra Traditional Taverne** (6989585960 ; 9h-minuit avr-oct) cuisine une grande variété de plats grecs (certains adaptés aux enfants) et des poissons. À côté, l'**Ice Therapy** (front de mer ; 9h-minuit, mai-sept) sert des douceurs et des cafés glacés sur la plage.

Parmi les bons sites où planter sa tente figure **Posidi**, où l'EOT (Organisation nationale du tourisme grec) gère le **camping Kalandra** (23740 41123 ; mai-sept ; P). Le grand **camping Anemi Beach** (23740 71276 ; mai-sept ; P) se situe à **Nea Skioni**, sur le littoral occidental, plus tranquille.

Pour les excursions avec **camping sur les îlots** entre Kassandra et Kithonia, contactez **Grigoris Delihristou** (6979773905 ; gd065@hotmail.com), un ethnomusicologue, ancien propriétaire d'auberge de jeunesse et voyageur. Pour 100 € par personne, Grigoris emmène camper des petits groupes pendant 4 jours sur ces îlots entourés d'une eau cristalline : génial pour la baignade et pour la pêche sous-marine ! Le prix comprend le transport en camionnette et en bateau, la nourriture et les boissons.

Depuis/vers Kassandra

Des bus quittent la gare routière Halkidiki (p. 245) à Thessalonique pour rejoindre Kallithea (8,80 €, 1 heure 30, 13/jour), Pefkohori (11,80 €, 2 heures, 10/jour) et Polyhrono (11 €, 2 heures 15, 10/jour) sur la côte est, en passant par Kryopigi et Hanioti (11,50 €, 2 heures 30). Des bus desservent aussi Paliouri (12 €, 2 heures, 7/jour) dans le Sud. Une réduction est appliquée pour l'achat d'un aller-retour (valable 15 jours).

Presqu'île de Sithonia Χερσόνησος Σιθωνίας

L'attrait de Sithonia (en particulier l'est de la presqu'île) tient à ses superbes plages, à sa vie nocturne plus paisible et à sa nature préservée. On peut encore y trouver des criques désertes, accessibles par des routes de terre ou par bateau. Après le mois d'août, tout redevient calme.

La route qui serpente autour de Sithonia longe de vastes baies, grimpe dans les collines couvertes de pins et redescend vers de petites stations balnéaires. Les bus en provenance de Thessalonique ne suivent pas tous le même trajet pour desservir les côtes est et ouest – si vous vous êtes trompé de bus, changez à Nikiti, au nord de Sithonia.

CÔTE OUEST

En arrivant sur Sithonia, à **Nikiti**, la route bifurque pour suivre l'une ou l'autre côte. La côte occidentale est festonnée de belles plages comme **Paradisos**, **Kalogria** et **Lagomandra**. Au-delà, à **Neos Marmaras**, la plus grande station balnéaire de Sithonia, les plages sont bondées, mais vous trouverez de nombreuses *domatia* et de bonnes tavernes de poisson.

À partir de Neos Marmaras, la route grimpe dans les collines d'où d'autres voies (parfois des chemins de terre) redescendent vers des plages et des campings. Les petites stations balnéaires de **Toroni** et **Porto Koufos** occupent le sud-ouest de la péninsule et offrent des plages relaxantes, un port de plaisance, des *domatia* et des tavernes de poisson.

Dernier arrêt important du bus sur la côte ouest, **Kalamitsi** possède des plages superbes qui lui ont valu un important développement. On peut louer un bateau au **North Aegean Diving Centre** (Centre de plongée du nord de la mer Égée ; ☎23750 41338), qui propose aussi des sorties plongées (50 €) et des cours (à partir de 80 €).

Les campeurs auront le choix entre **Porto Camping** (☎23750 41346 ; empl par adulte/tente 3,80/4,50 €), sur la plage principale de Kalamitsi, ou le **camping Kalamitsi** (☎23750 41411 ; empl par adulte/tente 6,50/7,20 € ; ⏱mai-sept), plus onéreux et situé près du promontoire. **O Giorgakis** (☎23750 41338 ; studios 75 €), au-dessus du restaurant du même nom en face de la plage, loue des studios bien équipés pour 5 personnes. Les appartements de bonne taille de **Souzana** (☎23750 41786 ; app 50 €) sont entourés d'un grand jardin.

CÔTE EST

Les plages les plus réputées de Chalcidique commencent au nord de Nikiti et s'étendent vers le sud de la côte est, entre des falaises escarpées et boisées. La première petite station balnéaire, **Vourvourou**, possède un petit port et, tout à côté, la jolie **plage de Karydi**. Sur le front de mer, le vaste **Paris Restaurant** (☎23750 91312 ; www.parisrestaurant.gr ; front de mer ; plats 8-11 € ; ⏱10h-2h mai-oct), tenu par le sympathique Grigorios Tolios et sa famille, prépare de bonnes grillades et du poisson fraîchement pêché. Service parfait.

Un peu en retrait du front de mer, l'**Hotel Vergos** (☎23750 91379 ; www.halkidiki.com/vergos ; village de Vourvourou ; s/d/studio/app avec petit-déj 65/77/90/120 € ; ❄) loue des chambres bien meublées, agrémentées d'une piscine et d'une grande pelouse appréciée des enfants. Plus cher mais plus beau, l'**Ekies All Senses Resort** (☎23750 91000 ; www.ekies.gr ; Vourvourou ; s/d/ste 140/200/260 € ; ❄📶) possède d'élégantes chambres et suites dans des tons doux, un spa, un restaurant et un bar avec chaises longues sous les palmiers sur sa plage privée, à 300 m de la plage de Karydi. Option moins chère, les **Karidi Beach Apartments** (☎23750 91102 ; www.karidibeach.gr ; Vourvourou ; app à partir de 80 € ; P❄), tenus par une famille, sont des appartements simples mais rénovés, donnant sur de vastes pelouses, à 50 m de la plage.

Au sud de Vourvourou, le terrain devient plus sauvage et mène à des campings sur des criques isolées. Guettez le panneau indiquant une route de terre menant à **Akti Zografou** (1,8 km), deux plages de sable séparées par des falaises couvertes de pins et d'une végétation de maquis. L'embranchement vers la gauche mène au **Porto Elea Camping** (☎6984625587 ; www.portoelea.com ; Akti Zografou ; tarif plein/réduit 7/4 €, tentes à partir de 5,50 € ; ⌚mai-oct), tandis que celui vers la droite conduit à une bande de sable incurvée et à l'ancien bar de plage "Bahia" (lors de notre passage, il était tenu par le Paparouna, un restaurant apprécié de Thessalonique). Le camping loue des canoës et on peut facilement nager d'une crique à l'autre.

En continuant la route principale vers le sud, 20 km avant Sarti, dernier village de la côte orientale, le grand **Camping Armenistis** (☎23750 91487 ; www.armenistis.com.gr ; empl camping par pers/tente 7,20/8,30 € ; ⌚mai-oct ; P) est très couru pour son cadre magnifique, entre la forêt et la plage. On y bénéficie de multiples services : du supermarché au centre médical en passant par un restaurant, une crêperie, un terrain de sports et un cinéma. L'été, des fêtes y sont organisées avec des groupes de musiciens ou des DJ. Une "tente-auberge de jeunesse" abrite 8 lits (15 €/lit), un barbecue et un réfrigérateur.

Pour trouver un peu plus d'animation (et un DAB), **Sarti** constitue sans doute la meilleure base sur Sithonia. Les enfants adoreront sa longue plage de sable avec un terrain de jeux. Ses restaurants sont bons et sa vie nocturne mémorable. Se composant en gros de trois rues et d'une plage, Sarti a conservé sont aspect de paradis perdu, bien réel dans les années 1970. D'ailleurs, 6 km au nord, les plages de **Kavourotrypes** ("trous de crabes") accueillent encore des nudistes.

Pour l'hébergement (40-60 € la chambre), visitez les *domatia*, allez voir **Sithon Travel** (☎23750 94066 ; www.sarti.gr ; Sarti ; ⌚9h-21h), qui possède la majorité des chambres du bourg ou adressez-vous à l'**Iliadis House** (☎23750 94290 ; www.sarti-iliadis.gr ; s/d 40/50 € ; ⌚mai-oct), près de l'arrêt de bus et à deux rues du front de mer. Elle dispose de chambres simples et propres, avec balcon, et son sympathique propriétaire, Sokratis, se fera un plaisir de vous renseigner sur les curiosités locales. Le **Sarti Vista Bed & Breakfast Resort** (☎23750 94651 ; www.sartivista.com ; app à partir de 80 € ; P❄📶🏊), à flanc de colline derrière le bourg, loue des appartements modernes, bien équipés, avec jardin, piscine à débordement et barbecue – vue superbe sur la mer.

En lisière nord du front de mer, le **Kivotos** (arche de Noé ; ☎23750 94143 ; plats 5-9 € ; ⌚10h-1h mai-oct) est l'un des meilleurs restaurants de poisson de Chalcidique – c'est un endroit plein de charme, avec des tables sur le sable. Le patron, Daniel, et son équipe méritent une mention pour leur service. Goûtez les mezze et les sublimes poissons grillés (optez pour la pêche du jour). À côté, l'**Orange Cafe Beach Bar** (front de mer ; ⌚9h-2h), meublé de vastes sofas de plage à l'ombre des palmiers, sert tout un choix de boissons ; le Wi-Fi y est gratuit.

Une rue en retrait du front de mer, le **Peponaki** (⌚9h-3h) est un amusant petit bar tranquille à l'ambiance reggae. Un glacier se trouve juste à côté. Une rue plus loin, le **George's Pub** (☎23750 94157 ; george.pub@gmail.com ; ⌚21h-3h) semble inchangé depuis les années 1970 avec sa collection de vinyles et ses meubles en bois patinés. Musicien, icône locale, George joue aussi bien du rock, que du reggae ou du jazz, en s'accompagnant parfois de sa trompette. Enfin, 3 km au nord de Sarti, le fameux **Goa Beach Bar** (⌚24h/24) reste ouvert jour et nuit et organise parfois des soirées DJ.

Si vous êtes motorisé, explorez les plages moins connues, plus au sud, ou visitez **Sykia** (pas du tout touristique). Les Sithoniens appellent ce village le "petit Texas" en raison de son caractère indépendant.

ℹ Depuis/vers la presqu'île de Sithonia

Disposer d'un véhicule pour visiter la Chalcidique évite de perdre un temps considérable dans les transports et permet d'explorer les plus belles plages. Le bus n'est qu'un pis-aller.

Pour tous les détails sur la gare routière Halkidiki de Thessalonique qui dessert la Chalcidique (et les aléas du trajet), voir p. 245.

Les bus relient Vourvourou (12,20 €, 1 heure 45, 4/jour), Akti Zografou (15,50 €, 3 heures, 4/jour), le camping Armenistis (17 €, 3 heures 15 , 4/jour) et Sarti (18,30 €, 3 heures 30 , 4/jour). Certains bus de la côte est ne vont pas jusqu'à Sarti : arrivés au camping Armenistis, ils font demi-tour. Quant aux bus pour Sarti, ils traversent la pointe sud-ouest pour retourner sur Thessalonique. Une réduction est consentie sur le billet aller-retour, valable 15 jours.

Pour se rendre à Sithonia depuis Kassandra en bus, il faut changer à Nea Moudania, à la pointe nord de Kassandra. Les bus pour la Chalcidique ne vont pas à l'est vers Kavala (ou ailleurs), tous reviennent sur Thessalonique.

Presqu'île d'Athos (partie séculière) Χερσόνησος του Αθω

Tout au nord de la presqu'île d'Athos, se trouvent des plages familiales ; au sud d'Ouranoupolis s'étend le domaine de la communauté monastique du mont Athos.

Il est interdit de passer par voie terrestre d'une partie de la presqu'île à l'autre. **Ierissos**, à la lisière nord-est (partie séculière), d'où partaient autrefois des ferries pour les monastères, doit aujourd'hui sa triste célébrité au projet d'exploitation des mines aurifères de la région par les Canadiens. Approuvé en 2012 par un gouvernement grec exsangue, le projet est combattu par les habitants (et les moines) en raison du danger qu'il présente pour l'environnement. Au moment de nos recherches, les manifestations sur le terrain bloquaient encore le début des travaux.

Juste au large de la côte nord-ouest, la petite île d'**Ammouliani** (600 habitants) possède de jolies plages, des pensions, un camping et des tavernes. Elle est desservie par cinq ferries quotidiens depuis **Trypiti** et Ouranoupolis. Un bateau d'excursion permet aussi de la visiter depuis Sithonia. Le kiosque situé près du débarcadère fournit des cartes de l'île avec des renseignements sur les locations possibles. Il se situe en face du **Restaurant Janis** (☎23770 51322 ; Ammouliani ; poisson 6-12 € ; ⏲9h-23h mai-oct), où l'on peut se régaler de poisson frais en profitant de la vue.

La plus belle plage de l'île, **Alykès** est à 20 minutes à pied, vers l'ouest. Pour rejoindre d'autres plages et certains hébergements, il faut compter plus d'une heure à pied (en plein soleil). Sachant qu'il n'y a pas de taxi, téléphonez pour que votre logeur vienne vous chercher.

Au sud-ouest, **Ouranoupolis**, le plus grand village de la presqu'île, compte de belles plages. C'est aussi de là que partent les ferries pour les monastères. Chaque jour, des **croisières Athos** permettent d'observer les monastères de la côte ouest, à 500 m au large – c'est aussi la seule manière pour les femmes de s'en approcher. On peut également louer un bateau (40 €) pour accéder à l'**archipel de Drenia**, sablonneux et inhabité, à 1,9 km au large, à l'est d'Ammoulianis.

À Ouranoupolis, le **Pyrgos Prosforeiou** (tour Prosforeiou ; ☎23770 71651 ; tarif plein/réduit 2/1 € ; ⏲9h-18h mar-dim), une tour byzantine restaurée du XIVe siècle renferme des pièces antiques et byzantines. De grandes cartes et des images détaillées indiquent les autres sites locaux, dont les vestiges du **monastère de Zygou** (XIe siècle), situé à l'est du village et accessible aux femmes.

Où se loger et se restaurer

En dehors de l'été, des chambres simples et bon marché sont aisément disponibles.

Xenios Zeus PENSION $

(☎23770 71274 ; www.ouranoupoli.com/zeus ; Ouranoupolis ; s/d/tr 40/55/65 € ; ❄). Près de la tour, cette pension un peu vieillotte loue des chambres avec balcon, propres et confortables. Petits-déjeuners frais et copieux. Comme ailleurs, la maison accepte de garder les bagages superflus des pèlerins qui se rendent dans les monastères.

Camping Ouranoupoli CAMPING $

(☎23770 71171 ; www.camping-ouranoupoli.gr ; empl camping 9 € ; ⏲fin mai-oct). Camping convenable quoique un peu cher. Au nord de la plage d'Ouranoupolis.

Lazaros Andonakis Rooms PENSION $

(☎23770 71366 ; s/d 45/55 € ; ❄📶). Chambres aérées et spacieuses, au mobilier en pin,

LA CROISIÈRE DES MONASTÈRES

À défaut de visiter le mont Athos, embarquez pour l'une des **croisières en bateau** qui partent régulièrement d'Ouranopoulis : elles longent le sud de la péninsule et permettent d'apercevoir les monastères les plus spectaculaires, ceux accrochés à la falaise.

Athos Sea Cruises (☎23770 71071 ; www.athos-cruises.gr ; Ouranoupolis ; commentaires en anglais, allemand et grec) programme une croisière de 3 heures (tarif plein/réduit/moins de 6 ans 20/10 €/gratuit ; ⏲départ du bateau à 10h30 et 13h45 tlj, avr-oct) à bord du *Kapetan Fotis* qui peut embarquer 300 passagers. La sortie permet de découvrir neuf grands monastères en offrant une belle vue sur le sommet du mont Athos. Le bateau s'approchant des côtes autant qu'il le peut (500 m au minimum), il est possible de prendre de belles photos. Les commentaires sont en anglais, allemand et grec. Outre prendre un repas au buffet froid, on peut acheter à bord des icônes et des DVD sur Athos. Ceux qui séjournent sur la presqu'île de Sithonia peuvent effectuer des circuits similaires depuis Ormos Panagias ou Sarti (25-30 €). La croisière part vers 9h et revient vers 17h. Elle inclut souvent un arrêt déjeuner sur l'île d'Ammoulianis.

REGARDS SUR LE MONT ATHOS

Le mont Athos fascine. La Sainte-Montagne, établie dès le Xe siècle, a suscité une abondante littérature, et nombre d'auteurs s'interrogent sur les particularités de cette république semi-autonome, haut lieu spirituel mais aussi théocratie orthodoxe. L'ascèse des ermites "ivres de dieux", la richesse des icônes des monastères, mais aussi la règle de l'*abaton* (établie par une chrysobulle de 1060 pour préserver l'exclusivité de la dévotion à la Vierge Marie), qui interdit l'accès du mont à toute femme et à tout animal femelle (excepté les poules), ont alimenté cette curiosité.

Dans *Mont Athos, merveille du christianisme byzantin* (Gallimard, coll. Découvertes, 1997), André Paléologue retrace l'histoire de la communauté monastique.

L'écrivain franco-grec Vassilis Alexakis porte un regard décalé sur la Sainte-Montagne dans *Ap. J.-C.* (Stock, 2007). Son héros, étudiant en philosophie, part à la recherche d'un vieil homme dont la trace s'est perdu sur le mont Athos. Sa quête le conduit de monastère en monastère, opposant le questionnement philosophique aux certitudes des dogmes religieux.

Jacques Lacarrière (1925-2005), écrivain voyageur passionné par la Grèce, a séjourné à plusieurs reprises, et dès 1950, sur le mont Athos. Ses récits – *Le Mont Athos* (photographies de Carlos Freire, Éd. de l'Imprimerie Nationale, 2002) ou, plus ancien, *Visages athonites. Textes et photographies sur des visages d'ermites du mont Athos* (Le Temps qu'il fait, 1995) – sont de précieux témoignages. De lui, on peut aussi lire avec bonheur *L'Été grec* (1976, Plon, coll. Terre humaine, rééd. 2002) et le *Dictionnaire amoureux de la Grèce* (2001, Plon).

dont certaines ont vue sur le port. À 50 m du Bureau des pèlerins.

Kritikos POISSON **$$**
(☎ 23770 71222 ; www.okritikos.com ; Ouranoupolis ; poisson 45/60 € le kilo ; ⏲ déj et dîner). Pour le poisson frais, vous ne trouverez pas mieux dans le bourg, mais le Kritikos prépare aussi des pâtes et des salades originales. Dans une rue centrale.

ℹ Renseignements

Ouranoupolis accueille le bureau des pèlerins qui souhaitent se rendre au mont Athos (plus de détails p. 253).

Mont Athos (Agion Oros)
Αγιον Ορος

Depuis plus de mille ans, cette péninsule isolée est un haut lieu de la spiritualité orthodoxe. La Sainte-Montagne (Agion Oros) forme une république semi-autonome qui suit le calendrier julien, ainsi que d'autres édits et mœurs byzantins. Elle se compose de vingt monastères et *skites* (ermitages). Le nord de l'enclave est recouvert de forêts épaisses tandis que le sud, moins accessible, est dominé par le **mont Athos** (2 033 m). Dans la mesure où la chasse et l'exploitation industrielle sont inexistantes, cette zone constitue pratiquement une réserve naturelle. Inscrit sur la Liste du patrimoine mondial, le mont Athos est sous administration grecque, mais reste "ecclésiastiquement" parlant sous l'autorité du Patriarche orthodoxe de Constantinople (İstanbul).

Des légendes apocryphes racontent que la Vierge Marie s'est rendue sur le mont Athos et l'a béni. La Sainte-Montagne est considérée comme le Jardin de la Vierge et lui est exclusivement consacrée – ce qui ne laisse de place à aucune autre femme.

Pour les hommes, il est nécessaire de planifier bien à l'avance sa visite. Les séjours, limités à quatre jours, sont parfois prolongés. Fatigante, la découverte des monastères procure aussi beaucoup de sérénité. On suit le quotidien des moines, leurs habitudes alimentaires et leurs offices (à 3h et 15h tous les jours, mais les moines et les fidèles peuvent rester jusqu'à dix heures debout lors des fêtes religieuses). Lorsque les visiteurs se promènent dans les forêts, qu'ils contemplent l'architecture monastique et les trésors artistiques, ils vivent eux-même une expérience spirituelle marquante, qu'ils soient religieux ou non.

Histoire

L'inaccessible mont Athos attira les ermites dès les premiers temps de l'Empire byzantin.

Péninsule du mont Athos

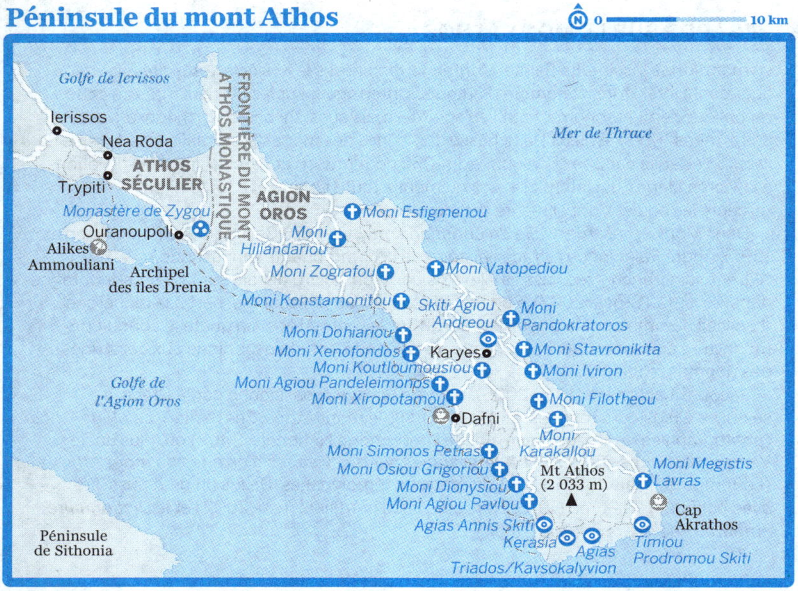

La *chrysobulle* (édit impérial) de 885, signée par l'empereur Basile Ier, confirma le statut particulier d'Athos et son territoire fut délimité sur une carte en 943. En 963, la Sainte-Montagne fut officiellement consacrée lors de la construction du monastère Megistis Lavras (Grande Lavra, *lavra* signifiant communauté en grec) sur ordre de l'empereur Nikoforos II Fokas (ce monastère reste à ce jour le plus grand de la péninsule).

La communauté athonite fleurit grâce au soutien constant des empereurs byzantins. Mais son expansion fut freinée par des moines conservateurs, qui craignaient la fragilisation des traditions de la vieille école et redoutaient le mercantilisme des monastères. Des édits impériaux vinrent alors renforcer leur statut : le plus célèbre est celui qui fut promulgué en 1060 sous Constantin IX Monomaque, lequel interdit l'accès de la région aux femmes, aux animaux domestiques femelles, aux personnes imberbes et aux eunuques. Les femmes n'ont toujours pas droit de cité sur le mont Athos, mais les poules sont désormais tolérées pour leurs œufs, et le port de la barbe n'est plus obligatoire.

Après l'âge d'or du XIe siècle, pirates, Catalans et croisés (en 1204) pillèrent la région par intermittence. Néanmoins, la Sainte-Montagne se releva toujours grâce au soutien de mécènes qui tirèrent un prestige considérable à aider les monastères.

La communauté du mont Athos subit la domination ottomane en 1430 tout en parvenant à conserver un statut de semi-indépendance. Le dernier monastère athonite, Stavronikita, fut fondé en 1542. Pendant la guerre d'Indépendance grecque (1821-1829), les Turcs pillèrent des monastères et mirent le feu à leurs bibliothèques.

La Constitution du mont Athos, protégée par la Constitution grecque de 1975, date de 1924. Les moines étrangers doivent adopter la nationalité grecque et le Saint Conseil (*Iera Synaxis*), formé d'un représentant de chacun des vingt monastères, est responsable de l'administration des 1 600 moines du mont.

Obtenir un permis

Pour l'été ou les fêtes orthodoxes, faites votre demande six mois à l'avance. Le reste de l'année, il y a toujours de la place. Seuls les hommes sont admis au mont Athos et l'accès est limité à cent personnes de religion orthodoxe et à dix personnes non orthodoxes par jour. Les jeunes de moins de 18 ans doivent être accompagnés de leur père, ou présenter une autorisation écrite de celui-ci s'ils viennent avec un groupe ou un tuteur.

Envoyez par mail ou par fax vos dates de visite souhaitées et une copie de votre passeport au Bureau des pèlerins du mont Athos (p. 244), basé à Thessalonique, qui vous informera quand vous pourrez récupérer votre permis. Vous pourrez aussi imprimer la confirmation reçue par mail/fax. Moines et ecclésiastiques requièrent une confirmation écrite du **Patriarcat œcuménique de Constantinople** (✆en Turquie 90 21253 49037 ; İstanbul). Ensuite, téléphonez aux monastères pour réserver un lit les nuits souhaitées, certains monastères n'appréciant pas qu'on se présente sans réservation. Une fois votre permis confirmé par écrit/imprimé, présentez-vous avec vos bagages à Ouranoupolis pour obtenir le *diamonitirion* (permis final).

Entrer au mont Athos

À Ouranoupolis, rendez-vous au petit **bureau des pèlerins** (✆23770 71422 ; fax 23770 71450 ; Ouranoupolis ; ⏲8h10-14h), bien avant le départ du bateau pour éviter les longues files d'attente. Ce bureau se situe dans la petite rue menant au port, près de la station-service Jet Oil. Vous reconnaîtrez le drapeau byzantin noir et jaune. Après vérification de votre passeport et de la confirmation de votre réservation, un *diamonitirion* de trois nuits et quatre jours (étudiants 10 €, orthodoxes 25 €, autres 30 €) vous sera délivré. La gratuité est accordée au cas par cas pour les plus démunis et les malades. Vous trouverez un parking (7,50 €/jour) au sud d'Ouranoupolis, sinon garez-vous dans les rues.

L'*Agia Anna* est le premier bateau qui part d'Ouranopoulis pour Dafni, le port du mont Athos : il quitte le port à 8h et à 11h du lundi au samedi et à 8h30 le dimanche (8 €). L'*Axion Esti* part à 9h45 (6 €). À côté de la **billetterie** (✆23770 71248 ; Ouranoupolis), au bout du front de mer, vous pourrez prendre un café et un *bougatsa* (pita à la crème vanillée).

Le ferry s'arrête à la hauteur de plusieurs monastères avant de rejoindre **Dafni** (2 heures au total). De là, un bus dessert la capitale administrative, **Karyès** (Καρυές ; 2,60 €). Pour rejoindre les monastères plus au sud sur la côte, il faut changer de bateau à Dafni.

Les monastères offrent le gîte et le couvert gratuits, généralement pour une nuit. Le *diamonitirion* peut être prolongé de deux autres jours à Karyès, mais il est possible aussi que les membres d'un monastère vous autorisent à rester plus longtemps, en vous abstenant des tracas administratifs.

Explorer le mont Athos

Les véhicules des moines, des bus et des bateaux sont disponibles, mais la marche reste la meilleure manière de s'imprégner de l'esprit du mont Athos. Des chemins pluricentenaires serpentent dans les forêts paisibles où l'on n'entend que le froissement des feuilles dans les arbres, le chant des oiseaux et les prières psalmodiées par les moines en balade. La plus belle saison pour la visite est le printemps avec ses floraisons.

Deux bateaux par jour au départ de Dafni (environ 2,50 €) desservent les monastères de la côte orientale dont Dionysiou, Simonas Petras, Agiou Pavlou et Agias Triados/Kavsokalyvion.

À Karyès, ne manquez pas le **Protaton** (Xe siècle), une église à plan basilical située en face de la Sainte Communauté. Elle contient de nombreux trésors, notamment des toiles de Panselinos, grand maître de l'école macédonienne.

À voir

DE KARYÈS AUX MONASTÈRES DE LA CÔTE SUD-OUEST ET AU MONT ATHOS

De Karyès, marchez vers le sud-est dans les bois de Kapsala jusqu'au **Moni Stavronikita** (✆/fax 23770 23255 ; ⏲12h-14h) ou jusqu'au **Moni Iviron** (✆23770 23643 ; fax 23770 23248 ; ⏲12h-14h), juste en dessous. Ce dernier, fondé par les Géorgiens et dédié à saint Jean-Baptiste, renferme plus de 200 manuscrits enluminés, dont 100 parchemins rares en langue géorgienne, ainsi qu'une icône miraculeuse du Xe siècle.

D'Iviron, d'agréables chemins côtiers mènent au **Moni Filotheou** (✆23770 23256 ; fax 23770 23674), également accessible de Karyès par un chemin ombragé passant à proximité d'une source (3 heures 30). Après le **Moni Karakallou** (✆2 3770 23225 ; fax 23770 23746), l'ancien chemin byzantin a été transformé en route, qui mène au monastère Grande Lavra (5 heures 30 de marche). Des bus s'y rendent au départ de Karyès.

Le magnifique **Grande Lavra** (Moni Megistis Lavras ; ✆23770 23754 ; fax 23770 23013) est le plus ancien (963) des monastères athonites, et le seul à avoir été épargné par les incendies. Très vaste, il évoque un bourg fortifié.

Parmi ses richesses figurent des fresques du XVIe siècle, réalisées par le peintre crétois Théophane et par Frangos Castellanos. Le monastère renferme le tombeau de son fondateur, saint Athanase, et sa bibliothèque compte d'innombrables volumes enluminés.

De là, un caïque dessert parfois **Agias Annis Skiti** (☎ 23770 23320), un ermitage situé sur la côte ouest. Les plus aventureux pourront y accéder par un sentier ardu contournant la pointe sud de la péninsule, et qui passe par deux skites roumains, **Timiou Prodromou Skiti**, puis **Agias Triados/Kavsokalyvion** (☎ 23770 23319), sur la côte. Si vous voulez séjourner dans ces lieux réputés pour la beauté de leurs icônes peintes, appelez au préalable.

On arrive ensuite à **Kérasia** (☎ 23770 23318). Kérasia et Agias Annis Skiti sont deux bonnes bases pour effectuer la difficile ascension du **mont Athos** (2 033 m). L'eau de source d'un puits, situé à la chapelle de Panagia (Vierge), permet de se rafraîchir peu avant le sommet. Des caïques relient Agias Annis Skiti à Dafni.

DE KARYÈS AUX MONASTÈRES DE LA CÔTE SUD-OUEST

En allant de Karyès vers le sud-ouest, on rencontre en premier le **Moni Koutloumousiou** (☎ 23770 23226 ; fax 23770 23731), verdoyant et accueillant. Plus à l'ouest sur la côte, le **Moni Xiropotamou** (☎ 23770 23251 ; fax 23770 23733 ; ⏲ 12h30-14h30) dispose de confortables chambres éclairées par des lampes à huile. Convives et moines mangent à part. Un chemin en direction du sud rejoint Dafni. Vous pouvez soit continuer sur ce sentier côtier soit prendre le bateau qui part à 12h30 pour Agias Triados/Kavsokalyvion et passe par Simonos-Pétras, Osiou Grigoriou, Dionyssiou, Agiou Pavlou et Agias Annis. À défaut, on peut gagner Simonos-Pétras en empruntant des chemins forestiers du centre de la péninsule, accessibles des monastères Koutlomoussiou ou Filotheou.

Sur les façades du spectaculaire **Moni Simonos-Petras** (Simopetra ; ☎ 23770 23254 ; fax 23770 23707 ; ⏲ 13h-15h) courent des balcons en bois à pic au-dessus de la falaise : c'est le monastère le plus photographié. De là, le sentier côtier bifurque vers l'*arsanas* (port ou quai) au niveau d'un petit autel. Il conduit au **Moni Osiou Grigoriou** (☎ 23770 23668 ; fax 23770 23671), un monastère sur le front de mer dotée d'une pension confortable.

Au sud, le sentier côtier vallonné rejoint le **Moni Agiou Dionysiou** (☎ 23770 23687 ; fax 23770 23686), autre édifice accroché à une falaise et particulièrement magique la nuit. Son *catholicon* (église principale) contient une icône de Vierge à l'enfant très précieuse, réalisée à la cire et au mastic, qui serait la plus vieille du mont Athos. En 626, alors que Constantinople était assiégée par les Perses et les Avars, le patriarche aurait porté cette icône autour des murs de la ville, ce qui mit miraculeusement fin à l'attaque.

Après Dionysiou, le sentier côtier se poursuit jusqu'au **Moni Agiou Pavlou** (Saint-Paul ; ☎ 23770 23741 ; fax 23770 23355), à l'architecture magnifique, et jusqu'à Agias Annis.

DE KARYÈS AUX MONASTÈRES DU NORD

Le chemin au nord de Karyès passe devant le **Skiti Agiou Andreou** (☎ 23770 23810). Cet immense *skite* russe, déserté pendant la période soviétique, est en cours de rénovation. La nouvelle communauté monastique qui y vit est réputée pour ses icônes peintes (on en voit de superbes dans la boutique).

Le chemin principal continue jusqu'au **Moni Pandokratoros** (monastère du Pantocrator ; ☎ 23770 23880 ; fax 23770 23685), sur la côte. Un autre chemin passe dans la forêt pour rejoindre en 2 heures le **Moni Vatopediou** (☎ 23770 41488 ; fax 23770 41462 ; ⏲ 9h-13h). Situé sur la côte, ce monastère, qui suit le calendrier grégorien, est le plus riche du mont Athos (il possède même le Wi-Fi). Il a été fondé au Xe siècle, puis entouré d'une enceinte au XVe siècle. Véritable ville derrière ses murailles, il compte une église rouge vif et plusieurs chapelles. Son trésor comprend notamment de précieuses pièces d'orfèvrerie (dont une coupe en jaspe et argent de l'empereur Michel Paléologue) et des manuscrits rares.

De Vatopediou, un chemin suit la côte vers l'accueillant **Moni Esfigmenou** (☎ 23770 23229), schismatique en raison d'un désaccord sur des questions œcuméniques. Vient ensuite le **Moni Hilandariou** (☎ 23770 23797 ; fax 23770 23108), un monastère serbe réputé pour son hospitalité (il est également accessible de Dafni en bateau par la côte sud, puis en bus). Le **Moni Konstamonitou** (☎/fax 23770 23228), modeste et charmant, vaut bien une visite, tout comme le **Moni Zografou** (☎/fax 23770 23247), habité par des Bulgares et situé plus au nord-est. On rejoint la mer au **Moni Dohiariou** (☎/fax 23770 23245), le plus septentrional de la côte ouest. Il possède une architecture remarquable.

Ensuite, en bas du sentier côtier, le vénérable **Moni Xenofondos** (☎ 23770 23633 ;

fax 23770 23631) aurait été mentionné pour la première fois en 998. Son emplacement en bord de mer en a fait une cible appréciée des pirates, mais on y trouve encore des marbres byzantins et des iconostases en bois gravé dans son *catholicon* du Xe siècle. Le nouveau *catholicon*, achevé en 1838, est le plus grand du mont Athos. Plus loin, le **Moni Agiou Panteleimonos** (☎/fax 23770 23252 ; ⌚10h-12h) est un grand monastère russe où l'accueil est sympathique.

Où se loger et se restaurer

En dehors des monastères, le mont Athos compte deux auberges à Karyès : une **pension** (☎23770 23362), sans nom précis, et l'**Ilarion Guest House** (☎23770 23243). Dafni et Karyès possèdent aussi des boulangeries et épiceries basiques, ainsi qu'un café.

Si vous logez dans un monastère où convives et moines mangent ensemble, le repas prend fin en même temps que la lecture des textes sacrés – n'attendez pas avant de manger !

Renseignements

La capitainerie, la police et la douane sont basées à Dafni, qui possède un bureau de poste, des boutiques de souvenirs et des téléphones à carte. À Karyès, vous trouverez un DAB, un bureau de poste, un téléphone à cartes OTE, une **clinique communautaire** (☎23770 23217) et un **bureau d'administration civile** (☎23770 23314), auquel s'adresser pour proroger son permis. Les réseaux de téléphones portables grecs fonctionnent.

Depuis/vers le mont Athos

Les bus pour Ouranoupolis partent de la gare routière Halkidiki (p. 245), à Thessalonique (12,40 €, 3 heures 30, 7/jour). Le premier bus (5h30) vous permet d'accéder le jour même au mont Athos. Cela dit, passer la nuit précédente à Ouranoupolis vous permettra de vous reposer, de vous approvisionner en nourriture, de trouver une consigne pour laisser vos bagages superflus, acquérir le *diamonitirion* et acheter votre billet pour le bateau de 9h45 le lendemain.

Le ferry Athos-Ouranoupolis quitte Dafni à 12h, après un contrôle douanier pour prévenir le vol d'antiquités. Le caïque du matin en provenance des monastères au sud de Dafni arrive à temps pour prendre ce ferry, qui s'arrête en route pour embarquer les passagers en provenance des monastères de la côte, au nord de Dafni.

Le dernier bus Ouranoupolis-Thessalonique part à 17h45. D'Ouranopoulis, aucun bus ne circule vers l'est de la Macédoine ou la Thrace.

Kavala — Καβάλα

54 000 HABITANTS

Kavala est une ville séduisante. De nombreux visiteurs s'y arrêtent pour la nuit, car c'est ici que l'on embarque sur l'un des ferries à destination des îles du nord-est de la mer Égée, notamment Thassos. La ville mérite pourtant qu'on la regarde de plus près, avec son grand aqueduc construit sous le règne de Soliman le Magnifique (vers 1520-1566), sa forteresse byzantine, le quartier ancien de Panagia et le charme de ses cafés.

La ville moderne est bâtie à l'emplacement du port antique de Philippes. Beaucoup plus tard, Kavala vit naître Méhémet-Ali (1769-1849), un Ottoman devenu pacha d'Égypte et fondateur de la dernière dynastie royale du pays. Lors de l'insurrection grecque contre les Ottomans, il ordonna à sa flotte égyptienne de massacrer des dizaines de milliers de Grecs sur des îles comme Kassos et Psara. L'Imaret qu'il fit construire pour la population musulmane de Kavala est devenu aujourd'hui un hôtel de grand luxe.

À voir et à faire

Musée archéologique — ANTIQUITÉ GRECQUE
(☎25102 22335 ; Erythrou Stavrou 17 ; plein tarif 2 € ; ⌚8h-15h mar-dim). Implanté à l'extrême ouest d'Ethnikis Antistasis, ce musée expose sculptures, bijoux, stèles gravées, figurines en terre cuite et vases provenant de l'ancienne Amphipolis, une colonie athénienne qui fut jadis le théâtre d'une ruée vers l'or dans les mines du mont Pangée.

Musée municipal — ARTS, FOLKLORE
(☎2510222706;Filippou4;⌚8h-14hlun-sam) GRATUIT. On y voit à la fois de l'art contemporain et une collection d'art populaire qui rassemble des costumes, des bijoux, de l'artisanat, des ustensiles ménagers et des outils.

Quartier de Panagia — QUARTIER HISTORIQUE
L'enchevêtrement de rues étroites de Panagia enserre de jolies maisons aux tons pastels. L'impressionnant **Imaret** (1817), édifié sur l'ordre de Méhémet-Ali, était un vaste ensemble accueillant un hospice et une école coranique, couvert de 18 dômes. Il abrite aujourd'hui un hôtel de luxe.

Plages — BAIGNADE
Rapsani, 2 km à l'ouest de la ville, est très appréciée pour se baigner. Plus loin vers l'ouest, **Batis** est plus agréable.

Où se loger

Les hôtels de Kavala s'adressent surtout à une clientèle d'affaires. Moyennant 1 €, l'office du tourisme se chargera de vous trouver un hébergement, un bon moyen d'éviter des errances vaines et, parfois, d'obtenir des réductions.

Galaxy Hotel HÔTEL $
(25102 24812 ; www.airotel.gr ; Eleftheriou Venizelou 27 ; s/d 40/50 €). En face de l'office du tourisme, le Galaxy propose des chambres ordinaires, au style daté, dont certaines ont vue sur le port.

Oceanis Kavala Hotel HÔTEL $
(25102 21981 ; Leof Erythrou Stavrou 32 ; s/d avec petit-déj 68/82 €). Ce vénérable hôtel d'affaires, situé derrière le front de mer, côté ouest, possède des chambres avec balcon confortables et bien entretenues.

Batis Beach Camping CAMPING $
(25102 45918 ; empl camping par adulte/tente 6/4,90 €). Petit camping correct à 3 km à l'ouest de la ville, sur la meilleure plage de Kavala.

Imaret BOUTIQUE-HÔTEL $$$
(25106 20151 ; www.imaret.gr ; Poulidou 6 ; s/d/ste avec petit-déj 250/360/500 €). Chic et cher, l'Imaret joue la carte du luxe contemporain, mettant en valeur l'architecture originelle du XIXe siècle. Les grandes chambres, avec plafond voûté et cheminée, ont vue sur le port. Vous pourrez aussi tester le hammam superbement rénové et la piscine intérieure éclairée à la bougie.

Où se restaurer et prendre un verre

Limonidis Bougatsa BOULANGERIE $
(25108 32526 ; angle Ionos Dragoumi et Megas Alexandrou ; bougatsa 3,20 € ; 6h-14h). Derrière le centre d'information touristique, le Limonodis confectionne les meilleurs *bougatsa* – pita à la crème vanillée – de Kavala, et sert différents café.

Psarotaverne Panos Zafira POISSON $$
(25102 27978 ; angle Plateia Karaoli Dimitriou ; poisson 9-15 € ; 10h-1h). Depuis 1965, cette sympathique taverne située à l'est du front de mer sert de bons poissons frais et grillades.

Psarotaverne Nikiforos POISSON $$
(25102 28167 ; Plateia Karaoli 44 ; poisson 9-17 € ; 11h-1h). Vaste choix de poissons frais et belle vue sur le port.

Glaros BAR
(25125 10514 ; Poulidou Theodorou 19 ; 11h-4h). Parmi les plus vieux cafés-bars de Kavala, le Glaros jouit d'un superbe cadre à Panagia. Le soir, il passe en mode rock.

Omilos CAFÉ
(port ; 10h-tard). Admirez les bateaux dans le port, confortablement installé dans l'un des divans bleu et blanc de ce café situé à l'ouest du port.

Katinara CAFÉ
(2510834208 ; Nyremvergis 17 ; 9h-3h). Ce café amusant, au décor de bois vieilli et de rouge flamboyant, porte le nom de la plus fameuse prostituée du Kavala d'autrefois.

Nouvelle Vague BAR
(25102 20744 ; Erythrou Stavrou 18 ; 9h-1h). Nouveau bar chic, en front de mer, qui joue l'éclectisme dans son décor, avec un côté théâtral et un esprit vaguement français.

Renseignements

Alkyon Travel Service (25102 31096 ; alkyon-trv@ticketcom.gr ; Eleftheriou Venizelou 37 ; 9h-18h). Cette sympathique agence de voyages dans un bureau central réserve des billets de ferry pour les îles du nord-est de la mer Égée (sauf Thassos) et des billets de train, dont le bus de nuit OSE pour İstanbul.

Capitainerie (25102 23716 ; angle Ethnikis Antistasis et Averof)

Office du tourisme (25102 31011 ; detaktic@otenet.gr ; Plateia Eleftherias ; 8h-21h lun-ven). Personnel professionnel qui parle anglais et allemand. Cartes, réservations d'hôtels, et informations sur les transports et les événements.

Poste (angle Hrysostomou Kavalas et Erythrou Stavrou)

Depuis/vers Kavala

AVION

Kavala et Xanthi se partagent l'aéroport Alexandre-le-Grand, à côté de Hrysoupolis (29 km). **Aegean Airlines** (25210 29000 ; Erythrou Stavrou 1) assure trois liaisons quotidiennes avec Athènes (60 €). Les vols pour les îles passent par Athènes ou Thessalonique.

BATEAU

L'été, des hydroglisseurs desservent (parfois) Limenas, à Thassos. Ils partent du côté ouest du port (près de la gare routière). Les billets s'achètent à bord.

Des ferries plus réguliers desservent Skala Prinou, à Thassos ; ils partent à l'est du front de mer. Pour y accéder depuis la gare routière, il faut bien 15 minutes d'un bon pas. Les ferries pour Lesbos et au-delà partent du même endroit. La billetterie pour Thassos se situe dans un petit bâtiment sur la gauche. Les billets pour les autres îles s'achètent auprès d'Alkyon Travel Service (p. 256), de l'**agence de voyages Euro Kosmos** (☎25102 21960 ; www.eurokosmos.gr ; Erythrou Stavrou 1) ou de l'**agence maritime Miliadis** (☎25102 26147 ; www.miliadou.gr ; Karaoli-Dimitriou 36).

BUS

Les lignes de la **gare routière de Kavala** (☎25102 22294 ; www.ktelkavalas.gr ; angle Filikis Eterias et Hrysostomou Kavalas) desservent Athènes (55 €, 8 heures 45, 2/jour), Xanthi (5,40 €, 1 heure, ttes les 30 min), Kéramoti (4,20 €, 1 heure, ttes les heures), Serres (9,30 €, 2-4/jour), Alexandroupolis (15 €, 2 heures, 7/jour) et Thessalonique (15 €, 2 heures 15, 11/jour). On peut laisser ses bagages dans l'*apothiki* (réserve).

Comment circuler

Les taxis pour l'aéroport (45 €) attendent à côté de la gare routière.

Alkyon Travel Service (☎25102 31096 ; alkyontrv@ticketcom.gr ; Eleftheriou Venizelou 37) loue des voitures à partir de 40 €/jour.

Litochoron et Plaka Litochorou

Λιτόχωρο et Πλάκα Λιτοχώρου

7 000 HABITANTS / ALTITUDE 305 M

Connue surtout pour sa proximité du mont Olympe et de l'antique Dion, **Litochoron** est un bourg tranquille et plein de charme, avec ses rues pavées et ses maisons à balcons de bois. Des hébergements douillets et d'excellents restaurants en font un agréable lieu de villégiature. La zone balnéaire voisine de **Plaka Litochorou** abrite des hôtels et de beaux sites de baignade, mais aussi les gares ferroviaire et routière (sur la ligne Athènes-Thessalonique). La région, connue sous le nom de Piérie, possède des plages très fréquentées par les touristes grecs et étrangers telles que **Gritsa**, **Leptokarya** et **Skotina**. Litochoron et Plaka Litochorou constituent aussi une excellente base pour visiter les monastères des Météores.

En août, le **Festival de l'Olympe** (www.festivalolympou.gr) présente des concerts, des pièces de théâtre et autres manifestations dans la ville et dans les sites historiques voisins, comme Dion et Platamon.

Activités

EOS ALPINISME, RANDONNÉE

(Club alpin grec ; ☎23520 84544 ; 🕘9h30-12h30 et 18h-20h lun-sam juin-sept). Au-dessous du parking public, l'EOS distribue des brochures détaillées sur le mont Olympe et ses voies de randonnée. Depuis la place, suivez Ithakisiou et tournez à gauche 100 m plus loin. EOS gère aussi trois refuges de montagne.

SEO ALPINISME, RANDONNÉE

(Association d'alpinisme grecque ; ☎23520 84200 ; 🕘18h-22h). Cette association fournit des informations et gère un refuge sur l'Olympe. Descendez Ithakiou et tournez à gauche, puis encore à gauche.

Où se loger

Le bourg compte des établissements au charme rustique. Des campings et quelques excellents hôtels bordent les longues plages autour de Plaka Litochorou.

♥ **Cavo Olympo Luxury Resort & Spa** COMPLEXE HÔTELIER $$$

(☎23520 22222 ; www.cavoolympo.gr ; Plaka Litohorou ; ch/ste avec petit-déj à partir de 190/280 € ; P ❄ @ ᯤ ≋). Sur le front de mer de Plaka Litohorou, ce superbe hôtel au style épuré abrite 49 chambres et suites avec vue sur l'Olympe ou sur la mer. Toutes sont lumineuses, spacieuses et au calme, avec de grands balcons et, pour certaines, spa ou piscine privée. Une immense piscine à débordement borde la falaise face à la mer. Le Cavo Olympo possède aussi un restaurant raffiné et un spa (avec piscine chauffée couverte). Sur la route côtière, à 2,5 km au sud de la gare ferroviaire.

Xenonas Papanikolaou PENSION $

(☎23520 81236 ; www.xenonas-papanikolaou.gr ; Nikolaou Episkopou Kitrous 1 ; s/d avec petit-déj 45/60 € ; P ❄ @). Dans une petite rue, au cœur d'un jardin fleuri, cette pension romantique loue des chambres spacieuses avec kitchenette. Belle vue sur les toits de Litochoron. Confortable salon avec cheminée et canapés. Pour y accéder de la place, montez la rue 28 Oktovriou, puis tournez à gauche dans Nikolaou Episkopou Kitrous.

Hotel Olympus Mediterranean HÔTEL $$

(☎23520 81831 ; www.olympusmed.gr ; Dionysou 5 ; d/tr avec petit-déj 70/90 €, ste de luxe 100 € ; ❄ @ ≋). Un quatre-étoiles installé dans un bâtiment néoclassique orné de balcons ouvragés.

Les 3 suites et les 20 chambres (certaines avec cheminée et Jacuzzi) sont luxueuses. Piscine intérieure, Jacuzzi en mosaïque et sauna.

Olympios Zeus CAMPING $
(☎23520 22115 ; www.olympios-zeus.gr ; Plaka Litohorou ; empl camping par adulte/tente 7/3,50 €). Camping un peu délabré au bord de la plage.

Olympos Beach CAMPING $
(☎23520 22112 ; www.olympos-beach.gr ; Plaka Litohorou ; empl camping par adulte/tente 7/5-7 €). Ce camping verdoyant et bien tenu de Plaka Litohorou possède un club très animé.

Où se restaurer et prendre un verre

♥ Gastrodromio GASTRONOMIE $$
(☎23520 21300 ; Plateia Eleftherias ; plats 7-13 € ; 10h-23h). Les dieux grecs en auraient fait leur table favorite s'ils l'avaient connue. Ce restaurant propose des plats inventifs et parfumés : poulpe au poivre, cumin, ail et vin, ou lapin cuit au vin et glacé aux amandes, à la cannelle et à la noix de muscade. Grande carte des vins.

Damaskinia TAVERNE $
(☎23520 81247 ; Vasileos Konstandinou 4 ; plats 6-11 € ; 10h-23h). Un restaurant du haut de la ville réputé pour sa moussaka et son *kokoretsi* (abats d'agneau rôtis à la broche).

Mylos Beach Bar BAR
(Plaka Litohorou ; 9h-3h). Le plus couru des bars de Plaka Litohorou, de jour comme de nuit. On peut aussi y manger.

Renseignements

DAB sur la Plateia Eleftheria.

Centre médical (☎23520 22222 ; Plaka Litohorou). À environ 5 km, à la hauteur de l'embranchement pour Litochoron qui part de la grande route du littoral.

Kiosque d'information touristique (Agiou Nikolaou ; 9h-18h). Dans un immeuble blanc surmonté d'avant-toits en bois, juste avant Ithakiou.

Police (☎23520 81100 ; angle Ithakisiou et Agiou Nikolaou)

Poste (28 Oktovriou 11)

Site Internet municipal (www.litohoro.gr)

Depuis/vers Lithochoron

De la **gare routière** (☎23520 81271 ; Agiou Nikolaou), les bus desservent Katerini (2,30 €, 25 min, 13/jour), Thessalonique (8,50 €, 1 heure 15, 13/jour) et Athènes (33 €, 5 heures 30, 3/jour, tlj via Katerini). Les bus entre Thessalonique et Volos/Athènes vous laissent sur l'autoroute, où vous prenez alors un bus pour Katerini-Litochoron.

La gare ferroviaire de Litochoron, à 9 km, se trouve sur la ligne Athènes-Volos-Thessalonique.

Environs de Litochoron

Mont Olympe ASCENSION, RANDONNÉE
À l'instar des anciens Grecs, l'impressionnant repaire des dieux de la mythologie, le célèbre mont Olympe (Ορος Ολυμπος), excite encore l'imagination du visiteur. Point culminant de la Grèce, le mont Olympe abrite 1 700 espèces végétales, dont certaines rares et endémiques. Ses versants sont couverts d'épaisses forêts d'arbres à feuilles caduques, de pins et d'autres conifères, et son sommet reste souvent noyé dans le brouillard ou nimbé de nuages.

Les premiers mortels à s'être aventurés dans ce royaume divin et à grimper jusqu'au sommet du Mytikas (2 917 m), le pic le plus élevé de l'Olympe, furent Christos Kakalos, originaire de Litochoron, et les Suisses Frédéric Boissonnas et Daniel Baud-Bovy, en août 1913. L'Olympe fut le premier site à être classé parc national, en 1937.

On peut faire l'ascension de l'Olympe en voiture, mais la plupart des visiteurs préfèrent gravir le mont à pied. Vous trouverez des cartes et des renseignements sur les conditions auprès des associations de randonnée, basées à Litochoronou. Le site Internet de l'**Agence de gestion du parc national de l'Olympe** (www.olympusfd.gr) indique tous les itinéraires de randonnée et la règlementation concernant les visiteurs. Tous ces organismes vous renseigneront sur les 15 refuges de montagne accessibles.

Dion antique SITE ANTIQUE
(Δίον ; ☎23510 53484 ; parc archéologique de Dion ; tarif plein/réduit 6/2 € ; 8h-20h). Au nord de Litochoron, l'antique **Dion** était sacrée pour les Macédoniens anciens, adorateurs des dieux de l'Olympe et de Zeus en particulier. Avant de se lancer dans la conquête de l'Orient, Alexandre le Grand vint y pratiquer des sacrifices. Le site de Dion comporte quatorze vestiges bien indiqués, qui témoignent de son évolution au fil des siècles.

Les ruines du **sanctuaire de Déméter** (VIe siècle av. J.-C.), déesse de l'Agriculture et des Moissons, sont les premiers que l'on voit et les plus anciens.

Plus loin, le verdoyant **sanctuaire de Zeus Hypistos** comporte des copies de statues et de socles de colonnes dont les originaux sont conservés dans le musée du site. Ce sont également des copies des statues originelles qui ornent les vestiges du **sanctuaire d'Isis**, normalement entouré d'eau et accessible par un petit pont. Comme ailleurs dans le monde hellénistique, le culte de cette déesse égyptienne se confondait avec ceux d'Artémis et d'Aphrodite.

D'autres ruines témoignent de l'organisation urbaine de la cité. Remarquez la vaste avenue centrale et les habitations. Dans une **villa en ruine**, un sol en mosaïque (vers l'an 200) merveilleusement bien conservé représente l'épiphanie triomphale de Dionysos. Parmi les constructions ultérieures figurent les **vestiges d'une basilique** du IVe siècle et de **bains publics**, jadis pavés de mosaïques.

Le théâtre, reconstruit, accueille des pièces pendant le Festival de l'Olympe (p. 257) en août.

Un taxi depuis Litochoron coûte 15 €.

Forteresse de Platamon CITADELLE
(Κάστρο του Πλαταμώνα ; ☎23250 42775 ; Platamon ; tarif plein/réduit 2 €/gratuit ; ⏲8h-15h tlj). Cette imposante citadelle étonnamment bien conservée surplombe le bourg de Platamon (ou Platamonas), à 20 km au sud de Plaka Litochorou. Construite par les Byzantins au Xe siècle à un emplacement stratégique permettant de contrôler le passage entre la Macédoine, la Thessalie et la Grèce méridionale, elle fut restaurée par les croisés après 1204.

Après le parking, dépassez le guichet pour prendre le chemin qui grimpe sur 150 m jusqu'à la billetterie de la forteresse. Arrivé là, longez les remparts en sens inverse des aiguilles d'une montre pour comprendre l'évolution de la forteresse au fil du temps.

La première petite tour sur la droite, antérieure à l'essentiel de la forteresse, date de l'empereur Justinien (VIe siècle). Un panneau voisin décrit l'**église byzantine B**, tombée en ruine puis reconstruite au XVIIe siècle.

Jetez un coup d'œil par-dessus les remparts pour admirer la vue grandiose sur la mer avant de rejoindre l'**église A**, dont les vestiges plus importants sont protégés par une palissade. Édifiée au-dessus d'un entrepôt hellénistique du IIe siècle, elle conserve des fragments de fresques aux teintes passées. Peu après, à l'extrémité nord-est de la forteresse, grimpez l'étroit escalier pour contempler le magnifique panorama sur la **plage de Skotinas** en contrebas et le mont Olympe derrière.

Plus en aval des remparts, vous verrez signalés les maigres contours des habitations (*oikous*) et des échoppes de l'époque médiévale. Une dernière montée et, en tournant sous l'arche, vous arriverez à l'**acropole.** C'est là que se trouve la profonde **citerne** de la forteresse. Cet espace bien protégé abrite aussi la tour (fermée au public) la plus grandiose du site, ou **pyrgos**, édifiée au XIVe siècle sous la dernière dynastie byzantine (Paléologue).

Les archéologues pensent que c'est ici que se trouvait l'ancienne Héraklion, "la première ville de Macédoine". Malheureusement, les fonds manquent actuellement pour poursuivre les fouilles. Comme Dion, la forteresse accueille des concerts durant le Festival de l'Olympe (p. 257).

Véria Βέροια

48 300 HABITANTS

À 75 km à l'ouest de Thessalonique, sur la route de Vergina, Véria semble à première vue sans intérêt particulier. Et pourtant... ses vieux quartiers, ses agréables musées et ses églises byzantines méritent le coup d'œil. Véria offre aussi de bons restaurants et une vie nocturne animée.

À voir et à faire

Barbouta QUARTIER HISTORIQUE
On accède à Barbouta, le vieux quartier juif de Véria, à partir de la Plateia Andoniou, en descendant Vasileos Konstandinou, la rue commerçante flanquée de boutiques et de *kafeneia*. C'est là que se dresse l'immense platane auquel les Turcs pendirent l'archevêque Arsenios en 1430, après avoir conquis la ville. En face, la **cathédrale** délabrée du XIIe siècle présente un minaret décapité, témoin de sa transformation en mosquée pendant la période ottomane.

Musée archéologique ANTIQUITÉ
(☎23310 24972 ; Leoforos Anixeos 45 ; ⏲8h30-15h mar-dim) GRATUIT. Situé à l'extrémité nord de la rue Anixeos, ce musée renferme des objets mis au jour dans des tombes de Vergina : des éléments funéraires, des vases anciens, de l'argent, de l'or et une jolie statue d'"Aphrodite retirant ses sandales".

Musée byzantin ICÔNES ET ART BYZANTIN
(☎23310 25847 ; Thomaidou 26 ; 2 € ; ⏲8h-15h mar-dim). En haut de la colline de l'autre

côté de la ville, ce beau musée abrite des icônes inestimables et d'autres antiquités byzantines, comme un sol en mosaïque du Ve siècle, une épigraphe sur marbre et un très beau sarcophage. Les pièces, exposées sur trois étages, sont somptueusement mises en valeur par l'éclairage et par des panneaux explicatifs de qualité.

Église de la Résurrection du Christ ÉGLISE
(8h30-15h30 mar-dim). Véria possède une douzaine d'**églises byzantines**, mais très peu sont ouvertes. Ne manquez pas cette église du XIVe siècle et ses fresques, située dans le centre.

Mont Vermion SKI
(23310 49226). En hiver, le mont Vermion, à 22 km à l'ouest de la ville, est une station de ski fréquenté disposant de 8 pistes et de 3 remonte-pentes. Idéal pour les débutants.

Où se loger

Hotel Macedonia HÔTEL $$
(23310 66902 ; www.makedoniahotel.gr ; Kontogiorgaki 50 ; s/d 69/75 € ; P ❄ 📶). Cet hôtel rénové dispose de belles chambres bien aménagées et d'une terrasse sur le toit.

Hotel Villa Elia HÔTEL $$
(23310 26800 ; eliaver@otenet.gr ; Elias 16 ; s/d 55/70 € ; ❄). Hôtel d'affaires central aux chambres grandes et confortables.

Hotel En Eari HÔTEL $$
(23310 75788 ; www.eneari.gr ; Leof Anixeos 82 ; s/d/tr 50/70/120 € ; P ❄ 📶). La baisse de ses tarifs a rendu cet hôtel d'affaires plus attractif. Si le Wi-Fi ne marche pas dans la chambre, essayez dans le café en bas.

Où se restaurer et prendre un verre

Mezedopolio Elias Gi GASTRONOMIE $$
(23310 23053 ; Anixeos 65, angle Koundouriotou ; plats 8-16 €). Excellents plats maison macédoniens tels que les côtelettes de veau sauce au coing ou le *hasapiko zygouri* (agneau d'un an). Plats singuliers comme le foie de bœuf séché à la pomme.

Vergiotiko GASTRONOMIE $
(23310 74133 ; Thomaidou 2 ; plats 5-11 € ; déj et dîner). Ce restaurant traditionnel aux allures de grotte a littéralement été creusé dans les anciens remparts byzantins de Véria. Goûtez le porc aux aubergines ou aux champignons, toujours généreusement servis. Le Vergiotiko se trouve en haut d'une colline, à l'embranchement de la route pour Vergina.

Sta Kala Kathoumena Katafygio TAVERNE $
(6986855941 ; Kontogeorgaki 18 ; plats 6-9 €). Anciennement appelé To Katafygio, ce restaurant occupe un vieux bâtiment restauré. Il sert une cuisine traditionnelle roborative, notamment une *tigania* (poêlée) de porc ou de poulet.

La Grange BAR
(Patriarch Ioakim 7 ; 21h-tard). Ce vieux bar tout simple, en pierre et en bois, attire une clientèle d'adeptes de rock traditionnel, joué parfois par des groupes.

Fournos BAR
(23310 29829 ; Ellis 14 ; 10h-2h). Parmi les cafés regroupés sur Ellis, le Fournos, très fréquenté par les étudiants, possède une vaste salle et quelques tables sur le trottoir.

Vatrahos CAFÉ
(23310 20282 ; Karakosti 13). Une riche odeur de café vous attire au Vatrahos, près de la nouvelle église, niché au cœur des bâtiments. Le soir, il propose une sélection de bières étrangères.

Renseignements

Banques équipées de DAB dans les rues Venizelou et Mitropoleos.

Police (23310 22391 ; Mitropoleos)

Poste (Dionyssiou Solomou 4)

Depuis/vers Véria

BUS

Les bus partent des deux gares routières adjacentes de Véria pour Thessalonique (6,80 €, 1 heure, ttes les 30 min), Athènes (35 €, 6 heures 30, 3/jour), Édessa (4,70 €, 1 heure, 4/jour) et Vergina (1,60 €, 20 min, 8/jour).

Les bus pour Kastoria (12 €, 2 heures, 6/jour), Ioannina (27,10 €,5/jour), Igouménitsa (26,60 €, 2/jour), Prévéza (29,30 €, 2/jour) et, en été, pour Kerkyra/Corfou (30,20 €, 1/jour) partent d'un petit magasin-restaurant, situé Pieron 155, à 2 km à l'ouest de la ville.

TRAIN

De la **gare ferroviaire** (23310 24444), au nord de la ville, des trains desservent Thessalonique et Florina.

Comment circuler

Véria se parcourt facilement à pied, et des **taxis** (23310 63394) sont aussi disponibles.

Édessa Εδεσσα

18 200 HABITANTS

La verdoyante Édessa est réputée pour ses belles cascades qui donnent à l'air une fraîcheur bienfaisante. Perchée sur une corniche surplombant une longue plaine agricole, la ville compte aussi un beau quartier ancien (quoique délabré), de petits ruisseaux, des parcs ombragés et un pont byzantin.

Jusqu'à la découverte des tombes royales à Vergina en 1977, Édessa était considérée comme le site de l'ancienne cité macédonienne d'Aigai. La ville doit son nom au programme d'hellénisation de la Macédoine (après l'échange des populations entre la Turquie et la Grèce) qui remplaça, en 1923, le nom slave de la ville, Voden ("eau").

À voir

Les **cascades** d'Édessa émergent à l'est de son vaste parc. La plus grande se jette majestueusement de la falaise, emplissant l'air d'un halo humide. Engagez-vous sur la **plateforme d'observation** à l'intérieur de la cascade, puis entrez dans la petite **grotte** voisine, creusée dans la falaise.

Plus bas, un sentier tortueux rejoint une deuxième cascade, moins impressionnante. Plus loin encore, sur la droite, le **musée de l'Eau** (plein tarif 2 € ; 11h-16h mer-lun) expose une collection de matériel utilisé pour l'exploitation de l'eau et un petit **aquarium**, où s'ébattent différentes espèces de poissons, des amphibiens, des tortues et des serpents.

Varosi, le quartier ancien, se trouve plus au sud, entre la corniche et le centre-ville, avec ses rues pavées, ses chapelles et ses maisons traditionnelles. C'est ici qu'est installé le **musée des Arts populaires** (plein tarif 2 € ; 10h-17h mar-dim). De l'autre côté des cascades, traversez le parc pour atteindre le très beau **pont byzantin**, qui se trouvait jadis sur l'ancienne Via Egnatia.

Où se loger

Varosi Four Seasons BOUTIQUE-HÔTEL $$
(23810 51440 ; www.varosi4seasons.gr ; Arhiereos Meletiou ; s/d avec petit-déj 70/90 € ; P ❄ wifi). Le sol de cet hôtel de charme, situé à 50 m de la pension Varosi, est en partie en verre pour laisser voir un tronçon des anciens remparts d'Édessa. Ses 10 chambres sont parfaites et somptueusement décorées. Six d'entre elles jouissent d'une vue superbe sur la plaine qui s'étend à perte de vue, de même que le café en terrasse. Service aimable.

Varosi PENSION $$
(23810 21865 ; www.varosi.gr ; Arhiereos Meletiou 45-47 ; s/d avec petit-déj 55/70 € ; P ❄ wifi). Une auberge de charme aménagée dans une maison traditionnelle en pierre et bois du vieux quartier de Vasori. Chambres fermées par une double porte en bois, beau linge de maison, broderies colorées et lit anciens en cuivre. En hiver, le feu crépite dans la cheminée des salons. En été, on se détend en prenant un café sur le joli balcon fleuri.

Hagiati PENSION $
(23810 51500 ; www.hagiati.gr ; Makedonomahon 40 ; s/d avec petit-déj 50/60 € ; P ❄ wifi). Cette pension, la première que l'on voit en arrivant dans le quartier de Vasori, offre un cadre paisible avec sa jolie cour ouverte. La maison reste ouverte toute l'année.

Où se restaurer

Tsipouradiko Ousies GREC $
(23815 02414 ; 25 Martiou 4 ; plats 5-8 € ; 12h-1h). Depuis son ouverture en 2012, c'est un succès ! Il sert aussi bien du poisson que du poulet maison, enveloppé de bacon et farci de fromage et de poivrons. Le tout accompagné d'un réchauffant *tsipouro,* le meilleur étant celui qui provient du cépage local, l'*opsimo*. Décor rustique, avec photos anciennes et instruments de musique au mur, sur fond de rébétiko.

Raeti TAVERNE $
(23810 28769 ; 18 Oktovriou 20 ; mezze 3-5 €, plats 5,50-8 €). Mezze bien préparés et généreux plats de viande.

Katarraktes Edessas TAVERNE $
(23810 27810 ; Kapetan Gareti-Perdika 1 ; plats 5-9 €). Cet établissement public, situé à côté des cascades, sert un menu sans surprise mais de qualité régulière.

Renseignements

Les banques avec DAB se trouvent sur Dimokratias.

Office du tourisme (23810 23101 ; www.edessacity.gr ; 10h-20h). Ce kiosque installé avant la cascade dispose de cartes d'Édessa et des curiosités des environs.

Police (2 3810 23333 ; Iroön Polytehniou)

Poste (Dimokratias 26)

Depuis/vers Édessa

De la **gare routière d'Édessa** (KTEL Pellas ; 23810 23511 ; www.ktelpellas.gr ; Pavlou

À NE PAS MANQUER

VERGINA ET PELLA : VESTIGES DE LA MACÉDOINE ANTIQUE

La Grèce possède deux grands sites de la Macédoine antique. Vergina (l'ancienne Aigai), à 11 km au sud-est de Véria, fut la première capitale du royaume de Macédoine et renferme le cimetière royal. Plus près d'Édessa, Pella fut la ville natale d'Alexandre le Grand.

C'est à Vergina que Philippe II mourut assassiné, lors du mariage de sa fille Cléopâtre, en 336 av. J.-C. Ce site archéologique, classé au patrimoine mondial de l'Unesco, est connu pour ses tombes royales. Un passage conduit à l'intérieur de la crypte et mène à quatre tombes individuelles. La tombe 1, ou tombe de Perséphone, doit son nom à une peinture murale représentant le rapt de Perséphone par Hadès. La tombe 2, identifiée comme celle de Philippe II, est restée intacte jusqu'à sa découverte en 1977. C'est là que les pièces les plus remarquables furent mises au jour : un *larnax* (urne funéraire) en or renfermant les reliques de Philippe II – comme le suggèrent l'étoile à seize branches qui figurait sur le couvercle, emblème de la famille royale macédonienne, et les marques retrouvées sur le crâne, identifiées comme les séquelles des coups reçus par Philippe II. Ce *larnax*, un autre ossuaire (celui de son épouse ou de sa concubine) et de superbes diadèmes dorés à la feuille sont exposés à part dans les salles. La tombe 3 serait celle d'Alexandre IV, fils d'Alexandre le Grand. Quant à la tombe 4, elle fut pillée dès l'Antiquité et garde tout son mystère.

À 400 m des tombes royales, on accède aux vastes ruines d'un palais, ancienne résidence d'été du roi Antigone Gonatas (283-240 av. J.-C.). L'élément le plus remarquable est un grand péristyle dorique, jadis entouré de pavements en mosaïque, dont l'un montre de splendides motifs floraux.

Pella devint célèbre quand le roi Archélaos (vers 413-399 av. J.-C.) en fit sa capitale, le cimetière royal restant à Aigai. Le site abrite de magnifiques pavements en mosaïque, réalisés avec des pierres de couleurs naturelles aux subtils contrastes, qui représentent des scènes mythologiques. Certains vestiges antiques demeurent *in situ*, d'autres ont été transférés dans le musée. Du côté nord du site, une cour conserve une mosaïque géométrique noire et blanche et six colonnes qui ont été redressées.

Du côté sud, une salle du **musée** présente la reconstruction d'un mur d'une ancienne maison et une table circulaire, incrustée de motifs floraux et abstraits ; une seconde salle renferme d'autres mosaïques.

Des bus circulent entre Thessalonique et Pella (2,90 €, 40 minutes, toutes les 45 minutes) entre 6h et 22h. Pour visiter les deux sites la même journée, arrêtez-vous d'abord à Pella, puis prenez le bus en direction de Thessalonique jusqu'à Halkidona. De là, prenez un bus pour Vergina.

Mela 13), les bus desservent Thessalonique (12 €, 2 heures, ttes les heures), Véria (4,70 €, 1 heure, 5/jour) et Athènes (45,60 €, 8 heures, 3/jour). Les bus pour Florina (8,10 €, 1 heure 30, 3/jour) partent 30 m plus loin.

La **gare ferroviaire** (☎ 23810 23510 ; Leoforos Nikis) se trouve sur la ligne Thessalonique-Athènes et des trains vont aussi à Florina.

Florina Φλώρινα

16 770 HABITANTS

Dans une vallée verdoyante au milieu des montagnes, Florina est réputée à travers toute la Grèce pour ses poivrons rouges doux. Il s'agit aussi d'une petite ville estudiantine : en atteste le nombre de cafés bondés de la rue piétonne centrale. Le soir, les berges de la rivière sont très appréciées.

Florina, qui constitue aussi l'entrée ouest des lacs Prespa, est à environ 40 km au sud de la ville animée de Bitola, dans l'ancienne République yougoslave de Macédoine (ARYM ; FYROM en anglais) – nom officiel de la république de Macédoine aux Nations unies. Une petite station de ski est implantée à Vigla, 15 km à l'ouest de Florina, sur la route des lacs Prespa.

Pendant la guerre des Balkans de 1912-1913, Florina a marqué la limite de l'avancée des troupes grecques vers le nord. Sa situation juste au sud des montagnes a fait qu'elle s'est trouvée près du front dans les guerres qui ont suivi. L'existence d'une minorité macédonienne (slave) – que le gouvernement et le régime fasciste grecs ont catégoriquement niée – est encore très sensible dans les régions de Florina, d'Édessa et de Prespa, où la population grecque parle le macédonien. La pression insidieuse exercée par la société grecque, les médias et le gouvernement l'a étouffé. Pourtant, si l'on prête l'oreille, c'est bien le macédonien que l'on entend, surtout dans la bouche des personnes âgées.

À voir

Musée archéologique ANTIQUITÉ
(23850 28206 ; Sidirodromikou Stathmou 3 ; 2 € ; 8h30-15h mar-dim). Situé à côté de la gare ferroviaire, ce musée abrite des pièces antiques, et en particulier des objets trouvés sur la colline du site hellénistique d'Agios Panteleimonos, près de Florina.

Musée d'Art moderne ARTS
(23850 29444 ; Leoforos Eleftherias 103 ; 18h-20h mar-sam, 10h-13h dim) GRATUIT. Enjambant les deux rives du fleuve, la **vieille Florina** rassemble de jolies maisons et des résidences néoclassiques turques. L'une d'elles a été rénovée pour accueillir ce musée d'art contemporain. Suivez 25 Martiou et tournez à droite après le pont : le musée se trouve 200 m plus loin.

Musée du Folklore ART POPULAIRE
(Karavitou 2 ; 18h-20h lun, mer et sam) GRATUIT. À côté du tribunal, le musée du Folklore rassemble des photos de vie quotidienne et des costumes traditionnels.

Où se loger

Hotel Lingos Tottis HÔTEL $
(23850 28322 ; www.hotel-lingos.gr ; Tagmatarhou Naoum 1 ; s/d avec petit-déj 40/50 € ; P). Une sérieuse baisse des prix a fait de ce Best Western le meilleur hôtel de la ville, compte tenu de sa situation idéale : juste au nord de la Plateia Georgiou Modi, à côté de la zone piétonnière. Chambres élégantes, jardin sur le toit et personnel serviable.

Pleiades BOUTIQUE-HÔTEL $$
(23850 44070 ; www.pleiadesflorina.gr ; Papathanasiou ; s/d/tr 80/90/100 € ; P). Formant un village clos à l'architecture traditionnelle macédonienne, les Pléiades jouent aussi la carte de la modernité avec, notamment, un spa, une piscine couverte et une piscine découverte (et en hiver, une patinoire en plein air). À 2 km au nord de la ville.

Hotel Hellinis HÔTEL $
(23850 22671 ; www.hotel-hellinis.gr ; Pavlou Mela 31 ; s/d 35/40 € ;). Hôtel économique et central, chambres propres et personnel sympathique. À 2 minutes à l'ouest de la gare ferroviaire et à 3 minutes de la gare routière.

Hotel Veltsi HÔTEL $
(23850 46555 ; www.hotel-veltsi.gr ; 6 km à l'ouest de Florina, sur la route de Prespes ; s/d 30/40 € ; P). Ce nouvel hôtel dispose de chambres élégantes, bien aménagées et d'une piscine extérieure. Sa proximité de la station de ski du mont Vigla (15 km) fait qu'il est également appréciable en hiver.

Où se restaurer et prendre un verre

Psarotaverne O Giorgos POISSON $
(23850 23622 ; Grevenon 16 ; poisson 5-9 € ; 20h-1h lun-sam, 12h-18h dim). Dans les petites rues en haut de la colline, ce qui fut longtemps le seul restaurant de poisson de Florina sert des espèces d'eau douce (truite grillée à 6 €) ou de la mer Égée. À accompagner d'une citronnade gazeuse locale. Le tout sur fond de musique grecque des années 1950. L'été, il ouvre après 21h.

Mezedopoleon Koukoutsi GREC $
(23850 46010 ; Stoa Spyraki 6 ; mezze 3-6 € ; 11h-1h). Ouvert en 2012 au bout (côté ouest) d'une galerie marchande qui surplombe la rivière, le Koukoutsi sert des mezze de toute fraîcheur, parfaits pour les végétariens : légumes sauvages de saison, champignons grillés ou fameux poivrons rouges de Florina à l'ail et à la tomate. Il prépare aussi quelques mets carnés du genre *keftedakia* (boulettes de viande) ou saucisses.

Prespa TAVERNE $
(23850 23973 ; Tyrnovou 12 ; plats 5-8 € ; dîner). Cette taverne centrale, toute simple, prépare de bonnes grillades.

Taverne Petrino TAVERNE $
(23850 22560 ; Pavlou Mela 2 ; plats 5-8 € ; 10h-23h). Si vous attendez le train, vous pourrez vous restaurer de classiques grecs dans cette grande taverne située au carrefour au dessus de la gare.

Olympion Café CAFÉ
(Angle Pavlou Mela et Papathanasiou ; 9h-2h). À mi-hauteur de la rue piétonne Pavlou Mela, ce café estudiantin offre une réduction de 10% sur les boissons le mardi.

HORS DES SENTIERS BATTUS

LE CHARME PAISIBLE DES LACS PRESPA

À l'ouest de Florina, les deux **lacs Prespa** (Prespes) allient un environnement naturel tonique à une histoire intéressante, mais il faut faire quelques efforts pour s'y rendre.

Megali Prespa et **Mikri Prespa** (grand Prespa et petit Prespa) sont séparés par une étroite bande de terre. La Grèce partage le premier avec l'Ancienne république yougoslave de Macédoine, au nord, et avec l'Albanie à l'ouest. Le second comporte une petite partie albanaise. Tous les habitants de cette région lacustre sont des Macédoniens (Slaves) sur le plan ethnique, ce qui suscite parfois des frictions dans chacun des trois pays. Pour exacerber encore les tensions, le réseau de bus grec entretient l'enclavement de la population : un seul bus par semaine circule de Florina aux Prespes, le mercredi à 7h. À défaut, il faut être motorisé ou prendre un taxi (soit 60-80 € depuis Florina).

Issu de plissements survenus il y a au moins un million d'années, Megali Prespa est l'un des plus vieux lacs d'Europe. Il alimente le lac Ohrid (aussi ancien, mais plus large), situé au nord-ouest, par l'intermédiaire de sources souterraines. Du côté grec de Megali Prespa, des rochers vertigineux jaillissent majestueusement de l'eau glaciale.

La localité la plus importante, la jolie **Agios Germanos** aux superbes maisons en pierre et aux sites byzantins, compte l'hébergement le plus authentique, les meilleures tables et de bons chemins de randonnée. Ses deux églises, **Agios Athanasios** et **Agios Germanos** (XIe siècle), sont des merveilles d'architecture religieuse byzantine. Cette dernière est surmontée d'un dôme en brique et renferme des fresques de toute beauté.

Installé sur un promontoire du lac Megali Prespa, **Psarades** est un joli village aux maisons de pierre. Ses habitants, essentiellement des Macédoniens âgés, l'appellent encore par son nom d'origine, Nivitsa (un petit poisson de la région), qui est inscrit sur l'**église de Kimisis Theotokou** (1893). Des caïques colorés s'alignent sur les berges du lac, où paîssent des vaches naines, une espèce endémique. Les rues de la partie haute du village sont bordées de maisons de pierre à pans de bois.

Les pêcheurs du village proposent parfois des **balades en bateau** vers les *askitiria*, des ermitages byzantins isolés de Megali Prespa. La traversée débute par la découverte de **Metamorfosi** (XIIIe siècle), où l'on peut voir des vestiges de belles peintures et deux parties d'un *temblon* (paravent votif) en bois – les autres pièces sont conservées au musée de Florina. Le deuxième ermitage, **Mikri Analipsi** (XVe siècle), et l'église de **Panagia Eleousa**, situés au-dessus d'un ravin, comptent de très belles fresques. Du haut des escaliers, la vue sur le lac mérite le détour. Les églises de **Panagia Vlahernitisa** (1455-1456) et de **Panagia Dexiokratousa** (1373), en face de Psarades, renferment d'autres peintures rupestres. La principale curiosité reste cependant l'**île d'Agios Achilleos**, sur le lac plus petit, bordé de roseaux. Au Xe siècle, c'était la capitale du tsar bulgare Samuel, qui a régné sur la plus grande partie des Balkans du Sud, en affrontant régulièrement les Byzantins. Sur la rive orientale de l'île se dresse encore le mur extérieur concave de la **basilique d'Agios Achilleos**, dont il subsiste aussi des pans de murs, des colonnes et le dallage de pierre. Au moment de sa conquête de la Thessalie, lors de la prise de Larissa en 983, le tsar Samuel s'appropria par la force les reliques sacrées de saint Achille (IVe siècle), puis fit ériger la basilique, qui à son tour donna son nom à l'îlot.

Pour rejoindre Agios Achilleos au départ d'Agios Germanos, roulez sur la bande de terre qui relie les deux lacs et tournez à gauche immédiatement. De Psarades, continuez tout droit vers le sud au lieu d'emprunter la bande de terre. Garez-vous puis marchez sur 1 km sur un pont flottant qui mène à l'îlot. À côté du pont, le sentier qui part légèrement sur la gauche, bien indiqué, longe la berge orientale jusqu'à la basilique et d'autres églises en ruine. En tournant à droite après le pont, on parvient à la seule boutique et à la seule taverne. Agios Achilleos, dont la population est clairsemée, attire la foule pour le **Festival des Prespes** chaque année en août. Sa basilique est alors convertie en scène pour accueillir des concerts de renom auxquels assistent, du haut de la colline, jusqu'à 5 000 personnes, parfois une bougie à la main.

Art Café CAFÉ
(☎23850 26535 ; Pavlou Mela 106 ; ⏲9h-2h). À l'extrémité ouest de Pavlou Mela, ce café en plein air affiche une déco aux touches rétro colorées.

Renseignements

Des banques avec DAB jalonnent Stefan Dragoumi, près de la place.

InFlorina (☎23850 44144 ; www.inflorina.gr ; Plateia Giorgiou Modi 13). Agence privée donnant des informations touristiques locales.

Police (☎23850 22222 ; Sangariou 24). Environ 500 m à l'ouest de la Plateia Giorgiou Modi.

Poste (Kalergi 22). À gauche de Stefanou Dragoumi en approchant de la gare routière.

Depuis/vers Florina

BUS

Liaisons intérieures

Au départ de la **gare routière de Florina** (KTEL Florinas ; ☎23850 22430 ; www.ktelflorinas.gr ; Makedonomahon 10), des bus rallient Athènes (50,50 €, 9 heures, 2/jour) et Thessalonique (14 €, 2 heures 45, 8/jour). Quatre des bus pour Thessalonique sont directs via l'Egnatia Odos (autoroute) ; les quatre autres (un peu plus lents) passent *meso Edessas* (par Édessa).

Pour rejoindre les lacs Prespa, il n'y a actuellement qu'un bus le mercredi (départ à 7h, retour à 14h) pour Agios Germanos, d'où il faut continuer en taxi sur Psarades. Pour Kastoria, prenez un bus jusqu'à Amyntaio (3,70 €, 30 min, 8/jour) et changez ici, en sachant qu'il n'y a que 3 bus par jour pour Kastoria. Deux bus par semaine relient Florina à Ioannina (30 €).

Liaisons internationales

Pendant la période scolaire, deux bus partent tous les jours pour la frontière avec l'ancienne république de Macédoine (ARYM), près de Niki ; le reste du temps, ils ne circulent que le mercredi (1,80 €, 30 min). Chaque semaine, un bus dessert Krystallopigi (5,40 €, 1 heure), à la frontière gréco-albanaise.

TAXI

Un taxi pour Bitola (40 km), en république de Macédoine, coûte 45 € l'aller ou 60 € l'aller-retour (avec une halte de 2 heures pour faire du shopping et des visites). Pour les lacs Prespa, un taxi Florina-Agios Germanos coûte 60 €, et Florina-Psarades 80 €.

TRAIN

La **gare ferroviaire** (☎23850 22404) de Florina dessert Édessa et Thessalonique.

Kastoria Καστοριά

17 000 HABITANTS

Kastoria se déploie sur un promontoire boisé du **lac Orestiada** en dessinant ce qui, à vol d'oiseau, ressemble à une raie manta géante. Son centre compact s'étire du nord au sud sur une bande étroite mais vallonnée, puis s'élargit vers l'est et le vieux quartier de Doltso. Au-delà s'étend une partie boisée inhabitée qui surplombe le lac.

La ville a forgé sa richesse grâce au travail et au commerce de la fourrure. Les imposantes *archontika* (demeures des notables) des XVIIe et XVIIIe siècles de Doltso témoignent de la fortune de l'époque. Si les fourrures sont aujourd'hui importées, le savoir-faire artisanal perdure. Plus de 50 églises byzantines et post-byzantines (la plupart fermées) richement décorées attestent aussi de la gloire passée.

Kastoria est aussi réputée depuis l'époque byzantine pour la qualité de son air, très sec et bénéfique pour les patients atteints de tuberculose. Plus récemment, Kastoria a fait la fierté des Grecs quand les équipes d'aviron féminine et masculine ont remporté des médailles d'argent et de bronze aux Jeux olympiques de Londres, en 2012 – les Kastoriens qui faisaient partie de ces équipes s'entraînaient sur le lac. On peut faire le tour du lac (9 km) à pied ou à vélo, avec l'espoir d'apercevoir une loutre solitaire.

À voir et à faire

Église des Taxiarques ÉGLISE
(Plateia Pavlou Mela). Au sud de la Plateia Omonias, l'entrée de cette église est surmontée d'une **fresque d'une Vierge à l'Enfant** du XIIIe siècle. À l'intérieur se trouve la **tombe de Pavlos Melas**, qui organisa le soulèvement macédonien contre les Ottomans, en 1904-1908.

Musée byzantin ICÔNES
(☎24670 26781 ; Plateia Dexamenis ; ⏲8h30-15h mar-dim) GRATUIT. Des icônes de toute beauté.

Archontika DEMEURES HISTORIQUES
(Doltso). Parmi les *archontika* de Doltso, citons les hôtels **Emmanouil**, **Basara**, **Natzi**, **Skoutari**, **Papia** et **Papaterpou**, sachant que tous ces hôtels particuliers portent le nom des familles qui y ont habité.

Musée des Arts populaires FOLKLORE
(☎24670 28603 ; Kapetan Lazou ; tarif plein/réduit 2 €/gratuit ; ⏲8h30-14h mar-dim). Installé dans

la maison de la famille Nerantzis Aïvazis, datant du XVIe siècle, ce musée expose des objets décoratifs, des ustensiles et des outils.

O Podilatis CYCLOTOURISME
(☎24670 23834 ; www.yellowbike.gr ; Megas Alexandrou 119 ; ⏲9h-20h). Au sud de la ville, en bordure du lac, cette boutique loue des VTT, des vélos classiques et des tandems. Le personnel, qui parle anglais et italien, saura vous indiquer les itinéraires locaux et peut organiser des randonnées guidées en VTT. Les vélos se louent 3 € la première heure, ou 8 € la journée.

Fêtes et festivals

Festival de Ragkountsaria DANSE, CULTURE
(⏲6-10 jan). Un festival hivernal, largement païen, où la danse traditionnelle, les costumes, la nourriture et la boisson sont à l'honneur.

Festival du fleuve Nestorio MUSIQUE, ART
(www.riverparty.gr ; ⏲juil). Chanteurs grecs et DJ animent ce festival de musique qui dure 6 jours en juillet. Quelque 10 000 jeunes viennent camper sur les berges du fleuve. Outre la musique, diverses activités sont proposées dont le paintball, le tir à l'arc, les sports et les arts. Consultez le site Internet pour la programmation, les possibilités d'hébergement et la vente des billets. À Thessalonique, on peut les acheter à la **billetterie** (☎2310 253 630 ; angle Ethnikis Amynis et Tsimiski). Pendant le festival, le service KTEL de Kastoria affrète des bus spéciaux pour Nestorio.

Où se loger

♥ Dhiston APPARTEMENTS $$
(☎24670 22250 ; Leof Megalou Alexandrou 91 ; s/d/tr 50/60/75 €). Situées à l'étage d'un café sur le quai, certaines de ces spacieuses suites ont vue sur le lac. Le patron parle français et saura vous renseigner sur la région. À 5 minutes à pied de la gare routière.

Esperos Palace Hotel HÔTEL-SPA $$
(☎24670 24670 ; www.esperospalacekastoria.gr ; Fountoukli ; s/d/tr à partir de 60/80/100 € ; ❄ 📶 🏊). Pas très loin en voiture sur la paisible côte nord-ouest, c'est une formidable adresse pour le prix. Chambres spacieuses impeccables, centre de remise en forme avec piscine et hammam, excellent restaurant, bars, coiffeur... tout y est.

Arhondiko tou Vergoula B&B $$
(☎24670 23415 ; www.vergoulas.gr ; Aidistras 14 ; s/d/tr avec petit-déj 55/75/100 € ; 📶). À Doltso, dans une demeure du XIXe siècle avec vue sur le lac, des chambres traditionnelles et un salon confortable où sont servis le petit-déjeuner et le dîner.

Katerina Suites SUITES $$
(☎24670 24645 ; www.katerina-suites.gr ; Leof Megalou Alexandrou 127 ; s/d 70/80 €). Au bord du lac, côté oriental, à 20 minutes à pied de la gare routière, ces suites modernes et spacieuses avec vue sur l'eau peuvent accueillir chacune 5 personnes.

Où se restaurer et prendre un verre

Kratergo TAVERNE $
(☎24670 22981 ; Orestion 19, Psaradika ; plats 6-9 € ; ⏲20h-2h). Cette taverne située sur la rive nord du lac vaut bien les 20 minutes de voiture. Spécialités grecques savoureuses, service dans une salle voûtée, avec éclairage d'ambiance et vue sur le lac... sur fond de rébétiko.

♥ Grada BISTROT $$
(☎24670 29615 ; www.grada-bistro.gr ; Oresteion 37 ; plats 8-17 € ; ⏲13h-17h et 20h-minuit mar-dim). Au bord du lac, côté nord-ouest, ce bistrot branché au décor recherché, avec des sièges années 1950, concocte l'une des cuisines les plus inventives de Macédoine, sur fond de jazz cool. Goûtez le risotto aux fraises et au chocolat noir ou le filet aux champignons sauvages. Salades et plats de pâtes sont également délicieux. Notez les horaires inhabituels.

Ta Kymata Psaradika POISSON $$
(☎24670 28887 ; Psaradika ; poisson 9-13 € ; ⏲9h-minuit). Cette pittoresque taverne située au bord du lac, côté nord, sert depuis 1953 d'excellents poissons de mer ou d'eau douce. Essayez la truite de rivière grillée ou le *barbounia* (rouget), ainsi que les entrées créatives comme les *mydopilafi* (moules au riz) ou la *tsirosalata* (salade de maquereau fumé). Vous pourrez y manger aussi des poissons du lac (un poisson-chat de 120 kg, ça vous tente ?) sauf en mai, période où la pêche est interdite.

Doltso TAVERNE $$
(☎24670 24670 ; Plateia Doltso ; plats 9-13 €). Installée dans une *archontika* restaurée, cette taverne prépare d'excellentes recettes locales et propose plus de 70 vins. Essayez les *berdama* (aubergines cuites au four avec tomates, lardons et poivre, le tout recouvert de fromage gratiné). Viandes copieuses. Sanglier (13 €) de novembre à mars.

Vatrahos BAR
(24675 03375 ; Thomaidos 11 ; 11h-tard). Ce bar sans prétention, sur le quai nord, est aussi prisé des gens du pays que des étrangers. Parfait le jour pour un café, il s'anime le soir, et passe des musiques plus variées que la plupart des autres bars de Kastoria.

Zaza BAR
(24670 24016 ; Megas Alexandrou 61 ; 10h-3h). Au milieu de la rangée de cafés de la rive sud, le Zaza sort du lot : bars courbes, espace profond et lumières clignotantes. Réputé pour ses cocktails, il est bondé le week-end.

A Rock Tale BAR
(Tsoutou Barda 6 ; 9h-tard). Dans une rue centrale escarpée, à mi-chemin entre les berges nord et sud, ce bar façon boui-boui a pour clientèle les vieux rockers de Kastoria. Des groupes s'y produisent parfois (septembre-mars).

Lago Cafe Tip Bar BAR
(Megas Alexandrou 53 ; 10h-tard). Sur les berges, côté sud, cet élégant bar branché dans le genre club arbore un étonnant décor à base de fresques de l'Oncle Sam, de bicyclettes et de squelettes. Ses propriétaires tiennent aussi le **Nautical Hall**, une discothèque en plein air, ouverte seulement l'été, sur la rive nord-est, près du club d'aviron.

Renseignements

Office du tourisme municipal (24670 26777 ; www.kastoria.gr ; 8h-15h lun-ven). Brochures, cartes et informations touristiques. Dans le parc au bord du lac.

Police (24670 83214 ; Grammou). Près de la gare routière.

Poste (Leoforos Megalou Alexandrou)

Depuis/vers Kastoria

L'**aéroport Aristotelis** (24670 42515) est à 10 km au sud de Kastoria. **Sky Express** (www.skyexpress.gr) assure la liaison avec Athènes (79,10 €, 2/sem).

La **gare routière de Lastoria** (KTEL Kastorias ; 24670 83455 ; www.ktel-kastorias.gr ; Athanasiou Diakou) se situe sur la rive sud, près du rond-point et du centre. Des bus desservent Thessalonique (17,60 €, 2 heures 30, 6/jour), Ioannina (19,60 €, 3 heures 30, 4/sem), Athènes (48,50 €, 9 heures, 2/jour).et Véria (12 €, 2 heures, 2/jour). Pour Florina (3,80 €, 30 min, 8/jour), il faut changer de bus à Amyntaio.

Des **taxis** (24670 82100) sont également disponibles.

THRACE (THRAKI) ΘΡΑΚΗ

Isolée et peu visitée, la Thrace présente un caractère singulier. L'ancien territoire des puissants Thraces (des non-Grecs) a subi une histoire troublée sous l'influence des peuples voisins. Géographiquement, il est divisé entre la Grèce, la Bulgarie et la Turquie. Les vastes champs de tabac, de blé ou de tournesol témoignent des traditions agricoles de la Thrace. La présence de minorités musulmanes est un héritage de la période de la domination ottomane – le visiteur y découvre des mosquées et des maisons de style turc, et peut y goûter des pâtisseries traditionnelles qui figurent parmi les meilleures de Grèce !

Peu peuplée, la région possède aussi des beautés naturelles uniques. Dans le nord, le massif du Rhodope, qui constitue la frontière gréco-bulgare, est planté de forêts luxuriantes qui abritent une faune particulièrement riche. À l'est, des oiseaux migrateurs nidifient dans la réserve forestière de Dadia et le delta de l'Évros.

La ville la plus importante, Alexandroupolis, est aussi le point de départ des ferries pour l'île de Samothrace.

Histoire

On sait très peu de choses de la langue que parlaient les Thraces. Réputé belliqueux, ce peuple pratiquait une religion à mystères, telles que le culte des grands dieux qui influença la Grèce antique. C'est dans le sanctuaire suprême de Samothrace que les Macédoniens, les Romains et les Égyptiens furent initiés à ces pratiques religieuses. Les rites secrets étaient associés à Orphée, fils du roi de Thrace, poète et musicien.

Au VIIe siècle av. J.-C., de puissantes cités-États grecques rivalisèrent avec les Perses pour la domination du littoral thrace. Athènes l'emporta à la bataille de Platée, avant d'être défaite par Philippe II de Macédoine en 346 av. J.-C. Au moment de la division de l'Empire romain, en 395, la Thrace occupait une position stratégique sur la Via Egnatia, une importante voie de commerce, et prit son essor. L'importante production de blé de la Thrace orientale lui valut aussi le surnom de "grenier de Constantinople".

Pour la capitale byzantine, la plaine de Thrace constituait une zone défensive précieuse mais vulnérable en raison de son absence de relief. Goths, Huns, Vandales, Bulgares, Petchénègues, Coumans mais

Thrace

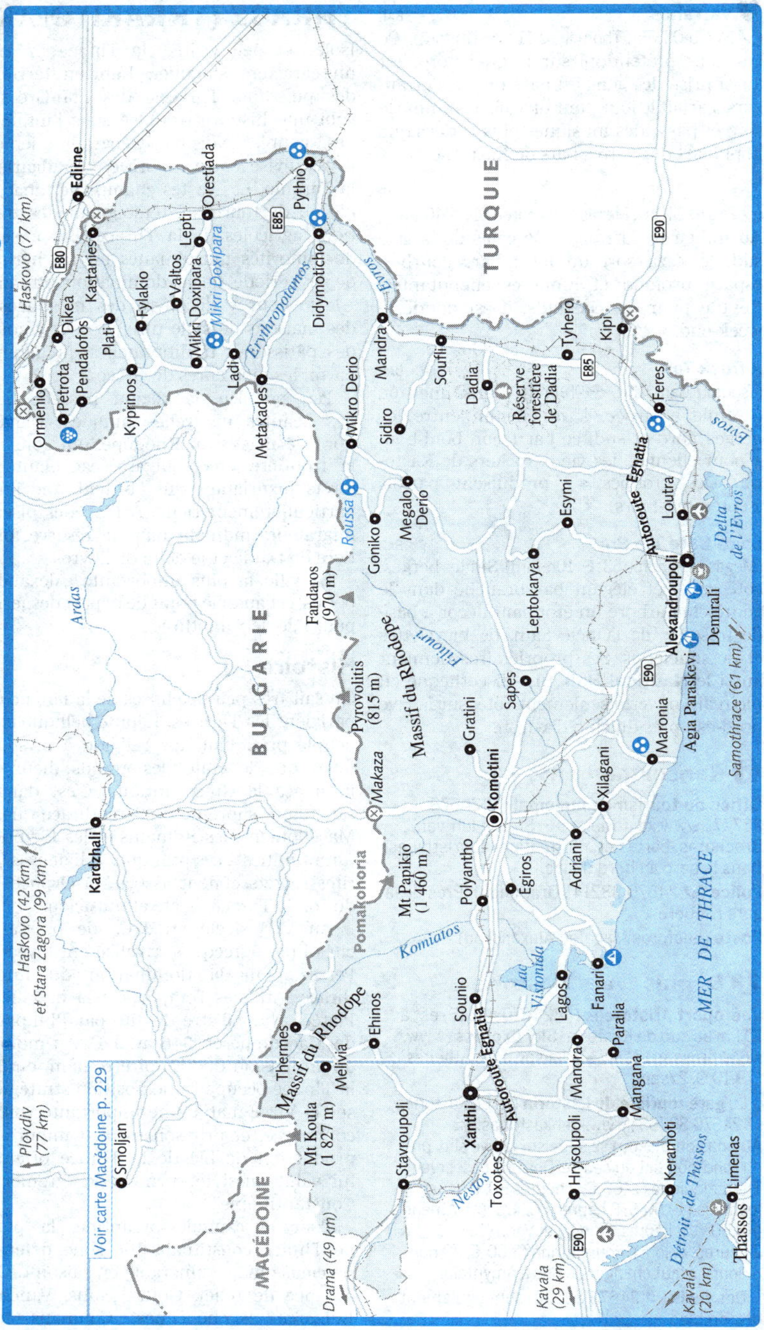

Voir carte Macédoine p. 229
MACÉDOINE
BULGARIE
TURQUIE
MER DE THRACE
Plovdiv (77 km)
Smoljan
Drama (49 km)
Kavala (29 km)
Kavala (20 km)
Haskovo (42 km) et Stara Zagora (99 km)
Haskovo (77 km)
Samothrace (61 km)
Kardzhali
Edirne
Mt Koula (1 827 m)
Massif du Rhodope
Thermes
Melivia
Ehinos
Stavroupoli
Pomakohoria
Mt Papikio (1 460 m)
Makaza
Pyrovolitis (815 m)
Fandaros (970 m)
Goniko
Megalo Derio
Mikro Derio
Roussa
Sidiro
Metaxades
Ladi
Mikri Doxipara
Valtos
Lepti
Orestiada
Pythio
Didymoticho
Mandra
Soufli
Dadia
Réserve forestière de Dadia
Tyhero
Kipi
Feres
Loutra
Delta de l'Evros
Evros
Erythropotamos
Ardas
Filiouri
Komiatos
Nestos
Ormenio
Petrota
Pendalofos
Dikea
Kastanies
Plati
Fylakio
Kyprinos
Esymi
Leptokarya
Sapes
Gratini
Komotini
Polyantho
Egiros
Adriani
Xilagani
Maronia
Agia Paraskevi
Alexandroupoli
Demirali
Xanthi
Toxotes
Sounio
Autoroute Egnatia
Lac Vistonida
Lagos
Fanari
Paralia
Mandra
Mangana
Hrysoupoli
Keramoti
Détroit de Thassos
Limenas
Thassos
E80
E85
E90
0
30 km

aussi les armées des croisés l'ont envahie tour à tour. Rares sont les vestiges qui subsistent de ces périodes qui précédèrent l'invasion ottomane au XIVe siècle.

Au XIXe siècle, la Thrace connut de nouveaux troubles. Guerre russo-turque de 1877, guerre des Balkans de 1912-1913, Première Guerre mondiale, invasion grecque ratée de l'Anatolie en 1922 : le territoire changea souvent de main. Une série de traités désastreux et de tragédies finirent par aboutir à sa division tripartite.

Les Turcs de la Thrace grecque, à l'instar des Grecs d'İstanbul et des îles Imvros (Gökçeada) et Tenedos (Bozcaada), n'ont pas été concernés par l'échange de population de 1923. Alors que la population grecque d'İstanbul a été en majeure partie expulsée après un pogrom en 1955, les Turcs qui vivaient en Thrace grecque y sont restés.

Xanthi Ξάνθη

63 000 HABITANTS

L'atmosphère qui se dégage de Xanthi tient en particulier à sa vieille ville aux rues sinueuses et escarpées, bordées de maisons ottomanes. Les magnats de l'industrie du tabac, qui a fait autrefois la richesse de la ville, ont laissé de superbes hôtels particuliers. Aujourd'hui, le tabac et d'autres productions agricoles continuent de faire vivre Xanthi, devenue une ville universitaire et qui compte de plus en plus de bons restaurants et de bars animés.

Au sud de la ville, les ports de Keramoti et de Kavala permettent de rejoindre en ferry Thassos et d'autres îles. Au nord, le massif du Rhodope offre des possibilités de randonnées et de bains dans des sources thermales. À l'ouest coule le Nestos, propice à la pratique du kayak et à l'observation des oiseaux.

À voir

Vieux Xanthi QUARTIER HISTORIQUE
Étagé à flanc de colline, au-dessus de la ville moderne, le vieux Xanthi a du charme à revendre avec ses rues sinueuses bordées de **maisons** à pans de bois aux teintes pastel, et ses **hôtels particuliers** néoclassiques, anciennes demeures des riches marchands de tabac. Il s'en dégage une ambiance un peu nostalgique de grandeur passée que vient réveiller le soir une vie nocturne animée dans Orfeas.

Musée des Arts populaires ARTS DÉCORATIFS
(☎25410 25421 ; Antika 5-7 ; ⏲8h30-14h30 mer-ven, 10h30-15h sam-dim) GRATUIT. Occupant les deux hôtels particuliers mitoyens des frères Kougioumtzoglu (qui firent fortune dans le tabac), ce musée expose des objets d'art populaire. Ses plafonds et ses peintures murales d'origine méritent à eux seuls une visite.

Marché PRODUITS LOCAUX
(⏲sam). Le samedi est le jour du grand marché (fruits et légumes, vêtements et bijoux), à l'est de la Plateia Dimokratias.

Fêtes et festivals

Carnaval MUSIQUE, CULTURE
(www.carnivalx.gr). Comme partout en Grèce, le carnaval a lieu juste avant le Carême. La fête costumée s'accompagne de défilés de chars, avec force musique et personnages masqués.

Festival du Vieux Xanthi ARTS, SPECTACLES
(⏲fin août-début sept). Théâtre, musique et expositions d'art.

Où se loger

Hotel Paris HÔTEL $
(☎25410 20531 ; www.parishotel.gr ; Dimokritou 12 ; s/d 35/45 € ; ❄@). Voisin de la gare routière, le Paris bénéficie de bons lits fermes et de grands balcons. Mais il souffre du bruit de la rue et du fait que, pour rejoindre le centre, il faut grimper pendant 15 minutes.

Hotel Xanthippion HÔTEL $
(☎25410 77061 ; 28 Oktovriou 212 ; s/d/tr 50/60/70 € ; ❄📶). Chambres propres et bien entretenues à prix doux, proches de la vieille ville. À 500 m au sud de la Plateia Dimokratias et à 500 m de la gare ferroviaire.

Hotel Dimokritos HÔTEL $
(☎25410 25111 ; www.hoteldimokritos.gr ; 28 Oktovriou 41 ; s/d 40/55 € ; ❄@). Chambres propres, mais plutôt petites, à 100 m au sud de la Plateia Dimokratias.

♥ **Hotel Elisso** BOUTIQUE-HÔTEL $$$
(☎25410 84400 ; www.hotelelisso.gr ; Vas Sofias 9 ; s/d/ste 80/120/160 € ; ❄@📶). Cet élégant hôtel de la vieille ville dispose de chambres doubles (et de 2 suites) aux grands lits confortables, dont certaines accessibles aux handicapés. Décor minimaliste, lumineux et gai, jouant sur les motifs géométriques.

Où se restaurer et prendre un verre

Ermis MEZZE $

(Orfeas 37-39 ; mezze 2-5 € ; 10h-3h). Installé dans un hôtel particulier de la vieille ville ce bar sympathique, à l'ambiance amusante, offre le choix entre des tables isolées préservant l'intimité dans l'ancien *avli* (cour arrière) ou un cadre coloré à l'étage en hiver. Les chaleureux propriétaires, Theodota et Georgios (frère et sœur) proposent des mezze maison mêlant les influences grecques et internationales. La cuisine est saine (Theodota est nutritionniste de formation) et très bon marché.

Taverne To Perasma TAVERNE $

(25410 78014 ; Ikoniou 16 ; mezze 2,50-4 €, plats 5-9 €). Dans une petite rue proche de la gare routière, To Perasma sert des portions si copieuses qu'avec 20 €, on peut faire un repas pour 4 personnes : *roka* (roquette), tomates et concombres, *melitzanes* "spéciales" (aubergines cuites au four avec du fromage), *sykoti krasato* (foie au vin) et brochettes *yiaourtlou* (brochettes de bœuf épicées avec du yaourt sur du pain pita).

Restaurant Palia Poli TAVERNE $

(25410 68685 ; Hasirtzoglou 7 ; plats 7-9 €). Cette taverne de la vieille ville, en bois et brique, change des menus standards du quartier. Ici, on vous propose aussi de la caille, du porc rôti aux pruneaux ou du canard à l'orange.

Embargo CAFÉ, BAR

(Vasilissis Sofias 5 ; 9h-3h). Proche de la vieille ville, l'Embargo attire du beau monde avec ses tables en terrasse et son espace circulaire.

Café Antica CAFÉ

(25410 62193 ; Vasileos Konstantinou 86 ; 9h-2h). Un café central sur 2 étages avec poutres en bois, canapés moelleux et ustensiles nciens sur les murs. Parfait pour un verre de vin en été ou un chocolat chaud en hiver.

Renseignements

Les gares routière et ferroviaire se trouvent au sud de la ville ; la première à 800 m au sud-est de la place Dimokratias et la seconde à 2 km au sud. La rue Dimokritou (qui devient ensuite Karaoli) mène à la place Dimokratias depuis la gare routière. De la gare ferroviaire, il faut suivre 28 Oktovriou.

On trouve des DAB, des restaurants et des boutiques sur les *plateie* Dimokratias et Antiko.

Police (25410 23333 ; angle Nestou et Lykourgou Thrakis)

Poste (A Georgiou 16)

Depuis/vers Xanthi

AVION

L'**aéroport Alexandre le Grand** (40 km au sud-ouest, près de Hrysoupoli) est commun à Xanthi et à Kavala, sur la côte.

BUS

La **gare routière de Xanthi** (KTEL Xanthis ; 25410 27200 ; www.ktelxanthis.gr ; Dimokritou 6) dessert Komotini (5 €, 1 heure, 14/jour), Thessalonique (19 €, 2 heures 30, 10/jour) et Athènes (61 €, 9 heures, 1/jour). Les bus pour Thessalonique passent par Kavala (6 €, 1 heure). Pour Alexandroupolis (8 €, 1 heure, ttes les 45 min), il faut changer à Komotini. Des bus rallient aussi les villages pomaques (3,80 €, 1 heure 30, 2/jour), au nord, et Stavroupoli, à l'ouest.

Pour la Bulgarie, des bus partent chaque jour à 9h30 et 17h30 pour Svilengrad, Harmanli, Haskovo et Plovdiv (Philippopouli en grec).

TRAIN

De la **gare ferroviaire** (25410 22581 ; Terma Kondyli), des trains relient Alexandroupolis et Komotini à Thessalonique deux fois par jour.

Comment circuler

Seuls des **taxis** (35 €) desservent l'aéroport. On peut aussi emprunter un bus en direction de Kavala et descendre à Hrysoupoli, puis de là prendre un taxi pour parcourir les 12 km restants jusqu'à l'aéroport.

Environs de Xanthi

Au nord de Xanthi, les étonnants **villages pomaques (Pomakohoria)** se nichent dans les replis du massif boisé du Rhodope, près de la Bulgarie. Cet ensemble de quelque 25 villages se distingue par sa population musulmane qui parle grec, bulgare et turc : les Pomaques. Ils vivent de part et d'autre de la frontière et leur identité ethnique reste floue (même pour eux). En Grèce, ils sont officiellement considérés comme des "musulmans grecs". Pendant la guerre froide, cette frontière était interdite d'accès. Les visiteurs y sont toujours rares.

Bénéficiant d'un cadre naturel préservé, certains villages proposent d'intéressantes activités, comme les **bains minéraux chauds** de **Thermes**, à 43 km au nord de

Xanthi. Le bain principal, dans un bâtiment en face de l'église, est payant, mais celui qui se trouve en plein air est gratuit – depuis le petit magasin-restaurant du village, il est à 100 m à droite en contrebas de la route principale. Les eaux sont à la fois relaxantes et thérapeutiques. En matière d'habillement, conformez-vous aux mœurs locales.

En cas de faim, régalez vous de salades et de chèvre ou d'agneau rôti dans le magasin-restaurant de Thermes, le **Kafe Psistaria O Kalemtzi** (Thermes ; déj 7 €). Le propriétaire Kemal Kalemtzi loue des chambres basiques à l'**Enoikiazomena Domatia Kalemtzi Kemal** (☎25540 22474, 6977597500 ; Thermes ; d 25 €) attenant.

À 35 km au nord-ouest de Xanthi, **Stavropouli**, qui ne voit guère passer d'étrangers, occupe une agréable situation sur le **Nestos** : une rivière enchanteresse, moins froide que d'autres dans cette région septentrionale. Elle prend sa source dans le massif du Rhodope et forme un delta à son débouché dans la mer Égée. **Riverland Outdoor Activities** (☎25410 62488 ; www.riverland.gr ; Toxotes), basé dans le village de **Toxotes**, au sud-ouest de Xanthi, organise des sorties kayak et rafting. Riverland propose aussi des balades à cheval et des sorties ornithologiques dans le delta du Nestos.

Depuis/vers les environs de Xanthi

Un bus quotidien Xanthi-Thermes (3,80 €, 1 heure 30) part à 6h30 et revient à 15h30. Un autre part à 14h10, ce qui suppose de passer la nuit à Thermes. D'autres bus desservent Stavroupoli et Toxotes.

Komotini Κομοτηνή

60 648 HABITANTS

Komotini, 52 km à l'est de Xanthi, est la capitale de la préfecture du Rhodope. Bien qu'à l'écart, elle possède plusieurs musées et un patrimoine architectural intéressants. La présence de l'université contribue à son animation, notamment dans les cafés de la Plateia Irinis. Près de la moitié de sa population est turque, le plus fort pourcentage qui soit dans une grande ville grecque.

Églises byzantines, mosquées ottomanes et demeures néoclassiques : la diversité de ses monuments reflète son histoire. Ses marchés de rue, son quartier ancien et ses confiseries turques lui donnent un caractère bien particulier.

À voir

Forteresse byzantine VESTIGES

Près de la Plateia Irinis subsistent des ruines de la forteresse du IVe siècle, édifiée par l'empereur romain Théodose. Sur les seize tours d'origine, une seule a survécu.

Église de la Dormition de la Vierge ÉDIFICE RELIGIEUX

(Ekklisia Kimiseos Theotokou ; ☎25310 22827 ; Eleftheriou Venizelou ; ⏲8h-19h). Cette église, construite en 1800 à l'emplacement d'une chapelle byzantine, contient des icônes et des sculptures en bois datant du XVIe siècle.

Musée archéologique ANTIQUITÉ

(☎25310 22411 ; Simeonidi 4 ; ⏲8h30-17h) GRATUIT. Ce musée expose d'importantes pièces retrouvées lors de fouilles archéologiques, accompagnés de panneaux en anglais qui relatent l'histoire de la Thrace antique. Ne manquez pas non plus les monnaies, les figurines en argile et les délicates couronnes en or de l'époque romaine, ainsi que les céramiques vernissées byzantines. Vous verrez ici une carte détaillée des sites de Thrace et de l'est de la Macédoine.

Musée ecclésiastique OBJETS LITURGIQUES

(Imaret ; ☎25310 34177 ; Xenofontos 8 ; 3 € ; ⏲10h30-13h30 mar-dim, 17h-20h mer-ven). Ce musée occupe le plus ancien hospice ottoman (*ptohokomeio* en grec) de Komotini. Entouré d'une cour, cet ensemble à l'architecture en brique a des allures d'église byzantine. Il fut construit vers 1363 par Gazi Ervinoz Bey, le conquérant ottoman de la ville. Ce musée expose des icônes postbyzantines, des évangiles vieux de cinq siècles, des crosses cérémonielles en argent, des broderies d'or et des manuscrits hébraïques du XVIIIe siècle.

Quartier turc QUARTIER HISTORIQUE

Juste derrière la Plateia Irinis, on pénètre dans le paisible quartier turc de Komotini, avec ses vieilles maisons, ses barbiers et ses salons de thé. Ne manquez pas l'**horloge** (*Orologio*), construite en 1884, la **Yeni Camii** ("nouvelle mosquée" en turc) et l'**Eski Camii** ("vieille mosquée") datant de 160, toujours en activité.

Où se loger

Orpheus Hotel HÔTEL $

(☎25310 23663 ; www.hotelorpheus.g ; Parassiou 1 ; s/d/tr 40/50/60 € ; ❄). Bien situé sur la place, l'Orpheus possède des chambres rénovées, modernes et bien isolées.

Anatolia Hotel HÔTEL $$

(25310 36242 ; www.anatoliahotel.gr ; Anchialou 56 ; s/d 50/70 € ;). Cet hôtel au style minimaliste offre des chambres confortables au décor apaisant. Au nord-est de Komotini, derrière la salle de sports.

Hotel Astoria HÔTEL $$

(25310 22707 ; www.astoriakomotini.gr ; Plateia Irinis 28 ; d 60 € ;). Un peu caché par les cafés de la place, l'Astoria dispose de jolies chambres avec un petit balcon donnant sur la place.

Où se restaurer et prendre un verre

Nedim DOUCEURS $

(25310 22036 ; angle Leof Orfeos et Syntagmatos Kriton ; gâteaux 2-4 €). Nedim vend, depuis 1950, les meilleurs baklavas de la région. Goûtez aussi le *saray kataïfi* (kadaïf), le délice préféré des Ottomans, et le *samali*, un gâteau aux amandes parfumé au mastic de Chios. Il y a aussi le fabuleux *soutzouk loukoumi*, un gros loukoum saupoudré de sucre glace.

To Sokaki tis Lakokolas TAVERNE $

(25310 81800 ; Parasiou 5 ; plats 5-7 € ; 12h-minuit). Dans un passage souterrain, en face de la banque Emboriki, cette taverne animée sert des grillades, simples mais copieuses.

Klimis DOUCEURS $

(25310 33177 ; Orfeos 8 ; 8h-23h). Moins connue que les autres, cette petite confiserie, située entre la place et la mosquée, ne paie pas de mine, mais bien des habitants ne jurent que par elle. Son sympathique propriétaire vend des *soutzouk loukoumi* et une myriade de fruits secs.

Kouti TAVERNE $

(25310 25774 ; Orfeos 45 ; plats 5-9 €). Cette table centrale, plutôt haut de gamme, cuisine des plats grecs et internationaux.

Petrino OUZERI $

(25310 73650 ; Serron 25 ; plats 7-9 €). Joli cadre rustique et délicieux plats thraces à accompagner de tout un choix d'ouzos.

El Clasico CAFÉ, BAR

(25310 70007 ; www.el-clasico.gr ; Zoidi 52-54 ; 7h30-2h). Un nouveau café, proche de la gare routière, très prisé des étudiants. Grand et profond, il offre un cadre inédit alliant bois et brique, TV encastrée, jeux de néons verts, grilles de ventilation au plafond et canapés moelleux. On vient y prendre un café, un yaourt glacé ou une boisson, et grignoter un en-cas.

Café Bel Air CAFÉ

(Plateia Irinis 55 ; 10h-3h). Parmi les cafés et bars qui bordent la Plateia Irinis, le Bel Air attire surtout les jeunes trentenaires.

Theatro CAFÉ

(Plateia Irinis). Adresse favorite des étudiants.

Renseignements

Hôpital (25310 24601 ; Sismanoglou 45). À 900 m au sud-est de la Plateia Irinis.

Depuis/vers Komotini

BUS

De la **gare routière de Komotini** (KTEL Rodopis ; 25310 22912 ; www.ktelrodopis.gr), des bus desservent Xanthi (5,30 €, 1 heure, 9/jour) et Alexandroupolis (4,80 €, 1 heure, 14/jour). On peut aussi rallier Thessalonique (25,30 €, 2 heures 30, 8/jour) et Athènes (63 €, 8 heures 45, 1/jour). La gare possède une consigne à bagages gratuite ; les clés se trouvent dans la réserve (*apothiki*). Elle se situe à 5 minutes à pied au nord-est de la Plateia Irinis où vous trouverez des DAB.

TRAIN

La **gare ferroviaire** (25310 22650) relie Orestiada et Alexandroupolis à Xanthi, Thessalonique et Athènes (2 trains/jour). Elle est à 1 km au sud-ouest de la ville, dans Panagi Tsaldari.

Comment circuler

Komotini est étendue mais elle se visite facilement à pied. On peut aussi prendre un **taxi** (25310 37777) ou louer une voiture (à partir de 45 €) ou une jeep (60 €) auprès d'**Evros Car Rental** (25310 32905 ; evroscar@hol.gr ; Tountzas 1).

Alexandroupolis

Αλεξανδρούπολη

61 700 HABITANTS

Alexandroupolis est la plus grande ville de la Thrace orientale, et aussi la plus agréable. Cette ville portuaire reçoit un nombre important de voyageurs en provenance ou à destination de la Turquie, de la Bulgarie ou d'autres escales du nord de la Grèce ; s'ajoutent en été les ferries pour l'île de Samothrace. Alexandroupolis possède deux très beaux musées, un joli phare, quelques bons restaurants de poisson et des clubs pour faire la fête.

À voir

Musée ethnologique de Thrace ART POPULAIRE, CULTURE

(☎25510 36663 ; www.emthrace.com ; 14 Maiou 63 ; tarif plein/réduit 3 €/gratuit ; ⏲10h-14h et 18h-21h mar-sam, 10h-14h dim). Installé dans une demeure de 1899, ce musée expose une collection d'objets du quotidien : costumes, instruments de musique traditionnels, presses à huile, ustensiles de pâtisserie, etc. Vous apprendrez combien de vers à soie sont nécessaires pour tisser 25 g d'étoffe et le nom du dessert grec qu'on confectionne en écrasant les ingrédients contre un mur. Café dans la cour arrière.

Musée ecclésiastique d'Alexandroupolis ICÔNES

(☎25510 26359 ; Plateia Agiou Nikolaou ; tarif plein/réduit 3 €/gratuit ; ⏲9h-14h mar-ven, 10h-14h sam). Des icônes inestimables sont exposées ici, de même que des manuscrits grecs anciens.

Cathédrale d'Agios Nikolaos ÉDIFICE RELIGIEUX

(Plateia Agiou Nikolaou). La cathédrale possède une icône miraculeuse du XIIIe siècle, l'**icône de Panagia Trifotissa**, rapportée d'Aénos (*Enez* en turc) au-delà du fleuve Évros. La légende relate qu'elle a rendu la vue aux villageois que la réverbération intense du soleil dans les marais salants d'Aénos avait rendus aveugles.

Demirali et Agia Paraskevi PLAGES

À 4 km à l'ouest d'Alexandroupolis, **Demirali** attire les amateurs de sable, de baignade et de bons restaurants. La **plage d'Agia Paraskevi**, 6 km plus loin vers l'ouest, est encore plus animée, avec bars et clubs.

Où se loger

Hotel Erika HÔTEL $

(☎25510 34115 ; www.hotel-erika.gr ; Dimitriou Karaoli 110 ; s/d 40/50 € ; 📶). Face au port, à 100 m du phare d'Alexandroupolis, des chambres un peu vieillottes, mais décorées avec goût et ayant vue sur l'eau.

Camping Alexandroupoli CAMPING $

(☎25510 28735 ; www.ditea.gr ; Leof Makris 1 ; empl camping par adulte/tente 7/5,50 € ; ⏲avr-oct ; P 📶). Ce grand camping, bien tenu, donne la possibilité de pratiquer sports nautiques, beach-volley, basket et tennis. À 2 km à l'ouest de la ville (bus n°7 depuis la Plateia Eleftherias).

Astir Egnatia Alexandroupolis COMPLEXE HÔTELIER $$

(☎25510 38000 ; www.classicalhotels.com/astir-egnatia ; parc Egnatia ; s/d 90/150 € ; P ❄ @ 📶 ≋). Membre du groupe Grecotel, ce complexe de 200 chambres se situe en bord de mer juste à l'ouest de la ville. Il possède plusieurs piscines et restaurants, un centre de fitness et de massages et offre un service de baby-sitting.

Apartment Hotel Athina HÔTEL $

(☎25510 34492 ; Konstantinou Paleologou 53 ; s/d 50/60 € ; ❄). Cet hôtel central à prix doux dispose de chambres simples et propres, certaines avec balcon. Gratuit pour le premier enfant (moins de 4 ans).

Où se restaurer

Psarotaverne tis Kyra Dimitras POISSON $

(☎25510 34434 ; angle Kountourioti et Dikastirion ; poissons 6-13 €). La vénérable Kyra Dimitra est encore à la tête de ce restaurant de poisson qui appartient à sa famille depuis 1915. Choisissez parmi la pêche du jour exposée sur la glace. La savoureuse *tsipoura* (daurade) coûte 20 € le kilo et les moules sont excellentes.

Ai Giorgis TAVERNE $

(☎25510 71777 ; plage de Demirali ; poissons 7-12 € ; ⏲10h-1h). Sur la plage de Demirali, cette taverne, avec parquet et bougies, ne sert que de bons plats : des salades variées aux poissons en passant par les champignons farcis.

I Love Gelato GLACIER $

(☎25510 24832 ; angle Megas Alexandrou et Karaiskaki ; glace 2 € ; ⏲10h-minuit). Glaces à l'italienne préparées par un professionnel formé en Italie. En face du phare.

To Nisiotiko POISSON $$

(☎25510 20990 ; Zarifi 1 ; poissons 8-16 €). Cette taverne, située à l'ouest du front de mer, a l'art de préparer poissons et fruits de mer et possède un joli décor, mais les prix sont un peu élevés.

Où prendre un verre

NOA BAR

(Naftikos Omilos Alexandroupoleos ; ☎25510 53226 ; port ; ⏲9h-2h). Sur le quai central du ferry, l'élégant bar du "yacht club" d'Alexandroupolis sert aussi des en-cas et des mets internationaux.

Sparrow Vinoteca BAR À VINS
(☎25510 23302 ; angle Mesolongiou 1 et Megas Alexandros ; ⏲8h-3h). Un nouveau bar à vins sur le front de mer, face au phare.

Muziq Bar BAR
(☎25510 32438 ; Koleti 5). Amusant bar-club spécialisé dans le funk, le jazz et le R'n'B.

Achats

Myrsini ARTISANAT
(☎25510 31205 ; www.silkyhouse.gr en grec ; place Polytehniou). C'est ici qu'il faut venir pour dénicher de la véritable soie de Soufli : chemins de table (15-100 €), écharpes décorées (20 €) ou immenses dessus-de-lit ornés de la tête d'aigle byzantine et de motifs floraux (807 €).

Renseignements

Des banques avec DAB bordent Leof Dimokratias.

Leon Tours (☎25510 27754 ; www.leontours.gr ; 14 Maiou 51 ; ⏲9h-15h et 18h-21h30 lun-sam). Cette agence de voyages du centre-ville, tenue par la très efficace Maria Karakampatzaki, vend des billets de bus pour İstanbul, des places sur le ferry pour Samothrace, ainsi que des circuits incluant des pays voisins (notamment un périple qui combine Cannakale et Ayvalik, en Turquie, et l'île de Lesbos).

Kassapidis Exchange (☎25510 80910 ; Leof Dimokratias 209 ; ⏲8h-21h30 lun-sam, 10h-14h dim). Change plusieurs devises, dont celles des Balkans, et assure des transferts d'argent Western Union.

Depuis/vers Alexandroupolis

AVION

L'aéroport Dimokritos est à 7 km à l'est, près de Loutra. **Aegean Airlines** (☎25510 89150 ; www.aegeanair.com ; aéroport Dimokritos), basé à l'aéroport, dessert Athènes. **Sky Express** (www.skyexpress.gr) assure des liaisons avec Sitia en Crète. L'été, il existe des vols charters depuis/vers la Russie.

BATEAU

Les ferries assurent normalement une liaison quotidienne avec Samothrace (14,50 €, 2 heures), mais les horaires pouvant changer au dernier moment, vérifiez toujours sur place, au kiosque SAOS, sur le port, ou auprès d'agences de voyages comme Leon Tours (ci-dessus).

BUS

Lignes intérieures

Depuis la **gare routière d'Alexandroupolis** (KTEL Evrou ; ☎25510 26479 ; www.ktelevrou.gr ; Eleftheriou Venizelou 36), des bus fréquents sillonnent le nord-est vers Férès (2,30 €, 30 min), Soufli (6 €, 1 heure 30), Didymoticho (8,60 €, 1 heure 30) et Orestiada (10,60 €, 2 heures). Certains poursuivent jusqu'à Kastanies, où passer la frontière avec la Turquie. Un autre bus se rend jusqu'à Kipi, le principal passage frontalier pour la Turquie (3,90 €, 35 min, 5/jour), à l'est d'Alexandroupolis/

Les liaisons sont aussi assurées pour Athènes (63 €, 10h, 1/jour) et Thessalonique (29 €, 3 heures 45, 9/jour).

Les bus à destination de Kavala (19 €, 2 heures, 14/jour) passent par Komotini (6,30 €, 70 min) et Xanthi (10,60 €, 1 heure 45).

Lignes internationales

Les services de bus et de trains internationaux de la compagnie ferroviaire restent suspendus. Un **bus** part deux fois par jour du port pour İstanbul (18 € aller, 33 € aller-retour) ; il est géré par Crazy Holiday, basé à Thessalonique (p. 245).

TRAIN

La **gare ferroviaire** (☎25510 26395) relie deux fois par jour Alexandroupolis à Thessalonique via Komotini et Xanthi.

Comment circuler

Le bus ou le taxi ne sont nécessaires que pour se rendre au camping, aux résidences hôtelières ou sur les plages. Pour l'aéroport, prenez le bus de Loutra sur la Plateia Eleftherias, ou un **taxi** (☎25510 28358 ; 12 €). Certains des bus qui font la navette Alexandroupolis-Orestiada passent par l'aéroport.

Delta de l'Évros Δέλτα Εβρού

Le **delta de l'Évros**, à 20 km au sud-est d'Alexandroupolis constitue l'une des plus vastes **zones humides** d'Europe, composée de 188 km² de lacs côtiers, de lagunes, de rivières souterraines, de dunes de sable, de marais et de roselières. Véritable paradis pour les ornithologues, ce delta abrite 316 des 422 espèces d'oiseaux recensées en Grèce, ainsi que divers poissons, amphibiens, reptiles et mammifères. C'est aussi, disons-le, l'une des zones frontières les plus militarisées.

Renseignez-vous après du **centre des visteurs du delta de l'Évros** (☎/fax 25510 61000 ; www.evros-delta.gr ; Loutra ; ⏲8h-16h), 14 km à l'est d'Alexandroupolis. Le segment ouest du delta est toujours ouvert, bien que l'accès aux véhicules motorisés soit toutefois limité sur le littoral sud. Le segment oriental (proche de la frontière turque), peut-être le plus intéressant, est réservé aux personnes munies d'une **autorisation officielle** de la police et de l'armée. Le centre se charge d'en faire la demande pour vous gratuitement : il faut envoyer un fax ou un e-mail 14 jours avant précisant votre nom, votre date de naissance, votre numéro de passeport sa date d'expiration. Le centre fournit des cartes et organise des circuits (10 €/personne), ainsi que des sorties en minibus et en bateau.

D'Alexandroupolis à Soufli
Αλεξανδρούπολη προς Σουφλί

Trois routes partent d'Alexandroupolis vers le nord pour rejoindre Didymoticho et Orestiada. Celle de l'ouest traverse la campagne et les villages tranquilles d'Esymi, de Megalo Derio et de Mikro Derio. À 10 km à l'ouest de Mikro Derio, vous pourrez voir sur le site de **Roussa** des **tombes mégalithiques thraces** du IXe siècle av. J.-C., ornées de mystérieux pétroglyphes.

La route du milieu, ou "nouvelle route", est la plus directe et la plus rapide pour aller d'Alexandroupolis vers le nord. La route de l'est, plus ancienne, suit la ligne de chemin de fer et le fleuve Évros qui marque la frontière avec la Turquie. Cette partie de la Thrace est vallonnée, les champs de tournesol et de blé s'étendent à perte de vue, et des nids de cigognes coiffent les poteaux télégraphiques.

D'Alexandroupolis, il est possible de rallier certaines destinations grâce à des bus fréquents (et un train plus rare).

Férès — Φέρες

Sur la route de l'est qui suit le fleuve, 29 km au nord-est d'Alexandroupolis, Férès s'enorgueillit de son **église de Panagia Kosmosotira** (1152), érigée par l'empereur byzantin Isaac Comnène, et ornée de fresques. Férès dispose d'un petit **office du tourisme** (☎ 25550 24310).

Tyhéro — Τυχερό

Après Férès, le village de Tyhéro offre un hébergement adapté aux familles, l'**auberge écotouristique de Thrassa** (☎ 25540 20080 ; www.thrassa.gr ; s/d/ste 45/65/95 € ; P ❄ wifi). Construite au bord d'un lac qui s'étend sur 800 m, elle dispose de grandes chambres aérées dans un cadre verdoyant. Sa sympathique propriétaire, Sofia Hajisavva (également professeur de tennis) organise des séances de sport, des balades en bateau et des sorties en poney pour les enfants qui peuvent s'en donner à cœur joie sur la pelouse et taquiner les canards, les tortues et les poissons. Seul bémol : les moustiques, mais toutes les pièces sont pourvues de moustiquaires.

Si vous arrivez par le bus qui longe le fleuve, descendez à l'arrêt "Gymnasio" de Tyhéro ; à 200 m en face de Thrassa. L'auberge possède un café et vous trouverez des tavernes dans le centre de Tyhero. L'**O Thomas** (☎ 25540 41259 ; Tyhero ; plats 5-8 €) est notre préférée (livraison possible à l'auberge Thrassa).

Réserve forestière de Dadia
Δάσος της Δαδιάς

Plus au nord, en retrait de la route principale (à 30 km de Férès), 7 km après avoir pris l'embranchement à gauche à, on atteint la **réserve forestière de Dadia**, qui se trouve sur l'une des deux principales routes des oiseaux migrateurs en Europe. Trent-six des 38 espèces de rapaces européens connues (dont certaines en voie de disparition) sont représentées dans ce site unique. La réserve est constituée d'une zone intérieure protégée de 73 km² environ et d'une zone tampon de 352 km². Les abattoirs fournissent une tonne de viande par semaine pour nourrir les oiseaux. L'observation des oiseaux à la jumelle est aussi distrayante que celle d'une dispute d'ornithologues débattant sur l'espèce qu'ils sont en train d'observer.

Le mois de mai, avant la migration, est idéal pour la visite. Le mois de juillet est aussi propice, lorsque les bébés vautours sortent tout juste du nid. Le **centre d'écotourisme** (☎ 25540 32202 ; www.dadia-np.gr ; Dadia ; ⏲ 10h-16h déc-jan, 9h-19h mars-mai et sept-nov, 8h30-20h30 juin-août) présente des panneaux explicatifs (anglais et grec) et un documentaire éducatif ; il est possible de rejoindre une cabane d'observation des oiseaux (3 €) en minibus ou à pied par le sentier de randonnée balisé en orange (1 heure environ). Des jumelles, un télescope et un trépied d'appareil photo y sont mis à disposition.

Sur place, l'**auberge écotouristique de Dadia** (☎ 25540 32263 ; www.ecoclub.com/dadia ; Dadia ; s/d/tr/q 30/43/50/55 €) loue des chambres simples et propres, avec sdb. Il y a un café à côté, sinon on peut aller manger

VAUT LE DÉTOUR

DIDYMOTICHO, CITÉ BYZANTINE ET OTTOMANE

Avant-poste militaire situé au nord de Soufli, Didymoticho possède, du fait de sa position frontalière stratégique, d'intéressants monuments historiques qui méritent un détour quand on passe dans la région d'Évros.

Fondée à la fin du VIIIe siècle comme avant-poste fortifié sur la route de Constantinople, Didymoticho doit son nom à la double muraille qui l'enserrait jadis (de *didymo* "jumeau" et *tihos* "mur"). Des vestiges de ces **remparts byzantins** subsistent dans la ville haute, près d'**Agios Athanasios**, une église aux riches icônes. Le long des murs intérieurs, remarquez le symbole gravé de Tarhaniotis, un noble byzantin, et, à proximité, de curieux édifices qui ressemblent à des catacombes.

D'éminents Byzantins naquirent à Didymoticho et, en 1341, Jean Cantacuzène y fut proclamé empereur. Vingt ans plus tard, la ville était conquise par le sultan turc Mourad Ier. Didymoticho devint la capitale des Ottomans, avant d'être supplantée par Andrinople (l'actuelle Edirne en Turquie) en 1365. Sur la place de Didymoticho se dresse la **mosquée de Bajazet**, immense édifice au toit pyramidal, érigée à la demande de Mourad Ier et achevée en 1368 par son fils Bajazet (Bayezid). C'était la plus grande d'Europe. Elle tombe malheureusement en ruine.

Des bus assurent toutes les heures la liaison Alexandroupolis-Orestiada en passant par Didymoticho. Il n'y a pas de consigne à bagages dans la gare routière.

à Dadia (1 km) à la **taverne traditionnelle familiale** (☎25540 32481 ; plats 4-6 €), qui se trouve à côté de l'église.

Soufli — Σουφλί

À 38 km au nord d'Alexandroupolis, Soufli produit de la soie depuis l'époque d'Alexandre le Grand. Aujourd'hui encore, on y voit des vers à soie sur les mûriers. Cette industrie a cependant souffert de nombreux aléas. Lors de la création de l'État turc, en 1923, de nombreux agriculteurs ont été privés de leur terres et, plus récemment, beaucoup de mûriers ont été sacrifiés au profit de terres cultivables. Une petite production locale subsiste, mais ne vous trompez pas sur la marchandise (on murmure que certaines soies dites locales seraient en réalité importées de Chine).

Le **musée de la Soie** (☎25540 22371 ; www.silkmuseum.gr ; Vasilis Georgiou 199 ; 9h-20h), qui comporte une boutique, a été aménagé dans une ancienne maison de sériculteur. L'exposition présente l'histoire et l'actualité de la production de soie de Soufli au moyen de films et d'audioguides interactifs (multilingues). Pour rester dans l'ambiance, vous pouvez loger dans une ancienne magnanerie du XIXe siècle, le **Koukouli Inn** (☎25540 22400 ; Olorou 14 ; s/d avec petit-déj 45/55 €).

Soufli dispose de DAB et de quelques services. Sa gare routière est sans doute la plus petite de Grèce, dans le style d'autrefois.

Orestiada — Ορεστιάδα

23 584 HABITANTS

La plus grande ville de l'Évros après Alexandroupolis possède des boutiques, de bons restaurants et une vie sociale chaleureuse. Du fait peut-être de la rareté des touristes, les habitants se montrent très accueillants. Ce sont souvent des gens pragmatiques, fiers de leur ville et de l'Évros en général. Orestiada constitue un bon point de chute pour faire des excursions dans la région ou se rendre en Bulgarie ou en Turquie. Le bourg voisin de Kastanies, d'où l'on accède en Turquie, accueille d'ailleurs en été le **festival de la rivière Ardas**.

Orestiada a été construite lors des échanges de populations de 1923. Contrairement aux nombreux réfugiés dispersés à travers la Grèce, les habitants ont collectivement choisi de quitter leurs maisons du côté turc de la rivière pour se réinstaller ensemble ici.

À voir et à faire

Musée des Arts populaires HISTOIRE LOCALE
(☎25520 28080 ; Agion Theodoron 103 ; www.musorest.gr ; 2 € ; 10h-13h et 19h-21h mar-dim). Ce musée expose du mobilier et des costumes traditionnels de Thrace, ainsi que de vieilles armes et même un fragment de l'original du traité de Lausanne, qui stipule l'échange des populations entre la Grèce et la Turquie.

Église métropolitaine Saint-Théodore ÉDIFICE RELIGIEUX
(Angle Konstantinopoleos et Orfeas). À l'ouest de la place, cette insolite structure en brique abrite de belles icônes.

Parc aquatique Cataract PARC À THÈME
(☎25520 28922). À 3 km d'Orestiada sur la route de Didymotiho, ce parc offre plusieurs piscines et toboggans bienvenus l'été, une discothèque, un bar et un *bouzoukia*.

Où se loger

♥ **Hotel Elektra** HÔTEL $
(☎25520 28922 ; www.hotelelectra.gr ; Athanasiou Pantazidou 52 ; s/d 40/58 € ; P❄📶). Juste à côté de la place, près des meilleurs restaurants et cafés, cet hôtel sympathique et bien tenu occupe un ancien hôtel particulier néoclassique. Si vous leur demandez, Ismini ou Manya se feront un plaisir de vous indiquer ce qu'il y a à voir dans le coin.

Hotel Alexandros HÔTEL $$
(☎25520 27000 ; Vasileos Konstantinou 10 ; s/d/tr50/60/70 €; P❄@).Chambresfraîches,avec balcon, à deux pas de la gare ferroviaire.

Où se restaurer et prendre un verre

Les cafés s'alignent sur Emmanouel Riga, entre Konstantinopoleos et Athanasiou Pantazidou, à côté de la place. Deux des plus courus sont le **Bel Air** et le **Social**.

Safran TAVERNE $
(☎25520 29088 ; Vasileos Konstantinou ; plats 5-7 €). Apprécié depuis longtemps, le Safran propose des plats internationaux.

♥ **Sapore Cucine Italiana** ITALIEN $$
(☎6932385040 ; angle Athanasiou Pantazidou et Emmanouel Riga ; plats 8-13 € ; ⏰10h-23h). Inattendu au fin fond de la Thrace, ce nouveau restaurant prépare une délicieuse cuisine italienne, avec un menu de saison, court mais excellent : savoureuse *bruschetta*, lasagnes au fromage de chèvre, raviolis à la sauce au vin à accompagner de crus locaux (d'Ormenio) et, en dessert, tiramisu "vénitien" ou soufflé au chocolat et au caramel. Musique douce et bougies ajoutent au charme du cadre, tout en bois et en brique, sous de hauts plafonds.

Renseignements

Les DAB se trouvent sur la place principale.

Hatzigiannis Tours (☎25520 28333 ; angle Konstantinoupoleos et Emmanouel Riga). Billets d'avion, de bateau et de train.

Poste (☎25520 22435 ; Athanasiou Pantazidou)

Depuis/vers Orestiada

De la **gare routière** d'Orestiada (☎25520 22550), des bus desservent Didymoticho (1,80 €, 20 min, 1/h) et beaucoup continuent jusqu'à Alexandroupolis (10,60 €, 1 heure 15). Il existe aussi des liaisons vers le nord, jusqu'à Dikea (5,70 €, 45 min, 4/jour) et Ormenio (5,50 €, 40 min, 2/jour), pour la Bulgarie, et jusqu'à Kastanies, à la frontière turque (1,80 €, 20 min, 6/jour).

La **gare ferroviaire** (☎25520 22328) relie Orestiada à Thessalonique, via Alexandroupolis. Les lignes internationales restaient suspendues au moment de la rédaction de ce guide.

Environs d'Orestiada

À 18 km au sud-est sur la vieille route qui suit l'Évros et la ligne de chemin de fer, le **château byzantin de Pythio** (⏰heures de jour) GRATUIT, perché sur un promontoire, surplombe le village de **Pythio** (Empythion, à l'époque byzantine), la plaine et le fleuve. Érigé en 1347 par l'empereur byzantin Jean Cantacuzène, à une période marquée par les guerres civiles et les invasions turques, ce château est le seul exemple d'architecture défensive byzantine qui subsiste en Thrace. Des restaurations sont en cours. Demandez la clé au *fylakos* (gardien), mais l'extérieur suffit déjà pour apprécier la grandeur de l'ouvrage.

Ceux qui sont motorisés pourront effectuer, à partir d'Orestiada, un **circuit d'une journée au nord de l'Évros** à la découverte d'intéressants sites méconnus. Partez vers l'ouest, via Valtos, pour rejoindre **Mikri Doxipara**, où les fouilles ont mis au jour une tombe romaine du Ier siècle comprenant cinq chars funéraires avec chevaux et équipage. Dirigez-vous ensuite vers le nord en direction du village de **Kyprinos** pour voir l'**église d'Agiou Georgiou**, avec ses icônes et son très ancien baptistère.

Si c'est le week-end, arrêtez-vous un peu plus au nord, à **Pendalofos**, pour un déjeuner à base de gibier à l'**Evrothirama** (☎25560 61202 ; plats 7-10 €), spécialisé dans le faisan, le sanglier et autre venaison. Sinon, vous trouverez d'autres tavernes ici et là. Après Pendalofos, continuez sur **Petrota,** le dernier village au nord-ouest avant la frontière bulgare. Ses maisons traditionnelles en

VAUT LE DÉTOUR

METSOVO

Metsovo s'étend à flanc de montagne, au sud du magnifique col de Katara, à 1 156 m d'altitude. Le village, qui attire les skieurs en hiver, est réputé pour son architecture traditionnelle et ses fromages. Ses habitants seraient des descendants des bergers nomades valaques qui parlent toujours la langue, d'origine latine, de leurs ancêtres (des soldats romains, dit-on, envoyés en garnison dans ces montagnes).

Sous la férule ottomane, les bergers metsovites jouissaient de nombreux privilèges en rétribution de la vigilance qu'ils exerçaient sur le col de Katara (1 705 m), seule porte d'accès au massif du Pinde. Mais, en 1795, Ali Pacha abolit leurs privilèges et, en 1854, les troupes ottomanes causèrent des dommages considérables dans le village.

Metsovo réussit malgré tout, en dehors de l'élevage, à mener de fructueuses entreprises commerciales et industrielles. Elle bénéfica de la générosité de bienfaiteurs, dont Georgios Averof (1815-1899) et Mihail Tositsas (1885-1950), dont les legs importants visaient à rendre au village sa gloire passée. Aujourd'hui, l'ancienne demeure de Tositsas abrite l'intéressant **musée des Arts populaires** (☎26560 41084 ; tarif plein/réduit 3/2 € ; ⏲9h-13h30 et 16h-18h ven-mer), tandis que la **galerie Averof** (☎26560 41210 ; tarif plein/réduit 3/2 € ; ⏲10h-18h30 mer-lun) présente des œuvres de peintres et de sculpteurs grecs des XIXe et XXe siècles. D'autres maisons anciennes de Metsovo ont été transformées en hôtels ou en boutiques.

En hiver, la **station de ski** (☎26560 41211 ; ⏲9h30-15h45) de Metsovo propose un télésiège de 82 places, 2 pistes de ski alpin, 5 km de pistes de ski de fond et une taverne. On peut y louer des skis.

De belles maisons en pierre restaurées bordent la route d'accès escarpée et la place. Sur les hauteurs du village, l'**Hotel Asteri** (☎26560 42222 ; www.asterimetsovo.com ; s/d 40/50 €) abrite 40 chambres agréables, dont certaines avec cheminée, et un restaurant qui sert des plats consistants. Dans le genre chalet en bois traditionnel, l'**Hotel Bitouni** (☎26560 41217 ; www.hotelbitouni.com ; d/ste 60/80 € ; P @) possède un sauna, 24 chambres doubles et 7 suites (dont 2 avec Jacuzzi). Enfin, l'**Hotel Egnatia** (☎26560 41900 ; Tositsa 19 ; d/studios avec petit-déj 60/80 €), à droite de la place, loue des chambres doubles et de spacieux studios, avec vue superbe sur la montagne.

Metsovo est réputé dans tout le pays pour sa cuisine rustique. Central, le **To Koutouki tou Nikola** (☎26560 41732 ; plats 7-10 €) sert de copieux plats traditionnels, allant des *pites* au rôti d'agneau en passant par la *gida vrasti* (soupe de chèvre bouillie). Autre table traditionnelle, le **Paradosiako** (plats 8-11 €) cuisine d'excellentes viandes, ainsi que de bons plats végétariens.

Des bus relient Metsovo à Ioannina (10 €, 1 heure 30, 4/jour). Pour prendre un bus pour Thessalonique (27 €, 1 heure 30), il faut se rendre sur la route principale, guetter le bus venant de Ioannina et faire signe au chauffeur.

pierre sont entourées de vignobles. La route frontalière continue vers l'est en passant par **Ormenio** (réputé pour ses vins) et Dikea, avant de redescendre au sud vers Orestiada.

À 19 km au nord d'Orestiada, près de **Kastanies**, a lieu tous les ans en juillet le **festival de la rivière Ardas** (☎25520 81140 ; www.ardas.gr), qui attire des milliers de jeunes. On vient y écouter des chanteurs grecs renommés, des groupes turcs et bulgares, des DJ grecs et étrangers. Des activités sont aussi organisées : beach-volley, mini-foot, motocross, représentations théâtrales et sorties au parc aquatique.

Pour le reste, Kastanies est une petite bourgade tranquille et le poste-frontière le plus septentrional de la Grèce ; la ville turque d'**Edirne** (Adrianoupolis en grec) n'est qu'à 9 km à l'est. Si vous voyagez léger et vous sentez en jambes, tournez à la hauteur du *benzinadiko* (station-service) Aegean Petrol, puis parcourez 500 m vers l'est jusqu'au poste-frontière, puis en continuant 2-3 km au-dessus de la rivière et à travers bois, vous arriverez en Turquie. Là, on trouve parfois des minibus pour rejoindre Edirne ou sa gare routière.

Si vous tentez de franchir à pied la frontière dans l'autre sens, sachez que le dernier bus Kastanies-Orestiada (1,60 €) part à 19h. Les billets s'achètent à Aegean Petrol.

ÉPIRE ΗΠΕΙΡΟΣ

L'Épire possède les paysages les plus spectaculaires du nord de la Grèce : l'impénétrable massif du Pinde est, littéralement, à couper le souffle. Les gorges de Vikos, tenues pour les plus profondes du monde (900 m) et longues de 12 km, coupent la chaîne en deux. Elles font partie du parc national qui protège ces forêts luxuriantes, ces cascades et ces lacs de montagnes glacés. Tout autour, les villages des Zagoria (Zagohoria), hameaux traditionnels aux maisons de pierres et aux toits de lauze, s'accrochent aux pentes.

Au sud de ces montagnes se dresse Ioannina (Jannina), une ville qui déploie ses charmes autour d'un paisible lac. À l'ouest, le rivage de la mer Ionienne est jalonné de longues plages de sables, ponctuées de sites archéologiques. De même que les îles de la mer Ionienne qui lui font face, la côte épirote a été marquée par des siècles de domination vénitienne, une présence encore bien visible dans la photogénique Parga. Plus au nord, à Igouménitsa, on peut embarquer sur un ferry à destination de l'Italie.

L'aventure commence déjà sur le chemin qui mène à l'Épire. La route qui vient de Kalambaka, en Thessalie, ne cesse de

Épire

tourner pour gravir le massif du Pinde. En venant de Macédoine par l'Egnatia-Odos, on suit un parcours spectaculaire qui franchit la montagne par d'immenses tunnels. À déplorer : cette autoroute compte d'innombrables péages et manque d'aires de repos.

Histoire

Lorsque les Doriens envahissent la Grèce (1100-1000 av. J.-C.), trois grandes tribus émergent en Épire : les Thesprotes, les Chaoniens et les Molosses. Très vite les Molosses dominent et marient leur princesse Olympias au puissant roi macédonien Philippe II. Cette union suscite un conflit avec Rome, dont la puissance émerge alors. Pyrrhus (319-272 av. J.-C.), roi des Molosses, réussit à vaincre les Romains à Ausculum, mais le coût en vies humaines est tel que son nom deviendra synonyme de victoire qui coûte cher : "une victoire à la Pyrrhus" !

La scission de l'Empire romain, en 395, fait de l'Épire la province la plus reculée vers l'ouest de l'Empire byzantin. Des siècles plus tard, elle prendra de l'importance après le sac de Constantinople (1204), les nobles byzantins venus s'y réfugier faisant de la région une tête de pont byzantine. Et quand les Ottomans conquièrent Constantinople en 1453, l'histoire se répète : d'éminents Byzantins se réfugient encore une fois dans les montagnes d'Épire.

À la fin du XVIIIe siècle, l'Épire voit son nom associé au despote albanais Ali Pacha (vers 1750-1822). Proclamé pacha de Ioannina par les Turcs, l'impétueux Ali met à feu et à sang une grande partie de l'Albanie et de l'ouest de la Grèce pour s'en emparer. Pour nourrir ses ambitions, il joue de toutes les alliances, sans se priver de faire volte-face, avec les Turcs, les Britanniques ou les Français. Il est finalement tué par les troupes ottomanes dans l'île de Ioannina.

Après 1912, la partie nord de l'Épire est annexée par le nouvel État Albanais. En 1940, les troupes de Mussolini sont repoussées en Épire, région qui deviendra le bastion de la résistance communiste, d'abord contre l'occupation nazie, puis durant la guerre civile grecque (1946-1949).

Ioannina — Ιωάννινα

80 400 HABITANTS

Ville très active, souffrant d'un climat humide (il pleut 9 mois par an), Ioannina (Jannina) possède d'excellents restaurants et une vie nocturne branchée grâce à la présence de 20 000 étudiants. Située au bord du lac Pamvotis, elle fait face aux montagnes volcaniques. La vue est particulièrement belle depuis la vieille ville (le Kastro), aux ruelles ponctuées d'édifices byzantins et ottomans.

Histoire

Fondée au VIe siècle, par l'empereur byzantin Justinien, Ioannina se distingue vite comme une cité culturelle et commerciale d'importance. Après le sac de Constantinople (1204) par les croisés et le démembrement de l'Empire byzantin, elle devient la capitale d'un des États successeurs de cet empire, le despotat d'Épire fondé par Michel Ier Comnène Doukas. En 1430, les Ottomans s'emparent de la ville, mais favorisent sa renaissance culturelle et artistique. Après 1492, Ioannina accueille de nombreux réfugiés juifs séfarades. Devenue un centre intellectuel et artistique éminent, Ioannina est alors réputée (elle l'est toujours) pour ses orfèvres et pour l'"école épirote" de peinture religieuse qui fleurit aux XVIIe et XVIIIe siècles.

Profitant de l'affaiblissement de l'Empire ottoman, l'Albanais, seigneur de la guerre et habile opportuniste, Ali Pacha fait de Ioannina la capitale de son immense fief en 1789 et participe au développement de la ville. En 1822, piégé au monastère Agios Pandeleimon sur l'île (To Nisi) du lac Pamvotis, il est tué par les troupes ottomanes, qui exhibent sa tête dans İstanbul.

Lors des guerres des Balkans (1912-1913), les Grecs libèrent Ioannina. En 1923, à la suite de l'échange des populations, les Turcs font place aux Grecs d'Anatolie. En 1943, les troupes nazies déportent dans les camps les membres de la communauté juive, installée dans la ville depuis plusieurs siècles.

À voir

İç Kale — CITADELLE

(Kastro ; 8h-17h et 20h-22h mar-dim). La superbe citadelle, située dans le Kastro, surplombe le lac et la montagne. Elle renferme le **tombeau d'Ali Pacha** et la **Fetiye Cami** (mosquée de la Victoire). Cette mosquée, aujourd'hui restaurée, fut construite en 1611 après l'échec d'un soulèvement grec, suivi par l'expulsion des chrétiens de la citadelle.

Musée byzantin ART, ARCHÉOLOGIE
(☎26510 25989 ; Kastro ; 3 € ; ⏲8h-17h mar-dim). Attenant à la citadelle, ce musée réunit une collection de découvertes archéologiques et des œuvres d'art du début de l'ère chrétienne et de l'époque byzantine. Une longue période comprise entre le IVe et le XVIIe siècle, qui fait l'objet de textes explicatifs. Sont notamment exposés des poteries, des pièces de monnaie, de l'argenterie, des icônes postbyzantines, des manuscrits et des livres grecs imprimés à Venise.

Musée ethnographique municipal ARTS POPULAIRES
(☎26510 26356 ; Kastro ; tarif plein/réduit 3/1,50 € ; ⏲8h-20h). À l'extrême nord du Kastro, dans l'ancienne mosquée Aslan Pacha (1619), ce musée expose des costumes et des photographies, mais aussi des tapisseries et des châles de prière provenant de l'ancienne **synagogue** (Ioustinianou 16) de Ioannina.

Musée des Arts populaires FOLKLORE
(☎26510 23566 ; Mihail Angelou 42-44 ; tarif plein/réduit 2/1 € ; ⏲9h-14h mar, jeu-ven, 9h-14h et 17h30-20h mer et sam). Objets du quotidien, tels que des broderies et des ustensiles de cuisine.

Musée archéologique ARCHÉOLOGIE
(☎26510 33357 ; www.amio.gr ; Plateia 25 Martiou 6 ; 2 €, dim gratuit ; ⏲8h30-15h mar-dim). Ce superbe musée renferme plus de 3 000 pièces venues de tout l'Épire. En particulier des objets néolithiques et antiques provenant des sites de Dodone, de Vitsa et d'Éfira.

Activités

Les **croisières sur le lac** (☎6944470280 ; 5 €, 1 heure ; ⏲10h-minuit tlj en été, sam-dim en hiver) partent près du quai du ferry.

Les randonneurs peuvent se procurer la carte *Pindus-Zagori* (éditions Anavasi ; 1/50000 ; 8 €) à l'un des kiosques ou à la **librairie Papasotiriou** (☎26510 64000 ; Mihail Angelou 6), et se renseigner sur les conditions météorologiques en montagne à l'EOS.

Où se loger

Le Kastro offre des hébergements tranquilles et de caractère.

♥ **Filyra** BOUTIQUE-HÔTEL $
(☎6932601240 ; www.hotelfilyra.gr ; Andronikou Paleologou 18, Kastro ; s/d 45/55 € ; P ❄). Cet hôtel raffiné et fleuri reste toujours un grand favori. Ses 5 suites spacieuses, avec cuisine, donnent sur une rue tranquille. Lors de notre passage, les sympathiques propriétaires ouvraient de nouvelles chambres bien rénovées à proximité.

Camping Limnopoula CAMPING $
(☎26510 25265 ; Kanari 10 ; empl camping par adulte/tente 4/8 € ; ⏲avr-oct). Au bord du lac, à 2 km de la ville, ce camping bénéficie de la brise. Cuisine, laverie et restaurant. Baignade déconseillée. N'oubliez pas les anti-moustiques.

Hotel Kastro PENSION $$
(☎26510 22866 ; www.hotelkastro.gr ; Andronikou Paleologou 57 ; s/d avec petit-déj 50/65 € ; P ❄). Une accueillante demeure du Kastro surplombant l'Its Kale. Les lits en laiton, les vitraux aux fenêtres et la paisible cour lui donnent un charme hors du temps.

Dafni Traditional Hotel BOUTIQUE-HÔTEL $$
(☎6932601240 ; www.hotelfilyra.gr ; Ioustinianou 12, Kastro ; s/d 45/65 € ; P ❄). Discrètement situé à l'intérieur de l'enceinte du Kastro, le Dafni allie charme traditionnel et confort moderne. Il dispose d'une grande chambre familiale joliment décorée (90 €). Réception au Filyra (ci-contre), tout proche.

Olympic HÔTEL $$
(☎26510 22233 ; www.hotelolymp.gr ; Melanidhis 2 ; s/d 90/110 € ; P ❄ @). L'hôtel le plus luxueux de Ioannina (belles chambres, vue sur le lac et piano-bar), mais sa situation centrale lui vaut d'être bruyant.

Politeia HÔTEL $$
(☎26510 22235 ; www.etip.gr ; Anexartisias 109 ; s/d/ste avec petit-déj 65/75/90 € ; P ❄ 📶). Studios avec kitchenette joliment décorés, entourant une cour intérieure au calme.

Où se restaurer

Les meilleurs restaurants de Ioannina n'ouvrent que pour le dîner.

Ippotes ITALIEN $
(☎6983884076 ; Soutsou 7 ; plats 7-11 € ; ⏲19h-2h). Murs de pierre, tons pastel et paisible arrière-cour, ce joli nouveau bar à vins sert aussi de la cuisine italienne.

Es Aei GREC $
(☎26510 34571 ; Koundouriotou 50 ; plats 8-12 € ; ⏲20h-1h). Cadre unique, et cuisine à l'avenant. Attablé dans la cour, sous la verrière, vous pourrez vous régaler de mezze à base de produits bio et de spécialités de Ioannina, comme les saucisses de porc grillées.

Ioannina

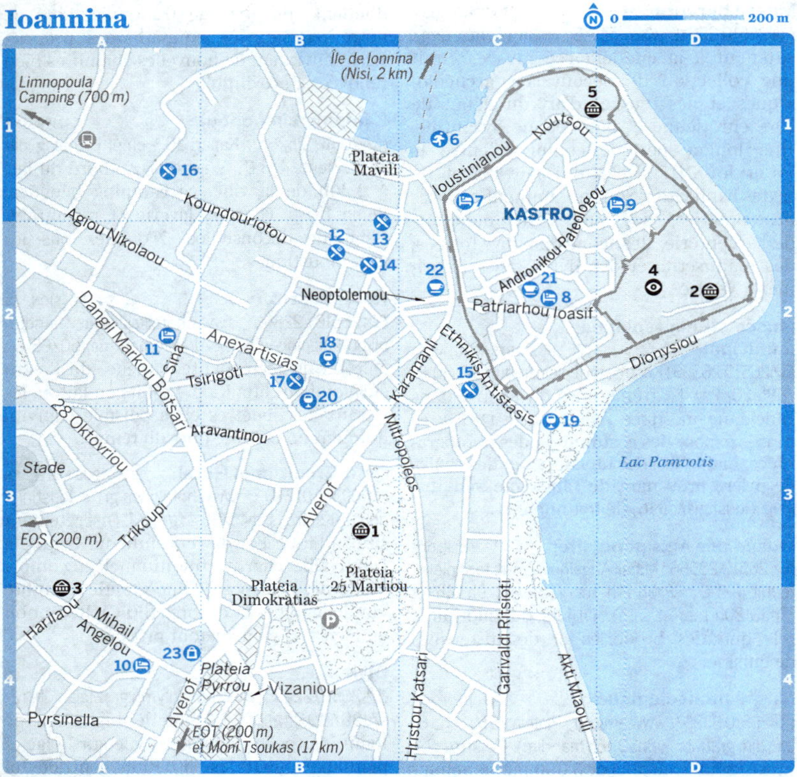

Mystagogia TAVERNE **$**
(☎26510 34571 ; Koundouriotou 44 ; plats 6 € ; ⏲dîner). Un *tsipouradhiko* (ouzeri où l'on sert du *tsipouro*, un alcool anisé comme l'ouzo, mais plus fort) ouvert tard le soir et populaire, qui prépare de copieux mezze et de bonnes *keftedhes* (boulettes de viande) de bœuf.

Pasta Fresca ITALIEN **$**
(Apsaki 48 ; plats 7-10 € ; ⏲19h-minuit mar-dim). Le tandem mère-fille ne compte pas sa peine pour s'occuper de ce petit restaurant, réputé pour ses pâtes maison.

Seirios GREC **$$**
(☎26510 77070 ; www.seirioskouzina.gr ; Patriarhou Evangelidi 1 ; plats 8-12 € ; ⏲12h-23h). Une adresse recommandée pour ses spécialités créatives et savoureuses : champignons farcis avec sauce au citron ou *yiaourtlou konstaninoupolitiko* (saucisse avec une sauce épicée au yaourt grec sur pain pita).

Stoa Louli GASTRONOMIE **$$**
(☎26510 71322 ; Anexartisias 78 ; plats 7-12 €). Depuis sa construction en 1875, le Stoa Louli a été tour à tour une auberge, un centre d'affaires pour les marchands de cuir juifs et une banque ottomane. Bordé de grandes arcades, ce restaurant sert les classiques grecs revisités dans un esprit contemporain.

Où prendre un verre et sortir

Les bars populaires auprès des étudiants se situent dans Skala, face à la partie sud du Lastro. Stoa Liabei, un passage voûté au pavement en damier qui donne dans Anexartisias, regroupe de nombreux bars.

♥ **Golfy's Bar** BAR
(☎26510 39217 ; Stoa Liabei 19 ; ⏲22h-4h). Ce bar chaleureux de Stoa Liabei accueille dans ses deux salles des étudiants, ainsi qu'une clientèle plus âgée. Avec ses vingt ans d'expérience

Ioannina

À voir
1 Musée archéologique ... B3
2 Musée byzantin ... D2
3 Musée des Arts populaires ... A4
4 Iç Kale ... D2
5 Musée ethnographique municipal ... C1

Activités
6 Croisières sur le lac ... C1

Où se loger
7 Dafni Traditional Hotel ... C1
8 Filyra ... C2
9 Hotel Kastro ... D1
10 Olympic ... A4
11 Politeia ... A2

Où se restaurer
12 Es Aei ... B2
13 Ippotes ... B2
14 Mystagogia ... B2
15 Pasta Fresca ... C2
16 Seirios ... A1
17 Stoa Louli ... B2

Où prendre un verre et faire la fête
Café du Musée byzantin ... (voir 2)
18 Denouar ... B2
19 Fournos ... C3
20 Golfy's Bar ... B2
21 Mouselimi Café ... C2
22 Synnefia 9 ... C2

Achats
23 Librairie Papasotiriou ... A4

et sa décontraction, Lefteris Pexomadis passe pour le meilleur DJ résident de Ioannina.

Denouar BAR
(☎6984766894 ; Anexertasias 40-42, Stoa Liabei ; ⏲19h-4h). Dans le superbe cadre voûté d'une halle vieille de 200 ans, ce bar attire une clientèle sympathique avec ses intéressants mix de musique et ses effets de lumière.

Mouselimi Café CAFÉ
(☎26510 44217 ; Andronikou Palaeologou 8, Kastro ; ⏲10h-23h). Un nouveau café de quartier au décor coloré, où l'on déguste une douceur maison accompagnée d'un bon café ou d'un thé, en écoutant du jazz.

Fournos BAR
(Angle Ethnikis Antistaseos ; ⏲9h-tard). Rare bar de Skala à rester ouvert toute l'année, le Fournos possède une terrasse ombragée et reste animé jusque tard.

Café du Musée byzantin CAFÉ
(☎26510 64206 ; Kastro ; ⏲21h-minuit). Grand et plein de vie, le café du musée sert des cafés, des gaufres et d'autres en-cas.

Synnefia 9 CAFÉ
(☎26510 33131 ; Neoptolemou 9 ; ⏲9h-23h sept-juin). Miltos Miltiadis, le propriétaire de ce restaurant reconverti en café, a su conserver son côté chaleureux et son ambiance décontractée d'autrefois.

Achats

♥ Centre d'artisanat traditionnel ARTISANAT, BIJOUX
(www.kepavi.gr ; Arhiepiskopou Makariou 1 ; ⏲9h30-14h30 et 17h30-20h30). Pour apprécier le talent des orfèvres de Ioannina, réputés depuis des siècles, il n'y a pas mieux que cet ensemble d'ateliers d'artisans qui fait aussi boutique : il offre le meilleur rapport qualité/prix de la ville. Les créations vont des boucles d'oreille et colliers (15 €) aux ménagères en argent (2 000 €).

Renseignements

Il existe des DAB Plateia Pyrrou et dans Averof.

Bureaux de poste Sur Georgiou Papandreou et 28 Oktovriou 3.

EOS (club alpin grec ; ☎26510 22138 ; Smyrnis 15 ; ⏲19h-21h lun-ven)

EOT (Office national du tourisme grec ; ☎26510 41142 ; Dodonis 39 ; ⏲7h30-14h30 lun-ven). Informations générales et relatives aux randonnées dans les villages des Zagoria et les gorges de Vikos.

Depuis/vers Ioannina

AVION

Aegean Airlines (☎26510 64444) relie Ioannina et Athènes. L'aéroport est à 5 km au nord-ouest de la ville.

BUS

La **gare routière de Ioannina** (KTEL Ioanninon ; ☎26510 25014 ; www.ktelioannina.gr ; Georgiou Papandreou 45) dessert Athènes (39 €, 6 heures 30, 9/jour), Konitsa (6,20 €, 1 heure 15, 7/jour), Thessalonique (32 €, 3 heures 30 , 6/jour) et Metsovo (5,80 €, 1 heure, 4/jour). L'été, il existe parfois des bus pour Parga (12 €, 1 heure 30), sinon il faut passer par Igouménitsa (9,80 €, 1 heure 15, 8/jour) ou Prévéza (10,40 €, 2 heures, 6/jour). Des bus rallient aussi Dodone (2 €, 20 min). Les bus pour les Zagoria sont irréguliers ; renseignez-vous au préalable.

De Ioannina, des bus rejoignent le poste-frontière albanais de Kakavia (6 €, 1 heure, 9/jour).

Comment circuler

L'aéroport de Ioannina est situé à 5 km au nord-ouest sur la route de Perama. Prenez le bus n°7 à l'horloge (ttes les 20 minutes). **Budget Rent a Car** (/fax 26510 43901 ; Dodonis 109) et **Auto Union Car Rental** (/fax 25610 67751 ; Dodonis 66) ont un comptoir à l'aéroport.

Les **taxis** (26510 46777) attendent à côté de la Plateai Pyrrou et du lac.

Environs de Ioannina

To Nisi — ÎLE

(To Νησί). Face à Ioannina, au milieu du lac Pamvotis, s'étend une île boisée et couverte de fleurs sauvages. Fort de quelque 300 habitants, le charmant village, aux maisons blanchies à la chaux, a été construit au XVIIe siècle par des réfugiés venus du Magne (Péloponnèse). L'île abrite aussi plusieurs monastères remarquables pour leurs fresques et leurs collections de livres.

En 1822, l'île a vu mourir Ali Pacha. Âgé de 82 ans, le "Lion de Ioannina" fut tué par les troupes ottomanes dans le monastère de Panteleimon où il s'était réfugié avec sa garde. Les impacts de balles sont encore visibles dans le **musée Ali Pacha** (plein tarif 1 € ; 8h-22h été, 9h-21h hiver). Un panneau (en anglais) évoque les derniers jours d'Ali. On voit aussi certains des ses effets personnels et des gravures. Pour vous rendre au musée, prenez la rue principale qui monte sur la gauche au-dessus du port.

Le **Moni Filanthropinon** (monastère Philanthropenoi ; Μονή Φιλανθρωπινών ; 9h-18h) GRATUIT, côté ouest de l'île, fut construit au XIIIe siècle par les Filanthropini, une importante famille de Constantinople qui avait fui les croisés en 1204. Il renferme des fresques du XVIe siècle représentant les philosophes grecs, Platon, Aristote et Plutarque, aux côtés de personnages chrétiens. L'intensité dramatique qui se dégage de ces peintures caractéristiques de l'"école épirote" a beaucoup retenu l'attention des historiens d'art. Pendant la période ottomane, ce monastère a abrité une école chrétienne clandestine.

Le **Restaurant Kyra Vasiliki** (26510 81681 ; plats 6-8 €), installé sous un platane géant à côté du débarcadère, sert des grillages et du poisson. Au **Propodes** (26510 81214 ; poisson 4-6 €), sur le chemin qui mène au monastère, anguilles frétillantes, grenouilles et langoustines bien vivantes attendent dans un aquarium le temps de passer à la poêle. Pour prendre un verre au calme, depuis la place, descendez la colline jusqu'à la **Kafeteria Ta Bakakakia** (6947135096 ; 9h-21h tlj mai-sept, sam-dim oct-avr), où vous pourrez siroter jus de fruits, milk-shakes ou autres en contemplant le lac et les montagnes.

Depuis le quai des ferries de Ioannina, des bateaux font la **navette** (2 €, 10 min ; ttes les 15 min été 7h-23h30, ttes les heures hiver 7h-22h) avec l'île.

Grotte de Perama — EXPLORATION SOUTERRAINE

(Σπήλαιο Περάματος ; 26510 81521 ; www.spilaio-perama.gr ; tarif plein/réduit 6/3 € ; 8h-20h). Située à 4 km de Ioannina, cette grotte remplie de stalactites est l'une des plus grandes et des plus impressionnantes de Grèce. Longue de 1,1 km elle comporte trois niveaux de salles et de passages. Un circuit d'une heure est proposé.

Les bus nos 8 et 16 partent de l'arrêt de l'horloge à Ioannina toutes les 20 minutes pour Perama, 250 m au sud de la grotte.

Moni Tsoukas — MONASTÈRE

(Μονή Τσούκας ; 26510 89223 ; village d'Elliniko ; 9h-18h) GRATUIT. À 17 km au sud-est de Ioannina, le Moni Tsoukas se dresse sur une falaise surplombant les gorges de l'Arahthos. Son nom provient du slave *chouka* (pic). La vue sur les gorges, la rivière et les montagnes est grandiose. Ce monastère fortifié fut construit en 1190 par l'empereur byzantin Isaac Ange et reste habité par une communauté. Son église, à l'intérieur somptueux, recèle d'impressionnantes œuvres d'art, dont l'**icône de la Vierge**, célébrée tous les ans le 8 septembre. Le monastère est souvent entouré de cierges allumés par les fidèles pour accompagner leurs prières. Les jours de fête, toute l'église en est illuminée.

Pour vous y rendre en voiture depuis Ioannina, prenez vers le sud jusqu'à Elliniko, puis traversez le village pour monter jusqu'au parking (20-30 minutes en tout). Un taxi depuis Ioannina vous coûtera 30 €.

Dodone — SITE ANTIQUE

(Dodoni ; Δωδώνη ; 26510 82287 ; plein tarif 2 € ; 8h-17h). L'immense théâtre de Dodone, du IIIe siècle av. J.-C., se dresse à 21 km au sud-ouest de Ioannina. C'est le site antique le plus important d'Épire. Dodone fut le siège d'un oracle, l'un des plus anciens de l'Antiquité.

Il y a quelque 2 000 ans av. J.-C. on y rendait déjà un culte à la déesse-mère dont on venait consulter les oracles. Au XIIIe siècle av. J-C., s'ajouta le culte de Zeus dont les oracles s'exprimaient par le bruissement des feuilles d'un chêne sacré. Du sanctuaire érigé en pierre à partir du IVe siècle av. J.-C. ne subsistent que les fondations et quelques colonnes de temple.

Le **théâtre**, construit sous le règne de Pyrrhus, aujourd'hui restauré, accueille en juillet le le Festival de théâtre antique de Ioannina. Au nord, on voit quelques vestiges de murs de l'**acropole**. À l'est du théâtre subsistent les fondations du **bouleutérion** (salle du conseil) et d'un petit **temple d'Aphrodite**. À côté se dressaient jadis le sanctuaire de Zeus et le chêne sacré.

Deux bus par jour relient Ioannina à Dodone. En taxi, comptez 35 € l'aller-retour, plus 3 € par heure d'attente.

Villages des Zagoria
Τα Ζαγοροχώρια

Les Zagoria (Zagorohoria), 46 villages bâtis en pierre et en lauze au cœur du massif du Pinde, offrent des hébergements de charme, au milieu de paysages sublimes. On y respire l'air frais des montagnes dans une ambiance empreinte de légendes. Jadis reliés uniquement par des chemins escarpés et des ponts de pierre, ils sont aujourd'hui desservis par des routes pavées aux lacets parfois spectaculaires.

Bien que l'émigration ait au fil du temps dépeuplé de nombreux villages, les habitants ont su se reconvertir dans le commerce et l'écotourisme. Ils ont ouvert des boutiques et transformé les *archontika* (demeures des notables) et les maisons traditionnelles en séduisantes pensions. Les randonneurs apprécient aussi la proximité des gorges de Vikos et d'autres itinéraires de montagne.

Le sac de Constantinople par les croisés en 1204 et sa conquête par les Turcs en 1453 amenèrent nombre de grandes familles byzantines à se réfugier ici afin de préserver leur culture et leurs traditions grecques. Sous la domination ottomane, la population des Zagoria obtint une autonomie et des privilèges importants en échange de la surveillance des cols de montagne. Des habitants édifièrent des fortunes, et nombreux aussi furent ceux qui émigrèrent dans les capitales de l'Europe moderne, sans jamais oublier leur village.

Parc national de Vikos-Aoös
Εθνικός Δρυμός Βίκου-Αώου

Le parc national de Vikos-Aoös s'étend sur une grande partie de la région. Rivières cristallines, forêts préservées, prairies fleuries et lacs chatoyants composent son paysage idyllique. Presque un tiers de la flore grecque (dont certaines espèces endémiques) y est représentée. Poissons endémiques, renards, chamois, faucons, loutres et ours bruns y coulent des jours paisibles. Le parc englobe le massif de Tymfi, dans la partie nord de la chaîne du Pinde, qui comprend le **mont Trapezitsa** (2 022 m), le **mont Astraka** (2 436 m) et le **mont Gamila** (2 497 m). Les gorges de Vikos, qui se trouvent en contrebas (12 km), sont les plus profondes du monde.

Si l'on rencontre surtout dans ces montagnes des randonneurs aguerris, à l'occasion de la transhumance, bergers valaques et sarakatsani mènent leurs troupeaux dans les pâtures d'altitude en été et redescendent dans les vallées en automne.

Dilofo et Negades
Δίλοφο et Νεγάδες

À 32 km au nord-est de Ioannina, le charmant hameau de **Dilofo** (7 habitants !) ravira les âmes romantiques avec son enchevêtrement de maisons à toit de lauzes nichées à flanc de montagne. Pour le bonheur des randonneurs, c'est aussi le point de départ relativement peu connu de la plus longue randonnée dans les gorges de Vikos.

Dilofo offre une vue superbe sur la vallée et, de l'autre côté, sur **Koukouli**, un autre village tranquille. Il est surtout connu pour la légende qui entoure le **manoir Loumidi**, un édifice qui se dresse sur la gauche à l'entrée de Dilofo. On raconte qu'une jeune femme originaire de Koukouli, qui avait épousé un homme de Dilofo, devint si mélancolique qu'elle voulut retourner chez elle. Le père du marié eut alors l'idée de construire une maison assez haute pour que la jeune épouse puisse contempler la maison de ses parents dans la vallée.

Sur la petite place de Difolo trône un immense platane de 400 ans. On y trouve aussi un téléphone à carte souvent en panne, une taverne et l'une des meilleures pensions des Zagoria. Sur les hauteurs,

Village des Zagoria

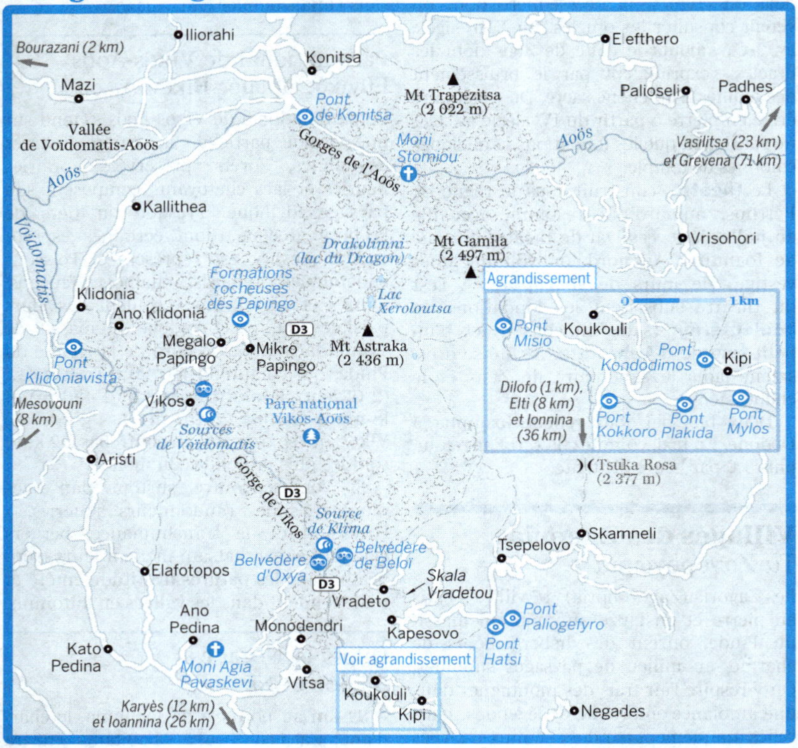

l'**église de la Kimiseos Theotokou** (Dormition de la Vierge) possède une iconostase en bois gravé à la main particulièrement élaborée, ainsi que de jolies icônes (il faut demander les clés au village à Giorgos Triandafilidis).

Dilofo constitue un bon point de départ de randonnées dans les gorges de Vikos; on rallonge un peu le temps de marche en commençant ici plutôt qu'à Monodendri.

Le village de **Negades**, 13 km à l'est, peu visité, constitue une belle balade. On s'y rend en voiture en une vingtaine de minutes, en passant par de superbes ponts en pierre reliant des falaises et enjambant des vallées boisées. À Negades, **Agios Georgios** (fin XVIIIe siècle) est une église richement décorée : icônes, iconostase en bois gravé à la main et fresques murales figurant notamment de rares représentations d'Aristote et de Plutarque. Ne manquez pas l'arrière de l'église, où les femmes se postaient jadis derrière une grille pour observer les offices. Des fresques édifiantes dépeignent Judas dévoré par un monstre marin, ou encore un diable battant un homme et son épouse ayant manqué la messe par paresse.

L'église n'est pas toujours ouverte ; renseignez-vous à l'EOT de Ioannina (p. 283).

Monodendri, Vitsa et Ano Pedina Μονοδένδρι, Βίτσα et Ανω Πεδινά

Monodendri, à 38 km au nord de Ioannina, est l'un des villages les plus visités des Zagoria, notamment car il est proche des gorges de Vikos. Sur la place, faites un tour au **Rizareion Idryma** (Monodendri ; ⌚8h-16h mer-lun), un centre culturel qui expose des photos anciennes et des œuvres d'art.

Le **Moni Agia Paraskevi** jouit d'une vue spectaculaire sur les gorges. Selon la légende, un seigneur de la région, Mihalis

Voevodas Therianos, fonda l'église en 1413 pour remercier Dieu d'avoir guéri sa fille d'une maladie incurable. Les fresques de l'église datent en partie du XVe siècle. Ne manquez pas l'**Agios Minas**, près de la place, une église dotée d'un dôme à tambour du XVIIe siècle.

Au sud de Monodendri, Vitsa (Vizitsini à l'époque byzantine) est moins visité. Son église, **Agios Nikolaos**, fut construite au XVIIe siècle avec un dôme à tambour. Entre Monodendri et Vitsa subsistent les vestiges d'un ancien **bourg molosse** (IXe-IVe siècles av. J.-C.). De Vitsa, parcourez encore 7,2 km vers l'ouest/nord-ouest jusqu'à **Ano Pedina**, plus touristique, mais parfait comme base pour explorer la région.

D'Aristi aux villages de Papingo Αριστη προς τα χωρια του Παπιγκου

La route vertigineuse qui mène, en direction du nord, vers **Megalo Papingo** et **Mikro Papingo** offre une vue époustouflante. Si vous arrivez de Vitsa ou d'Ano Pedina, repérez l'endroit où la route secondaire rejoint la route principale remontant de Ioannina. Allez vers l'ouest, après avoir dépassé **Kato Pedina**, suivez la route principale vers le nord sur 4,1 km jusqu'à un embranchement et tournez à droite en direction de Papingo.

Aristi, le dernier village avant Papingo, abrite le joli **monastère de Panagia Spiliotissa** (1665), une église voûtée ornée de fresques situé près d'un rocher sur les berges du fleuve Voïdomatis. Après Aristi, la route longe la rivière et dévoile une vue spectaculaire. Attention à la montée, car cette route étroite consiste en une succession de quinze virages en épingle à cheveux jusqu'aux **villages de Papingo**, accrochés aux flancs du mont Astraka. À droite, vue plongeante sur les magnifiques gorges de Vikos.

Si Megalo Papingo, assez touristique, est célèbre pour ses formations rocheuses connues sous le nom de "tours", Mikro Papingo est plus calme. Son ancienne école héberge le **centre d'information WWF** (World Wide Fund for Nature ; ⌚10h30-17h30) qui propose une exposition sur la faune et la flore de la région.

Les jours de grande chaleur, les **vasques naturelles** sont parfaites pour se rafraîchir après la dure montée jusqu'aux villages. Le sentier conduisant aux bassins, long de 300 m, part de la route au niveau d'un virage entre Megalo Papingo et Mikro Papingo.

Gorges de Vikos Χαράδρα του Βίκου

Coupant en deux la région des Zagoria, les **gorges de Vikos** s'enfoncent jusqu'à 900 m de profondeur, sur 12 km de longueur. Elles s'étirent de Monodendri, dans le sud, aux villages de Papingo, au nord.

La randonnée dans ces gorges exige de l'endurance, car il faut presque 7 heures de marche pour en parcourir l'intégralité. L'EOS (p. 283) vous fournira cartes et renseignements ainsi que des informations sur les conditions météo. Pensez à prendre de l'eau et de bonnes chaussures de marche.

De Monodendri, point de départ souvent choisi, marchez jusqu'au **Moni Agia Paraskevi** (XVe siècle) qui offre une vue spectaculaire sur les gorges. Une descente par un chemin abrupt et balisé marque le début de la marche qui dure 4 heures jusqu'à la fin des gorges. Là, un chemin remonte sur la droite jusqu'à Mikro Papingo (2 heures 30). Megalo Papingo est 2 km plus à l'ouest. Le sentier se divise en deux avant d'entamer la montée. La **source de Klima**, à mi-chemin, est l'unique point d'eau.

Si vous terminez votre randonnée à **Vikos**, au sud de Papingo, le propriétaire du *kafeneio* de la place vous reconduira à Monodendri moyennant 40 € (le double en taxi). À 5 km au nord-est d'Ariusti, Vikos possède des hébergements.

Le **belvédère d'Oxya**, 5 km après Monodendri par une bonne route de terre, présente une vue époustouflante sur les gorges, de même que le **belvédère de Beloi**, en face. Pour y accéder, roulez pendant 9 km sur une route en lacets ou rejoignez **Vradeto** (l'embranchement est indiqué près de Kapesovo) puis continuez à pied sur 1,5 km sur un chemin balisé après la route de terre (trajet cahoteux en voiture). Vradeto jouit d'un bel emplacement le long de falaises calcaires striées. Pour rejoindre le belvédère de Beloi, grimpez l'escalier taillé dans le rocher, nommé **Skala Vradetou**, indiqué à la sortie de **Tsepelovo**. Cet autre village constitue aussi une bonne base pour randonner dans la partie nord des Zagoria vers des sites comme le **Drakolimni** (lac du Dragon). On y trouve un bureau de poste, un téléphone à carte, ainsi que de bons hébergements et restaurants.

Activités

À Kato Pedina, **Compass Adventures** (☎26530 71770 ; info@compassadventures.gr ; Kato Pedina) organise des randonnées, des sorties à ski et à vélo. En hiver, elle gère une école de ski et organise des sorties de ski hors piste.

À Aristi, on peut faire du rafting, du kayak, de la randonnée et même du tir à l'arc ou du paintball avec le **Rafting Athletic Center** (☎69420 15143, 26530 41888 ; info@rafting-athletic-center.gr).

Où se loger

Arhontiko Dilofo PENSION $

(☎26530 22455 ; www.dilofo.com ; Dilofo ; d avec petit-déj à partir de 50 € ; P). Une des plus belles auberges des Zagoria. Cette demeure du XVIIe siècle restaurée, dans le village tranquille de Dilofo, ravira ceux qui recherchent la paix et l'harmonie. Les chambres, au mobilier et aux tapis traditionnels, sont dotées de volets ouvragés et peints qui, une fois fermés, transforment les chambres en majestueux vaisseaux. L'Arhontiko possède une charmante cour et jouit d'une vue imprenable sur les toits.

Lors de notre passage, Georgios Kontaxis, le propriétaire, sympathique et extrêmement compétent, préparait une exposition sur les antiquités qu'il a découvertes en restaurant cette demeure de 1633.

Archontiko Zarkada PENSION $

(☎26530 71305 ; www.monodendri.com ; Monodendri ; s/d avec petit-déj 40/60 € ; P). Dans cette belle maison de pierre, vous pourrez contempler la vue sur les gorges depuis votre balcon. Chambres propres et douillettes, certaines avec Jacuzzi.

Xenonas Dias PENSION $

(☎26530 41257 ; www.diaspapigo.gr ; Mikro Papingo ; s/d avec petit-déj 40/55 €). Dans le village tranquille de Mikro Papingo, cette auberge rustique possède 12 chambres et un restaurant. Du même genre, en plus petit, le **Xenonas Mikro Papingo 1700** (☎26530 41179 ; Mikro Papingo ; s/d 45/60 € ; P) voisin dispose de 5 chambres joliment aménagées.

Papaevangelou PENSION $$

(☎26530 41135 ; www.hotelpapaevangelou.gr ; Megalo Papingo ; d/studio avec petit-déj à partir de75/120 €). Jolies chambres aux murs de pierre, vue spectaculaire et copieux petit-déjeuner maison servi dans la taverne. De la place centrale, tournez à gauche sur la rue non pavée pour trouver cette pension. Si elle est complète, essayez, à l'entrée du village, l'**Hotel Agriogido** (☎6945364484, 26530 42055 ; georgio@papingo.gr ; Megalo Papingo ; s/d/tr avec petit-déj 60/80/100 € ; P), restauré dans le même esprit.

To Arhontiko tis Aristis CHAMBRES D'HÔTES $$

(☎6945676261, 26530 42210 ; www.arhontiko-aristis.gr ; Aristi ; s/d/tr 100/120/140 € ; P). Maison de pierre des années 1800, avec vue spectaculaire et décoration chaleureuse. Jacuzzi et billards agrémentent le tout.

Porfyron CHAMBRES D'HÔTES $$

(☎26530 71579 ; Ano Pedina ; s/d 55/70 € ; P). Cette maison du XIXe siècle, peinte en rouge, loue des chambres aux murs de couleurs douces, avec lambris au plafond, mobilier ancien et cheminée pour certaines.

Primula CHAMBRES D'HÔTES $$

(☎26530 71133 ; Ano Pedina ; d à partir de 70 € ; P). Au centre d'Ano Pedina, des chambres aux murs en pierre apparente ou peintes dans des tons pastel.

Mikri Arktos CHAMBRES D'HÔTES $$

(Petit Ours ; ☎26530 81128 ; kittasth@otenet.gr ; Tsepelovo ; d à partir de 80 € ; P). Un endroit sympathique et chaleureux sur la place de Tsepelovo. On peut faire la sieste sous les platanes, goûter aux spécialités de la taverne ou utiliser les kitchenettes dans les chambres peintes de couleur vive.

Xenos Vikos PENSION $$

(☎26530 71370 ; Monodendri ; d 50-70 € ; ⏲mars-déc ; P). À 400 m des gorges de Vikos, près de la place en bas du village, cette agréable pension possède un jardin ombragé, idéal pour prendre le petit-déjeuner, une cuisine commune et un salon.

Où se restaurer

Restaurant H Tsoumanis TAVERNE $

(☎26530 42170 ; www.tsoumanisnikos.gr ; Vikos ; plats 6-9 € ; ⏲déj et dîner). Une taverne emblématique de Vikos réputée pour ses viandes, en particulier le gibier en saison. Agréable pension à l'étage.

Spiros Tsoumanis TAVERNE $

(☎26530 42108 ; Megalo Papingo ; plats 8-13 €). Taverne classique, au bout du village, spécialisée dans les *pites* (feuilletés farcis), l'agneau rôti et le *sti gastra* (ragoût de pois chiches), à accompagner de *horta* (chicorée sauvage servie cuite en salade).

O Dionysos TAVERNE $
(☎26530 71366 ; Monodendri ; pites 5-6 €). Dans la rue principale de Monodendri, cette taverne sert de savoureux *pites* de l'Épire, dont le *fakopita* (feuilleté aux lentilles).

Sopotseli TAVERNE $
(☎26530 22629 ; plats 5-7 €). Cette petite taverne de Dilofo prépare de copieuses grillades et des salades.

Ta Soudena TAVERNE $
(☎26530 71209 ; Ano Pedina ; plats 5-8 €). Taverne populaire pour ses mezze de légumes, ses *pites* et ses viandes grillées.

Sta Riza GREC $$
(☎26530 71550 ; Elati ; plats 9-13 € ; ⏲12h30-23h tlj 15 juil-15 août, ven-jeu 15 août-15 juil). Tous les gens de la région vous le diront : le Sta Riza, à Elati, est la meilleure adresse pour goûter une savoureuse cuisine rustique, bien travaillée et copieuse. Ses sympathiques propriétaires, Dionyssos "Saki" Kevasso et sa femme Vassiliki, mitonnent avec art leurs spécialités comme les *manitaria fournitsa* (champignons cuits au four avec vin rouge, tomate, feta et herbes) ou l'*arnakia vlahika* (agneau cuit au four avec du yaourt).

Elati se trouve tout au sud des Zagoria. De Ioannina, tournez à droite vers Metamorphosi puis, au carrefour où sont indiqués de nombreux villages, suivez le panneau Elati. Les rues du village étant très étroites, garez-vous 30 m avant le restaurant.

Depuis/vers les Zagoria

Pour vraiment découvrir les Zagoria, il faut être motorisé. Sinon, il existe quelques rares services de bus depuis Ioannina.

Des **bus** quittent Ioannina pour Dilofo (3,80 €, 40 min) à 6h et 13h30 les lundi, mercredi et vendredi, et continuent jusqu'à Tsepelovo (4,40 €, 1 heure 30). D'autres bus partent pour Megalo Papingo et Mikro Papingo (5,10 €, 2 heures) à 5h et 15h les lundi, mercredi et vendredi ; le bus de mercredi passe par Vikos (4,80 €, 1 heure 45) en été. Le bus pour Monodendri (4,30 €, 1 heure) part à 5h30 et 13h les lundi, mercredi et vendredi. Tous les bus repartent pour Ioannina immédiatement.

Des **taxis** desservent les différents villages au départ de Ioannina. Comptez entre 20 et 55 €.

Konitsa Κόνιτσα

3 000 HABITANTS

Étagé à flanc de coteau, 64 km au nord de Ioannina, Konitsa est le rendez-vous des amateurs de kayak, de randonnée et d'exploration de rivières. Les chasseurs y font également halte. La ville est à quelques kilomètres au sud-est de Mertziani, à la frontière avec l'Albanie.

Au-delà de Konitsa, l'ancienne route décrit un arc de cercle vers le nord-est sur un magnifique itinéraire entre les monts Grammas et Smolikas jusqu'à Kastoria. Mal entretenue, cette route peut être dangereuse, surtout la nuit.

Activités

À la sortie sud de Konitsa, une **randonnée dans les gorges de l'Aoös**, longue de 4,5 km, mène au **Moni Stomiou**, fondé au XVe siècle, à l'origine sur le mont Trapezitsa. Construit en 1870, l'impressionnant **pont de Konitsa** enjambe les eaux tumultueuses d'une seule arche de pierre, sur 40 m de long et 20 m de haut. Après le pont, suivez le chemin balisé qui devient un étroit sentier entre l'eau et la rive escarpée avant de tourner pour remonter à travers une épaisse forêt. Une source et la vue sur le canyon de l'Aoös constituent autant de bonheurs.

À Konitsa, **No Limits** (☎26550 23777 ; www.nolimits.com.gr ; Konitsa) propose équipement et guides chevronnés pour le kayak, la randonnée à cheval, le VTT et l'escalade.

Où se loger et se restaurer

To Dendro Guesthouse PENSION $
(☎26550 22055 ; d/tr 40/55 € ; P). Moustachu et vêtu de cuir, Yiannis Mourehidis, surnommé "Johnny Dendro", qui taille ses haies avec son couteau de chasse, est depuis plus de 35 ans une légende à Konitsa. Il loue des chambres propres et confortables. Plus luxueux, son **Grand Hotel Dendro** (☎26550 29365 ; www.grandhoteldentro.gr ; d/tr/ste 60/75/100 € ; P❄) possède des chambres spacieuses avec cheminée et douche d'hydromassage.

Yiannis tient également une taverne populaire à l'entrée de la ville, **To Dendro Restaurant** (☎26550 22055 ; plats 5-8 €), où il sert du sanglier, de l'agneau en cocotte et de la truite. Facilement repérable à sa panoplie de drapeaux.

Konitsa Mountain Hotel HÔTEL $$
(☎26550 29390 ; www.konitsahotel.gr ; s/d/tr/ste avec petit-déj 70/90/120/150 € ; P♨). En haut de la colline, à 2 km du bourg, cet excellent hôtel dispose de vastes chambres, alliant marbre et beau parquet patiné par le temps. Certaines possèdent une cheminée et un grand Jacuzzi. Sur place : sauna, hammam

et salle de sport. Si vous ne voulez pas faire à pied la route qui grimpe depuis le centre, prenez un taxi sur la place (3 € environ).

Renseignements

La place centrale de Konitsa dispose de pharmacies, d'un bureau de poste et de banques (avec DAB). La gare routière est située à quelques encablures plus bas. Il y a aussi un petit centre de soins pour les premiers secours.

Depuis/vers Konitsa

Les bus qui partent de la **gare routière de Konitsa** (☎26550 22214) desservent Ioannina (6,20 €, 2 heures, 7/jour), mais pas Kastoria.

Des bus rejoignent la frontière albanaise à Mertziani (1,60 €, 30 min, 3/jour).

Prévéza Πρέβεζα

20 800 HABITANTS

Situé sur une péninsule entre la mer Ionienne et le golfe Ambracique (Amvrakikos), Prévéza est une cité pimpante, avec ses maisons colorées et ses yachts au mouillage. Malgré sa population estudiantine et son tourisme local, c'est surtout une destination d'affaires. Les gens du pays espèrent toutefois qu'avec les investissements étrangers escomptés dans des hôtels du littoral, la ville connaîtra un nouvel essor. Pour encourager le tourisme, la municipalité autorise d'ailleurs actuellement le mouillage gratuit des bateaux de plaisance.

Activités

Eco Cruising CROISIÈRES
(☎26820 41992 ; www.eco-cruising.gr ; Akragantos 5 ; croisières à partir de 20 €). Au milieu du quai, Eco Cruising propose des croisières à la voile dans le golfe Ambracique et vers les îles : promenade au coucher du soleil, sorties pour observer les dauphins ou les oiseaux dans les zones humides protégées ou croisières de plusieurs jours.

Où se loger

Hotel Dioni BOUTIQUE-HÔTEL $$
(☎26820 27381 ; www.masthotels.gr/boutiquehoteldioni ; Kalou 4 ; s/d/ste à partir de 70/80/110 € ; wifi). Central et entièrement rénové, le Dioni loue de superbes chambres tout confort. Service cordial.

Rooms O Kaixis PENSION $
(☎6947899404 ; Parthenagogiou 7 ; s/d 20/30 €). Au-dessus de la taverne éponyme proche du front de mer, voici une bonne option pour les voyageurs à petit budget. Les chambres sont simples et propres, et le propriétaire est bien informé.

Camping Kalamitsi CAMPING $
(☎26820 22192 ; www.campingkalamitsi.com ; Kalamitsi ; empl camping par adulte/tente 6,50/5 € ; P wifi piscine). Vaste camping bien équipé au bord de la plage, à 4 km sur la route Prévéza-Parga. Piscine et restaurant.

Où se restaurer

O Kaixis POISSON $
(☎6947899404 ; Parthenagogiou 7 ; poissons 5-9 €). Cette sympathique taverne, dans une ruelle à deux pas du front de mer, sert d'excellents poissons frais et des grillades.

Amvrosios POISSON $$
(☎26820 27192 ; Grigoriou tou Pemptou 9 ; poissons 7-11 €). Dans une ruelle fleurie proche du front de mer, l'Amvrosios prépare de goûteux plats de poisson, mais un peu chers.

Renseignements

Vous trouverez banques et DAB sur Leof Irinis, à deux pâtés de maisons du front de mer.

À 2,5 km à l'ouest de Prévéza, un **tunnel routier** (3 €) passe sous la mer pour rejoindre Aktion. Il n'existe pas de ferry pour passagers entre Prévéza et Aktion, mais la compagnie qui gère le tunnel est légalement obligée de transporter gratuitement piétons et cyclistes.

Dans une ruelle au sud du front de mer, **Karyatis Travel** (☎6949225729 ; www.karyatis-travel.gr ; angle Salaminos 1 et Venizelou ; ⌚9h-14h et 17h-20h) vend les billets de ferry et d'avion.

Depuis/vers Prévéza

AVION

L'**aéroport de Prévéza** (parfois appelé Lefkada ou Aktion), 7 km au sud, est en été une plaque tournante pour les charters desservant plusieurs villes européennes. **Sky Express** (www.skyexpress.gr) dessert Sitia, en Crète, et des îles Ioniennes. La course en taxi pour rejoindre le terminal coûte 12 €.

BUS

La gare routière de Prévéza est à 2 km de la ville. Un taxi pour le centre coûte au moins 4 €. Les bus desservent Ioannina (10,40 €, 2 heures, 9/jour), Parga (5,50 €, 2 heures, 5/jour), Igouménitsa (13,30 €, 2 heures 30, 2/jour), Thessalonique (39,30 €, 8 heures, 2/jour) et Athènes (37,30 €, 6 heures, 5/jour).

Nikopolis Νικόπολη

En 31 av. J.-C., Octave (futur empereur romain sous le nom d'Auguste) triomphe de Marc Antoine et Cléopâtre à la bataille navale d'Actium (aujourd'hui Aktion). Pour célébrer cette victoire, il fit bâtir **Nikopolis** (cité de la Victoire ; ☎26820 41336 ; tarif plein/réduit 2 €/gratuit ; ⏲8h30-15h). Après les invasions barbares des Ve et VIe siècles, la ville fut reconstruite par Justinien. Le pillage par les Bulgares au XIe siècle en provoqua le déclin.

Subsistent de rares vestiges des **remparts romains**, des **remparts byzantins**, d'un

LIAISONS MARITIMES VERS LES ÎLES IONIENNES ET L'ITALIE

Igouménitsa, au nord-ouest de l'Épire, est un grand port sans charme, d'où partent des ferries pour les îles Ioniennes, dont Corfou (Kerkyra) et Paxi, et pour l'Italie (pays que vous pouvez aussi rejoindre en bateau depuis Patras, p. 179).

Les ferries partent de trois quais voisins : les bateaux pour Ancône et Venise du port sud, ceux pour Brindisi et Bari du vieux port, près des bureaux des compagnies maritimes, et ceux pour Corfou (Kerkyra) et Paxi ont leurs embarcadères au nord du nouveau port.

Pour l'Italie, vous pouvez acheter votre billet de passager en classe pont à Igouménitsa ; pensez à réserver si vous souhaitez une cabine ou si vous voyagez en voiture. Il faut se rendre au port 2 heures avant le départ et s'enregistrer au bureau de la compagnie maritime pour récupérer sa carte d'embarquement. Il est possible de "camper" à bord si on voyage en camping-car.

Au moment de nos recherches, les tarifs passager en classe pont étaient de 58 € pour Brindisi (6 heures-9 heures 30), 61 € pour Bari (8 heures 30-10 heures 30), 72 € pour Ancône (15 heures) et 83 € pour Venise (23 heures). Comptez environ deux fois plus pour une cabine avec douche pour 4 personnes. Les tarifs des véhicules débutent à 57 € pour Bari et Brindisi, 90 € pour Ancône et 112 € pour Venise. Deux à quatre ferries par jour desservent chacune de ces destinations.

Les différentes compagnies de ferries pratiquent des tarifs similaires ; consultez leurs sites Internet ou leurs bureaux locaux. Parmi les compagnies, signalons : **Agoudimos Lines** (☎26650 21175 ; www.agoudimos-lines.com ; Agion Apostolon 147), **ANEK Lines** (☎26650 22104 ; www.anek.gr ; Revis Travel Tourism & Shipping, Ethnikis Andistasis 34), **Endeavor Lines** (☎26650 26833 ; www.endeavor-lines.com/en/schedules ; Eleni Pantazi Travel, Ioniou Pelagous), **Minoan Lines** (☎26650 22952 ; www.minoan.gr ; Ethnikis Andistasis 58a), **Superfast Ferries** (☎26650 29200 ; www.superfast.com ; Pitoulis & Co Ltd, Agion Apostolon 147) et **Ventouris Ferries** (☎26650 23565 ; www.ventouris.gr ; Milano Travel, Agion Apostolon 11b). L'agence centrale **Milano Travel** (☎26650 23565 ; milantvl@otenet.gr ; Agion Apostolon 11b ; ⏲9h-19h) vend aussi des billets. À Prévéza, Karyatis Travel (p. 290) peut vous dénicher des tarifs réduits ou vous obtenir un surclassement en cabine. À Parga, essayez International Travel Services (p. 293).

Pour les renseignements sur les ferries desservant Corfou, vous pouvez appeler un **opérateur en anglais** (☎26650 99460).

Rien n'invite à s'attarder à Igouménitsa, mais si vous devez y passer la nuit l'**Angelika Pallas Hotel** (☎26650 26100 ; www.angelikapallas.gr ; Agion Apostolon 145 ; s/d/tr avec petit-déj à partir de 65/75/90 € ; ❄📶) est le meilleur hôtel de la ville. Situé au milieu du front de mer, près de l'embarcadère pour Corfou, il dispose de chambres propres et modernes (certaines accessibles aux handicapés) et d'un restaurant copieux. D'autres hôtels un peu moins chers, mais moins bien donnent sur le front de mer, le meilleur étant le **Jolly Hotel** (☎26650 23971 ; jollyigm@otenet.gr ; Ethnikis Andistasis 44 ; s/d avec petit-déj 40/60 € ; @). Dans le quartier plus chic de Nea Selefkia, le luxueux **Hotel Seleykos Palace** (☎26650 27157 ; www.selefkos.gr ; Nea Selefkia ; s/d/tr avec petit-déj 60/70/80 € ; P❄📶🏊) dispose d'un jardin, d'une piscine et d'un salon de beauté, et offre une superbe vue depuis son toit-terrasse.

La **gare routière d'Igouménitsa** (KTEL Thesprotias ; ☎26650 22309 ; www.ktel-thesprotias.gr ; Arhillohou) se situe à deux pâtés de maisons de l'embarcadère des ferries pour Corfou. Les bus desservent Ioannina (11 €, 2 heures, 9/jour), Parga (7,10 €, 1 heure, 4/jour), Athènes (48 €, 8 heures, 5/jour), Prévéza (12 €, 2 heures 30, 2/jour) et Thessalonique (42 €, 8 heures, 1/jour). Ces bus sont moins fréquents d'octobre à mai.

théâtre, ainsi que les ruines du **temple d'Harès**, du **temple de Poséidon**, d'un **aqueduc**, de **thermes romains** et d'un **amphithéâtre** restauré. L'immense site s'étend le long de la route Prévéza-Arta ; les bus reliant ces deux villes s'y arrêtent.

Lors de la rédaction de ce guide, le site était fermé pour cause de fouilles et de reconstruction ; renseignez-vous sur place.

Le **Musée archéologique** (☎26820 41336 ; tarif plein/réduit 4 €/gratuit ; ⏲8h30-15h) expose les découvertes les plus anciennes ; celles des fouilles récentes sont montrées au Musée archéologique de Ioannina.

Parga — Πάργα

2 400 HABITANTS

Charmante bourgade couronnée par une forteresse vénitienne, Parga se déploie autour d'une petite baie incurvée et sablonneuse, face à une île. Le vieux quartier, aux maisons chaulées et fleuries, recèle des chapelles anciennes et des musées. Des deux côtés du village s'étendent de longues plages de sable. Pendant la saison touristique, les bars du front de mer sont bondés, mais il règne toujours une ambiance bon enfant.

C'est une base idéale pour profiter de la plage, visiter des sites historiques et faire des excursions vers les îles Ioniennes.

À voir

Dans le vieux quartier, ne manquez pas les austères chapelles **Dodeka Apostoli** (1780) et **Agios Dimitrios** (1850). Lors de notre venue, une exposition de photos anciennes était sur le point d'ouvrir.

Kastro — CHÂTEAU

GRATUIT Le château de Saint-Andréas, perché au sommet d'une falaise, offre de ses remparts une vue superbe sur le littoral et la ville. La partie centrale, rénovée, comporte des canons intacts, et l'ancien arsenal abrite un **café** (☎26840 31150 ; ⏲11h-tard). Attention à vos enfants : les remparts ne sont pas équipés partout de garde-fou.

Plages — BAIGNADE

Sur le front de mer, au centre, la **plage de sable de Kryoneri**, baignée par des eaux peu profondes, fait face à l'île. En grimpant par-delà le château, on arrive en 15 minutes à la **plage de Valtos**, longue de 2 km et équipée de chaises longues (4-6 €). À 2 km au sud de Parga, la **plage de Lyhnos**, bordée d'eaux cristallines, a une ambiance plus décontractée ; un petit camping ombragé se trouve sur place. Une taverne et des hébergements bordent la route d'accès escarpée et sinueuse.

Paragaea — MOULIN À HUILE ET MUSÉE

(☎26840 32889 ; www.paragaea.gr ; Tzavella 19 ; 3,50 € ; ⏲10h-23h). Dans le vieux Parga, cet ancien moulin à huile d'olive, qui a fonctionné de 1929 à 1974, a été transformé en musée en 2013. La visite guidée (incluse dans le billet) présente les différentes étapes de la fabrication, l'importance qu'occupait cette industrie dans la vie locale avant l'essor du tourisme et les conditions de travail à l'époque. Suit une savoureuse dégustation sur du pain des différentes huiles d'olive que l'on peut acheter dans la boutique adjacente.

Activités

Les visites du Nékromantéion d'Éphyre (42 €), les croisières sur le fleuve Aherondas (25 €) ou à Paxi et Antipaxi (20 €) peuvent être réservées à International Travel Services (p. 293), une agence de voyages établie de longue date face à l'arrêt de bus

Parga Tour Train (www.tour-train.parga.com ; front de mer) propose une amusante promenade de 2 heures en petit train, qui convient particulièrement aux enfants. Le train part du front de mer à 9h30, remonte la route du littoral et bifurque vers une oliveraie avant de s'arrêter à **Anthousa**, au **musée du Moulin à eau**. Là, le charmant Vassilis Nakas explique le fonctionnement de cet ancien moulin qui servait autrefois à moudre le blé. Suit une petite marche vers une cascade (à moins de préférer une halte au café du moulin). En prenant le train de l'après-midi, on visite, à la place, le village d'Anthousa (800 m au-dessus du moulin à eau) et les vestiges de la **forteresse d'Ali Pacha**.

Où se loger

♥ **Acropol Hotel** — HÔTEL $$

(☎26840 31239 ; www.acropol.biz ; Agion Apostolon 4 ; s/d 60/90 € ; ❄). Cet hôtel raffiné, construit en 1884, se situe dans le vieux Parga. Ses 10 chambres de luxe, dotées de grands lits et d'un mobilier italien artisanal, disposent de douches avec hydromassage. Certains balcons donnent sur le Kastro. L'hôtel abrite aussi l'élégant restaurant Castello (p. 293).

Salvator Villas & Spa Hotel HÔTEL $$$
(☎26840 31833 ; www.sansalvator.com ; Kyperi ; app/villa de luxe avec petit-déj 200/700 € ; P ❄ 📶 🏊). À 1 km au sud de Parga par la route principale, ce sympathique hôtel luxueux surplombe Parga et la côte. Chaque villa possède deux chambres, une kitchenette et une terrasse et même pour certaines, une piscine privée. Il y a aussi une piscine centrale et un spa. Petit-déjeuner buffet et excellent restaurant. Service de navette gratuit avec Parga toute la journée.

Bella Vista Studios & Apartments APPARTEMENTS $$
(☎26840 31457, 26840 31833 ; www.bellavista.com.gr ; plage de Lihnos ; studio/app 80/100 € ; P ❄ 📶 🏊). Au-dessus de la plage de Lihnos, ces studios et appartements modernes sont installés autour d'une agréable piscine, au milieu des citronniers. Les appartements peuvent accueillir jusqu'à 5 personnes et toutes les chambres à l'étage possèdent de grands balcons avec vue sur la mer et les collines. Le chemin de la colline vers la plage est très escarpé, mais le patron propose des réductions sur la location de voiture.

Enjoy Lihnos Beach Camping CAMPING $
(☎26840 31171 ; www.enjoy-lichnos.net ; plage de Lihnos ; empl camping par adulte/tente 6/4 €, d 55 € ; P). Sur la plage de Lihnos, un camping ombragé à l'ambiance décontractée, avec beach-volley, parasols gratuits, supérette et restaurant. Studios disponibles.

Camping Valtos CAMPING $
(☎26840 31287 ; www.campingvaltos.com ; plage de Valtos ; empl camping par adulte/tente 6,50/6 € ; P). Situé au milieu des orangers sur la plage animée de Valtos, ce camping dispose de bungalows (kitchenette et climatisation) et d'un restaurant. On y accède en 15 minutes à pied de Parga par un chemin abrupt (5 minutes en voiture).

Hotel Paradise HÔTEL $$
(☎26840 31229 ; Spyrou Livada 23 ; s/d 60/75 € ; ❄ @ 🏊). Ce sympathique hôtel central dispose de chambres modernes et aérées, d'une piscine et d'un bar au rez-de-chaussée.

Où se restaurer et prendre un verre

Castello Restaurant GASTRONOMIE $$
(☎26840 31833 ; www.castello-restaurant.com ; Hotel Acropol, Agion Apostolon 4 ; plats 8-14 € ; ⏲12h-1h). Apprécié depuis longtemps, cet élégant restaurant propose une cuisine créative mêlant les influences françaises, italiennes et grecques. Service parfait. Musique douce et jazz ajoutent au charme romantique du lieu. Détail atypique : on voit la cave à vins sous ses pieds, à travers un sol en verre.

Motley Coffeesweet CAFÉ-CONFISERIE $
(☎26840 32115 ; front de mer ; desserts 3-5 € ; ⏲8h-2h). Ce nouveau lieu, ouvert en 2013 devant la plage de Parga, vend tout un choix de desserts maison, ainsi que des glaces.

O Arkoudas POISSON $$
(☎26840 32553 ; poissons 8-15 € ; ⏲12h-1h). Produits de la pêche du jour et superbe vue sur le front de mer.

Taverne to Souli TAVERNE $
(☎26840 31658 ; Anexartisias 45 ; mezze 4-6 €, plats 6-11 € ; ⏲12h-1h). Très bons mezze, avec des spécialités locales, telles que la *feta Souli* (feta grillée aux tomates et aux herbes), ou épirotes, comme le *kleftiko* (agneau ou chèvre au four).

Symposium TAVERNE $$
(☎26840 32177 ; front de mer ; plats 9-13 € ; ⏲10h-23h). Cuisine traditionnelle, mettant à l'honneur le poisson et les fruits de mer, et vue sur l'eau.

Sugar Bar BAR
(www.sugarbar.gr ; front de mer ; ⏲10h-tard). Le secret du succès de ce bar du front de mer ? Sa carte de plus de 100 cocktails ! Clientèle et musique grecques et internationales.

Antico BAR
(☎26840 32713 ; Anexartasies 4 ; ⏲10h-3h). Niché dans une ruelle, ce bar à l'ambiance rock classique reste animé jusque tard.

Renseignements

La route Prévéza-Igouménitsa passe par le haut de Parga ; l'entrée du bourg côté sud-est donne accès à la plage et au front de mer ; l'entrée côté nord-ouest correspond à l'arrêt de bus et permet de descendre vers le centre par Spyrou Livada. Une autre route, plus à l'ouest, rejoint la plage de Valtos.

Parga possède des banques avec DAB et un petit centre médical. En cas d'urgence, le **médecin Spiros Radiotis** (☎6944162261, 26840 32450 ; Alexandrou Baga 1 ; ⏲24h/24) est joignable par téléphone 24h/24. Son cabinet jouxte l'Emporiki Trapeza.

International Travel Services (ITS ; ☎26840 31833 ; www.parga.net ; Spyrou Livada 4). Près de la gare routière, l'ITS, réputé pour son efficacité, répond à toutes vos questions, s'occupe des hébergements, des réservations de circuits dans la région et des titres de transport. Un comptoir Budget Rent a Car est installé dans ses locaux.

Poste (Alexandrou Baga 18)

Depuis/vers Parga

BATEAU-TAXI

Des bateaux-taxis se rendent à la plage de Voltos (4 € ; 9h30-18h ; à la plage de Lihnos (7 € ; 11h-17h) ; et à Sarakiniko (8 € ; 10h-17h).

BUS

Au départ de la **gare routière de Parga** (26840 31218), un bus dessert Igouménitsa (5,90 €, 1 heure, 5/jour), Prévéza (7,10 €, 2 heures, 4/jour), Thessalonique (45,70 €, 7 heures, 1/jour) et Athènes (41,20 €, 7 heures, 3/jour).

VOITURE

Pour louer une voiture (à partir de 40 €/jour), passez par **Europcar** (26840 32777 ; Spyrou Livada 19) ou **Budget Rent a Car**, situé à l'ITS.

Nékromantéion d'Ephyre

Νεκρομαντείο της Αφύρας

Les Anciens considéraient ce lieu comme la porte gardée par Hadès, le dieu des Enfers – autrement dit l'entrée des Enfers sur le fleuve Achéron. Aujourd'hui, le **Nékromantéion** (26840 41206 ; tarif plein/réduit 2 €/gratuit ; 8h30-15h), sur le site de l'antique Ephyre, n'est plus qu'un labyrinthe de ruines que l'on découvre au terme d'une belle balade en bateau le long de la côte puis sur le fleuve Aherondas (ou Achéron). Lors de notre venue, le site était fermé pour restauration ; renseignez-vous sur place.

Les Grecs anciens venaient consulter l'oracle des morts au Nékromantéion, un sanctuaire dont l'origine pourrait remonter à l'époque mycénienne. Ils faisaient des offrandes de lait et de miel et scrifiaient des animaux pour communiquer, par l'intermédiaire de prêtres, avec l'esprit des défunts. Une légende rapporte que les pèlerins qui n'avaient pas de quoi payer l'obole du batelier qui les transportait le long du fleuve étaient noyés. Suivait un rituel orchestré par les prêtres, au cours duquel les pèlerins devaient notamment absorber des substances hallucinogènes, répondre à des questions et rester plongés pendant deux jours dans l'obscurité et l'humidité d'une galerie souterraine.

Le sanctuaire fut florissant des siècles durant avant de disparaître avec l'essor du christianisme. Le site renferme un **cimetière**, situé près des vestiges du monastère d'Agios Ioannis Prodromos d'époque byzantine.

Les circuits organisés vers le Nékromantéion, incluant parfois d'autres sites, coûtent environ 40 €. Avant de réserver, faites-vous confirmer que le site a bien rouvert. Si vous êtes motorisé, roulez en direction de Mesopotamo (19 km) et guettez le panneau indiquant "Nekromanteio" (1 km avant le bourg de Mesopotamo).

La Grèce côté îles

Toute escapade sur une île fait rimer sable fin et eau cristalline. Dans la composante grecque s'y ajoutent d'autres atouts : la proximité de forêts verdoyantes, la présence de forteresses médiévales, la découverte d'animaux marins, la beauté saisissante du coucher du soleil sur la mer Égée et, pour certaines îles des Cyclades, une vie nocturne animée. Ces archipels seraient-ils le paradis sur terre ?

Sommaire

Ci-dessus : Navagio (p. 627) à Zante

1

DU BOISBERRANGER JEAN/HEMIS.FR/GETTY IMAGES ©

1. Santorin (p. 384) 2. Ville de Rhodes (p. 425)
3. Hydra (p. 313) 4. Lesbos (p. 526)

3

2

MARTIN CHILD/GETTY IMAGES ©

4

KAROLOS TRIVIZAS/GETTY IMAGES ©

À la recherche de l'île parfaite

Bénis par les dieux de la mythologie ou par Dame Nature, les archipels des Cyclades, du Dodécanèse ou des Sporades présentent chacun un visage différent. L'intérieur des terres, couvert de conifères ou témoin d'un passé volcanique, est souvent d'une beauté à couper le souffle, tandis que les littoraux escarpés permettent de découvrir un environnement maritime exceptionnel.

Santorin

Santorin ne se résume pas au coucher du soleil sur sa baie, et pourtant... Siroter un cocktail sur un balcon dominant la caldeira au crépuscule, lorsque les falaises se teintent de rouges et d'orange éblouissants, voilà le bonheur fait île.

Rhodes

La beauté de Rhodes a excité bien des convoitises, de la part des peuples voisins ou, plus pacifiquement, des artistes. Résultat inattendu : un patrimoine aussi impressionnant que peut l'être sa côte battue par le vent. Le programme de votre journée comportera ainsi la visite d'une acropole antique, de plusieurs chapelles byzantines et d'un *kastro* en ruine, pour se terminer en beauté au son des musiciens dans l'un des charmants bars de la vieille ville.

Hydra

Avec son village en pierre préservé et son port plein d'animation, Hydra est l'une des îles les plus prisées de Grèce. Sa proximité avec Athènes y est sans doute pour beaucoup. La vie, étonnamment, s'écoule ici comme il y a des siècles, entre les tavernes d'une grande simplicité, l'absence de voitures et une côte sauvage accessible à la baignade.

Lesbos (Mytilène)

Cette grande île réserve plus d'un paysage étonnant : oliveraies, pinèdes, plaines arides, marais salants, forêt pétrifiée (rarissime) et sources chaudes.

1

Des plages de rêve

La Grèce ne se limite pas à ses plages, mais son littoral apporte la touche finale à un tableau déjà superbe ! Place à la démesure et à la diversité des paysages, entre les longues étendues de sable facilement accessibles, les criques isolées au rivage couvert de galets, les étendues de sable noir volcanique ou les fonds sous-marins à la faune exceptionnelle.

Sable doré, rouge ou noir

Santorin est connue pour ses plages volcaniques de sable rouge ou noir. La longue plage de Vlyhada est jalonnée de pierres ponces, tandis que la spectaculaire "plage rouge", nichée dans une petite crique voisine, est bordée de falaises d'un vermillon intense.

À l'est, la majestueuse baie de Kéfalos, sur l'île de **Kos**, est un secret largement partagé. Foulez le sable chaud de cette magnifique plage de 12 km et vous comprendrez aisément pourquoi. La baie se divise en plusieurs plages, chacune avec sa personnalité propre, tantôt festive, tantôt paisible.

Corfou est prisée pour ses étendues de sable facilement accessibles. Paleokastritsa, sur la côte ouest, est constituée d'une série de criques charmantes encadrées par de hautes falaises, à l'ombre de cimes découpées et d'oliviers. Trouvez un petit coin tranquille et relaxez-vous !

Pour vivre heureux, vivons caché...

Malgré sa popularité comme destination balnéaire, la Grèce est parvenue à préserver des foules de splendides portions du littoral. Visitez **Icarie**

1. Plage de Kathisma (p. 608), Leucade
2. Plage de sable noir à Santorin (p. 395)
3. Naxos (p. 358)

(Ikaria), une île magique bordée de sable fin et parsemée de criques paradisiaques de galets blancs. On y découvre aisément des plages isolées, les plus fréquentées s'avérant même bien plus décontractées que celles du complexe balnéaire lambda.

La côte ouest de **Leucade** (Lefkada) exaucera tous les rêves des amateurs de plages : isolées et parfois surprenantes, souvent peu aménagées, et où les habitants vendent les olives, le vin et le miel qu'ils produisent. Difficile d'imaginer que l'on est si près du continent et de son animation !

Outre son paysage verdoyant et le mont Zeus en toile de fond, la tranquille **Naxos** possède deux délicieuses ressources : des plages idylliques de sable blanc et un alcool local, le *kitron*, à déguster sur l'interminable Agia Anna ou la plage isolée de Mikri Vigla.

MEILLEURES PLAGES POUR...

La baignade Myrtos (Assos, îles Ioniennes)

Le snorkeling Monastiri (Paros, Cyclades), Paleokastritsa (Corfou), baie de Xirokambos (Léros, Dodécanèse)

Les enfants Kambos (Patmos, Dodécanèse), péninsule de Chalcidique (Grèce du Nord)

L'isolement Porto Katsiki (Leucade, îles Ioniennes)

Les bars de plage plage de Kritika (Kos, Dodécanèse), Glyfada (Athènes)

La faune Les plages de Lesbos (îles du nord-est de la mer Égée) et de Skyros (Sporades)

Un environnement exceptionnel

En dépit de leur beauté, impossible de se contenter du farniente sur la plage dans les îles grecques ! Libre à vous de visiter des sites antiques (Délos), d'explorer des forteresses croisées (Rhodes ou Limnos), de partir en pèlerinage dans des églises byzantines (Patmos) ou de plonger avec les tortues et les dauphins (Zante).

1

2

BRUNO MORANDI/GETTY IMAGES ©

DAVE PORTER PETERBOROUGH UK/GETTY IMAGES ©

1. Myrina (p. 539), Limnos
Les ruines de ce château datent du XIIIe siècle.

2. Paxi (p. 606)
Une île ionienne réputée pour sa beauté naturelle.

3. Olymbos (p. 445), Karpathos
Un village traditionnel domine la côte rocheuse de l'île.

4. Baie de Laganas (p. 624), Zante
Le parc marin national de l'île abrite la tortue caouanne, une espèce menacée.

5. Santorin (p. 395)
Panorama sur la caldeira.

FREDERIC BOS/FOTOLIA ©

Voilier filant devant le littoral déchiqueté, à Santorin

Îles du golfe Saronique

Dans ce chapitre ➡

Le top des restaurants

- Sunset (p. 316)
- Elia (p. 307)
- Aspros Gatos (p. 311)
- Akrogialia (p. 320)
- Four Seasons (p. 318)

Le top des hébergements

- Poseidonion Grand Hotel (p. 320)
- Hydra Hotel (p. 315)
- Rosy's Little Village (p. 309)
- Hotel Miranda (p. 315)
- Orloff Resort (p. 320)

Pourquoi y aller

Visiter la constellation des îles du golfe Saronique (Νησιά του Σαρωνικού), très proches d'Athènes, est le meilleur moyen de goûter à la vie insulaire. Comme toutes les îles grecques, celles du golfe se distinguent chacune par une atmosphère et une culture bien particulières. En allant de l'une à l'autre, on passe de l'héritage classique aux plages touristiques, de l'architecture raffinée à une évasion au vert.

Égine, la plus accessible, renferme un temple dorique spectaculaire et les ruines d'un village byzantin. Sa voisine, Angistri, est un lieu préservé, planté de pins, éloigné de la cohue estivale. Plus au sud, Poros et ses forêts ne se trouvent qu'à quelques centaines de mètres du Péloponnèse. Le joyau du golfe, Hydra, est une île sans voitures, dont les maisons de pierre s'élèvent au-dessus d'un port chargé d'histoire. À l'extrême sud, Spetsès baigne dans une douce odeur de pin, bien que ses innombrables criques s'étendent à quelques minutes à peine du Péloponnèse.

Quand partir

Hydra

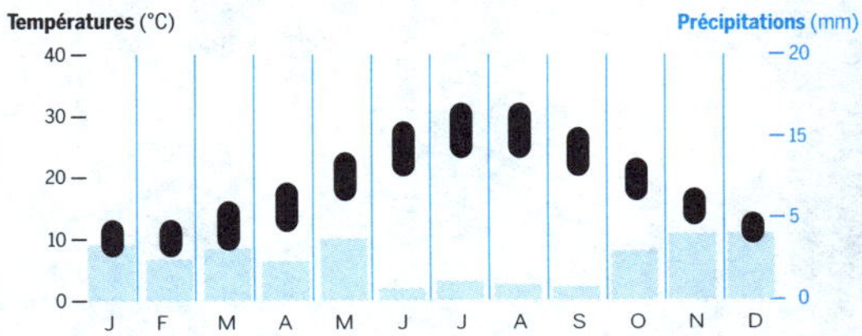

Mai Les îles se réveillent. Pâques marie ferveur religieuse et floraison printanière.

Juin Profitez des eaux scintillantes et du climat doux d'Hydra, à l'occasion de la fête de Miaoulia.

Septembre Un ciel limpide, moins de monde et la célébration d'Armata à Spetsès.

À ne pas manquer

1. Le contraste entre l'ambiance branchée du joli port d'**Hydra (Hora)**, avec ses musées passionnants et sa scène chic, et les sentiers désertés de l'île ou ses criques innombrables invitant à la baignade (p. 313)
2. Un voyage dans l'histoire antique d'Égine au **temple d'Aphéa** (p. 308) et dans la **ville byzantine de Paléohora** (p. 308)
3. Les bonnes tables de **Spetsès** (p. 318), ses musées évoquant l'histoire de la région et le tour de l'île à la découverte de baies étincelantes.
4. Les plages tranquilles d'**Angistri** (p. 309) à la basse saison.
5. Une excursion dans l'intérieur des terres de la très paisible **Poros** (p. 310).

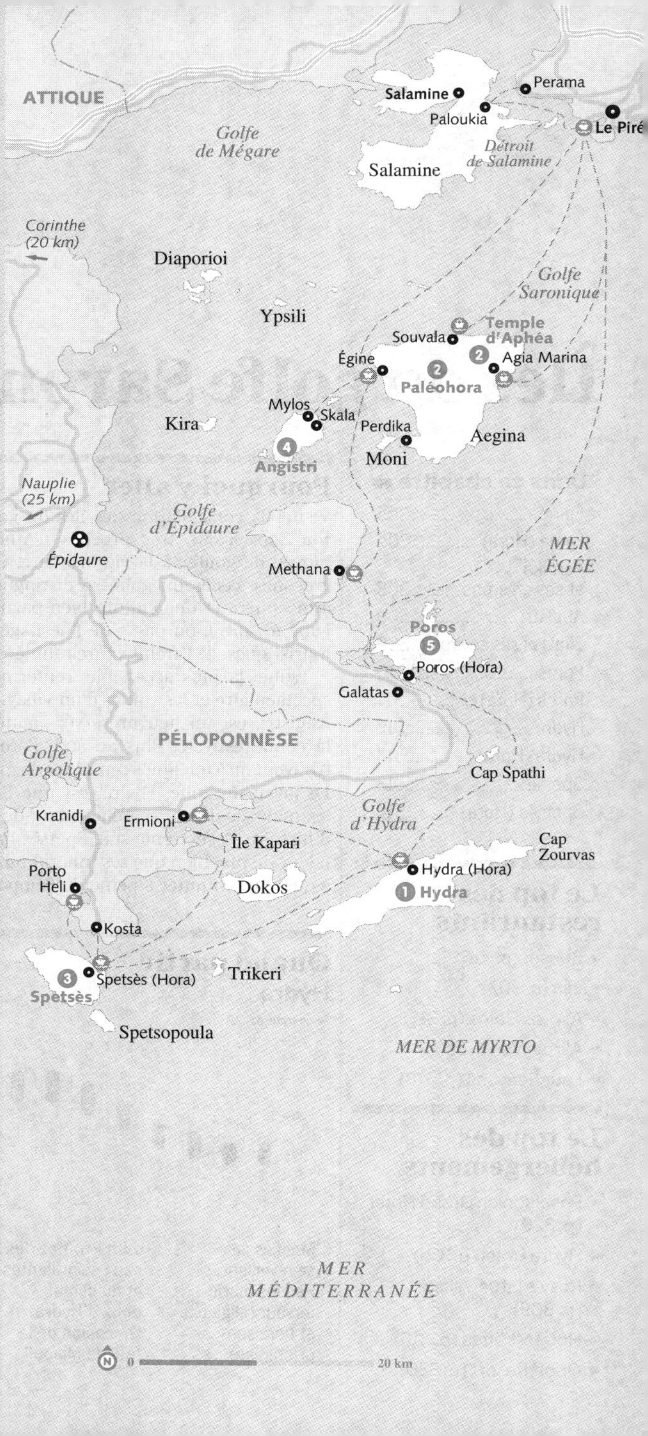

ÉGINE (AEGINA) ΑΙΓΙΝΑ

13 190 HABITANTS

Au-delà de son port animé, Égine séduit par son atmosphère sereine, typique des îles grecques. Elle possède plusieurs sites antiques prestigieux, comme le splendide temple d'Aphéa du Ve siècle av. J.-C. et les vestiges de Paleohora, d'époque byzantine. À une population insulaire décontractée, dont une partie travaille dans la capitale, viennent se mêler les Athéniens le week-end. La spécialité de l'île est la pistache.

Comptoir marchand apparu vers 1000 av. J.-C., Égine devint la première puissance maritime du golfe Saronique au VIIe siècle av. J.-C., grâce à ses relations commerciales avec l'Égypte et la Phénicie. Sa flotte joua un rôle essentiel dans la victoire des Grecs sur les Perses lors de la bataille navale de Salamine en 480 av. J.-C. En dépit de leur alliance, Athènes finit par attaquer sa voisine en 459 av. J.-C. Égine ne retrouva jamais sa gloire d'antan, même si elle devait jouer un rôle important dans la défaite des Turcs au début du XIXe siècle, et devenir, entre 1827 et 1829, la capitale provisoire d'une Grèce partiellement libre.

Égine et Angistri

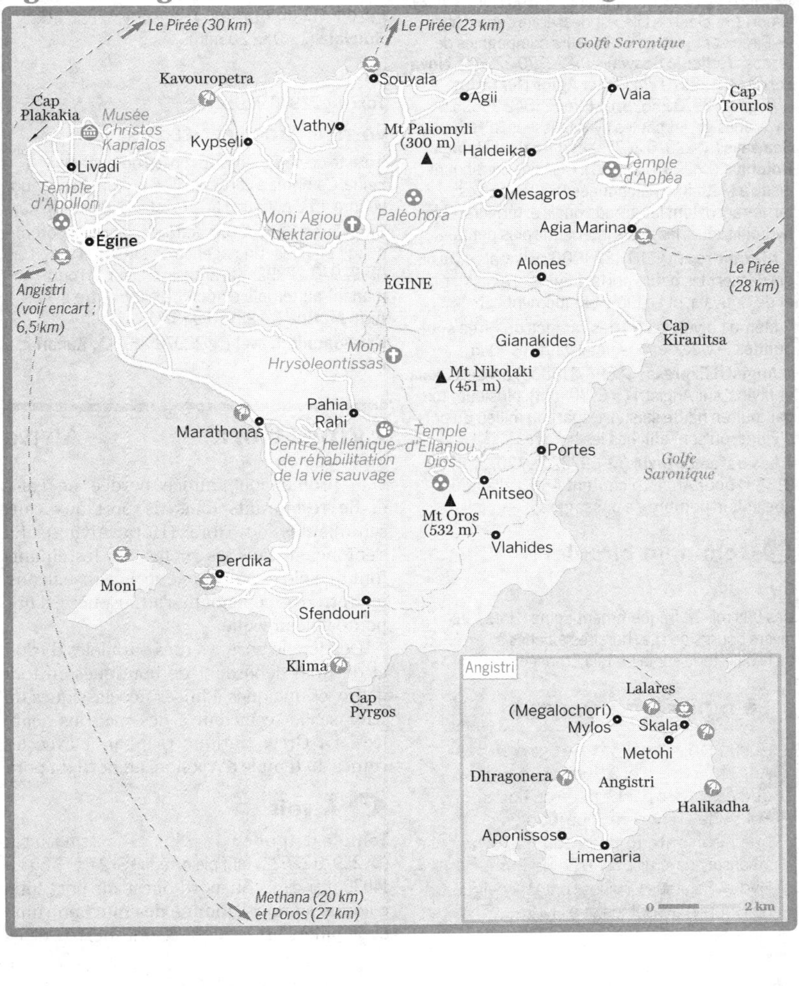

BATEAUX AU DÉPART D'ÉGINE

VERS	PORT	DURÉE	PRIX (€)	FRÉQUENCE
Angistri (Skala)	Égine (Hora)	20 min	2,50	1/jour
Angistri (Skala)*	Égine (Hora)	10 min	5,20	6/jour
Méthana	Égine (Hora)	40 min	5,70	2-3/jour
Le Pirée	Égine (Hora)	1h10	9,50	1/heure
Le Pirée*	Égine (Hora)	40 min	13,50	1/heure
Le Pirée	Agia Marina	1h	9,50	3-4/jour, été
Le Pirée	Souvala	1h35	9,50	3-4/jour, été
Poros	Égine (Hora)	1h50	8,50	2-3/jour

*hydroglisseurs

Depuis/vers Égine

La ville d'Égine (aussi appelée Hora ou Hora Aiyina), le port principal de l'île, est desservie depuis/vers Le Pirée et Angistri par plusieurs compagnies de ferries : **Hellenic Seaways** (☎22970 22945), **Nova Ferries** (☎22970 24200) et **Agios Nektarios** (☎Égine 22970 25625, Le Pirée 21042 25625 ; www.anes.gr), et par les hydroglisseurs d'**Hellenic Seaways** (☎22970 26777) et d'**Aegean Flying Dolphins** (☎22970 25800). Certains continuent jusqu'à Méthana (Péloponnèse) et Poros. Les ferries accostent les grands quais extérieurs, et les hydroglisseurs les quais intérieurs, plus petits.

Alexandros (☎210 482 1006 ; www.alexcruises.gr) dessert les petits ports d'Égine, d'Agia Marina et de Souvala, et Le Pirée uniquement l'été.

Même l'hiver, les ferries rapides du Pirée sont bondés le week-end ; mieux vaut réserver.

Angistri Express (☎6947118863) dessert Skala et Mylos, sur Angistri (5 €, 20 min), plusieurs fois par jour en haute saison. Départ au milieu du port d'Égine, où sont affichés les horaires.

Les **bateaux-taxis** (☎69722 29720, 22970 91387) pour Angistri coûtent 45 € l'aller, quel que soit le nombre de passagers.

Comment circuler

BUS

Des bus relient fréquemment Égine (Hora) aux divers bourgs de l'île (horaires affichés à l'extérieur de la billetterie sur la Plateia Ethnegersias).

Agia Marina (2 €, 30 min), via Paleohora (1,40 €, 15 min) et le temple d'Aphéa (1,70 €, 25 min)
Perdika (1,80 €, 15 min)
Souvala (1,40 €, 20 min)

TAXI

Taxi (☎22970 22010)

VOITURE, MOTO ET VÉLO

Il existe de nombreuses agences de location à Égine. Comptez à partir de 30 € la journée pour une voiture, 15 € pour une 50 cm³ et 8 € pour un vélo.

Sklavenas Rent A Car Voitures, jeeps, scooters, quads et vélos. Une agence se situe à **Hora** (☎22970 22892; Kazantzaki 5), sur la route menant au temple d'Apollo, et une autre à **Agia Marina** (☎22970 32871).

Karagiannis Travel (☎22970 28780 ; Kanari 2, Hora)

D'UNE ÎLE À L'AUTRE

Aucun ferry direct ne relie Égine et Angistri à Hydra et à Spetsès et vous devrez passez par Le Pirée ou Poros. Pour une excursion d'une journée, prenez un **bateau de croisière** (www.athensonedaycruise.com) Égine-Poros-Hydra. Pegasus Cruises (p. 141) navigue de Nauplie à Spetsès et à Hydra.

Égine (Hora) Αίγινα

8 905 HABITANTS

Une promenade animée bordée de cafés et de restaurants longe le port aux eaux scintillantes de Hora (Hora Aiyina). En s'enfonçant dans les ruelles, où les enfants font du vélo et où le linge sèche aux balcons, on retrouve cependant l'atmosphère d'une petite ville grecque.

Derrière le port, les rues parallèles d'Irioti et de Rodi débordent de boutiques en tout genre, et quelques édifices néoclassiques du XIXe siècle se mêlent à des maisons chaulées. La Grèce antique réapparaît avec les ruines du temple d'Apollon, au nord du port.

À voir

Temple d'Apollon SITE ANTIQUE
(☎22970 22637 ; tarif plein/réduit 3/2 € ; ⌚8h30-14h30 mar-dim). Au nord-ouest du port, une colonne solitaire domine des murs en ruine et de piliers brisés. C'est ce qui subsiste de ce

temple du Ve siècle av. J.-C. qui faisait autrefois partie de l'acropole antique (érigée sur un site préhistorique). Les pièces exposées au **musée du Sanctuaire** sont accompagnés d'explications en anglais et en allemand.

Musée d'Art populaire FOLKLORE
(22970 26401 ; S Rodi ; 8h30-14h30 mer-ven, 10h-13h sam-dim, et 17h30-20h30 ven-sam) GRATUIT. Une exposition de costumes, d'œuvres d'art et d'ustensiles de cuisine recréant l'atmosphère de la vie sur l'île dans des temps anciens.

Fêtes et festivals

Aegina Fistiki Fest GASTRONOMIE
(www.aeginafistikifest.gr ; septembre). Cette fête de 3 jours en l'honneur de la pistache d'Égine (*fistiki aeginis* ; appellation d'origine protégée) donne lieu à des concerts, des spectacles et des concours de cuisine.

Où se loger

Réservez le week-end.

Aeginitiko Archontiko PENSION $
(22970 24968 ; www.aeginitikoarchontiko.gr ; angle Agiou Nikolaou et Thomaiados ; s/d/tr avec petit-déj 50/55/60 € ;). Cette pension, située en centre-ville, occupe une demeure de caractère du XIXe siècle. Si le salon et la cour sont charmants, les chambres sont un peu exiguës et défraîchies et les sdb rudimentaires. Bon petit-déjeuner. Vue sur la mer depuis la terrasse du toit.

Electra Pension PENSION $
(22970 26715 ; www.aegina-electra.gr ; s/d 40/45 € ;). Pas de jolie vue dans cette petite pension aux murs chaulés, mais d'impeccables chambres tout confort, dans un quartier central et paisible. Une option bien meilleure que les hôtels alentour.

Marianna Studios PENSION $
(22970 25650 ; www.aeginastudiosmarianna.com ; Kiverniou 16-18 ; s/d 30/35 € ;). Adresse accueillante, idéale pour les voyageurs à petit budget. Certaines des chambres, très sommaires, sont équipées d'un balcon ou donnent sur le jardin jouxtant la cour intérieure ; l'une d'elles possède même une cuisine (double/triple 40/45 €).

Hotel Rastoni HÔTEL $$
(22970 27039 ; www.rastoni.gr ; Odos Stratigou Dimitri Petriti 31 ; d/tr avec petit-déj 80/110 € ; P). Vastes chambres avec balcon donnant sur le joli jardin et le temple d'Apollon. Petit-déjeuner généreux et personnel serviable. Dans un quartier résidentiel à quelques minutes au nord du port.

Fistikies Holiday Apartments APPARTEMENTS $$
(22970 23783 ; www.fistikies.gr ; Logiotatidou 1 ; studio 90 €, app 4 pers 120 € ; P). Au sud de la ville, derrière le terrain de foot. Un ensemble d'appartements récents : propres, vastes, avec lecteurs DVD et terrasses donnant sur la piscine. Idéal en famille.

Où se restaurer

Si les restaurants du port offrent un spectacle intéressant, ils ne sont pas tous de qualité, à l'exception des authentiques *ouzeria*.

Les pistaches sont vendues partout : à partir de 6 € les 500 g selon la qualité.

Elia MÉDITERRANÉEN $
(22975 00205 ; Koumoundourou 4 ; plats 6-9 € ; déj et dîner, horaires réduits l'hiver). Aventurez-vous dans les petites rues à l'écart pour trouver cet excellent restaurant très prisé des habitants. Spécialités fraîches et imaginatives, notamment le pesto de pistache et les pitas du jour.

Gelladakis MEZZE $
(22970 27308 ; Pan Irioti 45 ; plats 6-12 € ; déj et dîner). Idéalement situé à l'arrière du marché au poisson, ce restaurant animé accueille une clientèle nombreuse, qui vient déguster du poulpe ou des sardines ultra-épicés et des mezze traditionnels.

Tsias TAVERNA $
(22970 23529 ; Dimokratias 47 ; plats 6-9 € ; déj et dîner). Un lieu sans prétention. Essayez les crevettes à la tomate et à la feta, ou l'un des plats du jour.

Bakalogatos MEZZE $$
(22970 23818 ; Pan Irioti et Neoptolemou ; plats 7-13 € ; déj et dîner mar-dim). Des mezze servis dans un cadre élégant, où les produits traditionnels ornent les murs.

Où prendre un verre et sortir

Bars musicaux et cafés bordent le port.

SUR LA TOILE ET EN KIOSQUE

Le mensuel **Saronic Magazine** (www.saronicmagazine.com), disponible dans les plus grandes îles, traite de l'actualité des îles du golfe.

Remvi CAFÉ, BAR
(Dimokratias ;). Un café-bar musical réputé, animé de jour comme de nuit.

International Corner BAR
(S Rodi). À l'écart de la promenade principale, ce bar aux murs lambrissés a du caractère. Le patron se fera un plaisir de passer le morceau de votre choix, qu'il s'agisse d'un hit planétaire ou d'une chanson grecque.

Avli BAR
(22970 26438 ; Pan Irioti 17). Un bar très animé, avec jardin couvert. La musique est éclectique, des tubes des années 1960 à la musique locale. Juste en face, le **Vartan** est un établissement plus chic.

Renseignements

Égine n'a pas d'office du tourisme. Il faut se renseigner auprès de Karagiannis Travel (p. 306) pour la location de voitures, les circuits organisés et les transports en bateau. Les banques du front de mer sont équipées de DAB.

Hôpital (22970 24489)

Police portuaire (22970 22328). À l'entrée de l'embarcadère des ferries.

Police touristique (22970 27777 ; Leonardou Lada). Dans une petite rue face à l'embarcadère des hydroglisseurs.

Environs d'Égine (Hora)

Égine est une île à la végétation luxuriante, où les fleurs sauvages abondent au printemps. Ses sites antiques sont sans conteste les plus beaux du golfe Saronique. À l'intérieur des terres, les collines et les montagnes dessinent un paysage de carte postale. Les plages n'étant pas le point fort d'Égine, c'est **Agia Marina**, sur la côte est, qui accueille l'essentiel du tourisme balnéaire de l'île. Sa plage aux eaux peu profondes, idéale pour les familles, est cependant bordée d'une rue très passante. Quelques plages de sable s'étendent le long de la route reliant Hora à Perdika, notamment celle de **Marathonas**.

♥ **Temple d'Aphéa** SITE ANTIQUE
(22970 32398 ; tarif plein/réduit 4 €/gratuit ; 8h-15h). Les vestiges bien conservés de ce temple imposant, érigé en 480 av. J.-C. en l'honneur d'une divinité locale de la période classique, se dressent au sommet d'une colline couverte de pins, offrant un panorama dégagé sur le golfe Saronique. Les frontons du temple étaient décorés de splendides sculptures retraçant la guerre de Troie. La plupart ont été dérobées au XIXe siècle ; elles sont désormais exposées à la glyptothèque de Munich.

Aphéa est à 10 km à l'est d'Égine ville. Des bus peu fréquents en direction d'Agia Marina marquent l'arrêt au site (20 min) ; comptez environ 12 € l'aller en taxi.

♥ **Paleohora** ÉGLISES, VESTIGES
(Παλαιοχώρα) GRATUIT. Les vestiges d'un village byzantin sont disséminés sur le versant de cette charmante colline reculée. Une trentaine d'**églises** ayant survécu à l'épreuve du temps (certaines ont été restaurées) constellent les hauteurs rocheuses de la citadelle. Un réseau de sentiers, bordés de fleurs sauvages au printemps, les relient entre elles.

Paleohora est à 6,5 km à l'est de Hora, près de l'église moderne Agios Nektariou. Le bus entre Hora et Agia Marina marque l'arrêt à l'embranchement de Paleohora (10 min) ; l'aller en taxi coûte 8 €.

Musée Christos Kapralos SCULPTURE
(22970 22001 ; Livadi ; 2 € ; 10h-14h et 18h-20h mar-dim juin-oct ; 10h-14h ven-dim nov-mai). De 1963 à 1993, le sculpteur Christos Kapralos (1909-1993) travailla à Égine durant l'été. Sa maison et son atelier, situés sur la côte à 1,5 km au nord d'Égine (Hora), ont été transformés en un musée où sont exposées beaucoup de ses œuvres, notamment certaines sculptures monumentales, comme sa *Frise du Pindes*, de 40 m de long.

Perdika et ses environs
Πέρδικα

Cadre idéal pour une escapade au calme, Perdika est un village de pêcheurs, situé à 9 km au sud d'Égine (Hora), à la pointe sud de la côte occidentale. La crique du port, peu profonde, n'engage pas à la baignade. Embarquez plutôt sur l'un des nombreux caïques (4 €) qui partent du port pour l'îlot de **Moni**, à quelques minutes. Moni est une **réserve naturelle** dotée d'une plage bordée d'arbres et d'une **paillote**.

À Perdika, des tavernes bordent la terrasse surélevée longeant le port. À l'ambiance détendue qui règne au coucher du soleil succède l'effervescence nocturne lorsque les bars musicaux montent le son.

Où se loger et se restaurer

Villa Rodanthos STUDIOS $
(22970 61400 ; www.wix.com/villarodanthos/perdika ; Perdika ; studios à partir de 45 € ;).

Une merveille ! Son charmant propriétaire y est pour beaucoup. Les chambres, très colorées, disposent d'une cuisine.

Angie Studios HÔTEL, APPARTEMENTS $
(☎22970 61445 ; www.antzistudios.gr ; Perdika ; studios 60-120 € ; P📶≋). Les chambres et les appartements de cet établissement s'organisent autour d'une piscine centrale. Dans le nouveau bâtiment, les appartements du dernier étage ont vue sur la mer.

O Thanasis TAVERNA, POISSON $
(☎22970 31348 ; Portes ; plats 7-8 € ; ⏲déj et dîner, horaires réduits en hiver). À Portes. On y est chaleureusement accueilli par une famille, sur une terrasse bleu et blanc ornée de fleurs en pot, en bord de mer. Au menu : poisson frais et délicieuses spécialités grecques.

Miltos POISSON $$
(☎22970 61051 ; Perdika ; plats 12-15 € ; ⏲déj et dîner). La taverna de poisson la plus populaire de Perdika, réputée pour son poisson de qualité et sa cuisine sans chichis.

ANGISTRI ΑΓΚΙΣΤΡΙ

1 120 HABITANTS

À quelques kilomètres de la côte ouest d'Égine, cet îlot peut faire l'objet, hors saison, d'une agréable excursion d'une journée, ou plus. Consultez le site www.agistri.com.gr pour plus d'information sur l'île.

ℹ Depuis/vers Angistri

Des hydroglisseurs rapides et des car-ferries partent du Pirée (hydroglisseur/ferry 55 min/1 heure 30, 13,50/10,50 €) via Égine (hydroglisseur 10 min, 5,20 €, 6/jour ; ferry 20 min, 2,50 €, 1/jour). Angistri Express (p. 306) dessert Égine plusieurs fois par jour du lundi au samedi.

Les bateaux-taxis (p. 306) demandent 45 € l'aller simple entre Égine et Angistri.

ℹ Comment circuler

L'été, plusieurs bus partent tous les jours de Skala et de Mylos vers Limenaria et la plage de Dhragonera. Louer un scooter (15 €) ou un VTT (6 €) est une bonne idée pour découvrir la côte.

On peut aussi emprunter à pied les sentiers qui traversent les pinèdes de Metohi jusqu'à la plage de Dhragonera. Un conseil : les embranchements du sentier peuvent induire en erreur, et mieux vaut se munir d'une boussole.

Kostas Bike Hire (☎22970 91021 ; Skala)

Takis Rent A Bike & Bicycles (☎22970 91001 ; Mylos)

Skala et ses environs Σκάλα

Le port balnéaire de Skala regorge de petits hôtels, d'immeubles, de tavernes et de cafés, mais son rythme reste paisible. En venant du débarcadère, tournez à droite pour parvenir à la petite plage du port, puis à une église juchée sur un petit promontoire. Au-delà, la meilleure plage de l'île disparaît sous les parasols et les corps huilés en juillet et en août. En tournant à gauche au niveau du débarcadère de Skala, vers le sud, on rencontre un sentier courant entre les pins jusqu'aux galets de la **plage de Halikadha**, rendez-vous des nudistes.

À environ 1 km à l'ouest de Skala se trouve l'autre port d'Angistri, **Mylos** (Megalochori), un charmant petit village avec des restaurants et des chambres à louer, mais pas de plage.

Aponissos est une crique aux eaux turquoise, au large de laquelle émerge une petite île. On y trouve une délicieuse taverna. Les eaux de la plage de **Limenaria** sont vertes et plus profondes. Hors saison, le rythme de l'île ralentit considérablement.

🛏 Où se loger et se restaurer

Mieux vaut réserver, notamment en août et les week-ends d'été. Un panneau répertoriant les possibilités d'hébergement vous attend sur le quai des ferries de Skala.

♥ **Rosy's Little Village** PENSION $$
(☎22970 91610 ; wwwrosyslittlevillage.com ; s/d/tr/q 52/65/75/100 € ; plats 6-10 € ; ⏲restaurant déj et dîner ; ❄📶). Non loin du débarcadère de Skala en direction de l'est, les maisonnettes chaulées de cet établissement descendent en pente douce vers la mer. Lumineuses et colorées, elles sont équipées de lits intégrés et de petits balcons avec vue sur la mer. Des VTT sont gracieusement mis à votre disposition. Pique-niques, cours d'été et soirées musicales y sont aussi organisés. Le **restaurant** privilégie les produits bio.

♥ **Alkyoni Inn** PENSION, TAVERNA $$
(☎22970 91378 ; www.alkyoni-agistri.com ; s/d/maisonnette 30/40/75 €, plats 6-10 € ; ⏲petit-déj, déj et dîner Pâques-sept ; ❄📶👪). Une accueillante pension familiale, à 10 minutes à pied du débarcadère de Skala, direction sud-est. Le restaurant est prisé pour ses délicieux plats de poisson et de viande. Certaines des chambres ont une vue imprenable sur la mer. Les maisonnettes sur deux niveaux peuvent loger 4 personnes.

Renseignements

Une banque avec DAB se situe dans la rue principale de Skala.

POROS ΠΟΡΟΣ

4 010 HABITANTS

Poros est séparée des montagnes du Péloponnèse par un étroit bras de mer. Cette configuration donne à la ville de Poros l'aspect d'une joyeuse cité au bord d'un lac, avec des maisons couleur pastel accrochées à la colline.

L'île est en fait formée de deux îles reliées par un isthme étroit : **Sferia**, occupée essentiellement par la localité de Poros (Hora), et **Kalavria**, la plus grande, en majeure partie boisée, dont la côte sud est jalonnée par les plages et les hôtels touristiques de l'île. Poros est une villégiature assez fréquentée, mais une agréable sensation d'isolement vous retiendra à l'intérieur des terres, peu peuplé et couvert de forêts.

Située face à la ville de **Galatas**, Poros est un bon point de départ pour explorer les sites antiques du Péloponnèse. On peut ainsi se rendre au superbe temple antique d'**Épidaure** (p. 145) en voiture ou en taxi (☎22980 42888 à Galatas).

Depuis/vers Poros

Plusieurs ferries naviguent quotidiennement entre Le Pirée et Poros en été (service réduit en hiver). Des hydroglisseurs continuent vers le sud en marquant l'arrêt à Hydra, Spetsès, Ermioni et Porto Heli. Des ferries classiques relient Égine à Poros et à Méthana sur le continent. Les agences de voyages (p. 312) vendent des billets.

Des caïques font constamment la navette entre Poros et Galatas (0,80 €, 5 min). Ils partent du quai en face de la Plateia Iroön à Poros (Hora), située non loin de l'embarcadère

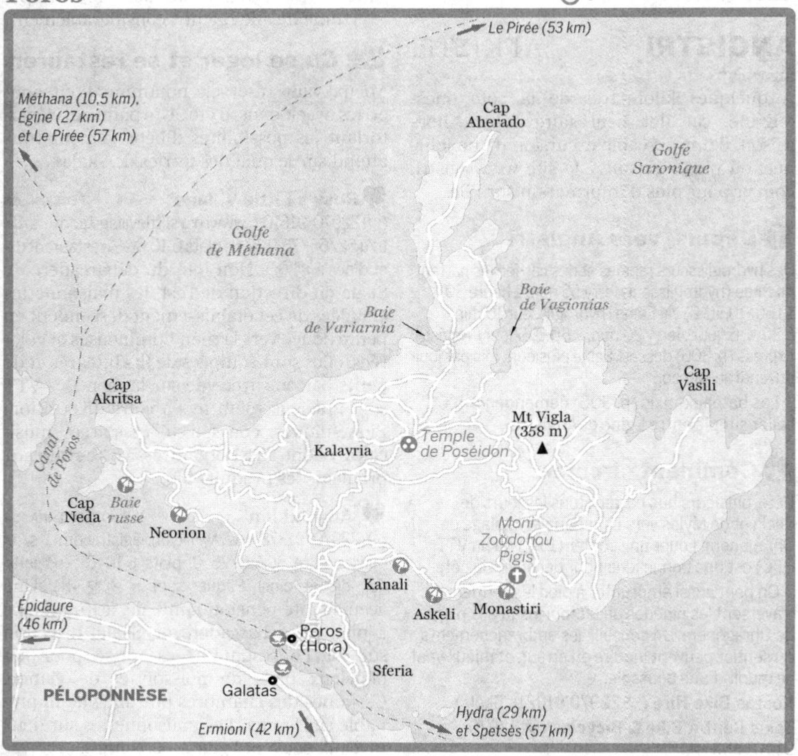

principal des ferries ; celui des hydroglisseurs se trouve environ 50 m plus au nord. Les car-ferries pour Galatas (passager/voiture 0,80/5,60 €) partent du quai sur la route de Kalavria, à quelques centaines de mètres plus au nord.

Vous pouvez aussi louer une voiture auprès de **Pop's Car** (☎ à Galatas 22980 42910 ; www.popscarrental.com) qui possède une agence à l'aéroport d'Athènes, à Galatas et à Ermioni.

Galatas a une **gare routière** (☎22980 42480).

Bateaux au départ de Poros

VERS	DURÉE	TARIF (€)	FRÉQUENCE
Égine	1h15	8,30	2-3/jour
Hydra*	30 min	12,50	5-6/jour
Méthana	30 min	4,50	2-3/jour
Le Pirée	2h30	12,80	2-3/jour
Le Pirée*	1h	22,50	5-6/jour
Spetsès*	1h30	14,50	3-4/jour

*hydroglisseurs

Comment circuler

BATEAU

Les caïques desservent les plages en été.

BUS

De mai à octobre, un bus (3 €) circule toutes les 30 minutes de 7h à minuit, au départ du kiosque situé à l'angle est de la Plateia Iroön. Il traverse Kalavria puis longe la côte sud en direction de l'est jusqu'au monastère de Zoödohou Pigis (10 min), avant de repartir vers l'ouest jusqu'à la plage de Néorion (15 min).

MOTO ET VÉLO

Sur la route de Kalavria, plusieurs boutiques louent des vélos/scooters (4/15 €)

Fotis (☎22980 25873)

Stelios (☎22980 23026)

TAXI

Taxi (☎22980 23003)

Poros (Hora) Πόρος

4 100 HABITANTS

Les adorables maisons pastel de Poros ville font face à Galatas, sur le continent, et aux montagnes escarpées du Péloponnèse. Des ferries se fraient un chemin dans l'étroit chenal que sillonnent des voiliers. Derrière le port, l'enchevêtrement de *plateies* (places) et de tavernes est dominé par une falaise rocheuse coiffée d'un clocher.

Où se loger

Seven Brothers Hotel HÔTEL $

(☎22980 23412 ; www.7brothers.gr ; s/d/tr 40/45/55 € ; ❄ 📶). Idéalement situé à proximité de l'embarcadère des hydroglisseurs, cet hôtel loue des chambres confortables et lumineuses avec balcon, certaines donnant sur la mer. Les sdb ont été rénovées en 2010.

Georgia Mellou Rooms PENSION $

(☎22980 22309 ; http://porosnet.gr/gmellou ; Plateia Georgiou ; d/tr 30/40 € ; ❄). Cette pension aux chambres simples et désuètes se trouve au cœur de la vieille ville, à deux pas de la cathédrale et bien au-dessus du port. Le propriétaire est charmant et prend soin de son établissement. Réservez l'une des chambres côté ouest avec une vue superbe.

Hotel Manessi HÔTEL D'AFFAIRES $

(☎22980 22273 ; www.manessi.com ; Paralia ; d 40/50 € ; ❄ @ 📶). Il occupe une situation stratégique, au centre du front de mer. Un peu défraîchi par endroits, il offre toutefois des chambres fonctionnelles.

Roloi APPARTEMENTS $$

(☎22980 25808 ; www.storoloi-poros.gr ; studio/app/maison à partir de 55/100/150 € ; ❄ 👪). Bonne référence pour une location en ville.

Où se restaurer

Les tables de Poros, peu sophistiquées, comptent surtout des tavernes traditionnelles servant une cuisine de caractère.

♥ **Aspros Gatos** POISSON $

(☎22980 25650 ; www.whitecat.gr ; Labraki 49 ; plats 6-15 € ; ⊙ déj-dîner Pâques-oct). Le meilleur restaurant de poisson de Poros. Son sympathique propriétaire vous cuisinera aussi bien la prise du jour que des spaghettis bolognaise. L'établissement, les pieds dans l'eau, se trouve juste à l'extérieur de la ville, à 400 m à l'ouest du pont sur la route menant à la plage de Néorion.

Taverna Karavolos TAVERNA $

(☎22980 26158 ; www.karavolos.com ; plats 6-9 € ; ⊙ dîner). La paisible taverna du "gros escargot" (*karavolos*) doit son nom à la spécialité de la maison. La carte comprend aussi des plats traditionnels, de viande et de poisson.

Dimitris Family Taverna TAVERNA $

(☎22980 23709 ; plats 6-10 € ; ⊙ dîner). Un restaurant réputé pour ses mets carnés, et pour cause : le propriétaire est par ailleurs boucher. On y déguste donc du porc, de l'agneau et du poulet de la meilleure qualité.

Oasis TAVERNA $
(☎22980 22955 ; plats 6-12 € ; ⏲déj et dîner). Au menu de cet établissement du port : plats de poisson et mezze maison.

Renseignements

Poros n'a pas d'office du tourisme. Les agences du port prennent en charge la réservation d'hébergements ou de croisières, et la location de voitures. Les banques de la Plateia Iroön disposent de DAB.

Askeli Travel (☎22980 25857 ; www.askelitravel.com)

Family Tours (☎22980 23743 ; www.familytours.gr). Vend des billets de ferries classiques.

Marinos Tours (☎22980 23423 ; www.marinostours.gr). En face de l'embarcadère des hydroglisseurs, vend des billets d'hydroglisseurs.

Police touristique (☎22980 22256 ; Dimosthenous 10). Derrière le lycée.

Ailleurs sur Poros

La plage de galets de **Kanali**, sur Kalavria, à 1 km à l'est du pont, et la longue plage de sable d'**Askeli**, 500 m plus à l'est, sont les plus agréables de l'île. Quelques tavernes bordent le front de mer à Askeli. On y trouve également l'**Hotel New Aegli** (☎22980 22372 ; www.newaegli.com ; d 50/90 € ; ❄@📶≋), un établissement correct, façon complexe hôtelier, doté des commodités habituelles et donnant sur la mer.

Le **Moni Zoödohou Pigis** (XVIIIe siècle) abrite une très belle iconostase en bois doré d'Asie Mineure. Il est bien indiqué, à 4 km de Hora. Non loin de là, le **Sirene Blue Resort** (☎22980 22741 ; www.sireneblueresort.gr ; Monastiri Beach ; d avec petit-déj 120-155 € ; ❄📶≋) forme un cadre parfait pour un séjour balnéaire haut de gamme.

En empruntant la route en contrebas du monastère et en s'éloignant de la côte, apparaissent les vestiges du **temple de Poséidon** (VIe siècle av. J.-C.). La **promenade** qui y conduit dévoile un panorama sur le golfe Saronique et le Péloponnèse. Des ruines, on peut continuer sur la route et revenir au pont de Sferia, un trajet de 6 km environ.

À 3 km à l'ouest du pont, la **plage de Néorion** se prête à de nombreuses activités nautiques comme le **ski nautique**, la **pirogue de mer** et le **wakeboard**. La meilleure plage reste la **baie russe**, à 1,5 km de Néorion.

HYDRA ΥΔΡΑ

3 000 HABITANTS

Hydra, la perle du golfe Saronique, peut se targuer d'être la seule île grecque exempte de circulation motorisée. Pas de voitures, pas de scooters. Uniquement des rues pavées, des ânes, des rochers et la mer. Sans parler de son architecture admirablement préservée, de ses nombreux sentiers et de ses eaux claires et profondes. Depuis longtemps, Hydra attire les célébrités (les peintres Brice Marden ou Panayiotis Tetsis, le musicien Léonard Cohen, les actrices Melina Mercouri et Sophia Loren) et... les voyageurs.

Les mules constituent ici le principal moyen de transport. Et toute l'île semble adhérer à un mode de vie simple, voire frugal, ce qui donne sa dualité à Hydra, à la fois nature et chic.

Histoire

Si les premières véritables traces d'occupation humaine remontent à l'époque mycénienne, Hydra était faiblement peuplée durant l'Antiquité et Hérodote ne la cite que brièvement dans ses *Histoires*. Au XVIe siècle cependant, l'île devint un refuge pour ceux qui fuyaient les affrontements entre Ottomans et Vénitiens : beaucoup venaient de l'actuelle Albanie.

Au milieu du XVIIIe siècle, les colons construisirent des bateaux et franchirent allègrement la limite entre commerce maritime et piraterie. Ils voyagèrent jusqu'en Égypte et jusqu'à la mer Noire, et échappèrent au blocus britannique lors des guerres napoléoniennes (1805-1825). L'île, qui acquitta toujours ses impôts, ne subit qu'une ingérence modérée sous l'empire ottoman. Au XIXe siècle, Hydra était devenue une grande puissance maritime où les riches capitaines faisaient bâtir leurs demeures cossues. En 1821, la population de l'île atteignit son pic, avec 28 000 habitants. Hydra fournit 130 vaisseaux à la flotte grecque pour affronter les Turcs lors de la guerre d'Indépendance. L'amiral Andreas Miaoulis (1768-1835), qui commandait la flotte grecque, et Georgios Koundouriotis (1782-1858), qui présida l'Assemblée nationale grecque de 1822 à 1827, sont tous deux originaires d'Hydra.

Depuis/vers Hydra

Des ferries rapides relient Hydra à Poros, au Pirée et à Spetsès, ainsi qu'à Ermioni et à Port Heli dans

Hydra

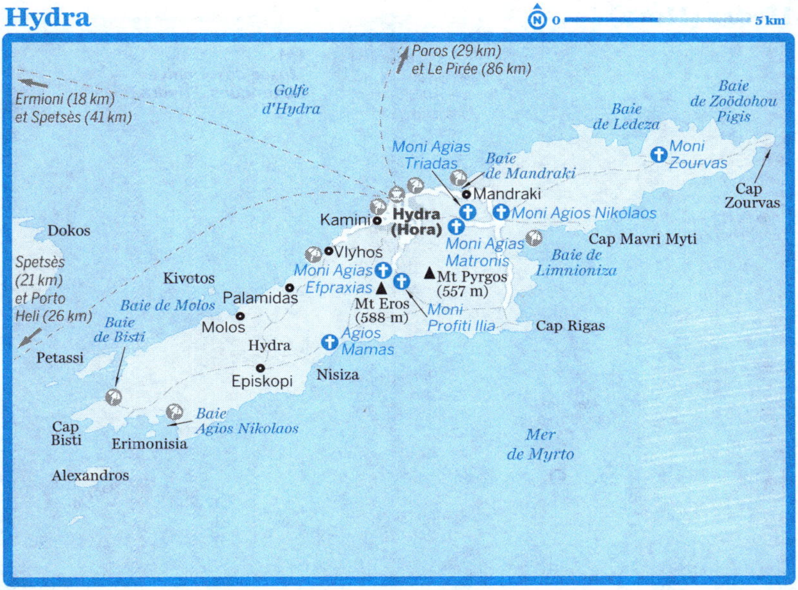

le Péloponnèse. Leur fréquence est très réduite en hiver. On peut acheter ses billets auprès de **Hydreoniki Travel** (☎22980 54007), en remontant la petite rue à droite de l'Alpha Bank.

La navette **Freedom** (☎69442 42141 ; www.hydralines.gr) circule une fois par heure entre Hydra et Metohi (où l'on ne trouve guère plus qu'un parking) sur le continent (6,50 €, 10 min). Les horaires sont affichés sur le quai.

Bateaux au départ d'Hydra

VERS	DURÉE	TARIF (€)	FRÉQUENCE
Ermioni*	20-40 min	9,50	3-4/jour
Le Pirée*	1-2h	25,50	6-8/jour
Poros*	30 min	12,50	5-6/jour
Porto Heli*	1h	15	3/jour
Spetsès*	40 min	10,50	5-6/jour

*hydroglisseurs

Comment circuler

On se déplace généralement à pied à Hydra.

En été, des caïques font la navette entre Hora et les plages de l'île. Les tarifs des **bateaux-taxis** (☎22980 53690) sont affichés sur le quai (comptez 10 € pour Kamini, 14 € pour Vlyhos).

Les propriétaires de mules, regroupés autour du port, demandent 10 à 15 € pour transporter vos bagages à l'hôtel. Comptez environ 10 € par personne pour une brève promenade à dos de mule sur le port.

Hydra (Hora) Υδρα

1 980 HABITANTS

L'animation à Hora s'organise autour de son ravissant port. Qu'on arrive en voilier ou en ferry, la vue des bateaux mouillant dans ce port scintillant et des maisons en pierre accrochées à la colline est d'une beauté saisissante. À la haute saison, le port est un écosystème à lui tout seul, marqué par l'incessant ballet de yachts, de caïques, de bateaux-taxis et de voiliers qui sillonnent ses eaux. Son quai de marbre accueille un va et vient de visiteurs, d'îliens venus prendre un café et de chauffeurs de bateaux-taxis ameutant la clientèle. En soirée, il se transforme en lieu de promenade. On s'installe et on observe le spectacle en buvant un verre.

Bien sûr, c'est en s'aventurant dans le dédale de ruelles à l'écart du port, où de vieilles femmes parlent cuisine sur le pas de leur porte, ou en grimpant sur les chemins de terre qui partent à l'assaut des montagnes aux couleurs changeantes selon l'heure de la journée, que la ville apparaît sous un angle différent, celui de la vie quotidienne.

Hydra (Hora)

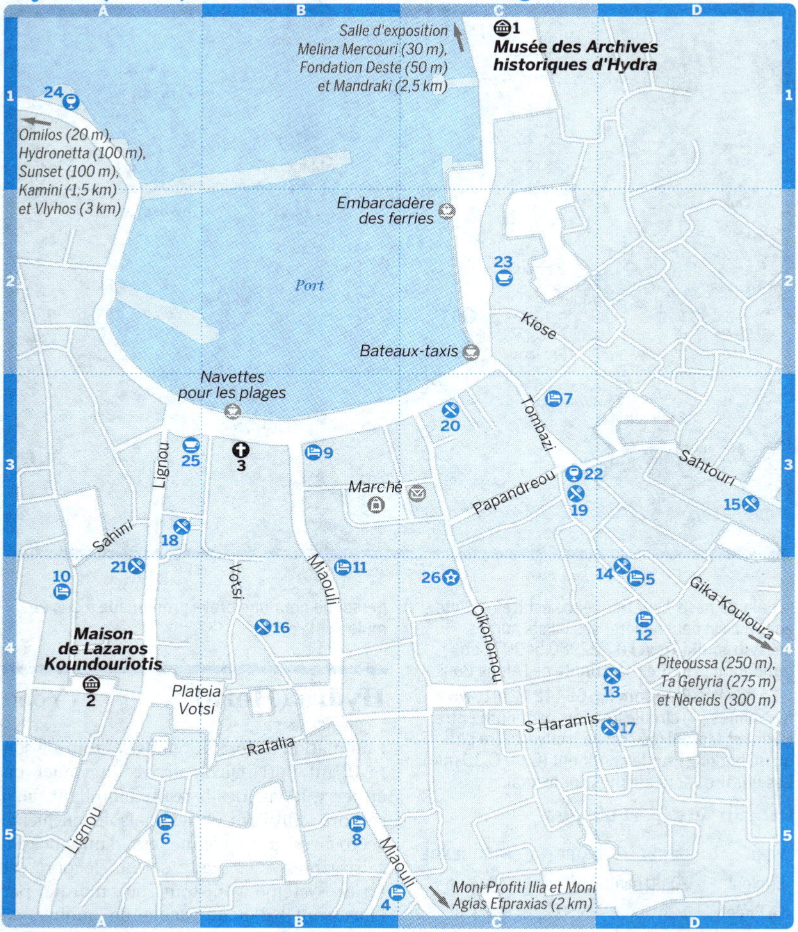

À voir

La **salle d'exposition Melina Mercouri** et la **Fondation Deste** (www.deste.gr) accueillent des expositions en saison.

Maison de Lazaros Koundouriotis

DEMEURE HISTORIQUE

(22980 52421 ; www.nhmuseum.gr ; tarif plein/réduit 4 €/gratuit ; 10h-14h et 17h30-20h30 mar-dim mars-oct). La curiosité phare de la ville est la splendide *archontiko* (maison ancienne de notables) de couleur ocre dominant le port, qui fut la résidence de l'un des plus grands acteurs de la lutte pour l'Indépendance. Cet exemple d'architecture traditionnelle de la fin du XVIIIe siècle renferme du mobilier d'époque, des costumes et de l'artisanat local, ainsi que des tableaux.

Musée des Archives historiques

MÉMOIRE

(22980 52355 ; www.iamy.gr ; tarif plein/réduit 5/3 € ; 9h-16h). Sur le port, cet excellent musée expose une vaste collection de portraits et d'objets de marine, en mettant l'accent sur le rôle joué par l'île lors de la guerre d'Indépendance. À la haute saison, le musée organise des expositions temporaires et des concerts qui se tiennent sur le toit-terrasse.

Hydra (Hora)

Les incontournables
1 Musée des Archives historiques C1
2 Maison de Lazaros Koundouriotis A4

À voir
3 Kimisis Tis Theotokou B3

Où se loger
4 Angelica Hotel B5
5 Bratsera Hotel D4
6 Cotommatae A5
7 Glaros C3
8 Hotel Miranda B5
9 Hotel Sophia B3
10 Hydra Hotel A4
11 Kirki B4
12 Pension Erofili D4

Où se restaurer
13 Barba Dimas D4
14 Bratsera D4
15 Caprice D3
16 Flora's B4
17 Gitoniko D4
18 Ostria A3
19 Paradosiako C3
20 Psarapoula C3
21 Veranda A4

Où prendre un verre et faire la fête
22 Amalour C3
23 Isalos C2
24 Omilos A1
25 Pirate A3

Où sortir
26 Ciné-club d'Hydra C4

Kimisis Tis Theotokou CATHÉDRALE ET MUSÉE
Cette cathédrale de l'Assomption de la Vierge du XVIIe siècle fait partie d'un ensemble monastique, situé sur le port et doté d'un clocher en marbre. Le **Musée ecclésiastique** (22980 54071 ; tarif plein/réduit 2 €/gratuit ; 10h-14h mar-dim avr-oct) possède une belle collection d'icônes et d'objets liturgiques.

Fêtes et festivals

Pâques FÊTE ORTHODOXE
Une semaine de célébrations (souvent en avril), marquée par une parade fleurie dans le port de Kamini.

Fête de Miaoulia CÉLÉBRATION HISTORIQUE
(vers le 3e week-end de juin). Cet hommage à l'amiral Miaoulis et à la contribution hydriote à la guerre d'Indépendance est marqué par l'incendie spectaculaire d'un bateau (avec feux d'artifice) dans le port.

Où se loger

L'hébergement à Hydra étant d'un standing assez élevé, attendez-vous à des prix en conséquence. La plupart des propriétaires de chambres viennent attendre leurs hôtes au port et se chargent du transfert des bagages.

Nereids PENSION $
(22980 52875 ; www.nereids-hydra.com ; Kouloura ; d à partir de 60 € ;). Maison en pierre amoureusement rénovée, abritant de jolies chambres d'un très bon rapport qualité/prix. Paisibles, vastes et agréablement décorées, elles offrent une vue panoramique sur les hauteurs d'Hydra ou sur la mer. Jolies terrasses et patios.

Pension Erofili PENSION $
(22980 54049 ; www.pensionerofili.gr ; Tombazi ; s/d/tr 45/50/70 € ;). En plein centre-ville, un établissement sans prétention pratiquant des prix intéressants pour Hydra. Loue également un studio avec cuisine.

Kirki PENSION $
(22980 53181 ; www.kirkihotel.com ; Miaouli ; d 50 € ;). Chambres basiques, propres et centrales avec vue sur les toits et les arbres.

Glaros PENSION $
(6942523338, 22980 53679 ; www.hydra.com.gr/glaros ; d 55 € ;). Chambres simples et bien entretenues, à l'emplacement pratique juste derrière le port.

♥ **Hydra Hotel** STUDIOS DE CHARME $$
(6972868161, 22980 53420 ; www.hydra-hotel.gr ; Petrou Voulgari 8 ; studio avec petit-déj 100-185 €, maisonnette 230 € ;). Perchée au sud du port, cette demeure ancienne, impeccablement rénovée, dispose d'appartements haut de gamme, avec kitchenette et vue dégagée. De son balcon, la n°202 offre un panorama magnifique.

♥ **Hotel Miranda** HÔTEL $$
(22980 52230 ; www.mirandahotel.gr ; Miaouli ; s/d avec petit-déj à partir de 120/140 € ; mars-oct ;). Glissez-vous dans la peau d'un capitaine du XIXe siècle dans cet hôtel aux meubles d'époque. Affiches anciennes et gravures sur bois ornent les parties

communes accueillant des expositions temporaires. Plafonds marquetés et balcons pour les chambres les plus chères.

Hotel Sophia BOUTIQUE-HÔTEL $$
(☎ 22980 52313 ; www.hotelsophia.gr ; port ; d avec petit-déj 80-120 € ; ⏲ avr-oct ; ❄ 📶). Magnifiques petites chambres sur le port, parfois en duplex, certaines avec balcon. Confort moderne et belles sdb.

Cotommatae BOUTIQUE-HÔTEL $$
(☎ 22980 53873 ; www.cotommatae.gr ; d/ste avec petit-déj à partir de 120/190 €). Une demeure récemment rénovée, au charme d'antan resté intact, rehaussé d'impeccables touches modernes. Certaines suites disposent de terrasses privées ou d'un Jacuzzi.

Piteoussa PENSION $$
(☎ 22980 52810 ; www.piteoussa.com ; Kouloura ; d 65-75 € ; ❄ 📶). Dans une rue paisible bordée de pins, de belles chambres dans deux bâtiments tenus par de sympathiques propriétaires. Celles de la demeure principale allient charme d'antan et équipements modernes ; celles de l'autre bâtiment, plus petites et rénovées en 2010, arborent un esprit contemporain.

Angelica Hotel BOUTIQUE-HÔTEL $$
(☎ 22980 53202 ; www.angelica.gr ; Miaouli ; d avec petit-déj 110-150 €, tr/q 180/240 € ; ❄ 📶). Hôtel de charme dans un site tranquille, aux vastes chambres confortables et luxueuses, avec sdb spacieuses et immaculées. Certaines ont des balcons. Jacuzzi.

Où se restaurer

Le café-bar Pirate (p. 317) sert de délicieux petits-déjeuners et déjeuners. La pâtisserie **Flora's** (Votsi) sur Plateia Votsi, en retrait de la mer, confectionne du *galaktoboureko* (flan), du riz au lait et de la glace à base de lait de chèvre.

Ostria TAVERNA $
(Stathis et Tassoula ; ☎ 22980 54077 ; plats 5-8 € ; ⏲ déj et dîner). Souvent appelée du nom de ses aimables propriétaires Stathis et Tassoula, cette taverna ouverte toute l'année n'emploie que des produits ultra-frais. Tentez les escalopes de poulet, de fèves ou de boulettes de courgette… Stathis pêche lui-même son délicieux calmar.

Psarapoula TAVERNA $
(☎ 22980 52630 ; www.psaropoula.com ; port ; plats 7-12 € ; ⏲ déj et dîner). Contrairement aux apparences, le Psarapoula n'est pas un piège à touristes. Visiteurs et insulaires se côtoient dans ce restaurant datant de 1911, qui possède une antenne plus chic au-dessus de la boulangerie principale.

Ta Gefyria TAVERNA $
(☎ 22980 29677 ; Kouloura ; plats 5-10 € ; ⏲ déj et dîner). Dans une paisible rue arborée, à l'écart du front de mer, grillades et délicieux mezze cuisinés par d'aimables propriétaires.

♥ **Sunset** MÉDITERRANÉEN $$
(☎ 22980 52067 ; plats 9-22 € ; ⏲ déj et dîner Pâques-oct). Réputé pour sa vue panoramique près des canons à l'ouest du port, le Sunset propose une cuisine raffinée. Délicieuses salades, pâtes originales et poisson local, le tout préparé avec goût et élégance.

♥ **Barba Dimas** ITALIEN $$
(☎ 22980 52967 ; Tombazi ; plats 11-20 € ; ⏲ dîner). Cuisine authentique inspirée des recettes de la grand-mère napolitaine du propriétaire. La carte change tous les jours. Réservation conseillée l'été.

Paradosiako TAVERNA $$
(☎ 22980 54155 ; Tombazi ; plats 7-14 € ; ⏲ déj et dîner Pâques-nov). Restaurant grec typique, avec terrasse à l'angle de la rue, où l'on vient savourer des classiques comme la salade de betteraves sauce à l'ail, des plats de viande et des filets de sardines fraîches grillées.

Caprice ITALIEN $$
(☎ 22980 52454 ; Sahtouri ; plats 9-15 € ; ⏲ dîner avr-oct). Idéal pour un dîner aux chandelles. Solide répertoire de plats italiens, parfois avec des pâtes maison.

Bratsera MÉDITERRANÉEN $$
(☎ 22980 52794, 22980 53971 ; www.bratsera-hotel.com ; Tombazi ; plats 9-20 € ; ⏲ petit-déj, déj et dîner avr-oct). Le restaurant jouxtant la piscine (réservé aux résidents) du Bratsera Hotel sert des repas haut de gamme dans un cadre paisible. Somptueux petit-déjeuner-buffet (14 €).

Gitoniko TAVERNA $$
(☎ 22980 53615 ; Haramis ; plats 7-15 € ; ⏲ déj et dîner Pâques-oct). Généralement désigné du nom de ses propriétaires, Christina et Manolis, le Gitoniko sert de nombreux plats grecs, mais il est surtout réputé pour son (onéreux) poisson.

Veranda MÉDITERRANÉEN $$
(☎ 22980 52259 ; Lignou ; plats 7-15 € ; ⏲ dîner avr-oct). Ravissant restaurant tenu par une

fratrie. La terrasse procure une vue magnifique sur le port et les montagnes.

Où prendre un verre et faire la fête

L'addition est généralement salée, mais prendre un café ou un cocktail en soirée est l'occasion d'observer le va-et-vient des passants. L'effervescence gagne le port à partir de minuit.

Pirate CAFÉ, BAR

(☎22980 52711 ; port). Wendy, Takis et leurs enfants Zara et Zeus tiennent avec enthousiasme cet établissement proposant en journée un excellent café, et des petits-déjeuners et déjeuners faits maison. Le soir, l'endroit se métamorphose en une discothèque à l'ambiance survoltée. La musique varie en fonction du public et de l'humeur.

Hydronetta CAFÉ, BAR

(☎22980 54160). Une situation imbattable, directement sur les rochers du front de mer, à l'extrémité ouest du port. Les propriétaires, Andreas et Elias, deux frères, vous servent avec le sourire d'extravagants cocktails et des plats sophistiqués. Goûtez la salade Hydronetta à la mangue et au poulet.

Isalos CAFÉ

(☎22980 53845). Cafés exceptionnels et carte bien garnie de sandwichs et de pâtes.

Amalour BAR À COCKTAILS

(www.amalour.com ; Tombazi). Bon choix de cocktails et sièges confortables en extérieur. On y danse après minuit.

Omilos CLUB

(☎22980 53800 ; www.omilos-hydra.com). Ce restaurant chic au bord de l'eau (bon déjeuner et formules spéciales le soir) se change en discothèque le soir.

Où sortir

Ciné-club d'Hydra CINÉMA, THÉÂTRE

(☎22980 53105 ; http://cineclubhydras.blogspot.com ; Oikonomou). En juillet-août, ce cinéma en plein air projette aussi bien des superproductions que des petits films indépendants. Il organise également des sorties théâtre à l'amphithéâtre antique d'**Épidaure**.

Renseignements

Hydra ne compte pas d'office du tourisme. Les banques sur le port sont équipées de DAB.

Hôpital (☎22980 53150 ; Votsi)

Police touristique (☎22980 52205). Partage ses bureaux avec la police régulière.

Ailleurs sur Hydra

L'intérieur de l'île, aride, rocailleux et paisible, tranche avec l'agitation du port. Les randonneurs apprécieront la carte *Hydra*, d'Anavasi. Un plan est affiché sur le quai, et plusieurs sentiers balisés sillonnent l'île. Au-delà d'Hydra, de Kamini et de Vlyhos, l'île est déserte. Emportez beaucoup d'eau si vous partez en randonnée.

Monter jusqu'au **monastère de Profiti Ilia** est une expérience inoubliable (comptez au moins une bonne heure de marche au milieu des pins). Ce magnifique sanctuaire renferme de belles icônes et offre un panorama superbe.

Plus petit, **Agias Efpraxias**, situé juste en contrebas de Profiti Ilia, est un couvent de femmes.

D'autres sentiers conduisent au **mont Éros** (588 m), le point culminant de l'île, et courent d'est en ouest le long de l'arête montagneuse. Toutefois, il vous faudra un sens de l'orientation à toute épreuve ou des indications fiables recueillies auprès d'habitants bien informés pour vous y retrouver.

À environ 1,5 km du port vers l'ouest, après **Kamini**, la route côtière se transforme en un joli sentier. Kamini possède un petit **port de pêche**, quelques bonnes tavernes et une petite plage de galets et des **rochers** d'où l'on peut se baigner. L'inconvénient d'Hydra – ou l'avantage selon certains – est son absence de plages susceptibles d'attirer les foules. Les nageurs se baignent généralement autour des rochers, mais on peut aussi se rendre à **Vlyhos**, le dernier hameau avant les montagnes, à 1,5 km de Kamini. On y trouve deux plages de galets légèrement plus grandes (la plage de Vlyhos et celle, plus sauvage, de **Plakes**), des tavernes et un pont en pierre restauré datant du XIXe siècle.

À 2,5 km du port en suivant la route côtière, la plage de galets de **Mandraki** compte un complexe hôtelier, le Miramare. Il est parfois possible d'y louer un bateau.

Des embarcations font la navette entre le port et toutes ces plages, modes de transport indispensables surtout pour atteindre les baies éloignées du sud-ouest de l'île, et notamment les plages de galets plantées de parasols de la **baie de Bisti** et de la **baie d'Agios Nikolaos**.

Où se loger et se restaurer

Christina TAVERNA $
(☎22980 53516 ; Kamini ; plats 6-12 € ; déj et dîner jeu-mar). Juste derrière le port de Kamini, Mme Christina et ses enfants servent quelques-unes des meilleures spécialités grecques de l'île, ainsi que du poisson frais.

To Pefkaki POISSON, MEZZE $
(☎6974406287 ; Kamini ; plats 5-10 € ; déj et dîner jeu-mar Pâques-oct). La petite marche le long de la côte jusqu'à Kamini en vaut la chandelle : on déguste ici de délicieux mezze et du poisson frais dans une ambiance décontractée. Ne manquez pas les délicieux *gavros* (anchois marinés et frits).

Four Seasons TAVERNA, PENSION $$
(☎22980 53698 ; www.fourseasonshydra.gr ; Plakes ; plats 6-12 € ; déj et dîner Pâques-oct ; wifi). Cette excellente taverna en bord de mer dévoile une autre facette d'Hydra : le brouhaha du port laisse place au son de la brise et des vagues. Ne repartez pas sans avoir goûté au tarama. L'établissement loue également de belles suites (220 € avec petit-déj).

Pirofani INTERNATIONAL $$
(☎22980 53175 ; www.pirofani.com ; Kamini ; plats 12-16 € ; dîner mer-dim). Theo, l'affable propriétaire, sert une liste éclectique de plats, du filet de bœuf et sa sauce au poivre rose au curry bien relevé.

Enalion TAVERNA $$
(☎22980 53455 ; www.enalion-hydra.gr ; Vlyhos ; plats 6-12 € ; midi et soir Pâques-oct). Sans doute la meilleure option du bord de mer de la plage de Vlyhos.

SPETSÈS ΣΠΕΤΣΕΣ

4 070 HABITANTS

Spetsès se dresse fièrement à quelques kilomètres à peine des côtes du Péloponnèse. Plus encore que dans les autres îles du golfe Saronique, on ressent ici le rythme nonchalant de la vie insulaire. La vieille ville historique est le seul bourg de l'île, que ceinture une simple route. Partout ailleurs, Spetsès n'est que collines et criques aux eaux cristallines. La vie nocturne y est néanmoins animée, l'île compte des restaurants parmi les meilleurs du golfe et les zones de baignade sont facilement accessibles.

Ce charme a séduit plusieurs écrivains, comme Michel Déon (né en 1919) dont on peut lire *Le Balcon de Spetsai* (Gallimard, 1961), ou Jacques Lacarrière, fin connaisseur de la culture grecque, qui a souhaité que ses cendres soient dispersées au large de Spetsès après sa mort en 2005.

Histoire

À Hora, les traces d'un campement datant de l'Helladique ancien (3000-2000 av. J.-C.) ont été retrouvées à proximité du vieux port et à Dapia. Des vestiges romains et byzantins ont également été mis au jour derrière le Moni Agios Nikolaos, à mi-chemin entre les deux sites.

On pense que l'île fut habitée à partir du Xe siècle, presque 600 ans avant l'arrivée des réfugiés albanais fuyant les affrontements entre Turcs et Vénitiens au XVIe siècle.

À l'instar d'Hydra, Spetsès a prospéré grâce à la construction navale. Après avoir brisé le blocus britannique pendant les guerres napoléoniennes, ses capitaines ont remis leurs navires à flot pour se rallier à la flotte grecque pendant la guerre d'Indépendance.

Les forêts de pins d'Alep, héritage du philanthrope Sotirios Anargyros, ont été ravagées par des incendies à plusieurs reprises ces vingt dernières années.

Depuis/vers Spetsès

Des hydroglisseurs circulent entre Spetsès, Hydra, Poros et Le Pirée, ainsi qu'avec Ermioni et Porto Heli dans le Péloponnèse. En été, des caïques (2 €/personne) et un car-ferry (1,50 €) font la liaison entre le port et Kosta, sur le continent.

Bardakos Tours (☎22980 73141, port de Dapia)
Mimoza Travel (☎22980 75170)

Bateaux au départ de Spetsès

VERS	DURÉE	TARIF (€)	FRÉQUENCE
Hydra*	40 min	10,50	5-6/jour
Ermioni*	20-30 min	7,50	2/jour
Le Pirée*	2h10	35	5-6/jour
Poros*	1h30	14,50	3-4/jour
Porto Heli*	15 min	5,50	3/jour

*hydroglisseurs

Comment circuler

BATEAU

L'été, des caïques desservent les plages de l'île (10 € aller-retour). Les tarifs des **bateaux-taxis** (☎22980 72072 ; port de Dapia) sont affichés

Spetsès

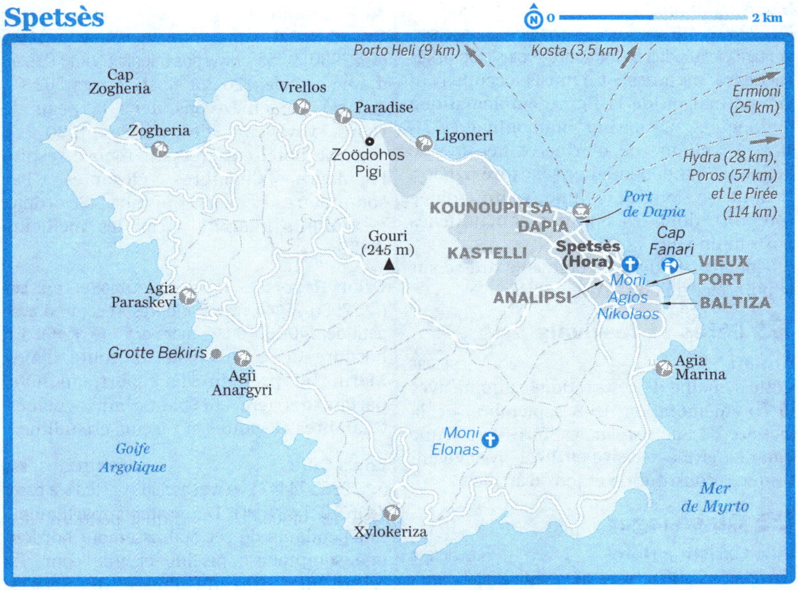

sur un tableau. Tous les bateaux partent du quai en face de Bardakos Tours.

BUS

Deux lignes fonctionnent à partir de Pâques ; de juin à septembre, les liaisons augmentent jusqu'à 3-4/jour. Les horaires sont affichés sur un tableau aux arrêts de bus et un peu partout en ville.

L'une des lignes part de la Plateia Agiou Mama, à Hora, et se rend à Agia Paraskevi (6 €, 40 min) en passant par Agia Marina et Agii Anargyri.

L'autre part de l'arrêt en face de l'hôtel Poseidonion et dessert Vrellos (4 €) via Ligoneri.

VÉLO

Bike Center (☎22980 72209 ; ⏲10h-15h30 et 17h30-22h). Derrière le marché au poisson. Location de vélos (6 €/jour), avec siège enfant au besoin.

VOITURE ET MOTO

Seules les voitures privées des résidents sont autorisées à Spetsès, et en dehors du centre-ville uniquement. La meilleure option reste donc le scooter ou la moto. Les magasins de location de deux-roues et de quads demandent 15-25 €/jour.

Spetsès (Hora) Σπέτσες

3 550 HABITANT

Hora s'étend sur la côte est de l'île, le long d'une côte découpée jalonnée de quais et de plages. Le **port de Dapia**, où accostent les ferries, et les rues autour des *plateie* Limenarhiou et Orologiou (place de l'Horloge) sont bordés d'élégants cafés et de boutiques pour touristes.

Des *arhontika* (demeures anciennes) témoignent de l'histoire prospère de Spetsès : elles se trouvent en retrait du front de mer dans les ruelles plus calmes, ou (à gauche) le long de la route côtière de Sotiriou Anargyriou, au-delà de la plage municipale et de la Plateia Agiou Mama.

Après le **Moni Agios Nikolaos**, on découvre le **vieux port** (Palio Limani) et **Baltzia**, la zone de mouillage des yachts et de la construction navale.

Au nord du port de Dapia, une promenade et une route conduisent à Kounoupitsa, en bord de mer.

À voir

Musée de Spetsès HISTOIRE LOCALE

(☎22980 72994 ; tarif plein/réduit 3/2 € ; ⏲8h30-14h30 mar-dim). Les intéressantes collections de ce petit musée sont logées dans l'ancienne demeure de l'armateur Hatzigiannis Mexis (1754-1844), qui fut le premier gouverneur de l'île. Elles se composent pour l'essentiel de costumes et d'objets artisanaux provenant de Spetsès, et de portraits des pères fondateurs de l'île.

Musée Bouboulina SITE MÉMORIEL

(☎22980 72416 ; www.bouboulinamuseum-spetses.gr ; tarif plein/réduit 6 €/gratuit ; ⏲plusieurs visites guidées par jour avr-oct). Ce musée occupe l'ancienne maison de la figure emblématique de Spetsès, Laskarina Bouboulina (1771-1825), capitaine de marine et héroïne de la guerre d'Indépendance (encadré p. 650). Il faut se joindre à une visite guidée (40 min), dont les horaires sont affichés partout en ville.

Une **statue** de Bouboulina se dresse sur le port, face à l'hôtel Poseidonion.

Fêtes et festivals

Armata CULTURE

Cette semaine de célébrations culmine avec la commémoration, le 8 septembre, de la victoire de Spetsès sur les Turcs lors d'une bataille navale décisive en 1822, avec gigantesque reconstitution et feux d'artifice.

Où se loger

Villa Christina Hotel PENSION $

(☎22980 72218 ; www.villachristinahotel.com ; d/tr avec petit-déj à partir de 45/60 € ; ❄📶). À 200 m en remontant la route principale vers l'intérieur depuis le port, des chambres bien tenues et un joli jardin à l'écart des bruits de la circulation.

Hotel Kamelia PENSION $

(☎69390 95513 ; http://hotelkamelia.gr ; s/d 35/40 € ; ⏲Pâques-oct ; ❄📶). Vastes chambres avantageuses abritées de l'animation du front de mer, et terrasse ornée de bougainvillées.

Villa Marina PENSION $

(☎22980 72646 ; www.villamarinaspetses.com ; d 45 € ; ❄📶). Chambres basiques, avec réfrigérateurs, et cuisine commune bien équipée au rez-de-chaussée. Juste à droite de la Plateia Agiou Mama.

Kastro APPARTEMENTS $$

(☎22980 75319 ; www.kastro-margarita.com ; studio/app avec petit-déj 100/150 € ; ❄📶🏊). Résidence hôtelière privée près du centre-ville. Vastes terrasses, décor simple et confort moderne.

Klimis Hotel HÔTEL $$

(☎22980 73725 ; www.klimishotel.gr ; Dapia ; s/d à partir de 65/80 € ; ❄📶). Chambres fonctionnelles, parfois avec balcon sur la mer, dans un hôtel standard au-dessus d'un café-bar et d'une pâtisserie.

♥ Poseidonion Grand Hotel HÔTEL DE LUXE $$$

(☎22980 74553 ; www.poseidonion.com ; Dapia ; d avec petit-déj 220-361 €, ste 4 pers 562 € ; ❄📶🏊). Imaginez-vous dans la peau de riches voyageurs des années 1920. Ce superbe hôtel entièrement rénové respire l'opulence. Chambres élégantes, bar somptueux, luxueuse piscine. Ses deux restaurants figurent parmi les meilleurs de l'île.

Orloff Resort PENSION DE LUXE $$$

(☎22980 75444 ; www.orloffresort.com ; d avec petit-déj 140-160 € ; ⏲mars-oct ; ❄📶🏊). En bordure de la ville, sur la route d'Agia Marina et près du vieux port, un hôtel parfait derrière de hauts murs blancs. Chambres élégantes et piscine cristalline.

Zoe's Club APPARTEMENTS $$$

(☎22980 74447 ; www.zoesclub.gr ; studio à partir de 165 € ; ❄📶🏊). Les vastes appartements indépendants de cet établissement bordent une somptueuse piscine et une cour. En centre-ville, près du musée de Spetsès, derrière un haut mur de pierre.

Où se restaurer

Le Poseidonion Grand Hotel et le Nissia Hotel possèdent d'excellents restaurants.

♥ Akrogialia POISSON, TAVERNE $$

(☎22980 74749 ; Kounoupitsa ; plats 9-17 € ; ⏲10h30-minuit). Superbe restaurant en bord de mer, à la nourriture délicieuse et au service affable. *Melidzana rolos* au four (aubergines au fromage et aux noisettes), fabuleux risotto de poisson et choix de viandes, le tout arrosé d'une bonne sélection de vins grecs.

Patrali POISSON $$

(☎22980 75380 ; Kounoupitsa ; plats 7-15 € ; ⏲déj et dîner jan-oct). Fondé il y a plus de 70 ans, le Patrali est réputé dans toute l'île pour ses remarquables plats de poisson. Sur le front de mer, dans le quartier de Kounoupitsa.

To Nero tis Agapis MÉDITERRANÉEN $$

(☎22980 74009 ; Kounoupitsa ; plats 12-19 € ; ⏲déj et dîner). Ce restaurant jumelé avec le Tarsanas, dont le nom signifie "eau d'amour," propose viande et poisson. Les tagliatelles aux langoustines sont succulentes, tout comme la *zarzuela* (matelote). Choix de salades originales.

Orloff MÉDITERRANÉEN $$
(☎22980 75255 ; vieux port ; plats 13-19 € ; ⏲dîner). Poisson frais et délicieuses spécialités, comme les *linguine* aux fruits de mer ou le filet de porc à la purée d'aubergines. Terrasse surplombant la mer. Dans un virage juste avant le vieux port.

La Scala ITALIEN $$
(☎22980 73207 ; vieux port ; plats 10-20 € ; ⏲dîner). En terrasse, dégustez pâtes fraîches aux délicieux fruits de mer et plats de viande, magnifiquement présentés.

Spetsiotiko TAVERNA $$
(Agiou Mama ; plats 15-20 € ; ⏲déj et dîner). Plats grecs typiques très frais, à savourer face à la mer. Cuisine copieuse et invariablement délicieuse.

Tarsanas POISSON $$$
(☎22980 74490 ; vieux port ; plats 17-26 € ; ⏲déj et dîner). *Psarotaverna* (taverne de poisson) familiale extrêmement populaire, qui ne prépare que des produits de la mer, ou presque. La soupe de poisson (6 €) est délicieuse.

Où prendre un verre et sortir

La vie nocturne de Spetsès est concentrée sur le vieux port, dans le quartier de Baltiza. **La Luz** propose des concerts et le **Mourayo** passent de la pop grecque. Pour danser, essayez le **Stavento Club**.

Bar Spetsa BAR
(☎22980 74131 ; www.barspetsa.org ; ⏲20h-tard). La réputation de ce petit bar génial n'est plus à faire et le Spetsa reste fidèle à son atmosphère décontractée. À 50 m derrière la Plateia Agiou Mama, sur la route à droite du kiosque.

Ariston Brasserie CAFÉ
(☎22980 73803 ; Dapia). Café chic sur le front de mer.

Roussos CAFÉ
(Dapia ; ⏲9h-tard). Sur le port, un vieux café où l'on déguste aussi des pâtisseries.

Renseignements

Les banques sur le port de Dapia disposent de DAB.

Capitainerie (☎22980 72245). En retrait du café-terrasse surplombant le port de Dapia.

Kiosque municipal (⏲10h-21h mai-sept). Sur le quai, le personnel saisonnier répond à vos questions sur l'île.

Mimoza Travel (☎22980 75170 ; mimoza-kent@aig.forthnet.gr). Sur le port, réservation d'hébergements et autres services.

Police touristique (☎22980 73100 ; ⏲mi-mai à sept). En retrait du café-terrasse surplombant le port de Dapia, dans les mêmes locaux que la capitainerie.

Ailleurs sur Spetsès

Le superbe littoral de Spetsès est jalonné de criques de galets et de petites plages ombragées par des pins. Il est longé par une route goudronnée de 26 km, rendant son exploration accessible aux scooters, quads et vélos. Une carte détaillée est indispensable si l'on s'aventure dans l'intérieur des terres : on peut la télécharger (http://spetsesdiadromes.wordpress.com) ou l'acheter dans un kiosque à journaux (3,50 €).

Sur la petite plage de **Xylokeriza**, sur la côte sud-ouest, une échoppe à souvlakis sert aussi de savoureuses salades et des pommes de terre au four.

Un peu plus loin, les jolies plages d'**Agia Paraskevi** (galets) et d'**Agii Anargyri** (sable) sont souvent bondées. Toutes deux comptent des tavernes et il est possible d'y pratiquer toutes sortes d'activités nautiques. Elles sont accessibles en bateau et en bus l'été. À l'extrémité nord d'Anargyri, un sentier conduit à la **grotte de Bekiris**, submergée, que l'on peut explorer à la nage.

Les plages de **Vrellos** et de **Zogheria** sont également agréables.

Plus près de la ville, **Agia Marina** est une petite station balnéaire dont la plage est vite bondée. La plage de **Ligoneri**, à environ 2,5 km au nord-ouest de Hora, est facilement accessible en bus.

La petite île de **Spetsopoula**, au large de la côte sud, appartient à la famille Niarchos ; elle est interdite au public.

Cyclades

Dans ce chapitre ➡

Le top des restaurants

- Levantis (p. 353)
- 1500bc (p. 391)
- The Nest (p. 383)
- Thalassaki (p. 332)
- Archondoula (p. 407)

Le top des hébergements

- Petros Place & Yialos Beach Hotel (p. 381)
- Aroma Suites (p. 390)
- Salt (p. 407)
- Hôtel Petali (p. 411)
- Hôtel Carbonaki (p. 343)

Pourquoi y aller

Ourlées de sable blond et baignées d'eaux turquoise, les Cyclades (prononcez Kikladès en grec, Κυκλάδες) font partie des trésors de la nature. La civilisation y a apporté son style architectural, un raffinement millénaire et une culture qui n'a rien à envier à celle d'Athènes.

Si les sculpteurs travaillent le marbre de Paros et de Naxos depuis la nuit des temps, les galeries d'art fleurissent à Santorin et à Amorgos. La gastronomie et la viticulture atteignent ici des sommets, mais vous vous dépenserez en arpentant les sites archéologiques ! La renommée de l'antique Délos draine depuis des siècles des voyageurs fascinés par la civilisation grecque classique. Plus modestes, les ruines de la cité minoenne d'Akrotiri, sur Santorin, nous font remonter encore plus loin dans le temps.

Chaque île a son caractère. Sur Mykonos et Ios, on fait la fête. Sur Santorin, on sort pour être vu. Paros et Naxos offrent la détente et Amorgos et Sifnos, plus à l'écart, la sérénité.

Quand partir

Mykonos ville

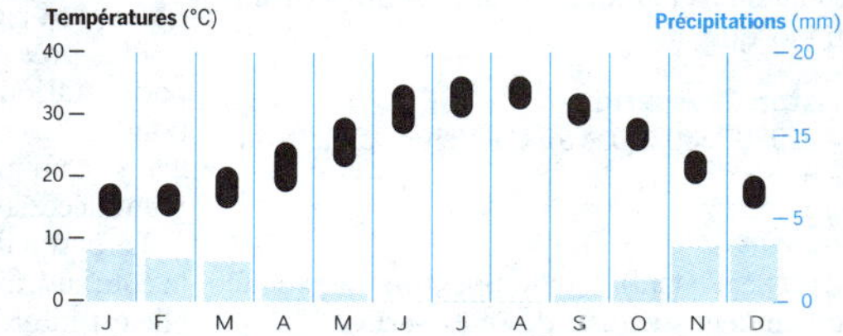

Avril-mai En début de saison, le soleil reste doux et les bateaux ne sont pas encore pris d'assaut.

Juin-août Soleil et baignades le jour et, après la plage, place aux douces senteurs du soir et à la fête.

Septembre-octobre Moins de monde et une végétation odorante pour randonner dans les collines.

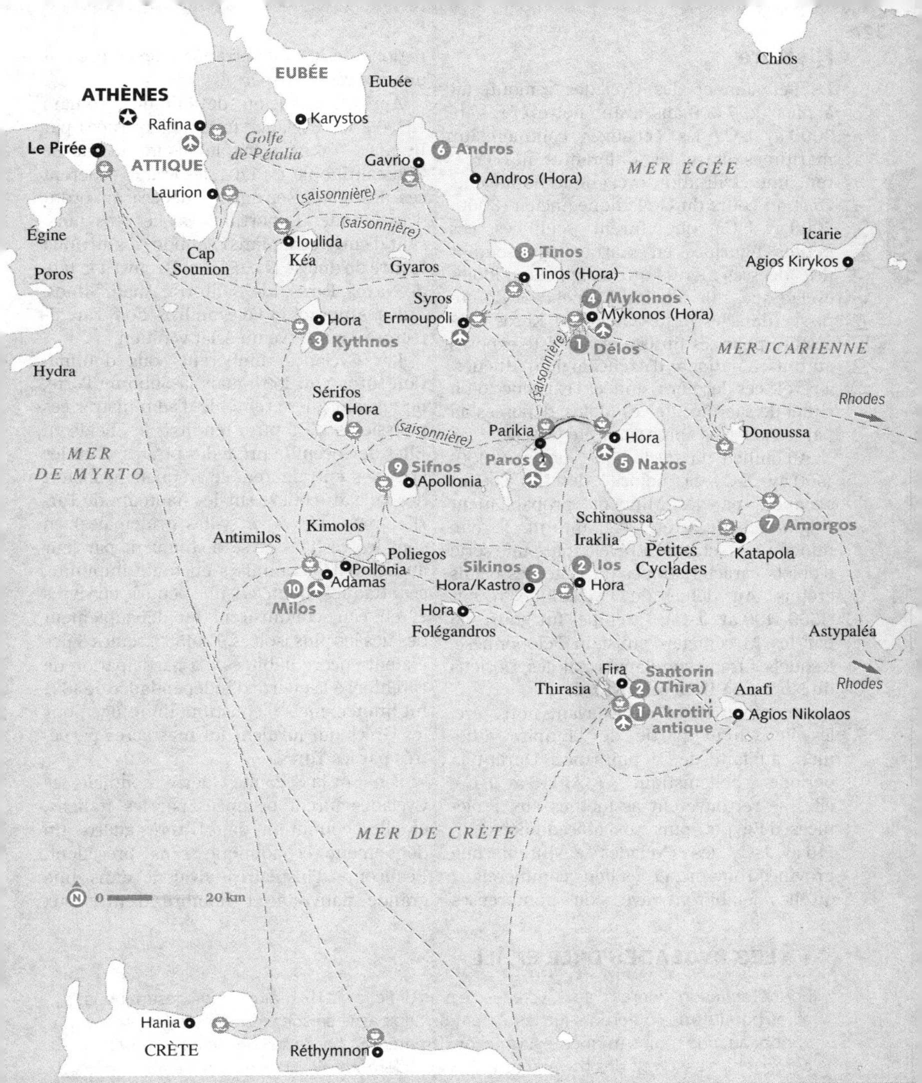

À ne pas manquer

1 Un voyage dans le temps dans les sites archéologiques de **Délos** (p. 347) et de l'**Akrotiri** minoenne (p. 395).

2 Les bonnes tables de **Santorin** (p. 384), de **Paros** (p. 350) et d'**Ios** (p. 379).

3 La sérénité sur **Kythnos** (p. 415) ou **Sikinos** (p. 398), où l'on se sent loin de tout.

4 L'esprit festif de **Mykonos** (p. 339), une île très glamour.

5 Les villages aux nombreux artistes de **Naxos** (p. 358) et ses plages de sable blanc.

6 Une randonnée sur des sentiers séculaires dans les vallées d'**Andros** (p. 325).

7 Le superbe monastère d'**Amorgos** (p. 374)

8 Un pèlerinage à **Tinos** (p. 329), terre sainte orthodoxe aux maintes icônes et aux sculpteurs de marbre.

9 Un rêve devenu réalité sur l'idyllique **Sifnos** (p. 409).

10 Le littoral volcanique de **Milos** (p. 404) : un paysage inoubliable.

Histoire

Le peuplement des Cyclades remonterait à plus de 7 000 ans avant notre ère. Vers 3000 av. J.-C., les échanges commerciaux maritimes entre les différentes îles créèrent une civilisation cycladique homogène. C'est au cours du Cycladique ancien (3000-2000 av. J.-C.) que furent sculptées ces petites figurines en marbre représentant des déesses-mères qu'on appelle "idoles cycladiques". Île inhabitée proche de Koufonissia (dans les Petites Cyclades), Kéros, déjà célèbre pour ses flutiste et harpiste exposés au musée national d'Archéologie d'Athènes, a révélé ces dernières années l'existence d'un rituel de sacrifice de ces idoles, déposées ici par les pèlerins après avoir été brisées.

Au milieu du Cycladique moyen (2000-1500 av. J.-C.), la majorité des îles étaient occupées par les Minoens, probablement originaires de Crète. À Santorin, la cité minoenne d'Akrotiri a révélé toute une série d'objets caractéristiques du faste des palais crétois. Au début du Cycladique récent (1500-1100 av. J.-C.), l'archipel fut gouverné par les Mycéniens venus du Péloponnèse, lesquels furent supplantés par les Doriens du Nord au VIIIe siècle av. J.-C.

Au milieu du Ve siècle avant notre ère, les îles firent partie de l'Empire athénien, au faîte de sa puissance. Durant la période hellénistique (323-146 av. J.-C.), elles se retrouvèrent assujetties aux Ptolémées d'Égypte, puis aux Macédoniens. En 146 av. J.-C., les Cyclades devinrent une province romaine, et les liens commerciaux qu'elles établirent avec de nombreuses régions de la Méditerranée leur assurèrent une nouvelle prospérité.

Après la division de l'Empire romain en 395, les Cyclades furent gouvernées par Byzance (Constantinople). Suite au sac de Constantinople, en 1204, les Francs cédèrent ces îles à Venise, qui les dépeça au profit d'aristocrates opportunistes. Le plus puissant d'entre eux, Marco Sanudo (il s'attribua le titre de duc de Naxos), se retrouva à la tête de Naxos, Paros, Ios, Santorin, Anafi, Sifnos, Milos, Amorgos et Folégandros, dont l'architecture a conservé un éclat vénitien.

Les Cyclades tombèrent sous domination turque en 1537, mais la Sublime Porte, ne jugeant guère rentable d'administrer ces poussières d'Empire, tendit à les négliger. Elles devinrent la proie des pirates, dont les attaques entraînèrent le fréquent transfert des villages côtiers sur les hauteurs de l'arrière-pays. Les *hora* (villes principales) en sont les vestiges et se distinguent par leur authenticité. Commises en toute impunité, ces attaques, ajoutées à une pénurie en vivres et en eau, conduisirent au dépeuplement des îles les plus isolées. En 1563, seules 5 îles étaient encore habitées. La participation de l'archipel à la guerre d'indépendance de 1821 fut limitée, mais il constitua un refuge pour les Grecs qui fuyaient les massacres perpétrés par les Turcs.

Pendant la Seconde Guerre mondiale, les Cyclades furent occupées par les Italiens, et elles connurent dans l'après-guerre un dénuement économique sans précédent. Beaucoup d'insulaires vivaient dans une grande pauvreté et nombre d'entre eux

LES CYCLADES D'ÎLE EN ÎLE

Pour établir son itinéraire aux Cyclades, le plus difficile est de maîtriser les destinations et les horaires des différents ferries. Attention : en basse saison, certaines liaisons sont beaucoup moins fréquentes, voire inexistantes. En haute saison, de nombreuses compagnies assurent des traversées entre les différentes îles. Les horaires sont disponibles en ligne sur www.greekferrys.gr ou www.openseas.gr. Il existe également une billetterie en ligne, mais on peut acheter sa traversée directement auprès de la compagnie ou dans des agences locales (celles-ci ne représentant souvent qu'un certain nombre de compagnies maritimes, pas toutes). Quelques exemples :

- **NEL Lines** (p. 710) et **Blue Star Ferrys** (p. 709). Nombreuses traversées en haute saison.
- **Hellenic Seaways** (☎ 210 419 9000 ; www.hsw.gr). Liaisons express en été.
- **Sea Jets** (p. 710). Itinéraires maritimes Rafina-Tinos-Mykonos-Paros ou Héraklion-Santorin-Ios-Naxos-Paros-Mykonos.
- **Zante Ferrys** (p. 710). Route maritime Le Pirée-Kythnos-Sérifos-Sifnos-Milos-Kimolos.

émigrèrent sur le continent, en Amérique ou en Australie, en quête de travail.

Le boom touristique initié dans les années 1970 a redonné vie aux Cyclades. Le grand défi reste de trouver des formes de développement durable qui respectent la beauté et le charme de ces îles remarquables.

ANDROS ΑΝΔΡΟΣ

9 200 HABITANTS

Deuxième de l'archipel par la taille, l'île verdoyante d'Andros est un paradis pour les randonneurs. Ses hauteurs sauvages contrastent avec les fertiles vallées que sillonnent les cours d'eau et ponctuent les anciens moulins en pierre. Pas un village sans source et pas une colline sans cascade, presque toute l'année. Il sera judicieux de louer une voiture pour atteindre le départ des sentiers. Pour la plupart pavés et dotés de marches, ils vous mèneront jusqu'à des lieux majestueux semés de fleurs sauvages ou vers d'étonnants vestiges archéologiques. La ville même d'Andros, principale bourgade de l'île, affiche la richesse de son passé maritime à travers l'architecture néoclassique des riches demeures d'armateurs.

Depuis/vers Andros

Une liaison maritime relie le port continental de Rafina à l'île d'Andros (66 km, 2 heures), également accessible en haute saison par les ferries réguliers qui desservent au sud Tinos, Syros et Mykonos, d'où partent des correspondances maritimes pour Andros. Achetez vos billets auprès de **Ploes Travel** (22820 29220 ; Empirikou) à Andros (Hora) ou de Kyklades Travel (p. 326) à Gavrio. L'**autorité portuaire** (22820 22250) pourra vous informer sur les horaires.

Bateaux au départ d'Andros

VERS	DURÉE	TARIF (€)	FRÉQUENCE
Kéa (Tzia)	6 heures 20	10	2/sem
Kythnos	5 heures 10	14	1/sem
Mykonos	2 heures 20	14	3/jour
Rafina	2 heures 30	16	4-8/jour
Syros	2 heures 50	9	2/sem
Tinos	1 heure 35	12	5/jour

Comment circuler

KTEL Andros (22820 22316) assure 9 liaisons routières quotidiennes (sauf le week-end) entre Gavrio et Hora (4 €, 55 min) via Batsi (2 €, 15 min). Les horaires sont affichés aux arrêts de bus de Gavrio et d'Andros (Hora). En basse saison, les horaires des bus s'alignent généralement sur ceux des ferries depuis/vers Rafina.

Au départ du port de Gavrio, la course en **taxi** (Batsi 22820 41081, Gavrio 22820 71561, Hora 22820 22171) coûte environ 10 € pour Batsi et 35 € pour Andros (Hora).

Étroites et parfois en mauvais état, les routes donnent accès à nombre de sites et de sentiers inatteignables sans une voiture de location (environ 35/25 € par jour en haute/basse saison).

Dino's Rent-a-Bike (22820 41003). À Batsi, 16-19 €/jour pour un scooter.

Euro Rent A Car (22820 72440 ; www.rentacareuro.com). En face du débarcadère des ferries de Gavrio.

Gavrio Γαύριο

1 200 HABITANTS

Paisible, sauf à l'arrivée des ferries, Gavrio est le principal accès maritime à Andros.

Où se loger et se restaurer

Des tavernes jalonnent le front de mer.

Ostria Hotel & Apartments APPARTEMENTS $
(22820 71551 ; www.ostria-andros.gr ; s/d/app 30/40/50 € ; P ❄ @). Chambres simples et spacieuses, à 300 m de Gavrio sur la route de Batsi.

Andros Camping CAMPING $
(22820 71444 ; www.campingandros.gr ; adulte/tente 6,50/3,50 € ; P ≈). Aménagé au milieu de petits oliviers, environ 400 m derrière le port sur une route sinueuse.

Perrakis HÔTEL $$
(22820 71456 ; www.hotelperrakis.com ; Chrissi Ammos ; d à partir de 100 € petit-déj inclus ; tte l'année ; P ❄ ≈). Au sud de Gavrio, cet hôtel séparé de la Golden Beach par une route offre un beau point de vue et des chambres superbes.

Giannoulis TAVERNE $
(22820 71385 ; plage d'Agios Petros ; plats 6-10 € ; déj et dîner juin-sept, déj seulement mai et oct). Toute la tradition culinaire hellène en bord de plage, à mi-chemin entre Gavrio et Batsi.

Andros

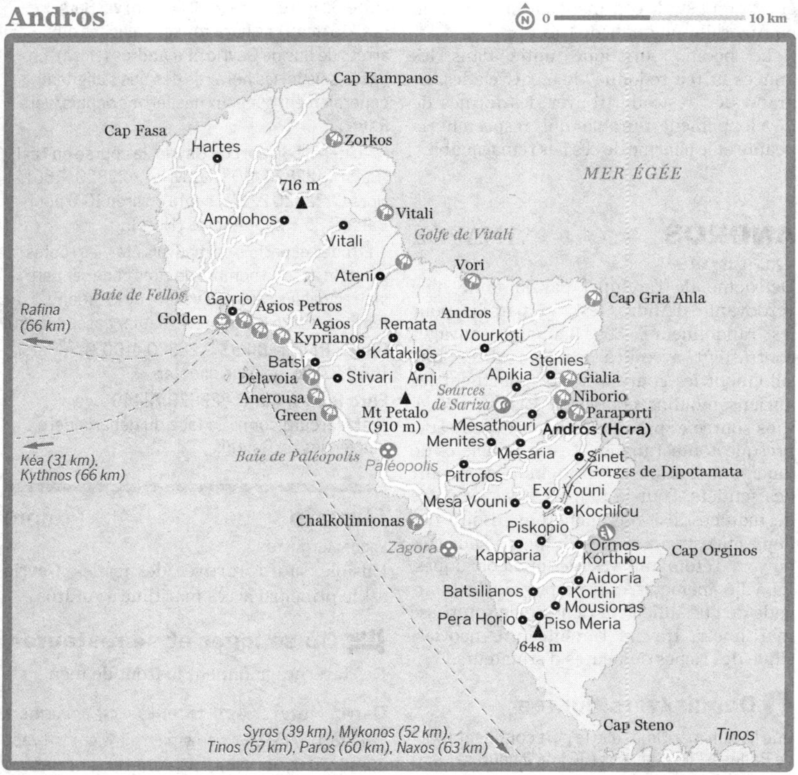

Renseignements

Les bus font halte au débarcadère des ferries. Il y a des DAB et un bureau de poste. L'île possède son site Internet : www.andros.gr.

Kyklades Travel (☎22820 72363). En face du débarcadère des ferries. Vente de billets de ferry et réservation d'hébergements.

Batsi Μπατσί

960 HABITANTS

À 7 km au sud-est de Gavrio, le rivage assez bétonné de la station balnéaire de Batsi n'en encadre pas moins une jolie baie ourlée de sable. La fréquentation touristique atteint des sommets en juillet-août, car c'est la principale destination balnéaire de l'île.

Où se loger et se restaurer

Réservez bien à l'avance pour juillet-août et pour les week-ends de juin et septembre.

Cavo d'Oro PENSION $

(☎22820 41766 ; www.andros-cavodoro.gr ; s/d 30/45 €). Quelques chambres agréables et d'un bon rapport qualité/prix font face à la plage, à l'étage d'une pizzeria

Krinos Suites Hotel BOUTIQUE-HÔTEL $$$

(☎22820 42038 ; www.krinoshotel.com ; Batsi ; ste à partir de 180 € ; ⏲avr-oct). Matelas et produits de toilette bio signent une des adresses les plus haut de gamme de l'île. Certaines chambres se prolongent d'un balcon avec vue sur la mer.

Stamatis Taverna TAVERNE $$

(☎22820 41283 ; plats 6-18 € ; ⏲déj et dîner). Bien installé sur la terrasse surplombant le port, régalez-vous d'une simple entrée comme le *pikandiko* (feta, tomates, poivron vert, origan et épices cuits dans une marmite) ou d'une des délicieuses soupes.

Renseignements

Greek Sun Holidays (☎22820 41198 ; www.andros-greece.com). Une aide précieuse pour l'hébergement, la location de voitures, les billets de ferry, ainsi que les randonnées et les excursions à choisir sur place.

Andros (Hora)

Ανδρος (Χώρα)

1 800 HABITANTS

Théâtralement perchée sur un promontoire rocheux, Andros ville bénéficie d'un panorama impressionnant, par-delà les demeures néoclassiques, sur deux magnifiques baies : **Niborio** et **Paraporti**. À l'extrémité de la péninsule se dressait la forteresse vénitienne (en ruine) ; la ville elle-même doit ses imposantes demeures et ses places à l'ancienne colonie vénitienne et aux armateurs qui vinrent y habiter. Un riche patrimoine dont témoignent les collections de son superbe Musée archéologique, de remarquables églises et son musée d'art contemporain.

À voir et à faire

♥ Musée d'Art moderne ART
(☎22820 22444 ; www.moca-andros.gr ; adulte/étudiant juin-sept 6/3 €, oct-mai 3/1,50 € ; ⏲10h-14h et 18h-20h mer-sam et lun, 10h-14h dim juin-sept, horaires réduits oct-mai). Ce vénérable musée s'est taillé une réputation dans le milieu artistique international grâce à ses expositions estivales d'artistes de renommée mondiale. Picasso, Matisse, Toulouse-Lautrec et Miró ont fait l'objet d'expos remarquées. De talentueux artistes grecs ont aussi ici leur place dans la collection permanente de sculptures. Et en sortant, vous aurez peut-être envie d'un gâteau maison à déguster en terrasse du café du musée, face à la mer.

Musée archéologique d'Andros ANTIQUITÉS
(☎22820 23664 ; Plateia Kaïri ; adulte/enfant/étudiant 3/2 €/gratuit ; ⏲9h-16h mar-dim avr-nov, ven et dim seulement déc-mars). Écrin du célèbre marbre romain (IIe siècle av. J.-C.) appelé l'**Hermès d'Andros** et réplique du bronze signé Praxitèle (IVe siècle av. J.-C.), ce musée expose des pièces impressionnantes, datant du IXe au Ve siècle av. J.-C., mises au jour dans les cités antiques de Zagora (côte est) et de Paléopolis (côte ouest), ainsi que des objets des périodes romaine, byzantine et chrétienne.

Forteresse vénitienne RUINES
Fièrement dressée sur une île reliée au nez de la péninsule par un pont de pierre en plein cintre bien entamé par la mer mais resté debout, le “mesa kastro” en ruine n'en reste pas moins impressionnant.

Afanis Naftis MONUMENT
Sur la Plateia Riva, face au large, la gigantesque statue de bronze d'un marin affirme les traditions maritimes d'Andros.

Fondation Kidonieos CENTRE D'ART
(☎22820 24598 ; Empirikou ; ⏲haute saison). GRATUIT En été, tout un progamme d'expositions, de théâtre et de musique.

Où se loger

Le week-end, les prix sont à la hausse.

Karaoulanis Rooms & Apartments PENSION, APPARTEMENTS $
(☎22820 24412 ; www.androsrooms.gr ; d/app 50/100 € ; P❄📶). Des appartements indépendants et confortables situés côté terre, et une pension à Niborio, bien meublée également. Location de scooters et de bateaux.

Micra Anglia BOUTIQUE-HÔTEL $$
(☎22820 22207 ; www.micra-anglia.gr ; Goulandri 13 ; d à partir de 100 € petit-déj inclus ; ⏲mai-oct ; ❄📶). L'adresse de luxe d'Andros (Hora) offre tout le confort possible. Réserver en ligne réduit souvent la note.

Archontiko Eleni BOUTIQUE-HÔTEL $$
(☎22820 22270 ; www.archontikoeleni.gr ; Empirikou 9 ; d à partir de 75 € ; ❄📶). Des chambres confortables au cœur d'une demeure néoclassique.

Hotel Egli HÔTEL $$
(☎22820 22060 ; www.eglihotel.gr ; d à partir de 65 € ; ❄@📶). Installé dans une belle bâtisse d'autrefois, cet élégant établissement mêle avec goût ancien et moderne.

Où se restaurer

Parea TAVERNE $
(☎22820 23721 ; Plateia Kaïri ; plats 6-10 € ; ⏲déj et dîner ; ✍). Établi de longue date, ce rendez-vous gourmand des habitants jouit d'une superbe terrasse surplombant la plage de Paraporti.

Skalakia TAVERNE $
(☎22820 22822 ; plats 7-9 € ; ⏲dîner lun-sam). Une taverne jaune vif en haut des marches, dont les tables en terrasse s'échelonnent le long de l'escalier. À l'intérieur, vous

trouverez le pittoresque du style bistrot. Délicieuses spécialités d'Andros.

Nonna's POISSON ET FRUITS DE MER **$**
(☎22820 23577 ; Plakoura ; plats 6-10 € ; ⏲déj et dîner). Sur le vieux port, cette petite taverne populaire sert d'authentiques mezze et du poisson. Demandez la prise du jour débarquée du bateau familial.

Renseignements

La gare routière se situe sur la Plateia Goulandri dont le guichet d'informations touristiques, situé tout en haut, est ouvert uniquement en été. Pavée de marbre, la grand-rue piétonne descend jusqu'au *kastro* vénitien.

Ailleurs sur Andros

Être motorisé n'est pas superflu pour se déplacer d'un site montagneux à l'autre, visiter les villages épars, rejoindre le départ des sentiers de randonnée ou tout simplement les plages.

Au nord de l'île, la zone verdoyante autour d'**Arni** cède la place à des collines arides balayés par le vent tandis que la route zigzague jusqu'à **Vourkoti**, puis au-delà du monastère d'**Agios Nikolaos**, d'où le point de vue est fabuleux.

À 7 km au sud de Batsi sur la route du littoral, **Paléopolis** est le site de l'Andros antique, lieu de découverte du fameux *Hermès* d'Andros, et de son port immergé. Il ne reste que des ruines mais les objets de fouille présentés dans le petit **musée archéologique de Paléopolis** (☎22829 41985 ; ⏲9h-16h mar, jeu et ven) GRATUIT éclairent la compréhension du site.

Une profonde vallée, dédiée aux terres agricoles, traverse toute l'île. Une foule de petits villages, dont les sources sont signalées par des têtes de lion ou d'autres sculptures en marbre, s'égrènent le long de la vallée : **Sariza, Stenies**, **Mesathouri**, **Strapouries** et **Menites**, autant de découvertes plaisantes.

Au sud, visitez les pittoresques villages ruraux de **Livadia**, **Kochilou**, **Piskopio** et **Aidonia** ; ce dernier possède des demeures surmontées de tours, en ruine. Un ravissant paysage de champs et de cyprès entoure le village d'**Ormos Korthiou**, enroulé autour de la baie.

Activités

Sentiers RANDONNÉE
Une foule de sentiers sillonne l'île. Remonter l'impressionnante **gorge de Dipotamata** – indiquée depuis la route menant à l'intérieur des terres, après Sineti – permet de découvrir le long du chemin, en partie pavé, d'anciens ponts et moulins hydrauliques au milieu d'une végétation luxuriante où l'eau murmure en contrebas. Localiser le départ des sentiers n'est guère aisé, c'est pourquoi est distribué gracieusement en ville le récent guide de randonnée intitulé *Hiking in Andros*, à compléter de l'excellente carte *Andros* publiée par Anavasi (www.anavasi.gr). Parcourir ces itinéraires pédestres avec les guides de **Trekking Andros** (☎6937236362 ; www.trekkingandros.gr) ou d'**Andros Routes** (☎6977334334 ; www.androsroutes.gr) offre l'avantage de commentaires culturels et historiques.

Plages BAIGNADE
De Gavrio à la baie de Paléopolis se succèdent toute une série de plages délicieuses au nom de **Golden** (Xrisi Ammos), **Delavoia** – pour moitié naturiste –, **Anerousa** et **Green**. Ourlée de sable brun, **Chalkolimionas**, avec sa minuscule église, se cache à 2 km après la bifurcation pour Andros (Hora), en contrebas d'une vallée dont les pentes portent les traces d'anciennes cultures en terrasses. Les plus belles plages telles **Ahla**, **Vori** et **Vitali** se découvrent en bateau ou par des pistes carrossables en 4x4.

Riva Boats LOCATION DE BATEAUX
(☎6974460330, 22820 24412 ; Niborio ; environ 80 €/jour). Aucun permis n'est nécessaire pour louer une embarcation qui vous mènera vers les plus belles criques et lieux de baignade des côtes nord et ouest. Départ d'Andros (Hora) ou de Batsi.

Où se loger et se restaurer

Onar Residence MAISONNETTES **$$$**
(☎210 625 1052, 6932563707 ; www.onar-andros.gr ; plage d'Ahla ; bungalows 3/5/7 pers 210/350/650 € ; ⏲mai-oct ; P❄📶). De charmantes petites maisons de pierre à deux pas de la plage qui présentent le double avantage de respecter l'environnement et de bénéficier chacune d'un véritable espace privé. Également un restaurant bio.

♥ **Stou Zozef** TAVERNE **$**
(☎22820 51050 ; Pitrofos ; plats 6-10 € ; ⏲déj et dîner). La sympathique Katerina Remoundou

vous accueille dans son salon ou sa cour bordée d'arbres comme si vous étiez de la famille. Sa cuisine n'a rien de secret ni pour les habitants ni pour les gens de passage : vous verrez comment elle mitonne le ragoût de chevreau. N'oubliez pas les fromages frais comme le crémeux *tsinomizithra*. Téléphonez avant de vous déplacer.

♥ **Balkoni Tou Ageiou** TAVERNE **$**
(☎22820 41020 ; Ano Aprovatou ; plats 7-8 € ; ⏲déj et dîner juin-août, sam-dim sept-mai). Les propriétaires de cette taverne traditionnelle dirigent aussi une fromagerie. N'hésitez pas à acheter leurs produits avant de dévorer un plat local comme la *fourtalia,* une énorme omelette de pommes de terre à la saucisse. Belle vue sur la côte. Au sud de Batsi, des pancartes indiquent la taverne, située à environ 3 km de la route principale.

TINOS ΤΗΝΟΣ

8 600 HABITANTS

L'île de Tinos est très connue pour son site de pèlerinage vénéré par les Grecs orthodoxes : l'église Panagia Evangelistria, située dans le port de la ville principale, Tinos (Hora). C'est l'écrin de la Megalochari, l'icône sacrée de la Vierge Marie que les pèlerins viennent prier pour obtenir la guérison. Que l'aspect religieux vous intéresse ou non, vous ne sauriez rester indifférent au merveilleux cadre naturel : de discrètes baies, des collines en terrasse, de magnifiques pigeonniers vénitiens, des sommets embrumés et plus d'une quarantaine de villages parsemés d'ouvrages en marbre. Une forte tradition artistique règne en effet dans l'île, en particulier en matière de travail du marbre. En témoigne le village de sculpteurs de Pyrgos, au nord, à côté des carrières de marbre. La cuisine de l'île, concoctée avec des produits locaux (fromages, saucisses, artichauts sauvages), est aussi l'une des meilleures que vous aurez l'occasion de goûter en Grèce.

ℹ Depuis/vers Tinos

Toute l'année, des ferries relient Tinos aux ports de Rafina et du Pirée sur le continent, ainsi qu'aux îles de Syros, Andros et Mykonos. Hellenic Seaways (p. 710) assure parfois des liaisons express en été. Achetez les billets auprès de **Malliaris Travel** (☎22830 24241 ; www.malliaristravel.gr/ ; port).

Tinos ville possède deux embarcadères pour le départ des ferries : le nouveau port, ou port extérieur (Outer Port, à 300 m au nord du port principal), pour les ferries traditionnels et les express. Le vieux port, ou port intérieur (Inner Port, à l'extrémité nord du port principal de la ville), pour les petits ferries rapides. Vérifiez le quai de départ de votre ferry.

Bateaux au départ de Tinos

VERS	DURÉE	TARIF (€)	FRÉQUENCE
Andros	1 heure 35	12	5/jour
Laurion	5 heures 30	18	1/sem
Mykonos	30-40 min	7	5/jour
Paros	55 min	33	1/sem
Le Pirée	4 heures 30	32	1/jour
Rafina	3 heures 50	23	4/jour
Syros	30 min	7,50	1-3/jour

ℹ Comment circuler

De juin à septembre, de fréquents services de **bus** (☎22830 22440) relient Tinos (Hora) à Porto et Kionia (1,60 €, 10 min), ainsi qu'à Panormos (4,50 €, 1 heure, plusieurs tous les jours) via Kambos (1,60 €, 15 min) et Pyrgos (3,70 €, 50 min). La gare routière de Tinos (Hora) se trouve au port, à côté du Poseidon Hotel. Les billets s'achètent à bord du bus.

On peut louer une moto (15-20 €/jour) ou une voiture (40 €/jour en semaine, 60 €/jour le week-end en haute saison) sur le front de mer de Tinos. Vous pouvez aussi vous adresser à **Vidalis Rent a Car & Bike** (☎22830 23400 ; www.vidalis-rentacar.gr).

Il faut téléphoner pour réserver un **taxi** (☎22830 22470).

Tinos (Hora) Τήνος (Χώρα)

3 400 HABITANTS

À la fois chef-lieu et port de l'île, Tinos est accueillante avec ses cafés et hôtels sur le front de mer et ses restaurants et tavernes dans ses ruelles de l'intérieur. Joyau de la ville, l'église de Panagia Evangelistria est peut-être le site de pèlerinage le plus important pour la religion orthodoxe grecque. Boutiques et stands sur la voie du sanctuaire débordent de souvenirs et d'objets religieux. Sur un des côtés de Leoforos Megalocharis, une bande caoutchoutée marque le chemin que suivent à genoux les pèlerins en direction de l'église, en poussant de longs cierges devant eux. La religion marque profondément la vie à Tinos (inutile d'espérer y trouver une chambre un jour de grande fête religieuse), mais elle bénéficie aussi de toute l'animation d'une cité portuaire.

Tinos

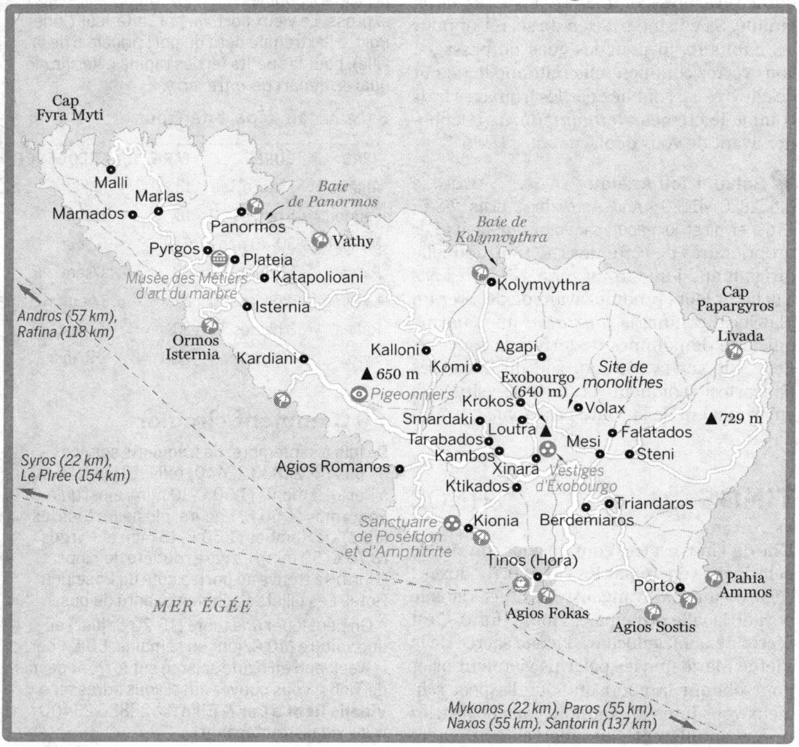

À voir

Panagia Evangelistria ÉGLISE
(☎22830 22256 ; www.panagiatinou.gr ; ⏲8h-20h). GRATUIT Édifice religieux le plus vénéré de Tinos, cette église néoclassique de l'Annonciation renferme une icône sacrée de la Vierge découverte en 1822 sur le terrain où se dresse désormais le sanctuaire. Nonne de Tinos, Sœur Pélagie, canonisée depuis, eut ici une vision de la Vierge qui lui révéla où trouver cette icône, rapidement créditée de vertus curatives, d'où la naissance de ce pèlerinage important. Notre-Dame de Tinos est ainsi devenue la sainte patronne de la Grèce.

Située à gauche de la nef quand on entre dans l'église, l'icône est recouverte de pierres précieuses. Bâtis en marbre des carrières de l'île de Panormos, les bâtiments du sanctuaire s'organisent autour d'une agréable cour à arcades qui domine une vaste place et offre un beau point de vue. Trois intéressants **musées** (⏲8h-16h mar-ven, 9h-17h sam, 10h-14h dim) GRATUIT présentent des objets d'art sacré, des icônes, mais aussi des œuvres profanes.

ÉGLISES : NI SHORT NI DÉBARDEUR

Il n'y a pas forcément de gardiens à l'entrée, mais les fidèles et les prêtres attendent des visiteurs qu'ils portent une tenue appropriée, couvrant jambes et épaules.

Fondation culturelle de Tinos GALERIE
(☎22830 29070 ; www.itip.gr ; adulte/enfant et étudiant 3 €/gratuit ; ⏲10h-15h lun, mer-sam, mer-dim en été). Aménagé dans un beau bâtiment néoclassique au sud du front de mer, ce remarquable centre culturel abrite une superbe collection de sculptures d'un enfant de Tinos, Yannoulis Chalepas. Cette fondation présente par ailleurs des expositions

temporaires, et programme des spectacles musicaux l'été. Il y a une boutique et le **café** donne sur le port.

Musée archéologique ANTIQUITÉ
(☎22830 22670 ; Leoforos Megalocharis ; 2 € ; ⏲8h-15h mar-dim). Proche de l'église, ce musée recèle, entre autres, une impressionnante collection de *pithoi* (jarres en terre servant au stockage) minoennes.

Fêtes

Assomption de la Vierge Marie RELIGION
Le 15 août, Tinos célèbre la montée au ciel de la Vierge.

Où se loger

Si vous n'avez pas réservé des mois à l'avance pour séjourner à Tinos (Hora) le 25 mars (Annonciation), pour la Pâques grecque, le 15 août (fête de l'Assomption) ou le 15 novembre (Avent), vous risquez fort de dormir dans la rue avec les pèlerins.

Favie Suzanne HÔTEL $
(☎22830 22693 ; www.faviesuzanne.gr ; Antoniou Sohou 22 ; s/d/tr à partir de 40/50/65 € ; ⏲mi-avr à oct ; ❄📶🏊). Un peu à l'intérieur des terres, cet établissement bénéficie d'une piscine et de chambres plus spacieuses dans la nouvelle annexe.

Hotel Poseidonio HÔTEL $
(☎22830 23123 ; www.poseidonio.gr ; Paralia 4 ; s/d/tr à partir de 35/50/75 € petit-déj inclus ; ❄📶). Chambres correctes à mi-chemin sur le front de mer.

Nikoleta PENSION $
(☎22830 24719 ; www.nikoletarooms.gr ; Kapodistriou 11 ; s/d à partir de 30/40 € ; ❄📶). Pour atteindre cette petite pension, il faut marcher un bon moment vers l'intérieur des terres, depuis l'extrémité sud de la ville, plus industrielle. C'est néanmoins l'un des meilleurs rapports qualité/prix de Tinos ville. Il y a un joli jardin et certaines chambres disposent d'une cuisine.

♥ **Tinion Hotel** HÔTEL HISTORIQUE $$
(☎22830 22261 ; www.tinionhotel.gr ; Eleftherias Sq ; d/tr 70/84 € petit-déj inclus ; ❄📶). En centre-ville, un hôtel à l'ancienne doté d'une vaste terrasse. Des escaliers escarpés mènent à des chambres confortables meublées à l'ancienne et en partie ouvertes sur la mer par un balcon.

Altana Hotel BOUTIQUE-HÔTEL $$
(☎22830 25102 ; www.altanahotel.gr ; s/d/ste à partir de 80/90/100 € petit-déj inclus ; ⏲mai-oct ; P❄@📶). À environ 700 m au nord de la ville, voici un chaleureux établissement moderne typique des Cyclades : murs blancs et intérieurs soignés, avec des motifs caractéristiques de Tinos.

Où se restaurer

La nourriture de Tinos est généralement fraîche, créative et préparée avec des produits locaux. Les amateurs de bière apprécieront la **Nissos** (www.nissosbeer.com) brassée sur l'île.

♥ **Mesklies** CAFÉ $
(☎22830 22151 ; www.mesklies.gr ; port ; pâtisseries 4 € ; ⏲9h-tard). De la crème glacée maison au *liknaraki* (petit gâteau au fromage sucré), de délicieux desserts.

♥ **Itan Ena Mikro Karavi** MÉDITERRANÉEN $$
(☎22830 22818 ; www.mikrokaravi.gr ; Trion Ierarchon ; plats 10-18 € ; ⏲déj et dîner Pâques-oct, dîner ven, déj sam-dim jan-Pâques). Les spécialités grecques mâtinées de saveurs méditerranéennes sont servies dans une cour agréable, à l'ombre d'une vigne. Les plats comme les raviolis aux crevettes ou les lentilles au poulpe et aux légumes verts sauvages peuvent être commandés en demi-portion.

À NE PAS MANQUER

MARBRE : LE B.A.-BA

Sur les versants dominant Pyrgos est installé un étonnant **musée des Métiers d'art du marbre** (☎22830 31290 ; www.piop.gr ; adulte/enfant 3/1,50 € ; ⏲10h-18h mer-lun mars à mi-oct, 10h-17h mi-oct à mars). De conception moderne, il dresse un portrait assez exhaustif du travail du marbre à travers ses techniques d'extraction et de sculpture. Très bien faite, la muséographie tire un riche parti des films projetés, des objets commentés et des animations traduites en anglais, tout en montrant des réalisations – objets et architectures – en marbre de Tinos. Les images des derniers carriers encore en action dans les marbrières présentent beaucoup d'intérêt.

Tarsanas POISSON ET FRUITS DE MER $$
(☎22830 24667 ; port ; mezze 6-10 €, poisson au kilo ; ⏲12h-minuit). Le propriétaire cuisine devant son sympathique restaurant, à l'extrémité est du port. Il a pour spécialités les mezze de fruits de mer. La crème de poisson fumé est divine.

To Koutouki Tis Elenis TAVERNE $$
(☎22830 24857 ; G Gagou 5 ; plats 9-15 € ; ⏲déj et dîner). Niché dans une ruelle pleine de tavernes, qui part tout en bas d'Evangelistria, voici un lieu rustique où se délecter de fromages frais locaux comme de ragoût de lapin aux petits oignons blancs. Il y a parfois des concerts.

Où prendre un verre et faire la fête

Les ruelles qui font face au port central comptent quelques bars où l'on peut danser ; vous pouvez aussi tenter le **Koursaros** (☎22830 23963 ; Akti Ellis 1), à l'extrémité sud du port.

Renseignements

Police portuaire (☎22830 22348 ; Kionion). En face du port extérieur.

Ailleurs sur Tinos

Vastes collines découpées en terrasses, sommets montagneux à la roche déchiquetée, plages attirantes, la nature sur l'île fascine, tout comme l'architecture de ses villages préservés et celle, plus inattendue, de ses **pigeonniers** vénitiens. Un conseil : louez une voiture pour tout voir.

À 3 km au nord-ouest de Tinos (Hora), **Kionia**, qui compte plusieurs petites plages, conserve les maigres vestiges du vaste **sanctuaire de Poséidon et d'Amphitrite** (2 €), célèbre lieu de pèlerinage du IVe siècle av. J.-C.

En direction du nord, le joli **Ktikados** est perché dans une haute vallée. La coupole bleue de l'église et le toit identique du clocher coiffent le village. Le panorama sur la mer est un plus pour déguster un plat typique au **Drosia** (☎22830 41387 ; Ktikados ; plats 6-10 € ; ⏲déj et dîner).

Perchée sur la colline au-dessus des champs, **Kambos** abrite le **musée Costas Tsoclis** (☎22830 51009 ; www.tsoclismuseum.gr ; Kambos ; ⏲10h-13h30 et 18h-21h mer-lun juin-sept) GRATUIT.

Joyeux dédale de ruelles décorées de sculptures en marbre, **Tarabados** ouvre sur une agréable vallée parsemée de pigeonniers.

À 17 km au nord-ouest de Tinos ville, au cœur d'un écrin de verdure, l'adorable **Kardiani**, sillonné de ruelles étroites, semble accroché au versant d'une falaise vertigineuse, d'où l'on a le souffle coupé quand on aperçoit au loin l'île de Syros.

Ne manquez pas la plage d'**Ormos Isternia**, ses galets au pied des collines escarpées, et l'une des meilleures expériences culinaires à tenter sur le littoral, la taverne **Thalassaki** (☎22830 31366 ; tothalassaki@gmail.com ; Ormos Isternia ; poisson et fruits de mer 10-14 € ; ⏲déj et dîner Pâques-oct, week-end seulement avr-Pâques). Fromages, saucisses, artichauts sauvages et autres produits locaux sont ici élevés en authentiques œuvres d'art, tout comme les délices de la mer. En haute saison, la réservation s'impose, et bien à l'avance.

Pyrgos est un beau village où le marbre règne partout en maître, y compris au **cimetière**. À la fin du XIXe et au début du XXe siècle, Pyrgos a en effet été une pépinière de sculpteurs, attirés par la qualité du marbre.

La **maison-musée de Yannoulis Halepas** (adulte/enfant 5/2,50 € ; ⏲10h30-14h30 et 17h-20h avr à mi-oct), émouvante, où vécut et travailla ce sculpteur, accueille également, dans une salle attenante à l'atelier, une exposition de sculpteurs locaux.

Sur la côte nord de l'île, à 12 km environ du chef-lieu, les eaux émeraude de la **baie de Kolymvythra** et ses deux magnifiques plages de sable attirent les surfeurs. Une école pour bien prendre la vague : **Tinos Surf Lessons** (http://tinossurflessons.com).

Un détour par l'intérieur des terres vous mènera à **Agapi**, dans une vallée verdoyante ponctuée de pigeonniers. Romantique au possible, le village est fidèle à sa réputation.

Passez par le séduisant **Krokos** à l'imposante église catholique, **Evangelismou tis Panagias**, pour arriver à **Volax**, à environ 6 km au nord de Tinos (Hora). Au cœur d'un amphithéâtre de collines basses bordées de centaines d'énormes rochers multicolores, ce hameau offre une belle halte pour le déjeuner, le temps de savourer un plat tinoen à la taverne **Volax** (☎22830 41021 ; plats 6-9 € ; ⏲déj et dîner) tels que des artichauts sauvages au citron.

À quelque 2 km au sud se trouvent les ruines de la forteresse vénitienne d'**Exobourgo** dressée au sommet d'un imposant éperon rocheux haut de 640 m.

Sur la côte nord-est, la plage de **Livada** est spectaculaire, les plages à l'est de Tinos, notamment **Porto** et **Pahia Ammos**, étant un peu plus urbanisées.

SYROS ΣΥΡΟΣ

21 400 HABITANTS

Très attachante, Syros dévoile une symbiose entre tradition et modernité. Assez rurale en dehors de son chef-lieu, Ermoupolis, c'est l'une des plus petites îles des Cyclades mais également la plus peuplée depuis qu'elle est devenue le centre juridique et administratif de tout l'archipel. Plaque tournante des ferries desservant les Cyclades du Nord, Ermoupolis est la plus grande cité cycladique. Pleine de vie à toute période de l'année, cette île attachante permet d'apprécier, outre les plaisirs gastronomiques, toute la douceur de la vie quotidienne grecque.

Histoire

L'occupation de Syros est attestée dès le néolithique (2800-2300 av. J.-C.) dans le nord-est de l'île, comme en témoignent l'oppidum et les sépultures du Cycladique ancien mis au jour à Kastri.

Aux XVIIe et XVIIIe siècles, des moines capucins et des jésuites s'installèrent sur l'île. Devenue majoritairement catholique, Syros demanda de l'aide à la France pendant la domination turque.

Pendant la guerre d'indépendance, des milliers de réfugiés orthodoxes fuyant les îles ravagées par les Turcs, notamment Chios, gagnèrent Syros. Ils y apportèrent un vent d'orthodoxie grecque et un esprit d'entreprise nouveau. Syros devint ainsi le centre commercial, naval et culturel de la Grèce au XIXe siècle. Malgré un déclin au cours du siècle passé, l'économie de Syros repose toujours sur ses navires, ses usines textiles, sa production horticole prospère et son important secteur tertiaire et administratif, tandis que la communauté catholique reste bien présente.

ℹ Depuis/vers Syros

AVION

Olympic Air assure une liaison quotidienne entre Athènes (70 €, 45 min) et l'**aéroport de Syros** (JSY ; ☎22810 81900), à 5 km au sud d'Ermoupolis.

BATEAUX AU DÉPART DE SYROS

Toute l'année, des ferries desservent les ports du Pirée et de Rafina sur le continent, ainsi que les îles voisines. Billets en vente auprès de Teamwork Holidays (p. 338) ou de **Vassilikos** (☎22810 84444 ; www.vassilikos.gr ; Akti Papagou 10) à Ermoupolis. Voir le tableau ci-dessous.

Autorité portuaire (☎22810 82690 ; Plateia Laïkis Kyriarchias). Sur le côté est du port.

ℹ Comment circuler

À la gare routière d'Ermoupolis, vous trouverez de fréquentes liaisons routières pour Galissas (1,60 €, 20 min) ou Vari (1,60 €, 30 min), qui font aussi le trajet retour (toutes les 30 min juin-sept, toutes les heures le reste de l'année). Il existe environ 5 bus quotidiens pour Kini (1,60 €, 35 min) ou Ano Syros (1,60 €, 15 min), sauf le dimanche. Les horaires sont affichés à la gare routière, sur le front de mer.

Bateaux au départ de Syros

VERS	DURÉE	TARIF (€)	FRÉQUENCE
Anafi	9 heures 35	19	2-3/sem
Andros	2 heures 50	9	1/sem
Astypalea	6 heures 15	25,50	3/sem
Donoussa	7 heures	19	2/sem
Folégandros	5 heures 20	14	1/sem
Ios	3 heures 30* -7 heures	17	1/sem
Iraklia	4 heures 20	18	3-4/sem
Kéa (Tzia)	3 heures 40	12	2/sem
Kimolos	3 heures 45	14	3/sem
Kos	6 heures 20	39	3/sem
Koufonissia	5 heures 30	19,50	4/sem
Kythnos	2 heures 10	9	4/sem
Laurion (Lavrio)	4 heures 25	18	3/sem
Léros	4 heures 35	34	3/sem
Le Pirée	4 heures	29,50	1-3/jour
Milos	5 heures	14	4/sem
Mykonos	1 heure 20	7-11	2/jour
Naxos	2 heures 10	14,50	1/jour
Paros	55 min	8-11,50	1-3/jour
Patmos	3 heures 25	32	3/sem
Rhodes	9 heures 25	46	3/sem
Sérifos	4 heures	9	1/sem
Tinos	30 min	7,50	1-3/jour

Un bus gratuit mène d'un bout à l'autre du port, reliant les parkings des extrémités nord et

Syros

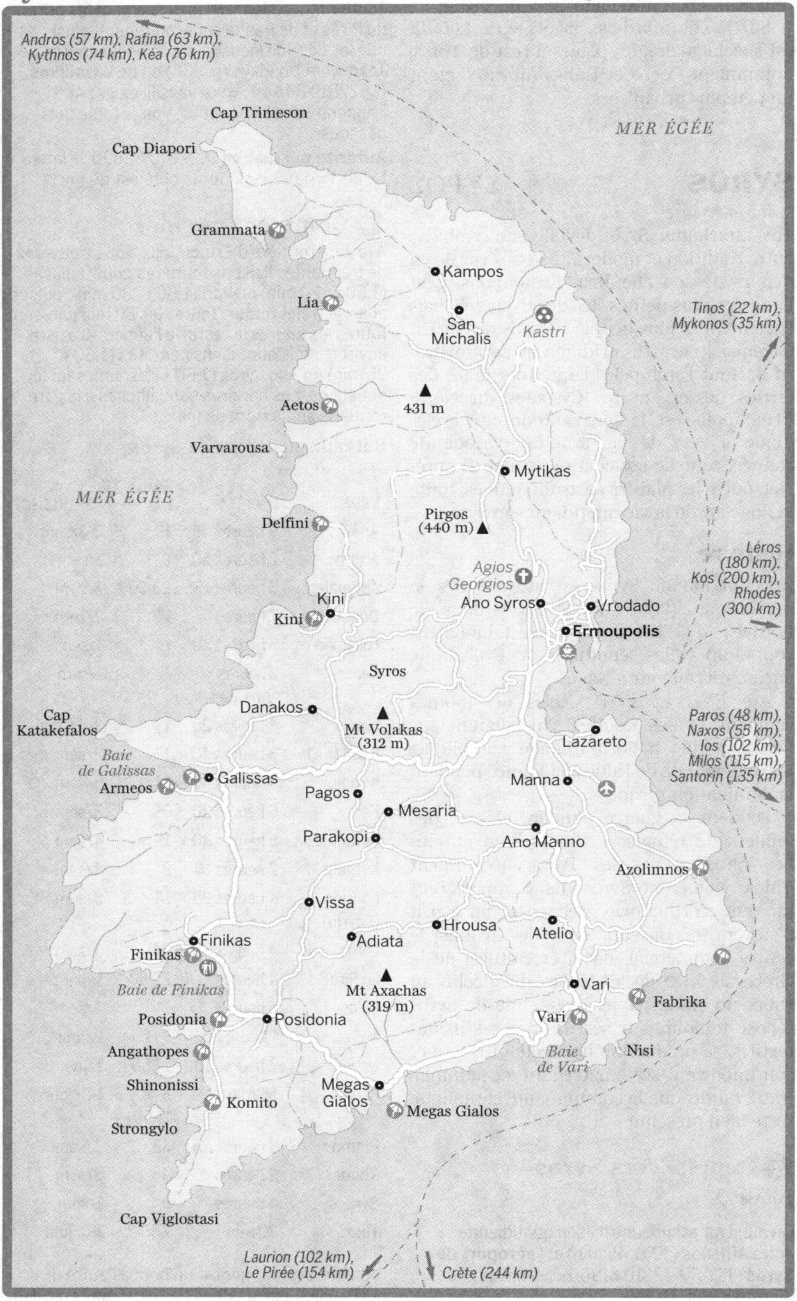
0
2 km
Andros (57 km), Rafina (63 km), Kythnos (74 km), Kéa (76 km)
Cap Trimeson
Cap Diapori
MER ÉGÉE
Grammata
Kampos
Lia
San Michalis
Kastri
Tinos (22 km), Mykonos (35 km)
Aetos
431 m
Varvarousa
Mytikas
MER ÉGÉE
Pirgos (440 m)
Delfini
Léros (180 km), Kos (200 km), Rhodes (300 km)
Agios Georgios
Kini
Kini
Ano Syros
Vrodado
Ermoupolis
Syros
Danakos
Cap Katakefalos
Mt Volakas (312 m)
Lazareto
Paros (48 km), Naxos (55 km), Ios (102 km), Milos (115 km), Santorin (135 km)
Baie de Galissas
Galissas
Armeos
Manna
Pagos
Mesaria
Parakopi
Ano Manno
Azolimnos
Vissa
Finikas
Hrousa
Atelio
Adiata
Finikas
Baie de Finikas
Mt Axachas (319 m)
Vari
Fabrika
Posidonia
Posidonia
Vari
Angathopes
Baie de Vari
Nisi
Shinonissi
Megas Gialos
Komito
Megas Gialos
Strongylo
Cap Viglostasi
Laurion (102 km), Le Pirée (154 km)
Crète (244 km)

sud de la ville (toutes les 30 minutes de 7h à 22h lun-ven, de 7h à 16h sam-dim).

Comptez 40 €/jour de location pour une voiture et à partir de 15 €/jour pour un scooter dans les agences du front de mer, comme Vassilikos (p. 333). Évitez néanmoins le centre d'Ermoupolis en raison de ses rues piétonnes et de ses escaliers.

Au départ du port, une course en **taxi** (☎ 22810 86222) coûte 4 € pour Ano Syros et 11 € pour Galissas ou Vari.

Ermoupolis Ερμούπολη

9 000 HABITANTS

Baptisée du nom du dieu antique du commerce, Hermès, Ermoupolis se déploie tel un amphithéâtre au pied de ses deux collines jumelles coiffées chacune d'une église magnifique. Premiers arrivés, les catholiques s'installèrent en hauteur, tandis que les orthodoxes, arrivés au XIXe siècle, bâtirent dans la ville basse. Les bâtiments roses et blancs descendent en cascade et le centre est un amusant labyrinthe d'escaliers, de rues commerçantes piétonnes et de demeures néoclassiques, organisés autour de la majestueuse Plateia Miaouli et de son impressionnant hôtel de ville.

Haut perchés sur des collines, le bourg catholique d'**Ano Syros**, au nord-ouest, et le quartier orthodoxe de **Vrodado**, au nord-est, se détachent sur un fond montagneux.

À voir

Baladez-vous dans le quartier de **Vaporia** entre élégantes demeures d'armateurs et places bordées de palmiers.

Plateia Miaouli PLACE

Sans doute le plus bel espace architectural urbain de toutes les Cyclades, cette place jadis léchée par les flots se trouve désormais beaucoup plus à l'intérieur des terres. Dominée au nord par un magnifique **hôtel de ville** néoclassique (Ernst Ziller, 1876), elle est entourée de palmiers et bordée, côté sud, par des cafés et des bars. Son nom lui vient du célèbre amiral Andreas Miaoulis, originaire de l'île d'Hydra, dont la statue se dresse au centre.

Un petit **musée archéologique** (☎ 22810 88487 ; Benaki ; 3 € ; 8h30-15h mar-dim) municipal prend place à l'arrière de la mairie.

Musée de l'Industrie PATRIMOINE

(☎ 22810 84762 ; www.hermoupolis.gr ; George Papandreou 11 ; tarif plein/réduit 2/1,50 € ; 10h-14h et 18h-21h jeu-dim, 10h-14h lun et mer). On a réaménagé une ancienne usine pour retracer l'histoire de l'industrie et des chantiers navals de Syros. Bien légendées, quelque 300 pièces évoquent les activités de la ville : confection textile, imprimerie, filature, moteurs, bateaux, etc. Demandez si l'**usine de grenaille de plomb d'Aneroussis** est ouverte (c'est une visite intéressante). Le musée se situe à 1 km au sud du centre.

À NE PAS MANQUER

ANO SYROS

L'implantation catholique remonte au Moyen Âge sur la colline occidentale d'Ermoupolis. En témoigne le parcellaire du quartier d'Ano Syros avec ses ruelles étroites bordées de maisons chaulées.

Grimpez-y par le bus pour vous glisser dans son dédale de rues, de placettes et de passages, et profiter de splendides points de vue sur la mer et les îles. Somptueuse, la **cathédrale Agios Georgios** (XIIIe siècle) se distingue par sa voûte en berceau constellée d'étoiles et ses chapiteaux baroques (en rénovation lors de notre passage). Continuez jusqu'à la rue principale pour voir la jolie **Notre-Dame-du-Mont-Carmel**, le **musée Vamvakaris** (10h-14h et 18h-23h juil-août) GRATUIT consacré au père du rébétiko, Markos Vamvakaris, né à Syros, et les **monastères** jésuites et capucins.

Agios Nikolaos ÉGLISE

(quartier de Vaporia). Fresques, icônes, dorures et lustres dévoilent la richesse des armateurs donateurs de cette vaste église.

Activités

Cyclades Sailing VOILE

(☎ 22810 82501 ; www.cyclades-sailing.gr). Location de bateaux de croisière.

Syros Windsurf PLANCHE À VOILE

(☎ 6946771400 ; http://syroswindsurf.gr). Ce prestataire peut organiser des séances de planche à voile sur la plage de Komito.

Cours

Omilo LANGUE

(www.omilo.com). Pour apprendre le grec moderne à Andros ou à Syros.

Ermoupolis

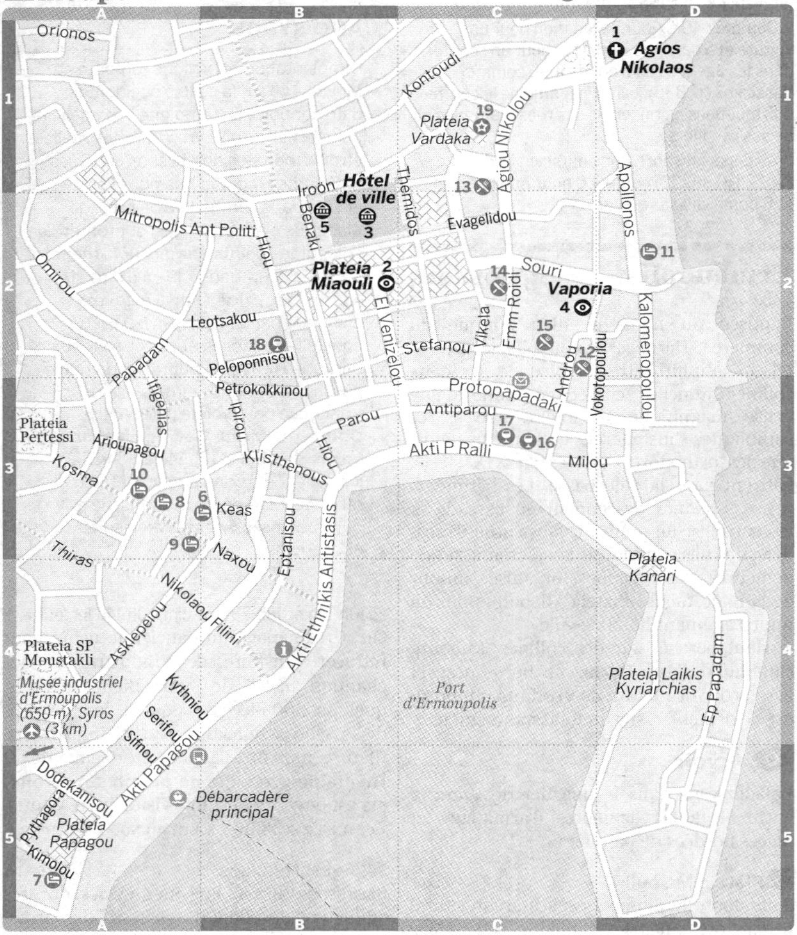

Circuits organisés

Circuits routiers BUS

Teamwork Holidays (p. 338) vous fait visiter l'île en bus (adulte 20 €, enfant gratuit).

Où se loger

C'est près du débarcadère des ferries, que se concentrent les adresses les plus économiques, tandis que plusieurs belles demeures du quartier de Vaporia ont été converties en boutiques-hôtels comme le **Ploes Hotel** (☎22810 79360 ; www.hotelploes.gr ; Apollonos 2 ; d à partir de 200 €). Il n'y pas de morte saison (presque tous les établissements restent ouverts à l'année), mais en basse saison, on obtient facilement des ristournes.

Ethrion HÔTEL $

(☎22810 89066 ; www.ethrion.gr ; Kosma 24 ; d/tr 40/45 € ; ❄@📶). Dans la quiétude d'une petite cour, des chambres nettes et douillettes. Plusieurs bénéficient d'une vue sur la mer et la ville.

Hermoupolis Rooms PENSION $

(☎22810 87475 ; www.hermoupolis-rooms.gr ; Naxou ; s/d/tr à partir de 35/40/50 € ; ❄📶). Un accueil chaleureux vous attend dans cet établissement aux chambres bien tenues et dotées

Ermoupolis

Les incontournables
1 Agios Nikolaos D1
2 Plateia Miaouli B2
3 Hôtel de ville B2
4 Vaporia C2

À voir
5 Musée archéologique B2

Où se loger
6 Aegli Hotel B3
7 Diogenis Hotel A5
8 Ethrion A3
9 Hermoupolis Rooms A3
10 Lila Guesthouse A3
11 Ploes Hotel D2

Où se restaurer
12 Kouzina C2
13 Oneiro C1
14 Stis Ninettas C2
15 To Petrino C2

Où prendre un verre et faire la fête
Cafe Ploes .... (voir 11)
16 Liquid Bar C3
17 Ponente C3
18 Scritto B2
Severo .... (voir 16)

Où sortir
19 Apollo Theatre C1

d'un équipement pour cuisiner. Celles du devant s'ouvrent sur de minuscules balcons noyés sous les bougainvillées.

Lila Guesthouse PENSION $$
(22810 82738 ; www.guesthouse.gr ; Kosma, angle Filikis Eterias ; s/d/tr 80/100/120 € petit-déj inclus, ste à partir de 140 € ;). L'ancien consulat français rénové avec talent accueille des chambres qui se distinguent par leur décoration moderne impeccable et leurs superbes sdb. Les suites sont spacieuses, avec table pour les repas et antiquités. Les adorables propriétaires servent un fabuleux petit-déjeuner dans le vaste espace commun. On pourra venir vous chercher au port.

Diogenis Hotel HÔTEL $$
(22810 86301 ; www.diogenishotel.gr ; Plateia Papagou ; s/d/tr à partir de 50/60/70 € petit-déj inclus ;). Complètement rénové en 2013, avec double vitrage et équipements modernes, cet hôtel impeccable offre une qualité de classe affaires sur le front de mer. Certaines chambres ont vue sur la mer.

Aegli Hotel HÔTEL $$
(22810 79279 ; www.lux-hotels.com/aegli ; Klisthenous 14 ; s/d/tr à partir de 55/72/90 € petit-déj inclus ; @). Niché dans une petite rue paisible, ce bel hôtel au hall de marbre et aux chambres confortables cultive le raffinement. Jardin sur le toit et vue panoramique.

Où se restaurer

Restaurants et cafés jalonnent la baie, surtout le long d'Akti Petrou Ralli et au sud de la Plateia Miaouli.

To Petrino MEZZE $
(22810 87427 ; Stefanou 9 ; plats 4-10 € ; déj et dîner). Des bougainvillées embellissent l'antre de Stefanou, adresse courue pour ses mezze tels les calamars farcis à la feta.

Stis Ninettas CAFÉ $
(22810 87119 ; Emmanuel Roidi 11 ; en-cas 3,50-9 € ; 10h-tard). Cet ouzéri et son charmant propriétaire ont en commun un style original et une personnalité affirmée. Sandwichs, salades et desserts.

Kouzina MÉDITERRANÉEN $$
(22810 93150 ; www.kouzinasyros.gr ; Androu 5 ; plats 8-18 € ; dîner juin-sept, déj et dîner mar-dim oct-mai). Réservez une table dans la salle à manger intimiste aux éclairages colorés. Très créative, la cuisine méditerranéenne met à l'honneur des ingrédients frais et locaux. Gardez une petite place pour les douceurs telle la tarte au chocolat, aux pistaches et à la crème.

Oneiro MÉDITERRANÉEN $$
(22810 79416 ; place du Théâtre ; plats 10-15 € ; dîner mar-dim juin-août, déj et dîner sept-mai). L'une des meilleures adresses de Syros pour des produits locaux préparés avec brio. La salle à manger raffinée, avec baie vitrée à l'avant, donne sur une vaste cour bien éclairée qui se métamorphose en fin de soirée pour devenir un bar animé en haute saison.

Où prendre un verre et faire la fête

Des bars musicaux comme le **Liquid Bar** (22810 82284 ; Akti Petrou Ralli), le **Severo** (22810 88243 ; Akti Petrou Ralli) et le **Ponente** (Akti Petrou Ralli) bordent le rivage. Le

Cafe Ploes (Apollonos 2) sert des cocktails sophistiqués avec vue fantastique sur la mer.

Scritto BAR
(Hiou). Le rock règne en maître et les murs sont ornés d'affiches et de pochettes de disques de Hendrix, Jagger et consorts. Un super café-bar à l'ambiance rétro.

☆ Où sortir

Apollo Theatre THÉÂTRE
(☎22810 85192 ; ⏱billetterie 10h-14h et 18h30-21h). Bâti entre 1862 et 1864, ce vénérable théâtre reprend le plan de la Scala de Milan.

ℹ Renseignements

Consultez le site www.syros.gr pour des renseignements sur l'île.

AGENCES DE VOYAGES

Enjoy Your Holidays (☎22810 87070 ; Akti Papagou 2). Vente de billets de ferry et conseils pour trouver l'hébergement adéquat.
Teamwork Holidays (☎28810 83400 ; www.teamwork.gr ; Akti Papagou 18). Vente de billets de ferry, réservation d'hébergements, organisation d'excursions et aide à la location de voitures.

VAUT LE DÉTOUR

SAN MICHALIS

Si vous êtes motorisé, faites une escapade au nord, le long de la crête qui traverse Syros jusqu'au village de San Michalis. Panorama spectaculaire assuré ! À l'ouest comme à l'est, le regard plonge sur des vallées immaculées et l'on aperçoit à l'horizon les îles voisines. Célèbre pour ses fromages, San Michalis est désormais un petit hameau de maisons en pierre au milieu des vignes. Marchez sur le sentier rocailleux et sinueux jusqu'à l'église, en haut de la colline, et dégustez le meilleur de la cuisine de Syros à **Plakostroto** (☎6973980248 ; plats 7-11 € ; ⏱déj et dîner Pâques-oct, ven-dim nov-Pâques). Ce restaurant sert du fromage local, du coq, de l'agneau ou du lapin grillé au feu de bois. Le point de vue s'étend jusqu'à Kéa, Kythnos et au-delà.

OFFICE DU TOURISME

Guichet d'information (☎22810 80485). Tenu par la Syros Hotels' Association, sur le front de mer. Horaires d'ouverture variables.

URGENCES

Hôpital (☎22810 96500 ; Papandreou)
Police (☎22810 96100 ; Plateia Vardaka)

Ailleurs sur Syros

Collines et vallées se déploient sur l'île, menant toujours à de petites baies et plages, généralement bien desservies par les bus. Si elle a connu des jours meilleurs, la vénérable station balnéaire de **Galissas** n'en conserve pas moins une adresse chaleureuse pour gourmets amateurs de poisson, **Iliovasilema** (☎22810 43325 ; plats 9-13 € ; ⏱déj et dîner jan-nov).

Au sud de la station, vous trouverez toujours des *domatia* (chambres chez l'habitant) à proximité des plages, et parfois des hôtels. Le petit port de **Finikas** est animé. Entre l'étroite **plage de Possidonia** et le paisible port d'**Angathopes**, logez au modeste **Possidonion Hotel** (☎22810 42100 ; d à partir de 40 € petit-déj inclus ; ⏱mai-sept), ou louez une chambre à **Krinakia Agathopes** (☎22810 42375 ; ⏱mai-sept). Non loin, la **plage de Komito** et son eau émeraude où se reflètent les collines alentour offrent un agréable écrin.

Des armateurs s'étaient installés à **Possidonia** (Delagrazia), à l'intérieur des terres, comme en témoignent ses somptueuses résidences secondaires.

Sur la côte sud, **Megas Gialos** offre deux plages en bordure de route, mais la sublime **baie de Vari**, plus à l'est, est le meilleur choix : plage de sable gris clair et collines alentour, même si le rivage et les tavernes sont bondés en haute saison.

Arrêtez-vous à **Azolimnos** pour déguster les délicieux mezze de **Tis Filomilas** (☎22810 62088 ; plats 5-10 € ; ⏱déj et dîner mai-oct, ven-dim nov-avr), qui surplombe la baie et la large plage de sable.

Sur la côte ouest, le long et étroit ruban de sable de la **plage de Kini** fait recette. Une station balnéaire populaire est née, avec **Allou Yialou** (☎22810 71196 ; plats 6-15 € ; ⏱déj et dîner mai-sept), une taverne de poisson très courue. Juste au nord, la **plage de Delfini** est connue pour son sable scintillant.

MYKONOS ΜΥΚΟΝΟΣ

10 200 HABITANTS

Mykonos assume gaiement et avec panache sa réputation glamour et torride. Au plus fort de la saison, le mélange de vacanciers en goguette et de croisiéristes peut atteindre 15 000 personnes par jour, et d'innombrables *fashion victims* viennent prendre la pose dans la ville de Mykonos. Un labyrinthe typique des villes cycladiques qui a su conserver un charme authentique au milieu des cafés, bars et boutiques hors de prix.

En haute saison, venez uniquement si vous avez un compte en banque bien garni et si vous souhaitez vous mêler à une foule joyeuse, à des fanatiques du bronzage sur les principales plages et aux fêtes jusqu'au bout de la nuit. Hors saison, oubliez les strass et les célébrités : vous profiterez d'une vie locale plus tranquille, avec des rues désertes fréquentées par quelques pélicans rose pâle.

Mykonos est aussi la porte d'accès à l'île voisine de Délos et son mémorable site archéologique (voir p. 347).

Depuis/vers Mykonos

AVION

L'**aéroport de Mykonos** (JMK ; ☎22890 22490), situé à 3 km au sud-est du centre-ville, accueille toute l'année des vols Olympic Air et **Aegean Airlines** (A3 ; www.aegeanair.com) pour Athènes (57-200 €, 50 min, 3-7/jour). Astra Airlines (p. 593) dessert en revanche Thessalonique. En saison, de mai à mi-septembre, il y a des vols directs internationaux pour l'Europe de l'Ouest (voir p. 706).

BATEAU

L'île est parfaitement reliée toute l'année par la mer au continent, ainsi qu'aux îles voisines de Tinos et Andros. Les ferries qui desservent les ports du Pirée et de Rafina offrent parfois une liaison plus rapide quand on arrive de l'aéroport d'Athènes. En haute saison, Mykonos est bien connectée à toutes les îles proches, notamment à Paros et à Santorin. Les agences de voyages ne manquent guère dans la ville même de Mykonos (voir p. 346 pour plus de détails).

Il existe deux débarcadères à Mykonos (Hora) : celui du **vieux port** (Old Port) situé à 400 m au nord de la ville et qui accueille certains ferries classiques et les petits ferries rapides, et celui du **nouveau port** (New Port) à 2 km au nord de la ville et dévolu aux grands ferries rapides et à quelques bateaux classiques. Quand vous achetez votre billet, vérifiez soigneusement de quel débarcadère part votre bateau.

Autorité portuaire (☎22890 22218 ; Akti Kambani). Au centre, sur le front de mer.

VERS	DURÉE	TARIF (€)	FRÉQUENCE
Andros	2 heures 20	14	3/jour
Ios*	1 heure 40	48,50	2/jour
Héraklion*	6 heures 35	68	1-2/jour
Naxos	2 heures 25	9	1/sem
Naxos*	45 minutes	29,50	2/jour
Paros*	1 heure	29,50	2/jour
Le Pirée	4 heures 45	35	1-2/jour
Rafina	4 heures 30	25	2-3/jour
Rafina*	2 heures 10	49	2/jour
Santorin (Thira)*	2 heures 30	56,50	2/jour
Syros	1 heure 20	7-11	2/jour
Tinos	30 minutes	7	5/jour

*express

Comment circuler

DEPUIS/VERS L'AÉROPORT

Il existe une liaison routière au départ de la gare routière sud pour l'aéroport de Mykonos (1,60 €). Organisez votre transfert de l'aéroport avec votre hôtel (environ 7 €) ou prenez un taxi jusqu'au centre-ville (9 €).

BATEAU

De Pâques à la mi-octobre, des caïques (petits bateaux) mènent de Platys Gialos ou Ornos aux plages de Paradise (aller-retour 5 €), Super Paradise (6 €), Agrari (7 €) et Elia (7 €).

BUS

Le **réseau de bus** (☎22890 23360, 22890 26797) de Mykonos comprend deux gares routières et un arrêt au nouveau port pour la montée. En basse saison, les tarifs baissent sensiblement.

De la **gare routière nord** (Remezzo), située derrière l'office du tourisme OTE, partent des bus (fréquents en haute saison) pour Agios Stefanos via Tourlos (1,60 €), Ano Mera (1,60 €), la plage d'Elia (1,90 €) et celle de Kalafatis (2,10 €). Comptez 20 à 40 minutes de trajet. Deux bus quotidiens desservent la plage de Kalo Livadi (1,70 €). Les bus pour le nouveau port, Tourlos et Agios Stefanos font halte au vieux port.

La **gare routière sud** (place Fabrika (Plateia Yialos) est dévolue aux bus à destination des plages d'Agios Ioannis, Ornos, Platys Gialos, Paraga et Paradise (tarif unique 1,60 €).

Il est impératif d'acheter son billet avant la montée (à un guichet automatique, dans une supérette, un kiosque dans la rue ou une

Mykonos

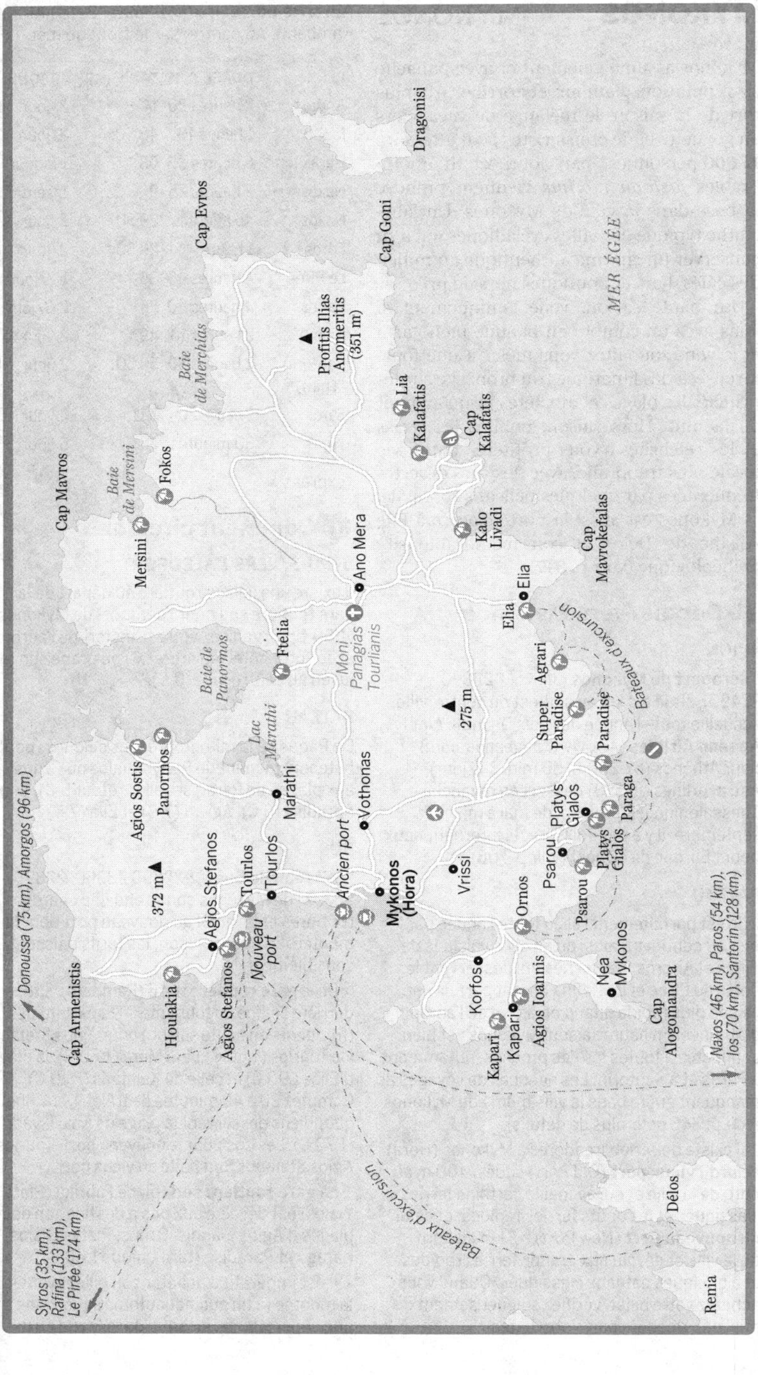
0
5 km
Syros (35 km), Rafina (133 km), Le Pirée (174 km)
Donoussa (75 km), Amorgos (96 km)
Naxos (46 km), Paros (54 km), Ios (70 km), Santorin (128 km)
Cap Armenistis
Houlakia
Agios Stefanos
Agios Stefanos
372 m
Agios Sostis
Panormos
Tourlos
Tourlos
Nouveau port
Ancien port
Mykonos (Hora)
Marathi
Lac Marathi
Baie de Panormos
Vothonas
Ftelia
Moni Panagias Tourlianis
Ano Mera
Mersini
Baie de Mersini
Fokos
Cap Mavros
Baie de Merchias
Profitis Ilias Anomeritis (351 m)
Cap Evros
Cap Goni
Dragonisi
MER ÉGÉE
Lia
Kalafatis
Cap Kalafatis
Kalo Livadi
Cap Mavrokefalas
Elia
Elia
Agrari
275 m
Super Paradise
Paradise
Paraga
Platys Gialos
Platys Gialos
Psarou
Psarou
Vrissi
Ormos
Korfos
Nea Mykonos
Agios Ioannis
Kapari
Kapari
Cap Alogomandra
Bateaux d'excursion
Bateaux d'excursion
Délos
Renia

boutique de souvenirs) et de composter à bord. N'oubliez pas de prévoir aussi votre billet de retour. En haute saison, un tarif de nuit (2 €) s'applique de 0h15 à 6h.

TAXI

Les **taxis** (☎22400 23700, aéroport 22400 22400) se regroupent sur la Plateia Manto Mavrogenous (dite "place des taxis") de Mykonos, devant les gares routières et dans les ports. Prévoyez de l'attente en haute saison. Tous sont équipés de taximètres ; la prise en charge est de 3,30 € (plus 0,38 €/bagage et 3 € pour les réservations téléphoniques). Tarifs des courses depuis Mykonos ville : nouveau port (8 €), Agios Stefanos (9 €), Ornos (8,50 €), Platys Gialos (9,50 €), Paradise (10 €), Kalafatis (16 €) et Elia (16 €).

VOITURE ET MOTO

En haute/basse saison, comptez 45/35 €/jour pour la location d'une voiture. Si vous préférez un scooter/quad, ce sera 20/40 € en haute saison ou 15/30 € en basse saison. Avis et Sixt ont un bureau à l'aéroport. Sinon vous pouvez vous adresser au Mykonos Accommodation Centre (p. 346), à **OK Rent A Car** (☎22890 23761 ; www.okmykonos.com ; Agios Stefanos ; ⏲mai-oct) à côté du nouveau port, ou encore à **Apollon** (☎22890 24136 ; www.apollonrentacar.com ; ⏲toute l'année), l'une des nombreuses agences à proximité de la gare routière sud de Mykonos ville.

Mykonos (Hora)
Μύκονος (Χώρα)

6 500 HABITANTS

Port bien préservé, le chef-lieu de l'île est l'archétype du dédale cycladique. Coiffées par les ailes de ses fameux **moulins**, ses étroites ruelles s'enchevêtrent entre les maisons cubiques chaulées de blanc. Partie intégrante du front de mer, le quartier de la **Petite Venise** (Venetia) est une merveille au coucher du soleil. De minuscules églises débordant de fleurs se mêlent aux boutiques tendance et des flots de bougainvillées se déverse à chaque coin de rue. En haute saison, la foule des visiteurs se presse de boutique de luxe en galerie branchée, de bijouterie clinquante en bar musical.

À voir

♥ Panagia Paraportiani — ÉGLISE

(⏲horaires variables, souvent ouverte le matin). GRATUIT La plus célèbre église de Mykonos évoque un rocher. Ses quatre chapelles sont surmontées d'une autre à l'étage, accessible par un escalier extérieur.

♥ Musée archéologique — ANTIQUITÉ

(☎22890 22325 ; Agiou Stefanou ; tarif plein/réduit 2/1 € ; ⏲9h-16h mar-dim). Admirez les poteries de Délos, les *stelae* (piliers) funéraires et les bijoux mis au jour sur l'île voisine de Rhénée, la nécropole de Délos. Parmi les pièces maîtresses figure un Hercule en marbre de Paros.

Musée maritime de l'Égée — PATRIMOINE

(☎22890 22700 ; Enoplon Dynameon 10, rdc ; tarif plein/réduit 4/1,50 € ; ⏲10h30-13h et 18h30-21h avr-oct). Toute une série de maquettes détaillées de bateaux retrace l'histoire de la navigation en mer Égée. On remarquera dans la cour intérieure ensoleillée l'énorme lanterne (lentille Fresnel) provenant d'un phare du nord de l'île.

Maison de Lena — ETHNOGRAPHIE

(☎22890 22591 ; Tria Pigadia ; ⏲18h30-21h30 lun-sam mai à mi-oct). GRATUIT Typique de l'habitat mykoniote de la fin du XIXe siècle, cette charmante maison de classe moyenne tient son nom de sa dernière propriétaire, Lena Skrivanou.

Musée d'Art populaire de Mykonos — PATRIMOINE

(☎6932178330 ; Paraportianis ; ⏲17h30-20h30 lun-sam mai à mi-oct). GRATUIT Aménagé dans la maison d'un capitaine du XVIIIe siècle, ce musée conserve une importante collection de mobilier et d'objets anciens, dont de vieux instruments de musique.

Circuits organisés

Le Mykonos Accommodation Centre (p. 346) organise des circuits guidés : Délos (adulte/enfant 40/30 €, entrée et guide inclus), Tinos (59/38 €), Mykonos en bus (33/22 €) et une croisière autour de l'île (43/21,50 €). Programmes privés sur demande, y compris des croisières spécifiquement gay.

Où se loger

L'offre hôtelière surprend par son abondance pléthorique et ses tarifs très élevés en haute saison. Évitez les rues principales si vous détestez le bruit. En juillet, août et septembre, si vous arrivez sans avoir réservé, passez par l'**Association des hôteliers de Mykonos** (☎22890 24540 ; www.mha.gr ; ⏲9h30-16h avr-oct) sur le vieux

Mykonos (Hora)

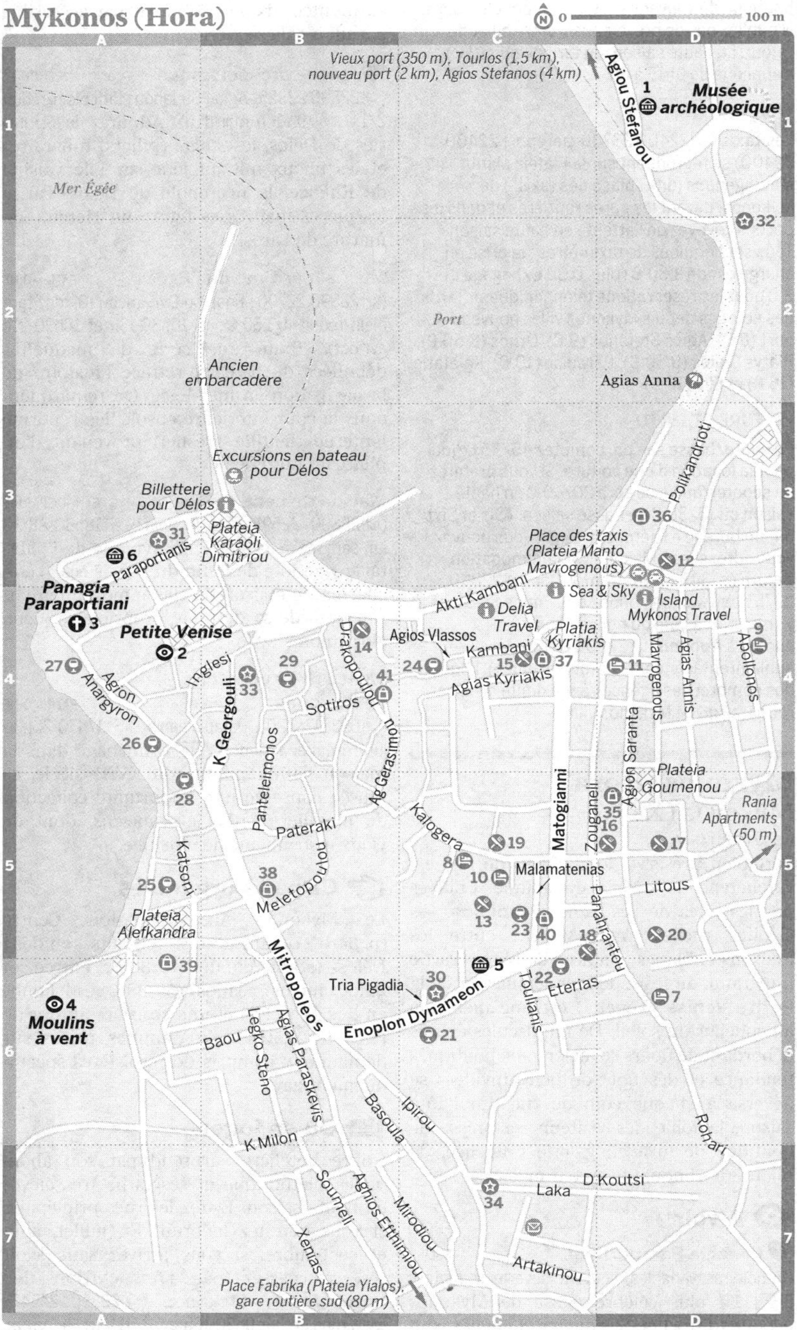

Mykonos (Hora)

Les incontournables
1 Musée archéologique ... D1
2 Petite Venise ... A4
3 Panagia Paraportiani ... A4
4 Moulins à vent ... A6

À voir
5 Musée maritime de l'Égée ... C6
Lena's House ... (voir 5)
6 Musée d'art populaire de Mykonos ... A3

Où se loger
7 Carbonaki Hotel ... D6
8 Fresh Hotel ... C5
9 Hotel Lefteris ... D4
10 Hotel Philippi ... C5
11 Manto Hotel ... D4

Où se restaurer
12 Antonini ... D3
13 Avra ... C5
14 Kadena ... B4
15 L'île Bistro-Cafe ... C4
16 M-Où se restaurer ... D5
17 Nautilus ... D5
18 Suisse Cafe ... C5
19 To Maereio ... C5
20 Uno Con Carne ... D5

Où prendre un verre et faire la fête
21 Aigli ... C6
22 Aroma ... C6
23 Bolero Bar ... C5
24 Bubbles Bar ... C4
25 Caprice ... A5
26 Galleraki ... A4
Kastro ... (voir 27)
27 Katerina's Bar ... A4
28 La Scarpa ... A5
29 Porta ... B4

Où sortir
30 Astra ... C6
31 Jackie O' ... A3
32 Remezzo ... D2
33 Scandinavian Bar ... B4
34 Space ... C7

Achats
35 Art Studio Gallery ... D5
36 Ilias Lalaounis ... D3
37 International Press ... C4
38 Kampanas ... B5
39 Parthenis ... A6
40 Scala Shop Gallery ... C5
41 The Room Art Shop ... B4

port (bâtiment 1 de la série d'édifices) ou à son **bureau** (☎22890 25770 ; 9h-22h) de l'aéroport, ou par l'**Association des propriétaires de chambres, studios et appartements** (☎22890 24860 ; fax 22890 26860 ; 9h-17h avr-oct), également sur le vieux port (bâtiment 2).

Fin juillet et début août, certains hôtels exigent un séjour d'au moins 3 nuitées.

♥ **Carbonaki** BOUTIQUE-HÔTEL $$
(☎22890 24124 ; www.carbonaki.gr ; 23 Panahrantou ; s/d/tr/q 110/122/170/196 € ;). Dans le centre de Mykonos, cet hôtel géré en famille est un délicieux havre de paix aux chambres lumineuses et confortables. Les balcons collectifs sont parfaits pour buller et les cours centrales ensoleillées. Détendez-vous dans le Jacuzzi et le petit sauna. Accessibilité partielle aux fauteuils roulants et tarifs attractifs en basse saison.

Manto Hotel HÔTEL $$
(☎22890 22330 ; www.manto-mykonos.gr ; Evagelistrias 1 ; s/d 55/80 € petit-déj inclus ; tte l'année ;). En plein cœur de la ville, une excellente adresse, chaleureuse et abordable (pour Mykonos), avec des chambres colorées et bien tenues, parfois prolongées d'un balcon. Salle de petit-déjeuner accueillante et propriétaires sympathiques.

Rania Apartments APPARTEMENTS $$
(☎22890 22315 ; www.rania-mykonos.gr ; Leondiou Boni 2 ; s/d/tr/app à partir de 65/85/145/235 € ;). Au calme dans un joli jardin, ces adorables appartements permettent d'être totalement indépendants. On domine le port, ce qui implique une grimpette depuis le centre-ville.

Hotel Philippi PENSION $$
(☎22890 22294 ; www.philippihotel.com ; Kalogera 25 ; s/d à partir de 70/90 € ; avr-oct ;). Grâce à son verdoyant jardin sur cour, cette pension est un bon choix, en plein cœur de Mykonos ville. Les chambres propres et lumineuses donnent sur une terrasse qui surplombe le jardin.

Hotel Lefteris PENSION $$
(☎22890 23128 ; www.lefterishotel.gr ; Apollonos 9 ; d/tr/app à partir de 65/112/152 € ; @). Le hall coloré et le propriétaire chaleureux donnent le ton : l'ambiance internationale favorise les rencontres. Les chambres sobres et douillettes sont dotées de ventilateurs ou de clim, et les appartements bien

équipés. Les hôtes partagent une cuisine et une terrasse sur le toit, à l'écart de la foule.

Hotel Elysium BOUTIQUE-HÔTEL $$$
(☎22890 23952 ; www.elysiumhotel.com ; s/d/tr/q à partir de 200/250/380/456 € ; ⊙avr-oct ; P ❄ 📶 🏊). Haut perché au-dessus de Mykonos, cet élégant hôtel, gay mais ouvert à tous, se distingue par sa déco sympa. Les points forts : ordinateurs dans les chambres deluxe, bar au bord de la piscine, spa et animations.

Fresh Hotel BOUTIQUE-HÔTEL $$$
(☎22890 24670 ; www.hotelfreshmykonos.com ; Kalogera 31 ; d 190 € petit-déj inclus ; ❄ @ 📶). Doté d'un luxuriant jardin en plein centre-ville, cet établissement bénéficie d'une salle de petit-déjeuner raffinée, d'un bar et d'un Jacuzzi. Parquet au sol et déco dépouillée dans de sobres tons ardoise et blanc.

Où se restaurer

Une règle à suivre : un prix élevé ici n'assure pas forcément une grande qualité gastronomique. Parmi les cafés alignés sur le front de mer, **Kadena** (☎22890 29290 ; plats 10-20 € ; ⊙8h-tard ; 📶) propose une cuisine savoureuse tout comme son café. Des échoppes de *souvlaki* jalonnent Enoplon Dynameon et la place Fabrika (Plateia Yialos). Si vous êtes las de sortir, **Oregano** (☎22890 27410 ; www.oregano-mykonos.com ; plats 8-16 € ; ⊙déj et dîner) livre un large choix de plats à domicile. En haute saison, l'heure de fermeture des établissements est en général tardive.

Suisse Cafe CAFÉ $
(☎22890 27462 ; Matoyani ; en-cas 4-6 € ; ⊙9h-tard ; 📶). Pour un petit-déjeuner gourmand ou le temps de savourer une crêpe face au spectacle de la rue.

REPÈRES EN VILLE

Très vite, vous risquez fort de passer et repasser par le même carrefour. C'est drôle une fois, mais un peu moins la deuxième quand on est pris dans le flot des touristes, tout aussi perdus que vous, et des Mykoniotes pressés. Pour ne pas perdre patience, repérez la **Plateia Manto** et les trois rues principales, **Matogianni**, **Enoplon Dynameon** et **Mitropoleos**, qui dessinent un fer à cheval en retrait du front de mer.

L'île Bistro-Cafe BISTROT $
(Kambani ; en-cas 4-6 € ; ⊙7h-1h). À l'ombre d'un bougainvillée, sur des nappes en vichy rouge et blanc, on vient déguster une quiche maison, un sandwich ou une salade.

Antonini TAVERNE $$
(☎22890 22319 ; www.antoninimykonos.com ; Plateia Manto ; plats 8-22 € ; ⊙déj et dîner). Cette vénérable taverne à la cuisine grecque classique mais fiable a depuis longtemps la faveur des habitants ravis d'observer les allées et venues du tout-Mykonos.

Nautilus GREC $$
(☎22890 27100 ; www.nautilus-mykonos.gr ; Kalogera 6 ; plats 11-16 € ; ⊙19h-1h mars-nov). Une cuisine fusion grecque à base d'ingrédients de première qualité. Autre avantage : la belle terrasse chaulée débordant sur la rue.

To Maereio GREC $$
(☎22890 28825 ; Kalogera 16 ; plats 14-21 €). En dépit d'un service parfois décevant, cette table avenante, affichant un nombre limité de plats typiquement mykoniotes, est appréciée des locaux.

♥ **M-Eating** MÉDITERRANÉEN $$$
(☎22890 78550 ; www.m-eating.gr ; Kalogera 10 ; plats 15-26 € ; ⊙dîner). Créativité, fraîcheur et authenticité caractérisent cette cuisine pleine de brio. Le service est attentif et le cadre raffiné, mais sans prétention. Goûtez le rôti farci au *metsovone* (fromage d'Épire) ou les raviolis aux crevettes avec une sauce à l'écrevisse. Ne manquez pas la tarte au miel typique de Mykonos ou, pour les amateurs de bière, la Volkan, brassée à Santorin.

Uno Con Carne VIANDE GRILLÉE $$$
(☎22890 24020 ; www.unoconcarne.gr ; plats 19-70 € ; ⊙dîner juin-oct). Amateurs de steaks et de bons vins apprécieront de dîner sous la véranda joliment éclairée. La cuisine ferme à 2h mais la fête se poursuit sur place. À un pâté de maisons au-dessus de Panahrantou, tout près de Litous.

Avra GREC $$$
(☎22890 22298 ; www.avra-mykonos.com ; Kalogera 27 ; plats 15-30 € ; ⊙dîner avr-oct). À déguster sous la lumière dorée de la cour, une cuisine grecque et fusion qui atteint des sommets. Romantique à souhait.

LE MYKONOS GAY

La communauté homosexuelle internationale fréquente Mykonos, l'une de ses destinations favorites. Bondés jusque tard dans la nuit, bars et établissements visant une clientèle gay débordent jusque dans la rue, nombre d'entre eux accueillant en fait tous les publics. Le front de mer, entre le vieux port et l'église de Paraportiani, est un haut lieu de la vie nocturne gay. Outre les adresses ci-dessous, le **bar Sunset**, au bord de la piscine de l'Hotel Elysium (p. 344), est très en vue.

Kastro (Agion Anargyron). Moins branché que les autres bars. C'est une bonne idée pour commencer la soirée par un cocktail lorsque le soleil se couche sur la "Petite Venise".

Porta (☎22890 27807 ; Ioanni Voinovich). Ambiance décontractée, petites salles souvent bondées et fermeture vers minuit.

Jackie O' (☎22890 17968 ; www.jackieomykonos.com ; vieux port). L'un des principaux points de rendez-vous de Mykonos, pour les homosexuels comme pour les hétéros. Dès le début de soirée, la foule navigue entre l'intérieur de style rétro-chic et le front de mer, sur le port. Nouvelle succursale sur la plage Super Paradise.

Babylon (☎22890 25152 ; vieux port). Clientèle mixte, sur le port, à côté du Jackie O'.

Où prendre un verre et faire la fête

Mykonos est synonyme de fête. Chaque grande plage possède au moins un bar ouvert en journée. En ville, l'ambiance se réchauffe vers 23h et s'intensifie à 1h ; au petit jour, les fêtards migrent souvent au Cavo Paradiso (p. 347). Les bars répondent à tous les désirs, que l'on veuille lézarder face au soleil couchant en sirotant paisiblement un cocktail ou transpirer en dansant sur de la trance. Seule condition : savoir bourse délier car, à elle seule, l'entrée coûte souvent 20 € !

Le quartier de la "Petite Venise" est très plaisant : mer à ses pieds, couchers de soleil flamboyants, vue sur les moulins, une flopée de bars hauts en couleur. Inscrit au panthéon des bars mythiques depuis des lustres, le **Caprice** (☎22890 24541 ; Lambrou Katsoni 8) est parfait pour un apéritif au coucher du soleil ou pour faire la fête jusqu'à une heure avancée. Le **Galleraki** (☎22890 27188) prépare de fabuleux cocktails. À **La Scarpa** (☎22890 23294), on se cale confortablement dans des coussins, face à la mer. Plus au nord, le beau balcon du **Katerina's Bar** (☎22890 23084 ; Agion Anargyron) permet de commencer la soirée paisiblement.

Plus avant dans la ville, l'élégant **Aroma** (☎22890 27148 ; Enoplon Dynameon ; ⏲9h-tard) occupe un angle stratégique pour observer le défilé du soir, tout comme pour prendre un petit-déjeuner ou un simple café. De l'autre côté, au fond d'une ruelle, le **Bolero Bar** (Malamatenias 1) est une institution de Mykonos, fréquentée en son temps par des célébrités comme Keith Richards.

Plus bas dans Enoplon Dynameon, le décor de l'**Astra** (☎22890 24767 ; Enoplon Dynameon) incarne le meilleur du Mykonos moderniste et certains des DJ les plus réputés d'Athènes créent une ambiance rock, funk, house et drum'n'bass. En face, la terrasse de l'**Aigli** (☎22890 27265 ; Enoplon Dynameon) est idéal pour observer le ballet des passants.

Bar à champagne, le **Bubbles Bar** (☎22890 78122 ; Agios Vlassis) prépare aussi un vaste choix de cocktails et régale ses habitués de chocolats belges.

Ouvert à un plus large public, le **Scandinavian Bar** (☎22890 22669 ; Ioanni Voinovich 9) dispose de bars au rez-de-chaussée et d'un espace à l'étage pour danser collé-serré sur de vieux tubes. Les boissons sont un peu moins chères que dans les autres établissements.

Pour prolonger la nouba jusqu'au petit jour, l'immense **Space** (☎22890 24100 ; Laka) est l'adresse qu'il vous faut. On y passe de la musique techno, house et progressive, mais certains trouvent l'ambiance trop frénétique. Le **Remezzo** (Polikandrioti) offre une ambiance plus détendue, mais l'entrée est très sélective.

Achats

Boutiques de mode et galeries d'art rivalisent pour capter l'attention du chaland dans les rues de Mykonos (Hora). Toutes les grandes marques de la mode ont élu domicile sur l'île, mais aussi d'excellents créateurs grecs.

Toutes ces enseignes ferment généralement en basse saison.

Parthenis VÊTEMENTS
(☎22890 22448 ; http://profile.orsalia-parthenis.gr ; Plateia Alefkandra). Pour une pièce originale, misez sur le travail du créateur athénien Dimitris Parthenis et de sa fille Orsalia, installés de longue date à Mykonos.

Scala Shop Gallery ART ET ARTISANAT
(www.scalagallery.gr ; Matogianni 48). Les expositions d'art changent périodiquement. Vente de bijoux contemporains et de céramiques.

Art Studio Gallery ART ET ARTISANAT
(☎22890 22796 ; www.artstudiogallery.gr ; Agion Saranta 22). Peintres et sculpteurs grecs réputés.

The Room Art Shop VÊTEMENTS, ACCESSOIRES
(☎22890 78098 ; Drakopoulou 23). T-shirts décorés à la main, articles tricotés et autres créations originales.

Kampanas CHAUSSURES
(☎22890 22638 ; Mitropoleos 3 ; ⏲mi-avr à oct). Des sandales et sacs à main de fabrication mykoniote.

Ilias Lalaounis BIJOUX
(☎22890 22444 ; www.lalaounis.gr ; Polikandrioti 14). De magnifiques bijoux signés d'un des plus grands orfèvres grecs aujourd'hui décédé.

International Press LIBRAIRIE
(Kambani 5). Presse internationale, magazines et livres.

Renseignements

Il n'existe pas d'office du tourisme à Mykonos. Il faut s'adresser aux agences de voyages.

AGENCES DE VOYAGES

Mykonos Accommodation Centre (☎22890 23408 ; www.mykonos-accommodation.com ; Enoplon Dynameon 10, 1er ét). Très utile pour tout ce qui a trait à Mykonos (hébergement, circuits guidés, renseignements sur l'île), y compris les informations concernant la communauté gay.

ARGENT

Alphabank (Matogianni).
Eurobank (Matogianni).
Eurochange (Plateia Manto).

SERVICES MÉDICAUX

Clinique de premiers soins (☎22890 22274 ; Agiou Ioannou).
Hôpital (☎22890 23994). À environ 1 km sur la route menant à Ano Mera.

URGENCES

Police (☎22890 22716). Sur la route de l'aéroport.
Police touristique (☎22890 22482). À l'aéroport.

Ailleurs sur Mykonos

À voir

Mykonos est synonyme de plages et de fêtes, mais si l'aspect culturel vous intéresse aussi, louez un véhicule pour parcourir les routes de l'arrière-pays, à la découverte de vallées rocailleuses et de petits villages. Assez quelconque par ailleurs, Ano Mera possède un paisible **monastère** (Ano Mera ; ⏲10h-13h et 15h30-19h), agrémenté d'une façade en marbre sculpté et d'un clocher.

Plages

Quand elles étaient encore sauvages, les plages de Mykonos, avec leur sable doré, faisaient la fierté des Grecs. Désormais, elles sont bien souvent envahies de parasols, flanquées de bars et très animées. L'ambiance va de la frénésie la plus totale au snobisme absolu, et l'attitude envers le monokini ou le nudisme est variable. Vous trouverez un excellent guide des plages de l'île et de leur fréquentation sur le site www.mykonos-accommodation.com. Au départ d'Ornos et de Platys Gialos, des caïques desservent des plages plus éloignées ; vous pouvez aussi appeler un **bateau-taxi** (☎6944374983).

À environ 4 km au sud de la ville de Mykonos, **Agios Ioannis** et **Kapari** sont appréciées des familles. Non loin, **Ornos** est bondée et bruyante ; depuis le complexe de **Platys Gialos**, spécialisé dans les séjours tout compris, des bateaux rallient les plages plus chics de l'est. À proximité, l'adorable **Agia Anna** possède quelques tavernes et offre une atmosphère plus décontractée.

À environ 1 km au sud de Platys Gialos s'étend le sable brun de la **plage de Paraga,** dont une petite partie est réservée aux gays.

Les amateurs de fiesta continueront 1 km vers l'est, jusqu'à la célèbre **Paradise** qui, sans être une plage gay attitrée, est fréquentée par une jeunesse pétulante. **Super Paradise** (alias Plintri ou Super P) comporte une partie réservée aux homosexuels et un immense club très chic.

Accueillant en toute cordialité un public mixte, **Elia** est la dernière escale des caïques ; à quelques minutes de marche, **Agrari** est plus isolée. Le nudisme est assez courant sur toutes ces plages.

Les plages de la côte nord sont exposées au *meltemi* (vent du nord), mais **Panormos** et **Agios Sostis**, agrémentées de sable doré, sont assez abritées et moins fréquentées que les plages de la côte sud. Si vous aimez vous baigner tranquillement, seul un véhicule robuste permet d'atteindre des sites comme la petite **Lia** au sud-est, ou les minuscules plages de sable blanc de **Fokos** et **Mersini** au nord-est.

Les plages les plus proches de la ville, Malaliamos et Tourlos, à 2 km au nord, ont été recouvertes par le nouveau port. Reste la petite **Agios Stefanos** (4 km), que l'on aperçoit depuis le quai des bateaux de croisière.

Activités

Dive Adventures PLONGÉE
(☎22890 26539 ; www.diveadventures.gr ; plage de Paradise). Polyglottes, les instructeurs permettent d'envisager une simple plongée (55 €) comme la préparation de la certification PADI (290 €). Une séance de snorkeling coûte 45 €.

Pezi Huber PLANCHE À VOILE
(☎22890 72345 ; www.pezi-huber.com, en allemand ; plage de Kalafatis). Sur la superbe plage de Kalafatis, ce prestataire d'origine allemande loue des planches à voile à l'heure ou à la journée (30/70 €), et propose des cours de 2 heures pour débuter par groupe de 2 personnes (80 €).

Kalafati Dive Center PLONGÉE
(☎22890 71677 ; www.mykonos-diving.com ; plage de Kalafatis). Large éventail de stages et forfaits de plongée, des séances "découverte" (63 €) aux 10 sorties de plongée en bateau, avec équipement complet (385 €).

Où se loger

Mykonos Camping CAMPING, AUBERGE DE JEUNESSE $
(☎22890 225915 ; www.mycamp.gr ; plage de Paraga ; empl adulte/enfant/tente 10/5/10 €, dort 20 €, bungalows 15-30 €/pers ; P 📶 🏊). Laverie et espace cuisine équipent ce terrain assez rudimentaire. Les bungalows et les appartements peuvent loger 2 à 6 personnes. Transferts gratuits depuis le port et l'aéroport.

San Giorgio Hotel BOUTIQUE-HÔTEL $$$
(☎22890 27474 ; www.sangiorgio-mykonos.com ; plage de Paradise ; d à partir de 250 € petit-déj inclus ; ⏲mai à mi-oct). Sur la plage la plus glamour de l'île. Les hôtes bénéficient d'un service VIP au Paradise Club.

Où se restaurer

Ahinaioi TAVERNE $$
(☎22890 23467 ; Agia Anna – Paraga ; plats 8-15 € ; ⏲déj et dîner mai-sept). Les tables bien ordonnées dans la cour arborée débordent dans la rue, sur le front de mer. Idéal pour déguster des fruits de mer au bord de l'eau.

Christos POISSON ET FRUITS DE MER $$
(plage d'Agios Ioannis ; plats 6-18 €). Le pêcheur, cuisinier et sculpteur Christos gère ce restaurant à l'ambiance décontractée, au bord de la plage. Excellents poissons et fruits de mer, notamment des *astakos* (écrevisse ou langouste) incomparables.

Où prendre un verre et faire la fête

Cavo Paradiso CLUB
(☎22890 27205 ; www.cavoparadiso.gr). Lorsque le soleil levant scintille à l'horizon, les infatigables fêtards migrent de la ville jusqu'à l'immense discothèque Cavo Paradiso, sur Paradise, où sont programmés des DJ de renommée internationale depuis 1993.

Paradise Club CLUB
(☎6940794879 ; www.paradiseclubmykonos.com ; plage de Paradise). Tout blanc et illuminé pour mettre en valeur les beaux bronzages.

DÉLOS ΔΗΛΟΣ

Les Cyclades doivent leur nom au cercle (*kyklos*) qu'elles forment autour de l'île sacrée de **Délos** (☎22890 22259 ; musée et site tarif plein/réduit 5/3 € ; ⏲8h30-15h mar-dim). Lieu de naissance mythique des jumeaux Apollon et Artémis, le superbe site de la Délos antique fut un lieu de culte dédié au dieu de la Musique, du Chant et de la Poésie, avant de devenir le cœur commercial de la mer Égée et le siège du trésor fédéral de la Ligue de Délos. Inscrit au patrimoine de l'Unesco, ce site archéologique est l'un des plus importants de Grèce. Il faut pourtant faire fonctionner son imagination pour réaliser que cet immense ensemble de ruines était jadis une ville magnifique.

CULTES ÉTRANGERS

Plaque tournante du commerce méditerranéen, Délos avait aussi ses **sanctuaires des dieux étrangers**. Dans le **sanctuaire des grands dieux samothraciens** étaient vénérés les Kaberoi (les jumeaux Dardanos et Aeton). Dans le **sanctuaire des dieux syriens** subsistent les vestiges d'un théâtre où les spectateurs assistaient à des orgies rituelles. Un **sanctuaire des dieux égyptiens** était notamment consacré au culte d'Isis et de Sérapis.

Si beaucoup des objets majeurs découverts à Délos sont conservés au musée national d'Archéologie d'Athènes, le musée du site expose quelques œuvres clés comme les fameux lions dressés sur la terrasse autour du lac Sacré (des moulages les ont remplacés sur place).

L'île, qui s'étend sur seulement 5 km de long et 1,3 km de large, n'a pas de population permanente et offre un contraste apaisant avec Mykonos (même si les visiteurs viennent en nombre au plus fort de l'été). Il est interdit d'y passer la nuit et les horaires des bateaux ne permettent guère de passer plus de 4 heures sur l'île. Prévoyez nourriture, protection solaire (crème et chapeau) et de bonnes chaussures pour arpenter les ruines.

La billetterie vend des guides explicatifs pour une meilleure compréhension du site. Certains ouvrages vendus dans les librairies de Mykonos montrent des reconstitutions imagées, pour imaginer le site tel qu'il était.

Histoire

Lieu de naissance mythique des jumeaux Apollon et Artémis, Délos fut habitée dès le IIIe millénaire av. J.-C. Les Ioniens y ont introduit au Ier millénaire le culte d'Apollon célébré notamment par des Jeux panhélleniques (concours gymniques et musicaux) tous les quatre ans, les Delia. Au VIIIe siècle av. J.-C., l'île est devenue un sanctuaire clé du culte à Apollon. Ses temples les plus anciens datent de cette époque. Au Ve siècle av. J.-C., les Athéniens affirment leur contrôle sur Délos et, partant, sur la mer Égée.

Constituée par Athènes en 478 av. J.-C., la Ligue de Délos fut initialement une alliance défensive contre les Perses dont les membres venaient déposer leur tribut dans le temple d'Apollon. Un trésor de guerre transporté 20 ans plus tard au Parthénon, signe de l'hégémonie prise par la cité athénienne sur la confédération de Délos. Un décret visant à conserver son caractère totalement sacré à l'île interdit ensuite les naissances et les décès sur Délos, contraignant les îliens à naître et à mourir sur l'île voisine de Rhénée (Rinia).

Délos atteint le faîte de son pouvoir pendant la période classique, devenant l'un des trois grands centres religieux de la Grèce et un lieu de commerce florissant. Ses habitants comptent alors de nombreux marchands, capitaines et banquiers fortunés venant de contrées lointaines comme l'Égypte et la Syrie. Ils érigent des temples dédiés aux dieux de leur pays natal, bien qu'Apollon demeure la principale divinité.

Les Romains font de Délos un port franc en 167 av. J.-C. Sa prospérité s'en trouve multipliée, avant tout du fait de son marché d'esclaves sur lequel 10 000 malheureux sont mis à l'encan chaque jour. Au siècle suivant, alors que les anciennes religions perdent de leur importance et que de nouvelles voies commerciales se dessinent, Délos entame un long et douloureux déclin. Au IIIe siècle, l'île ne compte qu'un petit établissement chrétien, et, au cours des siècles suivants, le site antique sert de cachette à la piraterie et est abondamment pillé. Ce n'est qu'à la Renaissance que sa valeur historique sera reconnue. De temps à autre, de nouveaux éléments sont mis au jour : au cours des dernières années, on a ainsi découvert un atelier d'orfèvre dans une maison du quartier du Lac.

Circuits organisés

Le Mykonos Accommodation Centre (p. 346) organise des circuits guidés à Délos (adulte/enfant 40/30 €), en plusieurs langues. Le tarif comprend le bateau, l'entrée et le guide.

Depuis/vers Délos

Les bateaux pour Délos (aller-retour 17 €, 30 minutes) partent de Mykonos (Hora) 3 fois par jour en haute saison, le premier vers 9h environ, le dernier à 11h. Les bateaux repartent de Délos entre 12h30 et 13h. Les horaires de départ/retour sont affichés sur le **kiosque** de vente des billets, à l'entrée de l'embarcadère, à l'extrémité sud du vieux port. Quand vous achetez votre billet, faites-vous préciser quel bateau vous pouvez prendre au retour. En dehors de juillet-août, il y a moins de liaisons.

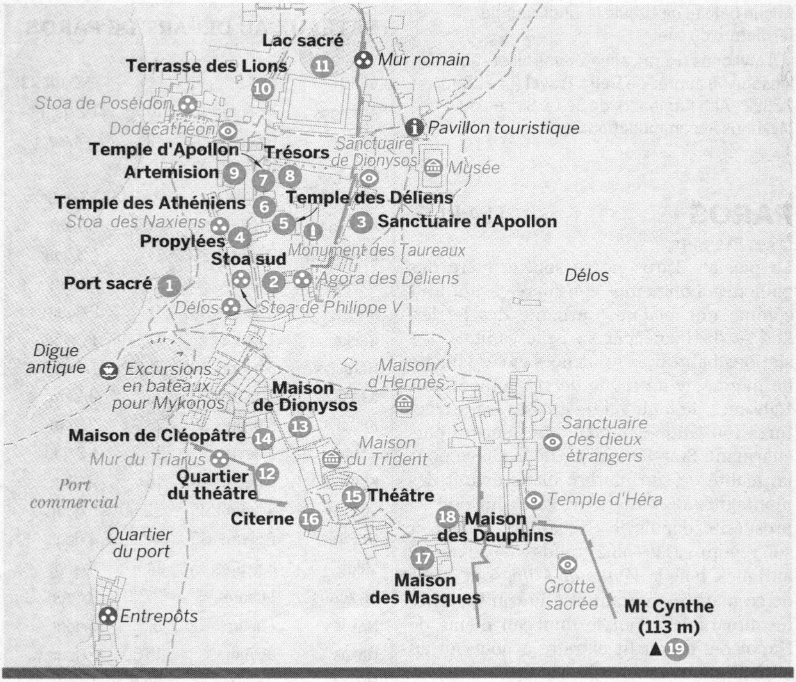

Visite du site de **la Délos antique**

DURÉE 3 HEURES

Le débarcadère des bateaux d'excursion se situe dans une baie au sud du paisible (1) **port sacré**. Une étroite digue antique le sépare du port commercial.

Passez devant les ruines du (2) **portique sud**. Cette *stoa* édifiée au IIIe siècle av. J.-C. abritait en retrait de sa colonnade dorique (28 colonnes) boutiques et ateliers. Vient ensuite le (3) **sanctuaire d'Apollon**, au nord-est du port. La voie Sacrée passe par les (4) **propylées** pour pénétrer dans l'enceinte sacrée, splendide ensemble de temples et de trésors. Le culte à Apollon se déroulait dans le (5) **temple des Déliens** (ou Grand Temple), le (6) **temple des Athéniens** et le (7) **temple archaïque** (dit "en Poros"). Dans cette enceinte se trouvaient les (8) **trésors** classiques et (9) l'**Artémision**, sanctuaire dédié à Artémis.

La (10) **terrasse des Lions** s'étend au nord de l'enceinte sacrée. Ces fauves en marbre (16 à l'origine) offerts par les Naxiens au VIIe siècle av. J.-C. assurent la garde du sanctuaire. Au nord-est, le (11) **lac Sacré** (asséché en 1925) marque le lieu où Leto, abandonné par Zeus, donna naissance aux jumeaux divins, Apollon et Artémis.

À l'opposé du site, au sud, s'étend le (12) **quartier du théâtre**, lieu de résidence des plus fortunés. Ordonnancées autour d'une cour intérieure délimitée par un péristyle, leurs maisons se reconnaissent à la richesse de leurs mosaïques. Les plus somptueuses sont la (13) **maison de Dionysos** et la (14) **maison de Cléopâtre**. Édifié en 300 av. J.-C., le (15) **théâtre** abritait une immense (16) **citerne** destinée à recueillir l'eau de pluie.

Dans la (17) **maison des Masques**, Dionysos est aussi placé au centre du décor de mosaïque. L'extraordinaire mosaïque de la (18) **maison des Dauphins** représente des lions, des griffons et des dauphins.

Au sud-est du port, se dresse le (19) **mont Cynthe** (Kynthos, 113 m) qui accueille les sanctuaires de Zeus Kynthios et d'Athéna Kynthia, ainsi que le temple d'Héra.

Aucun bateau ne circule le lundi, jour de fermeture du site.

À Mykonos (Hora), achetez vos billets au kiosque ou auprès de **Delia Travel** (☎ 22890 22322 ; Akti Kambani), de Sea & Sky ou du Mykonos Accommodation Centre.

PAROS ΠΑΡΟΣ

12 850 HABITANTS

La paisible Paros ne se soucie guère des paillettes. Longtemps considérée avant tout comme une plaque tournante des ferries, l'île se distingue par sa belle capitale, ses stations balnéaires branchées et ses villages de montagne au mode de vie authentique. L'absence de foule ou de grosses infrastructures touristiques rend le tout encore plus charmant. Star géologique de la Grèce pour la qualité de son marbre blanc extrait des montagnes de l'intérieur, Paros lui doit sa prospérité depuis le Cycladique ancien et son renom, car les plus grands chefs-d'œuvre antiques, telle la *Vénus de Milo*, sont sortis de ce marbre au grain et à la transparence incomparables. Pour le tombeau même de Napoléon, on en fit extraire à nouveau au XIXe siècle.

La petite île d'Antiparos, à 1 km au sud-ouest de Paros, est facilement accessible en car-ferry ou en bateau d'excursion.

Depuis/vers Paros

Paros est la principale plaque tournante des ferries qui desservent la mer Égée. L'île est ainsi régulièrement desservie depuis Le Pirée et bien reliée aux autres îles des Cyclades orientales, ainsi qu'à Thessalonique, à la Crète et au Dodécanèse. Voir le tableau ci-contre.

Il existe un vol quotidien pour Paros au départ d'Athènes (70 €, 45 min).

BATEAUX AU DÉPART DE PAROS

VERS	DURÉE	TARIF (€)	FRÉQUENCE
Amorgos	4 heures	16	1-2/jour
Anafi	6 heures 30-8 heures 45	17	3-4/sem
Antiparos	10 min	2	23/jour
Astypalea	4 heures 50	30	5/sem
Donoussa	2 heures 30	14	1-3/jour
Folégandros	3 heures 30	9	5/sem
Ios	2 heures 30	11	2/jour
Iraklia	2 heures	13,50	1-2/jour
Héraklion*	3 heures 40	75,50	1/jour
Kéa (Tzia)	7 heures 50	18	2/sem
Kimolos	5 heures 35	24	2/sem
Koufonissia	3 heures	16	1-2/jour
Kythnos	6 heures 50	16	2/sem
Le Pirée	4 heures 45	32,50	6/jour
Le Pirée*	2 heures 30	48,50	4/jour
Milos	6 heures 45	14	4/sem
Mykonos*	1 heure	27,50	3/jour
Naxos	1 heure	8	5/jour
Naxos*	35 min	15,50	2/jour
Rafina*	3 heures 10	52,80	1/jour
Santorin (Thira)	3-4 heures	18,50	5/jour
Santorin (Thira)*	2 heures 15	45	2-3/jour
Schinoussa	2 heures 20	10,50	1-2/jour
Sérifos	3 heures 45	10	2/sem
Sifnos	4 heures 45	5	3/sem
Sikinos	4 heures 25	9	3-4/sem
Syros*	45 min	8,50	3/jour
Tinos	1 heure 45	32,70	1/jour

*expresss

Comment circuler

BATEAU

Des bateaux-taxis partent du débarcadère pour les plages proches de Parikia. Le billet (8-15 €) s'achète à bord.

BUS

Chaque jour, environ 12 bus relient directement Parikia à Naoussa (1,60 €) et 7 font le même trajet via Dryos (2,60 €), Lefkes (1,60 €) et Piso Livadi (2,20 €). Dix bus quotidiens desservent Pounta (pour Antiparos : 1,60 €) et 6 se rendent à Aliki (via l'aéroport : 1,60 €).

TAXI

Les **taxis** (☎ 22840 21500), à Parikia, stationnent à côté du rond-point. Exemples de tarifs fixes : aéroport 17 €, Naoussa 13 €, Pounta 12 €, Lefkes 13 €, Piso Livadi 22 €. Comptez un supplément de 2 € si vous venez du port et de 3 € si vous réservez moins de 20 minutes à l'avance. Chaque bagage au-delà de deux coûte 1 € de supplément.

VOITURE, MOTO ET VÉLO

Des loueurs sont installés le long du front de mer à Parikia et dans toute l'île. **Acropolis** (☎ 22840

21830) est l'un des meilleurs. La location d'une voiture en août revient au moins à 45 €/jour ; comptez 20 € pour une moto.

Parikia Παροικία

5 800 HABITANTS

Si petite soit-elle, Parikia présente plus d'un attrait. Bourrée de charme, sa vieille ville labyrinthique compte de nombreuses boutiques raffinées et des cafés branchés, sans compter certaines des meilleures tables des Cyclades. Vous découvrirez aussi d'impressionnants sites archéologiques, un front de mer jalonné de tavernes et de bars et une plage de sable.

À voir

Panagia Ekatondapyliani ÉGLISE

(Plateia Ekatondapyliani ; 7h30-21h30). C'est l'une des plus belles églises des Cyclades. Sa fondation remonterait au IVe siècle sur le vœu d'Hélène, la mère du premier empereur byzantin chrétien, Constantin. Le sanctuaire qui fait penser à Sainte-Sophie de Constantinople regroupe en fait trois églises distinctes : Agios Nikolaos, la plus grande, dotée de superbes colonnes en marbre de Paros et d'une iconostase sculptée, à l'est ; Notre-Dame, au riche décor ; l'ancien baptistère. Ekatontapyliani signifie "la Vierge aux cent portes" et il est vrai que l'église compte un nombre impressionnant d'ouvertures. Le **Musée byzantin** (1,50 € ; 9h30-14h et 18h-21h), dans l'enceinte de l'église, expose une collection d'icônes entre autres objets d'art sacré.

Musée archéologique ANTIQUITÉ

(22840 21231 ; 2 € ; 8h-15h mar-dim). Caché derrière la Panagia Ekatondapyliani, ce musée offre une agréable immersion dans le passé de l'île. Il recèle quelques merveilles dont une Nikè (Victoire ailée) du Ve siècle, admirable de légèreté, et une effrayante Gorgone du VIe siècle aux ailes déployées. Au nombre des terres cuites les plus anciennes, vous remarquerez une idole cycladique aux antipodes des canons habituels, dite la *Grosse Dame de Saliagos* (Ve millénaire av. J.-C.). Une des pièces maîtresses est la **Chronique de Paros** découverte au XVIIe siècle. Sculptée sur marbre au IVe siècle, cette chronologie des créations artistiques majeures de la Grèce antique est incomparable.

Nécropole antique RUINES

Le long du front de mer nord, une nécropole datant du VIIe siècle av. J.-C., entourée de grilles, a été mise au jour en 1983. Le soir, les tombes romaines, les urnes funéraires et les sarcophages sont éclairés.

Kastro RUINES

Édifiée en 1260 par le duc vénitien de Naxos Marco Sanudo, sur les vestiges d'un temple d'Athéna, le fort franc a été construit avec des matériaux de réemploi d'origine antique. Ses murs découvrent par strates entablements de temples et tambours de colonnes du Ve siècle av. J.-C.

Circuits organisés

Santorineos Travel Services CIRCUITS/CROISIÈRES

(2284024245 ; www.traveltoparos.gr ; D Vasileou). Cette agence organise des circuits en bus sur Paros (35 €), des excursions en bateau à Mykonos et Délos (adulte/enfant 45/23 €), Santorin, avec visite de l'île en bus (55/30 €), Naxos (10/5 €) ou encore Héraklion et Koufonissia (40/20 €).

Où se loger

En août, la **Rooms Association** (22840 22722, hors heures d'ouverture 22840 22220), installée au débarcadère, renseigne les voyageurs sur les *domatia* ; à défaut, les propriétaires viennent à l'arrivée des ferries. Pour des informations sur les hôtels de Paros et d'Antiparos, contactez l'**Hotel Association** (22840 51207). Tous les campings envoient des minibus à l'arrivée des ferries.

Camping Koula CAMPING $

(22840 22801 ; www.campingkoula.gr ; empl tente/pers 4/8 €, location tente 7 € ; avr-oct ; P @). À deux pas de l'eau et au bout du front de mer côté septentrion, ce terrain planté d'arbres compte également un restaurant, une laverie et une boutique. Navette gratuite depuis/vers la ville.

Pension Sofia PENSION $$

(22840 22085 ; www.pension-sofia.gr ; Parikia ; d/tr 70/85 € ; P @). À quelques pâtés de maisons du rivage, le jardin parfaitement entretenu est une raison suffisante pour séjourner ici. Les balançoires, l'ombre, les arbres, les fleurs et les innombrables bancs composent une oasis paisible. Les chambres sont propres et spacieuses et les adorables propriétaires sont des puits de science sur

Paros et Antiparos

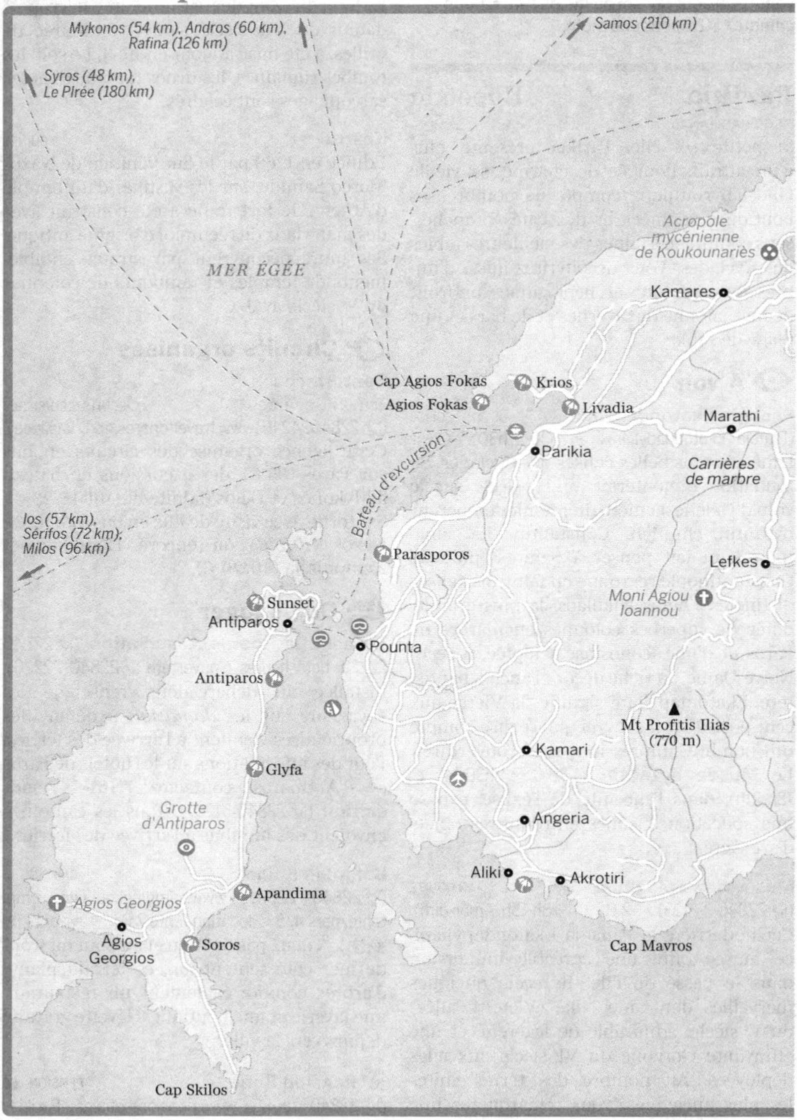

l'île et le pays. Le petit-déjeuner coûte 8 €. À 400 m à l'est du débarcadère des ferries.

♥ Angie's Studios APPARTEMENTS **$$**
(☎22840 26977, 22840 23909 ; www.angies-studios.gr ; Makedonias ; d 68 € ; ⏲avr-oct ; P❄). En quasi-bordure de la vieille ville, au sud, Angie's mérite d'autant plus le détour qu'on s'y sent vite comme chez soi grâce à un personnel attentif et bienveillant. Noyées parmi les bougainvillées du jardin, ses chambres spacieuses respirent la propreté. Sol en belles dalles, kitchenette et balcon privatif ne gâtent rien. Si

vous téléphonez, on viendra vous chercher au débarcadère.

Hotel Dina HÔTEL $$
(☎22840 21325 ; www.hoteldina.com ; Agora (Market Street) ; s/d 55/65 €). Une aubaine, au cœur de la vieille ville : 8 chambres immaculées, confortables et spacieuses, avec murs chaulés et lits en fer forgé. Chacune se prolonge d'un petit balcon donnant sur Market Street, tandis que le bâtiment central s'organise autour de petites cours communes entre fontaines et plantes. Un accueil efficace et souriant.

Hotel Argonauta HÔTEL $$
(☎22840 21440 ; www.argonauta.gr ; Plateia Mavrogenous ; s/d/tr 70/90/110 € ; avr à mi-oct ;). Dominant la Plateia Mavrogenous, l'Argonauta dégage une ambiance sereine. Les touches de bleu et de vert, les sols en marbre et les plafonds en bois rendent les chambres accueillantes. Les petits balcons et la gestion familiale apportent un charme supplémentaire. Le restaurant a du succès.

Hotel Livadia HÔTEL $$
(☎22840 21597 ; www.paroslivadiahotel.com ; d/tr 70/80 €). On voit la plage depuis les balcons de ces chambres lumineuses et propres. Cet établissement chaleureux aux volets bleu-vert vous réserve un sympathique accueil familial et des repas maison servis dans l'agréable restaurant. À l'est du centre-ville.

Où se restaurer

Micro Café CAFÉ $
(Agora ; plats 4-7 € ;). Ce tout petit café déborde dans Market Street tant il a de succès ! On y sert le petit-déjeuner, de copieuses salades, des en-cas et des sandwichs qui rassasient le corps, tandis qu'on refait le monde jusque tard dans la nuit. Ambiance musicale.

Cafe Distrato CAFÉ $
(☎22840 25175 ; G Gravari ; plats 3-10 € ; petit-déj, déj et dîner). Niché dans une petite allée de la vieille ville, ce restaurant décontracté attenant à une boutique de produits locaux propose une cuisine pleine de simplicité et de fraîcheur : crêpes, sandwichs, hamburgers, pâtes et salades. Également un large choix de smoothies et de cocktails. Installez-vous dehors, sous les arbres.

♥ **Levantis** GREC $$
(☎22840 23613 ; levantisrest@yahoo.gr ; Agora, Kastro ; plats 14-22 €). Cour tapissée de vigne et intérieur sobre, blanchi à la chaux, avec des touches d'art moderne : voilà un cadre apaisant et soigné pour l'une des meilleures tables de cuisine grecque contemporaine aux Cyclades. Le menu met l'eau à la bouche : agneau lentement braisé au miel épicé ou couscous parfumé aux légumes rôtis et aux

Parikia

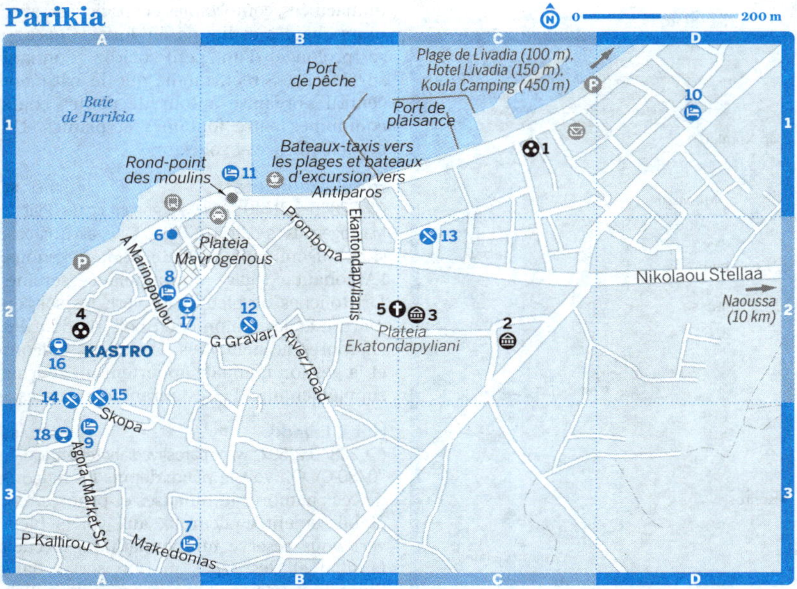

Parikia

À voir

1 Ancien cimetière C1
2 Musée archéologique C2
3 Musée byzantin C2
4 Kastro A2
5 Panagia Ekatondapyliani B2

Activités

6 Santorineos Travel Services A2

Où se loger

7 Angie's Studios A3
8 Hotel Argonauta A2
9 Hotel Dina A3
10 Pension Sofia D1
11 Rooms Association B1

Où se restaurer

12 Cafe Distrato B2
13 Ephessus C2
14 Levantis A2
15 Micro Café A2

Où prendre un verre et faire la fête

16 Evinos A2
17 Koukoutoi A2
18 Pirate A3

figues, par exemple. En dessert, misez sur une "poire d'enfer", à l'orange, au Cointreau, à la cannelle et au yaourt local. Le service est aussi fabuleux que le vin maison.

Ephessus GREC **$$**

(☎22840 22520 ; plats 6-15 €). Venez vivre une authentique expérience grecque chez Ephessus. Dévorez un plat de *souvlaki*, de délicieuses viandes grillées maison, ou de fruits de mer, et vous comprendrez vite pourquoi ce restaurant familial remporte un franc succès. Tout est cuit dans un four à bois traditionnel et accompagné d'un vin maison correct. Beaucoup d'options végétariennes également. Dans une rue secondaire, entre le port et la Panagia Eatondalpyliani.

Où prendre un verre et faire la fête

Les bars qui se succèdent sur les quais sud-ouest du port sont le rendez-vous des habitants comme des visiteurs.

♥ Koukoutoi BAR

(Plateia Mavrogenous). Très légèrement en retrait de la place principale, ce rendez-vous local aux murs couverts d'affiches est un must. Prenez place sur les bancs en bois pourvus de coussins pour partager des mezze tout un sirotant un jus de fruit, un café, une bière ou un verre d'ouzo.

Evinos BAR

Perché en haut d'un escalier, face à la mer et à côté du Kastro, ce bar aménagé sur plusieurs étages est très fréquenté le week-end. La clientèle apprécie la musique soul et funk, tout comme les cocktails servis en terrasse, sur des tables éclairées aux bougies.

Pirate BAR

Ultrabranché, cet agréable refuge qui passe du jazz dans la vieille ville ressemble à une caverne. Descendez complètement la principale rue piétonne, près de Market Street, et ouvrez bien les yeux et les oreilles pour repérer ce fameux bar décoré de pierres.

Renseignements

Sur le front de mer, Santorineos Travel Services (p. 351) assure la billetterie pour les ferries, vous guide pour trouver un lit ou louer un véhicule, tout en mettant à disposition une utile consigne à bagages (1 €/heure). On peut aussi y réserver différents circuits.

Centre de santé (☎22840 22500 ; Prombona ; 9h-13h30 lun-ven). Y compris des soins dentaires.

Parosweb (www.parosweb.com). Informations détaillées et utiles sur Paros et Antiparos.

Police (☎22840 23333 ; Plateia Mavrogenous)

Police portuaire (☎22840 21240). En retrait du front de mer nord, à côté de la poste.

Poste (renseignements ☎22840 21236). À 400 m à l'est du débarcadère des ferries.

Naoussa Ναούσα

3 030 HABITANTS

Pour gagner Naoussa, au nord, on traverse des champs verdoyants où paissent tranquillement des vaches. L'ancien petit village de pêcheurs de Naoussa est devenu une station balnéaire incroyablement chic. Perchée en bordure de la vaste baie de Plastira, la bourgade se targue de quelques belles plages, d'excellents restaurants et d'un nombre croissant de cafés et de bars raffinés, les pieds dans le sable. En retrait du front de mer, le labyrinthe de venelles blanchies à la chaux est ponctué de cafés, de boutiques élégantes et de magasins de souvenirs.

À voir et à faire

Les meilleures plages du coin sont **Kolimbythres** et **Monastiri**, dotée de beaux sites de snorkeling. **Lageri** mérite aussi le détour pour son ambiance décontractée. **Santa Maria**, de l'autre côté du promontoire à l'est, se prête idéalement à la pratique de la planche à voile. Accessibles par la route, ces plages sont toutes desservies par des caïques au départ de Naoussa en juillet-août.

Le bureau d'Erkyna Travel (p. 357) peut vous aider à organiser différentes activités, notamment une visite de l'île en bus, des sports aquatiques et des excursions en bateau vers d'autres îles.

Musée byzantin ICÔNES

(2 € ; 10h-13h et 18h-21h août). Plus d'une centaine d'icônes peintes entre le XVe et le XIXe siècle sont exposées dans cette église à coupole bleue située à 200 m de la place centrale, en montant par la route principale de Parikia.

Vignoble Moraitis VIGNOBLE

(☎22840 51350 ; www.paroswines.gr ; 10h-15h30 lun-sam). La famille Moraitis, dont le savoir-faire est prodigieux, presse du raisin depuis 1910. Visitez les caves en pierre, puis observez les pressoirs anciens avant de passer à la dégustation. Le meltemi blanc est particulièrement bon. Accessible à pied du centre-ville en direction du sud-est.

Musée du Folklore ETHNOGRAPHIE

(☎22840 52284 ; 1,80 € ; 9h-13h et 19h-21h mai-sept). Une maison traditionnelle accueille essentiellement des costumes typiques de l'île, accompagnés de vieilles photos. À l'intérieur des terres par rapport à la place principale, derrière l'église.

Centre équestre de Kokou ÉQUITATION

(☎22840 51818 ; www.kokou.gr). Établi de longue date, Kokou propose des balades de 2 heures 30 le matin (50 €), avec baignade à cheval dans la mer, ou bien de 1 heure 30 en soirée (35 €). Pour 3 € supplémentaire, on viendra vous chercher sur la grand-place de Naoussa.

Tao's MÉDITATION

(☎22840 28882 ; www.taos-greece.com ; Ambelas). Ce centre de retraite et de méditation superbement isolé au sommet d'une colline à l'est de Naoussa propose des ateliers et des cours de méditation, de qi gong, de yoga et de danse, ainsi que des massages thérapeutiques, le tout dans un cadre plaisant, avec des équipements de qualité. Également des activités pour les plus jeunes et un restaurant asiatique populaire. Solides références écologiques. Le centre est bien signalé : prenez le chemin en grande partie goudronné qui part de la route principale pour Ambelas.

Où se loger

Young Inn AUBERGE DE JEUNESSE $

(☎6976415232 ; www.young-inn.com ; dort/d 20/60 € ; P ❄ 📶). Des dortoirs très simples et de nombreuses activités y réunissent une jeune clientèle internationale. À l'est du port, après la cathédrale de Naoussa.

Hôtel Kalypso HÔTEL $$

(☎22840 51488; www.kalypso.gr ; plage d'Agi Aargiri ; s/d 80/120 € petit-déj inclus ; P ❄ @ 📶). Assez ancien, ce complexe les pieds dans l'eau a été rénové. Il offre désormais un salon étonnamment chic, des chambres sobres, immaculées et douillettes et de belles vues sur la mer.

Hôtel Galini HÔTEL $$

(☎22840 53382 ; www.hotelgaliniparos.com ; d avec/sans balcon 70/85 €, tr 95 € petit-déj inclus ; ❄ 📶). Tenu par une famille locale depuis 3 générations, ce petit hôtel fait face à l'église au dôme bleu (musée byzantin), sur la route principale venant de Parikia. Confortables et nettes, ses chambres jouissent pour certaines d'un balcon avec vue sur la mer.

Katerina Mare APPARTEMENTS $$$

(☎22840 51642 ; www.katerinamare.com ; d 125 €, ste 175-215 € petit-déj inclus ; P ❄ 📶). Une adresse de rêve. Agréablement rénovées, ces chambres stylées rayonnent de fraîcheur avec un mobilier en bois. Toutes jouissent d'une vue époustouflante et d'un confort absolu, avec notamment une kitchenette parfaite. Service irréprochable.

Lilly Residence BOUTIQUE-HÔTEL $$$

(☎22840 51716 ; www.lillyresidence.gr d/ste 210/400 € petit-déj inclus ; P ❄ 📶 🏊). De loin l'hôtel le plus élégant de Naoussa. Dans les chambres, le beau mélange de pierre, de bois et d'osier crée une atmosphère apaisante. Toutes bénéficient d'une vue sur la mer et les suites peuvent loger 4 personnes. Belle piscine, véranda paisible et service discret.

Où se restaurer et prendre un verre

En retrait du port, des cafés et des bars musicaux s'alignent sur le front de mer, avec des décors lounge dignes de ceux de Mykonos. **Fotis** et **Briki** débordent sur de petites plages et passent des morceaux classiques en journée, plus jazzy et funky en soirée.

♥ **Glafkos** MÉDITERRANÉEN $

(☎22840 52100 ; plats 6-13 € ; ⏲déj et dîner). Avec des tables à quelques pas de l'océan, ce restaurant mise tout naturellement sur les produits de la mer. Goûtez les moules à la vapeur et les calamars grillés, les petites pâtes orzo aux crevettes ou le risotto au noir de seiche. Belle carte des vins également.

La Piazza ITALIEN $$

(☎22840 52657 ; www.lapiazza.com.gr ; plats 8-14 €). De quoi aiguiser votre appétit : haddock farci à la tomate et aux herbes, pain croustillant et sa salade d'aubergine, ainsi que des pâtes, pizzas et risottos relevés d'une touche grecque. Tout est délicieux et l'ambiance détendue, avec juste ce qu'il faut de raffinement. À côté de la grand-place.

Sousouro CAFÉ $

(☎6976904498 ; www.barphilosophy.com ; ⏲9h-15h). Occupant un petit coin de rue dans la vieille ville, ce café est expert en matière de saveurs. Au petit-déjeuner, goûtez les smoothies au kiwi et au basilic, les milk-shakes au beurre d'amande et à la banane, le pain frais accompagné de fromage régional, de fraises, de pistache et de miel ou le granola de quinoa à la confiture de figues. Le soir, les cocktails prennent le relais.

Xamilothoris Patisserie CAFÉ $

(☎22840 51240 ; grand-place ; pâtisseries 3-5 € ; 📶). Venu boire un simple café (excellent par ailleurs), vous vous laisserez volontiers tenté par un gâteau, une tarte ou une crêpe. Installée depuis 1967, la maison fait aussi glacier et ses crèmes glacées, telles la figue ou la pistache, vous transportent au septième ciel. Une institution de la grand-place.

To Takimi BAR/CLUB

(☎22840 55095). On se retrouve ici, au sud de la grand-place, pour boire une bière ou de l'ouzo sur fond de musique live. Les instruments à cordes traditionnels sont alors décrochés du mur pour jouer du rébétiko, à moins que l'on ne fasse place au rock.

Achats

Paria Lexis LIBRAIRIE

(☎22840 51121). Guides de voyages, cartes et romans en anglais.

Renseignements

SI vous arrivez de Parikia, le bus a son terminus un peu au-dessus de la grand-place, elle-même située juste en retrait du front de mer. La rue principale de Naoussa longe la rive gauche d'une rivière asséchée. Si vous êtes motorisé, sachez que certains secteurs sont interdits à la circulation entre juin et septembre et que les amendes sont salées.

Pour gagner le cœur de la vieille ville, prenez la rue piétonne à gauche de la Xamilothoris Patisserie. Une pente raide mène de la grand-place à la poste. Les banques de la grand-place disposent de DAB.

Erkyna Travel (☎22840 22654 ; www.erkynatravel.com). Billets de ferry et aide pour l'hébergement, la location de voitures et les excursions. Sur la rue le long du lit asséché de la rivière.

Naoussa Information (☎22840 52158 ; ⏱10h-minuit juil-août, 11h-13h et 18h-22h mi-juin à fin juil). Renseignements sur la ville et conseils en matière d'hébergement. Un kiosque proche de la grand-place.

Lefkes Λεύκες

500 HABITANTS

Ce charmant village occupe un amphithéâtre naturel entouré de collines aux sommets parsemés de vieux moulins. Lefkes respire la sérénité, et la sieste y est d'ailleurs une affaire sérieuse. Ancien chef-lieu de l'île au Moyen Âge, Lefkes, situé à 9 km au sud-est de Parikia invite à une délicieuse balade au fil de ses ruelles. Dans ce cadre architectural très préservé se dresse l'imposante **cathédrale Agia Triada**, à l'ombre des oliviers.

Ailleurs sur Paros

Sur la côte sud-est, le joli port de **Piso Livadi**, station balnéaire tranquille, possède une plage séduisante. **Perantinos Travel and Tourism** (☎22840 41135 ; www.perantinostravel.gr) est d'une aide précieuse pour réserver un hébergement, une voiture de location ou une excursion en bateau vers d'autres îles, voire changer de l'argent. Mais il y a aussi un DAB à côté.

À voir et à faire

Paros est apprécié des amateurs de planche à voile et de kitesurf et la clarté de l'eau invite volontiers à la plongée.

Vous trouverez d'ailleurs sur le littoral occidental, à Pounta, l'**Eurodivers Club** (☎22840 92071 ; www.eurodivers.gr) et le **Paros Kite Pro Center** (☎22840 92229 ; www.paros-kite-procenter.com).

Parmi les belles plages de la côte, la plus réputée de Paros est **Hrysi Akti** (dite Golden Beach), au sud-est, pour la finesse de son sable et ses tavernes. Les véliplanchistes y ont leurs habitudes, tout comme les plongeurs. Ces derniers fréquentent l'**Aegean Diving College** (☎6932289649, 22840 43347 ; www.aegeandiving.gr), pour explorer les épaves archéologiques ou observer faune et flore subaquatiques, ou **Octopus Sea Trips** (☎6932757123 ; www.octopuseatrips.com), qui propose des séances de snorkeling, des excursions et des cours sur l'environnement marin. **Force7 Surf Centre** (☎22840 42189 ; www.force7paros.gr ; Hrysi Akti) y organise également des séances de planche à voile, de plongée, de kayak et de monoski nautique.

ANTIPAROS ΑΝΤΙΠΑΡΟΣ

1 030 HABITANTS

À peine débarqué sur l'idyllique Antiparos au large de Paros, vous ressentirez une douceur de vivre propre à l'île : le village principal et le port (également appelé Antiparos) sont extrêmement calmes. Si le front de mer et les rues principales sacrifient à une ambiance touristique surfaite, le village se prolonge à l'intérieur des terres au gré de places tranquilles et de ruelles qui débouchent directement sur les champs.

Le reste de l'île, au sud du village, compose un paisible paysage champêtre. Il y a plusieurs plages correctes, en particulier à Glyfa et à Soros sur la côte est.

À voir et à faire

Kastro d'Antiparos FORT

Partez de la rue piétonnière principale pour rejoindre la Plateia Agios Nikolaou et ses énormes platanes. De là, une ruelle étroite mène aux vestiges du château vénitien d'Antiparos (XIIIe-XVIe siècle), auquel on accède par un passage voûté. L'enceinte enserre les maisons avec leurs escaliers extérieurs et leurs balcons, tandis que les ruines du donjon central sont surmontées d'un château d'eau en pierre et flanquées de minuscules églises. Également un petit **musée du Folklore**.

Grotte d'Antiparos GÉOLOGIE

(3,60 € ; ⏱10h45-15h45 été). À quelque 8 km au sud du port, cette cavité demeure impressionnante en dépit de la disparition d'une grande partie de ses stalactites et stalagmites volées dans le passé. Plus de 400 marches y donnent accès et l'atmosphère peut y être sombre et humide. Suivez la route au sud jusqu'à l'embranchement la signalant dans les collines. Vous trouverez au port un bus par heure pour la grotte (1,60 € l'aller).

Blue Island Divers PLONGÉE
(☎22840 61767, 6983159452 ; www.blueisland-divers.gr). À mi-chemin dans le haut de la rue principale, une boutique d'équipement pour la plongée et la plage vous fournira des informations à propos de Blue Island Divers, lequel organise des plongées en tous genres, y compris des sorties à la carte. La formation PADI sur 4 jours en mer coûte 395 €. Comptez 50 € pour un cours de découverte.

Circuits organisés

MS Alexandros CROISIÈRES
(☎22840 61273, 6972026585). Sorties quotidiennes en bateau autour de l'île avec escale sur plusieurs plages. Comptez 35-45 € par adulte (moins pour les enfants), barbecue et rafraîchissements inclus. Vous pouvez réserver auprès des agences de voyages locales.

Où se loger et se restaurer

Camping Antiparos CAMPING $
(☎22840 61221 ; www.camping-antiparos.gr ; empl adulte/enfant/tente 8/4/5 €). Planté de cèdres et de bambous, ce terrain de bord de mer se trouve à 1,5 km au nord du port (navette sur demande). Supérette, bar et restaurant.

Hotel Mantalena HÔTEL $$
(☎6977352363, 22840 61206 ; www.hotelmantalena.gr ; s/d/tr 72/80/96 € ; ❄@📶). Un établissement aux chambres propres et lumineuses, à quelques pas au nord du débarcadère principal. Les balcons donnent sur le jardin ou la mer et le petit-déjeuner est servi sur la grande terrasse avec vue sur le port où l'on peut siroter un cocktail.

Margarita's GREC $
(agora ; plats 8-20 € ; ⏲petit-déj, déj et dîner). À mi-chemin en remontant la rue principale, on remarquera ce petit restaurant lumineux et coloré. Grandes salades et délicieux plats grecs modernes comme des pâtes aux fruits de mer.

Le front de mer et la rue principale d'Antiparos sont jalonnés de cafés et de tavernes servant du poisson et des spécialités grecques. Dans la grand-rue se tiennent des supermarchés et une boulangerie.

Où prendre un verre et faire la fête

En haut du village, quelques cafés-bars branchés où déguster un cocktail et des "tapas" à la grecque diffusent de la bonne musique.

Renseignements

Depuis le débarcadère, longez le front de mer, à droite. La rue principale, Agora, s'enfonce dans les terres au niveau du restaurant Anarghyros. Au milieu de la rue, la banque Emporiki et la Banque nationale de Grèce, côte à côte, sont dotées de DAB. Vous y trouverez également la poste. Pour gagner la place centrale, tournez à gauche en haut de la rue principale, puis à droite.

Parmi les nombreuses agences de voyages, on citera **Oliaris Tours** (☎22840 61231 ; oliaros@par.forthnet.gr).

Depuis/vers Antiparos

En été, il est aisé de trouver un bateau d'excursion pour Antiparos à Parikia (5 €). Un bac fait aussi la navette toutes les 30 minutes entre Pounta, sur la côte ouest de Paros, et Antiparos (1,10 € l'aller simple, 6,10 €/1,90 € voiture/scooter, 10 min). Le premier bac quitte Pounta vers 7h15 et le dernier part d'Antiparos à 0h30.

Comment circuler

Le seul bus d'Antiparos dessert la grotte située au centre de l'île (5 €), en été. Il continue jusqu'à Soros et Agios Georgios.

Pour louer une voiture (40 €/jour en haute saison), un scooter (15 €/jour) ou un vélo (5 €/jour), adressez-vous à **Aggelos** (☎22840 61027, 22840 61626), le premier bureau en arrivant du débarcadère.

NAXOS ΝΑΞΟΣ

12 100 HABITANTS

La plus grande île des Cyclades doit son succès à sa diversité. Dédale de ruelles pavées escarpées, la ville de Naxos déborde de touristes et de boutiques. Mais il n'est guère besoin d'aller bien loin pour trouver la tranquillité d'une plage isolée, d'un village authentique ou d'un site antique.

Le nom de Naxos est lié à la légende du Minotaure : une fois le monstre crétois tué et Thésée sorti du labyrinthe grâce au fil d'Ariane, le héros enleva la fille du roi Minos qui s'était éprise de lui mais l'abandonna sur

Naxos

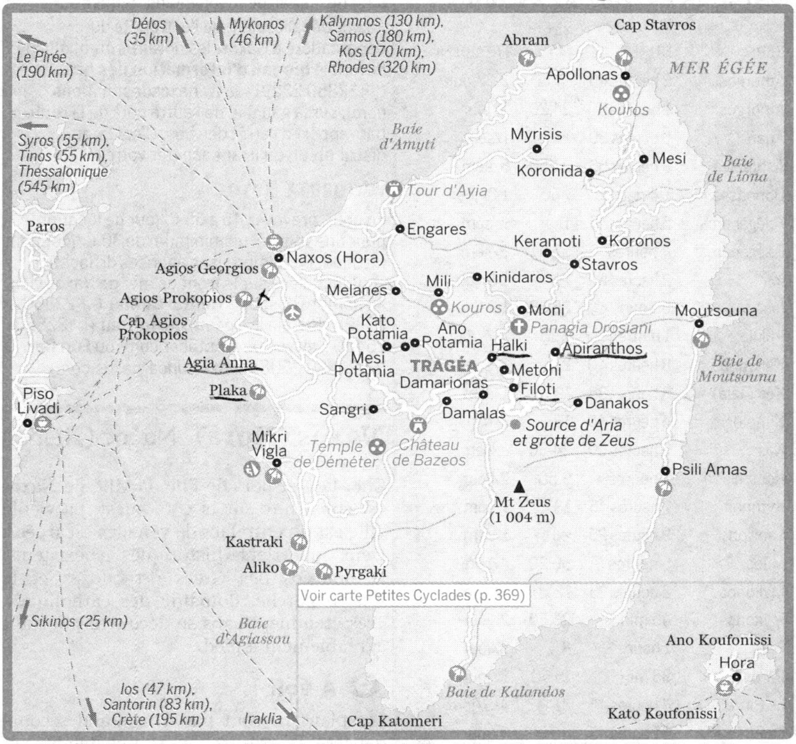

l'île de Naxos. Dionysos l'y découvrit endormie et l'épousa. Le dieu du Vin est d'ailleurs la divinité du panthéon grec la plus aimée à Naxos dont le vin passe pour le meilleur antidote au chagrin d'amour.

Haut lieu culturel de la Grèce antique et de Byzance, l'île reçut aussi l'influence des Vénitiens et des Francs. Plus fertile que la plupart des autres Cyclades, Naxos produit des olives, du raisin, des figues, des agrumes, du maïs et des pommes de terre. Dominé par le mont Zeus (1 004 m, aussi appelé mont Zas), plus haut sommet des Cyclades, l'intérieur montagneux abrite quelques villages enchanteurs tels Halki et Apiranthos. Les amateurs d'activités de plein air y apprécient les joies de l'eau comme celles de la randonnée. En effet, les plages sablonneuses du sud sont parfaites pour le kitesurf, tandis que des sentiers traditionnels relient les villages, églises et autres sites. Des guides et des cartes de randonnée sont vendus dans les librairies de l'île.

Depuis/vers Naxos

Comme Paros, Naxos constitue une sorte de plaque tournante des bateaux desservant les Cyclades. Un nombre équivalent de ferries et de bateaux rapides y font escale en chemin depuis/vers Le Pirée, et il existe des liaisons hebdomadaires entre Naxos et les ports de Laurion (Lavrio) et de Rafina, sur le continent, via le nord des Cyclades. Voir le tableau page suivante.

Un vol quotidien relie par ailleurs Naxos à Athènes (98 €, 45 min).

Comment circuler

DEPUIS/VERS L'AÉROPORT

Il n'existe pas de navette pour l'aéroport, situé à 3 km au sud de la ville de Naxos, mais les bus qui desservent les plages d'Agios Prokopios et d'Agia Anna passent à proximité. Comptez 10-15 € pour la course en taxi selon le moment de la journée et la quantité de bagages. Tous les véhicules sont désormais équipés d'un

BATEAUX AU DÉPART DE NAXOS

VERS	DURÉE	TARIF (€)	FRÉQUENCE
Amorgos	2 heures 45	14,50	2-3/jour
Amorgos*	1 heure 15	24,20	3/jour
Anafi	5 heures 30	14	1/sem
Astypalea	3 heures 55	24,50	5/sem
Donoussa	1-4 heures	7,60	1-3/jour
Folégandros	5 heures 45	11	5/sem
Folégandros*	4 heures	37,40	6/sem
Ios	2 heures 50	10	1-3/jour
Ios*	50 min	25,50	1-2/jour
Iraklia	1 heure	7,50	2-3/jour
Kalymnos	8 heures 40	21	2/sem
Kéa (Tzia)	8 heures 35	19	1/sem
Kimolos	4 heures 40	15	2/sem
Kos	9 heures 50	24,50	2/sem
Koufonissia	2 heures	9,50	2/jour
Kythnos	7 heures 45	18	1/sem
Laurion	9 heures 25	23	1/sem
Milos	5 heures	56,20	4/sem
Mykonos	2 heures 25	12	1/sem
Mykonos*	45 min	26,50	2/jour
Paros	1 heure	8	5/jour
Paros*	35 min	15,50	3/jour
Le Pirée	4 heures 45	31	4-5/jour
Le Pirée *	3 heures 45	48	4/jour
Rafina*	3 heures	52,50	1/jour
Santorin (Thira)	2 heures	16,50	5/jour
Santorin (Thira)*	1 heure 35	37	2-3/jour
Schinoussa	1 heure 20	7	1-2/jour
Sikinos	2 heures 15	8	3-4/sem
Syros	2 heures 10	10	1/jour
Tilos	13 heures	24,50	2/sem
Tinos	1 heure	26,50	1/jour

*express

compteur, et leurs conducteurs sont tenus de fournir un reçu au terme du trajet.

BUS

Des bus fréquents relient Naxos (Hora) à Agia Anna (2 €). Cinq bus par jour rallient Filoti (2,30 €) en passant par Halki (2 €), 4 se rendent à Apiranthos (3,10 €) via Filoti et Halki, et au moins 3 autres à Apollonas (6,20 €), Pyrgaki (2,30 €) et Melanès (1,60 €). Les autres villages sont desservis de façon moins fréquente.

Leur départ se fait de l'extrémité du débarcadère à Naxos, les horaires étant affichés devant le **bureau d'information des bus** (☎22850 22291 ; www.naxosdestinations.com), sur la gauche, de l'autre côté de la route par rapport à l'arrêt des bus. C'est là, au distributeur, qu'il faut acheter votre billet.

VOITURE ET MOTO

En août, prévoyez 45 à 65 €/jour de location pour une voiture, un minimum de 30 €/jour pour un quad. De nombreuses agences de location sont installées sur le front de mer de Naxos ville, au nombre desquels **Rental Center** (☎22850 23395 ; Plateia Evripeou), **Auto Tour** (☎22850 25480 ; www.naxosrentacar.com) ou **Fun Car** (☎22850 26084 ; www.funcarnaxos.com).

Naxos (Hora) Νάξος (Χώρα)

6 730 HABITANTS

Chef-lieu et port de l'île, la ville de Naxos est construite sur la côte ouest. La vieille ville est un entrelacs de venelles escarpées. Deux quartiers historiques coexistent : le Bourgos des Grecs orthodoxes et le Kastro perché, domaine des catholiques. Très étendue, Naxos se découvre pourtant agréablement à pied.

À voir

Les plans ne sont pas d'un grand secours dans ce labyrinthe... c'est une fatalité, et un plaisir finalement, de s'y perdre un peu. Pour découvrir **Bourgos**, enfoncez-vous dans les ruelles sinueuses après avoir atteint l'extrémité nord de Paralia. Plus haut, le **Kastro** est le joyau de Naxos ville. Les belles demeures vénitiennes rappellent la conquête des Cyclades par la Sérénissime qui fit de cette ville la capitale de son duché des Cyclades, confié à Marco Sanudo. C'est le duc qui construisit en 1207 la citadelle dont ne subsistent que 2 des 7 tours initiales, dont la **tour de Sanoudos**. À l'heure de la sieste, vous serez frappé par la sérénité intemporelle qui y règne. Si vous vous égarez, souvenez-vous que les rues qui montent finissent toujours par arriver au Kastro tandis que celles qui descendent conduisent à la mer.

Musée de Mitropolis ARCHÉOLOGIE
(☎22850 24151 ; Kondyli ; 8h-15h mar-dim) GRATUIT. À quelques encablures au nord du front de mer, jouxtant plusieurs églises et chapelles, le musée de Mitropolis conserve

les fragments d'une cité mycénienne construite entre les XIIIe et XIe siècles av. J.-C. et abandonnée en raison de la menace d'inondation venant de la mer. C'est un endroit envoûtant, où des allées aux dalles de verre permettent de découvrir les anciennes fondations et de vastes zones d'habitations exhumées.

Musée archéologique ANTIQUITÉS
(3 € ; 8h-15h mar-dim). Ce musée occupe un ancien collège jésuite où l'écrivain Níkos Kazantzákis fut brièvement élève. La présence de cartels explicatifs et l'intérêt des objets des périodes ioniques et doriques compensent largement le côté un peu vieillot de l'établissement. Marc Antoine, le célèbre général romain, impressionne par sa taille.

Musée vénitien Della Rocca-Barozzi PATRIMOINE
(22850 22387 ; visite guidée adulte/étudiant 5/3 € ; 10h-14h40 et 18h30-21h30 mi-mai à oct). Ce musée occupe une belle tour du XIIIe siècle. Ne vous étonnez pas si vous avez l'impression que des gens y vivaient encore il y a peu : les maîtres des lieux (des descendants directs des premiers propriétaires, des aristocrates italiens) continuent d'y séjourner plusieurs mois chaque hiver. Baladez-vous dans les différentes pièces pour découvrir vêtements, vaisselle ou meubles.

N'hésitez pas à suivre une visite organisée car les guides sont très érudits. Le musée se trouve dans l'enceinte des remparts du *kastro* (porte nord-ouest). Sous ses voûtes se tiennent des expositions régulières et sont donnés en soirée des concerts entre autres événements culturels.

Musée du Folklore PATRIMOINE
(22850 25561 ; www.naxosfolkmuseum.com ; rue de l'Ancien Marché ; 3 € ; 10h-14h et 19h-22h). Un petit musée bien entretenu où sont conservés des objets liés à l'histoire, l'agriculture, l'apiculture, la fabrication du pain et du fromage et la viticulture, ainsi que des costumes.

Activités

Flisvos Sport Club PLANCHE À VOILE
(22850 24308 ; www.flisvos-sportclub.com ; Agios Georgios). Ce prestataire bien organisé dispense différents cours de planche à voile et organise des randonnées en montagne comme des circuits à vélo.

Naxos Bikes VÉLO
(22850 26612 ; www.naxosbikes.com). Tout l'équipement nécessaire, du VTT au siège pour enfant, ainsi que des cartes pour explorer les environs. Location de vélo à partir de 8 €/jour. À côté du musée de Mitropolis.

Naxos Horse Riding ÉQUITATION
(6948809142 ; www.naxoshorseriding.com). Balades à cheval, dans les terres ou sur la plage, tous les matins, après-midi et soirs (50 €/pers). Réservez votre promenade jusqu'à 18h la veille du jour souhaité ; transfert aller-retour assuré depuis/vers le centre équestre. Pour débutants, enfants ou cavaliers confirmés.

Circuits organisés

De fréquentes excursions en bateau sont proposées vers Délos et Mykonos (adulte/enfant 45/23 €), Santorin avec un circuit en bus (55/30 €), Paros et Naoussa (20/10 €), Iraklia et Koufonissia (40/20 €). À réserver auprès d'une agence de voyages.

Où se loger

Naxos ne manque pas d'adresses où trouver un lit. Avant de vous engager à suivre un rabatteur rencontré au port, assurez-vous de la véritable distance entre l'établissement et le centre-ville. En haute saison, des kiosques sont parfois installés au débarcadère pour renseigner sur les hôtels et les chambres.

Il existe plusieurs campings autour de la ville, tous bien équipés et proches des plages. Ils envoient des minibus à l'arrivée des ferries.

Despina's Rooms PENSION $
(22850 22356 ; www.despinarooms.gr ; Kastro ; d 45 € ;). En plein cœur du Kastro, ces chambres convenables sont une bonne affaire, surtout celles avec vue sur la mer. En dépit de leur petite taille, celles qui donnent sur le toit-terrasse sont très demandées. Cuisine commune.

Camping Maragas CAMPING $
(22850 42552 ; www.maragascamping.gr ; empl 9 €, d 45 €, studio 70 €). Sur la plage d'Agia Anna, au sud de la ville.

Camping Naxos CAMPING $
(22850 23500 ; www.naxos-camping.gr ; empl 9 €/pers ;). À environ 1 km au sud de la plage d'Agios Georgios.

Naxos (Hora)

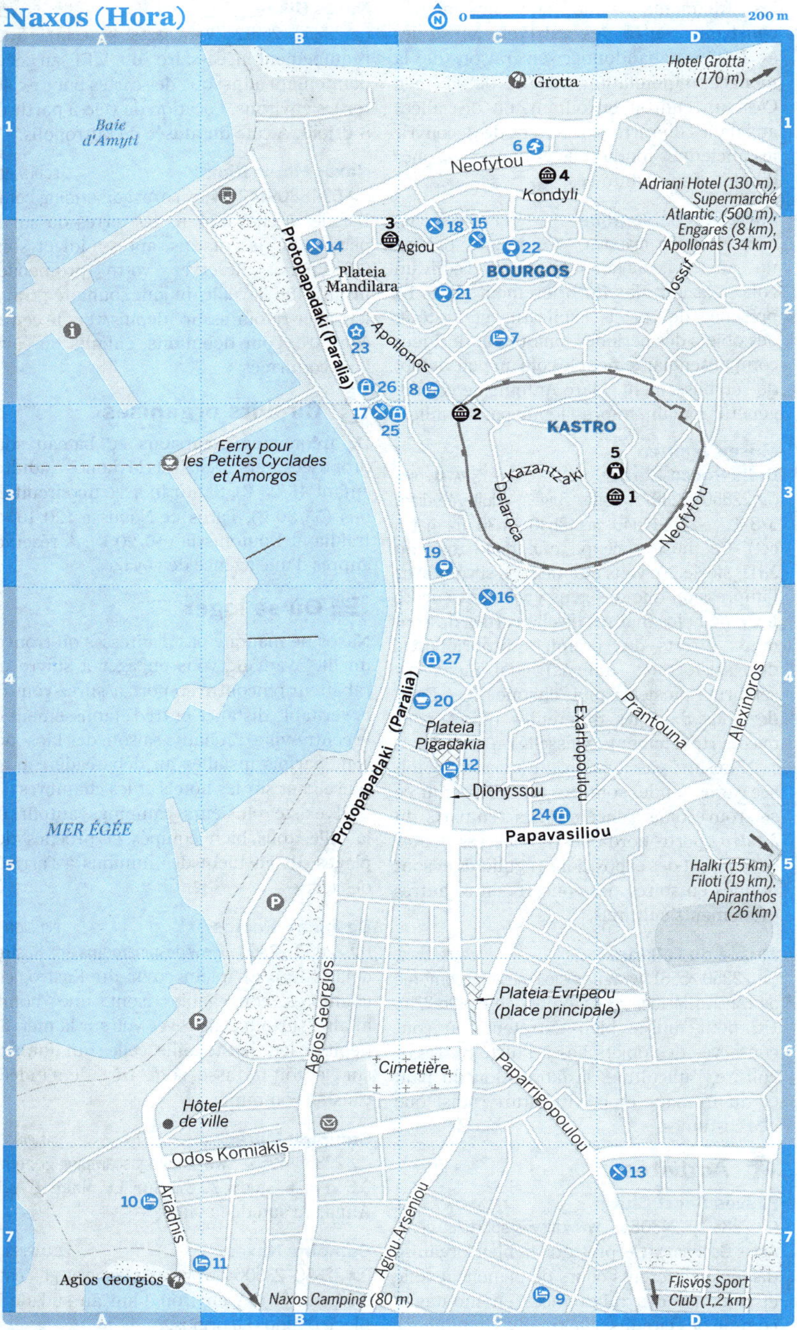
0
200 m
A
B
C
D
1
2
3
4
5
6
7
Grotta
Hotel Grotta (170 m)
Baie d'Amyti
Neofytou
Kondyli
Adriani Hotel (130 m), Supermarché Atlantic (500 m), Engares (8 km), Apollonas (34 km)
Iossif
Protopapadaki (Paralia)
Agiou
Plateia Mandilara
BOURGOS
Apollonos
KASTRO
Kazantzaki
Delaroca
Neofytou
Ferry pour les Petites Cyclades et Amorgos
Plateia Pigadakia
Dionyssou
Exarhopoulou
Prantouna
Alexinoros
Papavasiliou
Protopapadaki (Paralia)
MER ÉGÉE
Halki (15 km), Filoti (19 km), Apiranthos (26 km)
Plateia Evripeou (place principale)
Agios Georgios
Cimetière
Paparrigopoulou
Hôtel de ville
Odos Komiakis
Ariadnis
Agiou Arseniou
Agios Georgios
Naxos Camping (80 m)
Flisvos Sport Club (1,2 km)
1
2
3
4
5
6
7
8
9
10
11
12
13
14
15
16
17
18
19
20
21
22
23
24
25
26
27

Naxos (Hora)

À voir
1 Musée archéologique ... D3
2 Musée vénitien Della Rocca-Barozzi ... C3
3 Musée folklorique ... B2
4 Musée Mitropolis ... C1
5 Tour de Sanoudos ... D3

Activités
6 Naxos Bike ... C1

Où se loger
7 Chateau Zevgoli ... C2
8 Despina's Rooms ... C2
9 Golden Beach Studios ... C7
10 Hotel Galini ... A7
11 Hotel Glaros ... B7
12 Xenia Hotel ... C4

Où se restaurer
13 Anna's Garden Café ... D7
14 Irini's ... B2
15 Labyrinth ... C2
16 L'Osteria ... C4
17 Meze 2 ... B3
18 O Apostolis ... C2

Où prendre un verre et faire la fête
19 520 ... C3
20 Citron Cafe ... C4
21 La Vigne ... C2
22 Naxos Cafe ... C2

Où sortir
23 Dacosta ... B2
Musée vénitien Della Rocca-Barozzi ... (voir 2)

Achats
24 Kiriakos Tziblakis ... C5
25 Papyrus ... B3
26 Promponas ... B2
27 Zoom ... C4

Camping Plaka CAMPING $
(22850 42700 ; www.plakacamping.gr ; empl 9 €/pers ; @). Sur la plage de Plaka, à 6 km au sud de la ville.

Hotel Grotta HÔTEL $$
(22850 22215 ; www.hotelgrotta.gr ; s/d 70/85 € petit-déj inclus ; P ✻ @ ≈ ≋). Surplombant le Kastro et la ville, cette excellente adresse offre une superbe vue sur la mer à l'avant, de vastes espaces communs et un Jacuzzi. Ses chambres confortables brillent de propreté, l'ambiance est chaleureuse et le service attentionné.

Hotel Xenia HÔTEL $$
(22850 25068 ; www.hotel-xenia.gr ; d/tr 90/100 € petit-déj inclus). Flambant neuf, cet élégant établissement au cœur de la vieille ville adopte un décor minimaliste. Les balcons donnent sur l'animation des rues mais le double vitrage isole du bruit. À quelques pas du port.

Hotel Glaros BOUTIQUE-HÔTEL $$
(22850 23101 ; www.hotelglaros.com ; plage d'Agios Georgios ; d 115-125 €, ste 145 € ; ✻ @ ≈). Raffiné mais cosy, sobre mais luxueux, cet hôtel impeccable exhale une ambiance balnéaire, avec des tons bleu clair et blancs et des meubles en bois peint. Le service est efficace et prévenant et la plage à deux pas. Petit-déjeuner facturé 7 €.

Chateau Zevgoli HÔTEL $$
(22850 26123 ; www.apollonhotel-naxos.gr ; Kastro ; s/d/ste 85/95/105 € ; ✻ ≈). En plein Kastro, cet établissement familial allie le charme d'un jardin verdoyant et de chambres meublées dans le style naxien traditionnel.

Hotel Adriani HÔTEL $$
(22850 23079 ; www.adriani.gr ; d 60-90 € petit-déj inclus). Sis en lisière de la ville, sur la route principale partant vers l'est, cet hôtel reste ouvert toute l'année. Ses chambres à l'atmosphère rafraîchissante bénéficient de tout le confort, les plus calmes se trouvant à l'arrière. Rénovées depuis peu, les chambres colorées de l'étage partagent une grande véranda avec vue sur la vieille ville.

Golden Beach Studios HÔTEL $$
(22850 24657 ; goldenbeachstudios@hotmail.com ; d 50-60 € ; ✻). Bien située pour Agios Georgios, cette adresse est une excellente affaire. Les chambres spacieuses et bien tenues ont un petit côté bavarois vieillot ; toutes sont pourvues d'une kitchenette et d'un balcon. La présence chaleureuse de la propriétaire donne vite le sentiment de se sentir chez soi.

Hotel Galini HÔTEL $$
(22850 2214 ; www.hotelgalini.com ; d 80 € petit-déj inclus ; ✻ ≈). La décoration sur le thème nautique confère au lieu beaucoup de caractère. Modernes et spacieuses, les chambres à balcon sont meublées de lits à baldaquin en

fer forgé. Fabuleux emplacement, à quelques pâtés de maisons de la plage et de la vieille ville, et solide petit-déjeuner.

Où se restaurer

L'excellence est ici le maître-mot. Les tavernes du front de mer cuisinent en direct les prises du jour vendues sur le quai par les pêcheurs.

Les supermarchés les moins chers sont **Atlantic** et **Vidalis**, tous deux en lisière de la ville, sur la route qui la contourne.

Meze 2 POISSON ET FRUITS DE MER $

(☎22850 26401 ; Paralia ; plats 6-13 €). Loin d'être un piège à touristes, cet établissement du front de mer sort largement du lot par ses mets typiques de la Crète et de Naxos et son service sans faute. La nourriture est succulente : calamars farcis, sardines grillées, *saganaki* du pêcheur (gratin de fruits de mer à la sauce tomate et à la feta), moules à l'ouzo et à l'ail... Salades originales et copieuses, en particulier celle aux pommes de terre de Naxos. Un autre Meze ouvre en juillet-août sur la plage de Plaka.

Anna's Garden Café BISTROT $

(Paparrigopoulou ; plats 5-10 € ;). Une cuisine 100% bio. Anna crée chaque jour deux plats végétariens à partir des produits de saison. On peut aussi y prendre le petit-déjeuner (4-6 €) avec muesli et yaourt maison, comme y composer son sandwich à midi. Si vous la prévenez la veille, Anna vous préparera un pique-nique. Une adresse rêvée pour les enfants.

Irini's TAVERNE $

(☎22850 26780 ; Paralia ; plats 6-15 €). Observez les bateaux en dégustant du bœuf au vin sauce au citron, des crevettes et des moules au riz safrané ou un plat plus traditionnel comme les légumes farcis et le *saganaki*.

L'Osteria ITALIEN $$

(☎22850 24080 ; plats 10-15 € ; dîner). Laissez votre flair vous guider jusqu'à cet authentique restaurant italien, situé dans une rue qui monte depuis le port et niché sous les remparts du Kastro. Installez-vous dans la cour à l'ambiance décontractée et préparez-vous à vivre un rêve gastronomique. Le menu annonce du bœuf braisé au cabernet, des lasagnes au saumon et des saucisses panées à l'orange. Les raviolis sont maison.

Labyrinth GREC $$

(☎22850 22253 ; plats 8-13 €). Quel élément est le plus accueillant : l'intérieur chaleureux et intimiste, la jolie cour ou les effluves exquis émanant de la cuisine ? À vous de décider tout en savourant des légumes marinés au *manouri* (fromage de brebis) grillé, de l'espadon aux herbes ou du risotto aux fruits de mer avec une sauce à l'ouzo et au safran. Les salades sont copieuses ; tentez la version poulet, épinards, roquette, pomme sauvage et yaourt. Le restaurant est à Bourgos, au nord de la vieille ville. Il est plus facile à trouver en pénétrant dans le dédale de ruelles par le nord.

O Apostolis GREC $$

(ancien marché ; plats 9-13 €). Au cœur du labyrinthe de Bourgos, dans une belle cour dallée, venez goûter les moules au beurre d'ail persillé et les *bekri mezes* (ragoût de bœuf), un plat crétois populaire. Le *kleftiko* (agneau enveloppé dans une pâte filo), avec légumes sautés et feta, est un délice.

Où prendre un verre et faire la fête

Quelques grands clubs bruyants sont installés à l'extrémité sud du front de mer. Bossa et Ocean occupent le devant de la scène depuis des années, attirant une clientèle jeune et dynamique.

520 BAR

Avec sa terrasse surplombant le port, ce bar confortable et branché est expert en cocktails. Lire le journal ou faire la fête, tout est possible dans cet intérieur chic agrémenté de coussins.

La Vigne BAR À VINS

Envie d'une soirée tranquille à Naxos ? Ce sympathique bar à vin, juste derrière la Plateia Mandilara, est tenu par deux Français qui se feront un plaisir de converser avec vous et de partager leur expertise. Les vins français, à l'honneur, accompagnent les plats de style mezze (4-8 €), comme les *bruschette* d'aubergine au fromage grec et la morue à l'ail et au citron.

Naxos Cafe BAR

(☎22850 26343 ; rue de l'Ancien Marché). Pour prendre un verre au calme, ce petit bar traditionnel où les habitants vont boire leur naxos est l'idéal. Très pittoresque, éclairé aux bougies, il déborde dans la rue pavée.

Citron Cafe CAFÉ
(Protopapadaki). Commencez la journée sur un canapé, avec café et vue sur le port, et terminez-la avec un verre de vin local ou de *kitron* (liqueur à base de feuilles de citronnier) provenant de la distillerie de Halki. Des photos en noir et blanc de la Hora d'antan participent du charme des lieux.

Dacosta CLUB
Juste derrière la police portuaire, ce club très chic accueille de célèbres DJ d'Athènes qui mixent jusqu'au petit jour. Le blanc et le bois dominent, ce qui confère au lieu une atmosphère apaisante. Bar bien fourni.

☆ Où sortir

Musée vénitien Della Rocca-Barozzi MUSIQUE CLASSIQUE
(☎22850 22387 ; Kastro ; concerts 15-20 € ; ⏲20h mer-dim avr-oct). Concerts classiques, spectacles de danse classique, récitals traditionnels ou modernes sont certains soirs à l'affiche de ce musée. Tarifs en fonction de l'emplacement.

Achats

Papyrus LIBRAIRIE
(☎22850 23039). Tout a commencé avec une caisse de livres laissée par un voyageur. Désormais, la librairie compte plus de 10 000 ouvrages d'occasion parfaitement organisés. Il y a plus de 10 langues et tous les genres possibles, de la science-fiction au western en passant par la religion et les voyages. Achat ou échange… vous trouverez forcément votre bonheur. En hauteur par rapport au port, derrière le Meze 2.

Kiriakos Tziblakis PRODUITS GRECS
(Papavasiliou). Une odeur puissante vous accueillera dès le seuil de la porte. C'est dans cette boutique semblable à une grotte que les habitants viennent acheter des épices, des câpres et des fromages traditionnels. Le choix de produits locaux est étourdissant, des casseroles aux brosses en passant par le savon, le vin, le raki (eau de vie crétoise) et l'huile d'olive.

Zoom LIBRAIRIE/PRESSE
(☎22850 23675 ; Paralia). Cette grande librairie diffuse les principaux journaux internationaux le lendemain de leur publication. Également l'une des plus belles collections de cartes postales en Grèce.

Promponas GASTRONOMIE
(☎22850 22258 ; Protopapadaki). Les étagères de cette boutique du front de mer sont garnies de bonbons, de nougat et de liqueurs locales en tout genre, notamment du raki parfumé à la cannelle et aux clous de girofle.

ℹ Renseignements

Il n'y a pas d'office du tourisme officiel sur Naxos. Les agences de voyages peuvent répondre à la plupart des demandes.

Alpha Bank (angle de Paralia et Papavasiliou). DAB.

Banque agricole de Grèce (Paralia). DAB.

Banque nationale de Grèce (Paralia). DAB.

Hôpital (☎22853 60500 ; Prantouna)

Naxos Tours (☎22850 22095 ; www.naxostours.gr ; Paralia). Vente de billets de ferry et réservation d'hébergements, de circuits et de voitures de location.

OTE (Organismos Tilepikoinonion Ellados ; Paralia). Plusieurs cabines téléphoniques dans une allée.

Police (☎22850 22100 ; Paparrigopoulou). Au sud-est de la Plateia Protodikiou.

Police portuaire (☎22850 22300). Juste au sud du débarcadère.

Poste (Agios Georgios). Passez devant l'OTE, traversez Papavasiliou, puis tournez à gauche au niveau de la fourche.

Zas Travel (☎22850 23330 ; Paralia). Vente de billets de ferry et réservation d'hébergements, de circuits et de voitures de location.

Ailleurs sur Naxos

D'un accès aisé, la plage de sable de Naxos, **Agios Georgios**, déploie au sud du front de mer toute une enfilade d'hôtels et de tavernes en partie proche de la ville. Si l'on s'éloigne un peu vers le sud, elle devient moins bondée et la mer peu profonde la rend sûre pour les enfants.

Plus au sud encore, la plage sablonneuse d'**Agios Prokopios** qui se love à l'abri d'une baie protégée au sud du cap Mougkri bénéficie aussi d'eaux peu profondes. Elle fusionne avec **Agia Anna**, longue écharpe de sable blanc étincelant, assez étroite mais suffisamment longue pour être désertée par la foule à son extrémité sud. Les nombreuses constructions gâtent un peu Prokopios et l'extrémité nord d'Agia Anna. Donnant directement sur la plage, la grande terrasse élégante et ombragée du **Santana** (☎22850 41007 ; www.santanabeach.gr ; d/tr 60/75 €) est celle d'un complexe balnéaire aux chambres simples et propres, avec balcon et vue sur la mer.

Les plages de sable se succèdent jusqu'à **Pyrgaki**, en passant par les eaux turquoise de la plage de **Plaka** et de sublimes baies ponctuées d'affleurements rocheux. Un littoral parsemé de nombreux restaurants et de chambres à louer desservis par les bus.

Au sud, la sublime plage de **Mikri Vigla** se déroule des deux côtés d'un promontoire fait de dalles et de rochers de granite doré. Les amateurs de kitesurf y ont leurs habitudes. **Flisvos** (centre de kitesurf ; ☎22850 75490 ; www.flisvos-kitecentre.com) assure à la fois des cours et la location de planches de surf et de planches à voile. Vous pouvez aussi envisager de faire avec eux un circuit en VTT et de loger à côté, dans le confortable **Orkos Beach Hotel** (www.orkosbeach.gr ; d/t/app 105/155/170 € petit-déj inclus).

Tragéa Τραγαία

La vaste plaine de Tragéa, parsemée d'oliveraies et de villages préservés, s'étend au pied des montagnes du centre de l'île que domine le **mont Zeus** (1 004 m).

Filoti, bâti en amphithéâtre sur les contreforts de ce dernier, est le village le plus important de la région. Un DAB est installé un peu plus bas que l'arrêt des bus. En lisière du village (en venant de Naxos ville), une route asphaltée conduit sur la droite aux hameaux isolés de **Damarionas** et de **Damalas**.

De Filoti, vous pouvez aussi vous rendre à la **grotte de Zeus** (Zas), une vaste cavité naturelle creusée dans le roc sur les pentes du mont Zeus. À 800 m environ au sud de Filoti, une bifurcation indique la source d'Aria et la grotte. Si vous êtes en bus, demandez à descendre à cet endroit. La petite route se termine 1,2 km plus loin par un parking. De là, suivez le chemin entre les murets jusqu'à la **source d'Aria**, une fontaine et une aire de pique-nique ; puis un sentier difficile monte jusqu'à la grotte avant de grimper de façon fort raide sur plusieurs kilomètres pour atteindre le sommet du mont Zeus. C'est un parcours de randonnée pour lequel il faut prévoir chaussures de marche, eau et crème solaire. La meilleure manière de regagner ensuite Filoti est de suivre le sentier qui part du sommet en direction du nord-est, puis de filer au nord pour atteindre la chapelle d'Aghia Marina, sur la route de Danakos (4 km au total). De la chapelle, il reste encore quelques kilomètres pour atteindre Filoti. Vous pouvez emprunter cette route dans l'autre sens ou faire l'aller-retour entre Filoti et Zas. Dans tous les cas, la marche demande des efforts.

Entre Melanes et Kinidaros se trouve l'antique **carrière de marbre** de l'île. Le marbre est toujours exploité dans cette zone comme le découvrent ces grandes saillies creusées sur les versants. Voisine de Mili, la carrière de Flerio a conservé deux saisissants exemples de **kouroi**, jeunes éphèbes taillés dans le marbre aux VIe et VIIe siècles av. J.-C. Ces immenses statues d'environ 5,5 m de hauteur sont restées sur place, en partie brisées (lors du transport ou de leur création, nul ne sait). Le premier *kouros* que vous verrez est resté allongé sur le dos sous un arbre, surprenant ! Le **sanctuaire votif** est vraisemblablement lié aux rites pratiqués par les marbriers à l'époque antique. Vous remarquerez également sur le site (doté de panneaux explicatifs) un **aqueduc** et des **ruches antiques**.

Halki Χάλκη

Visiter Naxos sans se rendre à Halki serait un crime. Ce village historique ressuscite la Naxos d'antan. Son patrimoine architectural aux jolies façades et aux maisons-tours reflète son passé florissant d'ancien chef-lieu de l'île. Aujourd'hui, Halki abrite de sublimes boutiques et galeries, attirant les artistes comme les gourmets. Le village se situe au cœur de la région montagneuse de Tragéa, à environ 20 minutes de voiture de Naxos (Hora).

La route principale longe Halki. En été, il est interdit de s'y garer, il faut donc passer le pont en arrivant de Naxos pour se garer sur la rive droite de la rivière tarie où est aménagé un parking ; il y a aussi des toilettes sur place. Un parking supplémentaire (en été seulement) est aménagé dans la cour d'école, en haut du village. On parvient ensuite par de petites allées vers la place centrale de Halki.

Des sentiers et des routes partent de Halki et traversent de paisibles champs d'oliviers et des prairies couvertes de fleurs. La très belle église de **Saint Giorgios Diasorites** du XIe siècle, qui trône à courte distance au nord du village, a conservé des fresques splendides.

À voir et à faire

Distillerie Vallindras DISTILLERIE
(☎22850 31220 ; ⏲10h-23h juil-août, 10h-18h mai-juin et sept-oct). Sur la grand-place de Halki, la distillerie de Vallindras continue de préparer le *kitron* selon les techniques traditionnelles. On peut visiter gratuitement ses salles emplies de vieilles jarres et d'alambics en cuivre. Dégustation à la fin.

Fish & Olive CÉRAMIQUE D'ART
(www.fish-olive-creations.com). La céramiste naxienne Katharina Bolesch et son compagnon, l'artiste Alexander Reichardt, exposent ici leurs merveilleuses créations. Chaque pièce, assiette, bol, plat, carafe... offre une variation sur les poissons ou les olives, symboles séculaires du monde méditerranéen. Un travail reconnu de par le monde, jusqu'au musée du Design d'Helsinki. La galerie accueille également des expositions d'autres artistes locaux et internationaux. Voir aussi ci-contre.

Phos Gallery PHOTOS D'ART
(☎22850 31118 ; www.phosgallery.gr ; ⏲mai-oct). Découvrez l'île à travers l'objectif du talentueux photographe Dimitris Gavalas. Des paysages époustouflants, de Naxos principalement, et des compositions conceptuelles habillent les murs de cette galerie.

Où se restaurer

Yianni's Taverna TAVERNE $
(☎22850 31214 ; plats 4-9 € ; ⏲déj et dîner). Avec ses tables installées sur la place centrale de Halki, cette taverne est bien connue pour ses tourtes savoureuses, ses saucisses locales, ses fromages naxiens et ses salades fraîches.

Dolce Vita BOULANGERIE $
(☎6981194819 ; en-cas 3-7 € ; ⏲petit-déj, déj et dîner). Cadre branché et accueillant, avec du bois sombre et un vieux gramophone. L'endroit est parfait pour savourer tranquillement une viennoiserie, un café ou une glace. Également des tartes salées.

El Basilico ITALIEN $$
(☎22859 31140 ; plats 9-24 €). Proche de l'entrée de Halki en arrivant de Naxos ville, ce restaurant animé affiche un excellent menu du jour, basé sur les produits du marché. Dans le patio, le jardin et le carrelage coloré contribuent au charme de l'établissement (tout comme les bons vins italiens !).

Achats

Era DOUCEURS LOCALES
(☎22859 31009 ; eraproducts@mail.gr). Une visite dans cette boutique vous permettra de voir l'atelier où sont concoctés chaque jour plus de 20 kilos de marmelades, confitures et desserts irrésistibles. Ces produits sont vendus uniquement sur l'île, alors profitez-en !

L'Olivier CÉRAMIQUES/BIJOUX
(☎22850 32829 ; www.fish-olive-creations.com ; Halki). L'Olivier est à la fois une galerie (voir ci-contre) et une boutique où sont vendues les belles poteries en grès et les bijoux de la céramiste Katharina Bolesch et de l'artiste et artisan Alexander Reichardt.

LE KITRON, LA LIQUEUR LOCALE

Depuis la fin du XIXe siècle, Halki est connu pour sa forte liqueur à base de feuilles de cédratier, le *kitron*. Le cédrat (*Citrus medica*) fut introduit dans la région méditerranéenne vers 300 av. J.-C., et sa culture prospéra à Naxos pendant des siècles. Alors que le fruit au naturel est difficilement consommable, son écorce prend un arôme unique lorsqu'elle est confite dans un sirop pour en faire une variété de *gliko koutaliou* ("douceur à la cuillère"). À partir de peaux de raisin et de feuilles de cédrat, on peut obtenir un raki que l'on appelle le *kitroraki*. Vers la fin du XIXe siècle, le cédrat confit et une version liquoreuse du *kitroraki*, le *kitron*, étaient exportés en grande quantité à l'étranger.

À la distillerie Vallindras (ci-dessus), on prépare le *kitron* de la même façon depuis 1896, d'une génération à l'autre. La production s'élève à 10 000 litres par an et la liqueur, vendue uniquement sur l'île, n'est plus exportée. Les feuilles sont ramassées d'octobre à février, puis séchées, humectées et distillées jusqu'à trois fois, avec de l'eau et du sucre. Un colorant est alors ajouté pour indiquer le degré d'alcool : les liqueurs les plus fortes sont jaunes, les plus sucrées sont vertes et le blanc est utilisé pour les saveurs intermédiaires – trois types de *kitron* à déguster lors de la visite.

Penelope TISSAGE

Le savoir-faire de Pénélope la bien-nommée se transmet dans sa famille depuis au moins quatre générations : ses mains et ses pieds semblent danser sur le métier à tisser. Regardez-la créer les motifs traditionnels qui orneront des chapeaux, des foulards, des sacs et du linge de maison. Autant de fabuleux souvenirs ! Vous noterez la prédominance du rouge et du bleu, les couleurs traditionnelles de Naxos.

Panagia Drosiani Παναγία Δροσιανή

Personne ne peut rester de marbre face à la **Panagia Drosiani** (⏲10h-19h mai à mi-oct). Située en contrebas du *moni* (monastère), à 2,5 km au nord de Halki, c'est l'une des églises les plus anciennes et les plus vénérées de Grèce. L'intérieur est un dédale de chapelles semblables à des grottes. Dans les plus sombres, des moines et des nonnes enseignaient secrètement la langue et la religion grecques aux enfants des environs, pendant l'occupation turque. Les murs sont encore ornés de plusieurs fresques datant du VIIe siècle. Remarquez la représentation de Marie dans la salle capitulaire orientale ; la lumière et l'expression du visage sont frappantes. Oboles appréciées.

Sangri Σαγκρί

Le **château de Bazeos** (☎22850 31402 ; ⏲10h-17h et 18h-21h), qui se détache dans le paysage à 2 km à l'est du village de Sangri, fut construit au XVIIe siècle. C'était à l'origine le monastère de Timios Stavros (Vraie Croix), que les moines abandonnèrent au début du XIXe siècle. Il fut racheté plus tard par la famille Bazeos, dont les descendants ont remis à neuf avec beaucoup de talent le bâtiment et ses salles de la fin du Moyen Âge. Le château fait aujourd'hui office de centre culturel qui accueille des expositions d'art et, en juillet-août, le **festival de Naxos** où sont programmés des concerts, des pièces de théâtre et des lectures.

À 1,5 km environ au sud de Sangri se dresse l'imposant **temple de Déméter** (ou de Dimitra ; ☎22850 22725 ; ⏲8h30-15h tlj sauf lun). De taille modeste, les ruines et les parties reconstruites sont néanmoins d'une grande valeur historique. Un **musée** présente de belles reconstitutions de parties de l'édifice. Le temple est indiqué depuis Sangri.

Apiranthos Απείρανθος

Accroché aux pentes du mont Fanari (883 m), Apiranthos est un village enchanteur aux maisons de pierre brute et aux rues pavées de marbre. Ses habitants descendent de réfugiés crétois ayant fui la répression turque. Fiers de leur particularisme et de leur riche dialecte, ils sont aussi réputés pour leur promptitude à embrasser les luttes politiques et populaires. Le village, d'où sont issus maints universitaires, compte trois musées remarquables. Désormais, il est parsemé de superbes boutiques originales, de galeries et de cafés.

Sur la grand-rue, à droite du parking gratuit et de l'arrêt de bus, se trouve le **musée d'Histoire naturelle** (3 € ; ⏲8h30-14h tlj sauf lun). Le **musée de Géologie** (3 € ; ⏲8h30-14h tlj sauf lun) et le **musée d'Archéologie** (⏲8h30-14h tlj sauf lun) GRATUIT sont situés dans la grand-rue. Le deuxième expose une merveilleuse collection de petits objets cycladiques. Les musées ouvrent théoriquement de 19h à 22h en été ; notez toutefois que tous les horaires indiqués ici sont assez flexibles.

Rendez-vous à l'**Association des femmes d'Apiranthos**, une petite boutique proposant des broderies et des étoffes traditionnelles tissées à la main par des Naxiennes de la région. Vous les verrez d'ailleurs travailler sur place. Visitez aussi l'**Apiranthos Art**, la galerie-atelier du sculpteur naxien Narkissos, qui travaille les terres de la région en belles céramiques glaçurées.

Où se restaurer

Taverna o Platanos GREC $

(☎22850 61192 ; plats 6-10 € ; ⏲déj et dîner). Dans ce restaurant familial, authentique et animé, on sert de tout, du yaourt à la viande locale grillée en passant par les fromages naxiens. Installez-vous à l'ombre du platane.

Lefteris GREC $

(☎22850 61333 ; en cas 2-6 € ; ⏲petit-déj, déj et dîner). Doté d'une terrasse bénéficiant d'un panorama phénoménal, cet établissement s'apparente à une vieille cuisine de campagne, avec four à pain. Régalez-vous d'en-cas traditionnels et de douceurs.

Apollonas Απόλλωνας

110 HABITANTS

En direction du nord, une route très sinueuse mène au village d'Apollonas, sur le littoral. Sur les hauteurs du village, un colossal **kouros** du VIIe siècle av. J.-C. repose dans une ancienne carrière. Il n'y a pas de véritable parking et le site n'est pas bien indiqué, mais vous l'identifierez sans peine.

La plage d'Apollonas n'est pas fantastique mais on peut y déguster de délicieux produits de la mer. Le long du rivage, des tavernes servent du poisson ultra-frais.

Si vous êtes motorisé, vous pourrez regagner Naxos ville par la route est-ouest, en traversant une région sauvage, faiblement peuplée, avec de fabuleux points de vue sur la mer. En route, arrêtez-vous pour admirer la **tour d'Ayia**, les ruines majestueuses d'un château, avec une vue spectaculaire sur la mer en toile de fond.

PETITES CYCLADES

ΜΙΚΡΕΣ ΚΥΚΛΑΔΕΣ

Les Petites Cyclades qui s'égrènent entre Naxos et Amorgos forment un chapelet de minuscules îlots. Aujourd'hui des havres de paix, ils étaient densément peuplés dans l'Antiquité, comme en témoigne le nombre de tombes retrouvées. Au Moyen Âge, les Petites Cyclades n'étaient plus visitées que par des chèvres sauvages et des pirates. Après l'indépendance, quelques âmes intrépides quittèrent Naxos et Amorgos pour s'y installer, et de nos jours seules quatre îles sont habitées en permanence : Donoussa, Ano Koufonissia, Iraklia et Schinoussa. Néanmoins le nombre de voyageurs indépendants augmente depuis quelques années.

Donoussa est l'île la plus septentrionale et la plus éloignée de Naxos. Les autres sont regroupées près de la côte sud-est de Naxos. Chacune possède un téléphone public et un bureau de poste. Des DAB sont installés partout sauf à Iraklia, mais mieux vaut se munir de suffisamment d'argent liquide. Le site www.smallcyclades.com vous aidera à préparer votre venue.

Depuis/vers les Petites Cyclades

Il existe plusieurs liaisons hebdomadaires entre Le Pirée et les Petites Cyclades via Naxos. Elles sont quotidiennes entre Naxos et les Petites Cyclades. Prévoyez suffisamment de temps pour visiter ces îles qui demandent bien plus que 2 jours.

Les ferries Blue Star desservent les Petites Cyclades toute l'année, mais le solide petit ferry **Express Scopelitis** (☎22850 71519, 22850 71256 ; Katapola, Amorgos) assure le service principal (il circule aussi en hiver sauf par mauvais temps), sauf pendant sa remise en état annuelle, souvent en janvier. Le *Scopelitis* quitte

Petites Cyclades

Naxos dans l'après-midi, du lundi au samedi, et dessert les Petites Cyclades et Amorgos. Il retourne à Naxos tôt le lendemain matin. Chacune des petites îles propose au moins un circuit en bateau. De juin à septembre, vous pourrez négocier de voyager entre les îles à bord de ces bateaux (mais cela vous coûtera évidemment plus cher que si vous circulez en ferry standard).

Bateaux au départ d'Iraklia (port)

VERS	DURÉE	TARIF (€)	FRÉQUENCE
Amorgos	1 heure 45	8,50	2-3/jour
Donoussa	2 heures 20	7	1-2/jour
Koufonissia	1 heure	5	2-3/jour
Naxos	1 heure	7,50	2-3/jour
Paros	2 heures 15	12,50	1-2/jour
Le Pirée	7 heures 20	30	1-2/jour
Schinoussa	15 min	4,50	2-3/jour
Syros	3 heures 35	22,70	4/sem

Bateaux au départ de Schinoussa

VERS	DURÉE	TARIF (€)	FRÉQUENCE
Amorgos	1 heure 40	8-10,50	2-3/jour
Donoussa	2 heures	13,50	1-2/jour
Iraklia	15 min	4,50	2-3/jour
Koufonissia	40 min	4,60	2-3/jour
Naxos	1 heure 20	6,70	1-2/jour
Paros	2 heures 20	10	1-2/jour
Le Pirée	7 heures 30	31	1-2/jour
Syros	3 heures 35	22,70	4/sem

Bateaux au départ de Koufonissia

VERS	DURÉE	TARIF (€)	FRÉQUENCE
Amorgos	65 min	7,50	3/jour
Donoussa	1 heure 15	5,50	1-2/jour
Folegandros*	3 heures	56,20	1/jour
Iraklia	1 heure	5	2-3/jour
Milos*	4 heures 15	56,20	1/jour
Naxos	2 heures	9,50	1-2/jour
Paros	3 heures	16	1-2/jour
Le Pirée	8 heures	31	2-3/sem
Le Pirée*	7 heures 20	57,20	1/jour
Schinoussa	40 min	4,50	2-3/jour
Syros	5 heures 30	13	4/sem

*express

Bateaux au départ de Donoussa

VERS	DURÉE	TARIF (€)	FRÉQUENCE
Amorgos	1 heure 50	7	1-2/jour
Astypalea	2 heures 20	17	5/sem
Iraklia	2 heures 20-4 heures	7-14, 40	1-2/jour
Koufonissia	1 heure 15	6,50	1-2/jour
Naxos	1 heure 10-4 heures	7,60	2-3/jour
Paros	2 heures 30-6 heures	14	1-3/jour
Le Pirée	7 heures 10	31	4/sem
Schinoussa	2 heures	7	1-2/jour
Syros	7 heures	14	4/sem

Iraklia Ηρακλεία

150 HABITANTS

Petit bijou resplendissant sous le soleil de l'Égée, Iraklia ne dépasse pas 19 km². Oubliez la vie nocturne, le tourisme et les boutiques de souvenirs. La vie ici est empreinte de calme et de sérénité – que vous n'aurez à partager qu'en juillet-août avec des voyageurs venus pareillement la goûter.

L'île a aujourd'hui l'honneur de posséder la première **usine de dessalement** d'eau de mer grecque, alimentée en énergie grâce à des panneaux solaires et des éoliennes. On passe devant en entrant dans le port.

Niché dans une délicieuse crique avec sa plage de sable, le port d'Agios Georgios est aussi le principal village d'Iraklia. Tournez à droite à l'extrémité du débarcadère, puis montez sur la gauche et vous trouverez une supérette bien approvisionnée, **Perigiali**, et plus haut, une petite épicerie-*kafeneio* du nom de **Melissa's**, qui fait aussi office de billetterie pour les ferries et de bureau de poste et de lieu où s'échangent les derniers potins. Tout près se trouvent des téléphones à carte, ainsi qu'un centre médical à côté du supermarché. Il existe un DAB juste en montant du port. L'île a par ailleurs un site Internet : www.iraklia.gr.

À voir et à faire

Une route goudronnée part sur la gauche au bout du débarcadère et mène 1 km plus loin à **Livadi**, la plus belle plage d'Iraklia. De là, une montée abrupte de 2,5 km conduit au village de Panagia (Hora). Arrivé à la fourche à l'entrée du village, filez à droite vers la grand-rue. De là part une route bitumée en direction de la plage de Tourkopigado.

Le principal "site" de l'île est la **grotte de l'icône sacrée d'Agios Giannis**, accessible à pied depuis Panagia en 4 heures aller-retour. Fléché sur la droite juste après l'église du village, ce sentier très rocailleux et escarpé par endroits nécessite le port de bonnes chaussures de marche et une ample provision d'eau. Arrivé sur le site, vous verrez, sur la gauche, une grande grotte ouverte et, sur la droite, des rochers peints en blanc qui entourent l'entrée, minuscule, vers la principale série de grottes. Là, il est utile d'être muni d'une lampe torche, car après avoir progressé tant bien que mal dans une galerie très basse de plafond, on découvre des cavités remplies de stalactites et de stalagmites. Le 28 août, une foule de pèlerins vient y assister à la lueur des bougies en mémoire de la mort de saint Jean-Baptiste.

Au-delà de la grotte, le sentier descend vers la plage d'**Alimia**, également desservie par bateau depuis Agios Georgios en été.

En juillet-août, un bateau local dessert les plages de l'île et assure la **traversée aller-retour** pour l'île proche de Shinoussa. Renseignez-vous au supermarché Perigiali.

Où se loger et se restaurer

Hormis quelques adresses ouvertes l'été sur la plage de Livadi, la majorité des *domatia* et des tavernes se concentrent à Agios Georgios et dans les environs. Les propriétaires de *domatia* viennent à l'arrivée des bateaux, mais, en haute saison, il vaut mieux réserver.

À Agios Georgios, quelques tavernes servent du poisson frais et des plats grecs traditionnels.

Anna's Place PENSION $

(☎22850 71145 ; s/tr 40/85 €, d 50-70 € ; ❄). Sur les hauteurs au-dessus du port, de ravissantes chambres claires et confortables, avec vue panoramique depuis les balcons en façade. Grande cuisine commune et espace repas en plein air.

Agnadema APPARTEMENTS $

(☎6978048789, 22850 71484 ; studio 1/2 pers 40/50 € ; ❄). À flanc de colline au-dessus du port d'Agios Georgios, cette paisible propriété familiale est un excellent choix. Grandes, lumineuses et impeccables, les chambres d'Agnadema ("belle vue") ne démentent pas le patronyme du lieu.

Perigiali TAVERNE $

(☎22850 71118 ; plats 4-8 €). Les gens aiment s'attabler ici en toute simplicité autour de la grande table en marbre entourant un vieux pin. Une honnête cuisine.

Taverna to Steki TAVERNE $

(☎22850 71579 ; plats 4-8 €). Cette taverne classique du village de Panagia mitonne des plats traditionnels à base de produits frais du terroir. Une référence.

Schinoussa Σχοινούσα

200 HABITANTS

À l'instar de ses voisines, l'île de Schinoussa bénéficie d'une atmosphère calme et intemporelle que vient un peu rompre une certaine animation estivale. La campagne y est légèrement vallonnée et sa ville principale, **Panagia (Hora)**, se déploie le long d'une rue étroite, juchée sur la crête venteuse de l'île. Plusieurs plages, certaines plus attrayantes que d'autres, parsèment le littoral.

Les ferries accostent dans le port de pêche de **Mersini**, très proche de Panagia (1 km plus au nord). Les propriétaires de *domatia* se pressent à l'arrivée des ferries à partir de mai.

À Panagia, **Paralos Travel** (☎22850 71160, fax 22850 71957) qui assure la billetterie des ferries (*Scopelitis* excepté) fait office en saison de poste et de marchand de journaux, au milieu de la grand-rue. Vous pourrez acheter tout billet de ferry, *Scopelitis* compris, chez **Grispos Travel** (☎22850 29329), qui a un bureau au pied du complexe sur la plage de Tsigouri, ainsi qu'un autre tout au bout du village.

Il existe un téléphone public sur la grand-place de Panagia et un DAB tout près. Le site www.schinousa.gr fournit des informations utiles.

À voir et à faire

En descendant à la plage de Tsigouri, le **musée d'Art populaire** se reconnaît à son four à pain reconstruit. Les heures d'ouverture suivent le rythme de la vie dans l'île.

À partir de Schinoussa (Hora), des chemins de terre mènent aux plages autour de l'île. Les premières sur la côte sont **Tsigouri** et **Livadi**, qui connaissent peu d'affluence en dehors du mois d'août. Un peu plus loin s'étendent **Almiros** et **Aligaria**, agréables. Emportez de l'eau et des vivres car, sauf à Tsigouri, il n'existe ni magasins ni tavernes près des plages.

De mi-juin à septembre, **Aeolia** (☎6979618233) organise diverses excursions quotidiennes en bateau, vers Iraklia et Koufonissia entre autres. Comptez entre 15 et 30 €. Des voyages à titre privé sont aussi envisageables.

Où se loger

Quelques chambres sont à louer à Mersini et ailleurs sur l'île, mais mieux vaut loger dans la ville principale, Panagia.

Iliovasilema HÔTEL $
(☎22850 71948 ; www.iliovasilemahotel.gr ; Hora ; s/d/tr/qua 45/55/60/65 € ;). Proches du centre du village, des chambres nettes, certes un peu datées mais à la vue fantastique, surtout au coucher du soleil. Le service chaleureux ne gâte rien.

Galini PENSION $
(☎22850 71983 ; d/tr 50/60 €). À la sortie de Panagia, sur un beau terrain, cettte pension au charme légèrement désuet mais impeccable réunit des chambres pleines de lumière et jouissant, pour la plupart, d'un beau point de vue. Pas de clim, mais de solides ventilateurs au plafond.

Grispos Villas APPARTEMENTS $$
(☎22850 71930 ; www.grisposvillas.com ; d 85-95 €, tr 105-115 € petit-déj inclus ; @). En contrebas d'un chemin accidenté venant de Panagia, le complexe de Grispos se dresse à un emplacement plutôt enviable, au-dessus de la plage de Tsigouri. La superficie, l'agencement et la vue des chambres variant, demandez à en voir plusieurs avant de choisir. Restaurant sur place.

Où se restaurer

Akbar CAFÉ $
(plats 3-6,50 €). Dans la grand-rue, ce pittoresque petit café propose des mezze, des salades fraîches et des petits-déjeuners (7-12 €). Également des sandwichs, des crêpes sucrées et des glaces.

Deli Restaurant and Sweet Bar GREC $$
(☎22850 74278 ; plats 17-25 € ; dîner). En plein cœur du village, Deli incarne la simplicité de la vie sur Schinoussa. Le menu gastronomique se compose de plats comme un veau fermier à la cannelle et à l'orange, de la feta frite en pâte filo croustillante, nappée de miel et saupoudrée de sésame. La plupart des ingrédients sont locaux. Le pain est même fabriqué avec des céréales cultivées dans la ferme familiale.

Restaurant avec vue sur la mer à l'étage, café-bar très plaisant au rez-de-chaussée et adorable espace au sous-sol. La carte des vins est limitée mais excellente, avec quelques bons crus grecs.

Koufonissia Κουφονήσια

370 HABITANTS

Koufonissia se compose de trois îles, mais vous arriverez à **Ano Koufonisia**, la seule habitée. Ses superbes plages en font l'un des îlots les plus visités des Petites Cyclades, ce qui contribue à son développement. L'île conserve toutefois son charme discret et, en dehors de la saison touristique, l'importante flotte de pêche assure encore la prospérité des habitants.

Juste au sud, à quelques minutes en caïque, **Kato Koufonisia**, île au relief plat, possède plusieurs belles plages et une jolie église.

À l'est, **Keros** est une île-montagne accidentée, entourée d'impressionnantes falaises. Des fouilles archéologiques effectuées sur Kéros ont mis au jour plus d'une centaine d'idoles du Cycladique ancien, dont les célèbres harpiste et flûtiste exposés au musée national d'Archéologie d'Athènes. La découverte, ces dernières années de très nombreuses figurines délibérément brisées datant de 2500-2000 av. J.-C. semble attester d'un rituel. Kéros aurait ainsi eu une importance religieuse majeure.

À voir

Les **plages de Finikas**, **Harakopou** et **Fano** sont facilement accessibles en longeant à pied la route côtière sablonneuse sur environ 2 km à l'est du port. En juillet-août, toutes ces plages sont bondées, et le nudisme devient la règle à mesure que l'on pousse plus avant le long de la côte.

Après Fano, un sentier mène à des criques rocheuses propices à la baignade avant de poursuivre jusqu'à la magnifique baie de **Pori**, dont le long croissant de sable fond doucement dans une mer paradisiaque. On peut également rejoindre Pori par la route intérieure qui part de Panagia (Hora).

Circuits organisés

Koufonissia Tours CROISIÈRES
(☎22850 71671 ; www.koufonissiatours.gr). Basée à l'hôtel Villa Ostria, cette agence organise des excursions en caïque vers Kéros,

Kato Koufonisia et d'autres îles des Petites Cyclades. Aide pour la réservation de places sur les ferries.

Marigo CROISIÈRES
(☎6945042548, 22859 71438). Ce bateau circule entre les différentes plages, toutes les 2 heures à partir de 10h (environ 5 €).

Où se loger

Anna's Rooms PENSION $$
(☎22850 71697 ; annavillas.gr ; s/d 50/60 € ; ❄📶). Établies dans un lieu calme, juste en retrait de la plage, ces chambres fraîches et lumineuses sont charmantes et bénéficient d'une kitchenette. Leur véranda (elles en ont toutes une) surplombe le vieux port.

Ermis APPARTEMENTS $$
(☎22850 71693 ; fax 22850 74214 ; s/d 60/70 € ; ❄📶). Pleines de quiétude, ces chambres immaculées déclinent une déco dans des tons pastel et bénéficient de la fraîcheur du jardin bien peigné alentour. À l'étage, celles qui sont opposées à la façade se prolongent par un grand balcon avec vue sur la mer.

Villa Ostria HÔTEL $$
(☎22850 71671 ; www.koufonissiatours.gr ; s 60-70 €, d 70-80 €, studio 90-110 € ; ❄📶). C'est l'un des nombreux hôtels en hauteur à l'est de la plage. La décoration est originale, les pièces sympathiques, les studios équipés d'une kitchenette et les chambres (de taille modeste) d'une bouilloire et d'un grille-pain. Ventilateurs au plafond et pas de TV.

Où se restaurer et prendre un verre

Capetan Nikolas POISSON ET FRUITS DE MER $
(☎22850 71690 ; plats 4,50-14 €). Une des meilleures adresses de l'île pour les fruits de mer, ce restaurant tenu par une famille joviale surplombe le port de Loutro. La salade de homard est réputée et les pâtes aux fruits de mer un délice. Rouget ou dorade, des prises locales, sont facturés au kilo.

Karnagio MEZZE $
(plats 4,50-12 €). Ne manquez pas ce petit *ouzéri* de Loutro, dont les tables bordent le port. Le *saganaki* de crevettes est un régal, tout comme les tartes maison (au fromage et aux tomates séchées, par exemple).

Kalamia Café CAFÉ $
(en-cas 2,50-7 € ; 📶). Un sympathique point de rencontre où il est agréable aussi de prendre un petit-déjeuner (4-6 €). Mais c'est le soir qu'il fait le plein.

Scholio BAR
(☎22850 71837 ; ⊙19h-3h30 ; 📶). Dans ce bar-crêperie douillet, on écoute du jazz, du blues ou du rock. À l'extrémité ouest de la rue principale, au-dessus de Loutro. Les propriétaires, des photographes confirmés, exposent régulièrement leur travail.

Renseignements

L'unique village de Koufonissia s'étire derrière le débarcadère du ferry. D'un côté du débarcadère se tient la marina, de l'autre une vaste baie où mouille la flottille de bateaux de pêche. Une grande plage, au sable compact et aplani, ouvre le front de mer sur une vaste perspective. Le bord de la plage, côté bourg, sert de route. La partie la plus ancienne du bourg, la *hora*, qui s'étend le long d'une colline basse en bordure du port, se résume à une longue grand-rue souvent jonchée de feuilles de bougainvillées.

Deux supermarchés bordent la route partant de la plage vers l'intérieur pour se prolonger par la grand-rue où vous trouverez, à mi-hauteur, la billetterie pour les ferries, **Prasinos** (☎22850 71438). La poste se situe dans la première rue tournant brusquement à gauche lorsque vous arrivez à la plage et à la route allant vers l'intérieur. Un DAB est installé devant la poste.

DONOUSSA ΔΟΝΟΥΣΑ

160 HABITANTS

Dans ce petit bout du monde, le temps semble suspendu. Hormis fin juillet et en août, lorsque les vacanciers grecs et étrangers l'envahissent, cette île invite à ralentir le pas, et à savourer ses bienfaits.

Port et principal village de Donoussa, **Agios Stavros** s'organise autour d'une belle église, bordée de bâtiments chaulés, et s'ouvre sur une petite baie. La physionomie du village a peu changé. Une jolie **plage** sert aussi de voie de passage pour les quelques voitures et les piétons qui se rendent au hameau de l'autre côté de la baie, abritant quelques maisons et chambres à louer, ainsi qu'une taverne.

Kendros, à 1,25 km au sud-est d'Agios Stavros, le long d'une piste tassée au bulldozer, est une plage de sable presque déserte, où une taverne ouvre en haute saison. **Livadi**, à 1 km plus à l'est, voit encore moins de visiteurs. Ces deux plages attirent les nudistes.

Les routes damées au bulldozer défigurent Donoussa par endroits, mais l'île compte encore des sentiers qui mènent à travers les collines à des hameaux isolés, comme **Mersini**.

Où se loger et se restaurer

Pensez à réserver pour les séjours entre juillet et début septembre.

L'endroit le plus animé du village d'Agios Stavros est le **Kafeneio To Kyma** près du débarcadère, là où, l'été, la fête bat son plein jusque très tard dans la nuit.

Prassinos Studios APPARTEMENTS $
(☎ 6979299113, 22850 51579 ; prassinosstudios@gmail.com ; s/d 40/45 €, studio/app 80/95 €). Surplombant l'extrémité de la plage, cet agréable ensemble regroupe des chambres et des studios tranquilles et bien entretenus, la plupart dotés de kitchenettes.

Skopelitis Studios APPARTEMENTS $
(☎ 22850 52296 ; skopelitis@gmx.net ; s/d 40/50 €). Ces chambres accueillantes, avec véranda et kitchenette, ont le double attrait d'une décoration originale et d'une ambiance sympathique. Elles occupent, juste derrière la plage, un beau jardin planté de fleurs et de gros palmiers.

Captain Giorgis TAVERNE $
(☎ 22850 51867 ; plats 4,50-9 €). Savourez une cuisine traditionnelle généreuse (chèvre mitonnée aux pommes de terre et aux tomates) sur la terrasse, juste au-dessus du port, face à la baie.

Renseignements

Sigalis Travel (☎ 6942269219, 22850 51570) vend les billets pour tous les ferries dans 2 bureaux, le premier un peu en retrait de la route du port, le second dans les locaux du restaurant To Iliovasilema. L'agence ouvre tous les soirs et 40 minutes avant l'arrivée des navires.

Il y a un DAB (parfois caché par un volet bleu pour le protéger du sable), sur la route du port, à côté de la petite boutique à souvenirs, mais en haute saison assurez-vous d'emporter suffisamment d'argent liquide. Un téléphone public est installé en haut d'une colline abrupte surplombant le front de mer. Il est caché derrière un arbre.

Le **centre médical** (☎ 22850 51506) et le bureau de poste sont en contrebas de l'église.

AMORGOS ΑΜΟΡΓΟΣ

1 860 HABITANTS

Amorgos, au sud-est de l'arc dessiné par les Cyclades, pointe vers le Dodécanèse. Elle apparaît de façon spectaculaire à qui arrive par la mer, ses monts déchiquetés, souvent couverts de nuages pourpres, semblant déchirer le ciel au-dessus des flots.

Cette île qui culmine à 800 m s'étire sur 30 km. Sa côte sud-est tombe à pic dans la mer, avec un incroyable monastère byzantin accroché à la falaise. Tout aussi spectaculaire, la côte nord-ouest s'adoucit cependant pour former les étroites baies où se nichent le port principal de Katapola et celui d'Aigiali. Au-dessus de Katapola, un étonnant décor rocheux enserre l'enchanteresse Amorgos (Hora).

Si les plages ne manquent pas, l'île se distingue avant tout par sa richesse archéologique, sa vie insulaire et ses superbes espaces naturels, fabuleux terrains de **randonnée**, de **plongée** ou d'**escalade**.

Depuis/vers Amorgos

Le petit ferry *Express Scopelitis* assure de très bonnes liaisons entre Amorgos et Naxos ; il circule chaque jour et relie Amorgos aux Petites Cyclades. Les grands ferries Blue Star circulent depuis/vers Le Pirée, Santorin, Astypaléa et Rhodes. Achetez vos billets au petit kiosque du port de Katapola, en face du débarcadère des ferries, ou auprès de N Synodinos (p. 376). Voir le tableau des ferries page suivante.

Comment circuler

Au départ de Katapola, des bus réguliers desservent Amorgos ville (1,60 €, 15 min), le Moni Hozoviotissis (1,80 €, 15 min), la plage d'Agia Anna (1,80 €, 20 min) et, moins fréquemment, Aigiali (2,70 €, 30 min) ; les services se raréfient le week-end. D'Aigiali, il existe des liaisons routières pour le pittoresque village de Langada. Les horaires sont affichés aux arrêts de bus principaux dans les villages.

Pour louer une voiture ou une moto, adressez-vous à **Hermes** (☎ 22850 72065 ; info@pensionsofia.gr ; Katapola). Comptez environ 50 €/jour pour une petite voiture en août.

Katapola Κατάπολα

500 HABITANTS

Épousant la courbe d'une baie spectaculaire, le port principal se trouve dans la partie la plus verdoyante d'Amorgos. Nombre de yachts y mouillent aujourd'hui, mais l'histoire de Katapola remonte loin dans

BATEAUX AU DÉPART D'AMORGOS

VERS	DURÉE	TARIF (€)	FRÉQUENCE
Aigiali	50 min	4,70	1-2/jour
Donoussa	2 heures 20	6,50	1-2/jour
Folégandros*	2 heures 25	56,20	1/jour
Ios	5 heures 20	11,50	1 /sem
Iraklia	1 heure 45-5 heures	12	2-3/jour
Kos	5 heures	24,50	2/sem
Koufonissia	65 min	7,50	2-3/jour
Léros	3 heures 10	21,50	2/sem
Milos*	3 heures 25	56,20	1/jour
Naxos	1-4 heures	7,50	1-3/jour
Paros	4 heures	16	1-2/jour
Patmos	2 heures	19,50	2/sem
Le Pirée	9 heures	31	4/sem
Le Pirée*	7 heures 25	57	1/jour
Rhodes	8 heures	27	2/sem
Schinoussa	1 heures 40	8-10,50	2-3/jour
Santorin (Thira)*	1 heure 15	32	1/jour
Syros	5 heures 15	29,80	4/sem

*express
Port de départ : Katapola.

le temps. Au-dessus du port s'étendent les murs cyclopéens de l'ancienne cité de **Minoa**, de même qu'un **cimetière mycénien**, auxquels on accède par un sentier ou par une route raide et asphaltée. De nombreux objets datant du Cycladique ont été découverts à Amorgos. La plus grande idole cycladique, exposée au musée national d'Archéologie d'Athènes, provient des environs de Katapola.

Où se loger

Minoa Hotel HÔTEL $
(☎228550 74055, 22850 71480 ; www.hotelminoa.gr ; Katapola ; s/d/tr 50/55/65 € ; ❄📶). L'adresse idéale si vous devez prendre le ferry au petit matin. Le service est sympathique et les chambres sobres avec des sdb rénovées et des balcons sur un jardin planté d'arbres, où piaillent d'innombrables oiseaux (on se sent bien loin de la ville). Installé dans le hall moderne, le café-pâtisserie est pratique pour le petit-déjeuner comme pour une fringale en fin de soirée.

Pension Sofia APPARTEMENTS $
(☎22850 71494 ; www.pensionsofia.gr ; d/tr 55/80 € ; ❄📶). Un tout petit peu en retrait du front de mer, le vaste jardin invite à la détente. Bien proprettes et fraîches, les chambres bénéficient d'une belle vue et d'un petit aménagement pour cuisiner.

Villa Katapoliani HÔTEL $$
(☎6947810407, 22850 71664 ; www.villakatapoliani.gr ; Katapola ; d/tr/ste 60/70/85 € ; ❄📶). Mobilier de bois peint, plus quelques touches artistiques suffisent à rendre charmantes ces chambres sans chichis, tout comme les suites pour 4 personnes, avec cuisine. Elles ouvrent par un balcon sur le jardin fleuri de bégonias et les ruines d'un ancien temple d'Apollon. On voit la mer depuis le toit-terrasse. À seulement 50 m du port.

Diosmarini HÔTEL $$
(renseignements ☎22850 71636 ; www.diosmarini.com ; d 70 €). Haut perché au-dessus du port côté nord-est, à 1 km au nord du débarcadère. La propriétaire accueillante et efficace loue des chambres impeccables avec balcon et vue sur la mer. Deux avantages : les tons gais et une petite kitchenette.

Où se restaurer

♥ **Karamel** MÉDITERRANÉEN $
(☎22850 71516 ; plats 3-8 € ; ⌚déj et dîner). Pour trouver ce fantastique bistrot, filez au-delà de la plage le long de la route étroite jusqu'à l'est du port. L'intérieur à la française est chaleureux ; on peut aussi s'installer à une table sur la plage pour siroter un verre de vin. Parmi les plats du jour : crevettes et légumes grillés, gaspacho ou porc à la sauge. Goûtez le délicieux thé glacé maison et le pain servi avec de la tapenade et du tzatziki.

Mouragio POISSON ET FRUITS DE MER $
(☎22850 71011 ; plats 6-10 € ; ⌚dîner). Nul besoin de faire dans l'excentricité pour attirer les foules : ce resto du port spécialisé dans les crevettes, le poisson et le poulpe ultra-frais, à accompagner de tomates farcies ou de salades, est bondé tous les soirs.

♥ **Captain Dimos** GREC $$
(Katapola ; plats 6-15 € ; ⌚déj et dîner). "Je respecte la tradition mais j'y ajoute mes propres idées", explique le chef tout en concoctant d'appétissants plats grecs modernes, servis dans le patio, sur le port.

Au menu : moules à l'huile d'olive et à l'origan, agneau à l'ouzo et au miel ou porc à l'orange et à la menthe. Goûtez le *bugiurdi* (trois fromages, sauce tomate, aubergine et fines herbes). Pâtes et pizzas originales.

Honey & Cinnamon BOULANGERIE $
(☎22850 71485 ; Katapola). Repérez les volets rouge vif et laissez-vous guider par les effluves délicats. Dans cette minuscule pâtisserie en retrait du front de mer, on concocte des gâteaux et maints biscuits locaux. Goûtez ceux à l'*amoraki*, la liqueur locale. Si la gourmandise vous chatouille les papilles, installez-vous et commandez un excellent café.

Où prendre un verre et faire la fête

Teloneio BAR
(Katapola). On peut se demander si le douanier apprécie la nouvelle vie de son ex-bureau devenu un petit bar animé. Le week-end, des DJ font danser la foule tandis que les barmen servent surtout de la bière et des alcools grecs.

Achats

Amorgos Art Gallery ART ET ARTISANAT
(☎6970198686 ; www.amorgosphotoart.gr ; Katapola). Dans cette petite galerie, on découvre des peintures de scènes locales, des photographies et des créations de Stella Spanou : bols et récipients en bambou décorés de citrons et de grenades, T-shirts ou magnets.

Amorgos' Music & Book Store LIBRAIRIE
(☎22850 771831 ; Katapola). Échangez des romans ou achetez des cartes, des livres d'histoire ou des guides de randonnées (en anglais).

Renseignements

Les bateaux accostent directement sur le front de mer. La gare routière se trouve sur la gauche de celui-ci, du côté est de la baie.

Une banque (avec DAB) se situe à mi-chemin sur la promenade ; un autre DAB se trouve à l'extérieur de N Synodinos. La poste borde la place centrale, à côté de l'Hotel Minoa.

Le site www.amorgos-island-magazine.com est une bonne source d'informations.

N Synodinos (☎22850 71201 ; synodinos@nax.forth net.gr). Vente de billets de ferry et service de change.

Police portuaire (☎22850 71259). Sur la place centrale.

Amorgos (Hora)
Αμοργός (Χώρα)

400 HABITANTS

Le vénérable chef-lieu de l'île brille comme une traînée de neige sur sa crête rocheuse. Perché à 400 m au-dessus de la mer, il est coiffé d'un *kastro* du XIIIe siècle et entouré de moulins qui se dressent comme des sentinelles sur les falaises avoisinantes. Il y règne une ambiance raffinée, notamment grâce aux quelques bars et boutiques à la mode qui ajoutent au charme du village sans en entamer le caractère intemporel. Ici, l'activité principale consiste à se balader et vous serez récompensé par de belles scènes de village à chaque coin de rue.

Le bus s'arrête sur une petite place en lisière du village, où se trouve aussi un parking. Il y a un DAB à côté de la supérette, juste à l'entrée d'Amorgos. Vous trouverez aussi une poste et un **poste de police** (☎22850 71210) dans la rue principale. Le **musée archéologique** (⏲9h-13h et 18h-20h30 mar-dim) donne sur la principale rue piétonne.

Où se loger et se restaurer

Pension Ilias PENSION $
(☎22850 71277 ; www.kastanisgroup.gr ; s/tr 45/65 €, d 50-60 €, app 80-90 € ; ❄📶). Un peu après l'arrêt de bus, au cœur d'un dédale de maisons traditionnelles, cette plaisante pension de famille loue des chambres confortables.

Emprostiada PENSION $$
(☎6932248867, 22850 71814 ; www.amorgos-studios.amorgos.net ; Hora ; d 100 €, ste 130-140 € ; P❄📶). Au cœur du jardin d'une ancienne demeure de commerçant ont été aménagés quelques logements décorés à l'ancienne. Choisissez une double, une maisonnette ou une suite, vous vous sentirez comme chez vous. Service attentionné.

Triporto CAFÉ $
(☎6942027112 ; petit-déj 8 €, en-cas 3-5 €). Jadis boulangerie du village, ce café à l'atmosphère traditionnelle a été décoré d'une façon colorée et branchée. On pourrait facilement y passer l'après-midi, blotti sur un coussin, dans un coin du toit-terrasse. Venez au petit-déjeuner et composez votre omelette ou grignotez une salade, un sandwich ou un dessert. Le sympathique propriétaire est une véritable mine d'informations sur l'île.

Amorgos

Jazzmin CAFÉ $
(☎22850 74017 ; en-cas 3-6 €). En bas d'un petit escalier partant de la principale rue piétonne, ce café a investi les nombreux étages et pièces douillettes d'une maison traditionnelle. Choisissez un magazine et installez-vous devant une fenêtre ou sur la terrasse qui jouit d'une belle vue. La plupart des herbes utilisées dans les infusions et les jus de fruits sont ramassées directement dans le jardin. Goûtez le jus menthe-citron frais, le smoothie banane-thé et le sandwich tomates-olives-feta. Bar bien fourni et impressionnante liste de cocktails.

To Xyma GREC $
(plats 3-5 €). Impossible de ne pas repérer cet établissement éclatant de couleur à ses tables bordant la principale rue piétonne. L'art local (livres, photos et instruments traditionnels) est à l'honneur à l'intérieur. Le menu fait la part belle aux plats typiques comme les saucisses, le *saganaki* d'aubergine et les boulettes de viande.

Pizza Petrino PIZZERIA $
(☎22850 71507 ; pizzas 8-10 €). Installez-vous à l'extérieur, à l'ombre de l'arbre, ou à l'intérieur, au coin de la gigantesque cheminée en pierre. Service chaleureux, pizzas traditionnelles et autres plats savoureux comme le poulet aux herbes. Dans la principale rue piétonne.

Moni Hozoviotissas
Μονή της Χοζοβιώτισσας

Après un dernier virage, vous apercevrez pour la première fois l'emblématique **monastère** (⏲8h-13h et 17h-19h) d'Amorgos, qui semble incrusté dans la falaise, haut perché au-dessus des flots. Vous oublierez alors toutes les marches que vous aurez gravies pour arriver jusque là. Bâti sur la vertigineuse côte orientale en contrebas d'Amorgos ville, le monastère renferme une icône miraculeuse trouvée en mer au pied de la falaise. Franchissez la minuscule porte verte pour découvrir tous les secrets du site. Accès gratuit, mais dons bienvenus.

Une tenue couvrant les jambes et les épaules est requise (pantalon pour les hommes, jupe ou robe longue et épaules couvertes pour les femmes). Aucune exception n'est tolérée.

De mi-mai à octobre, un bus quotidien relie le monastère au départ de Katapola, Amorgos (Hora) et Aigiali.

Aigiali Αιγιάλη

500 HABITANTS

Deuxième port d'Amorgos, Aigiali accueille moins de bateaux et dégage une ambiance un peu plus décontractée. Une bande de sable borde l'intérieur de la baie, tandis que des rochers escarpés et des falaises abruptes surplombent le village.

Activités

Renseignez-vous dans les agences de voyages pour faire le tour de l'île en bateau (30 €) ou une excursion aux Petites Cyclades (40 €).

Amorgos Diving PLONGÉE
(☎6932249538, 22850 73611 ; http://amorgos-diving.com). Il règne dans ce centre de plongée un enthousiasme commmunicatif. Vous y trouverez aussi du matériel d'escalade, de randonnée ou de pêche. Les plongées (avec équipement) coûtent 50 € minimum ; des plongées nocturnes, des plongées sur épave et des formations PADI sont envisageables. Également un cours Bubblemaker pour les enfants de 8 à 10 ans, ainsi que des cours d'escalade et des excursions.

Circuits organisés

Special Interest Holidays RANDONNÉE
(☎6939820828 ; www.amorgos.dial.pipex.com). Installé à Langada, ce prestataire organise des parcours pédestres de plusieurs jours sous la conduite d'un guide très expérimenté.

Où se loger

Camping d'Aigiali CAMPING $
(☎22850 73500 ; www.aegialicamping.gr ; empl adulte/enfant/tente 4/2,20/3 €). Des tentes sous les vignes et un équipement basique contentent la majorité des clients venus pratiquer la plongée avec le prestataire installé sur place. Location de tente : 5 €.

♥ **Yperia** HÔTEL $$
(☎22850 73084 ; www.yperia.com ; d avec vue jardin/mer 95/100 € petit-déj inclus ;). Meubles artisanaux en bois et lits en fer forgé pour de chaleureuses chambres réparties autour de la piscine qui surplombe les flots, construction traditionnelle pour les murs : l'Yperia reprend les caractéristiques des grands domaines insulaires de jadis. Le service est sympathique, les sdb de bonne taille, la mer à deux pas. Également une suite familiale (150 €).

Apollon Studios APPARTEMENTS $$
(☎22850 73297 ; www.apollon-amorgos.com ; studio 55-85 € ;). Au cœur du village, cet établissement à la thématique nautique rassemble des studios dotés de cuisines bien équipées et de balcons avec vue sur le port. Le confort est là, les briques et la pierre apportant une agréable couleur locale. Une adresse de confiance où l'on vient et l'on revient car les propriétaires se plient en quatre pour satisfaire leurs hôtes.

Où se restaurer

Plusieurs cafés-bars s'étagent le long de l'escalier qui grimpe depuis l'extrémité orientale du front de mer. Le **Maestro** est une bonne adresse qui sert des petits-déjeuners (4,50-6,50 €) et ferme très tard dans la nuit.

To Limani TAVERNE $
(☎22850 73269 ; www.limani.amorgos.net ; plats 4-7 € ; ⏲petit-déj, déj et dîner). Les plats grecs mitonnés à base d'ingrédients produits localement ont depuis longtemps fait la renommée de cet établissement : excellente soupe de poisson, salade de doliques, saucisse du village et poulet à la feta. Gardez de la place pour la tarte à l'orange maison.

Restaurant Lakki GREC $
(☎22850 73253 ; plats 4-9 €). Plage d'un côté, jardin de l'autre, on se régale sereinement au Lakki de classiques locaux gentiment cuisinés.

Askas Taverna TAVERNE $
(plats 4,50-8 €). Voisine du camping d'Aigiali et de la Pension Askas, ce restaurant traditionnel puise sur les terres de la famille nombre d'ingrédients (les oliviers poussent juste à côté). L'agneau d'Amorgos, cuit au four et accompagné de pommes de terre et de tomates, est un classique très apprécié. En juillet-août, la taverne organise quatre jours par semaine des concerts de rébétiko (musique populaire mélancolique).

Renseignements

Amorgos Travel (☎22850 73401 ; www.amorgostravel.gr), située au-dessus du supermarché central du front de mer, est une agence compétente établie de longue date. Vous pourrez y acheter des billets de ferry, la solliciter pour l'hébergement et les visites sur l'île ou vous renseigner sur la plongée et les randonnées. **Aegialis Tours** (☎22850 73107 ; www.aegialistours.com) vend des billets de ferry et propose ses services pour l'hébergement, les excursions et la location de voitures.

La poste se trouve à une centaine de mètres en amont d'Aegialis Tours.

Ailleurs sur Amorgos

En quittant la ville d'Amorgos vers le sud, la route longe l'à-pic de la côte est. La bifurcation pour la célèbre **plage d'Agia Anna** n'est pas loin : c'est dans cette baie que vécut le petit Jacques Mayol, le plongeur apnéiste qui inspiré *Le Grand Bleu* (1988), de Luc Besson. La plage est certes impressionnante, mais elle est minuscule et rocailleuse (le parking est plus grand !). Il en est de même pour les autres plages de la côte est. À la pointe sud-ouest de l'île, l'épave dont Enzo extirpe un Américain dans le film, attire une foule de touristes français. Elle est associée à une sombre histoire de drogues et d'arnaque à l'assurance, bien moins romantique que le film.

Si l'on suit la crête en partant vers le nord-est, une vue imprenable sur le village blanc et Katapola s'offre au regard. Tout au nord, les adorables villages de **Langada** et de **Tholaria** qui se nichent sur les coteaux escarpés au-dessus d'Aigiali valent amplement le détour pour leur magnifique emplacement et la vue qu'ils découvrent. Un sentier (balisé) en boucle mène à travers ces trois localités : comptez environ 4 heures de marche. Sinon, un bus permet de faire le trajet d'Aigiali à ces beaux villages.

Dans la partie basse de Langada, le confortable **Pagali Hotel** (☎22850 73310 ; www.pagalihotel-amorgos.com ; s/d/ste 58/65/98-120 € ; ❄📶) bénéficie d'un panorama hors pair. Outre chambres et studios, l'hôtel vous invite à participer aux vendanges ou à la cueillette des olives, à des leçons d'escalade ou des séances de yoga.

À la sortie immédiate de Tholaria, les chambres éclatantes de propreté de l'**Aegialis Hotel & Spa** (☎22850 73393 ; www.amorgos-aegialis.com ; d 159 € petit-déj inclus) jouissent d'un fabuleux point de vue sur le port d'Aigiali. Après une randonnée, le spa est l'endroit idéal pour dorloter vos pieds endoloris, avec au choix l'hydrothérapie, les massages ou la piscine d'eau salée couverte. Restaurant sur place.

IOS ΙΟΣ

1 840 HABITANTS

Connue pour son sens de la fête, Ios n'exclut pas les autres plaisirs. Et l'on peut très bien profiter de toutes les opportunités offertes par l'île : parcourir le dédale de la vieille ville perchée, se prélasser plus bas sur le sable, explorer l'intérieur des terres, puis regagner la foule le soir tombé pour faire la fête. En moyenne saison, l'ambiance moins trépidante draine plutôt les familles et les voyageurs d'âge mûr, à la différence de juillet-août, fréquenté par les jeunes fêtards.

Le succès touristique de l'île ne l'a néanmoins pas déparé de son atmosphère magique. On n'y ressent ni gêne ni pression et les îliens sont fiers de travailler de concert pour que les visiteurs gardent le sourire.

ℹ Depuis/vers Ios

Ios est commodément située sur l'axe du ferry Mykonos-Santorin et profite de connexions régulières avec Le Pirée.

Bateaux au départ de Ios

VERS	DURÉE	TARIF (€)	FRÉQUENCE
Amorgos	50 min	4,50	1-2/jour
Anafi	3 heures 30	9	5/sem
Folégandros	1 heure 05	7	1-2/jour
Kimolos	5 heures 30	11	1-2/sem
Kythnos	10 heures 30	20	2/sem
Laurion	12 heures 10	25	2/sem
Milos	3 heures 30	17	1-2/sem
Mykonos	1 heure 40	36	3-4/jour
Naxos*	45 min	25,50	1-2/jour
Paros	3 heures 30	11	2/jour
Le Pirée	7 heures	32,50	4-5/jour
Le Pirée*	3 heures 20	53-56	3/jour
Santorin (Thira)	1 heure 20	8	5/jour
Santorin (Thira)*	40 min	18	3/jour
Sikinos	25 min	5	1-4/jour
Syros	3 heures 30	16	4/sem

*express

ℹ Comment circuler

L'été, des bus bondés font la navette, à peu près toutes les 15 minutes, entre Ormos, la ville d'Ios (1,60 €) et la plage de Mylopotas (1,60 €). Les horaires sont affichés aux arrêts de bus du

Ios

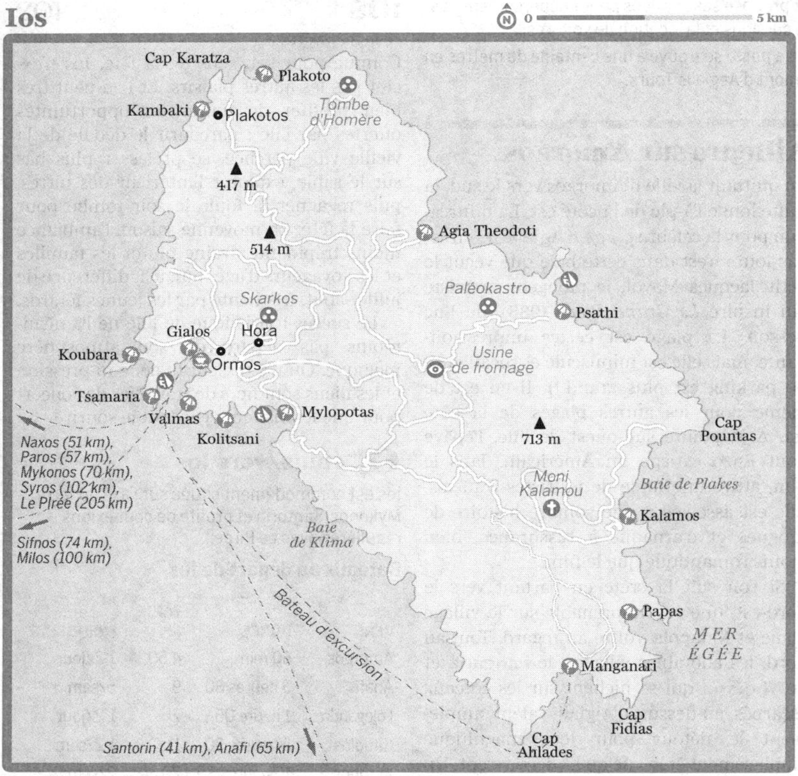

village principal et consultables sur le site www.ktel-ios.gr. De juin à août, des bus d'excursion privés desservent les plages de Manganari (aller 3,50 €) et d'Agia Theodoti (aller 3 €) avec un départ à 11h et un retour à 16h. Si vous avez besoin d'un taxi, appelez **Ios Taxi Service** (☎ 6977760570).

Les caïques qui relient Ormos à Manganari partent tous les jours à 11h (aller-retour 12 €/pers). On peut louer des voitures et des motos à Ormos, Ios (Hora) et sur la plage de Mylopotas. Il est possible de réserver auprès d'Acteon Travel (p. 384).

Ios (Hora), Ormos et Mylopotas

Ιος (Χώρα), Ορμος et Μυλοπότας

Toutes sur la côte ouest, les trois principales localités d'Ios sont très proches. Le port, Ormos, jalonné de tavernes et de cafés, s'étend jusqu'à la plage de sable de Gialos, bordée de bars. Juché sur la colline 2 km plus haut (à moins de prendre le chemin par l'escalier de pierre – 1,2 km), le chef-lieu de l'île, Ios (Hora), abrite entre ses murs on ne peut plus typiques le must de la vie nocturne. De là, la route serpente vers le sud jusqu'au sable brun de la plage de Mylopotas et à ses complexes balnéaires plus ou moins luxueux. Dans l'une comme dans l'autre de ces trois bourgades, vous trouverez où manger, dormir, boire un verre et danser. En revanche, seules Ormos et Ios ville possèdent épiceries et banques.

À Ormos, le terminus des bus fait face au débarcadère sur Plateia Emirou. Si la grimpette par les marches de pierre ne vous rebute pas, vous gagnerez aisément la bourgade de Ios ; suivez les indications à partir de la route principale partant d'Ormos.

En haute saison, il existe à Ios (Hora) un kiosque d'information près de l'arrêt de bus, face à la cathédrale. Plateia Valeta est la place centrale de Ios, en plein cœur de la vieille ville. Si vous souhaitez rejoindre directement la plage de Mylopotas, prenez la route qui part directement de l'arrêt de bus.

À voir

Charmante bourgade typiquement cycladique où s'enchevêtrent venelles et maisons aux formes cubiques, Ios (Hora) se laisse agréablement visiter à condition de fuir le vernis touristique des rues principales et de se fondre dans la vie ordinaire des quartiers résidentiels. C'est en plein jour, et non la nuit, que l'on y goûte l'atmosphère typique des bourgs des Cyclades.

Skarkos SITE ARCHÉOLOGIQUE
(2 € ; 8h-15h lun-ven, fermé oct-mai). Ce village du tout début de l'âge du bronze (IIIe millénaire av. J.-C.) s'enroule en spirale autour d'une petite colline dans la plaine, juste à la sortie de Ios village. C'est un des premiers témoignages d'important établissement humain à l'époque cycladique. Sur le site a été également mis au jour une nécropole de l'âge du bronze, mais d'une époque beaucoup plus tardive. Après sa découverte et son exploration dans le dernier quart du XXe siècle, les bâtiments de la bourgade et ses terrasses fortifiées ont été restaurés et ouverts à la visite. Un petit centre des visiteurs et des panneaux d'explication en anglais et en grec aident à reconstituer ce que fut Skarkos à l'époque. En voiture, prenez la bifurcation entre Ormos et Ios (Hora). À pied, suivez le chemin traditionnel en pierre, qui part à l'arrière du village de Ios et passe devant des fermes. Si vous avez l'impression d'être perdu, ne vous inquiétez pas ; comptez 15 minutes de marche environ.

Musée archéologique ANTIQUITÉS
(22860 91246 ; Ios ville ; 2 €, étudiants de l'UE gratuit ; 9h-16h mar-dim). Les objets de fouille exhumés à Skarkos ont pris place dans ce musée exhaustif mais un peu austère, installé dans la mairie, près de l'arrêt de bus du village. Y sont également exposés des témoins archéologiques d'autres fouilles menées sur l'île.

Activités

Yialos Watersports SPORTS AQUATIQUES
(6974290990, 22860 92463 ; www.yialoswatersports.com ; plage de Gialos). Ce prestataire propose des plongées en mer, des sorties en tube ride ou en banane aquatique (12 €), une excursion en kayak jusqu'à la plage de Theodoti, et des séances d'un drôle d'engin autopropulsé (le *waterstrider*) qui permet de marcher sur l'eau. Par ailleurs, location de bateaux, de canoës (9 €/heure), de planches à voile (17 €/heure) ou de VTT (10 €/jour). Terrain de volley éclairé, accessible la nuit.

Mylopotas Water Sports & Dive Center SPORTS AQUATIQUES, PLONGÉE
(22860 91622, 22860 92340 ; www.ios-sports.gr ; Mylopotas). Tentez une séance PADI "découverte de la plongée" (55 €) ou un stage PADI plus intensif (à partir de 290 €). Également des plongées sur épave (à partir de 180 €) et des plongées profondes (à partir de 65 €). Participez à une sortie snorkeling (20 €) ou louez une planche à voile, un pédalo (15 €/heure) ou un kayak (s/d 8/12 € l'heure, 20/25 € la journée). Séances de ski nautique (30 €/séance), banane nautique (12-15 €), bouée (10-25 €) et voile (25/70 € par heure/jour). Pour louer un terrain de beach-volley ou de football, comptez 3 à 15 € et pour manœuvrer un bateau-taxi express, 10 à 30 €.

Meltemi Water Sports & Dive Center SPORTS AQUATIQUES, PLONGÉE
(22860 91680 ; www.meltemiwatersports.com ; Mylopotas). Il est possible de louer directement sur place ou à la plage de Manganari : une planche à voile (15/40 € par heure/jour), un canoë ou un pédalo. Côté plongée, on peut opter pour une séance de découverte de 2 heures (55 €), un stage PADI (à partir de 200 €) ou des plongées ciblées (épave, grotte, photographie ou nocturne). Prenez le bateau-taxi pour vous rendre de Mylopotas aux autres plages (15-25 €).

Où se loger

Ormos

Le port compte plusieurs bonnes possibilités d'hébergement, des restaurants corrects, quelques plages faciles d'accès et des liaisons régulières par bus avec Ios ville et d'autres plages.

Petros Place & Yialos Beach Hotel HÔTEL $$
(22860 91421 ; www.thegreektravel.com/ios/petros-place ; Ormos ; d 80 € ;). À seulement un pâté de maisons de la plage, cet édifice de pierre bicentenaire fraîchement rénové est splendide. Chambres immaculées pleines de caractère, poutres apparentes, lits traditionnels et piscine entourée de

fleurs. Les propriétaires sont attentionnés et la salle du petit-déjeuner ressemble à la cuisine d'une grand-mère grecque.

To Corali HÔTEL **$$**
(☎22860 91272 ; www.coralihotelios.gr ; d/tr petit-déj inclus 95/105 €, app 120 € ; P❄@📶≋). Ces chambres standard font face à la plage, certaines avec un balcon face au large. Le jardin resplendit de couleur et une pizzeria borde la piscine. Accueil chaleureux.

Hotel Helena HÔTEL **$$**
(☎22860 91276 ; www.hotelhelena.gr ; s/d 42/60 €, app 75-100 € ; ❄@📶≋). Dans une petite allée paisible en retrait de la plage, ce petit établissement propose des chambres toutes simples et fort nettes, ainsi que des appartements bien équipés. Demandez un balcon côté mer.

Ios (Hora)

Avanti Hotel HÔTEL **$$**
(☎22860 91165 ; www.avanti-hotelios.com ; s/d/tr 80/95/120 € ; P❄@📶≋). Non loin de Ios ville, mais suffisamment à l'écart pour garantir un peu de calme, ces chambres fraîches et impeccables bénéficient d'un balcon privé et d'une belle piscine. Très chaleureuse sans être envahissante, la propriétaire, Margarita, est incollable sur la région.

Liostasi BOUTIQUE-HÔTEL **$$$**
(☎22860 92140 ; www.liostasi.gr ; Ios ville ; d 174-196 €, ste 265-315 € ; P❄@📶≋). À peine entré dans le hall, on ne voudrait plus jamais repartir. L'atmosphère scandinave moderne allie élégance et confort dans les justes proportions. Le spa et le restaurant offrent d'excellentes prestations tandis que les chambres immaculées sont dotées de touches de couleur, d'une superbe vue sur la mer et de tout le bien-être possible.

Pavezzo PENSION **$$**
(☎6977946091 ; www.iospavezzo.com ; Ios ville ; d et ste 70-100 €). À deux pas du chef-lieu, cette pension échappe au tapage nocturne grâce à son emplacement dans une rue secondaire paisible, en retrait de la plage de Kolitsani. Les 7 chambres sont propres et confortables, avec décoration champêtre et patios privés ouverts sur l'océan. Une aubaine. Cuisines bien équipées dans les suites et un accueil prévenant.

Francesco's AUBERGE DE JEUNESSE **$$**
(☎22860 91223 ; www.francescos.net ; dort 20 €, s/d/tr 58/70/105 € ; ❄@📶≋). Une célèbre auberge de jeunesse dont on se donne l'adresse d'une génération à l'autre, d'autant plus qu'on se sent accueilli comme en famille. Chambres impeccables et vue imprenable sur le port, le tout à deux pas de la vie nocturne du bourg. Le programme est simple : détente sur la terrasse du bar, plongeon dans la piscine et petit-déjeuner de roi (5 €, servi jusqu'à 14h30). Pour trouver l'auberge, marchez en direction de la place principale et prenez à gauche dans Odos Scholarhiou sur 200 m.

Hermes HÔTEL **$$**
(☎22860 91471 ; www.hermesios.com ; Ios ville ; s/d/tr 68/80/95 € ; P❄📶≋). À mi-chemin entre le bourg de Ios et la plage de Mylopotas, des chambres basiques mais impeccables, avec vue superbe sur les flots. Attendez-vous à des petits plus inattendus et bien agréables comme les massages thaïlandais sur la terrasse, les barbecues au bord de la piscine, les hamacs et les transats doubles. Ambiance jeune et conviviale et esprit communautaire.

Mylopotas

Far Out Camping & Beach Club AUBERGE DE JEUNESSE, CAMPING **$**
(☎22860 91468 ; www.faroutclub.com ; empl 12 €/pers, bungalows 15-22 €, studio 100 € ; P@📶≋). Presque les pieds dans le sable, ce paradis des voyageurs à petit budget dispose de bars au bord de la piscine, de restaurants et de nombreuses prestations (laverie, tatoueur ou cabines téléphoniques). Par "bungalows", entendez une modeste tente comme une "hutte" ronde à lits simples ou doubles. Les studios, à l'écart, bénéficient de tout le confort moderne.

Où se restaurer

Ormos

La Randa ITALIEN **$**
(☎22860 92448 ; www.larandaios.altervista.org ; Ormos ; plats 8-11 € ; 📶). Un petit coin d'Italie sur le port, avec un authentique four à pizza tout droit venu de la Botte ! Outre les succulentes pizzas, des pâtes et une sauce tomate maison.

Ios (Hora)

La restauration classique multiplie les adresses, tout comme la restauration rapide avec *gyros* (kebab à la grecque, servi dans du pain pita), crêpes et kebabs jusqu'au petit jour, près de la place principale.

The Nest GREC $

(☎22860 91778 ; Ios ville ; plats 6-10 €). Un lieu authentique avec du rébétiko en bande son et de vieux messieurs discutant autour d'un verre de raki. Les familles du coin s'y retrouvent à juste titre : les saucisses à l'ail, les souvlakis de poulet, les aubergines farcies et le *keftiko* d'agneau sont accompagnés de bols de *tzatziki*, d'olives et de pain frais. Le vin est servi en carafe et les légumes viennent du jardin du propriétaire.

Elia GREC MODERNE $

(☎698 3192650 ; Ios ville ; plats 7-10 € ; dîner). Ici, tout a l'air parfaitement sain. La kyrielle de photos accrochées aux murs rend le cadre élégant et champêtre, et la taille modeste garantit une ambiance intimiste. Une cuisine locale revisitée avec filet de porc aux prunes et aux figues, *saganaki* de crevettes au fromage blanc, tourte au bœuf séché et salades saupoudrées de parmesan et de canneberge. Pour arriver jusque là, marchez en direction de la place principale et prenez la première rue à droite.

Thai Smile THAÏLANDAIS $

(☎22860 91925 ; plats 7-9 € ; dîner). Fi de la cusine internationale, place aux plats thaïlandais authentiques. L'endroit est étroit mais plein de charme et les assiettes de *phad king*, curry massaman et riz au jasmin sont copieuses.

Ali Baba's THAÏLANDAIS $

(Ios ville ; plats 7-12 € ; dîner). Prisé pour son ambiance chaleureuse autant que pour sa cuisine, ce restaurant installé de longue date concocte à la fois des mets thaïlandais et des cocktails servis dans des bocaux à poissons. Prenez place dans le jardin sur cour. Dans la même rue que la banque Emporiki.

Katogi MEZZE $$

(☎6983440900 ; plats 6-12 € ; dîner). Une adresse très animée : on a l'impression d'arriver à la fête d'un ami. Le cadre est lumineux et accueillant, le jardin superbe et la nourriture excellente. Goûtez les bouchées de porc sauce au miel, les crevettes épicées et les anchois marinés, les rouleaux d'omelette fourrée au bœuf ou les raviolis au fromage et à la poire.

Lord Byron MÉDITERRANÉEN $$

(☎22860 92125 ; plats 7-14 € ; dîner ; wi-fi). Authentique explosion de couleurs pour une déco assez loufoque, ce restaurant sans façon et plein d'ambiance ravit à la fois les papilles et les yeux, des généreuses salades inventives aux plats, comme la salade de betteraves et sa *bruschetta* à la feta ou les pâtes au saumon fumé, sauce crème et aneth. Le vin est proposé au verre et l'ouzo au poids ! Service irréprochable.

Arhondiko MÉDITERRANÉEN $$

(☎22860 92558 ; plats 10-15 € ; déj et dîner). Un alléchant menu contemporain à savourer dans un intérieur traditionnel tout pierre et bois. Mezze, salades et autres mets savoureux déclinent les saveurs des ingrédients insulaires. Les plats changent régulièrement ; testez la salade de pastèque à la feta, aux pistaches et à la menthe et le *haloumi* grillé à la tomate. Juste en retrait de la place principale et aménagé sur deux étages, le restaurant est surmonté d'un fabuleux jardin sur le toit, avec vue panoramique.

Mylopotas

Cantina del Mar CAFÉ $

(☎22860 91016 ; Mylopotas ; plats 4-6 € ; petit-déj, déj et dîner). Juste à côté de la plage, c'est l'endroit idéal pour un brunch, un sandwich ou un wrap. Choisissez parmi les innombrables smoothies ; certains sont particulièrement indiqués pour les lendemains de fête, d'autres sont alcoolisés.

Où prendre un verre et faire la fête

La vie nocturne à Ios est implacable. La minuscule place principale de la ville ne s'adresse pas aux couche-tôt. Vers minuit s'y presse une jeunesse joyeuse et insouciante. Mais la vigilance s'impose tout de même.

Le choix est large, des établissements jazzy aux bars servant des shots bon marché ; les enseignes ouvrent et ferment constamment, tandis que les cotes de popularité varient. **Blue Note** et **Liquid** sont des valeurs sûres, mais suivez la foule pour trouver le lieu qui correspondra à votre humeur.

Foiniki Music Cafe BAR

(☎22860 92247 ; Ios ville). Un petit bar branché, avec de belles couleurs, des poutres apparentes, des piles de magazines et de la bière artisanale brassée en Grèce. Niché derrière le Lord Byron, c'est un endroit parfait pour prendre un verre avant d'aller dîner.

Crazy Cake Hole CAFÉ

(☎6977826649 ; Ios ville ; 📶). Repérez les guirlandes lumineuses dans l'étroite ruelle juste derrière la cathédrale. En soirée et au petit matin, les tables installées en terrasse offrent un cadre apaisant pour siroter un cocktail ou se régaler d'une crème brûlée. En journée, installez-vous dans un coin douillet et choisissez un wrap, un sandwich, une gaufre ou un smoothie. Les *cupcakes* sont servis toute la journée.

Smiles BAR

(☎6972723603 ; www.iosparty.gr ; Ios ville). Écartez-vous de la place principale pour découvrir cette oasis au style à la fois chic et décontracté. Entre lanternes et arbrisseaux, on se love dans l'un des nombreux canapés des patios extérieurs, répartis sur plusieurs étages. La carte des cocktails est impressionnante.

Achats

Mirabello ART ET ARTISANAT

(mirabello_ios@yahoo.com ; Ios ville). Avec de superbes T-shirts peints à la main, des affiches, des peintures, des gravures et de la musique, cette boutique déploie une profusion de couleurs et de sonorités. C'est un peintre et musicien de l'île qui a créé ce lieu il y a plus de 40 ans.

Renseignements

À Ormos, sur le débarcadère, un DAB jouxte le kiosque d'information. Dans la ville de Ios, la Banque nationale de Grèce, derrière l'église, et la Banque commerciale, à quelques pas de là, disposent de distributeurs.

La poste de Ios (Hora) se situe à un pâté de maisons derrière la grand-rue principale, sur l'étroite ruelle au niveau du dernier virage quand on entre en ville en venant d'Ormos.

Acteon Travel (☎22860 91343 ; www.acteon.gr). Implanté à Ormos sur la place près du débarcadère, à Ios (Hora) et à Mylopotas.

Hôpital (☎22860 91227). À 250 m au nord-ouest du débarcadère, en direction de Gialos. Plusieurs médecins sont installés dans la ville de Ios. En cas d'urgence, contactez le médecin de garde 24h/24 (☎6932420200).

Police portuaire (☎22860 91264). À Ormos, à l'extrémité méridionale du front de mer.

Ailleurs sur Ios

On échappe aisément à la foule. Il suffit pour cela de louer une voiture et d'explorer la campagne qui paraît déserte, en dehors des fermes, des troupeaux de chèvres et des ruches. En revanche, vous serez souvent tenté de vous arrêter pour profiter du point de vue. Filez vers le cap Gero Angeli, à l'extrême nord de l'île (à 12 km de Ios), jusqu'au site présumé de la **tombe d'Homère**. Il n'y a pas grand-chose à voir mais le panorama sur la mer est fabuleux.

Sur la route de Psathi, le **Paléokastro** est un château byzantin en ruine, perché en haut d'une falaise plongeant dans la mer. Suivez le chemin de pierre qui part de la route ; hormis quelques chèvres, vous ne verrez sans doute personne. La formidable **fruitière** de l'île où se fabriquent les fromages se trouve également sur la route de Psathi. Si elle est ouverte, vous pourrez jeter un coup d'œil et faire quelques achats. Il y a aussi un point de vente à Ormos.

Ios est réputée pour ses plages. Aussi belle que celle de Mylopotas, **Manganari** dessine une longue étendue de fin sable blanc sur la côte sud. Des bus et des caïques la desservent en été. Les familles grecques apprécient les eaux aigue marine d'**Agia Theodoti**, sa grande fierté. Non loin, la plus calme **Psathi** est connue pour sa taverne appréciée et la pratique de la planche à voile.

SANTORIN (THIRA)
ΣΑΝΤΟΡΙΝΗ (ΘΗΡΑ)

12 440 HABITANTS

Pour qui arrive par la mer, Santorin enchante avant même d'y avoir poser le pied. Difficile de rester de marbre face à ses falaises multicolores de plus de 300 m de haut, dressées au-dessus des eaux indigo de la caldeira immergée. Ce vaste cratère a été formé par une des plus grandes éruptions de l'histoire. Si des îles plus petites s'enroulent autour de son extrémité ouest, c'est Santorin, l'île principale, qui vous ensorcelle, avec ses maisons cycladiques perchées sur les falaises ou dégringolant parfois en cascade jusqu'aux rochers du littoral.

Sites archéologiques, cuisine raffinée, vignobles de renom, plages de sable volcanique, couchers de soleil impressionnants et vie nocturne intense : Santorin, aussi

Santorin (Thira)

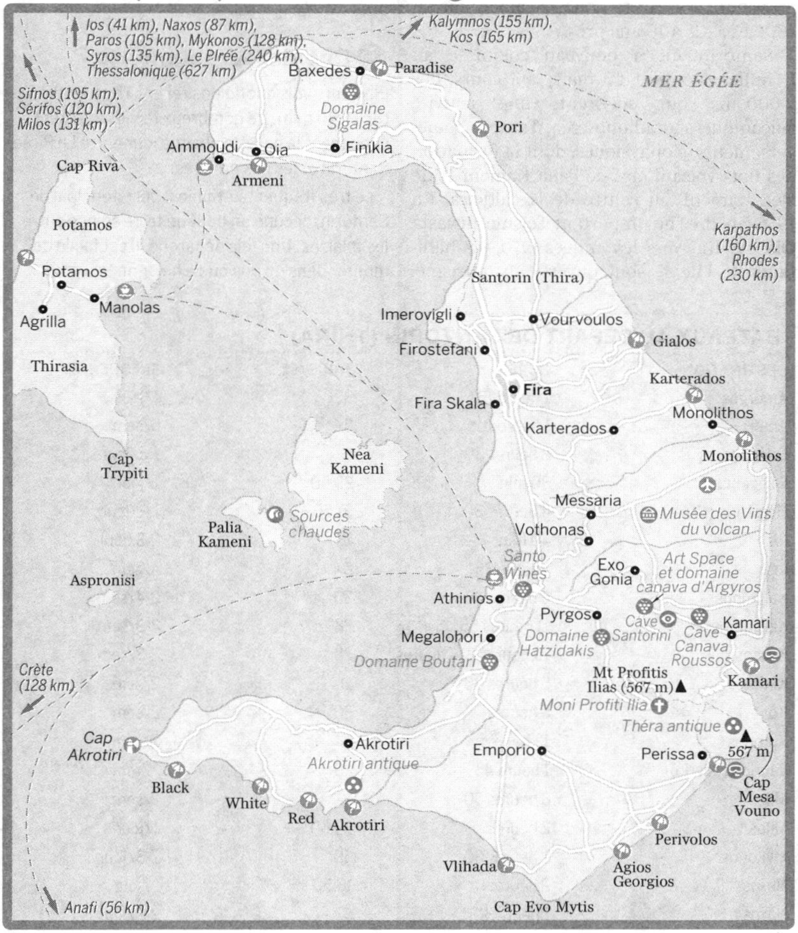

appelée Thira, s'impose comme destination touristique incontournable. La plus grande partie de l'année, vous partagerez cette expérience avec une foule de vacanciers et de visiteurs débarquant des bateaux de croisière, mais l'île est telle que l'affluence ne saurait en gâter l'enchantement.

Histoire

La Grèce est sujette aux éruptions volcaniques et aux tremblements de terre, le plus souvent mineurs, mais ceux qui ont touché Santorin ont été d'une telle violence que la morphologie de l'île s'en est trouvée modifiée à plusieurs reprises.

Plus que les Doriens, les Vénitiens et les Turcs qui leur succédèrent sur l'île, ce sont les Minoens qui, arrivés de Crète entre 2000 et 1600 av. J.-C., ont profondément marqué cette terre. Leur civilisation était à son apogée lorsqu'ils s'établirent à Akrotiri.

L'île, plutôt circulaire à cette époque, s'appelait Strongili (la Ronde). Une formidable explosion volcanique provoqua l'effondrement dans la mer du centre de Strongili, ne laissant subsister qu'une caldeira et des falaises vertigineuses se dressant sur son côté est – l'un des sites géologiques les plus impressionnants du monde. La théorie la plus récente, reposant sur la datation au carbone 14 d'échantillons d'huile d'olive provenant d'Akrotiri, situe ce cataclysme en 1613 av. J.-C., à 10 ans près.

Santorin fut à nouveau colonisée au Ier millénaire av. J.-C. mais, au cours des 2 000 ans qui suivirent, une activité volcanique sporadique créa d'autres bouleversements géophysiques, dont la formation des îlots volcaniques de Palia Kameni et de Nea Kameni, au centre de la caldeira. En 1956 encore, un important séisme dévasta Oia et Fira. Vers les années 1970, les habitants de l'île se sont ouverts au tourisme, et les visiteurs du monde entier affluent de plus en plus nombreux.

Depuis/vers Santorin

Plusieurs vols quotidiens relient Thira à Athènes (85 €, 45 min). De nombreux ferries assurent également la navette chaque jour entre Le Pirée, Santorin et les îles proches.

Le très fréquenté Athinios, port principal de Santorin, occupe un bout de terre coincé entre les falaises. Une fois débarqué, il est facile de monter dans un bus ou de héler un taxi pour

BATEAUX AU DÉPART DE SANTORIN (THIRA)

DESTINATION	DURÉE	TARIF (€)	FRÉQUENCE
Amorgos*	1 heure 15	32	1/jour
Anafi	1 heure 10	8	5/sem
Folégandros	2 heures 30	9	1-2/jour
Folégandros*	30 min	29,50	1/jour
Héraklion (Crète)	4 heures 30	51,50	1-2/jour
Ios	40 min	18	2-3/jour
Ios	1 heure 35	8	4/sem
Kalymnos	5 heures 30	30	2-4/sem
Karpathos	11 heures 55	28	2-3/sem
Kassos	10 heures*, 14 heures	28	2-3/sem
Kimolos	5 heures 30	11	2/sem
Kos	5 heures	30	2/sem
Kythnos	12 heures	24	2/sem
Laurion (Lavrio)	1 heure 45	29	2/sem
Milos	3 heures 30	17	2/sem
Milos*	2 heures	39,60	1/jour
Mykonos*	2 heures 30	50	2-3/jour
Naxos	2 heures	16,50	5/jour
Naxos*	1 heure 30	37	2-3/jour
Nisyros	8 heures	30	2-3/sem
Paros	3-4 heures	18,50	5/jour
Paros*	2 heures 15	45	2-3/jour
Le Pirée	9 heures	33,50	4-5/jour
Le Pirée *	5 heures 15	58-61,50	3/jour
Rafina*	4 heures 45	58-62	1/jour
Rhodes	13 heures 30	30	1-2/jour
Sikinos	2 heures 45	14,10	1-4/jour
Sikinos*	2 heures 15	8	1/sem
Sitia (Crète)	7 heures 25	25	2/sem
Syros	8 heures 15	21	2/sem
Tilos	9 heures 30	30	2-3/sem

*express

rejoindre les falaises de Fira, au terme d'une succession de lacets.

Comment circuler

DEPUIS/VERS L'AÉROPORT

En été, des bus font fréquemment la navette entre l'aéroport, situé au sud-ouest de la plage de Monolithos, et la gare routière de Fira. Les propriétaires d'hôtels et de *domatia* attendent à l'arrivée des vols, et certains raccompagnent leurs clients à l'aéroport. La course en taxi de l'aéroport à Fira coûte entre 12 et 15 €.

BUS

En été, il existe au minimum un bus par heure entre Thira et Oia (1,60 €). Nombreuses aussi sont les liaisons quotidiennes pour Akrotiri (1,80 €), Kamari (1,60 €) et la plage de Perivolos (2,20 €), beaucoup moins pour Monolithos (1,60 €).

Des bus partent de Fira, de Kamari et de Perissa pour le port d'Athinios (2,20 €, 30 min) dans le délai de 1 heure à 1 heure 30 avant le départ de la plupart des ferries – vérifiez néanmoins les horaires bien à l'avance. Les bus pour Fira attendent l'arrivée des bateaux, même tard le soir.

TÉLÉPHÉRIQUE ET MULE

Un **téléphérique** (☎ 22860 22977 ; M Nomikou ; ttes les 20 min 6h30-22h juin-août) circule entre le petit port de Fira Skala, d'où partent les excursions vers l'îlot volcanique, et Fira. L'aller simple coûte 4/2 € par adulte/enfant et 2 € par bagage. Services sporadiques sauf en haute saison. Plus dépaysant : on peut aussi monter à dos de mule (environ 5 €).

TAXI

La **station de taxis** (☎ 22860 22555, 22860 23951) de Fira se trouve sur Dekigala, à l'angle de la gare routière. La course du port d'Athinios à Fira coûte de 10 à 14 € et de Fira à Oia de 12 à 15 € (comptez 1 à 2 € de plus en cas de réservation ou de supplément de bagage). La course revient à 12 € pour Kamari, 16 € pour Périssa et environ 25 € pour l'ancienne Théra.

VOITURE ET MOTO

En été, il est bien plus agréable d'explorer l'île en voiture que dans des bus archibondés, de surcroît difficiles à attraper. Cela dit, soyez très prudent au volant : les rues étroites, en particulier à Fira, sont un véritable cauchemar. Oia est dépourvue de station-service, vous trouverez la plus proche à la sortie de Fira.

Damigos Rent A Car (☎ 22860 22048, 69799 68192) et **Zerbakis** (☎ 22860 33329, 69445 31992), pour les scooters, sont de très bonnes agences.

Fira Φήρα

2 300 HABITANTS

La capitale de Santorin, Fira, est un endroit bouillonnant d'activité. Sa caldeira est bordée d'hôtels, d'appartements troglodytes, de piscines à débordement et de restaurants chics, le tout dans un dédale de ruelles regorgeant de boutiques et d'une pléiade de bars et de restaurants. En vous promenant le long de la caldeira, vous découvrirez des vues époustouflantes de falaises aux strates multicolores. La nuit, la corniche de la caldeira brille de mille feux.

À voir et à faire

Musée archéologique — ANTIQUITÉS

(☎ 22860 22217 ; M Nomikou ; adulte/étudiant 3/2 € ; ⏲ 8h30-15h mar-dim). Proche de la gare du téléphérique, ce musée témoigne de la richesse culturelle des habitants de l'ancienne Akrotiri et de la Théra antique. Il conserve des objets de premier intérêt, tout comme des idoles cycladiques et de belles sculptures hellénistiques et romaines.

Musée de la Théra préhistorique — ÂGE DU BRONZE

(Mitropoleos ; 3 € ; ⏲ 8h30-15h mar-dim). C'est ici, en lisière sud de Fira, qu'est présenté l'exceptionnel mobilier archéologique mis au jour sur le site d'Akrotiri (ouvert par ailleurs à la visite, voir p. 395). Outre les fresques d'une fraîcheur étonnante (en partie rapatriées du musée national d'Archéologie d'Athènes

LES HIRONDELLES DE SANTORIN

Des envolées d'hirondelles couvrent jarres et poteries antiques, particulièrement celles exhumées dans la ville protohistorique d'Akrotiri enfouie sous les cendres. Depuis bien longtemps, l'île était un lieu de nidification privilégié pour les hirondelles, et jusqu'à assez récemment on pouvait les voir évoluer chaque printemps sur les falaises de la caldeira. Malheureusement, l'urbanisation a perturbé leur habitat traditionnel et elles se raréfient. Symboles du renouveau de la vie et du printemps, ces graciles hirondelles n'en restent pas moins un des thèmes favoris des artistes contemporains.

Fira

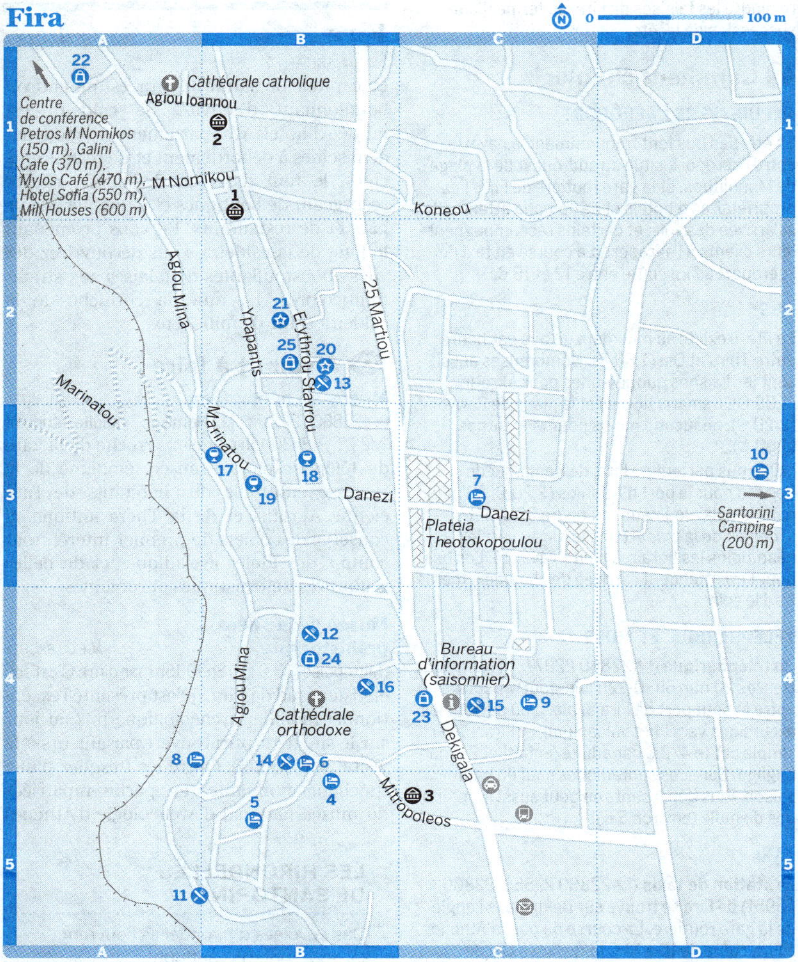

où elles ont séjourné avant la création de ce musée), vous admirerez à coup sûr le seul objet en or découvert sur le site, caché sous un plancher, un petit bouquetin en or. Remarquez aussi les oliviers fossilisés provenant de la caldeira et datant de 60 000 av. J.-C.

Musée Megaro Gyzi ETHNOGRAPHIE

(Erythrou Stavrou ; 3,50 € ; ⏲10h30-13h30 et 17h-20h lun-sam, 10h30-16h30 dim). À l'écart des flots de touristes, dans la partie nord de Fira, une belle collection de photographies montre Fira avant et juste après le séisme de 1956, aux côtés d'une collection de gravures, peintures et manuscrits du XVe siècle.

Santozeum FRESQUES ANTIQUES

(☎22860 21722 ; www.santozeum.com ; tarif plein/réduit 5/3 €, gratuit enfant -12 ans ; ⏲10h-18h mai-oct). Des reproductions en 3 dimensions, grandeur nature, des plus belles fresques découvertes entre 1967 et 1974 sur le site d'Akrotiri ont été réalisées à l'initiative de la Thera Foundation. Elles sont exposées dans ce centre de rencontres interculturelles.

Fira

À voir

1	Musée archéologique	B1
2	Musée Megaro Gyzi	B1
3	Musée de la préhistoire de Thira	C5

Où se loger

4	Aressana Spa Hotel	B5
5	Aroma Suites	B5
6	Hotel Atlantis	B4
7	Pelican Hotel	C3
8	Porto Fira Suites	A4
9	Villa Roussa	C4
10	Villa Soula	D3

Où se restaurer

11	1500bc	A5
12	Assyrtico Wine Restaurant	B4
13	Camille Stefani	B2
14	Koukoumavlos	B4
15	Mama's House	C4
16	Ouzeri	B4

Où prendre un verre et faire la fête

17	Franco's Bar	B3
18	Kira Thira	B3
19	Tropical	B3

Où sortir

20	Enigma	B2
21	Koo Club	B2

Achats

22	Art of the Loom	A1
23	Books & Style	C4
24	Mati Art Gallery	B4
25	New Art	B2

Circuits organisés

Les agences de voyages proposent plusieurs formules (à réserver) pour explorer la caldeira : excursion sur l'îlot volcanique de Nea Kameni (15 €), sur le volcan, puis aux sources chaudes (baignade comprise) de Palia Kameni (20 €), journée en croisière avec visite des îlots volcaniques, de l'île de Thirassia et d'Oia (28 €), promenade en bateau au coucher du soleil (35 €) et circuit en bus avec dégustation de vin (25 €).

Le *Thalassa*, copie exacte d'une goélette du XVIIIe siècle, vogue dans la caldeira tous les après-midi pour un dîner-buffet au soleil couchant (50 €, mai-octobre, réservation auprès des agences de voyages), avec escale à Nea Kameni et à Thirassia.

Les vins renommés de Santorin sont, d'une part, le blanc sec, comme l'*assyrtico*, vigoureux, aromatique et marqué par une belle acidité et, d'autre part, le vin doux au ton ambré qu'on appelle *vinsanto*. La plupart des producteurs viticoles proposent des visites-dégustations. Les guides experts de **WIS** (Wine In Santorini, "Vin à Santorin" ; ☎22860 7161 ; www.wineinsantorini.com ; 70 €/pers) conduisent un circuit dégustation d'une demi-journée, sur le trajet duquel ils veilleront à ce que vous trouviez de quoi vous sustenter.

Très intéressante, la visite de **Santo Wines** (☎22860 22596 ; www.santowines.gr ; Pyrgos) permet de goûter à toute une gamme de vins. La boutique est remplie d'excellents millésimes et de produits locaux (fèves, tomates, câpres et conserves).

Particulièrement vivant, le **musée du Vin Koutsoyannopoulos** (☎22860 31322 ; www.wine-museum-koutsoyannopoulos.gr ; 7 € ; ⏲10h-17h ou 19h, horaires réduits en hiver) a été créé par une famille de viticulteurs dans une cave traditionnelle (*canava*) sur la route de Kamari. Y sont présentés tous les objets de la viticulture à Santorin depuis le XVIIe siècle. Le prix d'entrée inclut l'audioguide et 3 dégustations.

Productrice des bières "à l'âne" (stylisé sur leur étiquette) appelées Yellow, Red ou Crazy Donkey, la **brasserie de Santorin** (☎22860 30268 ; www.santorinibrewingcompany.gr ; ⏲lun-sam) produit chaque jour 300 litres de bière fraîche et non filtrée. Après la visite, dégustez une bière blonde, une *ale* ou la Crazy Donkey, première IPA (*India Pale Ale*) de Grèce.

Autres caves à contacter pour une visite : **Boutari** (☎22860 81011 ; www.boutari.gr ; Megalohori), **Canava Roussos** (☎22860 31278 ; www.canavaroussos.gr ; Mesa Gonia), **Hatzidakis** (☎22860 32552 ; www.hatzidakiswines.gr ; Pyrgos) et **Sigalas** (☎22860 71644 ; www.sigalas-wine.com ; Oia). Appelez avant d'y aller.

Où se loger

L'hébergement à Fira n'est pas donné ! Avec vue sur la caldeira, les prix s'envolent. Au port, les *domatia* proposées sont parfois fort éloignées de la ville en dépit des allégations contraires des rabatteurs : demandez à voir l'emplacement exact sur une carte. Beaucoup d'hôtels situés au bord de la caldeira sont inaccessibles en voiture et impliquent de gravir plusieurs volées d'escaliers. La plupart des adresses de catégorie moyenne et bon marché assurent le transfert gratuit vers le port ou l'aéroport ;

d'autres établissements facturent 10 € ou plus pour ce service.

Santorini Camping AUBERGE DE JEUNESSE, CAMPING $

(☎22860 22944 ; www.santorinicamping.gr ; Fira ; dort/d/q 15/50/70 €, empl 12,50 €/pers ; ⏲mars-nov ; P@). En bordure est de Fira, ce camping ombragé est correctement équipé. Il fait office d'auberge de jeunesse avec cafétéria, supérette et piscine. Plutôt propres, les chambres qui n'ont rien d'exceptionnel n'en sont pas moins tout à fait convenables pour le prix.

Villa Soula HÔTEL $$

(☎22860 23473 ; www.santorini-villasoula.gr ; s/d 60/80 € ;). Une adresse qui respire la propreté et la gentillesse. Ses chambres fraîchement redécorées ne sont pas immenses, mais elles se prolongent par un petit balcon où il fait bon prendre son petit-déjeuner. La couleur est de mise dans les espaces communs (à l'exception de la salle à manger) et la petite piscine bien entretenue est une aubaine. On peut gagner le centre de Fira à pied.

Karterados Caveland Hostel AUBERGE DE JEUNESSE $$

(☎22860 22122 ; www.cave-land.com ; Karterados; dort 15-21 €, d avec/sans sdb 70/50 €, app 120 € petit-déj inclus ; P). Cet ancien club de tennis situé à environ 1 km du centre de Fira a aménagé en 2011 des chambres originales bien équipées dans les anciennes caves à vin du domaine viticole. On y apprécie le jardin, les courts de tennis accessibles aux hôtes et la quiétude. Cours de yoga (7-35 €).

Villa Roussa HÔTEL $$

(☎22860 23220 ; www.villaroussa.gr ; Dekigala ; s/d/tr 60/80/95 € ; P). Un emplacement imbattable, à deux pas de la caldeira (pour un prix raisonnable) et proche de la gare routière (mais sans le bruit). Les chambres sont fraîches et immaculées, le personnel, efficace et chaleureux.

Hotel Sofia HÔTEL $$

(☎22860 22802 ; www.sofiahotelsantorini.com ; Firostefani ; d 70-80 € ;). Au cœur de Firostefani, ces chambres confortables ont du cachet et constituent une bonne base de repli après l'agitation de Fira (accessible par 1,5 km de joli sentier le long de la caldeira). Le regard plonge sur la caldeira (à moindre coût !), et la petite piscine et les balcons sont parfaits pour un après-midi de farniente.

Pelican Hotel HÔTEL $$

(☎22860 23113 ; www.pelicanhotel.gr ; Danezi ; s/d/tr 68/78/95 € petit-déj inclus ; @). Pas de vue sur la caldeira, mais les solides meubles en bois et les tapis traditionnels confèrent à cet hôtel installé de longue date une ambiance conviviale. À deux pas du centre-ville.

Aroma Suites BOUTIQUE-HÔTEL $$$

(☎6945026038, 22860 24112 ; www.aroma-suites.com ; Agiou Mina ; d 160-270 € ; @). Surplombant la caldeira à l'extrémité sud de Fira, plus paisible, cet hôtel de charme est moins cher que d'autres. Outre le sentiment d'avoir la mer pour soi grâce aux petites terrasses privatives, on apprécie la sobriété de l'habitat troglodytique traditionnel que tentures colorées, lits à baldaquin, objets d'art, livres et matériel audio rendent on ne peut plus confortable. Service attentionné.

Hotel Atlantis HÔTEL $$$

(☎22860 22232 ; www.atlantishotel.gr ; Fira ; d 205-315 € petit-déj inclus ; P@). Ce bâtiment majestueux surplombe la partie la plus large de la promenade de la caldeira. Nombreux salons calmes et relaxants et terrasses fleuries. Les chambres, lumineuses, aérées et très bien équipées, respirent la quiétude, celles en façade jouissent de la vue en plus.

Aressana Spa Hotel BOUTIQUE-HÔTEL $$$

(☎22860 23900 ; www.aressana.gr ; d 270 € ; P@). Quand on est accueilli avec une serviette rafraîchissante parfumée à la citronnelle, on peut s'attendre à être chouchouté. Dans cet établissement, les chambres sont sobres et modernes, avec tout le confort d'un hôtel de luxe. La piscine avec cascade et les patios privés compensent l'absence de vue sur la caldeira. Vous apprécierez aussi le spa et le copieux petit-déjeuner.

Mill Houses BOUTIQUE-HÔTEL $$$

(☎22860 27117 ; www.millhouses.gr ; Firostefani ; studio/ste 240/290 € petit-déj inclus ; @). Situés sur le flanc de la caldeira à Firostefani, ces studios sont somptueux. Les draps blancs et les murs chaulés apportent beaucoup de luminosité. Petit aperçu du bien-être qui vous attend : lits immenses, pantoufles et patios privés donnant sur la mer Égée.

Porto Fira Suites HÔTEL $$$

(☎22860 22849 ; www.portofira.com ; Agiou Mina ; ste 2/4 pers 270/400 € petit-déj inclus ;).

Dans cet hôtel de luxe, la journée commence par le petit-déjeuner au lit. Ultramodernes et d'un blanc éclatant, les chambres sont très stylées mais gardent l'authenticité des pièces troglodytes.

Où se restaurer

Les restaurants attrape-touristes, hors de prix et médiocres, sont assez caractéristiques de la saison estivale à Fira. Toutefois, il y a d'heureuses exceptions. En général, une vue sur la caldeira fait grimper les prix.

Ouzeri MEZZE $
(☎22860 21566 ; centre commercial Fabrika ; plats 6-12 €). Très central et plutôt élégant, ce restaurant avec terrasse pratique des prix étonnamment raisonnables. Depuis longtemps, il est apprécié des habitants comme des touristes pour ses plats traditionnels comme le *saganaki* de moules, la feta rôtie et les tomates farcies.

Mama's House GREC $
(plats 7-14 € ; ⌚petit-déj, déj et dîner). À quelques pas en descendant sur la place principale, cette institution est renommée pour ses petits-déjeuners pantagruéliques (6-8,50 €), ses solides plats grecs et ses salades imaginatives, à déguster sur la vaste terrasse animée. Grand choix de mezze : poivrons farcis au fromage et à la sauce épicée, rouleaux d'aubergine à la feta...

Galini Cafe CAFÉ $$
(☎22860 22095 ; www.galinicafesantorini.com ; plats 6-14 € ; ⌚petit-déj, déj et dîner). À l'entrée de Firostefani, ce café bien aéré et à la vue imprenable est l'endroit idéal pour prendre le petit-déjeuner, un repas léger ou un cocktail au coucher du soleil. Entre pots de fleurs colorés et petits poissons artisanaux pendus au plafond, on se régale sans complexe de petits-déjeuners complets, crêpes salées, sandwichs bien garnis et salades exquises (mention spéciale à celle aux figues et à la grenade).

Assyrtico Wine Restaurant GREC $$
(☎22860 22463 ; www.assyrtico-restaurant.com ; plats 13-21 € ; ⌚déj et dîner ; wifi). Installez-vous sous la véranda surplombant la rue principale pour déguster une cuisine enlevée, avec vue sur la caldeira. Commencez par la salade de roquette aux noix caramélisées, puis goûtez les *pappardelle* aux fruits de mer, safran et *limoncello*. Service détendu et sympathique.

POISSONS-DOCTEURS

Même à Santorin, les *fish spas* font fureur. Vous assisterez sans doute à cette scène étonnante : des chalands éreintés plongeant leurs pieds dans des aquariums installés au niveau du sol. Ces "patients" se laissent ainsi grignoter les peaux mortes et stimuler la circulation du sang par des centaines de minuscules poissons-docteurs (*Garra rufa*) agglutinés à leurs pieds. Tentez l'expérience du bain de pieds (10 minutes, environ 10 €) ou du corps (1 heure, environ 70 €). Ne craignez rien, ces poissons n'ont pas de dents, ils aspirent simplement vos desquamations !

Camille Stefani GREC $$
(☎22860 22762 ; www.camillestefani.com ; plats 8-15 € ; ⌚déj et dîner). Implanté depuis la fin des années 1970, ce restaurant aménagé sur un toit bénéficie d'un beau panorama sur la côte est. L'ambiance est aussi authentique que les plats. Goûtez les multiples mezze comme le *saganaki* de fromage et les feuilles de vigne farcies, à moins d'opter pour la *moussaka*, le poulet farci ou les pâtes aux herbes locales. Prisé des habitants comme des touristes.

Mylos Café CAFÉ $$
(Firostefani ; déj 9-17 €, dîner 15-30 € ; ⌚déj et dîner ; wifi). Installé dans un ancien moulin à vent sur le bord de la caldeira, ce rendez-vous élégant sert une cuisine haut de gamme, par exemple des cailles à la mélasse ou de l'anguille fumée à la sauce mandarine-basilic.

♥ **1500bc** POISSON ET FRUITS DE MER $$$
(☎22860 21331 ; www.1500bc.gr ; plats 30-45 € ; ⌚dîner). Les mets que l'on glisse dans votre assiette sur cet élégant et paisible patio sont aussi divins que la vue vers le sud de la caldeira. La carte donne l'embarras du choix : raviolis aux crevettes et aubergines, poulpe caramélisé, homard grillé à l'origan. Outre une carte des vins prometteuse, la soirée est un rêve tant le service est parfait.

Koukoumavlos GREC $$$
(☎22860 23860, 22860 23807 ; plats 28-36 € ; ⌚dîner). Cette terrasse discrète est pleine de convives ravis de savourer une cuisine égéenne fraîche et moderne. Très créatifs, les chefs n'ont pas peur de marier des saveurs

inhabituelles. Tentez le risotto à l'agneau et à la mousse de feta fumée ou la soupe de citrouille au safran, à la châtaigne et aux champignons sauvages. Signe distinctif : le bâtiment est rose avec une porte en bois.

Où prendre un verre et faire la fête

Après minuit, Erythrou Stavrou devient le haut lieu de la vie nocturne à Fira.

Kira Thira BAR
(☎22860 22770 ; Erythrou Stavrou). Le plus vieux bar de Fira, et l'un des meilleurs. Le bois sombre et les plafonds voûtés lui confèrent une ambiance intimiste. Bière, jazz et concerts occasionnels.

Tropical BAR
(☎22860 23089 ; Marinatou ; 📶). Comme suspendu presqu'au bord de la caldeira, le Tropical attire une clientèle dynamique gourmande de cocktails bien dosés et venue vibrer aux sons du rock, de la soul et parfois du jazz. Vue exceptionnelle depuis le balcon.

Franco's Bar BAR À COCKTAILS
(☎22860 24428 ; www.francos.gr ; Marinatou). La musique classique est un signe qui ne trompe pas : ici, on vient plutôt pour boire une coupe de champagne en appréciant le point de vue que pour faire la fête.

Enigma DISCOTHÈQUE
(☎22860 22466 ; Erythrou Stavrou). Avec ses 3 bars et sa vaste piste où l'on danse sur de la musique house ou les tubes du moment, poussés à plein volume dans un décor tendance, c'est le paradis des fashionistas.

Koo Club CLUB
(☎22860 22025 ; www.kooclub.gr ; Erythrou Stavrou). Sur plusieurs niveaux, les balcons dotés de canapés sont parfaits pour discuter avec des amis en sirotant un cocktail et en écoutant les mix des DJ.

Achats

À Fira, vous trouverez toutes les grandes marques, ainsi que des magasins de souvenirs proposant des ânes danseurs et des ustensiles en bois d'olivier. Vous découvrirez aussi des galeries et des boutiques plus originales. Le choix est large mais les prix élevés.

Mati Art Gallery ART, ARTISANAT, BIJOUX
(☎22860 23814 ; www.matiartgallery.com ; place de la Cathédrale). L'installation artistique extérieure vous intriguera avant même que vous ayez mis un pied dans cette galerie. Vous serez fasciné par l'or, l'argent, le verre et le métal rehaussés de turquoise et d'orange. C'est le principal espace d'exposition de Yorgos Kypris, un artiste de renommée internationale auquel ses longs séjours sur Santorin chaque année inspirent bien des créations : sculptures, objets pour la maison, pendentifs, bijoux... Difficile de résister. Voir aussi p. 393.

New Art VÊTEMENTS
(☎22860 23770 ; Erythrou Stavrou et centre commercial Fabrika). Oubliez les habituels T-shirts imprimés et optez pour les couleurs subtiles et les motifs du créateur Werner Hampel, qui feront un souvenir inédit.

Art of the Loom ART ET ARTISANAT
(☎22860 21190 ; www.artoftheloom.gr). Nichée derrière la cathédrale, cette galerie expose diverses œuvres des meilleurs artistes de l'île. Beaux bijoux en argent, peintures et objets en verre et en céramique.

Books & Style LIBRAIRIE
(Dekigala). Excellent choix de livres dans différentes langues. Superbe sélection d'ouvrages sur la Grèce, de guides de voyage, de livres pour enfants et de romans.

Renseignements

Fira ne possède ni EOT (Organisme national du tourisme) ni police touristique. Adressez-vous aux agences de voyages de la ville, qui vous aideront avec efficacité.

Des toilettes (à la turque et sans papier) se situent au nord de la Plateia Theotokopoulou, près du bâtiment de la police portuaire.

AGENCES DE VOYAGES

Dakoutros Travel (☎22860 22958 ; www.dakoutrostravel.gr ; ⏲8h30-22h). Dans la rue principale, juste avant la Plateia Theotokopoulou.

ARGENT

De nombreux DAB sont disséminés dans la ville.

Alpha Bank (Plateia Theotokopoulou). Représentant American Express. Avec DAB.

Banque nationale de Grèce (Dekigala). Au sud de la Plateia Theotokopoulou, côté caldeira de la rue. Possède un DAB.

POSTE

Bureau de poste (Dekigala).

INTERVIEW

YORGOS KYPRIS, SANTORINOIS DE CŒUR

Athénien par la localisation de son atelier, l'artiste Yorgos Kypris est d'abord un insulaire, un Santorinois plus précisément. C'est un choix et sa galerie, il l'a voulue à Fira, pas ailleurs. Yorgos a passé une bonne partie de son enfance au bord de la mer. Adolescent, dès son premier séjour sur l'île, il a senti naître en lui un sentiment particulier. Très vite, il a succombé au "sortilège de Santorin".

Santorin inspire la plupart de ses œuvres. Une grande partie de sa production tourne autour de la faune aquatique dont la surexploitation par l'homme révèle pour lui la cruauté des comportements humains. Loin d'exprimer un militantisme agressif, son travail souligne la beauté des poissons, l'harmonie de leurs déplacements, pour réveiller en l'homme des aspirations plus conciliantes, des sentiments positifs.

Yorgos Kypris nous révèle ses coins de l'île favoris, ceux où il va puiser son inspiration. Suivez le guide et laissez la magie opérer :

- Grimper dans Pyrgos, parcourir des yeux ce fabuleux panorama à 360° sur les îles.
- Plonger son regard dans la caldeira, tranquillement assis quelque part sur le plateau de Fira (p. 387). Dès l'Antiquité, des villages ont été bâtis ici pour surveiller les pirates. Aujourd'hui encore, les personnes âgées viennent s'asseoir pour observer l'horizon. On sent monter en soi le sentiment de régner sur les flots.
- Marcher jusqu'au théâtre de l'antique Théra (p. 396). En chemin, le regard va se noyer loin au sud jusqu'à la mer avant de plonger dans l'histoire des Anciens.
- S'immerger dans l'étonnante ville exhumée d'Akrotiri (p. 395). Incroyablement avancée pour son époque, cette cité minoenne fut certainement un des fleurons de cette civilisation, si ce n'est son plus grand centre.
- S'échapper au nord de l'île et prendre place en terrasse dans le domaine viticole de Sigalas (p. 389) pour une dégustation.

URGENCES

Hôpital (☎22860 22237). Sur la route de Kamari. Un nouvel hôpital était en construction à Karterados au moment de nos recherches.

Police (☎22860 22649 ; Karterados). À environ 2 km de Fira.

Police portuaire (☎22860 22239 ; 25 Martiou). Au nord de la place.

Oia — Οία

960 HABITANTS

Perché sur la pointe nord de l'île, le village d'Oia (prononcez "i-a") reflète la renaissance de Santorin après le séisme dévastateur de 1956. Les travaux de restauration ont sublimé sa beauté et en ont fait l'un des plus beaux hameaux des Cyclades. Accrochées à la falaise abrupte de la caldeira, nombre de ses habitations se nichent dans des cavités creusées dans la roche volcanique. À pied, un magnifique sentier longeant la falaise part de Fira direction nord, traverse plusieurs hameaux et mène à Oia. Si vous arrivez par la route, vous découvrirez une belle palette de couleurs : douces pentes verdoyantes ponctuées de fleurs sauvages, sol rouge et terre de Sienne, mer d'un bleu éclatant.

Comme on peut s'y attendre, les sublimes paysages d'Oia attirent les foules. Essayez de venir le matin ou passez une nuit sur place ; en après-midi et en soirée, des bus de touristes débarquent des navires de croisière amarrés dans la baie.

À voir et à faire

Musée maritime — PATRIMOINE

(☎22860 71156 ; tarif plein/réduit 3/1,50 € ; ⏲10h-14h et 17h-20h mer-dim). Ce musée donne dans une étroite ruelle qui part de Nikolaou Nomikou. Aménagé dans une ancienne demeure, il évoque de manière vivante l'histoire maritime de Santorin.

Ammoudi — PORT

De ce minuscule port aux bateaux de pêche colorés, il faut grimper 300 marches pour atteindre Oia. Une épreuve en pleine chaleur, à la descente comme à la montée, largement récompensée par la vue sur les falaises rouge vermeil, le port ou Oia, d'en haut ou d'en bas. D'excellentes tavernes permettent de déjeuner au bord de l'eau ; essayez Katina ou Dimitris. L'été, des bateaux d'excursion et des circuits organisés effectuent chaque jour la traversée d'Ammoudi à Thirassia ; renseignez-vous sur les horaires auprès des agences de voyages de Fira.

Musée de la Musique grecque antique INSTRUMENTS DE MUSIQUE
(☎22860 31812 ; Nikolaou Nomikou ; 2 € ; ⌚10h-14h mai-sept). Une salle étroite expose l'intéressante collection de Christodoylos Halaris, lui-même conservateur du musée et musicien de talent. Plus de 80 instruments, dont certains datent de 2800 av. J.-C. Horaires d'ouverture irréguliers.

Où se loger

Oia Youth Hostel AUBERGE DE JEUNESSE $
(☎22860 71465 ; www.santorinihostel.gr ; dort 16 € petit-déj inclus ; ⌚mai à mi-oct ; @). Accueillante et propre, c'est l'une des auberges les mieux tenues que vous pourrez rencontrer. Les dortoirs comptent 8 à 12 lits mais vous passerez davantage de temps au petit bar ou sur le beau toit-terrasse, d'où la vue est superbe. L'auberge est à 100 m du terminus du bus, en ligne droite.

Chelidonia Traditional Villas APPARTEMENTS $$$
(☎22860 71287 ; www.chelidonia.com ; Nikolaou Nomikou ; studio 180 €, villa 210-280 € ; ❄@). Parfait équilibre entre tradition et modernité, ces résidences troglodytes appartiennent à cette famille depuis des générations. Les équipements modernes côtoient des meubles en bois traditionnels et les patios privés offrent un panorama infini sur la caldeira.

Zoe Aegeas BOUTIQUE-HÔTEL $$$
(☎22860 71466 ; www.zoe-aegeas.gr ; ste 260 €). Ces maisons traditionnelles bâties dans la falaise disposent de tout le confort. Décoration raffinée, point de vue époustouflant et hospitalité inégalable : beaucoup de clients séjournent ici régulièrement. Réservez bien à l'avance. Les suites (jusqu'à 4 personnes) sont différentes les unes des autres.

Où se restaurer

♥ **Lotlita's Gelato** GLACIER $
(☎22860 71279 ; cornet 3-6 €). Ces divines crèmes glacées concoctées à l'italienne avec du lait frais, des fruits et des fruits secs comptent quelques saveurs originales comme la glace au vin local. À ne surtout pas manquer, tout près de la gare routière.

Melenio BOULANGERIE $
(☎22860 71149 ; Nikolaou Nomikou ; en-cas 2-5 € ; ⌚petit-déj et déj). Descendez dans cette petite boulangerie joviale pour acheter des desserts traditionnels, de la glace et des croissants. Le sol carrelé et le panorama sur la mer en font un lieu idéal pour le petit-déjeuner ou une pause café.

Skala GREC $
(Nikolaou Nomikou ; plats 9-15 €). Regardez la vie d'Ammoudi suivre son cours depuis la charmante terrasse surélevée du Skala. Au menu, des plats traditionnels comme les *souvlaki*, les aubergines au four ou les tourtes au fromage et pignons.

Karma GREC $$
(☎22860 71404 ; www.karma.bz ; plats 9-17 € ; ⌚dîner). Avec ses fontaines, ses chandelles, ses murs dorés et ses gros coussins bordeaux, ce restaurant avec cour a une allure royale, et la cuisine contemporaine est dans la même lignée. Commencez par les fèves aux oignons et câpres caramélisés, poursuivez avec le poulpe grillé, sauté à l'ouzo et parfumé de thym frais. Également des *soutzoukakia,* boulettes de viande hachée au vin rouge et à la sauce tomate, aux prétendues vertus aphrodisiaques.

1800 GREC $$$
(☎22860 71485 ; www.oia-1800.com ; Nikolaou Nomikou ; plats 13-35 €). Aménagé dans la demeure rénovée d'un capitaine de la marine, ce restaurant remporte un franc succès depuis des années, pour sa cuisine grecque moderne préparée avec brio. La carte imaginative annonce entre autres du bar au quinoa, aux artichauts et à la purée de fenouil ou de l'agneau grillé accompagné d'une sauce aigre-douce à la pomme. Installez-vous à l'intérieur ou sur le toit-terrasse, avec vue sur la caldeira.

Ambrosia GREC $$$
(☎22860 71413 ; www.ambrosia-nectar.com ; plats 21-30 € ;). Sur sa terrasse en pierre surplombant les flots, des tables nappées de blanc où l'on vient se régaler à la lumière des chandelles de goûteux plats grecs modernes comme les crevettes grillées à la mangue et au vin sucré ou le canard aux griottes.

Achats

Atlantis Books LIBRAIRIE
(☎22860 72346 ; www.atlantisbooks.org ; Nikolaou Nomikou). Cette incroyable petite librairie aux sympathiques vendeurs est une destination à elle seule. Suivez les citations et les mots inscrits le long de l'escalier descendant jusqu'à un minuscule local, qui semble soutenu par d'innombrables étagères de livres. Dénichez des ouvrages rares (souvent petits et légers), ainsi que des articles de papeterie et des carnets et agendas reliés sur place. Entre autres événements sur le toit-terrasse, sont organisés des concerts.

Iatis BIJOUX, CÉRAMIQUE
(☎22860 72127 ; Nikolaou Nomikou). Papageorgiou Christos a aménagé son atelier derrière la galerie. Ses créations contemporaines séduisent, de fantastiques bijoux en or et en argent comme d'étonnantes poteries.

Renseignements

De l'endroit où s'arrête le bus, prenez à gauche et montez jusqu'à la grand-place, plutôt tranquille, et la rue principale, Nikolaou Nomikou, qui longe la caldeira.

Vous y trouverez des DAB, ainsi qu'aux alentours de la gare routière.

NSTravel (☎22860 71199 ; www.nst-santorinitravel.com). Au terminus du bus, sur la place. Vente de billets de ferry, réservation de voitures de location et d'hébergements.

Ailleurs sur Santorin

Santorin ne se résume pas aux bords de ses falaises qui ourlent la caldeira. Sur ses flancs est et sud, l'île décroît doucement en altitude jusqu'au littoral que viennent festonner les plages de sable noir des stations balnéaires de Kamari et de Périssa, par exemple. L'intérieur des terres est ponctué de charmants villages traditionnels comme **Vourvoulos,** au nord de Fira, ou **Megalohori** et **Pyrgos** au sud. Pyrgos mérite particulièrement la visite et offre une bonne alternative à Oia grâce à ses boutiques, ses fabuleux restaurants et ses points de vue époustouflants. L'ancienne Théra, au-dessus de Kamari, est un site clé et le site minoen d'Akrotiri est totalement inoubliable.

À voir

Les plages les plus belles ourlent les côtes est et sud.

> **AVIS DE DISPARITION**
>
> Personne ne sait ce qu'il est advenu du peuple minoen d'Akrotiri. Aucun reste humain n'a été découvert sur le site. Il est probable que les Akrotiriens ont abandonné leurs murs après un séisme qui aurait eu lieu deux à trois semaines avant l'éruption volcanique, et qu'ils sont enfouis ailleurs sur l'île, sous des tonnes de cendres. Sinon, conscients du sort funeste qui les attendait, auraient-ils pris la mer à destination de la Crète ?

Le long ruban de sable de **Perissa** draine la foule en été. Plus au sud, **Perivolos** et **Agios Georgios**, longues étendues de sable noir, de galets et de pierre ponce, conservent une ambiance assez décontractée bien qu'ourlées de bars, de tavernes, d'hôtels et de boutiques. Proche de l'ancienne Akrotiri, **Red Beach**, adossée à d'impressionnantes falaises rouges, laisse transparaître de gros galets au fond de ses eaux cristallines. Pour l'atteindre, il faut marcher un bon moment sur des rochers irréguliers. **Vlihada,** également sur la côte sud, est aussi une plage agréable.

Station balnéaire la plus développée de Santorin, **Kamari** (1 350 habitants) se trouve à 10 km de Fira. Sa longue plage de sable noir est bordée à l'extrémité sud par les falaises calcaires du cap Mesa Vouno, au sommet desquelles se dressent les vestiges de l'antique Théra. La rue qui longe la plage ne manque ni de restaurants ni de bars, bondés en haute saison.

Attention ! les plages de sable noir de Santorin deviennent parfois si brûlantes qu'on ne peut s'allonger que sur une natte ou un transat.

Akrotiri antique SITE ARCHÉOLOGIQUE
(☎22860 81366 ; 5 € ; ⏲8h-15h mar-dim). Les fouilles entreprises en 1967 sur le site d'Akrotiri ont mis au jour une cité antique minoenne profondément enfouie sous les cendres après la terrible éruption survenue en 1613 av. J.-C. Ce fut une découverte phénoménale pour l'histoire et s'y promener conserve en soi un sentiment inoui bien des années plus tard. Grâce au vaste auvent qui protège le site, le visiteur se sent totalement immergé dans le passé, d'autant plus que l'élévation des maisons est considérable, même si celles-ci n'apparaissent pas dans

un état de conservation semblable à celles d'Herculanum ou de Pompéi. Au fil des passerelles en bois qui vous mènent d'une partie à l'autre de la cité, vous admirerez des édifices de 3 étages encore debout, des rues, des systèmes de drainage et quantité de poteries. Un vent d'excitation souffle toujours sur le site, car les fouilles et les trouvailles se poursuivent.

Théra antique SITE ARCHÉOLOGIQUE

(4 € ; 8h-14h30 mar-dim). Fondé par les Doriens au IXe siècle av. J.-C., le site regroupe des vestiges d'époque hellénistique, romaine et byzantine, dont l'attrait tient surtout à l'atmosphère qui s'en dégage. Vous y découvrirez des temples, des maisons ornées de mosaïques, une agora (place publique et marché), un théâtre et un gymnase. La vue alentour est splendide. De mars à octobre, **Ancient Thira Tours** (22860 32474 ; Kamari) assure un service de bus de Kamari jusqu'au site toutes les heures de 9h à 14h sauf le lundi. En voiture, prenez l'étroite route goudronnée qui serpente sur à peine plus de 1 km depuis Kamari. De Périssa, de l'autre côté de la montagne, le trajet à pied demande environ 1 heure par un chemin rocailleux et difficile.

Art Space GALERIE

(22860 32774 ; www.artspace-santorini.com ; Exo Gonia). À la sortie de Kamari, cette attirante galerie d'art a élu domicile dans la **canava d'Argyros**, l'un des plus anciens domaines viticoles de Santorin. De superbes œuvres d'art ont pris la place des bouteilles dans les caves, tandis que des sculptures sont disposées dans les moindres recoins. Il s'agit de la collection d'art grec moderne réuni par le propriétaire, par ailleurs passionné de viticulture et producteur de quelques grands crus. Une dégustation de *vinsanto* couronne cette belle visite.

Où se loger

Kamari, Périssa et leurs alentours concentrent la majorité de l'offre hôtelière.

Stelios Place HÔTEL $

(22860 81860 ; www.steliosplace.com ; Kamari ; d/tr/q 55/70/90 € ; P). Parfaitement situé en léger retrait de la grand-rue et à une petite minute de la plage, cet établissement aux chambres impeccables manque néanmoins de caractère. Demandez un balcon donnant sur la mer.

Narkissos Hotel HÔTEL $

(22860 34205 ; Kamari ; s/d 45/55 € petit-déj inclus ;). Une adresse correcte avec des chambres bien tenues, un service sympathique et un bon petit-déjeuner. À l'extrémité sud de la ville.

Aegean View Hotel HÔTEL $$

(22860 32790 ; www.aegeanview-santorini.com ; Kamari ; studio/app/ste 130/150/170 € petit-déj inclus ; P@). Au pied des falaises de calcaire, cet hôtel remarquable surplombe Kamari. Ses vastes studios et appartements magnifiquement agencés bénéficient d'un équipement de premier choix, y compris de petits coins cuisine. Certaines chambres sont desservies par un ascenseur.

Hotel Drossos HÔTEL $$

(22860 81639 ; www.familydrossos.gr ; Périssa ; s/d/tr 102/112/132 €, app 165 € petit-déj inclus ; P@). Derrière la façade sans prétention de ce bel hôtel se trouve un charmant ensemble de chambres et de studios au décor et au mobilier élégants. La direction propose également d'autres hébergements sympathiques dans les environs.

Hotel Matina HÔTEL $$

(22860 31491 ; www.hotel-matina.com ; Kamari ; s/d/tr/app 108/116/144/172 € petit-déj inclus ; @). Isolé du bruit de la route, un hôtel indépendant très bien tenu, avec de vastes chambres à la décoration lumineuse.

Où se restaurer

La plupart des plages sont jalonnées de tavernes et de cafés.

Kasteli GREC, ITALIEN $$

(Pyrgos ; plats 9-20 € ; dîner). Dans un cadre traditionnel aux murs chaulés de blanc, vous dégusterez une nourriture savoureuse – poulet aux griottes ou pizza aux fruits de mer – préparée à base d'ingrédients frais. Asseyez-vous sur le toit-terrasse pour un panorama portant jusqu'à Oia. Non loin du cœur de Pyrgos.

Nichteri POISSON ET FRUITS DE MER $$

(22860 33480 ; www.nichteri.gr ; Kamari ; plats 10-15 € ; déj et dîner). Avec un brin d'élégance, une atmosphère détendue et un menu unique, ce restaurant a une longueur d'avance sur les innombrables établissements bordant le front de mer de Kamari. Goûtez les moules à la vapeur au vin et au gingembre ou le risotto saumon, asperges, fenouil et citron vert.

Selene EUROPÉEN MODERNE $$$
(☎22860 22249 ; www.selene.gr ; Pyrgos ; plats 20-30 €). Préparez-vous à vivre une incroyable expérience culinaire. En effet, quand un menu annonce des mets tels que le "velouté de topinambours parfumé", on peut s'attendre à un repas hors du commun. Le chef utilise autant que possible des produits locaux et crée constamment de nouveaux plats. Implanté avec succès depuis deux décennies, l'établissement compte désormais un musée et un bar à vin et mezze. Vous pourrez aussi participer à un cours de cuisine d'une journée. Consultez le site Internet pour plus de détails.

Renseignements

Lisos Tours (☎22860 33765 ; lisostours@san.forthnet.gr) possède deux agences, l'une à l'entrée de Kamari par la grand-route, l'autre dans une rue qui débouche à mi-hauteur de la plage. Son personnel particulièrement serviable et bien informé réserve des hébergements, vend des billets de ferry, vous conseille pour la location d'une voiture. Lisos organise aussi différents circuits, propose l'accès Internet et un service de change.

Thirassia et les îlots volcaniques
Θηρασία et Ηφαιστειακές Νησίδες

Une éruption volcanique a détaché Thirassia (270 habitants) de Santorin en 236 av. J.-C. Perché au sommet de la falaise, l'*hora* **Manolas** abrite tavernes et *domatia*. C'est un lieu attirant et préservé, incomparablement plus tranquille que Fira. Figurant sur la route des ferries au départ ou à destination d'Athinios, Thirassia a droit à quelques dessertes hebdomadaires (2 €, 20 minutes).

Les îlots volcaniques inhabités de **Palia Kameni** et de **Nea Kameni**, toujours en activité, peuvent se visiter dans le cadre de différentes excursions en bateau à partir de Fira Skala et d'Athinios. Il existe une croisière sur toute une journée qui permet de découvrir Nea Kameni et le volcan, les **sources chaudes** de Palia Kameni, l'île de Thirassia avant de rejoindre Oia (28 € environ).

ANAFI ΑΝΑΦΗ

270 HABITANTS

Merveilleuse escapade à quelque 19 km de Santorin, cette île attachante (Ανάφη) reste peu visitée en dehors de l'été, ce qui contribue largement à son cachet. Plongé dans un style de vie traditionnel et tranquille, on y découvre d'étonnants paysages cycladiques.

Depuis/vers Anafi

Anafi est assez isolée, et il n'est pas toujours évident de s'y rendre hors saison. L'été, les liaisons sont relativement fréquentes entre l'île et Le Pirée, Santorin, Sikinos, Folégandros, Naxos, Paros et même Syros.

Bateaux au départ d'Anafi

VERS	DURÉE	TARIF (€)	FRÉQUENCE
Folégandros	4 heures 20	12	5/sem
Ios	3 heures 25	9	5/sem
Karpathos	6 heures 15	18	5/sem
Kéa (Tzia)	14 heures 10	28	2/sem
Kythnos	13 heures 10	25	2/sem
Le Pirée	11 heures 20	31	3/sem
Naxos	5 heures 30	14,30	5/sem
Paros	6 heures 35-9 heures	17	3-4/sem
Rhodes	12 heures	25	5/sem
Santorin (Thira)	1 heure 30	8	5/sem
Sikinos	4 heures	10	4/sem
Syros	9 heures 35	19	4/sem

Comment circuler

Un petit bus transporte les passagers du port à la ville. Des caïques desservent les plages et les îles voisines.

À voir

Plusieurs belles plages s'étendent à proximité d'Agios Nikolaos. Bordée de palmiers, **Klissidi**, la plus proche et la plus fréquentée, se trouve à 1,5 km à l'est du port.

Principal site d'Anafi, le **Moni Kalamiotissas** est un monastère situé à 9 km d'Anafi (Hora) par la route ou à 6 km à pied par un joli chemin. Il se situe à l'extrême est de l'île, près des maigres vestiges d'un **sanctuaire d'Apollon** que surplombe l'une des plus hautes formations rocheuses de Méditerranée. Culminant à 470 m (soit 50 m plus haut que Gibraltar), le **rocher du Monastère** est une pyramide de pierre qui se jette brusquement dans la mer. Des moines y ont construit un monastère au XVIIe siècle. La randonnée jusqu'au monastère vaut vraiment la peine, mais il faut compter la journée aller-retour, et certains tronçons sont assez difficiles. À l'est de la ville principale, **Kastelli** a préservé les ruines de son *kastro* vénitien.

Où se loger

Bien des chambres d'Anafi (Hora) jouissent d'une belle vue sur les collines d'Anafi, qui s'étend jusqu'à la mer et au rocher du Monastère.

En haute saison, les propriétaires de *domatia* privilégient les séjours longs. Pour une seule nuit, vous devrez vous contenter de ce que vous trouverez (le mieux étant de réserver bien à l'avance).

Apollon Village Hotel APPARTEMENTS **$$**
(☎22860 28739 ; www.apollonvilla.gr ; s/d/app 70/95/115 € ; ⏲mai-sept ; ❄@). Étagés au-dessus de la plage de Klissidi, ces charmants studios et chambres individuels, dont chacun porte le nom d'un dieu de l'Olympe et d'où le point de vue est époustouflant, présentent un excellent rapport qualité/prix. Avec ses pâtisseries et ses desserts maison, le Blue Cafe-Bar complète parfaitement l'hôtel.

Margarita's Rooms PENSION **$$**
(☎22860 61237 ; anafi1@hotmail.com ; s/d 50/60 €). À deux pas de la plage et proches du café Margarita's, ces agréables petites chambres vous font goûter la quiétude de la vie insulaire d'antan.

Villa Galini PENSION **$$**
(☎22869 61279 ; www.villagalini-anafi.com ; d/studio 60/75 €). Au calme en contrebas du village principal, un établissement aux chambres toutes tournées vers la mer et dotées d'un balcon privé. Les studios sont pourvus de kitchenettes.

Où se restaurer

Toutes les tavernes d'Anafi (Hora) ont pignon sur la rue principale.

Liotrivi TAVERNE **$**
(☎22860 61209 ; plats 4-9 €). Le poisson frais sort tout droit du bateau familial, et quasiment tout le reste, des œufs aux légumes en passant par le miel, arrive directement du jardin ou du poulailler.

Armenaki TAVERNE **$**
(plats 5-6,50 €). Très authentique, la cuisine grecque traditionnelle de cette taverne à la vaste terrasse s'agrémente de concerts de bouzouki les soirs d'été.

Margarita's TAVERNE **$**
(Klissidi ; plats 6-10,50 €). Les savoureux repas sont servis sur la petite terrasse ensoleillée surplombant la baie de Klissidi. Mention spéciale au porc aux champignons sauce citron. Petits-déjeuners de 3 à 5 €.

Renseignements

Agios Nikolaos est le port de l'île relié au village principal par une route en lacets ou un sentier abrupt (mais moins sinueux) de 1 km. En bus, comptez 10 minutes de trajet, avec un départ toutes les 2 heures entre 9h et 23h en gros (généralement en correspondance avec les arrivées ou départs des bateaux). Piétonne, la grand-rue d'Afina (Hora) gravit la colline à partir du premier arrêt de bus. Elle regroupe la majorité des *domatia*, des restaurants et des supérettes.

Un DAB se trouve dans un petit kiosque juste après un téléphone public, à mi-chemin du front de mer, sur la gauche.

Un bureau de poste ouvre occasionnellement près de Panorama, à l'entrée du bourg.

On peut acheter son billet de ferry à l'**agence de voyages** (☎22860 61408) située dans la rue principale d'Anafi (Hora), près de la supérette Roussou, ou dans un petit bureau sur le port, qui ouvre avant l'arrivée du bateau.

SIKINOS ΣΙΚΙΝΟΣ

250 HABITANTS

Il est assez tentant de garder le secret sur Sikinos. Tout près de Santorin, l'île offre un visage radicalement différent. Paisible et isolé, c'est l'endroit qu'il vous faut si vous souhaitez découvrir une vie insulaire traditionnelle et moins commerciale. Avec une vieille ville époustouflante, quelques sites intéressants et des collines en terrasse descendant jusqu'aux plages de sable, Sikinos est la garantie d'une véritable évasion.

Les habitations sont regroupées dans le port d'Alopronia et dans les deux villages contigus de Sikinos (Hora) et de Kastro. Une route grimpant en lacets sur 3,4 km relie le port à ces deux villages situés à l'intérieur des terres. Vous trouverez une poste à l'entrée de Kastro, et une agence de la Banque nationale de Grèce (avec DAB) sur la grand-place. En été, on peut louer des scooters à Alopronia pour environ 20 €.

Comment s'y rendre et circuler

Le bus local attend à l'arrivée des ferries et fait la navette entre Alopronia et Sikinos (Hora)/Kastro (1,60 €, 20 min). En août, il passe toutes les demi-heures, moins fréquemment le reste de l'année. L'horaire est parfois affiché près de la supérette, mais il est plus prudent d'arriver en avance au point de départ du bus. Les billets de ferry peuvent être achetés au port auprès de **Koundouris Travel** (☎ 6936621946, 22860 51168). En dehors de la haute saison, les bateaux sont très rares.

Bateaux au départ de Sikinos

VERS	DURÉE	TARIF (€)	FRÉQUENCE
Anafi	4 heures	10	4/sem
Folégandros	40 min	5	1-3/jour
Ios	20 min	5	1-4/jour
Kéa (Tzia)	11 heures	24	2/sem
Kythnos	10 heures 15	18	2/sem
Naxos	2 heures 15	8	4/sem
Paros*	3 heures 10	15,10	1-2/jour
Le Pirée	8 heures 25	31	4/sem
Santorin (Thira)	1 heure 45	8	4/sem
Syros	7 heures	13	1-3/jour

*express

À voir

Kastro tient son nom de feue sa forteresse vénitienne bâtie au XIIIe siècle. Aujourd'hui, il s'agit d'un lieu très charmant et animé, avec des rues tortueuses bordées de maisons d'une blancheur éclatante. Le cœur de Kastro est occupé par la grand-place et l'**église Pantanassa**. Autour du sanctuaire, les riches commerçants avaient fait élever leurs demeures, des édifices de deux étages aux fenêtres sculptées.

Du côté nord de Kastro, les silhouettes d'anciens moulins hérissent l'arête des falaises vertigineuses. Également au nord, une volée de marches blanches conduit au **Moni Zoödohou Pigis**, un monastère jadis fortifié, au-dessus du bourg. C'est dans ce couvent pour femmes construit en 1690 que se cachaient les villageois lors des attaques de pirates. Vous pourrez voir les cellules où

Sikinos

vivaient les nonnes, ainsi que leurs objets domestiques et leurs outils agricoles.

Juste à l'ouest de Kastro, au-dessus de champs en terrasses escarpées, d'autres marches mènent au joli village de **Sikinos (Hora)**. Il n'est plus guère habité, si ce n'est par 15 résidents, mais ses maisons abandonnées ou restaurées avec soin méritent vraiment une petite balade.

Une route goudronnée qui part du col situé entre Kastro et Sikonos Hora conduit jusqu'au **Moni Episkopis** (18h30-20h30) GRATUIT au sud-ouest. Il semble que ce monastère du XVIIe siècle occupe un lieu de culte plus que millénaire à l'époque, celui d'un mausolée romain du IIIe siècle devenu église au VIIe siècle. De là, vous pouvez grimper jusqu'à une **chapelle** et des **ruines antiques** perchées sur une falaise d'où la vue est spectaculaire.

Il existe sur la route qui mène au monastère d'Episkopis une halte gourmande : le **domaine viticole de Manalis** (☎ 22860 51281 ; www.manaliswinery.gr), où l'on ne voit guère passer le temps. Produit selon des méthodes traditionnelles et durables, le vin y est délectable, surtout accompagné d'en-cas à grignoter dans le patio avec vue.

Sableuse et ombragée, la petite plage d'Alopronia dispose d'une aire de jeux pour enfants. Du port, une marche de 20 minutes à travers la campagne (suivre la direction de Dialiskari) permet de rejoindre une baie étroite mais magnifique, ourlée d'un petit bout de sable : c'est la plage d'**Agios Nikolaos** à l'eau claire et peu profonde, mais attention aux rochers. Des caïques (environ 6 €) vous déposeront sur les belles plages d'**Agios Georgios**, de **Malta** (que surplombent des vestiges anciens) et de **Karra**. En été, des bus desservent ces plages depuis Alopronia.

Où se loger et se restaurer

Vous pourrez loger près du port et de la plage, mais le vieux village offre une atmosphère plus pittoresque.

Alopronia

Lucas Rooms PENSION $

(☎22860 51076 ; www.sikinoslucas.gr ; Alopronia ; d/studio 55/85 € ; ❄📶). Du bois taillé dans l'île pour les cadres de lit ou de miroir, de la pierre au sol et des motifs de fleurs peints au pochoir sur les murs donnent le sentiment d'être un peu du pays. Les chambres sont situées à flanc de colline, à 500 m du port, tandis que les studios sont au bout de la baie, après le débarcadère du ferry. Tous sont très tranquilles et dotés de balcons avec vue sur la mer.

Porto Sikinos HÔTEL $$

(☎22860 51220 ; www.portosikinos.gr ; Alopronia ; s/d/tr petit-déj inclus 107/135/177 € ; ❄📶). Chambres avec carrelage traditionnel, marbre et balcons donnant sur la mer. C'est ce qui s'apparente le plus à un hôtel standard à Sikinos, d'où des prix relativement élevés.

Lucas Taverna TAVERNE $$

(Alopronia ; plats 8-13 €). Un emplacement idyllique, avec une grande terrasse directement sur la plage. Venez déguster des plats grecs sans prétention mais préparés avec soin, notamment du poisson vendu au kilo.

Kastro

Stegadi APPARTEMENTS $$

(☎22860 51271 ; www.stegadi.com ; Kastro). Près du centre de Kastro, ces 4 appartements traditionnels se démarquent par leur décoration personnalisée, leurs meubles modernes et leurs couleurs vives. Des maisons du village jusqu'au bleu indigo des flots, on se sent apaisé dès qu'on s'installe sur son balcon privé.

Persefoni's Rooms PENSION $$

(☎6974181331, 22860 51229 ; Kastro ; s/d/tr 40/60/70 €). Non loin de la place principale, une famille accueillante gère ces studios d'une propreté impeccable.

Anemelo CAFÉ $

(☎22860 51216 ; Kastro ; plats 4-6 € ; ⏲petit-déj, déj et dîner). Entre pierres apparentes et lanternes, cette adresse colorée est l'endroit le plus plaisant à Kastro pour siroter un thé ou une bière et grignoter une crêpe ou une salade. Les habitants y viennent deviser autour d'une partie d'échecs ou prendre leur petit-déjeuner en terrasse.

Hilaxtida CAFÉ $

(☎22860 51095 ; Kastro ; en-cas 3-6 € ; ⏲déj et dîner). À l'extrémité ouest de la ville, un site panoramique face à la mer Égée pour se sustenter de quelques petits plats.

Kzumataria GREC $$

(☎22860 51065 ; Kastro ; plats 8-13 € ; ⏲déj et dîner ; 📶). Des plats roboratifs et frais, du vin local et un service jovial caractérisent ce restaurant installé sur la route principale menant au village. Commencez par des petits pains tout juste sortis du four et dévorez le poulet farci au fromage doux, le *galeus saganaki* au citron, la saucisse locale ou les assiettes débordant de grillades variées.

FOLÉGANDROS
ΦΟΛΕΓΑΝΔΡΟΣ

670 HABITANTS

Prise entre le nord de la mer de Crète et le sud des eaux de l'archipel cycladien, cette île de 12 km de long sur 4 km de large est d'une beauté envoûtante. Perché sur une falaise, le bourg même de Folégandros (Hora) est l'un des plus beaux villages des Cyclades. L'île a pourtant connu un sombre passé. Sa position isolée et son aridité en ont fait une terre d'exil pour les prisonniers politiques, de l'époque romaine jusqu'à la fin de la dictature des colonels (1967-1974). Aujourd'hui, l'attrait bien tangible de Folégandros a estompé ce passé trouble.

Les bateaux accostent dans le petit port de Karavostassis, sur la côte orientale. Le seul autre village d'importance, Ano Meria, se trouve à 4 km au nord-ouest de Folégandros (Hora). L'île compte plusieurs jolies plages, pour certaines seulement accessibles à pied au prix d'une bonne dose d'effort.

Depuis/vers Folégandros

Jadis mal desservie par les bateaux, Folégandros est bien reliée au Pirée, du moins en été, par la route occidentale des Cyclades.

L'été, elle est même reliée à Santorin et jusqu'à Amorgos.

Bateaux au départ de Folégandros

VERS	DURÉE	TARIF (€)	FRÉQUENCE
Amorgos*	3 heures 20	59,60	1/jour
Anafi	4 heures 45	13	5/sem
Ios	1 heures 05	8	1-2/jour
Kéa (Tzia)	10 heures 10	22	2/sem
Kimolos	1 heures 20	7	5/sem
Koufonissia*	3 heures 30	56,20	1/jour
Kythnos	7 heures 15	19	2/sem
Le Pirée	13 heures	32	4/sem
Le Pirée*	4 heures	54-59,60	1-3/jour
Milos	2 heures 30	9	5/sem
Milos*	1 heure 15	29,60	4/sem
Naxos	5 heures 35	39,70	4/sem
Paros	4-6 heures	10	5/sem
Santorin (Thira)	2 heures 30	9	1-3/jour
Santorin (Thira)*	30 min	29,50	1/jour
Sérifos	7 heures 40	19	5/sem
Sifnos	4 heures 30	17	1-3/jour
Sifnos*	1 heure	20	4/sem
Sikinos	40 min	6	1-3/jour
Syros	5 heures 10	15	4/sem

*express

Comment circuler

Le bus local attend à l'arrivée des ferries pour conduire les passagers à Folégandros (Hora, 1,50 €). En sens inverse, vous trouverez un bus une heure avant le départ de chaque ferry. L'été, il existe des navettes routières toutes les heures entre Folégandros (Hora) et Ano Meria (1,80 €), lesquelles font un crochet par la plage d'Angali (2 €). L'arrêt du bus pour Ano Meria se situe en lisière ouest du village principal.

On trouve à Folégandros village un **service de taxis** (☎22860 41048, ☎69446 93957). Comptez 6-9 € la course jusqu'au port, 10 € jusqu'à Ano Meria et 9-13 € jusqu'à la plage d'Angali.

En haute saison, vous trouverez plusieurs loueurs de véhicules. Prévoyez environ 60 €/jour pour une voiture, et à partir de 25 €/jour pour une moto. Les tarifs baissent souvent de moitié en basse saison.

En été, des petits bateaux font régulièrement la navette entre les plages.

Karavostassis Καραβοστάσις

55 HABITANTS

Baigné de soleil, Karavostassis, le petit port de Folégandros, bénéficie d'une jolie plage de galets. Plusieurs autres belles plages s'étendent dans un rayon de 1 km au nord et au sud du port, rapidement accessibles à pied. En haute saison, des bateaux font la liaison par mer pour les plus éloignées.

Où se loger et se restaurer

On repère quelques tavernes sans fantaisie sur le port et des bars sur la plage. Au bord de l'eau, **Evangelos** offre un cadre plus personnel pour discuter tranquillement autour d'un verre et manger un morceau.

Aeolos Beach Hotel HÔTEL **$$**

(☎22860 41205 ; www.aeolos-folegandros.gr ; s 50 €, d 85-95 € petit-déj inclus ; ❄📶). Face à la plage mais baignant dans la quiétude d'un jardin, des chambres au caractère plus ou moins affirmé, avec vue sur la mer ou sur les collines. Demandez à faire votre choix.

Anemi HÔTEL DE LUXE **$$$**

(☎22860 41610 ; www.anemihotels.com ; d 290-370 €, ste 450-590 € petit-déj inclus ; P❄@🏊). Une conjugaison de modernité et de luxe. Dans les chambres sobres mais somptueuses, des œuvres d'art moderne servent de têtes de lit. L'immense piscine semble s'étendre jusqu'à la mer et certaines suites ont leur propre piscine privée.

Kalia Kardi TAVERNE **$**

(plats 5-10 € ; ⏲petit-déj, déj et dîner). Le "Bon Cœur" est une excellente taverne traditionnelle, située sur la terrasse supérieure de la route du port. Goûtez les savoureux feuilletés aux épinards ou la soupe de poisson.

Folégandros (Hora) Φολέγανδρος (Χώρα)

380 HABITANTS

L'un des attraits majeurs de Folégandros village est son *kastro* médiéval et sa charmante rue principale, flanquée de maisons traditionnelles. Le bourg proprement dit commence à Plateia Pounta, d'où la rue principale piétonne serpente d'une place arborée à l'autre. Côté nord, il coiffe une impressionnante falaise.

Folégandros

À voir

Flâner dans le village est un vrai plaisir. Le **kastro** médiéval, dédale de venelles qu'enjambent des arches, date du XIIIe siècle, époque à laquelle le duc de Naxos Marco Sanudo régnait sur l'île. Bougainvillées et hibiscus flamboient sur les balcons de bois.

Le quartier récent, à l'extérieur du *kastro*, est tout aussi joli. Du terminus des bus situé Plateia Pounta, un chemin escarpé mène à la grande église de la Vierge, **Panagia** (18h-20h), perchée sur une falaise spectaculaire qui domine le village.

Circuits organisés

Vous pouvez réserver une croisière autour de l'île (adulte/enfant 28/11 €, déjeuner inclus) ou une excursion à Sikinos (22/11 €) auprès de Diaplous Travel (p. 403) ou de Sottovento (p. 403).

Où se loger

La plupart des *domatia* et des hôtels étant complets en juillet-août, il est recommandé de réserver très en amont.

Aegeo HÔTEL $$
(22860 41468 ; www.aegeohotel.com ; s/d/tr 80/95/120 € ;). Un peu en dehors du village, une ambiance très cycladique avec balcons privatifs et mobilier de bois pour des chambres très lumineuses, nettes et d'une parfaite sobriété.

Anemomilos Apartments HÔTEL $$$
(22860 41309 ; www.anemomilosapartments.com ; d avec vue partielle/totale sur la mer 200-250 €, ste 300 € ;). Cet élégant complexe et ses jolies terrasses s'enorgueillissent d'un superbe emplacement au sommet d'une falaise, avec point de vue imprenable depuis les chambres donnant sur la mer. La présence d'antiquités et l'élégance signent une déco soignée. Quant à la piscine, elle est tout simplement divine.

Où se restaurer

Pounta TAVERNE $
(22860 41063 ; Plateia Pounta ; plats 6-12 € ; petit-déj, déj et dîner). Détendez-vous dans le beau jardin et dégustez une cuisine savoureuse. Le restaurant est tenu par la même famille depuis des années et l'actuel chef danois revisite les recettes traditionnelles, servies dans une jolie vaisselle artisanale. Ne ratez pas le gâteau à la pastèque !

Eva's Garden GREC $$
(plats 9-25 €). Eva apporte une touche moderne à la cuisine folégandriote. Parmi les entrées figurent une purée fèves-haricots

aux oignons et au persil. On passe ensuite à un risotto aux écrevisses et au safran, ou à un filet de porc au fromage fumé avec purée de pommes de terre. La carte des vins comporte des Argiros de Santorin. Après la Plateia Kontarini, continuez sur la droite.

Il Caffè dei Viaggiatori ITALIEN **$$**
(☎22860 41444 ; plats 8-15 €). Cette maison vénitienne traditionnelle, située sur la grand-place, juste à côté de l'office du tourisme Sottovento, appartient à des Italiens. Vous dégusterez sous la véranda pâtes, *focaccia* et pizzas, ainsi que de la charcuterie italienne. Et pour les amateurs de liqueurs, le *limoncello* est bien sûr fait maison !

Où prendre un verre et faire la fête

Folégandros possède plusieurs cafés-bars élégants tels que le **Caffè dei Viaggiatori**, qui propose des vins italiens et des amuse-gueule. Plus loin dans Hora, **To Mikro** est parfait pour prendre un café, des crêpes ou des gâteaux dans la journée, et des cocktails en soirée.

À la lisière ouest de Hora se regroupe un noyau de bars musicaux animés, où l'on écoute tous les styles de musique : lounge, rock, reggae ou disco grecque.

Renseignements

Folégandros ne possède pas d'office du tourisme officiel. Le site Internet de l'office du tourisme Sottovento est une bonne source d'informations.

Un DAB est installé Plateia Dounavi, du côté des bureaux de la commune. La poste se situe sur la route du port, à 200 m en contrebas du terminus des bus.

Centre médical (☎22860 41222 ; Plateia Pounta)

Diaplous Travel (☎22860 41158 ; www.diaploustravel.gr ; Plateia Pounta). Cette agence de voyages, au personnel compétent et serviable, propose divers services : vente de billets de ferry, change, excursions en bateau. Accès Internet possible. Autre guichet à Karavostassis.

Maraki Travel (☎22860 41273 ; fax 22860 41149 ; Plateia Dounavi ; ⌚10h30-12h et 17h-21h). Vente de billets de ferry et service de change. Autre comptoir à Karavostassis.

Office de tourisme Sottovento (☎22860 41444 ; www.folegandrosisland.com). Situé Plateia Pounta, cet office, qui abrite également le consulat italien, vous aidera à trouver un hébergement, à réserver vos vols nationaux ou internationaux ainsi que vos liaisons maritimes.

Police (☎22860 41249). Tout droit après la Plateia Maraki.

Ano Meria Ανω Μεριά

300 HABITANTS

Le village d'Ano Meria s'étend sur plusieurs kilomètres, car des cultures entourent la plupart des habitations. La vie est restée traditionnelle dans cette partie de l'île, peu touchée par le tourisme.

Le **musée d'Art populaire** (1,50 € ; ⌚17h-20h) se trouve côté est du village. Demandez au chauffeur de bus de vous arrêter à proximité.

Ano Meria compte quelques tavernes traditionnelles et colorées, dont **I Synantisi** (☎22860 41208 ; plats 4-8 €) qu'on appelle aussi Maria's, et **Mimi's** (☎22860 41377 ; plats 4 €), dont la spécialité est le *pastitsio* (gratin de macaronis à l'agneau et aux tomates).

Ailleurs sur Folégandros

La **plage de Livadi** est à 1,2 km au sud-ouest de Karavostassis – suivez l'itinéraire "bis" qui longe la côte juste après l'hôtel Anemi. Plus facilement accessible en bateau depuis Karavostassis, la **plage de Katergo** s'étend à la pointe sud-ouest de l'île.

La **plage d'Angali**, sur la côte opposée à Hora, connaît beaucoup de succès avec son sable et ses galets. Sur place : quelques chambres et des tavernes convenables.

Pour les nudistes, la **plage d'Agios Nikolaos** se situe à environ 750 m à l'ouest d'Angali, au bout d'un chemin qui traverse la colline. Certaines plages sont accessibles au bout de la route, après Ano Meria. La **plage de Livadaki** se rejoint à pied (1,5 km) depuis l'arrêt de bus proche de l'église d'Agios Andreas, à Ano Meria. En haute saison, des bateaux relient entre elles ces plages de la côte ouest. Pour vous rendre à celle d'**Agios Georgios**, au nord d'Ano Meria, le trajet nécessite de bonnes chaussures, une protection solaire (crème et couvre-chef), boissons et vivres, car la plupart de ces plages ne possèdent ni magasin ni taverne.

En juillet-août, lorsque le temps est favorable, des bateaux d'excursion partent de Karavostassis pour Katergo (8 €), d'Angali pour Agios Nikolaos (4 €), et de la plage d'Angali vers celle de Livadaki (8 €), à raison d'une traversée toutes les demi-heures entre 11h et 19h.

MILOS ΜΗΛΟΣ

4 960 HABITANTS

L'île volcanique de Milos, qui s'élève autour d'une caldeira centrale, est bordée par un impressionnant littoral de formations rocheuses insolites et colorées. Si sa légendaire *Vénus de Milo* a quitté l'île pour le musée du Louvre dans les années 1820, rachetée *in extremis* aux Ottomans, Milos ne manque pas d'atouts : des sources chaudes, le plus grand nombre de plages de toutes les Cyclades et une série de villages pittoresques peuplés d'habitants sympathiques.

Le chef-lieu Plaka et la très intéressante Klima ne sont que deux des petits villages méritant une visite, et Filakopi, une cité minoenne au nord-est de l'île, est l'une des implantations les plus anciennes des Cyclades.

La riche tradition d'extraction minière remonte au néolithique, époque à laquelle l'obsidienne était exportée vers la Crète minoenne. Aujourd'hui, Milos est le premier centre d'extraction de bentonite et de perlite de l'Union européenne.

Pour plus de renseignements, consultez les sites www.mymilos.gr et www.milos.gr.

Depuis/vers Milos

AVION

Aéroport de Milos (MLO ; ☎22870 22381). Olympic Air assure deux vols quotidiens depuis/vers Athènes (65 €, 40 min).

BATEAU

Milos se trouve sur la même ligne des Cyclades occidentales que Sérifos. Achetez vos billets auprès de **Riva Travel** (☎22870 24024 ; www.rivatravel.gr) ou de **Milos Travel** (☎22870 22000 ; www.milostravel.gr) à Adamas.

Autorité portuaire (☎22870 22100). Sur le front de mer.

Milos et Kimolos

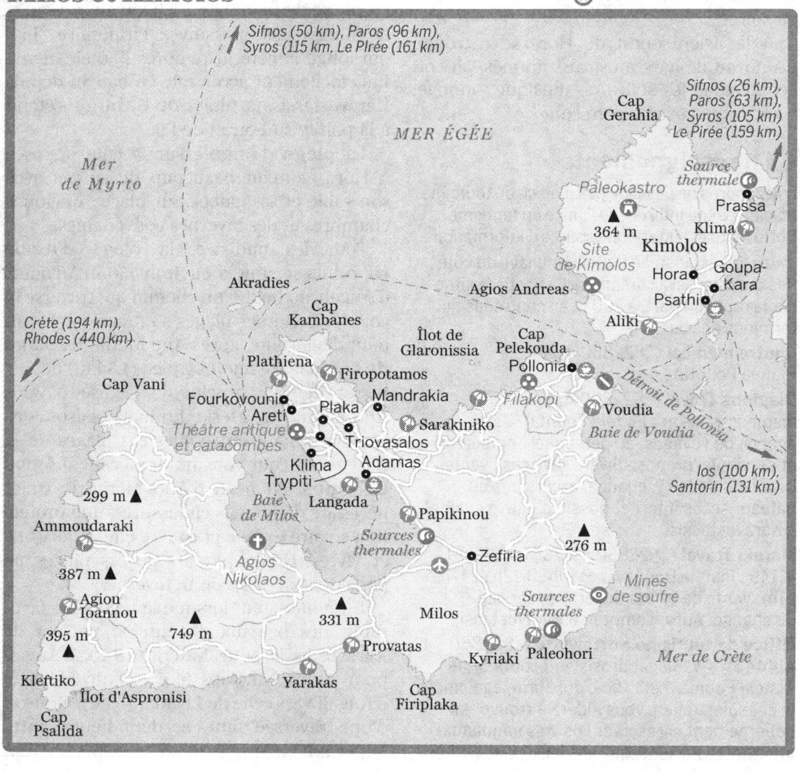

VERS	DURÉE	TARIF (€)	FRÉQUENCE
Amorgos*	3 heures 30	65	1/jour
Folégandros*	1 heure 15	27,50	4/sem
Héraklion	9 heures 25	22	3/sem
Ios*	3 heures	42	5-6/sem
Kimolos	1 heure	5	3/sem
Le Pirée	8 heures	33	1-2/jour
Le Pirée*	3-4 heures	57,50	1/jour
Mykonos	5 heures	65	1/jour
Naxos	4 heures 30	53,50	4/sem
Paros	6 heures	14	2/sem
Santorin (Thira)	4 heures	18	2/sem
Santorin (Thira)*	2 heures	42	1/jour
Sifnos	2 heures 30	7	1-2/jour
Sifnos*	35 min	15,50	1/jour
Sérifos	3 heures	8	1-2/jour
Sérifos*	1 heure 30	16	1/jour
Syros	5 heures	14	4/sem

* express

Comment circuler

Aucun bus ne dessert l'aéroport. La course en taxi pour Adamas est facturée environ 11 €, plus 0,30 € par bagage.

Des bus relient Adamas à Plaka et Trypiti, à raison d'un par heure environ. Il existe aussi des liaisons routières pour Pollonia (4/jour du lundi au samedi, 2/jour en basse saison), Paleohori (3/jour), Provatas (3/jour) et le camping Achivadolimni (Milos), à l'est d'Adamas (3/jour). Le trajet coûte 1,60 € dans tous les cas.

Vous trouverez voiture, moto ou vélomoteur sur le front de mer, chez Riva Travel (p. 404) qui en assure la location ou chez **Europcar** (☎ 22870 41473 ; www.milosrent.gr) à l'aéroport ou à Pollonia. À 250 m du port, **Giourgas Rent a Car** (☎ 6937757066, 22870 22352 ; www.milosgiourgas.gr) viendra vous chercher.

Une course en **taxi** (☎ 6945689966, 6942590951, Adamas ☎ 22870 22219) depuis Adamas revient à 9 € pour Plaka et environ 13 € pour Pollonia ; supplément de 1 € le soir.

Adamas — Αδάμας

1 350 HABITANTS

Au petit matin, les pêcheurs vendent leurs prises sur le port animé d'Adamas (ou Adamantas). Ce village moderne compte de nombreux hébergements, boutiques et services, et son front de mer est propice au divertissement.

À voir

Musée des Mines de Milos PATRIMOINE
(☎ 2287022481 ; www.milosminingmuseum.gr ; tarif plein/réduit 3/1,50 € ; ⌚ 10h-14h et 17h30-21h30 juin-sept, horaires réduits en basse saison). À environ 600 m à l'est du débarcadère des ferries, toute l'histoire minière de Milos passée en revue dans les moindres détails.

Musée ecclésiastique de Milos ART SACRÉ
(☎ 22870 23956 ; www.ecclesiasticalmuseum.org ; ⌚ 9h15-13h15 et 18h15-22h15). GRATUIT Nichée à l'emplacement où la route du front de mer bifurque vers l'intérieur des terres, l'église de la Sainte-Trinité abrite une collection étonnante d'icônes, entre autres objets d'art sacré.

Où se loger

En été, une liste des *domatia* disponibles est distribuée à l'office du tourisme, sur le débarcadère.

Terry's Rooms APPARTEMENTS $
(☎ 22870 22640 ; http://terrysmilostravel.com ; d 40 €, app 60-75 € ; ❄📶). Agréablement aménagés au-dessus du port, des chambres et appartements tout à fait charmants.

Hotel Delfini HÔTEL $
(☎ 22870 22001 ; www.delfinimilos.gr ; s/d/tr 30/40/55 € ; ⌚ avr-oct ; ❄@📶). Tout le confort, une jolie terrasse, une ambiance chaleureuse, le tout à l'ouest du débarcadère. Seul regret : le Lagada Beach Hotel qui obstrue malheureusement la vue.

Studios Helios APPARTEMENTS $$
(☎ 22870 22258 ; www.milos-island.gr ; studio 70 € ; ⌚ mai-oct ; ❄). Haut perché au-dessus du port, ces élégants studios indépendants sont propres comme des sous neufs et se prolongent de balcons avec vue sur l'océan.

Où se restaurer et prendre un verre

En juillet-août, les bars à musique sont très animés, juste au-dessus du port. L'élégant **Akri** (☎ 22870 22064) possède une splendide terrasse surplombant le port.

O Hamos TAVERNE $
(☎ 22870 21672 ; www.ohamos-milos.gr ; plats 6-11 € ; ⌚ déj et dîner Pâques-oct ; 📶). Savourez des fruits de mer, des salades et des plats

À NE PAS MANQUER

KLIMA

Accroché à la falaise, face à la mer, le minuscule village de Klima correspond au port antique de Milos. Situé en contrebas de Trypiti, c'est un des plus caractéristiques *syrmata* de Milos, ces logements traditionnels de pêcheurs, où les rez-de-chaussée, dotés de portes aux couleurs vives, servent de garage à bateaux lorsqu'il fait mauvais, tandis que les étages sont réservés à la vie de famille. À Klima, les maisons, encore habitées pour la plupart, sont creusées dans la falaise. Marchez jusqu'au point le plus méridionnal afin de découvrir le débarcadère dissimulé.

créatifs. Au sud-ouest de la ville, en face de la plage de Papakinou.

Flisvos TAVERNE $

(22870 22275 ; plats 7-9 € ; déj et dîner ;). Dans cette taverne animée du front de mer, choisissez entre le poisson au kilo et les spécialités grecques comme l'agneau sauce citron, les fromages goûteux et la tourte aux champignons.

Barko MEZZE $

(22870 22660 ; plats 5-13 € ; déj et dîner). Sur la route de Plaka, en périphérie de la ville, ce *mezedhopoleio* classique sert des plats locaux comme la tarte au fromage de Milos et le poulpe au vin.

Renseignements

Le port dispose d'une connexion Wi-Fi.

Office du tourisme municipal (22870 22445 ; 9h-minuit mi-juin à mi-sept). En face du débarcadère.

Police (22870 21378). Sur la place principale, à côté de l'arrêt de bus.

Terry's Travel Services (22870 22640 ; www.terrysmilostravel.com). Réservation d'hébergements, location de voitures, kayak, voile, plongée et autres prestations. À gauche du débarcadère des ferries et juste après le virage, prenez à droite dans une ruelle.

Plaka et Trypiti
Πλάκα et Τρυπητή

À 5 km au-dessus d'Adamas, Plaka (880 habitants), typique et attachant village cycladique avec son dédale de ruelles et ses maisons blanches accrochées au bord d'un escarpement, est bâti sur le site de la Milos antique, qui fut détruite par les Athéniens et reconstruite par les Romains. Au sud, le bourg se prolonge par celui de Trypiti (490 habitants). Vite bondée au coucher du soleil (en haute saison), la **place de l'église** (principale) de Plaka découvre un panorama exceptionnel. Plaka et Typiti surplombent plusieurs localités charmantes au sud-ouest.

À voir et à faire

Musée archéologique ANTIQUITÉ

(22870 28026 ; Plaka ; adulte/enfant 3 €/gratuit ; 8h-15h mar-dim juin-sept, sur rdv oct-mai). Ce beau bâtiment ancien conserve une copie en plâtre de la *Vénus de Milo* réalisée au Louvre. L'ensemble de minuscules figurines de taureaux date du Cycladique ancien.

Musée d'Histoire et d'Art populaire de Milos PATRIMOINE

(22870 21292 ; Plaka ; adulte/enfant 3/1,50 € ; 10h-14h mar-sam juin-août, 10h-13h mar-dim sept). Costumes traditionnels, tissages et objets domestiques prennent place dans différentes pièces d'habitat traditionnel reconstituées ici avec leur mobilier.

Kastro FORTERESSE

GRATUIT Des indications permettent de suivre le chemin grimpant jusqu'à la forteresse franque, en haut de la colline. Elle est bâtie sur le site de l'ancienne acropole et offre une vue panoramaique sur l'ensemble de l'île. L'église **Thalassitras,** dans l'enceinte de la citadelle, date du XIIIe siècle.

Catacombes RUINES

(22870 21625 ; adulte/enfant 3/2 € ; 8h30-14h mar-dim). Les seules catacombes chrétiennes du pays, tout premier site funéraire des chrétiens, datant du Ier siècle, sont des ruines romaines, situées près de Trypiti. Descendez du bus de Trypiti au croisement en “T” ; une pancarte indique la direction à suivre.

Sentiers RANDONNÉE

Sur la route des catacombes, un chemin de terre (indiqué) mène jusqu'au site où fut découverte par hasard, en 1820, la **Vénus de Milo** (marbre de la fin du IIe siècle av. J.-C.) par un fermier retournant son champ pour en extraire des pierres afin de le clôturer. Deux navires de la Marine royale française mouillaient alors à Milos, avec à leur bord un certain Dumont d'Urville, enseigne de vaisseau, et le jeune officier Voutier, futur philhellène, qui participa à la découverte. Le capitaine du vaisseau avertit l'ambassadeur de France auprès de la Sublime Porte qui fit acheter la statue et l'offrit à Louis XVIII, qui la confia au musée du Louvre.

Plus loin, le **théâtre romain**, bien conservé, accueille chaque été le **festival de Milos**. Des sentiers descendent jusqu'à Klima ou jusqu'au promontoire, où vous remarquerez des murs de pierre antiques et deux petites églises.

Où se loger

Studios Betty APPARTEMENTS $

(☎22870 21538 ; www.studiosbetty-milos.com ; Plaka ; d 35-50 €, tr 40-60 € ;). Dans cette accueillante maison familiale, accrochée à une falaise de Plaka, les studios (plus onéreux) permettent d'admirer des couchers de coleil qui n'ont rien à envier à ceux de Santorin.

Archondoula Studios APPARTEMENTS $$

(☎22870 23820 ; www.archondoula-studios.gr ; Plaka ; studio/app 70/90 € ; mars-nov ;). Le chaleureux Stavros gère des studios pratiques et élégants d'une capacité de 2 à 4 personnes. Du dernier étage, le point de vue embrasse la caldeira, encore plus spectaculaire au coucher du soleil.

Mimallis APPARTEMENTS $$

(☎6972808758, 22870 21094 ; www.mimallis.gr ; Plaka et Klima ; app à partir de 80 € ; avr-oct ;). Les trois petites maisons de Plaka et celle du ravissant village de Klima sont toutes différentes, confortables et parfaitement équipées.

Moulin de Karamitsos APPARTEMENTS $$

(☎6945568086, 22870 21921 ; www.milos-island.gr/windmill/karamitsos ; Trypiti ; moulin 150 € ; avr-oct ; P). Loger dans ce moulin aménagé pour 4 personnes est une expérience unique. Perché sur la colline avec panorama alentour.

Où se restaurer

Archondoula MEZZE $

(☎22870 21384 ; Plaka ; plats 4-12 € ; déj et dîner ;). Dans cet excellent *mezedhopoleio*, toute la famille met la main à la pâte avec un enthousiame communicatif. Les classiques grecs, des salades fraîches au bœuf en sauce au miel, sont relevés de saveurs créatives. Les végétariens adoreront les légumes grillés au *manouri* (fromage doux du nord) ou la succulente salade d'aubergines.

Ergina TAVERNE $$

(☎22870 22524 ; Trypiti ; plats 8-12 € ; déj et dîner juin-sept). Les sympathiques propriétaires mitonnent de fantastiques plats grecs. Le point de vue est tout aussi mémorable.

Pollonia Πολλώνια

Baigné d'eaux azur, ce tranquille village de pêcheurs de la côte nord (notée parfois Apollonia sur les cartes) se transforme l'été en station balnéaire. Ourlée de plages, la bourgade est à la fois une bonne base au climat agréable et la porte d'accès à l'île de Kimolos.

Où se loger et se restaurer

Les *domatia* ne manquent pas, comme les cafés et les tavernes pour se régaler de saveurs marines sur le port.

Nefeli Sunset Studios PENSION, APPARTEMENTS $$

(☎22870 41466 ; www.milos-nefelistudios.gr ; d/studio/ste 80/130/160 € ; P). Blanchies à la chaux, ces constructions cubiques allient design moderne et touches traditionnelles, face à la baie à l'extrémité nord-ouest du village.

Salt BOUTIQUE-HÔTEL $$$

(☎22870 41110 ; www.salt-milos.com ; d/ste à partir 130/150 € ; P). Parfaitement épurée, une déco jouant sur le blanc immaculé et une unique tache de couleur, des équipements luxueux mais discrets et la vue sur la mer. Jacuzzi dans les suites.

Armenaki POISSON ET FRUITS DE MER $$

(☎22870 41061 ; www.armenaki.gr ; plats 4-12 €, poisson au kilo ; déj et dîner avr-oct). Les produits de la mer sont préparés à la perfection et les entrées servies avec du pain au levain maison et de l'huile d'olive bio. Priorité est donnée en cuisine aux productions locales et biologiques. Un sommelier à l'écoute.

Gialos POISSON ET FRUITS DE MER $$

(☎22870 41208 ; plats 7-15 € ; déj et dîner Pâques-oct ;). Regardez la vie suivre son cours sur le port tout en dégustant des fruits de mer et des pâtes délicieuses.

Ailleurs sur Milos

Milos et les îlots qui l'entourent sont ourlés de plages splendides, avec du sable et des galets de différentes couleurs. Louez un véhicule ou un bateau pour aller de l'une à l'autre ! **Plathiena** déroule son beau ruban de sable un peu au nord de Plaka ; en chemin, faites halte dans les villages de pêcheurs d'**Areti** et de **Fourkovouni**. Avec ses formations rocheuses d'un blanc éclatant et ses terrasses naturelles, **Sarakiniko** est incontournable.

Sur la côte sud, la petite plage de sable doré de **Provatas** donne le sentiment d'être seul au monde en dépit de la présence de quelques tavernes. **Kyriaki**, au sable gris et fin, est adossée à de douces collines aux teintes surréalistes, rouille, rose et gris. Le long croissant couleur taupe de **Paléohori** tranche sur les falaises rayées. On y trouve des **sources chaudes**.

À voir et à faire

Filakopi RUINES
(8h-15h). GRATUIT Au nord-est de l'île, cette ancienne cité minoenne fut l'un des premiers villages des Cyclades. Seules des ruines subsistent, mais le littoral alentour est exceptionnel, avec une kyrielle de formations rocheuses pareilles à des grottes.

Milos Diving Center PLONGÉE
(22870 41296 ; www.milosdiving.gr). Ce prestataire basé à Pollonia propose des plongées (à partir de 35 €) et des cours.

Kayak Milos KAYAK
(22870 23597 ; www.seakayakgreece.com). Excursions à la journée (65 €/pers) et expéditions plus longues.

Circuits organisés

Milos Cruises CROISIÈRES
Embarquez à bord du **Captain Yiangos** (6944375799 ; croisière 30 € ; mai-sept), un bateau à coque en bois. Il lève l'ancre tous les jours à 9h et mouille sur diverses plages de l'île et à Kimolos pour déjeuner. Les billets s'achètent sur le front de mer. **Thalassitra** (6947276590, 22870 23570 ; www.thalassitra.com) propose des circuits en voilier.

Où se loger et se restaurer

Camping Achivadolimni (Milos) CAMPING $
(22870 31410 ; www.miloscamping.gr ; Achivadolimni ; empl 17 €, bungalows 45-74 € ; P). Excellents équipements, dont un restaurant, un bar et des locations de vélos. À 4,5 km à l'est d'Adamas. On peut venir vous chercher.

Scirocco TAVERNE $
(22870 31201 ; plage de Paleohori ; plats 7-12 € ; déj et dîner avr-oct ; P). Un établissement bleu et blanc, sur le front de mer.

KIMOLOS ΚΙΜΩΛΟΣ

920 HABITANTS

Au large de la pointe nord-est de Milos, l'adorable Kimolos donne le sentiment de remonter le temps. Très peu de visiteurs ont l'occasion d'admirer ses baies immaculées et ses fantastiques falaises couleur sienne, ponctuées de roches volcaniques.

Le bateau accoste à **Psathi**, à 1,5 km du village principal, **Kimolos (Hora)** dont vous explorerez le dédale de ruelles avant d'atteindre les cafés du centre et le **kastro** médiéval. Fort ruiné, ce kastro labyrinthique a conservé intacte l'église de la Nativité. Vous pourrez également y visiter l'intéressant **Musée folklorique et maritime de Kimolos** (22870 51118).

De Psathi, des caïques desservent les **plages**. Il faut un véhicule pour atteindre la forteresse du **Paléokastro**, qui surmonte un éperon rocheux culminant à 364 m, au centre de l'île.

Le village de Kimolos et Psathi comptent des *domatia* (s/d 35/55 €), des tavernes, des cafés et des bars. Les propriétaires de *domatia* attendent les voyageurs à l'arrivée des ferries. En lisière de Kimolos village, les **Meltemi Rooms** (22870 51360 ; http://kimolos-meltemi.gr ; d 45 € petit-déj inclus ;) ont vue sur la mer et l'une des chambres bénéficie d'une cuisine. Le **Windmill Hotel** (22870 51554 ; www.kimoloshotel.com ; d/q à partir de 95/160 €) offre un cadre de charme dans un moulin à vent rénové, au-dessus de Psathi.

Sur la plage de Psathi, la taverne **To Kyma** (22870 51001 ; plats 5-14 € ; déj et dîner) sert d'excellents produits de la mer et des plats végétariens à base d'ingrédients locaux. À Kimolos village, **H Kali Kardia** (Vohoris ; 22870 51495 ; plats 4,50-6,50 € ; déj et dîner) mitonne des plats simples et savoureux.

Il y a un DAB au port et une station-service près de Psathi. Pour plus d'informations sur l'île, consultez le site www.kimolos.gr.

Depuis/vers Kimolos

Certains ferries longue distance à destination de Milos s'arrêtent à Kimolos. **Kimolos Travel** (☎22870 51219 ; Kimolos Hora) vend des billets. Un petit **car-ferry** (☎6948308758, 22870 51184 ; www.kimolos-link.gr ; 2/8,30 € par pers/voiture ; ⏲30 min) relie Pollonia, sur Milos, à Psathi, sur Kimolos, 7/3 fois par jour en haute/basse saison.

Comment circuler

Des bus circulent entre Psathi et Kimolos (Hora), mais seulement en haute saison.

Pour un **taxi**, il faut réserver au ☎6945464093.

SIFNOS ΣΙΦΝΟΣ

2 570 HABITANTS

Trois villages blancs, dont le chef-lieu Apollonia, posés telles des perles sur la crête de l'île, une lumière changeante, des eaux turquoise... Sifnos apparaît tout de suite comme une destination exquise en dépit de son premier aspect aride. Entre les flancs des rudes montagnes du centre s'étend un paysage fertile d'oliveraies et d'amanderaies en terrasses, de coulées de lauriers-roses et de coteaux tapissés de plantes aromatiques. Léchée de flots azur, chaque baie de l'île découvre un panorama réjouissant.

Entre les villages, un réseau bien préservé de sentiers séculaires invite à marcher ; l'un deux fait le tour du minuscule Kastro, au sommet d'une colline. Pour plus de détails sur ces randonnées, procurez-vous la carte *Topo 25/10.25 Aegean Cyclades/Sifnos* publiée par Anavasi.

Ses mines d'or et d'argent apportèrent la prospérité à l'île à l'époque archaïque (à partir du VIIIe siècle av. J.-C. environ), mais leur production diminua progressivement jusqu'au Ve siècle av. J.-C., où elle se tarit véritablement. Sifnos est désormais réputée pour sa poterie, sa vannerie et sa cuisine. L'île hiberne d'octobre à Pâques (nombre d'hôtels et de restaurants ferment) et attire une clientèle chic en haute saison (réservez bien à l'avance). Voir le site www.sifnos.gr.

Depuis/vers Sifnos

Sifnos se trouve sur la ligne de ferry desservant les Cyclades occidentales au départ du Pirée. En été, l'île est reliée à Sérifos, Milos, Folégandros, Santorin et Amorgos. NEL Lines dessert Paros uniquement en haute saison. Achetez vos billets auprès de **Xidis Travel** (☎Apollonia 22840 32373, Kamarès 22840 31895 ; www.xidis.com.gr) ou à l'office du tourisme (p. 410).

Sifnos

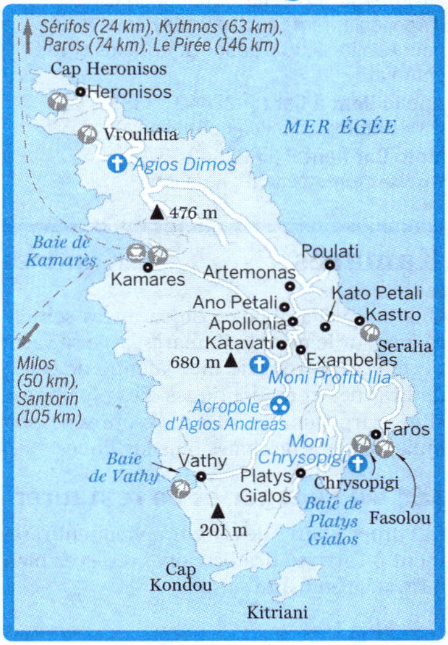

Bateaux au départ de Sifnos

VERS	DURÉE	TARIF (€)	FRÉQUENCE
Andros	7 heures	14	1/sem
Folégandros	2 heures	7	1/sem
Kimolos	1 heure	7	5/sem
Le Pirée	5 heures 15	31	2/jour
Le Pirée*	2 heures 40	39-48	1-2/jour
Milos	2 heures 30	7	1-2/jour
Milos*	35 min	15,50	1/jour
Paros	3 heures 30	5	2/sem
Santorin (Thira)	7 heures 20	13,50	2/sem
Sérifos	50 min	7	1-2/jour
Sérifos*	25 min	14	1-2/jour
Syros	5 heures 20	10	2/sem

*express

Comment circuler

Des bus fréquents relient Kamarès et Apollonia (1,60 €). Certains poursuivent leur route jusqu'à Artemonas, Kastro, Vathy, Faros et Platys Gialos.

La location d'une voiture tourne autour de 40 €/jour.

Des **taxis** (☎22840 31347) circulent aux environs du port et du carrefour principal d'Apollonia. Tarifs au départ de Kamarès : 7 € pour Apollonia, 16 € pour Platys Gialos et 18 € pour Vathy.

Apollo Rent a Car (☎22840 33333 ; www.automotoapollo.gr ; Apollonia)

Moto Car Rental (☎22840 33791 ; www.protomotocar.gr ; Kamarès)

Kamarès Καμάρες

250 HABITANTS

Une joyeuse ambiance de vacances semble régner sur le port de Kamarès, avec sa vaste plage et son front de mer jalonné de cafés, de tavernes et de boutiques. Les plus beaux sites se trouvent dans les terres, près d'Apollonia, ou dans des baies plus idylliques.

Où se loger et se restaurer

Les propriétaires de *domatia* viennent rarement à l'arrivée des bateaux ; réservez bien à l'avance en haute saison.

Camping Makis CAMPING $

(☎6945946339, 22840 32366 ; www.makiscamping.gr ; empl adulte/enfant 7/4 €, app 70-210 € ; avr-nov ; P). Plantez votre tente derrière la plage, sur une parcelle rustique plantée de beaux oliviers, à moins de préférer un appartement indépendant. Makis met à votre disposition un barbecue, une cuisine collective, une supérette, une laverie un café en plein air.

Simeon APPARTEMENTS $

(☎22840 31652 ; www.simeon-sifnos.gr ; d/tr 50/60 €, app 95 € ; avr-oct). Perché sur la hauteur, on bénéficie d'une vue plongeante sur le port. Grâce aux balcons en façade des logements pour 4 ou 5 personnes, la vue est élargie et donne bien au-delà, sur la baie et les montagnes en arrière-plan.

Hotel Stavros HÔTEL $

(☎22840 33383 ; www.sifnostravel.com ; s/d/tr 45/55/50 €). Cet établissement situé sur la rue principale offre à ses hôtes tout le confort de chambres lumineuses avec vue maritime. On peut y louer une voiture. L'**Hotel Kamari** (☎22840 33383 ; d/tr 50/55 €) est géré par la même famille en périphérie de la ville.

Hotel Afroditi PENSION $$

(☎22840 31704 ; www.hotel-afroditi.gr ; s/d/tr 70/91/114 € petit-déj inclus ; P). Séparé de la plage par une simple route, l'Afroditi loue des chambres de taille correcte avec vue sur la mer en façade et sur les montagnes à l'arrière. Accueil familial chaleureux et petit-déjeuner servi en terrasse.

Café Stavros CAFÉ $

(en-cas 2,50-5,50 €). À mi-hauteur de la rue principale, ce café en léger surplomb sur le littoral est idéal pour observer le va-et-vient des passants. Copieux petits-déjeuners (4,50-10 €).

Renseignements

Office municipal du tourisme (☎22840 31975, 22840 31977 ; www.sifnos.gr). Face à l'arrêt de bus, c'est l'endroit pour acheter des billets de ferry, réserver un hébergement, consulter les horaires de bus ou laisser des effets en consigne (1 €/bagage). Horaires d'ouverture selon l'arrivée des bateaux.

Apollonia Απολλωνία

1 070 HABITANTS

En haute saison, un défilé d'Athéniens vêtus à la dernière mode déambule dans Odos Prokou, surnommée Steno (du grec “étroit”). Les cafés, bars, clubs, boutiques et restaurants bouillonnent d'activité.

Au cœur d'Apollonia, au carrefour principal, l'original **musée d'Art populaire** (☎22840 31341 ; 1 € ; 19h-23h, horaires irréguliers) expose pêle-mêle costumes traditionnels, textiles et photos d'époque.

La principale rue carrossable passe en centre-ville, mais garez-vous sur le vaste parking, au pied de la colline, et montez à pied, à travers le dédale de rues.

Où se loger et se restaurer

Mrs Dina Rooms PENSION $

(☎6945513318, 22840 31125 ; d/tr/q 40/50/55 €). Envahi de fleurs, ce joli ensemble de chambres dégage une atmosphère chaleureuse, à 200 m au sud du village en direction de Vathy. En surplomb de la route, la pension donne sur Kastro. Il y a aussi une cuisine.

Patriarca BOUTIQUE-HÔTEL $$

(☎22840 32400 ; www.patriarca.gr ; d 60-120 € ; juin-sept). Descendez le Steno jusqu'à cet hôtel design, dont l'agencement a su tirer habilement partie de surfaces modestes.

Kafeneion O Drakakis CAFÉ $

(☎22840 31233 ; plats 9-11 € ; mars-oct). Au beau milieu du Steno, ce *kafeneio* (café) à l'ancienne et sa terrasse offrent une halte agréable sous le bougainvillée pour boire un café ou savourer un délicieux plat du jour. Intérieur pittoresque et musique grecque.

Apostoli to Koutouki TAVERNE $$
(☎22840 33186 ; plats 9-14 € ; ⏲déj et dîner Pâques-sept). Les spécialités comme le bœuf mijoté dans une cocotte en terre avec tomates, aubergines, fromage et vin complètent à merveille les spécialités de poisson (au kilo) qui font la renommée de cette adresse classique du Steno.

Où prendre un verre

Parmi les nombreux bars du Steno, **Batsi** se distingue par sa lumière tamisée et ses boissons exquises.

Achats

Flânez le long du Steno. **Oasis**, une boutique de vêtements pour femmes, est très appréciée des vacanciers tout comme le **Kykladon Horos**, un complexe branché comprenant des boutiques, des restaurants et des bars.

Ano Petali et Artemonas

Après avoir traversé la route principale partant d'Apollonia, l'enfilade de maisons s'étire vers le nord jusqu'à Ano Petali puis Artemonas et ses riches demeures. Privilégiez les rues piétonnes pour profiter de l'ambiance.

La place centrale d'Artomenas est en retrait de sa sinueuse grand-rue. S'y trouvent l'arrêt de bus, une connexion Wi-Fi municipale et une bonne boulangerie spécialisée dans les *kritsinia* (gressins au sésame).

Où se loger et se restaurer

Hotel Artemon HÔTEL $
(☎22840 31303 ; www.hotel-artemon.com ; Artemonas ; s/d/tr 35/40/60 € ; P❄📶). Un vaste établissement qui offre un hébergement de base, avec vue sur la grand-rue pour les chambres en façade.

♥ **Petali Village Hotel** HÔTEL $$
(☎22840 33024 ; http://sifnoshotelpetali.com/sifnos ; Ano Petali ; d à partir de 120 € petit-déj inclus ; ❄📶🏊). Surplombant une rue piétonne entre Apollonia et Artemonas, ces chambres organisées en terrasse bénéficient d'une superbe vue sur Kastro et la mer. On peut venir vous chercher au port.

Smaragdi BOUTIQUE-HÔTEL $$
(☎22840 33901 ; www.smaragdi.gr ; Artemonas ; s/d/tr/q à partir de 84/95/110/145 € ; ❄📶). Sur la place principale d'Artemonas, cet hôtel s'enorgueillit d'une vaste terrasse et d'adorables chambres proprettes.

Margarita MEZZE $
(☎22840 33074 ; Artemonas ; plats 3,50-4,50 € ; ⏲déj et dîner). Simples et délicieux, les plats comme les chaussons aux pois chiches sont servis dans un patio, sous les arbres, sur la place centrale d'Artemonas.

Mamma Mia ITALIEN $$
(☎22840 33086 ; www.mammamiasifnos.com ; Ano Petali ; plats 8-15 € ; ⏲déj et dîner). Les souriants propriétaires italiens concoctent des spécialités authentiques.

Ailleurs sur Sifnos

Ne manquez pas le village fortifié de **Kastro**, en haut d'une falaise à 3 km d'Apollonia. Avec ses rues flanquées d'arcs-boutants et de maisons chaulées, l'ancien chef-lieu de Sifnos est un endroit magique, entouré de vallées d'un côté et de la mer de l'autre. Il possède un modeste **musée archéologique** (☎22840 31022 ; ⏲8h30-15h mar-dim) GRATUIT, avec le port de **Seralia** niché en contrebas.

Sur la côte sud-est, le hameau de pêcheurs de **Faros** a deux belles plages, notamment **Fasolou** que l'on rejoint de l'arrêt de bus par un escalier qui permet de passer de l'autre côté du promontoire.

Le beau monastère blanchi à la chaux de **Chrysopigi** est perché sur un îlot relié au rivage par une petite passerelle. Des plages sublimes sont baignées d'eaux cristallines et des sentiers sillonnent les différents caps.

À 10 km au sud d'Apollonia, **Platys Gialos** se distingue par son immense plage bordée de tavernes, de *domatia* et de boutiques.

Sur la côte sud-ouest, **Vathy** est un village à l'atmosphère ultradécontractée, au creux d'une baie quasi circulaire de toute beauté.

Au nord, les falaises arides et sauvages plongent dans la mer et le petit village désordonné de **Heronisos** se cache au creux d'une baie protégée, à quelque 15 km d'Apollonia. On ne peut rejoindre la superbe **plage de Vroulidia** qu'en voiture ou en bateau.

À voir et à faire

Acropole d'Agios Andreas RUINES
(☎22840 31488 ; 2 € ; ⏲8h-15h mar-dim). Perchée sur une colline au cœur de l'île, à environ

2 km au sud d'Apollonia, cette acropole entièrement mise au jour remonte à la période mycénienne (XIIIe siècle av. J.-C.). De la muraille intacte, le panorama dévoile les vallées intérieures et l'île voisine de Paros. Il y a un petit musée. Contiguë, l'**église d'Agios Andreas** date du début du XVIIIe siècle.

Sentiers RANDONNÉE
Sifnos est sillonnée de sentiers, comme le vieux chemin pavé reliant Apollonia à Kastro. Il débute à 20 m sur la droite (route de Vathy) du carrefour en "T", à Apollonia. Un autre sentier fait le tour de Kastro, avec de splendides points de vue. Un troisième relie Kastro à **Poulati**, doté d'un superbe monastère dominant une crique rocheuse.

Où se loger et se restaurer

Kastro

Des cafés cosy comme **Dolci** (22840 32311 ; en-cas 5-10 € ; 9h-tard Pâques-sept) servent des cocktails, du café et des crêpes.

Antonis Rooms PENSION $
(22840 33708 ; http://sifnosholidays.gr ; d 45 € ;). À l'entrée de Kastro, ces chambres simples et accueillantes surplombent la baie. Cuisine commune.

Aris & Maria Traditional Houses APPARTEMENTS $$
(6946874360, 22840 31161 ; www.arismaria-traditional.com ; studio 65-80 € ;). Pour une expérience authentique à Kastro, choisissez ces appartements gérés en famille et aménagés dans des maisons typiques de Sifnos, au cœur du village. Certains donnent sur la mer.

Leonidas TAVERNE $$
(22840 31153 ; plats 6-15 € ; déj et dîner Pâques-sept). Outre son splendide point de vue, cette taverne populaire sert de bonnes spécialités locales comme les croquettes de pois chiches ou le *mastelo* (fromage grillé).

Astron TAVERNE $$
(22840 31476 ; plats 7-14 € ; déj et dîner juin-sept). Goûtez le poulpe aux olives ou les aubergines au homard, au cœur de Kastro.

Chrysopigi

Roubina Rooms APPARTEMENTS $
(22840 31416 ; d/tr 50/55 € ;). Des appartements indépendants très simples, avec vue imprenable sur Chrysopigi.

Apokofto TAVERNE $
(22840 71272 plats 8-9 € ; déj et dîner Pâques-oct). L'une des deux excellentes tavernes de Chrysopigi, directement sur la plage. Également des chambres à louer.

Platys Gialos

Hotel Efrosini HÔTEL $$
(22840 71353 ; www.hotel-efrosini.gr ; d/tr 75/90 € petit-déj inclus ; Pâques-sept ;). Cet hôtel bien tenu est l'un des meilleurs de Platys Gialos. Les petits balcons donnent sur une cour verdoyante, à deux pas de la mer.

Hotel Verina BOUTIQUE-HÔTEL $$$
(22840 71525 ; www.verina.gr ; d/app à Platys Gialos à partir de 160/180 €). Le complexe Verina dispose d'hébergements à Platys Gialos, Ano Petali et au-dessus de Poulati. Chambres, suites, appartements et villas tout confort.

Mamma Mia ITALIEN $$
(22840 71219 ; www.mammamiasifnos.com ; Platys Gialos ; plats 8-15 € ; déj et dîner mai-oct). Marco et Luca tiennent ce restaurant italien, sur le front de mer. Les produits de la mer sont à l'honneur.

Ariadne Restaurant GREC $$
(22840 71277 ; plats 6-16 € ; déj et dîner juin-sept). Combinez des ingrédients bien choisis à une préparation soigneuse et vous obtiendrez des plats grecs modernes simples mais délicieux, comme la salade de câpres sauvages, l'agneau au vin rouge et le risotto aux fruits de mer.

Vathy

Quelques tavernes sont installées sur le front de mer de Vathy, notamment **Oceanida** et **Manolis**, qui proposent de bons plats grecs.

Studios Nikos APPARTEMENTS $$
(22840 71512 ; www.sifnosrooms.com ; app 75-120 € ; avr-oct ;). Des studios accueillants et bien équipés (avec kitchenette), dans un coin ravissant de la baie de Vathy.

Areti Studios APPARTEMENTS **$$**
(☎22840 71191 ; d/app 60/100 € ; P ❄). En retrait de la plage, parmi les oliviers, ces chambres lumineuses et propres partagent un joli jardin. Certaines ont une cuisine.

SÉRIFOS ΣΕΡΙΦΟΣ

1 480 HABITANTS

D'une beauté rude et aride avec ses montagnes escarpées, les terres de Sérifos plongent dans des baies bleu outremer. En dehors de son traditionnel village perché sur la colline et du port en contrebas, l'île reçoit peu de visiteurs et la nature semble avoir repris ses droits. Quelques vestiges d'extraction du fer (rails rouillés, grues) attirent la curiosité, outre le vol des papillons et les bourrasques de vent (parfois violentes). Louez un véhicule pour bien l'explorer.

Dans la mythologie grecque, Sérifos est l'île où grandit Persée et celle où vécurent les Cyclopes. Autant de récits à se remémorer en randonnant grâce à la très utile carte *Topo 25/10.26 Aegean Cyclades/Serifos* éditée par Anavasi.

ℹ Depuis/vers Sérifos

Sérifos est sur la ligne de ferry Le Pirée-Cyclades occidentales. L'été, l'île est reliée au sud de l'archipel. Les billets sont vendus par **Kondilis** (☎22810 52340), sur le front de mer de Livadi.

Bateaux au départ de Sérifos

VERS	DURÉE	TARIF (€)	FRÉQUENCE
Andros	4 heures 50	12	2/sem
Folégandros	4 heures 30	19	1/sem
Kythnos	1 heures 20	9	1-2/jour
Le Pirée	5 heures	24	1-2/jour
Le Pirée*	2 heures 15	30-43	1-2/jour
Milos	3 heures	8	1-2/jour
Milos*	35 min	16	1/jour
Paros	2 heures 30	10	2/sem
Santorin (Thira)	6 heures 30	19	2/sem
Sifnos	50 min	7	1-2/jour
Sifnos*	25 min	14	1-2/jour
Syros	4 heures	9	1/sem
Tinos	3 heures 30	14	2/sem

*express

Sérifos

ℹ Comment circuler

Des bus relient toutes les heures le port de Livadi au village de Sérifos (Hora, 1,60 €, 15 min) ; les horaires sont affichés sur l'arrêt de bus, à côté du débarcadère des ferries. Beaucoup plus rares sont les autres liaisons.

Pour louer une voiture (40 €/jour), un scooter (22 €/jour) ou un quad (28 €/jour), choisissez **Poseidon Rent A Car** (☎6974789706, 22810 52030) qui vous prendra et vous déposera où vous voulez, ou **Krinas Travel** (☎22810 51488 ; www.serifos-travel.gr), sur le front de mer.

La course en **taxi** (☎6932431114, 69444730 44) coûte 7 € pour Hora ou Psili Ammos, 20 € pour Sykamia ou Megalo Livadi et 11 € pour Vagia.

Livadi Λιβάδι

600 HABITANTS

Malgré sa popularité croissante, le port de Sérifos est une bourgade assez paisible comme si le monde moderne n'avait aucune emprise sur elle. De l'autre côté du promontoire qui se dresse près du débarcadère s'étend la jolie plage de **Livadakia** bordée de tamaris. Plus au sud, passé le cap suivant, **Karavi** est le lieu d'élection des nudistes.

EAU POTABLE

Sérifos est l'une des rares îles où les habitants boivent l'eau du robinet.

Où se loger et se restaurer

La majorité des hébergements bordent la plage de Livadakia et la plupart des hôteliers vont chercher leurs clients au port.

Camping & Bungalows Coralli CAMPING, APPARTEMENTS $
(22810 51500 ; www.coralli.gr ; plage de Livadakia ; empl adulte/enfant/tente 8/4/6 €, bungalows et app 65-110 € ;). À l'ombre de grands eucalyptus et juste derrière la plage de Livadakia, ce terrain bien équipé et entretenu loue aussi d'excellents bungalows avec vue sur la montagne ou la mer. Un agréable espace piscine-bar, un **restaurant** (plats 5-10 €), une supérette, une cuisine et un barbecue assurent confort et indépendance, même pour les agréables appartements équipés.

Alexandros-Vassilia APPARTEMENTS $
(22810 51119 ; www.alexandros-vassilia.gr ; plage de Livadakia ; d/app 60/80 € petit-déj inclus ; Pâques-sept ;). Surtout connu pour sa **taverne** (plats 6-10 €) du front de mer, installée dans un jardin embaumant la rose, ce complexe loue des chambres propres et sobres et des appartements bien équipés.

Medousa PENSION, APPARTEMENTS $
(22810 51128 ; www.medousaserifos.com ; plage de Livadakia ; d/tr 50/60 € ;). À quelques pas de la plage, cet hébergement confortable donnant sur un jardin coquet loue des chambres avec vue sur la plage. Certaines ont une cuisine.

Studios Niovi APPARTEMENTS $$
(22810 51900 ; www.studiosniovi.gr ; Livadi ; app à partir de 70 € petit-déj inclus). Dans la courbe la plus à l'est de la baie de Livadi, ces appartements impeccables ouvrent sur les flots, l'animation de Livadi, le village perché et les montagnes en arrière-plan. L'adorable propriétaire prépare un fabuleux petit-déjeuner.

Kali's POISSON ET FRUITS DE MER $
(22810 52301 ; port ; plats 8-12 € ; déj et dîner ;). Des tables blanches dressées au bord de l'eau, un service aimable et une délicieuse cuisine maison, notamment des mezze.

Takis TAVERNE $
(22810 51559 ; port ; plats 5-12 € ; déj et dîner ;). Plats grecs et produits de la mer tout à fait fiables.

Passaggio CAFÉ $
(port ; plats 7-14 € ; 9h-tard ;). Un café-restaurant ouvert toute la journée, servant de bons plats internationaux.

Metalleio GREC $$
(22810 51755 ; Livadi ; plats 10-15 € ; 20h30-tard). Sur la route en retrait du front de mer, Metalleio prépare de délicieux mets originaires de différentes îles des Cyclades. Citons les *matsatai,* des pâtes de Folégandros au porc fumé, aux tomates et au *graviera* (sorte de fromage jaune). La meilleure adresse de l'île pour écouter de la musique.

Où prendre un verre et faire la fête

Sur le front de mer de Livadi, plusieurs bars à musique assurent l'animation, notamment le **Karnayio**, qui fait la part belle au rock classique. Metalleio donne parfois des concerts.

Anemos Café CAFÉ
(). Au-dessus de Krinas Travel, la vaste terrasse d'Anemos offre une vue imprenable sur le port de plaisance et le village dans le lointain. Propriétaires sympathiques, en-cas et cafés savoureux et bon marché. L'activité bat son plein à l'arrivée des bateaux.

Yacht Club Serifos BAR
(7h-3h). Sur le front de mer, ce café-bar classique est empreint d'une atmosphère festive. Musique lounge en journée et tubes rock, disco et funk jusque tard dans la nuit.

Renseignements

Les sites www.e-serifos.com et www.serifos-island.com s'avèrent utiles. Les deux DAB du front de mer sont les seuls sur l'île.

Autorité portuaire (22810 51470). En haut d'un escalier, à côté de Krinas Travel.

Sérifos (Hora)
Σέριφος (Χώρα)

Perché au sommet d'un piton rocheux dominant Livadi, le chef-lieu de Sérifos est l'une des villes cycladiques les plus fascinantes.

Le terminus des bus et le principal parking se trouvent dans le haut de la ville, non loin de plusieurs moulins à vent. Dans le même secteur, on découvre la minuscule **collection archéologique** (☎22810 51138 ; 2 € ; ⏲8h30-16h mar-dim), composée de fragments de sculptures découvertes dans le *kastro* et principalement hellénistiques et romaines. De là, des marches conduisent au dédale de ruelles que forme Hora et à sa charmante **grand-place** que domine un joli petit **hôtel de ville** néoclassique.

De la place, des venelles et d'autres escaliers montent encore plus haut jusqu'à de petites églises comme l'**Agios Ioannis Theologos**, bâtie dans la roche, à l'emplacement d'un ancien temple d'Athéna. On arrive ainsi aux ruines du **kastro vénitien** (XVe siècle), d'où le point de vue est spectaculaire. Sur l'autre versant, les ruelles dégringolent jusqu'à une église surmontée d'une coupole bleu vif. À côté, il y a un autre parking.

Où se loger

I Apanemia PENSION $

(☎6971891106, 22810 51517 ; d 40 € ; ❄). Une parfaite adresse familiale pour la qualité de ses chambres, correctes et bien équipées, et ses tarifs modestes. En façade, les balcons laissent voir la mer au loin et sur le côté on a vue sur le village.

Anemoessa Studios APPARTEMENTS $$

(☎22810 51132 ; www.serifos-anemoessa.gr ; app 80-100 € ; ❄📶). Jolis appartements contemporains pour 4 personnes, blanchis à la chaux dans le pur style cycladique.

Où se restaurer et prendre un verre

♥ **Stou Stratou** CAFÉ $

(☎22810 52566 ; Plateia Ag Athanasiou ; plats 4-14 € ; ⏲9h-tard Pâques-oct ; 📶). Sur la ravissante grand-place, le charmant Stou Stratou sert des petits-déjeuners (3-8 €), des en-cas comme la tarte au fenouil, des assiettes composées et même des cocktails.

Petros TAVERNE $

(☎22810 51302 ; plats 6-9 € ; ⏲14h-minuit Pâques-sept). La meilleure option de Hora pour des classiques grecs. Sur la place du moulin, avec vue sur les montagnes.

Aloni MÉDITERRANÉEN $$

(☎22810 52603 ; plats 8-15 € ; ⏲dîner mai-sept). À mi-chemin sur la droite quand on grimpe de Livadi au village, Aloni se distingue par sa vue et son atmosphère haut de gamme. Les plats sont délicieux.

Aerino BAR

Juste en retrait de la place du moulin, Aerino est idéal pour se détendre devant un splendide panorama.

Ailleurs sur Sérifos

À environ 1,5 km au nord de Livadi, la jolie petite **plage de Psili Ammos** offre les meilleures possibilités de baignade à proximité du port et deux excellentes tavernes.

Du village de Sérifos (Hora), un **sentier** file au nord vers le village de **Kendarhos** (également appelé Kallitsos), 4 km plus loin. De là, une route en lacets (3 km) conduit au **Moni Taxiarhon**, monastère fortifié du XVIIe siècle aux impressionnantes fresques peintes un siècle plus tard. Prévoyez de l'eau et de la nourriture car il n'y a aucun commerce à Kendarhos.

À l'extrême nord, la **plage de Platys Gialos** possède une bonne taverne, ouverte en été seulement.

L'une des plus belles plages de l'île est **Sykamia**, accessible par une époustouflante route d'accès, escarpée et venteuse, qui traverse des collines en terrasses ponctuées de pigeonniers. La plage elle-même est une étendue de sable gris-brun truffé de pierres. **Bitos** (plats 6-9 € ; ⏲déj et dîner en été seulement), l'une des seules infrastructures, sert une nourriture goûteuse. Pour atteindre Sykamia, vous traverserez le village de **Panagia**.

Sur la côte sud-ouest, l'eau scintille dans la baie de **Megalo Livadi** qui a su conserver ses édifices néoclassiques témoins de la grande époque minière. Une excellente taverne de fruits de mer, **Kyklopas** (☎22810 51009 ; plats 5-12 € ; ⏲déj et dîner Pâques-sept) y est installée. Non loin, se trouve la grotte présumée des Cyclopes.

Généralement larges et sablonneuses, les plus belles plages de la côte sud bordent des baies exquises et sont désertes hors de la haute saison. **Ganema**, **Vagia** ou **Kalo Ambeli** sont particulièrement attrayantes.

KYTHNOS ΚΥΘΝΟΣ

1 310 HABITANTS

Aux collines succèdent les rochers arides ponctués de refuges en pierre et de vieux murs, puis de superbes vallées verdoyantes et enfin des plages intactes. Sur cette île essentiellement rurale, la vie se déroule en toute simplicité. Au port de Merihas, dans la belle bourgade de Kythnos (Hora) et à Dryopida, le rythme est tranquille. Les îliens accueillent volontiers les visiteurs prêts à s'adapter à la douceur de vivre de Kythnos.

Depuis/vers Kythnos

Des ferries desservent Le Pirée et Laurion (Lavrio) sur le continent, Kéa au nord, et les îles du sud en haute saison (bien moins accessibles le reste du temps). À Merihas, les billets sont vendus par **Anerousa Travel** (☎22810 32372) ou Larentzakis Travel Agency (ci-contre).

Bateaux au départ de Kythnos

VERS	DURÉE	TARIF (€)	FRÉQUENCE
Andros	5 heures 40	14	1/sem
Kéa	1 heure 20	7	3/sem
Kimolos	5-11 heures	18	2/sem
Laurion (Lavrio)	2 heures	10	2/jour
Le Pirée	3 heures 10	23	1-2/jour
Sérifos	1 heure 20	9	1-2/jour
Syros	2 heures 10	9	4/sem

Comment circuler

En haute saison, des bus circulent entre Merihas et Dryopida (1,60 €), poursuivant leur chemin jusqu'à Kanala (2,80 €) ou Kythnos village (1,60 €). Des liaisons moins régulières desservent Loutra (2,80 €). À Merihas, le départ des bus se trouve en général à la bifurcation pour Kythnos village. Hors vacances, seuls les bus scolaires semblent circuler.

Un véhicule est souhaitable pour explorer l'île. Larentzakis Travel Agency (ci-contre) loue des voitures (environ 30 €/jour) et des scooters (à partir de 15 €/jour).

Un **taxi** (☎69442 71609, 22810 32883) coûte environ 9 € pour Kythnos village ou 7 € pour Dryopida. En été, un **bateau-taxi** (☎6944906568) dessert les plages aller-retour (environ 10 € l'aller-retour).

Merihas Μέριχας

300 HABITANTS

Le minuscule village de Merihas réunit la majorité de l'activité de l'île en basse saison. Des cafés et des restaurants bordent le petit port et les collines recèlent quelques chambres à louer. Les plus belles plages accessibles à pied se trouvent à **Episkopi** et à **Apokrousi**, au nord du débarcadère. Connexion Wi-Fi gratuite au port.

Où se loger et se restaurer

En général, les propriétaires de *domatia* attendent à l'arrivée des bateaux. Réservez bien à l'avance en juillet-août. Au restaurant, assurez-vous de choisir un plat préparé le jour même.

Kontseta APPARTEMENTS $
(☎22810 33024 ; www.kontseta.gr ; d 50 € ; ⏲avr-oct ; ❄). Haut perchés au-dessus du port, du côté du débarcadère, ces appartements modernes ont une longueur d'avance sur la concurrence. Couchers de soleil inoubliables.

Studios Maria Gonidi APPARTEMENTS $
(☎22810 32324 ; d 40 € ; ❄). À l'extrémité de la baie, ce complexe jouit d'un point de vue panoramique. Les chambres, étincelantes de propreté, assurent par leur équipement une totale indépendance hôtelière.

Ioanna's Rooms APPARTEMENTS $
(☎22810 32858 ; www.kithnosisland.gr/ioannas ; d à partir de 40 € ; @). Autre bon choix, tout au bout du port, avec des chambres pourvues de balcons.

Taverna to Kandouni TAVERNE $
(☎22810 32220 ; plats 6-14 € ; ⏲déj et dîner). Sur la courbe sud du front de mer, Kandouni est spécialisé dans les plats de viande grillée et les souvlakis.

Molos SOUVLAKI $
(gyros 2 € ; ⏲déj et dîner). Savoureux souvlakis, à l'arrivée des ferries.

Ostria POISSON ET FRUITS DE MER $$
(☎22810 32263 ; plats 6-15 € ; ⏲déj et dîner). Lieu incontournable pour le poisson (surtout la soupe de poisson et les anchois) et les mezze.

Où prendre un verre et faire la fête

Flânez sur le front de mer pour opérer votre choix parmi les différents bars et cafés.

Rock Castle BAR
En surplomb du port, le Rock Castle offre un point de vue imprenable ainsi qu'un grand choix de cocktails et de bières, dont certaines brassées en Grèce. Musique jazz, reggae et rock, et parfois des concerts.

Renseignements

Larentzakis Travel Agency (☎6944906568, 22810 32104). Vente de billets de ferry, réservation d'hébergements et aide pour la location de voitures.

Kythnos

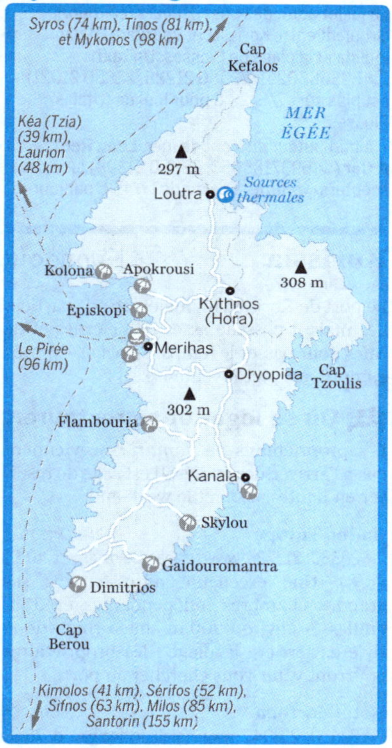

Autorité portuaire (☎22810 32290). Sur le front de mer.

Kythnos (Hora)
Κύθνος (Χώρα)

Charmant chef-lieu, Kythnos village (appelé aussi Messaria) est lové au milieu des champs et conserve un caractère éminemment grec. Les petits cafés et commerces aux devantures colorées égaient les ruelles de ce village traditionnel, tandis que des dames âgées étendent tranquillement leur linge.

Tout en longueur, la rue principale invite à la promenade, traversant l'adorable grand-place et longeant une enfilade de cafés, restaurants, céramistes et confiseries. Logez dans les excellents appartements avec cuisine de **Filoxenia** (☎22810 31644 ; www.filoxenia-kythnos.gr ; d/tr 60/70 € ; ⏲tte l'année ; P❄) et savourez la cuisine insulaire des tavernes **To Steki** et **Messaria**. **Koursaros** est plaisant pour prendre un verre et observer les passants. Un DAB et le **poste de police** (☎22810 31201) de l'île sont situés sur le parking, à l'entrée du village en venant de Merihas.

Ailleurs sur Kythnos

À la fois station balnéaire décontractée et village de pêcheurs, **Loutra**, à 3 km au nord du village principal, dans une baie exposée aux vents, bénéficie de la présence de **sources thermales**. **Porto Klaras** (☎22810 31276 ; www.porto-klaras.gr ; d 75-90 €, app 4 pers 120 € ; ⏲avr-oct ; ❄📶) y loue d'impeccables studios équipés d'une cuisine. Entre autres tavernes pour amateurs de poisson, optez pour **Araxovoli** (☎22810 31082 ; poisson à partir de 10 €/kg ; ⏲déj et dîner). Juste à l'entrée du village, **Koutsiko** (☎22810 31185 ; plats 6-12 € ; ⏲déj et dîner) sert une excellente viande grillée.

Accroché de part et d'autre d'un ravin, **Dryopida** est un bourg ravissant, aux toits de tuile rouge et aux rues sinueuses, relié à Kythnos (Hora) par un sentier.

La plage la plus réputée est la double baie de **Kolona**, étroite bande de sable s'avançant au large telle une péninsule jusqu'à un îlot. En basse saison, l'endroit est agréable et de nombreux voiliers viennent y mouiller. Le mieux est de venir en bateau car les routes sont peu carrossables. On y trouve une taverne ouverte en haute saison.

Il existe d'autres plages agréables à **Flambouria**, à environ 2,5 km au sud de Merihas, ou dans les secteurs isolés de **Skylou** et **Gaidouromantra**.

Sur la côte sud-est, à **Kanala**, un monastère intéressant se dresse sur la pointe, le **Panagia Kanala**, mais la plage est sans intérêt.

KÉA (TZIA)

2 420 HABITANTS

La beauté naturelle de Kéa, dotée de falaises escarpées, d'un littoral spectaculaire et de collines fertiles, a été altérée par la multiplication des maisons de vacances, car Kéa, l'île la plus proche de l'Attique, est très facilement accessible pour les riches Athéniens. Louer un véhicule permet de sortir des sentiers battus et de profiter de ses charmes : éperons rocheux, vallées verdoyantes tapissées de vergers, d'oliviers, d'amandiers et de chênes, agriculteurs tirant de l'eau d'un

Kéa (Tzia)

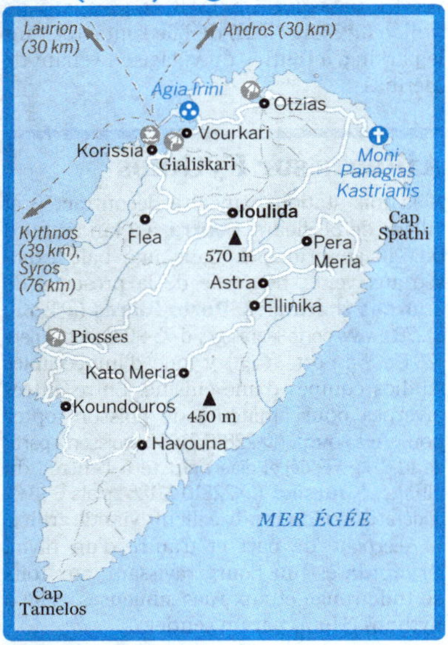

puits et la transportant à dos d'âne. Les principales localités sont le port de Korissia et le joli chef-lieu, Ioulida, à environ 5 km dans les terres. Les habitants appellent leur île "Tzia".

Depuis/vers Kéa

Au départ de Kéa, les seuls bateaux pour le continent desservent Laurion (Lavrio). Les liaisons avec les autres îles sont rares et le week-end, les ferries sont bondés. Réservez bien à l'avance via une agence de voyages pour le **Marmari Express** (☎ Kéa 22880 21435, Laurion 22920 26200), ou via le **représentant** (☎ Kéa 22880 21920, Laurion 22920 69380) pour **Makedon, NEL Lines** et **Artemis**. Une billetterie est installée sur le front de mer de Korissia.

Bateaux au départ de Kéa (Tzia)

VERS	DURÉE	TARIF (€)	FRÉQUENCE
Andros	6 heures 20	10	2/sem
Kythnos	1 heure 20	7	3/sem
Laurion (Lavrio)	1 heure	10	4/sem
Milos	12 heures 20	14	2/sem
Paros	6 heures 20	18	2/sem
Syros	3 heures 40	12	2/sem
Tinos	5 heures	13	4/sem

Comment circuler

En juillet-août, des bus réguliers (en théorie) circulent entre Korissia et Vourkari, Otzias, Ioulida et la plage de Piosses. Un **taxi** (☎ 6936660251, 22880 21228, 22880 21021) est plus sûr : 7/6/22 € pour Ioulida/Otzias/Piosses.

À mi-hauteur du front de mer, **Leon Rent A Car** (☎ 6937185053, 22880 21898) loue des scooters/voitures à partir de 17/45 € par jour.

Korissia Κορησσία

880 HABITANTS

Le port de Korissia n'a aucun attrait particulier mais il possède assez de tavernes et de cafés pour passer le temps. Sa plage, exposée au nord, est plutôt venteuse.

Où se loger et se restaurer

Les propriétaires de *domatia* ne viennent pas à l'arrivée des ferries. Il est sage de réserver en haute saison et le week-end.

United Europe APPARTEMENTS $
(☎ 22880 21362 ; www.uekeastudios.gr ; d 40 € ; ❄📶). Une excellente adresse avec ses grandes chambres indépendantes et tranquilles. À environ 200 m sur la route de la rivière, derrière la plage ; les propriétaires pourront venir vous chercher au port.

Hotel Karthea HÔTEL $$
(☎ 22880 21204 ; www.hotelkarthea.gr ; d 75 € ; ⏲ Pâques-oct). Cet hôtel central et sans chichis loue des chambres sommaires mais plaisantes avec des sdb spacieuses. Balcons face à la mer pour certaines.

Odale CAFÉ $
(☎ 22880 29060 ; www.odale.gr ; en-cas 5-10 € ; ⏲ 9h-tard avr-oct). Fraîcheur et originalité caractérisent les petits-déjeuners, les sandwichs et les pâtisseries. À l'endroit où la route oblique vers l'intérieur des terres.

Magazes MÉDITERRANÉEN $$
(☎ 22880 21104 ; www.magazes.gr ; plats 8-13 € ; ⏲ déj et dîner ; 📶). Au milieu du front de mer, ce restaurant aménagé dans un ancien entrepôt est réputé pour ses produits de la mer et ses spécialités comme le risotto aux moules avec fenouil frais et poivrons.

Lagoudera TAVERNE $$
(☎ 22880 21977 ; plats 7-12 € ; ⏲ déj et dîner ; 📶). Idéal pour de savoureux plats grecs comme la tourte aux champignons et le porc au céleri.

Renseignements

Connexion Wi-Fi gratuite au port. Les sites www.kea-tzia.gr et www.kea.gr sont de bonnes sources d'information.

Office du tourisme (☎22880 22651). En face du débarcadère, une liste de *domatia* (en grec) est à disposition, mais pas grand-chose de plus.

Ioulida Ιουλίδα

1 550 HABITANTS

Joyau de Kéa, Ioulida se drape autour du sommet de deux collines à travers un entrelacs de ruelles et d'édifices intéressants. Celle qui fut une cité antique de première importance dégage désormais une ambiance très cosmopolite le week-end.

Le terminus du bus se trouve sur une place, à l'entrée du bourg. De là, des arcades mènent au village. (Garez-vous sur le parking sous la place.) Après les arcades, tournez à droite et montez le long de la grand-rue bordée de boutiques et de cafés, jusqu'à atteindre le célèbre Lion de Kéa.

À voir

Lion de Kéa — MONUMENT

Sculpté dans le granit au VIe siècle av. J.-C., l'énigmatique Lion de Kéa, se dresse sur un coteau, après les dernières maisons d'Ioulida. La balade est fantastique. Depuis le haut de la grand-rue, suivez les pancartes en bois indiquant Αρχαίος Λέων (lion antique) jusqu'à l'extérieur du village (vous apercevrez alors le lion, de l'autre côté de la vallée). Le sentier contourne un cimetière, puis un portail sur la gauche permet de s'approcher du lion, aux cuisses érodées et au sourire de Joconde. Le chemin continue jusqu'à Otzias.

Musée archéologique — MUSÉE

(☎22880 22079 ; adulte/enfant 2 €/gratuit ; ⌚8h-15h mar-sam juin-sept). Quelques pièces remarquables y sont exposées, notamment de superbes figurines en terre cuite, provenant principalement du site minoen d'Agia Irini. Juste avant la poste, dans la rue principale.

Où se loger et se restaurer

Renseignez-vous sur les chambres et les tavernes. Le meilleur restaurant est de loin **Estiatorio I Piatsa** (☎22880 22195 ; plats 7,50-9 € ; ⌚déj et dîner), sous les arcades. Ici, les habitants chaleureux jouent des coudes pour se régaler de viande grillée, de crevettes et de plats traditionnels.

AGROTOURISME

Installée dans les terres, en arrière de Korissia, la **Red Tractor Farm** (☎22880 21346 ; www.redtractorfarm.com ; d 90 €, studio 130-180 € ; P ❄ @ ᯤ) est un havre de paix. Kostis Maroulis et Marcie Mayer sont à la tête de cette entreprise originale d'agrotourisme durable. Au beau milieu de vignes bio et d'oliveraies, ce bel ensemble cycladique mêle tradition, confort et éléments contemporains. Kostis et Marcie produisent aussi de l'huile d'olive, du vin, de la confiture et du chutney.

Ailleurs sur Kéa

La route côtière qui part de Korissia passe par la **plage de Gialiskari** et mène, 2,5 km plus loin, au hameau de **Vourkari**. Très apprécié des plaisanciers, son front de mer est jalonné de voiliers et de cafés. Au bout de la baie, **H Strofi tou Mimi** (☎22880 21480 ; plats 6-9 € ; ⌚déj et dîner, week-end seulement en hiver) est l'une des meilleures tavernes de fruits de mer de l'île.

Otzias, au nord, abrite une plage de sable dont les familles profiteront en séjournant dans les chaleureux appartements d'**Anemousa** (☎22880 21355 ; www.anemousa.gr ; studio/app à partir de 80/100 € ; P ❄ ᯤ ≋), à 50 m à l'intérieur des terres. Une spectaculaire route côtière continue encore sur 5 km jusqu'au **Moni Panagias Kastrianis** (XVIIIe siècle), incroyablement perché sur un promontoire rocheux. On retourne à Ioulida par une magnifique route de crête qui surplombe des vallées boisées de part et d'autre, et traverse des villages ruraux.

À 8 km au sud-ouest d'Ioulida, **Pissès**, la plus belle plage de l'île, est bordée de vergers, d'oliveraies et de collines arides. Bien tenu et planté de gros eucalyptus, le **Camping Kea** (☎22880 31302 ; campingkea@yahoo.gr ; empl adulte/tente/voiture 5,50/5,50/4 €, bungalows 40 € ; ⌚mai-sept ; P ᯤ) dispose d'une boutique et d'un café. La taverne de la plage, **Christoforos** (☎22880 31308 ; plats 6-10 € ; ⌚mars-oct) sert de délicieux plats de poisson.

Dans les terres, **Kato Meria** est connu pour son restaurant de viande et de mezze, **H Taverna tou Simou** (☎22880 24280 ; plats 6-15 € ; ⌚déj et dîner haute saison).

Dodécanèse

Dans ce chapitre ➡

Le top des restaurants

- Barbarossa (p. 472)
- Taverna Mylos (p. 480)
- Marco Polo Mansion (p. 432)
- Meraklis (p. 453)

Le top des hébergements

- Marco Polo Mansion (p. 431)
- Melenos (p. 436)
- To Archontiko Angelou (p. 483)
- Villa Melina (p. 476)

Pourquoi y aller

Fragments de Grèce intemporelle, dans le sud-est de la mer Égée, les îles du Dodécanèse (Δωδεκάνησα) forment l'une des régions les plus ensoleillées du pays. Elles abritent des vestiges de l'Empire byzantin, de l'époque des croisés, chevaliers de Saint-Jean du Moyen Âge, puis de l'Empire ottoman et enfin de l'occupation italienne au XXe siècle. Outre Rhodes et Kos, les plus connues, d'autres îles vous attendent.

Randonneurs et amateurs de nature affluent à Tilos ; les férus d'escalade trouvent leur bonheur sur les falaises de Kalymnos, non loin des grottes sous-marines et d'anciennes épaves attendent la visite des plongeurs. Ici, souffle l'esprit d'Éole, en particulier au sud de Karpathos, que les amoureux de kitesurf apprécient pour ses vents légendaires. Comme ailleurs en Grèce, les îles comptent quantité de sites où les aspirants archéologues laissent vagabonder leur imagination. Les épicuriens, eux, aiment s'adonner aux joies du farniente sur la myriade de plages qui ourlent les îles.

Quand partir

Rhodes

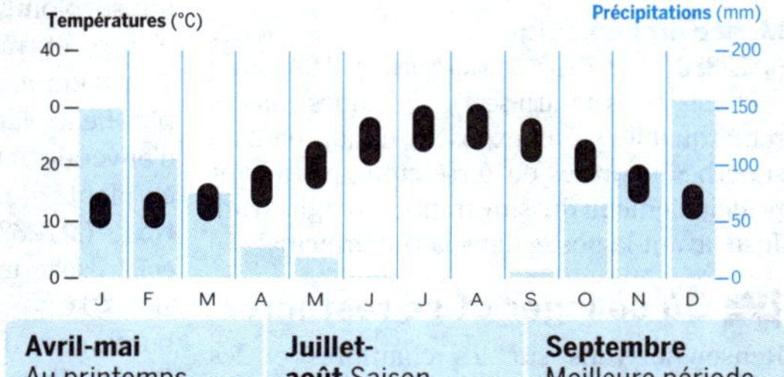

Avril-mai Au printemps, les prix sont bas, les visiteurs peu nombreux et la mer se réchauffe.

Juillet-août Saison d'affluence – pensez à réserver votre hébergement.

Septembre Meilleure période pour s'y rendre : plages désertes, mer chaude et tarifs hôteliers en baisse.

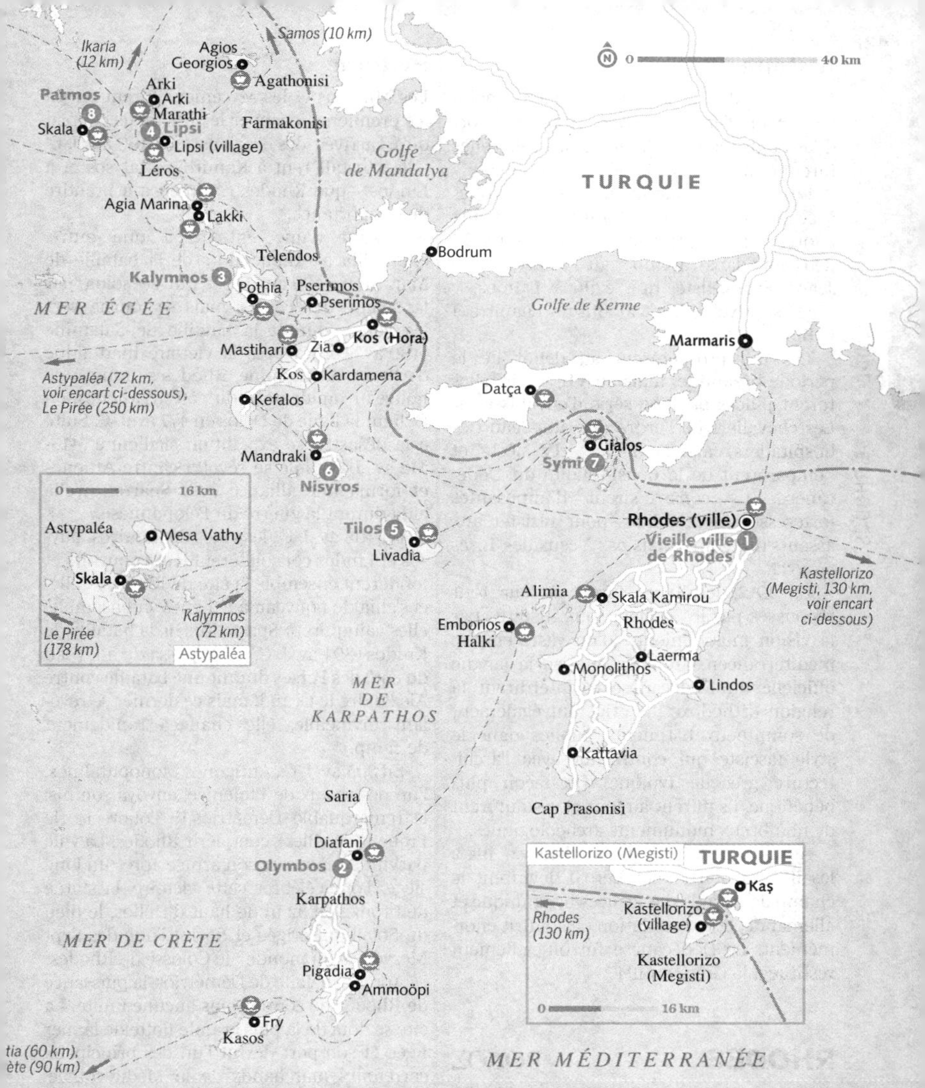

À ne pas manquer

1 Une promenade sous les arcades byzantines le long des allées pavées de la **vieille ville de Rhodes** (p. 426).

2 Le village de montagne d'**Olymbos** (p. 445) et la route sinueuse qui y mène.

3 L'exploration d'épaves sous-marines ou l'escalade des falaises de **Kalymnos** (p. 473).

4 Une plage déserte à **Lipsi** (p. 489).

5 Une randonnée ou une balade ornithologique à **Tilos** (p. 454).

6 Le volcan de **Nisyros** (p. 458), qui a la réputation de garder un Titan prisonnier.

7 L'arrivée en bateau dans le beau port de style italien de **Symi** (p. 450).

8 Le pèlerinage à **Patmos** (p. 484), où Jean l'Évangéliste a écrit son *Apocalypse*.

Histoire

Les îles du Dodécanèse étaient habitées avant l'ère minoenne. Après la mort d'Alexandre le Grand, en 323 av. J.-C., elles furent dominées par Ptolémée Ier d'Égypte.

Les habitants furent les premiers Grecs à se convertir au christianisme, suite aux efforts soutenus de saint Paul, qui se rendit deux fois dans l'archipel au Ier siècle, et de Jean l'Évangéliste, qui, exilé à Patmos, y vécut sa révélation et ajouta un chapitre à la Bible.

Les îles prospérèrent au début de la période byzantine, mais au VIIe siècle, elles furent pillées par une série d'envahisseurs. Les chevaliers de l'ordre de Saint-Jean (les hospitaliers) arrivèrent au XIVe siècle et s'emparèrent de la quasi-totalité du Dodécanèse. Ils construisirent d'imposantes forteresses assez solides pour résister aux assauts du temps, mais pas à ceux des Turcs en 1522.

En 1912, les Turcs furent à leur tour repoussés par les Italiens, qui, inspirés par la vision mussolinienne d'un vaste empire méditerranéen, firent de l'italien la langue officielle du Dodécanèse et interdirent la religion orthodoxe. Ils érigèrent également de somptueux bâtiments publics dans le style fasciste qui contrastait avec l'architecture grecque typique. De façon plus bénéfique, ils mirent au jour et restaurèrent de nombreux monuments archéologiques.

Après la reddition des Italiens en 1943, les îles (en particulier Léros) devinrent le champ de bataille des armées britannique et allemande, et la population en souffrit énormément. Le Dodécanèse fut officiellement restitué à la Grèce en 1947.

RHODES ΡΟΔΟΣ

Plus grande île du Dodécanèse, Rhodes (*ro*-dos) se caractérise par ses plages, ses vallées boisées et son histoire antique. Que vous recherchiez l'animation nocturne et les plages, la plongée dans une eau cristalline ou un séjour empreint de culture à travers les civilisations passées, vous trouverez là votre bonheur. La charmante vieille ville de Rhodes est un dédale de rues pavées qui renvoie à l'époque de l'Empire byzantin et à l'époque des croisés. Plus au sud, la sublime ville de Lindos, avec ses maisons cubiques, dévale vers une baie turquoise.

Histoire

Les Minoens et les Mycéniens furent parmi les premiers à occuper les îles, mais ce n'est qu'à l'arrivée des Doriens en 1 100 av. J.-C. – ils s'installèrent à Kamiros, à Ialysos et à Lindos – que Rhodes commença à prendre de l'importance.

Passant d'une entente à une autre, elle s'allia à Athènes lors de la bataille de Marathon (490 av. J.-C.), qui se solda par la défaite des Perses, mais se tourna vers les Perses durant la bataille de Salamine (480 av. J.-C.). Après la victoire inattendue d'Athènes à Salamine, Rhodes se rangea de nouveau rapidement du côté d'Athènes, en ralliant la ligue de Délos en 477 av. J.-C. Suite à la désastreuse expédition sicilienne (416-412 av. J.-C.), l'île se révolta contre Athènes et forma une alliance avec Sparte, qu'elle aida durant la guerre du Péloponnèse.

En 408 av. J.-C., les villes de Kamiros, Ialysos et Lindos consolidèrent leurs pouvoirs et fondèrent ensemble la cité de Rhodes. Celle-ci s'allia de nouveau à Athènes, et ensemble, elles vainquirent Sparte lors de la bataille de Knidos (394 av. J.-C.). L'île passa de nouveau du côté des Perses durant une bataille contre Alexandre le Grand, mais ce dernier se révélant invincible, elle changea rapidement de camp.

En 305 av. J.-C., Antigonos Monophtalmos, l'un des rivaux de Ptolémée, envoya son fils, le remarquable Démétrios Ier Poliorcète (le Preneur de villes), conquérir Rhodes. La ville parvint à repousser son armée après un long siège. Pour célébrer cette victoire, la statue de bronze de 32 m de haut d'Hélios, le dieu du Soleil, fut érigée et devint l'une des Sept Merveilles du monde : le Colosse de Rhodes.

Après la défaite de Démétrios, la puissance de Rhodes ne connut plus aucune limite. La cité se dota de la plus grande flotte de la mer Égée et son port devint l'un des principaux carrefours marchands de la Méditerranée. Les arts connurent également leur essor. Lorsque la Grèce devint le champ de bataille des généraux romains qui se disputaient la direction de l'empire, Rhodes se rallia à Jules César. Après son assassinat, Cassius assiégea Rhodes, détruisit sa flotte et dépouilla la ville de ses œuvres d'art qu'il emporta à Rome. Ce fut le début du déclin de Rhodes, qui fut intégrée à l'empire romain en l'an 70.

Lorsque l'Empire romain fut partagé, Rhodes se joignit à la province byzantine du Dodécanèse. Elle retrouva son indépendance quand les croisés s'emparèrent

Rhodes

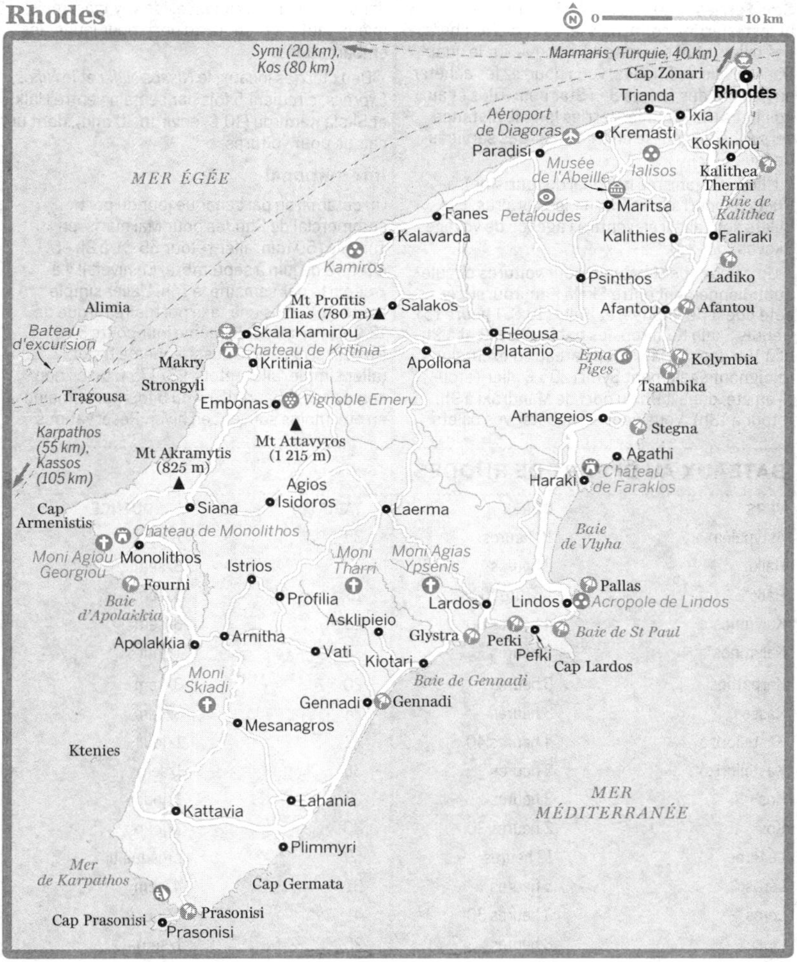

de Constantinople. Les Génois en prirent ensuite le contrôle. Les chevaliers de Saint-Jean arrivèrent en 1309 et régnèrent sur l'île pendant 213 ans. Ils furent expulsés par les Ottomans, lesquels furent chassés par les Italiens près de quatre siècles plus tard. En 1947, après 35 ans d'occupation italienne, Rhodes intégra la Grèce avec les autres îles du Dodécanèse.

Depuis/vers Rhodes

AVION

Olympic Air (☎ 22410 24571 ; www.olympicair.com ; Ierou Lohou 9) assure des vols intérieurs en Grèce et dans le Dodécanèse, tandis qu'**Aegean Airlines** (☎ 22410 98345 ; www.aegeanair.com ; aéroport de Diagoras) dessert Athènes, la plupart des destinations européennes et les États-Unis.

L'île est desservie en haute saison depuis Paris et Bruxelles (voir pp. 705-706).

BATEAU

Principal port du Dodécanèse, Rhodes offre un réseau complexe de liaisons, notamment vers Le Pirée, Sitia et Thessalonique, avec de nombreux arrêts sur ces lignes. Les catamarans quotidiens de **Dodekanisos Seaways** (carte p. 428 ; ☎ 22410 70590 ; Afstralias 3) sillonnent le Dodécanèse, comme ceux de **Blue**

Star Ferries (☎ 0030 210 891 9800 ; www.bluestarferries.com), plus lents et moins chers. Les billets sont en vente au kiosque sur le quai. Dans la ville de Rhodes, vous pourrez les acheter au guichet des ferries Sea Star pour Tilos et au guichet ANES pour les ferries longue distance vers Athènes (qui se charge aussi des services de Blue Star).

L'EOT (Organisme national du tourisme), à Rhodes, pourra vous fournir les horaires. Les billets sont aussi en vente à l'agence de voyages Skevos (p. 434).

Un caïque (petit bateau) pour voitures circule quotidiennement entre Skala Kamirou, sur la côte ouest de Rhodes, et Halki (10 €, 1 heure 15). Depuis Skala Kamirou, les bateaux partent à 9h, et à 16h depuis Halki. Des bateaux d'excursions rejoignent également Symi (205 € aller-retour ; tlj en été; départ 9h du port de Mandraki à 9h, retour à 18h). Vous pourrez acheter vos billets dans la plupart des agences de voyages, mais mieux vaut les prendre au port, pour jauger les embarcations.

Deux ferries locaux, le *Nissos Halki* et le *Nikos Express*, circulent 5 fois par semaine entre Halki et Skala Kamirou (10 €, environ 30 min), dont un caïque pour voitures.

International

Un catamaran part chaque jour du port commercial de Rhodes pour Marmaris, en Turquie (50 min, aller-retour 65 €), à 8h et à 16h30 de juin à septembre. En hiver, il y a 2 départs par semaine, à 14h. L'aller simple coûte 31 €, plus une taxe portuaire turque de 12 €. Laller-retour le même jour coûte 51 €. Un car-ferry assure aussi le même trajet (aller simple/aller-retour 95/175 € taxes non comprises, 1 heure 15) 4 ou 5 fois par semaine en été, moins souvent en hiver. Réservations

BATEAUX AU DÉPART DE RHODES

VERS	DURÉE	TARIF (€)	FRÉQUENCE
Astypaléa	10 heures	35	1/sem
Halki	2 heures	9	3/sem
Halki*	1 heure 15	16	3/sem
Kalymnos	4 heures 30	23	3/sem
Kalymnos*	3 heures	38	1/jour
Karpathos	5 heures	20	3/sem
Kassos	8 heures	24	3/sem
Kastellorizo	4 heures 40	22	1/jour
Kastellorizo*	2 heures	36	1/sem
Kos	3 heures	23	1/jour
Kos*	2 heures 30	30	1/jour
Le Pirée	13 heures	59	presque tlj
Léros	5 heures	31	4/sem
Léros*	3 heures 30	41	1/jour
Lipsi	8 heures	25	1/sem
Lipsi*	5 heures 30	45	1/jour
Nisyros	4 heures 30	13	2/sem
Nisyros*	2 heures 45	28	2/sem
Patmos	6 heures	35	3/sem
Patmos*	5 heures	46	1/jour
Sitia	10 heures	26	2/sem
Symi**	2 heures	20	1/jour
Symi*	50 min	25	1/jour
Thessalonique	21 heures	65	1/sem
Tilos	2 heures 30	14	2/sem
Tilos*	2 heures	25	2/sem

*express

**départ de Mandraki. Toutes les autres lignes partent du port de commerce.

en ligne sur www.rhodes.marmarisinfo.com ou auprès de Triton Holidays (p. 434).

Comment circuler

DEPUIS/VERS L'AÉROPORT

L'aéroport de Diagoras est à 16 km au sud-ouest de la ville de Rhodes, près de Paradisi. Des bus relient régulièrement l'aéroport à la gare routière est de la ville de Rhodes de 6h30 à 23h15 (2,20 €, 25 min). Le dimanche, les bus cessent de circuler vers 11h45.

BATEAU

Tous les jours en été, des excursions en bateau vers Lindos et Symi (25 € aller-retour) partent du port de Mandraki à 9h (retour à 18h).

BUS

La ville de Rhodes compte deux gares routières, situées à un pâté de maisons l'une de l'autre et desservant chacune une moitié de l'île. Des bus réguliers circulent toute la semaine à travers l'île ; ils sont moins nombreux le samedi, et plus rares encore le dimanche. Vous pourrez obtenir les horaires aux guichets de la gare routière ou au bureau de l'EOT.

Depuis la gare routière est, des liaisons régulières rallient l'aéroport (2,20 €), Kalithéa Thermi (2,20 €), Salakos (4,30 €), l'antique Kamiros (5 €) et Monolithos (6 €). Depuis la gare routière ouest, les bus desservent Faliraki (2,20 €), la plage de Tsambika (3,50 €), la plage de Stegna (4 €) et Lindos (5 €).

TAXI

La principale station de taxis de la ville se trouve à l'est de la Plateia Rimini. Sur les compteurs, l'île est divisée en deux zones : la zone 1 couvre la ville de Rhodes, et la zone 2 (un peu plus chère), le reste de l'île. Les tarifs doublent entre minuit et 5h.

Les taxis préfèrent pratiquer des tarifs fixes, indiqués à la station. Quelques exemples de prix : aéroport 22 €, Faliraki 17 €, Kalithea 9 € et Lindos 55 €. Commandez un **taxi** (☎ 22410 27666, 22410 64712, dans la ville de Rhodes ☎ 22410 69800, depuis l'extérieur de Rhodes ☎ 22410 69600) ou un **taxi accessible aux handicapés** (☎ 22410 77079).

VÉLO

Bicycle Centre (☎ 22410 28315 ; Griva 39 ; 5 €/jour) loue divers modèles de vélos.

VOITURE ET MOTO

De nombreuses agences de location de voitures et de motos sont installées dans la ville. La concurrence est rude : n'hésitez pas à vous renseigner à divers endroits et à marchander. Vous pouvez également effectuer une réservation auprès de Triton Holidays.

LE COLOSSE DE RHODES

Comptant parmi les Sept Merveilles du monde antique, cette statue de bronze à l'effigie d'Hélios, dieu du Soleil, aurait été si grande que les trirèmes (vaisseaux de guerre de l'Antiquité) pouvaient passer entre ses jambes à leur entrée dans le port. Achevé en 292 av. J.-C., au terme de 12 ans de travaux, le Colosse mesurait 32 m de hauteur. Il s'effondra en 226 av. J.-C. lors d'un séisme. Durant près d'un millier d'années, il demeura à l'état de ruines, jusqu'à ce que, en 654, des envahisseurs arabes brisent celles-ci pour en revendre les morceaux.

Les agences suivantes livrent le véhicule.

Drive Rent A Car (☎ 22410 81011, 22410 68243 ; www.driverentacar.gr ; aéroport). Voitures et scooters plus récents et plus solides.

Orion Rent A Car (☎ 22410 22137).

Rent A Moto Thomas (☎ 22410 30806). Tarifs les plus intéressants pour les scooters, mais vérifiez la solidité du pot d'échappement.

Ville de Rhodes Ρόδος

59 000 HABITANTS

Mêlant les styles classique et médiéval, ceux des périodes byzantine, ottomane et italienne, la vieille ville fortifiée arbore une diversité architecturale unique dans le Dodécanèse. Une *volta* (balade) pleine de charme dans ses ravissantes rues pavées permet de découvrir des anciens, vêtus de noir, dans l'embrasure des portes ou l'odeur des fabricants d'objets en cuir qui se mêle à celle des bougainvilliers. Ici, le plaisir consiste principalement à se perdre.

La ville nouvelle, au nord, est une enfilade de boutiques haut de gamme et de bars en front de mer destinés à la foule des voyages organisés. Les rues secondaires comptent leur lot de bistrots et de bars bohèmes, qui valent la visite. C'est dans ce secteur que s'étendent les plus belles plages de la ville. Le port de commerce (grands ferries) et celui de Kolona (catamarans) occupent l'est de la vieille ville. Les bateaux d'excursion, les petits ferries, les hydroglisseurs et les yachts privés mouillent, quant à eux, dans le port de Mandraki, situé plus au nord.

Ville de Rhodes

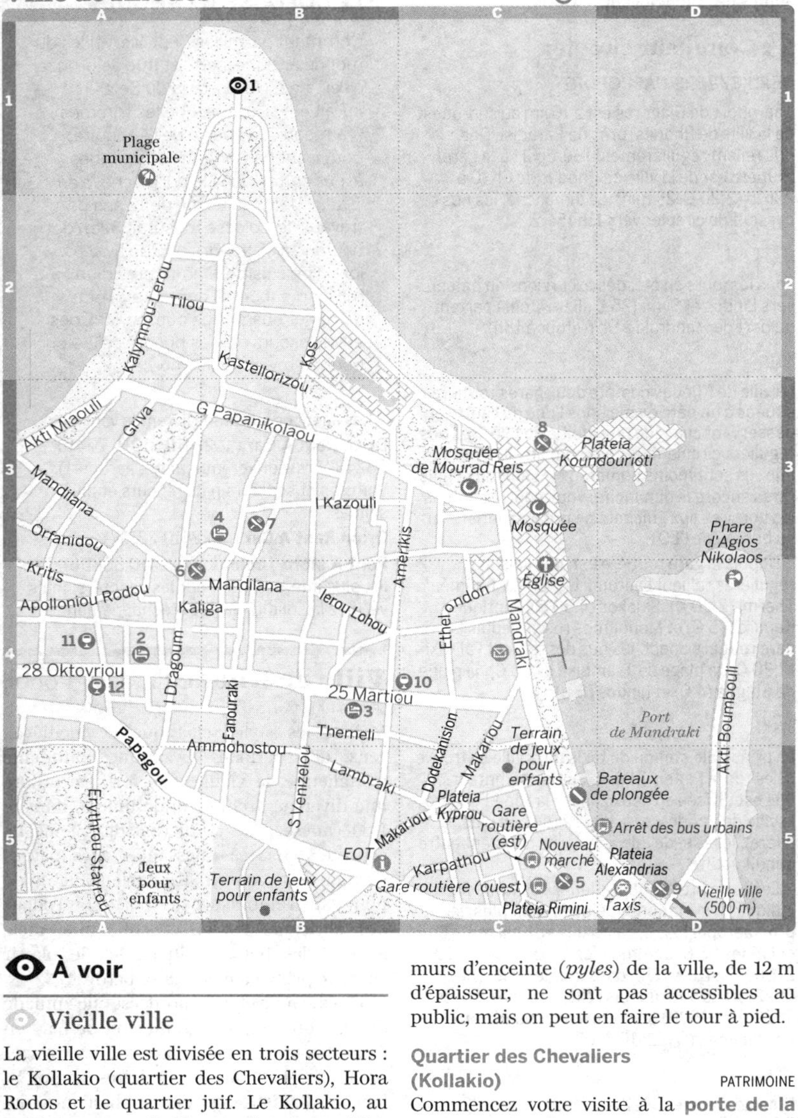

À voir

Vieille ville

La vieille ville est divisée en trois secteurs : le Kollakio (quartier des Chevaliers), Hora Rodos et le quartier juif. Le Kollakio, au nord, comporte la plupart des sites médiévaux. Hora Rodos, appelé aussi "quartier turc", forme le secteur commerçant où se tiennent la plupart des boutiques et des restaurants. À l'époque médiévale, les chevaliers de l'ordre de Saint-Jean-de-Jérusalem vivaient dans le quartier des Chevaliers, le reste de la population habitait Hora. Les murs d'enceinte (*pyles*) de la ville, de 12 m d'épaisseur, ne sont pas accessibles au public, mais on peut en faire le tour à pied.

Quartier des Chevaliers (Kollakio) PATRIMOINE

Commencez votre visite à la **porte de la Liberté** en traversant le petit pont pour entrer dans la vieille ville. Le site d'origine du **musée d'Art moderne grec** (carte p. 428 ; www.mgamuseum.gr ; Plateia Symis 2 ; 3 sites 3 € ; 8h-14h mar-sam) occupe un bâtiment médiéval, à l'intérieur duquel vous trouverez des cartes et des sculptures. La principale exposition occupe la **Nouvelle Galerie**

Ville de Rhodes

À voir

1 Aquarium ... B1

Où se loger

2 Hotel Anastasia ... A4
3 Lydia Hotel ... B4
4 New Village Inn ... B3

Où se restaurer

5 Indigo ... C5
6 Koykos ... A4
7 Niohori ... B3
8 To Meltemi ... C3
9 Yachting Club Cafe ... D5

Où prendre un verre et faire la fête

10 Casa La Femme ... C4
11 Christo's Garden ... A4
12 Methexi ... A4

d'art (carte p. 428 ; Plateia G Charitou ; 3 €), qui possède une impressionnante collection de peintures et sculptures de certains des plus éminents artistes grecs du XXe siècle, notamment Yannis Gaitis, Spyros Vassiliou et Vasso Katraki. Les expositions temporaires ont lieu au **Centre d'art moderne** (carte p. 428 ; 179 Sokratous ; 3 €). Les trois musées pratiquent les mêmes horaires, et un seul billet donne accès aux trois.

En face du musée d'Art moderne, de l'autre côté de la rue pavée, gisent les vestiges d'un **temple d'Aphrodite** (carte p. 428) du IIIe siècle av. J.-C., l'une des ruines les plus anciennes de la vieille ville.

En continuant dans Platonos, vous découvrirez le **musée des Arts décoratifs** (Plateia Argyrokastrou ; 3 € ; 8h30-14h40 mar-dim), qui renferme une collection éclectique d'objets provenant de l'ensemble du Dodécanèse : instruments, poteries, sculptures ou costumes. Les notices explicatives sont rares ; prenez une brochure à l'entrée.

L'hôpital des Chevaliers (XVe siècle) abrite le **Musée archéologique** (Plateia Mousiou ; 5 € ; 8h-16h mar-dim). Sa pièce la plus réputée est l'*Aphrodite de Rhodes*, statue de marbre du Ier siècle av. J.-C. découverte dans les fonds sous-marins environnants.

Arpentez l'**avenue des Chevaliers** (Ippoton), où les croisés vivaient autrefois. Ils étaient répartis en 7 "langues" en fonction de leur pays d'origine : Angleterre, France, provinces allemandes, péninsule italienne, Aragon, Auvergne et Provence. Chaque groupe était responsable de la protection d'une partie du bastion. Le grand maître, chef des chevaliers, vivait dans le palais. De nos jours, l'avenue reste empreinte d'une aura noble et austère.

Premier bâtiment sur la droite quand on part de l'extrémité orientale de l'avenue des Chevaliers, l'**auberge d'Italie** (carte p. 428 ; Ippoton) datant de 1519, voisine avec le **palais**

LE DODÉCANÈSE DANS LA MYTHOLOGIE

Il existe, dans la mythologie grecque, maintes références au Dodécanèse.

- **Rhodes** La cité était associée à Hélios, le dieu du Soleil. Le colosse de Rhodes, l'une des Sept Merveilles du monde antique, le représentait.
- **Léros** Léros resta au fond de la mer jusqu'à ce qu'Artémis (déesse de la Chasse) et Sélène (déesse de la Lune) aient persuadé Apollon (dieu de la Lumière) de les aider à la sortir de l'eau.
- **Karpathos** L'île était jadis le repaire de puissants géants, les Titans, que Zeus dut vaincre avant d'établir son panthéon sur le mont Olympe.
- **Nisyros** Le volcan actuel de Nisyros renfermerait le corps du Titan Polyvotis, que Poséidon aurait réussi à ensevelir sous un rocher arraché à Kos.
- **Lipsi** Cette île, baptisée Ogygia dans l'*Odyssée*, serait celle de la nymphe Calypso, dont les charmes auraient distrait Ulysse au retour de la guerre de Troie.
- **Symi** Glaucos, fils de Poséidon et divinité marine, aurait accordé aux habitants de son île le don de pouvoir plonger au fond de la mer en retenant leur respiration durant de longs moments – un beau cadeau pour une île de pêcheurs d'éponges.
- **Kalymnos** L'île serait ainsi nommée en référence au puissant Titan Kalydnos – fils de Gaia (la Terre) et d'Uranus (le Ciel) – qui y aurait vécu.
- **Kos** D'après la légende, cette terre serait celle, sacrée, d'Asclépios, dieu de la Médecine. Guère étonnant qu'Hippocrate ait établi ici le premier hôpital du monde.

Vieille ville de Rhodes

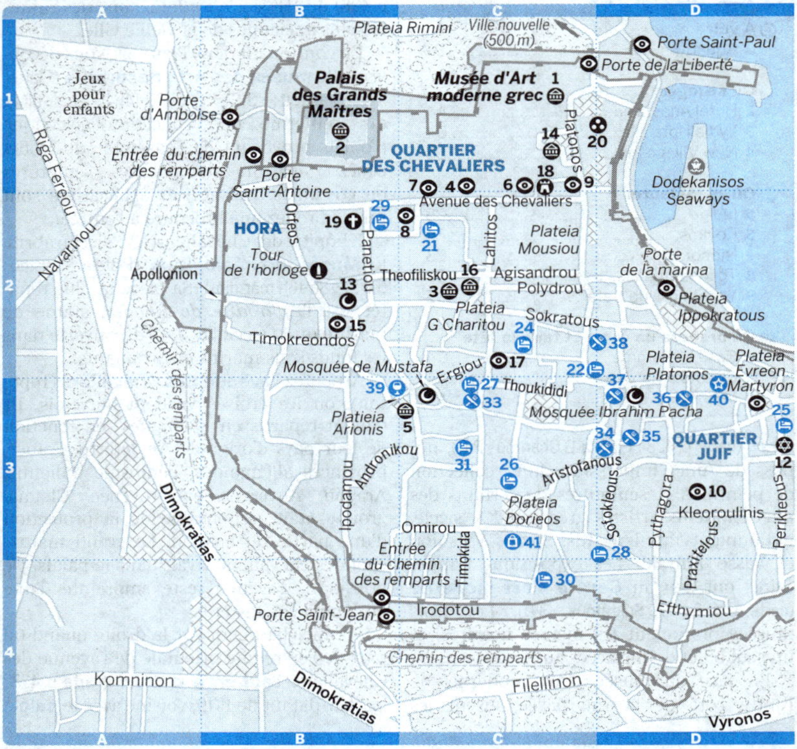

de Villiers de L'Isle-Adam (carte ci-dessus ; Ippoton). L'édifice suivant, l'**auberge de France** (p. 428 ; Ippoton), est le plus décoré et le plus original.

Plus loin, vous découvrirez la **chapelle française** (ou chapelle de la langue de France ; carte ci-dessus ; Ippoton) et sa statue de la Vierge à l'Enfant. Viennent ensuite la résidence du chapelain de la langue de France et, en face, l'**auberge de Provence** (carte ci-dessus ; Ippoton), ornée de quatre armoiries disposées en croix. Traversez l'avenue pour admirer l'**auberge d'Espagne** (carte ci-dessus ; Ippoton). Vers la fin de l'avenue, **Saint-Jean-du-Collachium** (carte ci-dessus ; Saint-Jean-du-Collachio) était à l'origine une église de chevaliers pourvue d'un couloir souterrain menant à la route.

Sur la droite, le magnifique **palais des Grands Maîtres** (carte ci-dessus ; 22410 23359 ; 6 € ; 8h30-15h mar-dim), du XIVe siècle, fut sévèrement endommagé par le siège turc, puis détruit par une explosion au milieu des années 1800. Seules 24 des 158 pièces peuvent être visitées ; elles renferment des meubles anciens, des sculptures, des fresques et des sols en mosaïque.

Du palais, passez par la **porte d'Amboise**, la plus belle des portes, par laquelle on traverse les douves. Lorsque le palais est ouvert, c'est également d'ici que l'on accède au chemin sur les remparts, qui offre une belle vue tant sur la vieille ville que sur la mer. Il est également possible de suivre le paisible **chemin des douves**, que l'on emprunte près de la **porte Saint-Antoine**.

Hora PATRIMOINE

Le quartier de Hora recèle encore de nombreux bâtiments ottomans. Sous l'occupation turque, les églises furent transformées en mosquées. La plus importante, la **mosquée de Soliman** (carte ci-dessus) dresse son dôme rose au bout de Sokratous. Actuellement fermée au public, elle fut élevée en 1522 pour commémorer la victoire ottomane sur les chevaliers. En face, la **bibliothèque**

musulmane (carte ci-dessus ; Sokratous ; ⏲9h30-16h lun-sam) GRATUIT fut fondée en 1794 par un Rhodien d'origine turque, Ahmed Hasuf. Elle contient une petite collection de manuscrits perses et arabes, ainsi que plusieurs corans calligraphiés sur parchemin.

En continuant par les rues piétonnes sinueuses, vous arriverez aux **bains turcs municipaux** (carte ci-dessus ; Plateia Arionis ; ⏲10h-17h lun-ven, 8h-17h sam), temporairement fermés lors de notre passage.

Quartier juif PATRIMOINE
(carte p. 428). Le quartier juif, dans la vieille ville de Rhodes, semble presque tombé dans l'oubli. La vie conserve ici un rythme paisible. Les rues calmes et les maisons parfois délabrées de ce secteur abritaient autrefois une communauté juive prospère.

Bâtie en 1577, la **synagogue Kahal Shalom** (carte ci-dessus ; Polydorou 5) est la plus ancienne de Grèce et la seule qui subsiste à Rhodes. Le quartier juif comptait quelque 4 000 habitants dans les années 1920. Vous pourrez jeter un œil au **Musée juif de la synagogue** (carte ci-contre ; ☎22410 22364 ; www.rhodesjewishmuseum.org ; Dosiadou ; ⏲10h-15h dim-ven, fermé en hiver). Les expositions présentent notamment de nombreuses photos du début du XXe siècle, des documents décorés et des informations sur les 1 673 juifs de Rhodes déportés à Auschwitz en 1944. Seuls 151 d'entre eux ont survécu.

Non loin se trouve la **Plateia Evreon Martyron** (place des Martyrs juifs ; carte ci-contre).

Old Town Aquarium AQUARIUM
(carte ci-contre ; ☎22470 86700 ; Agiou Fanouriou, vieille ville ; adulte/enfant 5/3 € ; ⏲9h-23h). Niché dans une ruelle en retrait de Sokratous, ce nouvel aquarium accueille de nombreux animaux marins – raies, poulpes, anguilles, seiches, étoiles de mer, etc.

Ville nouvelle

L'**acropole de Rhodes**, au sud-ouest de la vieille ville sur le Monte Smith, occupe le site de l'ancienne cité hellénistique de Rhodes. Bordé d'arbres, le **stade** du IIe siècle, aujourd'hui restauré, accueillit jadis les compétitions préparatoires aux Jeux olympiques. Le **théâtre** adjacent est la reconstitution de celui où se déroulaient les conférences de l'école de rhétorique de Rhodes. Au-dessus, un escalier conduit au **temple d'Apollon pythien**. Une petite exposition entre le stade et la route détaille l'histoire du site et de sa reconstruction. Le bus n°5 mène au site, dénué de clôture.

Au nord de Mandraki et à l'extrémité est de G. Papanikolaou, l'élégante **mosquée de Mourad Reis** (carte p. 426) dissimule, dans son enceinte, un cimetière turc et la villa Cleobolus, où vécut le poète et romancier anglais Lawrence Durrell dans les années 1940 (il y écrivit notamment *Vénus et la mer*).

Bâtiment Art déco construit par les Italiens dans les années 1930, le modeste **aquarium de Cret** (carte p. 426 ; www.hcmr.gr ; Kos 1 ; adulte/enfant 5/2,50 € ; ⏲9h-20h30 avr-oct, 9h-16h30 nov-mars) accueille entre autres des poissons-perroquets et des requins-renards. Remarquez aussi le tigre empaillé.

La **plage** de la ville commence au nord de Mandraki et contourne la pointe septentrionale de l'île, avant de redescendre du côté ouest de la ville nouvelle. Les meilleurs endroits dépendent de la direction du vent, mais ils se situent essentiellement sur le côté est.

Vieille ville de Rhodes

Les incontournables
1 Musée d'Art moderne grec C1
2 Palais des Grands Maîtres B1

À voir
3 Centre d'art moderne C2
4 Chapelle française C1
5 Bains turcs C3
6 Auberge de France C1
7 Auberge de Provence C1
8 Auberge d'Espagne C2
9 Auberge d'Italie C1
10 Quartier juif D3
11 Musée de la synagogue E3
12 Synagogue Kahal Shalom D3
13 Mosquée de Soliman B2
14 Musée des Arts décoratifs C1
15 Bibliothèque musulmane B2
16 Nouvelle galerie d'art C2
17 Old Town Aquarium C2
18 Palais de Villiers de l'Isle Adam C1
19 Saint-Jean du Collachium B2
20 Temple d'Aphrodite D1

Où se loger
21 Avalon Boutique Hotel C2
22 Domus Rodos Hotel C2
23 Hotel Cava d'Oro E3
24 Hotel Isole C2
25 Hotel Spot D3
26 Mango Rooms C3
27 Marco Polo Mansion C3
28 Minos Pension D3
29 Nikos & Takis Hotel B2
30 Pension Andreas C4
31 Pension Olympos C3

Où se restaurer
32 Hatzikelis E3
33 Marco Polo Mansion C3
34 Nireas D3
35 Romios Restaurant D3
36 Taverna Mystagoyia D3
37 To Megiston D3
38 Yanni's Restaurant D2

Où prendre un verre et faire la fête
39 Macao Bar B3
Rock and Roll .... (voir 39)
Rogmitou Chronou .... (voir 39)

Où sortir
40 Cafe Chantant D3

Achats
41 Antiquaire C3
42 Icônes byzantines E3

Activités

Plusieurs écoles et clubs de plongée proposent des sorties sous-marines au départ de Mandraki, avec tout un choix de cours – "journée découverte" (75 €) et cours PADI open-water sur 3 jours (350-390 €). Renseignez-vous auprès de leurs bateaux au port de Mandraki (carte p. 426).

Waterhoppers Diving Centre PLONGÉE
(☎6972500971, 22410 38146 ; www.waterhoppers.com). Établi depuis plus de 15 ans, ce club propose toute une gamme de cours de plongée, dont des certifications PADI open-water sur 2 ou 3 jours. Plongée de nuit, sur épave ou dans une grotte pour les plongeurs expérimentés. Renseignez-vous au port de Mandraki.

Scuba Diving Trident School PLONGÉE
(☎/fax 22410 29160). Cette école organise divers cours. Renseignez-vous au port de Mandraki. Elle propose aussi des leçons pour débutants et des certifications PADI sur 2 ou 3 jours.

Où se loger

L'été, en réservant à l'avance, il est possible de trouver un hébergement abordable dans la vieille ville, qui a beaucoup plus de cachet. La plupart des adresses bon marché ferment en hiver.

Domus Rodos Hotel PENSION $
(carte p. 428 ; ☎22410 25965 ; info@domusrodoshotel.gr ; Platonos ; s/d 40/75 € ; tte l'année ;). Des chambres compactes et propres, avec sdb, armoire, TV et bureau. Chaleureuse salle de petit-déjeuner et cuisine à disposition. L'emplacement, face à une paisible place, est superbe, mais c'est surtout la cordialité du personnel qui incite les visiteurs à revenir.

New Village Inn PENSION $
(carte p. 426 ; ☎6976475917, 22410 34937 ; www.newvillageinn.gr ; Konstantopedos 10 ; d 40 € ;). Dans une rue tranquille du centre-ville, une agréable cour arborée, ornée de d'icônes, héberge quatre chambres blanchies à la chaux, avec sdb, dont deux avec balcon.

Hotel Isole PENSION $
(carte p. 428 ; ☎6937580814, 22410 20682 ; www.hotelisoles.com ; Evdoxou 35 ; s/d/ste avec

petit-déj 50/55/85 € ; ❄@📶). Ravissante pension bleu et blanc, aménagée dans un ancien harem vieux de 700 ans. Les 7 charmantes chambres ouvrent sur un espace petit-déjeuner, orné de sirènes et de bibelots. Les doubles sont de taille variable, mais avec sa terrasse magique sur le toit, la chambre du haut est la plus agréable.

Hotel Anastasia PENSION $
(carte p. 426 ; ☎22410 28007 ; www.anastasia-hotel.com ; 28 Oktovriou 46 ; s/d/tr 40/55/65 € ; ❄@📶). À l'écart de la route, cette adorable villa blanche possède de charmantes chambres ocre, avec volets en bois, sol carrelé, mobilier traditionnel, TV, réfrigérateur et sdb. Balcon dans certaines chambres. Le petit-déjeuner se prend dans un jardin luxuriant.

Pension Olympos PENSION $
(carte p. 428 ; ☎22410 33567 ; www.pension-olympos.com ; Agiou Fanouriou 56 ; s/d/tr 40/50/60 € ; ❄📶). Adorables chambres aux tons bleus, verts et orangés, avec lits en fer, sdb et réfrigérateur. Petit jardin de rêve, orné de divinité. Les couloirs débordent de statues.

Mango Rooms PENSION $
(carte p. 428 ; ☎22410 24877 ; www.mango.gr ; Plateia Dorieos 3, vieille ville ; s/d/tr 44/58/66 € ; ❄@📶). Des chambres impeccables, avec sdb, coffre-fort et réfrigérateur, installées sur une vieille place. En bas, un charmant restaurant sert une cuisine à base de produits locaux.

♥ **Marco Polo Mansion** BOUTIQUE-HÔTEL $$
(carte p. 428 ; ☎22410 25562 ; www.marcopolomansion.gr ; Agiou Fanouriou 40, vieille ville ; d avec petit-déj 90-180 € ; ❄📶). Ancienne demeure de notable ottoman du XVe siècle, avec mobilier ancien, tapis orientaux et vitraux inondant les murs bordeaux d'une lumière bleue. Les chambres, équipées de grands lits et joliment meublées, sont très romantiques. Demandez l'ancien harem, une chambre en duplex.

Adorable cour ombragée à l'atmosphère bohème pour le petit-déjeuner et le dîner.

Pension Andreas PENSION $$
(carte p. 428 ; ☎22410 34156 ; www.hotelandreas.com ; Omirou 28d ; s 45-55 €, d/tr/dort 75/85/95 € ; ⏲tte l'année ; ❄@📶). Cette ancienne demeure ottomane propose 7 chambres, de la plus basique à la plus somptueuse. Notre préférée, la plus haut perchée, possède un lit surélevé. Ravissante terrasse commune sous une pergola de bougainvilliers, avec bar donnant sur la mer. L'établissement compte une nouvelle terrasse ensoleillée où se détendre.

Hotel Cava d'Oro PENSION $$
(carte p. 428 ; ☎22410 36980 ; www.cavadoro.com ; Kisthiniou 15 ; s/d/tr avec petit-déj 65/85/120 € ; P❄📶). Cet ancien entrepôt des chevaliers de Saint-Jean ne manque pas de charme avec son sympathique café, sa terrasse ensoleillée et ses chambres aux murs de pierre, hauts plafonds et poutres apparentes. Les lieux abritent un tronçon des anciens remparts sur lequel les hôtes peuvent se promener.

Hotel Spot PENSION $$
(carte p. 428 ; ☎22410 34737 ; www.spothotel-rhodes.gr ; Perikleous 21 ; s/d/tr avec petit-déj 70/110/130 € ; ❄@📶). Des chambres aux murs en pierres, rideaux en soie et mobilier ancien, une bibliothèque, une cour paisible où s'asseoir pour lire, un espace charmant pour le petit-déjeuner et un jardin sur le toit. L'hôtel prévoyait de s'équiper prochainement d'une salle de yoga et d'un spa pour le reiki et les massages.

Lydia Hotel PENSION $$
(carte p. 426 ; ☎22410 22871 ; www.lydiahotel.com ; 25 Martiou ; s/d/f 120/145/160 € ; ❄@📶). Dans cet établissement situé au cœur de la ville nouvelle, près de la plage, il règne une atmosphère internationale chic, à peine troublée par le passage occasionnel d'un chat dans le hall. Chambres élégantes aux murs chocolat, couvertures moelleuses, TV câblée, réfrigérateur et balcon privé.

Minos Pension PENSION $$
(carte p. 428 ; ☎22410 36980 ; www.minospension.com ; angle Omirou et Sofokleous ; ch 50-80 € ; ❄@📶). Cette pension familiale propose des studios bien équipés, avec kitchenette, TV câblée et réfrigérateur. Superbe vue sur la vieille ville depuis le café sur le toit. En bas : salon commun douillet, écran plat et échange de livres. Emplacement agréable face à un vieux moulin à vent.

♥ **Nikos & Takis Hotel** BOUTIQUE-HÔTEL $$$
(carte p. 428 ; ☎22410 70773 ; www.nikostakishotel.com ; Panetiou 29 ; ste 170-400 € ; P❄@📶). Perché sur une colline, cet hôtel aux tons ocre et verts revêt divers styles, mêlant influences mauresques et indiennes (tentures du Rajasthan), portes voûtées ornées et superbe cour avec mosaïque en galets. Décorées individuellement, ses 8 suites dignes d'un vizir

comportent lit à baldaquin, soieries, plafond traditionnel en bois et murs orangés.

Avalon boutique-hôtel BOUTIQUE-HÔTEL $$$
(carte p. 428 ; ☎22410 31438 ; www.avalonrhodes.gr ; Charitos 9 ; d 240-320 € ;). Occupant l'ancienne demeure d'un notable ottoman, l'Avalon propose d'élégantes suites dotées d'immenses lits, de grandes baignoires, de TV à écran plat, de beaux meubles et de murs aux tons pêche. La cour évoquant celle d'un riad est idéale pour lire et se détendre.

Où se restaurer

Vieille ville

C'est dans les petites rues que l'on trouve les mets les plus savoureux et les tavernes les plus attrayantes.

Nireas TAVERNE $
(carte p. 428 ; ☎22410 31741 ; Sofokleous 45-47 ; plats 8-16 € ;). Ce charmant restaurant sert calamars, salades de poulpe, petites fritures, crevettes grillées et crevettes de Symi sous un joli auvent de vigne. À l'intérieur, un cadre des plus romantiques avec alcôves de pierre aux murs citron, éclairées aux chandelles.

To Megiston TAVERNE $
(carte p. 428 ; ☎29127 ; Sofokelous ; plats 10-15 € ; 10h30-tard). Musique grecque entraînante et cuisine simple dans ce restaurant en plein air. La carte comporte moussakas, espadon, souvlakis (cubes de viande en brochettes), pâtes et *kleftiko* d'agneau (lentement cuit au four).

Yanni's Restaurant TAVERNE $
(carte p. 428 ; ☎22410 36535 ; Platonos ; plats 8 € ; 12h-24h ;). La matriarche de Karpathos en costume coloré distribue sourires et biscuits au sésame dans un cadre aux murs couverts de peintures marines, où flottent les arômes de *stifado* (viande, gibier ou fruits de mer cuisinés aux oignons dans une purée de tomates) et de souvlakis de fruits de mer. L'établissement n'est pas évident à trouver, mais le jeu en vaut la chandelle.

Marco Polo Mansion MÉDITERRANÉEN $$
(carte p. 428 ; www.marcopolomansion.gr ; Agiou Fanouriou 40-42 ; plats 15 € ; 10h-24h). Une passion pour la cuisine et la *filoxenia* (hospitalité) sont les ingrédients du restaurant le plus raffiné de Rhodes. Menu sans cesse renouvelé comprenant *saganaki* de crevettes, thon au sésame mariné à l'orange, souvlaki d'agneau sur lit de risotto et sauce au vin grec.

Quel que soit le temps, l'agréable cour fleurie se remplit d'esthètes et de gourmets.

Hatzikelis RESTAURANT $$
(carte p. 428 ; ☎22410 27215 ; Alhadef 9 ; plats 20-30 €). Élégant restaurant aux rideaux de velours, candélabres et murs blancs, apprécié par des acteurs célèbres. Régalez-vous de poisson fraîchement pêché comme le mérou, l'espadon, le vivaneau – rouge, argenté et royal (préparé en filet devant vous) – ou de calamars, de poulpe et de homard.

Taverna Mystagoyia TAVERNE $$
(carte p. 428 ; Themistokleus ; plats 17 € ; 9h-24h ;). Dissimulée dans une rue baignée de soleil, la Mystagoyia sert des produits bio locaux – poisson, calamars, salades, pâtes maison et prises du jour – le tout préparé par Philippos, sosie de Zorba le Grec.

Romios Restaurant TAVERNE $$
(carte p. 428 ; ☎22410 25549 ; Sofokleous ; plats 15 € ; 11h-24h). Restaurant romantique et décontracté installé sous les frondaisons d'un énorme figuier, dans un jardin rempli de sculptures en bois. Un air de bouzouki accompagne une carte typique de Rhodes : risotto de calamar, aubergine farcie, *saganaki de* crevettes, poulpe grillé et souvlakis.

Ville nouvelle

To Meltemi TAVERNE $
(carte p. 426 ; Kountourioti 8 ; plats 10-15 € ;). À quelques mètres de la plage, cette taverne au cadre nautique, avec terrasse semi-ouverte, jouit d'un vaste panorama sur la mer. Le personnel est charmant et le menu comporte salades, maquereau sauté, *dolmades* (feuilles de vigne farcies au riz et parfois à la viande), calamars et poulpe.

Koykos GREC $
(carte p. 426 ; Mandilana 20-26 ; plats 3-8 € ;). L'odeur des pâtisseries fraîchement préparées flotte jusque dans la rue. Le Koykos est parfait pour un café ou un verre de retsina, accompagné d'une de ses fameuses tourtes maison. Sert également des sandwichs, des salades et des fruits de mer.

Niohori TAVERNE $
(carte p. 426 ; ☎22410 35116 ; I Kazouli 29 ; plats 7 € ; 13h-24h). Cette authentique taverne affiche une carte à base de viande – le propriétaire étant aussi boucher, il

sélectionne les meilleurs morceaux. Dégustez foie de veau à l'huile et à l'origan, *stifado*, steak et boulettes de viande, au son de l'orgue de l'église voisine. Excellent rapport qualité/prix.

Yachting Club Cafe BRASSERIE $
(carte p. 426 ; Plateia Alexandrias ; en-cas 6 € ; 7h-1h). Donnant sur de somptueux yachts et les piliers surmontés de cervidés, sur lesquels se tenait autrefois le Colosse de Rhodes, ce café évoque les Baléares et attire une clientèle jeune. Prenez un en-cas au déjeuner – tourte, pizza ou brioche – ou bien un café ou un cocktail au coucher du soleil.

Indigo TAVERNE $
(carte p. 426 ; 69726 63100 ; nouveau marché 105-106 ; plats 9 € ; dîner ;). À côté d'un vieil horloger, l'Indigo forme un havre de paix sur le marché animé. Goûtez les spécialités comme le risotto au calamar ou le poulpe aux fèves, et les plats typiques comme le *haloumi* et la salade grecque.

Où prendre un verre et faire la fête

La vieille ville offre un choix de bars chic et décontractés ou de repaires marins semblant sortis tout droit du fond de la mer. La plupart des Grecs ne sortent pas avant minuit.

Vieille ville

La vie nocturne bat son plein du côté des places Platonos et Ippokratous.

Rock and Roll BAR
(carte p. 428 ; Plateia Arionos ;). Ce sympathique bar de style *diner*, aux murs carrelés comme dans le métro joue des chansons des années 1950. Installez-vous au bar, arrangez votre banane dans le miroir et dégustez un burger.

Rogmitou Chronou BAR
(carte p. 428 ; www.rogmitouxronou.gr ; Plateia Arionos ; 22h-5h ;). Également appelé le Music Bar, cet établissement confortable, en bois et pierres apparentes, et au charme un peu glauque, est assez sombre pour plaire aux gothiques et assez animé pour vous tenir éveillé jusqu'à l'aube. Concerts de rock le vendredi soir, sessions acoustiques le lundi.

Macao Bar BAR
(carte p. 428 ; 21h30-3h). Bar très élégant, caché dans une ruelle de la vieille ville. Ambiance tamisée, sol en béton ciré, terrasse en bois sous les étoiles, et clientèle aisée de fashionistas. Le mojitos est à 7 €.

Ville nouvelle

Les habitants fréquentent les bars qui se succèdent dans I Dragoum, tandis qu'Akti Miaouli, Orfanidou et Griva sont plus touristiques.

Methexi BAR
(carte p. 426 ; 28 Oktovriou, angle Griva ;). Candélabres, miroirs anciens, affiches de films indépendants et machines à écrire rétro participent au charme de ce bar bohème et jazzy. À l'avant, terrasse ensoleillée et animée, en partie ombragée. Cafés et alcools.

Christo's Garden BAR
(carte p. 426 ; Griva ; 22h-tard). Évoquant une grotte, ce bar, doté d'une cour fleurie et ornée d'une mosaïque en galets, offre un moment de tranquillité. Le soir venu, les guirlandes électriques scintillent et créent une ambiance romantique.

Casa La Femme BAR
(carte p. 426 ; 25 Martiou, angle Amerikis ; 8h-24h ;). Bar tout de blanc vêtu, orné d'un mobilier contemporain chic et d'un faux décor industriel. Musique douce et vaste terrasse ensoleillée. En-cas, pâtes et salades. Installez-vous au bar pour un "dry Martini" (7 €).

Où sortir

Cafe Chantant CONCERTS
(carte p. 428 ; 32277 ; Dimokratou 3 ; 23h-tard ven-sam). Assis aux longues tables en bois, les habitants écoutent des joueurs de musique traditionnelle en buvant un ouzo ou une bière. L'intérieur est sombre et l'on ne sert pas d'en-cas, mais l'ambiance est bien là et le concert animé.

Achats

C'est dans la ville nouvelle que vous trouverez des articles pour la maison. Quant à la vieille ville, vous y trouverez des icônes, des objets anciens, des sandales en cuir et des bijoux.

Byzantine Iconography ART ET ARTISANAT
(carte p. 428 ; ☎22410 74127 ; Kisthiniou 42). Dans l'atelier exigu de Basilios Per Sirimis, l'or scintille sur les murs et les vapeurs de résine et de peinture saturent l'air. Peintures entre 210 € et 2 000 €.

Antique Gallery ART ET ARTISANAT
(carte p. 428 ; Omirou 45 ; ⌚9h-20h). Encore plus jolie de nuit, cette caverne d'Ali Baba aux lampes orientales en mosaïque évoque les mille et une nuits.

Renseignements

ACCÈS INTERNET

Mango Cafe Bar (www.mango.gr ; Plateia Dorieos 3 ; 5 €/h ; ⌚9h30-24h). Dans la vieille ville. L'accès Internet est gratuit pour les clients.

Walk Inn (Plateia Dorieos 1 ; 2 €/h ; ⌚10h-23h). Dans la vieille ville.

AGENCES DE VOYAGES

Rodos Sun Service (☎22410 26400 ; 14 Nouveau Marché). Réservation de billets d'avion et de bateau.

Agence de voyages Skevos (☎22410 22461 ; skeyos@rho.forthnet.gr ; 111 Amerikis). Billets de bateau et d'avion pour toute la Grèce. Adressez-vous à l'efficace Charoula.

Triton Holidays (☎22410 21690 ; www.tritondmc.gr ; Plastira 9, Mandraki). On peut y acheter des billets d'avion ou de bateau, louer une voiture, réserver une chambre ou un circuit dans tout le Dodécanèse. Vend aussi des billets pour la Turquie.

ARGENT

Il existe plusieurs DAB dans la ville, notamment dans les banques citées ci-dessous. Un distributeur très pratique est aussi installé sur le quai des ferries internationaux. Notez que les retraits sont facturés.

Alpha Credit Bank (Plateia Kyprou). Dans la ville nouvelle.

Banque commerciale de Grèce (Plateia Symis). DAB près de l'embarcadère des bateaux pour la Turquie du côté est du port de commerce.

Banque nationale de Grèce Ville nouvelle (Plateia Kyprou) ; vieille ville (Plateia Mousiou)

OFFICE DU TOURISME

EOT (Organisme national du tourisme ; carte p. 426 ; ☎22410 35226 ; angle Makariou et Papagou ; ⌚8h30-15h lun-ven). Brochures, plans de la ville et renseignements sur les musées et les horaires de ferries.

POLICE

Police portuaire (☎22410 22220 ; Mandraki)

Police touristique (☎22410 27423 ; ⌚24h/24). À côté de l'EOT.

POSTE

Poste principale (carte p. 426). Sur le port de Mandraki.

SERVICES MÉDICAUX

Clinique privée Krito (☎22410 30020 ; Ioannou Metaxa 3 ; ⌚24h/24).

Hôpital général (☎22410 80000 ; Andreas Papandreou). Un hôpital de pointe, flambant neuf.

Urgences et ambulances (☎166).

SITE INTERNET

www.rodos.gr/en Informations et événements culturels à Rhodes. Site (en anglais et en grec) de la municipalité.

Comment circuler

Les bus locaux partent de l'**arrêt des bus de ville** (carte p. 426 ; Mandraki), sur le port de Mandraki. Le bus n°11 fait un circuit autour de la côte, en passant devant l'aquarium et près de l'acropole ; faire la boucle entière est un bon moyen de prendre ses repères dans la ville. La ligne 2 dessert Analipsi, la 3 Rodini, la 4 Agios Dimitrios et la 5 l'acropole. Achetez les tickets dans le bus.

Est de Rhodes

La majorité des meilleures plages de Rhodes bordent la côte orientale, beaucoup plus construite, avec nombre de villages convertis en stations balnéaires et des rues entières de bars à touristes. Depuis la ville de Rhodes, des bus desservent fréquemment Lindos, mais certaines plages sont à l'écart de la route et il faut un peu de marche pour les rejoindre.

Restaurée pour retrouver sa beauté passée, **Kalithéa Thermi** (☎22410 65691 ; Kallithea ; www.kallitheasprings.gr ; Kamithea ; 2,50 € ; ⌚8h-20h avr-oct, 8h-17h nov-mars) était à l'origine une station thermale construite par les Italiens, à seulement 9 km de la ville de Rhodes. Avec ses majestueux bâtiments, ses colonnades et ses passages voûtés offrant de superbes vues, l'endroit mérite une visite. Sur place : un café et une petite plage sablonneuse où se baigner.

La **plage de Ladiko**, surnommée "plage d'Anthony Quinn" (on y tourna des scènes du film *Les Canons de Navarone* (1961), de J. Lee Thompson), se compose de deux criques adossées et bordées d'une grève de galets au nord et d'une plate-forme de roches volcaniques au sud. L'endroit se révèle agréable pour nager, mais l'eau est relativement froide.

À Kolymbia, plus bas sur la côte, une route sur la droite s'étire sur 4 km jusqu'à **Epta Pigès** ("sept sources"), l'endroit idéal pour quiconque manque de verdure. Les sources alimentent un cours d'eau qui se jette dans un lac ombragé, où vivent des tortues. Il est possible de rejoindre le lac en suivant un sentier ou en passant par un tunnel sombre et étroit où l'eau de la rivière circule rapidement à hauteur de chevilles. Les claustrophobes préféreront le sentier. Un café est installé à côté des sources, ainsi qu'un terrain de jeux pour enfants. Aucun bus ne dessert Epta Pigès ; prenez un bus pour Lindos et descendez au carrefour.

De retour sur la côte, les belles plages de **Kolymbia** et de **Tsambika** peuvent être fréquentées en été. Plus loin sur la route, un tournant mène à la plage idyllique de **Stegna.** Encore 4 km et vous tomberez sur un croisement vers Haraki, où un chemin mène aux ruines du **fort de Faraklos** (XVᵉ siècle). Ancienne prison pour les chevaliers récalcitrants, il fut aussi le dernier bastion de l'île à tomber aux mains des Turcs. Il offre une vue superbe. La crique de sable d'**Agathi** est située non loin.

Lindos — Λίνδος

1 090 HABITANTS

Depuis la route surélevée, Lindos est d'une beauté à couper le souffle. L'imposante acropole couronne une colline de cyprès argentés, au pied de laquelle les maisons cubiques blanchies à la chaux s'avancent dans la baie turquoise. Le village est un dédale magique d'allées, où abondent les boutiques, les bars et les cafés animés, aménagés dans d'anciennes maisons de capitaines de marine aux façades sculptées. Vous croiserez des ânes et échaufferez vos mollets en grimpant jusqu'à l'acropole qui offre l'une des plus belles vues de Grèce.

L'ancienne Lindos fut fondée par les Doriens vers 2000 av. J.-C. en raison de son emplacement portuaire stratégique. Elle abrite un ensemble de vestiges byzantins, francs et turcs.

À voir et à faire

Acropole de Lindos — SITE ARCHÉLOGIQUE
(6 € ; 8h-18h mar-dim juin-août, 8h-14h sept-mai). Superbe mélange d'architecture byzantine à l'extérieur et d'architecture dorique du IIᵉ siècle av. J.-C. à l'intérieur, cette acropole magnifiquement préservée mérite amplement de gravir les 116 m du rocher qu'elle couronne. Une reconstruction partielle permet aux visiteurs de se faire une idée de sa grandeur d'antan. Non loin trônent les vestiges d'une **stoa hellénistique** (200 av. J.-C.) à vingt colonnes. L'**église byzantine Agios Ioannis**, ornée de fresques anciennes, se dresse sur la droite des marches. Le grand escalier qui succède à la stoa mène aux propylées (Vᵉ siècle av. J.-C.). Juste derrière se trouve le **temple d'Athéna** (IVᵉ siècle av. J.-C.). La déesse était vénérée à Lindos dès le Xᵉ siècle av. J.-C., et ce temple remplaça les anciens sanctuaires.

Les promenades à dos d'âne jusqu'à l'acropole coûtent 5 € l'aller – ces pauvres montures ne sont pas supposées transporter plus de 50 kilos, ce qui est rarement appliqué. Pour vous rendre sur place, entrez dans le village depuis la place principale, tournez à gauche à l'église et suivez les panneaux. Comptez 10 minutes à pied sur des marches glissantes avant de rejoindre l'acropole. Il n'y a pas d'ombre au sommet ; prévoyez un chapeau et de l'eau.

Plages — PLAISIRS BALNÉAIRES
Parfaite pour les enfants, la **plage principale**, au sable fin et aux eaux chaudes, se situe à l'est de l'acropole. Vous pouvez également suivre un sentier menant vers la pointe ouest de la baie jusqu'à la plage plus petite de **Pallas**, bordée de tavernes. Un peu plus loin, des criques rocheuses accueillent des baigneurs si la plage est trop bondée. Évitez de nager près du ponton, où il y a des oursins. À 10 minutes à pied de la ville, à l'ouest de l'acropole, les eaux turquoise de la **baie de Saint-Paul**, bien abritée, vous enchanteront.

Où se loger

L'hébergement à Lindos est limité et souvent complet, pensez à réserver tôt.

Anastasia Studio — APPARTEMENTS $
(6972703362, 22440 31751 ; www.lindos-studios.gr ; d/tr 45/50 € ; P ❄ wifi). Du côté est de la ville, ces 6 appartements en duplex, répartis autour d'une cour plantée de géraniums, donnent sur l'acropole. Ils disposent de

carrelage, TV, canapé-lit, cuisine bien équipée et chambre séparée. Balcon privé dans la chambre n°6.

Electra PENSION $
(☎22440 31266 ; www.electra-studios.gr ; s/d/tr 30/40/45 € ; ❄). Ravissantes chambres aux murs chaulés, avec lits en bois verni, réfrigérateur et couvertures propres. Certaines chambres possèdent un balcon et le joli toit-terrasse domine les citronniers et la mer.

Filoxenia Guest House PENSION $$
(☎22440 32080 ; www.lindos-filoxenia.com ; d/ste avec petit-déj 115/140 € ; ❄@). Pension aménagée dans une cour fermée et fleurie, à côté du poste de police. Ravissantes chambres avec mobilier moderne, poutres en bois au plafond, lits surélevés traditionnels, réfrigérateur et kitchenette. Chambres familiales disponibles.

♥ **Melenos** BOUTIQUE-HÔTEL $$$
(☎22440 32222 ; www.melenoslindos.com ; ste avec petit-déj à partir de 261 € ; ❄@📶). Ce palais de style mauresque est enchanteur – allées de bougainvilliers, sol en mosaïque de galets, terrasses ornées de lampions et de boules de verre éclairant un mobilier ottoman. Le personnel s'affaire discrètement pendant que vous profitez de la magnifique vue sur la baie. Les chambres, dans le style traditionnel de Lindos, ont des lits surélevés, un plafond en bois et des balcons privés.

Où se restaurer et prendre un verre

♥ **Captain's House** CAFÉ $
(en-cas 6 € ; ⌚8h-24h ; 📶). Une maison de capitaine de marine du XVIe siècle, au décor nautique et à l'atmosphère typique de Lindos, parfaite pour un jus de fruits en descendant de l'acropole. Asseyez-vous dans la cour en mosaïque de galets.

Eklekton CAFÉ $
(plats 5 € ; ⌚9h-13h ; 📶). Minuscule café au sol de galets, aux murs chaulés couverts de bougainvilliers, et à la jolie pergola couverte de vigne sous laquelle savourer petit-déjeuner, *gyros* (viande rôtie sur une broche verticale, généralement servis dans du pain pitta), salades, wraps et délicieux baklava.

Village Cafe ÉPICERIE $
(plats 8 € ; ⌚8h30-19h ; ❄📶). Sur le trajet des ânes, près de la pension Elektra, cette boulangerie-café aux murs blancs propose d'appétissants cheesecakes, tartes aux cerises, salades, wraps, glaces et sandwichs fraîchement préparés. Goûtez la délicieuse *bougatsa* (tarte à la crème à la vanille).

Mare Mare CAFÉ $
(plats 9 € ; 📶🍴). Face à la plage Pallas, le chic Mare Mare propose une carte composée de petits-déjeuners, steaks, souvlakis et succulents encornets. Allez-y en début ou en fin d'après-midi pour éviter la cohue.

Kalypso TAVERNE $$
(plats 10-12 € ; ❄📶). Admirez la façade de la maison du capitaine en savourant une dorade, un espadon ou des encornets. Nombreux plats pour enfants et végétariens. Prenez la deuxième rue à droite dans l'artère principale.

♥ **Melenos** GREC $$$
(plats 24 € ; ⌚8h-24h ; 📶). Le menu du restaurant sur le toit consiste en un délice de saumon mariné à l'ouzo, de dorade grillée à l'huile d'olive et herbes du jardin, et de filet de bœuf grillé en sauce épicée, avec coing et oignons caramélisés.

Renseignements

Le bourg est entièrement piétonnier. Les véhicules s'arrêtent sur la Plateia Eleftherias, d'où part Acropolis, l'artère principale. Les promenades à dos d'âne, qui montent jusqu'à l'acropole, démarrent à proximité. Tournez à droite au départ des ânes pour rejoindre la poste, à 50 m.

La Banque commerciale de Grèce (avec DAB) se trouve non loin de là. La Banque nationale de Grèce, dans la rue située en face de l'église Agia Panagia, dispose aussi d'un distributeur.

Pratique, le site privé www.lindos-holiday.com propose plusieurs hébergements en villa.

Clinique (☎22440 31224, 22440 31401 ; ⌚8h-12h30 lun-ven). Derrière l'Amphithéâtre Club, à 500 m du village en direction de Rhodes. Demandez le Dr Nikos.

Doctor Fish (Acropole ; 10 €/15 min). Des centaines de minuscules poissons viendront manger les peaux mortes de vos pieds dès que vous les plongerez dans le bassin. À l'est de l'artère principale.

Island Of The Sun Travel (☎22440 31264 ; acropole). Organise des excursions locales et loue des voitures, ainsi que des hébergements.

Self Service 24h/24 (Internet 3 €/h ; ⌚tlj). Internet, bonbons et boissons. Près de la place principale de la ville.

Waterhoppers (☎6981270341 ; Plateia Eleftherias). Près du parking situé derrière la plage principale. Plongées sur épaves ou dans des grottes à partir de 80 €/jour. Cours PADI Open-Water de 3 jours à 390 €.

Ouest de Rhodes et intérieur de l'île

L'odeur des pins embaume l'ouest de l'île, contrée de collines fertiles et de vallées luxuriantes, couvertes de forêts. La région est plus exposée au vent que la côte orientale, ce qui la rend attrayante pour les véliplanchistes et les kitesurfeurs : la mer y est plus houleuse et les plages sont généralement de galets. Si vous circulez à vélo, à scooter ou en voiture, les routes est-ouest qui traversent l'intérieur révèlent des paysages de toute beauté.

Antique Ialysos Αρχαια Ιαλυσοσ

La cité dorique de **Ialysos** (plein tarif 4 € ; 8h30-15h mar-dim) a été construite sur la colline de Filerimos, laquelle attira des envahisseurs successifs au fil des siècles. Avec le temps, le lieu mêle intrinsèquement vestiges antiques, byzantins et médiévaux. En arrivant, un escalier mène aux vestiges d'un temple du IIIe siècle av. J.-C., ainsi qu'à la **chapelle Agios Georgios** (XIVe siècle), restaurée, et au **monastère Notre-Dame**.

Prenez le chemin à gauche de l'entrée pour rejoindre une **chapelle** (aux allures de redoute) du XIIe siècle, remplie de fresques.

À l'extérieur de l'entrée, vous trouverez un petit guichet, bon nombre de paons et un sentier planté d'arbres, avec un **chemin de croix**. Vous pourrez aussi découvrir les ruines d'une **église byzantine** en contrebas du parking. À 10 km de Rhodes, Ialysos est desservi par des bus toutes les demi-heures.

De Ialysos à Petaloudès Ιαλυσοσ προς Πεταλουδεσ

En quittant Ialysos vers le sud, ne manquez pas le **musée de l'Abeille** (www.mel.gr ; adulte/enfant 2/1 € ; 8h30-15h), pour tout savoir sur la fabrication et la récolte du miel, sur le matériel d'hier et d'aujourd'hui et sur l'histoire de l'apiculture sur l'île. Vous pourrez voir des abeilles à l'œuvre et assister à des démonstrations. La boutique permet de faire le plein de souvenirs au miel : rhum, savon, bonbons… ou miel tout court. Pour rejoindre le musée, empruntez la très bonne route Tsairi-aéroport vers Kalithiès ; le musée est sur la droite, juste après Pastida.

Vous pourrez ensuite rejoindre facilement **Maritsa**, d'où une route spectaculaire vous conduira à travers les pinèdes des collines jusqu'à **Psinthos**, où la place animée est bordée de lieux de restauration. **To Stolidi tis Psinthoy** (plats 7-9 €) a un côté rustique avec ses poutres apparentes, ses nappes à carreaux et ses photos de famille au mur. Le porc aux épices, les feuilles de vigne farcies et le pain de campagne maison sont des valeurs sûres.

Petaloudès Πεταλούδεσ

Au nord-ouest de Psinthos, **Petaloudès** (adulte 6 € ; 8h-14h30) est mieux connue sous son surnom de "vallée des Papillons". Faites une visite de préférence en juin, juillet ou août pour admirer les papillons de nuit, appelés "écailles chinées" (*Callimorpha quadripunctaria*), attirés dans cette gorge par l'odeur de la résine des aliboufiers (styrax). C'est un site très apprécié, notamment en été. Hors saison, vous ne verrez pas les papillons, mais vous aurez les beaux sentiers forestiers, les passerelles rustiques, les ruisseaux et les bassins pour vous seul.

Antique Kamiros Αρχαια Κάμειρο

Les **ruines** étendues de la cité dorique de Kamiros se dressent sur une colline surplombant la côte occidentale, à 34 km de Rhodes. La ville antique, réputée pour ses figues, son huile et son vin, atteignit le sommet de sa gloire au VIIe siècle av. J.-C., avant d'être supplantée par Rhodes au IVe siècle av. J.-C. La cité fut en grande partie détruite par les tremblements de terre de 226 et de 142 av. J.-C., mais son implantation apparaît très clairement. Les vestiges comprennent un **temple dorique**, dont une colonne est encore debout, des **demeures hellénistiques**, un **temple dédié à Athéna** et une **grande stoa** du IIIe siècle. Mieux vaut visiter l'endroit dans l'après-midi, lorsque l'affluence est moindre.

De l'antique Kamiros à Monolithos Αρχαία Κάμειροσ Προσ Μονόλιθο

Le pittoresque port de **Skala Kamirou**, à 13,5 km au sud de l'antique Kamiros, donne accès à l'île de Halki.

Au sud du port, avant la ville de Skala, un embranchement mène à Kritinia et au **château de Kritinia** (XVIe siècle), qui jouit d'une splendide vue sur la côte, jusqu'à Halki. Le cadre est véritablement enchanteur.

La route vers le sud en direction de Monolithos traverse les plus étonnants paysages de l'île. Après Skala Kamirou, elle serpente sur les collines durant 5 km avant de croiser sur la gauche une route qui dessert la région vinicole d'Embonas. La route principale continue sur 9 km jusqu'à **Siana**, un village pittoresque blotti au pied du mont Akramytis (825 m).

Le village de Monolithos, à 5 km après Siana, abrite le **fort de Monolithos**, datant du XVe siècle, perché sur un rocher escarpé de 240 m de hauteur et accessible par une piste de terre. En continuant sur cette piste, prenez à droite à l'embranchement vers le **Moni Agiou Georgiou** ou à gauche vers l'agréable **plage de Fourni**, couverte de galets.

Vignobles

Depuis Salakos, vous pouvez faire un détour par **Embonas**, sur les pentes du mont Attavyros (1 215 m), le point culminant de l'île. Capitale vinicole de Rhodes, Embonas produit certains des meilleurs vins de l'île. Le rouge Cava Emery ou le Zacosta et le blanc Villare sont réputés. Vous pourrez les goûter et en acheter au **vignoble Emery** (www.emery.gr ; Embonas ; ⏲ 9h30-16h30 avr-oct) GRATUIT, situé à l'est de la ville et qui propose des visites guidées.

N'hésitez pas à contourner le mont Attavyros pour visiter **Agios Isidoros**, à 14 km au sud d'Embonas, sur la route de Siana. Ce village préservé produit également du vin.

Sud de Rhodes

Au sud de Lindos, le long du littoral oriental, l'île apparaît moins développée. Épargnés par l'affluence touristique, les villages semblent vivre à un rythme plus tranquille. À 2 km de la ville, **Pefki**, la plage de sable de Lindos, est très fréquentée. S'il y a trop de monde, essayez celle de **Glystra**, à deux pas, un bon endroit pour nager.

Le village de **Laerma** est à 12 km au nord-ouest de Lardos.

Gennadi Γεννάδι

650 HABITANTS

Village tranquille, organisé autour d'une rue principale, Gennadi compte plusieurs *kafeneia* (cafés) et une enfilade de maisons blanches, à quelques centaines de mètres de la plage de galets. Outre des habitants sympathiques, vous y trouverez un marché aux fruits, une boulangerie, un supermarché, un cybercafé, une agence de location de voitures, ainsi que deux tavernes.

Flanqués par un mûrier vieux de 8 siècles, les 6 studios d'**Effie's Dreams Apartments** (☎ 22440 43410 ; www.effiesdreams.com ; s/d/tr 50/55/60 € ; ❄ @ 📶) possèdent des balcons avec vue sur la mer. La place est idéale pour un moment de lecture, et un café propose Wi-Fi, en-cas et cocktails. À 10 minutes à pied de la plage.

Décorée sur le thème de la mythologie, **Mama's Kitchen** (plats 7-10 €) sert principalement des pizzas, mais propose aussi des grillades, dont de délicieuses côtelettes d'agneau et souvlakis.

De Gennadi à Prassonissi Γεννάδι Προσ Πρασονήσι

Entre Gennadi et **Plimmyri**, à 11 km au sud, s'étendent une plage de galets quasi ininterrompue et des dunes de sable.

Une route mène à **Lahania**, à 2 km de la route principale. Descendez dans la vieille ville et vous découvrirez un labyrinthe de ruelles tortueuses et de maisons traditionnelles.

Si vous avez envie d'un séjour rural sans négliger le confort, le **Four Elements** (☎ 69394 50014 ; www.thefourelements.be ; studio/app 510/725 € par sem ; ❄ @ 📶 🏊), tenu par des Belges, est fait pour vous, avec ses appartements spacieux et accueillants. Tous disposent d'une cuisine, la piscine est parfaite, et il y a un bassin pour les enfants, un barbecue et un jardin. L'un des appartements est accessible aux personnes en fauteuil roulant.

À Lahania, la **Taverna Platanos** (plats 5-7 €), derrière l'église de la place principale, est un endroit décontracté, idéal pour faire une pause et déjeuner, avec sa décoration traditionnelle et son patio fleuri.

La principale route côtière continue vers le sud, passant devant d'innombrables chapelles jusqu'à **Kattavia**, le village le plus au sud de Rhodes. C'est un endroit sympathique, qui ne connaît pas une grande fréquentation touristique. Faites un arrêt chez **Penelope** (plats 7-12 €), sur la place principale, pour du poisson frais et des frites maison.

Depuis Kattavia, une route de 10 km balayée par le vent sinue vers le sud jusqu'au

cap Prassonissi, lieu isolé et point le plus méridional de l'île. Relié à Rhodes par une bande de sable étroite en été, il est complètement isolé l'hiver lorsque le niveau de l'eau monte. Point de rencontre de la mer des Carpates et de la Méditerranée, le cap est connu pour ses vents favorables au kitesurf. Quelques centres proposent des équipements, dont le **Pro Center Kristof Kirschner** (☎ 2240091045 ; www.prasonisi.com). Si vous cherchez un repas ou un lit, vous découvrirez sur place une station destinée aux véliplanchistes, avec des restaurants et des auberges "surf". Tout est fermé en dehors de la période estivale.

De Kattavia à Monolithos
Κατταβιά προς Μονόλιθο

Isolée et balayée par les vents, la côte sud-ouest de Rhodes ne reçoit pas beaucoup de visiteurs. Or c'est un bel endroit où l'on se sent comme au bout du monde. À 10 km environ au nord de Kattavia, une route part vers la droite, menant au paisible **Moni Skiadi** (XVIIIe siècle), d'où l'on a une superbe vue sur la côte. Monolithos est un village de maisons blanchies à la chaux, tapies en contrebas d'un *kastro* envahi par les pins, au sommet de la colline.

HALKI ΧΑΛΚΗ

310 HABITANTS

Halki offre un condensé d'images grecques : un vieux pêcheur décortique des crevettes sous un figuier, un prêtre orthodoxe parcourt une allée étroite et les bateaux tanguent dans le port. L'activité limitée de cette île, autrefois consacrée à la pêche à l'éponge, se concentre autour du port néoclassique d'Emborios. Si l'île est majoritairement rocailleuse, elle possède tout de même quelques paisibles plages, léchées par une eau turquoise, où prendre le soleil. Ouvrez l'œil, on recense 14 espèces de papillons et une quarantaine d'espèces d'oiseaux.

Depuis/vers Halki

Un bateau (10 €) dessert l'île chaque jour depuis Skala Kamirou, sur Rhodes, avec une correspondance en bus pour la ville de Rhodes (tlj sauf sam-dim). Parcourez 150 m depuis le quai des ferries de Skala Kamirou jusqu'à la route principale pour trouver l'arrêt de bus. **Stelios Kazantzidis** (☎ 69444 34429) opère aussi un ferry indépendant jusqu'à Skala Kamirou.

De Halki, des ferries desservent aussi Karpathos, Kolona, Le Pirée, Santorin, Sitia (Crète) et Tylos. On peut acheter son billet auprès de Zifos Travel, à Emborios.
Deux ferries locaux, le *Nissos Halki* et le *Nikos Express*, assurent des liaisons quotidiennes entre Halki et Skala Kamirou (10 €, 30 min).

Bateaux au départ de Halki

VERS	DURÉE	TARIF (€)	FRÉQUENCE
Karpathos	3 heures	12	3/sem
Le Pirée	19 heures	39	2/sem
Rhodes	2 heures	9	5/sem
Rhodes*	1 heure 15	16	2/sem
Santorin (Thira)	15 heures	27	2/sem

*express

Comment circuler

La majorité des gens se déplacent sur l'île à pied. En été, un minibus circule toutes les heures entre Emborios et Moni Agiou Ioanni (5 €). Les prix et les numéros de téléphone sont indiqués aux guichets. Un bateau-taxi dessert également les plages principales, et des bateaux d'excursion permettent de rejoindre l'île inhabitée d'Alimia (30 €), aux champs d'herbes sauvages. Appelez **Kiristanis Cruises** (☎ 6988155630).

Emborios Εμπορειός

50 HABITANTS

Emborios réunit toutes les caractéristiques des îles grecques avec sa baie turquoise et ses maisons de style italien colorées, qui, au XVIe siècle, appartenaient à des capitaines de marine. Au pied des façades ocre et crème, des chats bâillent en direction du quai, où des anciens font tourner des *komboloïs* entre leurs doigts. Quelques tavernes agréables permettent de se détendre avant d'aller prendre le soleil sur la plage Ftenagia voisine.

À voir

Les **demeures** anciennes qui bordent le port, sont un régal pour les yeux. Beaucoup d'entre elles ont été restaurées, d'autres restent dans un état de délabrement.

L'imposant **clocher** de pierre, au sud du port, a été érigé grâce à des dons des Halkiotes de Floride.

L'**église d'Agios Nikolaos** possède le plus haut clocher du Dodécanèse et, du côté est, une superbe cour pavée de galets.

La **maison traditionnelle** (22460 45284 ; 3 € ; 11h-15h et 18h-20h lun-ven), une reconstitution, donne un aperçu de la vie sur l'île autrefois. Suivez la route qui gravit la colline et passe devant la boulangerie.

Où se loger

Peu d'hébergements étant disponibles sans réservation, mieux vaut s'y prendre à l'avance pour les mois les plus fréquentés. Zifos Travel, face à la boulangerie, peut vous aider à trouver une chambre.

Captain's House PENSION $
(6932511762, 22460 45201 ; capt50@otenet.gr ; d 40 € ;). Cette maison ayant appartenu à un combattant de la résistance possède 3 jolies chambres qui ont conservé leurs hauts plafonds et leur parquet du XIXe siècle. Le décor se compose d'horloges anciennes et des photo de vieilles goélettes. Sa superbe terrasse ensoleillée offre une vue magnifique sur le port, et l'on peut se relaxer dans la cour.

St Nicolas Boutique Hotel BOUTIQUE-HÔTEL $$
(22460 45208 ; www.stnicolas.com ; d/ste avec petit-déj 150/170 € ; P). Cette ancienne fabrique d'éponges dispose de 20 chambres raffinées, dotées de mobilier chic et de balcons privatifs, d'un magnifique hall en marbre et d'un restaurant contemporain. À quelques mètres sur l'ancien quai de chargement, des marches permettent de descendre dans la mer pour s'y baigner.

Où se restaurer

Maria's Taverna TAVERNE $
(plats 9 €). Sur le front de mer, à l'angle près de la poste, cette taverne installée à l'ombre d'un figuier sert poisson frais, langoustines, ragoût d'agneau, moussakas et traditionnels spaghettis maison de Halki.

Black Sea TAVERNE $
(plats 7 € ;). Dégustez rascasse, vivaneau, homard, *kleftiko* d'agneau, souvlakis et crevettes dans une taverne colorée, tenue par une charmante famille géorgienne, à quelques mètres des bateaux, côté gauche du port.

Dimitri's Bakery BOULANGERIE $
(plats 2 €). Appréciée à juste titre pour ses tourtes aux épinards et pommes, ses croissants, ses flans au fromage et, en soirée, ses parts de pizza. Pâtisseries fraîchement préparées à l'aube.

Renseignements

Les bateaux arrivent au milieu du port d'Emborios. La plupart des services et des hôtels sont facilement accessibles à pied. Le trimestriel gratuit *Halki Visitor* est une bonne source de renseignements.

Lors de notre passage, le DAB du point d'information sur le port – unique source de retrait sur l'île – était hors service et devait être remplacé : pensez à emporter assez d'espèces.

Le www.halki-travel-guide.com est un bon site qui recense les activités et les restaurants.

Clinique (22460 45206 ; 9h-14h et 18h-20h lun-ven). Les numéros d'urgence du week-end sont affichés sur la porte de Zifos Travel. Un centre médical plus grand est en construction.

DAB de Twelve Islands Bank. Près de Zifos Travel et en face du quai des ferries.

Police et police portuaire (22460 45220). Sur le port.

Poste (9h-13h30 lun-ven). Sur le port.

Zifos Travel (22460 45082 ; www.zifostravel.gr ; 10h-20h tlj). Pour vous aider à trouver un hébergement, organiser vos déplacements et excursions. Change les devises.

Ailleurs sur Halki

Dans la baie suivante, au sud, la **plage de Podamos** est une superbe grève de galets ourlée d'eaux turquoise d'un côté et, de l'autre, de pentes herbeuses où broutent les chèvres. À seulement 1 km d'Emborios en direction de Horio, elle est peu profonde et donc idéale pour les enfants. Juste au-dessus, la **Podamos Beach Taverna** (plats 8 € ; déj et dîner) tire parti d'une belle vue sur les flots et de sa carte de produits de la mer. Chaises longues et parasols à louer.

La plage de galets de **Ftenagia**, après le promontoire, à 500 m au sud d'Emborios, possède des eaux incroyablement cristallines. La **Ftenagia Beach Taverna** (plats 9 € ; 8h-20h) est un confortable restaurant près de l'eau ; essayez ses délicieux calamars.

Horio, à 30 minutes (3 km) à pied d'Emborios, par le boulevard Tarpon Springs, abritait jadis une communauté prospère de 3 000 âmes. Elle est aujourd'hui presque complètement en ruine. L'**église** renferme de belles fresques, mais elle n'ouvre ses portes que lors des fêtes. Le 14 août, l'île entière se rassemble ici pour une cérémonie en l'honneur de la Vierge Marie, à qui l'église est consacrée. Un sentier à peine visible grimpe du cimetière au **fort**

des Chevaliers de Saint-Jean. Comptez 15 minutes de marche pour bénéficier d'une vue spectaculaire.

Le Moni Agiou Ioanni est à 2 heures (8 km) de marche, en plein soleil, le long d'une route goudronnée qui part de Horio. Il est parfois possible de loger dans une des chambres simples de l'église en échange d'un don.

KARPATHOS ΚΑΡΠΑΘΟΣ

6 080 HABITANTS

Cette île escarpée, célèbre pour ses montagnes sauvages et ses criques d'un bleu électrique, est un des lieux les plus authentiques de Grèce. D'après la légende, Prométhée et les titans y seraient nés. Ses villages couronnés de nuages et sa beauté accidentée confèrent à l'île un aspect primitif.

Prisé des amateurs d'adrénaline, le sud de l'île fait également les grands titres estivaux, à la faveur de sa compétition internationale de kitesurf. Le vent violent qui soulève les embruns des vagues turquoise souffle jusqu'aux pins et aux maisons cubiques. Les femmes de Karpathos portent encore la tenue traditionnelle, en particulier dans le village d'Olymbos, perché sur une crête.

Depuis/vers Karpathos

Karpathos dispose d'un grand aéroport qui assure des liaisons quotidiennes pour Athènes (98 €), Kassos (44 €) et Sitia (67 €) et 5 vols/semaine vers Rhodes (45 €). Les billets sont en vente auprès de Possi Travel (p. 443), à Pigadia.

Des ferries à horaires fixes desservent aussi Agios Nikolaos, Kassos, Milos, Le Pirée, Rhodes, Santorin et Sitia. Un petit caïque local assure aussi 3 fois/semaine la liaison entre Finiki (Karpathos) et Fry (Kassos).

Bateaux au départ de Karpathos

VERS	DURÉE	TARIF (€)	FRÉQUENCE
Halki*	2 heures	12	3/sem
Kassos	1 heure 30	8	3/sem
Le Pirée	17 heures	39	2/sem
Milos	16 heures	36	1/sem
Rhodes	5 heures	20	3/sem
Santorin (Thira)	11 heures	25	2/sem
Sitia	4 heures	18	2/sem

*départ du port de Diafani

Karpathos

Comment circuler

DEPUIS/VERS L'AÉROPORT

Il n'existe malheureusement pas de navette aéroportuaire. Le taxi est le seul moyen de rejoindre Pigadia (20 €) et les destinations plus lointaines.

BATEAU

De mai à septembre, des bateaux d'excursion naviguent quotidiennement de Pigadia à Diafani, avec une correspondance en bus pour Olymbos (25 €). Ils partent de Pigadia à 8h30. D'autres desservent fréquemment les plages de Kyra Panagia et d'Apella (20 €). Les billets sont vendus à l'embarcadère.

De Diafani, des bateaux d'excursion rallient les plages avoisinantes et parfois l'îlot inhabité de Saria, où vous pourrez visiter des vestiges byzantins.

BUS

Les transports de l'île convergent vers Pigadia. Les horaires sont affichés à la **gare routière** (☎22450 22338 ; M Mattheou) et au kiosque d'information touristique. Les bus (2 € ; ⏲juil et août uniquement, tlj sauf dim) rallient la plupart des villages du sud de Karpathos, dont les plages de la côte occidentale. Aucun service ne circule entre Pigadia et Olymbos ou Diafani.

TAXI

La **station de taxis** de Pigadia (☎22450 22705 ; Dimokratias) est proche du centre-ville, où sont affichés les tarifs. Comptez 10 € pour Ammoöpi, 20 € pour l'aéroport, 20 € pour Arkasa et Pyles, 22 € pour Kyra Panagia et 30 € pour Spoa.

VOITURE, MOTO ET VÉLO

Du côté est de Pigadia, **Rent A Car** (☎22450 22690/911 ; 28 Oktovriou) loue des voitures et des motos à partir de 30 €. Les meilleurs scooters sont proposés par **Pegasus Motorbikes** (☎6979794727 ; à partir de 18,50 €/jour ; ⏲9h-13h et 17h-20h). Le permis moto est nécessaire pour louer une moto.

Pigadia Πηγάδια

1 700 HABITANTS

Pigadia n'a ni le charme photogénique ni les jolies maisons cubiques des autres îles. Mais donnez-lui un peu de temps, et son port, ses bars en front de mer, ses tavernes et ses petites boulangeries-pâtisseries pourraient bien vous charmer.

On y trouve de nombreux DAB et supérettes.

À voir

Musée archéologique de Karpathos MUSÉE
(⏲9h-13h et 18h-20h30 mar, jeu et sam, 8h30-15h mer, ven et dim). GRATUIT Dominant le village depuis un petit promontoire en bord de mer, le musée archéologique renferme des objets locaux, notamment des pièces de monnaie, des fonts baptismaux et des céramiques.

Où se loger

Pigadia possède de nombreux hébergements bon marché.

Hotel Karpathos HÔTEL $
(☎22450 22248 ; www.karpathoshotel.gr ; d/tr 40/50 € ; ❄📶). Hôtel central et élégant, tenu par une charmante dame. Chambres lumineuses, avec sdb, TV, balcon privatif, réfrigérateur et vue sur la mer.

Rose's Studios APPARTEMENTS $
(☎6974725427, 22450 22284 ; www.rosesstudios.com ; ch 30 € ; ❄📶). Les chambres simples et très agréables, avec sdb propres, grands balcons donnant sur la mer, équipements corrects, TV et kitchenette méritent la pénible ascension de la colline.

Hotel Titania HÔTEL $
(☎22450 22144 ; www.titaniakarpathos.gr ; d/tr 50/60 € ; ❄📶). De la réception de style années 1970 aux chambres propres et fonctionnelles, avec TV et sdb, tout a un côté rétro. Préférez les chambres à l'arrière pour échapper au bruit de la circulation. On prend son petit-déjeuner dans un jardin ombragé.

Oceanis Hotel HÔTEL $$
(☎22450 22975 ; ch à partir de 55 € ; P❄📶). Hôtel des années 1980, totalement kitsch, avec son hall tout en miroirs et son bar plein de dorures. À l'étage, les chambres aux murs blancs disposent de mobilier de bon goût, TV, balcon et vue sur la mer. Terrasse où prendre un verre en soirée.

Où se restaurer

La plupart des boulangeries, bars et tavernes sont situés sur le front de mer ou juste en retrait. Les *makarounes* (pâtes maison au fromage et aux oignons) sont la spécialité locale.

♥ **To Helenikon** TAVERNE $
(Apodimon Karpathion ; plats 7 € ; ⏲tte l'année ; ❄📶✎). Une élégante taverne parmi les meilleures de l'île, avec chevrons en bois et murs décorés d'images de dieux et de philosophes grecs. Goûtez le faux filet, les côtelettes de porc et le veau grillés, sans oublier la spécialité de Karpathos, les *makarounes*.

Pâtisserie DOUCEURS ET EN-CAS $
(Dimokratias ; douceurs 1-4 €). Cette pâtisserie traditionnelle sert biscuits, baklavas de

Karpathos, éclairs, tourtes aux épinards, brownies, glaces et boissons.

Posidon Taverna TAVERNE $

(front de mer ; plats 9 €). Cette taverne meublée de tables et de chaises bleues, du côté du quai, prépare des produits de la mer fraîchement pêchés : crevettes grillées, espadon, souvlakis, sardines et, bien sûr, calamars. Les pêcheurs de passage adorent les *dolmades* accompagnées d'ouzo.

Akropolis BRASSERIE $$

(Apodimon Karpathion ; plats 15-25 €). Un café accueillant à côté du port, qui passe du Sinatra sur la terrasse. Carte riche en viande : entrecôte, côte de bœuf, filet, aloyau, faux filet et délicieux chateaubriand (50 €). Petit-déjeuner, salades et pâtes.

Où prendre un verre et faire la fête

En contrebas du musée, un **théâtre** en plein air accueille souvent des concerts et des manifestations culturelles l'été. Pour un verre en soirée, allez en bord de mer, où se succèdent bars et cafés, en particulier à l'ouest du kiosque d'information. Sur le front de mer, l'**En Plo** (cocktails 6 € ; 8h-tard) propose un choix immense de cocktails et de cafés dans un intérieur à l'éclairage tamisé. Envie de danser ? Le **Heaven Club** et le **Fever** (jusqu'à 1h tous les soirs, ven-sam uniquement en hiver), tous deux en dehors de la ville, organisent un service de bus gratuit qui vous emmène sur place à partir de 13h.

Renseignements

L'embarcadère des ferries occupe l'extrémité nord-est du vaste port. Quelques minutes de marche conduisent au centre-ville, où l'artère principale, Apodimon Karpathion, mène, vers l'ouest, à la place centrale, la Plateia 5 Oktovriou. Pour la plage de sable, allez 300 m vers l'ouest, vers la baie de Pigadia.

Le site local www.inkarpathos.com recense des articles et des informations.

Cyber Games (22450 22110 ; front de mer ; 2 €/h ; 9h-1h)

Banque nationale de Grèce (Apodimon Karpathion). DAB.

Office du tourisme (22450 23835 ; juil-août). Dans un kiosque au milieu du front de mer.

Police (22450 22224). Près de l'hôpital, à l'extrémité ouest de la ville.

Possi Travel (22450 22235 ; www.possi-holidays.gr ; Apodimon Karpathion). Principale agence de voyages pour les billets de ferry et d'avion, les excursions et autres hébergements.

Poste (Ethnikis Andistasis). Près de l'hôpital.

Sud de Karpathos

Le sud de l'île, plus tourné vers le tourisme, est ponctué de quelques plages de sable et de localités paisibles propices au farniente. De superbes sentiers de randonnée sillonnent cette partie de l'île. Procurez-vous une carte à Pigadia.

Menetès Μενετέσ

450 HABITANTS

Le village de Menetès est perché sur des falaises battues par les vents des montagnes. Grimpez jusqu'à son église avant d'aller explorer ses rues étroites et son **musée** (sur demande) GRATUIT. Pour un authentique aperçu de la vie en montagne, attablez-vous devant un plat de moussakas, de *stifadho* ou de calamars à la **Taverna Manolis** (22450 81103 ; plats 5-7 €). Sinon, optez pour la **Dionysos Fiesta** (22450 81269 ; plats 5-7 €) et ses plats locaux, comme l'omelette aux artichauts et aux saucisses. Sur la route en bas de la colline, mêlez-vous à la clientèle d'octogénaires rebelles de la **Taverna Perdiga** (plats 6 €) et dégustez poulpe, *gyros*, sardines et côtes d'agneau en sirotant un verre de retsina, sur fond de conversations animées et de parties d'échecs.

Arkasa Αρκάσα

Jadis village typique de Karpathos, Arkasa est devenu une station balnéaire tranquille. Le village lui-même, à 9 km de Menetès, est posté en retrait de la mer et la station se trouve plus bas sur la côte.

Un embranchement en bas du village mène 500 m plus loin aux vestiges de la **basilique Agia Sophia** (Ve siècle). Deux chapelles se dressent au milieu de fragments de mosaïques et de colonnes. En contrebas, vous pourrez vous promener le long de la côte jusqu'à une ancienne **acropole**. Au sud, de l'autre côté du cap et à environ 600 m de la route principale, se trouve la **plage d'Agios Nikolaos**. Vous pouvez séjourner près de l'eau dans les **Glaros Studios** (22450 61015 ; glaros@greekhotel.com ; Agios Nikolaos ; studios 50/55 €), dont les chambres sont décorées dans le style traditionnel de Karpathos. Le restaurant adjacent offre une ambiance détendue.

Sur la route de Finiki, les **Eleni Studios** (☎22450 61248 ; www.elenikarpathos.gr ; Arkasa ; ch 50 € ; P❄📶🌊) sont des appartements bleu et blanc bien espacés, donnant sur la mer. Sur place également, un **café** accueillant. Pour quelque chose d'un peu plus chic, essayez l'**Arkasa Bay Hotel** (☎22450 61410 ; www.arkasabay.com ; app 100 € ; ❄📶🌊) avec vue sur la mer. Les chambres, somptueuses, sont bien équipées, notamment d'une kitchenette. La piscine familiale est un plus pour ceux qui ont des enfants.

Finiki — Φοινίκι

Le pittoresque village de Finiki est à 2 km au nord d'Arkasa. Typique de la mer Égée avec ses maisons blanc et bleu installées au bord d'une petite plage de galets et d'un port assoupi, il compte plusieurs tavernes. La meilleure plage des environs pour la baignade est celle d'**Agios Georgios**, entre Arkasa et Finiki. La **plage de Kamarakia**, signalée avant Agios Georgios, est une crique étroite aux forts courants marins.

Juste au-dessus du village, le **Finiki View Hotel** (☎22450 61400 ; www.finikiview.gr ; ch 60 €, app 80 € ; ❄📶🌊) jouit de vues superbes sur la plage et le port. L'ambiance est agréable et tous les studios et appartements sont dotés de murs blancs, d'une kitchenette, de meubles en pin et d'une vue sur la mer. Certains sont même équipés de lits surélevés traditionnels. L'établissement est à 5 minutes à pied du port.

Dominant la jolie baie turquoise, la **Marina Taverna** (plats 4-7 €), à quelques mètres de l'eau, propose une carte de fruits de mer, avec encornets, crabes, ainsi que des viandes grillées. Détendez-vous sur la terrasse.

Lefkos — Λευκόσ

120 HABITANTS

À 2 km de la principale route littorale, en direction de la mer, vous trouverez la station balnéaire estivale de Lefkos.

Les amateurs d'archéologie exploreront les replats souterrains d'une **citerne romaine**, en haut d'une route d'accès (suivez le panneau sur la gauche indiquant "catacombes") ; roulez jusqu'au bout de la route cahoteuse, puis prenez le sentier K16.

Si vous décidez de séjourner ici, **Le Grand Bleu** (☎/fax 22450 71400 ; www.legrandbleu-lefkos.gr ; studio/app 85/120 € ; P❄@📶) loue des appartements accueillants et bien équipés, donnant sur la plage centrale de Gialou Horafi, à Lefkos. Sur place, une excellente **taverne** (plats 7-12 €) ombragée sert des mezze, comme des champigons à l'ail et de l'*imam bayildi* (aubergines aux herbes cuites dans de l'huile d'olive).

Des bus quotidiens desservent Lefkos. La course en taxi depuis Pigadia coûte 24 €. **Lefkos Rent A Car** (☎/fax 22450 71057 ; www.lefkosrentacar.com), une adresse fiable, livre les véhicules gratuitement dans tout le sud de Karpathos.

Nord de Karpathos

La belle route de montagne qui serpente vers le nord conduit si haut que l'on croirait escalader le mont Olympe en traversant quelques nuages. Des chutes de pierres ayant occasionnellement lieu sur certaines sections après des pluies importantes, évitez de l'emprunter si le temps ne s'y prête pas. Cela dit, la route est revêtue à 98% et Olymbos est une destination qu'il ne faut absolument pas manquer. Les visiteurs rejoignent souvent Diafani en bateau pour ensuite prendre un bus jusqu'à Olymbos. Il est également possible de faire d'excellentes randonnées dans le nord, et les eaux des plages de galets sont particulièrement claires.

Diafani — Διαφάνι

250 HABITANTS

Balayée par le vent, Diafani est un bouquet de maisons blanches adossées à une montagne, face à une mer bleu cobalt. Hormis le fracas des vagues et les anciens qui jouent au backgammon, rien ne bouge vraiment. La plupart des visiteurs ne font que traverser Diafani. Si vous choisissez de rester, il y a de grandes chances pour que les plages et les sentiers vous appartiennent.

Activités

Vous pouvez effectuer de courtes excursions, à bord du *Captain Manolis*, vers des sites isolés de Karpathos, autrement inaccessibles, et vers l'île de **Saria**. Les bateaux partent de la jetée, dans le centre de Diafani, vers 10h et en reviennent à 17h ; comptez environ 20 € pour le périple.

Les marcheurs peuvent se procurer la carte *Karpathos-Kasos* au 1/60 000 (disponible à Pigadia), publiée par Road Editions, ou se rendre au bureau de l'agence de l'Environnement près du front de mer de Diafani. Les sentiers de randonnée sont balisés par des marques rouges ou bleues, ou des cairns. Suivez le sentier côtier vers le nord sur 4 km (30 min), à travers une pinède, jusqu'à la **plage de Vananda**. Une marche plus ardue (2 heures, 11 km) part vers le nord-ouest jusqu'au site de **Vroukounda**, datant de l'époque hellénistique. En chemin, vous passerez par le village agricole d'**Avlona**. Emportez provisions et boissons, car vous ne trouverez pas d'endroit où vous approvisionner.

Où se loger et se restaurer

Le **Balaskas Hotel** (22450 51320 ; www.balaskashotel.com ; s/d 30/40 € ;) propose 19 chambres agréables, avec sol carrelé, couvre-lits colorés, TV sat et Wi-Fi. L'hôtel dispose d'un bateau qui peut vous conduire aux îles voisines moyennant 10 € par personne. À 2 minutes à pied de la plage.

À l'extrémité nord de la baie, le **Dolphin Studios** (22450 51301 ; app 35 € ;) loue des studios confortables aux murs blancs, avec grande sdb, équipements de cuisine basiques, jolie vue et sympathique terrasse ensoleillée. Tournez à gauche à la taverne La Gorgona.

Le front de mer est bordé de restaurants. Le **Rahati** (22450 51200 ; plats 8 €) attire les habitants avec ses souvlakis, poulpes, courgettes, moussakas, *gyros* et calamars. La jolie vue sur la mer et la savoureuse cuisine italienne de **La Gorgona** (22450 51509 ; plats 7 € ; 8h-tard) vous feront fondre. Les spaghettis maison sont délicieux (goûtez les carbonara), tout comme les crevettes locales, la bruschetta et le *saganaki*.

Renseignements

Vous pouvez changer de l'argent et organiser vos trajets en ferry et en avion à l'**Orfanos Travel Agency** (6974990394 ; 8h-13h et 17h30-20h30). Emportez des espèces et faites le plein d'essence car le bourg ne compte ni banque, ni DAB, ni poste, ni station-service. Vous trouverez des renseignements sur www.diafani.com.

Depuis/vers Diafani

Des ferries desservent le village et, l'été, un bateau d'excursion arrive tous les jours de Pigadia. Des bus l'attendent pour conduire les visiteurs à Olymbos. Autrement, toute l'année, des bus partent chaque jour pour Olymbos à 8h, 14h30 et 17h. Trois fois par semaine, un bateau quitte Diafani pour Pigadia à 8h et revient à 15h.

Olymbos Ολύμπος

330 HABITANTS

Semblant déposé là par un Titan, ce village brumeux, composé de maisons de couleurs pastel, est accroché au sommet du mont Profitis Ilias (716 m). En parcourant ses ruelles battues par le vent, où l'on croise de vieilles femmes vêtues de couleurs vives, on pourrait se croire sur un plateau de cinéma. Honorant la tradition, les habitants continuent de parler un dialecte portant des traces de grec dorien. Quelques boutiques vendent du savon, des tapis et des foulards traditionnels, et quelques tavernes douillettes offrent une vue à couper le souffle. Mieux vaut arriver en fin d'après-midi ou tôt le matin, vous éviterez les excursionnistes et c'est le moment où les villageois sortent leur violon.

Où se loger et se restaurer

À gauche de l'église, l'**Hotel Aphrodite** (22450 51307 ; filippasfilipakkis@yahoo.gr ; d 35 €) possède 4 élégantes chambres carrelées aux murs blancs, et la meilleure vue du village sur la mer. À l'extrémité sud du bourg, le **Mike's** (22450 51304 ; ch 25-30 €) et sa charmante propriétaire, Sofia, proposent 4 chambres agréables, avec sdb et kitchenettes. Le *kafeneio* coloré, situé en bas, prépare des plats traditionnels comme le *stifado* et les *dolmades* (plats 7 €).

Traditionnel, l'**Hotel Olymbos** (22450 51009 ; ch 25-35 €) renferme des chambres aux lits surélevés avec d'épaisses couvertures et une vue magnifique. À l'étage, l'excellent restaurant prépare boulettes de viande, ragoût de chèvre et *makarounes*. Demandez à voir la boutique de style caravane, qui vend des poupées et de la vaisselle peinte. L'**Irene's House** (6944636327 ; 60 €/nuit, 300 €/sem) est une maison récemment rénovée pouvant accueillir 4 personnes.

Sur la place, le **Parthenon Restaurant** (plats 4-8 €) a pour décor des instruments et des photos anciennes accrochés au mur, et un plafond de bois. La carte, classique, affiche des *soutzoukakia* (boulettes de viande au vin et sauce tomate) et des souvlakis.

Enfin, au sud de l'église, l'**Eden Garden** (plats 4-8 €) est une taverne toute simple donnant sur la montagne, avec des tables aux nappes à carreaux et une carte comprenant saucisse maison, *stifado* de chèvre locale, pizzas et salades.

KASSOS ΚΑΣΟΣ

980 HABITANTS

Battue par des vents violents et emprisonnée par d'immenses vagues turquoise, l'île isolée de Kassos ressemble à une Grèce oubliée dans le passé. La majorité des visiteurs est constituée de rares oiseaux de mer : 90% des Kassiotes sont des émigrés, qui, après avoir quitté leur île pour trouver du travail, y reviennent en touristes. Vous serez sensible au charme de l'île, la plus méridionale du Dodécanèse.

En 1820, sous la domination turque, l'île comptait 11 000 habitants et disposait d'une importante flotte marchande. Méhémet-Ali, gouverneur turc de l'Égypte, considérait cette flotte comme un obstacle à son projet d'établir une base en Crète. Le 7 juin 1824, ses hommes débarquèrent sur Kassos et tuèrent près de 7 000 habitants. Chaque année, les Kassiotes du monde entier reviennent sur l'île pour commémorer ce massacre.

ℹ Depuis/vers Kassos

Des vols quotidiens d'**Olympic Air** (☎22450 41555 ; aéroport de Kritis) desservent Karpathos (21 €, 10 min), Sitia (38 €, 40 min) et Rhodes (34 €, 1 heure).

Bateaux au départ de Kassos

VERS	DURÉE	TARIF (€)	FRÉQUENCE
Héraklion	5 heures 30	20	2/sem
Karpathos	1 heure 30	8	3/sem
Le Pirée	19 heures	39	3/sem
Rhodes	7 heures	24	3/sem
Santorin	10 heures	25	2/sem
Sitia	2 heures 30	11	3/sem

ℹ Comment circuler

Le bus local, qui dessert tous les villages, dispose d'une douzaine de lignes. Le billet coûte 1 €. Deux **taxis** (☎6977944371, 6973244371) circulent sur l'île. Louez un scooter ou une voiture à **Oasis – Rent-a-Car & Bikes** (☎22450 41746), à Fry.

Fry Φρυ

270 HABITANTS

De jolies maisons blanches aux portes et fenêtres bleu marine longent le port de Fry, le chef-lieu de l'île. Quelques cafés attendent les clients tandis que de vieux loups de mer réparent leurs filets orange sur le très photogénique quai de Bouka. Jusqu'en juin, Fry est une ville fantôme.

Kassos

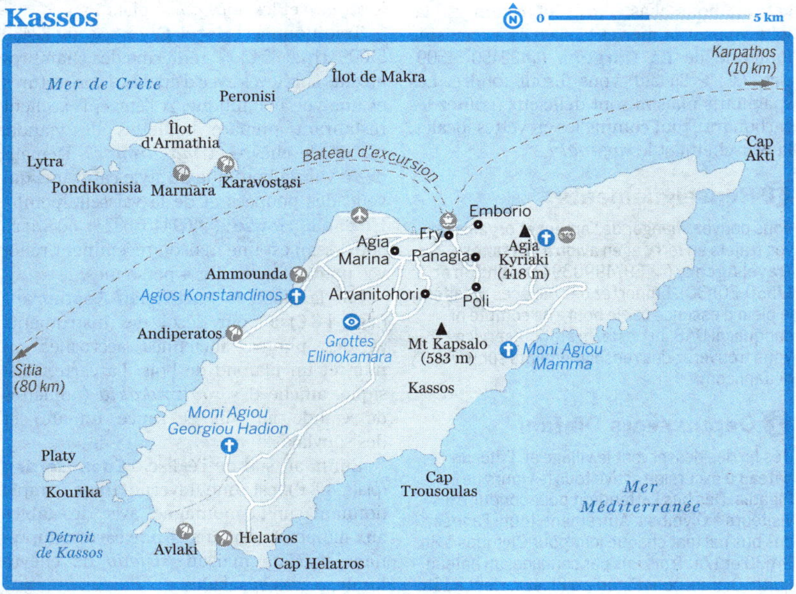

À voir et à faire

Musée archéologique MUSÉE

(9h-15h, été seulement) GRATUIT. On peut y voir quelques trésors de l'île : des objets découverts dans des épaves, une collection de lampes à huile et des pièces mises au jour à Polis, comme des dalles de pierre avec des inscriptions hellénistiques.

Bateau d'excursion Athina SORTIE EN BATEAU

(22450 41047, 69779 11209 ; aller-retour 15 €). Ce bateau croise tous les jours l'été jusqu'à l'îlot inhabité d'Armathia (départ de Fry à 15h, retour à 19h). Sur cette île minuscule s'étendent de superbes plages de sable. Apportez vos provisions.

Où se loger

Hotel Anagennissis HÔTEL $

(22450 41323 ; s/d 35/45 € ;). Sur le front de mer, au centre du village, cet agréable hôtel de catégorie moyenne propose des chambres de qualité dotées de lits confortables, réfrigérateur, TV et jolie décoration. S'il n'y a personne à la réception, rendez-vous à la Kasos Maritime Tourist Agency, à côté (mêmes propriétaires).

Evita Village PENSION $

(22450 41695, 6972703950 ; evitavillage@mail.gr ; s/d avec petit-déj 30/35 € ;). À 300 m du centre, jolis studios spacieux et extrêmement bien équipés, avec tous les ustensiles de cuisine imaginables, TV et lecteur DVD. Ils accueillent jusqu'à 3 personnes.

Où se restaurer et prendre un verre

Retro Cafe CAFÉ $

(Plateia Iroön Kasou ; plats 3 € ;). Murs rouge et agréable espace en plein air avec de gros coussins, où manger un sandwich (choisi sur le comptoir). Excellents petits-déjeuners, gaufres, tartes et jus de fruits, servis avec le sourire par Polly, la propriétaire.

O Mylos TAVERNE $

(Plateia Iroön Kasou ; plats 7 € ;). Cette taverne conviviale dominant le port jouit d'une vue imprenable sur la mer. La carte fiable comporte souvlakis, crevettes, moussakas, ragoût de lapin et fruits de mer.

Apangio CAFÉ $

(Bouka ; mezze 4 € ; 9h-tard ;). Face au joli port de Bouka, cette maison cubique, à l'atmosphère nautique chic, est décorée de nuages au plafond et de murs de pierres. L'Apangio sert surtout des cafés et des mezze, mais aussi des petits-déjeuners et des jus. Service aimable.

Renseignements

Le vaste complexe portuaire de Fry jouxte le village juste à côté de sa place principale, Plateia Iroön Kasou. La principale rue de Fry est Kritis. L'aéroport est situé à 1 km à l'ouest de la route côtière. Prenez à gauche après le port pour vous rendre à Emborio.

Un distributeur solitaire de la Banque commerciale est installé près de l'entrée du port, et vous trouverez une filiale de la Banque coopérative, pourvue d'un DAB, sur la Plateia Iroön Kasou.

Le www.kasos.gr est un site d'information (en grec et en anglais).

Centre de soins (22450 41333). Souvent fermé. Appelez avant.

Kasos Maritime & Travel Agency (22450 41495 ; www.kassos-island.gr ; Plateia Iroön Kasou). Délivre tous les billets de transport. Tenue par Fotini.

Pharmacie (22450 41164). Pour vos besoins en médicaments.

Police (22450 41222). Dans une petite rue pavée partant de Kritis vers le sud.

Police portuaire (22450 41288). Derrière l'église Agios Spyridon.

Poste (7h30-14h lun-ven). En diagonale par rapport à la police.

Retro Cafe (8h-tard). Wi-Fi gratuit.

Ailleurs sur Kassos

La minuscule **Emborio** est un port satellite de Fry, utilisé par les plaisanciers et les bateaux de pêche. Avec sa plage de sable et ses eaux claires, Emborio est le point de baignade le plus proche de Fry.

La meilleure plage de l'île est la crique de galets retirée de **Helatros**, près du **Moni Agiou Georgiou Hadion**, à 11 km au sud-ouest de Fry par une route revêtue. Elle ne possède aucune infrastructure, et il faut avoir son propre véhicule pour y accéder. **Avlaki**, autre plage correcte, mais petite, se trouve au bout d'un sentier qui part du monastère. Aucune plage de Kassos n'offre d'ombre.

Agia Marina, à 1 km au sud-ouest de Fry, est un charmant village doté d'une église blanc et bleu. Le 17 juillet, on y célèbre la **fête d'Agia Marina**. D'Agia Marina, la route se prolonge jusqu'au verdoyant village d'**Arvanitohori**, entouré de nombreux figuiers et grenadiers. Ancien chef-lieu de l'île, **Poli**, à 3 km au sud-est de Fry, fut érigée sur le site de l'ancienne acropole. **Panagia**, entre Fry et Poli, compte aujourd'hui moins de 50 habitants. Ses somptueuses demeures, autrefois propriétés des capitaines et des armateurs de la marine marchande, sont aujourd'hui en ruine ou en cours de restauration.

KASTELLORIZO (MEGISTI)

ΚΑΣΤΕΛΛΟΡΙΖΟ (ΜΕΓΙΣΤΗ)

430 HABITANTS

La lointaine Kastellorizo est si proche des côtes turques (à 2 km de Kaş) qu'il y règne presque un air d'Orient. Avec ses ruelles pavées et ses maisons néoclassiques aux couleurs vives, aux toits de tuiles et aux balcons en fer forgé qui se reflètent dans la baie en fer à cheval, l'île est incroyablement belle. Elle jouit de 320 jours d'ensoleillement par an, et la qualité de la lumière – la roche nue, les teintes vives des maisons contrastant avec la mer turquoise – y est étonnamment photogénique. Kastellorizo manque peut-être de plage de sable fin, mais elle abrite la magnifique grotte Bleue.

Desservie par quelques vols et ferries hebdomadaires, Kastellorizo n'est guère facile à rejoindre, mais ceux qui feront l'effort de s'y rendre seront récompensés par une tranquillité extrême, des hébergements simples et quelques bons restaurants.

Histoire

Grâce à son port – tenu pour le meilleur entre Beyrouth et Le Pirée –, Kastellorizo eut la faveur des Doriens, des Romains, des croisés, des Égyptiens, des Turcs et des Vénitiens, puis tomba sous la domination ottomane en 1552. Sa flotte marchande devint bientôt la plus importante du Dodécanèse. Kastellorizo perdit son rôle stratégique et économique après l'échange de populations organisé en 1923 entre la Grèce et la Turquie. En 1928, l'île fut cédée aux Italiens, qui opprimèrent ses habitants. Nombre d'entre eux émigrèrent en Australie, où 30 000 vivent encore aujourd'hui.

Durant la Seconde Guerre mondiale, Kastellorizo fut bombardée. La plupart des Kastelloriziens s'enfuirent vers Chypre, la Palestine et l'Égypte. Ceux qui revinrent ne trouvèrent que des ruines, et la plupart repartirent aussitôt. Si Kastellorizo ne s'est jamais vraiment remise de ces départs successifs de population, ces dernières années, les Kastelloriziens de retour sur l'île ont entamé un lent travail de restauration, et l'île se repeuple peu à peu.

ℹ Depuis/vers Kastellorizo

Vous pouvez prendre un vol jusqu'à Rhodes, ou bien attendre un ferry ou un catamaran, en sachant que les rares services maritimes au départ de l'île sont souvent aléatoires.

AVION

Olympic assure 4 vols hebdomadaires vers Rhodes (47 €, 20 min), d'où une correspondance vous permet de rejoindre Athènes. Pour réserver vos billets d'avion ou de bateau, adressez-vous à **Papoutsis Travel** (☎ 22460 70630, 6937212530 ; www.kastellorizo.gr), à Kastellorizo (Hora).

Bateaux au départ de Kastellorizo (Megisti)

VERS	DURÉE	TARIF (€)	FRÉQUENCE
Le Pirée	23 heures	81 €	1/sem
Rhodes	4 heures 45	22 €	2/sem
Rhodes*	2 heures 30	36 €	1/sem

*express

ℹ Comment circuler

Pour vous rendre à l'aéroport, empruntez l'unique **taxi** (☎ 69387 39178), qui attend sur le port (5 €), ou prenez le bus local (1,50 €) qui quitte la place près du port 1 heure 30 avant chaque vol.

Kastellorizo (Hora)

Καστελλόριζο (Χώρα)

275 HABITANTS

Avec Mandraki, son quartier satellite situé de l'autre côté de la colline, Kastellorizo (Hora) est la principale localité de l'île. Des villas de 3 étages, aux couleurs chatoyantes, bordent directement les eaux turquoise. Le labyrinthe des ruelles est progressivement réhabilité.

À voir

Grimpez un escalier en fer branlant jusqu'au **fort des Chevaliers de Saint-Jean**, d'où l'on a une vue splendide sur la Turquie. En contrebas, un **musée** (7h-14h mar-dim) GRATUIT expose une collection de pièces archéologiques, de costumes et de photos. Derrière le musée, des marches descendent vers un sentier côtier, d'où un autre escalier grimpe la falaise jusqu'à une **tombe lycienne** du

IVe siècle av. J.-C., taillée dans la roche et ornée d'une impressionnante façade dorique. La côte anatolienne de la Turquie compte plusieurs sépultures similaires, mais elles sont très rares en Grèce.

Sur la côte nord, le **Moni Agiou Stefanou** accueille le 1er août la fête d'Agios Stefanos, la plus importante de l'île. Le chemin menant à ce petit monastère blanc part derrière la poste. De là, un sentier rejoint une baie propice à la baignade.

Paleokastro, l'ancien chef-lieu de l'île, est entouré de remparts hellénistiques qui abritent une tour antique, une citerne et trois églises. Pour y accéder (1 km), montez les marches de béton derrière une guérite militaire, sur la route de l'aéroport.

Activités

Au départ du port de Kastellorizo, des bateaux d'excursion desservent la magnifique **grotte Bleue (Parasta)**, dont l'eau turquoise miroite sous les rayons du soleil. Pour passer l'entrée de la grotte, très basse (les claustrophobes se méfieront), les visiteurs doivent quitter leur caïque pour un petit bateau à moteur. À l'intérieur, la grotte atteint 35 m de hauteur et vous aurez peut-être la chance d'y voir des phoques. Les visiteurs ont généralement la possibilité de faire un petit plongeon. L'excursion coûte 15 €. Demandez Georgos Karagiannis, qui dirige le *Varvara* et l'*Agios Georgios*, sur le port. Départ tous les jours à 9h pour un retour vers 13h.

Il existe aussi des excursions d'une journée vers les îlots de Ro et de Strongyli, où l'on peut se baigner et pique-niquer (20 € ; départ du bateau vers 9h).

Joignez-vous aux insulaires qui vont faire leurs emplettes à Kaş, en Turquie. Vous pouvez opter pour une excursion d'une journée (20 €) en prenant un des bateaux amarrés sur le quai du milieu. Il faut fournir son passeport à la police 24 heures à l'avance.

Où se loger

De nombreux hôtels sont ouverts toute l'année.

Mediterraneo PENSION $$

(22460 49007 ; www.mediterraneo-kastelorizo.com ; ch 80-170 € ;). Petit établissement jaune, très élégant – chambres couleur menthe, avec ventilateur et linge de lit blanc, murs ornés d'icônes, touches rétro chic et fleurs coupées. Donnant directement sur l'eau, avec des chaises longues devant la porte, l'hôtel est situé à l'extrémité ouest du port.

Megisti Hotel HÔTEL $$

(www.megistihotel.gr ; ste/d 220/140 € ;). À la limite du port de Kastellorizo (à 2 minutes à pied de la place principale), cet hôtel rénové propose 4 suites et 15 chambres avec TV câblée, douche à effet pluie, lecteur DVD, coffre-fort, réfrigérateur et serviettes changées quotidiennement. Emplacement sûr pour la baignade.

Damien & Monika's PENSION $$

(6978066375, 22460 49028 ; www.kastellorizo.de ; ch 60 € ;). Au centre du village, ces chambres confortables, soigneusement décorées avec du mobilier traditionnel, possèdent un réfrigérateur. De nombreuses fenêtres laissent entrer la lumière particulière de Kastellorizo. Échange de livres et multitude d'informations locales. Réductions importantes hors saison.

Poseidon APPARTEMENTS $$

(6945710603, 22460 49257 ; www.kastelorizo-poseidon.gr ; s/d 50/60 € ;). Ces 2 maisons restaurées offrent de grandes chambres avec terrasses privatives et ample vue sur la mer. Situé du côté ouest du port, une rue derrière le front de mer, l'établissement possède aussi une jolie terrasse sur le toit. Animaux acceptés.

Où se restaurer et prendre un verre

Les tables débordent du port étroit et, le soir, l'ambiance est particulière – mais attention à ne pas tomber dans l'eau ! Ne manquez pas les *katoumari* et *strava*, les douceurs traditionnelles.

Lazarakis POISSON $

(22460 49370 ; plats 9 €, dîner de 3 plats vin inclus 35 € ; petit-déj, déj et dîner). Ce restaurant bleu et blanc dans un endroit charmant propose une carte riche en fruits de mer : homard, seiche, poulpe et crevettes de Symi grillés. Près de la jetée, au milieu du port.

Radio Cafe CAFÉ $

(petit-déj et en-cas 7 € ;). Outre l'accès Internet, cet établissement tenu par un couple accueillant propose un excellent café, des petits-déjeuners roboratifs, des en-cas légers et des pizzas, sur fond de musique classique. Vue sur le coucher du soleil en prime.

Mediteraneo TAVERNE $

(petit-déj, déj et dîner ;). En haut de la colline, au milieu du village de Kastellorizo, ce restaurant spacieux, ouvert de juin à septembre, est un paisible endroit pour savourer un *stifado* de poulpe, des *dolmades* aux feuilles de chou et des plats sans cesse renouvelés.

Faros Bar BAR

(9h-tard ;). Dans un coin agréable près du vieux phare, après une baignade dans l'eau turquoise, prenez un petit-déjeuner en admirant l'ample vue sur la Turquie et le village. Salades et en-cas servis toute la journée et tapas à 18h.

Renseignements

Le quai s'étend à l'extrémité sud de la baie. La place centrale, Plateia Ethelondon Kastellorizou, jouxte le front de mer à mi-chemin de la baie, près du port de plaisance. On accède à Horafia et à Mandraki en gravissant les vastes marches à l'est de la baie.

Banque nationale de Grèce (22460 49054). DAB.

Papoutsis Travel (22460 70630, 22460 49356 ; papoutsistravel@galileo.gr). Billets d'avion et de bateau.

Police (22460 49333). Côté ouest de la baie.

Police portuaire (22460 49333). À l'extrémité est de la baie.

Poste (22460 49298). Près du poste de police.

Radio Café (22460 49029 ; Internet 3 €/h)

Urgences (22460 45206). Urgences et soins de base. Une nouvelle pharmacie s'est installée près de l'embarcadère des ferries.

SYMI ΣΥΜΗ

2 600 HABITANTS

La belle Symi suscite, avant même qu'ils ne débarquent, l'admiration des passagers des ferries venus en excursion ! En effet, le port de Gialos, avec ses maisons de style italien, beige et lie de vin, est un régal pour les yeux. La plus gracieuse des îles grecques attire régulièrement des stars hollywoodiennes. Avec ses façades néoclassiques, héritées de la colonisation italienne, Gialos (son chef-lieu) figure sans conteste parmi les plus jolis ports du Dodécanèse. Accroché au flanc de la montagne, le village de Horio est relié au port par la Kali Strata, un escalier pavé escarpé qui serpente à travers des maisons de capitaines et des vestiges.

Cette île magique, entourée d'une eau cristalline, si transparente par endroits que les bateaux semblent léviter, possède de nombreuses criques et plages à découvrir, ainsi que des prestataires proposant des visites pédestres.

Histoire

Symi possède une longue tradition de pêche aux éponges et de construction navale. Dans l'*Iliade,* l'île envoie trois vaisseaux pour participer au siège de Troie avec Agamemnon. Pendant la période ottomane, les Symiotes furent autorisés à pêcher des éponges dans les eaux turques. En échange, l'île fournissait au sultan des éponges de première qualité et mettait à sa disposition ses meilleurs constructeurs de bateaux. Cet arrangement assura la prospérité de Symi. D'élégantes demeures furent érigées, l'éducation et la culture se développèrent. Au début du XXe siècle, l'île comptait 22 500 habitants et produisait près de 500 bateaux par an. L'occupation italienne, l'apparition des bateaux à vapeur et l'accession de Kalymnos au titre de principal producteur d'éponges de la mer Égée mirent fin à cette période faste.

Depuis/vers Symi

Catamarans, bateaux d'excursion et **ANEK** (22460 71444 ; www.anek.gr) assurent des liaisons régulières entre Symi et Rhodes, ainsi qu'avec les îles plus au nord et avec Kastellorizo. Un service part de Panormitis, au sud de l'île. Symi Tours propose des excursions le samedi à Datça, en Turquie (40 €, taxes portuaires turques incluses), au départ de Gialos.

BATEAU

En été, des bateaux assurent des excursions qutodiennes entre Symi et Rhodes (15 €). Basés à Symi, le *Symi I* et le *Symi II* passent généralement par Panormitis.

Bateaux au départ de Symi

VERS	DURÉE	TARIF (€)	FRÉQUENCE
Kalymnos*	2 heures	31	5/sem
Kos*	1 heure 30	22	5/sem
Le Pirée	15 heures	51	2/sem
Léros*	3 heures	40	5/sem
Patmos*	4 heures	44	5/sem
Rhodes	2 heures	13	2/sem
Rhodes*	50 min	16	1/jour
Tilos	2 heures	8	1/sem

*express

Symi

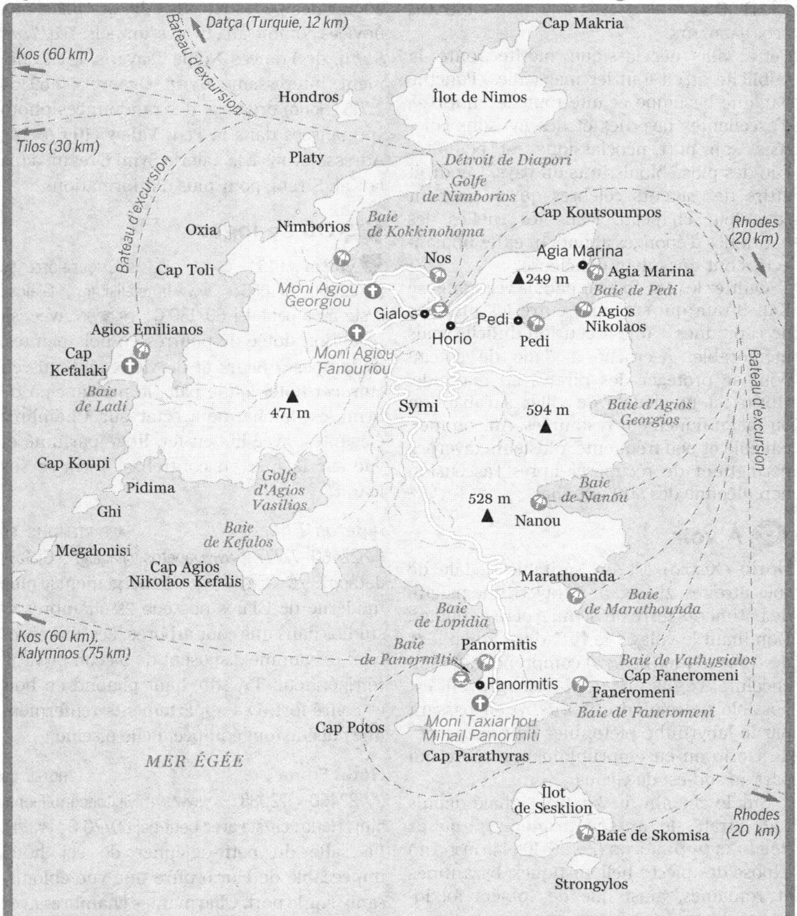

Comment circuler

BATEAU

Plusieurs bateaux effectuent des excursions du port de Gialos au Moni Taxiarhou Mihail Panormiti (25 €) et à l'îlot de Sesklion (25 €), doté d'une plage ombragée. Consultez les panneaux d'affichage pour trouver le meilleur tarif. Des bateaux naviguent également jusqu'à la plage d'Agios Emilianos, à l'extrémité ouest de Symi.

Les petits **bateaux-taxis** (☎ 22460 71423) *Konstantinos* et *Irini* desservent plusieurs plages de l'île (12-16 €). Départs respectivement à 10h15 et 11h15.

BUS ET TAXI

L'arrêt de bus et la station de taxis sont du côté sud du port à Gialos. Un **minibus** jaune et noir (☎ 6945316284) circule toutes les heures entre Gialos et la plage de Pedi (via Horio ; prix fixe 1 €). Le **minibus** turquoise (☎ 22460 71311) quitte Gialos pour Panormitis (aller-retour 6 €) tous les jours à 10h et 15h. La course en taxi jusqu'à Panormitis coûte 25 € (aller simple) ; ils stationnent à 100 m à l'ouest de l'arrêt de bus.

VOITURE

Près de la tour horloge de Gialos, **Glaros** (☎ 6948362079, 22460 71926 ; www.glarosrentacar.gr ; Gialos ; scooters/voitures 25/45 €) loue des voitures et des scooters neufs.

Gialos Γιαλός

2 200 HABITANTS

Cette ville néoclassique mérite toute la publicité qu'en font les magazines. Ponctué par une basilique et une tour de l'horloge, d'excellentes tavernes et des maisons colorées, son port néoclassique est peut-être l'un des plus éblouissants du pays. L'endroit attire des acteurs célèbres qui se cachent sous leur chapeau. Dans les ruelles, les boutiques d'éponges abondent et les boulangeries ont une odeur délicieuse.

Quittez le port en grimpant la vertigineuse Kali Strata qui serpente entre les maisons de capitaines – une ascension difficile mais mémorable. Accroché à flanc de coteau pour se protéger des pirates en maraude, Horio est un dédale de villas à l'abandon ou magnifiquement restaurées. Au sommet, paisible et peu fréquenté, plusieurs tavernes permettent de récupérer après l'ascension herculéenne des 500 marches.

À voir

Horio (Χωριό) est un véritable dédale de rues étroites, zigzagant à travers une palette de bâtiments terre de Sienne, ocre et blancs. Dominant le village, le **fort des Chevaliers de Saint-Jean** (*kastro*) comprend dans son enceinte l'**église Megali Panagia.** Il est possible de rejoindre le *kastro* en passant par le labyrinthe piétonnier de rues pavées de Horio ou en empruntant une route qui part au sud-est de Gialos.

Sur le chemin du *kastro*, signalé depuis Kali Strata, le **musée archéologique et des arts populaires** (2 € ; 10h-14h mar-dim) expose des pièces hellénistiques, byzantines et romaines, ainsi que des objets folkloriques. La **maison Chatziagapitos**, voisine, est une demeure du XVIIIe siècle restaurée que l'on peut admirer aux heures d'ouverture du musée.

Derrière l'**aire de jeux pour enfants** du port de Gialos, le **musée de la Marine** (2 € ; 11h-16h mar-dim) retrace l'histoire de la construction navale à Symi et présente des modèles en bois de navires, ainsi que d'autres souvenirs liés à la marine.

Activités

Symi Tours (22460 71307) propose des randonnées pédestres (12 €) à travers l'île, guidées par des accompagnateurs polyglottes. Le retour à Galios se fait souvent en bateau. Si vous lisez l'anglais, la publication *Walks in Symi*, de Lance Chilton, recense 20 balades pédestres sur l'île, destinées aux novices comme aux professionnels. *Walking Symi*, de Frances Noble Tsavaris, est également intéressant. **Symi Dream** (69364 21715 ; Horio) organise des randonnées photo spécialisées dans la Pedi Valley (10 €/pers). Adressez-vous à la galerie Symi Dream, dans la Kali Strata, pour plus d'informations.

Où se loger

Hotel Aliki BOUTIQUE-HÔTEL $$
(22460 71655 ; www.hotelaliki.gr ; Gialos ; d/ste avec petit-déj 60/130 € ;). Avec sa réception dotée de poutres en bois peintes, de lampes à fleurs et de vieux fauteuils en cuir, cet hôtel jaune pâle, le plus ancien de Symi, est le charme à l'état pur. Chambres élégantes, avec lits en fer, linge parfumé et vue sur la mer en contrebas. Terrasse sur le toit.

Iapetos Village APPARTEMENTS $$
(22460 72777 ; www.iapetos-village.gr ; Gialos ; d et app 135 € ;). L'hébergement le plus moderne de Gialos possède 29 chambres et studios dans une cour arborée. Les chambres haut de gamme disposent de balcon privatif, réfrigérateur, TV, sdb, haut plafond en bois et coffre-fort. Les appartements renferment une cuisine tout équipée. Belle piscine.

Hotel Fiona HÔTEL $$
(22460 72088 ; www.symivisitor.com/Fiona.htm ; Horio ; ch/ste avec petit-déj 60/70 € ;). La salle du petit-déjeuner de cet hôtel impeccable de Horio offre une vue éblouissante sur le port. Charmantes chambres avec balcon privatif, mobilier turquoise, linge chocolat et murs blancs. Pour s'y rendre, tourner à gauche en haut de Kali Strata et marcher sur 30 m.

Hotel Garden PENSION $$
(22460 72429 ; www.symitop5.gr ; Gialos ; d 60-80€ ;). Voici une charmante pension bleue, verte et beige, dotée de lits surélevés. Les appartements familiaux possèdent des chambres séparées pour les enfants et disposent d'une cuisine commune avec de jolis meubles anciens, un réfrigérateur et une TV. L'établissement est impeccable et se prolonge par une ravissante cour-jardin où il fait bon se détendre.

Où se restaurer

Les restaurants bordent le port de Gialos. À Horio, ils sont plutôt regroupés en haut de Kali Strata.

Gialos

Meraklis POISSON $
(plats 8-10 € ; wi-fi). Dans une ruelle, cette adorable taverne aux murs bleus ornés de vieilles photos de plongée et de miroirs anciens sert un menu de la mer : poulpe, dorade, crevettes de Symi et espadon. Les souvlakis, les boulettes de viande et l'agneau rôti sont exceptionnellement savoureux. Plateaux de fruits de mer pour deux (30 €).

Manos Fish Restaurant POISSON $
(plats 8-10 € ; climatisation ; enfants). Orné de filets et de lampes nautiques et équipé d'aquariums remplis de homards, le Manos est sans conteste le restaurant de poisson le plus apprécié du Dodécanèse – et il attire naturellement de nombreuses stars hollywoodiennes. Parmi les trésors qu'il réserve : poulpe au vin, *saganaki* de fruits de mer, filet de requin, pinces de crabe et escargots de mer.

Nikolas Patisserie BOULANGERIE $
(douceurs 3-4 €). Nichée derrière le port, cette pâtisserie aux arômes délicieux sert éclairs, tartes, cheesecakes, baklavas, cookies et glaces maison. Oubliez votre régime et asseyez-vous à l'ombre pour les déguster !

La Vaporetta POISSON $$
(plats déj 10 €, dîner 14-25 € ; 12h-17h et 19h-24h ; wi-fi ; menu). Avec son sol peint en orange, son filet géant suspendu au plafond et ses murs couverts de vieilles photos en noir et blanc, l'endroit est idéal pour un dîner romantique (surtout à l'extérieur, près de la mer). La carte comporte d'excellents carpaccios d'espadon, steaks, plats de pâtes et crevettes de l'Adriatique au romarin. Délicieux sorbets en dessert.

Horio

Olive Tree CAFÉ $
(Horio ; repas légers 2-5 € ; 8h30-15h30 tte l'année ; wi-fi ; menu ; enfants). Transféré récemment en haut de Kali Strata, l'établissement jouit d'un superbe point de vue surplombant Gialos. Installez-vous sur la terrasse à l'ombre de la vigne (avec zones fumeurs et non-fumeurs) pour déguster smoothies, jus, cakes, quiches, salades de produits locaux, fromage maison et en-cas.

Giorgos TAVERNE $
(plats 10 €). Bénéficiant d'une magnifique vue sur la baie, le Giorgos fait dans la tradition, avec sa terrasse en mosaïque de galets et sa carte simple, affichant agneau de Symi, ragoût de lapin, *dolmades* et salade d'oursins.

Où prendre un verre et faire la fête

Eva BAR
(port de Gialos). Ce bar du port attire les trentenaires par son décor de murs en pierres apparentes et de canapés en velours, et ses musiques tranquilles. Parfait pour un cocktail au crépuscule.

Harani Bar BAR
(port de Gialos ; 8h-tard). Les habitants aiment le Harani pour son intérieur simple et son cadre, en plein air, à l'angle gauche du port. *Happy hour* généralement de 18h30 à 20h.

Renseignements

Les ferries, les hydroglisseurs et les catamarans accostent juste à gauche de la tour de l'horloge. Les bateaux d'excursion s'amarrent un peu plus loin. Les ferries peuvent partir d'un côté ou de l'autre du port ; vérifiez bien en achetant votre billet. L'animation de Gialos se concentre le long du port et de la promenade qui s'étire vers le sud-ouest depuis le centre de la ville. Le grand escalier de Kali Strata conduit à Horio, au sommet de la colline.

Il n'y a pas d'office du tourisme officiel, mais Kalodoukas Holidays est une excellente source de renseignements.

Le site www.symivisitor.com est une source pratique d'informations sur l'île, avec service de réservation d'hébergement.

Banque nationale de Grèce (22460 72294). À l'ouest du port, avec DAB. Autre DAB à la Banque coopérative, de l'autre côté du port.

Café Platia (Internet 1,60 €/h ; 8h-23h). À droite du port. Accès Internet et Wi-Fi.

Kalodoukas Holidays (22460 71077 ; www.kalodoukas.gr). Au début de Kali Strata ; loue des maisons, organise des excursions et offre des services de navigation de plaisance. Recommandé.

Police (22460 71111). Près du quai des ferries.

Police portuaire (22460 71205). Près du quai des ferries.

Poste. Près du quai des ferries.

Symi Tours (☎22460 71307 ; www.symitours.com). À un demi-pâté de maisons à l'est du port. Organise des excursions, notamment pour Datça, en Turquie. Fournit des prestations de navigation de plaisance, et tient lieu d'intermédiaire pour Blue Star et Dodekanisos Seaways.

Ailleurs sur Symi

Village de pêcheurs et petite station balnéaire, **Pedi** est installée dans une vallée fertile, à 2 km en contrebas de Horio. Quelques bandes de sable parsèment sa plage étroite et l'on trouve des chambres et des studios à louer, ainsi que des hôtels et tavernes. Le **Pedi Beach Hotel** (☎22460 71981 ; www.blueseahotel.gr ; Pedi ; d 100 € ; ❄) propose des chambres simples donnant sur la plage. Les sentiers de chaque côté de la baie descendent vers des plages de sable en pente douce qui conviennent aux enfants : **Agia Marina** au nord et **Agios Nikolaos** au sud.

Nos, à 500 m à pied au nord de la tour de l'horloge, dans la baie de Panormitis, est la plage la plus proche de Gialos. On y trouve une taverne, un bar et des chaises longues. **Nimborios** est une longue grève de galets, située 3 km à l'ouest de Gialos – prenez la route à l'est de la place centrale et continuez tout droit, tournez à gauche après l'église, puis suivez le sentier pavé. À quelques mètres de la plage, les **Niriides Apartments** (☎22460 71784 ; www.niriideshotel.com ; app 70-80 €) jouissent d'une excellente vue.

Moni Taxiarhou Mihail Panormiti MONASTÈRE (Μονή Ταξιαρχού Μιχαήλ Πανορμίτη ; monastère de l'archange Michel de Panormitis ; ⏲lever-coucher du soleil) GRATUIT. Une route sinueuse traverse une pinède odorante avant de plonger de manière spectaculaire vers la baie de Panormitis et le principal site de Symi.

L'édifice actuel, daté du XVIIIe siècle, se dresse sur le site d'un ancien monastère bâti au Ve ou au VIe siècle à l'endroit où serait miraculeusement apparu saint Michel. L'église principale contient une iconostase en bois délicatement sculptée, des fresques et une icône de saint Michel, le patron de Symi et le protecteur des marins. Les pèlerins et les fidèles qui demandent une faveur à un saint font habituellement une offrande. Vous en verrez de nombreuses, ainsi que des prières glissées dans des bouteilles jetées depuis des bateaux et retrouvées au port.

Ce vaste ensemble monastique abrite un **musée byzantin** et un **musée des arts populaires**, une boulangerie qui confectionne d'excellents pains, et un café-restaurant sommaire, du côté nord. Vous pourrez loger à la **maison d'hôtes** (☎22460 72414 ; s/d 20/32 €), plutôt basique, où il est impératif de réserver en juillet-août. Le monastère attire les excursionnistes, qui débarquent généralement vers 10h30 ; il est préférable de le visiter tôt le matin, ou après leur départ. Certains ferries desservent le monastère, et un minibus s'y rend depuis Gialos. La course en taxi depuis Gialos coûte 45 €. Habillez-vous correctement pour entrer dans le sanctuaire.

TILOS ΤΗΛΟΣ

530 HABITANTS

Si vous êtes en quête de nature sur une île perdue, Tilos est faite pour vous. Ses montagnes prennent des teintes dorées l'après-midi et les bateaux de pêche tanguent dans le joli port de Livadia. Contrairement à certaines de ses voisines plus arides, l'île recèle une grande variété de fleurs sauvages et possède une biodiversité exceptionnelle, qui attire ornithologues et amoureux de la nature du monde entier. Les marcheurs seront enchantés par les nombreux sentiers de randonnée qui traversent des prairies, des montagnes et des vallées verdoyantes et débouchent sur des plages isolées. Les eaux azur, quant à elles, sont peuplées de phoques moines et de tortues de mer. Si vous lisez l'anglais, consultez le blog d'une amoureuse de Tilos sur : http://octopus-in-my-ouzo.blogspot.com.

Histoire

Des ossements de mastodontes nains – des pachydermes disparus vers 4600 av. J.-C. – ont été découverts dans une grotte de l'île en 1974. Selon une théorie, Tilos était attachée à l'Asie Mineure il y a plus de 6 millions d'années, mais quand elle se détacha du continent, les mastodontes – se retrouvant sans prédateur naturel, mais avec moins de nourriture à disposition – diminuèrent peu à peu de taille. La **grotte de Harkadio** (fermée), indiquée depuis la route Livadia-Megalo Horio, n'en reste pas moins superbement éclairée la nuit.

Tilos

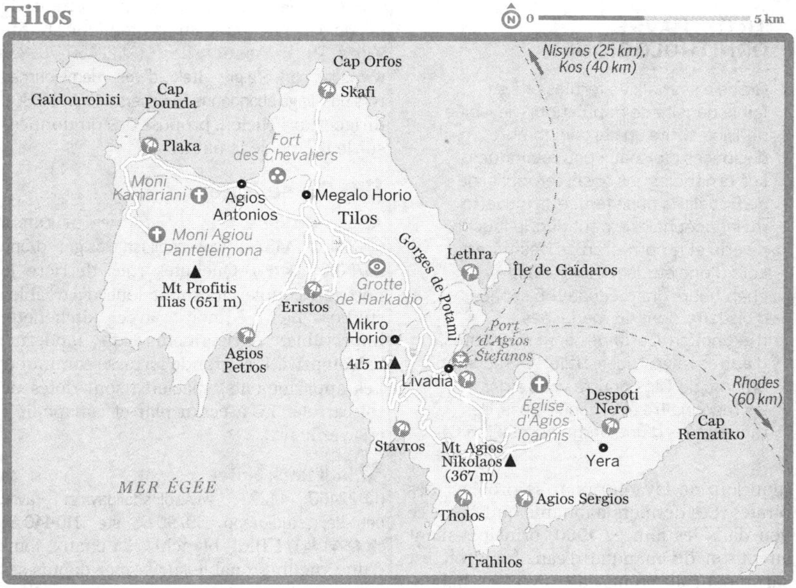

Depuis/vers Tilos

Le **Sea Star** (☎22460 44000) de Tilos relie l'île à Rhodes. Les ferries venant du continent relient irrégulièrement l'île au Pirée, à Rhodes et aux îles voisines du Dodécanèse. Les billets sont en vente à Stefanakis Travel, à Livadia.

Bateaux au départ de Tilos

VERS	DURÉE	TARIF (€)	FRÉQUENCE
Kos	3 heures	10	2/sem
Kos*	1 heure 30	22	2/sem
Le Pirée	19 heures 30	51	2/sem
Nisyros	1 heure	7	6/sem
Nisyros*	40 min	13	2/sem
Rhodes	2 heures 30	13	4/sem
Rhodes*	1 heures 30	24	6/sem
Symi	2 heures	9	2/sem

*express

Comment circuler

Un bus sillonne la route principale 7 fois/jour. Le premier part de Livadia à 8h et le dernier quitte Megalo Horio à 22h15. Les horaires sont affichés à l'arrêt de bus, sur la place de Livadia. Le bus s'arrête entre autres à Megalo Horio (1,50 €), à la plage d'Eristos (1,50 €) et à Agios Andonis (1,50 €). Le dimanche, un bus d'excursion se rend au Moni Agiou Panteleimona (5 € aller-retour) ; il quitte Livadia à 11h et accorde 1 heure pour visiter le monastère. Actuellement, il n'y a pas de taxi.

L'été, diverses excursions sont proposées depuis Livadia vers des plages isolées. Guettez les affiches dans le port pour en savoir plus.

Livadia Λιβαδειά

470 HABITANTS

Discrète et attrayante, la splendide Livadia blanchie à la chaux possède une petite place entourée de cafés, d'un poste de police de style italien et de tavernes où les hommes sirotent du retsina. Son port, première chose que l'on aperçoit en approchant de l'île, accueille un ensemble cosmopolite d'artistes, de plaisanciers et d'habitants. La bourgade est une excellente base pour explorer l'île en scooter ou simplement se détendre sur sa plage de 2 km, un arc de sable rouge volcanique. Difficile à croire, mais la paisible Livadia est le cœur vivant de l'île.

À voir et à faire

Mikro Horio SITE ARCHÉOLOGIQUE

Les premières habitations anciennes de Tilos furent bâties à l'intérieur des terres

TILOS, HAVRE ORNITHOLOGIQUE

Grâce à ses vallées fertiles et à sa faible densité de population, l'île isolée de Tilos abrite un certain nombre d'espèces d'oiseaux peu répandues. Les ornithologues observeront l'aigle de Bonelli, la buse féroce, la fauvette mélanocéphale, le petit duc, le faucon pèlerin et le cormoran de Desmarest. Lors d'une étude récente, des chercheurs ont recensé 155 espèces d'oiseaux, dont 46 menacées d'extinction. Certaines sont résidentes, d'autres migratrices. Utile, l'association du parc de Tilos pourra vous aider à les reconnaître et organise aussi des randonnées d'une demi-journée (15 €).

(non loin de Livadia) pour se protéger des pirates. Les derniers habitants quittèrent ce lieu dans les années 1960, principalement en raison du manque d'eau. L'endroit est surprenant au crépuscule, avec ses habitations à l'abandon.

Randonnées ITINÉRAIRES À PIED

Le passé agricole de Tilos explique son paysage en terrasses et les nombreux sentiers qui permettaient d'accéder aux champs les plus éloignés. Aujourd'hui, la majorité de ces chemins ne sont empruntés que par des promeneurs. Une balade de 3 km part de Livadia et mène, au nord, à la **plage de Lethra**, une étendue de sable et de galets sans guère d'ombre, aux alentours peu construits. Le sentier démarre à la lisière nord du port ; suivez la piste située derrière l'Ilidi Rock Hotel jusqu'au point de départ de l'itinéraire. Le sentier est bien entretenu et très panoramique. Le chemin du retour, qui passe par les **gorges de Potami**, au cadre pittoresque, débouche sur la route principale de l'île.

Plus long, un deuxième circuit fait une boucle par le village abandonné de **Yera** et par la plage qui permet d'y accéder, **Despoti Nero**. De Livadia, suivez la route vers le sud qui passe par la baie d'Agios Stefanos et l'église d'Agios Ioannis, à l'est de la baie, et continuez dans la même direction. Prévoyez une demi-journée pour cette randonnée de 6 km.

Les guides officiels de **Tilos Heritage Tours** (☎6974912412), tenu par Charlie, et de **Tilos Trails** (☎6946054593, 22460 44128 ; www.tilostrails.com ; 25 €/pers), permettent de découvrir l'île plus en profondeur. Enfin, **Tilos Park Association** (☎22460 70883 ; www.tilos-park.org.gr ; trek d'une demi-journée vers un village abandonné 15 €/pers ; ⏲9h-14h30), dirigée par Félicien, propose des randonnées sur le thème de la nature.

Où se loger

Apollo Studios APPARTEMENTS $

(☎22460 44379 ; www.apollostudios.gr ; d/app 50/80 € ; ❄📶). Quelques rues derrière le port, un couple charmant loue d'agréables studios bien équipés, avec kitchenette impeccable, réfrigérateur, sdb moderne, balcon privatif et grande terrasse commune. Les appartements, spacieux, sont dotés de sol carrelé, TV à écran plat et canapé-lit – essayez le n°3.

♥ **Ilidi Rock Hotel** HÔTEL $$

(☎22460 44293 ; www.tilosholidays.gr ; avec petit-déj studio/app 80/90 €, ste 110-140 € ; ❄@📶≋). L'Ilidi, blanchi à la chaux, jouit d'une vue imprenable sur la mer depuis ses hauteurs. Il vous faudra grimper une colline escarpée pour vous y rendre (en 5 minutes seulement !), mais les studios cosy méritent bien cet effort. Chambres impeccables avec lits à baldaquin, kitchenette et balcon privatif. Hall chic et élégant café-bar.

Livadia Beach Apartments APPARTEMENTS $$

(☎22460 44324, 22460 44397 ; www.tilosisland.com ; app 140 € ; P❄@📶). Sur la plage, dans une cour bordée de maisons cubiques, ces appartements soignés sont ensoleillés, fleuris de géraniums, avec sdb carrelées, kitchenettes, TV et sofas confortables. Agréable café avec vue sur la mer à travers les tamaris.

Où se restaurer

Pour préparer un pique-nique et faire ses courses, Livadia compte trois épiceries vendant des produits frais locaux.

♥ **Omonoia Cafe** TAVERNE $

(☎22460 44287 ; plats 6-9 € ; 📶🖉). Les propriétaires âgés sont extrêmement chaleureux. Les tables de l'Omonoia, à l'ombre d'un vieux figuier, sont idéales pour prendre un petit-déjeuner, un déjeuner ou un dîner léger. La carte affiche nombre de viandes grillées, fruits de mer et salades. Avis aux gourmands, le gâteau à la génoise est particulièrement savoureux.

To Mikro Kafé CAFÉ $

(en-cas 5-7 €, plats 5-12 € ; 18h30-tard lun-ven, 16h-tard sam-dim ;). Établissement certes *mikro* (petit), mais plein de charme, avec murs en pierre et objets nautiques. Les hublots, jeux de société et petits espaces où jouer occupent les enfants, pendant que vous sirotez un cocktail au coucher du soleil, sur la terrasse face à la plage. Salades, fruits de mer, tourtes, mezze et sandwichs.

Taverna Trata TAVERNE $$

(22460 44364 ; plats 12 € ;). Éclairé aux lanternes, le Trata possède une ravissante terrasse ombragée par de vieux caroubiers et figuiers. La carte propose poulpe local, calamars, homard, côtelette de veau et chèvre à la sauce tomate, le tout grillé devant les clients. À 100 m de la place depuis le front de mer.

Où prendre un verre et faire la fête

Cafe Bar Georges BAR

(7h-tard). Bâtiment de pierre sur la place, où se réunissent les hommes. L'intérieur d'un bleu rafraîchissant est meublé de tables au plateau de verre, les murs sont couverts de vieilles photos de pêcheurs et le café est corsé.

Spitico CAFÉ €

(en-cas 2-3 €). Dominant la place, cet établissement douillet, doté d'une grande véranda, prépare un excellent café, de bons gateaux au fromage, baklava et douceurs locales. L'enseigne est en grec, mais tout le monde connaît l'endroit et pourra vous l'indiquer au besoin.

Renseignements

Tous les bateaux accostent à Livadia, dont le petit port se situe à 300 m au sud-est du centre du village. Tilos n'a pas d'office du tourisme. Il y a une agence de la Banque du Dodécanèse avec un DAB. La poste est située sur la place centrale.

Clinique (22460 44171 ; 12h-17h). Derrière l'église.

Police (22460 44222). Dans le bâtiment blanc de style italien, sur le quai.

Police portuaire (22460 44350). Sur le port.

Remetzo (Internet 1 €/h). Près du débarcadère. Un billard et une épicerie permettent d'attendre que des ordinateurs se libèrent.

Tilos Travel (22460 44360 ; www.tilos-travel.co.uk ; 9h-22h). Également appelée Stefanakis Travel, cette agence serviable se trouve sur le port. Retrait d'argent et change de devises. Échange de livres, location de voiture (32 €) et de VTT.

Depuis/vers Livadia

Drive Rent A Car (22460 44173). Juste en amont de Tilos Park Association. Scooters (20 €/jour) et voitures (40 €/jour) fiables.

Sea Star (22460 44000 ; sea-star@otenet.gr ; 9h-16h30). Vente de billets pour le catamaran *Sea Star*.

Megalo Horio
Μεγάλο Χωριό

50 HABITANTS

Minuscule chef-lieu de l'île, Megalo Horio s'accroche à flanc de colline avec ses rues étroites peuplées de chats balafrés par les bagarres et bordées de maisons cubiques baignées de soleil. Le petit **musée** (8h30-14h30, été uniquement) GRATUIT, dans la rue principale, expose des os de mastodontes. De Megalo Horio, vous pouvez visiter le **fort des Chevaliers**, accessible par une marche éprouvante d'une heure le long d'un sentier qui monte depuis le nord du village. En chemin, vous croiserez l'**ancien village** de Tilos, qui surplombait autrefois Megalo Horio.

Près du supermarché, le **Miliou Studios** (6932086094, 22460 44204 ; d 33-45 € ;) loue des chambres confortables avec kitchenette, mobilier simple et balcon bénéficiant d'une magnifique vue sur la mer. Dînez au **Kastro Cafe** (plats 5-6,50 €), qui jouit d'une belle vue sur la baie et sert de la chèvre bio, du porc d'élevage local, des calamars et des fritures de poissons. Parmi les maisons blanchies à la chaux, près de l'église (au-dessus du musée), le **Palio Meraki Kafenion** (Megalo Horio ; petit-déj et déj), turquoise et blanc, et au sol en pierre, sert un petit-déjeuner simple.

L'arrêt des bus se trouve en bas de la ville.

Environs de Megalo Horio

Avant Megalo Horio, un embranchement sur la gauche conduit, après 2,5 km, à la **plage d'Eristos**, dont les eaux saphir baignant les galets reflètent l'ombre des tamaris. Comme elle est peu fréquentée, hormis par quelques pêcheurs à la ligne, vous serez quasiment seul hors saison.

Non loin de la plage, l'**Eristos Beach Hotel** (☎22460 44025 ; www.eristosbeachhotel.gr ; d/ste 50/80 € ; P ❄ 📶 🏊) est installé dans un jardin luxuriant planté d'hibiscus, d'orchidées et de citronniers. Les chambres fraîches et carrelées sont dotées d'un balcon qui donne sur la mer. Les studios avec kitchenette peuvent accueillir jusqu'à 4 personnes. L'hôtel abrite aussi un restaurant, un bar et une jolie piscine pour adultes et enfants.

L'**En Plo** (plats 7 €) est une taverne classique à quelques centaines de mètres de la plage d'Eristos. Les mets vont des délicieux encornets *saganaki* (garnis d'une poêlée au fromage frit) aux plats de pâtes et aux salades. La chèvre à la sauce tomate se marie parfaitement à un verre de retsina. La taverne loue également des chambres.

Un embranchement, indiqué sur la droite de cette route, mène au paisible hameau d'**Agios Antonios**. Jolie et peu construite, la **plage de Plaka** s'étire 3 km plus loin vers l'ouest. Elle longe une crique où l'eau est légèrement plus chaude et qui est naturellement ombragée dans l'après-midi. On peut s'y baigner ou faire du snorkeling près des saillies rocheuses.

NISYROS ΝΙΣΥΡΟΣ

950 HABITANTS

Les voyageurs indépendants peuvent se réjouir, la belle petite Nisyros est éclipsée par Kos, sa voisine. Surtout connue pour sa caldeira (cratère de volcan) "Stefanos", à l'origine de la fertilité de l'île, Nisyros attire botanistes et jardiniers du monde entier, qui viennent étudier sa flore unique. Aujourd'hui, le site offre un cadre désolé.

La principale ville, Mandraki, est un paisible dédale d'allées blanchies à la chaux, s'étirant depuis le port turquoise où l'ont fait sécher les poulpes. Les plages de sable volcanique noir n'ayant rien d'exceptionnel, l'île se prête plutôt à l'exploration des splendides villages perchés sur des collines, tels Nikéa et Emborios, à la randonnée et à la dégustation des produits locaux.

Ne manquez pas de goûter la *koukouzina*, une boisson concoctée avec du raisin et des figues.

ℹ Depuis/vers Nisyros

BATEAU

Nisyros est reliée à Rhodes, à Kos et au Pirée par des ferries réguliers. Le catamaran *Dodekanisos Pride* s'y arrête sur sa route vers d'autres îles voisines du Dodécanèse. Alors que le petit ferry local *Agios Konstantinos* relie Mandraki à Kardaména, sur Kos (8 €, 2 heures, tlj), le *Panagia Spyliani*, plus grand, quitte Nisyros pour rallier Kos (Hora) (8 €, tlj). Pour plus de détails, rendez-vous au bureau du port ou à Enetikon Travel.

Bateaux au départ de Nisyros

VERS	DURÉE	TARIF (€)	FRÉQUENCE
Kalymnos	2 heures 30	10	2/sem
Kos	1 heure 15	10	2/sem
Kos*	45 min	15	2/sem
Le Pirée	18 heures	51	2/sem
Rhodes	4 heures 30	14	2/sem
Rhodes*	2 heures 45	28	2/sem

*express

ℹ Comment circuler

BATEAU

En juillet-août, des bateaux d'excursion (aller-retour 8 €) se rendent à l'îlot en pierre ponce de Giali, dont la plage de sable invite à la détente.

BUS

En été, des compagnies d'autobus organisent chaque jour une dizaine d'excursions jusqu'au volcan (aller-retour 8 €) de 9h30 à 15h, et vous laissent 40 minutes au sommet. Trois bus quotidiens desservent Nikéa (gratuit) via Pali. L'arrêt des bus est situé sur le port de Mandraki.

VOITURE, MOTO ET TAXI

Manos Rentals (☎22420 31029), sur le quai, est le plus pratique pour louer une moto (10-15 €/jour) ou une voiture (20 €/jour). Pour une voiture, essayez aussi **Diakomihalis** (☎22420 31459, 6977735229) en ville. Pour un taxi, appelez **Irini** (☎22420 31474). En taxi, comptez 20 € l'aller-retour de Mandraki jusqu'au volcan, 11 € pour Nikéa et 10 € pour Pali.

Mandraki Μανδράκι

660 HABITANTS

Bordé par une mer cristalline, ce port attrayant, blanchi à la chaux, s'étire jusqu'en haut de la colline, vers les imposantes ruines du *kastro*. Au fil de ses ruelles sinueuses, les fruits débordent des étals des primeurs et les tavernes sont autant d'invites pour le chaland. De nuit, l'endroit est plein de charme, l'église éclairée baignant l'ensemble d'une douce lueur.

Nisyros

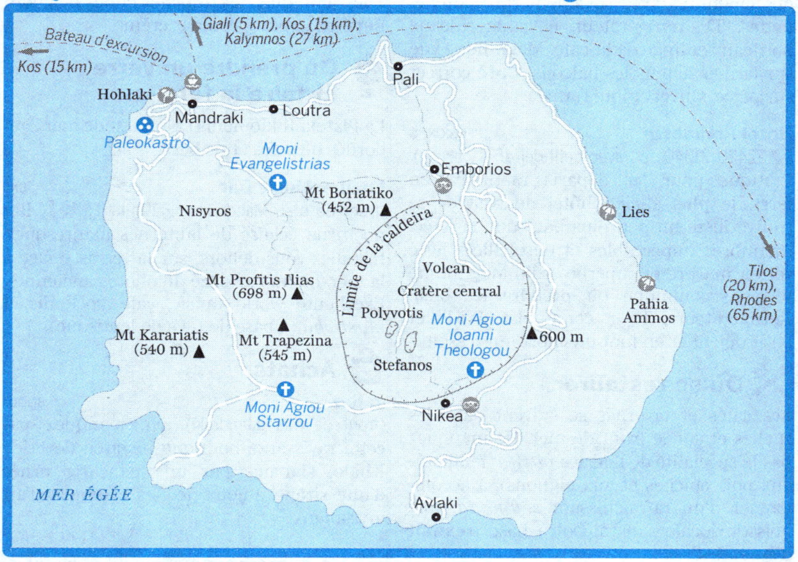

À voir

Surplombant Mandraki se dresse le **Moni Panagias Spilianis** (Vierge de la Grotte ; don à l'entrée ; 10h30-15h), un monastère du XIVe siècle érigé au sommet d'une falaise. La vue depuis le sommet est impressionnante. Tournez à droite au bout de l'artère principale pour rejoindre l'escalier qui conduit au monastère. En chemin, vous passerez devant le **musée culturel** (3 € ; 10h-15h mai-sept), qui renferme des objets traditionnels, tels qu'un lit, des outils agricoles et des vêtements.

Près du front de mer et sous la grotte d'origine du monastère, se dresse le **musée ecclésiastique** (10h-15h mai-sept) GRATUIT qui renferme de rutilants objets religieux provenant d'églises et de maisons de l'île. Autels, calices ou fonts baptismaux datent pour certains du Ier siècle.

En ville, le tout nouveau **musée archéologique** (3 € ; 10h-15h mai-sept) possède une collection intéressante de poteries et sculptures hellénistiques et romaines. On peut y visionner un petit film sur l'histoire de l'île.

Au-dessus de Mandraki, l'imposante acropole de **Paléokastro**, qui remonte à la période mycénienne, présente des murs cyclopéens restaurés, construits à partir d'énormes blocs de pierre volcanique. Vous pouvez y grimper pour jouir d'un panorama à couper le souffle. Le site est jalonné d'explications en anglais. Suivez la route signalée "kastro", qui part vers le sud-ouest depuis l'escalier du monastère. Vous pouvez aussi vous y rendre en voiture.

Hohlaki, une plage de galets noirs située côté ouest du **Moni Panagias Spilianis**, est accessible par un chemin pavé qui fait le tour du promontoire. Ne tentez pas cette balade par mauvais temps. Sablonneuse, la petite **plage de Mandraki**, à mi-chemin entre le port et le centre du village, est appréciée pour la baignade, même si elle est parfois recouverte d'algues.

Où se loger

Hotel Porfyris HÔTEL $

(22420 31376 ; diethnes@otenet.gr ; ch avec petit-déj 50-60 € ;). Près de la Plateia Ilikiomenis, à 5 minutes à pied du port, cet élégant hôtel à flanc de colline donne sur Kos. Le parfum d'un verger de citronniers voisin embaume le hall en marbre, le somptueux salon et la piscine miroitante. Chambres simples et cosy avec balcon, sdb, lits confortables et mobilier correct.

Three Brothers Hotel APPARTEMENTS $

(22420 31344 ; iiibrothers@kos.forthnet.gr ; d/studio 45/70 € ;). Face au port, cet hôtel cosy blanc, très agréable, loue des studios et des chambres avec sol en marbre, kitchenettes, TV, réfrigérateur, élégants rideaux bordeaux et linge de lit café. Magnifique vue sur la mer depuis les balcons. **Café** correct sur place. Ouvert toute l'année.

Hotel Romantzo PENSION $
(☎22420 31340 ; ch avec petit-déj 45 € ;). Pratique pour les départs matinaux en ferry, le plus ancien hôtel de Nisyros se trouve juste un peu plus haut que la jetée. Chambres impeccables et ensoleillées avec sol en marbre et superbes sdb. Magnifique terrasse commune où prendre le soleil. Réfrigérateurs, TV à écran plat, Wi-Fi et petit-déjeuner en font un choix intéressant.

Où se restaurer

Les cafés et tavernes se suivent dans les ruelles et sur le front de mer. Ne manquez pas la spécialité de l'île, les *pitties* (feuilletés aux pois chiches et aux oignons), à accompagner d'un rafraichissant *soumada,* une boisson locale sans alcool à base d'extrait d'amandes.

♥ **Cleanthis Taverna** POISSON $
(plats 8-12 € ;). Repérez les poulpes qui sèchent au soleil, telle une installation artistique, puis votre odorat vous conduira dans cette jolie taverne. Outre le homard vivant, la carte affiche un large choix, des souvlakis de crevettes aux seiches frites, cabillauds et poulpes. Vous apprécierez l'agréable fermeté des calamars, pêchés dans le coin.

Restaurant Irini CAFÉ $
(Plateia Ilikiomenis ; plats 7 € ;). Ce café simple, installé à l'ombre d'un caroubier sur une place en mosaïque de galets, séduit par son menu basique de salades grecques, *saganaki,* pizzas, moussakas, seiches et poulpes. Salades fraîches et généreuses, mention spéciale pour les souvlakis.

Taverna Panorama TAVERNE $
(grillades 7 € ;). Des arômes de boulettes de viande maison, *dolmades*, pâtes, seiches, poisson frais, moussakas, tomates farcies et *seftelies* (saucisses aux herbes à la chypriote) émanent de cette taverne perchée sur la colline, vers l'Hotel Porfyris. Repérez les tables à carreaux bleus à l'extérieur.

Boulangerie Pali BOULANGERIE $
(en-cas 1-3 €). À une rue du front de mer, cette boulangerie prépare des pains et gâteaux traditionnels de Nisyros, des croissants, des tourtes au fromage, des petits pains de Thessalonique, des brioches et des beignets. Repérez la porte couleur crème.

Où prendre un verre et faire la fête

La Plateia Ilikiomenis et le front de mer sont bordés de cafés et de bars.

Enallax Music Bar BAR
(front de mer, Mandraki ; 19h-tard ;). Bar nocturne éclairé de lanternes mauresques. Installez-vous dehors, sur la terrasse face à la mer, ou au bar orné de photos anciennes. Excellente world music, café, cocktails et *masticha* (à base de sève de lentisque).

Achats

Yadez BIJOUX
(front de mer, Mandraki). Ne manquez pas cette ravissante boutique inspirée de Frida Khalo, signalée par une pancarte ornée d'une sirène. Bijoux, icônes et objets d'art artisanaux.

Renseignements

Le port se situe à 500 m au nord-est du centre de Mandraki. Pour rejoindre le centre du village, prenez la rue à droite du quai jusqu'à une fouche à quelques rues de là. Tournez à gauche pour rejoindre la Plateia Ilikiomenis, place principale et ombragée de Mandraki. Prenez à droite dans la rue principale pour atteindre le monastère et le *kastro*.

La Banque coopérative du Dodécanèse dispose d'un DAB sur le port et d'une agence à Mandraki. Il y a aussi un distributeur au bureau de poste dans la rue menant au Porfyris Hotel.

Le site www.nisyros.co.uk (en anglais) est excellent ; il détaille les plages, les activités, les hébergements et les restaurants de Nisyros. Le site www.nisyros.gr porte sur les sites, l'histoire et l'environnement.

Diakomihalis (☎22420 31015 ; diakomihalis@kos.forthnet.gr ; Mandraki). Billets de ferry, location de voiture.

Enetikon Travel (☎22420 31180 ; agiosnis@otenet.gr). Tenue par la très serviable Michelle, l'agence Enetikon dispense des conseils gratuits, vend des billets et possède le petit bateau touristique qui se rend à Kos tous les matins (8 €). Elle organise aussi des voyages en bus jusqu'au cratère (8 €, départ à 10h30). À une centaine de mètres du quai vers Mandraki.

Police (☎22420 31201). En face du quai.

Police portuaire (☎22420 31222). En face du quai.

Poste (☎22420 31249). En face du quai.

Proveza Internet Cafe (1,40 €/30 min). Un lieu décontracté pour consulter ses mails, avec vue sur la mer. Savoureux en-cas et café. Internet et Wi-Fi.

Ailleurs sur Nisyros

Le volcan — Το Ηφαίστειο

Nisyros se situe sur une faille volcanique. À l'origine, l'île culminait à 850 m, mais le centre de la montagne s'est effondré il y a 30 000 à 40 000 ans, après trois violentes éruptions volcaniques. Nisyros a ainsi hérité de pierres ponces blanc et orange, qui garnissent aujourd'hui encore les flancs nord, est et sud de l'île. Ces événements ont aussi provoqué l'immense coulée de lave qui recouvre tout le sud-ouest de l'île, autour du village de Nikéa.

Les habitants appellent le volcan "Polyvotis", du nom du Titan qui fut emprisonné sous un rocher de Nyssiros. D'après la légende, pendant la guerre opposant les dieux aux Titans, Poséidon arracha un morceau de Kos pour enfermer le géant dans les entrailles de la Terre ; aujourd'hui, le volcan traduit ses cris de colère.

Descendre dans la **caldeira** (2,50 € ; ⌚9h-20h) est une expérience indescriptible. Des vaches paissent au milieu de rochers rouge, orange et vert. Un sentier mène au plus grand des cinq cratères, **Stefanos**, où l'on peut observer les fumerolles multicolores de 100°C, écouter leurs sifflements et sentir leurs vapeurs sulfureuses. La surface du cratère, meuble et chaude, exige une solide paire de chaussures. Ne vous éloignez pas trop, car le sol est instable et peut s'effondrer. Un autre chemin non indiqué mais plus évident vous conduit à **Polyvotis**, plus petit et plus sauvage. Cela ne vous permet cependant pas d'accéder à la caldeira elle-même. Ici, les fumerolles s'échappent autour du bord : soyez très prudent.

Le volcan est accessible en bus, en voiture ou à pied, par une piste de 3 km au départ de Nikéa. En vous y rendant avant 11h, vous aurez peut-être le volcan pour vous tout seul.

Emborios et Nikéa
Εμπορειός et Νίκαια

Cramponnée aux flancs de la caldeira, la blanche Nikéa jouit d'une vue panoramique sur la dépression en contrebas. Emborios, également accroché au volcan et situé quelques kilomètres plus loin, est tout aussi jolie avec ses rues chaulées, ponctuées de bougainvillées cramoisies et habitées par des chats qui paressent.

Derrière l'église, l'**Ampia Taverna** (☎22420 31377 ; Emborios ; plats 6-12 € ; 📶🍴), aux jolis murs bordeaux et moutarde et dotée d'un espace de détente, propose souvlakis, poulpes, boulettes de viande, poivrons farcis, et chèvre au feu de bois. Mangez à l'étage pour plus de magie. Juste en face, donnant sur la caldeira, le très parfumé **Balcony Restaurant** (Emborios, Nisyros ; plats 9 € ; ⌚9h-22h) prépare d'appétissants steaks et côtelettes.

Les maisons blanches de Nikéa sont entourées de jardins éclatants, et la place centrale s'orne d'une jolie mosaïque. Le bus s'arrête sur la Plateia Nikolaou Hartofyli, que l'artère principale de Nikéa relie à une autre place. À la périphérie du bourg, le **Musée volcanologique** (2 € ; ⌚11h-15h mai-sept) retrace l'histoire du volcan et de ses effets sur l'île. Sur la place principale du village, les tables à l'extérieur du **Kafenion Forta** (plats 7,50 €) permettent de contempler la montagne en savourant une boisson fraîche, un sandwich grillé, un jus de fruit ou une bière.

Le sentier abrupt qui descend vers le volcan part de la Plateia Nikolaou Hartofyli. Comptez 40 minutes de marche dans chaque sens. Peu après le début du chemin, vous pouvez faire un détour par le **Moni Agiou Ioanni Theologou**, indiqué par un panneau, où une **fête** annuelle est organisée les 25 et 26 septembre.

Pali — Πάλοι

Ce petit village en bord de mer, secoué par les vents, compte quelques bâtisses baignées de soleil dans la continuité de la marina. Vous pourrez y manger dans quelques tavernes assoupies, louer un scooter et explorer la plage attenante de **Liès**, la plus agréable de Nisyros, à environ 5,5 km de là. Si vous parcourez 1 km de plus depuis l'extrémité de la route, le long d'un chemin côtier parfois précaire, vous atteindrez **Pahia Ammos**, une grande étendue de sable volcanique. Prenez de quoi vous faire de l'ombre.

À Pali, dans un jardin débordant de fleurs, **Mammis' Apartments** (☎22420 31824, 22420 31453 ; www.mammis.com ; d 70 € ; ⌚tte l'année ; ❄📶) propose des appartements décorés avec imagination, pourvus de kitchenettes et de balcons privatifs avec vue sur la mer, et d'une chambre séparée avec un canapé-lit pour les enfants. Toute proche du port, **The Captain's House** (plats 8 € ; 8h-24h), ornée de filets jaunes, est fréquentée par des plaisanciers et des pêcheurs aux traits burinés. Poulpes, calamars, bébés requins et seiches y sont à l'honneur.

KOS ΚΩΣ

19 870 HABITANTS

Après quelques heures dans la forteresse de Kos et l'Asclépiéion (sanatorium ancien d'Hippocrate), le visiteur imprégné d'histoire et de ruines est rassasié par la vision des colonnes corinthiennes plusieurs fois millénaires en bord de chemin, envahies par les herbes. Passé et présent se rejoignent sur cette île (la deuxième plus grande du Dodécanèse) aux divers trésors : des vallées printanières et criques bleu vif aux flancs de coteaux boisés et étendues rocheuses – on passe en un instant d'une taverne rustique de montagne à un café cosmopolite animé. Chacun y trouve son bonheur.

Histoire

Kos était si peuplée et si riche pendant la période mycénienne qu'elle se serait, dit-on, trouvée en mesure d'envoyer 30 navires participer à la guerre de Troie. En 477 av. J.-C., après avoir souffert d'un séisme et de son assujettissement aux Perses, l'île rallia la ligue de Délos et connut une nouvelle période faste.

Hippocrate (460-377 av. J.-C.), le grand savant antique considéré comme le père de la médecine, naquit et vécut à Kos. Après sa mort, les habitants construisirent le sanctuaire d'Asclépios et une école de médecine, qui perpétuèrent son enseignement et rendirent l'île célèbre dans tout le monde grec.

Le pharaon Ptolémée II, né lui aussi à Kos, plaça l'île sous la protection de l'Égypte et en fit un centre marchand florissant. En 130 av. J.-C., Kos passa sous domination romaine avant d'être administrée, au Ier siècle, par Rhodes. Depuis, les deux îles partagent les mêmes vicissitudes, jusqu'à l'afflux touristique actuel.

Depuis/vers Kos

AVION

Olympic Air dessert Athènes 2 fois/jour (84 €, 55 min), ainsi que Rhodes (61 €, 20 min), Léros (61 € ; 15 min) et Astypaléa (68 €, 1 heure) 3 fois/semaine. Achetez vos billets auprès de **Kos Travel** (22420 22359 ; kostravel@otenet.gr ; Akti Koundourioti, Hora Kos), dans le port.

BATEAU

Kos est bien reliée au Pirée et à toutes les îles du Dodécanèse, ainsi qu'aux Cyclades, à Samos et à Thessalonique. Trois compagnies se partagent les différents services : **Blue Star Ferries** (22420 28914), **Anek Lines** (22420 28545) et **ANE Kalymnou** (22420 29900). Les liaisons en catamaran, assurées par **Dodekanisos Seaways**, partent de l'embarcadère inter-îles. Les car-ferries locaux allant à Pothia, sur Kalymnos, partent de Mastihari. Vous pouvez acheter vos billets auprès de **Fanos Travel & Shipping** (22420 20035 ; www.kostravel.gr ; Akti Kountourioti 11, Hora Kos), sur le port. Un hydroglisseur de cette compagnie va à Bodrum (Turquie, aller-retour 20 €), Nisyros (aller-retour 25 €), Patmos (aller-retour 40 €), Rhodes (aller-retour 50 €) et Symi (aller-retour 40 €).

Bateaux au départ de Kos

VERS	DURÉE	TARIF (€)	FRÉQUENCE
Léros	3 heures	14	3/sem
Léros*	1 heure 40	22	1/jour
Kalymnos	1 heure	8	3/jour
Kalymnos*	30 min	15	1/jour
Nisyros	1 heure 20	9	2/sem
Nisyros*	45 min	16	1/j our
Le Pirée	10 heures	5	1/jour
Patmos	4 heures	19	3/sem
Patmos*	2 heures 30	29	6/sem
Rhodes	3 heures	24	1/jour
Rhodes*	2 heures 30	30	1/jour
Samos	5 heures 30	40	1/jour
Symi*	1 heure 30	22	1/jour

*express

En été, des excursions partent de Kos (Hora) pour Bodrum, en Turquie (aller-retour 25 €, 1 heure, départ tlj à 8h30, retour à 16h).

Comment circuler

DEPUIS/VERS L'AÉROPORT

L'**aéroport** (22420 51229) est à 24 km au sud-ouest de la ville de Kos. Les bus pour Kéfalos s'arrêtent au grand rond-point près de l'entrée de l'aéroport. Un bus pour l'aéroport part de la gare routière de la ville (3,20 €) plusieurs fois par jour. En taxi, comptez 30 € environ depuis/vers l'aéroport.

Kos et Psérimos

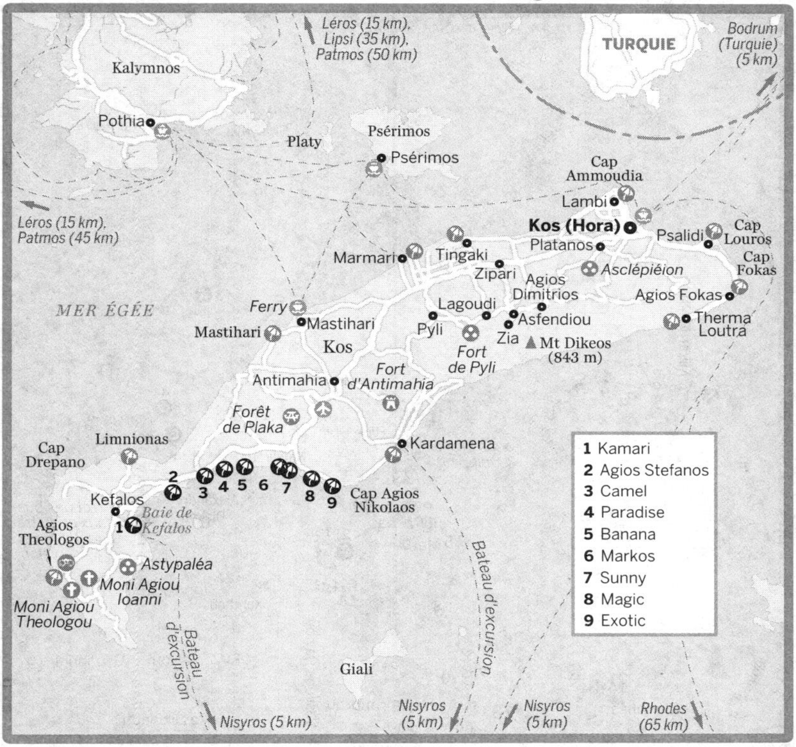

BATEAU

À Kos (Hora), alignés au sud d'Akti Koundourioti, une demi-douzaine de bateaux organisent des excursions autour de Kos et vers d'autres îles. Un aller-retour déjeuner compris pour Kalymnos, Psérimos et Platy vous coûtera 40 €. Les bateaux varient en ancienneté et en charme, mais le plus joli est sans conteste l'**Eva** (☎ 694369300 ; Akti Koundourioti, Kos ville), un caïque de 110 ans avec un nid-de-pie et un plat-bord délicatement ornés. Un bateau assure aussi une excursion quotidienne de Mastihari à Kalymnos (6 €).

BUS

La **gare routière** (☎ 22420 22292 ; Kleopatras 7, Kos ville) dessert régulièrement les quatre coins de l'île et toutes les grandes plages de la côte sud de Kos. Tarif pour les plages : 3-3,50 € environ.

VOITURE, MOTO ET VÉLO

Les agences de location de voitures, motos, mobylettes ou vélos ne manquent pas ; renseignez-vous auprès de votre hôtel, qui bénéficie peut-être, comme souvent, de conditions privilégiées auprès de certains loueurs. Le vélo compte beaucoup d'adeptes à Kos et vous trouverez des agences de location partout ; les prix s'échelonnent entre 5 €/jour pour un vieil engin et 15 € pour un VTT plus ou moins correct. Pour trouver des vélos corrects à prix raisonnables à Kos ville, essayez **George's Bikes** (☎ 22420 24157 ; Spetson 48 ; vélo/scooter 4/15 € par jour).

Kos (Hora) Κως (Χώρα)

14 750 HABITANTS

Parsemée de vestiges des époques hellénistique, romaine et byzantine, cette belle ville, aux habitants accueillants et au rythme tranquille, affiche un mélange original d'ancien – à savoir les bâtiments, boutiques et autres tavernes rescapées du séisme de 1933 –, de rues modernes et de parcs plantés de palmiers et de bougainvillées. Le port est

Kos (Hora)

particulièrement attrayant, avec le château des Chevaliers perché en son centre. Ici, tout le monde circule à vélo (les pistes cyclables ne manquent pas).

À voir et à faire

Musée archéologique PATRIMOINE
(Plateia Eleftherias ; 3 € ; 8h-14h30 mar-dim). Havre de fraîcheur et de calme, ce musée installé dans un vieil édifice de style italien présente des sculptures de la région, datant de la période hellénistique à la fin de la période romaine. La plus célèbre est la statue d'Hippocrate, mais la mosaïque du vestibule (IIIe siècle) vaut aussi le détour.

Château des Chevaliers FORTERESSE
(22420 27927 ; 3 € ; 8h-14h30 mar-dim). De la Plateia Platanou, un pont enjambe le Finikon (l'avenue des Palmiers) jusqu'à cette forteresse invincible. Constituée d'un donjon intérieur entouré d'épais remparts, elle est séparée de la ville par des douves (l'actuel Finikon), et fut érigée au XIVe siècle. Endommagée par un séisme en 1495, elle fut restaurée au XVIe siècle. Il s'agit de la fortification la plus robuste bâtie par les chevaliers de Rhodes contre l'avancée des Ottomans.

Sites archéologiques PATRIMOINE

L'**agora antique** occupe un site non clos au sud du fort. Une imposante stoa du IIIe siècle av. J.-C., dont quelques colonnes ont été reconstruites, se dresse sur le côté ouest. Au nord, vous verrez les vestiges d'un **sanctuaire d'Aphrodite**, du **temple d'Hercule** et d'une **basilique chrétienne** du Ve siècle.

Au nord de l'agora, attablez-vous à un café sur la Plateia Platanou, une charmante place pavée, pour contempler le **platane d'Hippocrate**. C'est sous son ombre, dit-on, que le praticien transmettait son savoir à ses élèves. À son pied, un ancien sarcophage a été transformé en fontaine par les Turcs. En face de l'arbre, la **mosquée de Gazi Hassan Pacha**, désaffectée, date du XVIIIe siècle.

De l'autre côté de la ville se trouve le **site des fouilles ouest**. À l'arrière, deux abris en bois protègent les mosaïques de la **maison d'Europe**, datées du IIIe siècle. La mieux conservée représente l'enlèvement d'Europe par Zeus ayant pris la forme d'un taureau. Devant la maison, la partie découverte du **Decumanus Maximus** (artère principale de la cité romaine) court parallèlement à la route actuelle, avant de virer à droite vers le **nymphée**, qui abritait autrefois de somptueuses latrines publiques, et le **Xysto**, grand gymnase hellénistique aux colonnes restaurées. Un peu plus loin vers l'est, le **temple de Dionysos** est envahi par la végétation, qui laisse toutefois dépasser quelques ruines. De l'autre côté de Grigoriou se dresse l'imposant **odéon** du IIe siècle. À l'origine, c'était un lieu où se réunissait le sénat et où se déroulaient des concours de musique. Il fut restauré sous l'occupation italienne, durant laquelle de très nombreuses sculptures furent mises au jour. La plupart d'entre elles sont conservées au Musée archéologique.

Plages PLAISIRS BALNÉAIRES

Du côté est de la ville s'étend la **plage de Kos (Hora)**, une fine bande de sable bordée d'eau profonde. Elle est jalonnée d'hôtels et de restaurants. À l'ouest de la ville, la **plage de Kritika** déroule une longue étendue de sable parsemée de parasols en été. Facilement accessible à pied depuis le centre-ville, elle est souvent bondée.

Où se loger

Hotel Afendoulis HÔTEL $

(22420 25321 ; www.afendoulishotel.com ; Evripilou 1 ; s/d 30/50 € ; mars-nov ;). Paisible hôtel au personnel chaleureux. Chambres étincelantes avec murs blancs en adobe, petits balcons, TV à écran plat, sèche-cheveux et sdb impeccables. En bas : salle ouverte pour le petit-déjeuner et terrasse fleurie, meublée de tables et de chaises en fer forgé. Festin de confitures maison au petit-déjeuner.

Les clients ont tendance à revenir. Kos compte des hôtels plus modernes et plus chics, mais aucun n'a l'âme particulière de ce bel établissement familial.

Kos (Hora)

À voir
1 Agora antique D3
2 Musée archéologique C3
3 Château des Chevaliers C2
Basilique chrétienne (voir 1)
4 Platane d'Hippocrate D3
5 Mosquée de Gazi Hassan Pacha D3
Sanctuaire d'Aphrodite (voir 1)
Temple d'Hercule (voir 1)

Où se loger
6 Hotel Afendoulis F4
7 Kos Aktis Hotel E3
8 Kosta Palace B1
9 Hotel Sonia A3

Où se restaurer
10 Bittersweet B4
11 Co-op A3
12 Elia B4
H2O (voir 7)
13 Nick the Fisherman B1
14 Petrino Meze Restaurant A4
15 Pikoilas Bakery B2

Où prendre un verre et faire la fête
16 Aenaos C3
17 Global Cafe C4

Où sortir
18 Orfeas C4

Achats
19 Dimoiki Dorag C4
20 News Stand C3

Hotel Sonia HÔTEL $$
(☎22420 28798 ; www.hotelsonia.gr ; Irodotou 9 ; s/d/tr 45/60/75 € ; ❄📶). Dans une rue paisible, cette pension loue des chambres impeccables avec parquet, TV à écran plat, réfrigérateur, sdb chic et un lit supplémentaire, si besoin. Terrasse commune relaxante, balcons privatifs spacieux et bibliothèque correcte. La chambre n°4 offre la meilleure vue sur la mer.

Kosta Palace HÔTEL $$
(☎22420 22855 ; www.kosta-palace.com ; angle Akti Kountourioti et Averof ; s/d/app 65/85/110 € ; ⊙tte l'année ; ❄@📶🏊). Face au château de Saint-Jean, cet édifice chic, côté port, renferme 160 chambres avec kitchenette, TV câblée et balcon privatif. Chambres séparées dans les appartements. Piscine pour adultes et enfants, snack-bar sur le toit. Établissement propre et fonctionnel, mais qui manque de caractère.

Kos Aktis Hotel HÔTEL $$$
(☎22420 47200 ; www.kosaktis.gr ; Vasileos Georgiou 7 ; s/d à partir de 148/188 € ; ❄@📶🏊). Hôtel chic, rectangulaire et vitré, bercé par le bruit des vagues. La nuit, depuis les somptueuses chambres – avec sol en granit et magnifiques sdb – on aperçoit les lumières de Bodrum (en Turquie). Les chambres disposent aussi de balcons et de TV à écran plat. Salle de sport et jolie piscine.

Où se restaurer

Elia MÉDITERRANÉEN $
(Appelou Ifestou 27 ; plats 6,50 € ; ❄📶✍👪). Restaurant authentique côté rue, avec murs de pierre, plancher et fresques représentant les dieux grecs (essayez de les reconnaître avec vos enfants). Au menu : légumes de saison, agneau à la tomate et à la cannelle, bœuf au fromage, boulettes de viande farcies à la feta, saucisses et porc ivre (au vin) et quantité de vins grecs. Tout y est savoureux.

Zorba's GREC $
(Plateia Diagora ; plats 8 € ; ⊙déj et dîner ; ❄📶✍). Typique de la mer Égée, avec sa décoration bleu et blanc, le Zorba's sert salades fraîches, souvlakis, steaks, *gyros, kleftiko, stifado*, bœuf mijoté et divers plats végétariens comme les courgettes frites. Service affable et propriétaire chaleureux.

H2O CAFÉ $
(☎22420 47200 ; Vasileos Georgiou 7 ; plats 15-20 €, en-cas 9-17 € ; ❄📶✍). Fréquenté par des citadins et des fashionistas, le café le plus chic de la ville, en bord de mer, est une excellente adresse pour un déjeuner ou un dîner sain, sur la terrasse en bois face à Bodrum (Turquie). *Bruschette*, légumes grillés, beignets de crevettes, risotto de poulet, mais aussi mojito (7,50 €) au coucher du soleil.

Bittersweet CRÊPERIE $
(Apellou Ifestou ; plats 6 € ; ⊙9h-13h ; ❄📶). Faites une pause rue Apellou Ifestou en dégustant une crêpe, une glace ou un cocktail dans cette oasis aux airs de grotte. Recoins sombres, lanternes festonnées au plafond et musique lounge aussi douce que les desserts.

Nick the Fisherman POISSON $$

(Averof 21 ; plats 10-14 €). Les murs de cette taverne, installée dans une petite rue, sont ornés de filets et de poissons menaçants. Goûtez les sardines, le vivaneau rouge, le mulet rayé et le mérou. Un aquarium contient des moules vivantes.

Petrino Meze Restaurant MEZZE $$

(Plateia Theologou ; plats 15-20 € ; déj et dîner ;). Élégant restaurant paisible et parfumé, avec une terrasse verdoyante à l'ombre des bougainvilliers, en surplomb de l'ancienne *agora* (place du marché). La carte, haut de gamme, affiche poulpe, homard, *saganaki*, vivaneau rouge, ainsi que steak, carré d'agneau et divers souvlakis.

Pour préparer vous-même vos repas, le **Co-op** (Verriopoulou) est bien fourni. La **Boulangerie Pikoilas** (angle Salaminos et Kanari) propose un choix étourdissant de beignets, tartes, petits pains à la cannelle, baklavas et gâteaux au chocolat.

Où prendre un verre

Le week-end, les habitants se retrouvent dans les nombreux cafés de la Plateia Eleftherias (place de la Liberté) pour boire un café et bavarder. La vie nocturne de Kos se concentre dans Diakou, à un pâté de maisons au sud du port. Une foule de bars du même genre jalonnent le front de mer de la plage de Kritika. Si vous êtes en quête de clubs, suivez la foule.

Aenaos CAFÉ

(Plateia Eleftherias ; gâteaux 3,50 € ;). À côté d'une superbe mosquée, ce joli café ombragé et meublé de chaises en fer est agréable pour siroter un café frappé ou un expresso, voire déguster l'un de leurs délicieux gâteaux au chocolat (goûtez celui aux fruits des bois et à la fraise 3,50 €). Jus de fruits, cakes et brownies également.

Global Cafe BAR

(Ioannidi ; 8h30-tard ;). Des jeunes jouent au backgammon dans ce sympathique bar installé dans une cour, avec murs en pierre, toiles tendues au plafond, mobilier rétro chic et musique douce. Pour lire, travailler, prendre une bière, un jus de fruit, un cocktail ou un sandwich.

Où sortir

Orfeas CINÉMA

(www.cine-orfeas.gr ; Plateia Eleftherias ; tickets adulte/enfant 7/5 € ;). Envie de voir un film ? Ce cinéma diffuse des blockbusters en anglais sous-titrés en grec et des films grecs. Trois séances par jour, à 17h, 19h30 et 22h, la première étant généralement destinée aux enfants. Projections en plein air l'été.

Achats

Les magasins de chaînes se concentrent autour de l'extrémité sud de Ioannidi et dans les rues piétonnes au sud d'Ippokratous. **Dimoiki Dorag** (Plateia Eleftherias) est un superbe bazar où vous pourrez acheter de tout : plantes aromatiques, cerises, huile d'olive, miel local, bibelots d'inspiration mythologique et éponges de Kalymnos.

Marchand de journaux LIVRES

(22420 30110 ; Riga Fereou 2). Journaux et publications en langues étrangères, et guides de Kos.

Renseignements

ACCÈS INTERNET

Del Mare (Megalou Alexandrou 4 ; 2,50 €/h ; 8h30-24h). Café récemment rénové, avec parquet et Wi-Fi gratuit. Tablette à disposition gratuitement pour lire ses e-mails.

e-global (angle Artemisias et Korai ; 2 €/h ; 24h/24)

AGENCES DE VOYAGES

Fanos Travel & Shipping (22420 20035 ; www.kostravel.gr ; 11 Akti Koundourioti). Gère l'hydroglisseur qui se rend à Bodrum, vend des billets de bateau, loue des voitures et propose des services de yacht.

ARGENT

Alpha Bank (El Venizelou). DAB 24h/24.

Banque nationale de Grèce (Riga Fereou). DAB.

POSTE

Bureau de poste (Vasileos Pavlou).

SERVICES MÉDICAUX

Hôpital (22420 22300 ; Ippokratous 32).

SITES INTERNET

www.travel-to-kos.com Guide complet de la plupart des sites de Kos.

www.kos.gr Site officiel du tourisme de la municipalité de Kos.

URGENCES

Police (22420 22222 ; Eparhio Bldg, Akti Koundourioti). Partage le bâtiment municipal avec la police touristique.

Police portuaire (angle Akti Koundourioti et Megalou Alexandrou)
Police touristique (☎22420 22444)

Comment circuler

BUS

Les bus municipaux partent d'Akti Miaouli. Leur tarification se divise en Zone A (1,10 €) et Zone B (1,50 €). Les billets s'achètent à bord, ou légèrement moins cher dans les automates. Vous en trouverez un devant le bureau des Blue Star Ferries sur le port. Pour les horaires, adressez-vous au bureau des bus locaux.

TAXI

Il existe une station de taxis du côté sud du port.

TRAIN TOURISTIQUE

L'été, prenez vos repères en faisant un tour de la ville à bord du petit train touristique (5 €, 20 min ; ⏲10h-14h et 18h-22h), qui part de la station de bus dans Akti Kountourioti. Un train (aller-retour 5 € ; ⏲ttes les heures 10h-17h mar-dim) dessert aussi l'Asclépiéion au départ de l'arrêt de bus dans Akti Miaouli.

Ailleurs sur Kos

La **plage de Lambi**, qui s'étend à 4 km au nord-ouest de Kos (Hora), est la plage correcte la plus proche de la ville. Un peu plus loin s'étire une longue étendue de sable pâle, divisée entre la **plage de Tingaki**, à 10 km de Kos (Hora), et celle de **Marmari**, à 4 km à l'ouest de Tingaki, un peu moins fréquentée. Les véliplanchistes apprécient ces trois plages. En été, des bateaux relient Marmari à l'île de Psérimos.

Vassileos Georgiou, dans Kos (Hora), mène à 3 plages très fréquentées : **Psalidi**, à 3 km de la ville, **Agios Fokas** (8 km) et **Therma Loutra** (12 km). Cette dernière profite de sources chaudes qui réchauffent la mer.

Asclépiéion — Ασκληπιείον

Le principal site antique de l'île, l'**Asclépiéion** (☎22420 28763 ; tarif plein/réduit 4/3 € ; ⏲8h30-19h mar-dim), occupe une colline couverte de pins, à 3 km au sud-ouest de Kos (Hora). Du sommet, vous aurez une vue superbe sur la ville et la Turquie. L'Asclépiéion se compose d'un sanctuaire religieux dédié à Asclépios, le dieu grec de la Médecine, d'un centre de soins et d'une école de médecine, qui transmettait les enseignements d'Hippocrate. Jusqu'en 554, lorsqu'un tremblement de terre détruisit l'Asclépiéion, on venait de très loin pour y être soigné.

Les ruines s'étendent sur trois niveaux. Le **propylée** (porte monumentale), les **bains** publics de l'époque romaine et les vestiges des chambres d'hôtes sont au premier niveau. L'**autel d'Apollon Kyparissios**, datant du IVe siècle av. J.-C., s'élève au deuxième niveau, avec, à l'ouest, le **premier temple d'Asclépios**, érigé au IVe siècle av. J.-C., et, à l'est, le **temple d'Apollon** (Ier siècle av. J.-C). Au dernier niveau, les vestiges du second **temple d'Asclépios** (IIe siècle av. J.-C.) laissent deviner sa beauté d'antan.

Le bus n°3, qui part toutes les heures, et le train touristique de Kos (Hora) desservent le site. Il est aussi très agréable d'y venir à vélo ou à pied.

Mastihari — Μαστιχάρι

Si l'architecture de cette bourgade n'a rien d'exceptionnel, ses plages de sable fin, plantées çà et là de tamaris et parsemées d'hébergements et de délicieux restaurants de bord de mer, en font un bel endroit pour s'installer ou simplement déjeuner. En été, des bateaux d'excursion se rendent à Psérimos. Mastihari est aussi le point de départ/d'arrivée des ferries pour Pothia, sur Kalymnos.

Une rue derrière le front de mer, **Athina Studios** (☎22420 59030 ; www.athinas-studios.gr ; d/tr 30/60 €) propose des studios très frais décorés en bleu, avec kitchenettes impeccables, balcons privatifs, TV, réfrigérateur et lit supplémentaire pour les enfants si besoin. L'une des chambres dispose de lits superposés, d'un lit double et d'un grand balcon. Également un jardin sur le toit. En face, dans la même rue, **Studios Diana** (☎22420 59116 ; app 45 €) possède des studios propres et basiques, avec balcons privatifs et cuisines vieillottes.

Le front de mer est bordé de restaurants et de cafés, dont beaucoup proposent des menus enfants. Dans le port, le charmant **Kali Kardia Restaurant** (poisson 9-12 €), à l'intérieur lambrissé, est fréquenté par une clientèle âgée profitant de la vue sur la mer en dégustant calamars, crevettes, seiches et huîtres. Côté plage, la taverne **El Greco** (plats 7 €) sert salades fraîches, courgettes, souvlakis, agneau sauce au romarin, et des petits-déjeuners toute la journée.

Villages de montagne

Plusieurs villages dignes d'être explorés émaillent les versants nord verdoyants du Dikeos. De **Zipari**, à 10 km du chef-lieu, une route en direction du sud-est conduit à **Asfendiou**. Sur cette route, 3 km après Zipari, arrêtez-vous à la **Taverna Panorama** (plats 6-10 € ; déj et dîner) pour profiter d'une vue magnifique sur le littoral tout en savourant de bons mezze ou des recettes traditionnelles.

D'Asfendiou, un embranchement sur la droite mène au joli village de **Zia**, lequel consiste essentiellement en une rue unique bordée de boutiques de souvenirs et de tavernes. Prenez à droite à travers le marché et dirigez-vous vers la colline jusqu'au **Moulin à eau** (Watermill ; plats 6 €), aménagé dans un ancien moulin et agrémenté d'une agréable tonnelle couverte de vigne et d'un patio. Crêpes, salades de fruits, jus, omelettes et pâtes sont délicieux ; quant à la limonade maison, elle est quasiment addictive.

La **Village Tavern** (plats 7 € ; 8h30-23h), ornée de drapeaux, diffuse une joyeuse musique de bouzouki dans un cadre bleu et blanc. Au menu : salades, tzatziki (sauce de concombres râpé au yaourt et à l'ail), beignets de courgettes, mezze et saucisses. Autre bonne adresse, la **Taverna Oromedon** (22420 69983 ; plats 9 € ; 8h-24h) est prisée pour sa terrasse couverte de vigne, sa vue sur la mer et son menu traditionnel grec composé de *saganaki* de crevettes, *dolmades*, *stifado* et souvlakis.

En repartant de Zia vers le nord, suivez les indications pour **Pyli**. Juste avant le village, tournez à gauche en direction des vestiges du village médiéval du **vieux Pyli**. Là, un chemin bien balisé monte jusqu'au **château de Pyli** à travers un paysage magique. L'**Oria Taverna** (plats 7 € ; 9h-21h) tire avantage d'un merveilleux emplacement de l'autre côté de la colline. Au lieu de prendre à gauche pour le fort, grimpez les marches. La taverne se tient sur une colline offrant une vue splendide sur un fort millénaire en ruines. Savourez le menu de saison, à base d'ingrédients locaux, comprenant steaks, boulettes de viande, courgettes et tzatziki.

Des bus partent de Kos pour Pyli (2 €) quatre fois par jour.

Kamari et baie de Kéfalos Καμάρι et Κέφαλος

Au sud-ouest de Mastihari, s'étend l'immense baie de Kéfalos, ourlée de 12 km de sable sublime. Ne vous laissez pas décourager par la rangée de médiocres boutiques à touristes, restaurants et hôtels derrière la grand-route. Adossées à de vertes collines et baignées par une mer tiède, ces plages sont idylliques. Chacune indiquée depuis la grand-route. La plage de **Paradise** est la plus réputée et l'**Exotic**, la moins développée. **Banana** (ou plage de Langada) offre un bon compromis.

La **plage d'Agios Stefanos**, à l'extrémité ouest, est accessible par un court chemin partant de la route principale. Le site vaut le détour pour découvrir **Agios Stefanos** : accessible à la nage, cet îlot qui a pris le nom de son église, abrite les ruines de deux basiliques du Ve siècle et une ravissante plage de sable.

En continuant la route, on rejoint la **plage de Kamari**, une station balnéaire tout en longueur, bordée de restaurants, d'hébergements et de boutiques. Un petit office du tourisme se trouve près de l'arrêt du bus en bordure de plage et il y a un DAB sur la route, en haut. Des bateaux d'excursion rejoignent Nisyros (16 €) 2 ou 3 fois par semaine. L'été, des bateaux desservent chaque jour la plage de Paradise (départ de Kamari à 10h30, retour à 17h30).

À 150 m au nord de l'arrêt de bus sur le front de mer de Kamari, l'**Anthoula Studios** (22420 71904 ; studios 40 €) regroupe des studios clairs et spacieux au milieu d'un potager florissant.

Petit et authentique, le village de **Kéfalos** vit dans une torpeur que ne troublent guère les visites. Le **Kafenion Agiatrida** (en-cas 3 €), café paisible installé derrière l'église, se singularise par ses tons blanc et turquoise. La place centrale, où s'arrête le bus venant de Kos (Hora), compte une poste et une banque avec DAB.

La péninsule sud comprend les paysages les plus sauvages et accidentés de l'île. À plusieurs kilomètres de la station balnéaire s'étend la **plage d'Agios Theologos**, entourée de prairies ponctuées d'oliviers. La mer y est cristalline et les vagues puissantes. Ouvert en saison au-dessus de la plage, le **Restaurant Agios Theologos** (plats 7-15 €) jouit des plus beaux couchers de soleil de Kos. Sa carte, classique, affiche de la feta maison, des olives, du pain et de la chèvre, sans oublier de fantastiques mezze.

ASTYPALÉA
ΑΣΤΥΠΑΛΑΙΑ

1 240 HABITANTS

Voici une île épargnée par le tourisme, où l'unique bruit qui vient troubler vos pensées est le roucoulement solitaire d'un pigeon ramier. Entourée d'une eau turquoise, la lointaine Astypaléa, dont la découpe territoriale évoque les ailes d'un papillon, ravira randonneurs, campeurs et amateurs d'histoire. Ce dernier refuge pour amoureux des îles réunit des prairies alpines évoquées dans les récits d'Homère et des plages accidentées léchées par une eau bleu électrique. Vous risqueriez presque d'y croiser une sirène.

Le principal village, Hora, est situé au sommet d'une colline et ses maisons blanches s'étalent en cascade jusqu'au port de pêche de Skala. Fouettée par les vents et isolée, l'île compte peu d'infrastructures touristiques, 90% des visiteurs sont grecs, les autres sont français ou italiens.

Depuis/vers Astypaléa

AVION

Olympic Air propose 3 vols par semaine pour Léros (61 €, 20 min), Kos (68 €, 1 heure) et Rhodes (68 €, 1 heure 30), et 5 vols par semaine pour Athènes (75 €, 1 heure). Astypalea Tours, à Skala, est l'agent local d'Olympic Air.

BATEAU

Des ferries relient Astypaléa au Pirée et à Rhodes en faisant diverses escales au passage. Ils accostent dans le petit port relativement isolé d'Agios Andreas, à 6,5 km au nord de Skala. Un bus attend théoriquement l'arrivée de tous les ferries, mais on ne peut pas vraiment compter sur lui. Basé à Kalymnos, le ferry *F/B Nissos Kalymnos* passe 4 fois/semaine, reliant l'île à Kalymnos et aux îles plus septentrionales du Dodécanèse, et arrime à Skala. Les billets de ferry sont disponibles auprès de Paradise Travel Agency (p. 472) ou d'Astypalea Tours, toutes deux à Skala.

Bateaux au départ d'Astypaléa

VERS	DURÉE	TARIF (€)	FRÉQUENCE
Kalymnos	2 heures 30	13	4/sem
Kalymnos*	2 heures 45	11	3/sem
Kos	3 heures 30	18	1/sem
Le Pirée	10 heures	35	5/sem
Naxos	3 heures 30	27	4/sem
Paros	5 heures	34	4/sem
Rhodes	9 heures	32	1/sem

* Part de Skala

Comment circuler

L'aéroport se situe à 8 km au nord-est de Skala. Un bus local assure généralement la correspondance avec les vols en provenance d'Athènes et de Rhodes, mais il est plus sûr de prendre un taxi (10 €). De juin à septembre, un bus relie Hora à l'aéroport avant les départs d'avion. En été, des bus partent de Skala toutes les 30 minutes pour Hora et Livadi (2 €), et toutes les heures de Hora et de Skala pour Analipsi (Maltezana ; 2 €) via la plage de Marmari. Les services sont réduits le reste de l'année. Il n'y a que 3 taxis sur l'île et autant de loueurs de voitures et de scooters. **Vergoulis** (☎ 22430 61351 ; scooter 15 €/jour, voiture 40-60 €/jour), à Skala, est une agence de location réputée.

En juillet-août, un bateau d'excursion, le **Thalassopouli** (☎ 69744 36338), part chaque jour pour les plages éloignées à l'ouest d'Agios Ioannis, de Kaminakia et de Vatsès, ou pour les îlots de Koutsomytis aux eaux émeraude et de Kounoupa. Par beau temps, des excursions plus longues sont proposées. Billets (25-30 €) vendus à bord.

Skala et Hora
Σκάλα et Χώρα

On prend plaisir à se balader parmi les maisons blanches de Hora, que domine un impressionnant *kastro*. Jadis établis en contrebas, les habitants de Skala décidèrent aux XIVe et XVe siècles de s'installer le long de la colline en raison de la menace constante que représentaient les pirates. C'est une jolie localité d'où la vue est superbe.

Skala est le nom du village du front de mer, orné de filets de pêche et doté de tavernes, de boutiques chics et de quelques hébergements corrects. Les habitants descendent ici pour se baigner.

Astypaléa

À voir

Kastro FORTERESSE

(aube-crépuscule) GRATUIT. Dès le XIIIe siècle, Astypaléa fut gouvernée par la famille vénitienne des Quirini, qui fit construire l'imposante forteresse, l'agrandit et la rénova durant les 300 ans de son règne. Au Moyen Âge, la population vivait à l'intérieur des remparts pour se protéger des pirates qui régnaient alors sur la mer Égée. Par la suite, le village s'est peu à peu étendu au-delà des remparts. Les derniers habitants quittèrent le fort en 1953, fuyant un séisme dévastateur qui détruisit les maisons de pierre. Au-dessus de l'entrée en forme de tunnel se dresse l'**église de Notre-Dame-du-Fort** et, à l'intérieur de l'enceinte, l'**église Agios Georgios**.

Musée archéologique PATRIMOINE

(22430 61206 ; 9h-13h et 1h-20h mar-dim). GRATUIT À Skala, ce petit musée présente les trésors trouvés sur l'île, allant de la période mycénienne au Moyen Âge. Admirez notamment les offrandes funéraires provenant de deux tombes mycéniennes et la petite statue romaine d'Aphrodite en bronze. Le musée se situe au début de la route Skala-Hora.

Où se loger

Les réservations sont indispensables en juillet et août.

Hotel Paradissos HÔTEL $

(22430 61224 ; www.astypalea-paradissos.com ; Skala ; d/tr 55/65 € ;). Tout proche du port, le paisible et imposant Paradissos est propre et élégant. Ses 12 chambres vert menthe, avec vue sur la mer, possèdent sdb, bureau, armoire, TV, réfrigérateur et balcon. Excellent café sur place et agence de voyages attenante.

Avra Studios APPARTEMENTS $

(6972134971, 22430 61363 ; Skala ; d 50 € ;). Établissement installé directement sur la plage. Chambres modernes, très fraîches et spacieuses, avec cuisine, carrelage, décor cosy et balcon privé.

Kaith Rooms PENSION $

(22430 61131 ; Hora ; s/app 50/60 € ;). En retrait de la route conduisant à Hora, le Kaith propose des chambres correctes avec grands lits, TV, réfrigérateur, kitchenette et jolis meubles. Magnifique vue sur le port depuis le balcon commun. L'appartement du bout possède sa propre terrasse.

Studio Kilindra BOUTIQUE-HÔTEL $$$
(22430 61131 ; www.astipalea.com.gr ; Hora ; d/app avec petit-déj 100/120 € ;). Juste sous le *kastro,* cet hôtel magique possède une belle piscine d'où contempler la baie bleue en contrebas. Le hall, orné d'objets anciens et d'un piano à queue, brille par son éclectisme. Confortables, les chambres sur deux niveaux allient styles contemporain et traditionnel, avec lits surélevés, sofas et kitchenettes.

Massages aux pierres, reiki et acuponcture (20 €) sont aussi proposés.

Thalassa Hotel BOUTIQUE-HÔTEL $$$
(22430 59840 ; www.stampalia.gr ; Hora ; ch avec petit-déj 120 € ;). Superbe vue sur le port et la baie depuis les vastes terrasses sur le toit des 12 chambres, dotées de sol en marbre, lits à baldaquin et couvre-lits à fleurs. Toutefois, malgré la navette gratuite pour l'aéroport, les tarifs sont légèrement excessifs.

Où se restaurer

Vous trouverez d'agréables restaurants à Hora et Skala, et d'autres plus chics à Livadi.

Barbarossa TAVERNE $
(Hora ; plats 9 € ;). C'est le meilleur restaurant de l'île. À l'intérieur, les murs de pierres sont couverts de posters de la Grèce antique et une fenêtre à l'arrière offre une vue magnifique. À l'extérieur, se trouve une petite terrasse animée près de l'hôtel de ville. *Saganaki* de moules, crevettes grillées, souvlakis et filets de porc aux champignons raviront vos papilles.

Agonigrmi TAVERNE $
(Hora ; plats 6 € ; 14h-24h). Dans cette pizzeria-kebab, l'intérieur blanchi à la chaux est éclairé par des lumières rouges. Savourez divers plats de pâtes et pizzas dehors, sur la terrasse. Proche des moulins à vent.

Maïstrali TAVERNE $
(22430 61691 ; Skala ; plats 8-12 € ; 10h-tard ;). Dans une rue derrière le port, cet élégant restaurant sert de tout : beignets de courgettes, côtelettes d'agneau, salade d'aubergines, *saganaki* de crevettes grillées et lapin sauce tomate.

Restaurant Aitherio TAVERNE $
(Skala ; plats 9 € ; 13h-tard ;). Ravissante taverne, originale et fraîche, dotée d'une terrasse ombragée donnant sur le port en contrebas (repérez les tables et les chaises bleues). Au menu : crevettes sauce au miel, calamars farcis au fromage, saucisses d'Astypaléa et filet de porc au bleu.

Achats

En haut de la rue, en partant de l'Hotel Paradissos, **Koursaros** (Skala) est une adresse proposant bijoux, chapeaux, icônes, pashminas, sacs et chemisiers tendance. Cherchez l'enseigne avec un pirate.

Renseignements

Pour vous informer sur l'histoire, l'hébergement et les sites, et voir des photos, consultez le site www.astypalaia.com.

Astypalea Tours (22430 61571 ; Skala ; 18h-21h). Billets d'avion.

Commercial Bank (22430 61402 ; Skala). DAB sur le front de mer. Seule banque de l'île.

Office du tourisme municipal (22430 61412 ; Hora ; 10h-12h et 18h-21h). Dans un moulin restauré.

Paradise Travel Agency (22430 59808, 22430 61224 ; paradisostravel@yahoo.gr). Billets de ferry.

Police (22430 61207 ; Skala). Dans un bâtiment de style italien du front de mer.

Police portuaire (22430 61208 ; Skala). Partage les locaux de la police.

Poste (Hora). En haut de la route Skala-Hora.

Comment circuler

Taxi (6976256461, 6975706365). Il y a deux taxis sur l'île.

Livadi Λειβάδι

C'est à la plage de Livadi (à 2 km de Hora) que vous trouverez une série de restaurants et de bars sympathiques. Comparé au reste de l'île, cette localité animée est très glamour. Sur le front de mer, l'**Hotel Manganas** (22430 61468 ; astyroom@otenet.gr ; studios 60 € ;) propose 8 chambres donnant sur la mer, avec cuisines agréables, tables intérieures et extérieures, machines à laver et TV câblée. L'hôtel de charme **Fildisi Hotel** (22430 62060 ; www.fildisi.net ; studios 140-260 € ;) est plus luxueux. Aménagé en terrasses, il s'organise autour d'une piscine à débordement et d'un bar à jus avec superbe vue sur la mer. La salle du petit-déjeuner/détente est chic et les chambres décontractées possèdent balcons, kitchenettes, TV à écran plat et vue sur la mer.

Trapezakia Exo (☎22430 61083 ; plats 5-9 €), à l'extrémité ouest de la plage, sert des sandwichs frais dans son épicerie. Prenez à emporter ou mangez steak, saucisses arméniennes, moules, boulettes de viande et crevettes sur l'élégante terrasse, côté plage. À côté, l'**Astropelos** (☎22430 61473 ; plats 9 € ; ⏰8h-24h ; 📶🍴) possède une terrasse en bois meublée de tables blanches et propose des salades de poulpe, des pinces de crabe panées et du homard. À l'ombre des tamaris, la musique lounge française accompagne la vue sur Hora, au loin.

Ouest de Skala

À l'ouest de Skala s'étend l'arrière-pays d'Astypaléa, parsemé de collines dépouillées et ondulantes, traversées par une route à peine carrossable : on ne peut passer qu'avec un robuste 4x4. La route conduit jusqu'aux ruines du **kastro** et au **Moni Agiou Ioanni**, proches l'un de l'autre en surplomb du littoral. De là, les plus sportifs peuvent s'aventurer à pied jusqu'à la **plage d'Agios Ioannis**. Une route tout aussi cahoteuse mène à la **plage de Panormos**, que vous pourriez bien n'avoir que pour vous.

Sur la côte sud, un sentier accidenté serpente entre des prairies montagneuses, avant de descendre jusqu'à la **plage de Kaminakia**, le meilleur endroit d'Astypaléa pour une séance de bronzage. Encadrée de rochers de granit, cette plage ourle une mer si cristalline qu'on peut voir les galets au fond de l'eau turquoise. La plage compte aussi un bon restaurant, le **Sti Linda** (☎69326 10050 ; plats 4-7 € ; ⏰juil-sept), sert de copieuses soupes de poisson, de la chèvre rôtie et du pain maison. Si vous pouvez encore supporter la route, faites un détour par la jolie **plage d'Agios Konstantinos**, ombragée par des arbres, du côté sud de la baie de Livadi.

Est de Skala

Marmari, 2 km au nord-est de Skala, possède trois baies bordées de plages de sable et de galets et abrite le **Camping Astypaléa** (☎22430 61900 ; empl adulte/tente 8/2 € ; ⏰juin-sept). Ce terrain protégé par des bambous et ombragé par des tamaris se situe juste à côté de la plage (laquelle est malheureusement à côté de la route). Il comporte quelques bons équipements comme de l'eau chaude 24h/24, une cuisine, un café et une supérette. La très belle et peu fréquentée **plage de Steno**, ombragée, bien protégée et suffisamment sûre pour que s'y ébattent les enfants, se niche 2 km plus loin. À cet endroit, L'île ne mesure plus que 2 km de large.

Ancien repaire de pirates maltais, **Maltezana** (également appelée **Analipsi**), à 7 km de là, est un village paisible, aux maisons dispersées. Il occupe une vallée fertile sur l'isthme et arbore une longue plage de sable et de galets. En lisière du village subsistent des vestiges des **thermes romains de Tallaras** avec leurs mosaïques. Au sud-est du bourg, la **plage d'Analipsi** forme une longue étendue de sable et de galets, propre et ombragée, bordée d'eau peu profonde.

En matière d'hébergement à Analipsi, rendez-vous à la **Villa Barbara** (☎22430 61448 ; s/d 45/55 € ; ❄). Particulièrement séduisante avec ses jardins fleuris et ses façades étincelantes, cette adresse loue des chambres fraîches avec kitchenette séparée, sol carrelé, TV et balcon donnant sur la plage, à 100 m de là. L'élégant **Hotel Maltezana Beach** (☎22430 61558 ; www.maltezana beach.gr ; s/d avec petit-déj 100/130 € ; P❄📶🏊), non loin, possède des jardins soignés répartis autour d'une belle piscine et d'un restaurant. Les chambres, fraîches et spacieuses, disposent d'un réfrigérateur et d'un balcon. Sur le front de mer, l'**Analipsi Taverna** sert une cuisine traditionnelle (près de la jetée).

En continuant vers l'est, on rejoint le hameau isolé de **Messa Vathy**, un port de plaisance indolent dans une baie abritée, mais peu propice à la baignade. Toutefois, on peut y pêcher son déjeuner ou dîner dans l'informel **Galini Café** (plats 3-5 € ; ⏰juin-oct), qui propose viande et poisson grillés, ainsi que des spécialités cuites au four.

KALYMNOS ΚΑΛΥΜΝΟΣ

16 580 HABITANTS

Typiquement grecque, cette île escarpée aux falaises verticales (qui attire les grimpeurs du monde entier) et aux baies turquoise est imprégnée par la mer : de la sirène sur son promontoire et de la statue de Poséidon dans son port, à sa riche histoire de pêche aux éponges, Kalymnos est liée aux profondeurs. Nombre d'îliens ont les poumons abîmés, mais ils sont fiers de leur ténacité de robustes plongeurs. Aujourd'hui encore,

Kalymnos

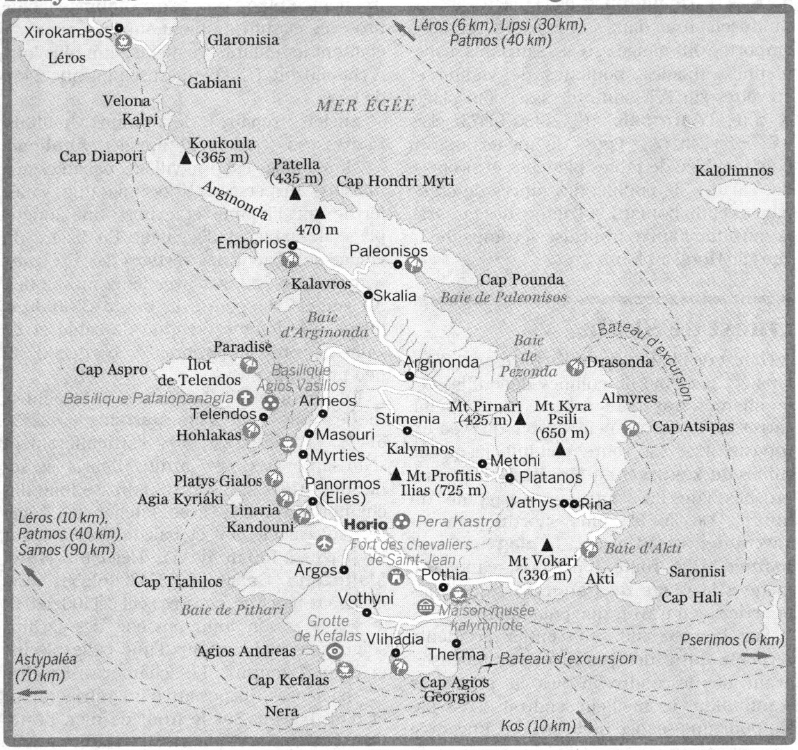

disséminés dans le chef-lieu de Pothia, d'anciens entrepôts d'éponges débordent de ces trésors marins.

Contrairement à certaines de ses voisines, Kalymnos est verdoyante, ses routes sont bordées de lauriers roses qui contrastent avec le bleu de l'eau. Parmi les spécialités figurent le poulpe à l'ouzo et le *spinialo* (raie et oursin à l'eau de mer). Kalymnos est la troisième plus grande île du Dodécanèse – comptez au moins 3 jours pour la parcourir en voiture.

Depuis/vers Kalymnos

AVION

Kalymnos est reliée à Athènes par un vol quotidien d'Olympic Air (90 €, 20 min). Vous pouvez acheter votre billet à Kapellas Travel (p. 477). L'aéroport est à 3,5 km au nord-ouest de Pothia, et la piste pour hydravion à 1,5 km à l'est.

BATEAU

De Kalymnos, des car-ferries, des hydroglisseurs et des catamarans desservent Rhodes, Le Pirée et les îles intermédiaires. Ces liaisons sont assurées par des compagnies locales, les **Blue Star Ferries** (☎22430 26000), **Anek Lines** (☎22430 23700), **Dodecanese Seaways** (☎22430 28777 ; embarcadère de Pothia) et **ANE Kalymnou** (☎22430 29612). Les billets s'achètent auprès de Magos Travel (p. 477). De petits ferries locaux pour passagers et voitures partent 6 fois par jour tous les jours de Pothia vers Mastihari (8 €), sur Kos. Le rapide *Anna Express*, basé à Lipsi, relie Pothia à Léros et à Lipsi 3 fois par semaine. Un bateau quitte Pothia tous les jours pour Psérimos (5 € aller simple) à 9h30 et revient à 17h. Un caïque quotidien part également de Myrties à destination de Xirokambos (10 €). Un autre caïque navigue de Myrties à l'îlot de Télendos (2 €) toute la journée.

Bateaux au départ de Kalymnos

VERS	DURÉE	TARIF (€)	FRÉQUENCE
Astypaléa	3 heures 30	12	3/sem
Kos	50 min	6	3/jour
Kos*	35 min	14	1/jour
Le Pirée	13 heures	48	3/sem
Léros	1 heure 30	9	4/sem
Léros*	50 min	20	1/jour
Lipsi*	1 heure 20	20	1/jour
Patmos	4 heures	12	4/sem
Patmos*	1 heure 40	26	6/sem
Rhodes*	3 heures	38	1/jour
Rhodes	4 heures 30	23	3/sem

*express

Comment circuler

BATEAU

L'été, un bateau d'excursion relie Myrtiès à Emborios (8 € ; tlj, départ à 10h, retour à 14h). Au départ de Pothia et de Myrtiès des excursions quotidiennes ont lieu vers la **grotte de Kefalas** (20 €), impressionnante galerie de 103 m de longueur, remplie de stalactites et de stalagmites. Des bateaux rallient régulièrement Pothia à Psérimos, dotée d'une longue plage de sable et de tavernes. Le grand voilier **Katerina** (☎69383 25612) effectue des croisières régulières autour de Kalymnos.

BUS

Des bus se rendent régulièrement de Pothia à Emporio (2 €) ; premier départ à 9h et dernier retour à 15h30. Pour Vathys (2 €), les bus partent toutes les 2 heures : le premier démarre à 6h30 et le dernier revient à 17h30. Achetez vos billets à la billetterie municipale de Kalymnos, près de l'arrêt de bus de Pothia.

TAXI

Les taxis collectifs coûtent à peine plus cher que les bus et circulent entre la **station de taxis** (☎22430 50300 ; Plateia Kyprou) et Massouri. On peut aussi les héler sur la route. Comptez 9 € pour Myrtiès, 15 € pour Vathys, 10 € pour l'aéroport et 5 € pour le port.

VOITURE ET MOTO

Il existe de nombreux loueurs de véhicules sur l'île et notamment à Pothia, dont **Rent-a-Bike** (☎6937980591 ; scooter/voiture 8/20 €) ou **Automarket Rental** (☎69278 34628, 22430 51780). La location revient à 8-15 €/jour pour un scooter et à 20-40 €/jour pour une voiture.

Pothia Πόθια

10 500 HABITANTS

Tapie au pied de sombres montagnes, Pothia cumule les images grecques : pêcheurs bronzés réparant leurs filets, anciens plongeurs photogéniques buvant leur retsina en regardant la mer avec nostalgie, et jeunes passant le temps dans les *kafeneia* donnant sur le quai. Et si Pothia avec ses allées blanchies à la chaux ressemble aux autres villes, c'est surtout son passé de capitale grecque de la pêche aux éponges qui la rend si particulière ; imaginez le courage dont il fallait faire preuve, au fond de la mer, pour nourrir sa famille.

À voir

Musée archéologique MUSÉE

(☎22430 23113 ; tarif plein/réduit 5/3 € ; ⏲10h-13h lun, mer et ven). Le Musée archéologique présente une multitude d'objets datant, pour les plus anciens, de 2 500 av. J.-C., dont certains n'ont été découverts qu'en 2001. Remarquez l'étonnante statue en bronze de femme au chiton (tunique), du IIe siècle av. J.-C. Extrêmement détaillée, elle fut retrouvée au large de Kalymnos. Derrière le bâtiment principal s'élève la **demeure de Nicolas Vouvalis** (XIXe siècle), un riche marchand d'éponges qui fut le bienfaiteur de l'île. Les pièces à l'intérieur ont gardé le style qu'elles avaient lorsqu'il y vivait.

Musée nautique et des arts populaires MUSÉE

(☎22430 51361 ; 3 € ; ⏲10h-13h lun, mer et ven, mai-sept). Au centre du front de mer, ce musée présente des costumes traditionnels régionaux et l'histoire de la pêche aux éponges. Pour un autre aperçu sur le commerce des éponges, visitez l'**usine d'exportation** de NS Papachatzis, remplie d'éponges de toutes tailles et formes imaginables.

Activités

Escalade

Ces dernières années, Kalymnos est devenue le haut lieu de l'escalade en Grèce, avec 50 sites d'escalade différents et plus de 2 000 voies tracées. Tous les ans, en octobre, le **North Face Kalymnos Climbing Festival** (www.kalymnosclimbing-festival.com) attire plus de 300 grimpeurs, originaires de 20 pays. Récemment agrandi, le **Kalymnos Adventure Centre & Climber's Nest** (☎22480 48160, 6984933327 ;

www.climbkalymnos.com ; Masouri ; cours d'escalade débutant 40 € la demi-journée) à Masouri, propose équipement, cartes, guides papiers et guides expérimentés.

Le bureau officiel d'information sur l'escalade est installé dans l'office du tourisme municipal, à l'entrée du port. Consultez également le www.climbkalymnos.com pour plus d'informations.

Plongée

Chaque été, le **festival de plongée Skandalopetra de Kalymnos** comporte des compétitions de tir à la cible sous-marin, de saut de falaise, de plongée sous-marine sur épave et même de chasse au trésor. Pour plus de détails, consultez le site de la municipalité (www.kalymnos-isl.gr). Le **club de plongée de Kalymnos** (6974646413, 22430 47253 ; www.kalymnosdiving.com ; plongée d'une journée 50 €, open water PADI 3 jours 350 €) propose des plongées d'une journée pour découvrir épaves, volcans sous-marins, récifs et grottes. Le propriétaire, Dimitris, organise des excursions en bateau d'une journée, consacrées à l'histoire de la pêche aux éponges, et peut se livrer à une démonstration de l'art ancien de la *skandalopetra* (plongée en apnée avec corde et pierre).

Randonnée

Il existe 10 itinéraires balisés répartis sur l'île et détaillés sur l'excellente carte de randonnée de Kalymnos, *Kalymnos Hiking Map*, au 1/25 000, éditée par **Anavasi** (www.mountains.gr ; Stoa Arsakiou 6a, Athènes). Randonnée très appréciée, la "route italienne" Vathys-Pothia B1 (4,25 km) est un chemin de pierre qui a été tracé par les Italiens au début du XXe siècle.

Récemment rénové, le Kalymnos Adventure Centre (p. 475), à Masouri, propose aussi des treks organisés.

Où se loger

Villa Melina — BOUTIQUE-HÔTEL $
(22430 22682 ; antoniosantonoglu@yahoo.de ; ch avec petit-déj 55-65 € ;). Cette villa italienne des années 1930 vous transporte dans le passé. Les chats se baladent dans les couloirs lambrissés, ornés de marines au cadre doré et de tapis persans. Les jolies chambres sont décorées de mobilier ancien, de plafonds en stuc, de murs lilas, d'armoires en acajou et d'immenses lits. Sans oublier la piscine miroitante, le jardin fleuri et Antonios, le fabuleux propriétaire.

Greek House — PENSION $
(6972747494, 22430 23752 ; s/d/app 20/30/40 €). Cachée dans une ruelle partant du côté gauche du port, cette excellente option bon marché propose 4 chambres lambrissées sur deux niveaux, avec une cuisine et de nombreux lits (8 dans certaines !). Le balcon est commun. Suivez les panneaux du Panorama Hotel et vous la trouverez en chemin.

Arhodeko Hotel — PENSION $
(22430 24051 ; s/d 30/35 € ; tte l'année ;). Situé sur le port, ce bijou néoclassique loue des chambres agréables donnant sur le port, avec carrelage, tapis persans, TV, réfrigérateurs et balcons. L'établissement déborde d'un charme perceptible dès que l'on franchit le porche voûté en pierre et l'élégante façade. Excellent rapport qualité/prix.

Hotel Panorama — HÔTEL $
(22430 23138 ; www.panorama-kalymnos.gr ; s/d avec petit-déj 30/40 € ; tte l'année ;). Le Panorama tient son nom de l'éblouissante vue sur les toits qu'offre sa situation sur une colline. Les 13 chambres sont fraîches et possèdent TV, balcons privatifs et meubles contemporains. Solarium commun. Réservez à l'avance et demandez que l'on vienne vous chercher gratuitement au ferry.

Evanik Hotel — HÔTEL $
(22430 22037, 22430 23125 ; s/d/tr avec petit-déj 35/50/65 € ;). Hôtel imposant mais intime, à quelques rues du port. Chambres chics de tailles variées, avec carrelage, mobilier simple et fonctionnel, lampes de chevet, réfrigérateur, TV et sdb impeccable. Agréable espace pour le petit-déjeuner en bas. Demandez une chambre plus calme à l'arrière.

Olympic Hotel — HÔTEL $
(22430 51710 ; Martiou, Pothia ; s/d/tr 35/45/55 € ;). Sur le port, établissement doté d'un hall élégant, mais les 42 chambres sont banales, avec bureau, balcon privatif, sdb, TV et réfrigérateur.

Où se restaurer

Rebetiko Taverna — GREC $
(plats 7 € ; 10h-24h ;). Taverne plaisante aux tables et chaises couleur crème. Installez-vous à l'intérieur ou sur la terrasse en plein air, proche du port (plus romantique). Menu riche en carbonara, bolognaise, espadon, crevettes et souvlakis.

Barba Yiannis GREC $
(port, Pothia ; plats 8 € ; 9h-24h). Élégant restaurant caressé par la brise, avec belle terrasse en bois et jolie vue sur le port. C'est un excellent endroit pour savourer des plats traditionnels grecs : *stifado,* homard, poisson frais et souvlakis.

Mania's POISSON $
(plats 9 € ; 8h-24h ;). Cette taverne qui domine le port appartient au petit-fils d'un célèbre plongeur en apnée. Au menu : crevettes, poulpe, cabillaud, petite friture, salade d'oursins et calamars. La majorité des produits de la mer est rapportée par leur bateau. Certains soirs, on y joue des instruments traditionnels.

Pandelis Restaurant GREC $
(22430 51508 ; plats 9 € ; 9h-24h ;). Chèvre au vin rouge et *dolmades* maison sont les spécialités de ce confortable restaurant. Les pâtes aux crevettes et les viandes grillées sont excellentes également. Bonne sélection de vin.

Pour faire vos courses, direction le **Vidhalis Market**, un supermarché bien fourni (bons fruits frais) sur le front de mer, ou la **boulangerie Anash's**, à l'arrière de la ville, qui vend du pain aux olives, des biscuits, des tartes, des croissants et des génoises.

Où prendre un verre et faire la fête

Sirroco Bar BAR
(port, à côté d'Automarket ; 19h-1h30). Ce bar nautique traditionnel vous fait voyager dans le passé avec ses vieilles horloges en cuivre, ses hublots et ses barres de navire accrochées au mur. Clientèle de marins et ambiance maritime. Repérez le bateau à l'extérieur.

Renseignements

Le quai de Pothia se situe dans la partie sud de la baie. L'activité se concentre toutefois sur la place principale du front de mer, Plateia Eleftherias. Le centre commerçant occupe Venizelou. Restez vigilant en déambulant dans Pothia ; la circulation est incessante dans ses rues étroites, dépourvues de trottoirs et de passages piétonniers.

La Banque commerciale, la Banque nationale et la Banque ionienne, implantées près du front de mer, disposent d'un DAB.

Alter Holidays (6946596030, 22430 47398 ; www.alterholiday.gr). Séjours personnalisés, consacrés à la plongée, à la randonnée et à l'escalade, Alter s'occupe aussi de l'hébergement, en se concentrant sur des destinations alternatives et authentiques. Le pass d'un mois offre d'importantes réductions sur la plongée, les hôtels et les circuits. Suivez leurs prestations, qui couvriront bientôt les meilleurs endroits du Dodécanèse.

Kapellas Travel (22430 29265 ; kapellas travel@gallileo.gr ; Patriarhou Maximou 12). Billets d'avion.

Magos Travel (22430 28777 ; www.magos.tours.gr). Billets pour les hydroglisseurs et les catamarans, y compris des excursions à la journée pour Bodrum (25 €), ainsi que des vols et d'autres trajets en bus. L'automate, à l'extérieur, fonctionne 24h/24.

Office du tourisme municipal (22430 29299 ; george@kalymnos.gr ; 25 Martiou ; 7h30-15h lun-ven). À la limite du port, ce bureau bien organisé, tenu par Yorgos, est une excellente source de renseignements sur les bus, l'escalade, la plongée et les ferries.

Poste principale À 10 minutes à pied au nord-ouest de la Plateia Eleftherias. Une agence plus pratique est ouverte au sud de la Plateia Ethinikis Andistasis.

Neon Internet C@fe (22430 483183 ; 3 €/h ; 9h30-24h). Un grand lieu de rendez-vous des jeunes avec Internet, Wi-Fi gratuit, jeux et bowling !

Police (22430 22100 ; Venizelou).

Police portuaire (22430 24444 ; 25 Martiou).

Renseignements touristiques (22430 59056 ; 25 Martiou).

www.kalymnos-isl.gr Site de la municipalité de Kalymnos.

Environs de Pothia

Au sud de Pothia, la route menant au Moni Agiou Savra passe devant la **maison-musée kalymniote** (3 € ; 9h-14h et 16h-20h mai-sept), une petite maison traditionnelle où l'on découvre des coutumes locales à travers une visite guidée. Une vallée dans laquelle se succèdent des villages animés s'étend vers le nord depuis le port. À gauche de la route Pothia-Horio se dressent les ruines du **fort des Chevaliers de Saint-Jean** (Kastro Hrysoherias). Les remparts abritent aussi une petite **église**.

Sur le flanc est de la vallée, le village de **Pera Kastro** fut construit pour résister aux pirates et resta habité jusqu'au XVIIIe siècle. Derrière les remparts effondrés, vous découvrirez les vestiges de maisons en pierre et 6 minuscules églises du XVe siècle.

Remarquez les quelques fresques qui subsistent dans l'église de la Transfiguration. Un escalier part du bout de la rue principale de **Horio** pour monter jusqu'à Pera Kastro ; une vue splendide récompense ceux qui font cette rude ascension sous le soleil.

Une route bordée d'arbres conduit de Horio à **Panormos**, un charmant village à 5 km de Pothia. Accessibles à pied depuis Panormos, les plages de **Kandouni** et de **Linaria** sont très proches l'une de l'autre. La plus jolie, Kandouni, est une charmante crique entourée de montagnes, avec une petite plage de sable et des cafés, bars et hôtels avec vue sur la mer. On peut aussi y faire de l'escalade, et un concours de saut de falaise y est organisé chaque année.

Pour dîner et dormir, Linaria se révèle un peu plus calme. Le **Georgio's Family Restaurant** (plats 6-12 €), à l'extrémité nord de la plage de Linaria, sert des salades originales, du poisson frais et des fruits de mer. Essayez la feta au piment ou les crevettes *saganaki*. Non loin, le **Kafes Alati** (plats 8-15 € ; 12h-24h ;), avec terrasse et intérieur crème, offre une belle vue sur la mer et de délicieux arômes émanent des fourneaux. Le **Sevasti Studio** (22430 48779 ; d/app 40/50 € ;) possède des appartements gais et une terrasse avec vue magnifique sur la mer.

Un peu plus loin sur la route, **Platys Gialos** suppose une longue marche à pied depuis Panormos. C'est une plage de galets moins aménagée.

Myrtiès, Massouri et Armeos

Μυρτιές, Μασούρι et Αρμεός

De Panormos, la route continue vers la côte ouest en offrant des vues grandioses sur l'îlot de Télendos. Les stations balnéaires tranquilles de **Myrtiès**, de **Massouri** et d'**Armeos** se succèdent sur une longue rue bordée de restaurants, bars, boutiques de souvenirs et supérettes. Mais des 3 localités, Massouri est la plus vivante, grâce à l'excellent Kalymnos Adventure Centre & Climber's Nest (p. 475), qui attire les aventuriers et organise toutes sortes d'activités palpitantes : escalade, spéléologie, randonnée, VTT, équitation et via ferrata.

La plage est divisée en deux par un culot volcanique, avec d'un côté la plage de Myrtiès et le port de Melitsahas et de l'autre, côté nord, les plages un peu plus agréables de Massouri et d'Armeos.

Ces 3 centres comptent des bureaux de change, un DAB Dodecanet et des loueurs de voitures et de motos, tel **Avis Rental** (22430 47145 ; Myrtiès), une agence sérieuse. Vous pourrez vous connecter sur Internet au **Babis Bar** (Myrtiès ; 2 €/h).

Des 3 bourgs, Myrtiès est le plus calme. Le luxuriant **Acroyali** (22430 47521 ; www.acroyali-Kalymnos.gr ; Myrtiès ; d/tr 50/60 € ;) n'est qu'à quelques mètres de la mer. Les studios de style villageois, agrémentés de touches de couleur, possèdent des balcons privés. L'**Hotel Atlantis** (22430 47497 ; AtlantisStudios@hotmail.com ; d 35-40 € ;), surplombant la mer, tire parti d'une belle vue et d'un vestibule rehaussé de bas-reliefs mythologiques. Les chambres, impeccables, disposent de grands balcons et de jolis meubles.

Tournez dans la première rue à gauche pour trouver le **Smuggler's Restaurant** (Myrtiès ; plats 8 € ; 8h-tard ;), sur le front de mer. Cette jolie taverne proche de la jetée évoque l'intérieur d'un bateau. Parfait pour un repas marin composé d'espadon, de moules, de crevettes et de calamars.

Depuis Myrtiès, de petits bateaux réguliers rejoignent l'îlot de Télendos (2 €).

Îlot de Télendos

Νήσος Τέλενδος

À 10 minutes en caïque du quai de Myrtiès, l'îlot de Télendos, dominé par une montagne rocheuse, et dont les routes sont épargnées par la circulation, paraît loin de tout et touché par la magie égéenne. La plus grande partie de son activité se concentre autour de son joli port, où sont installées tavernes et pensions chaulées. Avant le séisme de 554, Télendos était relié à Kalymnos, dont il était la capitale.

En débarquant, tournez à droite pour découvrir les ruines de la **basilique Agios Vassilios**, paléochrétienne. De là, un sentier mène à la **basilique Palaiopanagia**. Plus loin sur la côte s'étendent plusieurs petites plages de sable et de galets, dont **Paradise** (parfois très fréquentée par les nudistes). En prenant à gauche depuis le débarcadère, puis à droite juste avant le Zorba's, on rejoint la plus grande plage de **Hohlakas**, tapissée de petits galets et balayée par le vent.

Télendos est très fréquentée par les amateurs d'escalade ; vous trouverez de nombreuses informations au Cafe Naftikos. Le petit **Katerina** (☎69449 19073) fait le taxi pour amener les grimpeurs de Myrtiès aux sites d'escalade sur Télendos (30 €/bateau embarquant jusqu'à 5 pers), en partant à 7h et en revenant à 14h.

Les hôtels, chambres et restaurants sont répartis le long du quai ou du côté est de l'île. Depuis le quai, tournez à droite pour rejoindre l'**On the Rocks Rooms** (☎6932978142, 22430 48260 ; www.otr.telendos.com ; s/d/tr 40/50/60 € ; ❄@📶). Il abrite un beau bar ouvert et une terrasse ornée d'objets nautiques. Ses vastes studios avec kitchenettes, balcons privatifs, appareils de massage de pieds, machines à laver, TV et lecteurs CD attirent les grimpeurs. Transferts depuis/vers l'aéroport proposés.

Un peu plus loin, l'**Hotel Porto Potha** (☎22430 47321 ; portopotha@klm.forthnet.gr ; d avec petit-déj 52 € ; ❄📶🏊), au propriétaire très sympathique, est installé en hauteur et dispose de chambres confortables, d'une belle vue et d'une piscine.

À gauche de la jetée, le **Zorba's** (☎22430 48660 ; plats 3-8 € ; d 30 € ; ❄📶) sert des plats traditionnels et jouit d'une vue splendide. Le propriétaire pêche lui-même les poissons qui figurent au menu : calamar, poulpe, thon ou espadon (si vous êtes client, vous pouvez l'accompagner). Il loue aussi des chambres roses, petites mais agréables, aux meubles en pin.

À l'ombre des tamaris, le **Cafe Naytikos** (⏲tte l'année) voit affluer des alpinistes, très tôt le matin, le temps d'un petit-déjeuner ou d'un en-cas. Le propriétaire, Sevasti, est lui-même alpiniste et dispense des informations précieuses. Son panneau très pratique, installé au bout de la jetée, donne une idée des distances et de la direction des ascensions les plus pratiquées. À côté, le **Cafe Rita** (plats 8 €), paré de chaises bleues et de tables aux nappes à carreaux, sert omelettes, petits-déjeuners, salades, sandwichs, baklavas et nombreux fruits de mer.

Vous trouverez aussi une boutique d'artisanat local et une autre de livres d'occasion.

Des caïques pour Télendos partent régulièrement de Myrtiès entre 8h et 1h (aller 2 €).

Emborios Εμπορειός

De Massouri, la pittoresque route côtière occidentale, bordée de lauriers-roses, se prolonge sur 11,5 km jusqu'à la somnolente Emborios, parsemée de maisons blanches construites autour d'une petite plage de galets aux eaux cristallines. Face à la plage, l'**Artistico Cafe** (☎22430 40115 ; plats 7 € ; ⏲9h-tard), décontracté, est installé à l'ombre des tamaris. Certains soirs, des bœufs s'improvisent. La carte savoureuse comprend petit-déjeuner, *stifado,* ragoût d'agneau, calamars, souvlakis et steaks. Goûtez le *saganaki* de crevettes géantes.

Parmi les adresses prisées de l'île, le **Harry's Paradise** (☎22430 40062 ; www.harrys-paradise.gr ; Emborios ; app standard/fam 48/90 € ; ❄@) occupe un magnifique jardin orné de jasmin, roses, plantes aromatiques et hibiscus. La cuisine divine, composée de produits locaux, y est typique de Kalymnos, agrémentée d'une touche moderne, avec, par exemple, des rouleaux de pâte filo aux crevettes, fromage et persil, ou du lapin grillé aux pommes de terre au vin et à l'ail. Les appartements, tout aussi soignés, disposent d'éléments rétro chic, rocking-chairs, kitchenettes et grands balcons avec vue sur la mer.

Vathys et Rina Βαθύς et Ρίνα

Vathys se situe dans une vallée fertile sur la côte est de Kalymnos et peut se targuer d'être l'un des plus beaux endroits de l'île. Des routes étroites se faufilent entre les vergers d'agrumes, qui bordent de hauts murs de pierre appelés *koumoula*.

Le petit port de Vathys, Rina, donne l'impression d'occuper le pendant méditerranéen d'un fjord. Mis à part les exclamations des joueurs de backgammon, vous n'entendrez pas un son. Des **bateaux-taxis** (☎22430 31316, 69470 82912) conduisent les touristes dans des baies tranquilles, comme celles, proches, d'**Almyrès** et de **Drassonda**. Depuis Rina, des balades à pied mènent à un certain nombre d'églises, dont **Hosti**, sur le versant ouest du port, où vous verrez des fresques du XIe siècle. Une **compétition annuelle de plongeon** depuis la falaise se déroule à Vathys dans le cadre du Festival de plongée.

Le port, haut en couleur, est bordé de restaurants. Pour déjeuner, la **Galini Taverna** (plats 9 € ; ⏲9h-tard ; P❄📶), avec ses nappes à carreaux, ses bougainvillées, sa jolie vue sur le port et son accueillant gérant est une adresse paisible, idéale pour une salade, des *dolmades* savoureuses, du poisson, des fruits de mer ou de la viande grillée.

Vathys est à 13 km au nord-est de Pothia. De là, une nouvelle route serpente à travers les montagnes pour rejoindre celle d'Emborios, ce qui constitue un moyen plus facile de gagner le nord de l'île que par la côte ouest.

LÉROS ΛΕΡΟΣ

8 210 HABITANTS

On raconte qu'Artémis aurait vécu ici et, tout comme la déesse de la Chasse, Léros a une beauté sauvage, avec ses jolies églises orthodoxes, ses éblouissantes criques bleues et ses villages blanchis à la chaux. Chef-lieu surplombé d'une étonnante forteresse et de moulins à vent, Platanos est divinement belle. En contrebas, le pittoresque port d'Agia Marina – cœur de l'île – vit au rythme des boulangeries de style italien, des cafés et des bars au thème nautique. Plus que des activités, à Léros, les visiteurs viennent adorer Hélios, dénicher leur plage préférée et laisser opérer la relaxante magie des lieux.

Depuis/vers Léros

AVION

Il existe des vols quotidiens vers Athènes (76 €) et 3 par semaine vers Rhodes (70 €), Kos (61 €) et Astypaléa (61 €). **Olympic Air** (☎22470 22777), à l'aéroport, vend des billets.

BATEAU

Léros se trouve sur le principal itinéraire nord-sud des ferries qui circulent entre Rhodes et Le Pirée. Les bateaux partent tous les jours de Lakki. Achetez vos billets à **Blue Star Ferries** (☎22470 26000 ; Lakki), à Lakki. L'été, hydroglisseurs et catamarans partent tous les jours de Lakki et font escale à Agia Marina sur leur route vers d'autres îles du Dodécanèse ; les billets s'achètent sur le quai. Si le temps est mauvais, les catamarans partent du port d'Agia Marina. Le confortable **Anna Express** (☎22479 41215) part d'Agia Marina et relie Léros à Kalymnos (17 €), Lipsi (10 €) et Arki (10 €) 3 fois/semaine, à l'instar d'Agathonisi (12 €), 4 fois/semaine. Le caïque *Katerina* quitte Xirokambos chaque matin pour Myrtiès, sur Kalymnos (10 €). Les bateaux d'excursion d'une journée à Bodrum (65 €), via Kos, partent de Lakki le jeudi à 5h, pour revenir à 22h30.

Comment circuler

L'**aéroport** (☎22470 22777) se situe près de Partheni, dans le nord. Il n'est desservi par aucune navette. Un taxi de l'aéroport à Alinda coûte 10 €.

Platanos est la plaque tournante des bus de Léros. Chaque jour 3 bus desservent Partheni via Alinda, et 4 bus se rendent à Xirokambos via Lakki (prix fixe 4 €). Ils sont rayés de vert et de beige et ils marquent habituellement l'arrêt lorsqu'on les hèle.

Les loueurs de voitures, de motos et de vélos se concentrent dans la grand-rue touristique d'Alinda. **Motoland** (☎22470 24584 ; scooter 10 €/jour) loue vélos et scooters. Appelez pour un **taxi** : (☎22470 22550/23070/23340).

Platanos et Agia Marina
Πλάτανος et Αγια Μαρίνα

3 500 HABITANTS

Platanos est une bourgade paisible, avec ses maisons blanchies à la chaux et quelques bars et restaurants corrects. Au sommet de sa colline trône l'imposant *kastro*. Au nord, l'agglomération descend jusqu'au port d'Agia Marina, aussi beau qu'animé. Avec ses boulangeries, ses élégants cafés du front de mer, ses boutiques de bijoux et ses jolis bâtiments ocre et rouge profond, Platanos est agréable l'espace de quelques heures. Les hébergements les plus proches se trouvent à Pandeli, à Krithoni et à Alinda. Si vous arrivez en ferry, c'est probablement le premier aperçu que vous aurez de l'île.

À voir

Perché sur la colline et surplombant le port, le **château Pandéli** (☎22470 23211 ; château 2 €, château et musée 3 € ; 8h-12h30 et 16h-20h) mérite la visite pour son époustouflante vue à 360° depuis les remparts. Au sud du château se dressent une série de **moulins** rénovés. Depuis Platanos, on peut rejoindre la forteresse en voiture ou y monter à pied depuis la place principale, en suivant les flèches vers l'est jusqu'à l'escalier.

Le **musée archéologique** (8h-14h30 mar-dim mai-sept) GRATUIT, aménagé dans un bâtiment du XIXe siècle restauré, présente des objets retrouvés à Léros ou aux alentours. On passe devant à la sortie d'Agia Marina quand on monte vers Platanos.

Où se restaurer

Maquereau fumé et miel de thym sont les spécialités de Léros.

Taverna Mylos POISSON $

(Agia Marina ; plats 9 € ; tte l'année ;). Ce restaurant léché par les vagues, situé derrière un vieux moulin à vent au bout d'une plage de galets, offre une vue et une

Léros

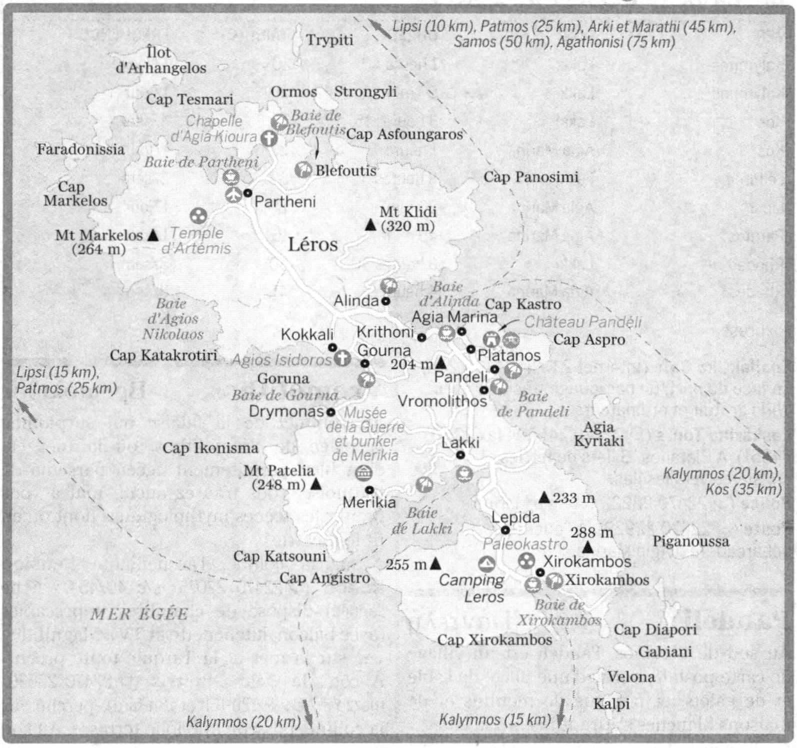

cuisine romantiques. Les spécialités de fruits de mer sont agrémentées d'une touche moderne – carpaccio de poulpe ou spaghettis aux crevettes dans une sauce blanche. Idéal pour un dîner au coucher du soleil sur l'élégante terrasse.

To Paradosiakon BOULANGERIE $
(Agia Marina ; plats 2 € ; 7h-23h30 ;). Installée dans un bel édifice de style italien, cette divine boulangerie regorge de baklavas, de cheesecakes, de tartes aux fraises, de croissants, de tartes aux épinards et de glaces maison.

Où prendre un verre et faire la fête

L'Enallaktiko Cafe (p. 482) est un endroit branché, où vous pourrez boire un verre ou jouer au billard. Le **Meltemi Bar** (Agios Marina ; 18h-tard) – décoré de cordages, de lampes tempête et d'urnes ramassées au fond de l'eau – accueille depuis toujours les amoureux de la mer. Au **Faros Bar** (22h30-tard ;), un lieu de rendez-vous plutôt délabré en contrebas du phare sur le promontoire, on se croirait un peu dans une épave de bateau. Accordéons au mur, ambiance tamisée et concerts le week-end.

Renseignements

L'animation de Platanos se concentré sur sa place centrale, Plateia N Roussou. De là, Harami conduit à Agia Marina. La gare routière et la station de taxis de Platanos se trouvent à 50 m dans la direction opposée, sur la route Lakki-Platanos. À Agia Marina, les taxis attendent sur le quai.

La Banque nationale de Grèce est située sur la place centrale de Platanos. Il y a deux DAB à Agia Marina, dont un sur le port.

Ceux qui lisent l'anglais trouveront des renseignements sur l'histoire locale et l'hébergement sur le site www.leros.org.uk.

BATEAUX AU DEPART DE LÉROS

VERS	PORT	DURÉE	TARIF (€)	FRÉQUENCE
Kalymnos	Lakki	1 heure 40	10	1/sem
Kalymnos*	Lakki	50 min	20	1/jour
Kos	Lakki	3 heures 15	14	4/sem
Kos*	Agia Marina	1 heure	22	1/jour
Le Pirée	Lakki	8 heures	39	3/sem
Lipsi*	Agia Marina	20 min	14	1/jour
Patmos*	Agia Marina	45 min	16	1/jour
Rhodes	Lakki	3 heures 30	30	3/sem
Rhodes*	Agia Marina	4 heures	41	3/sem

*express

Enallaktiko Cafe (Internet 2 €/h ; 10h-24h). En face du port, un bar lounge très chic avec Wi-Fi gratuit et ordinateurs.

Laskarina Tours (22470 24550 ; fax 22470 24551). À Platanos. Billets de ferries et croisières vers les îles.

Police (22470 22222). À Agia Marina.

Poste (22470 22929). À l'ouest du débarcadère d'Agia Marina.

Pandéli Παντελή

Au sud de Platanos, Pandéli est un village de carte postale, bordé d'une plage de sable et de galets, et ponctué de moulins et de maisons blanches s'étirant jusqu'à la baie.

Du côté est de la baie, **Rooms to Rent Kavos** (22470 23247, 22470 25020 ; d 50 € ;) est un hébergement frais et proche de l'eau. Les chambres, confortables, possèdent balcon, sol en pierre, réfrigérateur, bureau et kitchenette. Plus chic, le **Panteli Beach Hotel** (22470 26400 ; www.panteli-beach.gr ; Pandéli ; studio/app 100/140 €) propose de jolis studios dotés de murs blancs, jolies couettes, kitchenette impeccable, TV à écran plat, Wi-Fi et il possède un café-bar.

La **Pension Happiness** (22470 23498 ; www.studios-happiness-leros.com ; d/studio/app 45/55/70 € ;) offre une superbe vue sur la mer depuis ses beaux studios bleu et blanc, avec kitchenette, lits jumeaux et balcon privatif. Les chambres, de taille variable, sont impeccables. Au déjeuner, rendez-vous à la **Taverna Psaropoula** (22470 25200 ; plats 9 € ; déj et dîner). Installée directement sur la plage, cette taverne bleue propose viandes grillées, salades, agneau braisé, ragoût de lapin, calamars, poulpe et mezze. Goûtez les souvlakis de crevettes.

Vromolithos Βρωμόλιθος

Au sommet de la falaise qui surplombe la plage de Vromolithos, où la mer est d'un bleu parfaitement égéen parsemé de turquoise, vous n'aurez aucun mal à vous figurer les scènes mythologiques dont on en fit le théâtre.

Sur la colline, l'accueillante **Pension Rodon** (22470 22075 ; s/d 40/45 € ; tte l'année) dispose de chambres impeccables (avec balcon, kitchenette et TV). Magnifique vue sur la mer et la Turquie toute proche. À côté, le **Bald Dimitris** (22470 25626 ; mezze 3-7 € ; 12h-16h et 18h-tard), perché sur la colline, possède une jolie terrasse. Au son du bouzouki, savourez un excellent menu composé de salade d'oursins, petite friture, boulettes de viande, carpaccio de poulpe, moules à la vapeur et copieuses portions de calamars. Recommandé.

Sur la colline, le **Cafe Del Mar** (22470 24766 ; www.leroscafedelmar.com ; en-cas 3-8 € ; 9h-tard) sert des sandwichs, des salades et des pâtes. C'est l'endroit parfait pour un mojito au coucher du soleil, devant un panorama magique sur la baie à travers les arbres. On y passe de la bonne musique (des DJ sont régulièrement invités), les chaises sont confortables et les patios ombragés, reposants.

Lakki Λακκί

2 370 HABITANTS

De 1912 à 1948, Lakki fut une importante base navale pour les Italiens, qui ont laissé leur empreinte dans les immeubles Art déco le long du quai. Aujourd'hui, la localité est presque totalement assoupie. Quelques cafés bordent le front de mer et attirent les plaisanciers débarqués des bateaux qui mouillent dans la marina voisine.

Une rue derrière le Diva Club, l'**Hotel Miramare** (☎22470 22469 ; georvirv@otenet.gr ; d 30 € ; P ❄ ᯤ) est un établissement désuet, qui propose des chambres confortables avec d'épaisses couvertures, TV, réfrigérateur et vieille radio. Le restaurant populaire **Petrino** (plats 10 € ; ⌚7h-23h), doté d'une terrasse ombragée, est l'adresse favorite des carnivores de l'île. Outre les délicieux steaks, il propose des salades de poulpe, du ragoût de lapin et du bœuf sauce citron.

Sur le port, le **Diva Club** (☎22470 2259 ; 3 €/h ; plats 7 €), avec accès Internet et Wi-Fi, propose du café, des petits-déjeuners, des salades, des glaces et des jus de fruits corrects. Il existe plusieurs DAB dans la ville, et la plus grande épicerie donne sur la route de Platanos.

Ne manquez pas le **musée de la Guerre** (☎22470 25520 ; 3 € ; ⌚9h30-13h30), pas très loin en voiture vers l'ouest en direction de Merikia, site d'une bataille décisive de la Seconde Guerre mondiale. Lorsqu'en 1943, les Allemands prirent Léros aux Italiens et aux Britanniques, les habitants se cachèrent dans ces bunkers, où sont exposés d'innombrables objets datant de la guerre.

Xirokambos Ξηρόκαμπος

La baie de Xirokambos, au sud de l'île, respire la tranquillité. Il n'y a qu'une poignée d'hôtels et de restaurants et de rares maisons de village. Depuis la plage de galets et de sable, on peut gagner de bons sites de snorkeling. Avant d'arriver à Xirokambos, un sentier balisé grimpe au **Paléokastro**, une forteresse en ruine offrant une belle vue.

Le **Camping Leros** (☎22470 23372, 944238490 ; empl adulte/tente 6,50/4 € ; ⌚juin-sept) est installé dans une oliveraie vieille de 400 ans. Il abrite un accueillant café et fait des barbecues le soir. Le camping est à 500 m de la plage et à 3 km de Lakki.

À 10 minutes à pied de la plage, la **Villa Alexandros** (☎6972914552, 22470 22202 ; d 50 € ; ❄ ᯤ) propose des appartements spacieux, dotés de boiseries, de carrelage et d'une grande cuisine. Ceux du haut possèdent un balcon donnant sur un jardin fleuri. Sur la plage même, la taverne **To Aloni** (☎22470 26048 ; plats 9 €), entourée de tamaris, produit ses légumes et son huile d'olive. Goûtez les savoureux *bourekia* (feuilletés de fromage et de bacon), boulettes de courgette, poulpe, homard ou espadon.

Krithoni et Alinda
Κριθώνι et Αλιντα

Krithoni et Alinda se côtoient dans la baie d'Alinda, parallèlement à la plage et bordées par quelques *kafeneia* et restaurants.

Alinda possède la plage la plus longue de Léros : bien qu'étroite, elle est sablonneuse, ombragée et baignée par des eaux limpides et peu profondes. **Alinta Seasport** (☎22470 24584) loue des canots à rames, des canoës et des bateaux à moteur. Dans la baie, le **musée d'Histoire et des Arts populaires** (3 € ; ⌚9h-12h30 et 18h30-21h mar-dim) occupe une ancienne demeure majestueuse et expose des découvertes archéologiques du néolithique et de l'âge de bronze, ainsi que des pièces relatives à la Seconde Guerre mondiale.

Sur le front de mer de Krithoni, on peut voir un émouvant **cimetière militaire**. Après la reddition des Italiens lors de la Seconde Guerre mondiale, des combats opposèrent les Allemands aux Britanniques à Léros.

Le meilleur endroit pour prendre le soleil est la **plage Dio Liskaria** (à quelques minutes en scooter), adossée à une taverne, entourée de rochers et léchée par une eau turquoise.

Où se loger

Hotel Alinda HÔTEL $
(☎22470 23266 ; Alinda ; s/d 35/50 € ; ❄ ᯤ). Chambres adorables, avec balcons privatifs donnant sur le jardin arboré et la baie. Chambres de dimensions variables, mais impeccables, avec lits confortables, armoire, TV et bureau. Sur place également, un excellent restaurant grec. Propriétaire charmant.

♥ **To Archontiko Angelou** HÔTEL $$
(☎22470 22749 ; www.hotel-angelou-leros.com ; Alinda ; ch avec petit-déj 60-160 € ; P ❄ ᯤ). Parmi les plus beaux hôtels du Dodécanèse, cette romantique villa rouge du XIXe siècle, ornée de lauriers roses et de jacarandas, évoque un vieux film italien : parquet, fresques, lits anciens et chambres au style suranné. Le petit-déjeuner sur la terrasse ensoleillée est fort agréable grâce aux appétissants pains et confitures que prépare la propriétaire en cuisine.

Nefeli Hotel APPARTEMENTS $$
(☎22470 24611 ; www.nefelihotels.com ; studio 85 €, app 100-150 € ; P ❄ 📶). Superbes appartements blancs, avec sol dallé, cuisine impeccable, TV à écran plat, canapé en pierre, lits immenses et balcon privatif. Café sympathique dans la cour qu'embaument les plantes aromatiques.

Où se restaurer et prendre un verre

Alinda ne manque pas d'élégants cafés et restaurants.

Dirigez-vous vers Krithoni pour prendre un verre au **Nemesis** (☎22470 22070). Au son du jazz cubain, sous un éclairage de bouteilles en verre suspendues, sirotez un ouzo et admirez le coucher du soleil sur la terrasse.

O Lampros Restaurant TAVERNE $
(☎22470 24154 ; Alinda ; plats 8,50-10 € ; ⏲6h-tard). Petit-déjeuner, en-cas et plats traditionnels tels que *tzatziki*, mezze, salades grecques, espadon et poulpe, sont servis à des clients d'un certain âge, qui font tourner sur leurs doigts les perles d'un *komboloï*. Régalez-vous de *saganaki* aux crevettes.

Fanari GREC $
(☎6984135216 ; plats 8-10 € ; ❄ 📶). Restaurant au mobilier ancien dépareillé où manger sur la terrasse ou près des vagues. La carte affiche petit-déjeuner, mezze, *stifado* d'agneau et plats de pâtes. Mais vous pouvez aussi essayer les formules pour deux (20 €) comprenant boulettes de viande, *haloumi*, *tzatziki* et poivrons verts.

Nord de Léros

Le nord de l'île, au terrain accidenté, est émaillé de hameaux de pêcheurs et de ruches. Juste à l'ouest de l'aéroport, le **temple d'Artémis** (déesse protectrice de Léros) date du IVe siècle av. J.-C. et n'a pas encore fait l'objet de fouilles. Sur le site, on distingue les vestiges d'une église plus récente, dont l'autel sert toujours pour des offrandes.

Plus à l'est, la **plage de Bléfoutis** déroule son étroite bande de sable et de galets le long d'une jolie baie fermée.

PATMOS ΠΑΤΜΟΣ

3 000 HABITANTS

En 95, dans une grotte de l'île, Jean l'Évangéliste eut une vision et rédigea le sombre livre de l'Apocalypse, ou livre de la Révélation. Aujourd'hui, Patmos dégage encore une spiritualité enchanteresse et reste une île particulière. Chaque année, des milliers de pèlerins se rendent au village sacré de Hora, perché sur une colline. Des galeries, de jolies boutiques et des tavernes créent un fort contraste avec la ferveur des visiteurs vêtus de noir.

Selon un plongeur en apnée : "Soit l'île vous repousse, soit elle vous retient." Et, à Hora, en pénétrant dans le monastère du Xe siècle, orné de frises représentant des démons et l'enfer, le visiteur est effrayé ou fasciné. Patmos compte aussi bon nombre de criques bleu électrique, de montagnes verdoyantes et de plages de galets, tandis que l'élégant port de Skala, animé, ne manque pas de charmantes boutiques.

Histoire

En 95, Jean l'Évangéliste fut banni d'Éphèse et exilé à Patmos par l'empereur romain Domitien. Alors qu'il vivait dans une grotte, Jean entendit la voix de Dieu sortir d'une fissure de la roche et il écrivit l'Apocalypse. En 1088, l'empereur byzantin Alexis Ier Commène autorisa saint Christodule, un abbé venu d'Asie Mineure, à ériger un monastère à Patmos en sa mémoire. Comme les attaques des pirates menaçaient l'île, l'édifice ressemble à un château fort.

Au XIIIe siècle, sous le règne de Marco Sanudo, duc de Naxos, l'île de Patmos devint un État monastique semi-indépendant, d'une richesse telle qu'il put résister à l'oppression turque.

ℹ Depuis/vers Patmos

BATEAU

Patmos est reliée au Pirée, à Rhodes et à de nombreuses îles intermédiaires par les grandes lignes de Blue Star Ferries et d'Anek Lines. Le *F/B Nissos Kalymnos* et l'*Anna Express* assurent des liaisons supplémentaires avec Lipsi et Léros 3 fois/semaine. Le **Patmos Star** (☎69776 01633) dessert Lipsi et Léros (8 €), tandis que le *Lambi II* se rend à Marathi et à Arki (7 €). Des hydroglisseurs et des catamarans relient aussi Patmos à Samos et au reste du Dodécanèse. On peut acheter ses billets de bateau auprès d'Apollon Travel (p. 487) à Skala.

Bateaux au départ de Patmos

VERS	DURÉE	TARIF (€)	FRÉQUENCE
Agathonisi	55 min	8	4/sem
Kalymnos*	1 heure 40	26	6/sem
Kos*	3 heures	29	6/sem
Le Pirée	7 heures	36	3/sem
Léros	2 heures	11	4/sem
Léros*	40 min	16	6/sem
Lipsi*	25 min	13	6/sem
Rhodes	6 heures	37	4/sem
Rhodes*	5 heures	47	6/sem
Samos	5 heures	9	4/sem
Symi*	4 heures	44	3/sem

*express

Comment circuler

BATEAU

Des bateaux d'excursion desservent la plage de Psili Ammos au départ de Skala. Ils partent vers 10h15 et reviennent vers 16h.

BUS

Huit bus par jour font l'aller-retour Skala-Hora ; et 4 desservent Grikos et Kambos. Tarif fixe : 1,50 €.

TAXI

Les **taxis** (22470 31225) attendent à la station de Skala, en face du poste de police.

VOITURE ET MOTO

Skala compte plusieurs agences de location de voitures et de motos, dont **Avis** (22470 33025). Le meilleur loueur de scooters, **Moto Rent Faros** (22470 29330), est situé derrière le port de Skala, sur la route de Hora, et propose des deux-roues rapides et bien entretenus.

Skala Σκάλα

La jolie Skala enserre les quais de ses maisons blanchies à la chaux qui s'élèvent en gradins à flanc de colline. Boutiques, bars ombragés, pensions et tavernes odorantes occupent son réseau de ruelles. La paisible bourgade s'anime soudainement lorsque des pèlerins débarquent en nombre des bateaux de croisière. C'est l'endroit idéal pour rencontrer des habitants en buvant une boisson glacée.

À voir et à faire

Skala compte deux sites à caractère religieux, dont celui où, en 96, saint Jean commença à baptiser les habitants de l'île, juste au nord de la plage. Pour en apprendre davantage et découvrir des objets d'art sacré provenant de toute l'île, visitez le **Centre d'information et de culture orthodoxe** (22470 33316 ; 9h-13h jeu-mar et 18h-21h lun, mar, jeu-ven) dans l'église donnant sur le port.

Les plus courageux grimperont jusqu'aux vestiges de l'antique **acropole**, perchée à flanc de colline à l'ouest de la ville. L'itinéraire est mal indiqué : après la chapelle bien visible, suivez un chemin de terre à travers champs au milieu d'innombrables fleurs sauvages. La vue époustouflante depuis les hauteurs récompensera votre effort.

Où se loger

Les propriétaires d'hôtels et de studios viennent souvent à la rencontre des bateaux au port, mais mieux vaut appeler avant pour organiser le transfert.

Pension Maria Pascalidis PENSION $
(22470 32152 ; s/d/tr 20/35/45 € ;). Ensemble de 10 chambres accueillantes installées dans un jardin, sur la route menant à Hora. Dotées de lits doubles, jumeaux ou simples, la plupart des chambres possèdent une sdb. Cuisine commune. Le jardin fleuri est un endroit paisible pour lire.

Hotel Chris HÔTEL $$
(22470 31001 ; www.patmoschrishotel.gr ; d à l'arrière 40 €, vue sur la mer 70-80 € ; P). Chambres récemment rénovées, avec balcon privatif donnant sur la mer, carrelage, TV, mobilier en bois foncé, lits à baldaquin et sdb moderne. Demandez une chambre à l'arrière pour éviter le bruit de la route.

Captain's House HÔTEL $$
(22470 31793 ; www.captains-house.gr ; d/app avec petit-déj 70/80 € ;). Charmant hôtel côté port, doté de chambres et appartements haut de gamme, avec sdb, TV à écran plat, bureau, réfrigérateur et balcon donnant sur la mer. Jolie piscine avec chaises longues à l'arrière et superbe terrasse pour le petit-déjeuner. Idéal pour les familles.

Delfini Hotel HÔTEL $$
(22470 32060 ; www.delfini-patmos.gr ; s/d 30/45 € ;). Hôtel frais et coloré sur le port, à côté du Captain's House. Chambres donnant sur la mer et Hora, avec

Patmos

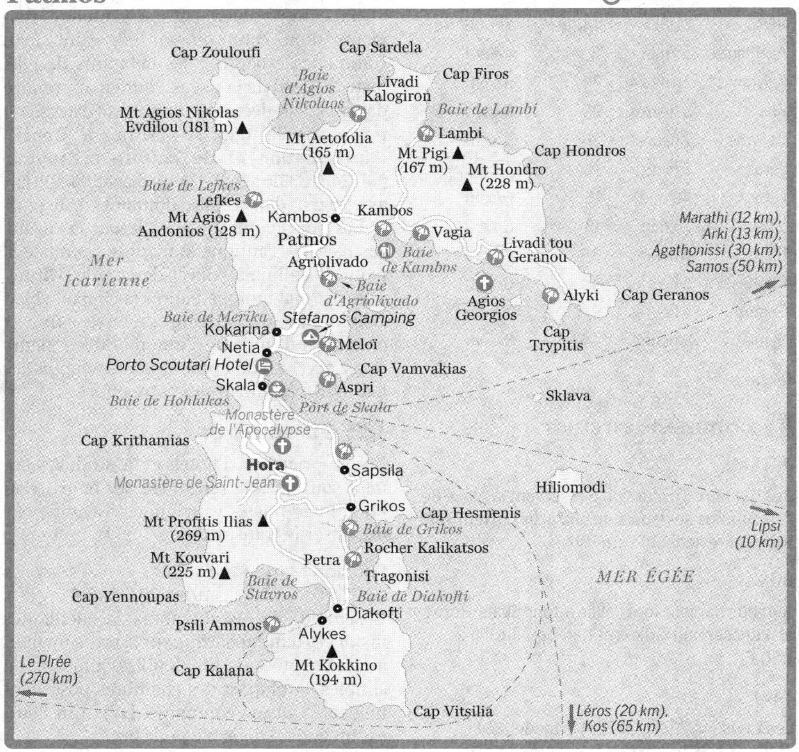

réfrigérateur, carrelage et sdb propres. Lit pour enfant sans supplément.

Kalderimi Apartments BOUTIQUE-HÔTEL **$$**
(☎22470 33008 ; www.kalderimi.com ; app avec petit-déj à partir de 110 € ; ❄📶). Au pied du sentier conduisant au monastère, cet établissement étincelant et orné de palmiers, bougainvilliers et lanternes mauresques est installé dans une cour ombragée. Il loue des appartements traditionnels, avec poutres en bois et murs en pierre, cuisine impeccable, coffre-fort et réfrigérateur.

Blue Bay Hotel HÔTEL **$$**
(☎22470 31165 ; www.bluebaypatmos.gr ; s/d/tr avec petit-déj 85/100/145 € ; ❄@📶). Au sud du port, ces ravissantes chambres comportent de grandes sdb, des TV à écran plat, du mobilier contemporain et un balcon avec vue sur la mer. Petit-déjeuner buffet.

Où se restaurer

Meltemi CAFÉ **$**
(petit-déj complet 5 € ; ⏲9h-tard ; 📶). Ce charmant bar nautique possède des hublots et une ambiance tamisée. Sandwichs, salades de fruits, petit-déjeuner, milk-shakes, quiches et café, à déguster les pieds dans l'eau.

Tzivaeri POISSON **$**
(plats 9 € ; ⏲dîner). Endroit mémorable pour manger du calamar, des crevettes, du poulpe et d'autres produits de la mer, au milieu de murs ornés de coquillages, d'éponges et de photos en noir et blanc, et au son du bouzouki.

Loukas Grill House TAVERNE **$**
(plats 8 € ; ⏲dîner ; ❄). Derrière le port, cette taverne aux arômes de grillades évoque la Grèce d'antan. Menu à base de viande, comprenant saucisse de porc en brochette,

steak de veau, porc à la broche, *stifado* de lapin et chèvre à la sauce rouge.

Ostria TAVERNE $
(plats 8-12 € ; déj et dîner ;). Installée sur le port, cette taverne bleu et blanc est fraîche et idéale pour un dîner romantique au coucher du soleil. Moules, oursins, crevettes, souvlakis, beignets de courgettes et mezze, entre autres, figurent au menu.

Pour faire vos courses, l'**AB Food Market** est un magasin bien fourni, à 100 m sur la route de Hora.

Où prendre un verre et faire la fête

Koukoumavia BAR
(10h-tard ;). Établissement mêlant les styles Tim Burton et Frida Kahlo, avec d'intéressantes œuvres d'art accrochées çà et là sur les murs, musique cool, cocktails et excellent café. Petite terrasse.

Mostra Cafe CAFÉ
(plats 3,50 € ; 7h30-24h ;). Les ruelles partant du port conduisent à ce petit café bleu et blanc évoquant la Nouvelle-Angleterre. Salades de fruits, gâteaux, smoothies, jus et glaces.

Arion BAR
(). Plus que centenaire, l'Arion, ombragé, est populaire auprès des habitants et des voyageurs qui s'installent à l'extérieur et regardent les passants. Wi-Fi. Sur le port.

Achats

La boutique **Koukoumavla** (www.patmos-island.com/koukoumavia) vend de jolis T-shirts, des sacs, des bijoux faits main, des œuvres d'art, des lampes et des badges originaux. Chez **Selene** (9h-13h et 15h-23h), sur le port, vous trouverez de tout : sculptures contemporaines, marionnettes, céramiques, icônes et bijoux.

Dans le dédale des rues derrière la place centrale, **Apyos News Agent** vend des journaux internationaux, des romans et des cartes.

Renseignements

Les bateaux arrivent au centre du quai, en plein cœur de Skala. En continuant vers la droite, la route mène à une plage de sable étroite, au port de plaisance et au nord de l'île. Sur la gauche, la route conduit vers le sud de l'île. Du rond-point proche du terminal des ferries, une route part vers l'intérieur des terres et va jusqu'à Hora. La gare routière et la station de taxis occupent le grand quai, et les principaux services se trouvent dans un rayon de 100 m.

Trois banques sont équipées de DAB à Skala : la Banque nationale de Grèce, l'Emporiki Bank et la Banque commerciale.

Le site www.patmos-island.com réunit de nombreuses adresses et informations. Renseignez-vous sur l'histoire, les adresses et consultez des photos sur le site www.patmosweb.gr.

Apollon Travel (22470 31324 ; apollontravel@stratas.gr). Billets pour avions et ferries, et conseils sur les hébergements.

Dodoni Gelateria (22470 32202 ; Internet 4 €/h ; 9h-21h). Surfez sur la Toile en dégustant des glaces maison.

Hôpital (22470 31211). À 2 km sur la route de Hora.

Office du tourisme municipal (22470 31666 ; été). Même bâtiment que la poste et le commissariat. Ouvre à partir de juin.

Police (22470 31303). Sur le quai principal.

Police portuaire (22470 31231). Derrière le bâtiment de transit des passagers, sur le quai principal.

Patmos (Hora)
Πάτμος (Χώρα)

Prenez un matin le temps de monter jusqu'à Patmos (Hora) pour découvrir son joyau, le monastère de Saint-Jean, et vous imprégner de son atmosphère intemporelle. La nuit, il apparaît fantomatique et sacré et craque au vent. Le récit de l'Apocalypse, ce livre prophétique, fut rédigé dans une grotte proche. Vous pourrez y songer en flânant dans la bourgade, au long d'un dédale de rues datant du XVIIe siècle.

L'immense **monastère de Saint-Jean** (4 € avec l'entrée du musée ; 8h-13h30 tlj, et 16h-18h mar, mer, jeu et dim) couronne l'île de Patmos. Assister à un office ici, parmi les volutes d'encens, les chants sacrés et la dévotion des fidèles, représente une expérience inoubliable. Beaucoup s'y rendent à pied par le sentier pavé byzantin dont le départ est indiqué par un panneau, le long de la route Skala-Patmos (Hora).

À gauche, 200 m plus loin sur le sentier, une piste traverse une pinède jusqu'au **monastère de l'Apocalypse** (trésor 3 € ; 8h-13h30 tlj, plus 16h-18h mar, jeu et dim), construit autour de la grotte où Jean l'Évangéliste reçut la révélation divine. Vous pourrez y voir le rocher qui aurait tenu

JEAN L'ÉVANGÉLISTE À PATMOS

Aux premiers temps du christianisme, l'île de Patmos a hébergé un exilé promis à une renommée universelle. Jean l'Évangéliste, appelé aussi Jean de Patmos, disciple de Jésus et fin lettré (on le confond facilement avec Jean, l'un des douze apôtres), fut exilé par l'empereur Domitien d'Éphèse (actuelle Turquie) sur l'île en 95 de notre ère. Il vécut quelques années dans une grotte, convertit de nombreux îliens, et surtout écrivit le récit de l'Apocalypse (ou livre de la Révélation) : le Christ en majesté lui serait apparu et lui aurait révélé, au fil de plusieurs visions, ce qui allait advenir à la fin des temps, avant de lui demander d'en écrire le récit. Sur l'île se visitent encore la **grotte de l'Apocalypse**, ainsi qu'un monastère consacré à saint Jean, fêté par les orthodoxes le 26 septembre. Jean finit ses jours à Éphèse, où il put retourner après la mort de Domitien, en 101, à l'âge vénérable de 98 ans.

lieu d'oreiller au saint et la triple fissure au plafond par laquelle lui serait parvenue la voix de Dieu.

À 5 minutes à pied à l'ouest du monastère, le **Saint Monastère Zoodohos Pigi** (8h-12h et 17h-19h dim-ven) GRATUIT, un couvent de femmes, conserve des fresques impressionnantes. Le Vendredi saint, une superbe cérémonie s'y déroule à la lueur des bougies.

Installé juste à l'est du monastère de Saint-Jean, Andreas Kalatzis est un artiste qui peint des icônes de style byzantin. Il habite dans une maison traditionnelle datant des années 1740, à l'intérieur de laquelle vous découvrirez aussi un intéressant mélange de poteries, de bijoux et de peintures réalisés par des artistes locaux. La visite de la **galerie de Patmos** (tenue par Andreas Kalatzis) vous permettra de découvrir une série éclectique de peintures abstraites et figuratives, de bijoux et de sculptures.

♥ **Archontariki** (22470 29368 ; www.archontariki-patmos.gr ; ste 200-400 € avec petit-déj ;) séduira les amateurs de luxe discret. Aménagées dans un bâtiment vieux de 400 ans, les quatre merveilleuses suites sont dotées de toutes les commodités, d'un mobilier traditionnel et de quelques touches ultra-raffinées. Trouver le repos sous les arbres fruitiers du paisible jardin a un goût de paradis.

Dominant le port de Skala, le **Pantheon** (plats 6-12 €) sert du poulpe grillé, des boulettes de viande, du fromage frit, des jus de fruits et des yaourts maison. Quelques mètres plus haut, le **Jimmy's Balcony** (Hora ; plats 6-9 € ; 10h-23h ;) offre une vue royale et une terrasse où savourer des salades, petits-déjeuners, moussakas et plats végétariens. C'est l'unique endroit où le signal Wi-Fi est correct.

La **Vangelis Taverna** (plats 10 €) jouit d'une vue éblouissante sous le caroubier à l'arrière. Au menu : lapin rôti aux oignons, chèvre de Patmos et *macarounes* au poulpe. Pour boire un verre ou déguster un sorbet ou une douceur maison, mettez le cap sur le **Stoa Cafe**, de l'autre côté de la place, une oasis branchée avec Wi-Fi.

Nord de Skala

Étroite et ombragée, la **plage de Meloï** s'étend à 2 km au nord-est de Skala. Ceux qui ont emporté leur tente iront la planter au **Stefanos Camping** (22470 31821 ; empl par pers/tente 7/2 € ; mai-oct), propre et bien équipé. Les sites, ombragés par des arbres, sont délimités par des bambous. Il y a une supérette et un café-bar.

Au nord de Skala, sur la route de Kambos, se tient le somptueux **Porto Scoutari Hotel** (22470 33123 ; www.portoscoutari.com ; d/tr avec petit-déj 90-190/145-215 € ; P). Installé devant une magnifique piscine et un centre de spa, l'élégant hôtel jouit d'une merveilleuse vue sur la mer et de chambres immenses, ornées de fresques nautiques, avec sofas, TV à écran plat, sdb impeccables, balcons privatifs et lits anciens.

En continuant, la route arrive au village de **Kambos**, dans les terres, avant de redescendre vers la **plage de Kambos**, relativement vaste et sablonneuse, peut-être la plus fréquentée et la plus accessible de l'île.

Doté d'une agréable terrasse ombragée, d'une musique douce et du Wi-Fi, le paisible **George's Place** (en-cas 8 € ; petit-déj, déj et dîner ; P) est installé au bord de la baie. Sa carte simple affiche salades, tartes, gâteaux au chocolat et autres pâtisseries maison. En face, un centre de **sports**

nautiques propose wakeboard, ski nautique et location de transats de plage.

La route principale bifurque à gauche en direction de **Lambi**, à 9 km de Skala, d'où l'on descend des collines verdoyantes jusqu'à une plage impressionnante, parsemée de galets multicolores. Bien au-dessus, le **Leonidas** (plats 9 € ; P ❄ 🖉) propose agneau rôti, souvlakis, foie de veau, homard (85 € le kilo) et poulpe, à déguster dans le jardin ou dans la salle accueillante. Sur la plage, bercée par les vagues, la paisible **Lambi Fish Tavern** (plats 7-14 € ; ⏲10h-tard ; P ❄ 👪) prépare des boulettes de viande, du maquereau, des feuilles de vigne farcies, des souvlakis et du poulpe au vin.

Plusieurs plages, dont la **plage de Vagia**, se trouvent à l'abri du vent du nord. Dominant la plage, le **Cafe Vagia** (plats 3-5 € ; ⏲9h-19h) est un véritable bijou. Dans son jardin à flanc de coteau et donnant sur la mer flotte le parfum des tartes préparées en cuisine.

Plus à l'ouest, la **plage de Livadi tou Geranou**, ombragée, fait face à un petit îlot surmonté d'une église. Isolée mais profitant d'une superbe vue sur la mer et d'un arrière-plan de collines couvertes de bruyère, la **Livadi Geranou Taverna** (plats 9 € ; ⏲10h-tard) propose un menu composé de souvlakis, petite friture et poulpe.

Sud de Skala

Vallées boisées et plages pittoresques abondent au sud de Patmos. Minuscule hameau, le plus proche de Skala, **Sapsila** ravira ceux qui recherchent le calme et la paix. Le **Mathios Studios** (☎22470 32583 ; www.mathiosapartments.gr ; studio/app 70/80 € ; ❄ @) loue les plus jolis studios de catégorie moyenne de l'île, avec des nappes à carreaux, des lits confortables, des sculptures en bois flotté, des livres et une superbe cuisine avec vue sur la mer. Dînez non loin, au **Benetos** (Sapsila ; plats 7-14 € ; ⏲dîner mar-dim ; 🖉) une ferme haut de gamme spécialisée dans les plats méditerranéens avec une touche japonisante. Essayez les fleurs de courgettes farcies aux champignons et au fromage. Ouvre à partir de juillet.

Grikos, 1 km plus loin sur la colline, possède une longue plage de sable bordée de tavernes et c'est aussi là que se trouve la chapelle d'**Agios Ioannis Theologos**, où saint Jean aurait baptisé les habitants de l'île, dit-on. Surplombant la plage de Pétra, le **Flivos Restaurant** (plats 7,50 €), au décor traditionnel, propose une carte fantastique de produits de la mer affichant de l'espadon, des crevettes et du calamar (divin).

Envie de savourer des sushis au clair de lune sur un élégant bateau amarré ? Direction le **Spartan** (☎6972119206), un caïque de 14 m de long, tenu par la chaleureuse Reiko. Cette dernière propose aussi de naviguer une journée jusqu'à Arki, Lipsi et Marathi, au départ du port de Grikos. À bord, vous pourrez acheter de ravissants bijoux uniques. Repérez le bateau avec la sirène dans le port de Grikos.

Juste au sud s'étend la **plage de Petra**, très paisible et offrant beaucoup d'ombre. À deux pas de là se dresse l'étonnant **rocher de Kalikatsos**. De là, une piste accidentée suit la côte jusqu'à **Diakofti**, le dernier village au sud de l'île (on peut aussi y accéder par une route goudronnée, plus longue, depuis Patmos (Hora)). Puis un chemin conduit en 30 minutes de marche à la jolie plage de **Psili Ammos**, une étendue de sable ombragée, où une taverne ouvre en saison.

LIPSI ΛΕΙΨΟΙ

700 HABITANTS

Lipsi a beau être modeste avec ses 8 km de long, son port où s'entassent des filets de pêche et son village chaulé couronné d'une église qui grimpe sur la colline, impressionnent le voyageur. Si vous recherchez des collines escarpées, de paisibles criques et des plages désertes, vous êtes au bon endroit.

Dans l'*Odyssée* d'Homère, Lipsi était le domaine de la nymphe Calypso qui retint le héros Ulysse durant plusieurs années. Y prendre un bain de soleil et flâner dans les ruelles du village de Lipsi vous expose au même risque. L'église au dôme bleu de Panagia tou Harou renferme une icône unique dans une vitrine en verre où, tous les 23 août, des lys poussent miraculeusement sans que personne ne les arrose.

Ne manquez pas le fromage local, le *mzithra*, fabriqué à base de lait de chèvre et d'eau de mer, et emportez un pot du typique miel de thym.

ℹ Depuis/vers Lipsi

Lipsi est peu desservie par bateau, même si elle est reliée au Pirée par les grandes lignes de ferries et aux îles voisines par un catamaran, par un ferry basé à Kalymnos et par le plus grand

Lipsi

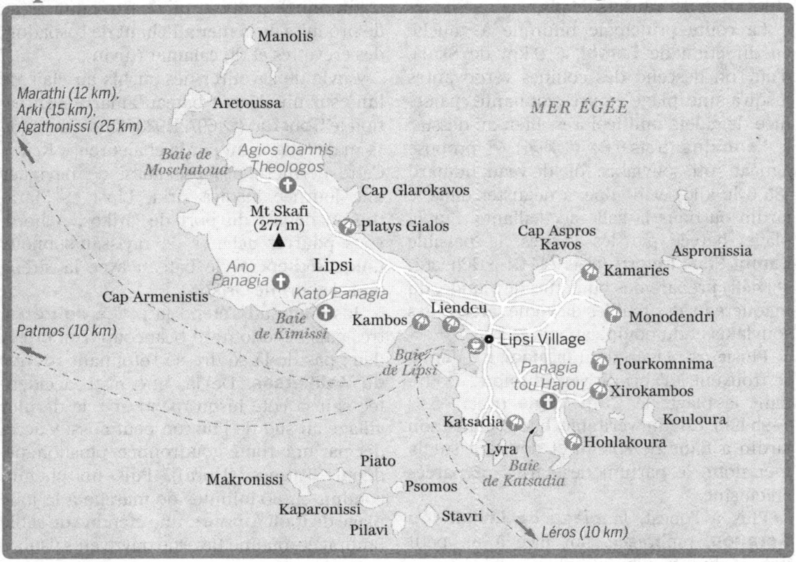

Patmos Star. L'**Anna Express** (☎ 22479 41382), un bateau local, la relie à Agathonisi, Arki, Kalymnos et Léros.

Bateaux au départ de Lipsi

VERS	DURÉE	TARIF (€)	FRÉQUENCE
Agathonisi	3 heures	7	4/sem
Agathonisi*	40 min	12,50	1/sem
Kalymnos	1 heure 30	9	1/jour
Kalymnos*	20 min	20	1/jour
Kos*	5 heures 50	29	6/sem
Léros	1 heure	6,50	6/sem
Léros*	20 min	14	1/jour
Patmos	25 min	6	1/jour
Patmos*	10 min	12,50	1/jour
Rhodes*	5 heures 30	45	6/sem

*express

Comment circuler

S'étendant sur 8 km de long, l'île est petite. L'été, un minibus (1 €) part du village de Lipsi toutes les heures, de 10h30 à 18h, en direction des plages de Platys Gialos, Katsadia et Hohlakoura (1,50 € chacune). Deux **taxis** (☎ 6942409679/7) circulent sur l'île, et on peut louer des scooters chez **Marcos Maria Rent A Bike** (☎ 22479 41358) dans le village de Lipsi.

Village de Lipsi Λειψοί

600 HABITANTS

Blotti contre le port en eaux profondes, le village – seule localité de l'île – est un petit bourg accueillant, composé d'une charmante partie ancienne dont les ruelles dotées de maisons aux volets bleus grimpent sur la colline. Le port concentrant le gros de l'activité locale, vous y trouverez tout le nécessaire, DAB, bonne boulangerie et restaurants de fruits de mer. Ne manquez pas de visiter la belle église de Panagia tou Harou (p. 491).

Activités

La **plage de Liendou**, en lisière du village, est évidemment la plus fréquentée. Étroite bande de sable et de galets, bordée d'eaux peu profondes et calmes, elle se trouve au nord de l'embarcadère des ferries, après un petit promontoire. À une quarantaine de minutes de marche du village, les cloches des chèvres tintent sur la **plage de Gialos**, qui descend doucement vers une eau cristalline.

Rena et Margarita proposent des **sorties en bateau** (20 €/pers) vers les îles au large de Lipsi, telles que les ravissantes Aspronisia et Macronisi (aux eaux bleu saphir et aux étranges formations rocheuses), pour pique-niquer ou se baigner. Les deux bateaux mouillent au petit embarcadère de Lipsi et partent tous les jours vers 10h. Une croisière passant par 5 îles idylliques de la zone peut être organisée par l'excellent Lipsi Bookings pour 15 €.

Fêtes et festivals

Panagia tou Harou FÊTE RELIGIEUSE
Tous les 23 août, cette fête religieuse attire de très nombreux visiteurs venus rendre hommage à la célèbre icône de la Vierge, et assister à la floraison miraculeuse des lys dépourvus de racines. Après la procession, les réjouissances se poursuivent toute la nuit sur la place en bas du village.

Fête du vin GASTRONOMIE
Cette fête du vin, qui a lieu pendant 3 jours en août, s'accompagne de danses et de vin offert gracieusement. Vérifiez les dates sur place.

Où se loger

Angela Studios APPARTEMENTS $
(Village de Lipsi ; studios 55 € ;). Chambres d'un excellent rapport qualité/prix au cœur du village, avec vue reposante sur la mer derrière les cultures. Parfumées par un verger de citronniers voisin, les élégantes chambres blanches et colorées comportent des draps crème, une TV et une kitchenette basique.

Nefeli Hotel APPARTEMENTS $$
(22470 41120 ; www.nefelihotels.com ; avec petit-déj ch 100 €, app 150-170 € ; P). Agréablement isolé, cet accueillant hôtel de charme offre une belle vue sur la baie en contrebas. Les appartements, spacieux, possèdent lits confortables, kitchenette, TV à écran plat, canapé-lit et balcon privatif. La nuit, on est bercé par le hululement des chouettes.

L'établissement compte aussi un salon/salle à manger mauresque qui diffuse la musique de Vangelis pendant le petit-déjeuner.

Rizos Studios APPARTEMENTS $$
(6976244125 ; www.annaexpress-lipsi.services.officelive.com/rizos.aspx ; d 70 € ;). Chambres de qualité supérieure pleines de charme, avec mobilier bleu, balcon privatif donnant sur la mer, sol dallé et kitchenette bien équipée en ustensiles de cuisine. L'établissement étant à 10 minutes à pied du quai, au sommet d'une colline, téléphonez avant pour que l'on vienne vous chercher.

Aphroditi Hotel HÔTEL $$
(22470 41000 ; www.hotel-aphroditi.com ; s/d/app avec petit-déj 60/70/110 € ;). Situé juste derrière la plage Liendou, cet hôtel possède un café chic et 28 chambres et studios à l'atmosphère contemporaine, avec canapés-lits supplémentaires, sol carrelé, bureaux, TV, kitchenette et balcon.

Apartments Poseidon APPARTEMENTS $$
(22470 41130 ; www.lipsi-poseidon.gr ; d avec petit-déj 70 € ;). À gauche en venant du port. Chambres fraîches et spacieuses, avec carrelage, rideaux de soie, balcon privatif donnant sur la mer et kitchenette. Les appartements familiaux disposent également d'un canapé-lit, d'une machine à laver et d'une cuisine plus grande, équipée d'une cuisinière.

Où se restaurer

Manolis Tastes TAVERNE $
(69805 34452 ; plats 8-10 € ; 12h-16h et 17h30-tard ;). Le chef Manolis cuisine uniquement des produits dont il connaît l'origine. Niché dans le dédale du village de Lipsi, l'établissement est réputé pour ses plats originaux, comme le fromage de chèvre avec muesli et miel, les saucisses du chef, les champignons farcis au bacon et à la crème, la salade de crevettes, avocat et yaourt, et la succulente pannacotta.

Cafe de Moulin TAVERNE $
(plats 6,50 €). Dans une paisible rue chaulée, une taverne haute en couleur pratique pour son petit-déjeuner et ses plats traditionnels grecs, comme les souvlakis d'agneau, les calamars et les crevettes.

Pefko TAVERNE $
(plats 7-8 € ;). Rires et tintements de verres retentissent dans cette taverne populaire du port, dotée d'une terrasse à plusieurs niveaux. Menu traditionnel, avec boulettes de viande à la sauce tomate, *ambelourgou* (agneau au yaourt enveloppé dans des feuilles de vigne) et ragoût d'agneau. Jolie vue et sélection de vins correcte.

Bakery Shop BOULANGERIE $
(gâteaux 1-3 € ;). Boulangerie-glacier-café que nous adorons pour son aimable propriétaire et ses délices fraîchement préparées : biscuits, croissants, friands aux saucisses, tartes, sandwichs à

la demande, gâteaux, baklavas et alcool, à déguster sur la terrasse ou à l'intérieur. Juste à côté de l'aire de jeux pour enfants.

Renseignements

Tous les bateaux peuvent accoster au port de Lipsi, qui possède deux embarcadères. Les ferries, l'hydroglisseur et les catamarans accostent à la grande jetée extérieure, tandis que les bateaux d'excursion abordent au petit quai, proche du centre du village. L'*Anna Express* accoste près de la grande église du port intérieur.

La poste est située en face de l'église sur la grand-place, en haut dans le vieux bourg. La place en bas près du port abrite un **office du tourisme** (⏲ été seulement), qui ouvre à l'arrivée de la plupart des ferries, ainsi qu'un terrain de jeux ombragé pour les enfants. Sur le port, la Banque coopérative du Dodécanèse change les devises et possède un DAB.

Le site www.lipsi-island.gr est une source de renseignements pratique sur l'île.

Billetterie (☎ 22470 41250 ; ⏲ 30 min avant le départ). Guichet de vente des billets de bateau, installé sur la jetée extérieure.

Cafe Kabos (2 €/h). Proche du débarcadère.

Lipsi Bookings (☎ 22470 41382 ; www.lipsibookings.com). Géré par l'excellente Sarah, cette agence vend des billets pour l'*Anna Express* et réserve excursions, hébergement et circuits de photographie à pied.

Médecin (☎ 22470 41204 ; ⏲ 9h-13h30 lun-ven). Le village compte un petit centre médical.

Police (☎ 22470 41222). Sur le port.

Police portuaire (☎ 22470 41133). Sur le port.

Ailleurs sur Lipsi

D'agréables promenades vous attentent si vous gagnez les villages à pied, en traversant la campagne émaillée d'oliveraies et de cyprès et en contemplant sans cesse de nouveaux panoramas. Un minibus dessert les principales plages.

À 1 km seulement du village, la **plage de Kambos** offre un peu d'ombre. Elle est plus étroite mais plus sablonneuse que sa voisine de Liendou. L'eau y est également plus profonde, et les fonds sont plus rocheux.

De là, si vous marchez encore 2,5 km (40 minutes de trajet), vous rejoindrez la meilleure plage de l'île, **Platys Gialos**, peu profonde, aux eaux turquoise et idéale avec des enfants. Au-dessus de la plage, le **Kostas Restaurant** (☎ 69449 63303 ; grillades 9 € ; ⏲ 8h-18h juil-août) propose poisson et viandes grillés.

À 2 km au sud de Lipsi, au pied d'une grande colline, la **plage de Katsadia** est une étendue de sable plus sauvage, en particulier quand le vent souffle. Les tamaris y font une ombre légère. Sur la plage, le **Dilaila Cafe Restaurant** (☎ 22470 41041 ; plats 9 € ; ⏲ juin-sept), à l'ambiance de bar de plage, reste ouvert tard et sert d'excellents fruits de mer.

Les plages de la côte orientale sont plus difficiles d'accès. En raison du mauvais état des routes, les taxis et les bus ne les desservent pas.

ARKI ET MARATHI
ΑΡΚΟΙ ΕΤ ΜΑΡΆΘΙ

Arki et Marathi sont les plus paisibles des îlots situés au nord de Patmos et de Lipsi. Les 50 habitants d'Arki vivent de l'agriculture, de l'élevage de chèvres et de la pêche. L'eau y est d'un turquoise incroyable et l'on y croise un mélange éclectique de plaisanciers, d'artistes et de quelques baroudeurs. Il n'y a là ni voitures ni motos... juste le calme.

Depuis/vers Arki et Marathi

Le ferry *Nissos Kalymnos* s'arrête ici 4 fois/semaine, tandis qu'il relie Patmos à Samos pour y livrer le lait. Le rapide *Anna Express*, basé à Lipsi, relie Arki à Lipsi (15 min) 2 fois/semaine. En été, les bateaux d'excursion de Lipsi et les caïques basés à Patmos font la navette régulièrement pendant la journée (aller-retour 20 €) vers Arki et Marathi. Un caïque circule entre Marathi et Arki (1 heure 15).

BATEAUX AU DÉPART D'ARKI ET DE MARATHI

VERS	PORT	DURÉE	FRÉQUENCE
Patmos	Arki/Marathi	–	4/sem
Samos	Arki/Marathi	–	4/sem
Lipsi	Arki	15 min	2/sem
Arki	Marathi	1 heure 15	1/jour

Arki Αρκοί

50 HABITANTS

À 5 km au nord de Lipsi, la minuscule Arki présente un moutonnement de collines et des plages de sable isolées. Le seul village est le petit port de la côte ouest, également appelé Arki. Pour le reste, l'île semble quasiment mystique tant elle respire la paix et la tranquillité.

Il n'y a ni poste ni police, mais vous trouverez un téléphone à carte. L'**église Métamorfosis** se dresse sur la colline derrière le port. Un sentier, qui contourne le côté nord de la baie, mène à des **criques de sable**.

La **baie de Tiganakia**, sur la côte sud-est, s'ourle d'une belle plage de sable. Pour vous y rendre à pied du village, suivez la route qui mène vers le sud puis les sentiers de chèvres qui descendent jusqu'à la mer. Vos apercevrez peut-être des dauphins.

Arki compte quelques tavernes qui louent des chambres confortables et bien tenues. Les réservations sont indispensables en juillet-août. **O Trypas Taverna & Rooms** (☎22470 32230 ; tripas@12net.gr ; d 35 € ; plats 5-7 €) loue des chambres simples et sert d'excellents *fasolia mavromatika* (haricots blancs) et *pastos tou Trypa* (poisson salé). Non loin, à la **Taverna Nikolas Rooms** (☎22470 32477 ; d 45 € ; plats 8 € ; ❄), goûtez au gratin de pommes de terre, aux poivrons farcis au fromage ou au fromage de chèvre local appelé *sfina,* version plus douce de la feta. Depuis les chambres, vous pouvez contempler le coucher du soleil.

Marathi Μαράθι

Marathi, le plus grand des îlots satellites d'Arki, possède une magnifique plage de sable. Il n'abrite aujourd'hui que deux familles. L'ancien village, avec sa petite église immaculée, se dresse sur une colline, au-dessus du port. Les deux tavernes de Marathi proposent également des chambres à louer. La **Taverna Mihalis** (☎22470 31580 ; d 40 € ; plats 4-6 €), la moins chère des deux, offre une ambiance décontractée. La **Taverna Pandélis** (☎22470 32609 ; d 40 € ; plats 8 €), tout en haut de la plage, est un peu plus chic.

AGATHONISI
ΑΓΑΘΟΝΗΣΙ

160 HABITANTS

Lorsque l'on arrive dans le port d'Agathonisi, entouré par un paysage évoquant un fjord et comptant autant d'habitations que les doigts d'une main, on est pris d'un sentiment de magie. Relativement ignorée des voyageurs, Agathonisi est magnifiquement paisible. Il y a peu de choses à faire, si ce n'est lire, nager et explorer les grottes (où, autrefois, les habitants se cachaient des pirates), puis recommencer. Les hébergements se trouvent surtout du côté du village portuaire d'Agios Georgios.

Ne manquez pas le rituel du *Klidonas* consistant à sauter à travers les flammes pour purifier son esprit.

ℹ Depuis/vers Agathonisi

Agathonisi est reliée régulièrement par ferry à Samos et à Patmos. Un hydroglisseur rejoint également Samos et des îles plus méridionales. L'agent des ferries, **Savvas Kamitsis** (☎22470 29003), vend les billets sur le port avant les départs, mais également au kiosque de la pension Mary's House.

Bateaux au départ d'Agathonisi

VERS	DURÉE	TARIF (€)	FRÉQUENCE
Arki	45 min	8	2/sem
Kalymnos*	2 heures	26	1/sem
Lipsi	1 heure	7	2/sem
Patmos	2 heures	8	4/sem
Rhodes*	5 heures	46	1/sem
Samos	1 heure	7,50	4/sem

*express

ℹ Comment circuler

Agathonisi ne possède pas de transport local. La montée, de 1,5 km, d'Agios Georgios au village principal, Megalo Horio, est raide. La distance est un peu plus courte jusqu'à Mikro Horio. Les plages de la côte, situées à moins de 3 km de Megalo Horio, sont toutes accessibles à pied.

Agios Georgios
Αγιος Γεώργιος

Agios Georgios, bourg principal de l'île, comprend quelques tavernes et pensions cubiques, blanches et simples. Profitez de sa plage aux eaux claires et prenez le temps d'observer les pêcheurs ramenant leur pêche du jour. La **plage de Spilia**, à 900 m au sud-ouest de l'autre côté du cap, est plus tranquille et propice à la baignade. Un sentier fait le tour de la baie jusqu'à la plage. À 1 km de là, **Gaïdouravlakos** est une petite baie dotée d'une plage où une source se jette dans la mer.

Où se loger et se restaurer

Au milieu du front de mer, **Mary's Rooms** (6932575121, 22470 29004 ; s/d 35/45 €) loue des chambres impeccables, avec kitchenette, balcon donnant sur la mer, bureau et réfrigérateur. Non loin, du côté gauche du port, **Studios Theologia** (22470 29005 ; d/tr 40/50 € ;) propose des chambres simples sur le front de mer, avec mobilier rétro branché, TV, réfrigérateur et balcon.

Votre odorat vous conduira au **Glaros Restaurant** (22470 29062 ; plats 9 € ;), d'où s'échappent les arômes divins des souvlakis, poulpes et côtelettes d'agneau. Le menu est simple mais les produits, majoritairement bio, sont cuisinés avec amour. S'il est complet, essayez la **George's Taverna** (plats 7 € ;), près du débarcadère, et ses savoureux beignets de courgettes, son *stifado* de bœuf, son ragoût de lapin et ses mezze.

Renseignements

Les bateaux accostent à Agios Georgios. À partir du village, des routes grimpent à droite vers Megalo Horio et à gauche vers Mikro Horio. Vous ne trouverez pas d'office du tourisme, mais il y a un distributeur à la poste, à Megalo Horio. La police occupe un grand bâtiment blanc, au début de la route de Megalo Horio.

Ailleurs sur Agathonisi

Une ascension difficile jusqu'au sommet de la colline au départ du port conduit au minuscule hameau de **Megalo Horio**, qui ne s'éveille pas avant juin. La montée vaut largement la vue. La bourgade ne s'anime vraiment que lors des fêtes religieuses : **Agiou Panteleimonos** (26 juillet), **Sotiros** (6 août) et **Panagias** (22 août), que les villageois célèbrent autour d'un banquet, accompagné de musique et de danses. Ne les manquez pas si vous êtes sur l'île. Plusieurs plages situées à l'est de Megalo Horio sont accessibles à pied : les **plages de Tsangari**, **Tholos**, **Poros** et **Tholos (Agios Nikolaos)**, proche de l'église du même nom. Celle de Poros est la seule plage de sable. Si vous recherchez par-dessus tout la tranquillité, vous apprécierez les **Studios Ageliki** (22470 29085 ; s/d 35/45 € ;), à Megalo Horio. Ces quatre studios rudimentaires mais confortables disposent d'une kitchenette, avec vue magnifique sur un petit vignoble et sur le port. Les options de restauration se limitent ici au **Restaurant I Irini** ((22470 29054 ; plats 5-6 €), sur la place centrale, où l'on sert de bons ragoûts d'agneau et du *stifado*, ou à la **Nico's Taverna** (plats 7 €), qui sert des mezze arrosés d'ouzo ou de retsina.

Îles du nord-est de la mer Égée

Le top des restaurants

- Hotzas (p. 519)
- Thea (p. 504)
- Taverna Angelos (p. 533)
- Artemis (p. 510)
- Mandouvala (p. 505)
- Soulatso (p. 536)

Le top des hébergements

- Rooms Dionysos (p. 502)
- Archipelagos Hotel (p. 506)
- Chios Rooms (p. 518)
- Ino Village Hotel (p. 510)
- Nassos Guest House (p. 533)
- Alkaios Rooms (p. 529)

Pourquoi y aller

Les îles très variées du nord-est de la mer Égée (Τα Νησιά του Βορειοανατολικού Αιγαίου) permettent de découvrir une cuisine et une culture villageoises traditionnelles et des fêtes spectaculaires.

Des paysages découpés, des plages immaculées et une population aux convictions ancrées à gauche caractérisent Icarie. La proche Chios, paradis de l'écotourisme, cultive des lentisques, arbres à mastic qui produisent de la gomme. Lesbos, troisième plus grande île de Grèce, assure la moitié de la production mondiale d'ouzo. Samothrace accueille l'ancien sanctuaire thrace des Grands Dieux, tandis que Thassos, plus au nord, semble être une extension du continent. Thassos et Samothrace ne sont d'ailleurs accessibles que depuis les ports du nord de la Grèce. Lesbos, Chios et Samos permettent de rallier facilement la Turquie.

Quand partir

Vathy (Samos)

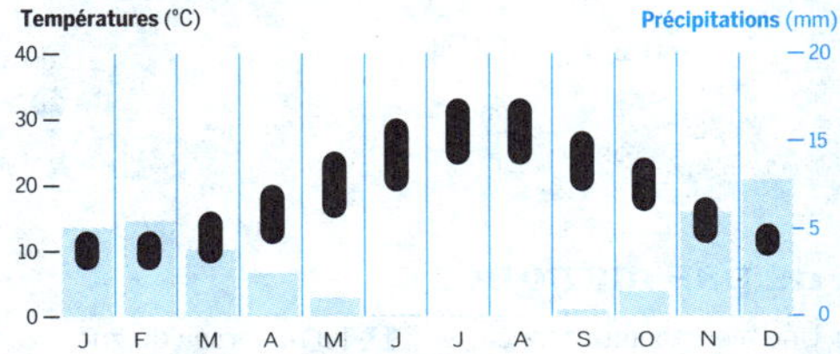

Avril-mai
Les coquelicots s'épanouissent le long des routes de campagne, et tous les villages célèbrent les fêtes de Pâques.

Juillet-août
C'est la saison des abricots, parfaits pour un pique-nique sur la plage…

Octobre-novembre
Les vacanciers ont quitté les îles, et les soupes font leur retour dans les tavernes.

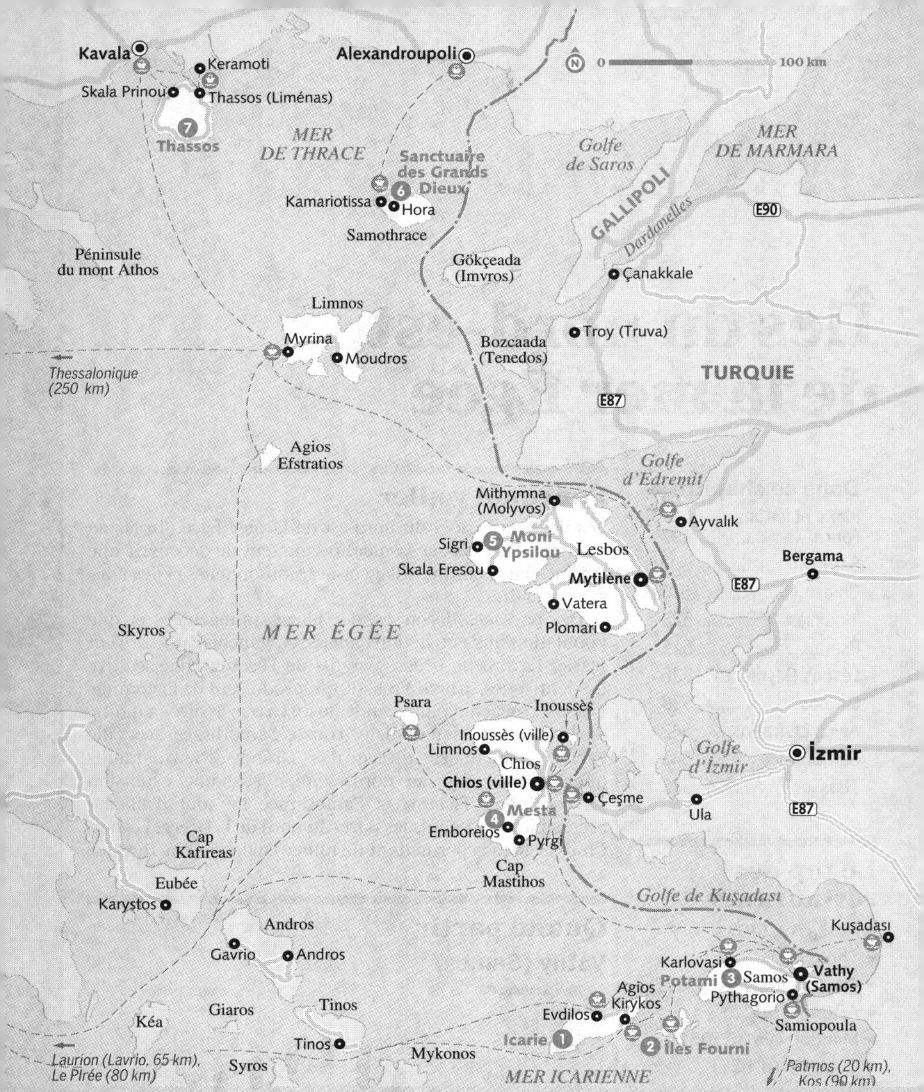

À ne pas manquer

1 Une bienfaisante séance de thermalisme sur **Icarie** (p. 497), dans les sources thermales d'Agios Kirykos ou sur la plage à Lefkada et à Therma

2 Un festin de langoustes dans une taverne, lorsque le soleil se couche sur les **îles Fourni** (p. 505)

3 La traversée du gué menant à des cascades, avant une pause sur la **plage de Potami** (p. 515), sur l'île de Samos

4 Le labyrinthe médiéval de ruelles pavées de **Mesta** (p. 522), dans le sud de Chios

5 Le **Moni Ypsilou** (p. 535), monastère aux inestimables trésors, perché sur un pic dominant Lesbos (p. 526)

6 Le **sanctuaire des Grands Dieux** (p. 546), du Xe siècle av. J.-C., sur Samothrace (p. 543)

7 La course annuelle de VTT à travers les forêts de la luxuriante **Thassos** (p. 552)

ICARIE (IKARIA) ET LES ÎLES FOURNI

ΙΚΑΡΙΑ ΕΤ ΟΙ ΦΟΥΡΝΟΙ

Icarie et l'archipel de Fourni forment sans doute l'ensemble le plus magique des îles du nord-est de la mer Égée. Icarie est tout en contrastes : profonds défilés boisés, paysages lunaires ou plages secrètes ourlées d'eaux turquoise, tandis que les petites îles Fourni se distinguent par leurs collines un peu pelées pointant à l'horizon. Bordées de criques de sable, elles sont aussi renommées pour leurs produits de la mer, en particulier la langouste.

Ancien refuge de pirates, Fourni fut une épine dans le pied du pouvoir byzantin, puis ottoman. Traditionnelle terre d'exil, Icarie dut accueillir les sympathisants communistes déportés après la guerre civile grecque de 1946-1949, puis ceux qui le furent pendant la dictature des colonels (1967-1974).

Icarie tient son nom d'Icare, fils de Dédale, légendaire architecte du Labyrinthe crétois du roi Minos qui les y retenait prisonniers. Grâce aux ailes en cire fabriquées par Dédale, ils purent s'enfuir mais, grisé, Icare s'approcha trop près du soleil et se brûla les ailes. De son corps tombé dans la mer naquit Icarie, témoin rocheux des dangers de l'ambition dévorante.

Icarie était aussi célébrée par les Anciens comme le lieu de naissance de Dionysos, dieu du Vin, et Homère tenait ses habitants pour les meilleurs vignerons du monde. Vous y dégusterez le rouge du cru accompagné de plats frais et authentiques. L'atmosphère sereine de ces îles, à l'abri des grandes voies du tourisme grec, est bien sûr propice au farniente et à la baignade, mais aussi aux randonnées, à pied comme à vélo, en plus de la découverte d'une culture authentique. L'été, les *panigyria*, célébrations annuelles des saints patrons, donnent lieu à des fêtes, qui témoignent de la jovialité des chrétiens orthodoxes et des profondes racines dionysiaques d'Icarie.

ℹ Depuis/vers Icarie et les îles Fourni

AVION

Icarie est desservie par **Olympic Air** (☎ 22750 22214 ; www.olympicair.com) et **Sky Express** (☎ 22750 32197 ; www.skyexpress.gr). On peut acheter son billet dans les agences d'Agios Kirykos, notamment auprès d'**Ikariada Holidays** (☎ 22750 23322 ; depy@ikariada.gr).

Vols intérieurs au départ d'Icarie

VERS	DURÉE	TARIF (€)	FRÉQUENCE
Athènes	45 min	73	2/jour
Héraklion	55 min	95	6/sem
Limnos	25 min	50	6/sem
Thessalonique	1 heure	111	6/sem

BATEAU

À Agios Kirykos, achetez vos billets auprès d'Ikariada Holidays ou de la **Dolihi Tours Travel Agency** (☎ 22750 23230 ; dolichi@otenet.gr). À Evdilos, essayez **Roustas Travel** (☎ 22750 32931), sur le front de mer, agent d'Hellenic Seaways. Chaque semaine, des excursions en bateau d'une journée sont organisées au départ d'Agios Kirykos ou d'Evdilos vers les îles Fourni (25 €), et d'Agios Kirykos vers Patmos (55 min, 1-2/sem, 50 €), à 20 km au sud.

FÊTES SUR L'ÎLE DU VIN

Le dieu païen Dionysos ne règne peut-être plus sur les vignobles d'Icarie, mais son héritage se perpétue sous une forme christianisée pendant les *panigyria* estivales (célébrations qui durent toute la nuit lors des fêtes des saints honorés à Icarie). Il n'est pas de meilleure façon de s'immerger dans la culture d'une île grecque que de danser et de festoyer en l'honneur du saint patron d'un village. Prévoyez de délier les cordons de votre bourse : les *panigyria* permettent de recueillir des fonds pour la collectivité locale. De quoi pécher par excès de philantropie !

La *Panigyria* a lieu sur l'île les jours suivants :

Kambos 5 mai

Agios Isidoros et Pezi 14 mai

Arménistis 40 jours après la Pâques orthodoxe

Platani 29 juin

Karavostamo 1er juillet

Agios Kirykos et fête de l'Indépendance d'Icarie 17 juillet

Hristos Rahès et Dafni 6 août

Akamatra 15 août

Evdilos 15-20 août

Agios Sofia 17 septembre

Bateaux au départ d'Icarie

VERS	DURÉE	TARIF (€)	FRÉQUENCE
Chios	5 heures	14	1/sem
Fourni	1 heure	7	2-3/jour
Kavala	24 heures	38	1/sem
Le Pirée	9 heures 30	29	3/sem
Le Pirée*	8 heures 30	29	3/sem
Lesbos (Mytilène)	9 heures	21	1/sem
Mykonos*	3 heures	18	6/sem
Samos (Karlovassi)	2 heures 30	7	3/sem
Samos (Vathy)	3 heures	9	3/sem

* départ d'Evdilos

Comment circuler

BATEAU

En été, les bateaux-taxis font la navette tous les jours entre Agios Kirykos et Therma (5 € aller-retour). Dans l'autre direction, l'été, un caïque relie presque tous les jours (en fonction de la météo) Agios Kirykos à Manganitis et à Karkinagri (10 € aller-retour), deux villages de pêcheurs sur la côte sud-ouest. Il fait d'abord halte à Manganitis et sur l'idyllique plage de Seychelles avant de rejoindre Karkinagri. Le capitaine vend des sodas dans une glacière, avant de vous ramener à Agios Kirykos en fin d'après-midi.

BUS ET TAXI

Un bus quotidien effectue le trajet, sinueux, entre Agis Kirykos et Hristos Rahes (9 €), via Evdilos (6 €) et Arménistis (9 €). Toutes les 30 minutes, un bus dessert Therma (1 €, 10 min). Un taxi entre Agios Kirykos (l'aéroport) et Evdilos coûte environ 55 €.

> **PRENEZ LE BUS !**
>
> Prendre le bus à Icarie, c'est comme voyager dans un village ambulant. Les passagers appellent le conducteur par son prénom et discutent, tandis que leurs amis et voisins montent et descendent. Si vous circulez entre les villes portuaires d'Agios Kirykos et d'Evdilos, par exemple, vous commencerez vos vacances sur l'île par une introduction accueillante. Et si vous envisagez de louer une voiture, vous pouvez en général la laisser à l'aéroport sans frais supplémentaires, peu importe l'endroit où vous l'avez louée.

VOITURE ET MOTO

Pour s'aventurer au-delà des principales localités, la location d'une voiture ou d'un scooter est utile (même si les habitants prennent volontiers les auto-stoppeurs). Essayez la Dolihi Tours Travel Agency ou **Ikariada Travel** (☎ 22750 23322 ; www.ikariada.gr) à Agios Kirykos et à Evdilos ; **Mav Cars** (☎ 22750 31036 ; mav-cars@hol.gr) à Evdilos, ou **Aventura Car & Bike Rental** (☎ 22750 31140 ; aventura@otenet.gr) à Evdilos et à Arménistis. Service de livraison à l'aéroport proposé par la plupart des agences de location de voitures. L'agence **Pamfilis Bikes** (☎ 6979757539), à côté de l'Alpha Bank, à Agios Kirykos, loue également de bonnes motos.

Agios Kirykos
Άγιος Κήρυκος

1 880 HABITANTS

Front de mer bordé de cafés animés, ruelles enchevêtrées où déambuler, bons restaurants, hôtels et *domatia* accueillants : la capitale d'Icarie est un port grec authentique où il fait bon vivre. Les célèbres sources thermales radioactives attirent des amateurs de toute la région, tout comme la belle plage de galets de Xylosyrtis, à 4 km au sud-ouest.

Activités

Sources radioactives THERMALISME
(bain d'Asclépios ; ☎ 2275050400 ; 5 € ; ⏰ 7h-14h30 et 17h-21h juin-oct). À Agios Kirykos et alentour, il existe quelques sources salines radioactives. En termes de sécurité, ces eaux, qui contiennent des niveaux infimes de radioactivité, sont soigneusement contrôlées (également pour leur teneur en minéraux) et surveillées par les autorités sanitaires.

Vous pourrez mettre leurs vertus thérapeutiques à l'épreuve dans la ville, au Bain d'Asclépios, du nom du dieu grec de la Médecine et de la Guérison. Dans cet établissement simple, l'eau chaude est acheminée depuis une source dans la mer. Les visiteurs de passage sont les bienvenus. Un bain standard demande environ 30 minutes. Les sources thermales sont réputées notamment pour combattre l'arthrite et les rhumatismes.

Il y a d'autres sources thermales radioactives non loin d'Agios Kirykos, à **Therma**, et des sources chaudes d'eau de mer à ciel ouvert à **Lefkada**, où il s'agit plus de profiter d'un bain chaud que de se faire soigner.

Fêtes et festivals

À la fin du mois de juillet et en août, Icarie accueille plusieurs festivals sur toute l'île.

Tournoi international d'échecs ÉCHECS
(6955475693 ; www.ikariachess.blogspot.com ; juil). Ce petit événement annuel, organisé par l'aficionado d'échecs local Kosmas Kefalos, attire tous types de joueurs venus d'Europe et d'ailleurs. Le tournoi, très couleur locale, a lieu depuis plus de 30 ans en juillet. Les meilleurs joueurs sont récompensés par des prix sous forme de sommes d'argent.

Festival Icare pour le dialogue entre les cultures MULTICULTUREL
(6979783201, 22940 76745 ; www.icarusfestival.gr ; 10 €/événement ; spectacles à partir de 21h30 juin-août). Pendant tout l'été, concerts, cinéma, théâtre et ateliers de musique mettent en avant des artistes grecs et étrangers de premier plan. Service de bus pour rallier les différents sites.

Festival Frikaria MUSIQUE
(www.frikariafestival.tk ; fin juil/déb août). GRATUIT Ce festival branché attire fans de musique et esprits libres, 3 jours durant, dans des lieux variés, en général au-dessus d'Evdilos. Parmi les manifestations : groupes de rock grec et DJ. Programmes disponibles dans les cafés d'Evdilos (essayez le Rififi) et d'Agios Kirykos.

Festival de théâtre Dionysos THÉÂTRE
(www.aegean-exodus.gr ; 10 €). Ce festival présente des pièces grecques classiques, jouées avec des masques, dans des théâtres à ciel ouvert en différents lieux de l'île.

Où se loger

Hotel Akti HÔTEL $
(22750 23905 ; www.pensionakti.gr ; s/d 35/60 € ;). Dans un cadre de choix, cet hôtel bon marché tenu par de sympathiques propriétaires, propose des chambres douillettes et modernes avec réfrigérateur, TV, ventilateur au plafond et moustiquaire. Un café-bar surplombe la mer et le port. Prenez l'escalier à droite de l'Alpha Bank.

Pension Maria-Elena HÔTEL $
(22750 22835 ; www.island-ikaria.com/hotels/mariaelena.asp ; s/d 35/50 € ;). Cette petite pension, à environ 500 m du port, près de l'hôpital, est ouverte toute l'année. Agrémentée d'un jardin, elle loue 16 chambres simples mais propres avec des balcons donnant sur la mer, ainsi que quelques suites.

Isabella Hotel HÔTEL $
(6977196515, 22750 22839 ; s/d à partir de 30/35 €). Ce petit hôtel familial sur le front de mer, de type pension, dispose de chambres soignées, de sdb spacieuses et lumineuses et de fenêtres à double vitrage contre le bruit. Les propriétaires Alex et Isabella sont adorables.

Hotel Kastro HÔTEL $
(22750 23480 ; www.island-ikaria.com/hotels/kastro.asp ; d 50 € ;). Doté de belles chambres tout confort avec balcon, cet hôtel bien aménagé dispose également d'un bar et d'une piscine sur le toit. À 30 m sur la gauche en haut de l'escalier qui part de l'Alpha Bank.

Où se restaurer et prendre un verre

Filoti TAVERNE $
(plats 4-6,50 €). Ce bon restaurant, à 30 m de la place, sert les repas aux meilleurs prix d'Agios Kirykos, ainsi que des pizzas correctes.

Taverna Klimataria TAVERNE $
(Plats 6-10 €). Dans une petite rue derrière la Banque nationale, une agréable taverne avec une ravissante cour ombragée. Spécialités de la maison : les grillades et le *pastitsio* (gratin de pâtes à la viande d'agneau).

Tzivaeri RESTAURATION RAPIDE $
(22750 22850 ; 2-4 €). Les meilleurs pitas, souvlakis et *gyros* du port. À côté de la Klimataria Taverna.

Restaurant Tsouris TAVERNE $
(plats 7-10 €). À côté de la place et de l'église d'Agios Nikolaos, ce restaurant animé sert de savoureux *mayirefta* (plats cuisinés) et du poisson frais au kilo.

Kazino Café CAFÉ
(22750 23290 ; café et en-cas 1,50-4 € ; 8h-minuit). Cet établissement du front de mer, installé dans un bâtiment des années 1850, sert des cafés grecs, expressos, jus de fruits frais et une variété de gourmandises, des milkshakes au chocolat faits sur demande aux *tyropita* (feuilletés au

Icarie et les îles Fourni

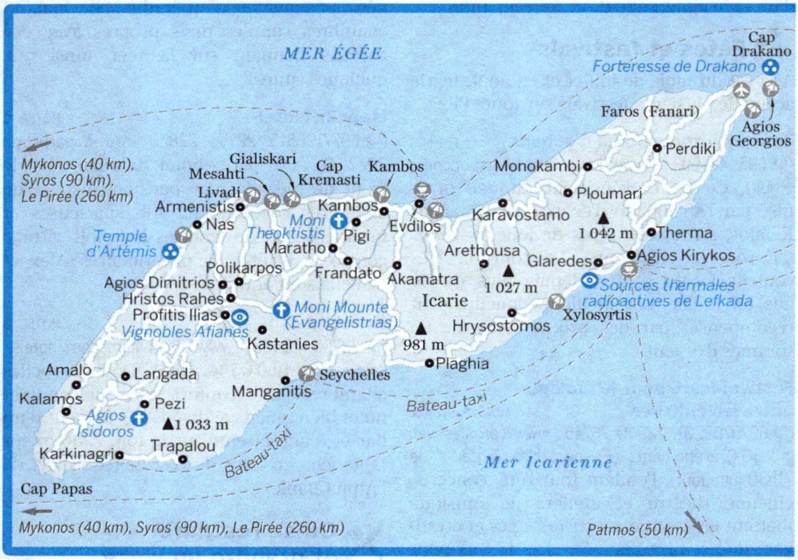

fromage) fraîches. Un charmant café grec traditionnel, tenu par le philosophe Manolis.

Renseignements

Banques avec DAB sur la *plateia*. La poste est à gauche de la place.

Dolihi Tours (☎22750 23230). Agence de voyages tous services utiles. Près de l'Alpha Bank.

Hôpital (☎22753 50200).

Ikariada Travel (☎22750 23322 ; www.ikariada.gr). Billets d'avion et de ferry, ainsi que des réservations d'hébergement. Sur le front de mer.

Police (☎22750 22222). Au-dessus de l'Alpha Bank.

Police portuaire (☎22750 22207).

Site Internet (www.ikaria.gr). Informations en ligne sur Icarie.

Environs d'Agios Kirykos

À 2 km au nord d'Agios Kirykos, vous pourrez découvrir les **sources chaudes de Lefkada**. Il s'agit d'un joli coin de plage, formant un cercle de rochers imparfait que vous identifierez facilement ; vous vous rendrez compte que vous êtes au bon endroit lorsque vous sentirez la chaleur de la source alterner avec la fraîcheur de l'eau de mer sous vos pieds. Depuis la route, vous apercevrez un panneau bleu et blanc indiquant "hot springs" (sources chaudes). De là, un sentier mène à la plage rocheuse en contrebas.

À 10 km au nord d'Agios Kirykos par la route côtière, vous atteindrez la **plage de Faros (Fanari)**, qui s'étire sur 2 km ; puis, sur la pointe est d'Icarie, la **forteresse de Drakanos** (⏲8h30-15h mar-sam) GRATUIT, du IVe siècle av. J.-C., autrefois théâtre de rites religieux en l'honneur d'Ilithyie, déesse de l'Enfantement. Il y a sur le site une tour d'observation haute de 13 m (panneaux informatifs), où officient deux bénévoles anglophones. Un sentier partant d'une petite chapelle mène à la **plage d'Agios Georgios**.

À moins de 100 m de la plage de Faros, à l'**Evon's Rooms** (☎22750 32580, 6977139208 ; www.evonsrooms.com ; Faros ; ste 40-110 € ; P ❄ @ 📶), Evon Plakidis, un sympathique Gréco-Australien, loue des suites de grande qualité, toutes avec kitchenette, certaines avec un escalier en colimaçon. Il y a aussi des studios pouvant accueillir 6 personnes. Le café adjacent sert le petit-déjeuner et propose de délicieuses crêpes, des *loukoumades* (beignets ronds servis avec du miel et de la cannelle), des jus de fruits frais et des salades.

Dans le village de **Therma,** à l'est d'Agios Kirykos, le temps semble s'être arrêté. On peut profiter de **sources chaudes** (☎22750 22665) traditionnelles, ainsi que d'un sauna naturel, les **Spilio Baths** (To Spilio ; ☎22750 24048 ; 3-4,50 € ; ⏲tlj jusqu'au crépuscule). La charmante **Agriolykos Pension** (☎22750 22433 ; www.island-ikaria.com/hotels/agriolykos.asp) domine la petite baie, que l'on peut rejoindre par des escaliers. Si vous êtes motorisé, faites halte à la **Taverna Arodou** (☎22750 22700), un excellent restaurant traditionnel, avec vue sur la mer, à 5 km au sud-ouest d'Agios Kirykos.

Evdilos Εύδηλος

460 HABITANTS

Second port d'Icarie, Evdilos est à 41 km au nord-ouest d'Agios Kirykos. Les deux routes qui les relient constituent les principaux axes de l'île. Ce trajet mémorable est jalonné de saillies montagneuses, de splendides panoramas sur la mer et de villages aux toits d'ardoise. Evdilos borde une petite baie semi-circulaire et s'étage sur une colline. Au détour de ses rues sinueuses, vous découvrirez de majestueuses maisons anciennes et un joli front de mer tranquille avec un petit parking à l'une de ses extrémités.

Où se loger

Hotel Atheras HÔTEL $

(☎22750 31434 ; www.atheras-kerame.gr ; s/d 50/60 € ; ❄📶🏊). Un décor tout blanc qui contraste avec le bleu de la mer Égée : on se croirait presque dans les Cyclades. Cet hôtel chaleureux et moderne, avec bar à ciel ouvert près de la piscine, est situé dans une ruelle à environ 200 m du port.

Kerame Studios APPARTEMENTS $

(☎22750 31434 ; www.atheras-kerame.gr ; studio/app à partir de 70/90 € ; ❄📶🏊). Affilié à l'Hotel Atheras, à 1 km d'Evidlos. Les prix varient en fonction du type d'hébergement – des studios aux appartements, tous bien entretenus, avec cuisine et grande terrasse avec vue. Le restaurant est aménagé dans un ancien moulin à vent.

Rooms-for-Rent PENSION $

(☎22750 31518 ; s/d 40/50 €). Également connues sous le nom de "Chez Anna", ces chambres à louer simples et impeccables (avec ventilateurs au plafond) surplombent le port. Situées au-dessus de l'Alpha Bank.

Où se restaurer et prendre un verre

Restaurant Koralli TAVERNE $

(Plateia Evdilou ; plats 4-9 €). La meilleure des tavernes du front de mer, spécialisée dans les *fish and chips*, les grillades de viande, les salades végétariennes et les *mayirefta*.

Tsakonitis Cafe OUZERI $

(Plateia Evdilou ; mezze 4-7 €). Cet *ouzeri* (établissement servant de l'ouzo et des en-cas) du front de mer, apprécié des habitants, est réputé pour ses yaourts grecs maison.

Café-Bar Rififi CAFÉ

(Plateia Evdilou ; en-cas 2-5 €). Un bar animé, sur le port, où déguster des en-cas à base de pain pita, du bon café et de la bière à la pression. Doit son nom à la banque adjacente : "rififi" est le surnom grec donné aux braqueurs de banque.

Renseignements

Il y a 2 DAB sur le front de mer. C'est également là que se trouve la billetterie de **Hellenic Seaways** (☎22750 32931).

Aventura (☎22750 31140). Location de voitures et de motos.

Centre médical (☎22750 33030 ou ☎22750 32922). À 2 km à l'est d'Evidlos.

RANDONNÉE EN MONTAGNE

Avec sa quiétude et sa nature sauvage, Icarie se prête parfaitement à la marche en montagne. Une promenade revigorante consiste à effectuer un trajet circulaire d'une journée sur des chemins de terre depuis **Kambos**. Partant vers le sud, ce circuit vous conduit au village de **Dafni**, aux vestiges du **château byzantin de Koskinas** (Xe siècle), puis aux ravissants villages de **Frandato** et de **Maratho**.

Une fois parvenu à **Pigi**, cherchez le panneau "Frandato", au-delà duquel vous découvrirez, nichée dans une saillie granitique, la **chapelle byzantine de Theoskepasti**, assez insolite. Un peu d'"escalade" est nécessaire pour accéder au site. Si les crânes de moines exposés à l'intérieur ne mettent pas vraiment à l'aise, la chapelle est un havre de tranquillité. Non loin, le **Moni Theoktistis** abrite des fresques en partie datées de 1686. La charmante Maria tient le *kaféneio* voisin, parfait pour faire une pause en prenant un café ou un jus de fruits.

Mav Cars (☎22750 31036). Location de voitures et de motos.
Police (☎22750 31222).

À l'ouest d'Evdilos

Kambos Κάμπος

250 HABITANTS

À 3 km à l'ouest d'Evdilos, Kambos fut jadis la puissante capitale d'Icarie sous le nom d'Oinoe (tiré du mot grec désignant le vin), et il subsiste quelques traces de sa gloire passée. On peut profiter dans les environs de plages de sable et de galets, et faire de belles promenades en montagne.

À voir

En arrivant d'Evdilos, vous apercevrez sur la droite les modestes ruines d'un **palais byzantin**. Parmi les autres sites d'intérêt, citons un petit musée archéologique et la plus ancienne église byzantine de l'île.

Agia Irini ÉGLISE
Construite sur les ruines d'une basilique du IVe siècle dont elle a gardé quelques colonnes, cette église byzantine date du XIIe siècle. Faute de moyens pour les restaurer, la plupart des fresques byzantines qui l'ornent restent cachées sous les couches de chaux qui les ont protégées au fil des siècles.

Musée archéologique PATRIMOINE
(☎22750 31300) GRATUIT. Le petit musée de Kambos donne à voir des outils néolithiques, des céramiques à décors géométriques, des fragments de sculptures classiques, des figurines et des bibelots en ivoire. S'il est fermé, Vassilis Kambouris (de Rooms Dionysos) vous l'ouvrira.

Où se loger et se restaurer

♥ Rooms Dionysos PENSION $
(☎6944153437, 22750 31300 ; www.ikaria-dionysosrooms.com ; d/tr petit-déj inclus 45/55 € ; P wifi). Les nombreux clients satisfaits, qui reviennent chaque année, attestent de l'ambiance magique de cette pension tenue par le charismatique Vassilis "Dionysos" Kambouris. Simples et bien tenues, les chambres ont toutes une sdb. Pour 10 €, on peut dormir à la belle étoile sur un lit du toit-terrasse. Le petit-déjeuner est servi dans le patio ombragé qui domine la plage de Kambos et le soir, les clients peuvent profiter de la convivialité des lieux autour d'un verre de vin. On peut même échanger ses livres.

Partheni TAVERNE $
(plats 6-8 €). Sur la plage de Kambos, le Partheni sert des mets grecs simples mais savoureux. Outre de délicieux *kalamari* (calamars frits), on y sert de copieux *mayirefta*. C'est un endroit agréable où manger après s'être baigné. Partheni signifie "vierge" et la plage était autrefois réservée aux jeunes femmes en longues robes de bain.

Popi's TAVERNE $
(Kambos ; plats 5-8,50 € ; ⏲dîner). Dans un cadre très traditionnel, sur la route entre Kambos et Evdilos. Une délicieuse cuisine de taverne, préparée et servie joyeusement par Popi.

Renseignements

Kambos se découvre facilement, mais si vous désirez des informations de première main, cherchez Vassilis Kambouris. Il peut vous aider à planifier vos déplacements en taxi, à louer une voiture ou à acheter des billets de ferry. Contactez-le dans son établissement, le Rooms Dionysos.

De Kambos à la côte sud-ouest

De Kambos, deux routes desservent l'ouest de l'île : la route principale longe la côte nord jusqu'à Arménistis, où elle devient une route secondaire le long de la côte nord-ouest ; l'autre route, dont la moitié est une bonne piste de terre, serpente vers le sud-ouest à travers les paysages lunaires du centre de l'île avant d'atteindre, sur la côte sud le village isolé de Karkinagri.

La route qui traverse l'intérieur des terres vous conduira au **Moni Theoktistis** et à la minuscule **chapelle de Theoskepasti**, juste au nord-ouest du village de Pigi. De là, poursuivez vers le sud jusqu'à Maratho, puis prenez vers l'ouest pour gagner l'étonnant **Moni Mounte**, également connu sous le nom de Moni Evangelistrias. À environ 500 m du site, un petit réservoir est peuplé de poissons et de grenouilles.

Un autre embranchement mène au populaire village **Hristos Rahes**. Connu pour ses boutiques ouvertes tard le soir et ses nombreux cafés, il est perché à flanc de colline et constitue un bon point de départ pour randonner dans les environs. Arrêtez-vous à la **coopérative des femmes** (☎ 22750 41076 ; Hristos Raches) pour acheter des confitures, herbes aromatiques et sucreries locales. Outre différents produits traditionnels, on peut trouver une carte de randonnée très utile, *The Round of Rahes on Foot* (Les environs de Rahès ; 4 €) dans la plupart des boutiques ; les bénéfices servent à entretenir les sentiers (www.hikingikaria.blogspot.com).

Juste au-dessus de Hristos Rahes, l'excellente **Afianes Winery** (☎ 6977893731, 22750 40008 ; www.afianeswines.gr ; ⏲ 12h-20h jeu-mar) GRATUIT offre des visites quotidiennes et des dégustations gratuites. Une salle d'exposition présente du matériel ancien et des robes de mariage du XIXe siècle.

Au-delà de Hristos Rahes, la route vers le sud traverse le village rustique de **Profitis Ilias**, puis celui de **Pezi**, bien signalé. Dès lors, le paysage se fait plus accidenté et plus sauvage encore : des arbres verts touffus, fouettés par le vent, s'accrochent à des rochers nus, et les chèvres sauvages se font plus nombreuses. La route atteint finalement le petit village de **Karkinagri**, qui compte quelques tavernes et des chambres à louer, non loin d'une plage.

L'été, un service quotidien de bateau relie Karkinagri à Agios Kirykos. Lors de ce périple superbe, le bateau longe la côte méridionale d'Icarie, déchiquetée et en bonne partie inaccessible. Il fait escale au village de **Manganitis**. Non loin (à 2,5 km), la **plage de Seychelles** porte bien son nom : nichée dans une crique protégée et flanquée d'une grotte, c'est une magnifique étendue de galets blancs bordée d'une eau cristalline.

Si vous arrivez à la plage de Seychelles en voiture par la route littorale reliant Manganitis, Evdilos et Agios Kirykos, vous verrez un parking non signalisé à droite, environ 125 m après un tunnel ; garez-vous ici et descendez le sentier jonché de pierres (15 minutes) jusqu'à la plage.

Où se loger et se restaurer

Fakaros Rooms PENSION $
(☎ 22750 41269 ; Hristos Rahes ; s/d 20/30 €). De modestes *domatia* (chambres à louer, en général chez des particuliers ; hébergement bon marché), accueillantes, confortables et tenues par la famille Fakaros. À quelques mètres de la plateia à Hristos Rahes.

O Karakas TAVERNE $
(Karkinagri ; plats 6-9 €). Au bord de la mer, dans un patio au toit de bambou, une excellente taverne, tenue par une famille, appréciée pour son poisson frais et ses salades. Spécialité icarienne, le *soufiko* (sorte de ratatouille) est particulièrement savoureux. Des *domatia* sont disponibles.

D'Arménistis à Nas
Αρμενιστής προς Να

À 15 km à l'ouest d'Evdilos, Arménistis, modeste version icarienne d'une station balnéaire, compte deux longues plages de sable séparées par un étroit promontoire, un port de pêche et un dédale de ruelles en pente à explorer à pied. Quelques cafés et tavernes bordent le sable, et une modeste vie nocturne, à laquelle participent les habitants, ainsi que les touristes grecs et étrangers, apporte un peu d'animation en été.

À voir et à faire

Plage de Livadi PLAISIRS BALNÉAIRES
À 500 m à l'est d'Arménistis, les grosses vagues de la plage de Livadi nécessitent la présence de maîtres nageurs, et offrent de réels plaisirs aux surfeurs. Un peu plus loin, les plages de **Mesahti** et de **Gialiskari** ont aussi leurs adeptes.

Plage de Nas
PLAISIRS BALNÉAIRES

En quittant Arménistis par l'ouest, on atteint, au bout de 3,5 km, la plage de galets de Nas, loin en contrebas de la route et de la poignée de tavernes rassemblées à proximité. Cette plage naturiste bénéficie d'un emplacement exceptionnel, à l'embouchure d'une rivière bordée de forêts et derrière les vestiges d'un ancien **temple d'Artémis**, que l'on peut admirer depuis la Taverna O Nas.

Où se loger

Arménistis possède son lot de pensions et de restaurants à touristes. Si vous voulez changer de rythme, voici quelques établissements qui sortent du lot.

Pension Astaxi
PENSION $

(22750 71318 ; www.island-ikaria.com/hotels/PensionAstaxi.asp ; Arménistis ; d/tr à partir de 35/50 € ;). Excellente adresse bon marché, nichée à 30 m de la route principale, au-dessus du café Carte Postale (voir ci-contre). Maria, l'accueillante propriétaire, a créé une pension séduisante et confortable, d'une douzaine de chambres (ventilateurs), prolongées par des balcons donnant sur la mer.

Hotel Daidalos
HÔTEL $

(22750 71390 ; www.daidaloshotel.gr ; Arménistis ; s/d petit-déj inclus à partir de 40/50 € ; mai-oct ;). La combinaison bleu-blanc caractéristique de l'île est à l'honneur dans cet hôtel de taille moyenne (25 chambres), agréable et bien aménagé. Chambres spacieuses et gaies, la plupart surplombant la mer. À 200 m à l'ouest du petit pont.

Atsachas Rooms
HÔTEL $

(22750 71226 ; www.atsachas.gr ; plage de Livadi ; d à partir de 60 €). Situé au-dessus de la plage de Livadi, l'Atsachas dispose de chambres bien tenues et joliment meublées, dont le balcon ouvre sur la mer. Certaines ont une cuisine. Le café se prolonge jusque dans le jardin, où un escalier descend vers la plage.

Armenistis View
HÔTEL $

(697621806, 22750 71529 ; www.armenistis.eu ; d/app à partir de 40/60 €). Ces 5 studios, avec kitchenette et véranda spacieuse donnant sur la mer, se trouvent en contrebas de la route, à environ 30 m avant le pont.

Villa Dimitri
APPARTEMENTS $

(22750 71310 ; www.villa-dimitri.de ; Arménistis ; studios 2 pers et app avec patio privé 50-70 € ; mar-oct ;). Une villa tout en hauteur, perchée sur une falaise à 800 m à l'ouest d'Arménistis, tenue par un couple gréco-allemand. Le bleu et le blanc, ainsi que le bois et la pierre, dominent dans ces 6 appartements bien séparés au milieu de fleurs colorées. Séjour d'une semaine minimum.

Où se restaurer et prendre un verre

Pashalia Taverna
TAVERNE $

(6975562415, 22750 71302 ; Arménistis ; plats à partir de 5 € ; juin-nov). La première taverne sur la route du port d'Arménistis. Ses spécialités : le *katsikaki* (chevreau) ou le veau servi dans un plat en terre. Les propriétaires Haris et Vasilis, père et fils, louent également 3 appartements au-dessus.

Théa
TAVERNE $

(Nas ; plats 5-9 €). Parmi les bonnes tavernes de Nas, Théa sert d'excellents mezze, grillades de viande, et une somptueuse *moussaka* végétarienne. Bon vin et *tsipouro* (boisson distillée semblable à l'ouzo, en général plus forte) pour compléter le repas. Un patio extérieur donne sur la mer. Cinq chambres confortables et lumineuses au-dessus du restaurant, avec petit-déjeuner.

Taverna Baido
TAVERNE $

(6982331539 ; Arménistis ; plats 4,50-8 €). De l'autre côté du pont en direction de Nas, cette intéressante taverne tenue par Marianthi, propose des plats bon marché à base de produits locaux, poisson frais et vin icarien. Les boulettes de viandes turques (*soutzoukakia*) sont exceptionnelles, ainsi que le *taramasalata* (purée d'œufs de poisson, pomme de terre, huile et jus de citron).

Kialaris Ouzerie
TAVERNE $

(22750 71227 ; Gialiskari ; plats 6-11 €). Kelari sert son propre poisson fraîchement pêché, ainsi que des *mayirefta* au déjeuner. Cherchez l'église sur la pointe, à 2 km à l'est d'Arménistis.

Carte Postale
CAFÉ-BAR

(Arménistis ; boissons, petites assiettes 2-7 € ; 10h-2h). Un café-bar bohème à la vue plongeant sur la baie, à 100 m à l'ouest de l'église. Les en-cas vont des petites pizzas et salades aux omelettes du matin et risotto le soir. Ambiance branchée et programmation musicale éclectique.

Karnayo CAFÉ-BAR
(☎22750 71240 ; Gialiskari). Bar branché et musique éclectique, au milieu d'une rangée de plusieurs *ouzeria* au-dessus de la plage de Gialiskari.

Renseignements

Aventura (☎22750 71117 ; Arménistis). Agence de voyages voisine de la pâtisserie, avant le pont. Location de voitures, circuits en Jeep sur la côte est d'Icarie, et billets de ferry et d'avion.

Dolihi Tours et Lemy Rent-a-Car (☎22750 71122, 6983418878 ; Arménistis). Agence de voyages efficace à côté du marché du village. Location de voitures, randonnées et circuits en Jeep.

Environs d'Evdilos

Karavostamo Καραβόσταμο

550 HABITANTS

Voici l'un des plus beaux villages côtiers d'Icarie, à 6 km d'Evidlos. Depuis la route principale, Karavostamo s'étage le long de chemins tortueux, constellés de jardins fleuris, de petites églises, de potagers, de poulaillers et d'enclos où paissent des chèvres, pour finir sa course sur une jolie place et un petit port de pêche. Vous n'y trouverez guère plus qu'une boulangerie, un magasin d'alimentation générale et quelques *domatia*, tavernes et *kaféneia* (cafés), où les villageois se réunissent le soir pour bavarder, manger, jouer au backgammon et prendre un verre. Pour rejoindre la place, prenez la rue indiquée après la route principale. Des hébergements sont disponibles près de la place du village à **Despina Rooms** (☎21066 14371, 6973050505 ; Karavostamo ; ch à partir de 40-60 € ; P ❄ 📶). La taverne du front de mer, **Mandouvala** (☎22750 61204 ; plats 7-12 € ; ⌚déj et dîner), est excellente, tandis que le petit *ouzeri* **To Steki** (⌚déj et dîner) sert une clientèle régulière tous les soirs.

À 3 km de Karavostamo, dans le village d'Aréthousa, l'**Ikarian Centre** (www.greekin-greece.gr) est une école de langue qui propose des cours intensifs de grec d'une semaine, en résidence.

UNE HISTOIRE DE PAIN

Tout ce qu'il vous faut savoir des valeurs d'Icarie, vous le découvrirez probablement à **To Yefiri** ("le pont"), la boulangerie du village de Karavostamo, sur la côte nord de l'île. Petros Pavlos fait cuire de longues miches au feu de bois, ainsi que de croustillants *paximadia* (biscottes) et des *koulouria* (petits pains en couronne, saupoudrés de sésame et sucrés).

Après la cuisson, il dépose le pain sur le comptoir, dans des paniers en osier, et, son travail terminé, il s'en va, laissant la porte ouverte derrière lui.

Dans la journée, les habitués ou les enfants qui font des commissions pour leurs parents viennent y prendre un ou deux pains et déposent la monnaie dans une boîte. Ce système fonctionne depuis des années – de quoi garder confiance dans le genre humain !

Îles Fourni Οι Φούρνοι

1 500 HABITANTS

L'archipel des Fourni est l'un des joyaux méconnus de la Grèce. Couvertes d'une végétation arbustive, ses collines aux rondeurs gracieuses enserrent de multiples baies, ourlées de plages de sable et de ports en miniature. Des siècles durant, les îles Fourni ont servi de refuge aux pirates, attirés par leur isolement et leur quiétude. Aujourd'hui, l'archipel attire les voyageurs en quête d'escapade – et des meilleurs fruits de mer de la mer Égée.

Témoin de ce passé mouvementé, rythmé par les fameuses équipées des pirates (français) écumant l'est de la mer Égée, Fourni Korséon, capitale de l'archipel, rappelle par son nom combien l'isolement des îles Fourni fit jadis la fortune des corsaires ! Aujourd'hui, c'est à son isolement que Fourni Korséon doit sa bonne fortune, car l'archipel attire ceux qui veulent fuir un moment la folie du monde.

Aujourd'hui, Fourni Korséon regroupe la majorité des services et des hébergements, et compte plusieurs plages. Au nord se trouvent les localités plus modestes de Hrysomilia et de Kamari. En face, l'île de Thymena compte un hameau de pêcheurs. À la pointe sud, le monastère d'Agios Ioannis Prodromos surplombe plusieurs plages idylliques.

À voir et à faire

Les collines de l'île sont propices à la **randonnée,** et chaque sentier vous mènera inévitablement à une plage. La plus proche de Fourni Korséon, **Psili Ammos**, se trouve à 600 m au nord, sur la route côtière. Vous pourrez profiter de ses parasols et de son bar ouvert toute la nuit.

Le long de la route côtière vers le sud, se trouve la délicieuse plage de **Kampi**, et plus loin, à environ 2 km, la plage de sable d'**Elidaki**, suivie de la petite plage de galets de **Petrokopeio**.

À l'extrême pointe sud de Fourni, citons la belle étendue de sable de **Vlyhada**, près du **monastère d'Agios Ioannis Thermastis**, et la **plage de Kassidi**, plus isolée.

Les deux autres principales localités de l'île, **Hrysomilia** et **Kamari**, se trouvent respectivement à 17 et 10 km de Fourni Korséon. Une demi-heure de virages et de côtes permettent de découvrir bien des endroits secrets de toute beauté, avant de parvenir à ces tranquilles bourgs de pêcheurs où l'on peut profiter de la plage, mais où les services sont limités.

Où se loger

Si Fourni Korséon concentre le plus gros de l'hébergement, il est aussi possible de séjourner dans des localités plus petites ou de faire du camping sauvage sur la plage.

Archipelagos Hotel HÔTEL $$
(☎22750 51250 ; www.archipelagoshotel.gr ; Fourni Korséon ; s/d/tr à partir de 40/50/60 € ; P ❄). À l'extrémité nord du port, un charmant petit hôtel, le plus sophistiqué de Fourni, à l'architecture traditionnelle. Chambres bien aménagées, aux équipements modernes. Restaurant installé dans un patio, sous des arches en pierre.

Studios Nektaria APPARTEMENTS $
(☎22750 51148 ; studiosnektaria@yahoo.gr ; Fourni Korséon ; d/tr 35/45 € ; ❄). À l'extrémité du port, cette option bon marché de Fourni offre des chambres petites et impeccables. Trois d'entre elles donnent sur une petite plage.

Toula Rooms-to-let PENSION $
(☎6976537948, 22750 51332 ; info@fournitoulastudio.gr ; front de mer ; s/d 40/50 €). Cherchez les balcons bleus de cet établissement de bord de mer, proche des boutiques et des tavernes. Chambres simples et propres, avec ventilateurs.

Où se restaurer et prendre un verre

Fourni est célèbre pour ses produits de la mer, en particulier ses *astakomakaronadha* (pâtes à la langouste).

Psarotaverna O Miltos POISSON $
(Fourni Korséon ; plats 7-10 €). Une taverne emblématique du front de mer, où langoustes et poissons frais sont préparés d'une main de maître.

Psarotaverna Nikos POISSON $
(Fourni Korséon ; plats 7-10 €). Une excellente table en matière de produits de la mer, à côté d'O Miltos.

Taverna Kali Kardia TAVERNE $
(Fourni Korséon ; plats 5-8 €). Sur la *plateia*, les sublimes grillades de la Kali Kardia attirent les habitués du coin, qui assurent une ambiance animée. Avec un peu de chance, vous pourrez goûter l'*amélétita*, une spécialité rare qu'un agneau mâle ne possède qu'en deux exemplaires.

Taverna Almyra TAVERNE $
(Kamari ; poisson 5-9 €). Venez vous détendre dans cette charmante taverne de Kamari, face à la mer, qui propose une grande variété de poissons frais et de langoustes.

Café Meltemi CAFÉ-BAR
Café apprécié proposant un accès Wi-Fi et des boissons jusqu'aux petites heures du matin.

Renseignements

On rejoint la *plateia*, vers l'intérieur des terres, par une rue perpendiculaire au front de mer, dans laquelle se trouvent la Banque nationale de Grèce (DAB), une agence de voyages, la poste et la **pharmacie** (☎22750 51188).

Centre médical (☎22750 51202).

Karla Irini Travel (☎22750 51481 ; Fourni Korséon).

Police portuaire (☎22750 51207).

Depuis/vers les îles Fourni

L'archipel est relié à Icarie (Agio Kirykos) et à Samos par ferry et hydroglisseur. **Fourni Island Tours** (☎22750 51540 ; Fourni Korséon) renseigne les voyageurs et vend des billets.

Bateaux au départ des îles Fourni

VERS	DURÉE	TARIF (€)	FRÉQUENCE
Icarie (Agios Kirykos)	35 min-1 heure	7	1-2/jour
Le Pirée	11 heures	33	3/sem
Samos (Karlovassi)	1 heure 30	5	6/sem
Samos (Vathy)	2 heures	8	6/sem

Comment circuler

Des routes asphaltées (20 km) relient Fourni Korséon à Hrysomilia et Kamari. Pour en profiter, il faut faire connaissance avec un habitant motorisé, louer une moto, faire du stop ou prendre l'unique **taxi** (☎ 22750 51223, 69773 70471) de l'île, que conduit l'exubérant Manolis Papaioannou.

Aucune location de voitures n'est proposée pour l'instant. En attendant, vous pouvez louer un scooter auprès d'**Escape Rent a Motorbike** (☎ 22750 51514 ; gbikes@hotmail.com), sur le front de mer.

Reste le **bateau** : deux caïques desservent Hrysomilia chaque semaine et trois relient Thymena.

SAMOS ΣΑΜΟΣ

32 820 HABITANTS

Au large des côtes turques, Samos est l'une des destinations les plus connues du nord-est de la mer Égée. Ses modestes stations balnéaires et sa capitale animée, Vathy, drainent un tourisme attiré par son atmosphère semi-tropicale. Néanmoins, ses collines ondulantes embaumant les pins, son vin doux, ses sites sacrés antiques et ses criques secrètes offrent au voyageur curieux mille et une occasion de profiter d'une vie traditionnelle qui se poursuit.

Samos a un passé historique passionnant. La mythologie veut que la sévère épouse de Zeus, Héra, y soit née, comme en témoignent les vastes ruines du sanctuaire qui lui est dédié, l'Héraion (Iréon), en cours de fouilles archéologiques. Samos a vu naître le grand mathématicien Pythagore et, au IVe siècle av. J.-C., le philosophe Épicure. Le génie scientifique de Samos se mesure aussi à l'aqueduc souterrain que fit creuser, en 524 av. J.-C., l'ingénieur Eupalinos, et qui est considéré comme l'un des chefs-d'œuvre du génie civil antique.

Depuis/vers Samos

AVION

L'aéroport de Samos est à 4 km à l'ouest de Pythagorion. Les transporteurs aériens n'ont pas de bureaux sur l'île, mais vous pouvez contacter les compagnies citées ci-dessous, qui desservent toutes Samos, ou une agence de voyages locale :

Aegean Airlines (www.aegeanair.com).
Olympic Air (www.olympicair.com).
Sky Express (www.skyexpress.gr).

Vols intérieurs au départ de Samos

VERS	DURÉE	TARIF (€)	FRÉQUENCE
Athènes	45 min	83	2-3/jour
Chios	30 min	40	2/sem
Limnos	2 heures 30	50	2/sem
Lesbos	1 heure 30	50	2/sem
Rhodes	1 heure	50	2/sem
Thessalonique	50 min	55	4-5/sem

BATEAU

Le nouveau terminal des ferries à Vathy (Samos), pour les bateaux desservant des destinations grecques uniquement, se trouve à l'extrémité sud-est du port, à 1,7 km de l'ancien terminal des ferries, d'où partent les bateaux pour la Turquie. Un taxi entre les deux terminaux coûte 5 €.

L'agence **ITSA Travel** (☎ 22730 23605 ; www.itsatravelsamos.gr ; Themistokleous Sofouli), juste en face de l'ancien terminal des ferries de Vathy (Samos), fournit de multiples informations, offre un service de consigne gratuite et vend des billets de traversée, y compris pour la Turquie. Son personnel serviable peut aussi vous récupérer au nouveau terminal gratuitement.

À Pythagorion, faites-vous confirmer les horaires de ferries et d'hydroglisseurs auprès de l'**office du tourisme** (☎ 22730 61389), de la **police portuaire** (☎ 22730 61225) ou de By Ship Travel (p. 513).

Pour les différents services de bateaux, voir également le tableau page suivante.

Comment circuler

DEPUIS/VERS L'AÉROPORT

Des bus font la navette depuis/vers l'aéroport 9 fois/jour (2 €). En taxi, comptez la somme exorbitante de 25-30 € pour Vathy (Samos) ou 6 € pour Pythagorion, d'où des bus desservent Vathy.

Samos

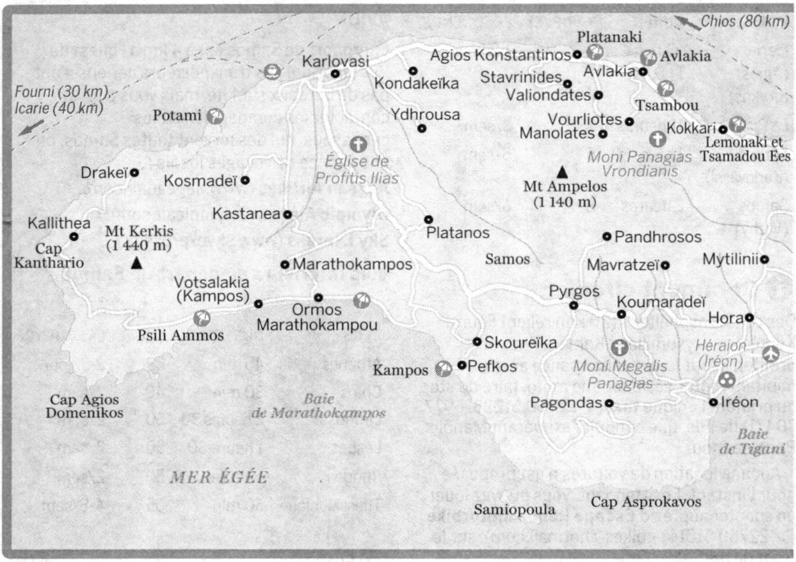

BATEAU

En été, des bateaux d'excursion assurent 2 fois/semaine (lundi et vendredi) la traversée de Pythagorion à Patmos (aller-retour 5 € ; départ à 8h). D'autres desservent tous les jours l'îlot de Samiopoula (25 €, déj compris).

BUS

Depuis la **gare routière** (✆ 22730 27262 ; www.samospublicusses.gr ; Themistokli Sofouli) de Vathy, des bus quotidiens desservent Kokkari (1,50 €, 20 min), Pythagorion (1,70 €, 25 min), Agios Konstantinos (2,20 €, 40 min), Karlovassi (4 €, 1 heure), l'Héraion (2,50 €, 25 min) et Mytilinii (1,60 €, 20 min).

De Pythagorion même, 5 bus quotidiens rallient l'Héraion (1,60 €, 15 min) et 4 autres desservent Mytilinii (1,90 €, 20 min). Achetez vos billets à bord. Le service est réduit le week-end.

BATEAUX AU DÉPART DE SAMOS

VERS	PORT	DURÉE	TARIF (€)	FRÉQUENCE
Chios	Karlovassi	3 heures	13	3/sem
Fourni	Vathy	2 heures 30	8	3/sem
Icarie (Agios Kirykos)**	Vathy	3 heures 30	10	3/sem
Icarie (Evdilos)**	Vathy	4 heures	9	3/sem
Kalymnos	Pythagorion	6 heures	20	3-4/sem
Kavala	V/K*	21 heures	38	2/sem
Le Pirée	Vathy	12 heures	32	3/sem
Lesbos (Mytilène)	V/K*	7 heures	18	3/sem
Limnos	V/K*	11 heures	28	3/sem
Mykonos	Vathy	7 heures	18	3/sem
Syros	Vathy	8 heures	29	3/sem

*Vathy ou Karlovassi
**via Fourni

TAXI

La **station de taxis** (22730 28404) de Vathy jouxte la Banque nationale de Grèce. À Pythagorion, la **station** (22730 61450) se trouve sur le front de mer, au niveau de Lykourgou Logotheti.

VOITURE ET MOTO

En face de l'entrée du port de Vathy, **Pegasus Rent a Car** (22730 24470, 6972017092 ; pegasussamos@hotmail.com ; Themistoklis Sofouli 5) propose les meilleurs tarifs en matière de location de voiture, de Jeep ou de moto. Autre option : **Auto Union** (22730 29744 ; Themistokli Sofouli 79).

À Pythagorion, tentez votre chance auprès de **John's Rentals** (22730 61405 ; www.johns-rent-a-car.gr ; Lykourgou Logotheti).

Vathy (Samos)
Βαθύ (Σάμος)

2 020 HABITANTS

Chef-lieu de l'île, la localité de Vathy (également appelée Samos), nichée au creux d'une baie profonde, bénéficie d'un cadre magnifique et son front de mer dessine une courbe bordée de bars, de cafés et de restaurants. Quant au quartier historique, Ano Vathy, il est composé de rues étroites assez abruptes ponctuées de maisons aux toits de tuile rouge datant du XIXe siècle.

De ses deux plages de galets, la plus agréable est celle de Gagos, à environ 500 m au nord de l'ancien embarcadère. En vous y rendant, vous découvrirez un chapelet de sympathiques bars nocturnes accrochés à la falaise au nord-est de la ville.

À voir et à faire

Outre le vieux quartier d'Ano Vathy (à 1 km à l'intérieur des terres via Sofouli), les paisibles jardins municipaux et les plages de Roditzes et de Gagos, un excellent musée archéologique et la splendide église d'**Agios Spyridonas** (Plateia Dimarheiou ; 7h30-11h et 18h30-19h30) figurent également parmi les sites d'intérêt. À environ 15 km à l'est de Vathy se trouve l'une des plages les plus belles et les moins bondées de l'île, dans le village de pêcheurs d'**Agia Paraskevi**.

Musée archéologique ANTIQUITÉ
(tarif plein/réduit 3/2 €, gratuit dim ; 8h-15h mar-dim). Dans ce musée, l'un des plus beaux des îles grecques, les pièces exposées attestent de la grandeur de Samos depuis la tyrannie de Polycrate (VIe siècle av. J.-C.). La plus célèbre d'entre elles est l'immense *kouros* découvert dans l'Héraion (sanctuaire dédié à Héra) près de Pythagorion. Avec ses 5,5 m de hauteur, c'est le plus imposant *kouros* connu à ce jour.

Musée ecclésiastique (byzantin) PATRIMOINE
(28 Oktovriou ; 28 Oktovriou ; tarif plein/réduit 3/2 €, gratuit dim ; 8h30-15h mar-dim). Sont conservés ici des manuscrits rares, des objets liturgiques en argent et en or, ainsi qu'une exceptionnelle collection d'icônes, peintes du XIIIe au XIXe siècle. Cette richesse s'explique par le statut d'archevêché de Samos, qui administrait également Icarie et Fourni.

Musée du Vin de Samos ÉTABLISSEMENT VINICOLE
(22730 87551 ; 8h-20h lun-sam) GRATUIT. Dans un beau bâtiment en pierre en face du nouveau terminal des ferries, vous découvrirez certains des meilleurs vignerons de Samos. Les visites ont généralement lieu à la demande et comprennent une dégustation gratuite. Plusieurs crus sont disponibles à l'achat.

Vathy (Samos)

Vathy (Samos)

À voir

1 Musée archéologique D3
2 Agios Spyridonas D3
3 Musée ecclésiastique (byzantin) A1

Où se loger

4 Hotel Medousa B2

Où se restaurer

5 Taverna Artemis A1
6 To Steki B2

Où prendre un verre et faire la fête

7 Ble A1
8 Escape Music Bar A1

Où se loger et se restaurer

Pythagoras Hotel HÔTEL $
(☎22730 28601 ; www.pythagorashotel.com ; Kallistratou 12 ; s/d/tr petit-déj inclus 20/35/45 € ; ⏲fév-nov ;). Cet hôtel bon marché, proche du port, doit son attrait à l'hospitalité de son propriétaire Stelios Mihalakis. Nombre de chambres disposent d'un balcon face à la mer et toutes sont équipées de ventilateurs. Vous pourrez prendre votre petit-déjeuner dans le patio ombragé, au-dessus de la plage de galets. Téléphonez pour qu'on vienne vous chercher à l'arrivée du ferry ou à la gare routière.

Hotel Medousa HÔTEL $
(☎6976559972, 22730 23501 ; front de mer ; s/d 25/35 €). Cet hôtel est simple, chaleureux et attrayant, notamment grâce à ses 6 chambres donnant sur le front de mer, au vitrage bien isolé, et au magasin de glaces situé au rez-de-chaussée.

Ino Village Hotel & Restaurant HÔTEL $$
(☎22730 23241 ; www.inovillagehotel.com ; Kalami ; s/d/tr petit-déj inclus 58/72/92 € ; P). Avec sa piscine flanquée de bâtiments blancs couverts de lierre et dotés de balcons, l'Ino Village, à 1 km sur les hauteurs de Vathy, donne une impression d'isolement et d'élégance. Bien que ce mini-complexe hôtelier soit parfois réservé par des petits groupes touristiques, les voyageurs impromptus peuvent s'attendre à des tarifs intéressants. L'hôtel comprend également le populaire restaurant Elea-bar à cocktails, qui propose de bons vins de Samos.

Taverna Artemis TAVERNE $
(Kefalopoulou 4 ; plats 5-9 €). Une institution à Vathy pour son poisson frais et ses bons *mayirefta*, cette taverne est particulièrement connue pour ses *sardelès pandrémènos*. En grec, *pandrémènos*

signifie marié, et les sardines sont servies par deux. Ouvert toute l'année.

To Steki TAVERNE $

(Aogotheti 61 ; plats 4,50-7,50 € ; déj et dîner). Dans une ruelle, ce restaurant sans prétention et accueillant propose de copieuses grillades, des *gavros* (petits poissons marinés), des salades et des soupes maison.

Où prendre un verre et faire la fête

À Vathy, la vie nocturne est résolument grecque, comparée à l'ambiance européanisée des bars de Pythagorion. La majorité des établissements s'alignent le long du front de mer, mais les plus intéressants, tels que l'**Escape Music Bar** (22730 28345 ; Kefalopoulou 9 ; 22h-6h) et le **Blé** (Kefalopoulou 7 ; 11h-4h), sont suspendus au-dessus de la mer dans Kefalopoulou, à 100 m après l'embarcadère. Musique et danse battent leur plein vers minuit.

Renseignements

Des banques avec DAB bordent la Plateia Pythagorou et le front de mer. Un accès Wi-Fi gratuit est disponible sur la Plateia Pythogorou et dans presque tous les cafés et bars du front de mer.

Hôpital général de Samos (22730 27407). Hôpital régional efficace, en face du Pythagoras Hotel.

Police (22730 27404 ; Presveos Dim Nikolareïzi 2).

Police portuaire (22730 27890). À un bloc au nord de l'embarcadère.

Poste (Plateia Nikolaou ; 7h30-14h).

Pythagorion Πυθαγόρειο

1 330 HABITANTS

Sur la côte sud-est, en face de la Turquie, Pythagorion est une agréable localité doublée d'un joli port où s'alignent les yachts. La plupart des sites archéologiques de Samos sont situés dans les environs. Tous les bateaux desservant le sud de Samos

TRAVERSÉES VERS LA TURQUIE

Que l'on vienne de Samos, Chios ou Lesbos, rejoindre les grandes stations balnéaires et les sites historiques de la côte égéenne turque ne présente aucune difficulté. Les visas ne sont pas nécessaires pour les excursions à la journée, mais le cas échéant, ils peuvent être délivrés du côté turc. Bien que les itinéraires maritimes, les tarifs et même les compagnies changent souvent, voici les traversées envisageables.

En partant de l'île de **Samos**, deux liaisons maritimes quotidiennes de 90 minutes sont assurées de Vathy (Samos) à **Kuşadası**, une station balnéaire proche de l'antique **Éphèse** : le *Samos Star*, grec, largue les amarres à 8h30, et le *Kudasi Express*, au pavillon turc, part à 17h. Une à deux fois par semaine, un bateau assure aussi la traversée entre Pythagorion et Kuşadası. D'avril à octobre, deux ferries partent chaque semaine de Vathy. Les billets coûtent environ 45 € pour un aller-retour (ouvert) et 35 € pour un aller simple (plus 10 € de taxes portuaires turques). De mai à octobre, il existe des excursions quotidiennes, avec en option la visite d'Éphèse (25 € supp). Pour obtenir des billets ou des renseignements, contactez ITSA Travel (p. 507), en face de l'ancien terminal des ferries pour la Turquie.

Au départ de **Chios**, on peut toute l'année faire la traversée entre Chios (Hora) et la ville portuaire de **Çeşme**, proche de la vivante **İzmir**, avec des rotations plus fréquentes en été. De mai à octobre, le ferry turc **Erturk** (www.ertruk.com.tr) quitte chaque jour Chios pour Çeşme à 8h30, avec retour à 18h30 en semaine et à 17h le dimanche (50 min, aller simple/aller-retour 20/25 €). Comptez entre 30 et 35 € pour un circuit à la journée à İzmir. Renseignements et billets auprès d'**Hatzelenis Tours** (22710 20002 ; mano2@otenet.gr ; Leoforos Aigaiou 2) ou de Sunrise Tours (p. 525).

De **Lesbos**, il existe une liaison maritime entre Mytilène et **Ayvalik**. Deux compagnies turques, Turyol et Jale, partent tous les jours de Mytilène (de mai à octobre) à 9h, avec un retour à 18h (25 € aller-retour). Le bateau est bondé le jeudi, jour du marché à Ayvalik. Le mardi et le samedi, il est possible de visiter l'antique **Pergame** moyennant 45 €.

La plupart des agences de voyages de Mytilène proposent des excursions en Turquie, comme Olive Groove Travel (p. 531) ou Mitilene Tours (p. 531).

BILLET COMBINÉ

Si vous souhaitez visiter l'excellent Musée archéologique de Pythagorion, le tunnel d'Eupalinos, au nord de Pythagorion, ainsi que l'Héraion (Iréon), temple à ciel ouvert en l'honneur de la déesse Héra, situé à l'ouest de l'aéroport, un billet combiné (6 €) permet d'économiser quelques euros.

accostent à Pythagorion, d'où partent aussi des excursions à la journée vers l'îlot de Samiopoula. Une marche de 1,5 km à l'ouest de Pythagorion vous mène à une plage immaculée dotée de parasols, de toilettes et d'une bonne zone de baignade.

À voir

Tunnel d'Eupalinos SITE ARCHÉOLOGIQUE
(tarif plein/réduit 4/2 € ; 8h-20h mar-dim). En 524 av. J.-C., la métropole de Samos (nom antique de Pythagorion) comptait une telle population (quelque 80 000 âmes) qu'un approvisionnement fiable en eau potable devint indispensable. Le tyran Polycrate fit alors appel à l'ingénieux Eupalinos et réquisitionna des équipes d'ouvriers pour creuser la montagne selon les plans de son ingénieur. Nombre d'entre eux trouvèrent la mort dans ce forage de 1 034 m de longueur que constitua ce formidable aqueduc. Il servit de refuge à l'époque médiévale lors des attaques de pirates.

L'ouvrage d'art se compose en fait de deux tunnels : une galerie pour le passage des personnes et une seconde, plus basse, pour les canalisations, visibles du passage. L'entrée du tunnel se fait par un escalier étroit, en file indienne. Guère plus de 100 m de tunnel sont accessibles, mais ils suffisent à vous impressionner par leur exploit d'ingénierie.

Château de Lykourgos Logothetis ÉDIFICE HISTORIQUE
(9h-crépuscule mar-dim). Pendant la guerre d'indépendance de 1821, les Samiotes (ou Samiens) prirent le contrôle de leur île. Érigé en 1824 par Lykourgos Logothetis (Lycurgue Logothète), le chef des insurgés, ce château est le vestige le plus important de cette époque. L'**enceinte de la ville** s'étendait un temps jusqu'au tunnel d'Eupalinos.

Musée archéologique ANTIQUITÉS
(22730 62813 ; Polykratous ; 4 € ; 8h-20h mar-dim). Rénové depuis peu, ce musée éblouissant renferme des merveilles du VIe siècle découvertes dans l'Héraion. Informations en grec, anglais et allemand.

Moni Panagias Spilianis MONASTÈRE
(Monastère de la Vierge de la Grotte ; 22730 61361 ; 9h-20h) GRATUIT. À environ 1,5 km au nord-ouest de Pythagorion, la route bifurque vers la droite et longe les ruines d'un théâtre antique, avant d'arriver à ce monastère-grotte. La montée zigzague à travers des oliveraies et, malgré les kiosques à touristes, offre un répit agréable dans la chaleur estivale et une vue nette sur les côtes turques.

Activités

En plus de nager et de vous dorer au soleil, essayez-vous à la plongée sous-marine avec **Samos Dive Center** (6972997645 ; www.samosdiving.com ; port) ou **Aegean Scuba** (22730 23006 ; www.aegeanscuba.gr ; marina de Pythagorion). Des instructeurs professionnels emmènent les plongeurs à la recherche de murènes, étoiles de mer, pieuvres, langoustes et autres créatures des failles sous-marines couvertes d'éponges autour de Pythagorion. Une demi-journée de 2 plongées pour débutants coûte 35 €. Il est aussi possible de faire du snorkeling (20 €).

Où se loger

Pension Despina PENSION $
(22730 61677 ; www.samosrooms.gr/despina ; A Nikolaou ; d 35 € ;). Sur la Plateia Irinis, cette pension tranquille, avec un agréable jardin à l'arrière, loue des studios et des chambres sans prétention (parfois avec kitchenette), prolongés de balcons.

Philoxenia Pension PENSION $
(22730 61055, 6973768371 ; www.pensionphiloxeniasamos.blogspot.com ;). En face du musée archéologique, dans une petite cour intérieure remplie de fleurs. Les chambres, avec ventilateurs au plafond, sont impeccables et confortables. Cuisine commune et buanderie. La famille du propriétaire habite dans un appartement adjacent : elle n'est jamais loin si vous avez besoin de renseignements.

Polyxeni Hotel & Cafe HÔTEL $
(22730 61590 ; www.polyxenihotel.com ; s/d/tr petit-déj inclus 40/55/70 €). Au milieu du port, à gauche depuis la route principale,

cet établissement en bord de mer bien tenu offre des chambres avec balcon et vue sur le port, ventilateurs au plafond et double vitrage. Bar à cocktails fréquenté dans le hall d'entrée et personnel sympathique.

Où se restaurer et prendre un verre

Faros TAVERNE $
(mezze 4-6 €, plats 6,50-10 € ; 11h-24h). À l'est du port, ce bistrot à la déco contemporaine minimaliste, qui donne sur la baie, ne vous décevra pas, même s'il est un peu cher. Au menu : fromage *mesklo* ou *dolmadhakia* en guise de mezze, puis *exohiko* (agneau farci) en plat.

Robinson RESTAURATION RAPIDE $
(pita gyros 2-4 € ; 11h-23h). Excellent pour les pita souvlakis et les *gyros* (viande cuite sur une broche verticale, généralement servie dans du pain pita). À la jonction principale de Pythagorion, en direction du port.

Elia Taverna GREC $
(22730 61436 ; plats 5,50-9 € ; déj-dîner). À l'extrémité nord-est du port, dans un cadre extérieur ombragé, Elia ("Olive") sert d'excellents plats de *mayirefta* tels que des *emista* (tomates farcies) et du *kleftiko* (agneau cuit au four).

Kafeneio To Mouragio CAFÉ $
(mezze 3-6 € ; 8h-24h). L'ambiance chaleureuse et la clientèle principalement grecque ne trompent pas. Cet établissement propose de bons mezze tels que des croquettes de pois chiches, des boulettes de viande, ainsi que de l'ouzo glacé, du vin et de la bière. Vous pouvez également y laisser vos bagages gratuitement si vous êtes client.

Notos BAR
Depuis la route principale, tournez à droite (vers le sud) au port pour trouver cette taverne et bar musical très fréquenté, ouvert tard le soir, en face d'un parking public. Concerts le mardi et le samedi.

Renseignements

Plusieurs DAB jalonnent les artères principales. La plupart des cafés et restaurants proposent le Wi-Fi gratuit. Les taxis stationnent dans Egeou Pelagous, près du port.

By Ship Travel (22730 62285 ; www.byshiptravel.gr). Cette agence de voyages aimable propose des services de location de voitures, d'hébergement, de billets d'avion et de ferry. À la jonction principale.

Office du tourisme (22730 61389 ; deap5@otenet.gr ; Lykourgou Logotheti ; 8h-21h30).

Police portuaire (22730 61225).

Poste (Lykourgou Logotheti).

Police touristique (22730 61100 ; Lykourgou Logotheti).

Environs de Pythagorion

Héraion — Το Ηραίον

La cité balnéaire d'Héraion (Iréon), non loin du site archéologique, est plus petite et plus sobre que Pythagorion. Elle offre une vie nocturne plus vivante et un choix de baignade plus varié. Elle est également appréciée pour ses levers de lune.

À voir

Héraion (Iréon) SITE ARCHÉOLOGIQUE
(22730 95277 ; tarif plein/réduit 4/2 € ; 8h-crépuscule mar-dim). À première vue, il est difficile de s'imaginer que les ruines éparses d'Héraion, à 8 km à l'ouest de Pythagorion, composaient un sanctuaire grandiose, quatre fois plus grand que le Parthénon, dédié à la déesse Héra. Jadis flanquée de milliers de statues de marbre, la "Voie sacrée" reliait la ville au berceau légendaire d'Héra.

Érigé au VIe siècle av. J.-C., l'Héraion recouvrait un temple mycénien antérieur. Conséquence des divers pillages et tremblements de terre, seule une colonne reste debout au milieu des multiples fondations toujours visibles. Parmi les vestiges, vous verrez aussi une stoa (long bâtiment à colonnade), une basilique chrétienne du Ve siècle, ainsi que les statues sans tête d'une famille, le "groupe de Généléos". Le site, classé au patrimoine mondial de l'Unesco, fait toujours l'objet de fouilles.

Où se loger et se restaurer

Hotel Restaurant Cohyli TAVERNE $
(22730 95282 ; www.hotel-cohyli.com ; Héraion ; s/d/tr petit-déj inclus à partir de 35/42/55 € ; P). Vous dormirez et mangerez bien dans ce merveilleux et accueillant hôtel-taverne. Chambres confortables et propres, avec réfrigérateurs et ventilateurs. Si vous avez faim, attablez-vous dans la cour ombragée voisine et goûtez aux excellents mezze et *saganaki* (fromage frit).

Restaurant Glaros POISSON $
(☎ 22730 95457 ; Héraion ; plats 4-7 € ; ⏲ 11h-23h). Ici, les prix sont raisonnables et le poisson préparé est fraîchement pêché. Essayez la soupe de poisson et les *dolmades* maison, et dégustez le tout dans une véranda rustique et couverte de vigne, donnant sur une mer aigue-marine.

Psili Ammos Ψιλή Αμμος

À 11 km à l'est de Pythagorion, la plage de sable de **Psili Ammos**, une jolie crique face aux côtes turques, est la plus belle plage du sud-est. Elle est bordée d'arbres, donc ombragée, et son eau peu profonde est adaptée aux enfants. Plusieurs bonnes tavernes de poisson se battent pour la meilleure vue. Les très chics **Apartments Elena** (☎ 22730 23645 ; www.elenaapartments.gr ; Psili Ammos ; s/d 45/60 € ; P ❄ 📶) proposent des chambres spacieuses et douillettes.

Sud-ouest de Samos

De Pythagorion à Drakeï Πυθαγόρειο προς Δρακαίους

En faisant route vers l'ouest depuis Pythagorion, vous traverserez un paysage montagneux spectaculaire, avec un panorama splendide sur la côte sud. Sur ce trajet, vous remarquerez plusieurs cabanes, signalées par des panneaux au bord de la route, où les apiculteurs vendent un miel délicieux et peu coûteux.

En chemin, autour du village de **Pyrgos,** vous bénéficierez d'une vue magnifique sur la montagne, le ciel et la mer avant d'atteindre **Ormos Marathokampou** (baie de Marathokampos). À 4 km à l'ouest la plage de **Votsalakia** (souvent appelée Kampos), une longue étendue de sable, vous attend. Mais si vous souhaitez échapper à la foule estivale, vous trouverez à 3 km plus à l'ouest la plage de **Psili Ammos**, plus tranquille. Passez la nuit dans une *domatia* et goûtez au poisson frais servi dans l'une des tavernes.

Les randonneurs désireux d'explorer les flancs du **mont Kerkis**, ou même d'atteindre son sommet (1 434 m), peuvent se renseigner à Votsalakia sur le départ du sentier, qui passe devant le **couvent** d'Evangelistrias en chemin.

Après Kambos, vers l'ouest, la route accidentée, tranquille et sauvage, contourne le mont Kerkis jusqu'aux villages de **Kallithéa** et de **Drakeï**, où elle s'achève brusquement. Seul un chemin de randonnée relie ce point à Potami, sur la côte nord.

Nord de Samos

De Vathy à Karlovassi Βαθύ προς Καρλοβάσι

La route côtière à l'ouest de Vathy (Samos) longe de nombreuses plages et stations balnéaires. La première, à 10 km, est l'ancien village de pêcheurs de **Kokkari**, nouvelle cité balnéaire très appréciée des véliplanchistes en raison des vents forts qui balaient sa longue plage de galets en été. Les plages très fréquentées de **Lemonaki**, **Tsamadou, Tsambou** et **Livadhaki** sont les plus accessibles si vous séjournez à Kokkari.

En continuant à l'ouest, le paysage devient de plus en plus verdoyant et montagneux. Un embranchement sur la gauche, à 5 km, mène au charmant hameau de montagne de **Vourliotès**, avec ses maisons aux volets multicolores groupées autour d'une place centrale. On peut aussi gagner Vourliotès

L'ALCOOTEST DE PYTHAGORE

Si la tempérance obnubile nos sociétés modernes, les Grecs anciens veillaient également à mesurer l'alcool qu'ils buvaient. Pythagore, le grand mathématicien samiote, inventa un objet ingénieux qui contribua à neutraliser les personnes tentées de s'enivrer. Cette invention fut baptisée *dikiakoupa tou Pythagora*, "la juste coupe de Pythagore". Il s'agit d'une timbale percée de trous qui remplit parfaitement son rôle tant que l'on ne dépasse pas une ligne gravée dans le récipient. Au-delà, la timbale se vide par le bas.

Il existe aujourd'hui des reproductions fidèles de la *dikiakoupa tou Pythagora*, généralement en céramique vernissée multicolore, vendues dans les boutiques de cadeaux de Samos. Afin de ne pas oublier l'antique maxime d'Apollon, dieu du Chant, de la Musique et de la Poésie, mais aussi guérisseur : "De la modération en tout" !

par un bon *monopati* (sentier) au départ de Kokkari.

De retour sur la route côtière, continuez vers l'ouest jusqu'au panneau indiquant l'embranchement pour l'agréable village de **Manolatès**, 5 km plus haut. Accroché aux flancs du mont Ampelos (1 153 m), au cœur d'épaisses forêts de pins et d'arbres à feuilles caduques, ce magnifique bourg possède de superbes maisons traditionnelles. Pratiquement encerclé par les montagnes, il offre une agréable fraîcheur après la moiteur de la côte.

Outre la "coupe de Pythagore", les boutiques de Vourliotès et de Manolatès vendent de jolies céramiques d'art faites main et des icônes. Les bonnes tavernes sont nombreuses et, malgré l'affluence touristique croissante, ces deux villages reflètent l'esprit de l'ancienne Samos et valent le détour.

De retour sur la côte menant vers l'ouest, la route traverse le bourg fleuri d'**Agios Konstantinos**, au front de mer plutôt quelconque, avant d'atteindre **Karlovassi**, troisième port de l'île, sans grand intérêt si ce n'est pour prendre un ferry.

Quelque 3 km après Karlovassi, la **plage de Potami**, faite de sable et de galets, est idéale pour la baignade ; elle compte un bar "hippy". Non loin se trouvent des **cascades dans la forêt**, fléchées sur la gauche à 50 m de la plage. En pénétrant dans la forêt, passez d'abord par la **chapelle de Metamorfosis Sotiros**, vieille de plusieurs siècles, où les fidèles font brûler des cierges, puis suivez le chemin en planches qui longe la rivière sur 1,5 km jusqu'à un chenal. Libre à vous de patauger ou de nager, avant d'aller vous faire éclabousser sous les chutes d'eau de 2 m de hauteur.

Pour explorer la région de Samos, procurez-vous la carte de **Terrain Editions** (www.terrainmaps.gr), disponible au **Lexis Bookstore** (☎22730 92271), à Kokkari, qui vend aussi livres, magazines et journaux étrangers.

Où se loger

Studio Angela APPARTEMENTS $

(☎21050 59708, 22730 94478 ; Manolatès ; d 35 € ; ❄). Près de l'église de Manolatès, il y a là 5 studios étagés à flanc de colline qui disposent de chambres modernes avec kitchenette et vue sur la mer. Excellente adresse pour les voyageurs à petit budget, où l'on apprécie aussi l'hospitalité de la propriétaire, Angela.

Kokkari Beach Hotel HÔTEL $$

(☎22730 92238 ; www.kokkaribeach.com ; Kokkari ; d avec petit-déj 75 € ; P❄📶🏊). En retrait de la route et en face de la plage, à 1 km à l'ouest de l'arrêt de bus, cet hôtel haut de gamme loue des chambres fraîches et colorées.

Où se restaurer et prendre un verre

Café Bar Cavos CAFÉ $

(Kokkari ; plats 6-12 € ; ⏲9h-24h ; 📶). Il est facile de s'attarder dans ce sympathique bar du port, que vous y veniez pour un bon petit-déjeuner, un en-cas en plein après-midi ou un cocktail le soir. Prix raisonnables, Wi-Fi gratuit et ordinateurs. Demandez le gâteau du jour fait maison.

Pizzeria Tarsanas GRÉCO-ITALIEN $

(Kokkari ; plats 6-12 € ; ⏲19h-24h ; 📶). Une populaire taverne grecque à l'ancienne, qui propose de très bonnes pizzas. Sa réputation tient aussi à ses excellentes *moussakas* et *dolmades*, accompagnées du vin de la propriété.

Galazio Pigadi TAVERNE $

(Proödou, Vourliotès ; plats 5-8 € ; ⏲9h-23h). Cette taverne proche de la *plateia* de Vourliotès régale ses convives de mezze, tels que les *revythokeftedhès* (boulettes de pois chiches) et les *bourekakia* (petits cigares de pâte filo au fromage). On y sert également un bon vin local.

Pera Vrysi TAVERNE $

(Vourliotès ; plats 6-9 € ; ⏲10h-24, fermé lun). Proche de la source à l'entrée de Vourliotès, cette authentique taverne samiote est renommée pour sa cuisine villageoise et son vin maison.

Loukas Taverna TAVERNE $

(plats 5-8 € ; ⏲déj et dîner). En arrivant à Manolatès, vous verrez une succession de panneaux indiquant ce restaurant traditionnel, situé sur les hauteurs du village. Suivez-les. Le fier propriétaire Manolis sert de bons plats de taverne, traditionnels et copieux, accompagnés de ses propres excellents vins.

Kallisti Taverna TAVERNE $

(Manolatès ; plats 5-7 €). Cette curieuse taverne, située sur la place du village, concocte de très bons plats comme le *kleftiko* (agneau aux légumes), et des desserts originaux, telle que la tarte à l'orange.

Despina Taverna TAVERNE $

(Manolatès ; plats 5-9 €). À l'ombre d'une pergola en bois, non loin d'une source, vous apprécierez les grillades et les *mayirefta* de cette petite auberge située à mi-hauteur du village.

Hippys Restaurant Café TAVERNE $

(www.hippys.gr ; plage de Potami ; 9h-tard). Ce café-bar branché sur la plage de Potami propose, dans un décor grec, des omelettes et des pâtes, sur fond de jazz brésilien et de reggae.

Renseignements

EOT (Organisme national du tourisme ; 22730 92217 ; Kokkari ; 9h-13h, lun-sam ;). Personnel serviable, à 10 m à l'est de l'église, près de l'arrêt de bus.

CHIOS ΧΙΟΣ

53 820 HABITANTS / 859 KM²

Grande par sa superficie, l'agréable île de Chios (Χίος) l'est aussi par son poids dans l'Histoire : tout comme sa petite voisine, Inoussès c'est en effet le berceau ancestral des plus grands armateurs grecs. L'île offre une grande variété de paysages : pics escarpés et solitaires au nord, grands vergers de citronniers du Kambos au centre, lentisques de la fertile Mastihohoria au sud – unique lieu au monde de production commerciale du mastic.

Très hospitaliers, les habitants de Chios sont fiers de leur histoire et de leurs traditions. Ils vous inviteront à découvrir la culture locale, l'art, l'histoire, mais aussi l'environnement de leur île lors de randonnées et d'activités tournées vers l'écotourisme.

Les multiples liaisons maritimes entre les îles égéennes offrent un accès aisé à Chios, qui possède aussi un aéroport. Au départ des ports de Chios (Hora) à l'est et de Mesta dans le sud-ouest, des ferries réguliers desservent Psara et Inoussès – peu visitées en dépit de leur important héritage maritime – et les stations balnéaires animées de la côte turque.

Histoire

Tout comme Samos et Lesbos, Chios a tiré un grand bénéfice commercial de sa proximité géographique avec la Turquie, bénéfice qui se transforma ensuite en véritable fiasco. Sous la tutelle ottomane, Chios détenait le monopole sur la production de mastic, source de prospérité et de privilèges pour ses habitants. Mais la guerre d'indépendance (1821-1829) entraîna en 1822 le massacre de 25 000 îliens par les Turcs. Cette tragédie marqua l'opinion publique internationale. Le peintre Eugène Delacroix, sensible à cet événement, réalisa en 1824, le tableau *Scène des massacres de Scio*, conservé au musée du Louvre.

En 1922, une campagne militaire, lancée depuis Chios pour revendiquer les terres d'Asie Mineure, dont la population était en majorité grecque, se solda par un échec désastreux. Un flot de réfugiés d'Asie Mineure (Anatolie) envahit Chios et les îles avoisinantes. L'année suivante fut celle de l'"échange de populations", lorsque 2 millions de Grecs et de Turcs durent retourner sur les terres natales de leurs ancêtres.

Depuis/vers Chios

AVION

L'aéroport est à 4 km de Chios (Hora). Il n'y a pas de navette ; un taxi depuis/vers l'aéroport coûte 8 €. Vous pourrez acheter des billets auprès de Hatzelenis Tours.

Vols intérieurs au départ de Chios

VERS	DURÉE	TARIF (€)	FRÉQUENCE
Athènes	45 min	90-100	3/jour
Lesbos	30 min	46	2/sem
Limnos	90 min	57	2/sem
Rhodes	90 min	68	2/sem
Samos	30 min	47	1/sem
Thessalonique	55 min	72	1/jour

BATEAU

Les agences Hatzelenis Tours (p. 519) ou **NEL Lines** (22710 23971 ; Leoforos Egeou 16), à Chios (Hora), vendent des billets.

Tous les jours, des **bateaux-taxis** (6944168104) circulent entre Langada et Inoussès ; le coût est de 65 € à diviser entre les passagers (jusqu'à 8 personnes).

Pour les différents services de bateaux, voir également le tableau page suivante.

Comment circuler

BUS

De la **gare routière longue distance** (22710 27507 ; www.ktelchios.gr ; front de mer), sur le front de mer à Chios (Hora), des bus verts partent tous les jours pour Pyrgi (2,80 €), Mesta (3,90 €), la plage de Lithi (2,80 €), Kardamyla (3,10 €), Nagos (3,80 €), et Kambia (5,40 €) via Langada (1,80 €). Trois bus par

Chios

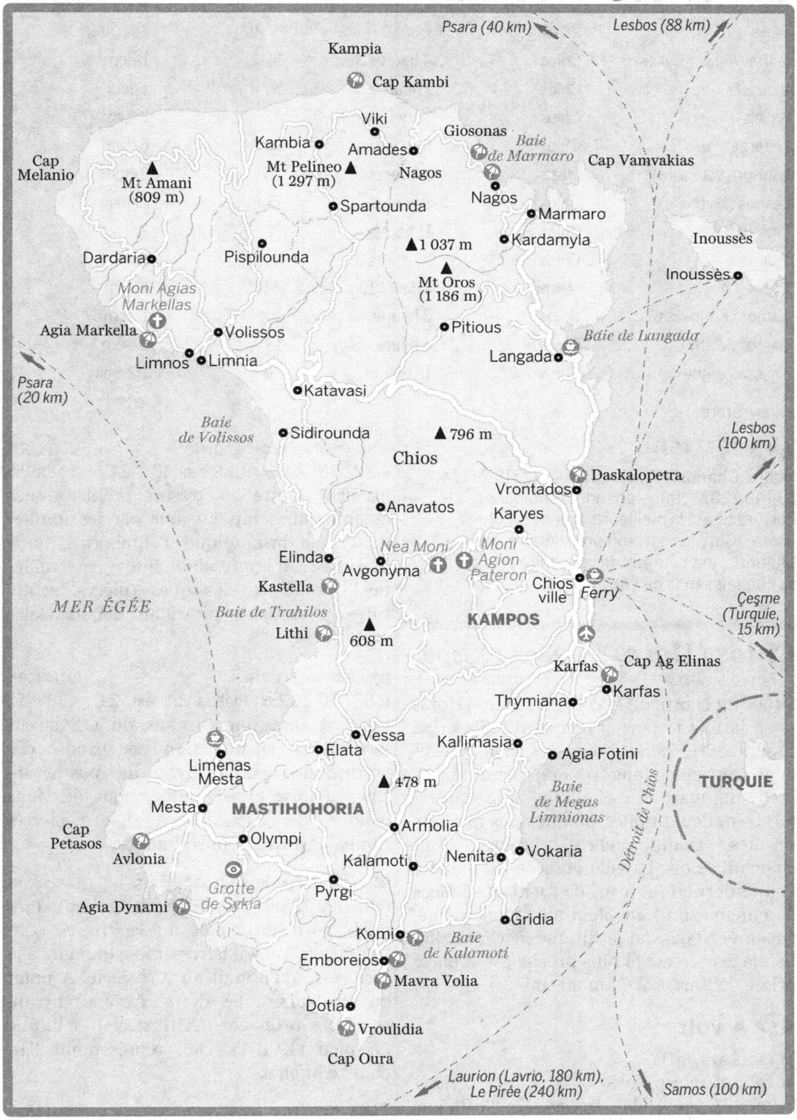

semaine desservent Volissos (4,50 €). De juin à septembre, cette gare bien organisée propose des **excursions à la journée** autour de l'île (8-15 €).

La plage de Karfas (1,60 €) est desservie par les bus (urbains) bleus (sur la place Vounaki). Les horaires sont affichés à la **gare routière locale** (☎ 22710 22079), ainsi qu'à celle des bus longue distance de Chios (Hora).

TAXI

La **station de taxis** (☎ 22710 41111) de Chios (Hora) borde la Plateia Vounakiou. Les taxis peuvent se louer à l'heure (25 €).

BATEAUX AU DÉPART DE CHIOS

VERS	PORT	DURÉE	TARIF (€)	FRÉQUENCE
Icarie (Agios Kirykos)	Chios	4 heures 30	14	1/sem
Inoussès	Chios	1 heure	5	1/jour
Kavala	Chios	15 heures	32	2/sem
Le Pirée	Chios	6-9 heures	32	6/sem
Laurion (via Psara)	Mesta	8 heures	26	3/sem
Lesbos (Mytilène)	Chios	3 heures	13-20	2/jour
Limnos	Chios	11 heures	22	3/sem
Psara	Chios	3 heures 30	8-15*	1/sem
Psara	Mesta	1 heure 15	7-14*	1/sem
Samos (Karlovassi)	Chios	3 heures	10	1/sem
Samos (Vathy)	Chios	3 heures 30	13	3/sem
Thessalonique	Chios	12 heures	36	1-2/sem

*aller-retour

VOITURE ET MOTO

Fiable, **Chandris Rent a Car** (☎22710 27194, 69449 72051 ; info@chandrisrentacar.gr ; Porfyra 5) est la meilleure agence de Chios (Hora). Qui plus est, son propriétaire, Kostas Chandris, est heureux de vous faire profiter de sa connaissance de l'île.

Chios (Hora) Χίος (Χώρα)

23 780 HABITANTS

Située au centre de la côte est, Chios (Hora) est à la fois le port principal de l'île et sa capitale. Près de la moitié des îliens y résident. Derrière le long front de mer animé se cache un quartier ancien plus calme, autrefois ceint de murailles, où quelques maisons turques traditionnelles entourent un château génois. La ville possède un marché animé derrière le front de mer.Des séances de cinéma (6 €) en plein air ont lieu l'été, en soirée, dans son jardin public (Vounaki). La plage correcte la plus proche est la plage prisée de Karfas, à 6 km au sud.

À voir

Musée Argentis et bibliothèque Korais MUSÉE

(Korai ; 2 € ; 8h-14h lun-ven, 17h-19h30 ven, 8h-12h30 sam). À l'étage supérieur de la **bibliothèque Korais**, le musée des arts populaires Filippos Argenti accueille des collections de broderies et de costumes traditionnels, ainsi que des portraits des membres de la riche famille Argentis. Né à Marseille en 1891, Filippos Argentis consacra sa vie à effectuer des recherches sur l'histoire de Chios.

Musée archéologique ANTIQUITÉ

(☎22710 44239 ; Mihalon 10 ; 2 € ; 8h-15h mar-dim). Outre les trésors préhistoriques et archaïques mis au jour par les fouilles de l'École britannique à Emborios, on y découvre d'impressionnantes merveilles néolithiques et classiques (pièces, sculptures, céramiques) provenant d'Agios Galas et de Fana.

Musée byzantin PATRIMOINE

(☎22710 26866 ; Plateia Vounaki ; 2 € ; 8h-15h mar-dim). Dans une mosquée du XIXe siècle, la Medjitie Djami, ce musée expose des vestiges des époques byzantine, postbyzantine, génoise et islamique, dont de vieux canons, de jolies icônes et des pierres tombales juives et musulmanes.

Musée du palais Giustiniani PATRIMOINE

(☎22710 22819 ; 2 € ; 9h-15h mar-dim). Près de la porte principale du *kastro*, ce petit musée, ou "Palataki", ressemble toujours à la forteresse qu'il était au XVe siècle. À noter en particulier : les douze fresques byzantines des prophètes (XIIIe siècle) et l'icône en pied (XVIIIe siècle), représentant l'archange Michel.

Où se loger

Chios Rooms PENSION $

(☎22710 20198 ; www.chiosrooms.gr ; Leoforos Egeou 110 ; s/d/tr à partir de 25/30/40 € ;). Sur le front de mer, cette demeure néoclassique, de style auberge de jeunesse, est l'œuvre de son propriétaire néo-zélandais, Don. Avec ses hauts plafonds, son beau mobilier vintage et ses tapis traditionnels, l'établissement ne manque pas de charme. La plupart des chambres ont des sdb privatives ; pour les autres, elles sont communes.

Rooms Alex PENSION $

(☎6979535256 ; roomsalex@hotmail.gr ; Livanou 29 ; s/d 30/45 €). L'hôte, Alex Stoupas a été capitaine de la marine marchande pendant 21 ans. Ses modèles réduits de bateaux décorent chacune des chambres, simples et propres. Ce *kapétanios*, très serviable, va chercher gratuitement ses clients au débarcadère et parle français.

Ionia Rooms PENSION $

(☎6932467821, 22710 82979 ; www.ioniarooms.gr ; s/d/tr avec petit-déj à partir de 25/35/45 € ; ❄📶). À un pâté de maisons du front de mer animé, cette jolie *domatia*, propre et pratique, propose 7 chambres avec mini-réfrigérateur et moustiquaires.

Hotel Kyma HÔTEL $$

(☎22710 44500 ; www.hotelkyma.com ; Evgenias Handris 1 ; s/d/tr avec petit-déj 70/90/110 € ; ❄📶). Mis à part les balcons avec vue sur la mer et le décor majestueux de cette demeure convertie, ce qui distingue le Kyma des autres hôtels d'époque, c'est son service. Le propriétaire, Theodoros Spordylis, vous aide à trouver des solutions en anglais, italien et allemand.

Où se restaurer

♥ Hotzas Taverna TAVERNE $

(☎22710 42787 ; Kondyli 3 ; plats 5,50-9 € ; ⏲dîner lun-sam). Superbe taverne traditionnelle sur les hauteurs de Chios (Hora). Cet établissement accueillant sert des plats classiques grecs, tels que le coq au vin, les saucisses régionales et les *dolmades* au citron. Il prépare également une variété de bons plats végétariens, dont le risotto et les haricots blancs en sauce tomate. Tout est *herisia* (fait maison), des pâtes au dessert.

♥ Kechibari Ouzerie OUZERI $

(Agion Anargyron 7 ; plats 4-7 € ; ⏲déj juin-sep). Cet *ouzeri* accueillant, à 10 minutes à pied du front de mer, propose une variété de petits plats, en plus d'excellents poissons, moules, pommes de terre au four et salades. Service rapide et prix raisonnables. En face de l'église.

To Tavernaki tou Tassou TAVERNE $

(☎22710 27542 ; Livanou 8 ; plats 6-8 € ; 👪). Près du front de mer et de l'hôtel Kyma, ce restaurant pour les familles sert une nourriture de taverne standard, ainsi que la fameuse limonade de Kambos. Aire de jeux pour les enfants.

Ouzeri Tzivaeri TAVERNE $

(☎22710 43559 ; Neoreion 13 ; mezze 3-8 €). Au menu de cet établissement animé proche du port : *gavros* frais et bonnes grillades, ainsi que tomates séchées au soleil et marinées, filets de morue grillée et saucisses de Chios.

Achats

Mastihashop COSMÉTIQUES

(☎22710 81600 ; www.mastihashop.com ; Leoforos Egeou 36). Produits à base de mastic : lotions, dentifrice, savons et condiments.

Sarandis Tourist Shop SOUVENIRS, LIVRES

(☎22710 24224 ; www.saranti.gr ; angle Leoforos Aigaiou et Roïdi). Vend des produits à base de mastic tels que lotions, savons et condiments, ainsi que de bonnes cartes de l'île.

Renseignements

Des banques avec DAB bordent le front de mer et la *plateia*. Le Wi-Fi gratuit est disponible dans de nombreux cafés du front de mer.

Hôpital général de Chios (☎22710 44302 ; El Venizelou 7). À 2 km au nord du centre.

Office du tourisme de Chios (☎22710 44344 ; infochio@otenet.gr ; Kanari 18 ; ⏲7h-15h et 18h-22h juil-août). Un personnel efficace vous renseigne sur l'hébergement, la location de voiture, les horaires des bus et des bateaux. Petit livre gratuit utile (en anglais), *Cultural Routes of Chios*.

Hatzelenis Tours (☎22710 20002 ; mano2@otenet.gr ; Leoforos Aigaiou 2). En face du port, cette agence fiable vend des billets de ferry et d'avion, organise des excursions, réserve des chambres d'hôtel et des voitures à louer.

Police (☎22710 44427 ; angle Polemidi 1 et Koundouriotou).

Poste (☎22710 44350 ; Plateia Vounaki ; ⏲7h30-19h).

Police touristique (☎22710 44427 ; Neorion).

Centre de Chios

Au nord de Chios (Hora), à 2 km, **Vrontados** est le site de la légendaire chaise de pierre d'Homère, la **Daskalopetra** ("pierre du professeur" en grec), un gros rocher situé près de la mer, lieu idéal pour enseigner.

À la lisière sud de Chios (Hora) s'étend le **Kambos**, une région verdoyante où poussent des citronniers. C'est ici que les

Chios (Hora)

riches familles de marchands grecs et génois venaient en villégiature estivale dès le XIVe siècle. Restaurées ou en ruine, ces demeures aux superbes jardins entourés de murs méritent le coup d'œil. Le beau **musée Citrus Memories** (☎22710 31513 ; www.citrus-chios.gr ;Kambos ;⏲10h-22hjuin-sept) GRATUIT illustre l'histoire agricole de cette communauté avec des concerts estivaux et des expositions d'art.

Au centre de l'île, le **Néa Moni** (⏲8h-13h et 16h-20h) GRATUIT est un imposant monastère byzantin du XIe siècle inscrit au patrimoine mondial de l'Unesco. Il fut à une époque l'un des plus riches de Grèce, et les artistes byzantins les plus éminents réalisèrent les mosaïques de son *katholikon* (église principale). Pendant la guerre d'indépendance, le monastère fut incendié par les Turcs, qui en massacrèrent les moines. Autre catastrophe, le tremblement de terre de 1881 provoqua l'effondrement du dôme. Le Néa Moni est aujourd'hui habité par des religieuses.

À 10 km au nord-ouest du monastère, une route déserte mène à un autre site au passé tragique. Avec ses maisons de grès à l'abandon et ses venelles en escaliers, **Anavatos** a été construit au sommet d'une falaise abrupte, du haut de laquelle les villageois préféraient se jeter plutôt que d'être

Chios (Hora)

À voir

1 Musée archéologique C5
2 Musée Argentis et bibliothèque Korais B4
3 Musée byzantin A2
4 Musée du palais Giustiniani A1

Où se loger

5 Chios Rooms C4
6 Hotel Kyma D4
7 Ionia Rooms B4
8 Rooms Alex C4

Où se restaurer

9 Ouzeri Tzivaeri B1
10 To Tavernaki tou Tassou D5

Achats

11 Mastihashop B2
12 Sarandis Tourist Shop B2

capturés durant la répression menée par les Turcs en 1822. Aujourd'hui, il porte le nom de "village fantôme".

Parmi les plages du milieu de la côte ouest, assez paisibles, la pittoresque plage de **Lithi** est la plus appréciée.

Où se loger

Spiti Elaionas STUDIOS $
(☎22710 20002 ; mano2@otenet.gr ; Kambos ; d à partir de 40 €). Deux maisons en pierre traditionnelles et joliment décorées, à 300 m de la plage de Karfas, dans un cadre paisible, à flanc de coteau, d'où la vue s'étend sur la côte turque.

Perleas Mansion HÔTEL HISTORIQUE $$
(☎22710 32217 ; www.perleas.gr ; Vitiadou, Kampos ; d/tr avec petit-déj à partir de 100/120 € ; P ❄ wifi). Cette demeure restaurée propose 7 appartements bien aménagés. Construite en 1640, cette propriété reposante est un magnifique exemple d'architecture génoise. Le restaurant sert une cuisine grecque traditionnelle.

Nord de Chios

Le nord sauvage de l'île se caractérise par ses pics escarpés (les monts Pelineo, Oros et Amani), ses villages déserts et ses collines. Quand on vient de Chios (Hora), la route côtière traverse un paysage de versants montagneux si chaotiques que l'on se croirait presque sur une autre planète.

Une fois dépassées les petites localités côtières de **Vrontados** et de **Langada**, vous atteignez les principaux villages de la région, **Marmaro** et **Kardamyla**, berceaux de nombreuses dynasties d'armateurs. Environ 5 km plus à l'ouest se trouve le village de pêcheurs de **Nagos**, où la route continue vers le nord-ouest, contournant le **mont Pelineo** (1 297 m), avant de serpenter jusqu'à **Kambia**, haut perchée sur une crête surplombant la mer.

La route vers le sud vous conduira, via Diefha, à **Volissos**, légendaire lieu de naissance d'Homère, où trône encore un impressionnant fort génois. Environ 5 km au-delà de **Limnia**, le port de Volissos, vous arriverez au **monastère d'Agia Markella**, voué à la sainte patronne de l'île. À partir de Volissos, la route côtière se poursuit vers le sud jusqu'à **Elinda**, où il est possible de bifurquer vers l'est pour revenir à Chios (Hora).

L'excellent restaurant (et *domatia*) **Taverna Fabrika** (☎6976255829, 22740 22045 ; www.chiosfabrika.gr ; plats 6-8,50 € ; ⏲déj et dîner ; P) vaut à lui seul la peine de se rendre à Volissos. En matière d'hébergement, rien ne vaut l'**Hotel Kardamyla** (☎22720 23353 ; www.hotelkyma.com ; Marmaro ; s/d/tr avec petit-déj 70/100/120 € ; P ❄ wifi) à Marmaro.

Sud de Chios

Le sud de Chios est sans doute la plus belle destination de l'île. Bien que le lentisque pousse dans d'autres îles, Chios a pendant des siècles été le seul producteur commercial de mastic. L'arbre se plaît sur une terre rouge et fertile, que l'on appelle **Mastihohoria** ("villages du mastic"). Cette région de collines, quadrillée de beaux murs de pierre à travers oliveraies et champs de lentisques, a un charme incomparable.

La gomme à mâcher, dont les sultans étaient gourmands, a fait la fortune de la Mastihohoria pendant des siècles. L'architecture des villages de Pyrgi et de Mesta témoigne de cette période faste, le premier avec ses façades ornées de motifs colorés originaux, le second par ses murs fortifiés génois du XIVe siècle.

Pyrgi Πυργι

1 040 HABITANTS

À 24 km au sud-ouest de Chios (Hora), Pyrgi, le plus grand village de la Mastihororia offre un contraste d'architecture moderne et ancienne. Les façades de certaines maisons sont ornées de motifs complexes gris et blancs, de forme géométrique ou représentant des fleurs, des feuilles ou des animaux. Dénommée *xysta*, la technique utilisée pour obtenir ces décors sur les murs extérieurs consistait à les enduire d'un mélange de ciment et de sable noir volcanique, puis de blanc de chaux. Les motifs étaient ensuite grattés, ou griffés (*xysta*), révélant la couche grise sous-jacente. Une technique comparable à celle du *sgraffito* italien.

Bordée de tavernes et de boutiques, la place centrale de Pyrgi s'enorgueillit de la petite **Agios Apostolos** (10h-13h mar-jeu et sam), église du XIIe siècle. À l'est de la place, repérez la maison portant une plaque gravée du nom de Christophe Colomb, qui l'habita. Amateur de mastic, il s'en servait principalement comme enduit dans la construction de bateaux.

À la grande époque du mastic, **Emborios**, à 6 km au sud-est de Pyrgi, servait de port à la Mastihohoria. Aujourd'hui, c'est un village tranquille, réputé pour sa plage de galets noirs en pierre volcanique, **Mavra Volia**. Vous pouvez passer la nuit dans une *domatia* et vous restaurer dans l'une des deux tavernes ombragées.

Mesta Μεστα

Mesta est une localité magnifique et originale. Sillonné de jolies ruelles agrémentées de fleurs et de balcons ouvragés, ce village est clos par d'épaisses murailles. Les seigneurs génois de l'île le firent fortifier au XIVe siècle pour tenir à distance pirates et envahisseurs.

Il constitue un remarquable exemple d'architecture défensive médiévale, à la structure pentagonale dotée de doubles murailles et de quatre portes. On peut d'ailleurs, à condition d'être accompagné d'un guide, traverser tout Mesta en passant d'un toit à l'autre. Les murailles protégeaient aussi la richesse de Mesta, le mastic, fort apprécié à l'époque médiévale pour ses vertus médicinales.

Lieu tranquille où les enfants peuvent courir sans danger puisque les voitures n'y ont pas droit de cité, Mesta s'avère aussi un bon point de départ pour explorer les collines, les plages et les grottes de la côte sud, sans oublier les sites culturels et les activités de plein air et d'écotourisme.

Toute l'animation se concentre autour de la place centrale, bordée de cafés et de restaurants, et près de l'immense église des Archanges (*taxiarchis* en grec). Dans les ruelles tranquilles, les chambres à louer ne se distinguent pas des demeures attenantes.

À voir

Églises des Archanges PATRIMOINE
Le village compte deux églises des Archanges (*taxiarchis*). La plus ancienne date de l'époque byzantine et renferme une magnifique iconostase du XVIIe siècle. Plus grande, la seconde est entièrement le fruit des dons et du travail des villageois au XIXe siècle.

Activités

Masticulture Ecotourism Activities ÉCOTOURISME
(6976113007, 22710 76084 ; www.masticulture.com ; Plateia Taxiarhon). Pour participer à des activités culturelles traditionnelles de l'île, comme l'agriculture, contactez Vassilis et Roula. Ce couple serviable vous donnera l'occasion unique de découvrir la communauté locale, son histoire et sa culture. Parmi les activités proposées (à partir de 18 €) : circuits sur la culture du mastic, observation des étoiles et excursions à vélo ou en kayak. Ils peuvent aussi vous aider à trouver un logement dans la région et organiser des visites de Psara.

Chios Underwater PLONGÉE
(6906062901 ; www.medi-sea.blogspot.com ; Mesta). Propose de la plongée et du kayak de mer.

Où se loger et se restaurer

Masticulture Ecotourism Activities peut vous aider à réserver des chambres à Mesta, Olympi ou Pygi. Demandez également au petit café de la *plateia* ou au restaurant pour les adresses ci-dessous.

Dhimitris Pipidhis Rooms PENSION $
(6937829450, 22710 76029 ; www.pippidis-rooms.gr ; Mesta ; maison 60-70 € ;). Les chaleureux Dhimitris et Koula Pipidhis (alias Popi) proposent deux maisons traditionnelles à Mesta, chacune bien aménagée avec deux chambres, un *pounti* (atrium typique de Mesta), cuisine et machine à laver. Très bon rapport qualité/prix ; réservez tôt en été.

Lida Mary Rooms HÔTEL $
(6976629668, 22710 76217 ; www.lidamary.gr/fr ; ch à partir de 42 €). Une autre belle

adresse bien gérée dans le village. Quelques chambres donnent sur la *plateia*.

Despina Karabela Traditional Apartments APPARTEMENTS $
(☎22710 76065 ; karabela@chi.forthnet.gr ; s/d 40/50 € ; ❄📶). À quelques pas de la place du village, ces charmants appartements sont confortables et décorés avec goût. Les pierres apparentes donnent du charme à l'intérieur, tandis que dans les combles, une plateforme surélevée fait office de "chambre à coucher".

Anna Floradis Rooms PENSION $
(☎22710 76455 ; www.floradi.gr ; s/d 40/50 € ; ❄📶). La charmante Anna Floradis, qui parle français, loue chambres, studios et suites indépendantes avec kitchenette, répartis dans différents endroits de Mesta.

♥ **Meseonas** TAVERNE $
(Plateia Taxiarhon ; plats 5-10 €). Avec ses tables installées sur la Plateia Taxiarhon, cette adresse vénérable, qui plaît autant aux habitants qu'aux touristes, sert grillades, portions copieuses de *mayirefta,* et *keftedhes* (boulettes) de bœuf. Tout est local, jusqu'à la *souma* (eau-de-vie à base de mastic).

ℹ Comment circuler

Mesta est une localité piétonne. Des bus réguliers desservent Chios (Hora) et **Dimitris Kokkinos** (☎6972543543) assure un service de taxi. Quelques tarifs depuis Mesta : Liménas Mesta 7 €, Olymbi 5 €, Pyrgi 20 € et Chios (Hora) 50 €.

Environs de Mesta

Liménas Meston (aussi appelé Liménas), le port de Mesta sur la côte ouest, permet de rejoindre rapidement, via Psara, le port de Laurion (Lavrio), sur le continent. Quelques tavernes correctes attendent les voyageurs en transit, dont la taverne **Limani Meston,** spécialisée dans le poisson.

Pour vous baigner, optez pour la plage d'**Agia Dynami** (à 7 km au sud d'Olympi) : une crique de sable incurvée aux eaux turquoise, ombragée par deux grands tamaris et qui compte une cantina appréciée.

À 3 km au sud-est de Mesta, la localité d'**Olympi** est, comme Mesta et Pyrgi, un village producteur de mastic, à l'architecture défensive caractéristique. Un **chemin de randonnée** de 3 km bien entretenu relie Olympi à Mesta.

D'Olympi, une petite route allant au sud conduit, au bout de 5 km, à la splendide **grotte de Sykia Olymbi** (☎22710 93364 ; 5 € ; ⏲11h-18h mar-dim), découverte par hasard en 1985. Elle est indiquée comme "Olympi Cave". Vieille de 150 millions d'années et plongeant à 57 m sous terre, elle est remplie de stalactites multicolores et de formations rocheuses aux noms évocateurs : l'"orgue", les "cactus" et la "méduse". La grotte est éclairée par des projecteurs et reliée par une série de plates-formes et d'escaliers avec rambardes – attendez-vous à grimper un peu. La température constante y est de 18°C et le taux d'humidité de 95%. Des visites guidées sont obligatoires et débutent toutes les 30 minutes.

INOUSSÈS ΟΙΝΟΥΣΣΕΣ

830 HABITANTS / 14 KM²

Au large de la côte nord-est de Chios, Inoussès est la patrie de près d'un tiers des armateurs grecs (les arhontes), dont les descendants fortunés viennent tous les étés de Londres, Paris ou New York passer leurs vacances ici.

Ce sont des armateurs de Kardamyla (au nord-est de Chios) qui s'installèrent en 1750 à Inoussès, y amassant d'immenses fortunes au XIXe siècle et au début du XXe. En témoignent les belles demeures et les riches mausolées qui dominent les côtes d'Inoussès.

Peu visitée, Inoussès s'anime toutefois en été, avec un cinéma en plein air, quelques cafés et des fêtes nocturnes sur la plage. Pour autant, l'île demeure un refuge à l'écart du monde, avec un unique hôtel et quelques chambres et studios à louer.

Le port de l'île témoigne de cette forte identité maritime, sur laquelle veille une petite sirène verte – la mère d'Inoussa (*Mitera Inoussiotissa*), protectrice des marins –, visible dès que l'on descend du ferry. Inoussès accueille une école de la marine marchande.

👁 À voir et à faire

Sur l'île, les possibilités de randonnées à travers les collines et les plages immaculées sont nombreuses. À seulement 10 minutes de marche du port, vous trouverez la belle plage de **Kakopetria**, où vous pourrez vous baigner. Continuez 10 minutes de plus et vous arriverez à la plage de **Bilali,** située

DILEMME NAVAL

Le **musée naval d'Inoussès** (☎22710 55182) et les horaires de ferry ne font pas bon ménage. Pour les visiteurs d'une nuit, le bateau arrive après la fermeture du musée à 14h, et repart le lendemain avant l'ouverture à 10h. Mais ne vous inquiétez pas, l'affable directrice et conservatrice du musée, Eleni Achlipta, vous ouvrira si vous appelez à l'avance.

dans une baie tranquille avec une cantina animée qui reste ouverte toute la nuit en été.

Le **monastère Evangelismou Theotokou**, à l'extrémité ouest de l'île, est un lieu de pèlerinage orthodoxe.

Musée maritime MUSÉE

(☎22710 44139 ; Stefanou Tsouri 20 ; 1,50 € ; ⏲10h-14h). Créé en 1965, ce petit musée met en valeur la collection du grand armateur local Antonis Lemos. De nombreuses maquettes exposées (certaines à moitié terminées, alignées contre un miroir pour donner l'impression de voir le navire en entier) ont été réalisées par des prisonniers de guerre français à l'époque des guerres napoléoniennes. Le musée possède aussi une collection éclectique de mousquets et de sabres du XVIIIe siècle, un casque de plongée de l'US Navy datant de la Seconde Guerre mondiale, un phare à manivelle de 1864 et des tableaux de sous-marins nazis attaquant des voiliers grecs.

Mausolée d'Inoussès CIMETIÈRE

Dans la cour verdoyante de l'église Agia Paraskevi se dresse le mausolée d'Inoussès (*Nekrotafion Inousson*), où les dynasties d'armateurs ont enterré leurs illustres prédécesseurs dans de vastes tombeaux, ornés de sculptures en marbre et de chapelles miniatures. Ce lieu mélancolique et émouvant en dit long sur la réussite et la fierté des habitants de ces îlots.

Peut-être plus touchante encore, la belle Platia tis Naftosynis (**place du Marin Inconnu**) près du port, n'arbore qu'une fière statue, dotée d'une plaque commémmorative comportant le nom des marins ayant péri en mer.

Où se loger

Rooms Bilali APPARTEMENTS $

(☎6944677882 ; d à partir de 45-70 € ; ❄). Contactez Kostas au Bilali Beach Bar pour des informations sur les appartements de 1 ou 2 chambres dans le haut du village.

Rooms Tsouri SERVICE DE LOGEMENT $$

(☎6946286791 ; ❄). Pour trouver des chambres dans le village, contactez Despina Tsouri. Chambres doubles à environ 75 €.

Où se restaurer et prendre un verre

To Pateroniso TAVERNE $

(plats 5-8 €). Près de la place, cette taverne de qualité sert grillades, salades et pêche du jour, dont la spécialité d'Inoussès et de Chios : l'*atherinopita,* une poêlée d'anchois frais et d'oignons.

Taverna Glaros TAVERNE $

(plats 7-12 € ; ⏲déj et dîner). La taverne Glaros ("mouette"), perchée sur le front de mer, sert une excellente cuisine traditionnelle, comme le poisson frais et les entrées, un peu coûteuse toutefois.

Naftikos Omilos Inousson BAR, RESTAURANT

(Yacht Club ; ☎22720 55596 ; ⏲9h-3h ; 📶). À l'extrémité du front de mer, le long bar de l'Inousses Yacht Club et son patio sont principalement fréquentés par de jeunes Grecs et les membres de leur famille expatriés revenant pour les vacances.

Bilali Beach Bar BAR

Adresse branchée dans une petite baie aux eaux peu profondes, avec des tables ombragées et une musique lancinante, qui semble presque douce dans ce cadre serein. Fréquentée par les jeunes de la région.

Où sortir

En été, un **cinéma en plein air** (3 €), proche du front de mer, projette des films hollywoodiens tous les soirs à 21h30.

Renseignements

La banque (sans **DAB**) et la poste se trouvent à côté du musée maritime. Les cafés du front de mer possèdent le Wi-Fi.

Dimarhio (hôtel de ville ; ☎22710 55326). Peut vous fournir une liste des chambres à louer. À côté du port.

Médecin (☎22710 55300).

Police (☎22710 55222).

Depuis/vers Inoussès

Le petit *Oinoussai III* (5 € l'aller, 1 heure, 1/jour) part de Chios dans l'après-midi et revient le lendemain matin, vous obligeant à passer la nuit sur place. Les billets s'achètent à bord ou auprès de **Sunrise Tours** (☎ 22710 41390 ; www.sunrisetours.gr ; Kanari 28) à Chios (Hora). En été, des excursions à la journée sont organisées 1 fois/semaine (20 €).

Des **bateaux-taxis** (☎ 6944168104) font la navette tous les jours depuis/vers Langada (20 min), à 15 km au nord de Chios (Hora). Comptez 60 € l'aller, une somme à diviser par le nombre de passagers (8 maximum).

Comment circuler

Inoussès ne possède ni bus, ni agence de location de voitures, et ne compte qu'un seul semitaxi (demandez au port). Mais vous avez la possibilité d'emmener un vélo ou un scooter sur le ferry depuis Chios.

PSARA ΨΑΡΑ

420 HABITANTS / 45 KM²

Psara, avec son îlot satellite Antipsara, constitue l'une des curiosités maritimes de la Grèce. Minuscule point dans la mer à deux heures au nord-ouest de Chios, cette île couverte de broussailles, parcourues par des troupeaux de chèvres en liberté et parsemée de formations de roche rouge, ne compte qu'un village, Psara (Hora), un monastère isolé et des plages paradisiaques.

Malgré sa taille modeste, Psara occupe une place importante dans la culture grecque, du fait de la réussite des clans psariotes comme armateurs et de leur participation active à la guerre d'indépendance de 1821-1829. Celle-ci constitue une page cruciale de l'histoire grecque moderne, et Konstantinos Kanaris (1793-1877), natif de l'île, en a été l'un des héros. Ce grand défenseur de la cause nationale grecque a été nommé Premier ministre à six reprises.

L'opération la plus célèbre de Kanaris eut lieu dans la nuit du 6 juin 1822. En réponse au massacre de Chios perpétré par les Turcs, les Psariotes lancèrent un brûlot (petit navire bourré d'explosifs) sur le navire amiral turc au moment où se célébrait la victoire, tuant 2 000 marins et l'amiral Nasuhzade Ali Pasha. Tout comme sur Chios, ce geste déclencha des représailles : les Ottomans décimèrent l'île en 1824 avec l'aide de mercenaires égyptiens et français.

Au siècle suivant, nombre de Psariotes s'installèrent à l'étranger, notamment en Amérique. Leurs descendants reviennent sur l'île tous les étés.

À voir et à faire

Psara (Hora) se niche au creux d'une longue baie au sud-ouest de l'île. En débarquant du ferry, vous ne pourrez pas manquer le *Mavri Rachi,* ou "rocher noir", déchiqueté, du haut duquel des milliers d'habitants se seraient précipités dans le vide pour échapper aux Ottomans en 1824.

Le **monastère de Kimisis Theotokou** (Dormition de la Vierge), à 12 km au nord de la ville, est le principal site d'intérêt de l'île. Sa petite chapelle entourée de murs d'enceinte recèle des écritures hiératiques rares provenant du mont Athos et une icône sacrée que l'on fait défiler dans le village la nuit du 4 août.

Dans le centre de Psara (Hora) se trouve le **monument à Konstantinos Kanaris,** où les Grecs rendent hommage à leur héros national, qui est en réalité enterré à Athènes, alors que son cœur serait conservé au Musée naval du Pirée.

Drapeau

Le drapeau rouge et blanc de Psara flotte dans toute la ville. Marqué du slogan révolutionnaire *Eleftheria i Thanatos* ("la liberté ou la mort"), il arbore au centre une croix rouge encadrée d'une lance et d'une ancre, autour de laquelle s'enroule un serpent vert. Le croissant de lune renversé et l'étoile font référence à l'ancien joug ottoman, et la colombe sur le côté évoque la paix retrouvée.

Randonnée

Vous pouvez commencer par le chemin qui longe le **rocher noir** pour rejoindre la chapelle d'**Agios Ioannis** et le **mémorial panoramique**, d'où la vue est impressionnante.

Il est également possible d'emprunter trois autres chemins de randonnée relativement courts et bien balisés. Le premier vous conduira aux **emplacements des canons**, sur la pointe nord-ouest de l'île (2 km aller) ; le deuxième, sur la **plage de Limnonaria** (900 m aller), sur la côte sud ; le troisième est un sentier circulaire (3 km) qui passe par les **baies d'Adami** et de **Kanalos**. Tous trois sont minutieusement décrits sur l'excellente carte de l'île de **Terrain Maps** (www.terrainmaps.gr).

Plages

Les côtes déchiquetées de Psara cachent toutes des criques de sable ou de galets. Les plus proches sont celles du village : **Kato Gialos** (galets), sur le côté ouest du promontoire, et **Kastounis** (sable), non loin au nord du port. Cette dernière, ayant des eaux peu profondes, est idéale pour les enfants. Il y a des tavernes sur les deux plages.

Un peu plus loin, à seulement 1 km au nord-est, les belles plages jumelles de **Lazareta** et de **Megali Ammos** sont constituées de fins galets. Vous pouvez également opter pour la plage de **Lakka**, 2,5 km plus loin sur la côte ouest, suivie d'**Agios Dimitrios**, à 3,5 km de Psara (Hora).

Où se loger

Les chambres et les studios comptent pour l'essentiel de l'hébergement au village. Masticulture Ecotourism (p. 522), à Mesta, peut réserver des chambres.

Kato Gialos Apartments APPARTEMENTS $
(☎6945755321, 22740 61178 ; s/d/app 40/50/70 € ; ❄). Spyros Giannakos loue des chambres propres et lumineuses, ainsi que des appartements avec kitchenette surplombant la plage de Kato Gialos.

Où se restaurer et prendre un verre

Spitalia TAVERNE $
(plage de Katsounis ; plats 5-8 € ; ⏲11h-1h). Cet ancien centre de quarantaine ottoman est désormais un excellent restaurant-patio. Il n'y a pas mieux pour déjeuner ou dîner au bord de la plage en toute décontraction. Sa spécialité : le chevreau farci. Un escalier depuis la terrasse donne directement sur la mer.

Ta Delfinia POISSON $
(poisson 7-12 € ; ⏲7h-1h). La réputation de la *psarotaverna* (taverne de poisson) de Manolis Thirianos, originaire de l'île, n'est plus à faire ! L'une des meilleures tables de Psara au centre du front de mer.

Idrahos CAFÉ-BAR
(en-cas 2-4 € ; ⏲10h-24h). Ce café dynamique sur le front de mer est ouvert toute la journée, et propose toutes sortes de boissons et des sandwichs au fromage grillé.

Renseignements

La Banque nationale de Grèce (avec **DAB**) est située sur la place du front de mer. Il y a un **médecin** (centre médical ; ☎22740 61277) sur l'île, et la **police** (☎22740 61222) en cas d'urgence. **Wi-Fi gratuit** sur la place principale.

Pour des renseignements, les visiteurs peuvent s'adresser à **Diana Katakouzinou** (☎6932528489), de l'agence Psara Travel, toujours très serviable. L'été, il y a également un kiosque d'information touristique.

Depuis/vers Psara

À Chios (Hora), vous pouvez acheter des billets pour Psara auprès de Hatzelenis Tours (p. 519) ; à Mesta, contactez Masticulture Ecotourism Activities (p. 522). Les ferries pour Psara partent de Chios (Hora) (12 € aller-retour, 3 heures, 6/sem) et de Mesta (7 €, 1 heure 30, 3/sem).

Comment circuler

Il n'y a ni moto ni voiture à louer à Psara, et pas de taxi non plus. Envisagez donc de venir avec votre propre moyen de transport, ou de transporter votre voiture ou moto de location sur le ferry depuis Chios. L'auto-stop est courant sur l'île.

LESBOS (MYTILÈNE)
ΛΕΣΒΟΣ (ΜΥΤΙΛΗΝΗ)

95 330 HABITANTS / 1 637 KM²

Troisième île de Grèce par la taille, après la Crète et l'Eubée, Lesbos est marquée par de longues étendues de plaines désertiques à l'ouest, cédant soudain la place à des plages de sable et à des marais salants dans le centre de l'île. Plus à l'est, forêts denses et oliveraies (quelque 11 millions d'oliviers y sont cultivés) s'accrochent à ses reliefs accidentés.

Capitale et port de l'île, Mytilène vit toute l'année au rythme de la fête, avec ses *ouzeria* de rêve et son hôtellerie accueillante, tandis que la tranquille Molyvos (alias Mithymna), sur la côte nord, conserve précieusement son architecture ottomane.

En plus de la randonnée et du vélo, Lesbos est un haut lieu d'observation des oiseaux : plus de 279 espèces, allant des rapaces aux échassiers, y transitent. Enfin, des sources d'eaux parmi les plus chaudes d'Europe y jaillissent, offrant mille et une vertus thérapeutiques.

Malgré son attrait touristique indéniable, Lesbos tire ses principaux revenus de l'agriculture. Outre son huile réputée, ses agriculteurs produisent la moitié de l'ouzo consommé dans le monde.

Lesbos (Mytilène)

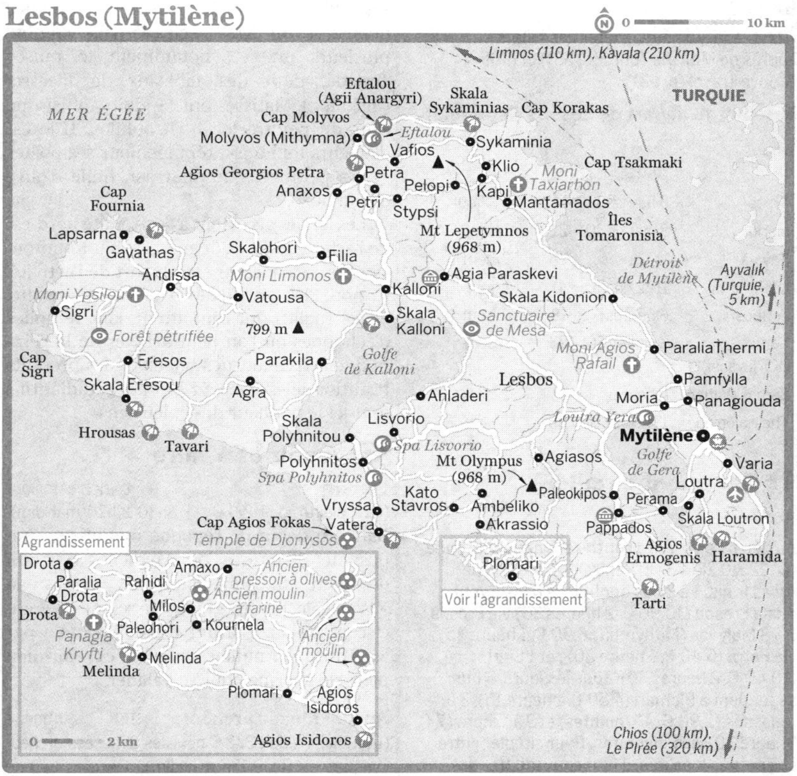

Sous la direction d'Aristote et d'Épicure, une école de philosophie prospéra sur l'île. Des artistes de génie y ont vu le jour, du compositeur Terpander et du poète Arion, au VIIe siècle av. J.-C., à des figures du XXe siècle, comme le peintre naïf Theophilos. Mais c'est Sappho (VIIe siècle av. J.-C.), l'une des plus grandes poétesses de la Grèce antique, qui reste la plus célèbre. Ses vers sensuels et passionnés suscitent aujourd'hui un engouement qui attire des lesbiennes du monde entier en pèlerinage à Skala Eressos (Skala Eressou), village côtier de l'ouest de l'île où la poétesse naquit vers 630 av. J.-C. Voir aussi p. 535.

La chanteuse-compositrice Angélique Ionatos, née à Athènes, est l'auteur de l'album *Sappho de Mytilène* (1992) sur lequel elle a composé sur des vers de la poétesse Sappho. Pour son autre album *Marie des Brumes* (1984), elle s'est inspirée de l'œuvre du poète Odysséas Elytis, lauréat du prix Nobel, dont la famille est originaire de Mytilène.

ℹ Depuis/vers Lesbos

AVION

L'aéroport est à 8 km au sud de Mytilène. Un taxi revient à 10 € et le bus vers la ville à 1,60 €.

Olympic Air (☎22510 61590 ; www.olympicair.com), **Aegean Air** (☎22510 61120 ; www.aegeanair.com) et **Sky Express** (☎28102 23500 ; www.skyexpress.gr) possèdent des agences à l'aéroport. Les agences de voyages de Mytilène vendent aussi des billets d'avion.

Vols intérieurs au départ de Lesbos (Mytilène)

VERS	DURÉE	TARIF (€)	FRÉQUENCE
Athènes	40 min	77	4-5/jour
Chios	30 min	49	2/sem
Héraklion	50 min	98	5/sem
Limnos	30 min	59	5/sem
Rhodes	70 min	78	5/sem
Samos	40 min	59	2/sem
Thessalonique	35 min	79	3-4/jour

BATEAU

À Mytilène, on peut acheter des billets de ferry auprès de Mitilene Tours (p. 531) et d'Olive Groove Travel (p. 531).

Bateaux au départ de Lesbos (Mytilène)

VERS	DURÉE	TARIF (€)	FRÉQUENCE
Chios	3 heures	14-20	1-2/jour
Icarie	8 heures 30	21	1/sem
Kavala	11 heures	28	2/sem
Le Pirée	11-12 heures	41	1/jour
Limnos	6 heures	18	3/sem
Samos (Karlovassi)	7 heures 30	23	1/sem
Samos (Vathy)	8 heures	18	2/sem
Thessalonique	13 heures 30	36	1/sem

Comment circuler

BUS

Au départ de la **gare routière longue distance** (☎22510 28873 ; El Venizelou), près du parc Agias Irinis, 1 à 2 bus quotidiens desservent Skala Eresou (10,90 €, 2 heures 30) via Eresos ; 2 à 3 Molyvos (Mithymna ; 6,90 €, 1 heure 45) via Petra (6,40 €, 1 heure 30) ; et 1 Sigri (10,40 €, 2 heures 30). Tous les jours, 3 bus se rendent à Plomari (4,50 €, 1 heure 15), 3 à Agiassos (2,90 €, 45 minutes) et 3 à Vatera (7 €, 1 heure 30) via Polyhnitos. Pour circuler entre ces petites localités, il faut souvent prendre une correspondance à Kalloni, où s'arrêtent tous les jours 3 bus en provenance de Mytilène (4,50 €, 1 heure). Il existe en outre 5 liaisons/jour entre Mytilène et Moni Taxiarhon (4,10 €, 1 heure) au nord. Depuis la **gare routière locale** (Pavlou Kountourioti) de Mytilène, près de la Plateia Sapphou, des bus desservent différents endroits de la ville, ainsi que les villages voisins de Loutra, Skala Loutron et Tahiarhis.

VOITURE ET MOTO

Deux agences, **Discover Rent-a-Car** (☎6936057676 ; Venezi 3 ; ⏲7h30-22h) et **Billy's Rentals** (☎6944759716 ; front de mer ; ⏲7h30-22h) louent des voitures récentes et offrent un service flexible. Vous trouverez des scooters et des motos à louer dans Pavlou Kountourioti.

Mytilène — Μυτιλήνη

29 650 HABITANTS

Port et principale ville de Lesbos, Mytilène est une ville étudiante qui offre de bonnes adresses pour manger et sortir. Outre ses églises originales et ses imposantes demeures du XIXe siècle, la ville compte plusieurs musées, notamment le musée Tériade, dont des tableaux de Picasso, Chagall et Matisse font la gloire, ainsi que ceux du peintre local Theophilos. L'île est d'ailleurs tout aussi réputée pour ses poètes et ses peintres, que pour son huile d'olive et son ouzo.

Les ferries accostent à l'extrémité nord-est de l'artère du front de mer, Pavlou Kountourioti, où se concentre la plupart de l'activité. Ermou, la principale rue commerçante, et les ruelles qui l'entourent sont remplies d'échoppes où l'on peut acheter de la céramique artisanale, des bijoux et des produits traditionnels. *Ouzeria* et bars estudiantins font ici le bonheur des épicuriens.

À voir et à faire

Forteresse ÉDIFICE HISTORIQUE

(tarif plein/réduit 2/1 € ; ⏲8h30-14h30 mar-dim). Bâtie au début de l'époque byzantine, l'imposante forteresse de Mytilène a connu de nouveaux aménagements génois au XIVe siècle par la grâce du seigneur Francisco Gatelouzo, avant d'être agrandie par les Turcs. Au milieu des pins, c'est un lieu plein de charme pour se balader.

Ancien Musée archéologique ANTIQUITÉ

(tarif plein/réduit 3/2 € pour les 2 musées archéologiques ; ⏲8h30-15h mar-dim). Dans une rue au nord du débarcadère, ce musée conserve de magnifiques objets de fouilles allant du néolithique à l'époque romaine, notamment des figurines de femmes en céramique et des bijoux en or.

Nouveau Musée archéologique PATRIMOINE

(☎Noemvriou 22510 402238 ; tarif plein/réduit 3/2 € ; ⏲8h30-15h mar-dim). Le nouveau musée retrace la vie de l'île, du IIe siècle av. J.-C. au IIIe siècle de notre ère, et donne notamment à voir un superbe pavement en mosaïque sous verre. On y accède avec le même billet que celui de l'ancien Musée archéologique, à 400 m de là.

Agios Therapon ÉGLISE

(Arionos ; ⏲9h-13h lun-sam). Le dôme qui coiffe cette église marque la ligne d'horizon de Mytilène. Son riche décor intérieur éblouit le visiteur : lustre imposant, iconostase finement ciselée, chaire et coupole peints à fresques, tout comme les précieuses icônes du **Musée byzantin** (☎22510 28916 ; www.

immyt.net/museum ; tarif plein/réduit 2/1 €), dans le cloître.

Yeni Tzami MOSQUÉE
Cette mosquée turque du début du XIXe siècle, en ruine, se trouve au bout de la rue Ermou, où prospérait autrefois un marché turc.

Musée Tériade MUSÉE
(☎22510 23372 ; 2 € ; ⏲8h30-14h et 17h-20h mar-dim). À Varia, 4 km au sud de Mytilène, vous trouverez l'inattendu musée Tériade qui conserve une époustouflante collection de tableaux d'artistes tels que Picasso, Chagall, Miró, Le Corbusier et Matisse. Il fait honneur à Stratis Eleftheriadis, artiste et critique natif de Lesbos qui, devenu parisien, francisa son nom en Tériade. C'est en grande partie à lui que le peintre naïf Theophilos, également né sur l'île, doit sa renommée internationale.

Musée Theophilos MUSÉE
(2 € ; ⏲10h-16h mar-dim). Plusieurs galeries et musées prestigieux du pays exposent des toiles du peintre primitif Theophilos, héros populaire parmi les lettrés grecs, bien qu'il ait connu l'indigence, déménageant souvent et peignant les murs des cafés pour gagner sa vie.

Cours

Centre culturel hellénique COURS DE LANGUE
(☎6944105484, 22510 91660, à Athènes ☎210 523 8149 ; www.hcc.edu.gr ; Varia ; cours de 2 sem 750 €). Le Centre culturel hellénique, bien organisé, propose l'été des cours de grec intensifs à Varia, 3 km au sud de Mytilène. Au moment de la recherche, l'école était en plein déménagement. Contactez-les pour connaître l'emplacement exact et le programme de l'été.

Où se loger

♥ **Alkaios Rooms** PENSION $
(☎6945507089, 22510 47737 ; www.alkaiosrooms.gr ; Alkaiou 16 et 30 ; s/d/tr 35/45/55 € avec petit-déj ; ❄ 📶) Un ensemble de 30 chambres bien tenues, réparties dans différentes maisons typiques restaurées. L'adresse bon marché la plus intéressante de Mytilène, à 2 minutes à pied du front de mer, en hauteur par rapport au Paradosiaka Bougatsa Mytilinis.

Hotel Lesvion HÔTEL $
(☎22510 28177 ; www.lesvion.gr ; front de mer ; s/d/tr à partir de 45/60/70 € ; ❄ 📶). Le Lesvion, récemment refait, est magnifiquement situé, sur le port. Chambres modernes plaisantes et service chaleureux, dans un cadre raffiné.

Iren Rooms PENSION $
(☎22510 22787 ; angle Komninaki et Imvrou ; s/d/tr 35/45/55 € ; ❄ 📶). Une fois passé un charmant petit hall, vous monterez vers des chambres impeccables aux tarifs très corrects. L'accueillante Iren gère aussi les Alkaios Rooms, mais elles ne sont pas aussi proches du débarcadère ni du cybercafé.

Theofilos Paradise Boutique Hotel BOUTIQUE-HÔTEL $$
(☎2251043300 ; www.theofilosparadise.gr ; Skra 4 ; s/d/tr/ste à partir de 70/100/125/145 € avec petit-déj ; P ❄ @ 📶 ≋). Cette demeure centenaire, bien restaurée, est raffinée, joyeuse et d'un bon rapport qualité/prix. Équipements modernes, mais aussi *hammam* (bain turc) traditionnel. Les 22 chambres sont réparties dans 3 bâtiments contigus, autour d'une cour.

Porto Lesvos Hotel HÔTEL $
(☎22510 41771 ; www.portolesvos.gr ; Komninaki 21 ; s/d/tr avec petit-déj 35/50/60 € ; ❄ 📶). Derrière l'extrémité du front de mer, cet hôtel pratique et accueillant offre un bon rapport qualité/prix. Les chambres, propres et confortables, sont toutefois un peu petites. Celles en étage jouissent de vues sur la mer ou le château.

Où se restaurer

O Ermis TAVERNE $
(angle Kornarou et Ermou ; mezze 5-9 €). Créé en 1800, cet ancien café du quartier turc a conservé sa décoration d'origine. Aujourd'hui taverne bon marché, on y trouve de bons vins macédoniens et de Limnos, et un pain fraîchement sorti du four.

Ouzeri P OUZERI $
(plats 2-7 € ; ⏲11h-3h). Installé dans une ruelle, cet *ouzeri* branché attire une clientèle jeune avec ses petits plats originaux et bon marché, sa musique éclectique et son atmosphère décontractée. Comptez 5 € pour une bière accompagnée de poivrons farcis à la feta, tomate et lardons.

Taverna Kalderimi TAVERNE $
(angle Ermou et Thason ; plats 5-10 € ; ⏲lun-sam). Dans une petite allée entre Ermou et le front de mer, cet agréable café sert de tout : des simples *gavros* (anchois) aux *mayirefta*,

Mytilène

en passant par les côtelettes de porc et les salades de saison. L'assiette de mezze (4 personnes) coûte 15 €.

Averoff Restaurant RESTAURANT $
(☎22510 22180 ; front de mer ; ⏲10h-22h). Restaurant au milieu du front de mer, à côté de l'Hotel Lesvion, qui a pour spécialités de copieux plats de *mayirefta*, tels que le poulet aux pommes de terre, les tomates farcies et les *briam* (légumes variés).

Jimmy's Hodros TAVERNE $
(☎22510 42614 ; rue Fanari). Optez pour les excellentes grillades et le poisson frais. Concerts de mandoline et de guitare le week-end en été.

♥ Taverna Efkaliptos POISSON $
(☎22510 32727 ; vieux port ; plats 6-9 € ; ⏲déj et dîner). Dans cette excellente taverne de poisson à Panagiouda, 4 km au nord de Mytilène, les bateaux de pêche sont aussi proches que la cuisine. Excellents mezze, prix corrects, service agréable et vin blanc local de Limnos.

Où prendre un verre

Regroupés sur le front de mer, les cafés de Mytilène sont animés et bruyants. Les

Mytilène

À voir

1 Ancien Musée archéologique D4
2 Musée byzantin A4
Agios Therapon ..... (voir 2)
3 Forteresse D1
4 Nouveau Musée archéologique D3
5 Yeni Tzami B1

Où se loger

6 Alkaios Rooms A4
7 Hotel Lesvion B4
8 Iren Rooms C4
9 Porto Lesvos Hotel C3
10 Theofilos Paradise Boutique Hotel C3

Où se restaurer

11 Averoff Restaurant B4
12 Jimmy's Hodros B5
13 O Ermis B1
14 Ouzeri P B3
15 Taverna Kalderimi B3

Où prendre un verre et faire la fête

16 Bobiras C4
17 Briki C3
18 Hotspot C4
19 Mousiko Kafenio C3

Achats

20 North Aegean Shop B4
21 Sfetoudi Bookshop A4

établissements des petites rues à l'écart sont plus agréables.

Mousiko Kafenio CAFÉ
(angle Mitropoleos et Vernardaki ; 7h30-2h). Peintures éclectiques, vieux miroirs et meubles en bois usés donnent une atmosphère bohème à cette adresse appréciée des étudiants. Ajoutez-y la très bonne musique, et vous obtenez l'un des endroits les plus divertissants de la ville. Excellentes boissons, jus frais et café, ainsi que du thé glacé maison les jours de canicule.

Bobiras OUZERI
(rue Komninaki). Le Bobiras se remplit jusque tard dans la nuit. Bonnes petites assiettes et ouzo, dans une atmosphère agréable.

Hotspot BAR
(front de mer ; 10h-3h). À l'extrémité du front de mer, là où dominent les grands bars, le petit Hotspot se démarque par son intérieur chaleureux et sa musique éclectique.

Briki CAFÉ-BAR
(11h-2h). Briki est le nom du petit pot en cuivre dans lequel on fait le café grec et turc, mais ce petit établissement sert de tout.

Achats

North Aegean Shop ÉPICERIE FINE
(22510 26918 ; Pavlou Kountourioti 21). À côté du Paradosiaka Bougatsa Mytilinis. Produits traditionnels et bonbons grecs aux parfums originaux : pastèque, olive, noix, etc.

Sfetoudi Bookshop LIBRAIRIE
(22510 22287 ; Ermou 51). Vend les cartes de qualité des célèbres maisons d'édition grecques de cartographie, Terrain et Anavasi, ainsi que des livres sur Lesbos.

Renseignements

La gare routière longue distance est située derrière le parc Irinis, près de l'église au dôme. La gare routière locale se trouve en face de la Plateia Sapphou. L'aéroport est à 8 km au sud le long de la côte. Des DAB bordent le sud du front de mer. Wi-Fi gratuit dans la plupart des cafés-bars.

Capitainerie (22510 40827).

EOT (organisme national du tourisme ; 22510 42512 ; Aristarhou 6 ; 9h-13h lun-ven).

Hôpital général Bostaneio (22510 57700 ; E Vostani 48).

Mitilene Tours (22510 54261 ; www.mitilenetours.gr ; Kountourioti 87). Agence de voyages qui peut réserver des voyages et des visites de la Turquie.

Olive Groove Travel (22510 37533 ; www.olive-groove.gr ; 11 Pavlou Kountourioti ; 7h30-22h). Sur le front de mer, cette agence au personnel serviable vend des billets d'avion et de ferry, y compris pour la Turquie.

Police portuaire (22510 28827 ; front de mer).

Poste (Vournasson).

Au sud de Mytilène

La petite péninsule couverte d'oliveraies qui s'étend au sud de Mytilène présente plusieurs sites exceptionnels. À 7 km au sud par la route côtière, face à l'aéroport, vous atteindrez la longue **plage de Neapoli**. Sur ses galets, quelques bars tranquilles, fréquentés par des étudiants en maillot de bain, passent du reggae et de la musique grecque.

TOUT SUR LES OLIVES

Avec près de 12 millions d'oliviers sur Lesbos, il n'est pas étonnant que deux musées soient consacrés à l'exploitation de cet arbre fruitier.

À Agia Paraskavi, au sud de Molyvos, le **Musée de la production industrielle d'huile d'olive** (☎22530 32300 ; www.piop.gr ; Agia Paraskavi ; 3 € ; ⊙10h-18h mars-oct, fermé mar) est un ancien moulin à huile joliment restauré, rempli de matériel en très bon état et d'expositions bien présentées.

Modestement niché dans le village de Papados, entre Mytilène et Ploumari, sur la côte sud, le petit **musée du Pressoir à olives de Vrana** (☎22510 82007 ; Papados ; 1 € ; ⊙9h-19h, fermé lun) expose d'anciens pressoirs et des tableaux d'une époque révolue. Il occupe également une partie de l'histoire de la littérature grecque, car il a été construit par Nicholas Vranas, le grand-père d'Odysseas Elytis, poète grec ayant reçu le prix Nobel de littérature.

À Skala Loutron, le **musée du Mémorial des réfugiés de 1922** (☎22510 91086 ; ⊙17h-20h et sur rdv) GRATUIT commémore deux millénaires de culture grecque en Anatolie, qui prirent fin brutalement en 1923 avec les échanges de populations entre la Grèce et la Turquie.

Quelque 9 km plus au sud, la péninsule s'incurve autour de deux plages de sable et de galets très fréquentées : **Agios Ermogenis** et **Haramida**, qui possède des toilettes et des douches, au milieu d'une pinède tranquille sur le promontoire qui domine la plage. Vous trouverez un **camping** près de la **Karpouzi Kantina** (☎69779 46809), une camionnette transformée en buvette joyeusement excentrique, qui porte le nom de sa mascotte : un vieux rafiot peint de manière à ressembler à une pastèque géante. Fanis, son propriétaire enthousiaste, supervise également le camping.

Nord de Lesbos

Avec ses collines ondoyantes couvertes de pins et d'oliviers, ses plages tranquilles et, en parfaite harmonie avec ce paysage, la localité de Molyvos (aussi appelée Mithymna), le nord de Lesbos séduit autant les amateurs de solitude que ceux qui préfèrent les complexes balnéaires discrets. Sources chaudes en bord de mer, villages préservés et monastères byzantins confèrent en outre à cette région un caractère particulier.

Mantamados MONASTÈRE

(Μανταμάδος, monastère des Taxiarches ; village de Mantamados ; ⊙8h-crépuscule). GRATUIT À près de 36 km au nord de Mytilène, non loin du village de Mantamados se trouve l'un des lieux de pèlerinage les plus importants de Lesbos : le Moni Taxiarhon. Pilier de l'orthodoxie, ce grandiose monastère du XVIIe siècle dédié aux Archanges (les Taxiarches pour les orthodoxes) surprend un peu au premier abord – un avion de chasse est stationné devant, rappelant peut-être que l'Hellenic Air Force est placée sous la protection de l'archange saint Michel.

Sur place, la boutique de la **coopérative de Mandamados** (☎22530 61096) vend de nombreux produits agricoles locaux, notamment un fromage de brebis à pâte dure, unique, le *ladotyri*.

Molyvos (Mithymna) Μόλυβος (Μήθυμνα)

1 500 HABITANTS

Étroites ruelles pavées, maisons de pierre aux balcons de bois surplombant la scintillante plage de galets en contrebas : Molyvos, aussi appelée Mithymna (Méthymne), est une petite bourgade de la période ottomane bien préservée. Son majestueux château byzantin du XIVe siècle, sa proximité avec les plages et sa situation au centre-nord de l'île contribuent à faire de Molyvos un haut lieu touristique de Lesbos.

À voir et à faire

Pour ceux qui recherchent des plages idylliques, des bateaux d'excursion partent tous les jours à 10h30 pour Skala Sykaminias et Eftalou (à partir de 20 €). Des croisières au coucher du soleil sont également proposées. Pour plus de renseignements, contactez **Faonas Travel** (☎22530 71630 ; tekes@otenet.gr), au Sea Horse Hotel, ou **Lesvorama** (☎22530 72291 ; info@lesvorama.gr ; ⊙9h-22h) sur la route principale.

Une populaire retraite de **yoga**, organisée par **Angela Farmer** (www.angela-victor.com/work.html ; Molyvos), a lieu à Molyvos dans le Yoga Hall. Les dates des ateliers varient au cours de l'année.

Château byzanto-génois CITADELLE (2 € ; 8h30-crépuscule mar-dim). Ce beau château du XIVe siècle monte la garde au-dessus de Molyvos. Si vous avez le courage d'affronter la pente abrupte, vous serez récompensé par une vue panoramique sur la ville, la mer et la Turquie au loin. En été, le château accueille plusieurs **festivals** (renseignez-vous à l'office du tourisme).

Où se loger

Plus de 50 *domatia* de qualité sont recensées à Molyvos. Renseignez-vous auprès de l'office du tourisme municipal, près de la Banque nationale.

Nassos Guest House CHAMBRES D'HÔTES $ (22530 71432 ; www.nassosguesthouse.com ; Arionis ; d/tr 20/35 € ;). L'unique maison bleue de la ville est aussi l'une des meilleures adresses de Lesbos où séjourner. Vous vous sentirez chez vous dans cette ancienne demeure turque restaurée, au petit jardin clos. Une seule chambre possède une sdb privative, et il y a une cuisine équipée. L'accueillant gérant néerlandais fournira des renseignements utiles. Voyez directement avec lui pour les disponibilités.

Lela Studios-for-Rent APPARTEMENTS $ (6942928224, 22530 71285 ; www.eftalouolive-grove.com ; studio 40 € ;). Cette nouvelle adresse à Molyvos offre un tarif imbattable. Dans une cour fleurie, ces deux studios sont équipés de chambres confortables et propres pour deux personnes et d'une kitchenette, et offrent une vue oblique sur la mer.

Marina's House PENSION $ (22530 71470 ; front de mer ; s/d à partir de 35/40 € ;). À 50 m du port sur la route principale, guettez la profusion de géraniums sur le perron de cette pension parfaitement tenue. Le mari de Marina, Kostas, est peintre d'icônes.

Amfitriti Hotel HÔTEL $$ (22530 71741 ; www.amfitriti-hotel.com ; s/d/tr petit-déj inclus 54/74/92 € ;). Cet hôtel, un édifice en pierre traditionnel, dispose de chambres carrelées modernes et d'une grande piscine dans le jardin. Personnel charmant et serviable. Emplacement calme, à 50 m de la plage.

Sea Horse Hotel HÔTEL $ (22530 71630 ; www.seahorse-hotel.com ; port ; s/d/tr petit-déj inclus 55/65/75 € ;). Un hôtel familial au cœur de la zone portuaire. Spacieuses chambres modernes, donnant toutes sur le front de mer. Restaurant et agence de voyages.

Molyvos Hotel HÔTEL $$ (22530 71496 ; www.molyvos-hotels.com ; front de mer ; d petit-déj inclus à partir de 65 € ;). Bien que les groupes y aient leurs habitudes, ce bel hôtel au bord de l'eau est apprécié des voyageurs indépendants. Chambres modernes donnant sur une petite plage ombragée, personnel affable et délicieux petit-déjeuner.

Municipal Camping Mithymna CAMPING $ (22530 71169 ; www.campinglesvos.gr ; empl adulte/tente 5/2 € ; juin-sept). Indiqué depuis l'office du tourisme, ce camping public bien tenu occupe un excellent site ombragé, à 1,5 km de la ville.

Où se restaurer et prendre un verre

Taverna Angelos GREC $ (lats 4-8,50 € ; déj et dîner). Cette excellente taverne, dont vous repérerez l'auvent jaune après l'office du tourisme, sert de bonnes salades, du *briam* de légumes et du *stifado*. Les *mayirefta*, tels que les *yemista* (tomates farcies avec du riz), et le poisson frais sont délicieux. Prix raisonnables et service agréable.

Betty's TAVERNE $ (22530 71421 ; 17 Noemvriou ; plats 3-10 € ; 8h30-23h). Dans une rue de la ville haute, cette ancienne résidence de pacha turc transformée en taverne, est réputée pour ses *mayirefta*, tels que les aubergines gratinées au fromage, ses souvlakis et ses *kotyropitakia* (petits feuilletés au fromage), ainsi que pour ses petits-déjeuners. Betty loue aussi deux appartements spacieux et bien équipés près du restaurant.

To Hani TAVERNE $ (22530 71618 ; agora ; plats 5,50-9 € ; déj et dîner). Cette taverne familiale dynamique de l'*agora*, au-dessus du front de mer, offre une vue imprenable sur la mer. Une bonne adresse pour les plats de poisson frais et les grillades bon marché.

Alonia TAVERNE $ (plats 4,50-7 € ; déj et dîner). Les gens du cru ne jurent que par cette table sans prétention en lisière de la ville, sur la route de la plage d'Eftalou. Atmosphère conviviale et poisson frais.

Friends RESTAURATION RAPIDE $
(plats 1,60-2,50 € ; ⏲10h-minuit). Entre la Banque nationale et le parking de la ville, cet établissement est parfait pour les souvlakis, les kebabs et les petites assiettes végétariennes.

Molly's Bar BAR
(⏲18h-tard). À l'extrémité est du front de mer, ce bar original, aux murs couverts d'épaisses couches de peinture, avec étoiles bleues et rideaux de perles, est tenu par un propriétaire britannique. Toujours impeccable, il sert des bouteilles de Guinness à une dynamique clientèle internationale d'âge mûr.

Sunset CAFÉ
(front de mer ; ⏲8h-1h). Sur le front de mer, près du Molyvos Hotel, ce café accueillant, ouvert toute la journée, propose une excellente sélection de cafés servis par un personnel attentionné.

Renseignements

Des banques dotées de DAB sont situées dans le centre. Les accès Wi-Fi ne manquent pas.

Centre médical (☎22530 71333).

Com.travel (☎22530 71900 ; www.comtravel.gr). Agence utile multi-services, dans la rue principale.

Kosmos Rent-a-Car (☎22530 71710 ; info@lesvosrentals.com). Agence de location de voitures fiable, en face de la Banque nationale.

Office du tourisme municipal (☎22530 71347 ; www.visitmolivos.com). Près de la Banque nationale. Agence très active et de bon conseil pour l'hébergement, les plans et les excursions.

Poste (Kastrou).

Petra Πέτρα

Petra est un village en bord de mer très fréquenté, au charme pourtant assez surfait, à 5 km au sud de Molyvos. L'énorme éperon rocheux qui surplombe le village est couronné par la **Panagia Glykophiloussa** (église de la Vierge-au-Doux-Baiser), du XVIIIe siècle, accessible par une volée de 114 marches taillées dans la roche.

Si Petra compte quelques hôtels, le bourg en lui-même n'est guère plus qu'un chapelet de boutiques de souvenirs et de restaurants. Il est plus agréable de séjourner à Molyvos, ou de gagner la plage d'Eftalou, non loin.

Plage d'Eftalou Παραλία Εφταλού

La plage d'Eftalou (ou Agii Anargyri), à 2 km au nord-est de Petra, séduira les amateurs de solitude.

Adossée à la falaise, l'étroite plage de galets d'Eftalou offre une totale sérénité. En plus d'une eau cristalline, vous profiterez des charmants **bains thermaux d'Eftalou** (☎22530 72200 ; Eftalou ; anciens bains publics/nouveaux bains privés 4/5 € ; ⏲anciens bains 6h-21h), aux eaux claires et brûlantes (46,5°C). À proximité, l'eau chaude se répand dans la mer. L'ancienne piscine est pavée de galets, tandis que les nouveaux bains, relativement stériles, comportent des baignoires privatives. Les sources sont censées soigner de nombreuses maladies, comme l'arthrite ou l'hypertension. Massage professionnel proposé par **Elefteria Vamvoukou** et spectacles de danse grecque.

Face à la plage et en contrebas des thermes, l'hôtel **Hrysi Akti** (☎22530 71879 ; plage d'Eftalou ; s/d 35/45 €) est situé dans un cadre idyllique, sur une petite baie quasiment privée. Les chambres sans prétention disposent de sdb. Les propriétaires accueillants possèdent un **restaurant** (☎22530 71947 ; plats à partir de 4,50 €) donnant sur la mer.

Ouest de Lesbos

Les paysages spectaculaires et désolés de la partie occidentale de Lesbos contrastent totalement avec le reste de l'île. Ils sont le résultat d'éruptions volcaniques plurimillénaires qui ont fossilisé la végétation et la faune, faisant de la région un site de prédilection pour les géologues et les paléontologues. Quelques rares saillies rocheuses et des oliviers çà et là viennent rompre la monotonie de ces étendues désertiques.

En allant vers le sud-ouest, le paysage devient verdoyant. On arrive enfin à Skala Eressos, bourgade natale de Sappho (VIIe siècle av. J.-C.), l'une des poétesses lyriques les plus célèbres de Grèce, que Platon qualifiera de "dixième Muse".

La nature sensuelle et érotique de ses poèmes, et le fait qu'elle les enseigna à un cercle intime de compagnes, ont fait de Sappho une icône lesbienne moderne.

De Kalloni à Sigri
Καλλονή προς Σίγρι

Après avoir parcouru 34 km vers l'ouest depuis Kalloni sur la route principale, le meilleur endroit pour un café ou une pause-déjeuner est **Andissa**, sympathique bourg rustique aux petites rues et à la *plateia* centrale dallée de pierre, ombragée par deux immenses platanes.

Perché sur un pic isolé surplombant les plaines volcaniques, à 9 km à l'ouest d'Andissa, le **Moni Ypsilou** (8h-20h) GRATUIT est un monastère byzantin riche en histoire, fondé au VIIIe siècle. Vous y découvrirez une cour à arcades fleurie et un extraordinaire petit musée présentant des icônes séculaires et des manuscrits byzantins du Xe siècle. Du haut des murs fortifiés du monastère, la vue domine les plaines ocre désolées qui s'étendent jusqu'à la mer.

À 4 km après le monastère, une route sur la gauche (il y a un panneau), mène, 4,9 km plus loin, à la célèbre **forêt pétrifiée** (www.petrifiedforest.gr ; 2 € ; 9h-20h) de Lesbos. Il s'agit plutôt d'un désert pétrifié, car les souches d'arbres vieilles de 20 millions d'années sont très clairsemées dans une vallée aride.

Les plus beaux spécimens ont été déplacés au **Muséum d'histoire naturelle de la forêt pétrifiée de Lesbos** (22530 54534 ; 5 € ; 9h-20h 1er juil-30 sept, 9h-17h 1er oct-30 juin), à Sigri, localité côtière située à 7 km à l'ouest de la forêt. Ce musée moderne et attrayant parvient à éveiller l'intérêt pour de vieilles roches et des fossiles.

Sigri est un village de pêcheurs quelque peu assoupi en dehors des arrivées occasionnelles de ferries. Il jouit d'une vue magnifique sur la mer et, à sa lisière sud-ouest, s'étendent des plages de sable idylliques, rarement visitées.

Skala Eressos Σκάλα Ερεσού

1 560 HABITANS

Si tous les lieux historiques sont écrasés par leur passé, le village de pêcheurs autrefois tranquille de Skala Eressos a appris à en tirer parti. Cette petite cité balnéaire bohème, où la poétesse Sappho est née en 630 av. J.-C., est aussi considérée comme un lieu-culte par la communauté lesbienne internationale. Le charme essentiel de la ville réside dans sa longue plage de 2 km, ses bons produits de la mer et sa vie nocturne sans prétention, le tout agrémenté de shiatsu, smoothies, arts énergétiques et cafés connectés au Wi-Fi.

Près du marché, la basilique d'Agios Andreas renferme, entre autres vestiges, des mosaïques du Ve siècle partiellement conservées.

Fêtes et festivals

La ville s'anime tous les ans au mois de septembre au rythme du **Festival international des femmes d'Eressos** (www.womensfestival.eu), qui attire un large public, surtout lesbien, pour deux semaines de fête et d'activités variées : concerts, cinéma en plein air, danse grecque ou encore beach-volley. Également au programme : sports nautiques, yoga, poésie et méditation, le tout dans une atmosphère "gay-friendly" sous le soleil et sous les étoiles.

Où se loger

Skala Eressos compte autant de *domatia* abordables que d'hôtels assez chers. Autrefois exclusivement féminins, la plupart des établissements sont aujourd'hui mixtes.

Kouitou Hotel HÔTEL $
(22530 53311 ; koutiou.hotel@gmail.com ; s/d 25/45 € ; P @). Dirigé par les énergiques Vasso et Alejandro, le Kouitou est rempli de coins et de recoins charmants. Chambres impeccables (avec ventilateur), toutes peintes de façon originale. À 5 minutes à pied de la mer, visible depuis le bar sur le toit. La famille de Vasso cuisine un repas maison chaque jour, à base d'ingrédients naturels et locaux uniquement.

Heliotopos APPARTEMENTS $
(6977146229 ; www.heliotoposeressos.com ; app 45-70 € ; P). À 10-15 minutes de marche du village, 5 studios pour 1/2 personnes et 3 appartements avec lits doubles, tous équipés d'une cuisine, sont disposés dans un jardin verdoyant. Les propriétaires, expatriés britanniques Debby et Patrick, ont pour règle de tenir fruits frais et légumes à disposition, et d'organiser des excursions ornithologiques. Vélos librement disponibles.

Hotel Gallini HÔTEL $
(s/d petit-déj inclus à partir de 30/45 € ; P). Cette adresse bon marché, à environ 80 m du front de mer, possède des sols carrelés et de petits balcons donnant sur les collines. Le petit-déjeuner, avec confitures et fromages maison, est servi sur la véranda fleurie.

Sappho the Eresia HÔTEL $
(Sappho Hotel ; ☎22530 53233 ; www.sappho-hotel.com ; front de mer ; s/d à partir de 35-55 €). Dans un village comme Skala Eressos, cet établissement accueillant peut avoir des airs de grand hôtel. Mais son emplacement discret, sur la partie calme de l'extrémité ouest de la plage, ne manque pas de charme, tout comme son café-bar. Toutes les chambres possèdent des ventilateurs au plafond, mais les meilleures donnent sur la mer et l'île de Psara.

Où se restaurer

Des bars et des restaurants bordent la plage de Skala Eressos, bien ombragée. Le poisson frais y est la spécialité. Guettez les poulpes et les calamars suspendus. Par temps clair, on aperçoit Chios à l'horizon.

♥ Soulatso TAVERNE $
(poisson 6-13 € ; ⏲déj et dîner). Cet *ouzeri* animé du front de mer, avec un large patio extérieur, a pour spécialité le poisson frais et est réputé pour servir les meilleurs mezze du village. Service affable et vins savoureux

♥ Neval Kebap TURC $
(☎22530 53893 ; plateia ; plats 2-5 € ; ⏲déj et dîner). Restaurant turc exceptionnel, qui vaut le détour ne serait-ce que pour ses luminaires en cuivre. Pain pita fait maison et délicieux kebabs, salades et thé. Comptez 4,50 € pour une assiette copieuse au déjeuner.

Aigaio TAVERNE $
(plats 3,50-8,50 €). Son propriétaire, Theodoris, passe la plupart de ses matinées à pêcher pour approvisionner sa table en poisson frais le soir. Délicieux *mayirefta* et musique grecque traditionnelle en fond sonore.

Taverna Karavogiannos TAVERNE $
(plats 5-9 €). Autre taverne agréable de bord de mer : poisson frais, plats végétariens et salades.

Sam's Café-Restaurant TAVERNE $
(Eressos ; plats 4-8 €). Goûtez aux plats maison concoctés par Sam et Niki. Une excellente taverne gréco-libanaise avec patio, qui vaut bien les 5 km de route à travers les collines.

Où prendre un verre et faire la fête

À Skala Eressos, la vie nocturne se tient dans une série de petits cafés-bars contigus, à l'est du front de mer.

Parasol BAR DE PLAGE
(☎22530 52050). Avec ses lanternes orange et sa sélection musicale très éclectique, le petit Parasol plaît pour ses délicieux cocktails, qui se marient fort bien avec son décor tropical.

Zorba the Buddha BAR
(☎22530 53777 ; front de mer ; en-cas et jus 2-5 € ; ⏲9h-1h). Le plus à l'est le long du front de mer, cet établissement couru de longue date est bondé jusque tard dans la nuit. On y trouve des jus de fruits frais, et de délicieuses tourtes et pâtes.

Notia Jazz Bar BAR
(Plateia ; cocktails à partir de 5 €). Un bar où l'on vient pour boire un verre et où l'on reste pour la musique. Concerts de jazz le week-end en été. Bons cocktails, vin grec, bière à la pression, et, en fond sonore, Miles Davis et Thelonious Monk.

Margaritari CAFÉ-BAR
(front de mer). Café accueillant le jour, avec de délicieux desserts et gâteaux faits maison. Le soir, bar branché et musique décontractée.

Portokali CAFÉ-BAR
(consommations et en-cas 2-4 €). Petit café convivial à 3 km sur les hauteurs d'Eressos. C'est là que les habitants du village aiment venir discuter autour d'un café.

Achats

Thalassaki ARTISANAT
(☎6973525421 ; front de mer ; ⏲11h-23h). Dans cette boutique lumineuse et accueillante du front de mer, Despina Iossifelli vend les céramiques et les bijoux qu'elle réalise.

Technis Malama BIJOUX
(Malama's Art). Vend des bijoux originaux faits main.

Renseignements

Au centre, la Plateia Anthis, fait face au front de mer, où la plupart des cafés disposent du Wi-Fi gratuit. En arrière se dresse l'église d'Agias Andreas. Plus à l'ouest, le long de Gyrinnis, se trouvent la majorité des services et des DAB, ainsi qu'un **médecin** (☎22530 53947 ; ⏲24h/24) et une **pharmacie** (☎22530 53844).

L'agence **Sappho Travel** (☎22530 52130 ; www.sapphotravel.com) permet de louer des voitures, trouver un logement et fournit des renseignements sur le Festival international des femmes d'Eressos.

Sud de Lesbos

Le sud de Lesbos est dominé par le mont Olympe (968 m), dont les flancs sont couverts d'oliveraies et de pinèdes qui rejoignent la mer et les plus belles plages de l'île. Dans cette chaude région agricole, les industries prospères de l'huile d'olive, du vin et de l'ouzo éclipsent le tourisme. C'est pourquoi les villages ont conservé leur authenticité et les plages, leur tranquillité.

Un peu au sud de la route Mytilène-Polyhnitos, le village traditionnel d'**Agiassos** se niche sur le côté nord du mont Olympe. On y sirote volontiers un café en oubliant le temps aux côtés des anciens, et l'on admire les œuvres proposées à la vente par les céramistes locaux. Ce hameau ombragé et détendu abrite l'exceptionnelle **église Panagia Vrefokratoussa**.

La route au sud qui longe le littoral occidental du golfe de Gera mène à **Plomari**, centre de l'industrie de l'ouzo de Lesbos. Cette petite cité balnéaire plaisante s'agrémente d'une vaste *plateia* bordée de palmiers et de tavernes sur le front de mer. Vous pourrez y visiter le **musée de l'Ouzo de Varvagianni** (☎22520 32741 ; ⏲9h-16h lun-ven, sur rdv sam-dim), dont la famille produit de l'ouzo depuis cinq générations, et où l'on vous invitera à comparer différents types d'ouzo. La plupart des estivants choisissent de résider à **Agios Isidoros**, à 3 km à l'est. La plage de **Tarti**, un peu plus à l'est, est moins fréquentée. À l'ouest de Plomari, **Melinda** est une paisible bourgade de pêcheurs, appréciée pour sa plage, ses tavernes et ses *domatia*.

De Melinda à Vatera
Μελίντα προς Βατερά

De Melinda, la route la moins fréquentée pour atteindre la cité balnéaire de Vatera traverse des villages de montagne, des collines largement boisées et des gorges profondes.

Cette route vers le nord vous conduira d'abord dans les villages pittoresques de **Paleohori**, **Akrassi** et **Ambeliko.** De là, une route de terre (un panneau indique la direction), praticable avec un véhicule de location, descend au milieu des pins et des oliveraies, offrant une vue magnifique sur la côte. Ce trajet en voiture de Melinda à Vatera prend environ une heure.

Les randonneurs découvriront avec plaisir la beauté naturelle du sud de Lesbos grâce aux **chemins dits "des oliviers"**, qui empruntent des sentiers et d'anciennes routes locales qui s'enfoncent dans l'île entre Plomari et Melinda. Le **sentier Melinda-Paléohori** (1,2 km, 30 min) suit la rivière Selandas sur 200 m avant de grimper vers Paléohori. Il passe devant une source d'eau potable et se termine au pressoir à olives du village.

Un autre beau sentier conduit à la **Panagia Kryfti**, une église bâtie dans une grotte près d'une **source d'eau chaude** et de la **plage de Drota.** Vous pouvez aussi emprunter le **sentier Paléohori-Rahidi** (1 km, 30 min), pavé de pierres blanches et jalonné de sources et de vignobles. Rahidi (raccordé à l'électricité en 2001) compte de charmantes vieilles maisons et un *kaféneio*.

ℹ Renseignements

Il existe d'autres chemins de randonnée plus difficiles à suivre, qui permettent de se rendre directement de Melinda à Vatera. Pour plus de détails, adressez-vous à l'**EOT** (☎22510 42511 ; Aristarhou 6, Mytilène ; ⏲9h-13h lun-ven) ou à l'**office du tourisme** (☎22530 71347) de Mytilène.

Vatera et Polyhnitos
Βατερά et Πολυχνίτος

En dépit de ses 9 km de plage, Vatera reste une cité balnéaire très discrète, qui ne compte qu'une poignée de petits hôtels, de *domatia* et encore moins de bars.

À sa lisière ouest, sur le promontoire du cap Agios Fokas, les ruines éparses d'un **temple de Dionysos** dominent les flots. Dans la crique entre la plage et le cap, les traces du camp militaire antique mis au jour correspondraient, si l'on en croit les historiens, à celui que décrit Homère dans *L'Iliade* comme le lieu de repos des armées grecques parties à l'assaut de Troie.

Mais c'est le passé encore plus lointain de Vatera qui attire principalement sur elle l'attention internationale. Des fossiles datant de 5,5 millions d'années ont été découverts derrière le village, parmi lesquels les restes d'une tortue de la taille d'une voiture, ainsi que les ossements d'un cheval gigantesque et d'une gazelle. Ces fossiles, ainsi que d'autres spécimens intéressants, sont exposés dans le petit et accueillant **Muséum d'histoire naturelle de Vrisa** (☎22520 61890 ; http://

vrisa.geol.uoa.gr ; Vryssa ; 1 € ; ⏲9h30-15h et 16h-20h juin-sept, 9h30-15h30 mer-dim oct-mai), installé dans l'ancienne école de Vryssa.

À une dizaine de kilomètres au nord de Vatera, sur la route retournant à Mytilène, la bourgade agricole de **Polyhnitos** est connue pour ses deux **sources chaudes** situées non loin : l'une au sud-est de Polyhnitos et l'autre, 5 km plus au nord, à la sortie du village de Lisvorio. La première, le **Polyhnitos Spa** (☎22520 41229 ; www.hotsprings.gr ; adulte/enfant 4/3 €, bain privé 5,50 € ; ⏲2h-20h lun-sam, 10h-20h dim), occupe un joli bâtiment rénové de style byzantin. Recueillie à une température de 31°C, son eau est l'une des plus chaudes d'Europe. Elle est recommandée en cas de rhumatismes, d'arthrite, de maladies de peau et d'affections gynécologiques.

À 5 km au nord-ouest de Polyhnitos, **Skala Polyhnitou** donne sur le golfe de Kalloni. C'est un petit port relaxant, où les caïques dansent sur l'eau et les pêcheurs démêlent leurs filets. Parfait pour un dîner de poisson et de fruits de mer frais au coucher du soleil.

Où se loger et se restaurer

♥ Hotel Vatera Beach HÔTEL $
(☎22520 61212 ; www.vaterabeach.com ; Vatera ; s/d 60/90 € ; P ❄ @ wifi). Un hôtel de bord de mer paisible. La plupart des clients reviennent chaque année tels de vieux amis. Le sympathique Takis Ballis offre des journaux en plusieurs langues, et l'excellent restaurant de l'hôtel utilise en majeure partie des produits de la ferme bio du propriétaire.

Agiasos Hotel HÔTEL $
(☎22520 22242 ; Agiassos ; s/d/tr 20/25/30 €). Proche de l'église Panagia à Agiassos, cet établissement accueillant, au cœur du village, dispose de chambres simples et bien tenues.

Stratis Kazatzis Rooms HÔTEL $
(☎22520 22539 ; Agiassos ; s/d/tr 20/25/30 €). À l'entrée même du village, voici un hébergement agréable et d'un bon rapport qualité/prix. En raison de la taille modeste de l'établissement, il est préférable de réserver, comme à l'Agiasos Hotel.

♥ Psarotaverna O Stratos TAVERNE DE POISSON $
(Skala Polyhnitou ; poisson 6-9 € ; ⏲10h-1h). Recherchez les bateaux de pêche amarrés à côté de cette populaire taverne de poisson, sur le front de mer de Skala Polyhnitou. On s'y régale de poisson et de fruits de mer à un prix modique, mais aussi de salades comme celles aux *vlita* (feuilles d'amarante verte) et de mezze tels que le *taramasalata* (purée d'œufs de poisson, pommes de terre, huile et citron).

LIMNOS ΛΗΜΝΟΣ

17 000 HABITANTS / 482 KM²

Comme perdue au nord de l'Égée, Limnos, qu'accompagne une seule île satellite, Agios Efstratios, réserve la belle surprise d'un territoire plutôt épargné par le tourisme. Sa capitale, Myrina, a conservé l'aspect d'un port de pêche grec, sur fond d'un imposant château génois.

Les lacs de l'est de l'île accueillent de spectaculaires colonies de flamants roses et l'austère plaine centrale se recouvre d'un tapis de fleurs sauvages au printemps. De magnifiques plages de sable s'étendent non loin de Myrina, et vous en trouverez aussi dans des endroits plus reculés de l'île.

Limnos est surtout connue car elle accueille le commandement central de l'Hellenic Air Force en raison de sa position stratégique pour surveiller le détroit des Dardanelles, qui conduit à Istanbul. L'île a ainsi joué un rôle clé dans la bataille de Gallipoli, pendant la Première Guerre mondiale. Non loin du port de Moudros, sur la côte est, où étaient basés les navires alliés, on peut visiter l'émouvant cimetière des soldats du Commonwealth.

Depuis/vers Limnos

AVION

L'aéroport est situéà 22 km à l'est de Myrina, et un taxi coûte environ 25 €. **Olympic Air** (www.olympicair.com) et **Sky Express** (www.skyexpress.gr) possèdent des agences à l'aéroport.

Vols intérieurs au départ de Limnos

VERS	DURÉE	TARIF (€)	FRÉQUENCE
Athènes	50 min	90	1-2/jour
Chios	30 min	61	2/sem
Icarie	40 min	55	6/sem
Lesbos	30 min	6	6/sem
Rhodes	3 heures	110	5/sem
Samos	30-45 min	6	2/sem
Thessalonique	30 min	79	6/sem

Limnos

Bateau

Petrides Travel, Aegean Travel et Atzamis Travel vendent des billets de ferry. Voir le tableau page suivante.

Comment circuler

BUS

Le réseau de bus a ici un objectif : conduire en ville les habitants des villages alentour pour faire leurs courses le matin et les ramener chez eux à l'heure du déjeuner. L'aller-retour dans la journée n'est possible que vers 4 destinations, qui ne sont pas les plus intéressantes. Par exemple, des bus desservent Plaka, Skandali, Katalako et Kontias, mais ne reviennent à Myrina que le lendemain.

Cela dit, de Myrina, 5 bus/jour desservent Moudros via l'aéroport (3 €, 30 min). Au retour, une seule solution : le bus de 12h15. Sachez toutefois que ces bus ne s'alignent pas sur les horaires des vols.

La **gare routière** (☎ 22540 22464 ; Plateia Eleftheriou Venizelou) de Myrina affiche les horaires précis.

TAXI

Une **station de taxis** (☎ 22540 23820) borde la place centrale de Myrina. La course pour l'aéroport coûte 20 €.

VOITURE ET MOTO

Près du front de mer, **Petrides Travel Agency** (☎ 22540 22039) et **Aegean Travel** (☎ 22540 23280) louent des voitures à partir de 30 €/jour. Des loueurs de motos sont installés dans Kyda-Karatza.

Myrina Μύρινα

5 110 HABITANTS

Cernée de collines volcaniques et dominée par un château génois, la capitale de Limnos présente un charme désuet. Vous y verrez des pêcheurs en train de siroter un café tout en défaisant leurs filets, dans le port parsemé de caïques colorés.

L'été, Myrina est un gros bourg, chaleureux et vivant. Ses nombreux commerces vendent des spécialités locales et de l'artisanat sur son marché (agora) animé. Maisons de pierre blanchies à la chaux, échoppes de barbier à l'ancienne et *kaféneia* au milieu de demeures néoclassiques décrépites lui confèrent une atmosphère d'antan détendue.

L'ambiance nocturne est très hellénique, car la majorité des touristes présents à Myrina, comme sur l'île en général, sont des Grecs en vacances. Sur les hauteurs de la ville, sur les versants en friche du château, c'est une autre histoire : de timides chevreuils en

BATEAUX AU DÉPART DE LIMNOS

VERS	DURÉE	TARIF (€)	FRÉQUENCE
Agios Efstratios	2 heures	7	6/sem
Chios	10 heures 30	22	3/sem
Icarie (Agios Kirykos)	15 heures 30	30	2/sem
Kavala	4 heures 30	16	5/sem
Laurion (Lavrio)	10 heures	30	4/sem
Le Pirée	24 heures	43	1-2/sem
Lesbos (Mytilène)	6 heures	19	3-4/sem
Samos (Karlovasi)	14 heures 30	30	1-2/sem
Samos (Vathy)	14 heures	28	1/sem
Thessalonique	7 heures	23	1-2/sem

liberté sortent le soir et s'aventurent parfois même jusque dans l'*agora* en hiver.

À voir et à faire

Château de Myrina SITE HISTORIQUE

Perché sur un promontoire qui sépare la ville de sa plage très fréquentée, le *kastro* solitaire de Myrina date du XIIIe siècle. Les imposantes ruines de cette forteresse vénitienne ne sont guère fréquentées que par les chevreuils qui vont et viennent en liberté. Les 20-25 minutes de marche pour y arriver en valent la peine, ne serait-ce que pour la vue sur la mer et le mont Athos, une fois en haut. Le soir, on peut voir les cafés scintiller en contrebas.

Musée archéologique ANTIQUITÉ

(2 € ; 8h30-15h mar-dim). Le beau musée et demeure néoclassique de Myrina surplombe la plage de Romeïkos Gialos, et conserve des objets des VIIIe et VIIe siècles av. J.-C., provenant de fouilles des trois sites principaux de Limnos : Poliohni, le sanctuaire des Cabires et Hephaistia. Ne manquez pas les lampes-statuettes de sirènes en faïence, ainsi que les détails saisissants sur l'échange des populations grecque et turque de 1923.

Plages PLAISIRS BALNÉAIRES

Parmi les plages agréables de Myrina, citons celle de **Rea Maditos**, d'une belle largeur, et celle de **Romeïkos Gialos**, plus longue, qui se trouve après le port. Plus loin, elle prend le nom de **Riha Nera** ("eau peu profonde") en raison de sa pente douce. Les cafés et restaurants du front de mer restent ouverts tard le soir en été.

À 5 minutes au sud, sur la route menant à la plage de Thanos, la **plage de Platy** est un croissant de sable aux eaux peu profondes, avec cantinas et tavernes.

Excursion CROISIÈRE

De juin à septembre, Petrides Travel Agency (p. 541) organise des tours de l'île en bateau (demi-journée/journée 20/35 €), avec des haltes pour se baigner et déjeuner, se terminant généralement au coucher du soleil.

Où se loger

Apollo Pavillion HÔTEL $

(22540 23712 ; www.apollopavilion.gr ; studios petit-déj inclus à partir de 50 € ; P). Un peu à l'écart du port, dans une charmante maison néoclassique, les chambres sont spacieuses et possèdent toutes une kitchenette et un balcon. Dans Garoufalidhou, à 150 m au-dessus du port, près du commissariat de police.

Hotel Lemnos HÔTEL $

(22540 22153 ; s/d/tr 30/40/50 € ;). Les petites chambres modernes de cet hôtel au centre du front de mer possèdent des balcons donnant sur le port ou le château. Bon marché et personnel amical.

Villa Victoria APPARTEMENTS $

(6942906120, 22540 29077 ; www.villa-victoria.gr ; s/d/app à partir de 50/60/75 € ; P). Ces jolis bâtiments en pierre se trouvent à deux pas de la plage, dans un jardin avec piscine, parfait pour les enfants. Intérieur en bois et en pierre, et kitchenettes. Plusieurs appartements à deux étages peuvent accueillir quatre personnes.

Paradise Apartments APPARTEMENTS $

(6945443455, 22540 26200 ; nzafei@gmail.com ; plage de Platy ; ch à partir de 45 €). Un immeuble blanc éclatant aux portes bleues, à 150 m de la plage, ornée de palmiers et de rosiers. Les chambres sont lumineuses et impeccables, toutes équipées de kitchenette.

To Arhontiko HÔTEL $$
(☎22540 29800 ; www.arxontikohotel.gr ; angle Sahtouri et Filellinon ; s/d/tr petit-déj inclus à partir de 45/65/75 € ; P ❄ 📶). Cette demeure restaurée, datant de 1851, vous impressionnera par ses chambres chics, son personnel serviable, son charme classique et son petit-déjeuner copieux. Dans une ruelle calme près de la *plateia* de Romeikos Gialos.

Où se restaurer

♥ **Ouzeri To 11** POISSON ET FRUITS DE MER $
(Plateia KTEL ; mezze de fruits de mer 4,50-8,50 €). Un petit *ouzeri* sans prétention, proche de la gare routière, où les habitants viennent se régaler de coquillages et de crustacés. *Kydonia* (moules à l'ail et praires), oursins, langoustines et autres créatures marines sont servis accompagnés d'ouzo.

O Platanos Restaurant TAVERNE $
(rue principale ; plats 5-8 €). Située à mi-chemin de la rue principale de l'agora (Kyda-Karatza), à l'ombre de deux majestueux platanes, cette taverne typique sert des pâtes maison, du bon vin de Limnos et d'excellents *mayirefta*, surtout de viande.

Ouzerie Venetia TAVERNE $
(front de mer ; mezze de fruits de mer 3-7 €). Le premier d'une série de restaurants à l'extrémité du front de mer. La spécialité : petites assiettes et salades copieuses. Service rapide et sans prétention.

To Limanaki TAVERNE $
(front de mer ; plats 6-9,50 €). Vers la fin du front de mer, juste avant la Taverna Glaros. Fruits de mer frais bon marché et service agréable. On y sert également des grillades jusque tard le soir et du bon vin de Limnos.

Kosmos TAVERNE $
(Romeikos Gialos ; plats 6-9 € ; ⏲ déj et dîner). Adresse prisée du front de mer, réputée pour ses bons plats de poisson vendus au kilo à des prix raisonnables. Vue sur la mer et le mont Athos digne d'une carte postale.

O Sozos TAVERNE $
(Platy ; plats 5-8 €). À Platy, 2 km à l'est de Myrina, la cuisine traditionnelle d'O Sozos est excellente. Parmi les spécialités : *kokkaras flomaria* (coq aux pâtes), agneau et *dolmades*.

Où prendre un verre et faire la fête

L'été, la vie nocturne de Myrina se concentre principalement dans les bars au-dessus de la plage de Romeïkos Gialos.

Karagiozis BAR
(plage de Romeïkos Gialos ; consommation 4-6 € ; ⏲ 9h-5h). Sur une terrasse verdoyante en bord de mer, le Karagiozis, café chic le jour, se transforme en bar le soir. Bons cocktails.

Cafe Naftilos CAFÉ
(☎22540 23621 ; front de mer ; crêpes 2-4 €). Crêpes, en-cas au fromage et cafés délicieux le matin. Boissons le soir.

Renseignements

Il y a trois DAB sur la place centrale de Myrina, Plateia Eleftheriou Venizelou, qui se trouve à mi-chemin de Kyda-Karatza (alias l'*agora*). Un autre DAB est installé sur le quai. La plupart des cafés du front de mer disposent du Wi-Fi gratuit.

Aegean Travel (☎22540 25936 ; www.aegeantravel.eu ; front de mer). Location de voitures et excursions sur l'île.

Atzamis Travel (☎22540 25690 ; atzamisk@otenet.gr ; front de mer). Billets de bateau et d'avion, hébergement, excursions et location de vélos.

Myrina Travel (☎22540 22900, 22540 22460 ; hrissa5a@otenet.gr ; front de mer). Agence spécialisée dans les excursions vers l'île d'Agios Efstatios.

Petrides Travel (☎22540 22039 ; www.petridestravel.gr ; Kyda-Karatza 116). Visites de l'île, location de voitures, transferts et hébergement.

Police (☎22540 22201 ; Nikolaou Garoufallidou).

Police portuaire (☎22540 22225).

Poste (Nikolaou Garoufallidou).

Ouest de Limnos

Au nord de Myrina, la route sur la gauche après **Kaspakas** dessert la plaisante **plage d'Agios Ioannis**, bordée de quelques tavernes et maisons de plage et surplombée par un bloc volcanique en saillie.

De Kaspakas, continuez vers l'est sur 2 km jusqu'à la jonction pour Kornos et Therma. Le chic et ultramoderne **Therma Spa** (☎22540 62062 ; www.thermaspa.gr ; Therma), un bain de l'époque ottomane somptueusement restauré, se trouve à 1 km au sud de la jonction.

Plus à l'est, la route oblique vers le sud à hauteur de **Livadohori**, traversant des collines arides et rocailleuses et passant le long de modestes fermes, avant d'arriver au charmant village de **Kontias**, avec ses maisons traditionnelles en pierre et ses anciens moulins. La route tourne ensuite en direction du sud-ouest et retourne à Myrina. En chemin, vous passerez à côté de plages exceptionnelles et fréquentées, **Agios Pavlos** et **Thanos**, à seulement 10 minutes en voiture de Myrina.

Centre de Limnos

Les plateaux du centre de Limnos sont parsemés de champs de blé, de petites parcelles de vigne et de troupeaux de moutons. C'est aussi là qu'est implantée l'immense base aérienne de l'armée de l'air grecque. **Moudros**, deuxième ville de l'île, occupe le côté ouest de la baie envasée du même nom, célèbre base de la campagne de Gallipoli en février 1915, où Winston Churchill avait établi son quartier général secret.

Le **cimetière militaire de Moudros-Est**, où sont enterrés les soldats du Commonwealth tombés pendant la campagne de Gallipoli, en 1915, se trouve à 1 km à l'est de Moudros, sur la route de Roussopouli. Dans le cimetière, une plaque évoque brièvement les événements. D'autres soldats du Commonwealth reposent dans le **cimetière militaire de Portianos**, à 6 km au sud de Livadohori, sur la route qui mène à la plage de Thanos et à Myrina.

Est de Limnos

Vestiges historiques et plages loin de tout attirent les visiteurs dans cette partie de l'île. Ses 3 **sites archéologiques** (⏲ 8h-crépuscule) GRATUIT sont Poliohni, le sanctuaire des Cabires et Hephaistia. Contactez l'agence Petrides Travel (p. 541) à Myrina pour des renseignements sur les visites.

Poliohni, sur la côte sud-est, considéré comme le premier village préhistorique de la mer Égée, fut habité à quatre reprises. La cité la plus importante fut celle de l'époque prémycénienne antérieure à Troie VI (1800-1275 av. J.-C.). Le site, qui possède un petit musée gratuit, est passionnant, mais il ne compte plus guère de vestiges.

Le second site, le **sanctuaire des Cabires** (Ta Kaviria) est situé au nord-est de Limnos, sur les rives nord de la baie reculée de Tigani. Il était dédié au culte des Grands Dieux, avant le sanctuaire de Samothrace. Marqué par 11 colonnes, le site le plus vaste correspondait à un **sanctuaire de la période hellénistique**. Non loin, la **grotte de Philoctète** est l'endroit où le héros de la guerre de Troie aurait été abandonné, le temps que guérisse la gangrène provoquée à sa jambe par la morsure d'un serpent. Un sentier balisé mène à cette grotte marine depuis le site.

Jadis première cité de l'île, **Hephaistia** (Ta Ifestia) est le lieu où Héphaïstos, dieu du Feu et des Forges, aurait été envoyé par Zeus depuis le mont Olympe. Le site ne compte plus guère que quelques murets et un théâtre en partie excavé.

À la pointe nord-est de Limnos se trouvent quelques villages rustiques, peu visités, et la **plage de Keros**, souvent déserte, appréciée des véliplanchistes. Des nuées de flamants roses envahissent parfois les eaux salées de la lagune côtière du **lac Alyki**, et le marais salant tout proche, le **lac Hortarolimni**. Depuis le cap Plaka, à l'extrémité nord-est de Limnos, vous apercevez les îles de Samothrace et d'Imvros (Gökçeada) en Turquie. Dans l'histoire, ces trois îles ont formé un triangle stratégique pour la défense des Dardanelles, donc d'Istanbul (Constantinople). C'est la raison pour laquelle la Turquie s'est accrochée à Imvros en 1923, après que la Grèce lui eut repris la plupart de ses îles, 10 ans plus tôt.

AGIOS EFSTRATIOS
ΑΓΙΟΣ ΕΥΣΤΡΑΤΙΟΣ

370 HABITANTS

Isolée au beau milieu de l'Égée, au sud de Limnos, Agios Efstratios (Αγιος Ευστράτιος) accueille quelques rares visiteurs, plus attirés par le sentiment d'évasion qu'elle procure que par son architecture. Un séisme a en effet détruit la plupart de ses édifices classiques en 1968, une triste situation aggravée par la junte militaire grecque, qui recruta des entrepreneurs véreux pour gérer la reconstruction. Peu peuplée, Aï-Stratis, comme on l'appelle localement, compte des *domatia*, de bonnes tavernes de poisson et de fruits de mer. Ses collines se prêtent à la randonnée et les plages sont belles.

Durant la dictature des colonels (1967-1974), dissidents et communistes présumés y furent exilés en nombre. Parmi eux : Mikis Theodorakis, le célèbre compositeur, et les poètes Kostas Varnalis et Yannis Ritsos.

La **plage du village** est couverte de sable noir volcanique et la température de l'eau y est agréable. Vous trouverez peu de véhicules et encore moins de routes sur Agios Efstratios. Les deux plus belles plages de l'île, **Agios Dimitrios**, à 5 km au sud, et **Ftelio**, à 8 km au sud, sont accessibles par bateau, Jeep ou moto. Renseignez-vous auprès de M. Aris de la **Taverna Artemonas** (☎22540 93333 ; ⏱9h-minuit), près de l'église Agios Nikolas.

La plupart des voyageurs réservent leur hébergement à Agios Efstratios en même temps que leur billet de ferry. À Limnos, contactez **Myrina Travel** (☎22540 22460). Sinon, vous pourrez trouver des *domatia* à votre arrivée – essayez **Rooms-to-Let** (Rooms Kakali ; ☎6973061585 ; s/d 30/35 €). L'île est fréquentée en été, mais il est rare que les 50 chambres soient toutes occupées en même temps. Le seul *kaféneio* et les deux tavernes de l'île proposent des produits de la mer frais, à des prix très raisonnables.

Un petit ferry, l'*Aeolis,* relie Limnos à la petite Agios Efstratios 6 fois par semaine (du lundi au samedi, 2 heures, 7 € l'aller simple). Achetez vos billets auprès de Myrina Travel à Myrina (Limnos), et prévoyez d'y passer la nuit. Le ferry quitte Limnos à 15h et Agios Efstratios à 6h30 pour le retour. Il n'est pas possible d'effectuer d'excursion à la journée.

Quatre ferries (lignes NEL) arrivent également chaque semaine de Lavrio (8 heures, 25 €) et Kavala (7 heures, 21 €). Les excursions à la journée sont rarement possibles.

SAMOTHRACE (SAMOTHRAKI)

ΣΑΜΟΘΡΑΚΗ

2 860 HABITANTS / 176 KM²

Couronnée par le mont Fengari (1 611 m), point culminant de l'Égée, d'où Poséidon observait la guerre de Troie comme le raconte Homère, Samothrace, luxuriante et isolée au nord-est de l'Égée, se situe à mi-chemin entre le port continental d'Alexandroupolis et l'île de Limnos, au sud. Cette île aux forêts denses n'attire guère de visiteurs hors saison, mais elle abrite l'un des sanctuaires panhelléniques les plus importants : l'ancien sanctuaire thrace des Grands Dieux, dont le culte à mystères était célèbre dans le monde grec antique.

Densément boisé de vieux chênes et de platanes noueux, l'intérieur de l'île est essentiellement montagneux, un rêve pour les randonneurs, à pied comme à VTT. Les cascades se jettent dans de profonds bassins, qui apportent un peu de fraîcheur en été. Les plages isolées du sud-est sont immaculées, tandis qu'à l'ouest coulent les sources chaudes de Loutra (Therma). À l'intérieur des terres, depuis le principal port de pêche de Kamariotissa, l'ancienne capitale, Samothraki (Hora), cache des ruelles fleuries et de jolies maisons qui regardent toutes au loin vers la mer.

Sa position isolée et ses transports en commun peu développés font de Samothrace la grande oubliée des touristes qui voyagent d'île en île. Mais les férus d'archéologie, de randonnée et de canyoning ne regretteront pas d'y être venus – nous conseillons aux randonneurs de se procurer la carte Terrain Map *Samothrace* et le guide d'Anavasi Maps *Canyoning in Samothraki.*

ℹ Depuis/vers Samothrace

Des ferries SAOS quelque peu imprévisibles (p. 710) relient Samothrace à Alexandroupolis – l'été, il y en a parfois deux par jour, moins hors saison, et les prix varient (9,50-14,50 €, 2 heures). Vous pouvez acheter vos billets auprès de Niki Tours (p. 545) à Kamariotissa ou au kiosque sur le port.

ℹ Comment circuler

BATEAU

En été, le bateau d'excursion **Theodora** (☎25510 42266) effectue des circuits à la journée autour de l'île, partant de Therma à 12h pour revenir à 18h. Le bateau longe la côte en passant près du château byzantin de Fonias, des formations rocheuses de Panias et des chutes de Kremasto, et s'arrête à mi-chemin sur la plage de Vatos pour une pause baignade. Des en-cas sont disponibles à bord et (parfois) un barbecue est offert sur la plage. Pour participer, appelez le responsable du bateau ou renseignez-vous auprès de Samothraki Travel (p. 545) à Kamariotissa.

BUS

En été, au départ de la **gare routière** (☎25513 41533) de Kamariotissa, des bus assurent tous les jours la liaison avec Hora et Paléopolis (1,50 €), et avec Therma, les campings et

Samothrace

Profitis Ilias (chacun 2,20 €), le dernier via Alonia et Lakoma.

TAXI

L'aimable chauffeur de taxi, **Evdohia Brahiolia Taxi** (☏ 6976991271, 6976991270), dessert la plupart des destinations de Kamariotissa, dont Hora (6 €), Profitis Ilias (11 €), le sanctuaire des Grands Dieux (7 €), Loutra (Therma ; 14 €), Fonias River (12 €) et la plage de Kipos (17 €).

VOITURE ET MOTO

Kyrkos Rent-a-Car (☏ 6972839231, 25510 41620) loue des voitures et de petites Jeep, et **Rent-a-Motor-Bike** (☏ 25510 41057) des motos et des scooters. Tous deux se trouvent en face du quai des ferries à Kamariotissa.

Kamariotissa Καμαριώτισσα

960 HABITANTS

Kamariotissa est à la fois le port, la plus grande localité et le centre névralgique des transports de Samothrace, ainsi que le lieu des principaux services disponibles sur l'île. Sa plage de galets, bordée de bars, est assez agréable pour se baigner. Peu de touristes dorment sur place ; pourtant, vous vous régalerez de poisson dans les tavernes de ce port, charmant et très fleuri.

Fête

Sans être une fête à proprement parler, la **randonnée de la pleine lune** vers le sommet du mont Fengari, organisée tous les ans au mois d'août par la Hellenic Trekking Association, est un événement très prisé. Des dizaines de jeunes randonneurs enthousiastes grimpent jusqu'à un champ à 1 200 m d'altitude le jour de la pleine lune, y font la fête la nuit et continuent l'ascension jusqu'au sommet (1 611 m) le lendemain matin. L'association n'étant pas très organisée, à moins que vous n'en connaissiez un membre, mieux vaut vous renseigner à l'avance.

Activités

Avec ses plages, ses pics escarpés, ses rivières de jungle luxuriante et ses cascades, Samothrace est l'endroit idéal pour les aventures de plein air. Cependant, les sentiers n'étant pas très bien indiqués et les eaux de montagne pouvant devenir torrentielles, mieux vaut être accompagné d'un bon guide. Samothraki Travel (p. 545), à Kamariotissa, propose des randonnées (15 €) sur les sentiers de montagne difficiles à trouver, ainsi que 10 itinéraires spectaculaires de canyoning (à partir de 40 €). Ces deux activités, ayant lieu généralement en août et en septembre, sont encadrées par un guide expérimenté, Iorgos Andreas, et peuvent convenir à des enfants à partir de 12 ans. La même agence offre des excursions de **plongée sous-marine**, avec matériel et instructeur certifié PADI inclus (50 € pour 2 personnes).

Bien qu'il n'ait pas lieu tous les ans, le **Capoeira Camp** (danse/art martial brésilien) se tient au mois de juin. Renseignez-vous auprès de Haris Hatzigiannakoudis de Niki Tours.

Où se loger

La plupart des *domatia* et des hôtels se trouvent en dehors de la ville, et contrairement à de nombreuses îles grecques, vous ne serez pas accueilli ici par des démarcheurs à l'arrivée du ferry.

Niki Beach Hotel HÔTEL $
(☎25510 41545 ; s/d 40/65 € ; ❄📶🏊). Face à la plage, ce bel hôtel loue de grandes chambres modernes, avec balcons, et possède un ravissant jardin planté de fleurs et de peupliers.

Hotel Aeolos HÔTEL $
(☎25510 41595 ; s/d petit-déj inclus 60/80 € ; ❄📶🏊). Établissement confortable perché sur une colline surplombant la mer, derrière le Niki Beach Hotel. Les chambres à l'avant donnent sur la piscine et le jardin, les autres sur le mont Fengari.

Où se restaurer et prendre un verre

I Synantisi OUZERI $
(poisson 6-10 €). Le propriétaire étant lui-même un pêcheur sous-marin, vous pouvez être assuré de trouver du poisson frais dans cet *ouzeri* en plein air, sur le front de mer central.

Kosmikon OUZERI $
(⏲déj et dîner). Un café et *ouzeri* populaire du front de mer, proposant de délicieuses assiettes composées de poisson et de salades.

Klimitaria Restaurant TAVERNE $
(plats à partir de 6 €). Outre des plats typiques, tels les *moussakas* et les *mayirefta*, cette taverne du front de mer sert du *gianiotiko* (dés de porc cuits au four, avec, entre autre, des pommes de terre et des œufs), un mets peu habituel.

Petrinos Kipos CAFÉ-BAR
(⏲8h-minuit). Café relax ouvert toute la journée, avec concerts de musique traditionnelle les soirs d'été.

Renseignements

En descendant du ferry, prenez à gauche sur 50 m pour trouver le kiosque d'information touristique (ouvert juillet et août) et la gare routière locale. Les cafés, restaurants, agences de voyage et loueurs de voitures sont installés sur le front de mer adjacent, ainsi qu'un DAB et un supermarché. La petite plage de Kamariotissa se trouve à 100 m plus à l'est.

Kiosque touristique (☎25510 89242).

Niki Tours (☎25510 41465 ; niki_tours@hotmail.com). Billets de ferry et réservations d'hébergement. En face des bus sur la route du port.

Samothraki Travel (☎6984908254, 25510 89444 ; www.samothrakitravel.gr). Excellent tour-opérateur, géré par Ioannis Glinias et Katerina Mihalentzaki, tous deux très serviables. Informations sur l'hébergement et les activités de plein air, telles que plongée, randonnée et canyoning.

Police portuaire (☎25510 41305).

Samothraki (Hora)
Σαμοθράκη (Χώρα)

Nichée entre deux falaises abruptes et dotée d'une prodigieuse vue circulaire sur la mer, Samothraki (Hora), ou simplement Samothraki, était prédestinée à devenir le chef-lieu de l'île. Son pic nord-ouest est en effet commandé par un château qui fut édifié au Xe siècle par les Byzantins, mais dont les vestiges actuels datent en majeure partie du XVe siècle et de la domination génoise.

Avec ses rues pavées sinueuses et débordantes de fleurs, et ses maisons traditionnelles à toits de tuile rouge, Samothraki est l'endroit idéal pour flâner et se détendre autour d'un déjeuner ou d'un café. En été, une agréable vie nocturne s'organise dans les petites rues et dans les bars situés sur les toits.

Au moment de nos recherches, la réouverture au public des ruines du château byzantin, fermées depuis longtemps, était prévue pour l'été 2014, avec une section de mur byzantin inédite mise au jour. Le *pyrgos* (tour), à 10 minutes de marche du centre de Samothraki (Hora), abrite une exposition d'objets médiévaux.

Où se loger

Il existe plusieurs *domatia* à Samothraki (Hora), mais l'**Hotel Axieros** (☎6972771515, 25510 41294 ; www.axieros.gr ; d à partir de 25 € ; ❄📶), au cœur du village, offre le meilleur rapport qualité/prix. Chaleureuses et accueillantes, ses chambres traditionnelles joliment meublées disposent de kitchenettes bien équipées. Elles ont la vue sur le village.

Où se restaurer et prendre un verre

Des cafés et des tavernes sont situés plus haut dans la rue, au niveau d'une petite fontaine d'eau de source de montagne.

O Lefkos Pyrgos DOUCEURS $

(desserts 4-6 € ; 9h-3h juil-août). Cette pâtisserie-confiserie (ouverte uniquement l'été) est le laboratoire culinaire de Georgios Stergiou et son épouse Dafni, créateurs de gourmandises et de desserts hors pair, à base de produits 100% naturels. Essayez la limonade au miel et à la cannelle ou le yaourt grec à l'amande amère. Également thés, cafés et cocktails exotiques.

Café-Ouzeri 1900 TAVERNE $

(plats 5-9 €). Cette taverne fleurie est réputée pour son personnel aimable et ses mezze. On y commence la journée par un yaourt au miel, avant de commander, pour le déjeuner, un *tzigerosarmadès* (chevreau aromatisé à l'oignon, à l'aneth et à la menthe verte). Le grand menu coloré, imprimé à la manière d'un journal, est à rapporter chez soi en souvenir.

O Pyrgos RESTAURATION RAPIDE $

(en-cas ; 11h-23h). Belle vue sur le château, avec de bons cafés, en-cas et desserts.

Lydia BAR

Unique à la fois pour ses cocktails exotiques et pour être le seul bar ouvert toute l'année à Hora. C'est aussi le plus animé en soirée, avec musique d'ambiance et clientèle sympathique.

Renseignements

Les bus et les taxis s'arrêtent sur la place, en contrebas du village. En remontant l'artère principale, vous trouverez l'OTE (Organismos Tilepikoinonion Ellados ; Organisme des télécommunications helléniques), la Banque agricole, la poste et le **commissariat** (25510 41203).

Sanctuaire des Grands Dieux
Το Ιερό των Μεγάλων Θεών

À 6 km au nord-est de Kamariotissa, le **sanctuaire des Grands Dieux** (25510 41474 ; site et musée tarif plein/réduit 3/2 € ; 9h-16h mar-dim été, 8h30-15h mar-dim hiver) est l'un des sites archéologiques les plus mystérieux de Grèce. Les Thraces construirent ce temple en hommage à leurs divinités de la fertilité vers 1000 av. J.-C. Au Ve siècle av. J.-C., les rites et les sacrifices secrets liés au culte attirèrent des pèlerins célèbres, dont la reine égyptienne Arsinoé, Philippe II de Macédoine (père d'Alexandre le Grand) et l'historien grec Hérodote. Samothrace a conservé sa fonction sacrée jusqu'à l'interdiction du paganisme, au IVe siècle.

Principale divinité thrace, la Grande Mère (Axiéros Cybèle) était vénérée comme déesse de la Fertilité. Lorsque la religion grecque absorba les croyances thraces, Axiéros fut assimilée à trois déesses olympiennes à la fois : aux célèbres Déméter et Aphrodite, ainsi qu'à Hécate, associée à l'obscurité, aux Enfers et à la sorcellerie. Outre la Grande Mère, on honorait les divinités qui lui étaient associées : le jeune et viril Kadmilos (dieu Phallus), son époux, assimilé à Hermès ; les jumeaux Cabires, Dardanos et Aétion (ou Iasion), nés des amours de Zeus et de Léda. Profondément vénérés, les Grands Dieux de Samothrace étaient considérés comme bien plus puissants que les querelleurs et frivoles dieux de l'Olympe.

On en sait peu sur ce qui se passait en réalité dans ce sanctuaire, bien que les fouilles archéologiques aient permis de comprendre qu'il existait deux étapes dans l'initiation : tout d'abord, la demande d'une renaissance spirituelle intérieure, et ensuite, l'expiation des transgressions. Ce deuxième rite confessionel avait lieu dans le **hiéron**, dont les colonnes restantes sont sans doute les ruines les plus photographiées du sanctuaire.

Bien que mystérieux, les rituels étaient ouverts à tous – hommes, femmes, citoyens, serviteurs et esclaves. Et puisque la mort était la peine infligée à ceux qui révélaient les secrets du sanctuaire, les principales exigences étaient de s'y rendre et de garder le secret.

À voir

Les différents édifices du site sont bien indiqués, mais commencer par la visite du **musée** (25510 41474 ; gratuit avec entrée du site ; 8h30-15h mar-dim) aide à obtenir une vue d'ensemble du sanctuaire. Parmi les **pièces exposées** dans le musée, on peut voir une frise en marbre représentant des femmes en train de danser, des figurines et des amphores en terre cuite, des bijoux, et des lampes en argile, indiquant la nature nocturne des rituels. Une reproduction en plâtre remplace la célèbre *Victoire de Samothrace* (désormais au musée du Louvre), découverte en 1863 par Charles Champoiseau, diplomate et archéologue amateur français.

Un bon plan du site est disponible à l'entrée, et les allées sont bien signalées. Des fouilles sont en cours dans le sanctuaire.

À environ 75 m au sud du musée et de l'entrée se trouve l'**arisinoéion** (rotonde), cadeau de la reine égyptienne Arisinoé. Le premier autel en pierre du sanctuaire fut découvert à proximité. Les pélerins se rassemblaient dans l'**anaktoron** rectangulaire adjacent pour leur première initiation. La deuxième avait lieu dans le **hiéron** sacré, suivie d'une célébration dans la salle adjacente, le **téménos**. Face au hiéron demeurent quelques vestiges d'un **théâtre**. Non loin, un chemin monte vers le **monument de la Niké** (*niké* signifie "victoire" en grec), où se dressait jadis la magnifique *Victoire de Samothrace*, qui faisait face à la mer vers le nord – vraisemblablement offert aux dieux à la suite d'une victorieuse bataille navale. Au nord-ouest, les ruines d'une imposante **stoa**, ou portique, indique l'endroit où s'abritaient les pèlerins. Les noms des initiés étaient consignés sur ses murs.

Loutra (Therma)

Λουτρά (Θερμά)

Loutra (aussi appelée Therma), à 14 km à l'est de Kamariotissa, près de la côte, est la localité la plus apprécié des touristes qui séjournent sur Samothrace. Ce village paisible, planté de marronniers et de platanes, s'anime le soir quand toutes les générations se retrouvent à la terrasse des cafés.

À voir et à faire

Thermes SOURCES THERMALES
(3 € ; 7h-10h45 et 16h-19h45 juin-sept). Les deux noms du village font référence à ses sources minérales thérapeutiques, censées guérir tous les maux, des problèmes de peau à la stérilité. Les bains officiels occupent une grande bâtisse blanche, près de l'arrêt de bus. Le bain est toutefois gratuit dans deux petits bassins extérieurs situés 75 m plus haut. De là, un sentier difficile continue jusqu'au sommet du mont Fengari pour une randonnée de 5 heures.

Chutes de Paradeisos CASCADES
À environ 500 m de Kafeneion Ta Therma, un chemin boisé luxuriant (100 m) mène à une série de piscines naturelles et de chutes d'eau, dont la plus impressionnante mesure 30 m de hauteur. Dans ce décor fabuleux, digne du *Seigneur des Anneaux*, des platanes noueux vieux de 600 ans et couverts de mousse surgissent du brouillard, au-dessus d'un sol forestier de fougères géantes et de rochers saumâtres. Bien que le sentier soit étroit, il est accessible aux enfants et permet d'accéder aux piscines dont les eaux froides sont agréables en été.

Gorges de Ghria Vathra RANDONNÉE
Quasiment parallèles aux chutes de Paradeisos, mais plus à l'est le long de la route côtière, ces gorges luxuriantes sont célèbres pour leurs piscines naturelles et leurs chutes d'eau. Si vous vous dirigez vers l'intérieur des terres depuis la route des cascades, vous pourrez faire une randonnée facile et agréable, agrémentée de pauses baignade.

Pour un circuit semi-circulaire plus difficile de 9 heures dans les gorges, renseignez-vous auprès de Samothraki Travel (p. 545), à Kamariotissa. Guide et équipement professionnel de canyoning nécessaires.

Où se loger

♥ **Hotel Samothraki Village** HÔTEL $
(25510 42300 ; www.samothrakivillage.gr ; Paléopolis ; s/d/tr/ste 50/60/70/110 € ;). Situé à 4 km à l'est de Kamariotissa, sur la route côtière, et à 1 km avant le sanctuaire des Grands Dieux, cet excellent hôtel dispose de chambres modernes et spacieuses, avec balcons donnant sur la mer. Il dispose de deux piscines extérieures (et une petite aire de jeux pour les enfants), d'un centre de fitness, d'un hammam et de services de massage. Réservez pour que l'on vienne vous chercher gratuitement.

Studios Ktima Holoway HÔTEL $$
(6945947182, 25510 98335 ; www.ktimaholoway.com ; d/tr 70/80 €). À 16 km à l'est de Kamariotissa, cet établissement agréable dispose de studios indépendants modernes de 2 pièces, installés sur une pelouse à 50 m de la plage. Aire de jeux pour les enfants. Le tarif comprend la location d'une voiture.

Aleka Studios APPARTEMENTS
(25510 98272 ; www.alekastudos.com ; d à partir de 30 €). Chambres privatives et bungalows de bonne qualité, au cœur d'un jardin fleuri. Les chambres, spacieuses, jouissent d'une vue splendide sur la mer ou la montagne.

Hotel Orfeas HÔTEL $
(25510 98233 ; Therma ; s/d petit-déj inclus à partir de 40/50 € ;). Une adresse sans prétention, confortable et conviviale, située

juste en face de la rue menant à un petit cours d'eau, sur lequel donnent les meilleures chambres.

Mariva Bungalows BUNGALOWS **$$**
(☎25510 98230 ; d petit-déj inclus 80 € ; ❄). Ces bungalows isolés, aux chambres modernes et aérées, bénéficient d'un cadre magnifique à flanc de colline, près d'une cascade. Pour vous y rendre, tournez au niveau de la route côtière vers l'intérieur des terres en direction de Loutra, puis prenez la première à gauche. Suivez les panneaux indiquant les bungalows, que vous atteindrez 600 m plus loin.

Où se restaurer

Pour changer des *gyros* et des souvlakis à manger sur le pouce, attablez-vous au **Paradisos Restaurant** (plats 5-8 €).

♥ **Kafeneio Ta Therma** CAFÉ **$**
(☎6984994856 ; ⏲8h-2h). Dirigé par le jovial Iordanis Iordaninis depuis plus de 20 ans, cet établissement, qui propose du café, des bières et des douceurs, est au centre de l'action à Therma. Concerts, vendeurs improvisés, artistes et danseurs à l'extérieur. Proche des bains et de plusieurs sentiers.

Rivière Fonias
Ποτάμι Φονιάς

Sur la côte nord-est, on atteint au-delà de Loutra l'embouchure de la rivière Fonias, et les célèbres **bassins naturels de Fonias** (1 €). La balade commence au pont situé à 4,7 km à l'est de Loutra, près des billetteries (le site n'est payant qu'en été). Un sentier bien balisé mène en 40 minutes de marche aisée à un grand bassin où l'on peut se baigner, alimenté par une impressionnante cascade de 12 m de hauteur. La rivière est surnommée "la meurtrière" car en hiver, les pluies la transforment parfois en violent torrent. Le vrai danger, toutefois, est de se perdre : s'il y a six cascades dans les environs, seules les deux premières sont accessibles par des sentiers balisés. Avant d'effectuer une véritable randonnée dans cette zone ou près du mont Fengari, consultez l'agence Samothraki Travel (p. 545), à Kamariotissa.

Plages

La superbe **plage de Pahia Ammos** s'étire sur 800 m de long. On y accède par une route qui serpente sur 8 km depuis Lakoma sur la côte sud. Des caïques au départ de Kamariotissa desservent parfois la plage en été. De même, le bateau d'excursion qui part de Loutra (Therma) s'arrête de l'autre côté du cap, sur la **plage de Vatos**, tout aussi magnifique, qui accueille des naturistes.

De Pahia Ammos, il arrive que l'on aperçoive l'ancienne île grecque d'Imvros (Gökçeada), cédée aux Turcs par le traité de Lausanne de 1923.

Sur la côte sud-est également, la **plage de Kipos**, couverte de galets, est accessible par la route qui longe la côte nord. Charmante, elle manque néanmoins totalement d'ombre. Comme pour les autres plages, des caïques ou le bateau d'excursion vous y conduiront en été.

Autres localités

Les paisibles villages de **Profitis Ilias**, **Lakoma** et **Xiropotamos**, au sud-ouest, ainsi qu'**Alonia**, non loin de Samothraki (Hora), accueillent peu de visiteurs bien qu'ils soient reliés par des routes goudronnées. Accroché à flanc de colline, Profitis Ilias compte plusieurs tavernes. Le **Vrahos** (☎25510 95264) et le **Paradisos** (☎25510 95264) sont tous deux réputés pour leur chevreau rôti, et la **Taverna Akrogiali** (☎25510 95123 ; plage de Lakkoma) pour son poisson frais.

THASSOS ΘΑΣΟΣ

14 900 HABITANTS

L'une des îles les plus vertes et les plus douces de Grèce, Thassos, s'étend à 10 km du port de Kavala, sur le continent. La similitude du climat et de la végétation donne l'impression que l'île est le prolongement du nord de la Grèce. Son littoral bordé de belles plages de sable et ses montagnes boisées ont d'autant plus la faveur des familles du continent que la vie est peu onéreuse. C'est aussi la raison pour laquelle les jeunes des Balkans, Bulgares et ressortissants de l'ex-Yougoslavie notamment, profitent de la fréquence des traversées depuis le continent et de l'excellent réseau de bus pour y séjourner. Il est en effet aisé d'y faire un saut quand on sillonne la Grèce du Nord.

Au cours de sa longue histoire, Thassos a tiré parti de sa richesse naturelle. Dans l'Antiquité, l'île possédait sa propre flotte.

Thassos

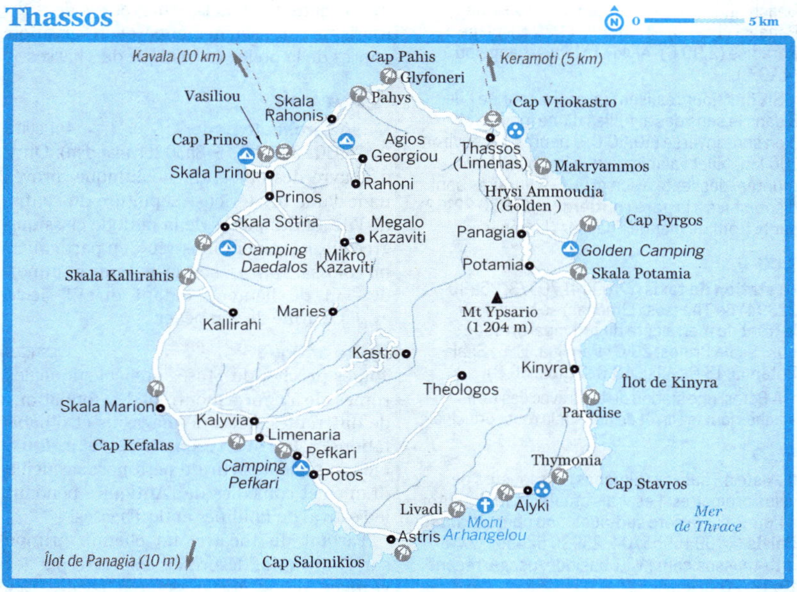

Fondateurs de la cité antique de Thassos (Liménas) en 700 av. J.-C., les Pariens exploitaient en effet les gisements d'or du mont Pangaion, à l'origine d'exportations fort lucratives. Si les mines d'or sont épuisées depuis longtemps, l'exploitation du marbre blanc de Thassos se poursuit, malgré la défiguration des montagnes qu'elle provoque.

Pour les visiteurs, les principales richesses de l'île sont sa beauté naturelle et ses sites d'intérêt historiques : l'excellent musée archéologique du chef-lieu, Thassos (Liménas), le monastère byzantin d'Arhangelou, perché sur sa falaise et le temple grec de la tranquille plage méridionale d'Alyki.

Malgré l'afflux de touristes en voyage organisé de la mi-juillet à la mi-août sur certaines de ses meilleures plages, il reste encore des endroits intacts sur l'"île d'émeraude". Il fait bon les visiter hors saison mais, attention, seul le chef-lieu conserve un petit nombre d'établissements ouverts en hiver.

ℹ Depuis/vers Thassos

L'île de Thassos est uniquement accessible depuis les ports de Kavala ou de Keramoti sur le continent. Toutes les heures, un ferry assure la liaison entre Keramoti et Liménas (3 €, 45 min) et 2-3/jour entre Kavala et Skala Prinou (4,70 €, 1 heure 15).

Les horaires sont affichés aux **billetteries de ferry** (☎ 25930 22318) de Thassos (Liménas), et à la police portuaire (p. 551) de Skala Prinou.

ℹ Comment circuler

BATEAU

Le **bateau d'excursion Victoria** (☎ 69773 36114 ; 27 €/journée) propose des circuits d'une journée autour de l'île, avec des pauses baignade et déjeuner ; il part du vieux port à 10h. Des bateaux-taxis desservent régulièrement les plages de Hrysi Ammoudia (Golden Beach) et de Makryammos depuis le vieux port. Des bateaux d'excursion de différentes tailles mettent également les voiles depuis les villages balnéaires de la côte. Renseignez-vous auprès de Billias Travel (p. 551).

BUS

Des bus réguliers parcourent tout le littoral et desservent également des villages de l'intérieur des terres. Des bus attendent à toutes les arrivées de ferries à Skala Prinou et à Thassos (Liménas), nœud des transports de l'île. Comptez 8 liaisons/jour (1,70 €) entre ces 2 ports.

Des bus quotidiens circulent toute la journée de Thassos (Liménas) jusqu'aux villages de la **côte ouest** tels que Skala Marion (3,80 €), Liménaria (4,50 €), Potos (4,70 €) et Theologos (5,90 €). Des bus au départ de Liménas desservent également les destinations sur la **côte est** : Hrysi Ammoudia (Golden

Beach ; 1,60 €), Skala Potamia (1,70 €) via Panagia (1,50 €) et Potamia (1,80 €), plage de Paradise (2,90 €), Alyki et Moni Arhangelou (4,10 €).

Six bus/jour réalisent un grand tour de l'île, 3 dans le sens des aiguilles d'une montre et 3 en sens inverse (10,60 €, 3 heures 30, environ 100 km, billet valable pour la journée, avec montée/descente à son gré). Les horaires sont disponibles à la **gare routière** (☎ 25930 22162), sur le front de mer de Thassos (Liménas).

TAXI

La **station de taxis** (☎ 69441 70373, 25930 22394) de Thassos (Liménas) se trouve sur le front de mer, à côté du principal arrêt de bus (Skala Prinos, 20 € ; Panagia, 11 € ; Skala Potamia, 18 € ; Aliki, 40 € ; Potos, 50 €).

À Potos, une station de taxis avec des tarifs affichés jouxte l'arrêt de bus sur la route principale.

VÉLO

Il existe à Thassos (Liménas) des loueurs de vélos ordinaires. Les vrais amateurs iront plutôt à Potos, sur la côte sud-ouest, où opère **Yiannis Raizis** (☎ 6946955704, 25930 52459 ; www.mtb-thassos.com ; VTT basique/usagé/récent 10/15/20 €/jour).

VOITURE ET MOTO

Potos Car Rentals (☎ 25930 52071 ; Liménas) est une agence fiable et abordable. L'entreprise **Avis Rent-a-Car** (☎ 25930 22535 ; Liménas) est très répandue, avec des agences à Thassos, Potamia et Skala Prinou.

Mike's Bikes (☎ 25930 71820), à 1 km du vieux port de Thassos (Liménas), et **2 Wheels** (☎ 25930 23267), sur la route de Prinos, louent vélos et motos.

Thassos (Liménas)

Θάσος (Λιμένας)

2 610 HABITANTS / 375 KM²

Animé toute l'année, ce pittoresque port de pêche réunit les principaux services de l'île. Néanmoins le tarif relativement élevé de l'hébergement et l'offre limitée en matière de restaurants ne méritent pas que le visiteur s'attarde. Ailleurs sur l'île, les plages, les montagnes boisées et la vie nocturne ont davantage d'attraits.

Festival

Fin juillet et début août, le très vivant **Festival de Philippes et de Thassos** (www.philippifestival.gr) se déroule en partie à Thassos. Parmi les manifestations : théâtre classique, expos de peinture et musique grecque contemporaine. Le programme figure dans les hôtels, cafés et agences de tourisme ; renseignements et réservation auprès de la police touristique de Thassos.

À voir

Musée archéologique ANTIQUITÉ

(☎ 25930 221802 € ; ⏲ 8h30-15h mar-dim). On y découvre des objets du néolithique, provenant d'une mystérieuse sépulture du centre de l'île, et des pièces de la période classique grecque, largement illustrée – en particulier, un colossal *kouros* (statue de jeune homme), de 5 m de hauteur, datant du VIe siècle av. J.-C., armé de son bélier.

Agora antique VESTIGES

Toutes proches du Musée archéologique, les ruines de l'**agora** montrent les fondations de différentes stoas, de magasins et d'habitations. À 100 m à l'est, le **théâtre antique**, bien indiqué à partir du petit port, accueille drames et comédies de l'Antiquité pendant le Festival de Phillipes et de Thassos.

Partant du théâtre, un chemin grimpe sur l'**acropole**, désormais couverte par les vestiges de la forteresse médiévale. Des marches creusées dans la roche permettent d'atteindre les fondations de ces anciens remparts.

Si vous explorez la partie est de la ville, notez le panneau indiquant les sites historiques après le restaurant Alexandra. De là, une montée de 5 minutes sur un sentier ombragé vous mènera à la jolie **chapelle** d'Agioi Apostoli, d'où l'on a une belle vue sur le front de mer.

Où se loger

Hotel Angelica HÔTEL $

(☎ 25930 22387 ; www.hotel-angelica.gr ; vieux port ; s/d petit-déj inclus 40/60 € ; ❄ 📶). Vue sur le vieux port, grandes sdb modernes, service enjoué. Bref, une excellente adresse bon marché de Thassos.

Hotel Timoleon HÔTEL $

(☎ 25930 22177 ; www.hotel-timoleon.gr ; vieux port ; s/d 60/80 € ; ❄ 📶). Voisin du Possidon, ce trois-étoiles loue 30 chambres spacieuses (dont 15 avec vue sur la mer) et joliment meublées. Gérant serviable et accueillant.

Hotel Possidon HÔTEL $

(☎ 25930 22739 ; www.thassos-possidon.com ; vieux port ; s/d 40/50 € ; ❄ 📶). Le bar de cet accueillant établissement du front de mer donne à la fois sur le port et sur 18 Oktovriou, la principale rue commerçante. Les chambres sont modernes, et beaucoup disposent d'un balcon donnant sur la mer.

Hotel Galini HÔTEL $
(☎25930 22195 : Theageneous ; s/d 44/50 € ; ❄). Petit hôtel un peu vieillot, de 16 chambres simples et nettes, disposant d'un jardin fleuri à l'arrière.

Où se restaurer et prendre un verre

Taverna To Karanti TAVERNE $
(Miaouli). Un *ouzeri* en plein air, sur le vieux port, apprécié pour ses délicieux mezze et sa vue pittoresque sur les bateaux de pêche. Ambiance agréable, avec musique traditionnelle.

Simi TAVERNE $
(☎25930 22517 ; vieux port ; plats 7-10 €). À première vue, le Simi ressemble à toutes les autres tavernes du vieux port, avec les habituels serveurs qui racolent. Néanmoins, les insulaires s'accordent pour dire que l'on y déguste le meilleur poisson frais de la ville, entre autres plats traditionnels de taverne.

Island Beach Bar BAR $
(Miaouli). Voisin de la taverne Karanti, ce bar tape-à-l'œil en extérieur sert de bons petits-déjeuners et boissons, au son d'une musique branchée. Wi-Fi gratuit.

Taverna Tarsanas TAVERNE $
(☎25930 23933 ; mezze 4 €, plats 10-15 €). À 1 km à l'ouest de Thassos, le Tarsanas sert du poisson savoureux et des mezze de fruits de mer exceptionnels.

Karnagio BAR
(☎25930 23170). Longez le vieux port pour prendre un verre dans ce bar au coucher du soleil. L'extérieur du Karnagio est à cheval sur un promontoire rocheux que viennent lécher les vagues. On peut escalader les rochers jusqu'à la petite chapelle éclairée aux chandelles.

Renseignements

Il y a des banques équipées de DAB près de la place centrale.

Billias Travel Service (☎25930 24003 ; www.billias-travel-service.gr ; Gallikis Arheologikis Scholis 2). Agence de voyages multi-services.

EOT (organisme national du tourisme ; ☎25102 22425). À Kavala. Renseignements et billets pour le Festival de Philippes et de Thassos.

Police portuaire (☎25930 22106).

Police touristique (☎25930 23111).

Thassos Island Nature (www.gothassos.com). Informations en ligne fort utiles (en anglais).

Côte ouest

Si assaillie soit-elle depuis des années par les touristes en voyage organisé, la côte occidentale a conservé quelques édens et coins de sable tranquilles. Quant aux villages de montagne de l'intérieur, à la belle architecture de pierre, ils vivent toujours au rythme d'autrefois.

À voir

En suivant la côte vers l'ouest depuis Thassos, deux plages de sable se présentent : **Glyfoneri**, correcte, puis **Pahys**, plus agréable.

Un peu plus à l'ouest, le port de **Skala Prinou** accueille les ferries pour Kavala, et guère plus. Mais à 6 km à l'intérieur des terres, après le bourg de Prinos, les villages de **Mikros Kazaviti** et **Megalo Kazaviti** (c'est à dire les villages de Prinou), qui ont beaucoup de caractère, offrent une pause luxuriante après la côte touristique, et quelques endroits où manger et dormir. Un réseau de sentiers faciles à suivre part de la jolie *plateia* de Megalo Kazaviti, où un panneau indique les itinéraires.

Un peu plus au sud, se trouve l'intéressant port de pêche de **Skala Marion**. Ses quelques tavernes donnant sur la mer sont fréquentées par les anciens du village, qui jouent au backgammon, tandis que les enfants gambadent autour. Le village compte quelques *domatia*, une boulangerie et un cybercafé sur la jetée nord. Le 24 juin, jour de la fête du village, la messe est suivie par des danses folkloriques sur la place.

La route côtière au sud longe encore des plages, avant d'atteindre la deuxième ville de l'île, **Liménaria**, suivie rapidement de **Potos** et **Pefkari**, deux anciens villages de pêcheurs transformés en cités balnéaires, possédant tous deux de longues plages de sable bordées de cafés et de tavernes.

Deux villages à l'intérieur des terres méritent une visite d'une journée. À environ 6 km de Skala Marion, le village boisé de **Maries** récompense les visiteurs avec son air rafraîchissant de montagne et son beau monastère, **Agios Taxiarchis**. Bien qu'assez éloignée de la côte ouest, l'ancienne capitale médiévale et ottomane de Thassos, **Theologos**, n'est accessible que depuis Potos, d'où une route mène vers l'intérieur des terres jusqu'à ce hameau boisé de 400 âmes, qui se distingue par ses maisons blanchies à la chaux et aux toits en ardoise. L'**église d'Agios Dimitrios** (1803), quant à elle, est remarquable par son imposant toit en ardoise et son clocher blanc.

De retour à Potos, la route qui suit les échancrures de la côte au sud-est offre une vue exceptionnelle sur les baies. Le village d'**Astris** est le plus méridional de l'île. Sa plage est belle et l'on y trouve tavernes et *domatia*, dont les **Menir Luxury Apartments** (☎25930 58270 ; www.menir-thassos.gr ; s/d petit-déj inclus à partir de 50/80 €).

Activités

En dépit de sa fréquentation touristique, la côte ouest de Thassos ravira les amoureux de la nature et des sports de plein air : plongée sous-marine, VTT et observation des oiseaux sont quelques-unes des nombreuses activités que l'on peut y pratiquer.

Observation des oiseaux CROISIÈRE ORNITHOLOGIQUE

Au sud-ouest de Potos, l'**îlot de Panagia**, rocheux et inhabité, accueille la plus grande colonie de cormorans de Grèce . L'écologiste Yiannis Markianos, de l'Aldebran Pension, y organise des excursions ornithologiques en bateau.

Course internationale de VTT VÉLO

(Potos ; ⌚dernier dim d'avril). Cette compétition amateurs attire à Potos plus de 200 concurrents chaque année, qui traversent l'intérieur boisé de l'île, escaladent le mont Ypsario (1 204 m), puis reviennent à leur point de départ par le joli village de Kastro. Les frais de participation (20 €) comprennent 3 nuits d'hôtel ! Pour vous inscrire, contactez son organisateur, Yiannis Raizis (p. 550), à Potos. Il loue des VTT haut de gamme toute l'année et organise également des randonnées guidées à pied ou à vélo jusqu'au mont Ypsario.

Pine Tree Paddock ÉQUITATION

(☎6945118961 ; Rahoni ; ⌚10h-14h et 17h-coucher du soleil). Plus au nord à l'intérieur des terres, à Rahoni, ce centre équestre dispose de poneys et de chevaux (20 €/heure). On peut aussi participer à une randonnée à cheval guidée (25 €/heure). Réservation impérative.

Club de plongée Vasiliadis PLONGÉE

(☎6944542974 ; www.scuba-vas.gr ; Potos). À Potos, Vasilis Vasiliadis propose de la plongée pour débutants et pour plongeurs expérimentés, notamment la découverte d'une ancienne carrière de marbre engloutie, près d'Alyki.

Où se loger

♥ **Aldebaran Pension** PENSION $

(☎6973209576, 25930 52494 ; www.thasos.eu ; Potos ; d à partir de 40 € ; ❄ 📶). Aldebaran est toujours le meilleur hébergement de la ville. En plus de ses propriétaires sympathiques et serviables, d'une cour ombragée et d'une table de ping-pong, il dispose de sdb refaites et d'une cuisine commune, avec café et thé à volonté. Giannis, résident et expert en ornithologie, offre des visites et des informations sur l'observation des oiseaux et la randonnée à Thassos. Situé à une rue du front de mer principal.

Domatia Filaktaki PENSION $

(☎6977413789, 25930 52634 ; Skala Marion ; ch à partir de 35 € ; ❄ 📶). Simples mais climatisées, ces chambres se trouvent à l'étage de la maison de Maria Filaktaki, à Skala Marion. C'est le premier endroit que l'on voit en descendant vers la mer depuis l'arrêt de bus.

Camping Pefkari CAMPING $

(☎25930 51190 ; www.camping-pefkari.gr ; empl adulte/tente 5/5 € ; ⌚juin-sept). Occupant un espace arboré au-dessus de la plage de Pefkari, ce camping agréable est apprécié par les familles. Sanitaires impeccables, laverie, cuisine et barbecue.

Camping Daedalos CAMPING $

(☎25930 58252 ; tseltha@otenet.gr ; empl adulte/tente 6/4 €). Au nord de Skala Sotira et donnant sur la plage, ce camping possède une supérette et un restaurant. Cours de voile, planche à voile et ski nautique.

Où se restaurer et prendre un verre

♥ **Armeno** TAVERNE $

(Skala Marion ; plats 5-9 €). Sur le front de mer de la charmante Skala Marion, l'Armeno est réputé pour ses plats de poisson, outre les classiques des tavernes. Les produits bio proviennent du potager. La famille Filaktaki loue également des chambres et peut vous fournir des informations sur la région et vous aider à louer une voiture.

Piatsa Michalis TAVERNE $

(Potos ; plats 6-10 €). Installé depuis 50 ans sur le front de mer de Potos, cet établissement affiche une carte classique de taverne et reste fidèle à ses spécialités, comme le ragoût de lapin ou le poulpe au vin rouge.

O Georgios TAVERNE $

(Potos ; plats 4,50-7 €). Dans une roseraie parsemée de galets, à l'écart des commerces touristiques de la route principale, c'est un restaurant traditionnel spécialisé dans les grillades, plébiscité par les gens du coin. Service chaleureux et portions suffisamment généreuses pour partager.

Café Margarita CAFÉ-BAR

(☎ 25930 51576 ; ⌚ 9h-13h). Café-bar sympathique et animé, à l'extrémité nord du front de mer. Ouvert toute la journée jusque tard, on y sert cafés, en-cas et boissons. Des chambres sont également à louer au-dessus du café (simple/double 40/50 €).

Kaféneio Tsiknas CAFÉ $

(Theologos). À l'entrée de Théologos, ce charmant café situé avant l'église dispose d'un balcon où l'on peut siroter un café et grignoter de petits en-cas.

Renseignements

Il existe des DAB à Skala Prinou, à Liménaria et à Potos, qui disposent aussi de toutes les commodités ordinaires.

Côte est

Les plages de l'est de Thassos peuvent être vite bondées en été, mais moins que celles de la côte ouest plus développée. D'épaisses forêts couvrent le spectaculaire paysage côtier, des montagnes à la mer. Si les activités organisées sont moins nombreuses ici, l'ambiance y est plus détendue, et les eaux chaudes peu profondes conviennent parfaitement aux familles avec de jeunes enfants.

À voir

Panagia et Potamia VILLAGES DE CHARME

Ces villages de l'intérieur des terres sont ravissants. Ils ont conservé leur architecture typique, en particulier Panagia, avec ses toits en pierre et en ardoise et son **Kimissis tou Theotokou** (église de la Dormition-de-la-Vierge), surmontée d'une coupole bleu et blanc. L'église contient une collection d'icônes remarquable. Pour atteindre ce lieu paisible, remontez un chemin de pierres vers l'intérieur des terres en suivant le murmure des sources.

Moins pittoresque, Potamia abrite le **musée Polygnotos Vagis** (3 € ; ⌚ 8h30-12h et 18h-20h mar-sam, 8h30-12h dim et jours de fête), à côté de l'église principale, consacré à l'artiste gréco-américain Polygnotos Vagis, né ici en 1894.

Plages PLAISIRS BALNÉAIRES

Panagia et Potamia sont à 4 km à l'ouest des plages les plus courues de la côte est : **Hrysi Ammoudia (Golden Beach)**, très belle étendue de sable fin et de dunes nichée au creux d'une longue baie incurvée, et **Skala Potamia**, en pente douce, plus au sud. Toutes les 2 heures, un bus fait la navette entre les deux plages (1,30 €), qui comptent des hébergements, des restaurants et quelques lieux de sortie.

Plus au sud de Skala Potamia, à 2 km du hameau de **Kinyra**, s'étend la bien nommée plage **Paradise**, fort courue et qui accueille les nudistes.

Alyki SITE ANTIQUE

Ce village est la meilleure destination de Thassos pour se détendre sans négliger la culture. Ses deux criques de sable (où l'on peut acheter des en-cas, celle de l'ouest disposant, en plus, d'une taverne) sont séparées par une petite oliveraie parsemée de vestiges qui comprend le **site archéologique d'Alyki**. Ce site bien indiqué, mais qui garde ses secrets, surplombe joliment la plage du sud-est et comprend un **temple antique** où les dieux étaient invoqués pour protéger les marins. Une **carrière de marbre**, aujourd'hui submergée, fut exploitée du VIe siècle av. J.-C. au VIe siècle de notre ère.

Ouest d'Alyki PLAGE, MONASTÈRE

En poursuivant vers l'ouest depuis Alyki, dépassez la **plage de Thymonia** avant de grimper jusqu'au **Moni Arhangelou** (⌚ 9h-17h) GRATUIT, une dépendance du mont Athos. Perché sur sa falaise, ce couvent en activité, à l'église quatre fois centenaire (avec quelques éléments modernes disgracieux), bénéficie d'une belle vue sur la mer. Un châle est proposé aux visiteurs dont la tenue ne permettrait pas la visite du monastère.

En repartant vers l'ouest, guettez la petite route de terre à gauche, qui mène à la tranquille **plage de Livadi**, l'une des plus belles de l'île. Ses eaux bleu-vert sont entourées de falaises et de forêts, et seuls quelques parasols sont plantés dans le sable.

Mont Ypsario RANDONNÉE

Potamia fait une excellente base pour partir à l'ascension du sommet le plus élevé de

Thassos, le mont Ypsario (1 204 m). À l'ouest de Potamia, un chemin de tracteur continue jusqu'au bout de la vallée, après quoi, des flèches et des cairns vous indiquent la direction sur un sentier de montagne qui grimpe en pente raide. Classée dans les randonnées de difficulté moyenne, cette marche dure environ 3 heures. Si vous souhaitez passer la nuit au refuge de montagne de l'Ypsario, contactez au préalable Leftheris, du **club d'alpinisme de Thassos** (☎6972198032), pour la réservation et la remise des clés. Le refuge, sans électricité, dispose de cheminées et d'eau de source à proximité.

Où se loger et se restaurer

Kinyra et Alyki comptent moins d'hébergements que Hrysi Ammoudia (Golden Beach) et Skala Potamia, et il n'y en a pas à Paradise.

♥ **Domatia Vasso** PENSION $

(☎25930 31534, 6946524706 ; Alyki ; ch 50 € ; P ❄). Juste à l'est de l'arrêt de bus d'Alyki sur la route principale, cherchez les massifs de fleurs et le panneau indiquant une allée menant à cet ensemble de 8 *domatia* indépendantes gérées par Vasso Gemetzi et sa fille Aleka. Espace cuisine et patio extérieur doté de tables. Gratuit pour les enfants. Séjour de 2 nuitées minimum.

Thassos Inn HÔTEL $

(☎25930 61612 ; www.thassosinn.gr ; Panagia ; s/d à partir de 40/60 €). Suivez le bruit de la source jusqu'à cet hôtel traditionnel rénové, près de l'église, qui offre une belle vue sur les toits en ardoise de Panagia. Les propriétaires accueillants, Toula et Tasos, connaissent tout sur la région. Idéal pour les randonneurs qui souhaitent être proches des sentiers partant dans les montagnes.

♥ **Hotel Kamelia** HÔTEL $

(☎25930 61463 ; www.hotel-kamelia.gr ; Skala Potamia ; s/d petit-déj inclus 40/60 € ; P ❄ ᯤ). Cet hôtel discret donnant sur la plage est le meilleur de la ville. Bar dans le jardin avec jazz en fond sonore, service toujours aimable et bon petit-déjeuner avec vue sur la mer. À quelques minutes à pied au nord de la plage principale, après un petit pont sur la route.

Golden Beach Camping CAMPING $

(☎25930 61472 ; Hrysi Ammoudia ; empl adulte/tente 5/4 € ; P). L'ambiance est festive dans ce camping avec supérette, bar et terrain de volley, fréquenté par de nombreux jeunes venus de Grèce, de Serbie, de Bulgarie et d'ailleurs. Un lieu sympathique, situé sur la meilleure partie de la plage.

♥ **Arhontissa Alyki** RESTAURANT $

(☎25930 31552 ; Alyki ; plats 5-10 € ; ⊙déj et dîner). L'aimable Anastasios Kuzis et sa famille gèrent cette taverne agréable avec vue sur la mer, dans un cadre isolé à environ 800 m à l'est du parking du village. On y sert une cuisine excellente avec pour spécialités le poisson frais et les mezze.

Taverna Grill Elena TAVERNE $

(☎25930 61709 ; Panagia ; plats 8-11 € ; ⊙10h-minuit). Cette taverne classique, installée dans un patio ombragé près de la place, est gérée par l'exubérant Georgios. Sa spécialité : agneau et chevreau rôtis à la broche. En entrée, tentez la *papoutsakia* (aubergines farcies de bœuf haché et sauce béchamel), ou le *bougloundi* (gratin de feta, tomates et piment).

Taverna En Plo TAVERNE $

(Skala Potamia ; plats 5-8 €). Cette taverne doublée d'une *domatia* (avec Wi-Fi gratuit) est l'endroit idéal pour siroter un café frappé à l'ombre des parasols du jardin. Elle loue également de jolies petites chambres, avec kitchenette et balcon.

Restaurant Koralli TAVERNE $

(Skala Potamia ; plats 7-11 €). Portions copieuses et plats variés tels qu'aubergines au four, bavette d'aloyau, carpaccio et courgettes farcis au crabe frais.

DAVID BEATTY/ROBERT HARDING WORLD IMAGERY/CORBIS ©

L'héritage culturel

Le génie semble à l'œuvre en Grèce depuis l'Antiquité ! La créativité s'exprime aujourd'hui dans plusieurs domaines – arts de la rue, architecture, tables tendance, festivals artistiques – et l'originalité de la culture grecque transparaîtra à chaque instant de votre voyage, dans la vie quotidienne comme dans les témoignages des temps anciens inscrits dans le paysage ou les grandes fêtes du calendrier.

Ci-dessus : Femmes en costume traditionnel

Cuisine

La Grèce n'est pas un monde clos et les influences étrangères (turques et italiennes en particulier) imprègnent sa cuisine. Les Grecs ont adopté les recettes de leurs voisins et visiteurs en y apportant leur touche personnelle. Bien sûr, ils ont aussi gardé leurs propres traditions culinaires, et chaque région a aujourd'hui sa spécificité en terme de saveurs.

1. Moussaka
Cette icône de la scène culinaire grecque comprend, dans sa version originale, plusieurs couches d'aubergine, de la viande hachée et des pommes de terre, le tout nappé de fromage et de sauce béchamel.

2. Yemista
Tomates et poivrons farcis de riz aux herbes, cuits avec du fromage. Un incontournable de l'été.

3. Souvlaki
Un délice de viande grillée, servie dans une pita ou en brochette.

4. Dolmades
Un classique ! Des feuilles de vigne farcies avec du riz agréablement relevé.

5. Revythokeftedhes
Beignets de pois chiches aux herbes fraîches, souvent servis avec du fromage.

6. Saganaki de fruits de mer
Moules ou crevettes au fromage, nappées d'une sauce tomate.

7. Stifadho
Un ragoût de lapin ou de bœuf aux tomates et aux oignons.

8. Pastitsio
Plat de pâtes et de viande souvent consommé l'hiver.

9. Psarosoupa
Soupe de poissons locaux, comme du rouget barbet ou de la friture, mijotés avec des légumes et des épices.

10. Horiatiki
La célèbre salade grecque compose une assiette de couleurs vives avec tomates, concombre, oignon, feta, olives et *horta* (chicorée sauvage servie cuite, relevée avec de l'huile d'olive et parfois du citron).

11. Lokoumadhes
Des beignets ronds au miel et à la cannelle.

12. Ghlika Kutalyu
Ces "cuillérées de douceur" sont des desserts sirupeux, souvent servis avec du yaourt ou de la glace.

1

4

7

10

2

BRUCE MCINTOSH/GETTY IMAGES ©

3

LAURI PATTERSON/GETTY IMAGES ©

5

ANJELIKA GRETSKAIA/ALAMY ©

6

COLINSPICS/ALAMY ©

8

CLIVE STREETER/GETTY IMAGES ©

9

STUART FORSTER/ALAMY ©

1

LISA ROMEREIN/GETTY IMAGES ©

12

ALAN BENSON/GETTY IMAGES ©

1

Monuments

Époustouflants par leurs dimensions et leur beauté, les monuments grecs continuent de nous impressionner. Ils reflètent une histoire vieille de plusieurs millénaires. Parmi les édifices les plus emblématiques, les sanctuaires où les Grecs de l'Antiquité vénéraient les dieux de l'Olympe et leurs héros font revivre aujourd'hui les mythes des temps anciens, tandis que les églises byzantines et les monastères témoignent de la ferveur religieuse, si tangible dans l'art des icônes.

Édifices et temples antiques

Visiter les vestiges grecs de l'Antiquité revient à faire un fabuleux voyage dans le temps.

Couronne majestueuse au-dessus de la capitale, l'**Acropole d'Athènes** est sans nul doute le site antique le plus connu de la Grèce. Érigée au Ve siècle avant notre ère, cette "ville haute" arbore une architecture dorique à grand renfort de gracieuses colonnes cannelées et de frises détaillées. Le Parthénon en est le temple phare.

À **Délos**, l'île sacrée des Cyclades, dans la mer Égée, les Grecs commencèrent à édifier un sanctuaire dès le VIIIe siècle avant notre ère. Les vestiges délavés par le soleil de cette petite île sacrée, des temples et des mosaïques, attestent de la nécessité des Grecs anciens d'apaiser les dieux tout en réalisant des prouesses en architecture et dans les arts décoratifs. Des temples remarquables (pour ne rien dire des somptueux amphithéâtres, voir p. 562) jalonnent ainsi toute la Grèce : le temple de Poséidon au cap Sounion, l'acropole de Lindos à Rhodes, le sanctuaire des Grands Dieux à Samothrace ou encore Olympie...

SEBASTIAN CONDREA/GETTY IMAGES ©

VISIONS OF OUR LAND/GETTY IMAGES ©

1. Moni Agias Varvaras Rousanou (p. 222), Météores
2. Érechthéion (p. 74), Acropole, Athènes
3. Temple d'Apollon (p. 189), Delphes

EARL ELIASON/GETTY IMAGES ©

Les vestiges de **Delphes** (VIe siècle av. J.-C.) sont disséminés près du mont Parnasse, en parfaite harmonie avec l'environnement qui les entoure. Le sanctuaire, où Apollon parlait par la voix de la Pythie, était considéré dans l'Antiquité comme le centre du monde grec ancien. Les temples qui s'y dressent encore, très évocateurs, créent un réel sentiment d'émerveillement, renforcé par le charme puissant du lieu.

Églises et monastères

De nombreuses églises, souvent perchées sur les collines, parsèment le pays et méritent l'ascension nécessaire pour y accéder. Leur sobre apparence (avec leur façade chaulée ou en pierre) contraste avec la richesse des icônes qu'elles renferment. Les églises byzantines dégagent un charme particulier. Si vous les visitez dans la lumière tamisée des cierges et les vapeurs d'encens, vous serez imprégné par la ferveur locale, celle des fidèles, des moines et des nonnes.

Le **monastère Saint-Jean**, sur l'île de Patmos, et la **Panagia Drosiani**, à Naxos, sont des édifices remarquables. À Thessalonique, ne manquez pas **Agia Sofia (Sainte-Sophie)** ou les fresques des églises de **Mystra** (Péloponnèse) qui témoignent de la richesse artistique de l'Empire byzantin. Les **monastères des Météores**, haut lieu de la spiritualité orthodoxe, ont été érigés sur des promontoires apparemment inaccessibles. Ils servirent de refuge aux moines et à des ermites à partir du XIVe siècle. La conception et l'emplacement de ces bâtiments sont impressionnants, et l'intérieur des cloîtres ne fait que renforcer ce sentiment d'admiration.

STEVEN MIRIC/GETTY IMAGES ©

1. Œufs peints de Pâques 2. Carnaval de Patras (p. 180)
3. Pâques célébré au monastère Saint-Jean (p. 487) à Patmos
4. Jour de fête à Ikaria (p. 497)

2

MICHAEL ANHAEUSER/DPA/CORBIS ©

4

Fêtes

Célébrations religieuses, fêtes de rue, cérémonies familiales ou grandes manifestations culturelles, le calendrier festif des Hellènes est très chargé. Chaque personne en Grèce est ainsi fêtée deux fois : le jour de sa naissance et celui du saint ou de la sainte dont elle porte le prénom. Renseignez-vous lors de votre voyage, et, si une fête a lieu, courez-y !

Carnaval

Le carnaval est un événement fort du calendrier grec. Il est marqué par tout un week-end de fête où les défilés de chars et de gens costumés se succèdent. Chaque région a son carnaval, mais c'est à Patras ou à Skyros que les célébrations sont le plus impressionnantes.

Pâques

Cette fête revêt une importance cruciale en Grèce, et pas seulement pour la communauté orthodoxe. Si de nombreux restaurants l'honorent dignement, c'est au sein d'une famille grecque que les célébrations sont le plus touchantes, lorsque les agapes cèdent le pas aux danses traditionnelles. Des feux d'artifices sont tirés et on trouve des œufs peints en rouge partout. Haut lieu de la spiritualité chrétienne, marqué par le séjour de Jean l'Évangéliste, Patmos célèbre avec force la résurrection du Christ.

Nuit de la pleine lune

La lune d'août, considérée comme la plus belle et la plus brillante de l'année, incite de nombreuses villes à organiser des événements et des fêtes nocturnes à la pleine lune. À Athènes, les sites historiques accueillent des spectacles gratuits de danse ou de théâtre.

Fête des saints

La plupart des Grecs portent un nom de saint et célèbrent leur fête chaque année, souvent de manière plus marquée que leur anniversaire, par des cadeaux et des retrouvailles familiales.

Spectacle à l'odéon d'Hérode Atticus (p. 76), à Athènes

Théâtre en plein air

Assister à une tragédie sous les étoiles, assis sur les bancs en pierre usés par plus de 2000 ans de spectacles, est une expérience qui ne s'oublie pas. Les Grecs de l'Antiquité construisirent des théâtres pouvant accueillir jusqu'à 20 000 spectateurs lors des grandes fêtes et des Jeux olympiques.

Trois types de pièces y étaient jouées : des tragédies, abordant les thèmes de l'amour et de la perte, de l'orgueil et de la compassion ; des comédies, qui se moquaient de la vanité et de la sottise des puissants, et des satires, plus courtes et parfois absurdes, évoquant la mythologie sous un angle comique. Les acteurs portaient des masques arborant des expressions exagérées, conçus pour amplifier leurs voix et, au fil du temps, les trois acteurs d'origine se virent rejoindre par d'autres, permettant le développement des intrigues et des thèmes.

Le théâtre du IVe siècle du site antique de **Delphes** est particulièrement bien préservé. Des pièces y étaient données lors du Festival pythien qui avait lieu tous les quatre ans. Du haut des gradins, la vue est toujours aussi spectaculaire. Le **théâtre d'Épidaure**, érigé au IIIe siècle, est l'un des édifices classiques les mieux conservés de Grèce. Son acoustique est exceptionnelle – vous pourrez le constater pendant les spectacles d'été. Dans la capitale, l'**odéon d'Hérode Atticus** soigneusement restauré, sous l'Acropole, accueille des spectacles classiques et modernes au cours du festival d'Athènes.

Eubée et les Sporades

Dans ce chapitre ➡

Le top des restaurants

- Dina's Amfilirion (p. 568)
- Taverna-Ouzerie Kabourelia (p. 573)
- Nastas Ouzerie (p. 577)
- Hayati (p. 583)
- Taverna Mouries (p. 589)

Le top des hébergements

- Nefeli Hotel (p. 586)
- Atrium Hotel (p. 575)
- Pension Sotos (p. 577)
- Liadromia Hotel (p. 582)
- Perigiali Hotel & Studios (p. 588)

Pourquoi y aller

L'Eubée (Εύβοια) et les Sporades (Οι Σποράδες) demeurent en grande partie hors des sentiers battus. Même si deux ponts à Halkida relient l'Eubée au continent, la vie s'écoule ici à un rythme tranquille, dès que l'on quitte ce carrefour commercial. Petites exploitations agricoles et vignobles, monastères perchés et plages ponctuent les paysages de cette grande île à l'environnement préservé.

Les quatre îles des Sporades (les "dispersées") semblent prolonger la péninsule boisée du Pélion. La plus développée, Skiathos, bénéficie des plages les plus sablonneuses de la mer Égée. Skopélos la discrète séduit par ses baies intactes, son port, ses prairies et ses forêts. Sur Alonissos, la plus éloignée, s'étend le parc marin national des Sporades du Nord. Skyros, la plus méridionale, est réputée pour sa gastronomie et ses traditions artistiques qui remontent à l'époque byzantine, lorsque ces îles abritaient des repris de justice et des pirates.

Quand partir

Skíathos (Hora)

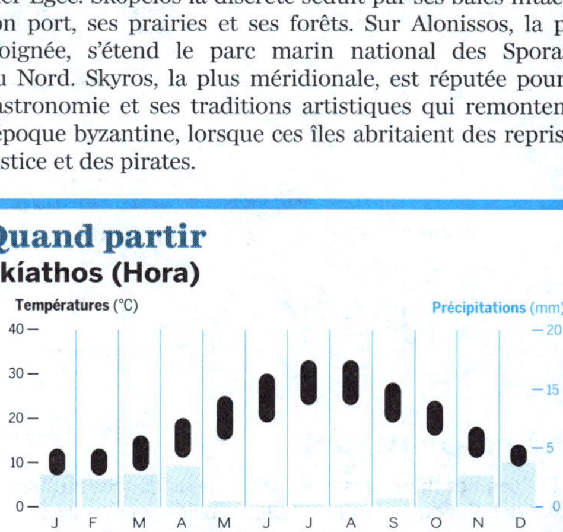

Février-mars La période du carnaval est propice à bien des réjouissances.

Avril-mai Pour fêter l'arrivée du printemps et profiter des célébrations de la Pâque orthodoxe.

Juin et septembre Des températures idéales et un ciel sans nuages : les conditions parfaites pour la randonnée.

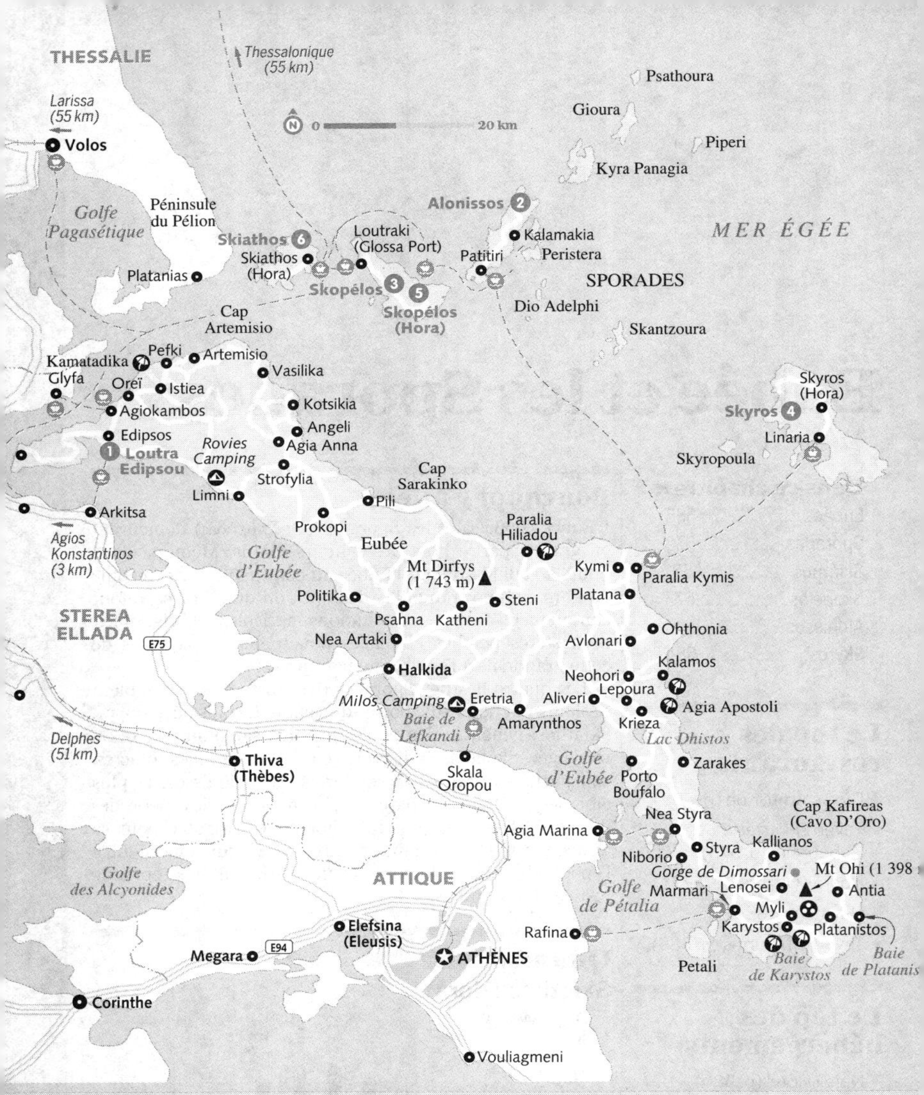

À ne pas manquer

1 Les sources thermales de **Loutra Edipsou** (p. 567) où l'on peut se baigner toute l'année sur l'île d'Eubée

2 Les dauphins et les faucons d'Éléonore de l'unique parc marin de Grèce, à **Alonissos** (p. 580)

3 Une randonnée au milieu des papillons et parmi les orchidées sauvages qui parsèment les prairies de **Skopélos** (p. 575)

4 Le rare cheval de **Skyros** (p. 584), menacé d'extinction.

5 Un concert de bouzouki après minuit au-dessus du *kastro* qui veille sur la **ville de Skopélos** (p. 576)

6 La vendange des moines vignerons du Moni Evangelistrias sur l'île de **Skiathos** (p. 570), où l'indépendance de la Grèce fut prononcée en 1807.

EUBÉE — ΕΥΒΟΙΑ

Deuxième île de Grèce par la taille après la Crète, l'Eubée (Εύβοια) est renommée pour ses magnifiques paysages de montagne, ses sentiers de randonnée, des sites archéologiques importants et nombre de plages plutôt tranquilles. Une arête montagneuse nord-sud sépare l'est de l'île, aux falaises abruptes, de la côte ouest, plus douce et accueillante avec ses petites cités balnéaires. Des ferries relient l'île au continent, ainsi que deux ponts, au niveau de Halkida : l'un d'entre eux est un pont basculant au-dessus de l'étroit chenal de l'Euripe (Evripous), dont le courant change de sens environ 7 fois par jour, un phénomène qui intrigue les observateurs depuis Aristote.

Depuis/vers l'Eubée

Halkida est fréquemment reliée par bus à Athènes (7 €, 1 heure 15, 2/h), à Ioannina (39 €, 7 heures, 4-6/jour) et à Thessalonique (40 €, 6 heures 15, 8-10/jour). Il existe aussi un service ferroviaire régulier entre Halkida et Athènes, ainsi qu'un service express entre Halkida et Thessalonique. Cinq ports de l'île d'Eubée desservent le continent, et un l'île de Skyros. Voir le tableau ci-dessous.

Centre de l'Eubée

En partant de Halkida, la route suit le littoral jusqu'à Érétrie, station balnéaire animée et centre archéologique. Au-delà, villages et petits ports de pêche s'égrènent jusqu'à l'embranchement de Lepoura, où une route part au nord en direction de Kymi. Une piste cahoteuse serpente vers l'ouest de Kymi pour atteindre la plage de Paralia Hiliadou.

Halkida — Χαλκίδα

69 940 HABITANTS

Mentionnée dans l'*Iliade*, Halkida (Chalcis ou Chalkis), puissante cité-État au VIIe siècle av. J.-C., tire son nom du bronze (*halkos*) que l'on y fabriquait dans l'Antiquité. Aujourd'hui, c'est la porte de l'Eubée, et une ville commerçante animée. En fin de journée, la promenade du front de mer, près du vieux pont, s'anime.

L'histoire religieuse de la ville se dévoile en remontant la rue Kotsou vers le *kastro* pour découvrir l'impressionnante **mosquée** du XVe siècle et la **synagogue** du XIXe siècle, proches de la Plateia Tzami. À environ 150 m au sud se dresse l'**église** byzantine Agia Paraskevi. Le **musée archéologique** (Leoforos Venizelou 13 ; 2 € ; 8h-15h mar-dim) conserve des figurines de marbre et d'os du début de l'âge du bronze.

Où se loger et se restaurer

Best Western Lucy Hotel — HÔTEL $$
(22210 23831 ; www.lucy-hotel.gr ; Voudouri 10 ; s/d/tr/ste petit-déj inclus 60/80/110/130 € ; P ✻ @ wifi). Des chambres modernes au mobilier soigné, avec de longs bureaux. Le personnel polyglotte de cet établissement bien géré pourra vous conseiller des cafés sur la promenade voisine.

Pantheon 1900 — TAPAS $
(Voudouri ; tapas 3-7 € ; midi et soir). Niché dans un joli bâtiment néoclassique de bord de mer, ce bar à tapas chic sert de délicieux petits plats et de grands vins grecs avec beaucoup de célérité.

Renseignements

Plusieurs DAB sont rassemblés à proximité de l'intersection de Venizelou et de Voudouri.

Hôpital (22210 21902 ; angle Gazepi et Hatzopoulou).

Poste (angle Karamourtzouni et Kriezotou ; 8h-14h lun-ven).

Police touristique (22210 77777).

Depuis/vers Halkida

Vous trouverez au départ de Halkida des bus pour Athènes, Ioannina et Thessalonique.

BATEAUX AU DÉPART DE L'EUBÉE

VERS	PORT	DURÉE	TARIF (€)	FRÉQUENCE
Agia Marina	Nea Styra	45 min	3,50	9-12/jour
Arkitsa	Loutra Edipsou	40 min	3,40	8-14/jour
Glyfa	Agiokambos	20 min	2,30	5-8/jour
Rafina	Marmari	1 heure	7	4-6/jour
Skala Oropou	Érétrie	25 min	2	ttes les 30 min
Skyros	Paralia Kymis	1 heure 45	9	1-2/jour

Des liaisons ferroviaires relient régulièrement Halkida à Athènes, ainsi qu'un service de trains express vers Thessalonique.

La **gare routière KTEL de Halkida** (☎22210 22640 ; angle Styron et Arethousis), située 3 km à l'est du vieux pont, dessert les destinations eubéennes suivantes :

VERS	DURÉE	TARIF (€)	FRÉQUENCE
Érétrie	25 min	2	1/h
Karystos	3 heures	11,70	3/jour
Ville de Kymi et Paralia Kymis	2 heures	8,50	1/h
Limni	2 heures	7,90	3/jour
Loutra Edipsou	2 heures	12	1/jour
Steni	1 heure	3	4/jour

Érétrie — Ερέτρια

3 220 HABITANTS

Depuis Halkida, la première étape intéressante pour les voyageurs est Érétrie, qui possède un petit port et une promenade dont les tavernes de poisson, les cafés et les bars de plage attirent la foule. Au VIIIe siècle av. J.-C., cette grande puissance maritime établit l'une des premières colonies grecques en Italie, Pithécusses (Ischia) au large de l'actuelle Naples. Son école de philosophie était renommée. La cité moderne fut fondée dans les années 1820, pendant la guerre d'indépendance, par des habitants de l'île de Psara qui fuyaient les Turcs.

À voir

À l'ouest de l'**ancienne acropole** se dressent les ruines d'un théâtre avec un passage souterrain qui servait autrefois aux acteurs pour se rendre sur scène. Non loin, le riche **musée d'Archéologie d'Érétrie** (2 € ; ⏲8h30-15h mar-dim) donne également accès à la superbe **maison des Mosaïques** (IVe siècle av. J.-C.) et au **temple d'Apollon** (VIIIe siècle av. J.-C.).

Où se loger et se restaurer

Milos Camping — CAMPING $

(☎22290 60420 ; www.camping-in-evia.gr ; empl adulte/tente 6,20/4,40 €). Ce terrain ombragé situé à 1 km au nord-ouest d'Érétrie dispose d'un petit restaurant, d'un bar et d'une longue plage de galets de 200 m de long.

Villa Belmar — APPARTEMENTS $$

(☎6971588424 ; www.villabelmar.gr ; s/d/f petit-déj inclus à partir de 50/70/95 € ; P ❄ @ 📶). L'adresse la plus chic d'Érétrie n'est qu'à 100 m au sud-ouest du port. Tenus par deux sœurs accueillantes, Lina et Renia, ces appartements offrent un accès direct à la mer et à la baignade depuis la terrasse.

Taverna Cubana — TAVERNE $

(Arheou Theatrou 44 ; plats 5-11 €). Passé le supermarché, cet établissement au poisson frais et bon marché sert aussi des grillades jusque tard le soir. Ses délicieux mezze de fruits de mer ont tôt fait d'asseoir sa réputation.

Depuis/vers Érétrie

Des ferries assurent quotidiennement la liaison entre Érétrie et Skala Oropou. Achetez vos billets aux kiosques sur les quais.

Steni — Στενή

1 080 HABITANTS

Une trentaine de kilomètres séparent Halkida de Steni, charmante localité de montagne traversée de ruisseaux.

L'ascension du **mont Dirfys** (1 743 m), plus haut sommet de l'Eubée, se fait au départ de Steni. Il faut parcourir un chemin de terre sur 9 km pour atteindre le **refuge Dirfys** (☎22280 25655 ; 12 €/pers), perché à 1 120 m d'altitude, avant d'aborder les 7 km abrupts pour arriver au sommet. Pour loger au refuge, contactez **Minas Patsourakis** (☎6940687312, 6974057517, 22210 85760) ou le **club alpin d'Halkida** (☎22210 25230 ; www.eoschalkidas.gr ; Angeli Gouviou 22, Halkida), affilié à l'EOS (EOT). Il existe une carte topographique détaillée du *Mont Dirfys* publiée par Anavasi.

De Steni, une route sinueuse continue vers **Paralia Hiliadou**, sur la côte nord, où un petit bois d'érables et de châtaigniers borde une jolie plage de galets et de sable. Il y a là quelques *domatia* et tavernes.

Où se loger et se restaurer

Hotel Dirfys — HÔTEL $

(☎22280 51370 ; s/d petit-déj inclus 35/45 € ; P 📶). Le plus attractif des 3 hôtels de Steni. Toutes les chambres bénéficient d'un balcon donnant sur la forêt environnante et de sdb éclatantes de propreté. Les habitants de la région se retrouvent ici le soir, à la taverne.

Taverna Kissos TAVERNE $

(plats 7-12 €). Au nombre des bonnes adresses au bord de l'eau, cette taverne sert de copieuses grillades, des *mayirefta* (plats cuisinés) et de plantureuses salades de légumes issus des potagers voisins.

Kymi et Paralia Kymis Κύμη et Παραλία Κύμης

3 040 HABITANTS

Sans grande particularité, la petite ville de Kymi s'anime à la tombée de la nuit, lorsque sa place principale prend vie. Le port de Paralia Kymis, 4 km plus bas, est le point de départ des ferries pour Skyros, Alonissos et Skopélos.

Le **musée d'Art populaire** (22220 22011 ; 1,50 € ; 10h30-13h mer, 10h30-14h sam et dim), à 30 m en descendant de la grand-place, n'oublie pas d'honorer l'enfant du pays, le Dr Georgios Papanikolaou (1883-1962), inventeur du frottis de dépistage du cancer de l'utérus, dit “test Pap”.

Très active, la coopérative agricole **Figs of Kymi** (22220 31722 ; figkimi@otenet.gr ; 9h-21h sept-nov et sur rdv) soutient les producteurs locaux de figues et l'agriculture durable. Figues sèches et confitures sans conservateur sont en vente dans la boutique.

Où se loger et se restaurer

À Paralia Kymis, on peut se fier à l'**Hotel Beis** (22220 22604 ; www.hotel-beis.gr ; s/d/tr petit-déj inclus 40/60/70 € ; P) face à l'embarcadère des ferries pour Skyros. Des tavernes et des *ouzeria* (lieux servant de l'ouzo et des en-cas) bordent le front de mer. À seulement 3 km au sud, dans la très modeste Platana, la taverne **Koutelos** (22220 71272 ; plats 7-11 € ; midi et soir) régale ses convives de poissons.

Nord de l'Eubée

De Halkida, une voie part au nord vers **Psahna**, point d'accès aux panoramas montagneux grandioses du nord de l'Eubée. Sur 60 km on serpente par une bonne route parmi les pinèdes avant d'atteindre le village boisé de **Prokopi** et son lieu de pèlerinage, l'église **Saint-Jean-le-Russe**. À Strofylia, on obliquera en direction du sud-ouest vers le charmant village de **Limni**, puis vers le nord pour rejoindre **Loutra Edipsou** et le port des ferries d'**Agiokambos**.

Loutra Edipsou Λουτρά Αιδηψού

3 600 HABITANTS

Cette station thermale est réputée depuis l'Antiquité pour ses eaux sulfureuses thérapeutiques, dont d'éminents personnages, tels Aristote, Plutarque et Sylla, chantèrent les louanges. Grâce à l'amélioration des techniques permettant de transporter l'eau de plus en plus loin de la source thermale, la ville a connu une expansion régulière. Aujourd'hui, elle accueille les centres d'hydrokinésithérapie les plus modernes de Grèce. La plage municipale (Paralia Loutron) permet de se baigner toute l'année grace aux sources chaudes qui s'y déversent.

Activités

La plupart des hôtels proposent divers **soins thermaux**, allant du simple bain chaud (5 €) aux massages à quatre mains (160 €).

Le plus abordable des 2 grands établissements thermaux de Loutra est le **Centre d'hydro et physiothérapie EOT** (22260 23501 ; 25 Martiou 37 ; 7h-13h et 17h-19h 1er juin-31 oct). Le cadre est splendide, avec une multitude de palmiers et une vaste piscine extérieure contenant un mélange d'eau de mer et d'eau de source. Les tarifs des bains avec hydromassage commencent à 8 €.

Le second est le très chic **Thermae Sylla Hotel & Spa** (22260 60100 ; www.thermaesylla.gr ; Posidonos 2), qui dispense une vaste gamme de soins thérapeutiques et cosmétiques.

Où se loger et se restaurer

Trois restaurants en bord de mer valent le détour : **Ouzerie Ta Kohilia** (22260 23478 ; 28 Octovriou ; plats 4-7 € ; midi et soir) pour ses mezze (hors-d'œuvre), **Alli Yefsi** (6984460759 ; plats 2-4 € ; midi et soir) pour ses brochettes grillées et **Captain Cook Self-Service** (plats 3-7 € ; midi et soir) pour tout le reste.

Hotel Kentrikon HÔTEL $

(22260 22302 ; www.kentrikonhotel.com ; 25 Martiou 14 ; s/d/tr petit-déj inclus 40/50/60 € ; @). Konstantinos et Una, un couple gréco-irlandais, gère cet établissement aux accents d'antan. Spacieuses et lumineuses, les chambres disposent de sdb modernes et de balcons avec vue. L'accès à la piscine thermale est gratuit, et une masseuse thérapeute, **Vicky Kavartziki** (6945146374), est à votre disposition.

Hotel Istiaia HÔTEL $
(☎22260 22309 ; www.istiaiahotel.com ; 28 Octovriou 2 ; s/d/tr petit-déj inclus à partir de 35/45/65 € ; ❄@📶). Délicieusement rétro avec ses hauts plafonds et son grand escalier, cet hôtel dégage une atmosphère du passé. Son café-bar à vin fait face à la mer.

Thermae Sylla Hotel & Spa HÔTEL DE LUXE $$$
(☎22260 60100 ; www.thermaesylla.gr ; Posidonos 2 ; s/d/ste petit-déj inclus à partir de 110/160/250 € ; P❄@📶≋). Cet hôtel-spa ultrachic en bord de mer loge ses hôtes dans des chambres luxueuses et élégantes, tout en leur proposant une vaste gamme de soins de beauté. Les visiteurs à la journée peuvent profiter de la piscine extérieure (27 €).

♥ **Dina's Amfilirion Restaurant** GREC $
(28 Octovriou 26 ; plats 7-10 €). Ce restaurant sans prétention affiche des plats du jour, pas de menu. Un savoureux cabillaud grillé avec des pommes de terre au four, plus une salade de tomates et de concombre, le tout arrosé d'un verre de vin revient à 12 € environ. Cherchez le panneau en bois aux lettres vertes, à 20 m au nord du quai des ferries.

Renseignements

Un accès Wi-Fi gratuit est disponible sur le front de mer. Pour des soins médicaux, contactez le **Dr Symeonidès** (☎22260 23220 ; Omirou 17).

Depuis/vers Loutra Edipsou

BATEAU

Des ferries réguliers vont et viennent entre Loutra Edipsou et Arkitsa, sur le continent. Ils assurent également la liaison entre Agiokambos, un petit peu plus au nord, et Glyfa, sur le continent. Achetez vos billets aux kiosques sur les quais.

BUS

De la **gare routière KTEL** (☎22260 22250 ; Thermopotamou) située à 200 m du port partent quelques bus pour Halkida (14 €, 4 heures, tlj à 5h30), Athènes (14 €, 3 heures, 3/jour via Arkitsa) et Thessalonique (25 €, 4 heures, tlj à 10h via Glyfa).

Limni Λίμνη

2 120 HABITANTS

Le pittoresque port de Limni déroule tout un enchevêtrement de ruelles bordées de maisons chaulées jusqu'au front de mer qu'animent d'innombrables cafés et tavernes. Le vieux **musée** (☎22270 31335 ; 2 € ; ⏲9h-13h lun-sam, 10h30-13h dim) d'art et traditions populaires se trouve à 50 m du front de mer.

À 9 km au sud-est de Limni sur la colline qui domine l'étroite route côtière, le **couvent de Galataki** (⏲9h-12h et 17h-20h) construit au XVIe siècle abrite toujours 6 nonnes. Son *katholikon* (église principale) conserve une belle fresque, *L'Entrée des vertueux au Paradis*.

Où se loger et se restaurer

Home Graegos APPARTEMENTS $
(☎22270 31117 ; www.graegos.com ; app à partir de 55 € ; P❄📶). En face de l'extrémité sud du front de mer, ces 4 appartements proprets dotés d'une kitchenette se prolongent par une véranda offrant une vue panoramique sur les flots.

Zaniakos Domatia PENSION $
(☎6973667200, 22270 32445 ; www.zaniakos.gr ; ch 35 € ; P❄). À 200 m du front de mer, une *domatia* impeccable aux propriétaires très serviables.

Rovies Camping CAMPING $
(☎22270 71120 ; www.campingevia.com ; empl adulte/tente 6,50/6 € ; 📶). Sympathique et ombragé, ce camping est installé au-dessus d'une plage de galets, à 12 km au nord-ouest de Limni.

Ouzerie Fiki MEZZE $
(mezze 2-5 €). Choisissez une table à l'extérieur de cette taverne en bord de mer et régalez-vous de poulpe grillé ou de *taramosalata* (purée d'œufs de poisson, pomme de terre, huile et jus de citron) entre autres mezze.

Sud de l'Eubée

Au-delà d'Érétrie, la route qui file à l'est se divise en deux à Lepoura : à gauche on va vers le nord pour rejoindre Kymi (voir page précédente), à droite on part vers le sud de l'île et Karystos. Dans cette seconde direction, on rencontrera à 3 km de la fourche, soit à Krieza, un second embranchement pour gagner le lac Dhistos, une étendue d'eau peu profonde qui a la faveur des aigrettes, entre autres oiseaux aquatiques. Toujours en direction du sud, vous passerez près d'éoliennes, puis les deux côtes s'offriront à votre vue, là où l'Eubée se rétrécit avant de rejoindre la baie de Karystos.

Karystos — Κάρυστος

5 130 HABITANTS

Établie le long de la grande baie de Karystos que domine le mont Ohi (1 398 m), et flanquée de deux plages de sable, cette ravissante petite cité balnéaire isolée est le point de départ de randonnées au mont Ohi et aux gorges de Dimossari (ou Dimosaris). La Plateia Amalias, très animée, fait face au port.

À voir

Karystos, citée dans l'*Iliade* d'Homère, fut une puissante cité durant les guerres du Péloponnèse. Les collections du **musée de Karystos** (2 € ; 9h-15h mar-dim) vont de minuscules lampes en terre cuite datant du néolithique à des objets du VIe siècle av. J.-C. retrouvés dans des constructions mégalithiques appelées *drakospita* (maisons de dragons) sur le mont Ohi et à Styra. Le musée fait face à un fort vénitien du XIVe siècle, le **Bourtzi** (gratuit ; toute l'année).

Circuits organisés

South Evia Tours — CROISIÈRES, RANDONNÉES

(22240 26200 ; www.eviatravel.gr ; Plateia Amalias). Cette agence multiservice réserve des hébergements et des billets de ferry, il organise des excursions jusqu'à la *drakospita* proche de Styra, il vous trouve vélos ou kayaks et il vous emmène en bateau autour des îles Petali (35 €). Le propriétaire, Nikos, et le personnel assurent également vos transferts si vous souhaitez randonner sur le mont Ohi, et peut même organiser votre itinéraire avec un guide à travers les gorges de Dimosari (4 heures, 25 €).

BikeGreece — VTT

(6944618565 ; www.bikegreece.com). Une fois engagé dans l'aventure, vous saurez tout des paysages sauvages du sud de l'Eubée et du bon usage d'un VTT. Des pentes du mont Ohi aux gorges de Dimossari, de feu de camp sur la plage en éventuelle dégustation de vin, ces randonnées cyclistes d'une semaine comprennent l'assistance véhicule, les repas et le logement. James Brown, l'organisateur, possède une grande connaissance du paysage et de la culture locale.

Fêtes et festivals

Fête du Vin et de la Culture — CULTURE

Karystos accueille tous les ans, le dernier week-end du mois d'août, une fête du Vin et de la Culture. Au programme : théâtre, danses traditionnelles au rythme des musiciens du pays et expositions d'artistes de la région. Et des vins locaux à déguster sans bourse délier.

> VAUT LE DÉTOUR
>
> **LE LANGAGE SIFFLÉ D'ANTIA**
>
> Perdu dans les collines à l'est de Karystos, le village d'Antia a conservé un moyen ancestral de communiquer d'une montagne à l'autre : le langage sifflé des bergers. On pense qu'il remonte à l'époque byzantine pour avertir du danger et de l'invasion. Aujourd'hui, ce sont principalement les anciens qui savent encore faire vibrer leur langue avec deux doigts pour amplifier le son et correspondre ainsi entre eux de très loin.

Où se loger et se restaurer

Hotel Karystion — HÔTEL $

(22240 22391 ; www.karystion.gr ; Kriezotou 3 ; s/d petit-déj inclus à partir de 38/45 € ; P). Ouvert sur la mer, le Karystion se trouve juste après le fort Bourtzi. Ses chambres modernes bien aménagées bénéficient d'un accès direct, par quelques marches, à une plage de sable où il fait bon se baigner. Le personnel polyglotte est aux petits soins.

Hotel Galaxy — HÔTEL $

(22240 22600 ; www.galaxyhotelkaristos.com ; s/d petit-déj inclus à partir de 35/50 € ; @). À une centaine de mètres au sud de la place, un établissement lumineux et spacieux tout de bois clair revêtu. Les chambres des étages supérieurs ont vue sur le port. Des œufs tout frais pondus sont servis au petit-déjeuner.

Cavo d'Oro — TAVERNE $

(plats 5-8 €). Rejoignez les habitants dans ce sympathique restaurant – niché dans une ruelle proche de la grand-place – venus se régaler de classiques plats grecs et de belles salades à base de produits régionaux. Le propriétaire, Kyriakos, participe tous les étés à la fête du vin, bouzouki en main.

Où prendre un verre et faire la fête

Aeriko — BAR

(22240 22365 ;). Premier choix parmi les bars de la plage du port, avec des concerts le week-end en été, des transats, des boissons très honnêtes et des clients de toutes générations.

Renseignements

L'Alpha Bank a un DAB sur la grand-place.

Depuis/vers Karystos

BATEAU

Un ferry régulier assure la liaison entre Marmari (10 km à l'ouest de Karystos) et Rafina sur le continent, ainsi qu'entre Néa Styra (35 km au nord de Karystos) et Agia Marina sur la côte attique.

Vous pouvez acheter vos billets soit au kiosque du port, soit auprès de South Evia Tours (p. 569) à Karystos.

BUS

De la **gare routière KTEL** (☎ 22240 26303) de Karystos – en face de l'église Agios Nikolaos – partent des bus pour Halkida (11,70 €, 3 heures), Athènes (18,60 €, 3 heures) et Marmari (1,80 €, 20 minutes). La course en taxi pour Marmari coûte 15 €.

Environs de Karystos

Explorez les villages et les forêts de châtaigniers sur les contreforts situés entre le mont Ohi et la côte. Une courte marche depuis Myli vous conduira aux ruines du **Castello Rosso** (Château rouge), une forteresse franque du XIIIe siècle. À 4 km sur les hauteurs de Myli fut exploitée jusqu'à l'époque de César une **carrière romaine** (Kylindroi), où l'on distingue toujours d'énormes colonnes de marbre cipollin aux typiques veines vertes, appelé "marbre de Karystos" et très prisé à l'époque des Romains.

Activités

Randonnée

Les randonneurs à la journée s'émerveilleront devant les **gorges de Dimossari**, dont le joli sentier bien entretenu de 10 km se parcourt en 4 heures environ (baignade comprise). Une grande partie de cette marche magnifique suit un chemin pavé, traversant des criques ombragées et des forêts avant d'arriver à Kallianos.

Du charmant village de Myli à l'intérieur des terres (4 km de Karystos), une randonnée de 3-4 heures mène au sommet du **mont Ohi** (1 398 m). Outre la prodigieuse vue qu'il offre sur la mer Égée, le site vous permet de découvrir une étonnante construction mégalithique du nom de *drakospita*. Au nombre d'une vingtaine, elles sont appelées "maisons du dragon" en raison de la taille des blocs rocheux qui les composent, assemblées sans mortier. Elles datent environ du VIIe siècle av. J.-C. et ont vraisemblablement été des sanctuaires, du moins celle, remarquable, du mont Ohi. Il en existe de plus modestes, près de la route de Styra (30 km au nord de Karystos), mais tout aussi impressionnantes.

Il est également possible de prendre une navette pour aller passer la nuit dans un refuge à 1 000 m avant de finir l'ascension au lever du soleil.

Contactez Nikos chez South Evia Tours (p. 569) pour des suggestions d'itinéraire et de transport, pour le mont Ohi comme pour les gorges de Dimossari.

LES SPORADES

Skiathos Σκιάθος

6 110 HABITANTS

Rien d'étonnant à ce que l'île de Skiathos (Σκιάθος), qui possède certaines des plus belles plages de la mer Égée, se remplisse en juillet-août d'Européens du Nord en mal de soleil. Cela explique la grimpée des prix et la raréfaction de l'hébergement en cette période.

Port et chef-lieu de l'île, la ville de Skiathos (Hora) se situe sur la côte sud-est. Le reste de la côte sud est parsemé de résidences secondaires cachées derrière des murs et de plages de sable bordées de pins.

Depuis/vers Skiathos

AVION

Outre de nombreux vols charters en provenance d'Europe du Nord, Skiathos est desservie l'été par un vol quotidien depuis/vers Athènes (88 €). L'agence d'**Olympic Air** (☎ 24270 22200 ; www.olympicair.com) dispose d'un bureau à l'aéroport.

BATEAU

Le principal port de l'île, Skiathos (Hora), accueille des liaisons maritimes reliant l'île à Agios Konstantinos, sur le continent, et à deux autres îles des Sporades, Skopélos et Alonissos. Les billets s'achètent auprès de **Hellenic Seaways** (☎ 24270 22209, fax 24270 22750), en bas de Papadiamanti, ou de **NEL Lines**

Skiathos

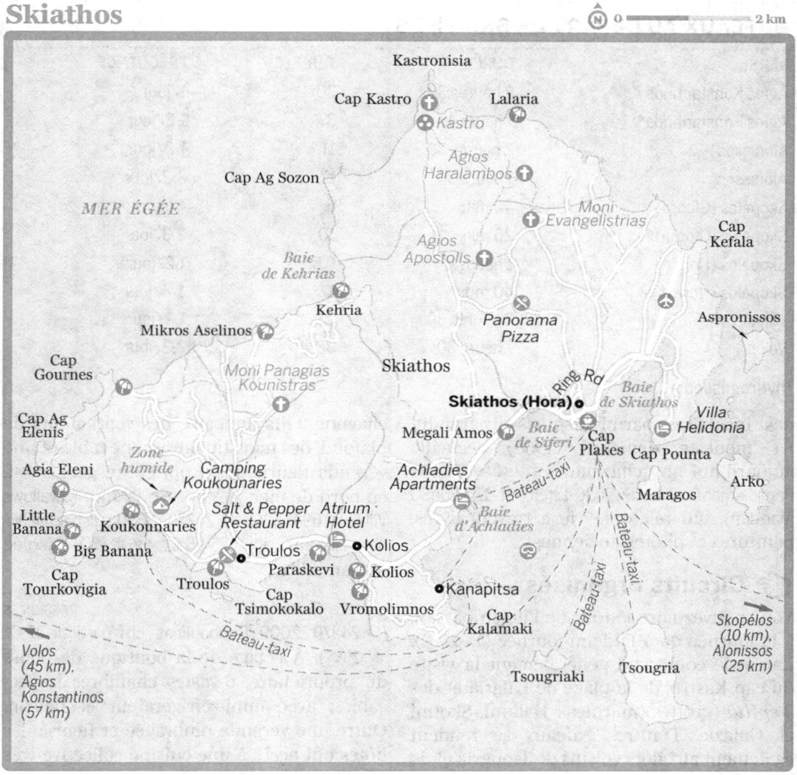

(☎ 24270 22018), sur le front de mer. Voir le tableau page suivante.

Comment circuler

BATEAU

Des bateaux-taxis partent du vieux port toutes les heures vers la baie d'Achladiès (2,50 €, 15 min), Kanapitsa (3 €, 20 min) et Koukounariès (5 €, 30 min).

BUS

Ils desservent, au départ de Skiathos (Hora), la plage de Koukounariès (1,60-2,30 €, 30 min, 2/h de 7h30 à 23h) et s'arrêtent aux 26 points d'accès aux plages, numérotés, sur la côte sud.

TAXI

La **station de taxis** (☎ 24270 21460) fait face à l'embarcadère des ferries. La course depuis/vers l'aéroport revient à 6 €.

VOITURE ET MOTO

Parmi les agences de location de voitures et de motos les plus fiables à Skiathos (Hora) figurent **Europcar/Creator Tours** (☎ 24270 22385), qui louent également des vélos, et **Heliotropio Tourism & Travel** (☎ 24270 22430). Toutes deux sont installées sur le nouveau port.

Skiathos (Hora) Σκιάθος (Χώρα)

Hôtels, boutiques de souvenirs, galeries, agences de voyages, tavernes et bars le long du front de mer et de Papadiamanti, l'étroite rue piétonne, soulignent le caractère éminemment touristique du lieu. Une courte chaussée mène au ravissant petit **îlot de Bourtzi** qui fait face au front de mer.

À voir

C'est à Skiathos qu'est né le célèbre écrivain grec Alexandros Papadiamanti (1851-1911), dont les écrits s'inspirent de la vie difficile

BATEAUX AU DÉPART DE SKIATHOS

VERS	DURÉE	TARIF (€)	FRÉQUENCE
Agios Konstantinos	2 heures 30	30	1/jour
Agios Konstantinos*	1 heure 45	37	1-2/jour
Alonissos	2 heures 30	11	1-2/jour
Alonissos*	1 heure 30	17	2-3/jour
Skopélos (Glossa)	40 min	6	4/sem
Skopélos (Glossa)*	20 min	10	2-3/jour
Skopélos (Hora)	1 heure 15	9,50	1-2/jour
Skopélos (Hora)*	40 min	17	3-4/jour
Volos	2 heures 30	23	1-2/jour
Volos*	1 heure 30	38	2-3/jour

*hydroglisseur

des insulaires parmi lesquels il grandit. Sa modeste demeure (1860) accueille aujourd'hui un charmant **musée** (Plateia Papadiamanti ; 1 € ; ⏲9h30-13h30 et 17h-20h30 mar-dim), qui relate sa vie à travers livres, peintures et photos anciennes.

Circuits organisés

Vous pouvez faire le tour de l'île en bateau, à la journée ou à la demi-journée (15-25 €). La sortie comprend généralement la visite du cap Kastro, de la plage de Lalaria et des 3 *spilia* (grottes) marines : Halkini, Skotini et Galazia. D'autres bateaux se rendent également aux îlots voisins de Tsougria et de Tsougriaki, où vous pouvez vous baigner et plonger avec masque et tuba. Il est possible de prendre un bateau à l'aller et un autre au retour, moyennant 10 €. Consultez les panneaux affichés au vieux port, devant chaque bateau, afin de choisir votre sortie.

Pour une superbe **croisière en voilier** autour de l'île, dans les eaux entre Skiathos et Alonissos, embarquez à bord de l'**Argo III** (☎6932325167 ; www.argosailing.com ; 65 €), avec George, le capitaine, et sa femme Dina.

Où se loger

Durant les mois fréquentés de juillet et août, renseignez-vous au kiosque sur l'embarcadère, qui vous fournira des tarifs, des photos et de nombreux détails.

♥ Gisela's Rooms-in-Town PENSION $
(☎6945686542, 24270 21370 ; gisbaunach@hotmail.com ; ch 45 € ; ❄📶). Confortable et calme dans une ruelle donnant sur Papadiamanti, cet établissement bon marché et bien tenu propose 2 chambres, avec chacune 2 lits jumeaux, des ventilateurs de plafond, des moustiquaires, une table et une véranda fleurie. La propriétaire gère aussi, en bord de mer, la **Villa Helidonia** (Swallows Villa ; ☎6945686542, 24270 21370 ; gisbaunach@hotmail.com ; app 75-95 € ; P@📶), isolée et tranquille.

Lena's Rooms PENSION $
(☎24270 22009 ; Bouboulinas ; ch à partir de 35 € ; ❄@📶). À l'étage de la boutique de fleurs du propriétaire, 6 vastes chambres impeccables, avec mini-réfrigérateur et balcon. Outre une véranda ombragée et fleurie, les hôtes ont accès à une cuisine collective très bien équipée.

Hotel Meltemi HÔTEL $
(☎24270 22493 ; meltemi@skiathos.gr ; s/d/f 45/55/80 € ; ❄@📶). Cet établissement sympathique passerait facilement inaperçu, retiré dans une cour ombragée sur le nouveau port, mais vous serez attiré par son charme désuet, ses couloirs remplis d'objets anciens et ses chambres soignées.

Hotel Bourtzi BOUTIQUE-HÔTEL $$
(☎24270 21304 ; www.hotelbourtzi.gr ; s/d/tr petit-déj inclus 70/100/125 € ; P❄📶🏊). En haut de Papadiamanti, à l'écart de l'animation de la ville, cet hôtel raffiné aux chambres de style moderne minimaliste est agrémenté d'un beau jardin et d'une piscine.

Où se restaurer

Skiathos ville ne manque pas de restaurants touristiques proposant une cuisine onéreuse, plutôt *etsi-ketsi* ("comme ci comme ça"). Explorez les ruelles autour du vieux port pour dénicher quelques exceptions. Voici des suggestions.

Taverna-Ouzerie Kabourelia TAVERNE $
(plats 4-9 €). Seule adresse du vieux port à ne pas fermer de l'année, Kabourelia propose la pêche du jour délicieusement grillée. Jetez un œil à la cuisine ouverte, faites votre choix, le rapport qualité/prix est très honnête. Le poulpe grillé et le *taramasalata* ne sont que deux des excellents mezze.

Taverna Hellinikon TAVERNE $
(plats 7-10 € ; midi et soir). En face de l'église au-dessus du vieux port, une bonne cuisine de taverne préparée par le duo mère-fille. Exemple : l'agneau confit avec pommes de terre et citron. Bons vins de la maison et concerts de musique grecque le soir en été.

Lo & La ITALIEN $
(6972408465 ; plats 7,50-12 €). Perché au-dessus du vieux port, ce restaurant est tenu par un couple italo-grec qui y sert ses plats préférés. Les pâtes sont faites maison et le risotto aux champignons est excellent.

Grill House Aura GREC $
(Chicken George ; plats 5-9 €). Cette adresse emblématique du vieux port est surnommée Chicken George par les habitants qui plébiscitent ses généreuses portions de poulet, d'agneau et de porc à la broche, ses *gyros* (viande cuite sur une rôtissoire verticale) et ses côtelettes.

No Name Fast Food RESTAURATION RAPIDE $
(Simionos ; plats 2 €). Ce n'est pas vraiment un fast-food et il s'appelle Aris. Les meilleurs *gyros* de la ville.

Medousa Pizza PIZZERIA $
(24270 23923 ; Club St ; plats 6-8 €). Reprenez des forces ici après avoir fait la tournée des clubs du front de mer.

Où prendre un verre et faire la fête

La scène s'anime après minuit dans la rue où se succèdent les clubs, après le nouveau port.

Kentavros BAR
(24270 22980). En face de la Plateia Papadiamanti, le Kentavros est un lieu chic apprécié des Grecs et des expatriés pour son ambiance feutrée, ses œuvres d'art et la qualité de ses boissons. Rock, jazz et blues rythment la soirée.

Main Street BAR
(Papadiamanti). Un bar-café convivial, avec de la bonne musique, au cœur de Papadiamanti.

Rock & Roll Bar BAR
(24270 22944). Des poufs énormes disposés sur les grandes marches à l'extérieur de ce bar branché du vieux port invitent à prendre place. De bonnes boissons à des prix raisonnables.

Où sortir

Pour danser, les meilleurs DJ officient au **Club Pure** (6979773854), au **Kahlua** (24270 23205) et au **BBC** (24270 21190), ouverts jusqu'à l'aube.

Cinema Attikon CINÉMA
(24720 22352 ; billet 7 €). Découvrez les films récents en VO dans ce cinéma en plein air, tout en sirotant une bière et en déchiffrant les sous-titres grecs.

Achats

Loupos & His Dolphins ANTIQUITÉS
(24270 23777 ; Plateia Papadiamanti ; 10h-13h30 et 18h-23h30). Une boutique-galerie raffinée où l'on a le choix – difficile ! – entre des icônes peintes à la main, de belles céramiques et des bijoux en or et en argent. Dans la cour voisine du musée Papadiamanti.

Galerie Varsakis ANTIQUITÉS
(Plateia Trion Ierarhon ; 10h-14h et 18h-23h). Des objets anciens insolites, tels que des fuseaux du XIXe siècle faits par les futurs mariés pour leurs futures femmes. Une collection qui rivalise avec les meilleurs musées d'art populaire grecs.

Olive Tree Skiathos SOUVENIRS
(Papadiamanti 28). Une accueillante petite boutique déclinant les objets sculptés dans le bois d'olivier, bols artisanaux, bijoux et autres souvenirs.

Renseignements

Le terminus des bus se trouve à l'extrémité nord du nouveau port. Accès Wi-Fi gratuit le long du port et dans la plupart des cafés de Papadiamanti. Plusieurs DAB sur Papadiamanti et le front de mer.

Centre hospitalier (24270 22222 ; au-dessus du vieux port).

Police portuaire (24270 22017 ; sur le quai).

Police touristique (24270 23172 ; sur la rocade ; 8h-21h).

Depuis/vers Skiathos

Le terminus des bus se trouve à l'extrémité nord du nouveau port.

Ailleurs sur Skiathos

À voir

L'île ne compte pas moins de 65 **plages**, toutes desservies sur la côte sud grâce aux 26 arrêts (numérotés) des bus qui la sillonnent, autant de points d'accès à la mer. La première longue étendue de sable qui mérite une halte est la **plage de Vromolimnos**, bordée de pins. La route continue ensuite jusqu'à la **plage de Koukounariès**, 1,2 km de sable doré niché entre une pinède et une petite lagune, réputée comme la plus belle de Grèce et donc prise d'assaut en été.

À l'ouest, passé un étroit promontoire, **Big Banana** doit son nom et sa célébrité à sa jolie courbe de sable blanc ourlée de bars de plage. Plus spécifiquement naturiste mais tout aussi active, **Little Banana** s'étire derrière les rochers. Elle est appréciée des touristes homosexuels.

Un demi-kilomètre plus au nord, l'élégante **plage d'Agia Eleni** attire les véliplanchistes. Un sentier sous les pins mène à pied (1,5 km, l'assurance d'y trouver peu de monde !) jusqu'à la **plage de Mandraki**, ourlée de sable et dotée d'une bonne taverne. À 4 km de Troulos s'étire la belle étendue de sable de **Megalos Aselinos**, que prolonge **Mikros Aselinos**, sa cadette, avant la lointaine **Kehria**, quelques kilomètres plus loin.

Moins fréquentée, la côte nord-ouest possède de jolies plages néanmoins exposées l'été au *meltemi* (vent du nord-est). Au nord, couverte de galets gris clair, la paisible **plage de Lalaria** est uniquement accessible par bateau depuis Skiathos (Hora).

Kastro SITE HISTORIQUE, PANORAMA

Perchée sur une péninsule rocheuse surplombant le littoral nord, cette cité fortifiée fut le chef-lieu de l'île de 1540 à 1829, et son refuge lors des attaques des pirates qui sillonnaient la mer Égée comme le rappelle le canon qui subsiste à son extrémité nord. Les quatre églises du site ont été restaurées, dont celle de Christos à la belle iconostase. Les bateaux d'excursion accostent sur la plage, en contrebas, d'où une courte ascension mène aux ruines.

Moni Evangelistrias MONASTÈRE

(monastère de l'Annonciation ; musée 2 € ; ⏲10h-crépuscule). Le plus célèbre monastère de l'île était un refuge pour les combattants de la liberté durant la guerre d'indépendance, et c'est ici que fut hissé le premier drapeau grec en 1807. Aujourd'hui, deux moines s'occupent de l'entretien et aussi de la fabrication du vin que l'on peut déguster à la boutique du **musée**. Les anciens pressoirs à olives et à vin rappelle une époque révolue, bien avant que la parabole ne soit installée au-dessus de la cour.

Moni Panagias Kounistras MONASTÈRE

(monastère de la Sainte-Vierge ; ⏲aube-crépuscule). Depuis Troulos (arrêt de bus 20), au sud de l'île, une route mène au nord, après 4 km à ce monastère du XVIIe siècle. Les jolies fresques de son *katholikon* méritent le détour.

Activités

Plongée

Les îlots au large de la côte méridionale sont parfaits pour une sortie de plongée. Comptez 40-50 € la demi-journée, équipement inclus.

Les moniteurs de plongée Théofanis et Eva, de l'**Octopus Diving Centre** (☎24270 24549, 69441 68958 ; www.odc-skiathos.com ; nouveau port, Skiathos ville), emmènent débutants et confirmés plonger du côté de Tsougria et de Tsougriaki. Adressez-vous directement à l'équipe sur leur bateau amarré au nouveau port.

Les novices apprécient aussi beaucoup les prestations offertes par le **Skiathos Diving Centre** (☎6977081444 ; www.skiathosdiving.gr ; Papadiamanti).

Randonnée

Un itinéraire de 6 km part du Moni Evangelistrias, pour arriver au **cap Kastro**, avant de revenir en passant par Agios Apostolis. Au printemps, le **spectacle des oiseaux** sur le cap, cormorans de Méditerranée au long cou ou monticoles merle-bleu rasant les vagues, est un véritable bonheur.

Où se loger et se restaurer

Achladies Apartments APPARTEMENTS $

(☎24270 22486 ; https://sites.google.com/site/achladiesapartments ; Achladies Bay ; d/tr/f petit-déj inclus 45/65/85 € ; P 📶). Cette chaleureuse oasis, à 5 km au sud de Skiathos (Hora), loue des chambres avec kitchenette (2 nuits minimum) et ventilateurs au plafond. On y trouve également une réserve écologique de tortues et un beau jardin qui descend jusqu'à une plage de sable. De là, des bateaux-taxis rallient Skiathos et la plage de Koukounariès.

Camping de Koukounariès CAMPING $
(☎ 24270 49250 ; empl adulte/tente 11 €/gratuit ; P 📶). Ombragé par des figuiers et des mûriers, en face de la plage de Koukounariès. Sanitaires et cuisines impeccables, supérette et taverne sur place.

Atrium Hotel HÔTEL DE LUXE $$$
(☎ 24270 49345 ; www.atriumhotel.gr ; plage de Paraskevi ; s/d/ste petit-déj inclus à partir de 120/160/200 € ; P ❄ @ 📶 ≋). Son architecture traditionnelle et ses touches de modernité font de cet établissement perché à flanc de colline le meilleur de sa catégorie. Chambres à l'élégance discrète, avec vasques et balcons privatifs. Copieux petit-déjeuner buffet. Sauna, piscine pour enfants, tables de billard et de ping-pong.

Panorama Pizza PIZZERIA $
(pizzas 7-10 € ; ⏱ 12h-16h et 19h-tard). Au sommet de la colline, près de la rocade, pour dévorer une bonne pizza au feu de bois avec une vue imprenable.

Salt & Pepper INTERNATIONAL $$
(☎ 2427049329 ; plats 8-14 €). Nouveau venu haut de gamme sur la scène gastronomique locale, le Salt & Pepper pimente ses grillades de poisson et de viande d'une touche originale tout en proposant également une belle variété de salades et de plats végétariens traditionnels. Un bar agrémente le jardin extérieur. En face de l'embranchement pour Troulos (arrêt de bus 18).

Skopélos Σκόπελος

5 400 HABITANTS

Skopélos (Σκόπελος) est une île attirante, couverte de pins, de vignobles, d'oliviers, de pruniers et d'amandiers, dont les fruits agrémentent les spécialités locales. Comme à Skiathos, les hautes falaises de la côte nord-ouest sont exposées, à la différence de la côte sud-est, plus abritée et dotée de plusieurs plages de sable et de galets. À l'est se trouve le chef-lieu et port principal, Skopélos (Hora). Au nord-ouest, le bourg préservé de Glossa est séparé de 2 km du port de Loutraki, au sud, le deuxième de l'île.

Depuis/vers Skopélos

BATEAU

Dans les deux ports, Skopélos (Hora) et Glossa (alias Loutraki), vous trouverez des bateaux pour Volos, Agios Konstantinos et les Sporades Skiathos, Alonissos et Skyros. Voir le tableau ci-dessous.

La vente des billets est assurée par **Hellenic Seaways** (☎ 24240 22767 ; fax 24240 23608) à Skopélos (Hora) et au port de Glossa (Loutraki). Madro Travel (p. 578) propose également des billets pour Volos, Agios Konstantinos et Thessalonique. À Glossa, adressez-vous à **Lemonis Travel** (☎ 24240 23608 ; front de mer).

BATEAUX AU DÉPART DE SKOPÉLOS

VERS	PORT	DURÉE	TARIF (€)	FRÉQUENCE
Agios Konstantinos*	Glossa	3 heures 30	38	1/jour
Agios Konstantinos**	Skopélos (Hora)	2 heures 30	50	1/jour
Alonissos	Skopélos (Hora)	40 min	6	1/jour
Alonissos**	Skopélos (Hora)	20 min	9	2-3/jour
Eubée (Paralia Kymis)	Skopélos (Hora)	7 heures	30	3/sem
Skiathos	Skopélos (Hora)	1 heure	10	2-3/jour
Skiathos*	Skopélos (Hora)	45 min	16	2/jour
Skiathos**	Glossa	30 min	10	2/jour
Volos**	Skopélos (Hora)	3 heures 45	28	2/jour
Volos	Glossa	2 heures 30	40	1/jour
Volos*	Skopélos (Hora)	3 heures	48	2-3/jour

*express
**hydroglisseur

Skopélos

0 — 5 km

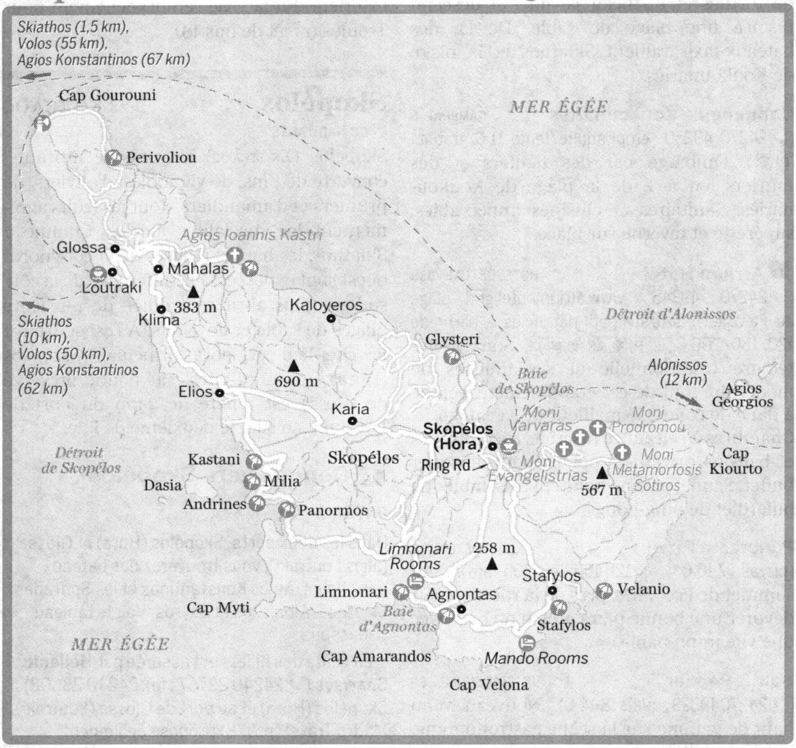

Comment circuler

BATEAU

Un bateau-taxi part en fin de matinée de Skopélos (Hora) pour la plage de Glysteri (5 € l'aller).

BUS

En été, il existe 6 liaisons quotidiennes au départ de Skopélos (Hora) pour Glossa/Loutraki (5 €, 1 heure) et Elios (3,80 €, 45 min). Par ailleurs, 3 bus desservent chaque jour Panormos (2,80 €, 25 min), Milia (3,50 €, 35 min), Agnontas (1,60 €, 15 min) et Stafylos (1,60 €, 15 min).

TAXI

La borne est voisine de l'arrêt des bus. Comptez 7,50 € la course pour Stafylos, 13 € pour Limnonari et 30 € pour Glossa.

VOITURE ET MOTO

Entre autres loueurs de voitures et de motos installés à l'extrémité est du front de mer près de la rocade, citons **Motor Tours** (☎24240 22986 ; fax 24240 22602) et **Magic Cars** (☎6973790936, 24240 23250).

Skopélos (Hora) Σκόπελος (Χώρα)

Les maisons blanches aux volets de couleur vive et aux balcons fleuris de Skopélos (Hora) s'étagent à flanc de colline, formant une sorte d'amphithéâtre autour de la baie semi-circulaire. Tout en haut, une forteresse en ruine et un ensemble de quatre églises dominent ce paysage.

Le front de mer est délimité par deux embarcadères : l'ancien autour de l'extrémité ouest du port, et le nouveau, côté est, qu'utilisent tous les ferries et hydroglisseurs.

À voir et à faire

Flâner en ville et vous installer à une terrasse de café sur le front de mer seront sans doute vos principales activités à Skopélos. Vous pourrez aussi découvrir deux modestes musées. Le beau **musée d'Art populaire** (Hatzistamati ; 2,50 € ; ⏲10h-14h et 19h-22h lun-ven) présente une chambre de mariés typique de l'île, ainsi que des tenues de noce et un lit nuptial. La demeure XVIIIe d'un médecin accueille le **musée Bakratsa** (2,50 € ; ⏲11h-13h et 18h-22h), où sont exposés du matériel médical et des vêtements.

Des **vélos de randonnée/VTT** de bonne qualité sont disponibles auprès de Panos à **Skopelos Cycling** (☎6947023145, 24240 22398 ; skopeloscycling@yahoo.gr ; 8-18 €/jour), à côté du bureau de poste.

Circuits organisés

Des **croisières** de la journée (20-40 €, départ sur le front de mer à 10h) mènent au parc marin national d'Alonissos, avec pause déjeuner et baignade en chemin. La traversée offre la fréquente occasion de croiser des dauphins en mer. Pour réserver, contactez Madro Travel (p. 578) ou Thalpos Holidays (p. 578) sur le front de mer.

Où se loger

♥ Pension Sotos PENSION $

(☎24240 22549 ; www.skopelos.net/sotos ; s/d à partir de 30/45 € ; ❄📶). Placées sous la gouverne amène de l'ingénieuse Alexandra, les chambres au plancher de pin de cette charmante pension du front de mer ont toutes une touche d'originalité, tel un vieux four en brique servant d'étagère. Il y a une cour intérieure reposante, une terrasse fleurie et une cuisine commune.

Hotel Agnanti HÔTEL $

(☎6978713252, 24240 22722 ; www.skopelos.net/agnanti ; s/d/tr à partir de 40/50/70 € ; P❄@📶). Théo et Eleni gèrent cette belle adresse rustique sur l'ancien embarcadère. Ventilateurs au plafond, meubles d'époque et céramiques confèrent à ces 12 chambres bien du cachet. Bibliothèque de livres à emprunter.

Lina's Guest House PENSION $

(☎24240 23976 ; ch 30-40 € ; ❄📶). Nichée au-dessus de la boutique de souvenirs familiale, cette pension compte 4 chambres simples et accueillantes avec parquet. Deux donnent sur le port et deux dans la ruelle, plus calme.

Hotel Dionyssos HÔTEL $$

(☎24240 23210 ; www.dionyssoshotel.com ; s/d/tr petit-déj inclus 65/80/100 € ; P❄📶🏊). Entre la rocade et le front de mer, cet hôtel discret attire quelques groupes, mais les chambres sont chaleureuses, avec des planchers en bois et des tapis. Les nuits sont animées par le petit bar de la piscine.

Où se restaurer

À 100 m au-dessus du port, la place Souvlaki est parfaite pour manger sur le pouce un *gyros* ou des souvlakis (brochettes). Skopélos est réputée pour ses recettes à base de prunes (*koromila*) et la carte de la plupart des tavernes en affiche.

♥ Nastas Ouzerie GREC $

(mezze 2,50-5 €, plats 6-10 €). À la jonction de la rocade, le Nastas sert d'excellents mezze et des plats de viande grillée ou de poisson frais, arrosés de bons vins maison et, bien sûr, de *tsipouro* (boisson distillée semblable à l'ouzo). La qualité et les prix sont au rendez-vous, d'où son extrême succès local.

Taverna Klimataria TAVERNE $

(plats 5,50-10 €). Parmi les bonnes tavernes proches de l'embarcadère, voici une excellente table pour déguster les *mayirefta* (plats) du jour ou une bonne grillade.

O Michalis CAFÉ $

(en-cas 3-5 €). Repérable à sa porte rouge, à environ 50 m de la Sotos Pension, l'endroit parfait pour se pourlécher les babines en mangeant une *tyropita* (friand au fromage) et se détendre le soir autour de petits crus bien sympathiques car, dès la tombée de la nuit, O Michalis fait bar à vin.

To Perivoli Restaurant GREC $$

(☎24240 23758 ; plats 7-14 €). Installé au-delà de la place Souvlaki, le Perivoli sert une excellente cuisine traditionnelle dans une cour ravissante. Parmi les spécialités : le porc roulé aux *koromila* dans une sauce au vin, à déguster avec un bon cru grec.

Anna's Restaurant GREC $$

(☎24240 24734 ; Gifthorema ; plats 7-19 €). Un palmier marque l'entrée de ce charmant bistrot haut de gamme, situé dans une ruelle. On s'y délecte de mets traditionnels de Skopélos, tel le sauté de veau aux prunes.

Où prendre un verre et faire la fête

À l'écart du front de mer, essayez le décontracté **Oionos Blue Bar** (☎6942406136), et le plus récent **Hidden Door**.

Platanos Jazz Bar BAR
(☎ 24240 23661). Proche du bout de l'ancien embarcadère, ce café-bar sous les arbres vous accueille du petit café du matin au dernier verre de la nuit.

Bardon BAR
(☎ 24240 24494 ; www.bardonskopelos.com). Ce fut une usine d'olives. Le Bardon a investi sa cour et y programme des concerts la plupart des week-ends en été.

Mercurios Music Cafe-Bar BAR
(☎ 24240 24593 ; wifi). Prenez place dans la véranda sur le front de mer et dégustez mojitos et margaritas dans cette galerie d'art, sur fond de musique.

Où sortir

Ouzerie Anatoli OUZERI
(20h-2h été). Attendez au moins 23h avant de rejoindre, au-dessus du *kastro*, ce joyeux *ouzeri*. On y écoute du rébétiko traditionnel interprété par Georgios Xindaris, le roi du blues grec et du bouzouki à Skopélos.

Achats

Deux adresses sur le front de mer : **Ploumisti** et **Archipelagos**, pour leurs céramiques de qualité, leurs peintures, leurs icônes et leurs bijoux artisanaux.

Renseignements

Il y a 4 DAB le long du front de mer, qui est également équipé d'un accès Wi-Fi gratuit.

Centre médical (☎ 24240 22222 ; Ring Rd, en face de la caserne des pompiers).

Police (☎ 24240 22235 ; au-dessus de la Banque nationale).

Police portuaire (☎ 24240 22180 ; sur le quai).

Poste (en face de l'église Panagia ; 7h30-14h).

AGENCES DE VOYAGES

Madro Travel (☎ 24240 22300 ; www.madrotravel.com). Au bout du vieux port, Madro peut réserver des hôtels et des billets, organiser des randonnées, des excursions en bateau, des cours de cuisine et même des mariages.

Thalpos Holidays (☎ 24240 29036 ; www.holidayislands.com). Le personnel serviable de cette agence du front de mer qui propose une large gamme de services peut également vous aider pour tout ce qui est location d'appartements ou de villas, de bateaux, excursions sur l'île et même organisation de mariage.

Glossa et Loutraki
Γλώσσα et Λουτράκι

Glossa, l'autre "grande" localité de Skopélos, éclate de blancheur. Quelques boutiques et restaurants animent cette merveille. Sa petite place est reliée au port tranquille de Loutraki ("Glossa" sur les horaires) par une route sinueuse de 2 km et un *kalderimi* (chemin pavé). Les fans du groupe ABBA et de *Mamma Mia!* ne manqueront pas la petite église **Agios Ioannis sto Kastri** (Saint-Jean-du-Château) qui apparaît dans la version cinématographique (2008) de la comédie musicale .

Loutraki signifie "petit bain". D'ailleurs, à quelques pas du port, vous découvrirez les vestiges de **thermes romains**.

Où se loger et se restaurer

À proximité de l'embarcadère de Loutraki, vous aurez le choix entre deux établissements fiables où l'accueil est chaleureux, les **Rania Studios** (☎ 24240 33710 ; Loutraki ; studio/app à partir de 35/50 € ; P clim wifi) ou l'**Hotel Selenunda** (☎ 24240 34073 ; www.hotelselenunda.com ; Loutraki ; d/tr/f à partir de 45/60/75 € ; P clim @ wifi).

Pansion Platana PENSION $
(☎ 24240 33188 ; pansionplatana@hotmail.com ; Glossa ; ch à partir de 35 € ; clim). Entre la boulangerie et l'église Elefteria, cette *domatia* confortable est agrémentée de ventilateurs au plafond, de kitchenettes et de balcons avec vue. L'accueil d'Eleni, la propriétaire gréco-australienne, ne se limite pas au thé gracieusement offert, elle vous conseillera dans vos découvertes.

Flisvos Taverna TAVERNE $
(Loutraki ; plats 3,50-7,50 €). Le long du quai, à 50 m au nord du parking, cette taverne familiale propose du poisson frais, de la moussaka et de savoureux hors-d'œuvre tels que tzatziki et *taramasalata*. Le meilleur de la cuisine grecque en tout simplicité.

Agnanti Taverna & Bar GREC FUSION $$
(☎ 24240 33076 ; Glossa ; plats 8-14 €). Profitez de la vue sur l'Eubée depuis le toit-terrasse de ce restaurant chic, tout en dégustant une délicieuse cuisine fusion grecque, notamment des sardines grillées sur des pitas, accompagnées de criste marine et de tomates séchées.

Ailleurs sur Skopélos

Plusieurs **monastères** peuvent faire l'objet d'une belle balade en voiture ou d'une randonnée d'une journée au-dessus de Skopélos (Hora). Prenez la route en direction de Monasteri qui contourne la baie, puis grimpez dans les terres jusqu'au panorama formidable qu'offre le **Moni Evangelistrias** (XVIIIe siècle), actuellement un couvent, dont la superbe iconostase du XIe siècle présente une belle icône de la Vierge Marie.

Plus loin, le **Moni Metamorfosis Sotiros** (XVIe siècle) est le plus ancien monastère de l'île. De là, une piste étroite mène au **Moni Varvaras** (XVIIe), d'où l'on voit la mer, et au **Moni Prodromou** (XVIIIe) devenu couvent, à 8 km de Skopélos ville.

Les côtes sud-ouest et ouest, plus abritées, possèdent les meilleures plages. À 4 km au sud-est de Skopélos (Hora) s'étend la **plage de Stafylos**, où se mêlent sable et galets. À son extrémité est, le sentier qui escalade le petit promontoire mène à la plus tranquille **plage de Velanio**, naturiste et très favorable à la pratique du snorkeling. Si l'on part en revanche vers l'ouest, on rencontre à 3 km **Agnontas** et sa séduisante plage de galets et de sable, puis la **plage de Limnonari**, belle étendue sablonneuse nichée entre deux promontoires rocheux et desservie par des caïques au départ d'Agnontas.

La route intérieure qui part d'Agnontas traverse des forêts de pins avant de déboucher sur la jolie **plage de Panormos** agrémentée de quelques tavernes et *domatia*. Le sable de la **plage d'Andrines**, 1 km plus loin, est moins envahi. Les deux baies suivantes, Milia et Kastani, sont parfaites pour nager. Sur la côte nord-est de l'île, on trouve, à 25 minutes de voiture de Glossa, la très paisible **plage de Perivoliou**.

Circuits organisés

Comment distinguer un papillon Pacha à deux queues d'un léopard chrysope ? Peut-être l'appprendrez-vous en suivant l'une des **promenades guidées** (☎6945249328 ; www.skopelos-walks.com ; balade 4 heures 15-20 €) de Heather Parsons sur un sentier séculaire à travers les terres qui offre de belles vues sur Alonissos et l'Eubée avant de vous attabler ensemble dans une taverne de plage. Auteure du guide de randonnée nature *Skopelos Trails*, Heather Parsons vous emmène aussi sur des lieux de tournage avec ses **excursions Mamma Mia!**

Où se loger et se restaurer

On trouve des petits hôtels, *domatia*, tavernes et paillotes de plage à Stafylos, Agnontas, Limnonari, Panormos, Andrines et Milia.

Limnonari Rooms & Taverna APPARTEMENTS **$**
(☎24240 23046 ; www.skopelos.net/limnonari-rooms ; plage de Limnonari ; d/tr/ste à partir de 35/60/80 € ; P❄WiFi). Sur la belle baie sablonneuse de Limnonari est installé cet ensemble d'appartements bien équipés. Dans le jardin, la taverne familiale sert des moussakas végétariennes, des grillades de poisson et de viande. Olives et feta en direct du domaine de Kosta, le propriétaire.

♥ **Mando Rooms** APPARTEMENTS **$$**
(☎24240 23917 ; www.skopelos.cc/mando ; Staphylos ; d/tr/f petit-déj inclus à partir de 60/80/100 € ; P❄WiFi). Cette pension bien tenue, où les familles sont les bienvenues, a sa propre crique sur la baie de Staphylos. Vérandas privatives, cuisine commune, TV sat et ponton sur les rochers pour se jeter à l'eau ou faire du snorkeling.

Alonissos Αλόννησος

2 700 HABITANTS

Alonissos est couverte d'épaisses forêts de pins d'Alep, de chênes kermès, de lentisques et d'arbousiers, de vignes, d'oliviers et d'arbres fruitiers, le tout parfumé d'origan, de sauge et de thym sauvages. Si son littoral septentrional et occidental est massivement rocheux et raide, la côte est ponctuée de petites baies et de plages de galets et de sable.

La belle Alonissos a connu des périodes difficiles. Sa viticulture florissante s'arrêta net en 1952, lorsque ses vignobles, aux cépages importés de Californie, furent détruits par le phylloxéra, contraignant nombre d'îliens, désormais sans travail, à s'exiler. En 1965, un violent séisme ravagea le chef-lieu de l'île, Alonissos (Hora), c'est-à-dire la Paléa Alonissos, la vieille ville située sur la colline. Les habitants furent relogés dans des maisons construites à la hâte à Patitiri, qui s'est développée depuis en un charmant petit port.

Depuis/vers Alonissos

Patitiri, le port principal, est relié par bateau à Volos et Agios Konstantinos sur le continent, aux Sporades Skiathos, Skopélos et Skyros, ainsi qu'à Paralia Kymis en Eubée.

Alkyon Travel (☎ 24240 65220) ou **Alonissos Travel** (☎ 24240 65188), à Patitiri, vendent des billets.

Bateaux au départ d'Alonissos

VERS	DURÉE	TARIF (€)	FRÉQUENCE
Agios Konstantinos**	4 heures	50	1/jour
Eubée (Paralia Kymis)	6 heures	30	3/sem
Skiathos	2 heures	11	4/sem
Skiathos*	1 heure 30	17	4-5/jour
Skopélos (Glossa)*	45 min	14	3-4/jour
Skopélos	40 min	6	1/jour
Skopélos*	20 min	9,50	2-3/jour
Volos	5 heures	28	1/jour
Volos*	3 heures	48	3/jour

*hydroglisseur
**express

Comment circuler

BUS

Un bus fait la navette entre Patitiri, Paléa Alonissos (1,50 €) et Steni Vala (1,90 €). L'été, un bus des plages (☎ 6973805610 ; 5 €) part de Patitiri vers 10h30 pour le nord de l'île et revient après 16h.

TAXI

Les 4 taxis de l'île (conduits par Georgos, Periklis, Théodoros et Spyros) stationnent en face du débarcadère. Comptez environ 6 € pour Paléa Alonissos (Hora), 10 € pour Leftos Gialos et 13 € pour Steni Vala.

VOITURE ET MOTO

Plusieurs loueurs de motos sont regroupés près du front de mer, dont le fiable **I'm Bike** (☎ 24240 65010). Pour les voitures, essayez **Albedo Travel** (☎ 24240 65804), à Patitiri.

Patitiri Πατητήρι

Le port de Patitiri ("pressoir à vin") est encadré par deux falaises de grès à l'extrémité sud de la côte est. De l'embarcadère construit au milieu du front de mer partent deux routes sans nom, et désignées comme celle de gauche et celle de droite (la principale) par les gens du cru. Elles filent vers l'intérieur des terres.

À voir

Musée d'Art populaire des Sporades du Nord PATRIMOINE
(☎ 24240 66250 ; www.alonissosmuseum.com ; adulte/enfant 4 €/gratuit ; ⌚ 11h-18h mai et sept, 11h-21h juin-août). Ce musée exceptionnel conserve une collection très complète d'armes de pirates, d'outils de forge et d'anciennes cartes nautiques. Un petit café donnant sur le port expose les œuvres d'artistes locaux, et une boutique de souvenirs est ouverte au public. À l'extrémité ouest du port.

Parc marin national d'Alonissos-Sporades du Nord FAUNE
(www.alonissos-park.gr). Dans un pays qui ne se distingue pas par une vision à long terme des enjeux écologiques, le parc marin national d'Alonissos est une innovation heureuse. Il fut créé en 1992 avec, pour objectif premier, la protection du phoque moine de Méditerranée (*Monachus monachus*) et de plusieurs oiseaux marins rares. L'été, les bateaux disposant d'autorisations effectuent des excursions dans le parc au départ d'Alonissos et de Skopélos. Vous ne verrez sans doute pas le timide phoque moine, mais vous apercevrez sans doute des dauphins (dauphins bleus, grands dauphins et dauphins communs).

Centre d'information de la MOm MUSÉE
(☎ 24240 66350 ; www.mom.gr ; Patitiri ; ⌚ 10h-22h juin-sept). Depuis un quart de siècle, cette société d'étude et de protection du phoque moine de Méditerranée, appelée MOm, travaille à sa défense. Son centre d'information, au personnel polyglotte, présente de remarquables expositions et des vidéos (en anglais).

Activités

Kayak et bateau

Des excursions en kayak de mer, d'une demi-journée ou avec nuit en camping dans une crique, sont organisées dans les environs d'Alonissos par **Albedo Travel** (☎ 24240 65804 ; www.albedotravel.com ; 30 € la demi-journée).

Ce prestataire loue des bateaux à moteur de 18 ch à 25 ch pour 4 personnes (48-60 €/jour), tout comme **Alonissos Travel** (☎ 24240 65188 ; www.alonnissostravel.gr).

Plongée

La découverte autour de l'île d'épaves de voiliers anciens à faible profondeur attire

Alonissos

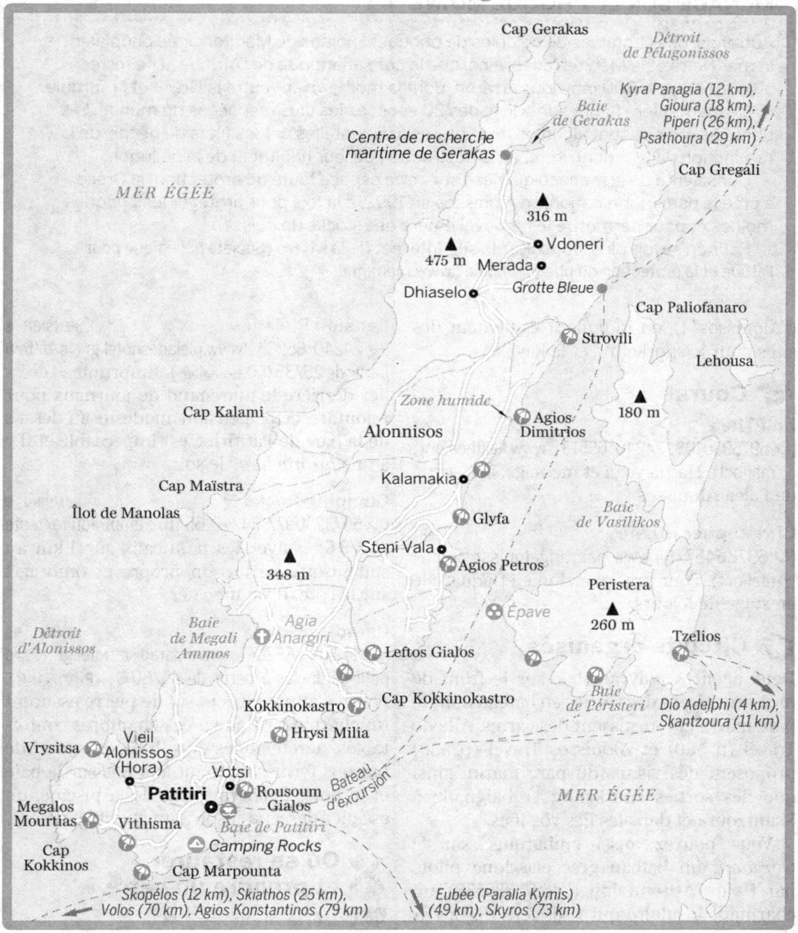

irrésistiblement les plongeurs. Certaines zones du parc marin sont accessibles en plongée accompagnée et d'autres vont l'être prochainement. Contactez Hariklea d'**Ikion Diving** (☎6984181598, 24240 65158 ; www.ikiondiving.gr/en), à Steni Vala, ou Kostas d'Albedo Travel.

Randonnée

Alonissos, avec plus d'une douzaine de sentiers balisés, est le royaume des randonneurs. Devant l'arrêt des bus à Paléa Alonissos, un panneau bleu détaille plusieurs itinéraires. De Patitiri, un **chemin muletier** (*kalderimi*) de 2 km serpente à travers le maquis et les vergers avant de rejoindre Paléa Alonissos. On peut aussi faire une **boucle** en allant de la plage d'Agios Dimitrios à la zone marécageuse de Kastanorema et retour, en 2 heures environ. Les cartes d'Alonissos publiées par Anavasi et Terrain indiquent les itinéraires les plus appréciés.

Insulaire, Chris Browne invite à découvrir son île en **randonnée accompagnée** (☎697 9162443 ; www.alonnisoswalks.co.uk ; 15-30 €) sur des sentiers qu'il décrit avec amour et humour dans *Alonissos Through the Souls of Your Feet* ("Vos pieds vous parlent

MENACE SUR LE PHOQUE MOINE

Autrefois, des centaines de colonies de phoques moines de Méditerranée peuplaient la mer Noire et la Méditerranée, ainsi que la côte atlantique de l'Afrique. Il ne reste aujourd'hui que 600 individus environ, dont la moitié vivent entre la Grèce et la Turquie.

Ce mammifère figure sur la liste des 20 espèces les plus menacées du monde. Les phoques moines sont victimes de captures accidentelles par les filets de pêche, de la raréfaction de leur nourriture, de la destruction de leur habitat et de la pollution.

Consciente de la menace qui pèse sur cette espèce faute de protection, la Grèce a créé le parc marin national d'Alonissos en 1992, à la fois pour protéger les phoques moines et pour permettre le renouvellement des stocks de poisson.

Pour en savoir plus, consultez le site Internet de la **MOm** (Société hellénique pour l'étude et la protection du phoque moine ; www.mom.gr).

d'Alonissos" !), en indiquant également des sites pour le snorkeling et le kayak.

Cours

Kali Thea YOGA
(☎6975930108, 24240 65513 ; www.kalithea.org ; ⏲mai-oct). Hatha yoga et massage, à la sortie de Paléa Alonissos.

Christopher Hughes ART
(☎6978645776 ; www.paintingalonissos.com ; ⏲mai-oct). Pour pratiquer huile et aquarelle en stage de 5 jours.

Circuits organisés

Deux agences polyvalentes, sur le front de mer, organisent des sorties en bateau dans le parc marin et fournissent des cartes. Albedo Travel (p. 580) et Alonissos Travel (p. 580) proposent des visites du parc marin, ainsi que des sorties snorkeling et baignade à Skantzoura et dans les îles voisines.

Vous pouvez aussi embarquer sur le *Gorgona*, un bateau grec classique piloté par **Pakis Athanasiou** (☎6978386588), un charmant insulaire qui vous fera découvrir le littoral (40 €) avec visite de la **grotte Bleue**, sur la côte nord-est, ainsi que celle des îlots de **Kyra Panagia** et **Peristera**, dans le parc marin – halte déjeuner et baignade en chemin.

Où se loger

♥ **Liadromia Hotel** HÔTEL $
(☎24240 65521 ; www.liadromia.gr ; d/tr/ste petit-déj inclus à partir de 40/60/75 € ; P❄@📶). Doyen des établissements hôteliers de Patitiri, ce sympathique hôtel du port est tenu de main de maître par Maria, sa gracieuse propriétaire. Rideaux brodés et mobilier d'époque donnent du caractère à ces chambres rutilantes de propreté.

Pension Pleiades PENSION $
(☎24240 65235 ; www.pleiadeshotel.gr ; s/d/tr à partir de 25/35/50 € ; ❄@). Empruntez l'escalier derrière le marchand de journaux pour rejoindre cette pension modeste au-dessus de la baie de Patitiri. C'est impeccable et il y a une *happy hour* le soir.

Camping Rocks CAMPING $
(☎6973230977, 24240 65410 ; empl adulte/tente 7,50/3 €). Suivez les panneaux sur 1 km au sud jusqu'à ce terrain propre et ombragé, sur la côte. Il y a un café.

Paradise Hotel HÔTEL $$
(☎24240 65213 ; www.paradise-hotel.gr ; s/d petit-déj inclus à partir de 45/60 € ; P❄📶🏊). Poutres apparentes et sol de pierre assurent un charme rustique à ces chambres confortables, agrémentées de sdb modernes et de balcons fermés donnant à la fois sur la baie et le port. Derrière le bar de la piscine, un escalier descend jusqu'à une petite baie.

Où se restaurer et prendre un verre

♥ **Ouzerie Archipelagos** GREC $
(plats 4-8 €). Dans une atmosphère très couleur locale, les îliens viennent ici passer la soirée autour de plusieurs tournées d'excellents mezze, de poisson frais grillé et de *tsipouro*, l'alcool régional. Installez-vous à une table au fond et faites comme eux.

Pi & Fi RESTAURATION RAPIDE $
(en-cas 2-4 €). Pi & Fi signifie "simple et rapide", à l'image de leurs kebabs et souvlaki pita. En face du poste de police.

To Kamaki Ouzerie TAVERNE $$
(plats 5-15 €). Voisine de la Banque nationale, une adresse à la renommée bien ancrée pour son poisson frais et ses savoureux plats végétariens aux prix très doux. Un joueur

de bouzouki de la famille vient souvent le week-end.

Cafe Bistro Helios BAR
(en-cas 3-7 €). Un bistrot au service rapide, caché en haut des marches au-dessus de la Banque nationale grecque. Des petits plats bon marché, avec une touche de cuisine internationale.

Renseignements

Banque nationale de Grèce (route principale). DAB.
Police (☎24240 65205 ; route principale).
Police portuaire (☎24240 65595 ; embarcadère).
Poste (sur la route principale ; ⏰7h30-14h).

Paléa Alonissos Παλιά Αλόννησος

Lieu enchanteur, Paléa Alonissos, ou Alonissos (Hora), réserve des panoramas superbes au gré de ses ruelles sinueuses, ponctuées d'escaliers. À la sortie du village, un ancien chemin muletier dégringole jusqu'à la plage de galets de Megalos Mourtias.

Où se loger

Elma's Houses APPARTEMENTS $
(☎6945466776, 24240 66108 ; elmashouses@yahoo.gr ; d/q à partir de 55/70 €). Les familles apprécieront l'une ou l'autre des deux maisons en pierre d'Elma. Décorées avec goût, elles possèdent chacune une cuisine, des lits confortables et une belle vue depuis la cour. Proche de l'ancienne école du village.

♥ **Konstantina Studios** APPARTEMENTS $$
(☎6932271540, 24240 66165 ; www.konstantinastudios.gr ; s/d petit-déj inclus à partir de 50/85 € ; P ❄ 📶). Cet établissement, parmi les meilleurs de l'île, est aménagé en jolis studios calmes, dotés de cuisines équipées et de balcons donnant sur la côte sud-ouest. La propriétaire, Konstantina, va chercher ses clients à l'embarcadère, sert des petits-déjeuners maison et prodigue de nombreux conseils pour découvrir Alonissos.

Où se restaurer et prendre un verre

♥ **Hayati** CONFISERIE, BAR $
(en-cas 2-4 € ; ⏰9h-14h). Jouissant d'une vue imprenable sur l'île, le Hayati est une confiserie (*glykopoleio*) le jour et un piano-bar le soir. Le matin, on y sert des *tyropita* (voir l'encadré ci-dessous) faites à la demande. Un peu plus tard, Meni et Angela, hospitaliers propriétaires, œuvrent en cuisine pour vous proposer pâtes, grillades, crèmes et gâteaux maison. À 5 minutes à pied de la place du village.

Astrofengia GREC $$
(plats 5-13 €). À Patitiri, il n'y a rien d'exceptionnel à monter au village pour se régaler chez Astrofengia d'une belle moussaka de légumes ou d'un autre classique de la table grecque. Certains n'y vont même que pour le dessert, le *galaktoboureko* (flan maison).

Aerides Cafe-Bar BAR
(⏰9h-17h et 19h-2h). Maria et Yiannis préparent les boissons, choisissent la musique et, l'été, servent des glaces dans ce petit bar chic installé sur la place.

Sunset Cafe CAFÉ
(⏰10h-2h). Entre le village et Patitiri. Concerts dans la cour le week-end en été.

Ailleurs sur Alonissos

La route principale d'Alonissos rejoint la pointe nord de l'île à Gerakas (19 km), où est installé un centre de recherches maritime

LA TYROPITA : ON SE LA DISPUTE !

La *tyropita* (feuilleté au fromage) fait presque l'objet d'un culte dans son lieu de naissance, les Sporades du Nord. Elle est élaborée avec du fromage de chèvre roulé dans une délicate pâte filo, scellée, frite quelques instants puis servie chaude – une méthode qui s'est adaptée aux fours à bois d'Alonissos. Ces feuilletés ont fini par faire leur apparition dans les cuisines de Skopélos.

Dans les années 1990, un animateur de télé vanta la *tyropita*, affirmant qu'elle venait de Skopélos. Des "feuilletés au fromage de Skopélos" congelés ne tardèrent pas à apparaître dans les supermarchés du continent, y compris dans les snack-bars de l'aéroport d'Athènes. Les habitants d'Alonissos s'étonnent encore du fabuleux destin de leur simple recette, tandis que Mahi, une femme d'affaires de Skopélos, confie : "En gros, nous l'avons volée !"

fondé par l'Union européenne. Au nord de Patitiri, plusieurs routes descendent jusqu'à des petits ports de pêche et des plages reculées.

Si on longe le littoral est, la première baie depuis Patitiri est la minuscule **Rousoum Gialos**, nichée entre Patitiri et Votsi. On peut s'installer à **Votsi**, à la **Maria's Votsi Pension** (☎24240 65510 ; www.pension-votsi.gr ; Votsi ; d/tr à partir de 40/50 € ; P ❄ @ 📶), qui a des chambres impeccables et de l'hospitalité à revendre. À 2 km plus au nord, le **cap Kokkinokastro** est le site de la cité antique submergée d'Ikos. Ensuite, la route atteint **Leftos Gialos**, une jolie plage de galets où la **Taverna Eleonas** (plats 5-11 €) a la réputation de concocter de délicieuses *pitès* (feuilletés) et son vin produit par Nikos, le propriétaire.

Petit village de pêcheurs et port de plaisance, **Steni Vala** dispose d'une cinquantaine de chambres en *domatia*. Renseignez-vous auprès de l'**Ikaros Cafe & Market** (☎24240 65390). Des 4 tavernes qui dominent la petite marina, c'est la **Taverna Fanari** (plats 4-9 €) qui offre la plus belle vue. Au sud du village se love la plage de sable d'**Agios Petros** et un havre luxueux et tranquille, les **Ilya Studios** (☎210 803 0272, 6938327401 ; www.ilyasuites.gr ; ste/villa à partir de 80/160 €).

Dernier village côtier, situé 2 km plus au nord, **Kalamakia** compte quelques *domatia* et trois bonnes tavernes de poisson, où la pêche matinale passe tout droit du bateau en cuisine.

Après Kalamakia, la route goudronnée continue sur 3 km avant de traverser une **zone humide**, puis d'atteindre la plage d'**Agios Dimitrios**, où un snack-bar et des *domatia* sont installés face à une belle étendue de galets blancs. Au-delà, la route se rétrécit en un sentier qui s'enfonce à l'intérieur des terres.

Îlots des environs d'Alonissos

Huit petites îles inhabitées, dotées d'une faune et d'une flore riches, entourent Alonissos. **Piperi**, au nord-est, sert de refuge aux phoques, et il est interdit d'y accéder sans habilitation. L'île de **Gioura**, d'accès également limité, abrite une espèce rare de chèvre sauvage, qui porte une marque en forme de croix sur le dos. Si l'on se rend sur **Kyra Panagia**, on y verra un monastère abandonné et un ancien pressoir à olives. La plus éloignée du groupe, **Psathoura**, cache dans ses eaux les ruines d'une cité antique. Son phare est le plus lumineux de la mer Égée.

Au large de la côte orientale d'Alonissos, **Peristera** s'enorgueillit de plages de sable et des vestiges d'un château. Non loin, **Lehoussa** est réputée pour ses grottes marines hérissées de stalactites. **Skantzoura**, au sud-est d'Alonissos, héberge des faucons d'Éléonore et la très rare mouette de la mer Égée. La huitième île, **Dio Adelphi** (Deux Frères), formée de deux îlots, se situe entre Peristera et Skantzoura : les pêcheurs refusent d'y aller à cause des nids de vipères.

Skyros — Σκύρος

2 900 HABITANTS

Plus grande île des Sporades, Skyros se divise en deux parties distinctes : au nord, de petites baies, des terres cultivées et des pinèdes ; au sud, des collines arides et une côte rocheuse. Dans la mythologie grecque, Skyros servit de cachette au jeune Achille.

ℹ Depuis/vers Skyros

AVION

Outre des vols intérieurs, l'aéroport de Skyros accueille occasionnellement des charters en provenance d'Oslo et d'Amsterdam.

Pour les billets, contactez **Sky Express** (☎28102 23500 ; www.skyexpress.gr) ou adressez-vous à l'agence Skyros Travel (p. 587).

Vols intérieurs au départ de Skyros

VERS	DURÉE	TARIF (€)	FRÉQUENCE
Athènes	25 min	28	3/sem
Thessalonique	35 min	91	2-3/sem

BATEAU

Port principal de Skyros, Linaria est relié par ferry à l'Eubée (Paralia Kymis), ainsi qu'aux îles d'Alonissos et de Skopélos en été.

Achetez vos billets auprès de Skyros Travel (p. 587) à Skyros (Hora) ou bien à la billetterie sur le port de Linaria ou de Paralia Kymis (Eubée).

Bateaux au départ de Skyros

VERS	DURÉE	TARIF (€)	FRÉQUENCE
Eubée (Paralia Kymis)	1 heure 45	9	1-2/jour
Alonissos	6 heures	25	3/sem
Skopélos	6 heures 30	25	3/sem

Skyros

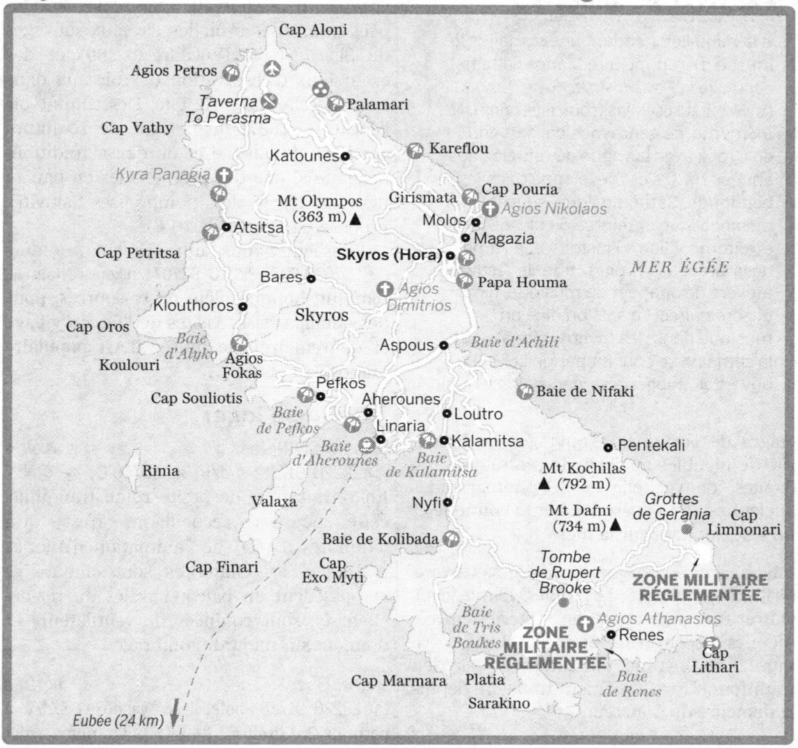

Comment circuler

BUS ET TAXI

Il existe des liaisons routières entre le port de Linaria et Skyros (Hora), Magazia et Molos (2 €), ainsi que de Skyros à l'aéroport (2,50 €). En taxi, comptez 18 € entre la ville et Linaria, et 25 € jusqu'à l'aéroport.

VOITURE ET MOTO

Pour louer voitures, motos et VTT, adressez-vous à **Martina's Rentals** (☎ 6974752380, 22220 92022), **Vayos Motorbikes** (☎ 22220 92957), qui loue également des vélos, ou **Angelis Cars** (☎ 22220 91888), à Skyros ville.

Skyros (Hora) Σκύρος (Χώρα)

La ville principale de Skyros s'enroule autour d'un piton rocheux, couronné d'une forteresse vénitienne du XIIIe siècle. Ses rues labyrinthiques, aux pavés polis par le temps, invitent aujourd'hui à flâner. C'est oublier que ce dédale visait à la protéger des éléments et aussi des pirates.

Toujours animée, l'artère principale (Agoras), bordée de tavernes, bars et boutiques, est entourée de ruelles sinueuses. Environ 100 m après la place, Agoras bifurque vers la gauche et zigzague jusqu'à deux petits musées jouxtant la Plateia Rupert Brooke, d'où plusieurs volées de marches dégringolent jusqu'à la plage de Magazia, 1 km plus bas.

À voir et à faire

Musée d'Art populaire Manos Faltaïts PATRIMOINE

(☎ 22220 91232 ; www.faltaits.gr ; Plateia Rupert Brooke ; 2 €, avec guide 5 € ; ⏲ 10h-14h et 18h-21h). Une halte s'impose dans ce magnifique musée, où est exposée la collection d'un ethnologue skyrien, Manos Faltaïts, présentant la mythologie et les arts et traditions populaires de Skyros. Cette demeure du XIXe siècle est un labyrinthe sur plusieurs

FESTIVAL DE RÉBÉTIKO

À la mi-juillet, pendant une semaine, le musée d'Art populaire Manos Faltaïts accueille le **Festival de rébétiko** (www.rebetikoseminar.com/index.php). Né à Smyrne, ce genre musical parvenu en Grèce avec la vague de réfugiés des années 1920 s'est développé dans les bas-fonds. Cette musique, souvent mélancolique et teintée de blues, est étroitement liée à l'histoire et à l'âme de la Grèce. Au programme du festival : ateliers de chant et de musique, films et séminaires. Le soir, on dîne en musique dans des tavernes locales, et la semaine se conclut par un concert ouvert au public, le samedi soir.

étages de costumes, d'ouvrages de broderie, de meubles anciens, de céramiques, de dagues, de vaisselle et de photographies anciennes. Il y a aussi une petite boutique et un café donnant sur la mer.

Musée archéologique ANTIQUITÉS, PATRIMOINE
(Plateia Rupert Brooke ; 2 € ; 8h30-15h mar-dim). Outre une collection de poteries mycéniennes découvertes près de Magazia, ce musée reconstitue un intérieur skyrien traditionnel, intégralement transféré depuis la demeure du donateur.

Semi-marathon COURSE À PIED
(22220 92707 ; nikonisi@hotmail.com). Chaque année, le dernier samedi de septembre, Skyros accueille cet événement à mi-chemin entre le marathon et la fête. La course part de Linaria et se termine sur la place de Skyros. Un mini-marathon s'adressant aux enfants donne le ton, et l'événement sportif est suivi d'un concert et de danses.

Cours

Maître praticien de reiki et résidente de l'île de longue date, **Janet Smith** (6979292976, 22220 93510 ; www.reikisosimple.com) dispense des cours de soins énergétiques reiki, avec hébergement compris.

Circuits organisés

Feel ingreece (22220 93100 ; www.feelingreece.gr) a été créé en 2008 par Chrysanthi Zygogianni pour sauvegarder le meilleur de la culture de Skyros, en se concentrant sur l'artisanat d'art local et l'environnement naturel de l'île, en collaboration avec le projet Skyros Life, soutenu par l'Union européenne. Le bureau organise des randonnées pour apercevoir les chevaux sauvages de Skyros (voir l'encadré p. 589) et des excursions d'observation des oiseaux dans les zones humides de l'île. Des cours (voir l'encadré p. 587) de poterie, de sculpture sur bois, de cuisine et de danse traditionnelle, ainsi que des promenades en bateau figurent parmi les nombreuses activités proposées (à partir de 20 €).

Renseignez-vous auprès de **Niko Sekkes** (6976983712, 22220 92707 ; nikonisi@hotmail.com), un homme plein de ressources, pour des détails sur ses visites de l'île, du village et du remarquable musée d'Art populaire Manos Faltaïts.

Où se loger

Pension Nikolas PENSION $
(22220 91778 ; s/d/tr 35/50/60 € ; P). En retrait sur une petite route tranquille, cette pension accueillante n'est qu'à 5 minutes à pied de l'animation d'Agoras. À l'étage, les chambres sont climatisées et possèdent un balcon ; celles du rez-de-chaussée sont équipées de ventilateurs et donnent sur un jardin ombragé.

Elena Hotel HÔTEL $
(22220 91738 ; hotel.elena@yahoo.gr ; s/d/tr à partir de 25/35/45 € ; P). La place n'est qu'à 100 m, ce qui est fort agréable le soir. Les chambres sont simples et propres, et le toit-terrasse sert aussi au petit-déjeuner les matins d'été.

Nefeli Hotel et Skyrian Studios BOUTIQUE-HÔTEL $$
(22220 91964 ; www.skyros-nefeli.gr ; d/studio/ste petit-déj inclus à partir de 70/90/240 € ; P @). Cet établissement chic et accueillant, en bordure de la ville, mêle minimalisme et décoration typique skyrienne, avec ses jolis meubles et ses sdb élégantes. La piscine d'eau salée et le bar extérieur sont communs à l'hôtel et aux studios adjacents. Le petit-déjeuner comprend des spécialités grecques sucrées et salées, et du jus d'orange frais.

Où se restaurer

Skyros accueille un grand nombre d'Athéniens. Conséquence heureuse : les cuisiniers locaux ne s'adaptent pas aux touristes.

Maryetis Restaurant GREC $

(Agoras ; plats 6-9 €). Une clientèle locale vient ici se régaler de poisson grillé, de *stifadho* (ragoût) de poulpe, de savoureux plats à base de porc et de délicieux mezze aux haricots et aux fèves. Vins et service excellents.

Cafe Barba Yiannis GREC $

(Agoras ; plats 4-8 €). Située après la Banque nationale de Grèce, cet *ouzeri* traditionnel sert des mezze frais et de bonnes grillades, accompagnés de sauces, de boissons et d'un excellent pain skyrien.

Taverna Lambros TAVERNE $

(plats 5-9 €). À 3 km au sud, en direction de Linaria, cette accueillante affaire familiale attire les faveurs d'une clientèle locale pour ses grillades copieuses, son poisson et son homard frais, et son pain au fromage skyrien.

Où prendre un verre et faire la fête

La vie nocturne à Skyros se concentre surtout autour des bars dans Agoras ; à mesure que l'on s'éloigne de la place vers le nord, la musique se fait plus douce.

Kalypso BAR

(Agoras). Un bar raffiné, parfait pour écouter du jazz et du blues. La margarita du propriétaire est remarquable, tout comme la sangria maison.

Artistiko BAR

(Agoras). Un bar long et étroit, animé jusqu'à l'aube. Musique grecque et boissons fortes.

Agora Cafe-Bar BAR

(Plateia ; wifi). Voisin de la poste, un bar confortable à l'abri de l'animation bruyante de l'artère principale.

Achats

Olga Zacharaiki ARTISANAT

(tél 6974666113). Broderies main, reproductions de poteries skyriennes de qualité... une boutique appréciée.

Renseignements

Banque nationale de Grèce (Agoras). DAB.

Bureau de poste (Agoras ; 7h30-14h).

Police (tél 22220 91274 ; Agoras).

Skyros Travel (tél 69448 84588, 22220 91600 ; www.skyrostravel.com ; Agoras ; 9h30-13h30 et 19h-22h). Agence de voyages serviable offrant de nombreux services : hébergement, transferts et voyages, location de voitures et de motos, excursions en Jeep et en bateau autour de Skyros.

Magazia et Molos
Μαγαζιά & Μώλος

La cité balnéaire de Magazia, labyrinthe coloré de ruelles tortueuses, s'étend à l'extrémité sud d'une longue plage de sable, au nord de Skyros (Hora). Les naturistes pourront prendre leurs aises à **Papa Houma**, du côté sud de Magazia.

Non loin de l'extrémité nord de la plage, Molos, village naguère assoupi, compte aujourd'hui plusieurs tavernes et chambres correctes. Son célèbre moulin à vent et l'église **Agios Nikolaos**, taillée dans la roche, sont faciles à repérer. La route se termine à la **plage de Girismata**.

À voir

La scène artistique de Skyros est florissante et diverse, allant de la poterie, de la sculpture sur bois et de la broderie traditionnelles à la peinture et la sculpture modernes. Sculpteur et peintre d'exception, **Yiorgos Lambrou**

UN ART SKYROIS AUX RACINES BARBARESQUES

Des potiers aux peintres, en passant par les sculpteurs et tisserands, Skyros possède une tradition artistique qui n'a pas tari. Elle remonte à la grande époque de la piraterie sous les Byzantins : les butins récoltés par les pirates sur les navires marchands trouvaient refuge chez les "recéleurs" de l'île : meubles sculptés, céramiques et cuivres venus d'Europe, du Moyen-Orient et d'Asie. Aujourd'hui, des objets semblables ornent presque toutes les maisons de Skyros.

Autant d'objets qui ont forgé la tradition artistique skyrienne que vous pourrez apprécier dans les ateliers de **Yiorgos Lambrou** (sculpture et peinture), **Stamatis Ftoulis** (céramique), **Olga Zacharaiki** (broderie, céramique), **Lefteris & Emanueleou** (sculpture sur bois) et **Amersa Panagiotou** (broderie).

Chrysanthi, de Feel ingreece (tél 22220 93100), dans le haut d'Agoras, pourra vous indiquer où les trouver.

LE CARNAVAL DE SKYROS

Lors des festivités annonçant le carême, qui ont lieu les quatre week-ends précédant le carême et la fête de Pâques orthodoxe, des jeunes hommes s'approprient symboliquement la vigueur de leurs aînés en arborant des masques et des vestes en peau de chèvre, et en portant des dizaines de clochettes en cuivre. Ils dansent ensuite à travers les rues de la ville dans un concert de tintements. Chacun a pour partenaire un homme déguisé en mariée skyrienne, portant lui aussi un masque de chèvre. Les réjouissances, ouvertement païennes, allient beaucoup de chants et de danses, de boissons et de fêtes.

Le travestissement mis en valeur pendant ce carnaval dériverait d'un antique culte d'Achille, que la mythologie grecque associe à Skyros. Souhaitant contrer l'oracle qui annonçait que seul Achille ferait tomber Troie, Thétis, sa mère, le travestit en fille et le plaça à Skyros sous la protection du roi Lycomède. Néanmoins lorsque les princes grecs préparèrent leurs vaisseaux pour aller assaillir Troie, le devin Chalcas leur révéla l'oracle et le lieu où se trouvait Achille. Dépêché sur place, le rusé Ulysse se présenta avec des bijoux en cadeaux pour les filles du roi, mais aussi avec une épée et un bouclier. Achille n'hésita guère et Ulysse eut tôt fait de l'embarquer pour partir à la guerre.

Le festival attire plus de 2 000 visiteurs le dernier week-end, mieux vaut donc réserver bien à l'avance.

(☎22220 93100), dont certaines œuvres sont exposées au musée Bénaki à Athènes, possède un atelier modeste à Magazia, que l'on peut visiter tout l'été. Face à la plage se trouve l'atelier du céramiste **Stamatis Ftoulis** (☎22220 92220, 22220 91559), qui dispose aussi d'une salle d'exposition à Skyros ville.

Où se loger

À Magazia, vous pourrez loger à l'**Ariadne Apartments** (☎22220 91113 ; www.ariadnestudios.gr ; Magazia ; d/app à partir de 55/80 € ; ❄@📶), qui possède un jardin, ou bien au **Deidamia Hotel** (☎22220 92008 ; www.deidamia.com ; d/tr/f à partir de 45/50/70 € ; P❄@📶), tout près de la route principale.

♥ Perigiali Hotel & Studios HÔTEL $

(☎22220 92075 ; www.perigiali.com ; Magazia ; d/tr/app petit-déj inclus à partir de 55/80/115 € ; P❄📶🏊). À 60 m de la plage de Magazia, le Perigiali semble à l'écart de tout. La propriété boisée loue des chambres de style skyrien donnant sur un jardin planté d'arbres fruitiers, tandis que l'aile haut de gamme réunit des appartements chics et une piscine. Amalia, la propriétaire, est une mine d'informations.

Georgia's Rooms PENSION $

(☎6973819787, 22220 91357 ; www.georgiashouse.com ; ch à partir de 30 € ; ❄📶). Difficile de trouver plus proche de la mer ! Cette *domatia* bien tenue, ornée de géraniums, se trouve à 20 m de la plage, en face d'un parking et d'un café.

Ammos Hotel HÔTEL $$

(☎22220 91234 ; www.skyrosammoshotel.gr ; Magazia ; d/f petit-déj inclus à partir de 60/80 € ; ❄📶🏊). Simple et accueillante, une adresse à seulement 50 m de la jolie plage de Yialos. Ventilateurs au plafond et sdb moderne, petit-déjeuner skyrien maison pour bien commencer la journée, tout est conçu pour plaire. Les prix varient en fonction de la vue (mer ou jardin) mais ils offrent un bon rapport qualité/prix.

Où se restaurer et prendre un verre

Stefanos Taverna TAVERNE $

(plats 4,50-8 €). Installez-vous à la terrasse de cette taverne fort courue au-dessus de la plage de Magazia. Choisissez du doigt votre plat, des légumes verts sauvages, du poisson frais…

Oi Istories Tou Barba TAVERNE $

("Les Histoires de mon oncle" ; Molos ; plats 4-10 €). Cherchez la rampe bleu claire au-dessus de la plage, à Molos, pour trouver cet excellent café et *tsipouradhiko* (*ouzeri*) qui régale ses hôtes de délicieux mezze.

Juicy Beach Bar BAR À JUS

(Magazia ; en-cas 2-5 €). Fuyez le soleil de midi ou détendez-vous sous les étoiles dans ce bar animé, qui sert des petits-déjeuners toute la journée.

Thalassa Beach Bar BAR À JUS
(Molos ; en-cas 3-7 €). Moderne, avec du sable, des mojitos et des fêtes sous la lune.

Linaria Λιναριά

Le port de Skyros, Linaria, se niche dans une crique où des bateaux de pêche dansent devant de modestes tavernes et *ouzeria*. Le port s'anime brièvement à l'approche du ferry *Achileas*, annoncé au son d'*Ainsi parlait Zarathoustra*, de Richard Strauss, depuis des haut-parleurs situés à flanc de colline, au-dessus du port.

En face du débarcadère du ferry, vous ne pouvez manquer les pratiques et impeccables *domatia* **King Lykomides Rooms-to-Let** (☎22220 93249, 6972694434 ; soula@skyrosnet.gr ; ch petit-déj inclus à partir de 40-60 € ; P❄@📶), gérées par l'affable Soula Pappa. Elles ont toutes un balcon.

Mêlez-vous aux habitués du port sous l'énorme platane de l'accueillante **Taverna O Platanos** (plats 5-7 €), qui propose des plats classiques et de généreuses salades. À côté des quais, essayez la **Taverna Ivilai** (plats 4-9 €) pour déguster de bons mezze et grillades.

Donnant sur le port, le **Kavos Bar** (boisson et en-cas 2-5 €) attire des Skyriens de toute l'île pour un verre au coucher du soleil.

Kalamitsa Καλαμίτσα

Étape importante de la migration des aigrettes, hérons et faucons, cette zone humide est la plus vaste de Skyros. Elle porte le nom des roseaux (*kalamia* en grec) qui la peuplent. La toute proche baie d'Achili est restée célèbre depuis l'Antiquité car c'est de là qu'Achille appareilla pour Troie, une légende au cœur du folklore skyrien.

La **Taverna Mouriès** sert des plats traditionnels grecs – copieux et savoureux. *"Mouriès"* signifie "mûrier" : plusieurs arbres anciens, plantés par le grand-père du propriétaire, Manolis, procurent une ombre agréable en été. Les grillades d'agneau et de chèvre sont la spécialité.

À proximité, l'**Amersa's Traditional House** (Amersa Panagiotou ; ☎6973397693) expose et vend les broderies traditionnelles exécutées à la main par l'artiste.

Atsitsa Ατσίτσα

Sur la côte ouest de l'île, le charmant village portuaire d'Atsitsa occupe une partie boisée du littoral. Dominant la baie, le **Sunset Cafe** (Atsitsa ; boisson et en-cas 1,50-4 €) est apprécié pour ses produits bio. Choisissez parmi les cafés et vins grecs, les jus de fruits frais, les glaces, les savoureux gâteaux et les salades préparés par Mariana et sa famille.

Baie de Tris Boukès Τρεις Μπούκες Ορμος

L'extrémité sud de l'île, balayée par le vent, est en partie occupée par une base navale grecque.

La **tombe en marbre** du poète britannique Rupert Brooke (1887-1915), bien entretenue, se trouve dans une oliveraie à proximité de la baie de Tris Boukès, dans le sud de l'île de Skyros. Elle est indiquée par

LE SKYROS, UNE RACE ANCIENNE MENACÉE

Intelligent, beau et docile, le petit cheval de Skyros (*Equus Caballus Skyriano*), le skyros, souvent confondu avec un poney, recueille tous les suffrages. Très répandue en Grèce dans l'Antiquité, cette race décroît irrémédiablement. Sur moins de 300 skyros recensés à ce jour, la majorité vit sur les pentes sud du mont Kochilas, sur Skyros.

Plusieurs habitants de Skyros se battent pour sauvegarder cette espèce en voie de disparition. En 2006, Amanda Simpson et Stathis Katsarelias n'avaient que 3 chevaux. Leurs installations modestes se sont agrandies et en accueillent aujourd'hui une quarantaine, leur projet étant de rétablir un troupeau de purs skyros sauvages. Les visiteurs sont les bienvenus (☎6986051678 ; amasimpson@hotmail.com). Vous pouvez jeter un œil à leur page sur Facebook : "Friends of the Skyrian Horse, Katsarelia-Simpson-Project".

Eleni et Nikos Kritikos, de la **Skyrian Horse Society** (☎6974694023, 22220 92345 ; www.skyrianhorsesociety.gr), ont mis en place un programme d'adoption de skyros, pour aider à promouvoir l'espèce. Le siège de l'association est à Skyros (Hora) et la ferme équestre à Playa. Il est possible d'apercevoir quelques chevaux à Kalamitsa, en face de la Taverna Mouries.

une pancarte en bois (en grec) au bord de la route. Des vers ornent la pierre tombale de ce sous-lieutenant de la marine anglaise, "mort pour la délivrance de Constantinople des Turcs".

Un chemin de terre (mieux vaut avoir un 4x4) mène à la **baie de Renes**, d'où un **chemin de randonnée** longe sur 5 km un plateau côtier jusqu'au **phare** du **cap Lithari**. Il n'est pas rare d'apercevoir ici des petits troupeaux de chevaux sauvages, ainsi que des faucons d'Éléonore, très rares, qui font leurs nids dans les falaises à proximité, d'avril à octobre.

Plages

Sur la côte nord-ouest, près de la plage d'**Agios Petros**, découvrez au milieu d'une pinède l'exceptionnelle **Taverna Agios Petros** (☎ 6972842116 ; plats 5-8 €), qui sert ses propres produits frais, viandes et fromages.

Arrivée aux eaux bleu azur du **cap Petritsa**, à 1,5 km au sud d'Atsitsa, la route quitte la côte pour s'enfonçer dans les terres avant de rejoindre à nouveau la mer au niveau de la **baie d'Agios Fokas**, propice à la baignade et dotée d'une taverne.

Un peu plus au sud encore, soit 10 km au sud-est d'Atsitsa, la **baie de Pefkos** est tout ourlée d'une plage qui prend la forme d'un fer à cheval. Non loin, la plage de sable d'**Aheróunes** – idéale pour les petits –, descend en pente douce et compte 2 tavernes et *domatia*.

Au nord, près de l'aéroport, la longue et jolie plage de sable de **Palamari** demeure à l'écart des foules. Des **fouilles archéologiques** (http://geomorphologie.revues.org/668) y ont mis au jour un oppidum occupé au début et au milieu de l'âge du bronze (vers 2800-1700 av. J.-C.). Une communauté de chasseurs-pêcheurs y vivait, tirant profit d'une ancienne lagune dont la **zone humide** adjacente est le témoin. Aujourd'hui, c'est un haut lieu d'observation des oiseaux, notamment d'échassiers tels que hérons et ibis. Au carrefour de l'aéroport, au bord de la route, la **Taverna To Perasma** (plats 5-10 €) sert d'excellentes *mayirefta*.

Îles Ioniennes

Dans ce chapitre ➡

Le top des restaurants

- Vasilis (p. 607)
- Casa Grec (p. 618)
- Klimataria (p. 603)
- Tassia (p. 621)
- La Cucina (p. 600)

Le top des hébergements

- Emelisse Hotel (p. 621)
- Niforos (p. 619)
- Siorra Vittoria (p. 599)
- Boschetto Hotel (p. 611)
- Torri E Merli (p. 608)

Pourquoi y aller

Les îles Ioniennes (Τα Ιόνια Νησιά) sont disséminées le long de la côte ouest de la Grèce continentale – à l'exception de Cythère, ancrée au sud du Péloponnèse. Avec leurs oliveraies, leurs montagnes verdoyantes et leurs eaux cristallines, accolées à la douceur du climat, elles sont un paradis pour les sportifs, les adeptes de la plage ou les amateurs d'art. Si leur géographie résulte de séismes dévastateurs, leur culture et leur architecture sont, quant à elles, l'héritage d'occupants successifs – Vénitiens, Français ou Britanniques – et la ville de Corfou en est un exemple remarquable.

Sur toutes ces îles fort différentes, le charme de la Grèce reste bien présent, à l'instar de l'extraordinaire *filoxénia* (hospitalité) des habitants. Corfou fut la "terre belle et fertile" d'Homère. Céphalonie, Paxi et Ithaque jouissent d'une nature magnifiquement préservée. Leucade possède certaines des plus belles plages de Grèce, et la mythique Cythère réserve bien des surprises loin des sentiers battus.

Quand partir

Ville de Corfou

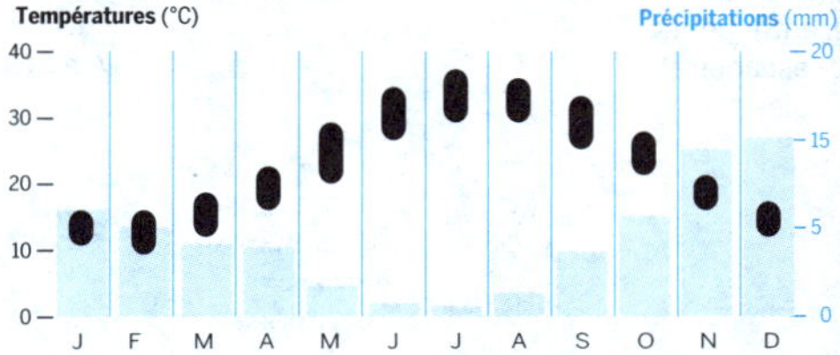

Mai Le printemps se traduit par une explosion de fleurs sauvages et un rythme de vie encore calme.

Juillet Il fait plus frais sur les îles, qui font de parfaites retraites pour échapper à la chaleur du continent.

Septembre Les feuilles changent de couleur et l'on vendange le *robola* sur Céphalonie.

À ne pas manquer

1. La ville de **Corfou** (p. 596), encadrée par deux forteresses, parsemée d'édifices vénitiens, français ou britanniques, et riche en musées
2. La bucolique **Paxi** (p. 606), aux ports plus pittoresques les uns que les autres
3. Une pause gourmande dans les meilleurs restaurants de **Fiskardo** (p. 620) et d'**Assos** (p. 620), sur Céphalonie
4. Des virées en planche à voile à **Vassiliki** (sur l'île de Leucade, p. 612) et en kayak de mer pour explorer les grottes à **Céphalonie** (p. 614)
5. Une cure de plages de rêve, des plus animées, sur Corfou et Zante, aux plus paisibles, à Paxi ou sur la **côte ouest de Leucade** (Lefkada, p. 612)
6. Une randonnée sur les traces d'Ulysse à **Ithaque** (p. 622)
7. Un embarquement, obligé pour **Cythère** (p. 629), entre petits villages, cascades et criques isolées

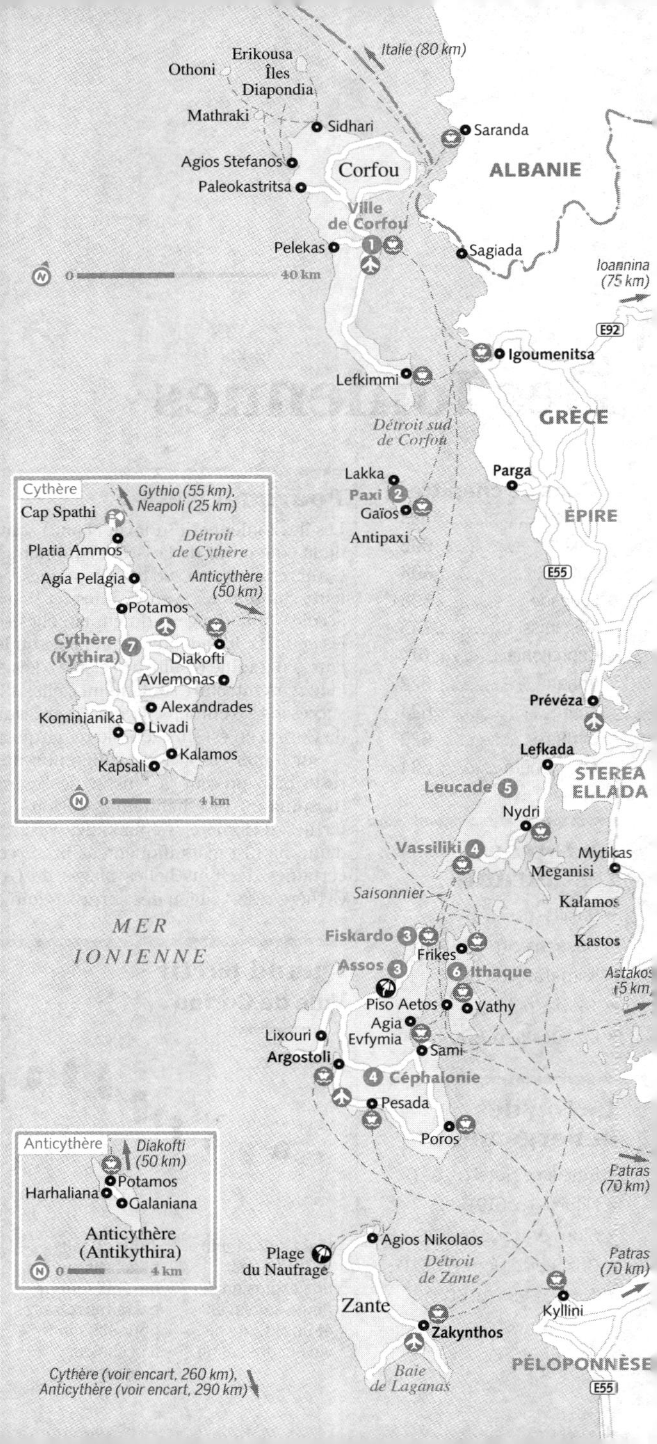

Histoire

Si les origines du mot "ionien" restent obscures, on suppose toutefois qu'il provient de la déesse Io, l'une des conquêtes de Zeus. Elle aurait traversé les eaux de l'actuelle mer Ionienne pour échapper au courroux d'Héra, l'épouse légitime de Zeus.

D'après Homère, l'archipel jouait un rôle important à l'époque mycénienne, mais les seuls témoignages découverts sur place de cette civilisation sont les tombeaux.

Au VIIIe siècle av. J.-C., les îles étaient aux mains de la puissante cité de Corinthe. Un siècle plus tard, Corfou se rebella. Les guerres du Péloponnèse (431-404 av. J.-C.) laissèrent Corfou affaiblie, et elle servit ensuite de simple relais pour les occupants successifs de la Grèce.

À la fin du IIIe siècle av. J.-C., les îles Ioniennes devinrent romaines. Après la chute de l'Empire, elles subirent plusieurs vagues d'envahisseurs : l'Empire byzantin (jusqu'à la chute de Constantinople), Venise, Napoléon (en 1797), la Russie (de 1799 à 1807), puis la France à nouveau. En 1815, après la chute de l'empereur, les îles Ioniennes constituèrent un protectorat de la Couronne britannique.

Sous la tutelle anglaise, certes pesante, fut entrepris la construction de routes, de ponts, d'écoles et d'hôpitaux, des relations commerciales furent établies, l'agriculture et l'industrie développées. Le sentiment nationaliste, pourtant, ne tarda pas à s'étendre aux îles Ioniennes qui furent rendues en 1864 à la Grèce.

La Seconde Guerre mondiale, puis les séismes qui ravagèrent les îles en 1948 et 1953 provoquèrent un fort mouvement d'émigration. Dans les années 1960, les vacanciers étrangers devinrent de plus en plus nombreux, faisant ainsi prospérer l'industrie du tourisme.

Renseignements

SITES INTERNET

Innombrables sont les sites consacrés aux îles Ioniennes. En voici une sélection :

Corfou http://corfougrece.free.fr, www.corfu.gr, www.allcorfu.com

Céphalonie www.kefalonia.net.gr

Îles Ioniennes www.greeka.com/ionian

Ithaque www.ithacagreece.com

Leucade www.lefkada.gr, www.lefkas.net

Paxi www.paxos-greece.com, www.paxos.tk

Zante www.zakynthos-net.gr, www.zanteweb.gr

CORFOU ΚΕΡΚΥΡΑ

101 080 HABITANTS

Somptueuse et verdoyante, Corfou, Kerkyra (Κέρκυρα) en grec, était la "terre belle et fertile" d'Homère. La moitié nord est montagneuse : les littoraux est et ouest, parfois très abrupts, sont spectaculaires, tandis qu'à l'intérieur se déroulent de paisibles paysages, ponctués de cyprès (dont les Vénitiens faisaient des mâts) se dressant au cœur d'oliveraies chatoyantes. Au sud de la ville de Corfou, l'île devient plus étroite et plus plate. Le littoral est jalonné de plages, aux constructions parfois denses, surtout au nord de la capitale et sur la côte la plus septentrionale.

L'enseignement et la vie intellectuelle ont toujours prédominé à Corfou. C'est là que fut créée, au début du XIXe siècle, l'Académie ionienne, première université de la Grèce moderne, suivie d'autres institutions culturelles, bibliothèques ou lieux d'enseignement. Nombre de grandes figures grecques tel Ioannis Kapodistrias, premier gouverneur de la Grèce indépendante, furent corfiotes. Un héritage bien présent, dans les musées, la vie culturelle et la gastronomie d'influence italienne.

Depuis/vers Corfou

AVION

L'**aéroport** (CFU ; ☎26610 89600 ; www.corfu-airport.com) de Corfou se trouve à environ 2 km au sud-ouest du centre-ville.

Vols intérieurs

Aegean Airlines (http://fr.aegeanair.com ; ☎26610 27100). Vols directs depuis/vers Thessalonique.

Astra Airlines (A2 ; www.astra-airlines.gr). Dessert Thessalonique.

Olympic Air (☎801 801 0101). Dans l'aéroport.

Sky Express (☎28102 23500 ; www. skyexpress.gr). Vols depuis/vers Prévéza, Céphalonie et Zante, ainsi que vers Héraklion (Crète, juin-sept).

Vols intérieurs au départ de Corfou

VERS	DURÉE	TARIF	FRÉQUENCE
Athènes	1 heure	100 €	2-4/jour
Héraklion	1 heure 45	139 €	3/sem en haute saison
Céphalonie	1 heure 05	55 €	3/sem
Cythère	3 heures 45	74 €	3/sem
Prévéza	30 min	55 €	3/sem
Thessalonique	55 min	88 €	3/sem
Zante	2 heures	68	3/sem

Corfou

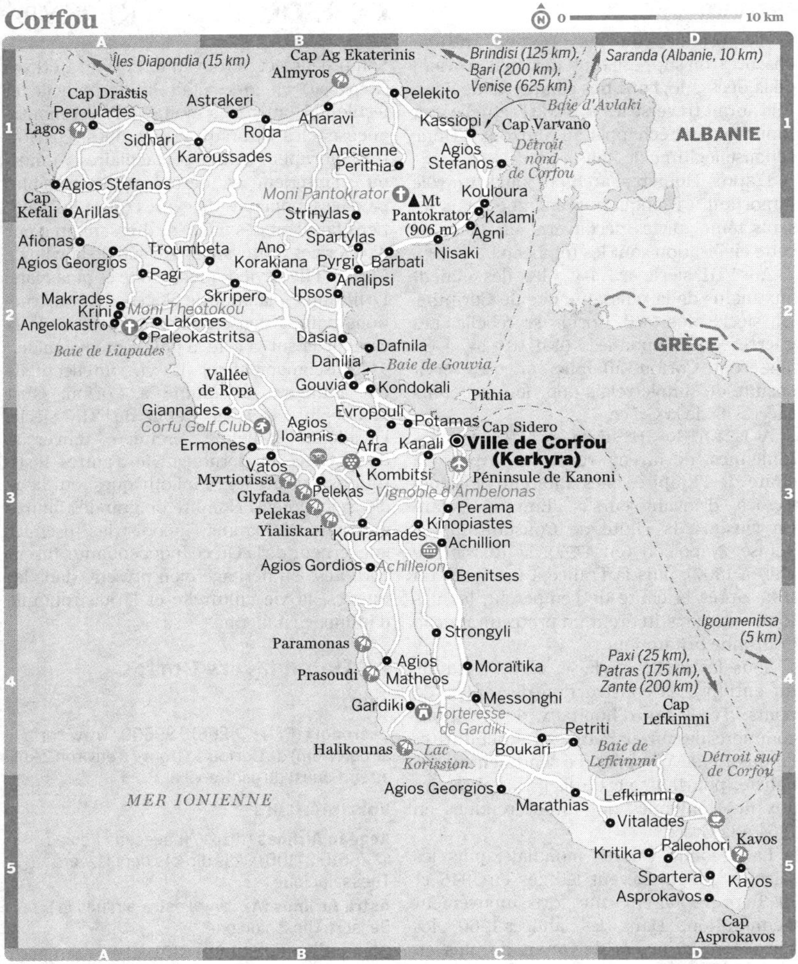

Vols internationaux

EasyJet (www.easyjet.com) propose des vols quotidiens directs depuis/vers Paris en haute saison. **Air Berlin** (AB ; ☎ 210 353 5264 ; www.airberlin.com) dessert Corfou (avec une escale depuis la France). Depuis la Suisse, **Swiss** (www.swiss.com) fait une escale à Athènes.

De mai à septembre, des vols charters relie la France et la Belgique à Corfou.

BATEAU

Le Neo Limani (nouveau port), d'où partent tous les ferries, se trouve à l'ouest de l'imposante Neo Frourio (nouvelle citadelle).

Liaisons nationales

Les agences maritimes sont principalement installées dans la ville de Corfou, près du nouveau port, le long de Xenofondos Stratigou et d'Ethnikis Antistaseos. Le personnel d'**Agoudimos Lines/ GLD Travel** (☎ 26610 80030 ; tickets@gld.gr ; Ethnikis Antistaseos 1) est très serviable.

Ilida (Corfou ☎ 26610 49800, Paxi ☎ 26620 32401) assure un service par hydroglisseurs entre le nouveau port de Corfou et Paxi de mi-mars à mi-octobre (voir Petrakis Lines). **Despina** (☎ 26620 32114, 6980344759 ; http://bouastours.gr) dessert le nouveau port de Corfou, Lefkimmi, Igoumenitsa et Paxi. Réservez tôt, car les places sont vite prises.

BATEAUX AU DÉPART DE CORFOU

VERS	PORT	DURÉE	TARIF (€)	FRÉQUENCE
Igoumenitsa	Corfou	1 heure 15	10	1/heure
Igoumenitsa	Lefkimmi	1 heure 10	8	6/jour
Patras	Corfou	6 heures 30	35	2/sem
Paxi*	Corfou	55 min	20	1-3/jour
Zante	Corfou	8 heures 45	38	1/sem

*express

Certains des ferries assurant des liaisons internationales au départ de Corfou embarquent aussi des passagers à Igoumenitsa, Céphalonie, Patras et Zante. Renseignez-vous sur www.openseas.gr pour les horaires, ou auprès du **centre d'information des ferries** (☎26650 26280) à Igoumenitsa. Voir le tableau ci-dessus.

Liaisons internationales

Italie

Il existe des liaisons régulières entre Corfou et Brindisi, Bari et Ancône, assurées par des compagnies qui naviguent entre l'Italie et Igoumenitsa et/ou Patras. Certaines se rendent aussi à Venise. Renseignez-vous auprès des agences maritimes ou sur Internet. Autre possibilité : les ferries locaux au départ d'Igoumenitsa ou de Patras.

Agoudimos Lines (☎210 414 1301 ; www.agoudimos-lines.com)

Endeavor Lines (☎210 940 5222, Corfou ☎26610 25000 ; www.endeavor-lines.com ; Ethnikis Antistaseos 2, Sea Pilot Travel)

Superfast (☎26610 81222 ; www.superfast.com ; Ethnikis Antistaseos 18)

Albanie

Les hydroglisseurs de **Petrakis Lines** (☎26610 31649 ; Ethnikis Antistaseos 4) desservent chaque jour la ville albanaise de Saranda (Sarandë). Comptez un supplément de 10 € de frais de visa temporaire.

Bateaux au départ de Corfou vers l'Italie et l'Albanie

VERS	DURÉE	TARIF (€)	FRÉQUENCE
Ancône (Italie)	14 heures 30	70	2/sem
Bari (Italie)	8 heures	56	3/sem
Brindisi (Italie)	5 heures 30-6 heures 15	61	2/sem
Saranda (Albanie)	25 min	19	1/jour

BUS

Les bus **KTEL** (☎26610 28927, 26610 28898 ; www.ktelkerkyras.gr) assurent des liaisons avec Athènes (44,30 €, 8 heures 30, 3/jour dont un les lun, jeu et ven via Lefkimmi) et Thessalonique (35,30 €, 8 heures, 1/jour). Prévoyez 10 € de plus pour la traversée en ferry vers le continent. Achetez vos billets à la gare routière longue distance de la ville de Corfou.

ℹ Comment circuler

DEPUIS/VERS L'AÉROPORT

Le bus local 19 (horaires affichés à l'arrêt) relie l'aéroport à la Plateia San Rocco dans la ville de Corfou (billets à bord ; 1,50 €, 7/jour lun-ven, 4-5/jour sam-dim). Sinon les bus 6 et 10, vers Benitsès et Achillion, s'arrêtent sur la route principale à 800 m de l'aéroport. La course en taxi coûte de 7 à 10 €.

BUS

Bus longue distance

Les bus KTEL (bus verts) partent de la **gare routière longue distance** (☎26610 28927 ; www.ktelkerkyras.gr ; Ioannou Theotoki) située en ville, entre la Plateia San Rocco et le nouveau port.

Les trajets coûtent de 1,60 à 4,10 €. Horaires disponibles au guichet ou sur Internet. Services restreints le samedi, quasi-inexistants le dimanche et les jours fériés.

Bus longue distance au départ de Corfou

VERS	DURÉE	FRÉQUENCE
Agios Gordios	45 min	4/jour
Agios Stefanos	1 heure 30	4/jour
Aharavi (via Roda)	1 heure 15	6/jour
Arillas (via Afionas)	1 heure 15	2/jour
Barbati	45 min	7/jour
Ermonès	30 min	6/jour
Glyfada	30 min	4/jour
Kassiopi	45 min	6/jour
Kavos	1 heure 30	8/jour
Missolonghi	45 min	8/jour
Paleokastritsa	45 min	6/jour
Pyrgi	30 min	5/jour
Sidhari	1 heure 15	7/jour
Spartera	45 min	2/jour

Bus locaux

Des bus bleus partent de la **gare routière locale** (☎26610 31595 ; Plateia San Rocco) dans la vieille ville de Corfou.

Selon la durée du trajet (moins de 30 min), comptez de 1,10 à 1,50 €, à régler au guichet de la Plateia San Rocco ou à bord des bus pour Achillion, Benitsès et Kouramadès. Services restreints le week-end.

Bus locaux au départ de Corfou

VERS	VIA	BUS	FRÉQUENCE
Agios Ioannis	Afra	8	13/jour
Achillion		10	6/jour
Benitsès		6	14/jour
Evropouli	Potamas	4	11/jour
Kanoni		2a	2/heure
Kombitsi	Kanalia	14	3/jour
Kondokali et Dasia	Gouvia	7	2/heure
Kouramadès	Kinopiastès	5	16/jour
Pelekas		11	11/jour

VOITURE ET MOTO

Les loueurs de voitures et de motos sont légion à l'aéroport (Alamo, Hertz, Europcar etc.), à Corfou et dans la plupart des stations balnéaires. Dégressifs avec le temps, les prix tournent autour de 40 €/jour. Les compagnies locales sont nombreuses à être installées dans la partie nord du front de mer.

Budget (☎26610 22062 ; www.budgetrentacar.gr ; Eleftheriou Venizelou 50)

Sunrise (☎26610 44325, 26610 26511 ; www.corfusunrise.com ; Ethnikis Antistaseos 6)

Top Cars (☎26610 35237 ; www.carrentalcorfu.com ; Donzelot 25)

Ville de Corfou Κέρκυρα

31 360 HABITANTS

Corfou (ou Kerkyra) la cosmopolite vous enchantera et vous en garderez longtemps le souvenir. Dès l'arrivée en bateau, on est saisi par la grandeur du célèbre Palaio Frourio (ancienne citadelle). Les visiteurs à la journée repartis, profitez-en pour vous promener et découvrir les demeures vénitiennes aux tons pastel, les musées et la vie artistique, et cet agréable esprit cosmopolite, palpable toute l'année. Ne manquez pas certains des meilleurs restaurants de la région.

> **TARIFS GROUPÉS**
>
> Un pass groupé (tarif plein/réduit 8/4 €) est valable pour le Palaio Frourio (ancienne citadelle), le musée Antivouniotissa, le Musée archéologique et le musée d'Art asiatique. Tous ces sites le vendent.

À voir et à faire

Baptisée **Spianada**, la grande esplanade du front de mer est longée d'une promenade à arcades, le **Liston**, construite par les Français sur le modèle de la rue de Rivoli à Paris. Aujourd'hui, avec ses nombreux cafés, le Liston est le centre de la vie sociale de la ville. À l'extrémité nord de la Spianada se dresse le palais Saint-Michel-et-Saint-Georges, majestueux bâtiment néoclassique. Plus à l'intérieur, des rues commerçantes, pavées de marbre, conduisent à la ville moderne, où l'animation se concentre sur la **Plateia San Rocco** (place G Theotoki).

Au moment de nos recherches, le **musée archéologique** de Corfou était fermé pour rénovation.

Le saisissant monument aux juifs de Corfou est érigé sur la Plateia Solomou, près du vieux port, dans **Evraiki**, le quartier juif.

Il est possible de **nager** au nord du Palaio Frourio.

♥ Palais Saint-Michel et Saint-Georges MUSÉE D'ART ASIATIQUE

L'ancienne résidence des hauts-commissaires britanniques, abrite désormais le remarquable musée d'Art asiatique, fondé en 1929. Parmi sa vaste collection, citons des bronzes préhistoriques, des céramiques, des figurines de jade, des pièces de monnaie et d'autres rares objets en onyx, ivoire ou émail provenant de toute l'Asie. En dehors du musée, dans le palais, vous pourrez découvrir la salle du trône et la rotonde, richement décorées d'œuvres d'art et de meubles d'époque.

À l'arrière de l'aile orientale du palais, la **Galerie d'art municipale** (2 € ; 9h-17h mar-dim) présente des tableaux de peintres corfiotes et une remarquable collection d'icônes. S'y tiennent en outre des expositions temporaires. Agréable **café** sur le front de mer.

♥ Palaio Frourio FORTERESSE

(☎26610 48310 ; tarif plein/réduit 4/2 € ; 8h-17h avr-oct, 8h30-15h nov-mar). Ce fort spectaculaire fut construit par les Vénitiens au XVe siècle sur les vestiges d'un château

ART ASIATIQUE : LE MUSÉE DE CORFOU

Durée Deux heures

L'imposant hall d'entrée donne immédiatement accès sur la gauche à la **salle de réunion du Sénat ionien** que dessina Sir George Whitmore, architecte du palais. À l'étage, l'aile gauche accueille la **collection chinoise** et ses objets d'une valeur inestimable, tel le **récipient de cérémonie** du XIIe-XIe siècle av. J.-C. de la vitrine 6. Les **vases Ming** de la salle 3 ne manqueront pas d'attirer votre attention tout comme l'**ivoire sculpté**. La salle 5 consacrée à l'art de la la **miniature** est spectaculaire : tabatières et pierres semi-précieuses sculptées côtoient cuillères au manche de corail et sphères en ivoire impressionnantes.

De retour sur le palier du 1er étage, dirigez-vous vers la **salle du trône** aux remarquables peintures murales en trompe-l'œil et à la **rotonde** toute travaillée en incrustations. C'est le cadre de fréquentes expositions temporaires.

La **collection indienne** réunit de beaux exemples de sculptures de temples. Consacrée à l'**art gréco-bouddhique**, la salle 2 présente d'intéressantes œuvres provenant d'Afghanistan et du Pakistan, entre autres un **Bouddha en schiste gris-bleu** d'influence grecque. Ne manquez pas les **thangkas tibétains** en vous dirigeant vers la **collection japonaise**. Des **byobu** (paravents japonais) mènent à de superbes **estampes sur bois ukiyo-e** et une excellente vidéo explicative de ces "images du monde flottant". Le dernier étage du musée devrait bientôt accueillir la totalité de cette collection, dont une belle **armure de samouraï**.

byzantin, puis transformé par les Britanniques. Le bâtiment à l'entrée accueille un **musée** byzantin. Du sommet du promontoire intérieur, couronné d'un phare, on jouit d'un panorama à 360°.

♥ Musée Antivouniotissa MUSÉE
(☎26610 38313 ; en retrait d'Arseniou ; tarif plein/réduit 2/1 € ; ⏲9h-16h mar-dim). Sous le plafond en bois (XVe siècle) de l'église Notre-Dame-d'Antivouniotissa est présentée une superbe collection d'icônes byzantines et postérieures, entre autres œuvres allant du XIIIe au XVIIe siècle.

♥ Agios Spyridon ÉGLISE
(Agios Spyridonos). Cette basilique du XVIe siècle conserve les reliques du saint patron de l'île, Spyridon, déposées dans un cercueil d'argent ciselé.

Neo Frourio CITADELLE
(nouvelle citadelle ; 3 € ; ⏲9h-17h mai-oct). Postérieure à l'ancienne de quelques décennies, la citadelle vénitienne fut ensuite agrandie par les Britanniques. C'est un vaste ensemble de tunnels, de salles et d'escaliers.

♥ Domaine Mon Repos PARC
(péninsule de Kanoni ; ⏲8h-19h mai-oct, 8h-17h nov-avr) GRATUIT. À la sortie sud de la ville de Corfou, ce domaine de la péninsule de Kanoni accueille, au cœur d'un vaste parc arboré, une élégante villa néoclassique. Le **musée de Palaeopolis** (☎26610 41369 ; www.corfu.gr ; tarif plein/réduit 3/2 € ; ⏲8h-19h mar-dim mai-oct) qui y a élu domicile présente les trouvailles archéologiques et l'histoire de la ville de Corfou à travers des collections permanentes et des expositions. Vous pouvez vous promener au sein de la nature luxuriante pour aller à la rencontre de deux temples doriques. Le plus au sud, l'impressionnant **temple d'Artémis** avait pour fronton ouest l'un des plus beaux exemples de sculpture archaïque que l'on connaisse, la *Méduse* présentée au Musée archéologique.

Emportez beaucoup d'eau et de quoi pique-niquer, car il n'y a pas de magasins à proximité. Des bus se rendent à Kanoni depuis la Spianada (départs toutes les 20 minutes).

Société philarmonique de Corfou MUSÉE
(☎26610 39289 ; www.fek.gr ; N Theotoki 10 ; ⏲9h30-13h30 lun-sam) GRATUIT. Créée en 1840 par Nikolaos Mantzaros, compositeur avant-gardiste de l'hymne national grec, la société finance des programmes **musicaux** gratuits et possède un musée dédié à la magnifique histoire musicale de l'île.

Société de lecture de Corfou PATRIMOINE
(☎26610 39528 ; www.anagnostikicorfu.com ; Kapodistriou 120 ; ⏲9h30-13h30 lun-sam) GRATUIT. Fondée en 1836, la plus vieille institution culturelle de la Grèce moderne conserve

Vieille ville de Corfou

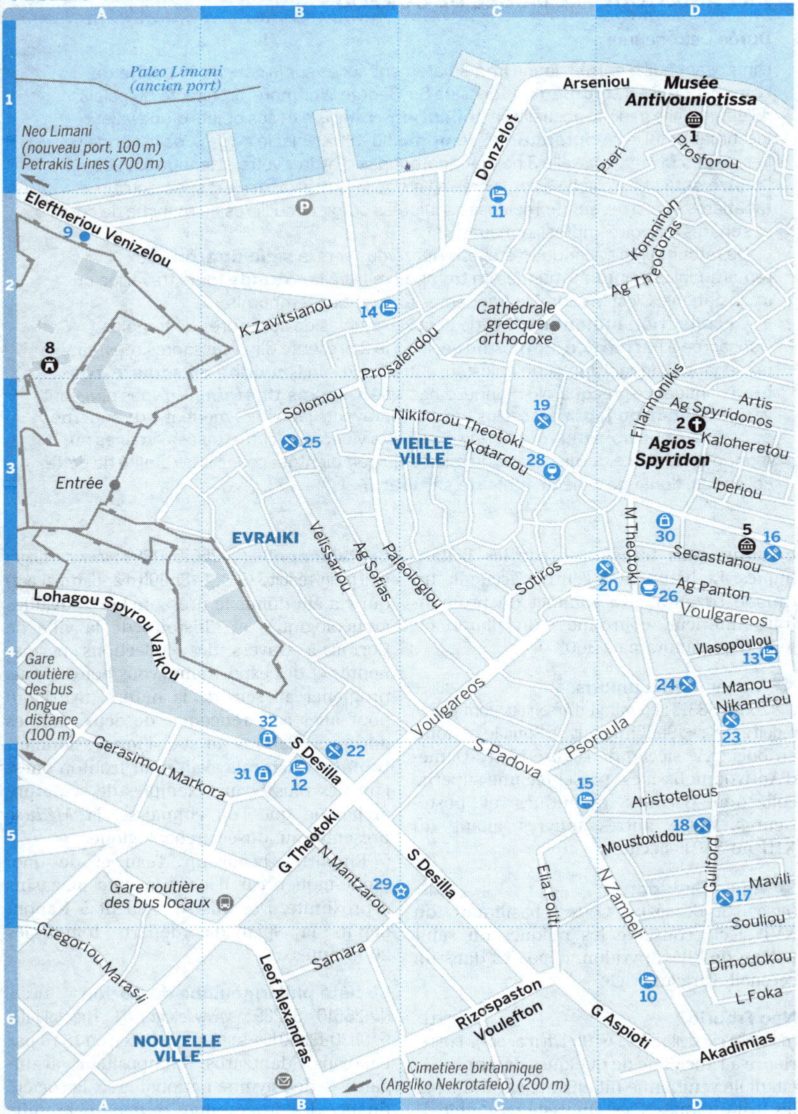

pas moins de 30 000 volumes et, parmi une multitude d'œuvres d'art et de documents, la première carte de Corfou, datant du XVe siècle, présentée à l'étage dans la salle des cartes. Concerts et lectures y sont organisés.

Île de Vido ÎLE

Des bateaux partent du vieux port (5 €) pour rejoindre l'île de Vido, non loin au large, réputée pour ses **plages**, ses **forteresses** et son **cimetière** serbe de la Première Guerre mondiale.

Circuits organisés

Excursion à la journée BUS, BATEAU

Petrakis Lines (☎26610 31649 ; www.ioniancruises.com ; Ethnikis Antistaseos 4) et **Sarris Cruises** (☎26610 25317 ; Eleftheriou Venizelou 13) organisent des excursions à la journée depuis la ville de Corfou, y compris vers le site archéologique albanais de Butrint (59 €, pièce d'identité obligatoire) inscrit au patrimoine mondial de l'Unesco. Vous opterez peut-être pour une des **croisières** passant par Paxi, les grottes Bleues et Antipaxi (40 €, à faire par temps calme). Transferts inclus.

Où se loger

La ville de Corfou a tendance à être chère. Réservez en haute saison.

Hotel Konstantinoupolis PENSION $$
(☎26610 48716 ; www.konstantinoupolis.gr ; K Zavitsianou 11 ; s/d/tr petit-déj inclus 54/62/88 € ; ❄📶). Dans ce vieil hôtel corfiote plein de charme, certaines chambres surplombent la Plateia Palaio Limani et la mer.

♥ **Siorra Vittoria** BOUTIQUE-HÔTEL $$
(☎26610 36300 ; www.siorravittoria.com ; Stefanou Padova 36 ; s/d petit-déj inclus à partir de 95/135 €, ste 165-190 € ; P❄📶). Linge de lit luxueux, sdb en marbre et service à la hauteur assurent un séjour reposant dans cette demeure XIXe très stylée mais non dépourvue d'équipements modernes. Le petit-déjeuner se prend dans un jardin tranquille, sous un vieux magnolia. Nichée sous les toits, la suite Vittoria a la vue sur la forteresse.

Bella Venezia BOUTIQUE-HÔTEL $$
(☎26610 46500 ; www.bellaveneziahotel.com ; N Zambeli 4 ; s/d petit-déj inclus à partir de 100/120 € ; 🚭❄📶). Dans un ancien collège de filles de style néoclassique, l'ambiance chic et le confort définissent désormais un établissement accueillant au personnel prévenant. Le petit-déjeuner est servi au jardin, sous un kiosque.

City Marina Hotel HÔTEL $$
(☎26610 39505 ; www.citymarina.gr ; Donzelot 15 ; ch petit-déj inclus 80 € ; ❄📶). Idéalement situé, cet hôtel aux chambres spacieuses et confortables (certaines avec balcon) offre des vues à la fois sur la nouvelle citadelle et sur la mer. Il a la faveur des groupes.

Hermes Hotel HÔTEL $$
(☎26610 39268 ; www.hermes-hotel.gr ; Markora 12 ; s/d/tr 50/70/90 € ; ❄📶). Situé dans un coin animé de la ville nouvelle, au-dessus du marché, cet établissement rénové de fond en comble et équipé de fenêtres à double vitrage loue des chambres simples et propres, particulièrement agréables dans l'aile ancienne.

Vieille ville de Corfou

Hotel Arcadion HÔTEL $$
(☎26610 37670 ; www.arcadionhotel.com ; Vlasopoulou 2 ; s/d/tr petit-déj inclus 80/85/115 € ;). Un emplacement de rêve, à l'angle le plus animé du Liston, pour cet hôtel dont les balcons donnent sur l'ancienne citadelle.

Où se restaurer

La cuisine corfiote a connu de nombreuses influences, notamment italiennes. Le Guilford est bordé de plusieurs bonnes tables, dont le Del Sole et le Giardino Citta. **Panetteria** (☎26610 22654 ; Vrahlioti 3) est une excellente boulangerie.

To Tavernaki tis Marinas TAVERNE $
(☎6981656001 ; 4th Parados, Agias Sofias 1 ; plats 6-16 € ; déj et dîner). Les murs de pierre, le parquet et le personnel accueillant confèrent à cette taverne une chaleur unique. Au programme : plats du jour ou à la carte, des moussakas aux sardines grillées ou au steak. Sans oublier un petit verre d'ouzo ou de *tsipouro* (boisson distillée similaire à l'ouzo).

Chrisomalis TAVERNE $
(☎26610 30342 ; N Theotoki 6 ; plats 8-13 € ; déj et dîner). Au cœur de la vieille ville, une cuisine familiale classique de toute première fraîcheur.

Rouvas TAVERNE $
(☎26610 31182 ; S Desilla 13 ; plats 5-8 € ; 9h-17h). L'excellence de ses plats traditionnels en fait une adresse plébiscitée par de nombreux Corfiotes pour déjeuner, voire commander des plats à emporter.

Starenio BOULANGERIE $
(☎26610 47370 ; Guilford 59). Tartes maison, pains ou succulents gâteaux... on n'a que l'embarras du choix.

La Cucina ITALIEN $$
(plats 13-25 € ; dîner) Guilford (☎26610 45029 ; Guilford 17) ; Moustoxidou (☎26610 45799 ; angle Guilford et Moustoxidou). Établie de longue date, cette table bien tenue séduit par sa cuisine créative, y compris les plats de pâtes maison (celles aux crevettes cajuns avec tomates cerises, ciboulette et mascarpone sont un délice !). Grand choix de mezze inventifs, de salades et de pizzas, à arroser d'excellents vins. Tons chauds et ambiance intime pour l'établissement d'origine, dans Guilford ; plus chic pour l'enseigne de Moustoxidou (menus identiques) faite de verre et de gris.

La Famiglia ITALIEN $$
(☎26610 30270 ; Maniarizi-Arlioti 26 ; plats 9-18 € ; déj et dîner). Nichée dans une petite rue, une table accueillante où les hôtes se régalent de salades originales et de pâtes préparées à la

perfection. Agréable musique d'ambiance et conversations feutrées.

Rex MÉDITERRANÉEN $$
(☎26610 39649 ; www.rexrestaurant.gr ; Kapodistriou 66 ; plats 12-18 € ; ⏲déj et dîner). En arrière du Liston, le Rex est un lieu raffiné où la cuisine familiale flirte avec la gastronomie. Le personnel attentif vous décrira les plats du jour, à accompagner d'un bon vin ou d'une bière de Corfou.

To Dimarchio ITALIEN $$
(☎26610 39031 ; Plateia Dimarchio ; plats 9-25 € ; ⏲déj et dîner). Des plats inventifs et délicats, à la fois italiens et grecs, à base d'ingrédients de toute première fraîcheur. Pour ajouter au plaisir, le cadre d'une roseraie, sur une place ravissante. Service attentionné.

Où prendre un verre et faire la fête

Depuis longtemps, fréquenter les bars et cafés du Liston est un rituel pour les Corfiotes. C'est là qu'il faut être. Un café ou un jus de fruits frais coûtent entre 3,50 et 5 €.

La microbrasserie locale, **Corfu Beer** (www.corfubeer.com), produit plusieurs bières délicieuses.

Le quartier des discothèques (comptez 10 € l'entrée avec une boisson) se trouve à 2 km au nord-ouest du nouveau port, sur Ethnikis Antistaseos, route très fréquentée, non éclairée et sans trottoirs (mieux vaut prendre un taxi).

♥ **Café Bristol** CAFÉ
(Voulgareos 40, angle M Theotoki ; ⏲9h-tard). Ce café-bar de style parisien remporte un franc succès auprès des 20-30 ans.

♥ **Mikro Café** BAR
(☎26610 31009 ; N Theotoki 42, angle Kotardou). Les habitants se retrouvent en toute décontraction dans ce café-bar convivial. Des tables sont disposées le long d'une petite allée jusqu'à une terrasse ombragée. Animations occasionnelles.

Cavalieri Hotel BAR
(Kapodistriou 4). Idéal pour la vue à l'heure de l'apéritif depuis le toit-terrasse de l'hôtel.

Au Bar CLUB
(☎26610 80909 ; www.aubarcorfu.com ; Ethnikis Antistaseos 34 ; ⏲jeu-sam). House, R&B et musique grecque drainent les foules. Concerts occasionnels.

Edem Beach Nightclub CLUB
(☎26610 93013 ; www.edemclub.com ; Dasia ; ⏲tous les soirs en été, fermé l'hiver). Pour danser toute la nuit sur la plage de Dasia.

Où sortir

La ville de Corfou possède une vie culturelle animée avec, entre autres, des concerts et des lectures. Le site www.corfuland.gr (en grec) diffuse une liste actualisée des lieux de sortie en vogue.

Théâtre municipal ARTS DE LA SCÈNE
(☎26610 33598 ; Mantzarou). Véritable moteur culturel de Corfou, ce théâtre accueille des concerts de musique classique, des opéras, des spectacles de danse et des pièces. Certains spectacles sont programmés au théâtre voisin du domaine Mon Repos.

Achats

La vieille ville, très tournée sur le tourisme, ne manque pas de boutiques de douceurs et d'échoppes de souvenirs. Les magasins de mode se concentrent sur G Theotoki.

Papagiorgis PÂTISSERIE, ÉPICERIE FINE
(N Theotoki 32). Une institution, réputée pour ses bonbons et ses glaces maison.

Marché public MARCHÉ
(⏲matin lun-sam). Au nord de la Plateia San Rocco. Fruits, légumes et poisson.

Pogoniou ÉPICERIE FINE
(☎26610 31320 ; G Markora 17). Fromages, charcuterie, épices, huile d'olive entre autres délices.

Renseignements

ACCÈS INTERNET

Bits & Bytes (☎26610 36812 ; angle Mantzarou et Rizospaston Voulefton ; 3 €/h ; ⏲24h/24 ; 📶)

OFFICES DU TOURISME

Vous pouvez vous procurer le mensuel *Corfiot* (2 €), en anglais, dans les kiosques à journaux.

All Ways Travel (☎26610 33955 ; www.corfuallwaystravel.com ; Plateia San Rocco 34).

Kiosque touristique municipal (Palaio Frourio ; ⏲9h-16h lun-sam juin-sept)

SERVICES MÉDICAUX

Hôpital général de Corfou (☎26613 60400 ; Kondokali). À environ 7 km au nord de la ville.

QUELS SPORTS À CORFOU ?

Corfou est un paradis pour les amateurs d'activités en plein air. Les fous de **bateau** ou de **planche à voile** s'adresseront à **Greek Sailing Holidays** (26630 81877 ; www.corfu-sailing-events.com) à Avlaki. Pour louer un bateau, essayez la **Corfu Sea School** (26610 97628 ; www.corfuseaschool.com) ou **Sailing Holidays Ltd** (www.sailingholidays.com), toutes deux situées à Gouvia, sur la marina.

Pour la **plongée**, les eaux cristallines de Kassiopi, Agios Gordios, Agios Georgios, Ipsos, Gouvia et Paleokastritsa ont attiré plusieurs centres de plongeurs.

L'île comporte plusieurs itinéraires de belles **randonnées**, en particulier le **Corfu Trail** (www.thecorfutrail.com) qui traverse l'île du nord au sud sur quelque 220 km ; comptez de 8 à 12 jours pour le parcourir. Pour trouver un hébergement le long de l'itinéraire, contactez **Aperghi Travel** (26610 48713 ; www.travelling.gr/aperghi). Pour faire du **VTT**, notamment hors piste, le **Corfu Mountainbike Shop** (26610 93344 ; www.mountainbikecorfu.gr), à Dassia, loue des vélos et organise des excursions à la journée, voire des vacances à vélo.

Il est également possible de faire de l'**équitation** dans les oliveraies et sur les sentiers avec **Trailriders** (26630 23090 ; www.trailriderscorfu.com), établi dans le village d'Ano Korakiana.

Le **Corfu Golf Club** (26610 94220 ; www.corfugolfclub.com), enfin, est proche d'Ermonès, sur la côte ouest de l'île.

URGENCES

Police touristique (26610 30265 ; Samartzi 4, 3e étage). À côté de la Plateia San Rocco.

Nord et nord-ouest de Corfou

Il est préférable d'être motorisé si vous souhaitez explorer toutes les régions de l'île. En grande partie, la côte au nord de la ville de Corfou se compose de stations balnéaires comme **Gouvia**, **Dassia** ou encore les stations jumelles **Ipsos** et **Pyrgi**, toutes avec des plages étroites, bondées, mais totalement adaptées aux vacances en famille.

À l'intérieur des terres, en retrait de Pyrgi, une route on ne peut plus sinueuse mène au plus haut point de l'île, le **mont Pantokrator** (906 m) dont les pentes plongent jusqu'au littoral. Passé la sortie de Pyrgi, les épingles à cheveux s'annoncent. On peut au passage faire halte dans les villages de **Spartylas** et de **Strinylas**. La route traverse ensuite un paysage désolé qui, au printemps, s'égaye de fleurs sauvages, pour mener au sommet du mont où se trouve le **Moni Pantokrator**, monastère que domine désormais une grande tour de télécommunications. L'endroit offre une vue panoramique jusqu'aux montagnes albanaises et au continent grec.

En suivant la côte vers le nord depuis Pyrgi, on découvre d'abord **Barbati**, avec sa plage de galets et son centre de sports aquatiques. Plus loin, le village de **Kalami** est célèbre pour sa White House, perchée au-dessus de l'eau. Elle a accueilli Lawrence et Nancy Durrell avant la Seconde Guerre mondiale et est désormais proposée à la location (www.corfu-kalami.gr).

Plus au nord, **Agios Stefanos** est un autre agréable village de pêcheurs, doublé d'une cité balnéaire nichée dans une baie abritée ourlée de galets.

À l'abri d'un cap boisé au nord d'Agios Stefanos, la magnifique **Avlaki** a la faveur des véliplanchistes. Sa longue plage n'a pas subi les affronts du bétonnage et l'on y trouve quelques tavernes.

Localité animée, aux rues jalonnées de magasins, de tavernes et de bars, **Kassiopi** fut un avant-poste corinthien dans l'Antiquité, avant que Romains puis Vénitiens s'y installent. La finesse de ses **broderies** (plusieurs boutiques) fait aujourd'hui sa renommée. Sur la grand-rue, en face de l'église de la Sainte-Vierge, des marches mènent aux ruines d'un **château vénitien**. En marchant vers le promontoire, on rejoint les plages de **Battaria** et de **Kanoni**.

Au-delà de Kassiopi, la route principale suit, vers l'ouest, la côte nord de Corfou, passant par les cités balnéaires d'**Aharavi**, de **Roda** et de **Sidhari**, bordées d'une suite de plages bondées. À Aharavi, le **St George's Bay Country Club** (26630 63203 ; www.stgeorgesbay.com) est réputé pour sa piscine, son spa de luxe, ainsi que son restaurant de bord de mer et ses studios en location. Par la route sinueuse vers l'intérieur des terres, vous pourrez rejoindre l'**ancienne Perithia**, magnifique bourgade vénitienne soigneusement restaurée.

L'autre **Agios Stefanos** de Corfou, sur la côte nord-ouest de l'île, possède une grande plage de sable. Depuis le port de pêche voisin, des excursions en bateau mènent aux **îles Diapondia**, petit archipel peu connu. Contactez **San Stefano Travel** (☎26630 51910 ; www.san-stefano.gr).

Où se loger

Pour louer une villa avec piscine et spa dans un hameau de montagne restauré, contactez **Rou Estate** (www.rouestate.co.uk).

Dionysus Camping Village CAMPING $
(☎26610 91417 ; www.dionysuscamping.gr ; Dafnilas Bay ; empl adulte/voiture/tente 6,50/4/4,50 €, hutte 12 €/pers ;). Installé au cœur d'une oliveraie, le terrain le plus proche de Corfou ville est indiqué entre Tzavros et Dassia. Bon équipement et desserte par le bus 7.

♥ **Manessis Apartments** APPARTEMENTS $$
(☎26610 34990 ; http://manessiskassiopi.com ; Kassiopi ; app 4 pers 70-100 € ;). L'accueillante propriétaire gréco-irlandaise soigne avec amour ses jardins fleuris et ses appartements de 2 chambres entourés de bougainvilliers (certains avec balcons sur le front de mer). À l'extrémité du port de Kassiopi.

Casa Lucia APPARTEMENTS, COTTAGES $$
(☎26610 91419 ; www.casa-lucia-corfu.com ; Sgombou ; studio ou cottage 70-120 € ; avr-oct ;). Avec ses ravissants studios et cottages dans un jardin, la Casa Lucia garantit un esprit artistique et alternatif. Cours de yoga, tai chi, Pilates et événements culturels. Sur la route de Paleokastritsa.

Où se restaurer

Il existe de bonnes adresses en périphérie nord de Corfou : **Roula** (☎26610 91832 ; http://taverna-roula.gr ; Kondokali) pour le poisson et **Etrusco** (☎26610 93342 ; www.etrusco.gr ; Kato Korakiana ; plats 18-30 €) pour un dîner fin. À Agni, **Toula** (☎26630 91350), **Nikolas** (☎26630 91243) et **Agni** (☎26630 91142) servent une cuisine succulente.

Taverna Galini POISSON ET FRUITS DE MER $
(☎26630 81492 ; www.galinitaverna.gr ; Agios Stefanos ; plats 5-12 € ; déj et dîner). Poisson frais local, pâtes aux fruits de mer, salades créatives et de copieux steaks, sur la côte nord-est de l'île.

Cavo Barbaro POISSON ET FRUITS DE MER $$
(☎26630 81905 ; Avlaki ; plats 10-14 € ; déj et dîner). Une tranquille table au bord de l'eau pour se régaler de fruits de mer.

Little Italy ITALIEN $$
(☎26630 81749 ; Kassiopi ; plats 6-18 € ; déj et dîner). Adresse bien connue de Kassiopi pour faire un festin de pâtes fraîches ou d'autres mets de choix, tel le magret de canard aux oranges caramélisées.

Piedra del Mar MÉDITERRANÉEN $$
(☎26630 91566 ; www.piedradelmar.gr ; Barbati ; plats 7-22 € ; déj et dîner juil-août ou sept). Un restaurant chic de bord de mer réputé pour ses succulentes recettes aux couleurs de la Méditerranée.

Sud de Corfou ville

Depuis Corfou (Hora), la route côtière part vers le sud et une bifurcation mène à l'**Achillion** (☎26610 56210 ; Gastouri ; tarif plein/réduit 7/2 €, audioguide 3 € ; 8h-20h avr-oct, 8h45-16h nov-mars), situé près du village de Gastouri. L'impératrice Élisabeth d'Autriche (la célèbre Sissi) fit construire ce palais néoclassique dans les années 1890 en hommage au héros Achille qu'elle vénérait et en fit une magnifique retraite loin du monde. L'empereur Guillaume II l'acheta en 1907, et fit ajouter aux jardins une statue d'Achille triomphant. Allez-y tôt, avant les nombreux touristes, pour une incursion dans le néoclassicisme appuyé, avec mobilier de choix et statuaire.

Au sud de l'Achillion, la station balnéaire de **Benitsès** abrite un agréable bourg ancien, d'où des pistes et des sentiers mènent aux pentes boisées des collines alentour.

♥ **Klimataria** (Bellos ; ☎26610 71201 ; plats 8-14 € ; dîner), modeste taverne de Bellos, mérite une halte pour ses plats préparés avec des ingrédients frais et locaux. Réservez en été. L'**O Paxinos** (☎26610 72339 ; plats 9-16 € ; déj et dîner), non loin, est réputé pour ses mezze et ses plats de poisson.

Plus au sud encore, **Moraïtika** et **Messonghi** sont deux stations balnéaires fréquentées d'où la route côtière prolonge son trajet méridional jusqu'au petit port de la paisible **Boukari**. L'occasion de se régaler

LES FRÈRES DURRELL

Kalami fut une terre d'élection pour Lawrence Durrell qui, à 25 ans, convainquit sa femme, sa mère accompagnée de ses frères et sœur de s'installer à Corfou pour fuir la grisaille londonienne. *L'Île de Prospero*, véritable chant d'amour à cette île, rappelle ces quatre années de bonheur et de création passées ici à partir de 1937. Ainsi naquit sans doute la vocation de naturaliste de son jeune frère Gerald qui évoquera plus tard, dans *Ma famille et autres animaux*, la vie excentrique et idyllique de la famille Durrell sur Corfou dans les années 1930.

de poisson tout frais pêché à la *psarotaverna* (restaurant de poisson) **Spiros Karidis** (26620 51205 ; poisson 35-50 €/kilo ; déj et dîner). Les chambres de l'agréable **Golden Sunset Hotel** (26620 51853 ; www.korfusunset.de ; ch 60 € petit-déj inclus) jouissent d'une jolie vue en étage.

Lefkimmi, vers la pointe sud de l'île, a conservé un mode de vie traditionnel. De magnifiques églises ponctuent la vieille ville, coupée en deux par un canal.

Côte ouest de Corfou

La côte ouest de Corfou recèle quelques-uns des plus beaux paysages, villages et plages de l'île. La ravissante cité balnéaire de **Paleokastritsa**, à 26 km de Corfou ville, s'étend sur près de 3 km dans une vallée pour atteindre une série de criques cachées entre de hautes falaises. À l'arrière-plan, les montagnes à pic se couvrent de cyprès et d'oliviers. De petits **bateaux** (8,50 €/pers, 30 min) vous permettront d'explorer les grottes et de profiter des plages environnantes (il y en a une douzaine), et des bateaux-taxis peuvent vous déposer sur la plage de votre choix. Divers sports nautiques sont possibles.

Sur le promontoire rocheux de Paleokastritsa, le **Moni Theotokou** (9h-13h et 15h-20h) fondé au XIIIe siècle (le bâtiment actuel date du XVIIIe) a conservé un nombre considérable d'icônes. Vous remarquerez du côté du jardin du monastère un petit **musée** (avr-oct), une exposition sur le pressoir à olives et une boutique vendant de l'huile et des herbes.

Au départ de Paleokastritsa, un sentier grimpe sur 5 km à l'intérieur des terres vers le village très authentique de **Lakonès**, qui domine la côte.

En pénétrant un peu plus à l'intérieur des terres, on découvrira la place historique du paisible **Doukadès** qu'anime de sympathiques tavernes. Les 6 km de route qui relient Paleokastritsa à **Krini** et **Makradès** montent de manière abrupte avant d'offrir des panoramas spectaculaires. Tourner à gauche vers la côte vous conduit à la minuscule place de Krini, puis à **Angelokastro**, citadelle byzantine aujourd'hui en ruine et bastion le plus occidental de Corfou.

Plus au nord, en passant par le village de **Pagi**, vous atteindrez les agréables stations balnéaires d'**Agios Georgios** et d'**Arillas**, séparées par le **cap Arillas** et **Afionas**.

Au sud de Paleokastritsa, la plage de galets d'**Ermonès**, aujourd'hui dominée par de grandes constructions, serait celle, dans l'*Odyssée*, où le corps inanimé d'Ulysse échoue après son naufrage, avant qu'il soit secouru par Nausicaa, fille du roi Alcinoos.

À 4 km au sud d'Ermonès, l'agréable **Pelekas** surplombe des collines boisées et des plages autrefois fréquentées par les hippies. Au-dessus du village, le **Trône du Kaiser** est un belvédère aménagé par l'empereur Guillaume II pour jouir d'un panorama à 360° sur l'île.

À 6 km de la ville de Corfou sur la route de Pelekas près de Karoubatika, le charmant vieux domaine d'**Ambelonas** (6932158888 ; mezze 8-12 €, prix fixe vin inclus 16-27 € ; à partir de 18h30 mer-ven, ou sur rdv), produit de bons vinaigres, olives et bonbons, entre autres produits régionaux. La visite du moulin à huile et du domaine est assortie d'une dégustation de vins issus de cépages locaux, comme le Kakotrygis, et de mezze corfiotes.

En contrebas du village, les deux belles plages de sable **Glyfada** et **Kontogialos** (dite aussi **Pelekas**) sont idéales pour nombre d'activités nautiques. Une **navette gratuite** les relie au village.

Plus au nord, la magnifique **plage de Myrtiotissa** rétrécit en raison de l'érosion. La route est longue, abrupte et pas toujours goudronnée (mieux vaut se garer sur le parking au sommet). À mi-chemin, la taverne-bar **Elia** permet une pause bienvenue.

Cité balnéaire populaire au sud de Glyfada, **Agios Gordios** bénéficie d'un long ruban de sable attirant les foules.

À un embranchement partant de la route principale vers la **plage de Halikounas** apparaissent les ruines de la **forteresse de Gardiki**, dont seule l'impressionnante entrée donne encore une idée de la puissance des Byzantins qui la construisirent. Au sud, le vaste **lac Korission** est séparé de la mer par une étroite péninsule, à laquelle fait face une longue plage de sable où l'on peut échapper à la foule.

Où se loger

L'offre ne fait pas défaut à Paleokastritsa et à Pelekas.

Yialiskari Beach Studios APPARTEMENTS $
(26610 54901 ; plage de Yialiskari ; studio 60 € ;). Des studios à la vue superbe, parfaits pour ceux qui désirent être un peu en retrait de la plage voisine de Pelekas.

Sunrock AUBERGE DE JEUNESSE $
(26610 94637 ; plage de Pelekas ; dort/ch petit-déj inclus 18/25 € par pers ;). Ambiance décontractée. Au programme : repos sur la terrasse au soleil couchant et fiesta nocturne sur la plage.

Jimmy's Restaurant & Rooms PENSION $
(26610 94284 ; www.jimmyspelekas.com ; Pelekas ; s/d/tr 30/40/50 € ; avr-oct ;). Des chambres correctes, donnant sur les toits, situées au-dessus d'un restaurant réputé (plats 6-12 €).

Pink Palace AUBERGE DE JEUNESSE, HÔTEL $
(26610 53103 ; www.thepinkpalace.com ; plage d'Agios Gordios ; dort et ch petit-déj et dîner inclus 21-45 €/pers ;). Lieu de fête par excellence, ce "palais rose" dispose d'un grand choix de chambres fonctionnelles. Quantité d'activités sont proposées (kayak, quad, vélo, excursions...). Les voyageurs en solo adorent.

Paleokastritsa Camping CAMPING $
(26630 41204 ; www.paleokastritsa-bliss.com/camping/index.php ; Paleokastritsa ; empl adulte/voiture/tente 5/3,10/3,50 € ; fin mai à mi-oct ;). Sur la droite de la route principale menant à Paleokastritsa, ce terrain bien équipé s'étend à l'ombre d'une oliveraie en terrasses. Accès à la piscine d'un établissement proche.

Rolling Stone PENSION $
(26610 94942 ; www.pelekasbeach.com ; plage de Pelekas ; ch/app 35/88 € ;). Simples et colorés, les appartements et les chambres doubles entourent une terrasse ensoleillée. Cuisine commune.

Hotel Zefiros HÔTEL $$
(26630 41244 ; www.hotel-zefiros.gr ; Paleokastritsa ; d/tr/q petit-déj inclus 75/95/115 € ;). Un lieu charmant, proche du front de mer, aux chambres soignées impeccables, certaines avec une grande terrasse. Agréable café.

Levant Hotel HÔTEL $$
(26610 94230 ; www.levantcorfu.com ; Pelekas ; d petit-déj inclus 80 € ; mai à mi-oct ;). Proche du Trône du Kaiser, cet ancien grand hôtel aux chambres simples est un bonheur au soleil couchant, surtout depuis les chambres côté mer !

♥ **Kallisto Resort** APPARTEMENTS $$$
(6977443555 ; www.corfuresorts.gr ; plage de Pelekas ; app/villa à partir de 160/220 € ;). Noyé au cœur de jardins très soignés, ce formidable ensemble de logements (pour 2 à 12 personnes) bien équipés couvre le versant d'une colline surplombant l'extrémité nord de la plage de Pelekas. Les villas disposent de piscines privées.

Où se restaurer et prendre un verre

♥ **Alonaki Bay Taverna** TAVERNE $
(26610 75872 ; Alonaki ; plats 8-10 € ; déj et dîner). Accessible par l'une des pistes qui mènent aux rives nord du lac Korission, cette taverne familiale sans prétention affiche une carte modeste de viandes et de *mayirefta* (plats cuisinés). Chambres et appartements impeccables surplombent le jardin et les falaises.

To Stavrodromi TAVERNE $
(26610 94274 ; Pelekas ; plats 7-11 € ; dîner). Au croisement des routes de Pelekas et de Corfou, cette taverne simple et accueillante concocte de succulentes spécialités locales, tel le *kontosouvli* (porc à la broche).

Nereids TAVERNE $
(26630 41013 ; Paleokastritsa ; plats 6-11 € ; déj et dîner). À mi-chemin de la route sinueuse menant à la plage de Paleokastritsa, cette taverne à l'immense cour verdoyante propose entre autres spécialités du porc à la moutarde, avec origan et citron.

Limani TAVERNE **$**

(☎26630 42080 ; port de Paleokastritsa ; plats 5-11 € ; ⏲déj et dîner). Des plats locaux préparés de main de maître, à déguster sur une terrasse roseraie.

♥ **Spyros & Vasilis** FRANÇAIS **$$**

(☎26610 52552 ; www.spirosvasilis.com ; Agios Ioannis ; plats 15-21 € ; ⏲déj et dîner). Une table haut de gamme dédiée à la cuisine française, véritable passion du chef grec Spyros Vasilis. L'accent est mis sur les viandes. Le cadre est à la hauteur, avec des patios donnant sur la vallée, et un service attentif. Fléché en face du parc aquatique Aqualand, sur la route Corfou-Paleokastritsa.

La Grotta CAFÉ

(www.lagrottabar.com ; Paleokastritsa). Les adorateurs du soleil apprécient ce café-bar situé dans une belle crique rocheuse, où ils profitent de transats et de plongeoirs. Au pied de l'escalier situé devant l'allée de l'hôtel Paleokastritsa.

PAXI ΠΑΞΟΙ

2 200 HABITANTS

Concentrant bien des attraits en peu d'espace (10 km sur 4), Paxi (Paxos) figure parmi les plus belles îles de l'archipel. Une escapade agréable, qui change des plaisirs plus faciles de Corfou. Trois petits ports ravissants, Gaïos, Longos (Loggos) et Lakka, sur un fond de collines verdoyantes, détachent au bord de l'eau leurs jolies façades crème ou roses. Les merveilleuses criques alentour sont parfois accessibles en voiture, sinon en bateau ou à pied. Dans les terres, de vieux villages aux murets de pierre sinueux, des moulins et des pressoirs à olives abandonnés sont disséminés parmi les oliveraies pluricentenaires. La côte occidentale, moins accessible, est formée de vertigineuses falaises blanches plongeant à pic dans la mer azur et creusées çà et là de grottes. Les sentiers muletiers font la joie des randonneurs. Procurez-vous la carte *Bleasdale Walking Map of Paxos* (12 €), vendue dans les agences de voyages de l'île.

Depuis/vers Paxi

BATEAU

Les ferries accostent au nouveau port de Gaïos, soit 1 km à l'est de la place centrale. Les bateaux d'excursion sont à quai sur le front de mer.

Paxi et Antipaxi

Deux hydroglisseurs pour passagers, souvent bondés, relient Corfou à Paxi (20 €, 55 minutes, 1-3/jour mai à mi-oct), et occasionnellement Igoumenitsa. Arvanitakis Travel (p. 607) et Petrakis Lines (à Corfou) font circuler l'*Ilida*, tandis que **Bouas Tours** (☎26620 32401 ; www.bouastours.gr ; Gaïos) et **Zefi** (☎26620 32114 ; Gaïos) gèrent le *Despina*.

Deux ferries pour voitures relient tous les jours Paxi à Igoumenitsa (10 €). Le bureau d'information des ferries (p. 595) à Igoumenitsa vous indiquera les horaires de traversée.

Le tarif d'une course en bateau-taxi rapide s'entend par bateau, à savoir 300 € pour faire Corfou-Paxi. Essayez **Nikos** (☎26620 32444, 6932232072 ; www.paxosseataxi.com ; Gaïos).

BUS

En haute saison, 2 bus hebdomadaires font le trajet Athènes-Paxi (55 €, plus 7,50 € pour le ferry entre Paxi et Igoumenitsa, 7 heures). À Paxi, achetez vos billets auprès de Bouas Tours.

Comment circuler

Un bus relie Gaïos à Lakka via Longos jusqu'à 4 fois/jour (2,50 €). La course en taxi entre Gaïos et Lakka ou Longos coûte environ 12 €. La station de taxis de Gaïos se trouve près du parking et de l'arrêt de bus, en retrait du front de mer. Nombre d'agences de voyages louent de petits bateaux pour 40 à 90 € la journée selon la puissance du moteur – un excellent moyen d'accéder aux criques.

La location d'une voiture en haute saison coûte 38 € au minimum :

Alfa Hire (☎26620 32505 ; Gaïos).

Arvanitakis Travel (☎26620 32007 ; Gaïos).

Gaïos Γαϊος

560 HABITANTS

Localité principale de l'île, Gaïos se distingue par des bâtiments roses, crème et blancs bordant une baie émeraude, de part et d'autre de la place vénitienne. Entièrement boisé au large, l'**îlot d'Agios Nikolaos** et son monastère éponyme forment une sorte de proue protectrice. C'est à Gaïos que se concentre la vie nocturne de l'île, notamment sur le front de mer, bordé de cafés et de tavernes.

Où se loger et se restaurer

San Giorgio Apartments PENSION $

(☎26620 32223 ; s/d studio 40/50 € ; ❄). Décorés de rose, de bleu et de blanc, ces studios propres et spacieux disposent de kitchenettes sommaires. Les chambres 1 et 2 ont des balcons donnant sur le canal, d'autres se partagent une terrasse.

Theklis Studios PENSION $$

(Clara Studios ; ☎26620 32313 ; http://theklis-studios.com ; studio 60-80 € ; ❄). Thekli, pêcheuse et plongeuse de la région, gère ces studios impeccables et bien équipés. Elle viendra vous chercher au port si vous la prévenez de votre arrivée.

Paxos Beach Hotel HÔTEL, BUNGALOWS $$$

(☎26620 32211 ; www.paxosbeachhotel.gr ; d petit-déj inclus 130-190 €, ste 200-230 € ; ❄). À 1,5 km au sud de Gaïos, sur une petite baie avec plage privée, appontement, piscine, court de tennis et restaurant. Les bâtiments en pierre, de type bungalow, descendent jusqu'à la mer. Transfert depuis/vers le port.

Karkaletzos TAVERNE $

(☎26620 32129 ; plats 7-10 € ; 19h45-23h). Une petite promenade conduit à ce grill très apprécié par les gens du coin, à 1 km de Gaïos. Des viandes en abondance et des plats de poisson inventifs.

Carnayo MÉDITERRANÉEN $$

(☎26620 32376 ; www.carnayopaxos.gr ; plats 8-16 € ; déj et dîner). Carnayo affiche une variété de plats et un service supérieurs à la moyenne.

Renseignements

Panagioti Kanga, la grand-rue, mène de la place vers l'arrière de la ville, où se situent l'arrêt de bus, la station de taxis et le parking. Les banques (avec DAB) sont proches de la place. Il n'y a pas d'office du tourisme, mais des agences de voyages, telles que **Paxos Magic Holidays** (☎26620 32269 ; www.paxosmagic.com), organisent des excursions, réservent des billets et/ou un hébergement.

Longos (Loggos) Λόγγος

À 5 km au nord-ouest de Gaïos, Longos est une petite merveille, avec un joli front de mer bordant une baie minuscule. Bars et restaurants donnent sur la mer, avec des pentes boisées en arrière-plan. Les criques et les plages de galets, à proximité, ne demandent qu'à être explorées.

Où se loger et se restaurer

Il n'y a pas mieux que les cafés-bars du front de mer pour les cocktails et la musique.

Arthur House APPARTEMENTS $$

(☎26620 31330 ; http://paxos-arthur.blogspot.gr ; studio 60 € ; P). Des studios simples et propres situés au-dessus de la maison du propriétaire, à 50 m du front de mer.

O Gios TAVERNE $

(☎26620 31735 ; plats 8-12 € ; déj et dîner). Des fruits de mer et des grillades d'un bon rapport qualité/prix.

Vasilis MÉDITERRANÉEN $$

(☎26620 31587 ; plats 9-16 € ; déj et dîner). C'est peut-être l'une des meilleures tables de l'archipel. Tout est de première fraîcheur et l'ambiance bord de mer reste discrète. Spécialités : boulettes de courgettes, poulpe au vin rouge, cocotte d'agneau, salades, pâtes et risotto. Réservez suffisamment tôt en été.

Renseignements

Il y a du Wi-Fi au village comme au **Café Bar Four Seasons** (☎26620 31829 ; wifi). Vous pourrez louer bateaux (50-70 €) et scooters (20 €) auprès de Julia's Boat & Bike, à la Arthur House.

Magazia Μαγαζιά

À quelques kilomètres au sud-ouest de Longos, sur le littoral occidental de Paxi, Magazia constitue une excellente escale, avec ses deux cafés-bars.

Où se restaurer et prendre un verre

Erimitis Bar MÉDITERRANÉEN $$
(☎6977753499 ; www.erimitis.com ; plats 13-16 € ; ⏲12h-22h mai-oct). Suivez une route bordée d'oliviers pour gagner ce lieu spectaculaire, surplombant les falaises qui plongent droit dans la mer. Que ce soit pour assister au coucher du soleil ou prendre un verre l'après-midi, l'escapade (véhicule obligatoire) en vaut la peine.

Kafeneio Burnaos CAFÉ
Soixantenaire, ce magnifique *kaféneio* (café) pratique des horaires variables, mais faites votre possible pour y passer un moment au milieu des habitants venus jouer aux cartes ou au backgammon.

Lakka Λάκκα

Où se loger et se restaurer

Yorgos Studios APPARTEMENTS $
(☎26620 31807 ; www.routsis-holidays.com ; d 50-70 € ; ❄📶). Voisine du bureau de Routsis Holidays, qui s'occupe de plusieurs studios et appartements, cette adresse impeccable est confortable à souhait.

Torri E Merli BOUTIQUE-HÔTEL $$$
(☎26212 34123 ; www.torriemerli.com ; ste à partir de 290 € ; ⏲mai-oct ; P❄📶≋). Nichée dans les collines à 800 m au sud de Lakka, cette belle demeure de pierre restaurée offre le meilleur hébergement sur l'île.

Diogenis TAVERNE $
(☎26620 31442 ; plats 4-10 € ; ⏲déj et dîner juin-sept). Une adresse appréciée des habitants, sur la place centrale de Lakka. Parmi ses spécialités : la seiche aux épinards et l'agneau sauce citron.

Renseignements

Routsis Holidays (☎26620 31807 ; www.routsis-holidays.com) peut réserver appartements ou villas (tous budgets) de même qu'organiser transports et excursions.

Paxos Blue Waves (☎26620 31162 ; www.paxos-studios.gr) loue bateaux (35-65 €) et scooters (20 €).

ANTIPAXI ΑΝΤΙΠΑΞΟΙ

À 2 km au sud de Paxi, cet îlot où vignobles et oliveraies dominent le paysage est parsemé de rares hameaux. Des caïques et des bateaux de touristes partent chaque jour de Gaïos et de Lakka, en saison, pour gagner deux criques, celles qui abritent la petite **plage de Vrika** au sable fin et celle de **Voutoumi** couverte de galets. Nager dans les eaux limpides d'Antipaxi est extraordinaire.

Un sentier à l'intérieur des terres relie les deux plages (30 minutes à pied). Les courageux pourront grimper jusqu'au village de **Vigla** ou pousser jusqu'au phare de la pointe sud (prévoyez beaucoup d'eau ; 1 heure 30 au minimum l'aller).

Voutoumi et Vrika ont chacune 2 restaurants (plats 7-15 €). Certaines tavernes proposent un hébergement.

Depuis/vers Antipaxi

Des bateaux pour Antipaxi (7 € l'aller-retour, haute saison uniquement) partent de Gaïos à 10h et reviennent vers 16h30 (services plus fréquents en juillet-août).

LEUCADE ΛΕΥΚΑΔΑ

22 710 HABITANTS

Leucade (Lefkada) est la plus fascinante des îles Ioniennes. Son centre, montagneux et boisé, est parfois difficile d'accès, et sa côte ouest abrite certaines des plus belles plages de Grèce. Des cités balnéaires se développent sur la côte est, au large de laquelle s'éparpille une dizaine d'îlots.

Leucade semble toutefois moins insulaire que la plupart des îles, peut-être parce qu'elle était rattachée à la Grèce continentale par un isthme étroit jusqu'au creusement du canal par les Corinthiens au VIIIe siècle av. J.-C. Aujourd'hui, une chaussée enjambe ce détroit de 25 m, mais Leucade conserve ses traditions insulaires. Dans les villages isolés, vous verrez des femmes âgées en vêtements traditionnels. À Lefkada, la ville principale, on se retrouve un peu au milieu du XXe siècle.

Depuis/vers Leucade

AVION

L'aéroport le plus proche (Aktion, PVK) est à 20 km au nord de Leucade, à Prévéza sur le continent. La seule compagnie desservant Prévéza est **Sky Express** (☎28102 23500 ; www.skyexpress.gr) avec des liaisons vers Corfou (55 €, 25 minutes), Céphalonie (49 €, 20 minutes), Zante (55 €, 1 heure), Cythère

(60 €, 2 heures 30) et Sitia (Crète, 99 €, 2 heures, juin-sept uniquement).

Air Berlin (www.airberlin.com) propose des vols avec escale depuis Paris, Bruxelles ou Zurich.

BATEAU

West Ferry (www.westferry.gr) assure un service de ferry quotidien aux horaires très irréguliers depuis Vassiliki vers les îles de Céphalonie et Ithaque. Certains mois, le **Ionian Pelagos** (☎ 26450 31520) effectue la liaison entre Vassiliki et Sami (Céphalonie) via Piso Aetos (Ithaque). Pour tout renseignement et/ou réservation, contactez **Samba Tours** (☎ 26450 31520 ; www.sambatours.gr ; Vassiliki).

Bateaux au départ de Vassiliki (Leucade)

VERS	DURÉE	TARIF (€)	FRÉQUENCE
Fiskardo (Céphalonie)	1 heure	8	2/jour
Frikès (Ithaque)	2 heures	8	5/sem
Piso Aetos (Ithaque)	1 heure	8	2/sem
Sami (Céphalonie)	1 heure 45	8	1/jour

BUS

La **gare routière KTEL** (☎ 26450 22364 ; www.ktel-lefkadas.gr ; Ant Tzeveleki) de Lefkada, à 1 km du centre, en face de la nouvelle marina, dessert Athènes (33,80 €, 5 heures 30, 4/jour), Patras (16,20 €, 3 heures, 2/semaine), Thessalonique (35,40 €, 8 heures, 3/semaine), Prévéza (2,70 €, 30 minutes, 6/jour) et Igoumenitsa (12,20 €, 2 heures, 1/jour).

Comment circuler

Il n'existe aucun bus entre l'aéroport d'Aktion, près de Prévéza, et Leucade. La course en taxi coûte 37 € pour se rendre à Lefkada, 55 € pour Nydri. Quand on vient de l'aéroport, il est moins onéreux de prendre un taxi jusqu'à Prévéza, puis un bus jusqu'à Leucade.

BUS

Des bus fréquents desservent la côte est au départ de Lefkada en haute saison (service très réduit le dimanche, ainsi qu'en basse saison). Des liaisons sont également assurées vers Agios Nikitas (1,60 €, 30 min, 3/jour), Karya (1,60 €, 30 min, 4/jour), Nydri (1,60 €, 30 min, 20/jour), Vassiliki (3,40 €, 1 heure, 4/jour) et Vlicho (1,60 €, 40 min, 11/jour).

VOITURE

Louer une voiture revient au moins à 35 €/jour. Nydri compte de nombreuses agences de location de voitures et de vélos. À Vassiliki, il y en a quelques-unes.

Vous pouvez louer une voiture et la récupérer à l'aéroport Aktion de Prévéza, puis la rendre à Vassiliki, si vous partez en ferry vers le sud (ou vice versa).

Europcar (☎ 26450 23581 ; www.lefkaseuropcar.gr ; Panagou 16, Lefkada).

Santas (☎ 26450 25250 ; www.ilovesantas.gr ; Lefkada). Pour une moto ou un scooter, comptez au moins 16 €/jour. Près du Ionian Star Hotel.

Lefkada Λευκάδα

6 940 HABITANTS

La principale localité de l'île, fort agréable, occupe un promontoire au sud-est d'une lagune. Les tremblements de terre y sont une menace constante, et la ville fut d'ailleurs dévastée en 1948. De nombreuses maisons furent donc reconstruites dans un style très particulier, de la tôle peinte ondulée recouvrant les étages supérieurs. Au gré de vos promenades, vous découvrirez Dörpfel, l'artère principale piétonne et animée – qui doit son nom à un archéologue allemand du XIXe siècle –, la Plateia Agiou Spyridonos et quelques jolies églises.

À voir

Musée archéologique ANTIQUITÉ

(☎ 26450 21635 ; tarif plein/réduit 3/2 € ; ⏲ 8h-15h mar-dim). Installé dans le bâtiment moderne du centre culturel, à l'extrémité ouest d'Agelou Sikelianou, ce musée présente des objets exhumés de fouilles locales allant du paléolithique à la période romaine tardive. Sa pièce maîtresse est une statue de terre cuite du VIe siècle av. J.-C., qui représente des nymphes dansant autour d'un joueur de flûte.

Collection d'icônes postbyzantines MUSÉE

(☎ 26450 22502 ; Rontogianni ; ⏲ 8h30-15h30 mar-sam, 18h-20h15 mar et jeu). GRATUIT Cette collection composée d'œuvres de l'école ionienne ou de Russie postérieures au XVe siècle est exposée dans un impressionnant bâtiment proche d'Ioannou Mela.

Forteresse d'Agia Mavra CITADELLE

(⏲ 9h-13h) GRATUIT. La citadelle vénitienne du XIVe siècle se dresse sur le continent, reliée à l'île par une jetée. Œuvre initiale des croisés,

Leucade et Meganissi

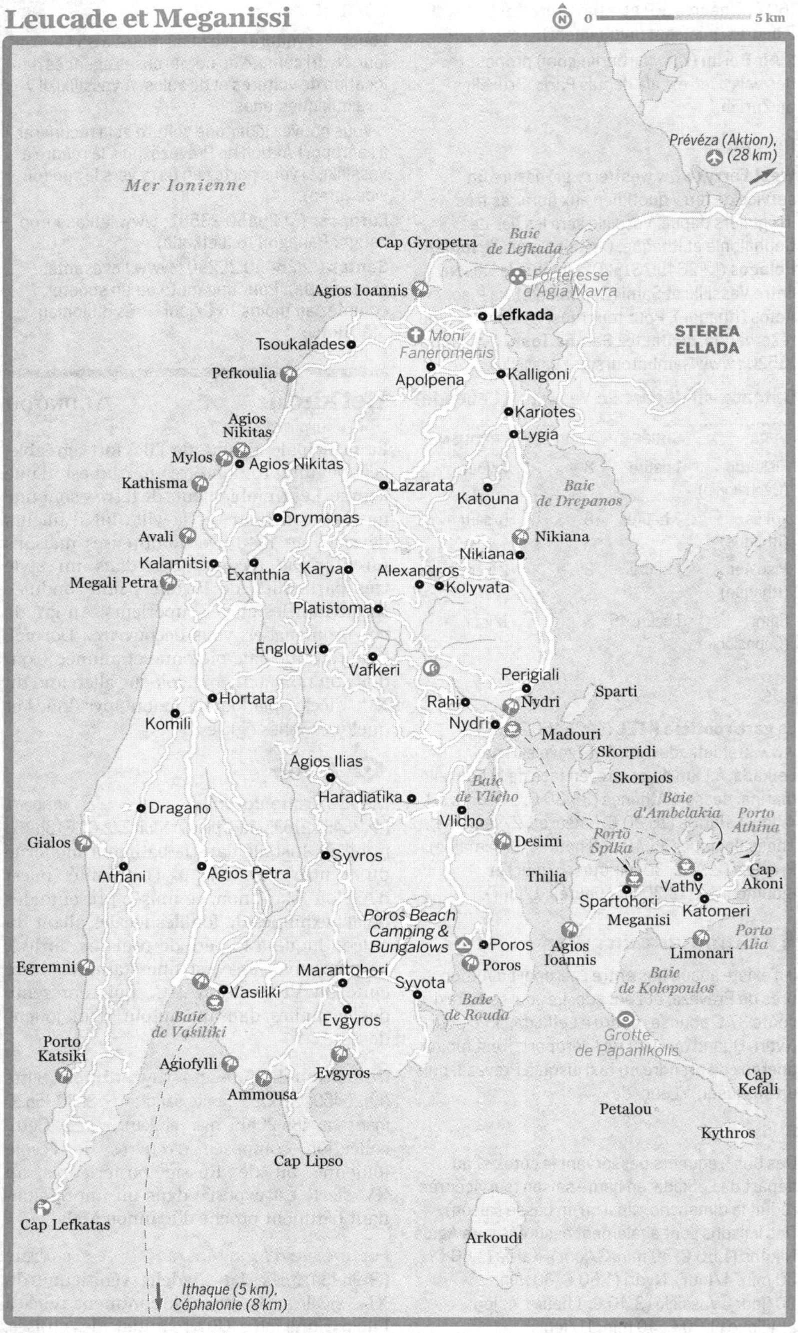

ÎLES IONIENNES LEFKADA

elle a conservé les traces ultérieures des occupations vénitienne et ottomane.

Moni Faneromenis MONASTÈRE
(☎26450 21305 ; ⊙musée 9h-13h lun-sam) GRATUIT. Fondé en 1634, au sommet d'une colline située à 3 km à l'ouest de la ville, ce monastère fut détruit par un incendie en 1886, puis reconstruit. Son musée, consacré à l'art ecclésiastique, ainsi que la vue sur la lagune et la ville valent l'ascension.

Où se loger

En haute saison, demandez une chambre côté cour ou jardin pour passer un séjour au calme.

Hotel Santa Maura HÔTEL $$
(☎26450 21308 ; Dörpfeld ; s/d/tr petit-déj inclus 50/60/70 € ;). Un choix de chambres aux couleurs pastel, dont les grands balcons donnent sur l'animation de Dörpfeld.

Boschetto Hotel BOUTIQUE-HÔTEL $$
(☎26450 20244 ; www.boschettohotel.com ; Dörpfeld 1 ; d petit-déj inclus à partir de 80 € ;). Ce ravissant bâtiment de 1900 a été magnifiquement restauré. Il n'a que 4 chambres à la décoration personnalisée, plus une suite aux luxueux équipements. TV à écran plat, sdb en marbre et balcon sur la mer pour les chambres côté rue.

Pension Pirofani HÔTEL $$
(☎26450 25844 ; Dörpfeld ; ch 60-80 € ;). Un petit lieu plein de charme aux chambres élégantes, toutes dans des couleurs vives. Les sdb impeccables ne gâtent rien.

Où se restaurer et prendre un verre

Sur Golemi, vous trouverez une très bonne cuisine traditionnelle grecque (plats 8-16 €) chez **Frini Sto Molo** (☎26450 24879 ; ⊙déj et dîner) et **Burano** (☎26450 26025 ; ⊙déj et dîner).

La partie ouest du front de mer et la Plateia Agiou Spyridonos sont bordées de bars et de cafés.

Ey Zhn INTERNATIONAL $
(☎6974641160 ; Filarmonikis 8 ; plats 7-12 € ; ⊙dîner jan-oct). Ce restaurant animé propose une excellente cuisine fusion, du risotto de champignons au poulet tandoori. Parquet, lumière tamisée et musique d'ambiance contribuent au bien-être.

Ciao GLACIER $
(Mitropoleos 8). On vient ici, en retrait de Dörpfeld, pour les glaces fraîchement préparées : goûtez au *mastiha* (glace à base de la résine de lentisque de Chios) au chocolat.

Côte est

La côte orientale a connu un important développement touristique, notamment à **Nydri**, ancien village de pêcheurs à la situation splendide converti en une succession de boutiques touristiques bordant une plage minuscule. Faites plutôt une escapade à l'intérieur des terres pour découvrir des villages isolés, entrer dans des tavernes traditionnelles et cheminer dans la campagne. Depuis Nydri, vous pourrez rejoindre les îlots de **Madouri**, **Sparti**, **Skorpidi**, **Skorpios** et **Meganissi**. Sinon, des excursions vous conduiront à Meganissi et à Skorpios (15-25 €), ou à Ithaque et à Céphalonie (20 €). **Borsalino Travel** (☎26450 92528 ; www.borsalinotravel.gr ; Nydri ; Internet 1 €/20 min), dans la rue principale, met sur pied toutes sortes d'excursions.

Une agréable marche mène à des **cascades**, à 3 km de Nydri.

À 15 km au sud de Nydri, **Syvota** séduit par son ambiance tranquille de port de pêche et de plaisance. Mieux vaut disposer d'un véhicule pour s'y rendre.

Où se loger et se restaurer

Galini Sivota Apartments PENSION $
(☎26450 31347 ; Syvota ; studio 45 €, app 4 pers 70 € ;). Des appartements agréables et soignés, à côté du front de mer et près du supermarché. Les balcons donnent sur le port.

Poros Beach Camping & Bungalows CAMPING $
(☎26450 95452 ; www.porosbeach.com.gr ; plage de Poros ; empl adulte/voiture/tente 6/4/4 €, studio à partir de 45 € ;). Proche de Syvota, le terrain surplombe la jolie plage de Poros. On a le choix entre studios, emplacements ombragés, restaurant et piscine.

Minas Taverna TAVERNE $$
(☎26450 71480 ; www.minas-restaurant.gr ; Nikiana ; plats 6-14 € ; ⊙dîner tous les soirs, déj sam-dim, horaires restreints en basse saison). Installée dans un joli bâtiment de pierre restauré, à 5 km au nord de Nydri, juste au sud de Nikiana, voici une adresse connue dans toute l'île pour régaler ses hôtes, qu'ils

aient choisi des pâtes, une viande grillée, du poisson ou des fruits de mer. Terrasse surplombant la mer.

Stavros TAVERNE $
(☎26450 31181 ; Syvota ; plats 7,50-13 € ; ⏲petit-déj, déj et dîner Pâques-oct). Venez déguster la meilleure soupe de poisson de l'île dans cette taverne située côté port, à Syvota.

Vassiliki Βασιλική

C'est l'un des meilleurs spots de planche à voile de Méditerranée en raison de sa grande baie, où soufflent des vents doux le matin, parfaits pour les débutants, et des vents plus forts et réguliers l'après-midi, pour les amateurs d'adrénaline. Sur le front de mer, il fait bon se rafraîchir à l'ombre des eucalyptus ou des terrasses des restaurants.

Activités

Des caïques emmènent les visiteurs vers des criques et des plages plaisantes, dont celle d'**Agiofylli**, au sud de Vassiliki.

Pour louer une voiture ou un vélo, acheter une traversée, vous trouverez de l'aide auprès de l'agence Samba Tours (p. 609) qui se fera par ailleurs un plaisir de vous renseigner.

Le long de la plage, les agences de sports nautiques s'annoncent à grand renfort de drapeaux et de matériel, et certaines possèdent leur propre hôtel.

Club Vass SPORTS NAUTIQUES
(☎26450 31588 ; www.clubvass.com). Location de planches (40/80 € par heure/jour), cours particuliers (50 €) et stages (190 €/semaine).

Nautilus Diving Club PLONGÉE, KAYAK
(☎6936181775 ; www.underwater.gr). Ce club propose plusieurs options : excursions de snorkeling (40 € déjeuner inclus), plongée simple (45 €), cours de plongée en haute mer (410 €) ou location de kayak de mer (simple/double 15/20 € l'heure).

Où se loger et se restaurer

♥ **Pension Holidays** PENSION $
(☎26450 31426 ; www.pensionholidays.gr ; ch petit-déj inclus 40 € ; ❄📶). Le sympathique Spiros et sa famille vous offrent une hospitalité toute grecque. Petit-déjeuner sur le balcon donnant sur la baie et le port, chambres simplement meublées mais bien équipées (avec cuisine). Près de l'embarcadère.

Delfini TAVERNE $
(☎26450 31430 ; plats 8-12 € ; ⏲petit-déj, déj et dîner). Cette adresse traditionnelle, la meilleure du port, concocte des plats de première fraîcheur.

Où prendre un verre

155 BAR
(www.155cocktailbar.com ; ⏲mai-oct). C'est le must pour les cocktails (8 €). En face de la boutique Melina's Little Shop, en retrait du front de mer.

Côte ouest de Leucade

Sur la côte ouest de Leucade, la mer ne fait pas mentir les brochures, avec ses eaux bleu turquoise et une belle gamme de plages, du long ruban de sable à la crique enserrée entre les falaises. Au nord, les longues plages de **Pefkoulia** et de **Kathisma** (studios à louer pour la seconde) sont ravissantes, tout comme celles d'**Avali** et de **Megali Petra**, au sud de Kalamitsi. Plus au sud, citons **Egremni** et la magnifique plage de **Porto Katsiki**. Des étals d'huile d'olive, de miel et de vin jalonnent la côte et la campagne proche.

Sur cette partie du littoral, la charmante cité balnéaire d'**Agios Nikitas** remporte tous les suffrages et la plage fréquentée de **Mylos**, juste après le promontoire et inaccessible par la route. Vous prendrez le chemin de la Taverna Poseidon (15 minutes) ou, pour 3 €, un bateau-taxi depuis la plage d'Agios Nikitas.

Où se loger

Agios Nikitas déploie un large éventail d'hébergements.

Aloni Studios APPARTEMENTS $
(☎26450 33604 ; www.alonistudios-lefkada.com ; Athani ; studio/app 5 pers 45/60 € ; P❄). Situés dans un environnement fleuri, ces studios impeccables disposent de cuisines équipées et de terrasses surplombant la mer. L'une des meilleures offres de location à Athani.

Olive Tree Hotel HÔTEL $
(☎26450 97453 ; www.olivetreehotel.gr ; Agios Nikitas ; s/d/studio à partir de 50/60/75 € ; ⏲mai-sept ; ❄📶). Des chambres toutes simples, dans un agréable hôtel géré par une famille gréco-canadienne.

Mira Resort MAISONNETTES $$
(☎26450 24967, 6977075881 ; www.miraresort.com ; Tsoukalades ; maisonnettes petit-déj inclus à partir de 80 € ; ⏲mai-oct ; P❄📶🏊). Étagées à flanc de colline, ces petites maisons impeccables et bien séparées l'une de l'autre surplombent une grande piscine et la mer. Un lieu idéal pour de longs séjours, en toute sérénité. À 6 km au sud-ouest de Lefkada.

Hotel Agios Nikitas HÔTEL $$
(☎26450 97460 ; www.agiosnikitas.gr ; Agios Nikitas ; d petit-déj inclus 70 € ; ⏲mai-sept ; ❄📶). Perché sur une colline en retrait de la ville, cet établissement rénové en 2011 offre des chambres en partie avec vue sur les flots.

Où se restaurer et prendre un verre

T'Agnantio TAVERNE $
(☎26450 97383 ; www.tagnantio.gr ; Agios Nikitas ; plats 6-10 € ; ⏲déj et dîner Pâques-oct). La meilleure taverne d'Agios Nikitas, sur le côté sud de la plage. Au programme : prises du jour et mets traditionnels grecs, à déguster face à la mer, sous une pergola couverte de vigne.

Akrotiri TAVERNE $
(☎26450 33149 ; Athani ; plats 7-12 € ; ⏲déj et dîner mai-sept). Poisson frais, viande grillée et *mayirefta* sont ici à l'honneur. Les tables surplombent la mer.

Kambos Taverna TAVERNE $
(☎26450 97278 ; Tsoukaladès ; plats 5-7 € ; ⏲déj et dîner mi-mai à sept). Une taverne familiale dans les vignes et les oliveraies. À partir de la route principale, suivez la petite allée, juste au sud de l'église de Tsoukaladès.

Rahi CAFÉ $
(☎26450 99439 ; www.rachi.gr ; Exanthia ; plats 6-8 € ; ⏲10h-1h mai-sept). Faites une escapade dans les terres jusqu'à ce café servant des mezze et des petits plats. De la terrasse, la vue se tourne vers la mer comme vers les montagnes avec le ciel bleu pour plafond !

Centre de Leucade

La région montagneuse du centre de Leucade est spectaculaire. Si vous disposez d'un peu de temps et d'un véhicule, partez à la découverte des villages traditionnels, entre pinèdes, oliveraies et vignobles.

Charmante localité de montagne à la place bordée de platanes et de tavernes, **Karya** est célèbre pour ses **broderies**, dont le style fut développé au XIXe siècle par une femme de la région, Maria Koutsochero, qui ne brodait que d'une seule main. Installé dans une maison traditionnelle, un **musée** témoigne de ce savoir-faire. Si vous cherchez une chambre, adressez-vous à Brenda Sherry, une Britannique que vous trouverez au **Café Pierros** (☎6938605898).

Renommé pour son miel et ses lentilles, **Englouvi**, le village le plus haut de l'île, est à quelques kilomètres de Karya.

Réservez assez tôt si vous souhaitez participer à une **promenade naturaliste** (☎6934287446 ; www.lefkas.cc) ou à un atelier près du charmant village d'**Alexandros**.

Kolyvata Taverna (Maria's Taverna ; ☎6984056686, 26450 41228 ; plats 5-8 € ; ⏲avr-oct). L'aimable Kiria Maria accueille ses hôtes sur sa terrasse, devant sa maison (réservez pour vous assurer de sa présence) et leur sert des plats bien cuisinés, avec des légumes du jardin. Le *koutsoupia* (arbre de Judée), qui se pare de fleurs mauve au printemps, et la vue sur les collines alentour sont idylliques. Pour vous y rendre, rejoignez **Kolyvata**, village aux maisons de pierre indiqué en retrait de la route, entre Alexandros et Nikiana.

MEGANISSI ΜΕΓΑΝΗΣΙ

1 040 HABITANTS

L'île de Meganissi, avec ses paysages verdoyants et ses baies aux eaux turquoise léchant des plages de galets, se visite dans la journée depuis Nydri, à moins d'opter pour une escapade plus longue. Desservi par un réseau de ruelles étroites noyées sous les bougainvillées qui ornent les maisons, le coquet village de **Spartohori** est perché sur un plateau au-dessus de Porto Spilia, où accoste et appareille le ferry. Une route abrupte ou une volée de marches permet d'aller du port au village. Deuxième de l'île, le charmant port de **Vathy** se trouve à 800 m du bourg de **Katomeri**. Si vous avez du temps, vous profiterez de plages isolées, dont celle de **Limonari**.

Vous trouverez à Porto Spilia une mine d'informations sur Meganissi auprès de **Asteria Holidays** (☎26450 51107 ; www.asteria.gr). Les chambres sans prétention de l'**Hotel Meganisi** (☎26450 51240 ; www.hotelmeganisi.gr ; Katomeri ; d petit-déj inclus 60 € ; ❄📶🏊) bénéficient en partie d'une vue sur l'immensité bleue. La meilleure taverne de poisson de l'île, **Porto Vathy** (☎26450 51125 ; Vathy ; plats 6-14 € ; ⏲déj et dîner) est située sur le quai, à Vathy.

ℹ Depuis/vers Meganissi

Un ferry fait la navette 5 fois/jour entre Nydri et Meganissi (2/14 € pers/voiture, 25-40 min), desservant à la fois Porto Spilia et Vathy.

Un bus local assure 5-7 fois/jour la liaison entre Spartohori et Vathy (via Katomeri), mais il est préférable d'avoir son propre véhicule.

CÉPHALONIE

ΚΕΦΑΛΛΟΝΙΑ

35 590 HABITANTS

Perle de l'archipel, la belle et sauvage Céphalonie (Keffalonia) est aussi la plus grande des îles Ioniennes. De par ses villages bucoliques, ses montagnes accidentées, ses vignobles, ses hautes falaises longeant la côte et ses plages dorées, elle forme une entité à part. Le séisme de 1953 ayant dévasté une grande partie des localités, la plupart des constructions sont relativement modernes. Des villages traditionnels ont été épargnés, tels Assos et Fiskardo, et la capitale, Argostoli, reconstruite, est pleine d'animation. Des régions de l'île, telle la péninsule de Paliki, restent très préservées. Céphalonie a aussi la réputation de proposer une cuisine raffinée et d'excellents vins.

ℹ Depuis/vers Céphalonie

AVION

L'**aéroport** (EFL ; ☎26710 41511) se trouve à 9 km au sud d'Argostoli.

Depuis la France, la Belgique et la Suisse, la compagnie **Aegean Airlines** (http://fr.aegeanair.com) assure des vols avec escale vers Céphalonie. **Air Berlin** (www.airberlin.com) dessert également Paris et Zurich avec escale et **Air France** (www.airfrance.fr), Paris et Bruxelles. Adressez-vous également à **Brussels Airlines** (www.brusselsairlines.com) pour la Belgique et à **Swiss** (www.swiss.com) pour la Suisse.

Olympic Air (☎26710 41511 ; www.olympicair.com). Dessert Athènes.

Sky Express (☎28102 23500 ; www.skyexpress.gr). Dessert Corfou, Prévéza et Zante.

Vols intérieurs depuis Céphalonie

VERS	DURÉE	TARIF (€)	FRÉQUENCE
Athènes	55 min	110	2/jour
Corfou	1 heure	55	3/sem
Cythère	1 heure 45	57	3/sem
Prévéza	20 min	49	3/sem
Zante	25 min	55	3/sem

BATEAU

Autorités portuaires (☎26710 22224).

Liaisons nationales

Des ferries **Ionian Ferries** (www.ionianferries.gr) desservent fréquemment Kyllini (Péloponnèse) depuis Poros et Argostoli. Le ferry **Ionian Pelagos** (à Sami (Céphalonie) ☎26740 23405, à Vassiliki (Leucade) ☎26450 31520) relie Sami à Astakos dans le Péloponnèse (parfois via Piso Aetos sur Ithaque). Certains mois, des **ferries** (☎26450 31520) assurent une traversée directe de Sami à Vassiliki (Leucade).

Strintzis Lines (www.strintzisferries.gr) fait circuler deux ferries quotidiens au départ de Sami vers Patras (Péloponnèse) et vers Vathy ou Piso Aetos (Ithaque).

BATEAUX AU DÉPART DE CÉPHALONIE

VERS	PORT	DURÉE	TARIF (€)	FRÉQUENCE
Agios Nikolaos (Zante)	Pessada	1 heure 30	8	2/jour (mai-sept)
Astakos (continent)	Sami	3 heures	10	1-2/jour
Igoumenitsa (continent)	Sami	4 heures 15	15	1/sem
Kyllini (Péloponnèse)	Argostoli	3 heures	14	1/jour
Kyllini	Poros	1 heure 30	10	5-6/jour
Patras (Péloponnèse)	Sami	2 heures 45	18,20	1/jour
Piso Aetos (Ithaque)	Sami	30 min	3	2/sem
Vassiliki (Leucade)	Fiskardo	1 heure	8	2-3/jour
Vassiliki	Sami	1 heure 45	8	2/sem (saison)
Vathy (Ithaque)	Sami	45 min	5,70	1/jour

Céphalonie et Ithaque

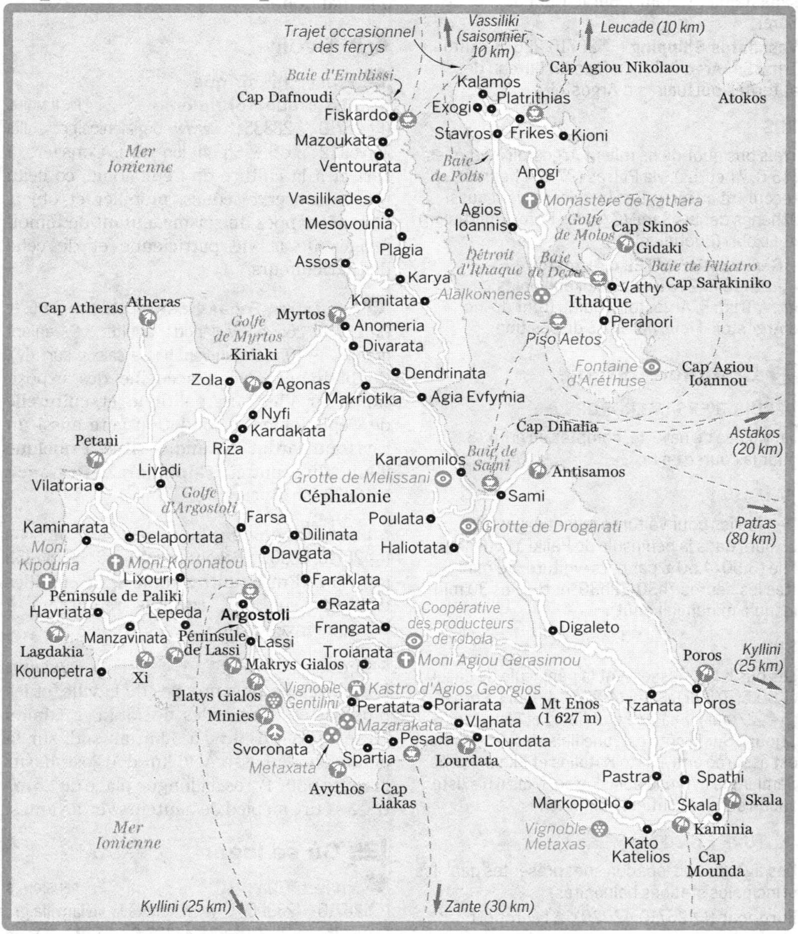

West Ferry (www.westferry.gr) assure la traversée Fiskardo-Vassiliki (Leucade), parfois au départ de Sami. Il dessert parfois Frikès (Ithaque), en général depuis Vassiliki, mais occasionnellement depuis Fiskardo. Contactez **Nautilus Travel** (☎ 26740 41440 ; Fiskardo) pour des renseignements et/ou des billets.

De mai à septembre, deux **ferries** (☎ 26710 91280) quotidiens assurent la liaison entre le port reculé de Pessada, dans le sud, et Agios Nikolaos, à la pointe nord de Zante (on peut aussi se rendre d'Argostoli à Kyllini, dans le Péloponnèse, puis gagner le port de Zakynthos). Les bus vers les ports sont rares, donc vous pouvez aussi vous rendre d'Argostoli à Kyllini (Péloponnèse) en bateau, puis gagner le port de Zakynthos.

Certains ferries italiens font halte à Sami sur leur route depuis/vers Corfou ou Igoumenitsa.

Voir aussi le tableau p. 595.

Liaisons internationales

En haute saison, des ferries comme ceux de Ventouris (p. 710) relient Sami à Bari, en Italie. **Endeavor Lines** (www.endeavor-lines.com) dessert parfois Brindisi via Corfou et Igoumenitsa. Pour rejoindre d'autres ports en Italie, commencez par prendre le ferry Sami-Patras.

Blue Sea Travel (☎26740 23007 ; www.samistar.com ; Sami). Sur le front de mer de Sami.

Vassilatos Shipping (☎26710 22618 ; Antoni Tritsi 54, Argostoli). En face du bureau des autorités portuaires d'Argostoli.

BUS

Trois bus quotidiens relient Argostoli à Athènes (45 €, 7 heures), via Patras (27 €, 4 heures), en recourant au ferry. Des bus desservent aussi Athènes depuis Sami (2/jour), Poros (quotidien) et Lixouri (quotidien).

Gare routière KTEL d'Argostoli (☎26710 22276 ; www.ktelkefallonias.gr ; A Tristi 5, Argostoli). Sur le front de mer d'Argostoli. Fiche horaire à disposition.

Comment circuler

DEPUIS/VERS L'AÉROPORT

Il n'y a pas de navette, comptez environ 18 € pour la course en taxi.

BATEAU

Des ferries pour voitures relient Argostoli à Lixouri, dans la péninsule de Paliki à l'ouest de l'île (3,50/4,50 € par pers/voiture, 30 min, ttes les heures 7h30-22h30, et ttes les 30 min jusqu'à minuit juil-août).

BUS

Les bus KTEL desservent la péninsule de Lassi (1,60 €, 7/jour), Sami (4,50 €, 4/jour), Poros (5 €, 2/jour), Skala (5 €, 2/jour) et Fiskardo (6 €, 1/jour). Sur la côte est, une liaison quotidienne est assurée entre Kato Katelios et Skala, Poros, Sami, Agia Evfymia et Fiskardo. Mais il n'existe aucun service routier le dimanche.

VOITURE ET MOTO

Des agences de location sont présentes dans les principales stations balnéaires.

Europcar (☎26710 42020). À l'aéroport.

Hertz (☎26710 42142). À l'aéroport.

Karavomilos (☎26740 22779 ; Sami). Remise à domicile.

Argostoli Αργοστόλι

8 930 HABITANTS

Cette ville très animée et attirante a subi de graves dommages lors du séisme de 1953 qui a fané quelque peu sa splendeur vénitienne. De larges boulevards et des rues commerçantes piétonnes comme **Lithostroto** entourent la belle place centrale, **Plateia Valianou**. L'été, des groupes de *kantadoroi* parcourent les rues en chantant des *kantades*, chants traditionnels de Céphalonie, accompagnés à la guitare et à la mandoline.

À voir

Musée historique et folklorique Korgialenio PATRIMOINE
(☎26710 28835 ; www.corgialenios.gr ; Ilia Zervou 12 ; 3 € ; 9h-14h lun-sam). Consacré à l'art et à la culture de Céphalonie, ce beau musée conserve icônes, mobilier et objets d'art réchappés du séisme, autant de témoignages de la vie patricienne et de celle des agriculteurs.

Fondation Focas-Kosmetatos MUSÉE
(☎26710 26595 ; Valianou ; adulte 3 €, enfant gratuit ; 10h-13h lun-ven, basse saison sur rdv). Ce bâtiment ancien accueille des expositions sur l'histoire politique et culturelle de Céphalonie. La fondation gère aussi un ravissant jardin botanique situé à quelque 2 km du centre, **Cephalonia Botanica** (8h30-14h30 lun-ven) GRATUIT.

Musée archéologique ANTIQUITÉ
(☎26710 28300 ; Rokou Vergoti ; 3 € ; 8h-15h mar-dim). Entre autres objets de fouilles exhumés sur l'île, certains remontent à l'époque mycénienne.

Plages BAIGNADE
Les plages les plus proches de la ville, et les plus vastes, sont celles de **Makrys Gialos** et de **Platys Gialos**, à 5 km au sud, sur la péninsule de Lassi. À 16 km d'Argostoli, sur la route pour Poros, la longue plage de **Lourdata** s'étire au pied de hauteurs verdoyantes.

Où se loger

Vivian Villa PENSION $
(☎26710 23396 ; www.kefalonia-vivianvilla.gr ; Deladetsima 11 ; d/studio 45/55 € ;). Dans un quartier résidentiel peu éloigné, de vastes et lumineuses chambres bénéficiant pour certaines d'un coin cuisine. Avec ses 2 chambres, l'appartement du dernier étage (il y a un ascenseur) est superbe. Réduction pour les longs séjours.

Mirabel Hotel HÔTEL $
(☎26710 25381 ; www.mirabelhotel.com ; Plateia Valianou ; d petit-déj inclus 60 € ; @). Sur la grand-place, un hôtel d'affaires très prisé pour son hébergement classique.

Camping Argostoli CAMPING $
(☎26710 23487 ; www.campingargostoli.gr ; empl adulte/voiture/tente 6/3/5 € ; juin-oct ; P).

Argostoli

Un terrain calme et plaisant à proximité du phare, à la pointe nord de la péninsule.

Hotel Ionian Plaza HÔTEL **$$**
(☎26710 25581 ; www.ionianplaza.gr ; Plateia Valianou ; d/tr/qu petit-déj inclus à partir de 85/100/115 € ; P ❄ @ 📶). Bien installé sur la grand-place, l'hôtel le plus chic d'Argostoli loue de confortables petites chambres à balcon, celles du dernier étage bénéficiant des plus belles vues.

Où se restaurer

Les **marchés** aux légumes et de viande du front de mer sont proches des supermarchés et des boulangeries (dont la plus réputée est Spathis).

Ladokolla SOUVLAKIS **$**
(☎26710 25522 ; Xarokopou 13 ; plats 2-8 € ; ⏲12h30-2h). Une cuisine simple et très appréciée. Poulet, porc et agneau en kebab, pitas et souvlakis sont servis sans assiette

Argostoli

Les incontournables
1 Fondation Focas-Kosmetatos B3
2 Musée historique et folklorique Korgialenio B4

À voir
3 Musée archéologique B3

Où se loger
4 Hotel Ionian Plaza B2
5 Mirabel Hotel B3
6 Vivian Villa A1

Où se restaurer
7 Arhontiko B2
8 Casa Grec C3
9 Ladokolla B1
10 Marché (légumes et viande) D4
11 Spathis C4

Où sortir
12 Bass Club C3

(sauf les plats en sauce), sur des sets de table jetables. Service agréable.

Casa Grec MÉDITERRANÉEN $$
(26710 24091 ; S Metaxa 12 ; plats 12-22 € ; dîner, horaires restreints en basse saison). Chaque détail (éclairage, linge de table, décoration murale, chandeliers sur les tables) est pensé. Côté cuisine règne le même raffinement, avec des mets exquis préparés à la minute par le chef (et propriétaire des lieux), Costas, secondé en salle par son épouse gréco-canadienne pleine d'humour. Viandes succulentes, sauces travaillées avec art et desserts de rêve. Excellente carte des vins.

Arhontiko CÉPHALONIEN $$
(26710 27213 ; Risospaston 5 ; plats 7-17 € ; petit-déj, déj et dîner). Les recettes céphaloniennes sont ici à l'honneur. Commencez par le soufflé aux épinards ou commandez directement un des plats principaux comme la tourte à la viande ou l'*exohiko* (porc farci aux tomates, oignons, poivrons et feta). Personnel serviable et atmosphère intime. Vins de la maison très estimables.

Où prendre un verre et faire la fête

Nombre de cafés bordant la Plateia Valianou et Lithostroto sont animés jusque tard le soir. Le **Bass Club** (www.bassclub.gr ; angle S Metaxa et Vergoti) attire les plus jeunes. Le club-restaurant **Katavothres** (26710 22221 ; front de mer) accueille des DJ de renom et une clientèle mixte. Le **Stavento**, à Makrys Gialos, s'anime en été.

Renseignements

Le quai principal des ferries se trouve à l'extrême nord du front de mer, la gare routière à l'extrême sud. Des banques avec DAB bordent le front de mer au nord et Lithostroto.

EOT (office du tourisme ; 26710 22248 ; 7h-14h30 lun-ven). Sur le front de mer nord, près de la police portuaire. Il distribue une brochure agenda culturel.

Environs d'Argostoli

Vous pouvez effectuer une boucle magnifique en rejoignant d'abord la citadelle (*kastro*) d'Agios Georgios, puis le monastère d'Agiou Gerasimou, avant de poursuivre par les vignobles de *robola* et de rejoindre le littoral, à moins de préférer faire des randonnées au **mont Enos (Ainos)**.

À voir

Agios Georgios FORTERESSE
(citadelle Saint-Georges ; 8h30-15h mar-dim) GRATUIT. Perché au sommet d'une colline au sud-est d'Argostoli, ce *kastro* vénitien du XVIe siècle fut le chef-lieu de Céphalonie durant plus de deux siècles. La citadelle reste impressionnante et, de là, le regard embrasse un vaste panorama au-dessus des églises byzantines du petit village en contrebas. La vue depuis les restaurants n'est pas mal non plus ! Le **Palatino** (26710 68490 ; plats 7-10 € ; déj et dîner mai-oct) sert des spécialités de l'île et le bar **Astraios** (26710 69152 ; 21h-tard) tenu par le musicien Dionysos Frangopoulos est réputé pour ses concerts.

LE VIN DES ÎLES IONIENNES

Les îles Ioniennes ne seraient pas les mêmes sans leur vin. Céphalonie, notamment, a la réputation de produire des vins d'exception, comme ceux du cépage *robola* (un vin VQRPD – vins de qualité produits dans des régions déterminées). D'autres cépages, comme le *mavrodaphné* (AOC) et le muscat (AOC) ont aussi amélioré la viniculture sur cette île.

Haut dans les montagnes, au sud-est d'Argostoli, au cœur de la vallée verdoyante d'Omala, la **Coopérative des producteurs de robola de Céphalonie** (26710 86301 ; www.robola.gr ; Omala ; 9h-20h mai-sept, 9h-15h lun-ven oct-avr) GRATUIT récupère les raisins de quelque 300 petits exploitants pour en faire un vin blanc sec aux arômes subtils. Le *robola*, sans doute importé sur l'île par les Vénitiens, aurait produit le vin préféré du doge. La vigne pousse de manière exubérante sur les hauteurs. Les hivers humides et les étés arides de Céphalonie sont idéals pour sa culture.

Plus circonscrit mais très réputé, le domaine **Gentilini** (26710 41618 ; Miniès) se trouve sur la côte, à 2 km au sud d'Argostoli sur la route de l'aéroport, dans un cadre charmant. Il produit également de superbes vins, dont un délicieux *classico*.

Moni Agiou Gerasimou MONASTÈRE
(9h-13h et 15h30-20h). Dédié au saint patron de l'île, Gérasime de Céphalonie, ce monastère, à 16 km à l'est d'Argostoli, est tenu par des religieuses. Des châles sont mis à disposition devant la chapelle : couvrez-vous les bras et les épaules avant d'entrer. La chapelle donne accès (par une échelle très raide en métal) à une grotte située 6 m plus bas où le moine du XVIe siècle pratiqua l'ascèse.

Péninsule de Paliki
Χερσόνησος Παλική

Ancrée autour de la ville de **Lixouri**, qui donne sur le golfe d'Argostoli, la péninsule de Paliki est une région méconnue. Ses falaises blanches, crème et rouges, ses champs et ses vignobles verdoyants et ses villages perchés dans les collines méritent pourtant l'attention des visiteurs. Sans oublier les plages, de sable blanc comme **Petani**, au nord, ou de sable rouge comme **Xi** (souvent bondée en été), au sud, qui viennent parfaire le décor. À l'extrême ouest de la péninsule, le **Moni Kipouria**, construit par un seul moine, vaut la visite pour son environnement : falaises escarpées, vignobles et mer azur.

Située au bord de l'eau, la grand-place de Lixouri déborde de vie. Pour gagner la péninsule au départ d'Argostoli, le moyen le plus rapide est le **ferry** (3,50/4,50 € par pers/voiture, 30 min, 1/heure sept-juin, 1/demi-heure juil-août) pour une promenade d'une demi-journée, même si vous n'êtes pas motorisé. L'agence **Perdikis Travel** (26710 91097 ; tvrperdi@hol.gr), sur le front de mer sud de Lixouri, est d'une aide précieuse pour les hébergements et autres services.

Où se loger et se restaurer

Xi Village PENSION $
(26710 93830 ; www.xi-village.gr ; Xi ; d/tr/q 60/70/100 € ; P ❄ wifi piscine). Un endroit tout à fait paisible, avec piscine et vue plongeante sur la plage de Xi.

♥ **Niforos** APPARTEMENTS $$
(26710 97350 ; Petani ; studio 75 € ; mai-oct ; P ❄ wifi piscine). Des studios spacieux et immaculés, au-dessus de la plage de Pétani. Les balcons donnent d'ailleurs sur la mer. Les propriétaires sympathiques, la grande piscine et le restaurant ajoutent au charme de l'ensemble.

Erasmia TAVERNE $
(26710 97372 ; plage de Pétani ; plats 6-8 € ; déj et dîner mai-sept). La simplicité est, sur cette plage de Pétani, synonyme de succès. Si vous souhaitez vous régaler des spécialités maison, songez à réserver au mois d'août ! Somptueux couchers de soleil.

Apolafsi POISSON ET FRUITS DE MER $
(26710 91691 ; www.apolafsi.gr ; Lépéda ; plats 8-10 € ; déj et dîner ; P ❄ wifi). À 2 km au sud de Lixouri, un établissement recommandé autant pour la fraîcheur de ses produits de la mer que pour ses grillades. Sans compter ses chambres très pratiques (d 50-60 € petit-déj inclus) avec cuisine et sdb.

Mavroeidis BOULANGERIE $
La halte idéale, sur la grand-place de Lixouri, pour savourer le meilleur *amygdalopita* (gâteau aux amandes) de Céphalonie.

Oi Nisoi Vardianoi TAVERNE $$
(6986948528 ; Xi ; plats 8-15 € ; 13h30-tard). Excellente adresse pour un dîner sous les étoiles, au-dessus de la plage de Xi. Réservez en été.

Sami et ses environs Σάμη

1 250 HABITANTS

À 25 km au nord-est d'Argostoli, Sami est le principal port de l'île. Si le front de mer est défiguré par le nombre de cafés pour touristes, la ville en elle-même, au creux d'une baie radieuse fermée par des falaises abruptes, est agréable. Ses monastères, vestiges de château, randonnées et plages (telles que la **plage d'Antisamos**) valent le détour. Le bourg d'**Agia Evfymia**, à l'extrémité nord de la baie, est plus tranquille. En revanche, les grottes de **Melissani** et **Drogarati** sont surfaites.

Activités

L'office du tourisme diffuse des brochures indiquant les **promenades** possibles : le trajet Sami-Antisamos ou le sentier reliant Agia Evfymia à Myrtos.

Où se loger et se restaurer

Camping Karavomilos Beach CAMPING $
(26740 22480 ; www.camping-karavomilos.gr ; Sami-Karavomilos Rd ; empl adulte/voiture/tente 8,50/3,50/6 € ; mai-sept ; @ wifi piscine). Dans un cadre grandiose en bord de mer, ce vaste terrain primé réunit toutes les infrastructures adéquates.

Gerasimos Dendrinos APPARTEMENTS $
(☎26740 61455 ; Agia Evfymia ; d 45 € ; ❄). Du côté nord d'Agia Evfymia, des studios tranquilles avec vue imprenable sur la baie, tenus par un couple sympathique qui entretient une jolie roseraie.

Hotel Athina HÔTEL $$
(☎26740 22779 ; www.athinahotel.gr ; Karavomilos ; d petit-déj inclus à partir de 60 € ; ⏲mai-oct ; ❄@). Peint dans de jolis tons gris, ce complexe hôtelier sans prétention loue des studios donnant sur la baie. Les clients ont accès à la piscine de l'élégant **Ionian Emerald Resort** (☎26740 22708 ; www.ionian emerald.gr ; d petit-déj inclus à partir de 150 €) voisin (même gérant).

Melissani Hotel HÔTEL $$
(☎26740 22464 ; Dihalion 23, Sami ; s/d/tr 50/65/75 € ; ⏲mai-oct ; ❄). À deux rues du front de mer, un étroit et haut bâtiment aux petites chambres avec balcon donnant sur la mer ou la montagne. Parfaitement rétro.

♥ **Paradise Beach** CÉPHALONIEN $
(Dendrinos ; ☎26740 61392 ; Agia Evfymia ; plats 6-13 € ; ⏲déj et dîner mi-mai à mi-oct). Tournez à droite sur Agia Evfymia passé le front de mer et continuez jusqu'au bout de la rue : le célèbre Dendrinos domine la baie de Sami. L'aimable famille Dendrinos propose de délicieuses spécialités locales, notamment des *dolmades* (feuilles de vigne farcies), la tourte céphalonienne à la viande, du lapin braisé, ou encore le soufflé au chocolat sauce citron en dessert.

ℹ Renseignements

Sami dispose de tous les services nécessaires, poste et banques comprises. Les bus pour Argostoli coïncident généralement avec les horaires des ferries. Karavomilos (p. 616) loue des voitures.

Autorités portuaires (☎26740 22031 ; Sami).

Assos Ασος

Bijou de la côte ouest de Céphalonie, avec ses maisons pastel ou blanchies à la chaux dont certaines sont antérieures au séisme, le village d'Assos occupe une bande de terre reliant une presqu'île à l'île. La presqu'île montagneuse, plantée de cyprès italiens nains, est dominée par une **forteresse vénitienne**, qui peut faire l'objet d'une belle randonnée : la vue est superbe. La petite baie d'Assos invite à la baignade.

Où se loger et se restaurer

Apartment Linardos APPARTEMENTS $$
(☎26740 51563 ; www.linardosapartments.gr ; d 70 € ; ⏲mai-sept ; ❄). Ces studios impeccables, avec cuisine, donnent sur le village, la plage et la forteresse.

Platanos TAVERNE $
(plats 6-15 € ; ⏲petit-déj, déj et dîner Pâques-oct). Réputée dans l'île pour la qualité de sa cuisine et de ses ingrédients, cette table est blottie dans un cadre ombragé près de la mer. La viande a la part belle, mais on sert aussi des poissons et des mets végétariens, comme des *moussakas* de légumes.

Fiskardo Φισκάρδο

230 HABITANTS

Ce ravissant village, situé vers la pointe nord de l'île, à 50 km au nord d'Argostoli, fut le seul épargné (en grande partie) par le

ACTIVITÉS SPORTIVES À CÉPHALONIE

Si l'office du tourisme grec dispose parfois d'excellentes brochures sur les itinéraires de **randonnée** à travers l'île, il vaut mieux demander à un Céphalonien expérimenté de vous guider hors des sentiers battus.

Sea Kayaking Kefalonia (☎6934010400 ; www.seakayakingkefalonia-greece.com). Sorties d'une journée en kayak de mer, déjeuner et équipement de snorkeling compris (60 €), excursions sur plusieurs jours et cours certifiés.

Elements (☎6979987611 ; www.kefalonia-elements.com). Tous types d'excursions : randonnée (à partir de 50 €), exploration de grottes (à partir de 60 €), canyoning (60 €) et circuits en Jeep.

Panbike (☎26710 27118 ; www.panbike.gr ; Lithostroto 72, Argostoli). Pantelis Ioannides, ancien champion cycliste, organise des circuits à vélo. Location de vélos à partir de 6 €/jour.

séisme de 1953. Cernée de montagnes recouvertes de cyprès et nantie de très beaux édifices vénitiens, cette localité de charme est appréciée des plaisanciers fortunés. L'endroit compte d'excellents restaurants et l'ambiance vous donnera envie de vous attarder.

Où se loger

D'importantes réductions sont proposées en basse saison.

Villa Romantza PENSION $

(☎ 26740 41322 ; www.villa-romantza.gr ; ch/studio/app 35/45/60 € ; ❄). Une excellente adresse bon marché, aux studios et chambres simples, propres et spacieux.

Regina's Rooms PENSION $

(☎ 26740 41125 ; www.regina-studios-boats.gr ; d/tr 50/60 € ; ❄ 📶). L'aimable Regina tient cet établissement prisé, aux chambres colorées agrémentées de fleurs en plastique. Certaines sont équipées d'une kitchenette (supplément 5 €) et/ou d'un balcon sur le port.

Archontiko PENSION $$

(☎ 26740 41342 ; www.archontiko-fiskardo.gr ; d sans/avec vue sur la mer 50/70 € ; ❄). Les balcons de ces chambres luxueuses donnent sur le port. Belle maison de pierre restaurée.

Stella Apartments APPARTEMENTS $$

(☎ 26740 41211 ; www.stella-apartments.gr ; studio/app à partir de 65/130 € ; ❄ @ 📶). En lisière sud du village, au calme, des studios spacieux et immaculés, avec cuisine et balcon donnant sur la mer.

♥ **Emelisse Hotel** COMPLEXE HÔTELIER $$$

(☎ 26740 41200 ; www.arthotel.gr ; baie d'Emblissi ; d/ste à partir de 265/285 €, app 4 pers à partir de 750 €, petit-déj inclus ; ⏲ mi-avr à mi-oct ; P ❄ @ 📶 ≈). En surplomb de la baie préservée d'Emblissi, à 1 km à l'ouest de Fiskardo, l'emplacement de ce très chic établissement est idéal. Tout est prévu pour un séjour haut de gamme : dernier confort dans les chambres, jardins en terrasse dégringolant jusqu'à une piscine somptueuse et un restaurant offrant une vue maritime panoramique se prolongeant jusqu'à Leucade, Ithaque et au-delà. Les non-résidents ont accès au restaurant et à la piscine.

> **VAUT LE DÉTOUR**
>
> **PLAGE DE MYRTOS**
>
> Sable blanc et eaux scintillantes sous de hautes falaises calcaires... **Myrtos** incarne la plage de vos rêves. De la magnifique route côtière qui y mène à 8 km au sud d'Assos, le point de vue est incomparable. Une route en épingle à cheveux descend jusqu'à la baie. Attention si vous vous baignez, car on perd très vite pied. Une fois dans l'eau, vous vous croirez au paradis, mais un paradis très fréquenté !

Où se restaurer et prendre un verre

Il y a à Fiskardo d'excellents restaurants. Le front de mer est bordé de bars et de cafés.

♥ **Tassia** MÉDITERRANÉEN $$

(☎ 26740 41205 ; plats 7-25 € ; ⏲ déj et dîner mai-oct). Véritable institution à Fiskardo, l'établissement du chef réputé Tassia Dendrinou, également auteur d'ouvrages de cuisine grecque, est installé sur le port. Entre autres délices, les spécialités sont les croquettes aux courgettes et les pâtes du pêcheur à l'encornet, au poulpe, aux moules et aux crevettes, sauce au cognac. Viandes magnifiques et desserts fameux.

Café Tselenti ITALIEN $$

(☎ 26740 41344 ; plats 10-23 € ; ⏲ déj et dîner mai-oct). Ce bel édifice du XIXe siècle, au cœur du village, appartient à la famille Tselenti depuis 1893. On y sert une cuisine de choix : rouleaux d'aubergine, *linguine* aux crevettes, moules et écrevisses. Jolie terrasse.

Vasso's POISSON ET FRUITS DE MER $$

(☎ 26740 41276 ; plats 10-40 € ; ⏲ déj et dîner mai-oct). Prises du jour grillées ou pâtes à la seiche, le Vasso's ravit les gourmands de saveurs marines.

Renseignements

Les agences Nautilus Travel (p. 615) et **Pama Travel** (☎ 26740 41033 ; www.pamatravel.com ; Fiskardo) pourront vous aider, quelle que soit votre demande, et toutes deux disposent d'un accès à Internet (2 €/30 min). Rendez-vous sur www.fiscardo.com (en anglais) pour des informations sur la ville.

ITHAQUE ΙΘΑΚΗ

3 180 HABITANTS

À l'abri entre Céphalonie et la Grèce continentale, la paisible Ithaque jouit d'un cadre idyllique. L'île est dans l'*Odyssée* la patrie d'Ulysse, où son épouse, la fidèle Pénélope, fit stoïquement face à ses prétendants en attendant son retour. Ithaque semble composée de deux presqu'îles reliées par un isthme étroit. Des falaises abruptes, des montagnes escarpées et arides, ainsi que quelques poches d'oliveraies et de forêts de cyprès font de l'île un joyau. Des villages (la plupart reconstruits après le séisme de 1953) et des plages de galets ajoutent à son charme, tandis que monastères et églises renferment des merveilles byzantines.

Depuis/vers Ithaque

BATEAU

Strintzis Lines (www.strintzisferries.gr) assure deux traversées quotidiennes par ferry entre Vathy ou Piso Aetos et Patras (Péloponnèse) avec halte à Sami (Céphalonie).

En haute saison, le ferry **Ionian Pelagos** (☎26740 32104) assure une liaison quotidienne, voire deux, entre Piso Aetos, Sami et Astakos, sur le continent.

West Ferry (www.westferry.gr) relie avec des horaires fluctuants Frikès à Vassiliki (Leucade). Il peut exister une ligne Frikès-Fiskardo (Céphalonie), mais on doit généralement passer par Vassiliki.

Billets et renseignements auprès des deux agences de voyages de Vathy, chacune passant par des sociétés de ferries différentes.

Voir aussi le tableau ci-dessous.

Autorités portuaires (☎26740 32909).

BUS

Vous pouvez acheter un billet de bus pour Athènes (22 €, plus 18,60 € pour le ferry, tlj), ce qui nécessite de monter à bord du ferry pour Patras à Vathy, puis de trouver à Sami le bus qui a embarqué sur le ferry.

Comment circuler

Le port de Piso Aetos, sur la côte ouest d'Ithaque, n'est pas habité. Des taxis et le bus municipal attendent l'arrivée du bateau en saison.

Le seul bus de l'île se rend 2 fois/jour (du lundi au vendredi, un peu plus souvent en haute saison) de Kioni à Vathy via Stavros et Frikès (3,90 €). Ses horaires ne conviennent donc pas toujours aux excursionnistes.

Pour circuler sur l'île, la solution la plus simple est de louer une mobylette ou une voiture (à partir de 35 € en haute saison), voire un bateau à moteur. Les agences peuvent assurer la livraison moyennant rémunération (10-15 €).

AGS (☎26740 32702 ; Vathy). Côté ouest du port.

Alpha Bike & Car Hire (☎26740 33243 ; www.alphacarsgreece.com ; Vathy). Derrière l'Alpha Bank.

Sea Taxi (☎6972142374, 26740 33581).

Taxis (☎6944790943, 6944686504, 6945700214). Les taxis sont assez chers (environ 30 € pour faire le trajet Vathy-Frikès).

Vathy Βαθύ

1 820 HABITANTS

La principale localité d'Ithaque s'étend sur un long front de mer. L'animation se concentre sur sa place centrale, la Plateia Efstathiou Drakouli, bordée de cafés et de restaurants. Des ruelles sinuent du front de mer vers l'intérieur. Assez déglingué malgré ses eaux superbes et les montagnes environnantes, Vathy est le seul endroit de l'île qui possède des banques, des agences de voyage ou des discothèques.

Activités

♥ Sentiers insulaires — RANDONNÉE

Peu étendue en superficie et sillonnée de sentiers balisés, Ithaque découvre aisément des paysages spectaculaires à qui entreprend ces belles et courtes randonnées où le regard porte à 360° sur la mer et les îles voisines. On peut participer à des randonnées guidées

BATEAUX AU DÉPART D'ITHAQUE

VERS	PORT	DURÉE	TARIF (€)	FRÉQUENCE
Astakos (continent)	Piso Aetos	2 heures 20	10	1-2/jour
Patras (Péloponnèse)	Piso Aetos	3 heures 15	21	1/jour
Sami (Céphalonie)	Piso Aetos	30 min	3	2/jour
Vassiliki (Leucade)	Frikès	1 heure	8	5/sem
Vassiliki	Piso Aetos	1 heure 15	8	2/sem (saison)

de 5 à 13 km, qui traversent des lieux peu visités de l'île, comme la très prisée "marche d'Homère". Adressez-vous à **Island Walks** (www.islandwalks.com ; 15-18 €).

Excursions à la journée CROISIÈRES
En haute saison, **Albatross** (☎ 6976901643) et **Mana Korina** (☎ 6976654351) appareillent depuis le port de Vathy pour naviguer dans les eaux autour d'Ithaque jusqu'à Fiskardo, Leucade et d'autres îles peu connues comme Atokos et Kalamos (45 €). Ils vous déposent également à la **plage de Gidaki** (10 €), par ailleurs accessible à pied, par un sentier de randonnée partant de la **plage de Skinari**.

Où se loger

Grivas Gerasimos Rooms PENSION $
(☎ 26740 33328 ; d/tr 40/45 €). Petits balcons donnant sur la mer et grands studios. Tournez à droite au Century Club sur le front de mer, puis prenez la première à gauche dans la rue parallèle à la mer et parcourez encore 50 m.

Odyssey Apartments APPARTEMENTS $$
(☎ 26740 33400 ; www.odysseyapartments.gr ; studio 100 €, app 1/2 ch 130/160 € ; P ❄ ≋). Perchés sur une colline à 500 m de Vathy, des studios et des appartements (jusqu'à 5 personnes) impeccables avec balcon et vue splendide sur le port de plaisance. Fléché à partir de l'extrémité est du front de mer.

Hotel Familia BOUTIQUE-HÔTEL $$
(☎ 26740 33366 ; www.hotel-familia.com ; Odysseos 60 ; s/d petit-déj inclus à partir de 90/105 € ; ❄ wifi). Le passé, c'est celui d'un pressoir à olives. Le présent, une restauration réussie tout en pierres apparentes, jouant avec les tons pastel et un éclairage tamisé.

Hotel Mentor HÔTEL $$
(☎ 26740 32433 ; www.hotelmentor.gr ; s/d/tr/q petit-déj inclus 75/85/105/135 € ; ❄ wifi). Simplicité et propreté sont de mise pour cet établissement du port, sur lequel donnent certaines chambres.

♥ **Hotel Perantzada** BOUTIQUE-HÔTEL $$$
(☎ 26740 33496 ; www.arthotel.gr/perantzada ; Odyssea Androutsou ; s/d petit-déj inclus à partir de 135/170 € ; ⏲ Pâques à mi-oct ; ❄ @ wifi ≋). Ces trois bâtiments rénovés déclinent toute une gamme d'ambiances, de l'authentique au moderne classieux, avec pour seule priorité de mettre en valeur les œuvres d'art, l'architecture et, bien sûr, la vue sur la baie et les montagnes. Une déco signée Ingo Maurer. Sublime piscine à débordement et somptueux petits-déjeuners.

Où se restaurer

La scène culinaire reste très limitée. Les gourmands goûteront le *rovani*, spécialité à base de riz, miel et clous de girofle, dans l'une des pâtisseries de la place principale ou alentour.

Trehantiri TAVERNE $
(☎ 26740 33444 ; plats 5-8 € ; ⏲ déj et dîner). Cuisine à l'ancienne dans cette petite taverne installée dans une rue secondaire, en face d'un fleuriste. On choisit son plat derrière le comptoir avant de deviser avec les habitués.

Renseignements

Il n'y a pas d'office du tourisme sur Ithaque. Adressez-vous aux agences **Delas Tours** (☎ 26740 32104) et **Polyctor Tours** (☎ 26740 33120 ; www.ithakiholidays.com), toutes deux sur la grand-place de Vathy, où se tiennent les seules banques de l'île (avec DAB) et la poste.

Ailleurs sur Ithaque

Patrie légendaire d'Ulysse, fière de ses sites associés à l'*Odyssée* d'Homère, Ithaque plonge ses racines dans la mythologie. Les repérer s'avère parfois épique faute de beaucoup d'indications. Le plus célèbre de ces lieux est la **fontaine d'Aréthuse**, dans le sud de l'île : c'est là que le porcher Eumée menait ses bêtes et qu'Ulysse, déguisé en mendiant, le rencontra à son retour. Le sentier isolé qui y conduit traverse les paysages séculaires de l'île. Une marche de 1 heure 30 à 2 heures (aller-retour) à partir de la fourche (sans compter les 5 km de montée dans la colline jusqu'au panneau indicateur) qui vous découvrira des échappées magnifiques sur la mer.

L'emplacement du palais d'Ulysse reste controversé, les archéologues n'en ayant pas mis au jour de traces probantes. Si certains estiment qu'il s'élevait sur la **colline de Pelikata**, près de Stavros, l'archéologue allemand Heinrich Schliemann, lui, le situe à **Alalkomenès**, près de Piso Aetos.

Oubliez un moment les références aux livres d'Homère et rejoignez l'ancienne capitale assoupie, **Anogi**, au nord de Vathy, en suivant la belle route de montagne. Son église restaurée, **Agia Panagia**, qui daterait du XIIe siècle, possède de superbes fresques byzantines et un campanile vénitien. Demandez la clé dans le *kafeneio* voisin. À environ 200 m sur la colline, les ruines, peu importantes mais très évocatrices de l'**Anogi antique**, s'inscrivent dans un paysage rocailleux.

Encore plus au nord, dans les terres, le village de **Stavros**, également accessible par la route qui longe la côte ouest, domine la baie de Polis. Vous y trouverez le seul DAB en dehors de Vathy, ainsi qu'un petit **musée archéologique** (26740 31305 ; 8h30-15h mar-dim) GRATUIT, où sont exposés de nombreux objets de fouille exhumés dans la région et datés de 3 000 av. J.-C. jusqu'à la période romaine.

En continuant vers le nord, le village perché d'**Exogi** offre une vue panoramique. En chemin, vous passerez par une zone de fouilles archéologiques connue sous le nom de **maison d'Homère**, au pied d'une piste indiquée sur la droite.

La route qui part de Stavros vers le nord-est conduit à **Frikès**, point de départ des ferries pour Leucade. Encadrée de falaises balayées par le vent, cette bourgade littorale soignée compte quelques restaurants et des bars animés.

De Frikès, une route sinueuse longe le littoral jusqu'à **Kioni**, un autre village côtier, parmi les plus ravissants de l'île, qui dévale une colline verdoyante vers un minuscule port de plaisance bordé de tavernes.

Où se loger

Ourania Apartments APPARTEMENTS $
(26740 31027 ; www.ithacagreece.com/ourania/ourania.htm ; Stavros ; app à partir de 40 € ; P ❄). L'accueil sympathique que vous réserve la propriétaire et le confort font vite se sentir chez soi. La vue depuis le merveilleux jardin englobe les oliveraies et s'étend jusqu'à la mer.

Captain's Apartments APPARTEMENTS $$
(26740 31481 ; www.captains-apartments.gr ; Kioni ; app 2/4 pers 70/95 € ; ❄ Wi-Fi). Studios et appartements bien tenus donnent sur les collines boisées. Fléchage depuis la route sinueuse menant au port de Kioni.

Kioni Apartments APPARTEMENTS $$
(26740 31144 ; www.ithacagreece.eu ; Kioni ; app 80 € ; mai-oct ; ❄). Des studios simples, à la situation centrale, sur le port de Kioni. Séjour minimum de 4 nuits parfois exigé.

Où se restaurer et prendre un verre

À Kioni, le confortable **Cafe Spavento** (26740 31427 ; Kioni ; Wi-Fi) possède le Wi-Fi.

Stavros compte plusieurs tables sans prétention : l'**Ithaki Restaurant** (26740 31080 ; plats 8-14 € ; déj et dîner), à la cuisine typique de taverne, le **Polyphemus** (26740 31794 ; plats 10-16 € ; déj et dîner), où l'on s'installe dans le jardin, et des cafés comme le **Sunset**, apprécié pour sa vue, et le **To Kentro**, rendez-vous local.

♥ **Yefuri** TAVERNE $$
(26740 31131 ; Platrithias ; plats 7-16 € ; dîner mar-dim, horaires réduits en basse saison). La fraîcheur des produits et les recettes sans cesse renouvelées en font sans doute le meilleur restaurant hors de Vathy. Sur la route entre Stavros et Platrithias.

Mythos TAVERNE $
(26740 31122 ; Kioni ; plats 6-10 € ; déj et dîner). À Kioni, le Mythos régale ses hôtes d'un excellent *pastitsio* et autres classiques.

Rementzo TAVERNE $
(26740 31719 ; Frikès ; plats 6-12 € ; déj et dîner). Situé à Frikès, ce restaurant propose des classiques grecs d'un bon rapport qualité/prix.

ZANTE ΖΑΚΥΝΘΟΣ

40 650 HABITANTS

Zante (en français et en italien, Zakynthos en grec) se bat contre le tourisme de masse sur ses côtes est et sud-est. Pourtant, toute l'île – que les Vénitiens avaient baptisée la "Fleur du Levant" – est magnifique, notamment les régions montagneuses et boisées du centre et de l'ouest, qui descendent vers des eaux turquoise. Les caps nord et sud restent verdoyants et moins envahis, et la ville de Zakynthos ajoute un peu de charme au littoral oriental, surexploité, à tel point que la survie des tortues caouannes en est menacée.

Depuis/vers Zante

AVION

Vols intérieurs

Astra Airlines (www.astra-airlines.gr). Desserte de Thessalonique.

Olympic Air (26950 42617, 801 801 0101 ; www.olympicair.com ; aéroport de Zakynthos ;

⏲8h-22h lun-ven). Liaisons vers/depuis Athènes.

Sky Express (☎28102 23500 ; www.skyexpress.gr). À destination de Corfou (via Céphalonie et Prévéza) et Cythère.

Vols internationaux

La compagnie **Aegean Airlines** (http://fr.aegeanair.com) assure des vols avec escale vers Zante depuis la France et la Belgique. **Air Berlin** (www.airberlin.com) dessert également Paris et Zurich avec une escale et **Air France** (www.airfrance.fr), Paris et Bruxelles. Adressez-vous également à **Olympic Air** pour la France, à **Brussels Airlines** (www.brusselsairlines.com) pour la Belgique et à **Swiss** (www.swiss.com) et **Czech Airlines** (http://fr.csa.cz) pour la Suisse.

En haute saison, des compagnies low cost desservent Zante avec escale : **Smart Wings** (www.smartwings.com) depuis Paris et Bruxelles et **Jetairfly** (www.jetairfly.com) depuis Bruxelles.

BATEAU

Lignes nationales

Ionian Ferries (☎26950 22083 ; www.ionianferries.gr ; Lomvardou 40 et 72, Zakynthos) assure 4 à 8 liaisons par jour selon la saison, entre le port de Zakynthos et Kyllini, dans le Péloponnèse. Certains ferries internationaux font halte sur les lignes depuis/vers Corfou, Igoumenitsa, Sami (Céphalonie), et Bari ou Brindisi, en Italie.

Du port d'Agios Nikolaos, au nord de l'île, un ferry effectue de mai à octobre 2 traversées quotidiennes jusqu'à Pessada (sud de Céphalonie). **Chionis Tours** (☎26950 48996 ; Lomvardou 8, Zakynthos) vend des billets. En raison de la quasi-inexistence de bus desservant les deux ports, mieux vaut rejoindre Kyllini et prendre un autre ferry vers Céphalonie, faute d'un moyen de transport individuel.

Voir aussi le tableau ci-dessous.

Autorités portuaires (☎26950 42556)

Lignes internationales

Ionian Ferries vend des billets pour les services assurés en haute saison vers Brindisi (Italie) via Igoumenitsa et Corfou par Minoan Lines (p. 710), Superfast (p. 710) et Blue Star Ferries (p. 709). Ventouris (p. 710) dessert Bari.

BUS

La **gare routière KTEL de Zakynthos** (☎26950 22255 ; www.ktel-zakynthos.gr) se trouve sur la rocade qui contourne Zakynthos par l'ouest. Un bus s'y rend depuis l'église Saint-Denis sur le port. Il existe également des liaisons routières pour Athènes (26 €, 6 heures, 3/j ; arrêt possible à la gare KTEL de Corinthe), Patras (8 €, 3 heures 30, 3/j) et Thessalonique (50 €, 10 heures, 2/sem). Comptez 8 € en supplément pour le ferry vers Kyllini.

Comment circuler

Il n'existe pas de navette entre Zakynthos et l'aéroport de l'île, situé à 6 km au sud-ouest. Comptez 12 € en taxi.

De la gare routière KTEL de Zakynthos, des bus fréquents desservent les stations balnéaires d'Alikès (1,70 €), Tsilivi, Argassi, Laganas et Kalamaki (chacune 1,60 €). Plusieurs lignes locales, empruntant la route côtière ou celle de l'intérieur, sont pratiques pour rejoindre Katastari et Volimès. Les autres dessertes sont rares.

Vous pouvez louer une voiture (à partir de 40 € en haute saison) ou une moto à l'aéroport ou dans les grandes stations balnéaires.

Europcar (☎26950 41541 ; quai du ferry, Zakynthos). Livraison du véhicule à l'aéroport possible.

Hertz Zakynthos (☎26950 45706) ; aéroport (☎26950 24287)

Zakynthos Ζάκυνθος

10 760 HABITANTS

Zakynthos, la dynamique capitale de l'île et son port principal, s'étend autour d'une immense baie. Dévastée par le tremblement de terre de 1953, la cité, reconstruite à l'identique, a retrouvé ses rues à arcades, ses places imposantes et ses élégants bâtiments publics de style néoclassique. Une citadelle vénitienne domine la ville.

À voir et à faire

Centrale, la Plateia Agiou Markou concentre l'animation.

♥ **Musée byzantin** PATRIMOINE
(☎26950 42714 ; Plateia Solomou ; 3 € ; ⏲8h-15h mar-dim). Installé dans un remarquable bâtiment qui domine la grand-place, ce

BATEAUX AU DÉPART DE ZANTE (ZAKYNTHOS)

VERS	PORT	DURÉE	TARIF (€)	FRÉQUENCE
Kyllini (Péloponnèse)	Zakynthos	1 heure	8	6/jour
Pessada (Céphallonie)	Agios Nikolaos	1 heure 30	8	2/jour, en saison

Zante

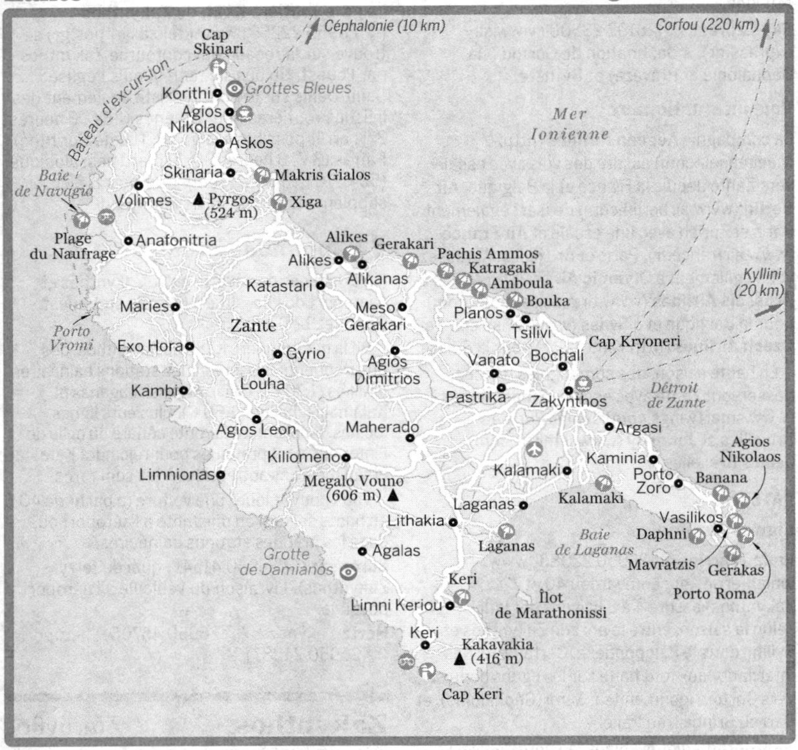

musée déploie sur 2 étages une impressionnante collection d'œuvres d'art récupérées dans les églises en ruine après le séisme. À l'intérieur, une réplique du monastère Saint-Andreas (XVIe siècle) accueille les fresques originales restaurées.

Musée de Solomos PATRIMOINE
(☎26950 48982 ; www.museumsolomos.gr ; Plateia Agiou Markou 15 ; adulte 4 €, enfant gratuit ; ⏲9h-14h). Ce musée est consacré à Dionysios Solomos (1798-1857), enfant du pays et père de la poésie contemporaine grecque. Son *Hymne à la liberté* est devenu l'hymne national.

Église de Dionysios ÉGLISE
(musée 2 € ; ⏲musée 9h-13h et 17h-21h). L'église consacrée au saint patron de l'île, Dionysios (Denis, né vers 1547), possède des pièces d'orfèvrerie religieuse et des fresques remarquables. Son **musée ecclésiastique** renferme des icônes provenant du monastère de Strofadès, où Dionysios aurait vécu pendant quelques années, ainsi que des rouleaux de prières des XIIIe et XIVe siècles.

Kastro RUINES
(☎26950 48099 ; 3 € ; ⏲8h-15h mar-dim). La citadelle vénitienne est haut perchée, dans le village de Bochali, à 2,5 km de la ville. Depuis le parking de Bochali, marchez sur 300 m.

Où se loger

Hotel Alba PENSION $
(☎26950 26641 ; www.albahotel.gr ; L Ziva 38 ; d à partir de 44 € ; ❄@). Le marbre poli et l'éclairage pimpant égaient les chambres simples et les sdb encore plus dépouillées de cet hôtel du centre.

Hotel Palatino HÔTEL $$
(☎26950 27780 ; www.palatinohotel.gr ; Kolokotroni 10 ; d/q à partir de 75/130 € ; ❄@📶). Au calme dans une zone résidentielle néanmoins proche du centre, le Palatino bénéficie

d'une décoration soignée et d'un service attentif. Vue sur la mer depuis certaines chambres avec balcon.

Hotel Strada Marina HÔTEL $$
(26950 42761 ; www.stradamarina.gr ; Lombardou 14 ; d petit-déj inclus à partir de 95 € ;). Idéalement situé sur le port, avec une piscine sur le toit-terrasse et des chambres bien équipées. Les balcons du dernier étage offrent une belle vue sur la baie.

Hotel Diana HÔTEL $$
(26950 28547 ; www.dianahotels.gr ; Plateia Agiou Markou ; ch petit-déj inclus à partir de 70 € ;). Un établissement central et tout confort. Suite familiale de 2 chambres (110 €).

Où se restaurer et prendre un verre

Comme ailleurs dans l'île, les restaurants sont nombreux, mais ils manquent de charme pour une addition souvent salée.

Malanos TAVERNE $
(26950 45936 ; www.malanos.gr ; Agiou Athanasiou, région de Kiri ; plats 5-10 € ; 12h-16h et 20h-tard). Ses spécialités locales ont tôt fait d'asseoir sa réputation sur toute l'île. On s'y régale ainsi de coq, de lapin et de sanglier. Cet établissement familial se trouve à la campagne, à la lisière sud de la ville.

Mesathes MÉDITERRANÉEN $$
(26950 49315 ; Ethnikis Antistaseos ; plats 9-11 € ; déj et dîner). Une table soignée à l'abri d'une rue piétonne derrière le Musée byzantin. Beau choix de plats grecs et de produits de la mer.

Base BAR
(http://basecafe.gr). Cette "base" idéalement située sur la Plateia Agiou Markou attire une clientèle locale cool, avec ses cafés, ses boissons et sa musique.

Ailleurs sur Zante

Disposer de son propre moyen de transport est nécessaire pour découvrir l'île.

À voir

De toute la partie méridionale, la **péninsule de Vassilikos**, qui ferme à l'est la baie de Laganas, demeure la plus boisée et tranquille. Elle connaît cependant un certain développement. Ainsi, la longue écharpe de sable doré que forme la **plage de Banana** sur le rivage septentrional de la péninsule remporte un vif succès, notamment auprès des amateurs de sports nautiques. **Kaminia**, un peu plus au nord, est également correcte. Côté baie de Laganas, la pointe abrite la plus belle plage de Zante, la longue et sablonneuse **Gerakas**. Il s'agit de l'une des principales zones de ponte des tortues et l'accès en est interdit du coucher au lever du soleil, de mai à octobre ; veillez à respecter les recommandations en matière de protection des tortues, consultables au kiosque proche du sentier d'accès à la plage.

En étant motorisé, vous pourrez gagner l'extrême sud-ouest de l'île, assez sauvage. Après le village traditionnel de **Keri**, une petite route (vous passerez devant une taverne arborant un immense drapeau grec) mène au **cap Keri** et à son phare perché sur une falaise abrupte.

De là, des routes magnifiques, où l'on se perd parfois avec bonheur, traversent en direction du nord un paysage de collines boisées dont les habitants vendent du miel entre autres produits saisonniers. Ces routes mènent à quelques rares criques de la côte ouest accessibles par les terres, comme celles de **Limnionas** et de **Kambi**, ainsi qu'à des joyaux, dans l'intérieur des terres, comme **Kiliomeno**, dont l'église **Agios Nikolaos** a un campanile sans toit. La tour de l'horloge de l'église du village d'**Agios Leon** était auparavant un moulin. Citons aussi la ravissante localité de **Louha**, dans une vallée entourée de bois et de pâturages ; le bourg d'**Exo Hora**, qui possède une collection de puits asséchés et un olivier qui serait le plus vieux de l'île ; et, plus au nord, **Volimès**, centre de vente d'artisanat.

Au nord de Zakynthos, la côte orientale est bordée de stations balnéaires ; plus vous avancez vers le nord, plus l'île redevient superbe et sauvage. La route est plus étroite à **Agios Nikolaos**, port des ferries du nord de l'île. De là, vous pouvez continuez jusqu'au **cap Skinari**, balayé par les vents.

Des bateaux partent d'Agios Nikolaos et du cap Skinari vers les **grottes Bleues**, creusées dans les falaises calcaires au niveau de la mer, où l'eau devient d'un bleu cristallin lorsque le soleil y pénètre, de 9h à 14h.

Les bateaux rejoignent aussi la célèbre **plage du Naufrage**, dans la **baie de Navagio**, soit 3 km à l'ouest de Volimès à la pointe nord-ouest de l'île. Ce site magnifique, très fréquenté par des bateaux remplis de

TORTUES EN DANGER

La tortue caouanne *(Caretta caretta)*, l'une des plus belles espèces marines d'Europe, est en voie de disparition. Pour enfouir ses œufs, elle préfère les larges bandes de sable plates, propres et désertes. La fréquentation touristique, en la chassant de certaines régions, a conduit cette espèce au bord de l'extinction. Zante est la zone de reproduction la plus importante : environ 1 100 nids sont enfouis sur les 5 km de la zone de la baie de Laganas englobés dans le **parc national marin de Zante** (NMPZ ; www.nmp-zak.org).

Des règles strictes limitent la construction, la navigation, la pêche et les sports nautiques dans ces zones désignées. À l'époque de l'éclosion (juillet-octobre), des associations de protection de l'environnement placent au-dessus des nids enfouis dans le sable des panneaux qui les signalent aux touristes et indiquent les dangers encourus par les jeunes tortues du fait de l'intense présence humaine. En outre, une fois sorties du nid, s'il n'a pas été détruit, les jeunes tortues ne parviennent souvent pas jusqu'à la mer, désorientées par les parasols, le bruit et l'éclairage. De même, les bateaux tuent ou dérangent les tortues.

Les bénévoles d'**Archelon** (www.archelon.gr) et du parc national marin proposent des programmes de sensibilisation. Il existe également un centre d'information sur la plage de Gerakas (www.earthseasky.org).

- Pendant la reproduction (mai-octobre), l'accès aux plages lieux de ponte est interdit du crépuscule à l'aube.
- Il ne faut absolument pas planter de parasol là où le sable est sec (installez-vous plus près du rivage, là où il est mouillé).
- Interdisez-vous toute excursion en bateau dans la baie de Laganas.

touristes en saison, nécessite qu'on y aille tôt dans la journée. Depuis la terre, c'est juché sur un **belvédère** précaire (signalé entre Anafonitria et Volimès) que l'on peut contempler la baie. Adressez-vous à **Potamitis Trips** (26950 31132 ; www.potamitisbros.gr ; cap Skinari) et à **Karidis** (6974492193 ; Agios Nikolaos) pour y aller en bateau (7,50 € pour les grottes Bleues, 15 € avec la plage du Naufrage).

Où se loger

Il est possible de louer des villas auprès d'**Aresti Club** (26950 26151 ; www.aresti.com.gr), ainsi que des maisons sur la péninsule de Vasilikos auprès d'**Ionian Eco Villagers** (www.relaxing-holidays.com).

Villa Christina — APPARTEMENTS $
(26950 49208 ; www.villachristina.gr ; Limni Keriou ; studio 45-50 €, app 55-85 €, maisonnette 5 pers 110-160 € ; mai-oct ; P). Une oasis de calme, dans une ancienne oliveraie, pourvue d'un magnifique jardin. Les adorables propriétaires proposent toute une gamme d'hébergements, tous impeccables et avec cuisine. Bibliothèque/salle de TV, barbecue et piscine. Entre Limni Keriou et la route de Laganas.

Panorama Studios — APPARTEMENTS $
(26950 31013 ; www.panorama-studios.gr ; Agios Nikolaos ; studio 40 € ; P). D'excellents studios avec vue sur la mer, sur la route principale, à 600 m au-dessus du port d'Agios Nikolaos, dans un ravissant jardin.

Moulins à vent — PENSION $$
(26950 31132 ; www.potamitisbros.gr ; d 70 €). Au cap Skinari, dans un cadre splendide, deux moulins reconvertis, dont un en pierre, se dressent sur la falaise. Toutes les chambres, ravissantes, bénéficient d'une vue exceptionnelle. Un escalier mène à une aire de baignade. Cuisine et café-bar sur place.

Revera Villas — HÔTEL $$
(6974875171, 26950 27524 ; www.revera-zante.com ; studio 70 € ; P). Ces villas en pierre, à 500 m au sud-ouest de Keri, en retrait de la route menant au phare, ont connu des jours meilleurs. L'emplacement idyllique compense cela.

Où se restaurer

Autour de Zakynthos, il n'y a pas grand-chose d'enthousiasmant. Il existe en revanche de bonnes tavernes sans prétention à Keri, Limnionas et Kambi (en haute saison uniquement).

Alitzerinoi TAVERNE $
(☎26950 48552 ; www.alitzerinoi.gr ; Kiliomeno ; plats 7-12 € ; ⏲9h-tard, dîner seulement ven-dim hiver). Les habitants n'hésitent pas à faire le trajet jusqu'à la petite localité de Kiliomeno pour se régaler de succulents plats à base de produits et de fromages locaux, dans une pittoresque cour-terrasse étagée sur la colline.

Louha's Coffee Shop CAFÉ $
(☎26950 48426 ; Louha ; plats 4-7 € ; ⏲mai-oct). Installez-vous pour prendre un verre ou manger sous la vigne en terrasse, face à l'église Saint-Jean-le-Théologien. Vins locaux, plat du jour et salades sont à la carte de cette table traditionnelle face aux collines plantées de cyprès.

CYTHÈRE ΚΥΘΗΡΑ

4 030 HABITANTS

L'île de Cythère (Kythira) s'étend à 12 km au large de la péninsule de Laconie, entre la mer Égée et la mer Ionienne. En dépit de sa proximité avec le Péloponnèse, elle appartient à l'archipel des îles Ioniennes, et les cyprès sont là pour le rappeler. Le plateau central vallonné qui couvre la plus grande partie de l'île a conservé ses caractéristiques : cultivé dans certains endroits, sauvage ailleurs, là où poussent seuls fenouil et ail naturels. Vers la côte, les terres s'effondrent tout d'un coup dans la mer et de hautes falaises cachent des plages à leurs pieds. La population de Cythère se répartit dans une quarantaine de villages plutôt ruraux, aux maisons blanches et cubiques rappelant les Cyclades. D'étroits chemins tortueux les relient entre eux au cœur de vallées bien alimentées en eau. Quelques demeures néoclassiques et d'anciens *kaféneia* rappellent le passé.

Cythère est assez peu fréquentée, hormis en juillet-août, où l'île est prise d'assaut, notamment par des expatriés (venus en particulier d'Australie). Durant les dix autres mois de l'année, en revanche, l'île est paisible, et l'on peut profiter à loisir de ses belles plages désertes.

ℹ Renseignements

Pour plus de détails sur Cythère, rendez-vous sur www.kythira.gr, www.kithera.gr, www.kythira.info ou www.visit kythera.gr et, pour randonner, consultez le site www.kytherahiking.com, qui propose aussi des randonnées guidées. Les randonneurs qui lisent l'anglais peuvent se procurer *Kythira on Foot: 32 Carefully Selected Walking Routes* (en anglais, 10 €) par Frank Van Weerde.

ℹ Depuis/vers Cythère

AVION

L'**aéroport** (KIT) se trouve à 10 km au sud-est de Potamos. **Olympic Air** (☎801 801 0101 ; www.olympicair.com) rallie Athènes (81 €, 50 min, 2/j). Sky Express (p. 119) dessert Zante, Céphalonie, Prévéza, Corfou (de juin à septembre) et parfois Héraklion (Crète).

BATEAU

La liaison maritime majeure est Diakofti-Néapolis (Péloponnèse). Les billets sont vendus sur le port juste avant le départ ou chez Kithira Travel (p. 631).

Des ferries LANE Lines desservent Diakofti, dans le sud de l'île, sur leur trajet hebdomadaire entre Le Pirée, Cythère, Anticythère, Kissamos-Kastelli (Crète) et Kalamata, Monemvassia et Gythion (Péloponnèse). Renseignements et billets disponibles auprès de **Porfyra Travel** (☎27360 31888 ; www.kythira.info), à Livadi.

Voir aussi le tableau ci-dessous.

ℹ Comment circuler

Des bus circulent occasionnellement en août. Il existe aussi des **taxis** (☎6944305433) assez coûteux. La taille de l'île justifie grandement de disposer d'un véhicule personnel. Les agences

BATEAUX AU DÉPART DE CYTHÈRE

VERS	DURÉE	TARIF (€)	FRÉQUENCE
Gythion	2 heures 30	11	1/sem
Kalamata	5 heures	20	1/sem
Kissamos-Kastelli	2 heures 30-4 heures	20	4/sem (2 via Anticythère, 9 €)
Le Pirée	6 heures 30	24	2/sem
Monemvassia	2 heures	10	1/sem
Néapolis	1 heure 15	11	1/jour

Cythère et Anticythère

de location peuvent venir vous chercher au port ou à l'aéroport.

Drakakis Tours (☎27360 31160 ; www.drakakistours.gr ; Livadi). Location de voitures, de camionnettes et de 4x4.

Panayotis Rent A Car (☎27360 31600 ; www.panayotis-rent-a-car.gr). Location de voitures et de vélomoteurs. Agence à l'aéroport.

Kythira (Hora)
Κύθηρα (Χώρα)

3 350 HABITANTS

Chef-lieu de l'île, Kythira (Hora) est un joli village aux maisons blanches, perché sur une crête étroite qui s'étend au nord du *kastro* vénitien surplombant la mer.

À voir

Kastro CITADELLE

(8h-15h). GRATUIT Cette belle citadelle vénitienne (XIIIe siècle) est l'un des sites phares du village. Si vous allez jusqu'à son extrémité sud, après l'**église de Panagia**, vous parviendrez à une falaise abrupte qui offre une vue vertigineuse sur Kapsali et, par temps clair, jusqu'à Anticythère (Antikythira).

Où se loger et se restaurer

Castello Rooms PENSION $

(☎27360 31069 ; www.kythera-castelloapts.gr ; Spyridonos Staï ; studio à partir de 40 € ;). En retrait de la rue principale, 7 chambres confortables avec cuisine, au cœur d'un jardin de fleurs et d'un verger.

Hotel Margarita PENSION $$

(☎27360 31711 ; www.hotel-margarita.com ; en retrait de Spyridonos Staï ; s/d/tr 60/90/110 € ; Pâques-oct ;). Cette demeure blanche aux volets bleus date du XIXe siècle. Le marbre noir et blanc au sol et le vieil escalier en spirale ont su en conserver l'âme après la rénovation de ses belles chambres (toutes avec TV et téléphone). Vue splendide sur le *kastro* et la mer depuis la terrasse.

Corte O Suites APPARTEMENTS $$

(☎27360 39139 ; www.corteo.gr ; studio/app 2 pers petit-déj inclus 85/150 € ; avr-oct ;). Une décoration minimaliste confère une grande simplicité à ces beaux appartements équipés de cuisine, avec terrasse particulière et vue sur la mer ou la vallée. À proximité du *kastro*.

LA NAISSANCE D'APHRODITE

La mythologie suggère qu'Aphrodite serait née au large de Cythère, près d'Avlemonas. Surgie, resplendissante, de l'écume, on dit la fille de Zeus née du sang tombé dans l'Océan quand Cronos émascula son père Ouranos. Cette beauté s'installa ensuite près de Pafos, à Chypre. Les deux îles se disputent ainsi le berceau de la déesse de l'Amour.

Zorba's TAVERNE $

(☎27360 31655 ; plats 6-11 € ; dîner mar-dim). Les habitants ne tarissent pas d'éloges sur ses grillades. La meilleure table de la ville.

Où prendre un verre

Fos Fanari CAFÉ

(☎27360 31644 ; 8h-tard ;). Profitez du Wi-Fi et de la vue spectaculaire sur la vallée.

Renseignements

Les banques (avec DAB) et la poste se trouvent sur la place centrale.

Kithira Travel (Hora ☎27360 31390, Potamos ☎27360 31848 ; www.kithiratravel.gr).

Poste de police (☎27360 31206). Près du *kastro*.

Kapsali Καψάλι

34 HABITANTS

À l'époque vénitienne, ce village pittoresque servait de port à Kythira (Hora), distante de 2 km. Depuis le *kastro*, ses deux baies de sable, bordées de restaurants et de cafés, sont éblouissantes. La baignade est surveillée sur la plage de couleur ocre.

Le rocher escarpé au large est connu sous le nom d'**Itra** ("marmite") car, par temps nuageux, il semble fumer telle une marmite.

Panayotis Rent a Car (ci-contre) sur le front de mer loue canoës et pédalos, tout comme voitures, vélomoteurs et vélos. Des croisières quotidiennes sont proposées à bord du **capitaine Spiros** (☎6974022079) à fond de verre (à partir de 12 €/pers), notamment vers Itra, où l'on peut se baigner.

Où se loger

Spitia Vassili PENSION $

(☎27360 31125 ; www.kythirabungalowsvasili.gr ; d/tr petit-déj inclus à partir de 45/55 € ;).

À NE PAS MANQUER

MYLOPOTAMOS ΜΥΛΟΠΟΤΑΜΟΣ

Blotti dans une petite vallée à 13 km au nord de Kythira (Hora), Mylopotamos a du charme à revendre. Une ravissante église et son clocher flanquent la grand-place dont l'authentique **Kaféneio O Platanos** (27360 33397) fait, l'été, restaurant en terrasse (plats 6-8 €). Le personnel peut vous aider à trouver un hébergement.

Au cœur d'un paysage verdoyant le long d'un sentier, la **cascade** de Neraïda et son bassin bleu-vert, changent de couleur avec la lumière du soleil. Prenez l'embranchement à droite, après l'église, et suivez les panneaux.

Un portail mène au **kastro** (Kato Hora) GRATUIT abandonné de Mylopotamos, un dédale de petites églises bien conservées (fermées), le long d'un promontoire spectaculaire donnant sur une gorge et sur la mer. Pour y accéder, prenez à gauche à la bifurcation après l'église et suivez les panneaux pour Kato Hora.

Plusieurs superbes randonnées partent de Mylopotamos (ceux qui lisent l'anglais pourront consulter le guide *Kythira on Foot: 32 Carefully Selected Walking Routes*). Le sentier le plus ardu, superbe, suit une gorge qui cache d'anciens moulins. En chemin, des cascades et des bassins invitent à la baignade.

À l'écart du monde au-dessus de la plage de Kapsali, un complexe entouré d'arbres. Les grandes chambres, plus chères, jouissent de belles vues sur la baie.

Aphrodite Apartments APPARTEMENTS $

(27360 31328 ; www.hotel-aphrodite.gr ; d/tr/q à partir de 55/70/75 € ;). Surplombant la route principale, ces appartements agréables avec cuisine font face à la mer. La vue depuis le dernier étage est magnifique.

♥ **El Sol Hotel** HÔTEL $$

(27360 31766 ; www.elsolhotels.gr ; d/app 5 pers petit-déj inclus 120/160 € ;). Cet établissement luxueux, semblant venir tout droit des Cyclades, donne sur le *kastro* de Kythira et sur la mer. Piscine, petit-déjeuner copieux et décor moderne. Indiqué depuis la route Kythira-Kapsali.

Où se restaurer et prendre un verre

Hytra TAVERNE $

(27360 37200 ; plats 4-8 € ; déj et dîner ;). Une cuisine familiale plébiscitée par les habitués de cette taverne toute simple du front de mer.

Filio TAVERNE $

(27360 31549 ; Kalamos ; plats 6-9 € ; déj et dîner juin-sept). À 5 km de Kapsali, une taverne autant appréciée des visiteurs que des habitants pour sa cuisine savoureuse et fraîchement préparée. Beau jardin et accueil charmant.

Fox Anglais BAR

(front de mer, Kapsali ;). Musique agréable à écouter en extérieur, avant de se replier plus tard à l'intérieur.

Potamos Ποταμός

680 HABITANTS

Potamos est le centre commerçant de l'île. Son **marché aux puces** du dimanche matin attire tous les îliens, et sa place centrale est agréable.

La très populaire **Taverna Panaretos** (27360 34290 ; plats 7-12 € ; déj et dîner mar-oct, jeu-dim nov-févr) n'utilise que des produits maison, de l'huile aux légumes en passant par le fromage. La chèvre sauvage à l'huile d'olive et à l'origan est fameuse.

Le **Kafe Astikon** (27360 33141 ; 7h-tard ;) est l'endroit où tout le monde se retrouve pour prendre un verre et assister à des concerts.

Agia Pelagia Αγία Πελαγία

280 HABITANTS

Port le plus au nord de Cythère, Agia Pelagia est un simple village côtier entouré de falaises impressionnantes et de vallées boisées. Ses plages de sable et de galets sont baignées d'eaux intensément azur, mais au sud du cap les plages volcaniques leur volent la vedette, notamment la plus lointaine, la **plage de Lagada**. Les plages rouge, rose et fauve sous les hautes falaises offrent une bonne opportunité de promenade.

Où se loger et se restaurer

Hotel Pelagia Aphrodite HÔTEL $$
(☎27360 33926 ; www.pelagia-aphrodite.com ; s/d/tr petit-déj inclus 48/60/78 € ; ⏲Pâques-oct ; P ❄ wifi). Tenu par un couple gréco-australien, cet établissement est situé sur un magnifique promontoire au sud. Chambres spacieuses et impeccables, la plupart avec balcon sur la mer.

Maneas Beach Hotel HÔTEL $$
(☎27360 33503 ; www.kytherahotel.com ; d petit-déj inclus 70 € ; ❄ wifi). Sur le port, un lieu de vacances idéal et élégant.

Kaleris GREC $$
(☎27360 33461 ; plats 6-14 € ; ⏲déj et dîner Pâques-oct). Propriétaire et chef du Kaleris, Yiannis travaille les meilleurs produits locaux. Résultats créatifs : morceaux de feta servis avec du miel au thym, *vrechtoladea* (biscottes traditionnelles) et tortellinis maison au bœuf.

Ailleurs sur Cythère

Explorer collines, falaises, plages secrètes, forêts de cyprès et oliveraies est un bonheur. Il suffit d'être motorisé. Les monastères d'**Agia Moni** et d'**Agia Elesis** sont des refuges de montagne offrant de superbes panoramas, tandis que **Moni Myrtidion** se dresse sur un plateau au-dessus des flots.

Au nord de Kythira, **Kato Livadi** accueille la modeste mais magnifique collection du **musée d'Art byzantin et post-byzantin de Cythère** (☎27360 31731 ; adulte 2 €, enfant gratuit ; ⏲8h30-14h30 mar-dim). Au nord de ce village, un petit crochet vous fera découvrir le plus large pont de pierre construit en Grèce, l'emblématique **pont de Katouni**, ouvrage remontant au protectorat britannique.

Continuez vers le nord-est jusqu'au joli village de pêcheurs d'**Avlemonas**, en passant par la plage de **Paleopoli**, vaste étendue de galets. Des années durant, des recherches archéologiques ont fouillé le terrain pour mettre au jour un éventuel temple près d'Avlemonas, là où la légende veut qu'**Aphrodite** soit née de l'écume. Deux rochers immergés appelés **kofinidia** sont censés accréditer la légende mythologique d'Ouranos émasculé par Cronos. À proximité, les galets marron grisé de la **plage de Kalidi** lui confèrent une beauté singulière, tout comme ceux mauve grisé de la plage de **Fyri Ammos**, bien plus loin par tout un lacis de routes offrant un panorama inoubliable. La plage de **Kombonada** est également très belle.

Le port de l'île, **Diakofti**, vaut le détour, notamment pour son épave au large de ses côtes, mais il n'est pas nécessaire de s'y attarder.

Dans le nord-est de l'île, vous pourrez explorer les ruines de **Paliohora**, ancienne capitale byzantine de Cythère, situées sur un promontoire isolé entouré de gorges.

Plus au nord, le beau et verdoyant village de **Karavas** se trouve près de la grande plage grise de **Platia Ammos**.

Où se loger et se restaurer

Maryianni APPARTEMENTS $$
(☎27360 33316 ; http://maryianni.gr ; Avlemonas ; studio/app 3 pers 90/120 € ; P ❄). Des studios bleu et blanc rappelant les Cyclades, situés au-dessus du front de mer d'Avlemonas. Ils disposent de cuisines et de terrasses avec une vue spectaculaire sur la mer.

Skandia TAVERNE $
(☎27360 33700 ; Paleopoli ; plats 6-11 € ; ⏲déj et dîner avr-oct, ven-dim nov-mar). Une retraite bienvenue à l'écart des foules et à l'ombre d'ormes.

Psarotaverna O Manolis POISSON ET FRUITS DE MER $
(☎27360 33748 ; Diakofti ; plats 6-9 € ; ⏲déj et dîner ; wifi). Les habitants viennent ici pour se régaler de poisson frais et voir le bateau arriver du Pirée au clair de lune.

Pierros TAVERNE $
(☎27360 31014 ; http://pieros.gr ; Livadi ; plats 6-8 € ; ⏲déj et dîner). Depuis 1933, cette taverne familiale ravit ses clients avec une cuisine grecque sans chichis.

Sotiris POISSON ET FRUITS DE MER $
(☎27360 33722 ; Avlemonas ; poisson 30-75 € le kilo ; ⏲déj et dîner, horaires restreints en basse saison). Cette taverne appréciée prépare langoustes, fruits de mer et soupe de poisson. Essayez **Koralis** en deuxième option.

Varkoula TAVERNE $
(☎27360 34224 ; Platia Ammos ; plats 6-12 € ; ⏲horaires variables). Dégustez du poisson fraîchement préparé en écoutant du bouzouki. Appelez avant.

ANTICYTHÈRE
ANTIKYΘHPA

45 HABITANTS

Peu de visiteurs s'aventurent jusqu'à la petite Anticythère (Antikythira), la plus isolée de l'archipel, située à 38 km au sud-est de Cythère. L'unique localité de l'île est le village de **Potamos**, qui possède un médecin, un officier de police, un téléphone, un *kaféneio*-taverne, et un monastère. Mais il n'y a ni bureau de poste ni banque. Les chambres à louer ne sont disponibles qu'en été. Pour plus de détails, rendez-vous sur www.antikythira.gr.

ℹ Depuis/vers Anticythère

La compagnie de ferries LANE Lines assure une escale à Anticythère sur sa ligne entre Cythère (9 €, 1 heure 45) et Kissamos-Kastelli (Crète, 10 €, 2 heures, 1/sem). Certains bateaux s'arrêtent à Monemvassia et Gythio dans le Péloponnèse, ou au Pirée (24 €, 10 heures 30). Pour toute question ou réservation, contactez Porfyra Travel (p. 629) à Livadi, sur Cythère.

Comprendre la Grèce

La Grèce aujourd'hui

Les Grecs sont en état de choc. D'autant plus car la crise qui les afflige depuis 2008 succède à une période de croissance et de prospérité, de consommation et d'optimisme sans précédent. Aujourd'hui, la délicate restructuration politique et économique du pays touche presque toutes les strates de la société. Rares sont les citoyens épargnés par les drastiques réductions de salaires ou de retraites, les nouveaux impôts, le chômage record et la fermeture de milliers de magasins et d'entreprises.

Livres à lire

L'Odyssée d'Homère (Robert Laffont, "Bouquins"). Ulysse n'en finit pas de lutter pour rejoindre son île d'Ithaque.

Le Colosse de Maroussi, 1941, d'Henry Miller (LGF). Un classique. Miller passe d'une aventure à l'autre sans se lasser.

Alexis Zorba, 1946, de Nikos Kazantzakis (Pocket). L'intarissable soif de vie d'un homme.

L'Été grec, 1976, de Jacques Lacarrière (Pocket). Chronique passionnée d'un été en Grèce.

Liquidations à la grecque, 2013, de Petros Markaris (Seuil). Athènes en crise par un auteur de polar reconnu.

Films à voir

Jamais le dimanche (Jules Dassin, 1960). Avec Melina Mercouri.

Rien que pour vos yeux (John Glen, 1981). L'agent 007 (Roger Moore) vole en deltaplane au-dessus des Météores.

L'Éternité et un jour (Théo Angelopoulos, 1998). Film le plus célèbre du réalisateur emblématique.

Un ciel épicé (Tassos Boulmetis, 2003). Un film doux-amer sur le départ des Grecs d'Istanbul pour Athènes.

300 (Zack Snyder, 2007). Péplum bourré de testostérone sur la bataille des Thermopyles.

Attenberg (Athina Rachel Tsangari, 2011). La nouvelle vague grecque.

Mesures d'austérité

Entre 2011 et 2013, les Grecs sont descendus dans les rues d'Athènes pour protester contre les réductions de salaires, de retraites et d'emplois proposées par le gouvernement pour satisfaire ses créanciers (les instances financières internationales) et obtenir un plan de sauvetage de quelque 130 milliards d'euros.

En 2012-2013, les Athéniens, des médecins jusqu'aux employés de bureaux, ont vu leurs salaires chuter brutalement (de 30% selon certaines sources), tandis que le coût de la vie s'emballait. Aujourd'hui, le taux de chômage frôle les 27% et la suppression d'un emploi public sur quatre est envisagée pour contribuer à réduire le déficit. Logiquement, l'état d'esprit grec est passé de "décontracté" à "anxieux" – "un état auquel nous ne sommes pas habitués", nous a confié un Athénien.

Les mesures d'austérité et la dégradation du niveau de vie ont également creusé les importantes disparités économiques et sociales – le style de vie hédoniste des Athéniens partant en week-end à Mykonos est bien éloigné des préoccupations des retraités et des travailleurs ruraux. La misère sociale et les manifestations de désespoir sont en augmentation, tout comme les délits. Les jeunes Grecs désenchantés paient aujourd'hui le prix d'années de mauvaise gestion économique. La frange la plus qualifiée de la population (30% des Grecs de 20 à 30 ans environ sont diplômés de l'université) est confrontée à des perspectives d'emploi peu réjouissantes, avec un taux de chômage dépassant les 60% chez les jeunes.

Nouveau paysage politique

Beaucoup de Grecs souffrent tellement de la crise qu'ils ne perçoivent plus aucun avenir et se détournent des formations politiques classiques.

Rien n'est plus révélateur de l'état surréaliste de la vie politique grecque actuelle que l'alliance inimaginable entre les ennemis jurés de la Nouvelle Démocratie et du PASOK, qui se succèdent au pouvoir depuis presque 40 ans. Cette fragile coalition signifie-t-elle que les politiciens grecs sont capables d'œuvrer ensemble au bien commun ? Nombre de Grecs vous répondront cyniquement que c'est la "troïka" des créanciers qui tire les ficelles. Cette perte de confiance dans les formations traditionnelles a modifié le paradigme politique de la Grèce, avec le renforcement de nouveaux partis comme Aube dorée (extrême droite) ou la SYRIZA (gauche radicale) – voir aussi p. 661.

Les récentes manifestations anti-gouvernementales, impliquant souvent des groupes radicaux, ont dégénéré. Les images d'Athènes noyée sous un nuage de gaz lacrymogènes et de la police anti-émeute affrontant des jeunes encagoulés jetant des pierres et des cocktails Molotov ont fait le tour du monde. Si la plupart des manifestations sont paisibles, il est conseillé aux visiteurs de rester à l'écart des grands rassemblements, qui se déroulent généralement dans les rues menant au Parlement grec.

Immigrants et demandeurs asile

L'immigration fait aussi partie des sujets brûlants. La Grèce, l'une des portes d'accès à l'Union européenne (UE), est confrontée à l'entrée illégale sur son sol de populations démunies ou arrivant de zones en guerre (Afghanistan, Irak et ou pays africains) via la frontière turque et les îles grecques isolées. La Grèce affiche pourtant le plus faible taux d'acceptation de l'UE en matière de demandes d'asile et s'attire les foudres de la communauté internationale pour sa politique d'immigration.

Le déclin économique, les inquiétudes liées à une criminalité extra-communautaire et à une dégradation des villes ont alimenté la xénophobie et l'extrémisme. Des rassemblements, une hostilité croissante et des agressions visant les migrants africains et asiatiques en ont résulté, notamment dans le centre d'Athènes, où les étrangers occupent les bâtiments abandonnés, les places publiques et les parcs.

Retour à la terre

Parallèlement à la crise, un retour vers les campagnes s'intensifie. Aujourd'hui, des villages grecs autrefois désertés revivent grâce à des familles de salariés et de commerçants au chômage, qui regagnent les maisons et les terres de leurs ancêtres, où ils peuvent cultiver leurs propres légumes et créer des entreprises agricoles. L'augmentation de l'emploi agricole est l'un des effets collatéraux de la crise, signant un retour au modèle économique et au mode de vie de la Grèce d'antan (même si l'agriculture ne représente encore que 3,8% du PIB). Les nouveaux venus, notamment les jeunes femmes instruites, s'exposent toutefois à un choc culturel à leur arrivée dans les campagnes, où la vie est restée beaucoup plus traditionnelle.

POPULATION : **10,7 MILLIONS**

POURCENTAGE DE FEMMES : **50%**

ESPÉRANCE DE VIE : **80 ANS**

DENSITÉ DE POPULATION : **82 HABITANTS AU KM²**

FRÉQUENTATION TOURISTIQUE ANNUELLE : **15,5 MILLIONS**

Sur 100 personnes en Grèce

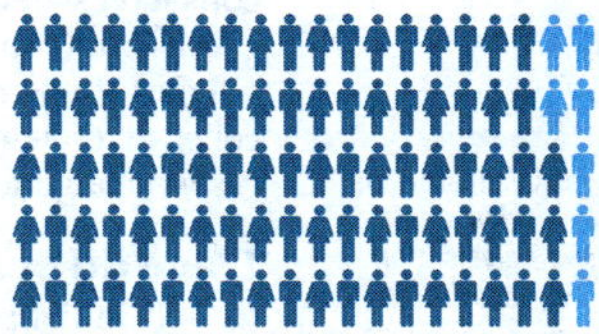

93 sont des Grecs
7 sont originaires d'autres pays

Religion

(% de la population)

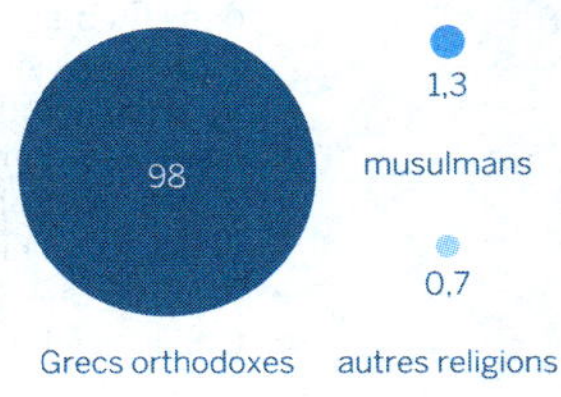

Population au km²

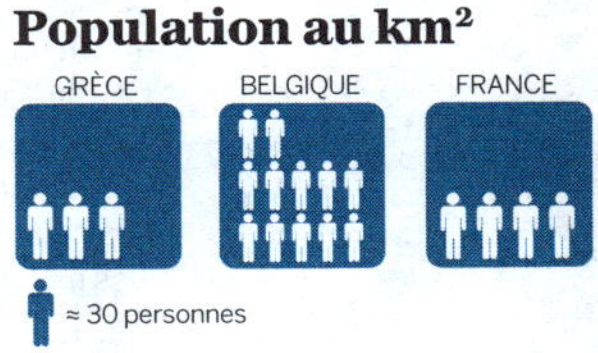

Histoire

L'âge de la pierre

La découverte d'un crâne néandertalien dans une grotte de la péninsule de Chalcidique (Macédoine) atteste la présence d'hominidés en Grèce voici 700 000 ans. En raison de sa fertilité, l'actuelle Thessalie fut la première zone de peuplement du pays au néolithique (6000-3000 av. J.-C.). Ses habitants cultivaient l'orge et le blé, et élevaient chèvres et moutons. Avec de l'argile, ils fabriquaient des pots, des vases et des statuettes consacrées au culte de la Grande Mère (déesse de la Fertilité).

Dès 3000 ans avant notre ère, l'habitat était groupé dans de véritables villages dotés de rues, de places et de maisons de brique et de boue ; celles-ci étaient agencées autour d'une construction de type palatial, réservée au chef de la tribu.

Les historiens divisent la civilisation cycladique en 3 périodes : le cycladique ancien (3 000-2 000 av. J.-C.), le cycladique moyen (2000-1500 av. J.-C.) et le cycladique récent (1500-1100 av. J.-C.).

L'âge du bronze

Au IIIe millénaire, des populations indo-européennes arrivent en Grèce et introduisent la technique du bronze (alliage de cuivre et d'étain) qui sera à l'origine de trois civilisations remarquables : cycladique, minoenne et mycénienne.

Civilisation cycladique

L'archipel des Cyclades a été le berceau d'une civilisation que les historiens divisent en 3 périodes : le cycladique ancien (3000-2000 av. J.-C.), le cycladique moyen (2000-1500 av. J.-C.) et le cycladique récent (1500-1100 av. J.-C.). Parmi les vestiges de cette époque : les figurines taillées dans du marbre de Paros, célèbres idoles cycladiques, qui représentent, à l'instar des statuettes néolithiques, la Grande Mère.

Marins émérites, les habitants des Cyclades ont développé des échanges commerciaux prospères, exportant leurs marchandises en direction de l'Asie Mineure (partie occidentale de l'actuelle Turquie), de l'Europe et de l'Afrique du Nord, ainsi que vers la Crète et la Grèce continentale. Des relations commerciales ont ainsi ouvert l'archipel des Cyclades à l'influence des civilisations minoenne et mycénienne.

CHRONOLOGIE

7000-3000 av. J.-C.

Pendant 4 000 ans, les premiers habitants de la péninsule grecque vivent une vie agraire, de la culture et de l'élevage. L'apparition de communautés avec des habitations et des rues planifiées date de 3 000 av. J.-C.

3000-1100 av. J.-C.

La découverte de l'alliage solide obtenu en coulant du cuivre et de l'étain marque le début de l'âge du bronze. Avènement des civilisations cycladique, minoenne et mycénienne.

2000 av. J.-C.

La civilisation minoenne atteint son apogée en Crète : édification de premiers palais, évolution des techniques de poterie et premier système d'écriture sur l'île.

Civilisation minoenne

Première civilisation avancée à voir le jour en Europe, la Crète minoenne porte l'empreinte des deux grandes civilisations du Moyen-Orient : l'Égypte et la Mésopotamie. Les archéologues distinguent 3 périodes : le minoen ancien (3000-2100 av. J.-C.), le minoen moyen (2100-1580 av. J.-C.) et le minoen récent (1580-1100 av. J.-C.).

La première de ces périodes n'est pas sans rappeler le mode de vie néolithique. Dès 2500 av. J.-C., cependant, une culture nouvelle, qui doit son nom au souverain mythique Minos, se répand dans l'île. La construction de vastes palais (Cnossos, Phaïstos, Malia et Zakros), l'apparition d'une première forme d'écriture et des ouvrages de poterie ou de ferronerie remarquables sont autant de preuves d'une rupture avec la période précédente.

Vers 1700 av. J.-C., un tremblement de terre détruit les palais. Vient l'âge d'or des Minoens au cours duquel ils sont reconstruits et embellis. Leur organisation donne naissance au mythe du labyrinthe et du Minotaure. À la même époque, l'État minoen s'affirme comme une puissante thalassocratie avec Cnossos pour capitale. Le commerce avec la Méditerranée orientale, l'Asie Mineure et l'Égypte poursuit son essor.

La civilisation minoenne décline rapidement vers 1450 av. J.-C., lorsque ses palais – à l'exception de celui de Cnossos – et nombre de petits villages sont réduits à néant par ce qu'on pense être un gigantesque tsunami, consécutif à l'éruption volcanique survenue sur l'île voisine de Santorin dont la retombée des cendres parvint jusqu'en Crète. Néanmoins, le débat perdure quant au moment et à l'origine de la disparition des Minoens.

Le grec est la langue écrite la plus ancienne d'Europe, et la deuxième plus ancienne au monde après le chinois. On parvient à retracer son existence jusqu'au linéaire B, l'écriture des Minoens et des Mycéniens.

Civilisation mycénienne

La décadence de la société minoenne coïncide avec l'essor de la première grande civilisation de la Grèce continentale, la civilisation mycénienne (1900-1200 av. J.-C.), qui culminera entre 1500 et 1200 av. J.-C. Nommée ainsi d'après l'antique cité de Mycènes, où Heinrich Schliemann, archéologue allemand, a entrepris en 1876 ses fouilles, cette civilisation est également qualifiée d'"achéenne", du nom de la population indo-européenne qui s'était établie en Grèce continentale.

Dans la société minoenne, l'absence de murailles semblait indiquer le maintien d'une situation relativement pacifique, sous une autorité centrale. La civilisation mycénienne se compose, en revanche, de cités indépendantes (Corinthe, Pylos, Tirynthe ou Mycènes, la plus puissante d'entre elles), gouvernées par des rois dont les palais, ceints de fortifications, étaient édifiés sur des sommets aisément défendables. Les Mycéniens nous ont laissé de merveilleux bijoux et objets d'or, dont les plus beaux peuvent être admirés au musée national d'Archéologie

1700-1550 av. J.-C.
Une violente explosion volcanique secoue l'île de Santorin. Le gigantesque raz-de-marée qui en découle aurait, selon les historiens, contribué à sonner le glas de la civilisation minoenne.

1500-1200 av. J.-C.
La culture mycénienne originaire du Péloponnèse usurpe de nombreux aspects des cultures crétoise et cycladique. L'orfèvrerie est au cœur de la vie mycénienne.

1400 av. J.-C.
Les Mycéniens colonisent la Crète. Fondation des villes de Cydonia (La Canée) et Polyrrinia. Le culte de la déesse mère est remplacé par celui des dieux grecs.

1200-800 av. J.-C.
Règne des Doriens. Peu portés sur le commerce, ils excellent en revanche dans l'utilisation du fer pour l'armement et l'architecture.

d'Athènes. Par ailleurs, les divinités qu'ils adoraient sont les ancêtres des dieux grecs.

Considérée comme l'une des plus grandes hellénistes, Jacqueline de Romilly (1913-2010) montre dans *Une certaine idée de la Grèce* (LGF, 2010) sa fascination pour le monde grec.

La période géométrique

Vers 1200 avant notre ère, l'arrivée des Doriens sonne le glas de la civilisation mycénienne. L'origine des Doriens reste incertaine. La plupart des historiens pensent qu'ils sont venus de l'Épire, ou de la partie septentrionale de la Macédoine, mais certains avancent qu'ils n'ont emprunté cette route qu'après avoir été chassés de la Doride (Grèce centrale) par les Mycéniens.

Ce peuple guerrier a commencé par coloniser le Péloponnèse, pour se répandre ensuite sur une grande partie du continent, détruisant les cités sur son passage, et réduisant en esclavage leurs habitants avant de conquérir la Crète et la côte sud-ouest de l'Asie Mineure.

Les invasions doriennes ont provoqué une rupture avec le passé. Les années 1200-800 av. J.-C. ont d'ailleurs été qualifiées par les historiens de “siècles obscurs”. Toutefois, les Doriens ont introduit l'usage du fer, et créé un nouveau style de poterie, comportant des motifs géométriques – encore que pour certains historiens de l'art, cette ornementation aurait été empruntée à la population ionienne d'Attique.

Les Doriens vénéraient des dieux masculins. Ils ont ainsi adopté certaines divinités mycéniennes comme Poséidon, Zeus et Apollon, qui allaient, par la suite, figurer au panthéon grec. Plus important, les guerriers doriens ont constitué une classe de propriétaires terriens. Cette évolution a entraîné une dégradation des conditions de vie des paysans et suscité une résurgence du modèle mycénien. Des cités indépendantes ont ainsi à nouveau émergé. Au début de la période archaïque, le pouvoir est désormais aux mains d'une aristocratie fortunée.

L'*Iliade*, le chef-d'œuvre composé par Homère au VIIIe siècle av. J.-C., relate sous forme d'un poème épique un épisode de la guerre de Troie. Sa suite, l'*Odyssée*, raconte le retour d'Ulysse et de ses compagnons de la guerre de Troie.

La période archaïque

Aux environs de 800 av. J.-C., l'économie se transforme. La production agricole, redevenue suffisante, entraîne une reprise des échanges maritimes. Les Grecs occupent alors le champ laissé libre par les Phéniciens, autre grand peuple marchand de la Méditerranée. De nouveaux comptoirs se créent en Afrique du Nord, en Italie, en Sicile, dans le sud de la France et de l'Espagne.

Au cours de cette période, divers facteurs ont concouru à unifier les populations des différentes cités : l'élaboration d'un alphabet grec (adapté de l'alphabet phénicien, mais tirant son originalité de l'introduction, par les Grecs, de signes vocaliques), les vers d'Homère (donnant le sentiment d'un passé commun, hérité de l'ère mycénienne), l'institution des Jeux olympiques (qui réunissaient l'ensemble des cités grecques) et

1100 av. J.-C.

Les Doriens envahissent la Crète. Réorganisation du système politique. La société est scindée en deux classes. Une démocratie rudimentaire remplace la monarchie.

800-700 av. J.-C.

Homère compose l'*Iliade* et l'*Odyssée* vers cette période. Ces deux poèmes épiques sont les premiers chefs-d'œuvre littéraires de la Grèce.

➡ Scène tirée de l'*Iliade* – un combat de la guerre de Troie

la construction de grands sanctuaires comme celui de Delphes. Pour la première fois, les Grecs prennent conscience de leur unité.

La plupart des cités de cette période étaient bâties autour d'un point culminant où se dressait l'acropole (ville haute). Entourée de fortifications, l'acropole renfermait les temples et la trésorerie de la cité, et servait de refuge en cas d'invasion. En dehors de ses murs se trouvaient l'agora (place publique, marché), et au-delà, les quartiers résidentiels. Les cités jouissaient d'une réelle autonomie. Libre à elles de suivre la voie que leur dictaient leurs intérêts. La plupart d'entre elles ont aboli la monarchie, lui substituant un régime aristocratique, généralement placé sous l'autorité d'un archonte (magistrat suprême). Les aristocrates, qui jouissaient de privilèges héréditaires, n'étaient, en règle générale, guère appréciés du peuple ; certaines cités tombèrent ainsi sous le joug de tyrans se présentant comme défenseurs des simples citoyens.

Les Histoires, ouvrage rédigé par Hérodote au Ve siècle av. J.-C., est considéré comme le plus ancien écrit historique. Il s'agit de la chronique des conflits entre les cités grecques de l'Antiquité et la Perse.

Athènes

La cité demeurait, quant à elle, aux mains de l'aristocratie. Cette période fut marquée, pour Athènes, par deux législateurs. Le premier, Dracon, instaura une législation (en 621 av. J.-C.) qui, si elle constituait un réel progrès dans une société où la justice restait synonyme de vengeance, est demeurée dans les mémoires – par le biais du mot "draconien" – avant tout pour son implacable sévérité : voler un chou était passible de mort !

Le second, Solon, archonte en 594-593 av. J.-C. promulgua des réformes qui en ont fait le précurseur de la démocratie. Résolu à désamorcer les tensions qui s'exacerbaient entre déshérités et nantis,

LES OLYMPIADES D'OLYMPIE

La tradition olympique émergea en hommage à Zeus autour du XIe siècle av. J.-C, sous la forme de compétitions auxquelles participaient initialement des hommes et des femmes qui se réunissaient et prêtaient serment devant les prêtres du sanctuaire. Au VIIIe siècle, la compétition rassemblait une vaste confédération de cités-États et devint un événement majeur réservé aux hommes, organisé sur cinq jours sur le site d'Olympie. Le premier prix n'était autre qu'une simple couronne de laurier, mais ce qui importait était la reconnaissance du peuple car les vainqueurs des olympiades grecques étaient vénérés. Une trêve officielle était respectée le temps des Jeux. La foule des spectateurs s'installait en rangs le long des pistes, où les participants se disputaient la victoire à des concours d'athlétisme, des courses de chars et des combats de lutte et de boxe. Trois millénaires plus tard – et cent vingt ans après leur résurrection par Pierre de Coubertin –, les Jeux se sont transformés en événement planétaire. La visite du site, qui conserve encore quelques pistes et des colonnes brisées, parvient à évoquer l'ambiance des jeux originels.

800-650 av. J.-C.
À l'âge archaïque, des cités commencent à voir le jour. Un alphabet grec naît de l'alphabet phénicien.

vers 800 av. J.-C.
Le législateur spartiate Lycurgue énonce les lois rigoristes qui vont régir la vie de la Sparte pendant plusieurs siècles, faisant d'elle l'une des plus puissantes et des plus craintes de Grèce.

776 av. J.-C.
Date de naissance officielle des Jeux olympiques.

594 av. J.-C.
Solon, archonte d'Athènes, introduisit des règles fondées sur l'équité entre les citoyens. Ce changement radical, est considéré comme le premier pas vers une véritable démocratie.

il annula en effet l'ensemble des dettes et abolit la contrainte par corps. Proclamant l'ensemble des hommes libres d'Athènes égaux devant la loi, il supprima l'hérédité des privilèges, et réorganisa le pouvoir politique autour de quatre classes définies selon des critères de fortune. Si les deux premières classes pouvaient seules prétendre à l'exercice d'une charge, les quatre étaient habilitées à élire les magistrats et à se prononcer sur la législation lors de l'assemblée générale des citoyens, l'*ecclesia*.

Sparte

Située dans le Péloponnèse, Sparte était organisée selon un modèle tout à fait différent. Les Spartiates étaient les descendants des envahisseurs doriens et avaient asservi les Hilotes, qui peuplaient alors la Laconie. Ils obéissaient à des règles militaires d'une grande sévérité, énoncées au IXe siècle av. J.-C. par le législateur Lycurgue (voir l'encadré page suivante).

Athènes et Sparte dominaient les autres cités, la première tirant sa puissance du commerce, tandis que la seconde faisait figure de véritable machine de guerre.

Destiné aux adolescents, *Les Insurgés de Sparte* (Castor poche-Flammarion, 2001), de Christian de Montella, raconte, dans le cadre de la Sparte antique, le destin de jumeaux séparés à la naissance.

Les guerres médiques

L'acharnement des Perses – ou Mèdes pour les Grecs – à détruire Athènes a été la conséquence du soutien apporté par la cité grecque à la révolte des colonies perses du littoral d'Asie Mineure. Il a fallu 5 ans au Perse Darius pour arriver à bout de cette rébellion. Assoiffé de vengeance, Darius fourbit ses armes. Une expédition perse, forte de 25 000 hommes, atteint ainsi l'Attique en 490 av. J.-C., mais elle est mise en déroute par une armée de 10 000 Athéniens, dans la plaine de Marathon.

Darius meurt en 485 av. J.-C., avant de pouvoir engager une nouvelle offensive et laisse à son fils, Xerxès, le soin de réaliser son ambition : conquérir la Grèce. Xerxès, décidé à mener l'assaut à la fois par terre et par mer, rassemble en 480 av. J.-C. la plus formidable armée jamais formée, enrôlant les hommes de toutes les contrées de son vaste empire.

Parallèlement, une trentaine de cités de la Grèce centrale et méridionale se réunissent à Corinthe, pour élaborer une stratégie de défense commune tandis que d'autres, comme Delphes, se rangent aux côtés des Perses. Une flotte et une armée sous commandement spartiate sont ainsi constituées avec pour stratège l'Athénien Thémistocle, et pour commandant le roi spartiate Léonidas. Les Grecs, en dépit de la supériorité écrasante de leur ennemi, parvinrent à le contenir jusqu'à ce qu'un transfuge révèle aux Perses un moyen de franchir la montagne. Les Grecs furent alors contraints de battre en retraite, mais Léonidas et 300 de ses soldats d'élite combattirent jusqu'à la mort au défilé des Thermopyles. La flotte qui tenait en respect les Perses au nord de l'Eubée n'eut d'autre choix que de se replier.

560-527 av J.-C.	490 av J.-C.	480 av. J.-C.	479 av. J.-C.
Le tyran d'Athènes Pisistrate continue l'œuvre de Solon en s'attaquant aux privilèges de l'oligarchie.	Athènes provoque l'ire des Perses en appuyant les insurrections en Asie Mineure. Pour se venger, le roi Darius envoie une armée en Grèce, mais cette dernière est vaincue à Marathon.	Xerxès, le fils de Darius, dirige une coalition chargée de soumettre la Grèce. Cette dernière bat Léonidas aux Thermopyles et incendie Athènes, mais est vaincue en mer au large de Salamine.	Les Grecs, conduits par le chef spartiate Pausanias, écrasent l'armée perse à la bataille décisive de Platées. Fin des guerres médiques.

L'armée grecque se retrancha derrière sa deuxième ligne de défense – un parapet de terre traversant l'isthme de Corinthe –, tandis que les Perses marchaient sur Athènes. Thémistocle évacua les femmes et les enfants et ordonna aux hommes de rejoindre la flotte grecque, dans la rade de Salamine. Les Mèdes ravagèrent l'Attique, et brûlèrent Athènes.

Sur mer, en revanche, la situation tourna à l'avantage des Grecs : par un stratagème adroit, Thémistocle parvint à attirer les larges vaisseaux perses dans l'étroit chenal de Salamine, où ils constituèrent des proies faciles pour les navires grecs, aisément maniables. Accablé, Xerxès, qui avait assisté à la bataille depuis le rivage, décida de se replier, confiant à une armée commandée par le général Mardonios le soin de soumettre

LES SPARTIATES

Peut-être avez-vous vu *300* (Zack Snyder, 2007), un péplum adapté de la bande dessinée de Frank Miller sur la bataille des Thermopyles ? En 480 av. J.-C., 300 soldats spartiates d'élite réussirent à contenir l'armée perse, forte de plus de 10 000 hommes au passage des Thermopyles (près de l'actuelle Lamia). Durant trois jours, des vagues de soldats perses vinrent se heurter aux lances et aux boucliers des Spartiates qui avaient adopté la tactique de la tortue. La bravoure des soldats de Sparte, qui périrent aux côtés de leur chef Léonidas sur le champ de bataille en raison de leur faible nombre, était une caractéristique du régime militaire de la cité, fondé sur l'honneur.

Les Grecs vouaient une admiration mêlée de crainte aux Spartiates pour leur abnégation et leur férocité dans la guerre. Ces derniers marchaient avec discipline vers la bataille en une impeccable phalange, et vivaient pour la devise "Reviens avec ton bouclier, ou sur lui". À Sparte, chaque mâle était le produit de cette rude idéologie. L'entraînement des soldats (hoplites) commençait presque à la naissance. Un comité de citoyens était chargé de décider quels nouveau-nés pouvaient faire de bons citoyens. Les enfants difformes ou malingres étaient jetés dans un précipice des monts Taygète. Ceux qui étaient retenus suivaient, de l'âge de 7 ans jusqu'à 20 ans, une formation obligatoire (*agogè*), destinée à développer une excellente condition physique. Les jeunes garçons étaient notamment soumis à des "concours" visant à développer leur endurance à la douleur. La cité même de Sparte n'était ceinte d'aucun mur ni fortifications. Dans une volonté d'étouffer tout penchant vénal, les pièces d'or et d'argent furent dénaturées avec du plomb afin qu'elles ne puissent servir à commercer avec des marchands de passage. Il en allait de même pour les échanges avec les étrangers : les mariages avec une personne d'une autre cité étaient interdits, surtout avec les Athéniens que les Spartiates considéraient comme moralement corrompus. Pour l'époque, les femmes spartiates étaient traitées avec plus de respect et de façon plus égalitaire qu'ailleurs en Grèce. Mais l'idéologie xénophobe de Sparte et son repli sur elle-même entraînèrent son déclin. Sparte connut sa première véritable défaite à Leuctres en 371 av J.-C., une bataille qui marqua la fin de sa suprématie.

477 av. J.-C.

Athènes créé la ligue de Délos, une alliance militaire et politique à laquelle de nombreuses cités et îles se rallient. Début de l'impérialisme athénien.

461 av. J.-C.

Périclès accède au pouvoir à Athènes. Début des grands travaux, marqués notamment par la construction du Parthénon.

461-429 av. J.-C.

"Siècle de Périclès" : âge d'or d'Athènes. Socrate, Platon, Eschyle, Sophocle, Euripide et Aristophane marquent cette période.

460-454 av. J.-C.

Intervention athénienne en Égypte (dominée par les Perses). Si les Grecs sont défaits, cette expédition démontre les ambitions d'Athènes sur le pourtour méditerranéen.

la Grèce. Un an plus tard, les Grecs, conduits par Pausanias, écrasaient l'armée perse à Platées. La flotte athénienne leva l'ancre vers l'Asie Mineure, où elle infligea aux Perses une nouvelle défaite, près du cap Mycale. Elle libérait ainsi les cités ioniennes de la sujétion perse.

La période classique

Après la défaite perse, les Spartiates regagnent leur "forteresse" péloponnésienne, tandis qu'Athènes, forte de son aura de libérateur, se lance dans une politique ouvertement impérialiste. En 477 av. J.-C., Athènes crée la ligue de Délos, qui doit son nom à l'île sacrée sur laquelle était conservé le trésor commun. La ligue rassemblait la quasi-totalité des cités dotées d'une flotte constituant ainsi un empire athénien.

L'objectif affiché de cette confédération est double : constituer une force navale, en vue de libérer les cités maintenues sous domination perse, et assurer la défense, en cas de nouvelle offensive médique. Les cités doivent faire allégeance à Athènes, et lui fournir une contribution annuelle, d'abord en navires puis en argent.

Lorsque Périclès accède au pouvoir en 461 av. J.-C., le nouvel homme fort d'Athènes transfère dans la cité le trésor de Délos qui servira à la reconstruction de sa ville. Périclès entend rebâtir les monuments de l'Acropole, détruits par les Perses, et relier Athènes au port du Pirée par de hauts murs (les Longs Murs), capables de soutenir d'éventuels sièges.

C'est sous sa tutelle (461-429 av. J.-C.) qu'Athènes connaît son âge d'or, tant sur le plan culturel et artistique que scientifique. Mais une fois assurée sa mainmise sur l'Égée, Athènes se tourne vers l'ouest et empiète sur la zone commerciale de Corinthe, cité qui appartient à la ligue péloponnésienne. De provocations en échauffourées, la situation se dégrade progressivement pour conduire aux guerres du Péloponnèse.

Dans *Périclès, l'inventeur de la démocratie* (Payot, 2005), l'historienne Claude Mossé livre une biographie lumineuse du "premier citoyen" d'Athènes, et reconsidère son siècle, réputé le plus brillant de la Grèce antique.

La première guerre du Péloponnèse

La cause immédiate de cette première guerre (431-421 av. J.-C.) est l'incident de Corcyre (l'actuelle Corfou), une colonie corinthienne, à laquelle Athènes apporte son soutien dans le conflit qui l'oppose à sa capitale. Corinthe, se sentant sérieusement menacée, demande l'aide de Sparte. La puissance spartiate étant étroitement liée à la prospérité de Corinthe, Sparte se rallie à sa cause.

Athènes, consciente de ne pouvoir remporter la victoire sur terre, abandonne l'Attique aux Spartiates et se retranche derrière ses remparts. Elle compte sur sa flotte pour affaiblir Sparte, en barrant l'accès du Péloponnèse. Durant le siège, la peste se déclare à Athènes, emportant un tiers de ses habitants (dont Périclès), mais la ville ne cède pas. Le blocus du Péloponnèse commence à avoir des répercussions sur Sparte. Les deux adversaires signent une trêve qui s'avère rapidement fragile.

431-421 av. J.-C.
Première guerre du Péloponnèse, causée par l'antagonisme entre Sparte et Athènes, deux cités que tout oppose.

416-413 av. J.-C.
L'expédition de Sicile menée par le général athénien Alcibiade vire à la catastrophe. La cité perd sa flotte et une grande partie de ses troupes dans le siège de Syracuse, secourue par Sparte.

413-404 av. J.-C.
La deuxième guerre du Péloponnèse tourne à l'avantage de Sparte qui domine la Grèce pour quelques dizaines d'années.

399 av J.-C.
Socrate est accusé de corrompre la jeunesse. Un jury le condamne à mort. Plutôt que de réclamer l'exil volontaire, Socrate accepte de boire la ciguë.

La seconde guerre du Péloponnèse

La malheureuse expédition de Sicile (416-413 av. J.-C.), voulue par l'impétueux Alcibiade, fut à l'origine de la reprise des hostilités. Convoitant les ressources en blé de cette île, Athènes avait envoyé une flotille investir Syracuse sous prétexte d'aider la ville sicilienne de Ségeste. L'expédition se solde par un échec lorsqu'Alcibiade, en conflit avec l'Assemblée athénienne, rallie Sparte et persuade les Spartiates de voler au secours de Syracuse. En 413 av. J.-C., ils brisent le siège et détruisent la flotte et l'armée athéniennes.

Athènes a perdu ses troupes, sa fortune, ses navires. La révolte gronde dans ses colonies, auxquelles Sparte ne demande pas mieux que de prêter main-forte. En 413 av. J.-C., les Spartiates s'emparent de Décélie, dans le nord de l'Attique, et y installent une garnison permanente qui dévaste les campagnes de la région. Privée du blé de Sicile, Athènes est à bout de ressources. Son avenir s'assombrit encore, lorsque l'empereur perse Darius II, qui suit de près les affaires siciliennes et grecques, offre à Sparte de l'argent pour construire une flotte, en échange de la promesse de rendre à la Perse les cités ioniennes d'Asie Mineure.

Athènes se lance dans la bataille, et parvient même à prendre le dessus, sous le commandement d'Alcibiade, revenu triomphalement à Athènes. Toutefois, sa victoire sera de courte durée dès lors que la Perse intervient en Asie Mineure, et que Sparte se ressaisit sous l'autorité du grand général Lysandre. Vaincue lors de la bataille navale d'Aigos Potamis, Athènes capitule en 404 av. J.-C.

Corinthe exige la destruction complète d'Athènes, mais Lysandre refuse. En revanche, il l'ampute de sa puissance, en ordonnant la confiscation de sa flotte, l'abolition de la ligue de Délos, et la destruction des Longs Murs qui reliaient Athènes au Pirée.

Dans *L'Histoire de la guerre du Péloponnèse*, Thucydide fait le récit des querelles et des conflits qui opposèrent Athènes et Sparte.

La domination spartiate

Les cités grecques sortent épuisées de ce conflit : seule Sparte conserve quelques forces. Durant les hostilités, Sparte avait promis de libérer les cités qui se retourneraient contre Athènes, mais Lysandre se ravise, préférant instaurer des régimes oligarchiques – régimes dans lesquels la souveraineté appartient à un groupe restreint de privilégiés –, sous la tutelle de garnisons spartiates. Le mécontentement est général.

Sparte entreprend au même moment de disputer aux Perses les cités d'Asie Mineure. Les Mèdes reviennent ainsi sur le devant de la scène grecque, forts cette fois-ci du soutien d'Athènes et de Thèbes, la puissance montante. Ces rivalités culminent en 371 av. J.-C. à Leuctres. Au terme d'une bataille décisive, l'armée de Thèbes remporte, sous le commandement du général et homme d'État Épaminondas, sa première victoire contre Sparte. L'influence spartiate est battue en brèche. Thèbes

Dans *Alcibiade ou les dangers de l'ambition* (Éd. Tallandier, 2008), Jacqueline de Romilly dresse le portrait de ce personnage haut en couleur.

371-362 av. J.-C.

Grâce à sa victoire contre Sparte à Leuctres, la petite cité de Thèbes impose son hégémonie. Sparte et Athènes s'allient pour la contrecarrer.

359-338 av. J.-C.

Émergence du royaume de Macédoine. Philippe II, son roi, met la Grèce en coupe réglée après la bataille de Chéronée.

336 av. J.-C.

Alexandre succède à son père à la tête de la Macédoine. Après quelques années, le nouveau roi entreprend de mener la guerre contre la Perse.

334-323 av. J.-C.

Alexandre le Grand part à la conquête du monde connu. Sa première victime est Thèbes, suivie des Perses, des Égyptiens puis des peuples d'Asie centrale.

impose son hégémonie. Par un retournement inattendu, Athènes s'allie à Sparte et affronte l'armée thébaine à Mantinée, en 362 av. J.-C. Thèbes l'emporte à nouveau, mais Épaminondas meurt dans la bataille. Sans lui, la suprématie thébaine s'effrite. Pour autant, Athènes ne peut exploiter la situation à son avantage. La seconde confédération, déchirée par des querelles intestines attisées par les Perses, va bientôt disparaître.

Le temps des cités est révolu. Une nouvelle puissance se dresse au nord : la Macédoine. Cette réalité n'échappe pas au grand orateur athénien Démosthène, qui exhorte les cités à préparer une défense commune. Seule Thèbes tient compte de ses avertissements, et conclut une alliance avec Athènes.

Philippe II de Macédoine engagea le philosophe Aristote comme tuteur pour le jeune Alexandre, qui fut profondément marqué par l'*Iliade* d'Homère. Toute sa vie, il conserva un vif intérêt pour les arts et la culture.

L'essor de la Macédoine

Tandis que par le biais des guerres du Péloponnèse, les Grecs œuvrent à leur propre perte, la Macédoine rassemble ses forces, au nord. Les Grecs se sont longtemps désintéressés de cette région, qu'ils perçoivent comme une hypothétique confédération de peuplades primitives réunies sous l'autorité nominale d'un roi.

L'homme qui va élever la Macédoine au rang de puissance redoutable, se nomme Philippe II. Enfant, Philippe avait été envoyé à Thèbes comme otage, et avait appris d'Épaminondas l'art de la guerre. Philippe II conduisit ainsi plusieurs incursions dans le Sud et parvint même à se faire admettre au sein de l'amphictyonie de Delphes – assemblée de députés chargés de protéger l'oracle.

En 339 av. J.-C., sous couvert d'aider le Conseil amphictyonique à châtier les habitants d'Amphissa, dans le cadre de guerres sacrées, Philippe II pénètre en Grèce. Il triomphe en 338 av. J.-C. des forces thébaines et athéniennes à la bataille de Chéronée. L'année suivante, il convoque à Corinthe les cités grecques (à l'exception de Sparte) et les persuade de prêter allégeance à la Macédoine, en leur promettant d'orchestrer une campagne contre la Perse. L'ambitieux Barbare règne désormais sur la Grèce. Mais Philippe II meurt assassiné par un noble macédonien en 336 av. J.-C., avant de pouvoir mettre son projet à exécution. Son fils, Alexandre, qui avait conduit la charge de cavalerie décisive à la bataille de Chéronée, lui succède à l'âge de vingt ans.

Alexandre le Grand

Très instruit (il fut l'élève d'Aristote), ambitieux et courageux, Alexandre est aussi un homme d'État habile, qui entend parachever le travail entrepris par son père. À la mort de Philippe II, des révoltes menacent l'empire naissant. Alexandre n'est pas long à les réprimer, rasant littéralement Thèbes en guise d'exemple. Une fois l'ordre rétabli, il se tourne vers l'Empire perse et en 334 av. J.-C., pénètre en Asie Mineure.

323 av. J.-C.

À la mort d'Alexandre le Grand, ses généraux se partagent son immense empire. Il s'ensuit une longue période de guerres de succession d'où émergent trois royaumes.

IMAGE SOURCE/GETTY IMAGES ©

168 av. J.-C.

Victoire romaine contre la Macédoine à Pydna. La Macédoine devient province romaine en 148 av. J-C.

➡ Statue d'Alexandre le Grand, Thessalonique (p. 230)

À l'issue de quelques sanglantes batailles contre les Perses, notamment à Issos (333 av. J.-C.), Alexandre parvient à conquérir la Syrie, la Palestine et l'Égypte – où il est proclamé pharaon, et fonde la ville d'Alexandrie. Résolu à monter sur le trône perse, il se lance à la poursuite du roi mède Darius III, mettant son armée en déroute en Mésopotamie, en 331 av. J.-C. Tandis que Darius fuit vers l'est, Alexandre dévaste son empire et détruit notamment le palais de Persépolis. Le corps de Darius est découvert un an après, poignardé par le satrape (gouverneur) de Bactriane, au nord de l'Afghanistan actuel.

Alexandre poursuit sa route et traverse l'actuel Ouzbékistan en direction de la Bactriane, où il prend pour épouse Roxane, la fille du satrape de la région, avant de se diriger vers le nord de l'Inde. Il ambitionne désormais de conquérir le monde, dont il situe les confins dans la mer bordant le rivage oriental de l'Inde. Toutefois, l'épuisement de ses soldats le contraint à rentrer en Mésopotamie, en 324 av. J.-C. Il s'installe à Babylone et projette une nouvelle expédition vers le sud, en Arabie. Mais l'année suivante, il tombe brusquement malade et meurt, à l'âge de trente-trois ans. Il ne laisse aucun héritier. Ses généraux, les diadoques, entreprennent alors de se partager l'empire.

Lorsque le calme revient, l'empire d'Alexandre a été dépecé en trois grands royaumes et plusieurs petits États. La Macédoine n'a plus le contrôle des cités grecques du Sud qui se sont rassemblées dans la Ligue étolienne (autour de Delphes) ou la Ligue achéenne (dans le Péloponnèse), Athènes et Sparte restant à l'écart de l'une comme de l'autre.

La période romaine

Pendant qu'Alexandre le Grand bâtit son empire à l'est, les Romains étendent leur domination sur l'ouest et s'aventurent en Grèce. Pergame et Rhodes, qui craignent l'expansionnisme syrien et macédonien, s'allient aux Romains qui triomphent du roi séleucide Antiochos III, au terme d'une campagne de trois ans. Mais il leur faudra mener plusieurs guerres pour venir à bout des Macédoniens. En 168 av. J.-C., ils leur infligent une défaite décisive, à la bataille de Pydna.

La Ligue achéenne, de son côté, est défaite en 146 av. J.-C. Le consul romain Mummius brise la rébellion des Corinthiens et, pour l'exemple, détruit leur majestueuse cité, massacre les hommes et réduit en esclavage femmes et enfants.

En 86 av. J.-C., Athènes prend part, contre Rome, aux guerres de Mithridate VI, maître de la mer Noire. En représailles, Sylla s'empare d'Athènes, détruit ses remparts et emporte ses plus belles sculptures.

Pendant la période d'instabilité et de guerres civiles qui prélude à l'instauration de l'Empire romain, la Grèce est le théâtre de batailles entre généraux rivaux. En 31 av. J.-C., Octave finit par remporter une

Alexandre le Grand est considéré comme l'un des meilleurs stratèges militaires de tous les temps : il ne connut jamais la moindre défaite, et était à 30 ans à la tête du plus grand empire de l'Antiquité, qui s'étendait de la Grèce à l'Himalaya.

48-31 av. J.-C. La Grèce est le théâtre de batailles décisives des guerres civiles romaines : Pharsale (48 av. J.-C.), Philippes (42 av. J.-C.) et Actium (31 av. J.-C.).

63 Le christianisme fait son apparition après plusieurs visites de saint Paul en Grèce, notamment à Corinthe.

324 La capitale de l'Empire romain est transférée à Byzance (rebaptisée Constantinople). Le christianisme gagne du terrain.

394 Le christianisme est élevé au rang de religion officielle, et le culte païen des dieux grecs et romains est proscrit. La théologie chrétienne supplante la philosophie classique.

victoire décisive sur Antoine et Cléopâtre au large d'Actium. Il devient alors le premier empereur romain, et prend le titre d'Auguste.

Pendant les trois siècles qui vont suivre, la Grèce devient la province romaine d'Achaïe et jouit d'une période de paix sans précédent, la *pax romana*. Du règne d'Auguste à celui d'Hadrien, le paysage urbain change, notamment à Athènes. Respectueux à l'égard de la philosophie, de la littérature et de l'art grecs, les Romains adoptent la plupart des aspects de la culture hellénistique.

De la Grèce à l'Orient : Alexandre le Grand (Découvertes-Gallimard, 2005), de Pierre Briant, offre un excellent aperçu de la trajectoire du roi de Macédoine, par l'un des meilleurs spécialistes de la période.

Le christianisme et l'Empire byzantin

La paix romaine commence à se fissurer lorsque les Hérules envahissent la Grèce, en 267. C'est la première d'une longue série d'invasions, qui verra déferler les Goths en 396, les Vandales en 465, les Ostrogoths en 480, les Bulgares en 500, les Huns en 540 et les Slaves après l'an 600.

Au cours du premier siècle de notre ère, saint Paul se rendit en Grèce à plusieurs reprises, faisant des adeptes dans de nombreuses régions. Peu à peu le christianisme devint la religion dominante du pays. Mais c'est surtout la conversion des empereurs romains et la montée en puissance de l'Empire byzantin qui, en fusionnant christianisme et culture hellénistique, va favoriser le rayonnement de la religion chrétienne.

En 324, l'empereur Constantin Ier, également appelé Constantin le Grand, converti au christianisme, transfère la capitale de l'Empire à Byzance. La ville prend le nom de Constantinople – aujourd'hui Istanbul.

À la fin du IVe siècle, l'Empire romain est scindé en deux parties : l'empire romain d'Orient et l'empire romain d'Occident. Rome sombre dans la décadence, mais la capitale orientale continue de prospérer longtemps après la disparition de son *alter ego* (l'Empire byzantin ne s'éteindra qu'avec la prise de Constantinople par les Turcs, en 1453).

Le christianisme est élevé au rang de religion d'État par l'empereur Théodose Ier en 394. Avec lui est proscrit le culte des dieux grecs et romains, dorénavant fustigés comme païens. Athènes demeure un important centre culturel jusqu'en 529, date à laquelle l'empereur Justinien interdit l'enseignement de la philosophie classique au profit de la théologie chrétienne, considérée comme l'exercice intellectuel par excellence.

La basilique Sainte-Sophie (Agia Sofia, ou "Sagesse divine") est construite à Constantinople, et nombre d'églises sont édifiées en Grèce sur le même modèle, notamment à Thessalonique, bastion chrétien apprécié des Byzantins.

Les croisades

L'ironie veut que la chute de l'Empire byzantin ait été précipitée non par les invasions d'infidèles venus de l'est, ni par les hordes de Barbares arrivés du nord, mais par des chrétiens d'Occident : les croisés francs.

395
L'Empire romain est scindé en deux sous le règne de l'empereur Théodose. La piraterie décline et le commerce prospère. De nombreuses églises sont construites.

529
L'empereur Justinien interdit l'enseignement de la philosophie classique au profit de la théologie chrétienne, et porte ainsi un coup sévère à l'influence culturelle d'Athènes.

1204
Constantinople est pillée par des croisés francs.

1209
Le seigneur franc Geoffroi de Villehardouin fractionne le Péloponnèse en fiefs. Son neveu, Geoffroi Ier, se proclame prince de Morée (appellation médiévale du Péloponnèse).

C'est au cours de la quatrième croisade, au tout début du XIIIe siècle, que le sort de la Grèce est scellé. Les Vénitiens, qui nourrissaient alors des rancunes envers l'Empire byzantin, parviennent à convaincre les croisés qu'ils trouveront à Constantinople un butin bien plus fastueux qu'à Jérusalem.

Le pillage de Thessalonique en 1185 annonce déjà la ruine de l'Empire. En 1204, c'est la capitale byzantine qui est mise à sac par les croisés. Baudouin de Flandre prend la tête d'un empire latin d'Orient dont l'existence allait être de courte durée. Une grande partie de l'Empire byzantin est démembrée au profit d'États féodaux gouvernés par des princes "latins", essentiellement des Francs et des Vénitiens, et appelés les États latins de Grèce. Venise, fidèle à sa vocation maritime et marchande, se réserve certaines îles et des villes du littoral (îles Ioniennes, Rhodes, Eubée, etc).

Les Francs créent des principautés en Grèce continentale. L'une des plus connues est celle de Morée (ou d'Achaïe), qui échoit aux Champlitte et aux Villehardouin – le nom de Morée va continuer à désigner le Péloponnèse jusqu'à l'indépendance grecque.

Les Byzantins luttent pour reconquérir leur capitale et défendre les régions qui leur restent, tandis que les princes latins se battent entre eux pour élargir leurs territoires respectifs. Après avoir vaincu le despote d'Épire, ainsi que Guillaume de Villahardouin, prince de Morée, Michel VIII Paléologue parvient à reconquérir Constantinople en 1261, mais la ville n'est plus que l'ombre d'elle-même. À cette époque, en revanche, Mystra, dans le Péloponnèse, devient un foyer culturel où l'art byzantin trouve l'une de ses plus belles expressions.

Destiné aux jeunes lecteurs – à partir de 9 ans –, *Complot à Byzance* (Milan, 2003), de Tracy Barret, invite, à travers une histoire vraie, à la découverte du monde byzantin à l'apogée de sa puissance.

L'Empire ottoman

En 1453, Constantinople tombe aux mains des Turcs et de leur sultan, Mehmet II le Conquérant. En 1458, Athènes est prise. Quant aux îles de la mer Égée, elles ne passeront sous contrôle ottoman qu'au XVIe siècle. Une fois de plus, la Grèce est le théâtre d'opérations militaires. Turcs et Vénitiens s'opposent. Pendant quatre siècles, la Grèce vivra sous domination ottomane.

En 1687, les Vénitiens s'emparent du Péloponnèse après une bataille qui les mène à Athènes. Le chaos et la rébellion gagnent alors la Grèce. Des corsaires sèment la terreur sur le littoral, des bandes de klephtes (brigands opposés à la domination ottomane) rôdent dans la montagne, et les partisans de la liberté s'insurgent contre la présence turque.

Le chevalier croisé Geoffroi de Villehardouin était également en son temps un fameux chroniqueur. Son récit *La Conquête de Constantinople* (Flammarion, 2004) est l'un plus anciens témoignages, à défaut d'être le plus fiable, sur la quatrième croisade.

Les partisans de l'indépendance

Lorsque Catherine II s'empare du trône de Russie en 1762, la République de Venise et l'Empire ottoman sont affaiblis.

1453
La Grèce est aux mains des Turcs ottomans qui se sont emparés de Constantinople, sonnant le glas de l'Empire byzantin.

1460
En 1460, la Morée tombe aux mains des Turcs. S'ensuivent des siècles de lutte de pouvoir entre Ottomans et Vénitiens.

1684-1687
Les troupes vénitiennes expulsent les Turcs du Péloponnèse lors d'une campagne qui les mène jusqu'à Athènes.

1762-1796
Règne de Catherine II de Russie qui chasse les Turcs des rives de la mer Noire. Elle y fait construire plusieurs villes et offre des avantages aux Grecs qui s'y installent.

Catherine II chasse les Turcs des rives de la mer Noire. À partir de 1780, de nombreuses villes se créent sur le pourtour du littoral, cités auxquelles Catherine II donne des noms grecs anciens ou byzantins. Des avantages financiers sont par ailleurs accordés aux Grecs qui décident de s'établir dans la région. Ils arrivent nombreux et s'installent.

C'est à Odessa, l'une de ces villes nouvellement créées, que trois négociants, Athanasios Tsakalof, Emmanuel Xanthos et Nikolaos Skouphas, fondent le premier parti indépendantiste grec, la Filikí Etería dont les idées se répandent rapidement dans l'ensemble de la Grèce. Ses dirigeants, convaincus que seul le recours à la force armée leur permettra d'atteindre leur objectif, apportent leur soutien financier aux patriotes armés.

La Grèce possède la plus vieille mosquée d'Europe. La mosquée de Bajazet (ou Bayezid) à Didymoticho, dans le nord de la Grèce, fut édifiée par le sultan ottoman Bajazet Ier à la fin du XIVe siècle.

Un frémissement de révolte agite également les Grecs de Constantinople, notamment la bourgeoisie marchande grecque. L'aristocratie grecque, dont les membres, les Phanariotes, se voyaient offrir de hautes fonctions au sein de l'administration ottomane, aspire elle aussi à se libérer de la tutelle ottomane. Mais, à la différence des membres de la Filikí Etería, ils envisagent une prise du pouvoir de l'intérieur.

La guerre d'Indépendance

En 1820, la révolte personnelle d'Ali Pacha contre le sultan fournit aux Grecs l'occasion tant attendue. Le 25 mars 1821, Germanos, le métropolite

LASKARINA BOUBOULINA

Les femmes ont joué un rôle important dans les mouvements de résistance de l'histoire grecque. Ce fut notamment le cas de Laskarina Bouboulina (1771-1825), célèbre femme marin, qui devint membre de la Filikí Etería (Société des amis), importante organisation d'émancipation des Grecs du joug ottoman. Originaire d'Hydra, elle s'installa à Spetsès, d'où elle fit construire plusieurs navires de guerre – elle les commanda en qualité d'amiral – qui servirent lors de plusieurs blocus (le plus célèbre était l'*Agamemnon*). À la tête de l'équipage de ses navires et d'une petite armée de soldats, elle approvisionna les révolutionnaires en vivres, en armes et en munitions, utilisant ses bateaux pour le transport. Son aide fut extrêmement importante pour l'indépendance de la Grèce. Cependant, les divisions politiques à l'intérieur du gouvernement entraînèrent son arrestation après-guerre et son exil à Spetsès, où elle mourut.

C'est une héroïne nationale. Des rues portent son nom à travers tout le pays, et son image figura sur une pièce de monnaie, celle d'une drachme. Son arrière-petite-fille, Lela Karagianni, servit aussi dans la résistance lors de la Seconde Guerre mondiale. Des statues des deux femmes ont été érigées à Spetsès (Hora), et la maison de Bouboulina abrite désormais un musée privé (voir p. 320).

1814
Filikí Etería ("Société amicale"), une organisation indépendantiste grecque clandestine, est fondée à Odessa sur la côte de la mer Noire. Son influence s'étend à toute la Grèce.

1821
Le 25 mars, l'évêque Germanos de Patras (un membre de la Filikí Etería) annonce le début de la guerre d'Indépendance sur le continent. Les Grecs célèbrent leur fête nationale ce jour-là.

1822-1829
L'indépendance est déclarée à Épidaure le 13 janvier 1822, mais les combats se poursuivent pendant encore sept ans.

1826
Le siège de Missolonghi par les forces ottomanes et la résistance héroïque de la population civile ont une grande résonnance dans les cercles philhellènes.

de Patras (Péloponnèse), hisse le drapeau grec au monastère d'Agia Lavra. La guerre d'Indépendance vient de commencer. Les combats qui éclatent à travers la Grèce et les îles occupées, tournent rapidement à l'avantage des Grecs. Dans le Péloponnèse, 12 000 civils ottomans sont massacrés après la prise de Tripolis. De leur côté, les troupes ottomanes se livrent à des représailles en Asie Mineure, notamment sur l'île de Chios où 25 000 civils grecs seront tués.

Les hostilités s'intensifient. En un an, les Grecs prennent Monemvassia, Navarin (l'actuel port de Pylos), Nauplie et Tripolis puis Missolonghi, Athènes et Thèbes. Le 13 janvier 1822, l'indépendance de la Grèce est proclamée à Épidaure.

Les puissances occidentales, préférant la sujétion ottomane au risque de voir l'anarchie gagner le sud-est de l'Europe, se montrent néanmoins peu disposées à intervenir. L'aide viendra des cercles philhellènes dénombrant d'illustres hommes de lettres : Goethe, Schiller, Hugo, Musset, Shelley et Byron notamment. Ce dernier rallie d'ailleurs, en janvier 1824, Missolonghi, important foyer de résistance. Mais trois mois plus tard, il décédera des suites d'une pneumonie.

Théodore Kolokotronis (qui dirigea le siège de Nauplie), Markos Botzaris, Georges Countouriotes (armateur), l'amiral Andréas Miaoulis, les Phanariotes Alexandre Mavrocordatos et Démétrios Ypsilanti seront les principales figures de la lutte pour l'indépendance et donneront leur nom à maintes rues grecques.

Le mouvement ne manque pas de dirigeants mais de cohésion – tant pour le choix des objectifs que sur la stratégie à adopter. À deux reprises, des querelles intestines dégénèrent en guerres civiles dont la plus meurtrière ensanglante le Péloponnèse en 1824. Dès 1825, les Turcs se rendent à nouveau maîtres de Modon (Méthone) et de Corinthe, puis reprennent Navarin, Missolonghi et Athènes.

Les puissances occidentales se décident enfin à intervenir et se portent au secours des Grecs. En octobre 1827, la flotte turco-égyptienne est détruite à Navarin par les escadres réunies par la Russie, la France et la Grande-Bretagne. La Russie envoie par ailleurs des troupes dans les Balkans, provoquant une nouvelle guerre russo-turque. Les combats se poursuivront pendant trois ans. En 1829, l'armée russe est aux portes de Constantinople. Le sultan Mahmoud II signe avec les Russes le traité d'Andrinople, par lequel il reconnaît l'indépendance de la Grèce. En 1830, le protocole fixant l'indépendance et les frontières grecques est signé.

Parcours initiatique, le voyage en Orient est en vogue chez les lettrés du XIXe siècle. Après Chateaubriand (*Itinéraire de Paris à Jérusalem*, 1811) et quelques temps avant Gérard de Nerval (*Voyage en Orient*, 1851), le poète Alphonse de Lamartine accomplit en 1841 son *Voyage en Orient* dont la Grèce en pleine renaissance culturelle est une étape cruciale.

La naissance d'une nation

Entre-temps, les Grecs se sont employés à organiser l'État indépendant qu'ils avaient proclamé quelques années auparavant. En avril 1827,

1827
La flotte turco-égyptienne est coulée par une coalition britannique, française et russe lors de la bataille de Navarin (à Pylos, dans le Péloponnèse).

1829
Traité d'Andrinople par lequel les Ottomans concèdent l'indépendance à la Grèce.

1827-1831
Jean Capo d'Istria est désigné Premier ministre d'un gouvernement dont la capitale est Nauplie, dans le Péloponnèse. Il ne fait pas l'unanimité et meurt assassiné.

1833
Les forces de l'Entente (Grande-Bretagne, France et Russie) dépêchent le prince Othon de Bavière en Grèce pour qu'il en soit le premier monarque.

ils désignent ainsi leur premier président, le corfiote Jean Capo d'Istria, et choisissent comme capitale Nauplie dans le Péloponnèse.

Capo d'Istria, qui avait été ministre du tsar Alexandre Ier, souhaite instaurer un pouvoir fort et centralisé. Si l'homme a su obtenir le soutien des puissances étrangères, la manière despotique dont il conduit les affaires intérieures, heurte nombre de dirigeants de la guerre d'Indépendance. En 1831, il est assassiné.

Le tableau d'Eugène Delacroix *Scène des massacres de Scio* (1824) est inspiré des événements qui se déroulèrent en Asie Mineure lors de la guerre d'indépendance grecque en 1821. Il est exposé au musée du Louvre à Paris.

Pour combler le vide étatique, la Grande-Bretagne, la France et la Russie déclarent que la Grèce doit être placée sous l'autorité d'un monarque choisi en dehors du pays. Le trône vacant échoit à Othon de Bavière. Âgé de 17 ans, le prince arrive à Nauplie en janvier 1833. Son nouveau royaume – défini par la conférence de Londres de 1830 – regroupe le Péloponnèse, la Grèce centrale (Sterea Ellada), les Cyclades et les Sporades. En 1834, Othon transfère la capitale à Athènes.

Rapidement, les Grecs se prennent d'aversion pour le nouveau roi. Othon Ier arrive en effet accompagné d'une coterie de nobles bavarois, auxquels il confie les plus prestigieuses fonctions. Et le pouvoir qu'il instaure n'est pas moins autoritaire que celui de Capo d'Istria.

En 1843, le mécontentement s'accroît et les manifestations orchestrées par les dirigeants de la guerre d'Indépendance se multiplient. Othon Ier doit convoquer une Assemblée nationale. À elle d'élaborer une Constitution prévoyant l'instauration d'un régime parlementaire, composé d'une chambre basse et d'un Sénat. L'entourage d'Othon Ier est écarté du pouvoir et remplacé par des combattants de l'indépendance ayant obtenu les suffrages de leurs concitoyens.

La Grande Idée

D'abord publié en feuilleton dans *Le Temps*, *L'Archipel en feu* (Hatier, 1994) est un roman de Jules Verne qui évoque la Grèce au moment de la guerre d'Indépendance.

Au milieu du XIXe siècle, les habitants de la nouvelle nation grecque sont toujours dans la même situation économique. C'est dans ce contexte de découragement et de pauvreté que la Megali Idea (la Grande Idée) fait son apparition. Cette politique irrédentiste vise à créer un nouvel empire grec qui rassemblerait l'ensemble des territoires ayant appartenu à la sphère d'influence hellénique autour d'une capitale : Constantinople.

Othon Ier enfourche avec enthousiasme ce cheval de bataille. Mais les hommes d'État grecs, trop occupés à trouver les moyens d'étendre leur propre pouvoir face à son régime autocratique, ne réagissent pas.

Vers la fin des années 1850, la plupart des héros de la guerre d'Indépendance ont cédé la place à une nouvelle génération d'hommes politiques, frais émoulus de l'université, qui, en 1862, à la suite d'une révolution pacifique, destitueront le roi Othon sans parvenir, toutefois, à imposer leur propre programme. En effet, en 1864, la Grande-Bretagne cède à la Grèce les îles Ioniennes (protectorat britannique depuis 1815), et, dans l'euphorie générale qui s'ensuit, réussit à imposer sur le trône

1862-1863

Une révolution détrône le roi Othon Ier. La Grande-Bretagne rend les îles Ioniennes (protectorat britannique depuis 1815) à la Grèce pour calmer ses desseins expansionnistes.

1863-1864

La Grande-Bretagne orchestre l'ascension du prince danois Guillaume (le futur roi Georges Ier) sur le trône grec. Son règne, qui durera 50 ans, s'ouvre sur une nouvelle Constitution en 1864.

1883

La Grèce achève la construction du canal de Corinthe creusé à travers l'isthme de Corinthe. Cette prouesse technique ouvre un passage entre la mer Égée et la mer Ionienne.

1883

Le célèbre écrivain grec Nikos Kazantzakis naît à Héraklion. Il deviendra célèbre au milieu du XXe siècle pour ses romans *Alexis Zorba* et *La Dernière Tentation du Christ*.

le jeune prince danois Guillaume, qui prend le nom de Georges Ier. Le règne de ce jeune prince danois va durer 50 ans, et apporter une certaine stabilité au pays.

Une nouvelle Constitution est rédigée. Elle prévoit l'élection démocratique de représentants et relègue le rôle du souverain à celui de haut représentant de l'État. En 1866, le soulèvement de la Crète contre l'occupation ottomane est réprimé par le sultan. Au terme d'une nouvelle guerre russo-turque, la Grèce obtient en 1878, un accord de principe pour l'acquisition de la Thessalie et d'une partie de l'Épire.

Lorsque Kharilaos Trikoupis devient Premier ministre en 1882, les affaires intérieures sont pour la première fois privilégiées. Les années 1880 marquent, de fait, le début de la croissance économique, avec la construction des premières voies ferroviaires et routes pavées, l'achèvement du canal de Corinthe et l'essor rapide de la marine marchande.

Toutefois, la Grande Idée refait surface à la mort de Trikoupis (1896). En 1897, une nouvelle insurrection se produit en Crète ; le Premier ministre grec, Théodore Deliyannis, déclare alors la guerre à la Turquie et envoie de l'aide à la Crète. L'armée grecque tente par ailleurs d'envahir le nord de la Turquie, mais l'expédition tourne au désastre : seule l'intervention des grandes puissances empêchera l'armée ottomane de s'emparer d'Athènes.

La Crète est alors placée sous mandat international, et l'administration des affaires courantes est progressivement confiée aux Grecs. En 1908, Éleuthérios Vénizélos, ministre du Conseil exécutif crétois, proclame l'union (*enosis*) de l'île à la Grèce, mais il faut attendre 1913 pour qu'elle soit reconnue par la communauté internationale. En 1910, Vénizélos devient Premier ministre et restera la figure politique dominante du pays jusqu'en 1935.

Dans *Histoire et géopolitique des Balkans de 1800 à nos jours* (Ellipses, 2002), Ernest Weibel explique les enjeux géopolitiques qui ont enlisé la Grèce et la Turquie dans leurs relations conflictuelles.

Les guerres balkaniques

Au début du XXe siècle, l'Empire ottoman est en pleine décrépitude ; toutefois, il continue de s'accrocher à la Macédoine que convoitent la Serbie et la Bulgarie, mais aussi la Grèce. Les guerres balkaniques vont naître de ces antagonismes. La première oppose, en 1912, l'Entente balkanique (Serbie, Bulgarie et Grèce) à l'Empire ottoman. La seconde, déclarée en 1913, dresse la Grèce et la Serbie contre la Bulgarie. Le traité de Bucarest signé en août 1913 met fin à ces deux conflits et attribue à la Grèce un territoire augmenté du sud de la Macédoine, d'une partie de la Thrace, d'une nouvelle portion de l'Épire, et des îles du nord-est de la mer Égée. Il reconnaît également sa souveraineté sur la Crète.

En mars 1913, le roi Georges Ier est assassiné par un déséquilibré. Son fils Constantin Ier lui succède.

DEJAN SUC/GETTY IMAGES ©

1896

Ressucités par le baron Pierre de Coubertin, les premiers Jeux olympiques modernes se tiennent à Athènes.

1912-1913

Guerres des Balkans. La Grèce et la Serbie, alliées à la Bulgarie disputent la Macédoine à la Turquie. La Grèce et la Serbie se dressent ensuite contre la Bulgarie.

➔ Canal de Corinthe (p. 134)

La Première Guerre mondiale et Smyrne

Lorsque la Première Guerre mondiale éclate en août 1914, Constantin Ier, qui a épousé la sœur de l'empereur allemand, proclame la neutralité de la Grèce. Toutefois, les Alliés (Grande-Bretagne, France et Russie) s'emploient à entraîner les Grecs dans le combat contre l'Allemagne et la Turquie. À cet effet, ils leur promettent, une fois la guerre terminée, Smyrne et sa région. Vénizélos prend fait et cause pour les Alliés. Les tensions avec le roi s'intensifient au point qu'en 1916, Vénizélos instaure un gouvernement insurrectionnel, d'abord en Crète, puis à Thessalonique. En juin 1917, les flottes alliées occupent Athènes et déposent le roi Constantin Ier en faveur de son fils cadet, Alexandre Ier.

Les troupes grecques s'engagent alors résolument aux côtés des Alliés, mais lorsque la guerre prend fin, en 1918, il n'est plus du tout question des territoires promis. Vénizélos décide alors de prendre les choses en mains. Fort du consentement des Alliés, il organise un débarquement à Smyrne (l'actuelle Izmir) en mai 1919, sous le prétexte de protéger les quelque 500 000 Grecs installés dans cette ville, dont ils constituent presque la moitié de la population. L'opération réussit. Doté dès lors d'un solide point d'ancrage en Asie Mineure, Vénizélos décide de poursuivre l'offensive, profitant de la faiblesse d'un Empire ottoman épuisé par la guerre. Il engage le combat en octobre 1920. Au mois de septembre 1921, l'armée grecque a avancé jusqu'au bord du fleuve Sakarya. Bien que profondément engagé à l'intérieur du territoire anatolien, Vénizelos a été désavoué par le peuple grec en novembre 1920.

Vénizelos, le fondateur de la Grèce moderne, de Charles Personnaz (B. Giovanangeli, 2008), est un portrait du grand homme d'État grec.

Au printemps 1922, le jeune général Mustafa Kemal, qui deviendra Atatürk, le "père des Turcs", lance une vaste offensive qui met en déroute l'armée grecque, par ailleurs lâchée par les Anglais. Les Grecs sont chassés de Smyrne, et nombre d'habitants grecs de la ville sont massacrés. Mustafa Kemal, élevé au rang de héros national, abolit le sultanat et proclame la République.

L'invasion grecque et la révolution turque sont réglées, en juillet 1923, par le traité de Lausanne. La partie orientale de la Thrace, les îles d'Imbros et de Ténédos, et la région de Smyrne sont attribuées aux Turcs. Les Italiens conservent le Dodécanèse dont ils s'étaient rendus maîtres en 1912.

Le traité prévoit également un échange de populations entre la Grèce et la Turquie, destiné à empêcher de nouveaux conflits. Près d'un million et demi de Grecs quittent ainsi la Turquie, tandis que quelque 400 000 Turcs abandonnent la Grèce.

La république (1924-1935)

L'afflux de réfugiés coïncide avec une période d'incertitude politique sans précédent. En octobre 1920, le roi Alexandre Ier succombe à une morsure

1914

Première Guerre mondiale. D'abord neutre, la Grèce se range dans le camp des Alliés contre la promesse de terres en Asie Mineure.

1919

Un contingent grec débarque à Smyrne (actuelle Izmir) et engage les hostilités contre l'Empire ottoman l'année suivante.

1920

Le traité de Sèvres consacre le démembrement de l'Empire ottoman. La Grèce se voit accorder la Thrace orientale et la région de Smyrne.

1923

Les troupes kémalistes chassent les Grecs de Turquie. Le traité de Lausanne aboutit à un échange de populations entre les deux pays, événement connu sous le nom de "catastrophe d'Asie Mineure".

de singe. Son père, Constantin Ier, remonte sur le trône, mais abdique après la chute de Smyrne. Son fils aîné, Georges II, lui succède, avant d'être détrôné par un groupe d'officiers, à la fin de la guerre contre la Turquie. Quant à la république, elle est proclamée en mars 1924. Mais elle sera mise en péril par une série de coups d'État.

Le retour au pouvoir de Vénizélos, en 1928, permet au pays de retrouver un semblant de stabilité. Une politique de réformes de l'économie et de l'enseignement est engagée, mais bientôt, elle est enrayée par la crise de 1929. Le Parti libéral de Vénizélos, antimonarchiste, est progressivement supplanté par le Parti populaire, royaliste, puis définitivement écarté après les élections de mars 1933. Le nouveau gouvernement, qui prépare une restauration monarchique, essuie encore une tentative de coup d'État du parti vénizéliste, en mars 1935. Mais elle avorte, et Vénizélos est exilé à Paris, où il mourra un an après. En novembre 1935, le roi Georges II est rétabli sur le trône, à l'issue d'un plébiscite truqué. Le nouveau monarque nomme au poste de Premier ministre le général Ioannis Metaxas qui, neuf mois plus tard, en 1936, instaure un pouvoir dictatorial sous prétexte d'empêcher un coup d'État communiste.

Le roman classique *Notre-Dame de la sirène*, du célèbre auteur grec Stratis Myrivilis, se déroule sur Lesbos, son île natale. Il dresse un portrait dur et poignant de la vie dans un village de pêcheurs pendant l'expulsion des Grecs d'Anatolie.

La Seconde Guerre mondiale

Metaxas est animé d'une vision grandiose : créer une troisième civilisation grecque, inspirée du glorieux passé antique et byzantin. Ce qu'il instaure, en réalité, ressemble plutôt à une version grecque du IIIe Reich. Il exile ou incarcère, voire assassine les opposants, interdit les syndicats ainsi que le Parti communiste grec (KKE, Kommounistiko Komma Ellados), soumet la presse à la censure, et met en place une police secrète et un mouvement de jeunesse d'obédience fasciste. Toutefois, l'histoire a surtout retenu sa réponse – *ochi* (non) – à Mussolini, qui exigeait le libre passage de son armée sur le territoire grec. En 1940, les Italiens envahissent la Grèce mais sont refoulés jusqu'en Albanie.

Pour mener l'offensive contre l'Union soviétique, Hitler a besoin de s'assurer un solide point d'ancrage dans les Balkans, sur son flanc méridional. Ce fait n'échappe pas aux Britanniques qui demandent à Metaxas l'autorisation d'installer des troupes en Grèce. Mais ils obtiennent la même réponse que Mussolini. Toutefois, Metaxas meurt subitement en janvier 1941. Le roi le remplace par Alexandre Korysis qui consent au débarquement britannique. Lorsque l'armée allemande pénètre en Grèce le 6 avril 1941, le nouvel homme fort de la Grèce se suicide. Les troupes grecques, britanniques, australiennes et néo-zélandaises, inférieures en nombre, sont incapables d'opposer la moindre résistance et, en moins d'un mois, l'ensemble du pays est occupé par les nazis. Le roi Georges II et son gouvernement s'exilent en Égypte. Quant à la population civile, elle endure les pires souffrances.

Les querelles de la Grèce avec son voisin balkanique, l'Ancienne République yougoslave de Macédoine (ARYM), ont pour objet son nom, Macédoine, et le fils chéri de la Grèce, Alexandre le Grand, bien que la maison de ce dernier à Pella se trouve toujours dans la province de Macédoine dans le nord de la Grèce.

1924-1934
La république est proclamée. Le retour à la stabilité de la Grèce est contrarié par la Grande Dépression. Sous Vénizélos, les monarchistes et les parlementaires se disputent le contrôle du pays.

1935
La monarchie est rétablie. Le général Ioannis Metaxas est nommé Premier ministre, et instaure un mode de gouvernance dictatorial.

1940
Le 28 octobre, le général Metaxas refuse à Mussolini le droit de traverser la Grèce. Les troupes italiennes engagent le combat contre la Grèce, qui les refoule jusqu'en Albanie.

1941-1944
L'Allemagne envahit et occupe la Grèce. Les monarchistes, les républicains et les communistes forment des groupes de résistance qui, en dépit de querelles internes, parviennent à chasser les Allemands.

Le 25 novembre 1942, une coalition de groupes de résistants grecs appuyée par les Britanniques fait sauter le viaduc ferroviaire de Gorgopotamos à proximité de Lamia, sabotant ainsi pour plusieurs semaines les routes d'approvisionnement allemandes qui traversaient le pays.

De nombreux mouvements de résistance apparaissent. L'ELAS (Ellinikos Laïkos Apeleftherotikos Stratos, Armée populaire grecque de libération) fondée à l'initiative des communistes, rassemble une large base militante. De son côté, l'EAM (Ethniko Apeleftherotiko Metopo, Front national de libération) est composé de membres du KKE, qui ont vécu à Moscou dans les années 1930 et espèrent instaurer un régime communiste de type stalinien en Grèce. Quant à l'EDES (Ethnikos Dimokratikos Ellinikos Syndesmos, Armée grecque démocratique nationale), elle réunit des résistants monarchistes et de droite. Ces groupes mettront autant d'acharnement à se combattre qu'à vaincre les Allemands.

Dès 1943, la Grande-Bretagne se préoccupe de l'avenir politique de la Grèce. Winston Churchill est favorable au retour du roi, car il craint que les communistes s'emparent du pouvoir – craintes renforcées par la participation de l'EAM au gouvernement d'union nationale formé en avril 1944 par Georgios Papandréou. En octobre 1944, les Allemands sont repoussés hors du territoire grec, mais la guerre continue entre résistants monarchistes et communistes.

La guerre civile

Le 3 décembre 1944, la police ouvre le feu sur une manifestation communiste, place Syntagma. Les "événements de décembre" (Dekemvriana) – premier épisode de la guerre civile – commencent. Durant 6 semaines, ils opposent la droite et la gauche. Seule l'intervention des troupes britanniques empêche une victoire de l'ELAS et de l'EAM. En mars 1946, les monarchistes remportent les élections boycottées par les communistes et, quelques mois après, un plébiscite truqué rétablit Georges II sur le trône.

En octobre, l'Armée démocratique de la Grèce (de gauche) est créée pour mener le combat contre la monarchie et ses alliés britanniques. Sous le commandement de Markos Vaphiades, elle occupe une large bande de territoire le long de la frontière avec l'Albanie et la Yougoslavie.

Dès 1947, les États-Unis se substituent aux Britanniques comme pays "protecteur" de la Grèce. La guerre civile s'inscrit dès lors dans un contexte plus vaste : celui de la guerre froide. Les Américains s'efforcent d'endiguer la montée de l'influence soviétique en Europe. Fidèles à la doctrine de Truman, ils distribuent des aides financières et du matériel militaire, afin de consolider le gouvernement de coalition anticommuniste. Le gouvernement déclare le communisme hors la loi, et instaure un certificat de sentiment national – attestant que son titulaire n'adhère pas aux idéaux de gauche. Ce certificat, sans lequel les Grecs n'étaient pas autorisés à voter et ne parvenaient pas à trouver du travail, demeurera en vigueur jusqu'en 1962.

1944-1949

La Grèce sombre dans la guerre civile. Les monarchistes reprennent le pouvoir en 1946, mais la guerre civile continue de faire des victimes et bon nombre de Grecs s'expatrient.

1948

L'Italie cède les îles du Dodécanèse, donnant ainsi à la Grèce ses frontières actuelles.

1951

La Grèce entre dans l'OTAN.

1963

Le député socialiste Grigoris Lambrakis est assassiné à Thessalonique lors d'une manifestation pacifiste.

L'aide financière consentie par les États-Unis ne modifie guère la situation sur le terrain. L'Armée démocratique continue d'être approvisionnée par les États communistes voisins et, dès la fin de l'année 1948, une grande partie de la Grèce continentale et du Péloponnèse est passée sous son contrôle. Toutefois, Vaphiades, son chef, ne parvient pas à s'emparer des grandes villes. Au début 1949, la situation tourne à l'avantage du gouvernement, dont les forces refoulent l'Armée démocratique hors du Péloponnèse. Les hostilités cessent en octobre 1949, lorsque la Yougoslavie rompt avec l'Union soviétique, coupant la voie de ravitaillement de l'Armée démocratique. Vaphiades est assassiné par des subalternes staliniens. L'Armée démocratique capitule. Le pays est au bord de l'abîme.

L'avenir paraît si sombre que le pays connaît un exode. Près d'un million de Grecs s'expatrient, notamment en Australie, au Canada ou aux États-Unis. Des villages, voire des îles entières, sont laissés à l'abandon.

De la résistance à la guerre civile en Grèce, de Joëlle Fontaine (La Fabrique, 2012), s'attache à éclaircir le rapport de forces entre les grandes puissances dont les agissements en Grèce se firent au mépris des aspirations du peuple hellène.

La reconstruction et la question chypriote

Des élections générales sont organisées en 1950. Le scrutin proportionnel ayant engendré une série de coalitions impraticables, il est remplacé, deux ans plus tard, par un système majoritaire. Les élections suivantes sont remportées par le Rassemblement hellénique (Ellinikos Synagermos), parti de droite nouvellement créé par le maréchal Papagos. Il est l'homme qui a dirigé les opérations contre les communistes durant la guerre civile. À sa mort, en 1955, le ministre des Travaux publics, Constantin Caramanlis, lui succède.

En 1951, la Grèce est admise au sein de l'OTAN et, en 1953, les États-Unis obtiennent l'autorisation d'installer des bases militaires. Résolus à maintenir au pouvoir un gouvernement de droite, les États-Unis se montrent généreux sur le plan financier comme sur le plan de l'armement. Pendant les années 1950, les conditions de vie s'améliorent, mais la Grèce n'en demeure pas moins un pays pauvre.

Chypre est déjà au cœur de la politique étrangère grecque. Depuis les années 1930, les Chypriotes grecs (quatre cinquièmes des insulaires) réclament le rattachement de l'île à la Grèce. De son côté, la Turquie n'a jamais cessé de revendiquer ce territoire depuis 1914, date de son annexion par les Britanniques, qui en avaient fait une colonie de la Couronne en 1925. En 1954, une flambée de violence oppose Chypriotes turcs et grecs. L'EOKA, Organisation pour la libération de l'île, engage la lutte armée contre les Britanniques. En 1959, l'Angleterre reconnaît l'indépendance de Chypre qui devient une république au mois d'août 1960. Mgr Makarios est nommé à la présidence et un Turc, Fasal Kükük, au poste de vice-président. Cette décision n'apaise guère les deux camps ; l'EOKA décide de poursuivre le combat, tandis que les Chypriotes turcs continuent de réclamer une partition de l'île.

1967-1974
En avril 1967, un coup d'État est orchestré par des généraux, qui instaurent une junte militaire.

1973
Le 17 novembre, des chars enfoncent les portes de l'École polytechnique d'Athènes et des troupes tirent sur les étudiants en révolte. Plus de 20 d'entre eux sont tués.

1974
Un plan bâclé visant à unifier Chypre et la Grèce précipite l'invasion de Chypre par les troupes turques, et la chute de la junte militaire. Rétablissement de la démocratie en Grèce.

1981
La Grèce rejoint l'Union européenne.

En Grèce, les élections de 1961 marquent le retour au pouvoir de Caramanlis, pour la troisième fois, à la tête de l'Union radicale nationale (ERE) – nouveau nom du Rassemblement hellénique. Papandréou, ancien partisan de Vénizélos et fondateur en 1958 de l'Union du centre (EK) accuse l'ERE d'avoir trafiqué les résultats. Une période de luttes politiques s'ouvre alors pour culminer en mai 1963 avec l'assassinat de Grigoris Lambrakis, député de l'EDA (Gauche démocratique unifiée). Caramanlis, incapable de faire face à la situation, démissionne et quitte le pays.

En dépit des efforts parfois désespérés déployés par l'ERE pour conserver le pouvoir, l'EK remporte les élections en février 1964. Papandréou s'empresse de mettre en œuvre une série de réformes radicales. Il libère les prisonniers politiques, autorise les exilés à rentrer en Grèce, réduit l'impôt sur le revenu et le budget de la Défense, et augmente les dépenses affectées aux services sociaux et à l'éducation. L'élection de Papandréou coïncide avec l'accession au trône du roi Constantin II et une escalade de la violence à Chypre, qui dégénère en guerre civile. Ce conflit ne prend fin qu'avec l'intervention des Nations unies.

L'assassinat politique de Grigoris Lambrakis en 1963 est décrit dans *Z*, le roman de Vassilis Vassilikos qui dépeint avec force la situation politique de la Grèce au début des années 1960. Ce roman fut par la suite adapté au cinéma par Costa Gavras sur un scénario de Jorge Semprun et remporta plusieurs prix.

Le coup d'État des colonels

La droite grecque est épouvantée par la tolérance dont Papandréou fait preuve à l'égard de la gauche. Le climat est lourd de suspicion, la droite et la gauche s'accusant mutuellement de préparer un coup d'État. Dans ce contexte, Papandréou juge qu'il convient d'effectuer un important remaniement au sein des forces armées. Le roi Constantin II refuse néanmoins de coopérer à cette entreprise. Papandréou doit démissionner.

Après deux années de gouvernements intérimaires stériles, un groupe de colonels, dirigés par Georgios Papadopoulos et Stylianos Patakos, organisent un coup d'État le 21 avril 1967. Après une tentative avortée pour renverser leur pouvoir au mois de décembre, Constantin II quitte le pays. Un régime militaire est instauré, avec Papadopoulos comme Premier ministre.

Les colonels proclament l'état de siège, suppriment l'ensemble des partis politiques, interdisent les syndicats et rétablissent la censure. Quant aux opposants, ils sont des milliers à être emprisonnés, torturés ou exilés. L'hypothèse selon laquelle la CIA a favorisé le coup d'État n'a jamais été confirmée, mais force est de constater que les États-Unis se sont toujours gardés d'émettre la moindre critique à l'égard du putsch ou de la junte militaire. En juin 1972, Papadopoulos proclame la république – qui sera confirmée par un référendum truqué, un mois après – et s'arroge le titre de président.

En novembre 1973, les étudiants occupent l'École polytechnique d'Athènes pour protester contre le régime des colonels. Dans la nuit du

1981-1990
Premier gouvernement socialiste (le Pasok) avec à sa tête Andréas Papandréou. La lune de miel dure neuf ans. Les conservateurs finissent par reprendre le pouvoir.

1996
Costas Simitis remplace Andréas Papandreou au poste de Premier ministre.

1999
La Turquie et la Grèce sont secouées par de violents tremblements de terre. Les deux nations engagent un effort d'entraide, et leurs relations diplomatiques se réchauffent.

2001
La Grèce abandonne la drachme et adopte l'euro.

16 novembre, les chars prennent d'assaut le bâtiment, blessant de nombreux étudiants et tuant au moins 20 personnes. Le 25 novembre, Papadopoulos est renversé par le général Ioannidis, directeur de la sûreté militaire.

Au mois de juillet 1974, voulant à tout prix obtenir un succès militaire pour redorer le blason du régime, Ioannidis décide de jouer la carte chypriote. Il ourdit un complot délirant, qui prévoit l'assassinat du président Makarios et l'union de l'île à la Grèce. Son plan échoue lamentablement et la Turquie réagit en occupant le nord de l'île (un tiers de sa superficie), contraignant près de 200 000 Chypriotes grecs à abandonner leur foyer pour se réfugier dans le Sud.

À Chypre, la Ligne verte sépare Grecs et Turcs depuis 1974. Les Grecs regardent à travers les barbelés ces terres où ils sont nés et dont ils ont été bannis, et qu'ils risquent de ne plus jamais fouler.

La restauration de la démocratie

L'armée rappelle Caramanlis à Athènes, lui confiant le soin de sortir le pays du chaos. Des élections libres sont organisées en novembre 1974 et sont marquées par le triomphe du nouveau parti de Caramanlis, la Nouvelle Démocratie. L'interdit prononcé contre le Parti communiste est levé, et Andréas Papandréou (fils de Georgios) fonde le Mouvement socialiste panhellénique (Pasok). Un référendum sur le rétablissement de la monarchie est organisé. À une majorité de 70%, le peuple se prononce contre le rétablissement. La république est restaurée.

En 1977, la Nouvelle Démocratie remporte à nouveau les élections mais la popularité de son dirigeant commence à décliner. L'une des principales réalisations de Caramanlis, a été de gérer l'entrée de la Grèce, le 1er janvier 1981, dans le Marché commun.

Les années 1980 et 1990

La Grèce intègre la Communauté européenne en 1981. Dixième membre, elle en est alors l'État le plus petit et le plus pauvre. En octobre 1981, le parti d'Andréas Papandréou, le Pasok, remporte les élections. La Grèce connaît alors son premier gouvernement socialiste. Dans son programme électoral, le parti a promis d'ambitieuses réformes sociales, l'évacuation des bases militaires américaines et le retrait de l'OTAN. La présence militaire américaine a bien été réduite, mais le taux de chômage demeure élevé et les réformes de l'éducation et de la sécurité sociale s'avèrent restreintes. En revanche, des progrès ont été réalisés dans le domaine des droits des femmes, avec l'abolition du système de la dot, la légalisation de l'avortement, et l'introduction du mariage civil et du divorce.

Un scandale financier, une série de grèves générales et des querelles politiques fondamentales au sujet du système éducatif affaiblissent le Pasok et en 1990, la Nouvelle Démocratie revient au pouvoir, avec à sa tête Constantin Mitsotakis. Décidé à résoudre les problèmes économiques – inflation et dépenses publiques élevées – le gouvernement impose une

2004

La Grèce organise la 28e édition des Jeux olympiques d'été avec succès. La Grèce remporte également le championnat d'Europe de football.

VERONICA GARBUTT/GETTY IMAGES ©

Affiche des JO d'Athènes

2007

De vastes incendies de forêt dévastent l'ouest du Péloponnèse, l'île d'Eubée et l'Épire. Cette catastrophe écologique fait aussi 66 morts et des milliers de sans-abri.

Septembre 2007

Des élections générales sont organisées : le gouvernement conservateur de Costas Karamanlis est réélu pour un deuxième mandat consécutif.

politique d'austérité qui se traduit par le gel des salaires dans la fonction publique et une augmentation brutale des prix des services publics.

Fin 1992, des allégations de corruption sont portées contre le gouvernement. Au milieu de l'année 1993, des partisans de Mitsotakis abandonnent le ND au profit d'un nouveau parti, le Printemps politique, et le ND perd sa majorité parlementaire. Des élections anticipées organisées en octobre ramènent le parti d'Andréas Papandréou au pouvoir.

En raison de problèmes de santé, Papandréou est contraint de se retirer de la vie politique au début de l'année 1996 ; il décède le 26 juin. Son départ entraîne un changement d'orientation à la tête du Pasok : abandonnant la politique de gauche de Papandréou, le parti nomme Costas Simitis, avocat et économiste chevronné, au poste de Premier ministre. Il obtient par la suite la majorité aux élections de 1996.

La confusion politique est montée d'un cran à la suite d'une enquête sur des présomptions de corruption entre le groupe Siemens Grèce et des personnalités politiques situées des deux côtés de l'échiquier.

Le XXIe siècle

Le nouveau millénaire voit la Grèce rejoindre la zone euro en 2001, malgré les réticences de certains États-membres qui estimaient que le pays n'était pas prêt sur le plan économique, sa dette publique et son taux d'inflation étant trop élevés. Avec le recul, de nombreux Grecs ont déploré le mauvais étalonnage de la drachme par rapport à l'euro, affirmant que la monnaie grecque était sous-évaluée et que, du jour au lendemain, le coût de la vie a augmenté de manière disproportionnée. Cela dit, des milliards d'euros ont été dépensés dans des projets d'infrastructures à grande échelle sur l'ensemble du territoire, notamment pour la rénovation d'Athènes, une entreprise largement encouragée par l'organisation des Jeux olympiques de 2004 qui a eu une impulsion considérable sur la ville.

Temps de crise

Ces dernières années, d'importantes grèves générales ont été organisées pour exprimer le mécontentement électoral grandissant. Des centaines de milliers de personnes ont protesté contre les réformes radicales du travail et des retraites et les projets de privatisation défendus par les analystes pour aider à résorber la dette publique. Le conflit entre le gouvernement de ND et la population, s'est également enlisé à la suite d'une série de scandales politiques, qui ont embrasé le pays en décembre 2008, lorsque des émeutes urbaines, menées par des jeunes d'Athènes révoltés par la mort d'un adolescent de 15 ans abattu par la police, ont éclaté à travers tout le pays.

Une élection générale s'est tenue à mi-mandat en octobre 2009 et le Pasok a repris les rênes du pays suite à sa victoire écrasante. Or, le nouveau gouvernement hérite d'une situation explosive. La crise financière mondiale a jeté l'économie grecque dans la tourmente,

2008

La police tue un adolescent de 15 ans à Athènes, à la suite d'échauffourées supposées. Cet événement marque le début d'une série d'émeutes dans plusieurs villes du pays.

2009

Le parti socialiste de Georges Papandréou (Pasok) remporte une victoire écrasante face aux conservateurs, et hérite des pots cassés de la dette publique.

2010

La Grèce bénéficie du plan de sauvetage financier le plus important de l'histoire, avec le versement de 110 milliards d'euros par les autres membres de l'UE.

2011

Des milliers de manifestants défilent vers le Parlement pour contester les nouvelles mesures d'austérité du gouvernement. Le Premier ministre Papandréou démissionne.

mettant au jour ses problèmes structurels : comptes publics dégradés, dette extérieure record, recettes mises à mal par l'économie souterraine… Le nouveau Premier ministre doit révéler que les chiffres officiels sont falsifiés depuis de nombreuses années. Pour éviter une faillite complète, les pays membres de la zone euro s'accordent en 2010 sur une aide de 110 milliards d'euros (la moitié du PIB de la Grèce) pour permettre au pays de redresser la barre. Mais des conditions strictes sont posées : le gouvernement au pouvoir, le Pasok, devra mettre en place une politique de rigueur sans précédent pour pouvoir recevoir ces subventions et réduire le déficit croissant de la Grèce. En octobre 2011, Georges Papandréou a tenté de reprendre l'initiative en annonçant la tenue d'un référendum sur le plan de sauvetage européen. Mais, tandis que les dirigeants européens poussaient le Premier ministre grec à renoncer à son projet, ce dernier était désavoué par une partie des membres du Pasok. Isolé, Georges Papandréou doit céder sa place à Lucas Papadémos, dont le gouvernement de coalition reprend le lourd fardeau que représente le pilotage de l'économie grecque.

Antonis Samaras, le leader du parti Nouvelle Démocratie, lui succède l'année suivante. En juin 2012, il forme une coalition avec le Pasok et d'autres partis plus modestes en vue de poursuivre le programme d'austérité. Désespérés, les Grecs accusent le coup et perdent toute confiance dans leurs institutions politiques. Athènes voit déferler de nouvelles manifestations massives pour protester contre les coupes sombres – 22% du salaire minimum, 15% des retraites et 15 000 suppressions d'emplois publics. Par ailleurs, le taux de suicide dans la capitale connaît une augmentation de 40%. Le soutien au parti d'extrême-droite Aube dorée progresse également, entraînant une vague croissante de racisme dirigée ouvertement contre la population immigrée du pays. À l'inverse, c'est le jeune parti de gauche, SYRIZA, présidé par Alexis Tsipras, qui est arrivé second, derrière Nouvelle Démocratie, avec près de 27% des suffrages exprimés lors des élections législatives de 2012.

En juin 2013, l'ERT (radio-télévision hellénique) est contrainte de fermer temporairement ses portes après 70 années d'exercice, le gouvernement annonçant son intention de supprimer quelque 2 500 postes (dans le cadre d'un effort budgétaire exigé par les créanciers internationaux de la Grèce). Cette fermeture déclenche une grève solidaire des syndicats de journalistes, laquelle se traduit par un black-out médiatique de 24 heures dans tout le pays. Au final, les temps demeurent néanmoins difficiles pour le Grec lambda, avec des réductions salariales d'environ 30% et jusqu'à 17 "nouveaux" impôts grevant sa fiche de paie mensuelle. Le point positif, c'est qu'à la suite de la mise en œuvre probante de la politique d'austérité, l'UE et le FMI ont prédit le retour de la croissance grecque pour 2014.

Dernier venu sur l'échiquier politique grec, le leader du parti de gauche SYRIZA, Alexis Tsipras (né en 1974), est le candidat de la gauche européenne pour l'élection, en mai 2014, du président de la Commission européenne.

2011-2012
Des gouvernements de coalition successifs sont dirigés par Lucas Papademos, ancien vice-président de la Banque centrale européenne, puis par Antonis Samaras (Nouvelle Démocratie).

Février 2012
Le Parlement vote un plan d'austérité de 13,5 milliards d'euros afin d'obtenir la nouvelle tranche d'aide de l'UE et du FMI.

2012
Le gouvernement propose de réduire le salaire minimum de 22% et les retraites de 15%, tout en supprimant 15 000 emplois du secteur public.

2013
Le chômage atteint les 26,8%, soit le plus élevé de l'UE. Chez les jeunes, le taux frise les 60%.

Culture grecque ancienne

Mythologie

Les mythes retraçant la vie des dieux et des héros de la Grèce antique sont fortement enracinés dans la conscience collective de la civilisation occidentale. Ils présentent de multiples facettes et proposent différents niveaux de lecture : récits savoureux, expression d'une grande pénétration psychologique, tournures d'une saisissante poésie, ferments de fantaisie. Ils ont inspiré de grandes œuvres d'art, que ce soit en littérature, en poésie, en peinture ou en musique, car les archétypes qu'ils mettent en scène révèlent les motifs cachés du comportement humain.

Il semble que les mythes qui nous ont été transmis proviennent d'un mélange de mythologie dorienne et mycénienne. La plupart des récits puisent leur origine dans les œuvres d'Homère et d'Hésiode, produites, estime-t-on, au VIIIe siècle av. J.-C. Par la suite, les mythes originels ont subi un nombre de remaniements incalculable : ils ont, selon les cas, été dramatisés, moralisés, voire adaptés à des fins de propagande politique, de sorte qu'il en existe des versions très différentes.

Sexe, mensonges et vie d'en haut, les douze dieux de l'Olympe

Les principaux protagonistes de la mythologie sont les douze dieux de l'Olympe qui, selon les Grecs, se dressait à l'exact centre du monde.

➡ **Zeus** – Dieu suprême. Il règne sur les autres dieux. Sa tâche consiste à promulguer des lois et à maintenir un semblant d'ordre dans la vie dissipée des siens. Il se distingue également par une insatiable libido et la mythologie fourmille de ses rejetons. Son emblème est la foudre.

CINQ TERRIBLES CRÉATURES

Méduse. Créature aux cheveux de serpent et au regard pétrifiant. De son cou tranché jaillit Pégase, le cheval ailé, de sa veine gauche coula un poison mortel et de sa veine droite un remède magique.

Les Cyclopes. Géants dotés d'un œil unique. Ulysse et ses compagnons se retrouvèrent piégés dans la caverne du cyclope Polyphème, berger anthropophage.

Cerbère. Chien à trois têtes qui gardait la porte des Enfers, le royaume des morts où régnait Hadès, empêchant quiconque d'y entrer ou d'en sortir.

Le Minotaure. Mi-homme mi-taureau enfermé par le roi Minos dans le labyrinthe du palais de Cnossos. Tous les ans, les Athéniens devaient lui offrir en pâture 7 jeunes gens et 7 jeunes filles.

L'Hydre de Lerne. Serpent aux nombreuses têtes qui repoussaient quand on les coupait. Pour les empêcher de repousser, Héraclès les cautérisa avec des brandons brûlants.

LE MYTHE DE LA CRÉATION DE L'OLYMPE

La légende veut que le monde soit né d'une immense masse informe appelée le Chaos, qui engendra Gaïa, déesse de la Terre. Gaïa enfanta un fils, Ouranos, le firmament, avec lequel elle s'unit. De leur union naquirent trois Hécatonchires, géants à cent bras, et trois Cyclopes dotés d'un seul œil. Mais si Gaïa aimait tendrement sa monstrueuse progéniture, leur père Ouranos décida de les précipiter au fond des Enfers, dans le Tartare.

Sept Titans naquirent ensuite. Gaïa n'en continuait pas moins de pleurer la mort de sa première progéniture et demanda aux Titans de libérer et de venger leurs frères disparus. Les sept Titans lui obéirent et castrèrent leur père, l'infortuné Ouranos. Mais Cronos, l'aîné des sept Titans, horrifié devant la monstruosité de ses frères, Hécatonchires et Cyclopes, les réexpédia dans le Tartare. Sa mère, Gaïa, lui prédit alors que le temps venu, un de ses propres descendants le renverserait.

Quelque temps plus tard, Cronos épousa sa sœur Rhéa. Redoutant la prophétie de sa mère, il dévora chacun de leurs nouveau-nés. Lorsque Rhéa donna le jour à son sixième enfant, Zeus, elle parvint à tromper son mari avec une pierre emmaillotée dans des langes, que Cronos avala aussitôt. L'enfant envoyé en Crète, fut confié à trois nymphes, qui le cachèrent dans la caverne de Dicté.

Devenu adulte, Zeus décida de venger ses frères engloutis par leur père. Devenu l'échanson de Cronos, il remplit sa coupe de poison. À peine la première gorgée avalée, Cronos régurgita, d'abord la pierre, puis chacun de ses enfants : Hestia, Déméter, Héra, Poséidon et Hadès.

Aidé de ses frères et sœurs, Zeus déposa ensuite son père, et partit en guerre contre les Titans, qui refusaient de reconnaître sa prééminence sur les autres dieux. Mais Gaïa, qui continuait de penser à ses enfants bien-aimés prisonniers du Tartare, déclara à Zeus qu'il ne pourrait être victorieux sans leur aide. Zeus délivra donc les Cyclopes et les Hécatonchires.

Les premiers, forgeurs de la foudre, lui donnèrent le tonnerre et les éclairs. Les seconds projetèrent des rochers sur les Titans, les contraignant à battre en retraite. Zeus bannit alors Cronos et les autres Titans dans une terre lointaine, à l'exception d'Atlas qu'il condamna à porter le ciel sur ses épaules.

C'est sur le massif montagneux de l'Olympe que s'installèrent Zeus et sa turbulente et incestueuse famille. Zeus s'éprit d'Héra. Pour la séduire, il se transforma en coucou. Ne se doutant de rien, Héra porta l'oiseau à son sein. Zeus put ainsi abuser d'elle. Héra dut vaincre sa réticence et l'épouser. Elle lui donna trois enfants : Arès, Héphaïstos et Hébé.

➡ **Héra** – Sœur et épouse de Zeus, elle est la déesse du Mariage et de la Maternité. Protectrice des femmes et de la famille, elle retrouve chaque année sa fraîcheur virginale en se baignant dans une source. Elle a donné naissance à Arès, Héphaïstos et Hébé. Les infidélités de son mari la meurtrissent et la révoltent, et sa colère se retourne contre ses rivales et leurs enfants. Héra poursuit également les Troyens d'une haine tenace depuis que Pâris a imprudemment proclamé la beauté d'Aphrodite supérieure à la sienne. Le coucou et le paon sont ses deux emblèmes.

➡ **Arès** – Fils de Zeus et d'Héra, il est le dieu de la Guerre. Comme il est irascible, inconstant et violent, rien ne peut lui faire plus plaisir qu'un bon massacre. Amant d'Aphrodite, la femme d'Héphaïstos, et surpris par ce dernier, Arès se réfugie en Thrace. Les Athéniens, qui combattaient uniquement, cela va sans dire, pour défendre de nobles idéaux, telle la liberté, étaient convaincus qu'Arès était thrace – région dont ils assimilaient les habitants à des barbares. Il a pour emblème une armure.

➡ **Héphaïstos** – Fils de Zeus et d'Héra, il est le dieu du Feu et des Forgerons. Il est vénéré pour son savoir-faire inégalé dans l'artisanat. Contrefait, il est estropié des deux jambes, mais derrière ce physique difforme, se cache un esprit fin et inventif. Lorsque Zeus décide de punir les mortels, il demande ainsi à Héphaïstos de créer une femme. Avec de l'argile et de l'eau, Héphaïstos façonne Pandore et la charge de séduire les mortels pour les conduire à leur perte. Ouvrant une jarre – modernisée en "boîte" par la mémoire collective – qu'elle avait ordre de conserver fermée, elle en laissa échapper tous les maux de la Terre. Le marteau et l'enclume sont les emblèmes d'Héphaïstos.

Poséidon

➡ **Aphrodite** – Femme d'Héphaïstos et maîtresse d'Arès, elle est la déesse de l'Amour, de la Beauté et de la Fécondité. Sa beauté dépasse celle des autres divinités. Elle possède une ceinture magique. Celui ou celle qui la revêt fait naître l'amour dans tous les cœurs. Aussi Aphrodite est-elle l'objet de toutes les assiduités : les dieux la poursuivent, éperdus de désir, tandis que les déesses la pressent de bien vouloir leur prêter sa ceinture. Zeus, las de sa frivolité, l'a mariée à Héphaïstos, son fils, le plus laid des dieux. Les emblèmes d'Aphrodite sont la colombe et la ceinture.

➡ **Athéna** – Fille de Zeus et de Métis, elle est la déesse de la Sagesse, et la protectrice d'Athènes et des héros. Sortie armée de pied en cap de la tête de Zeus (Héphaïstos jouant le rôle de "sage-homme"), elle est une guerrière avisée, intelligente et apprécie les arts. À la différence d'Arès, son demi-frère, elle préfère recourir à la sagesse pour régler les disputes à l'amiable. S'il le faut, elle s'engage courageusement dans la bataille. Comme Artémis, elle est d'une absolue chasteté. Le hibou et l'armure sont ses emblèmes.

Héra

➡ **Poséidon** – Frère de Zeus, il règne sur les mers et les eaux. Il préfère à l'Olympe son somptueux palais englouti dans les profondeurs de l'Égée. Lorsqu'il se met en colère, il se sert de son trident pour provoquer raz-de-marée et inondations. Sa mauvaise humeur est également à l'origine de tremblements de terre et d'éruptions volcaniques. Poséidon, qui s'efforce sans cesse d'accroître son empire terrestre, dispute Naxos à Dionysos, Argos à Héra, et Athènes à Athéna. Son emblème est le trident.

➡ **Apollon** – Né de l'union de Zeus et de Léto, et frère jumeau d'Artémis, il est le dieu du Soleil, de la Musique, de l'Harmonie et de la Lumière matérielle, symbolique et spirituelle. Aussi, est-il également le dieu des Arts et des Lettres. Présenté sous les traits d'un bel homme, Apollon connaît de nombreuses histoires d'amour. Femmes et hommes partagent sa couche, dont Hyacinthe, qui, blessé par un homme jaloux, perdra son sang, donnant ainsi naissance à la jacinthe. Son emblème est la lyre.

➡ **Artémis** – Née également de l'union de Zeus et de Léto, sœur jumelle d'Apollon, elle est la déesse de la Chasse, des Forêts et de la Lune, mais aussi des enfants abandonnés, qu'elle protège. Déesse de l'Enfantement, elle demande à Zeus de lui accorder une éternelle virginité. Virginité qu'elle préserve farouchement, ce que le jeune Actéon apprendra à ses dépens. Éperdu d'amour pour elle, il la surprend au bain. Folle de colère, Artémis le transforme en cerf et le fait dévorer par sa meute de chiens. L'arc est son emblème.

Athéna

➡ **Déméter** – Sœur de Zeus, elle est la déesse de la Terre, des Moissons et du Mariage. Sa fille Perséphone, enlevée par Hadès, est l'objet de multiples et longues tractations avec l'invisible maître des Enfers. Déméter obtient que sa fille revienne sur Terre six mois de l'année sur douze. Folle de joie, elle décide que le retour de Perséphone correspondra à la période la plus florissante de l'année. La gerbe de blé est son emblème.

➡ **Hermès** – Fils de Zeus et de Maïa (fille d'Atlas), il est le messager des dieux mais aussi le protecteur des marchands et des voleurs ! Sa carrière a été fulgurante. Sa première tâche ayant été de protéger le monde animal en un temps où la prospérité se résumait à la possession de bétail, il est d'abord promu dieu de l'Opulence. Toutefois, avec les progrès de la civilisation, le commerce supplante bientôt l'élevage comme principale source de richesse. Aussi Hermès devient-il le dieu du Commerce. Mais le commerce ne pouvant se faire sans ingéniosité, Hermès se voit doté par son père de cette nouvelle qualité. Et comme le commerce ne va pas sans boniment, Zeus a ajouté la rhétorique aux multiples talents de son fils. Des sandales ailées constituent son emblème.

➡ **Hadès** – Frère de Zeus et de Poséidon, il règne sur les Enfers. Cette vaste et mystérieuse région est aussi éloignée de la Terre, territoire neutre, que celle-ci l'est du Ciel. Les Enfers se divisent en trois zones. Les Champs Élysées abritent les âmes pures, le Tartare les pécheurs. La prairie d'asphodèles accueille ceux qui ne correspondent à aucune de ces catégories. Hadès est également le dieu de la Fortune, que constituent les pierres et les métaux précieux enfouis dans les profondeurs de la Terre.

Aphrodite

Les héros

Dans la mythologie grecque, les héros sont des enfants nés des dieux et des humains et leur puissance est supérieure à celle des hommes.

Héraclès est certainement le héros le plus célèbre. Avant même d'avoir quitté son berceau, Héraclès, fils de Zeus et d'Alcmène (une noble mortelle à laquelle Zeus s'était présenté sous la forme de son mari absent), s'est illustré par de fabuleux exploits. Il lui a fallu, en effet, faire face à la haine d'Héra, l'épouse de Zeus qui, dès l'annonce de sa naissance à Thèbes, envoya deux grands serpents. Le nouveau-né qu'il était fit preuve d'une force insoupçonnée en les étranglant. La haine d'Héra n'en fut que renforcée. Héraclès dut alors mener de multiples combats pour vaincre les différents sorts qu'elle lui jeta, à commencer par cette folie qui lui fit tuer ses propres enfants et sa femme Mégara, fille du roi de Thèbes. C'est pour expier le meurtre de sa famille qu'il exécutera les "douze travaux".

Ulysse dont les tribulations, après la chute de Troie, ont été contées par Homère dans l'*Odyssée*, est un autre héros légendaire, de même que Jason qui, à la tête des Argonautes, a rapporté la Toison d'or de Colchide (l'actuelle Géorgie).

Apollon

Héraclès

Héraclès (Hercule) est le fils de Zeus, qui pour séduire sa mère avait pris l'aspect de son mari. Frappé d'un accès de folie (provoqué par la jalouse Héra), Héraclès tua tous ses enfants. C'est pour expier ce crime qu'il dut accomplir les douze travaux. Il lui fallut notamment tuer le lion de Némée, l'Hydre de Lerne et les oiseaux du lac Stymphale, capturer le sanglier d'Erymanthe et le taureau de Crète, nettoyer en un jour les écuries d'Augias, voler les juments de Diomède qui se nourrissaient de chair humaine, obtenir la ceinture de la reine Hippolyte, dérober les pommes d'or du jardin des Hespérides et capturer Cerbère (voir p. 662).

Thésée

Fils de Poséidon, ce héros avait déjà tué nombre de brigands et de monstres avant de revenir à 16 ans à Athènes. Là, il se porta volontaire pour faire partie des jeunes gens sacrifiés chaque année au Minotaure (p. 662). Ce monstre à corps d'homme et tête de taureau était enfermé par le roi Minos de Crète dans un labyrinthe, construit par Dédale et dont personne n'avait jamais pu sortir. Thésée réussit à tuer le Minotaure et à ressortir du labyrinthe grâce à Ariane (fille de Minos) qui lui avait donné une pelote de fil à dérouler pour retrouver la sortie.

Hermès

Icare

Thésée s'enfuit de Crète avec Ariane. Furieux, Minos enferma Dédale et son fils Icare dans le labyrinthe. Pour s'échapper, l'ingénieux Dédale fabriqua des ailes qu'il fixa avec de la cire sur ses épaules et celles de son fils. "Prends garde à ne jamais voler ni trop haut ni trop bas", dit-il à son fils avant leur envol. Mais grisé de voler et empli d'orgueil, Icare

LES PLUS BEAUX THÉÂTRES

Argos. Datant de l'époque classique, il pouvait accueillir 20 000 spectateurs.

Delphes. Théâtre du IVe siècle av. J.-C. bien conservé.

Odéon d'Hérode Atticus. Construit en 161 par le Romain Hérode Atticus.

Théâtre de Dionysos. Il comportait jadis 17 000 places réparties sur 64 gradins.

Théâtre de Dodone. Impressionnant site antique du IIIe siècle av. J.-C.

Théâtre d'Épidaure. L'un des sites classiques les mieux préservés de Grèce.

négligea les conseils de son père et voulut s'approcher du Soleil. La cire fondit et l'imprudent tomba dans la mer !

Persée

Fils de Zeus, qui s'était transformé en pluie d'or pour féconder sa mère, Persée eut pour tâche de tuer Méduse (p. 662). Cette Gorgone à la tête hérissée de serpents avait un regard qui changeait en pierre quiconque le voyait. Armé du casque d'invisibilité d'Hadès et des sandales ailées d'Hermès, Persée réussit à trancher la tête de Méduse sans croiser son regard en l'observant dans un bouclier en guise de miroir. Puis il plaça sa tête dans sa besace. Sur le chemin du retour, Persée vit Andromède, une jeune fille liée à un rocher offerte en expiation à un monstre marin. Grâce à ses armes magiques et à la tête de Méduse, Persée réussit à changer le monstre en pierre et obtint la main de la jeune fille.

Les Mythes grecs (LGF, 2009), du poète et écrivain britannique Robert Graves, reste l'un des meilleurs ouvrages sur le sujet.

Œdipe

Abandonné à sa naissance, Œdipe apprit, par l'oracle de Delphes, qu'il tuerait son père et épouserait sa mère. Revenant vers Thèbes, sa ville natale, il tua en chemin un étranger qui l'avait insulté. À l'orée de la ville, il rencontra le Sphinx, monstre mi-lion, mi-femme qui posait des énigmes aux passants et dévorait ceux qui ne savaient répondre. Œdipe résolut l'énigme et, de dépit, le Sphinx se jeta dans l'abîme. Reconnaissant de les avoir délivrés du monstre, les Thébains couronnèrent Œdipe et lui donnèrent en mariage la veuve du roi. Quand il découvrit que l'étranger qu'il avait tué était son père et que sa nouvelle épouse était sa mère, Œdipe se creva les yeux et s'exila.

Le siècle de Périclès, âge d'or de la pensée grecque

Au Ve siècle av. J.-C., Athènes connut un renouveau sans précédent dans tous les domaines de la culture et de la civilisation. C'est ce qu'on appelle le "miracle athénien". Cet âge d'or commença après les brillantes victoires de l'armée grecque sur les Perses à Marathon et à Salamine et s'acheva avec le début de la guerre entre Athènes et Sparte. On appelle aussi cette période le "siècle de Périclès" du nom de l'homme qui, pendant 30 ans, domina la vie politique grecque, développant la démocratie, la liberté de penser et les arts.

S'il ne fallait lire qu'un seul livre sur la mythologie, ce serait *L'Univers, les dieux, les hommes* (Points Seuil, 2002), de Jean-Pierre Vernant (1914-2007). Ce grand spécialiste de la mythologie grecque savait se faire conteur.

Théâtre

Périclès encouragea en particulier le théâtre qui remplissait un rôle civique et religieux. Cité-phare qui attirait tous les talents, Athènes vit l'apogée du théâtre grec avec Eschyle (l'*Orestie*), Sophocle (*Œdipe Roi*) et Euripide (*Médée*) pour la tragédie, et Aristophane (*Les Guêpes*) pour la comédie. Leurs pièces étaient représentées dans le théâtre de Dionysos au pied de l'Acropole (voir le plan en couleur p. 72). Leurs œuvres introduisirent de nouvelles formes d'expression et firent évoluer le théâtre de son caractère purement religieux vers une analyse de la nature humaine et des passions.

De grands théâtres à ciel ouvert furent construits à travers le pays. Toujours creusés à flanc de colline, ils furent de mieux en mieux conçus pour permettre aux spectateurs installés sur les gradins les plus éloignés de voir et d'entendre tout ce qui se passait sur la scène. Le créateur de la tragédie et le premier acteur fut, pense-t-on, Thespis, dans la seconde moitié du VIe siècle av. J.-C. C'est lui qui aurait introduit l'intervention d'un acteur masqué, interprétant successivement plusieurs personnages, joués en l'occurrence par lui.

Philosophie

Dès le VIe siècle av. J.-C. apparaissent en Grèce des penseurs qui se détachent du mysticisme et de la mythologie pour développer une réflexion fondée sur la logique et la raison. C'est le début de la philosophie, d'abord centrée sur l'univers. À la fin du Ve siècle, Athènes devient le cœur de cette nouvelle pensée avec l'arrivée des sophistes qui placent l'homme au centre de la réflexion et développent l'art de la rhétorique. La philosophie grecque atteint son apogée avec Socrate, Platon et Aristote.

Considéré comme le père de la philosophie occidentale, Socrate (469-399 av. J.-C.) n'a laissé aucun écrit et, sa liberté de penser l'ayant fait accuser d'impiété et de corruption de la jeunesse, il préféra la mort à l'exil. Son enseignement visait au "connais-toi toi-même". Il avait l'art d'"accoucher" les esprits, de leur faire trouver la vérité en eux, par le dialogue, la dialectique et l'ironie. Sa pensée et sa méthode nous sont surtout connues par Platon (427-347 av. J.-C.) son principal disciple et le fondateur de l'idéalisme.

Dans ses 35 dialogues, Platon rend très vivantes ses interrogations philosophiques sur la nature de l'homme (*Alcibiade*), l'amour (*Le Banquet*) ou l'immortalité de l'âme (*Le Phédon*), notamment. Il s'interroge aussi sur la politique (*La République, Les Lois*) et propose une vision de la Cité idéale. Philosophe et savant, son disciple Aristote (384-322 av. J.-C.) critiqua ce monde des idées pour privilégier la réflexion sur la réalité concrète. Il fut le précepteur du futur Alexandre le Grand. Ses recherches se concentrèrent notamment sur la logique, les sciences de la nature, l'éthique et la politique.

Sculpture

De la très riche sculpture grecque antique, nous ne connaissons que les œuvres qui nous sont parvenues (surtout en pierre ou marbre), leurs descriptions dans des textes anciens ou les copies qu'en réalisèrent les Romains. Au début de la période archaïque (650 av. J.-C.), les Grecs commencent à sculpter des statues en pierre de taille humaine. Dédiées aux dieux, ce sont le plus souvent des statues en pied, aux postures figées et symboliques, du type *kouros* (jeune homme nu) ou *korai* (jeune fille vêtue d'une tunique).

Au Ve siècle, le début de la période classique voit apparaître des sculpteurs qui maîtrisent l'anatomie et le mouvement. Parmi eux, le plus illustre fut Phidias. S'il ne réalisa pas lui-même les sculptures du Parthénon, du moins en en établit-il le plan. Au IVe siècle, le classicisme poursuit sa quête de finesse, de douceur et de légèreté. En témoigne l'*Hermès portant Dionysos enfant*, attribué à Praxitèle, plus célèbre sculpteur de cette époque. Après le règne d'Alexandre, la sculpture hellénistique évolue dans un sens plus théâtral et réaliste. Parmi les œuvres majeures figurent la *Vénus de Milo* et la *Victoire de Samothrace* (toutes deux au musée du Louvre).

Architecture

L'influence de l'architecture grecque antique se retrouve dans tout l'Occident. Les formes et les proportions des temples grecs inspirèrent en particulier l'architecture romaine, la Renaissance italienne qui gagna toute l'Europe et le courant néoclassique des XVIIIe-XIXe siècles. Au milieu des ruines extraordinaires du Parthénon, un petit effort d'imagination suffit à vous transporter dans la Grèce du Ve siècle av. J.-C. L'architecture contemporaine réserve aussi de passionnantes découvertes, avec ses réalisations high-tech et sa manière de revisiter l'art classique ou de mettre en valeur son patrimoine du XIXe siècle. La Grèce est en pleine évolution pour allier passé, présent et futur.

Grandeur minoenne

Les plus anciennes formes d'architecture dont nous ayons connaissance en Grèce sont celles de la civilisation minoenne qui se développa en Crète aux IIIe et IIe millénaires av. J.-C. et rayonna dans toute la mer Égée. Dans les Cyclades, à Santorin, la forteresse d'Akrotiri en est un des premiers exemples significatifs.

C'est en Crète qu'apparurent, vers 2 000 av. J.-C., les premiers palais-cités. Détruits par un cataclysme vers 1700 av. J.-C., ils furent reconstruits en plus grandioses. Le plus important fut le palais de Cnossos, fondé, dit la légende, par le roi Minos qui y fit construire le labyrinthe pour enfermer le Minotaure. Les fouilles entreprises par Arthur Evans à partir de 1900 et ses reconstructions (controversées) montrent une architecture complexe comportant quartiers royaux, salles d'apparat, sanctuaires et tout un dédale d'étroites salles, de corridors, de puits de lumière, de bains ainsi que des magasins (qui attestent de son importance économique). Cet ensemble labyrinthique était ordonné, selon les canons des palais crétois, autour d'une immense cour centrale (1 250 m^2) à fonction rituelle où se déroulaient les jeux tauromachiques

LE STYLE CYCLADIQUE

Avec ses bleus et ses blancs aisément reconnaissables, l'architecture cycladique est celle qu'on associe le plus souvent aux îles grecques. Son rôle était pourtant plus pratique qu'esthétique. En plus de témoigner du manque de matériaux, les maisons cubiques aux toits plats, s'enchevêtrant en un labyrinthe d'étroites ruelles, étaient destinées à se protéger des vents forts et des pirates. Leurs murs enduits de chaux reflétaient les rayons du soleil et conservaient ainsi un peu de fraîcheur.

Les constructions asymétriques de Mykonos, avec notamment l'église de Panagia Paraportiani, en sont la parfaite illustration. L'île contrôle drastiquement le développement urbain afin de préserver son style unique. Pour se protéger, les habitants de Santorin construisaient leurs villages en haut des falaises. Ils enclavaient leurs maisons à l'arrondi typique dans la roche pour les isoler en hiver et les rafraîchir en été. L'eau étant rare, les quelques pots colorés où poussaient géraniums résistants et bougainvilliers en cascade tenaient lieu de jardin. Hora, sur l'île d'Amorgos, est l'un des sites cycladiques les plus évocateurs.

DES PARTICULARITÉS RÉGIONALES

Pyrgi. Dans le village médiéval de Pyrgi (Chios), les maisons sont ornées de *xysta*, motifs géométriques noirs et blancs sculptés dans le plâtre. Cette méthode particulière évoque le *sgraffito*.

Zagoria. Les villages des Zagoria (*Zagohoria*) sont des hameaux traditionnels dont les maisons en pierre, à toit de lauze, s'accrochent aux pentes des collines.

Vathia. Ce village du Magne (Mani), perché sur un piton rocheux, est hérissé de tours, érigées pour la plupart au XVIIe siècle.

Oia. Certaines habitations d'Oia (Santorin), dans les Cyclades, sont nichées dans des cavités creusées dans la roche volcanique, accrochées à la falaise abrupte de la caldeira.

Lefkada (Hora). Sur l'île de Leucade, régulièrement menacée par des séismes, les maisons de Lefkada (Hora), la ville principale, ont un style bien particulier : les étages sont recouverts de tôle peinte ou ondulée, tandis que les murs du rez-de-chaussée sont en bardeaux.

(dont témoignent des peintures murales). La destruction du palais de Cnossos vers 1400 av. J.-C. signa le déclin de la civilisation minoenne.

Génie mycénien

Après 1400 av. J.-C., le foyer de la culture préhellénique se déplaça de la Crète vers la Grèce continentale où s'était épanouie depuis deux siècles la civilisation mycénienne. Outre Mycènes, d'autres cités de la Grèce centrale et méridionale, dont Thèbes, étaient alors des centres florissants d'où cette culture se répandit dans tout le monde égéen. À l'apogée de cette civilisation mycénienne (1400-1200 av. J.-C. environ), l'architecture se caractérisa essentiellement par la construction de palais-citadelles, dont les plus connus sont à Mycènes, à Pylos et à Tirynthe. Bâtis sur une colline, ces austères palais étaient agencés autour du mégaron, grande salle à foyer central, entourée de quatre colonnes soutenant le toit, et précédée d'un vestibule et d'un portique. Le site était enclos d'une enceinte dite “cyclopéenne” vu la dimension des blocs de pierre et l'épaisseur des murs qui atteignait 3 à 10 m. À Mycènes, l'immense tombe royale en forme de ruche du trésor d'Atrée (ou tombeau d'Agamemnon) est construite avec des blocs de calcaire dont certains pèsent quelque 120 tonnes. Le palais de Tirynthe conserve d'impressionnants vestiges de son enceinte dont les blocs atteignent 12 tonnes et des passages secrets à voûte en encorbellement. Quant au palais de Nestor, près de l'actuelle Pylos, il illustre par ses fondations particulièrement bien préservées le génie architectural des Mycéniens.

Apogée de l'âge classique

Durant la période classique (V^e^-IVe siècle av. J.-C.), c'est l'architecture religieuse qui atteint son apogée. Les temples sont généralement construits sur des soubassements à degrés et d'une largeur égale à la moitié de leur longueur, ce qui n'empêche pas une grande diversité dans les détails, notamment dans le type et le nombre de colonnes. C'est entre le VIIe et le Ve siècle av. J.-C. que se développent les fameux ordres architecturaux, fondés essentiellement sur le dessin des colonnes : dorique, ionique et corinthien.

Sobre et puissant, l'ordre dorique, apparu au VIIe siècle dans le Péloponnèse, est le style de référence en Grèce continentale. Il se caractérise par une colonne assez massive aux cannelures peu profondes (en général 20 cannelures). Elle est surmontée d'un chapiteau, constitué d'une moulure arrondie (l'échine) et d'une dalle plate (l'abaque), sans

DORIQUE, IONIQUE OU CORINTHIEN ?

Dorique. Le plus sobre des trois styles. Le fût de la colonne comporte généralement 20 cannelures simples. Il est dépourvu de base et surmonté d'un chapiteau constitué d'une simple moulure arrondie et d'une dalle plate. Le Parthénon en est l'exemple parfait.

Ionique. Les cannelures sont plus profondes et plus nombreuses. Le chapiteau se reconnaît à ses volutes. La base est moulurée.

Corinthien. Le plus décoratif des trois ordres. Sa base et son fût sont identiques à ceux de la colonne ionienne, mais son chapiteau est décoré de feuilles d'acanthe.

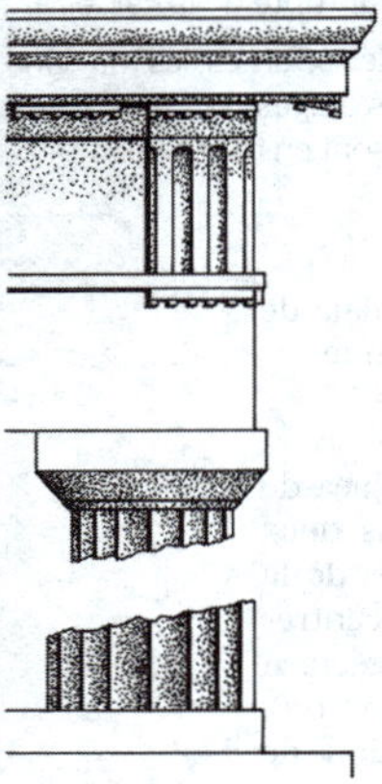

Style dorique

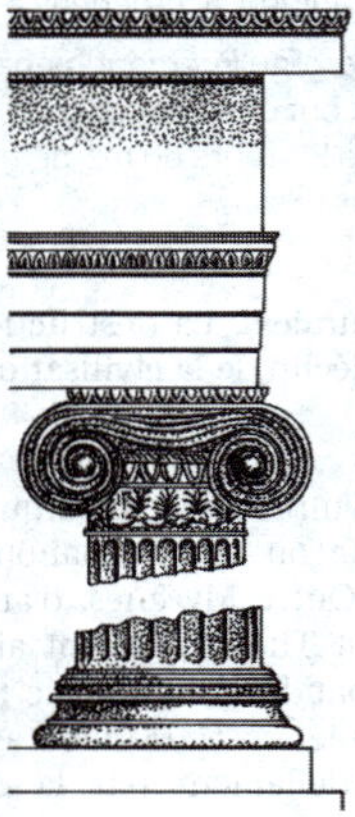

Style ionique

Style corinthien

autres fioritures. Bâti en marbre pentélique au sommet de l'Acropole, le Parthénon est le modèle même du temple dorique. On pourrait aussi citer, exemples plus modestes, le temple d'Aphaïa à Égine, ou le petit temple d'Isis à Délos, près de Mykonos.

Plus gracieux, l'ordre ionique se développe au VIe siècle en Ionie et dans les îles de la mer Égée. La colonne ionienne est plus fine, possède des cannelures plus profondes et plus nombreuses (généralement 24) et repose sur un base moulurée. Son chapiteau se caractérise par ses volutes. Ictinos, l'un des architectes du Parthénon, emprunta des éléments ioniques pour faire courir une frise sculptée en haut du bâtiment intérieur.

Sur l'Acropole, sont également de style ionique le temple d'Athéna Niké et l'Érechthéion, au magnifique portique des Caryatides.

L'ordre corinthien, apparu à la fin du Ve siècle av. J.-C., dérive du style ionien, avec une colonne et une base identique, mais un chapiteau décoré de feuilles d'acanthes. Cet ordre qui sera adopté plus tard par les Romains ne sera utilisé à Athènes que sur les temples corinthiens. Le temple de Zeus olympien, situé au pied de l'Acropole et achevé sous le règne de l'empereur Hadrien, en est un imposant exemple.

Parmi les autres architectures de temple figurent les gracieux temples circulaires du style de la *tholos* du sanctuaire d'Athéna Pronaia à Delphes.

La construction de théâtres est également caractéristique de la période classique, comme celle du théâtre d'Épidaure (IVe siècle av. J.-C.). Ce sont des édifices à ciel ouvert comportant une scène circulaire entourée de gradins en hémicycle pouvant accueillir des milliers de spectateurs.

Ils sont conçus pour que l'acoustique permette à tous les spectateurs d'entendre la moindre syllabe prononcée sur la scène en contrebas. La plupart des théâtres antiques grecs accueillent aujourd'hui des représentations, des concerts et des festivals l'été.

Individualisme hellénistique

Avec le déclin de l'âge classique (vers la fin du IVe siècle av. J.-C.), une population cosmopolite commence à se désintéresser de la construction des temples au profit d'une architecture civile plus utilitaire et davantage portée sur le luxe et les effets décoratifs. Les architectes de la période hellénistique sont souvent sollicités pour la construction ou la mise en valeur de résidences privées par de riches citoyens, dignitaires et hommes politiques soucieux d'afficher leur statut avec force marbres et mosaïques. Les cités de la Grèce continentale connaissant alors souvent des difficultés, c'est plutôt dans les îles florissantes, comme Délos, que l'on trouve les plus belles demeures de cette époque.

Ferveur byzantine

Après les églises paléochrétiennes (IVe-VIIe siècle) au plan basilical inspiré de l'antique, l'architecture des églises en Grèce commence à prendre ses caractères typiquement byzantins à partir de 700 environ. Ce sont généralement des églises en croix grecque dominées par une coupole centrale supportée par des trompes d'angles, encadrée de coupoles plus petites aux quatre angles et de trois chapelles (dont l'abside) à l'Orient. De remarquables mosaïques et fresques à caractère religieux ornent l'intérieur.

À Athènes, la jolie église Agios Eleftherios (XIIe siècle) intègre des fragments d'une frise classique en marbre pentélique et la charmante église Kapnikareas (XIe siècle) abrite, derrière ses murs aux motifs de brique et de pierre alternée, de riches parements de marbre de couleur. L'église Agia Sofia (Sainte-Sophie ; VIIIe siècle) de Thessalonique, inscrite au Patrimoine mondial, mêle harmonieusement plan grec cruciforme et plan basilical à trois nefs. Mystra compte de nombreuses chapelles byzantines, généralement d'anciennes chapelles privées attenantes aux belles demeures des riches familles des XVIIe-XVIIIe siècles. La Panagia Ekatontapyliani, qui date de 326, est l'une des plus belles réalisations byzantines des Cyclades, et regroupe en fait trois églises distinctes. Si son nombre de portes n'est pas à la mesure de son nom (Ekatontapyliani signifie "aux cent portes"), il n'en demeure pas moins important. Autre exemple du genre, le monastère de Nea Moni embellit Chios de la beauté simple de sa structure octogonale. Les monastères de Daphni (à 11 km d'Athènes) et d'Osios Loukas (à 37 km de Delphes), inscrits au Patrimoine mondial, sont de remarquables exemples du "deuxième âge d'or byzantin" avec leurs églises du XIIe siècle à plan central octogonal, somptueusement décorées de mosaïques et de fresques. Parmi les monastères fortifiés, citons aussi l'imposant monastère Saint-Jean, à Patmos, ou l'Angelokastro (château des Anges) de Corfou.

Forteresses franques et vénitiennes

Après la prise de Constantinople par les croisés, en 1204, une grande partie de la Grèce tomba aux mains de seigneurs issus de l'Occident, qu'ils soient francs ou vénitiens. La famille Villehardouin se distingua par la construction de châteaux forts dans tout le Péloponnèse, notamment à Kalamata et à Mystra (où elle bâtit également un palais qui accueillit deux siècles durant la cour de la famille impériale byzantine). Quand les Vénitiens débarquèrent pour s'emparer de quelques enclaves locales, ils édifièrent la puissante citadelle de Methoni et l'imposante citadelle Palamède (XVIIIe siècle) de Nauplie. Prise et reprise, l'immense forteresse de l'Acrocorinthe (citadelle de Corinthe) conserve la trace de sa puissance dans ses enceintes successives et ses imposantes portes tandis que la citadelle protégeant Monemvassia offre une vue spectaculaire sur la mer.

La vieille ville de Rhodes, où l'on admire le palais des Grands Maîtres du XIVe siècle, est inscrite sur la Liste du patrimoine mondial de l'Unesco, mais on pourrait aussi mentionner les citadelles de Corfou, de Naxos et de Lesbos.

Les passionnés d'archéologie et d'histoire se procureront l'ouvrage collectif *Archéologie historique de la Grèce antique* (Ellipses, 2006), de Roland Étienne, Francis Prost et Christel Müller.

Forteresses, ports de caractère, élégantes villas : du XIVe au XVIe siècle, les Vénitiens ont laissé derrière eux un héritage architectural remarquable. L'éclatante ville de Corfou, avec ses fortifications massives, ses grandes places, ses fontaines et ses villas, est elle-aussi classée au patrimoine mondial de l'Unesco. Bien que la ville de Mykonos soit connue pour son architecture cycladique, le quartier de la Petite Venise, qui porte bien son nom, est l'un des endroits les plus photographiés. Pittoresque village rescapé du séisme de 1953, Fiskardo, sur l'île de Céphalonie, est l'un des plus beaux exemples du style vénitien.

Vestiges ottomans

De l'architecture de la période ottomane (XVIe-XIXe siècle), il ne reste que peu de traces en Grèce continentale, mais on en trouve des vestiges sur les îles, épargnées des destructions qui ont eu lieu sur le continent. La vieille ville de Rhodes possède ainsi un quartier turc. Sur le port de Kastellorizo, le minaret et le dôme rose de la mosquée (convertie en bar) témoignent également de ce passé turc.

Parmi les quelques vestiges existant à Athènes figurent la mosquée Fethiye et les bains turcs. Nombre de mosquées se sont écroulées ou sont dans un état de dégradation avancée, telle la mosquée de Trikala (Thessalie), édifiée par Sinan, le fameux architecte de la Mosquée bleue à Istanbul, dont le minaret est aujourd'hui tronqué. Le quartier turc de Varousi à Trikala et les rues de Thessalonique et de Didymoticho, près de la frontière avec la Turquie, conservent de superbes maisons ottomanes à encorbellement en bois, avec des vitraux et un décor en plâtre et en bois peint. Les Grecs commencent à prendre conscience que le patrimoine ottoman mérite d'être préservé. La restauration de l'Imaret à Kavala (Grèce du Nord), un ensemble aux 18 coupoles qui regroupe mosquée, médersa et hammam, en est un bel exemple.

Splendeur néoclassique

L'Académie (1885), la Bibliothèque nationale (1902) et l'Université (1837) d'Athènes témoignent de la passion qu'eut la Grèce, après son indépendance, pour une architecture néoclassique grandiose, renouant le lien avec l'Antiquité. Theophile Hansen, l'architecte danois chargé de la construction des deux premiers monuments s'inspira de l'Érechthéion pour le dessin des colonnes ioniques de l'entrée de l'Académie (gardée par Apollon et Athéna). Dans la grande salle oblongue, bordée de sièges en marbre, le riche programme iconographique du plafond et des murs est l'œuvre du peintre autrichien Christian Griepenkerl. De même, ce sont les colonnes doriques du temple d'Héphaïstos qui influencèrent Hansen pour la puissante Bibliothèque nationale en marbre, tandis que l'Université qu'il réalisa en collaboration avec son frère respire une beauté plus simple et plus calme.

Des demeures néoclassiques amoureusement restaurées abritent de fameux musées, tels le musée Benaki ou le Musée numismatique installé dans un pittoresque édifice construit par Ernst Ziller orné de peintures à l'antique et de parterres en mosaïques. De nombreuses villes de province conservent aussi de beaux bâtiments néoclassiques, dont Nauplie.

L'ATHÈNES DU FUTUR

Musée de l'Acropole (p. 76). Conçu par l'architecte suisse Bernard Tschumi, le nouveau musée de l'Acropole est organisé autour d'une cella, sur le modèle du Parthénon, avec le même nombre de colonnes (en acier) et un sol en verre qui permet de voir les ruines archéologiques au-dessous.

Centre culturel de la fondation Stavros Niarchos. Le cabinet d'architecture de Renzo Piano (coréalisateur du Centre Pompidou à Paris et lauréat du prestigieux prix Pritzker) est en train de réaliser un ambitieux projet de centre culturel pour la fondation Stravros Niarchos (SNFCC : Stavros Niarchos Foundation Cultural Center). Ce centre accueillera de nouvelles installations pour la Bibliothèque nationale et l'Opéra national au sein d'un immense parc naturel qui comportera aussi une agora (lieu de rassemblement) et un canal (à l'emplacement de l'ancien champ de courses de Faliro) reliant le parc à la mer. Il devrait ouvrir en 2015.

Planétarium (p. 92). Le plus grand planétarium numérique avec un dôme hémisphérique permet un voyage virtuel en 3D et à 360° à travers la galaxie.

Complexe olympique d'Athènes (OAKA ; ☎210 683 4777 ; www.oaka.com.gr ; Marousi ; mtero Irini). Le stade olympique est surtout remarquable pour son toit ultra-moderne en acier et verre, suspendu par des câbles à de grandes arches, œuvre de l'architecte espagnol Santiago Calavrata.

Le passé opulent des îles, qui furent de prospères carrefours commerciaux, transparaît dans les maisons de capitaines et les hôtels particuliers, de styles variés. Parmi les plus impressionnants : les élégants hôtels particuliers en pierres blanches, à Hydra, qui surplombent le port en amphithéâtre. Les édifices néoclassiques de la ville d'Égine vous ramèneront à la brève époque où elle fut capitale. La capitale de Symi, dans le Dodécanèse, offre un des plus beaux exemples d'hôtels particuliers protégés, aux teints pastel et ocre. Les œils-de-bœuf surmontés de frontons, inspirés des palais de la Renaissance italienne, sont typiques de Symi mais aussi d'autres îles comme Kalymnos, Karpathos ou Rhodes.

Idées nouvelles

Athènes s'ouvre aujourd'hui à une nouvelle esthétique architecturale et urbanistique s'efforçant d'intégrer passé et avenir. Ainsi en est-il de la présentation de ses vastes collections archéologiques et antiques dans des édifices futuristes (voir l'encadré ci-dessus) et de l'aménagement de superbes zones piétonnes. C'est notamment le cas de la rénovation du centre historique, avec le remarquable éclairage (conçu par le Français Pierre Bideau, auteur de la mise en lumière de la tour Eiffel) de l'ancienne promenade, et de la réhabilitation de zones industrielles à l'abandon, comme la reconversion du complexe gazier de Gazi en un centre culturel appelé Technopolis.

Arts

La Grèce a hérité d'un patrimoine culturel et artistique admiré par tous. Mais on connaît souvent moins bien la richesse et la vitalité de la culture grecque contemporaine. Malgré les problèmes économiques actuels, ou peut-être même du fait de la crise que traverse le pays, on assiste à un bouillonnement d'activité et de créativité artistiques. Alors que des coupes drastiques dans les subventions de l'État ont mis à mal certains secteurs, la scène culturelle alternative acquiert une ampleur nouvelle : films à faible budget, collectifs d'artistes, théâtres et galeries underground fleurissent dans la capitale.

Peinture et sculpture

L'art byzantin

L'art byzantin, du Ve au XVe siècle, a deux thèmes de prédilection, souvent entremêlés : la religion et la figure impériale. Il s'exprime principalement dans les somptueuses mosaïques aux couleurs chaudes qui viennent décorer l'intérieur des églises, dans l'enluminure (il en reste de superbes exemples dans les bibliothèques des monastères) et dans l'art des icônes.

MILLE ANS D'EXPRESSION ARTISTIQUE

Le patrimoine artistique grec ne se limite pas à l'Antiquité : dans les églises byzantines, plus d'un millénaire d'art sacré vous contemple.

Cet art chrétien épouse les évolutions architecturales (voir p. 671) : la coupole, symbole de la voûte céleste, la brique décorative, les mosaïques, puis les pavements en marbre, le plan en croix grecque et la technique de la coupole sur colonnes (la grande église d'Osios Loukas du XIe siècle ou Agia Sofia de Monemvassia du XIIIe siècle sont des exemples magnifiques). Aux XIVe et XVe siècles, alors que l'Empire byzantin amorce son déclin, une renaissance culturelle et artistique se produit à Mystra (Péloponnèse), gouvernée par les Paléologue. Les églises deviennent polychromes, les mosaïques disparaissent au profit des fresques – des peintures murales marquées par le style de l'école crétoise.

Cette école, influencée par la Renaissance italienne et par des artistes réfugiés en Crète après la chute de Constantinople (1204), allia brio technique et intensité dramatique dans la peinture d'icônes. L'illustre peintre de la Renaissance, Dominikos Theotokopoulos, dit le Greco, naquit en Crète où il fut formé dans la tradition de la peinture à fresque de la fin de l'époque byzantine avant de s'établir en Espagne en 1577.

L'art chrétien oriental s'est aussi illustré dans la peinture des icônes ("images"), peintes sur bois et regroupées dans les églises sur l'iconostase, un mur séparant la nef du chœur, et donc les fidèles du prêtre. Les fresques des églises et les icônes représentaient des scènes de la vie du Christ, parfois en compagnie de la famille impériale, et des représentations de saints. Parmi les figures religieuses les plus fréquemment représentées : le Christ Pantocrator, la Vierge, les archanges (Taxiarches) Michel et Gabriel commandant les armées célestes, ou saint Georges combattant le dragon.

L'art moderne

Sous l'égide ottomane, l'art spécifiquement grec s'exprima peu. L'art moderne proprement dit a vu le jour après l'indépendance, quand la peinture a pris un caractère plus profane. Les peintres du XIXe siècle privilégient les portraits, les thèmes marins et les représentations de la guerre d'Indépendance. Se distinguent notamment des artistes comme Dionysios Tsokos, Theodoros Vryzakis, Nikiforos Lytras et Nicholas Gyzis, un artiste majeur de l'école de Munich (où se formèrent de nombreux artistes grecs de l'époque).

Dès le début du XXe siècle, des artistes tels que Konstantinos Parthenis, Fotis Kontoglou, Konstantinos Kaleas et, par la suite, l'expressionniste George Bouzianis s'inscrivent dans cette lignée tout en y intégrant de nouveaux éléments de l'art moderne. Parmi les artistes majeurs du XXe siècle figurent le cubiste Nikos Hatzikyriakos-Ghikas, l'artiste et poète surréaliste Nikos Engonopoulos, Yannis Tsarouhis, Panayiotis Tetsis, Yannis Moralis, Dimitris Mytaras et le pionnier de l'Arte povera, Yannis Kounellis. La galerie d'art nationale d'Athènes (actuellement fermée pour travaux) possède la plus vaste collection d'art grec du XXe siècle. D'importantes collections se trouvent également à Rhodes, dans la nouvelle galerie du musée d'Art moderne, et à Andros, dans le musée d'Art contemporain.

La sculpture moderne et contemporaine est présentée dans la galerie nationale de sculptures, située à Goudi, dans la banlieue d'Athènes. La tradition de la sculpture sur marbre se perpétue à Tinos, berceau de deux grands sculpteurs modernes, Dimitrios Filippotis et Yannoulis Halepas, et de Costa Tsoclis, dont les œuvres remplissent le nouveau musée de l'île.

Les stations de métro d'Athènes servent de vitrines à l'art contemporain grec. On peut notamment y admirer des œuvres de Yannis Gaitis (Larisa), de Giorgos Zongolopoulos (Syntagma) et d'Alexandre Fassianos (Metaxourgio), l'artiste grec vivant qui a remporté le plus de prix.

La scène artistique grecque contemporaine

L'art contemporain grec suscite un intérêt croissant, à l'intérieur des frontières comme à l'extérieur, et les artistes grecs sont de plus en plus présents dans les manifestations artistiques internationales. Plus vivante, moins expérimentale, la scène artistique sort de son isolement.

Grandes expositions internationales dans de nouveaux espaces, petites galeries privées ou projets initiés par des artistes, comme les expositions annuelles de l'"Hydra School Project", ont propulsé les Grecs sur la scène internationale. Depuis 2007, les Biennales d'Athènes et de Thessalonique ont fait entrer ces villes dans le circuit international de l'art contemporain. Quant au musée national d'Art contemporain (EMST), fondé en 2000, il devrait occuper son site permanent en 2014.

Contrairement à la génération précédente, une nouvelle vague d'artistes choisit aujourd'hui de demeurer en Grèce, contribuant ainsi au regain de vitalité artistique du pays (voir l'encadré p. 91).

Littérature moderne

La littérature grecque, qui avait quasi disparu sous la domination ottomane, a par la suite été freinée par la question linguistique, une controverse opposant les partisans du grec ancien à ceux du démotique (*dimotiki*), la langue vernaculaire, et du *katharevousa*, un compromis entre les deux. Le démotique fut choisi comme langue officielle en 1976.

L'une des œuvres majeures marquant le début de la littérature grecque moderne est l'*Erotokritos*, une épopée de 10 000 vers composée au XVIIe siècle par le poète crétois Vitsenzos Kornaros. Ces vers de 15 pieds forment de célèbres *mantinades* (couplets) qui se récitent encore en Crète et ont été mis en musique.

Le romancier le plus célèbre du début du XXe siècle est Nikos Kazantzakis (1883-1957), personnage controversé pour ses convictions religieuses, jugées peu orthodoxes. Ses romans (pour beaucoup traduits en français) sont traversés par une profonde angoisse et des personnages plus grands que nature, notamment dans *Alexis Zorbas*, héros du roman éponyme et du film *Zorba le Grec*, et le capitaine Michalis, protagoniste torturé de *La Liberté ou la Mort*.

Autre grand écrivain de l'époque, Stratis Myrivilis (1890-1969) est l'auteur de *La Vie au tombeau, Vasilis Arvanitis* et *Notre-Dame La Sirène*.

L'origine de la poésie moderne est attribuée à Andreas Kalvos (1792-1869) et à Dionysios Solomos (1798-1857), dont l'*Hymne à la liberté* est devenu l'hymne national grec. Parmi les éminents poètes figurent Constantin Cavafy (1863-1933), né et mort à Alexandrie, dont l'œuvre a été traduite en français par Marguerite Yourcenar. Grand poète du XXe siècle, Georges Séféris (1900-1971) a reçu le prix Nobel de littérature en 1963. Odysseas Elytis (1911-1996) a été couronné à son tour en 1979.

Iakovos Kambanellis, Alexandros Papadiamantis, Kostis Palamas et le poète-dramaturge Angelos Sikelianos comptent parmi les géants de la littérature grecque. Quant aux dramaturges tels que Yorgos Skourtis et Pavlos Matessis, leurs pièces ont été traduites et jouées à l'étranger.

Pour explorer le monde du crime et de la corruption d'Athènes, suivez l'inspecteur Charitos en vous plongeant dans les romans policiers de Petros Markaris, tels *Liquidations à la grecque* et *Le Justicier d'Athènes* (Seuil Policiers, 2013), deux volets d'une trilogie de la crise, ou *Le Che s'est suicidé* (2006).

Écrivains contemporains

L'abondante production éditoriale contemporaine est souvent le fait de petits éditeurs indépendants et n'est pas fréquemment traduite. Certains écrivains actuels percent cependant à l'étranger tel Apostolos Doxiadis, avec son best-seller international *Oncle Petros et la conjecture de Goldbach*, ou Eugene Trivizas, criminologue et auteur de livres pour enfants, qui compte à son actif plus de 100 ouvrages, dont *Les Trois Petits Loups et le Grand Méchant Cochon* (Bayard Jeunesse, 1999).

Le romancier Vassilis Alexakis partage sa vie entre Paris et la Grèce. On lui doit notamment *Ap. J.-C.* (Stock, 2007 ; voir p. 251) et *Le Premier Mot* (Stock, 2010).

Parmi les autres grands écrivains contemporains traduits en français, signalons Dido Sotiriou (1909-2004), dont le roman *Terre de sang* (Hatier, 1996) a pour toile de fond le départ des Grecs de Turquie en 1922, et qui a été couronné en 1989 par le grand prix national de littérature grecque. Autres auteurs à découvrir : Maro Douka (*L'Or des fous,* Actes Sud, 1992), Ersi Sotiropoulou (*Zigzags dans les orangers,* Maurice Nadeau, 2003), Thanassis Valtinos (plusieurs ouvrages publiés notamment chez Actes Sud), Réa Galanaki (dont *La Vie d'Ismaïl Férik Pacha*, traduit chez Actes Sud en 1991, a été inclus dans la liste d'ouvrages majeurs publiée par l'Unesco), ou Panos Karnezis (*Le Trouble-Fête,* L'Olivier, 2008). Alexis Stamatis représente une nouvelle génération d'auteurs qui campent leur histoire ailleurs qu'en Grèce, comme dans *Bar Flaubert* (LGF, 2007).

La musique byzantine, qui a influencé la musique traditionnelle, est aujourd'hui surtout cantonnée aux églises, mais des chœurs byzantins se produisent aussi parfois en concert en Grèce et à l'étranger.

Musique

Pour beaucoup, la danse et la musique grecques sont évocatrices de pas sautés rythmés au son du bouzouki (instrument de musique de la famille du luth). Or la tradition musicale grecque, très enracinée dans la culture du pays et fruit de multiples influences, est beaucoup plus riche et variée.

Les plus grands artistes se sont inspirés du *laïka* (musique populaire urbaine) et du rébétiko (musique populaire régionale qui évoque le blues). La musique actuelle brasse des éléments du *laïka* traditionnel et des influences occidentales, mais le folk-rock, le rap et la musique électronique occupent également le devant de la scène.

Musique folklorique traditionnelle

À chaque région grecque correspond un style musical, ancré dans les traditions et l'histoire locales. On distingue généralement deux types de musique folklorique régionale : la *nisiotika*, la musique légère et plus rythmée des îles, et le *dimotika*, une musique plus terrienne typique du continent. Cette dernière fait la part belle à la clarinette (*klarino*) qui accompagne des chants évoquant des périodes difficiles, la guerre ou des aspects de la vie rurale. La musique crétoise, un genre à part entière, reste la musique traditionnelle la plus dynamique avec un public local fidèle, des concerts fréquents et la sortie de nouveaux albums.

Pendant la période qui suivit la guerre d'Indépendance, la bourgeoisie délaissa la musique traditionnelle, préférant aux racines orientales et rurales la musique classique et l'opéra européens. Bien que la musique folklorique soit écoutée dans toute la Grèce, c'est à la campagne qu'elle reste le plus populaire, en particulier à l'occasion des fêtes.

Laïka et entehno

Le *laïka* (musique populaire ou folklorique urbaine) est le genre musical le plus populaire en Grèce. C'est une ramification grand public du rébétiko qui fit son apparition à la fin des années 1950-1960, lorsque les clubs d'Athènes se firent plus grands et plus clinquants et que la musique devint plus commerciale. Le bouzouki devint électrique et les thèmes sentimentaux de ses chansons (l'amour, la tristesse, le deuil et l'émigration) devinrent emblématiques de l'âme grecque. Stelios

L'inoubliable morceau du générique de *Pulp Fiction* (1994) est inspiré de la reprise dans les années 1960 par Dirk Dale, une légende de la surf music, de la chanson *Misirlou* dont la version originale avait été enregistrée par un groupe de rébétiko vers 1930.

RÉBÉTIKO : LA MÉLANCOLIE EN CHANSONS

Le rébétiko, né dans les quartiers déshérités des grandes villes grecques, a profondément influencé la musique populaire grecque. À l'origine du rébétiko, on distingue en réalité deux styles de musique. Le premier émergea dans la seconde moitié du XIXe siècle dans les villes portuaires animées de Smyrne et de Constantinople, où vivaient d'importantes communautés grecques, ainsi qu'à Thessalonique, Volos, Syros et Athènes. Appelé Smyrneika ou musique du Cafe Aman, il se caractérise par la richesse d'un style vocal incluant des *amanedes* (improvisations vocales), la présence de quelques chants turcs et un son plus oriental. Ses instruments privilégiés sont le violon, l'*outi* (oud), la guitare, la mandoline, le *kanonaki* et le *santouri* (instrument plat à nombreuses cordes). Le second style, dominé par le bouzouki à six cordes, s'est développé au Pirée. Cette musique de type acoustique comporte une introduction improvisée caractéristique, appelée *taxim*. Les ensembles de rébètes jouent assis en rang.

Après l'échange de populations de 1922 et l'afflux de réfugiés d'Asie Mineure au Pirée (nombre de Grecs partirent aussi aux États-Unis où furent réalisés des enregistrements de rébétiko dans les années 1920), ces deux styles se recoupèrent en quelque sorte, faisant du rébétiko la musique des bas quartiers. Empreintes de nostalgie et de rébellion, les chansons rébétiques racontaient la misère, la souffrance et l'amour. Elles prenaient pour protagonistes les *mangas* (personnages de la rue libres et parfois violents) qui passaient leurs soirées à chanter et danser dans les *tekedes* (fumeries de haschich qui inspirèrent de nombreux textes).

Au milieu des années 1930, la dictature du général Metaxas entreprit une opération de "nettoyage" de cette sous-culture en utilisant la censure, les descentes policières, le harcèlement des *tekedes* par les forces de l'ordre et l'arrestation des personnes portant un bouzouki. De nombreux artistes abandonnèrent les représentations et les enregistrements, mais la musique continua d'exister clandestinement. Après la Seconde Guerre mondiale, une nouvelle vague de chanteurs de rébétiko émergea, qui dépoussiéra son image crapuleuse.

Parmi les figures légendaires du rébétiko figurent Markos Vamvakaris, qui devint célèbre avec le premier groupe de bouzouki au début des années 1930, les compositeurs Vassilis Tsitsanis, Apostolos Kaldaras, Yannis Papaioannou, Giorgos Mitsakis et Apostolos Hatzihristou, ainsi que les chanteuses Sotiria Bellou et Marika Ninou, dont la vie inspira Costas Ferris pour son film *Rébétiko (1983)*. Le véritable rébétiko connut un regain d'intérêt dans les années 1970-1980, en particulier parmi les étudiants et les intellectuels. Les jeunes générations continuent de le redécouvrir.

PETIT GUIDE DES CONCERTS

L'été, les plus grands artistes se produisent lors de concerts en plein air dans tout le pays. En hiver, ils privilégient les salles d'Athènes, de Thessalonique et des capitales régionales. Il n'est pas évident de trouver des concerts de musique populaire authentique, le mieux étant d'assister à l'un des nombreux *panigyria* (festivals) qui ont lieu dans toute la Grèce l'été. Guettez les affiches, souvent collées sur les cabines téléphoniques ou les poteaux télégraphiques, ou demandez autour de vous.

Vous trouverez à Athènes des clubs de rébétiko, à l'atmosphère intimiste, et des *bouzoukia*, ces salles chères et clinquantes de style cabaret (voir l'encadré p. 114). Les *plus modestes* sont surnommés *skyladhika* (chenils), en raison de l'air triste des chanteurs de charme. Dans les *bouzoukia*, il est d'usage de jeter des fleurs (les lancers d'assiettes sont rares de nos jours) et de se livrer à des débordements d'exubérance, d'excès et de *kefi* (bonne humeur). *Opa !*

Le son du bouzouki, immortalisé par la bande originale de Mikis Theodorakis pour le film *Zorba le Grec* (1964) est devenu, depuis les années 1960, le symbole de la Grèce. Apparenté au luth, c'est l'instrument par excellence du rébétiko. Il joue aussi un rôle majeur dans le *laïka*.

Kazantzidis et Grigoris Bithikotsis furent les grandes voix de cette époque.

Sous l'impulsion de deux compositeurs de formation classique, Mikis Theodorakis et Manos Hatzidakis, émergea un nouveau style musical plus "artistique", l'*entehno*, qui s'appuie sur le rébétiko et les instruments habituels comme le bouzouki en leur apportant des arrangements plus symphoniques. Ils mirent en musique et révèlent au grand public des poèmes de Séféris, Elytis, Ritsos et Kavadias.

Le compositeur Yannis Markopoulos poursuivit cette voie en popularisant auprès du grand public la musique folklorique rurale et les instruments traditionnels comme la *lyra*, le *santouri*, le violon et le *kanonaki*, et en poussant des musiciens folks tels que le célèbre crétois Nikos Xylouris sur le devant de la scène.

Sous le régime de la junte militaire, la musique de Theodorakis et de Markopoulos devint une forme d'expression politique. Celle de Theodorakis fut interdite et le compositeur fut emprisonné.

Musique contemporaine et pop

Hormis Nana Mouskouri, l'icône des années 1970, et Demis Roussos, rares sont les artistes grecs à s'être fait un nom à l'étranger. Pourtant la scène musicale grecque est très riche, depuis la musique traditionnelle et la musique pop jusqu'aux rock, heavy metal, rap et musique électronique.

Les formes les plus intéressantes de musique actuelle brassent des éléments de folk, de *laïka* et d'*entehna* et des influences occidentales. L'un des exemples les plus fantasques en est le groupe qui représenta la Grèce au concours Eurovision de la chanson 2013 dans lequel le vétéran de rébétiko Agathonas Iakovidis faisait équipe avec Koza Mostra, groupe de Thessalonique qui revisite le ska sur des rythmes balkaniques.

Parmi les grands noms de la musique grecque contemporaine, citons Dionysis Savopoulos, surnommé le Bob Dylan grec, et les vétérans George Dalaras et Haris Alexiou. Alkinoos Ioannides, originaire de Chypre, Eleftheria Arvanitakiis et Savina Yannatou figurent parmi les plus grands interprètes actuels, de même que les artistes de jazz ethnique fusion Kristi Stasinopoulou, Mode Plagal et Haïnides. Mihalis Hatziyiannis est aujourd'hui l'idole de la scène pop, tandis que Yannis Ploutarhos, Antonis Remos et Thanos Petrelis comptent parmi les grands du *laïka*.

Musique classique et opéra

La musique classique et l'opéra n'attirent qu'une minorité (en progression malgré tout) de Grecs, Pourtant, la Grèce possède en ce domaine de remarquables ambassadeurs : les compositeurs Mikis Theodorakis et Manos Hatzidakis et, bien sûr, la diva Maria Callas.

Dimitris Mitropoulos a dirigé le New York Philharmonic dans les années 1950, tandis que s'imposaient des compositeurs comme Yannis Xenakis et Stavros Xarhakos. Parmi les grands interprètes contemporains, citons le pianiste Dimitris Sgouros, le ténor Mario Frangoulis et les sopranos Elena Kelessidi et Irini Tsirakidou.

Les salles de concert du pays et les grands festivals comme le Festival hellénique offrent un riche programme international. Les amateurs d'opéras fréquentent l'Opéra national grec et le théâtre Apollon de Syros.

Le *zeïmbekiko*, souvent spectaculaire, est dansé par un homme seul qui improvise des tourbillons dont l'origine dérive du rébétiko. Les femmes expriment leur féminité dans le *tsifteteli*, dont les mouvements s'inspirent de la danse orientale.

Danse grecque

En Grèce, la danse fait partie intégrante de la vie sociale. Certaines danses folkloriques actuelles dérivent de chorégraphies rituelles, pratiquées dans les temples de l'Antiquité. Le *syrtos* est ainsi représenté sur des vases grecs anciens. La danse fut par la suite intégrée à l'instruction militaire ; en temps d'occupation, danser devint un acte de rébellion et une manière discrète de se maintenir en forme.

Les danses régionales reflètent la diversité du pays. Par sa lenteur et la dignité des danseurs, le *tsamiko* d'Épire évoque le froid et la rudesse de la vie à la montagne. La luminosité des îles a donné naissance à des danses légères et alertes comme le *ballos* et le *syrtos*. Le gracieux *kalamatianos,*

LA GRÈCE À L'ÉCRAN

Le cinéma grec, malgré un contexte de production difficile, connaît un certain renouveau depuis quelques années. Il le doit en partie au prometteur Yorgos Lanthimos, dont l'intrigant *Canine (Kynodonta)*, s'est adjugé de nombreuses récompenses dans les festivals, comme le prix Un Certain Regard à Cannes, et a même concouru pour l'Oscar du meilleur film en langue étrangère. Son troisième film, *Alps* (2011), a remporté le prix du meilleur scénario à la Mostra de Venise. Autre auteur à suivre : Athina Rachel Tangari, réalisatrice d'*Attenberg* (2011), qui s'est taillé un grand succès critique lors de sa sortie sur les écrans français.

Cette nouvelle génération rompt avec les thèmes de l'ancienne génération, dont la plus célèbre figure était Theo Angelopoulos (1935-2012). Formé en France, ce cinéaste s'était d'abord fait connaître par des films politique dénonçant la dictature avant de développer un style méditatif faits de longs plans séquences et de lents panoramiques. Parmi ses œuvres les plus notables : *L'Éternité et un jour,* vainqueur de la Palme d'or à Cannes en 1998, *Le Pas suspendu de la cigogne* (1991) ou *Le Regard d'Ulysse* (1995). Sa mort accidentelle, alors qu'il préparait son dernier film, a provoqué une vive émotion en Grèce.

Le plus grand succès international du cinéma grec reste cependant *Zorba le Grec* (1964) de Michael Cacoyannis (1922-2011), servi par la prestation d'Anthony Quinn, qui remporta différents prix aux Oscars. Le cinéma grec des années 1960 a produit quelques perles comme *Électre* (1962), également de Cacoyannis, ou *Les Lanternes rouges* (1963) et *Terre sanglante* (1965), de Vassilis Georgiadis. Chassé des studios hollywoodiens par le maccarthysme, le réalisateur Jules Dassin y tourna plusieurs films, dont le mémorable *Jamais le dimanche* (1960) avec Mélina Mercouri (1920-1994). L'actrice grecque remporta le prix de la meilleure actrice à Cannes avant de devenir ministre de la Culture.

Si les films hollywoodiens occupent désormais le devant de la scène, certains films nationaux parviennent à affoler les compteurs du box-office. Ce fut le cas en 2000 de la comédie à succès *Safe Sex*, du film à grand budget *El Greco* (2007) ou encore d'*Un ciel épicé* (*Politiki Kouzina* ; 2003), de Tassos Boulmetis, chronique d'une famille grecque stambouliote. Côté films de genre, signalons le film de zombies de Yorgos Noussias, *To Kako* (2005), et le réjouissant *L'Attaque de la moussaka géante* (1999) de Panos Koutras.

Le Festival international du film de Thessalonique, qui a lieu en novembre, est la manifestation cinématographique la plus prestigieuse en Grèce.

originaire de Kalamata, traduit la fierté de la tradition du Péloponnèse. Les danses des Grecs pontiens, énergiques et guerrières (notamment le *kotsari*) reflètent les années de conflits avec leurs voisins turcs.

Le *sirtaki*, ou "danse de Zorba", est une forme de danse stylisée dans laquelle deux ou trois danseurs se tiennent par les épaules. Aujourd'hui, les participants forment souvent un grand cercle et évoluent sur un rythme qui va en s'accélérant.

Traditionnellement, les hommes et les femmes dansent séparément, avec pour chaque sexe des danses spécifiques, sauf dans les danses de cour comme la *sousta*.

Dans tout le pays, des groupes de danses folkloriques préservent les traditions régionales. Pour voir de la danse traditionnelle, le mieux est de se tourner vers les festivals régionaux ou le théâtre Dora Stratou à Athènes.

La danse contemporaine gagne du terrain en Grèce et des troupes locales s'imposent à un niveau international, notamment aux prestigieux festivals internationaux de danse de Kalamata et d'Athènes.

Cuisine grecque

Simple, nourrissante et savoureuse, la cuisine est l'un des plaisirs d'un voyage en Grèce. La cuisine rustique reflète l'histoire et la richesse des régions et s'appuie sur des produits frais, saisonniers et locaux. La cuisine maison traditionnelle est en pleine renaissance, tout particulièrement dans les déclinaisons de spécialités locales et de produits du cru. La nouvelle génération de chefs réinterprète cet héritage et propose les classiques grecs avec un tour de main tout contemporain.

Aux fourneaux !

La cuisine grecque traditionnelle se caractérise avant tout par des produits frais, locaux et saisonniers, et des techniques souvent simples qui magnifient les riches arômes méditerranéens.

Les plats sont assaisonnés sobrement. Le jus de citron, l'ail, l'origan et l'huile d'olive extra-vierge constituent les saveurs fondamentales, aux côtés de la tomate, du persil, de l'aneth et des épices comme la cannelle ou le clou de girofle. L'huile d'olive est l'élixir du pays, et l'huile extra-vierge est utilisée en grande quantité pour la cuisson et les salades, ce qui rehausse le goût des légumes, légumineuses et crudités – les éléments phares du régime méditerranéen, très sain. L'huile d'olive est produite de façon industrielle ou familiale partout dans le pays, et beaucoup de tavernes utilisent une huile maison.

Jadis réservée aux grandes occasions, la viande occupe une place plus importante dans l'alimentation moderne. Lors des sorties, les viandes grillées ou rôties à la broche sont particulièrement appréciées, et elles sont au centre de tout repas de fête. Le porc et l'agneau élevé localement et en liberté sont les plus consommés, mais le chevreau est très prisé également (le bœuf est en grande partie importé).

Les tavernes traditionnelles proposent habituellement un choix d'entrées, des plats cuisinés *tis oras* ("à commander") comme la viande grillée et les produits de la mer, et des plats appelés *mayirefta* ("repas tout prêts"), qui reflètent ce que les Grecs mangent chez eux.

Le pain est présent à tous les repas et les Grecs achètent chaque jour des miches croustillantes, le plus souvent du pain blanc (dit de village, *horiatiko*). Largement utilisé en cuisine pour des mets salés ou sucrés, le fromage est aussi un accompagnement de chaque repas.

La feta, le fromage national, est fabriquée depuis environ 6 000 ans avec du lait de brebis et/ou de chèvre. Seule la feta produite en Grèce peut s'appeler ainsi, car ce produit est désormais protégé par une loi européenne, à l'instar du jambon de Parme et du champagne.

Mayirefta

Mayirefta est un terme générique désignant des plats familiaux cuits à la casserole, dans une marmite ou au four. Certains *mayirefta*, généralement des plats de légumes braisés, sont également appelés *ladhera* (plats cuits au four ou dans une seule marmite), ou plats "huileux" en raison des généreuses quantités d'huile d'olive utilisées. Les *mayirefta* sont généralement préparés tôt et laissés à refroidir, ce qui accentue les saveurs (ils sont souvent servis tièdes).

La plupart des tavernes proposent un choix de *mayirefta*, dont un grand classique grec, la moussaka (aubergines, viande hachée et pommes de terres, le tout nappé de sauce béchamel et de fromage et gratiné au four) et la star de l'été, la *yemista* (tomates et légumes de saison farcis avec du riz et des herbes).

Les plats de pâtes les plus courants comprennent le *pastitsio* (épais gratin de pâtes et de viande) et le solide *youvetsi*, du poulet, du bœuf ou de l'agneau mijoté dans une sauce tomate complétée de *kritharaki* (risone ou pâtes en forme de grains de riz).

Les plats de base sont notamment les savoureux ragoûts à la tomate (*kokkinista*), l'agneau rôti ou le poulet *lemonato* (avec du citron et de l'origan) accompagné de pommes de terre au four, le lapin ou le bœuf *stifadho* (ragoût sucré cuit avec des tomates et des oignons), les *soutzoukakia* (boulettes de viande épicées dans une sauce tomate) et le porc ou l'agneau en fricassée (braisé avec du céleri, de la laitue et de l'*avgolemono*).

Les substantielles soupes grecques comme la *fasolada* (soupe de haricots), de *fakes* (lentilles) ou de poulet, accompagnées de riz et d'*avgolemono* (œuf et citron), figurent hélas rarement à la carte des restaurants.

Grillades

Les Grecs excellent dans l'art de la viande grillée et rôtie à la broche, dont les arômes flottent autour de tous les restaurants de quartier et dans toutes les fêtes. Le souvlaki peut être considéré comme le plat national. Il se présente sous différentes formes, allant des cubes de viande grillée en brochette au *gyros* (viande de style kebab rôtie sur une broche verticale) de porc ou de poulet enveloppé dans une pita.

Dans les tavernes, les savoureux *aïdakia* (côtelettes d'agneau) et *brizoles* (côtelettes de porc) sont généralement commandés au kilo.

Le *kokoretsi*, plus rare, est un plat d'abats d'agneau ou de chèvre épicés et rôtis à la broche ou au four, enveloppés dans des intestins.

Poisson et fruits de mer

Dans un pays possédant une telle étendue de littoral, rien de surprenant à ce que le poisson et les fruits de mer occupent une place prépondérante dans l'alimentation. Les poissons se préparent le mieux en toute simplicité : grillé entier et arrosé de *ladholemono* (sauce au citron et à

LES MEZZE

Partager des mezze (entrées), assortiment de mets, est une façon conviviale et amusante de prendre un repas et de découvrir de nouvelles recettes. Outre les sauces classiques comme le *tzatziki* (yaourt, concombre et ail), la *melitzanosalata* (aubergine) et la *taramasalata* (œufs de poisson) blanche ou rose, goûtez la *fava*, une purée de pois cassés crémeuse servie avec du jus de citron et des oignons rouges finement coupés. Baptisé d'après la poêle dans lequel il est cuisiné, le *saganaki* est un morceau de fromage dur frit, mais on trouve aussi des moules et des crevettes *saganaki*, cuites dans une sauce tomate avec du fromage.

Les mezze à base de viande les plus courants sont les *bekri mezes* (morceaux de viande épicés cuits dans une sauce à la tomate et au vin rouge), les *keftedhes* (boulettes de viande), le *loukaniko* (saucisse de porc), le *spetsofai*, une saucisse épicée cuite en ragoût avec des poivrons. Côté poisson, on trouve des calamars frits ou grillés, de la blanchaille (petits poissons mangés entiers comme des frites), des *gavros* (anchois blancs) marinés ou grillés, du poulpe et de la *lakerda* (poisson mariné). Parmi les préparations végétariennes, goûtez les *dolmadhes* (feuilles de vigne farcies au riz), les *yigantes* (haricots secs géants cuits dans une sauce tomate aux herbes), les *kolokythokeftedhes* (beignets de courgette) et les spécialités des Cyclades que sont les *revythokeftedhes* (beignets de pois chiches) et les *domatokeftedhes* (beignets de tomates).

LES VINS GRECS

Ces derniers temps, le secteur vinicole grec s'est fait une réputation internationale qui lui a valu quelques récompenses, avec des vins de première classe produits à partir de variétés locales anciennes au caractère unique. La plus jeune génération de vignerons formés à l'étranger produit des crus superbes dans les meilleures régions viticoles de Grèce, de Némée dans le Péloponnèse à Naoussa dans le Nord.

Parmi les blancs grecs figurent le *moschofilero*, l'*assyrtiko*, l'*athiri*, le *roditis*, le *robola* et le *savatiano* ; les rouges les plus prisés sont le *xynomavro*, l'*agiorgitiko* et le *kotsifali*.

Les vins maison ou en tonneau, de qualité très inégale (le vin blanc réserve moins de mauvaises surprises), se commandent au litre ou en carafe. Peu d'établissements servent du vin au verre.

Parmi les vins de dessert, citons les excellents muscats de Samos, Limnos et Rhodes, le Mavrodaphne (souvent utilisé en cuisine) et le Malmsey, un vin sucré de Monemvassia. Le *retsina* (résiné), vin résineux devenu populaire dans les années 1960, retient l'attention des étrangers essentiellement pour son originalité, très couleur locale. Il se marie bien avec les aliments aux saveurs prononcées (mezze ou fruits de mer).

l'huile). Les poissons plus petits et goûteux comme la *barbounia* (mulet rouge) et la *maridha* (petite friture) sont délicieux légèrement frits.

Malheureusement, le poisson frais est devenu assez rare et cher, en raison d'une surpêche dans les eaux de la Méditerranée et de la forte demande en été. Les petits poissons comme les sardines, la blanchaille et les anchois présentent toujours un bon rapport qualité/prix.

On voit encore très souvent des poulpes accrochés à l'extérieur des tavernes. Grillés ou marinés, ils constituent d'excellents mezze (entrées). Ils peuvent aussi être cuits dans une sauce au vin avec des macaronis.

Parmi les spécialités de la mer les plus populaires, citons les *soupies* (seiche) grillés, les calamars farcis au fromage et aux herbes ou au riz, et un plat très apprécié en hiver : la morue frite, servie avec de la *skordalia* (purée de pomme de terre à l'ail). Les tavernes des îles proposent souvent de la *psarosoupa* (soupe de poisson) ou une succulente *kakavia* (sorte de bouillabaisse composée de divers poissons et fruits de mer, généralement préparée sur commande). L'*avgotaraho* (boutargue), délicate pâte à base d'œufs de poisson (généralement de mulet gris) conservée dans une couche de cire d'abeille, est exporté de Missolonghi, sur la côte ouest.

Salade grecque

Omniprésente, la salade grecque (*horiatiki* ou salade villageoise) est *la* salade estivale par excellence. Elle est composée de tomates fraîches, concombre, oignons, feta et olives (avec parfois du pourpier, des poivrons ou des câpres). Les salades de laitue et de chou sont servies le reste de l'année, tandis que la betterave est également très appréciée et parfois agrémentée de feta et de noix. La délicieuse *horta* (chicorée sauvage, servie cuite chaude ou froide), arrosée d'huile d'olive et de citron, accompagne à merveille le poisson.

Le yaourt grec, est généralement fabriqué à base de lait de brebis. Agrémenté de miel de thym, de noix et de fruits, il constitue un petit-déjeuner sain et savoureux.

Cuisine régionale

Les mets régionaux varient en fonction des produits locaux et des microclimats : plats riches en huile d'olive dans le Péloponnèse, piments rouges de Florina, haricots secs géants des lacs Prespa, dans le Nord, etc.

Dans certaines régions, vous ne trouverez que des variantes subtiles des plats de base, mais ailleurs vous découvrirez des spécialités tout à fait locales, comme la *kavourma,* le buffle d'eau fumé de Serrès, ou les tartes à l'ortie concoctées dans le nord de la Grèce.

LE GOÛT DES ÎLES

Bien que certains plats grecs se retrouvent dans toutes les îles, chaque archipel – voire chaque île – possède ses propres spécialités et variantes d'un plat, selon son histoire et les caractéristiques de son sol.

La cuisine des îles Ioniennes, qui ne furent jamais sous domination turque, a de forts accents italiens (vénitiens principalement), comme en témoigne la *pastitsada* de Corfou, une préparation épicée de bœuf ou de coq braisé, présentée avec des pâtes et une sauce rouge, et le *sofrito* – veau braisé avec de l'ail et une sauce au vin. La pancetta grillée est populaire à Zante.

Le terrain aride, le climat sec et l'isolement des Cyclades expliquent l'importance des légumes secs dans l'alimentation hivernale des îliens, qui cueillaient par ailleurs des plantes et des herbes sauvages. Les deux spécialités de Sifnos sont le fameux *revythada* (ragoût de pois chiches), préparé dans un pot en argile de forme particulière et cuit lentement pendant la nuit, et les *revythokeftedes* (beignets de pois chiches). Santorin est réputée pour ses délicieuses purées de *fava* (pois cassés), généralement agrémentées d'oignons finement hachés et de jus de citron.

Sur Folégandros, vous découvrirez le *matsata*, plat de pâtes au lapin ou au poulet à la sauce tomate. Avant que le commerce ne permette l'importation de certains produits, les îles les plus arides devaient se contenter de viande et de fromages de chèvre et de brebis.

Conserver les aliments était essentiel pour pouvoir survivre l'hiver. Les îles isolées comme Symi sont connues pour leurs poissons et fruits de mer séchés au soleil. Les poissons salés comme le *kolios* (maquereau) sont des mezze appréciés. Le *liokafto*, plat de poisson séché au soleil, est une spécialité de Folégandros. Il existe aussi d'excellentes viandes conservées, comme le *louza* (porc) épicé, mariné dans du vin et fumé, sur Tinos, et les rares *pastourmas* de chèvre, à Icarie et Karpathos. Mykonos est réputée pour ses saucisses, Lesbos pour ses sardines fraîches ou salées et ses *gavros* (anchois).

La grande spécialité de Chios est le mastic, résine aromatique tirée du pistachier lentisque qui suinte presque exclusivement sur cette île et dont on fait une gourmandise.

La cuisine du Nord, influencée par les saveurs orientales introduites par les réfugiés d'Asie Mineure, utilise moins d'huile d'olive et davantage de poivre et d'épices. Avec sa culture des mezze, Thessalonique a longtemps devancé Athènes en matière de gastronomie, et les villes côtières comme Volos sont réputées pour leurs mezze de fruits de mer comme les moules frites ou le pilaf de moules. Les spécialités de Ioannina sont notamment les écrevisses, les cuisses de grenouilles et les *kokoretsi* (abats d'agneau grillés enveloppés dans des intestins).

Le Vrai Goût de la Grèce (Aubanel, 2010) de Laetita Cénac et Jean-Marie Del Moral, propose une balade à travers le pays en cinquante recettes pour découvrir quelques saveurs moins connues que les grands classiques.

Le Péloponnèse est connu pour ses plats simples et riches en herbes. Étant les plus gros producteurs d'huile d'olive, le Péloponnèse et la Crète offrent aussi la plus large gamme de *ladhera*.

La conservation des aliments était jadis primordiale pour survivre en hiver, surtout dans les îles isolées où les produits séchés au soleil et les poissons marinés sont devenus une spécialité. La Grèce produit d'excellentes charcuteries, notamment le porc mariné dans du vinaigre (à Tinos et à Mykonos), le *pasto* conservé dans l'huile d'olive (dans le Magne), le porc fumé, épicé et mariné dans du vin, et le *siglino* (Péloponnèse et Crète).

Les *paximadhia* (biscuits secs) à base d'orge, de seigle ou de blé sont cuits deux fois et peuvent se conserver des années. Ils sont ensuite ramollis avec de l'eau et nappé de tomate et d'huile d'olive.

Les régions grecques produisent de nombreux types de fromages offrant une infinie variété de saveurs, la plupart du temps à base de lait de chèvre ou de brebis. Outre la feta, les fromages locaux sont la *graviera*, un fromage au lait de brebis, semblable au gruyère, au doux goût de noix (les meilleurs sont fabriqués en Crète, à Naxos et à Tinos), le *kaseri*, semblable au provolone italien, la *myzithra* semblable à la ricotta (également séchée et durcie pour être consommée avec les pâtes) et le *manouri* crémeux fabriqué dans le Nord. Le *saganaki* est fait à partir de fromages fermes et forts comme le *kefalotyri* ou la *kefalograviera*.

Chaque région a également sa variante de *pita*, avec des pâtes et des garnitures différentes, mais les feuilletés au fromage ou au fromage et aux épinards sont les plus courants.

Le café grec est traditionnellement préparé dans un *briki* (casserole étroite dans sa partie supérieure), sur un réchaud appelé *hovoli*, et servi dans une petite tasse. On le boit à petites gorgées jusqu'au dépôt au fond de la tasse (qu'il ne faut pas boire). Le mieux est de le déguster *metrios* (moyen, avec un sucre).

Petites douceurs

Les Grecs servent plutôt des fruits que des desserts à la fin du repas, mais le pays ne manque pas de douceurs et de gâteaux, comme en témoigne la multitude de *zaharoplasteia* (confiseries). Thessalonique est particulièrement réputée pour son *bougatsa* (pâtisserie fourrée de flan à la semoule et saupoudrée de sucre glace), que l'on trouve dans tout le pays.

Les desserts traditionnels sont notamment les baklavas, les *loukoumadhes* (beignets en forme de boule servis avec du miel et de la cannelle), les *kataïfi* (pâte à base de cheveux d'ange garnie de noix pilées), le *rizogalo* (gâteau de riz) et le *galaktoboureko* (pâtisserie fourrée à la crème). Les fruits au sirop, *ghlika kutalyu* ("douceurs à la cuillère"), sont servis sur de minuscules assiettes en signe de bienvenue, mais sont délicieux avec un yaourt ou de la glace.

Repas de fête

En Grèce, les rituels religieux et les fêtes culturelles sont autant d'occasions de se mettre à table, et des traditions culinaires particulières leur sont souvent attachées.

Les 40 jours du Carême ont donné naissance aux *nistisima*, des plats sans viande ni produits laitiers (ni huile si l'on suit strictement la Bible). Parmi les confiseries du Carême, le *halva* est consommé sous sa forme macédonienne (vendue en épicerie) à base de *tahini* ou sous forme de dessert à la semoule comme certaines tavernes le servent souvent en fin de repas.

Pour Pâques, des œufs durs peints en rouge décorent le *tsoureki*, une sorte de brioche aromatisée au *mahlepi* (épice à base de noyaux de cerises) et au mastic. Lors du dîner du samedi, après la messe de la Résurrection, on sert de la *mayiritsa* (soupe d'abats), et le dimanche de Pâques, des agneaux cuisent à la broche partout dans les campagnes.

Pour le Nouvel An, à minuit, on tranche une *vasilopita* (gâteau au glaçage doré avec une pièce à l'intérieur). La personne qui obtient la pièce aura de la chance toute l'année.

Végétariens

Les végétariens passent peut-être pour une bizarrerie en Grèce, mais ils trouveront facilement leur bonheur. Les légumes occupent une place prépondérante dans la cuisine grecque – un héritage des périodes difficiles et des jeûnes orthodoxes. Repérez les plats de légumes les plus connus, comme le *fasolakia yiahni* (haricots verts braisés), les *bamies* (gombos), le *briam* (légumes verts cuits au four) et les feuilles de vigne farcies. Parmi les légumes sauvages les plus nutritifs, les *vlita* (amarante) sont les plus sucrés, mais il existe bien d'autres variétés très courantes : radis sauvages, pissenlits, orties et oseille.

Avec des enfants

Les tavernes accueillent volontiers les bambins. Dans certaines régions touristiques, des menus enfant sont parfois proposés, mais partager des plats comme le font les Grecs est une bonne façon de nourrir les plus jeunes. La plupart des tavernes accepteront d'adapter leur carte pour les enfants.

Environnement

À la découverte de la nature

Géographie

Où que l'on aille en Grèce, la mer n'est jamais à plus de 100 km. Dominé par ses montagnes escarpées, ses eaux turquoise et ses innombrables îles, le paysage de la Grèce a été façonné par les courants marins, les éruptions volcaniques et un sous-sol riche en minéraux. Le bloc continental compte 131 944 km², tandis que la côte, très découpée, s'étend sur 15 020 km. Les montagnes s'élèvent à plus de 2 000 m et se transforment parfois en plaines, notamment en Thessalie et en Thrace. Une constellation de 1 400 îles, dont 169 restent inhabitées, parsème la mer Égée et la mer Ionienne, sur 400 000 km² d'eaux territoriales.

Les férus de géographie ne seront pas déçus par la Grèce. Durant le trias, le jurassique, le crétacé et même pendant des périodes géologiques plus récentes, la Grèce était recouverte d'une mer peu profonde et riche en oxygène. Cette submersion continue des terres a créé de vastes étendues calcaires dans l'ensemble de la masse terrestre sous-marine.

ÉCOLOGIE

La conscience écologique fait lentement son chemin dans la société grecque. La sensibilisation aux questions environnementales a fait son entrée dans les écoles, le recyclage est plus courant dans les villes, et vous pourrez désormais trouver des restaurants bio et des entreprises soucieuses de l'environnement même dans de petites localités. Cependant, des problèmes comme la déforestation ou l'érosion remontent à plusieurs millénaires. La culture de l'olivier et l'élevage des chèvres en sont les principaux facteurs, mais l'abattage de bois pour le chauffage, la construction navale, l'immobilier et l'industrie sont également en cause.

Les feux de forêt sont un véritable fléau : plusieurs milliers d'hectares partent chaque année en fumée, parfois dans les zones les plus belles du pays. Les vents violents et la hausse des températures en Méditerranée sont tenus pour responsables de l'ampleur croissante des récents incendies. L'été 2007, des feux très importants ont détruit de grandes étendues de végétation sur le mont Parnès et dans le Péloponnèse, ainsi que des villages entiers, défigurant le paysage. Les Grecs sont nombreux à penser que le gouvernement est mal préparé et que ses interventions pour faire face à ces incendies annuels sont trop lentes.

La construction illégale sur le littoral et dans les zones protégées ou boisées s'est accélérée depuis les années 1970. Malgré les tentatives de légiférer et les protestations des habitants et des groupes écologistes, la corruption et le manque d'infrastructures pour faire appliquer les lois signifient que cette mainmise sur le foncier n'est pas près de diminuer. La croissance de la population et l'expansion urbaine compliquent encore la situation. Les constructions ont souvent un effet néfaste sur l'approvisionnement en eau et sur les animaux menacés. Quelques projets immobiliers ont été détruits ces dernières années, mais dans la plupart des cas, les immeubles illégaux ont été légalisés, une action jugée nécessaire d'un point de vue social, car une démolition aurait laissé les résidents sans autre solution d'hébergement abordable.

PARCS NATIONAUX

Les premiers parcs nationaux de Grèce sont apparus en 1938 avec la création du parc national du mont Olympe, rapidement suivie par celle du parc national du mont Parnasse. Il existe désormais dix parcs nationaux et deux parcs marins, tous destinés à protéger la flore et la faune exceptionnelles de la Grèce.

Les infrastructures pour les visiteurs sont souvent sommaires, les nombreux chemins de randonnée ne sont pas toujours entretenus et les refuges sont très rudimentaires. La majorité des parcs sont entourés par une zone périphérique destinée à en protéger l'intérieur, laissé à l'état sauvage. Certaines activités, telles que le pâturage, la coupe du bois, le camping ou la pisciculture sont autorisées dans les zones périphériques, mais seule la marche à pied est permise dans la zone protégée. Si vous en avez l'occasion, ne manquez pas de découvrir le côté sauvage de la Grèce dans l'un de ces parcs.

Parc national du mont Olympe (p. 258) – Considéré comme le domaine des dieux, il abrite la plus haute montagne de Grèce et une flore riche.

Parc national du mont Parnès (p. 127) – Parc boisé très populaire, situé au nord d'Athènes, où vit le cerf élaphe.

Parc national marin d'Alonissos (p. 580) – Il englobe 6 îles et 22 îlots des Sporades, habitat privilégié de phoques-moines, de dauphins et d'oiseaux rares.

Parc national du mont Parnasse (p. 196) – Montagne imposante et superbe panorama sur Delphes.

Lacs Prespa (p. 264) – Nature sauvage et tranquillité sur les rives de deux lacs.

Cap Sounion (p. 127) – Points de vue panoramiques et temple de Poséidon.

Parc national de Vikos-Aoos (p. 285) – D'excellentes possibilités de randonnée avec ses grottes, ses canyons et sa forêt dense.

Parc national marin de Zante (baie de Laganas ; p. 628) – Un refuge pour les tortues en mer Ionienne.

Parc national du mont Œta (p. 204) – Étendues de forêts, de prairies et de plans d'eau, où se plaisent les aigles, les cerfs et les sangliers.

Plus tard, à mesure que la terre a émergé pour laisser place au relief que l'on connaît actuellement, un paysage fortement érodé, constitué de roches cristallines et d'autres minerais précieux, est apparu, formant l'épine dorsale qui s'étend aujourd'hui du nord au sud du continent. Les grottes de calcaire sont caractéristiques de ce paysage karstique, façonné par la dissolution d'une couche soluble de substrat rocheux.

Une forte activité volcanique secouait autrefois régulièrement la Grèce. L'une des éruptions volcaniques les plus violentes du monde a en effet eu lieu à Santorin vers 1650 av J.-C. Aujourd'hui encore, les tremblements de terre continuent d'ébranler le pays, à moindre échelle mais à une fréquence presque prévisible. En 1999, un séisme de magnitude 5,9 a frappé Athènes, faisant près de 150 victimes et des milliers de sans-abri. En 2008, trois séismes distincts de magnitude 6,5 ont secoué le Péloponnèse, sans causer de dommages importants. Pour mesurer l'importance des volcans dans l'histoire géologique de la Grèce, allez voir la caldeira de Santorin et le volcan Polyvotis de Nissyros.

Il y a peu de cours d'eau en Grèce et aucun n'est navigable, même si les descentes en eau vive font de plus en plus d'adeptes. Les principaux cours d'eau sont l'Achéloos, l'Aliakmonas, l'Aoos et l'Arachthos, qui prennent tous leur source dans la chaîne du Pinde dans l'Épire.

Les seules plaines de Grèce sont celles des vallées et du littoral, entre les montagnes et la côte. Le terrain montagneux, le climat sec et un sol pauvre restreignent l'agriculture à un quart du territoire. Toutefois,

Préservation de la nature

Pélicans et cormorans pygmées (www.spp.gr)

Ornithologie (www.ornithologiki.gr)

Fleurs sauvages (www.greekmountainflora.info)

Tortues de mer (www.archelon.gr)

Écologie (www.cleanupgreece.org.gr)

le pays est riche en minerais et possède des réserves de pétrole, de manganèse, de bauxite et de lignite.

Fleurs sauvages

La Grèce est le pays d'Europe ayant l'activité sismique la plus intense ; elle enregistre plus de la moitié de l'activité volcanique du continent.

La Grèce possède une flore d'une richesse inégalée en Europe. Les fleurs sauvages, d'une variété remarquable, se déclinent en plus de 6 000 espèces, certaines étant endémiques, ainsi que cent variétés d'orchidées. Paradoxalement, cette abondance de fleurs doit beaucoup à la médiocrité des sols : trop pauvres pour faire l'objet d'une agriculture intensive, la plupart d'entre eux ont échappé aux ravages causés par les engrais chimiques.

Les fleurs sauvages abondent notamment dans la région du Magne, dans le Péloponnèse. Les arbres fleurissent dès la fin du mois de février dans les zones les plus chaudes, tandis que les fleurs sauvages font leur apparition en mars. Au printemps, les collines se couvrent de fleurs qui semblent pousser jusque sur les rochers. Quand arrive l'été, les fleurs ont toutes disparu, sauf dans les régions montagneuses du Nord. L'automne correspond à une nouvelle période de floraison.

Les herbes aromatiques poussent également à l'état sauvage dans presque toute la Grèce et vous verrez certainement des habitants en cueillir pour agrémenter leur cuisine.

Forêts

Les Fleurs de la Grèce (Bonechi, 2004), un ouvrage de Maria Letizia Tani, vous initiera à la flore la plus riche d'Europe.

Les forêts luxuriantes qui recouvraient autrefois la Grèce antique se font de plus en plus rares. Décimées par des milliers d'années de défrichage pour l'élevage et d'abattage pour la construction des bateaux et des habitations, elles ont également subi plus récemment des feux de forêt ravageurs. Le nord de la Grèce est la seule région qui conserve des zones boisées primitives, et présente des versants couverts d'épais bosquets de charme houblon (*Ostrya carpinifolia*), caractérisé par ses somptueuses grappes de fleurs blanches. Autre essence d'arbre très commune en Grèce : le platane d'Orient (*Platanus orientalis insularis*), qui aime l'eau.

Faune

Sur la terre

Dans les zones peuplées par les hommes, vous n'apercevrez probablement pas d'autres animaux sauvages que le renard, la belette, le lièvre ou le lapin, qui se hâteront de disparaître de votre vue. Les montagnes les plus éloignées du nord de la Grèce abritent toujours une faune très variée,

UN SUJET BRÛLANT : LES INCENDIES DE FORÊT

Chaque année, des feux de forêt ravagent des milliers d'hectares, souvent dans des sites très pittoresques. Le mont Parnès et le Péloponnèse se remettent encore d'incendies qui, en 2007, ont changé l'aspect du paysage. À l'été 2012, plus de 170 incendies ont balayé le pays, détruisant des villages entiers et faisant plus de 50 morts. L'île de Chios a été l'une des plus durement frappées, avec plus de 64 km² de forêt et de terres cultivées détruites, neuf villages évacués et les forêts d'arbres à mastic menacées. Lorsque l'incendie fut sur le point d'atteindre les lisières d'Athènes, le gouvernement déclara l'état d'urgence et demanda des bombardiers à eau à l'Espagne et à l'Italie. Au début de l'été 2013, plus de 20 incendies avaient déjà été recensés.

Le nombre croissant d'incendies est imputable à la hausse des températures méditerranéennes et à la force des vents. Beaucoup de Grecs estiment que le gouvernement y est mal préparé et que ses interventions sont trop lentes. Craignant de ne pas recevoir d'aide, beaucoup préfèrent ne pas évacuer leurs villages et tenter de combattre eux-mêmes les flammes.

UNE HISTOIRE DE SANGLIER

La relation entre la Grèce et sa faune n'a pas toujours été des plus heureuses. La chasse est une activité répandue parmi les Grecs, qui la pratiquent à des fins alimentaires. C'est particulièrement le cas dans les régions montagneuses, où les chasseurs n'hésitent pas à tirer sur tout gibier potentiel, en dépit des panneaux d'interdiction. Il s'agit parfois d'espèces rares et menacées, mais le principal gibier est le sanglier, présent sur le territoire depuis l'Antiquité. Le nombre de ces animaux, considérés comme destructeurs et rusés, a augmenté au cours des dernières décennies, manifestement en raison de la diminution de leurs prédateurs. La chasse, selon beaucoup, est un moyen essentiel d'en contrôler la population. Par ailleurs, les élevages de sangliers se multiplient et de nombreux restaurants proposent ce gibier sur leur carte.

notamment des chiens sauvages et des chiens de berger, peu accueillants, qui aiment parcourir les pâturages de montagne et desquels il est recommandé de se tenir à une distance respectueuse.

L'ours brun, le plus grand mammifère terrestre d'Europe, compte de petits effectifs dans la chaîne du Pinde, le massif des Peristeri qui s'élève au-dessus des lacs Prespa, ainsi que dans les montagnes qui longent la frontière bulgare. Il est en réalité très rare d'en apercevoir dans la nature ; vous aurez certainement plus de chance à la **réserve d'Acturos** (www.arcturos.gr), dans le village de Nymfeo, en Macédoine.

La population de loups, espèce protégée par la convention européenne de Berne, est officiellement considérée comme stable. Cependant, au dernier recensement, on estimait à seulement 200 à 300 le nombre de loups vivant en liberté, et on estime que chaque année, jusqu'à 100 d'entre eux sont tués par l'utilisation inconsidérée (et illégale) d'appâts empoisonnés, posés par des agriculteurs décidés à se venger des maraudages et attaques occasionnelles sur leurs troupeaux. Le gouvernement grec et les compagnies d'assurance offrent des compensations pour les pertes de bétail causées par les loups, mais cette pratique d'empoisonnement ne semble pas diminuer pour autant. Les quelques loups restants vivent en petit nombre dans les forêts de la chaîne du Pinde, dans l'Épire, ainsi que dans la région de la réserve de Dadia. Pour être sûr d'en apercevoir, direction le Refuge de loups d'Arcturos, à Agrapidia, près de Florina, qui abrite 9 loups sauvés d'une captivité illégale.

Autre mammifère longtemps incompris, le chacal doré. Bien que son régime soit à 50 % végétarien (les 50 % restants étant constitués de charognes, de reptiles et de petits mammifères), on l'a accusé à tort des attaques menées par les chiens sauvages sur le bétail, et on l'a chassé au point de le faire quasiment disparaître. Déclaré espèce protégée en 1990, il n'arpente aujourd'hui que la région de Fokida, en Grèce centrale, et l'île de Samos.

Autrefois présent dans toute la Grèce continentale, le gracieux cerf élaphe ne vit plus qu'en Sithonie, dans les Rhodopes, ces montagnes frontalières avec la Bulgarie, et dans le mont Parnès au nord d'Athènes. Le plus grand herbivore de Grèce est constamment menacé par les braconniers, ce qui entrave les tentatives de réintroduction.

La Grèce possède une importante population de serpents. Au printemps et en été, il est facile d'en apercevoir dans tout le pays, ondulant sur les routes et les chemins. Si la plupart d'entre eux sont inoffensifs, méfiez-vous de la vipère et du serpent corail, dont la morsure peut être mortelle. Les lézards sont également très bien représentés.

Le **Centre de réintroduction de la faune et de la flore** (www.ekpazp.gr) est le plus ancien et le plus grand centre de soins du pays et d'Europe du Sud.

Dans les airs

Les ornithologues amateurs seront gâtés en Grèce, car le pays est situé sur de nombreuses routes migratoires. Lesbos (Mytilène) attire régulièrement des adeptes d'ornithologie venus de toute l'Europe pour observer quelques-unes des espèces – il y en a plus de 279 – qui font escale sur l'île chaque année. Parmi ses visiteurs incontournables, les cigognes, qui arrivent d'Afrique au début du printemps et reviennent dans le même nid année après année. Vous verrez très certainement des nids au nord de la Grèce, surtout en Thrace, en haut des poteaux électriques, sur les cheminées et les clochers (difficile de les manquer : ils peuvent peser jusqu'à 50 kilos). La Thrace attire la plus grande colonie d'oiseaux piscivores d'Europe, dont l'aigrette, le héron, le cormoran et l'ibis, ainsi que le très rare pélican frisé, que désormais l'on ne voit plus qu'en Grèce et en Turquie. Les marais à l'embouchure du fleuve Évros, à proximité de la frontière avec la Turquie, vous permettront d'observer deux limicoles faciles à identifier : l'avocette, au long bec recourbé, et l'échasse blanche, perchée sur ses interminables pattes roses.

L'Église orthodoxe grecque est le deuxième plus grand propriétaire terrien du pays.

En remontant le cours de l'Évros, en Thrace, les forêts denses et les promontoires rocheux de la réserve naturelle de la forêt de Dadia, avec ses 7 200 hectares, abritent plus d'oiseaux de proie que toute autre région d'Europe. Pas moins de 36 des 38 espèces européennes y ont été observées, et 23 y nichent. Parmi les résidents permanents, le grand vautour noir, dont l'envergure atteint 3 m, le vautour fauve et l'aigle royal. Quinze couples d'aigles royaux nichent dans le delta du fleuve.

Environ 350 couples de faucons d'Éléonore (soit 60 % de la population mondiale) nichent sur l'île de Piperi, dans les Sporades, et sur Tilos, où vit également le très rare aigle de Bonelli et le timide cormoran huppé.

Sous la mer

Le phoque moine (*Monachus monachus*), le mammifère marin le plus menacé d'Europe, mène une existence extrêmement précaire en Grèce. Entre 200 et 250 phoques-moines, environ 90 % de la minuscule population de Grèce, sillonnent la mer Égée et la mer Ionienne. De petites colonies vivent également sur l'île d'Alonissos et quelques spécimens ont été observés sur Tilos. Le principal facteur responsable de leur disparition imminente est la destruction progressive de leur habitat.

Les eaux qui entourent Zante abritent la dernière grande colonie de tortues de mer en Europe, celle de la tortue caouanne (*Caretta caretta*), aujourd'hui menacée. La caouanne niche également en petits effectifs dans le Péloponnèse, à Céphalonie et en Crète. Les tortues de Grèce doivent affronter bien des dangers : filets de pêche, hélices de bateaux, détritus, chaises longues et parasols. Et, malheureusement, la période de nidification de la tortue correspond précisément à la saison estivale.

Les petits de la tortue caouanne mettent à profit le trajet du nid jusqu'à la mer pour se constituer des forces. Aider les bébés tortues à rejoindre la mer peut en fait diminuer leurs chances de survie.

Vous aurez peut-être la chance d'apercevoir des dauphins depuis le pont du ferry, même si certaines espèces sont aujourd'hui considérées comme vulnérables. Le nombre de dauphins communs (*Delphinus delphis*) est passé de 150 à 15 au cours des dix dernières années. Les principales menaces qui pèsent sur ces mammifères marins sont la diminution de leur nourriture et le risque d'être pris dans les filets de pêche.

La vie à la grecque

La crise n'est pas immédiatement perceptible lorsqu'on voit les cafés animés d'Athènes. La vie continue. Certes, les mesures d'austérité qui ont accentué la récession ont durement touché le mode de vie des Grecs, mais il n'est pas dans leur nature de laisser la morosité prendre le pas.

La crise de la dette publique grecque, en 2011, a placé le mode de vie de la population du pays au centre de l'attention internationale. Alors que le gouvernement négociait pour sortir d'un endettement périlleux pour l'Europe, les accusations contre les Grecs ont parfois pris une tournure malveillante quand ils furent accusés de tous les défauts. La réalité est beaucoup plus complexe. Si l'on peut reprocher à la Grèce des dysfonctionnements chroniques, la crise ne saurait justifier les stéréotypes culturels populistes et insultants.

Indéniablement, la Grèce traverse une crise non seulement économique et politique, mais aussi sociale et même culturelle.

Le niveau de vie moyen des Grecs s'est incontestablement amélioré depuis l'entrée de la Grèce dans l'Union européenne il y a trente ans. Mais l'adhésion de la Grèce à l'Union économique et monétaire a eu de lourdes conséquences en termes de hausse du coût de la vie dans un pays où le niveau des salaires était faible. Une politique de crédit incitant à emprunter a encore aggravé la situation. De nombreux Grecs ont ainsi vécu au-dessus de leurs moyens en raison de la facilité d'accès à des crédits dont les conditions de remboursement étaient insoutenables à long terme, faute de l'ascension sociale espérée.

La plupart des travailleurs ont été affectés par les mesures d'austérité réclamées par l'Union européenne – de la réduction des pensions et des salaires à l'augmentation brutale des impôts indirects. Les commerces ont fermé et les dépenses consacrées aux loisirs ont été rognées. Alors que la Grèce entreprend une politique de diminution drastique des dépenses publiques et une refonte de sa fiscalité, les Grecs font face à un avenir difficile et incertain.

Si des études de l'OCDE révèlent que les journées de travail des Grecs sont plus longues que celles de leurs homologues européens et américains, leur productivité est moindre et leur taux de chômage plus élevé. Les salaires grecs figurent parmi les plus bas d'Europe et le coût de la vie parmi les plus élevés.

Les Grecs

Les Grecs partagent toujours bons et mauvais moments en famille. Un jeune chômeur trouvera toujours quelqu'un pour lui offrir un café, ou une *yiayia* (grand-mère) pour lui donner de *l'hatziliki* (argent de poche) malgré sa retraite étriquée.

Les Grecs sont fiers de leur *filotimo* : ce concept à la base des normes culturelles sociales englobe l'honneur personnel et familial, le respect et la loyauté envers les parents et les grands-parents, le sacrifice et l'aide qu'on apporte aux étrangers comme aux proches, la fierté de son pays et de son héritage, la gratitude et l'hospitalité. Si certains estiment qu'il a perdu de sa force, le *filotimo* constitue une bonne part de l'identité grecque.

Les Grecs ne sont pas avares de leur *filoxenia* (hospitalité). Malgré leurs problèmes économiques, ils accueillent volontiers les visiteurs, leur offrant à boire, des gâteaux maison et la chaleur humaine de la rencontre impromptue.

Curieux de nature, passionnés, loyaux mais aussi féroces, les Grecs sont plus amateurs de débats politiques et de discussions personnelles enflammées que de conversations polies. Aucun sujet ne semble tabou, le domaine de la sphère privée se réduit, et vous serez questionné sur vos choix de vie (célibat éventuel, enfant ou non, emploi et salaire...). Les Grecs sont aussi capables de critiquer sans pitié leur gouvernement et leur société, mais peuvent aussi se réfugier dans une attitude patriotique, si la critique vient de l'extérieur.

Le mot *xenos* signifie à la fois étranger et invité, et pour les Grecs la *filoxenia* (hospitalité, bienvenue) est presque autant un devoir qu'une question de fierté personnelle et d'honneur.

Vie sociale et familiale

La vie sociale est toujours très publique, et l'on se rassemble volontiers au café ou sur la place pour échanger. Si les dépenses consacrées aux loisirs ont été sérieusement réduites, les Grecs conservent une vie sociale et culturelle intenses et une vie nocturne qui ne l'est pas moins. Les Grecs aiment se retrouver en famille ou entre amis (la *parea*) pour partager un repas, prendre un café ou faire une virée quelque part.

L'été, après la sieste (qui a tendance à disparaître), chacun, jeune et vieux, s'habille avec soin pour la *volta* : la promenade en début de soirée le long du front de mer ou dans le centre des villes. Les visiteurs sont souvent frappés par l'animation des rues, l'ambiance décontractée des restaurants, les gens de tous âges dans les clubs, ainsi que les enfants qui restent dehors tard, assis à la table de leurs parents ou jouant à proximité.

Face à l'austérité, des habitants de Volos en Thessalie ont mis au point une monnaie solidaire alternative à l'euro, le TEM, établissant un nouveau système de troc pour les biens et les services, permettant aux participants de tout échanger, de l'huile d'olive aux réparations automobiles.

La famille étendue joue un rôle important dans la vie quotidienne. Les grands-parents s'occupent des petits-enfants quand les parents travaillent ou sortent. Les enfants veillent sur leurs parents âgés plutôt que de les placer dans des maisons de retraite, même s'ils font parfois appel à des personnes extérieures pour s'occuper d'eux dans les villages.

Si la majorité des Grecs ont quitté le village de leurs ancêtres pour aller vivre en ville ou à l'étranger, ils y restent très attachés et conservent un fort sentiment d'appartenance à leur région natale. Les villages les plus reculés débordent ainsi d'animation l'été ou lors des élections.

La faiblesse du système de sécurité sociale les incite à s'appuyer sur la famille et leur réseau social. La plupart des entreprises sont petites et familiales, et les parents s'efforcent de trouver un foyer à leurs enfants qui se marient.

Il est rare de quitter la maison familiale avant le mariage, à moins d'aller à l'université ou de travailler dans une autre ville. Si ce schéma se modifiait parmi la génération montante qui se mariaient plus tard, les bas salaires et la hausse du chômage ont forcé de nombreux jeunes gens à rester, ou à retourner, chez leurs parents.

UN FIER HÉRITAGE

Les Grecs d'aujourd'hui chérissent avec raison la gloire de la Grèce antique, en particulier la période classique (environ 500-300 av. J.-C.), qui correspond à un véritable âge d'or en de nombreux domaines (arts, idées, sciences...). La sculpture, les mathématiques, la géométrie, la philosophie, les tragédies et la politique, sans oublier la riche toile de fond que constitue la mythologie, ont profité à toutes les civilisations et fertilisé l'imagination de générations entières. Les Grecs vous seront reconnaissants si vous savez l'apprécier.

Quant à la démocratie (*demos* signifiant peuple, et *cratos* pouvoir) inventée par les Grecs de l'Antiquité, il s'agissait à l'origine d'un système de gouvernement censitaire de la cité, mis en place par Solon d'Athènes (VIe siècle) puis renforcé par Clisthène en 508 av. J.-C. Un régime en fait assez éloigné de la démocratie que l'on connaît aujourd'hui mais dont les Grecs sont aussi très fiers.

LA PASSION DU SPORT

Si les rues sont calmes, les taxis introuvables ou que vous entendez des bruits d'émeutes dans les cafés, il y a probablement un match de foot quelque part. Le sport le plus populaire de Grèce déchaîne les passions, et parfois les rixes.

La première division est dominée par les grands clubs : l'Olympiakos Le Pirée et les rivaux de toujours que sont le Panathinaikos d'Athènes, l'AEK Athènes et le PAOK Salonique. Si les meilleurs clubs ont remporté des championnats européens, la Grèce reste dans l'ombre des poids lourds depuis sa victoire de 2004 au championnat d'Europe.

La Grèce est aussi un moteur du basket européen. Le Panathinaïkos a remporté six championnats de l'Euroleague, tandis que l'Olympiakos a remporté son troisième titre en 2013. Le basketteur grec d'origine nigériane Giannis Antetokounmpo est devenu l'icône des immigrés de Grèce en 2013, lorsqu'il a été choisi pour les Milwaukee Bucks au tirage de la NBA (après avoir obtenu sa citoyenneté grecque en un clin d'œil).

Les Grecs ont gardé une forte identité régionale et les liens les unissant à leurs villages ancestraux. L'une des premières questions posées à un inconnu est de quelle région de Grèce il vient. Même les villages les plus isolés s'animent pendant les vacances. En revenant chaque été, la vaste diaspora grecque joue un grand rôle dans la vie de nombreux villages et îles.

Les affaires civiles

La méfiance des Grecs à l'égard du pouvoir et des politiques est la conséquence d'années de tutelle et d'ingérence étrangères, de guerre civile et d'instabilité politique, qui n'ont pris fin que dans les années 1970, avec le retour de la démocratie. La société civile s'était alors en partie retranchée dans un monde reposant sur l'évasion fiscale et les réseaux personnels, où le népotisme et le clientélisme étaient la règle du jeu. Selon des études, l'économie souterraine atteint encore 30% du PIB.

Avancer dans une fonction publique pléthorique requiert souvent du *meson* (l'aide d'un ami ou d'un membre de la famille travaillant au sein du système). Le mérite arrive en deuxième place, après les relations politiques et les groupes d'intérêts, en ce qui concerne les emplois convoités du secteur public ou l'obtention d'un financement de l'Union européenne. Le *fakelaki* (petite enveloppe d'argent liquide) reste un moyen courant pour vous ouvrir les portes, qu'il s'agisse de se faire opérer sans attendre, de traiter avec le fisc ou d'obtenir un permis de construire. Selon Transparency International, en 2008, 13% des Grecs ont versé des pots-de-vin.

L'année grecque tourne autour des fêtes des saints et des fêtes du calendrier orthodoxe. Pâques est une fête plus importante que Noël, et votre fête compte plus que votre anniversaire. La plupart des Grecs portent des noms de saints, et il en va de même pour les bateaux, les gares ou les quartiers.

La liberté individuelle et les droits démocratiques, quasi sacro-saints, suscitent parfois le rejet de ce qui est perçu comme un excès de réglementation. La sécurité routière fait les frais de ce laxisme à l'égard du code de la route. Malgré de lourdes amendes, le port de la ceinture de sécurité passe pour un désagrément optionnel, se garer n'importe où et n'importe comment est la norme, doubler dangereusement est très courant, et il est fréquent de voir des motards soulever leur casque pour bavarder sur leur téléphone portable. Quant à l'interdiction européenne de fumer dans les restaurants, elle est restée lettre morte.

Les nouveaux Grecs

Longtemps pays d'émigration, la Grèce est devenue dans les années 1990 une terre d'immigration. Auparavant en grande partie homogène sur le plan ethnique, la société grecque évolue vers le multiculturalisme. Elle compte plus d'un million d'immigrés (légaux, clandestins ou au statut indéterminé), la majorité d'entre eux ayant quitté l'Albanie, les

Balkans et l'Europe de l'Est pour des raisons économiques. Près de la moitié des immigrés sont installés à Athènes. Les femmes bulgares s'occupent des personnes âgées dans les villages reculés, les Albanais forment le gros de la main-d'œuvre, les commerces chinois ont fleuri, les camelots africains vendent sacs de marque et CD contrefaits dans la rue et les Pakistanais se retrouvent le week-end pour des parties de cricket sur les parkings d'Athènes.

Les clandestins sont très exploités dans des travaux saisonniers, particulièrement dans le bâtiment et l'agriculture.

S'il faudra du temps pour que les immigrés soient acceptés dans la communauté, du moins admet-on leur rôle moteur dans l'économie. Les mariages mixtes se multiplient, en particulier dans les zones rurales où les jeunes femmes venues d'Europe de l'Est comblent le vide laissé par l'exode des Grecques vers les villes. Mais les problèmes de l'immigration clandestine ont suscité des rassemblements de groupes d'extrême droite.

Religion

Entre 94% et 97% de la population appartiennent, au moins en titre, à l'Église orthodoxe grecque, la religion officielle du pays et un élément clé de l'identité grecque. Même si les jeunes ne sont généralement pas très dévots et ne vont pas régulièrement à l'église, la plupart observent les rituels et considèrent la religion comme faisant partie de leur identité.

Durant les périodes d'occupation successives de la Grèce, la religion fut le premier critère établissant l'identité grecque. Sous la domination ottomane, l'Église, principal défenseur de la culture, de la langue et des traditions grecques, contribua à maintenir un sentiment d'unité. Elle exerce aujourd'hui encore une importante influence sociale, politique et économique, malgré de récents scandales. La séparation entre l'Église et l'État n'existe pas en Grèce. Les prêtres sont rémunérés par l'État. Il y peu de temps encore, l'appartenance religieuse figurait sur la carte d'identité. Il n'est pas toujours facile pour les Grecs non orthodoxes de se retrouver dans l'administration ou dans l'armée. Le mariage civil n'a été reconnu qu'au début des années 1980 et la crémation n'a été légalisée, après bien des controverses, qu'en 2006.

Les rituels religieux font partie de la vie quotidienne. Vous verrez des chauffeurs de taxi, des motards et des usagers des transports publics se signer en passant devant les églises. Les compliments faits aux bébés et aux adultes sont suivis d'un " *ftou ftou* " (geste de cracher) supposé écarter le mauvais œil. Des centaines de petites chapelles disséminées dans la campagne ont été édifiées par une famille et dédiées à tel ou tel saint. Les minuscules iconostases et autels omniprésents au bord des routes sont dédiés à des victimes d'accidents de la route ou à des saints. Pour visiter une église ou un monastère, n'oubliez pas de vous vêtir comme il se doit : bras couverts et jupes au-dessus des genoux pour les femmes, pantalon long pour les hommes.

"Les rites religieux font partie de la vie quotidienne"

Grèce pratique

Carnet pratique

Ambassades et consulats

Toutes les ambassades étrangères en Grèce se trouvent à Athènes ou dans sa banlieue ; seuls quelques consulats sont installés à Thessalonique.

Albanie (☎210 687 6200 ; embassy.athens@mfa.gov.al ; Vekiareli 7, Athènes)

Belgique (☎210 361 886 ; diplomatie.be/athensfr/ ; Odos Sekeri 3, Athènes GR-106 71)

Bulgarie (☎210 674 8105 ; www.mfa.bg/embassies/greece ; Stratigou Kalari 33a, Psyhiko, Athènes)

Canada (☎210 727 3400 ; www.greece.gc.ca ; Ioannou Gennadiou 4)

Chypre (☎210 723 7883 ; www.mfa.gov.cy/mfa/Embassies/Embassy_Athens.nsf ; Irodotou 16, Athènes)

France (☎210 361 1663 ; www.ambafrance-gr.org ; Leoforos Vasilissis Sofias 7, Athènes)

Italie (☎210 361 7260 ; www.ambatene.esteri.it ; Sekeri 2, Athènes)

Suisse (☎210 723 0364 ; www.eda.admin.ch/eda/fr/home/reps/eur/vgrc/embath.html ; Iassiou 2, Athènes GR-115 21)

Turquie (☎210 726 3000 ; embassy.athens@mfa.gov.tr ; Vassileos Gheorgiou B'8, Athènes) Une autre antenne et ouverte à Athènes (☎210 724 5915 ; turkbaskon@kom.forthnet.gr ; Leoforos Vasileos Georgiou 8, Athènes) et à Thessalonique (☎2310 248 452 ; turkbaskon@kom.forthnet.gr ; Agiou Dimitriou 151).

Argent

Cartes bancaires

➡ Les principales cartes bancaires, MasterCard et Visa, sont désormais acceptées presque partout en Grèce, même si elles le sont encore rarement dans les villages. Vous pourrez les utiliser pour retirer de l'argent comme dans votre propre pays. Le montant maximal de retrait autorisé par jour est fixé par votre banque. Les cartes American Express, fréquemment acceptées dans les lieux touristiques, sont inconnues dans le reste du pays.

➡ S'il est possible de payer par carte dans les grands hôtels et dans certains établissements de catégorie moyenne, c'est assez rare dans les établissements plus modestes. Renseignez-vous en arrivant.

Chèques de voyage

➡ S'ils offrent une garantie contre le vol, les chèques de voyage sont de moins en moins employés, un nombre croissant de voyageurs préférant retirer de l'argent à des DAB au fil de leur voyage.

➡ Les chèques American Express, Visa et Thomas Cook sont fréquemment acceptés et remplacés rapidement en cas de perte. Pour cela, il est indispensable de conserver à part les numéros de vos chèques, et de bien noter ceux que vous utilisez.

Distributeurs automatiques de billets (DAB)

➡ Vous trouverez des DAB dans toutes les villes disposant au moins d'une succursale bancaire et dans tous les lieux touristiques. Vous aurez l'embarras du choix pour retirer de l'argent avec une carte Mastercard ou Visa. Les cartes Cirrus et Maestro sont acceptées dans les DAB des grandes villes et des sites touristiques.

➡ Les guichets de change automatiques sont

RETRAITS BANCAIRES

Pour éviter les fraudes, certaines banques bloquent automatiquement la carte après un retrait à l'étranger. Par précaution, informez votre agence de votre départ.

nombreux dans les grands sites touristiques. Pratiques en cas d'urgence, ils prélèvent néanmoins une commission importante. Ils acceptent la plupart des devises européennes et les dollars canadiens.

Espèces

- Mieux vaut ne conserver sur soi que la somme nécessaire pour quelques jours. Un petit pécule en espèces (100 € environ) est aussi utile en cas d'imprévu.
- Les commerçants grecs ont tendance à n'avoir jamais de monnaie. Pour vos achats quotidiens, il est préférable de prévoir des pièces ou de petits billets.

Pourboires

- Au restaurant, le service est généralement compris dans la note. Le pourboire, facultatif, est néanmoins apprécié. Ne l'oubliez pas si vous êtes satisfait du service.
- Il est coutume d'arrondir le prix dans les taxis, et de donner de 1 à 3 € de pourboire aux porteurs de bagages des hôtels et aux stewards des ferries.

Cartes de réduction

- Les titulaires de la **Camping Card International** (CCI ; www.campingcardinternational.com) ont droit jusqu'à 25% de réduction sur le prix de certains campings, et à une assurance responsabilité civile dans l'enceinte du terrain.
- **Carte jeunes européenne** (www.eyca.org). Accessible à toute personne de moins de 30 ans (même non-européenne), elle donne accès à des réductions jusqu'à 20% dans des sites, boutiques, et certains transports. Vendue en ligne (kiosk.eyca.org) ou dans les agences de voyages athéniennes pour 14 €.
- L'**International Student Identity Card** (ISIC ; www.isic.org) donne droit à une réduction de 50% sur le prix des entrées aux musées et sur les sites archéologiques, et à des remises dans certains hôtels à bas prix et auberges de jeunesse. Vous pouvez l'obtenir sur le site Internet ou en vous adressant à une agence de voyages athénienne. Il vous sera demandé un document attestant de votre statut d'étudiant, une photo de passeport et 10 €.
- **Cartes seniors**. Les seniors de l'Union européenne titulaires d'une carte senior peuvent bénéficier de réductions diverses, notamment sur les entrées des sites archéologiques et des musées, et sur les billets de bus et de train.

Cartes

Hormis pour les randonneurs, les cartes gratuites proposées par l'EOT sont en général suffisantes. L'éditeur athénien Anavasi publie d'excellentes cartes. Voyez aussi les cartes *Terrain*, éditées à Athènes et assez précises. Leur série *Topo* est destinée aux randonneurs. Elle comporte des cartes plastifiées et détaille les sentiers, en particulier dans les îles de la mer Égée. Toutes sont vendues sur Internet ou dans les grandes librairies en Grèce.

PRATIQUE

- Le système métrique est employé pour les poids et les mesures.
- Pour envoyer du courrier à l'étranger, utilisez les boîtes jaunes indiquant *exoteriko* (vers l'étranger).
- Pour les DVD, la Grèce est en zone 2.

Douane

La circulation des marchandises étant libre au sein de l'Union européenne, les contrôles aux frontières sont généralement superficiels, et une simple déclaration orale suffit dans la majorité des cas. Des fouilles aléatoires sont toutefois réalisées pour détecter la présence de stupéfiants. L'importation de médicaments est soumise à une législation sévère. Si vous suivez un traitement, munissez-vous d'une ordonnance. Il est par exemple illégal de pénétrer en Grèce avec de la codéine sans certificat médical.

Exporter des antiquités (tout objet de plus de 100 ans) sans un permis d'exportation est rigoureusement interdit et constitue un délit passible de lourdes peines. Retirer la moindre pièce d'un site archéologique est une infraction. Les permis d'exportation sont délivrés par le département des antiquaires et des collections privées du **Service archéologique d'Athènes** (Polygnotou 13, Plaka, Athènes).

Véhicules

Vous pourrez pénétrer sur le territoire grec avec une voiture étrangère et rester six mois avec une simple carte verte (assurance internationale au tiers). Si vous arrivez d'Italie par bateau, le talon du billet de ferry constituera la seule preuve de votre date d'arrivée. Ne le perdez pas. Depuis les autres pays, le cachet apposé sur le passeport suffira.

Électricité

220 V / 50 Hz

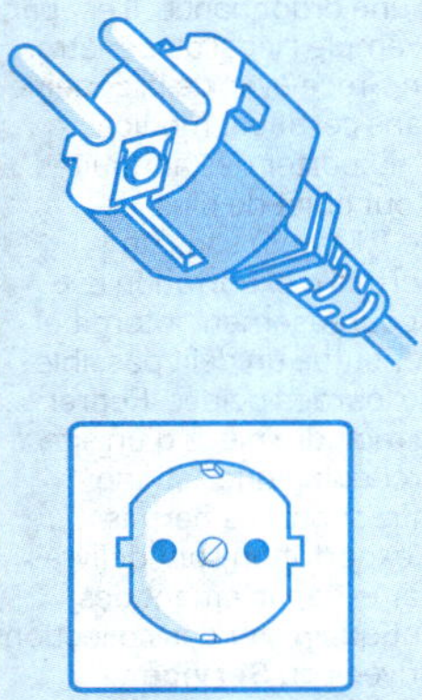

220 V / 50 Hz

Formalités et visas

Pour entrer sur le territoire grec, les Français, les Belges et les Suisses devront présenter une carte d'identité ou un passeport valide (le permis de conduire n'est pas une pièce d'identité). Les Canadiens peuvent séjourner 3 mois en Grèce sans visa avec un passeport valide. Les mineurs non accompagnés de leurs parents devront fournir une autorisation parentale de sortie de territoire, délivrée par les mairies et les commissariats.

Nous vous conseillons de photocopier tous vos documents importants. Emportez un jeu de ces copies, que vous conserverez à part des originaux. Vous remplacerez ainsi plus aisément ces documents en cas de perte ou de vol. Vous pouvez également en laisser une copie dans un fichier attaché à un courriel envoyé sur votre propre messagerie.

Prorogation de visas

Les ressortissants hors Union européenne peuvent prolonger leur séjour en Grèce au-delà de 3 mois en déposant une demande auprès d'un consulat à l'étranger ou en contactant le **bureau des étrangers** (☎210 770 5711 ; Leoforos Alexandras 173, Ambelokipi, Athènes ; ⌚8h-13h lun-ven) du commissariat central d'Athènes au moins 20 jours avant l'expiration du délai de 3 mois. Si c'est votre cas, munissez-vous de votre passeport et de 4 photos d'identité. Pensez également à réclamer un reçu quand vous changez de l'argent, car vous devrez peut-être prouver que vous pouvez subvenir à vos besoins. Ailleurs en Grèce, adressez-vous au commissariat de police local. Un permis de séjour d'une durée maximale de 6 mois vous sera délivré.

Beaucoup de voyageurs échappent à ces formalités en faisant une courte escapade en Bulgarie ou en Turquie avant de retourner en Grèce. Si vous dépassez la durée de séjour de votre visa, vous aurez à payer une lourde amende en quittant le pays.

Handicapés

Des progrès ont été réalisés en termes d'accessibilité aux voyageurs handicapés ces dernières années, en grande partie grâce aux Jeux olympiques. Ces améliorations concernent essentiellement Athènes, où vous trouverez davantage de sites, d'hôtels et de restaurants accessibles aux fauteuils roulants. Ce n'est pas le cas dans le reste du pays, où le caractère accidenté du terrain complique le parcours du voyageur handicapé. Les infrastructures ne répondent pas davantage aux besoins des personnes souffrant d'un handicap auditif ou visuel.

Une organisation très complète avant de partir peut tout changer à votre voyage. En France, l'**APF** (Association des paralysés de France ; 17, bd Auguste-Blanqui, 75013 Paris ; ☎01 40 78 69 00, fax 01 45 89 40 57 ; www.apf.asso.fr) peut vous fournir d'utiles informations sur les sites accessibles. Deux sites Internet dédiés aux personnes handicapées comportent une rubrique consacrée au voyage : **Yanous** (www.yanous.com) et **Handica** (www.handica.com).

Consultez aussi www.greecetravel.com/handicapped pour trouver des liens vers des articles locaux, des stations et des groupes adaptés aux touristes handicapés.

➡ **Sailing Holidays** (www.charterayachtingreece.com/DRYachting/index.html). Des croisières de 2 jours à 2 semaines autour des îles, sur des navires et des yachts adaptés et parfaitement accessibles.

➡ **Sirens Resort** (www.hotelsofgreece.com/central/loutraki/sirens-wheelchair-accessable-resort/index.html ; Skaloma, Loutraki, Corinthe). Complexe touristique familial proposant des appartements accessibles, des circuits et des rampes de baignade.

Hébergement

Il existe en Grèce des hébergements adaptés à tous les goûts et à tous les budgets. Les tarifs sont soumis à un strict contrôle de la police touristique. La loi exige qu'une pancarte soit affichée dans chaque chambre, indiquant sa catégorie et son prix en fonction de la saison. Le prix de l'hébergement en Grèce est très variable d'un lieu et d'une saison à l'autre. Ne vous attendez pas à payer le même prix pour une chambre double dans un village de montagne ou en plein centre d'Athènes.

À savoir concernant le prix des hôtels :

- Le prix comprend une taxe de séjour et une TVA (taxe sur la valeur ajoutée).
- Une taxe de 10% est parfois appliquée en deçà de 3 nuits.
- L'ajout d'un lit supplémentaire entraîne une majoration légale de 20% (ne s'applique généralement pas aux lits enfant).
- Les prix atteignent des sommets en juillet-août.
- Ils peuvent chuter de 20% au printemps et à l'automne, parfois davantage en hiver.
- Les escroqueries sont rares. En cas de problème, signalez-le à la police touristique ou à la police régulière ; vos interlocuteurs agiront promptement.

Auberges de jeunesse

La plupart des auberges de jeunesse du pays dépendent de la **Greek Youth Hostel Organisation** (☎210 751 9530 ; www.athens-yhostel.com ; Damareos 75, Pangrati, Athènes). Il existe des établissements affiliés à Athènes, Olympie, Patras et Thessalonique. Comptez de 10 à 20 € pour un lit en dortoir. Il n'est pas nécessaire d'être membre pour y séjourner. Quelques-unes imposent un couvre-feu.

CATÉGORIES DE PRIX

Les hébergements proposés dans ce guide sont divisés en trois catégories, sur la base du prix d'une chambre double à la haute saison (de mai à août). Sauf mention contraire, toutes les chambres sont équipées de salles de bains privatives.

€ moins de 60 € (moins de 80 € à Athènes)

€€ 60-150 € (80-150 € à Athènes)

€€€ plus de 150 €

Camping

Le camping constitue un bon choix, surtout en été. La Grèce compte près de 350 terrains de camping, répartis dans toutes les régions et les îles (à l'exception notable des îles du golfe Saronique). Les équipements standards comprennent douches chaudes, cuisines, restaurants et supérettes, et fréquemment une piscine.

La plupart des terrains ne fonctionnent que d'avril à octobre. L'**Association panhellénique du camping** (☎210 362 1560 ; www.panhellenic-camping-union.gr ; Solonos 102, Exarhia, Athènes) publie chaque année une brochure répertoriant les terrains de camping avec leurs équipements et les mois d'ouverture.

Si vous prévoyez de camper au cœur de l'été, emportez un double toit argenté pour garder votre tente au frais (les tentes foncées deviennent ici de véritables saunas). De mai à la mi-septembre, les températures permettent de dormir à la belle étoile. De nombreux terrains de camping disposent d'espaces couverts où peuvent dormir en été les voyageurs qui ne disposent pas de tente. Un sac de couchage léger fera généralement l'affaire. Un matelas en mousse et une couverture imperméable pour protéger le sac de couchage s'avèrent également utiles.

À noter également :

- Les tarifs des campings sont plus élevés de la mi-juin à la fin août.
- Les terrains facturent entre 5-7 € par adulte et 3-4 € par enfant de 4 à 12 ans.
- Gratuité pour les enfants de moins de 4 ans.
- Les prix d'un emplacement de tente débutent à 4/5 € la nuit pour une petite/grande tente.
- Il est aussi possible de louer une tente pour près de 5 €.
- Les prix d'un emplacement pour caravane débutent à 6 € ; comptez de 4 à 5 €pour une voiture.

Domatia

Les *domatia* (littéralement "chambres") sont l'équivalent grec de la chambre d'hôtes, le petit-déjeuner en moins. Les *domatia* se résumaient autrefois à des chambres spartiates chez l'habitant ouvertes aux voyageurs en été ; de nos jours, des dépendances sont souvent construites spécialement à cet usage et certaines chambres sont même assorties d'une cuisine équipée. Elles sont généralement très propres.

Les *domatia* sont prisées des voyageurs à petit budget. Comptez 25 à 50 € pour une chambre double en fonction de la salle de bains (privative ou collective), de la saison et de la durée de votre séjour. Vous trouverez des *domatia* dans toute la Grèce continentale (hormis dans les grandes villes), et sur presque toutes les îles habitées à l'année. Beaucoup n'ouvrent que d'avril à octobre.

De juin à septembre, les propriétaires de *domatia* sont nombreux à guetter les clients. Ils se postent à l'arrivée des bus et des bateaux, où vous les entendrez scander "room, room !" en montrant généralement des photos de leurs chambres. À la haute saison, vous regretterez parfois de ne pas avoir accepté une offre. Méfiez-vous toutefois des propriétaires restant évasifs sur l'emplacement de leur hébergement.

Hôtels

En Grèce, les hôtels se divisent en six catégories (de luxe, A, B, C, D et E) en fonction de la taille des chambres, de la présence ou non d'un bar, et du nombre de lits par salles de bains. Les éléments comme la propreté, le confort du couchage et l'amabilité du personnel ne sont pas pris en compte.

- Les établissements de catégorie A et B disposent de toutes les commodités et de salles de bains privatives avec eau chaude 24h/24 ; comptez de 50 à 85 € pour une chambre simple et à partir de 90 € pour une double.
- Les hôtels de catégorie C possèdent un snack-bar et des chambres avec salles de bains privatives, où l'eau chaude n'est parfois disponible qu'à certaines heures ; comptez entre 35 et 60 € pour une chambre simple à la haute saison et entre 45 et 80 € pour une double.
- Dans les hôtels de catégorie D, les salles de bains sont généralement collectives et le chauffage de l'eau parfois solaire, ce qui signifie que l'eau chaude n'est pas garantie. Les prix sont comparables à ceux des *domatia*.
- Dans les hôtels de catégorie E, les salles de bains sont collectives et il faut parfois verser un supplément pour l'eau chaude ; les prix sont ceux de *domatia* bas de gamme.

Maison et appartements de location

Les logements meublés (appartements ou maisons) constituent la solution idéale pour allier confort et économies. Beaucoup sont construits spécialement pour les touristes. D'autres, le plus souvent des maisons, appartiennent à des personnes qui ne les occupent pas. Cette solution est particulièrement intéressante pour les séjours de plus de trois jours. Certains propriétaires imposent une durée de séjour minimale d'une semaine. Un bon site Internet pour commencer les recherches : www.greekislands.com.

Pensions

Rien ne distingue les pensions des hôtels. Elles sont de catégorie A, B ou C. Une pension de catégorie A équivaut en termes de prix et de confort à un hôtel de catégorie B, une pension de catégorie B à un hôtel de catégorie C, et une pension de catégorie C équivaut à un hôtel de catégorie D ou E.

Refuges de montagne

La Grèce compte 55 refuges de montagne. Ils vont de la petite hutte avec toilettes extérieures et dépourvue d'équipements pour la cuisine au gîte moderne disposant de tout le confort. Ils sont gérés par divers clubs d'alpinisme et de ski. Les prix, variables en fonction de l'aménagement, débutent à 10 € par personne. La brochure *Greece: Mountain Refuges & Ski Centres* de l'EOT (Office national du tourisme grec) donne le descriptif de chaque refuge. Vous pourrez vous la procurer dans ses bureaux.

Heure locale

Toute la Grèce n'est rattachée qu'à un fuseau horaire. Elle avance de 2 heures sur l'heure de Greenwich (GMT/UTC) en hiver, de 3 heures avec l'heure d'été (du dernier dimanche de mars au dernier dimanche d'octobre). Il y a ainsi une heure de décalage avec la France ; et quand il est 12h à Paris (ou 6h du matin à Montréal), il est 13h en Grèce.

Heures d'ouverture

Bien que les heures d'ouverture varient selon la saison, le jour ou l'humeur du propriétaire, il est possible d'esquisser quelques généralités (voir aussi p. 701). Il convient de noter que si le gouvernement fixe les horaires d'ouverture des principaux sites, au moment de nos recherches ces derniers restaient aléatoires en de nombreux endroits en raison de problèmes relatifs au personnel et aux salaires. Par précaution, vérifiez toujours les horaires d'ouverture avant toute visite.

Homosexualité

Dans un pays où l'Église conserve une influence majeure sur l'opinion publique, il n'est guère étonnant que l'homosexualité soit réprouvée, surtout en dehors des grandes villes. Aucune loi ne la réprime, mais mieux vaut se montrer discret.

La Grèce est pourtant une destination prisée par la communauté homosexuelle. Bien qu'Athènes leur réserve de nombreux lieux, les îles (Mykonos, Skiathos ou Lesbos) restent la destination favorite de la plupart des gays et des lesbiennes.

HORAIRES HABITUELS

Les commentaires du présent guide ne mentionnent généralement pas d'horaires, sauf lorsqu'ils diffèrent de ceux indiqués ici.

Banques 8h-14h30 lun-jeu, 8h-14h ven

Bars 20h-tard

Cafés 10h-minuit

Clubs 22h-4h

Bureaux de poste (zones rurales) 7h30-14h lun-ven ; (ville) 7h30-20h lun-ven, 7h30-14h sam

Restaurants 11h-15h et 19h-1h

Boutiques 8h-15h lun, mer et sam ; 8h-14h30 et 17h-20h30 mar, jeu et ven

Le *Spartacus International Gay Guide* (www.spartacusworld.com), publié par Bruno Gmünder (Berlin), fait autorité chez les voyageurs homosexuels. La partie consacrée à la Grèce contient une mine de renseignements sur les lieux gays dans le pays.

Internet (accès)

L'usage d'Internet est répandu en Grèce depuis de nombreuses années. Le nombre d'hôtels et d'établissements utilisant Internet a beaucoup augmenté, et les cybercafés sont omniprésents. De nombreux hôtels proposent le Wi-Fi mais le point d'accès se trouve souvent dans le hall, pas dans les chambres. Bon nombre de cafés offrent également le Wi-Fi.

Jours fériés

Toutes les banques et boutiques et la plupart des musées et des sites antiques ferment les jours fériés.

L'entrée à de nombreux sites (notamment les sites antiques d'Athènes) est libre le premier dimanche du mois, à l'exception des mois de juillet et août. Certains sites sont également gratuits à l'occasion de fêtes locales, mais cela varie en fonction des régions.

Jours fériés nationaux :

Nouvel An 1er janvier

Épiphanie 6 janvier

Premier dimanche du carême février

Jour de l'Indépendance (fête nationale) 25 mars

Vendredi saint mars/avril

Dimanche de Pâques (orthodoxe) 12 avril 2015, 1er mai 2016, 16 avril 2017, 8 avril 2018, 28 avril 2019

Fête du Printemps/fête du Travail 1er mai

Pentecôte (Agiou Pnevmatos) 50 jours après le dimanche de Pâques

Assomption 15 août

Jour de l'Ohi 28 octobre

Noël 25 décembre

Saint-Étienne 26 décembre

Offices du tourisme

L'Office national du tourisme grec, connu sous le sigle GNTO à l'étranger et EOT (Ellinikos Organismos Tourismou) en Grèce, s'occupe des informations touristiques. La qualité du service change souvent d'un bureau à l'autre. Certains sont de véritables mines d'informations, tandis que c'est à peine si vous trouvez quelqu'un derrière le comptoir pour vous renseigner. Des antennes de l'EOT sont implantées dans les sites touristiques ; elles sont de plus en plus souvent complétées, voire remplacées par des offices du tourisme municipaux (c'est notamment le cas dans le Péloponnèse).

La police touristique assure également les mêmes fonctions que l'EOT et les offices de tourisme municipaux : elle distribue des cartes et des brochures et renseigne sur les transports. Elle peut être d'une aide précieuse si vous avez des difficultés à trouver un logement.

Photo et vidéo

- Des cartes mémoire pour appareils numériques sont en vente dans tous les magasins de photo.
- Ne prenez jamais en photo des installations militaires ou tout autre endroit signalé par un panneau d'interdiction.
- Les flashs sont interdits à l'intérieur des églises, et il serait inconvenant de photographier l'autel principal.
- La plupart des Grecs se laissent prendre en photo de bonne grâce. Prenez soin malgré tout de toujours demander la permission.
- Dans les sites archéologiques, l'utilisation d'un trépied est réservée aux professionnels.

Problèmes juridiques

Arrestations

Ayez toujours votre passeport sur vous au cas où vous seriez contrôlé par la police. Les citoyens grecs devant toujours conserver une pièce d'identité avec eux, la police s'attend à ce que les étrangers fassent de même.

Si vous êtes arrêté, exigez la présence d'un interprète (*te*-lo di-ermi- *nea*) et/ou d'un avocat (*te* -lo di-ki- *go* -ro).

Drogues

La législation grecque en matière de stupéfiants est la plus sévère d'Europe. Elle ne fait pas de distinction entre la consommation et la vente. Une quantité ne serait-ce qu'infime de marijuana peut suffire à envoyer son détenteur en prison.

Santé

Accessibilité et coût des soins de santé

Bien que la formation médicale soit d'un excellent niveau en Grèce, les services de santé manquent cruellement de moyens. Il arrive que les hôpitaux soient bondés, l'hygiène laisse parfois à désirer et les proches des patients sont chargés de leur apporter leurs repas, ce qui peut poser problème pour les touristes. Les conditions sanitaires et la qualité des soins sont meilleures dans les hôpitaux privés, mais ces derniers coûtent cher. Il est donc essentiel de souscrire une bonne assurance santé.

➡ Le site de l'ambassade de France présente une liste de médecins francophones à Athènes et en province (www.ambafrance-gr.org/Avocats-medecins-notaires)

➡ Pour appeler une ambulance en Grèce, composez le ☎166.

➡ Les pharmacies vendent parfois des médicaments délivrés uniquement sur ordonnance dans d'autres pays européens.

➡ Vous pouvez vous adresser au pharmacien pour des problèmes sans gravité.

Assurance

Si vous êtes citoyen de l'Union européenne, la carte européenne d'assurance maladie (CEAM ; qui remplace le formulaire E111) couvre la plupart des soins médicaux, mais pas le rapatriement d'urgence ou les soins non urgents. En France, il faut en faire la demande auprès de son organisme d'assurance maladie. Pour les autres pays, renseignez-vous sur l'existence d'un accord éventuel avec la Grèce donnant droit à des soins gratuits. Si vous n'avez pas besoin d'assurance santé, pensez à souscrire une police d'assurance couvrant les pires scénarios, comme un rapatriement d'urgence. Vérifiez avant le départ si votre assurance paie directement les soins, ou si vous devez avancer l'argent.

Eau

➡ L'eau du robinet est potable et sûre dans la majeure partie du pays, mais ce n'est pas toujours le cas dans les petits villages. Renseignez-vous toujours sur place et en cas de doute, buvez de l'eau que vous aurez préalablement fait bouillir ou de l'eau en bouteille.

➡ Même lorsque l'eau est potable, les substances et les microbactéries qu'elle contient peuvent être différentes de celles auxquelles vous êtes habitué, et provoquer des vomissements ou des diarrhées. De l'eau en bouteille est disponible partout.

Piqûres et morsures

➡ La Grèce compte plusieurs espèces de serpents dangereux, notamment des vipères et des serpents corail, moins nombreux. Afin de limiter les risques de morsure, portez toujours des chaussures hautes, des chaussettes et un pantalon long lorsque vous marchez dans un sous-bois susceptible d'abriter des serpents.

➡ Les moustiques peuvent être irritants, mais vous ne courrez aucun danger de contracter la malaria. Les prises électriques anti-moustiques suffisent généralement à les tenir à l'écart durant la nuit. Autant que possible, privilégiez les hébergements équipés de moustiquaires aux fenêtres. Certains moustiques du nord du pays sont susceptibles de provoquer de sérieuses réactions. Le moustique-tigre *(Aedes albopictus)*, que l'on trouve dans certaines régions montagneuses, est particulièrement agressif de jour comme de nuit. Il est porteur de certains virus, notamment celui de l'encéphalite équine de l'Est qui peut affecter le système nerveux central et entraîner de graves complications. Enduisez-vous de spray ou de lotion protectrice si vous craignez de vous faire piquer durant la journée.

Sécurité

Boissons frelatées et piégées

Des boissons frelatées (aussi appelées *bombes*) sont servies dans quelques bars et clubs d'Athènes, et dans les stations balnéaires réputées pour leur vie nocturne. Elles ont été diluées avec des alcools d'importation bon marché qui vous laissent dans un bien mauvais état le lendemain.

Dans les grands hôtels touristiques travaillant essentiellement avec des sociétés de voyages organisés à bas prix, il n'est pas rare que des drogues soient versées dans le verre des clients à leur insu. Le plus souvent les auteurs sont des touristes, pas des autochtones.

Police du tourisme

La police du tourisme travaille en collaboration avec la police régulière et l'EOT. Dans chacun de ses bureaux, une personne au moins devrait comprendre un peu d'anglais. Les hôtels, les restaurants, les agences de voyages, les boutiques pour touristes, les serveurs et les chauffeurs de taxi et de bus relèvent de sa compétence. Si vous estimez avoir été escroqué, déposez une plainte auprès de la police du tourisme qui mènera l'enquête. En cas de perte ou de vol de votre passeport, contactez-la en premier lieu, elle vous servira d'interprète pour traiter avec la police régulière.

Tabac

En juillet 2009, la Grèce a adopté une loi antitabac comparable à celles en vigueur dans la plupart des pays européens. Il est désormais interdit de fumer dans les lieux publics, sous peine d'amende pour le propriétaire de l'établissement. La Grèce est un pays de grands fumeurs, et ces lois sont loin d'être toujours respectées. Dans les villages reculés, elles n'ont souvent qu'une valeur symbolique.

Téléphone

Le service de télécommunications est géré par la société publique Organismos Tilepikoinonion Ellados (OTE). Vous trouverez des téléphones publics partout, même dans les lieux les plus reculés. Faciles d'utilisation, ils permettent d'effectuer des appels locaux, longue distance et internationaux. Pour obtenir les instructions en anglais, appuyez sur la touche "i" dans le coin supérieur gauche du clavier de numérotation. Notez que l'on compose toujours l'indicatif régional (les numéros de téléphone grecs comportent donc 10 chiffres).

Cartes téléphoniques

- Les téléphones publics fonctionnent avec des cartes OTE appelées *telekarta*, jamais avec des pièces. Ces cartes sont en vente dans les *periptera* (kiosques), les petites boutiques et les magasins pour touristes. Les appels locaux coûtent 0,30 € les 3 minutes.
- Ces téléphones acceptent également un nombre croissant de cartes à tarif réduit offrant des temps de communication largement supérieurs à ceux d'une carte classique. Elles nécessitent de composer un numéro d'accès, puis le numéro de la carte. Les instructions sont données en grec et en anglais. Ote propose ainsi la carte *hronokarta*.

Indicatifs téléphoniques

- **Pour appeler la Grèce de l'étranger** : composez votre code d'accès à l'international puis le ☎30 (code la Grèce) suivi du numéro désiré (10 chiffres).
- **Pour appeler l'étranger depuis la Grèce** : composez le ☎00 (accès à l'international), le code du pays et le numéro désiré.
- **Appel en PCV** : appelez un opérateur (national ☎129 ; international ☎139) pour obtenir le numéro désiré.

Téléphones portables

- La Grèce compte plusieurs opérateurs de téléphonie mobile, les plus connus étant Panafon, CosmOTE et Wind. CosmOTE offre généralement la meilleure couverture dans les régions reculées.
- Si vous possédez un multibande déverrouillé, il peut être moins onéreux d'acheter une carte SIM prépayée avec numéro local que d'utiliser votre fournisseur habituel. Ces cartes sont éditées par les trois opérateurs présents en Grèce. On les trouve dans les supermarchés, les kiosques et les marchands de journaux.
- Il est interdit de téléphoner au volant, à moins d'utiliser un kit mains libres.

Toilettes

- Vous trouverez des toilettes à l'occidentale presque partout en Grèce, surtout dans les hôtels et les restaurants visant une clientèle de touristes. Les vieilles maisons, les *kafeneia* et les toilettes publiques conservent encore parfois des toilettes à la turque.
- Les toilettes publiques sont rares, hormis dans les aéroports et dans les gares routières et ferroviaires. Les cafés offrent la meilleure solution en cas d'urgence,

CONSEILS AUX VOYAGEURS

La plupart des gouvernements possèdent des sites Internet qui recensent les mesures de sécurité à connaître. Consultez notamment les sites suivants :

- **Ministère français des Affaires étrangères** (www.diplomatie.gouv.fr)
- **Ministère des Affaires étrangères de Belgique** (www.diplomatie.be)
- **Ministère des Affaires étrangères du Canada** (www.voyage.gc.ca)
- **Département fédéral des Affaires étrangères de Suisse** (www.eda.admin.ch/eda/fr/home.html)

mais vous devrez consommer pour utiliser les toilettes.

➡ Le diamètre des canalisations n'étant pas adapté à l'évacuation du papier, veillez à jeter papier toilette et autres détritus dans la petite poubelle prévue à cet effet.

Travailler en Grèce

Les ressortissants de l'Union européenne n'ont pas besoin de permis de travail. Ils devront en revanche obtenir un permis de résident et un numéro de sécurité sociale s'ils restent plus de 3 mois. Les ressortissants de pays extérieurs à l'Union européenne doivent obtenir un permis de travail.

Bénévolat

Earth Sea & Sky (www.earthseasky.org).Travaux de sauvegarde et de recherche dans les îles Ioniennes.

Société hellénique pour l'étude et la protection du phoque moine (carte p. 66 ; ☎210 522 2888 ; www.mom.gr ; Solomou 53, Exarchia, Athènes). Les bénévoles contribuent à l'observation des programmes sur les îles Ioniennes.

Centre de réintroduction de la faune et de la flore helléniques (Elliniko Kentro Perithalpsis Agrion Zoön ; ☎22970 28367 ; www.ekpazp.gr ; ⏲10h-19h). Ce centre basé à Égine accueille des bénévoles, particulièrement en hiver.

Société grecque de protection de la tortue de mer (☎tél/fax 21052 31342 ; www.archelon.gr). Programmes de surveillance des tortues dans le Péloponnèse.

WWOOF (World Wide Opportunities on Organic Farms ; www.wwoofgreece.org). Ce réseau met en contact les bénévoles avec plus de 57 fermes organiques en Grèce.

Travailler dans les bars et l'hôtellerie

Les bars des îles grecques ne survivraient pas sans les travailleurs étrangers. Ils offrent chaque année des milliers d'opportunités de jobs d'été. Avril-mai est la bonne période pour chercher ce type d'emploi. Auberges de jeunesse et hôtels pour voyageurs embauchent fréquemment des étrangers.

Voyager en solo

Femmes seules

De nombreuses femmes voyagent seules en Grèce. Le taux de criminalité reste relativement bas et voyager seule en Grèce est sans doute plus sûr que dans la plupart des autres pays européens. Mieux vaut cependant rester vigilante, les vols à la tire et les viols peuvent arriver, en particulier dans les grands complexes touristiques des îles.

Si vous êtes seule, vous risquez surtout d'être importunée par des hommes surnommés *kamaki* par leurs compatriotes, ce qui signifie "trident de pêche". En d'autres termes : leur passe-temps favori est la "pêche" aux femmes étrangères. Ils se concentrent dans les endroits pour touristes. Ce sont des hommes jeunes (pour la plupart), enjôleurs et qui n'hésitent pas à suivre les femmes dans la rue. Très insistants, ils ne sont généralement pas dangereux. La majorité des hommes grecs traitent les femmes étrangères avec respect.

Transports

DEPUIS/VERS LA GRÈCE

Entrer dans le pays

L'entrée en Grèce pour les Français et les autres ressortissants de l'Union européenne (UE) ne nécessite aucune formalité ; il en va de même pour les Suisses et les Canadiens. Des contrôles inopinés pour la contrebande sont parfois effectués. Les autorités peuvent se montrer plus vigilantes si vous n'êtes pas ressortissant de l'UE.

Tous les visiteurs (citoyens de l'UE compris) doivent être munis d'un passeport ou d'une carte nationale d'identité et, selon leur nationalité, d'un visa.

Voie aérienne

Aéroports et compagnies aériennes

Parmi les seize aéroports internationaux que compte le pays, seuls trois assurent des vols réguliers :

Aéroport international Eleftherios Venizelos (ATH ; ☎210 353 0000 ; www.aia.gr). Près de Spata, à 27 km à l'est d'Athènes.

Aéroport international de Macédoine (SKG ; ☎2310 473 212, 2310 473 700 ; www.thessalonikiairport.com ; Thessalonique). Dans le Nord.

Aéroport Diagoras (RHO ; ☎22410 88700 ; Rhodes, Dodécanèse)

Ferries et vols relient les îles aux aéroports d'Athènes (voire de Thessalonique, dans le Nord). D'autres aéroports – Corfou, Mykonos Santorin (Thira), Karpathos, Samos, Skiathos, Kos, Céphalonie et Zante – accueillent en saison quelques vols en provenance d'Europe de l'Ouest ou du Nord (voir aussi p. 706).

COMPAGNIES AÉRIENNES

Olympic Air (OA ; ☎801 801 0101 ; www.olympicair.com) est la compagnie aérienne nationale desservant le plus fréquemment Athènes. Elle propose des vols directs entre la capitale et des villes européennes (dont Paris, Bruxelles et Genève), ainsi que Le Caire, Tel Aviv, Istanbul, New York et Toronto. **Aegean Airlines** (A3 ; ☎801 112 0000 ; www.aegeanair.com) dessert notamment Paris, Bruxelles et Genève, ainsi que de nombreuses autres villes européennes, Le Caire et Istanbul.

Ces deux compagnies sont extrêmement sûres. Les coordonnées de leurs agences sont indiquées dans les pages régionales de ce guide.

Depuis/vers la France

À titre indicatif, les tarifs d'un aller-retour entre Paris et Athènes débutent à 170 € environ pour des vols en milieu de semaine et en basse saison réservés longtemps à l'avance. Si vous voyagez en haute saison, vous devrez plutôt débourser 300 € et plus. N'oubliez pas de consulter les offres des compagnies low cost (easyJet, Pegasus ou Transavia notamment). Le vol dure au minimum 3 heures 15.

Quelques transporteurs :

Aegean Airlines (☎01 70 03 13 23 ; www.aegeanair.fr)

AVERTISSEMENT

Les informations contenues dans ce chapitre sont particulièrement susceptibles de changements. Vérifiez directement auprès de la compagnie aérienne ou de l'agence de voyages les modalités d'utilisation de votre billet d'avion. N'hésitez pas à comparer les prestations. Les détails fournis ici doivent être considérés à titre indicatif et ne remplacent en rien une recherche personnelle attentive.

VOYAGES ET RÉCHAUFFEMENT CLIMATIQUE

Toutes les formes de transport motorisé génèrent du dioxyde de carbone, principale cause du réchauffement climatique imputable aux humains. Les avions utilisent moins de carburant au kilomètre que la plupart des voitures mais effectuent de plus longs trajets. L'altitude à laquelle les avions émettent le CO_2 et les particules contribue aussi à l'impact sur le réchauffement climatique. Beaucoup de sites proposent des "calculateurs d'empreinte carbone" de vos trajets et permettent de compenser vos émissions en versant de l'argent à des initiatives écologiques mondiales. Lonely Planet compense l'empreinte carbone de tout son personnel et de ses auteurs.

Air France (☎36 54 ; www.airfrance.fr ; 49 av de l'Opéra, 75002 Paris)

Olympic Air (www.olympicair.com)

easyJet (www.easyjet.com). Vols vers Athènes, Kos, Mykonos ou Rhodes.

Pegasus (www.flypgs.com/fr). Vols Athènes-Paris Orly. Également départs de Lyon ou Marseille.

Transavia (www.transavia.com). Vols saisonniers au départ de Paris ou Nantes, à destination de Mykonos, Santorin ou Rhodes, par exemple.

Pour une liste de tour-opérateurs proposant des séjours en Grèce, voir p. 708.

Depuis/vers la Belgique

Outre les compagnies régulières, il faut souligner le poids de Ryanair et de JetAirfly dans l'offre aérienne au départ de Bruxelles et de Charleroi.

Aegean Airlines (www.aegeanair.fr)

Brussels Airlines (www.brusselsairlines.com)

Ryanair (www.ryanair.com). Vols vers Corfou, Kos, Rhodes, Thessalonique, Volos et Zante (Zakynthos) au départ de Bruxelles-Charleroi.

Jetairfly (www.jetairfly.com). Relie Santorin, Mykonos et Zante, notamment.

Airstop (☎02-209 61 97 ; www.airstop.be ; Bd Jacqmain 76, 1000 Bruxelles ; plusieurs agences en Belgique)

Connections (☎02-550 01 30 ; www.connections.be ; Rue du Midi 19-21, 1000 Bruxelles ; nombreuses agences en Belgique)

Éole (☎02-672 35 03 ; www.gigatour.be ; Place Keym 3, 1170 Bruxelles ; membre du réseau Gigatour)

Depuis/vers la Suisse

Swiss Air (www.swiss.com)

easyJet (www.easyjet.com). Vols de Genève vers Athènes et Mykonos.

STA Travel (☎058-450 49 49 ; www.statravel.ch). Nombreuses agences dans le pays.

Depuis/vers le Canada

Pour l'heure, il n'y a plus de vols directs pour la Grèce depuis le Canada. Les vols des compagnies comme **Air Canada** (www.aircanada.com), **Air France** (www.airfrance.fr), **KLM** (www.klm.com) ou **Lufthansa** (www.lufthansa.com) transitent par l'ouest de l'Europe avant de rallier Athènes. Adresses utiles :

Air Canada (www.aircanada.com)

Airlineticketsdirect.com (☎1 877 679 8500 ; www.airlineticketsdirect.com)

Expedia (☎1 888 397 3342 ; www.expedia.ca)

Travelocity (☎1 800 457 8010 ; www.travelocity.ca)

Voyages Campus (☎1 800 667 2887 ; www.voyagescampus.com/fr). Agences dans tout le pays.

Voie maritime

Vous pouvez gagner un port italien (Ancône, Bari, Brindisi ou Venise) et prendre un ferry pour la Grèce (voir le tableau des liaisons page suivante). En été, les ferries sont souvent complets. Il est indispensable de réserver si vous prévoyez d'embarquer votre véhicule.

Il vaut mieux acheter son billet en ligne, sur le site de la compagnie de ferries ou sur des sites de réservation comme www.greekferries.gr, www.ferries.gr ou www.navifrance.net. Les tarifs dépendent de la présence ou non d'un véhicule et du niveau de confort, qui va de la place sur le pont à la cabine 2 couchettes avec douche et toilettes.

Les liaisons sont faciles depuis la Turquie voisine (voir l'encadré p. 707). Notez que les billets pour les ferries rejoignant la Turquie doivent être achetés un jour à l'avance. On vous demandera certainement d'apporter votre passeport la veille du jour du départ. Pas d'inquiétude ! Il vous sera rendu avant l'embarquement. La taxe portuaire pour un départ vers la Turquie est de 15 € environ.

Autre moyen de visiter la Grèce en bateau : rejoindre l'une des croisières qui traversent la mer Égée (voir le chapitre spécifique p. 40).

Voie terrestre

En partant de Paris en voiture, 2 000 km environ vous séparent d'Athènes. Les voyageurs en provenance de France, de Belgique ou de Suisse passent souvent par un port italien (distance Paris-Venise : 1 170 km), afin d'emprunter un ferry qui leur permettra d'accoster en Grèce (voir aussi la rubrique *Voie maritime*). Le voyage par la Croatie, la Serbie et l'Ancienne République yougoslave de Macédoine reste possible, mais il s'avère généralement moins intéressant qu'une "mini-croisière" entre l'Italie et l'un des deux ports grecs principaux, qui présente l'avantage d'éviter des frais d'essence et d'hébergement lors de la descente le long de la péninsule balkanique.

Bus

La compagnie ferroviaire grecque **OSE** (Organismos Sidirodromon Ellados ; www.ose.gr) gérait autrefois des lignes de bus internationaux. Depuis 2011, ni les trains ni les bus à l'international ne fonctionnent plus. Jetez un coup d'œil sur le site Internet au cas où les bus auraient repris du service.

Train

Au moment de nos recherches, les trains internationaux de la société du rail grecque **OSE** (Organismos Sidirodromon Ellados ; www.ose.gr), très affectée par la crise financière, étaient suspendus et les itinéraires intérieurs très réduits.

Voiture et moto

Le trajet en voiture depuis la France, la Belgique ou la Suisse est long, mais tout à fait envisageable (distance Paris-Athènes : 2 060 km). Les visiteurs qui tiennent à se rendre en Grèce avec leur propre véhicule choisissent généralement de rallier un port italien pour y emprunter un ferry en direction de la Grèce. Les ports les plus pratiques : Venise et Ancône. Le trajet en ferry rapide de Venise à Patras dure 30 heures, il faut ensuite compter 3 heures 30 de route de Patras et Athènes.

L'ensemble du trajet peut aussi s'effectuer par la route. Depuis Venise jusqu'à Athènes, il faut compter environ 2 jours et demi via la Croatie, la Serbie et l'Ancienne République yougoslave de Macédoine.

POSTES-FRONTIÈRES

Pour les voyageurs curieux qui choisiront de passer par les Balkans et la Turquie pour arriver en Grèce – ou en repartir – avec leur propre véhicule, voici quelques points de passages utiles.

Albanie

Le principal poste-frontière de Kakavia comporte parfois des files d'attente interminables.

Kakavia à 60 km au nord-ouest de Ioannina.

LES FERRIES INTERNATIONAUX

DESTINATION	DÉPART	ARRIVÉE	DURÉE	FRÉQUENCE
Albanie	Corfou	Saranda	25 min	1/jour
Italie	Patras	Ancône	20 heures	3 /jour
Italie	Patras	Bari	14 heures 30	1/jour
Italie	Corfou	Bari	8 heures	1/jour
Italie	Céphalonie	Bari	14 heures	1/jour
Italie	Corfou	Bari	10 heures	1/jour
Italie	Igouménitsa	Bari	11 heures 30	1/jour
Italie	Patras	Brindisi	15 heures	1/jour
Italie	Corfou	Brindisi	6 heures	1/jour
Italie	Céphalonie	Brindisi	12 heures	1/jour
Italie	Zante	Brindisi	15 heures	1/jour
Italie	Patras	Venise	30 heures	12/sem
Italie	Corfou	Venise	25 heures	12/sem
Turquie	Chios	Çeşme	1 heure 30	1/jour
Turquie	Kos	Bodrum	1 heure	1/jour
Turquie	Lesbos	Dikeli	1 heure	1/jour
Turquie	Rhodes	Marmaris	50 min	2/jour
Turquie	Samos	Kuşadası	1 heure 30	2/jour

VOYAGER MALIN... EN TRAIN !

Prendre l'avion est devenu un réflexe en ces temps de vols low cost, et rares sont les voyageurs qui songent à utiliser d'autres moyens de transport. Pourtant, rejoindre la Grèce sans avion peut être plus agréable et confortable qu'on ne l'imagine – et surtout moins lourd pour notre planète. Prenons l'exemple du trajet Paris-Athènes. Un voyageur qui l'effectue en avion génère 0,25 t métriques de CO_2. En voiture, la pollution est à peu près identique, voire supérieure selon le modèle du véhicule mais, en choisissant le train, on peut abaisser ce chiffre à 0,04 t métriques.

Certes, voyager en train demande du temps. Comptez au minimum 2 jours pour rejoindre Athènes depuis Paris : commencez par prendre un train de nuit pour Venise, puis sautez dans le ferry pour Patras (arrivée prévue à Patras 30 heures plus tard). De là, un train relie Athènes en 4 heures 30. On peut aussi choisir le train de nuit Paris-Bologne, puis un autre train pour Bari et un ferry de nuit à destination de Patras.

Lorsque les trains internationaux circuleront à nouveau en Grèce, il sera possible de rejoindre Athènes en train depuis Paris, Munich, Vienne, Budapest, Sofia et Thessalonique. Consultez le site d'Inter-Rail (http://francais.interrailnet.com/enfr/), très détaillé, pour vous tenir informé.

Krystallopigi à 14 km à l'ouest de Kotas sur la route Florina-Kastoria.

Mertziani à 17 km à l'ouest de Konitsa.

Sagiada à 28 km au nord d'Igoumenitsa.

Bulgarie

La Bulgarie faisant partie de l'UE, la traversée des frontières est généralement rapide et sans contraintes.

Exohi nouveau tunnel de 448 m à la frontière, à 50 km au nord de Drama.

Ormenio à 41 km de Serres au nord-est de la Thrace.

Promahonas à 109 km au nord-est de Thessalonique.

Macédoine (ARYM)

Doïrani à 31 km au nord de Kilkis.

Evzoni à 68 km au nord de Thessalonique.

Niki à 16 km au nord de Florina.

Turquie

Kipi est plus pratique si vous allez à Istanbul, mais l'itinéraire passant par Kastanies traverse les fascinantes villes de Soufli et Didymoticho en Grèce, et Edirne (ancien Adrinople) en Turquie.

Kastanies à 139 km au nord-est d'Alexandroupolis.

Kipi à 43 km à l'est d'Alexandroupolis.

VOYAGES ORGANISÉS

La plupart des voyagistes offrent des prestations classiques pour des circuits en Grèce. Elles intéresseront particulièrement les voyageurs disposant d'un temps limité. Tout au long de ce guide, les rubriques *Circuits organisés* mentionnent les excursions régionales.

Voir aussi p. 40 le chapitre consacré aux croisières.

Parmi les très nombreux voyagistes figurent :

Atalante Paris (☎01 55 42 81 00 ; www.atalante.fr ; 41 bd des Capucines, 75002 Paris) ; Lyon (☎04 72 53 24 80 ; 36 quai Arloing, 69009 Lyon) ; Bruxelles (☎02 627 07 97 ; rue César-Franck 44A, B-1050 Bruxelles). Un spécialiste de la randonnée et du séjour découverte, en Grèce continentale et dans les îles.

Bleu Safran (☎01 43 26 68 22 ; www.bleu-safran.com ; 25-27 av. Raymond-Poincaré, 75116 Paris). Des séjours et circuits sur le continent, dans le Péloponnèse et dans les îles (notamment un périple en voilier dans les Cyclades).

Clio (☎01 53 68 82 82 ; www.clio.fr ; 34 rue du Hameau, 75015 Paris). Le spécialiste du voyage culturel et pointu, avec des circuits thématiques, parfois adaptés aux familles, et des croisières dans les îles.

Comptoir des voyages (☎01 53 10 30 15 général, ☎01 53 10 34 48 pour la Grèce ; www.comptoir.fr ; 2-18 rue Saint-Victor, 75005 Paris). Circuits en Grèce continentale et dans les îles, week-ends et courts séjours.

Détours (☎01 44 55 01 01 ; www.detours.fr ; 80 bd Raspail, 75006 Paris). Un spécialiste de la Grèce.

Héliades (☎0892 23 15 23 ; www.heliades.fr ; 9 rue de l'Échelle, 75001 Paris ; autres agences à Aix-en-Provence, Toulouse, Lyon et Nantes). Ce spécialiste de la Grèce propose des circuits itinérants complets pour les visiteurs disposant de peu de temps.

Voyageurs du Monde Paris (☎01 42 86 16 00 ; www.vdm.com ; 55 rue Sainte-Anne, 75002 Paris ; nombreuses agences en France) ; Genève (☎0-22 518 04 94 ; 19 rue de la Rôtisserie, 1204 Genève) ; Bruxelles (☎02-543 95 50 ; 23 chaussée de Charleroi,

1060 Bruxelles). Séjours ou voyages itinérants.

Zig Zag (☎ 01 42 85 13 93 ; www.zig-zag.tm.fr ; 54 rue de Dunkerque, 75009 Paris). Un spécialiste de la randonnée pour des circuits dans le massif du Pinde, les Zagoria ou certaines îles comme Karpathos ou Eubée.

COMMENT CIRCULER

La Grèce possède un réseau de transport public très étendu. Pour les transports terrestres, ce sont les bus qui tissent le réseau le plus dense car ils desservent jusqu'aux plus petits villages. Les trains sont une bonne alternative... quand ils existent. Les visiteurs ont très souvent recours aux ferries, qui assurent la liaison entre la côte et les îles. Si vous êtes pressé, la Grèce possède aussi un grand réseau de vols intérieurs.

Auto-stop

L'auto-stop n'est jamais absolument sûr dans aucun pays du monde, et nous n'en recommandons pas la pratique. Les auto-stoppeurs doivent être conscients que si le risque est minime, il est réel. Mieux vaut voyager par deux et prévenir quelqu'un de votre itinéraire. Il est particulièrement peu recommandé aux femmes de faire de l'auto-stop seules.

Certaines régions de Grèce se prêtent mieux au stop que d'autres. Sortir des grandes agglomérations peut s'avérer compliqué, notamment d'Athènes. C'est beaucoup plus facile dans des régions éloignées dépourvues de bons réseaux de transports en commun. Sur les routes de campagne, il n'est pas rare que quelqu'un s'arrête et vous propose de vous emmener, même si vous avez les pouces dans les poches.

Avion

La grande majorité des vols intérieurs sont gérés par le transporteur national, **Olympic Air** (OA ; ☎801 801 0101 ; www.olympicair.com), et son principal rival **Aegean Airlines** (A3 ; ☎801 112 0000 ; www.aegeanair.com). Les deux proposent des tarifs compétitifs. Olympic Air dispose d'agences là où il opère ainsi que dans les autres principales grandes villes.

Les tarifs évoqués dans cet ouvrage sont les pleins tarifs 2e classe, taxes comprises. Des réductions sont proposées pour les allers-retours du lundi au jeudi, et plus conséquentes encore pour les trajets comprenant un samedi soir. Vous trouverez des détails sur le site Internet de la compagnie aérienne, ainsi que des renseignements sur les horaires. Vous avez droit à 15 kg de bagages pour les vols intérieurs, et à 20 kg si votre vol intérieur fait partie d'un vol international. Olympic Air propose une réduction de 25% aux étudiants pour les vols intérieurs, uniquement s'ils font partie d'un trajet international.

Bateau

Même en consacrant l'essentiel de votre voyage à la partie continentale du pays, vous aurez sans nul doute l'occasion, de monter à bord d'un ferry pour visiter l'une des îles proches de la côte. Les départs sont souvent retardés en fonction de la météo et des mouvements sociaux, et les tarifs changent fréquemment. Si les ferries desservent régulièrement les principales destinations l'été, ils sont beaucoup plus rares en hiver, voire cessent complètement.

Compagnies nationales

Les compagnies de ferries disposent en général de bureaux dans la plupart des îles (voir aussi les chapitres régionaux pour les liaisons avec de plus petits bateaux et les caïques).

Aegean Flying Dolphins (☎210 422 1766 ; www.aegeanflyingdolphins.gr). Hydroglisseurs vers Samos et Kos (et les autres îles entre ces deux destinations).

Aegean Speed Lines (☎210 969 0950 ; www.aegeanspeedlines.gr). Bateaux rapides entre Athènes et les Cyclades.

Agoudimos Lines (☎210 414 1300 ; www.agoudimos-lines.com). Ferries reliant les Cyclades et le continent. Également des trajets vers l'Italie via Corfou.

Alpha Ferries (☎210 428 4002, 210 428 4001 ; www.alphaferries.gr). Ferries classiques entre Athènes et les Cyclades.

ANE Kalymnou (☎22430 29384 ; www.anekalymnou.gr). Des hydroglisseurs basés à Kalymnos et des ferries à l'ancienne (lents) reliant le Dodécanèse et les Cyclades.

ANES (☎210 422 5625 ; www.anes.gr). Ferries à l'ancienne, basés à Symi et desservant le Dodécanèse.

Anna Express (☎22470 41215 ; www.lipsi-annaexpress.com). Petits ferries rapides reliant le nord du Dodécanèse.

Blue Star Ferries (☎210 891 9800 ; www.bluestarferries.com). Ferries rapides et catamarans Sea Jet entre le continent et les Cyclades.

Cyclades Fast Ferries (☎210 418 2005 ; www.fastferries.com.gr). Ferries confortables vers les plus populaires des Cyclades.

Dodekanisos Seaways (☎22410 70590 ; www.12ne.gr). Catamarans luxueux dans le Dodécanèse.

Euroseas (☎210 413 2188 ; www.ferries.gr/euroseas). Dessert les îles du golfe Saronique et le continent.

Evoikos Lines (☎210 413 4483 ; www.ferriesglyfa.gr). Ferries confortables, petite distance, entre Glyfa sur le continent et Agiokambos dans le nord de l'Eubée.

GA Ferries (☎210 419 9100 ; www.gaferries.gr). Ferries à l'ancienne, longue distance, reliant de nombreuses îles.

Hellenic Seaways (☎210 419 9000 ; www.hellenicseaways.gr). Ferries longue distance conventionnels et catamarans du continent aux Cyclades et entre les Sporades et les îles du golfe Saronique.

Ionian Ferries (☎210 324 9997 ; www.ionianferries.gr). Grands ferries vers les îles Ioniennes.

LANE Lines (☎210 427 4011 ; www.ferries.gr/lane). Ferries longue distance.

Minoan Lines (☎210 414 5700 ; www.minoan.gr). Ferries de luxe, très rapides, entre Le Pirée et Patras, Igouménitsa, Corfou et la Crète.

NEL Lines (☎22510 26299 ; www.nel.gr). Ferries rapides entre la Grèce du Nord et Limnos, Lesbos, Chios, Samos et les Sporades.

SAOS Lines (☎210 625 0000 ; www.saos.gr). Grands bateaux lents s'arrêtant dans la plupart des îles.

Sea Jets (☎210 412 1001 ; www.seajets.gr). Catamarans desservant Athènes, la Crète, Santorin (Thira), Paros et de nombreuses îles sur le trajet.

Sea Star (☎22460 44000 ; www.net-club.gr/tilosseastar.htm). Catamarans très rapides reliant Tilos à Rhodes, Halki et Nissyros.

Skyros Shipping Company (☎22220 921164 ; www.sne.gr). Bateaux lents entre Skyros et Kymi (Eubée).

Strintzis Ferries (☎26102 40000 ; www.strintzisferries.gr). Ferries anciens et lents dans les Sporades.

Superfast Ferries (www.superfast.com). Ferries rapides entre le continent, Corfou, Patras et la Crète.

Ventouris Ferries (☎210 411 4911 ; www.ventourissealines.gr). Gros bateaux du continent vers les Cyclades.

Zante Ferries (☎26950 49500, à Athènes 210 410 0211 ; www.zanteferries.gr). Ferries à l'ancienne reliant le continent aux Cyclades de l'Ouest.

Bus

Le réseau de bus est très étendu. Tous les bus longue distance sont gérés par des collectifs régionaux appelés **KTEL** (Koino Tamio Eispraxeon Leoforion ; www.ktel.org). Des détails sur les bus interurbains en Grèce sont disponibles au ☎14505. Les tarifs des bus, fixés par le gouvernement, sont très raisonnables. Comptez 5 € environ les 100 km.

Services

Chaque préfecture du continent dispose d'un bureau KTEL, qui gère les transports locaux et vers les principales villes à l'extérieur. À l'exception de la Thrace, desservie par Thessalonique, toutes les grandes villes du continent ont des connexions fréquentes pour Athènes.

Si la plupart des villages disposent d'un service de bus quotidien, les zones les plus reculées peuvent n'en voir passer qu'un ou deux par semaine. En général, ils partent très tôt le matin pour revenir en début d'après-midi.

Pratique

- Notez que les grandes villes comme Athènes, Patras et Thessalonique ont plusieurs gares routières desservant des régions différentes. Dans les petites villes et les villages, la "gare routière" peut se réduire à un arrêt de bus devant un *kafeneio* (café) ou à une taverne faisant office de billetterie.
- Dans les zones isolées, les horaires peuvent n'être affichés qu'en grec, mais la plupart des billetteries proposent des horaires en grec et en caractères romains.
- Mieux vaut arriver au moins 20 minutes avant le départ pour avoir un siège. Sachez que certains bus partent parfois quelques minutes en avance.
- Le billet peut comporter un numéro de siège. Celui-ci est noté sur le dossier du siège arrière, et non sur le dossier du siège devant vous.
- Il est possible d'acheter son titre de transport une fois à bord du bus, mais sur un trajet très fréquenté, vous devrez parfois voyager debout. Les bus KTEL sont modernes, et la plupart du temps climatisés. Dans les zones rurales, les bus sont plus anciens et moins confortables. Les bus circulant sur des itinéraires moins fréquentés ne sont souvent pas pourvus de toilettes et s'arrêtent toutes les trois heures environ sur les longs trajets.

Train

Les trains sont gérés par l'organisation ferroviaire grecque **OSE** (Organismos Sidirodromon Ellados ; www.ose.gr). Le réseau ferroviaire grec ne compte que deux lignes principales : le service avec écartement standard d'Athènes à Alexandroupolis via Thessalonique, et le réseau du Péloponnèse. La crise financière a pesé sur les liaisons ferroviaires, les prix et les horaires sont variables. Si vous pouvez, vérifiez-les sur le site d'OSE. Les informations sur les départs d'Athènes ou de Thessalonique sont aussi vérifiables par téléphone au ☎1440.

Classes

Il existe deux types de services : les trains réguliers (lents), qui s'arrêtent à toutes les gares, et les trains Intercity (IC), plus modernes et plus rapides, reliant les grandes villes. Les trains lents sont la forme de transport public la moins chère du pays : les billets de 2de classe sont étonnamment bon marché, et même les 1res sont moins chères que le bus.

Les trains IC reliant les principales villes grecques sont un excellent moyen de transport. Les services ne sont pas nécessairement express – la Grèce est bien trop montagneuse – mais les trains sont modernes et confortables. Ils comportent des 1re et 2e classes, ainsi qu'un wagon-bar. Sur certaines lignes, il est possible de commander un repas servi à votre place. Le service de nuit entre Athènes et Thessalonique comporte des couchettes, et des compartiments à deux lits ou individuel.

Cartes de réduction

➡ Les cartes Eurail et Inter-Rail sont valables en Grèce, mais cela ne vaut pas la peine de les acheter si vous ne comptez pas voyager dans un autre pays. Les trains IC couchettes demandent un onéreux supplément.

➡ Les passagers de plus de 60 ans ont droit à une réduction de 25% sur toutes les lignes sauf en juillet, août et la semaine de Pâques, sur présentation d'une carte d'identité ou d'un passeport.

➡ Quelle que soit votre carte, il vous faut une réservation pour monter à bord.

Transports urbains

Bus

La plupart des villes grecques sont assez petites pour être explorées à pied. Les grandes villes disposent de réseaux de bus, mais c'est surtout à Athènes, Patras, Kalamata et Thessalonique que vous en aurez besoin. L'achat de tickets est détaillé dans la rubrique *Comment circuler* de chaque ville.

Métro

Athènes est la seule ville grecque qui possède un métro. Notez que la carte d'étudiant grecque est la seule valable pour obtenir une réduction.

Taxis

Les taxis sont nombreux en Grèce, excepté dans les îles très petites ou très isolées. Les tarifs sont relativement corrects par rapport au reste de l'Europe, surtout si vous le partagez à 3 ou 4. Beaucoup de chauffeurs sont équipés de systèmes de navigation GPS. Il est donc très simple de vous rendre à destination pourvu que vous ayez l'adresse exacte.

Les taxis urbains jaunes ont des compteurs. Leur tarif double entre minuit et 5h. Prévoyez des taxes supplémentaires si vous montez à un aéroport, à une gare routière ou ferroviaire ou à un port, ainsi que pour chaque bagage de plus de 10 kg. Les taxis ruraux gris sont dépourvus de compteurs, convenez toujours du prix de la course avant de monter.

Certains chauffeurs de taxi d'Athènes escroquent les voyageurs non avertis. Si vous avez un grief contre un chauffeur de taxi, relevez son numéro et reportez-le à la police touristique.

Les chauffeurs de taxi des autres villes grecques sont en général affables, serviables et honnêtes.

Vélo

Le vélo n'est pas très populaire en Grèce. Il faut des mollets bien musclés pour s'attaquer aux montagnes, ou à défaut se cantonner aux routes plus plates du littoral. Les pistes cyclables sont rares voire inexistantes, et le port du casque n'est pas obligatoire. Les plaines de Thessalie ou de Thrace se prêtent bien à la pratique du vélo.

➡ On trouve des vélos à louer dans la plupart des sites touristiques, moins facilement néanmoins que des voitures ou des motos. Les prix varient entre 5 et 12 € la journée, selon le type de vélo.

➡ Le transport d'un vélo à bord d'un ferry est gratuit.

Voiture et moto

Quiconque a déjà voyagé en Grèce ne s'étonnera pas d'apprendre que le pays compte le taux le plus élevé de mortalité routière d'Europe. Plus de 1 000 personnes meurent chaque année sur la route, et dix fois plus sont blessées. Les dépassements figurent parmi les principales causes d'accidents.

La voiture reste toutefois un excellent moyen de découvrir la Grèce hors des sentiers battus. L'état des routes s'est énormément amélioré ces dernières années : certaines encore présentées comme des chemins de terre sur d'anciennes cartes ont été asphaltées, et les îles connaissent désormais un trafic léger (il existe même des liaisons par car-ferries vers la plupart des îles).

Pratique

Automobile club L'automobile club grec est l'**ELPA** (Elliniki Leschi Aftokinitou kai Periigiseon ; ☎210 606 8800 ; www.elpa.gr en grec ; Leoforos Mesogion 395, Agia Paraskevi, Athènes).

Entrée Les véhicules immatriculés dans l'UE peuvent entrer gratuitement en Grèce pour une période maximale de 6 mois sans acquitter de taxes. Une carte verte (assurance internationale au tiers) est demandée ainsi qu'une

DISTANCES ROUTIÈRES (KM)

	Alexandroupoli	Athènes	Corinthe	Edessa	Florina	Igoumenitsa	Ioannina	Kalamata	Kastoria	Kavala	Lamia	Larissa	Monemvassia	Nauplie	Patras	Pyrgos	Sparte	Thessalonique	Trikala	Tripoli
Athènes	854																			
Corinthe	884	84																		
Edessa	427	569	596																	
Florina	497	592	251	353																
Igoumenitsa	816	473	393	380	353															
Ioannina	702	447	364	298	320	96														
Kalamata	1055	284	175	767	763	501	467													
Kastoria	535	489	519	108	67	286	204	690												
Kavala	177	682	655	250	320	615	525	878	358											
Lamia	643	214	244	355	360	353	263	415	274	466										
Larissa	493	361	389	218	231	309	209	561	239	323	151									
Monemvassia	1156	350	266	869	855	613	579	156	756	976	505	655								
Nauplie	947	165	63	659	664	482	427	163	582	770	307	455	215							
Patras	828	220	138	567	513	281	247	220	483	664	193	341	332	201						
Pyrgos	924	320	234	636	643	367	347	119	542	747	284	432	275	208	96					
Sparte	1025	225	145	737	759	517	483	60	660	848	385	533	96	119	236	180				
Thessalonique	349	513	544	89	159	452	362	715	220	169	303	154	807	610	488	584	711			
Trikala	554	330	356	227	233	247	148	520	159	377	115	62	597	419	310	400	501	216		
Tripoli	964	194	110	713	681	457	430	90	639	820	324	472	157	81	176	155	61	624	466	
Volos	556	326	355	278	293	371	271	518	301	383	115	62	620	417	308	408	524	214	124	435

preuve de la date d'entrée (billet de ferry ou tampon du passeport). Les véhicules non immatriculés dans l'UE peuvent être inscrits sur votre passeport.

Permis de conduire Les permis de conduire européens sont valables en Grèce. Pour les conducteurs non européens, un permis de conduire international est nécessaire.

Carburant Facilement accessible dans tout le pays. Certaines stations-service ferment le week-end et les jours fériés. Pompes en self-service et à cartes de crédit ne sont pas monnaie courante. L'essence est moins chère en Grèce que dans de nombreux pays européens.

Types d'essence :

- *Super* avec plomb
- *amolyvdi* sans plomb
- *petreleo kinisis* diesel

Location

VOITURE

- Toutes les grandes compagnies internationales sont représentées à Athènes, et la plupart ont des filiales dans les grandes villes et autres destinations touristiques (y compris les îles).
- La loi grecque exige que les voitures de location soient remplacées tous les six ans. La plupart des voitures sont donc relativement neuves.
- L'âge minimum pour conduire en Grèce est de 18 ans, mais la plupart des agences de location demandent que vous ayez au moins 21 ans, voire 23 pour les gros véhicules.
- Les tarifs hebdomadaires en pleine saison, avec kilométrage illimité, débutent à 280 € environ pour les plus petits modèles comme la Fiat Seicento, pour tomber jusqu'à 200 € la semaine en hiver. Ces tarifs ne comprennent pas les taxes locales (TVA). Les compagnies locales proposent souvent des offres avantageuses, jusqu'à 50% moins chères que les agences internationales. En outre, il est possible de négocier, surtout si les affaires sont calmes.
- Sur les îles, vous pouvez louer une voiture pour 30-50 €/jour, toutes taxes et assurances comprises.
- Vérifiez toujours les garanties incluses dans votre assurance ; certaines routes accidentées ou dangereuses ne sont accessibles qu'en 4x4.
- Si vous désirez louer une voiture pour aller

dans un autre pays ou à bord d'un ferry, il vous faut une autorisation écrite de l'agence de location, car votre assurance risque de ne pas vous couvrir. À moins de payer avec une carte de crédit, la plupart des agences de location demandent un dépôt de garantie minimum de 120 €/jour.

➡ Pour connaître les tarifs en vigueur auprès des principales agences de Grèce, voyez les sites Internet suivants :

Avis (☎210 322 4951 ; www.avis.gr)

Budget (☎210 349 8800 ; www.budget.gr)

Europcar (☎210 960 2382 ; www.europcar.gr)

Hertz (☎210 626 4000 ; www.hertz.gr)

MOTO

➡ On trouve des mobylettes, motos et scooters partout où il y a des touristes susceptibles de les louer. La plupart sont en bon état. Ne manquez pas de tester les freins dès que possible.

➡ Pour un véhicule dépassant 50 cm^3, vous devez faire état d'un permis attestant que vous êtes capable de conduire le véhicule de la catégorie choisie.

➡ Voyager en moto ou en scooter est assez économique. Les tarifs débutent à 15 € environ la journée pour une mobylette ou une 50cc, jusqu'à 30 € la journée pour une 250 cm^3. Hors saison, les prix baissent considérablement ; n'hésitez pas à négocier.

➡ La plupart des loueurs incluent l'assurance au tiers dans leurs tarifs, mais mieux vaut toujours vérifier. Cette assurance ne comprend pas les éventuels frais médicaux.

➡ Le port du casque est obligatoire et les agences sont tenues de vous en fournir un.

DANGERS À MOTO

La Grèce n'est pas le pays idéal pour les motocyclistes. Il reste encore beaucoup de routes recouvertes de graviers – notamment dans les îles –, et les novices doivent se montrer prudents, en particulier dans les virages. Tâchez de louer une moto aux pneus fins. Si vous envisagez de rouler à moto ou à scooter, vérifiez bien que votre assurance voyage vous couvre en cas d'accident.

Conditions des routes

➡ Les liaisons autoroutières ont été considérablement améliorées ces dernières années, mais des progrès restent à faire.

➡ Le modèle des années 1960 – deux voies et un accotement en dur – est, par endroits, encore en usage. Restez vigilant.

➡ Les travaux d'entretien des routes peuvent durer des années. Il arrive que des routes en excellent état ne figurent sur aucune carte.

Sécurité routière

➡ Les conducteurs lents – souvent des touristes un peu perdus – provoquent parfois des accidents.

➡ L'état de la chaussée change beaucoup d'une portion à l'autre. Elle peut être remise à neuf ou bien endommagée par les intempéries. La météo est d'ailleurs à prendre en considération, neige et glace rendent parfois indispensables les chaînes en hiver. En campagne, prenez garde aux animaux qui s'aventurent sur la chaussée.

➡ Les routes traversant des zones montagneuses sont souvent jonchées de pierres tombées qui peuvent abîmer le dessous des voitures ou faire tomber les motards.

Code de la route

➡ En dehors des agglomérations, la route principale est prioritaire aux intersections. En ville, la priorité à droite s'applique et inclut les ronds-points : même engagé, vous devez laisser la priorité aux véhicules venant de votre droite.

➡ Les ceintures de sécurité sont obligatoires, à l'avant et à l'arrière.

➡ Vous devez avoir dans la voiture un kit de premiers secours, un extincteur et un triangle de pré-signalisation. Il est interdit de transporter des bidons d'essence. Le port du casque est obligatoire en moto au-delà de 50 cm^3.

➡ En dehors des zones résidentielles, la limite de vitesse est de 120 km/h sur autoroute, de 90 km/h sur les autres routes et de 50 km/h en agglomération. Pour les motos jusqu'à 100 cm^3, la limite de vitesse est de 70 km/h, 90 km/h pour les motos plus grosses. Les conducteurs dépassant la vitesse autorisée de 20% encourent une amende de 60 € ; au-delà de 40%, 150 €.

➡ Une alcoolémie de 0,5 g/l vous expose à une amende de 150 €. Au-dessus de 0,8 g/l, c'est un délit.

➡ Si vous êtes impliqué dans un accident sans blessure, il n'est pas nécessaire d'établir un rapport de police, mais mieux vaut vous rendre au commissariat le plus proche pour expliquer ce qui est arrivé. Un procés-verbal peut vous être demandé par votre assurance. En cas de blessure, un conducteur qui ne s'arrête pas et n'en informe pas la police est passible d'une peine de prison.

Langue

Le grec, l'une des langues les plus anciennes d'Europe, se transmet oralement depuis 4 000 ans et s'écrit depuis environ trois millénaires. Son influence se ressent dans de nombreuses langues indo-européennes. Langue officielle de la Grèce et de Chypre (avec le turc), elle est parlée par de nombreux membres de la diaspora dans le monde.

L'alphabet grec est expliqué dans les pages suivantes et ne pose pas de problème particulier aux francophones. Notez que le dh se prononce comme le "th" de l'anglais "there" ; que le gh est une version plus douce et plus gutturale du son "g" et que le "kh" est un "r" raclé au fond de la gorge comme la *jota* espagnole. Tous les mots grecs de deux syllabes ou plus ont un accent tonique indiqué par un accent aigu écrit. Nous mettons ici en italique les syllabes accentuées.

Les trois genres, masculin, féminin et neutre, sont indiqués dans ce chapitre par "m/f/n". Les formules polies et familières sont indiquées le cas échéant par les abréviations "pol" et "fam".

EXPRESSIONS COURANTES

Bonjour.	Γειά σας. Γειά σου.	*ya* ·sas (poli) *ya* ·sou (fam)
Au revoir.	Αντίο.	an· *di* ·o

POUR EN SAVOIR PLUS

Pour mieux communiquer sur place, voyez le *Guide de conversation : Grec* de Lonely Planet (7,99 €). Pour réserver une chambre, lire un menu ou simplement faire connaissance, ce manuel permet d'acquérir des rudiments de grec. Inclus : un mini-dictionnaire bilingue.

Oui/non.	Ναι./Οχι.	ne/ *o* ·hi
S'il vous plaît.	Παρακαλώ.	pa·ra·ka· *lo*
Merci.	Ευχαριστώ.	ef·ha·ri· *sto*
Je vous en prie	Παρακαλώ.	pa·ra·ka· *lo*
Excusez-moi.	Με συγχωρείτε.	me sing·kho· *ri* ·te
Désolé(e).	Συγγνώμη.	sigh· *no* ·mi

Comment vous appelez-vous ?
Πώς σας λένε ; — pos sas *le* ·ne

Je m'appelle ...
Με λένε ... — me *le* ·ne...

Parlez-vous français (anglais) ?
Μιλάτε Γαλλικά (αγγλικά) ; — mi· *la* ·te gha.li.ka (an·gli· *ka*)

Je ne comprends pas.
Δεν καταλαβαίνω. — dhen ka·ta·la· *ve* ·no

HÉBERGEMENT

camping	χώρος για κάμπινγκ	*kho*· ros yia *kam* ·ping
hôtel	ξενοδοχείο	kse·no·dho· *khi* ·o
auberge de jeunesse	γιουθ χόστελ	youth *kho*· stel
une ...	ένα ...	e ·na...
chambre	δωμάτιο	dho· *ma* ·ti·o
simple	μονόκλινο	mo· *no* ·kli·no
double	δίκλινο	*dhi* ·kli·no
Combien coûte ...?	Πόσο κάνει ... ;	*po* ·so *ka* ·ni ...
par nuit	τη βραδυά	ti·vra· *dhya*
par personne	το άτομο	to *a* ·to·mo
clim	έρκοντίσιον	er·kon· *di* ·si·on
salle de bains	μπάνιο	*ba* ·nio
ventilateur	ανεμιστήρας	a·ne·mi· *sti* ·ras
fenêtre	παράθυρο	pa· *ra* ·thi·ro

ORIENTATION

Où se trouve ... ?
Πού είναι ... ; pou *i* ·ne ...

Quelle est l'adresse ?
Ποια είναι η διεύθυνση ; pia *i* ·ne i dhi· *ef* ·thin·si

Pouvez-vous me montrer (sur la carte) ?
Μπορείς να μου δείξεις (στο χάρτη) ; bo· *ris* na mou *dhik*·s is (sto *khar* ·ti)

Tournez à gauche.
Στρίψτε αριστερά. *strips* ·te a·ri·ste· *ra*

Tournez à droite.
Στρίψτε δεξιά. *strips* ·te dhe· *ksia*

au prochain croisement
στην επόμενη γωνία stin e· *po* ·me·ni gho· *ni* ·a

au feu
στα φώτα sta *fo* ·ta

derrière	πίσω	*pi* ·so
loin	μακριά	ma·kri· *a*
devant	μπροστά	bro· *sta*
près (de)	κοντά	kon· *da*
près de	δίπλα	*dhi* ·pla
en face	απέναντι	a· *pe* ·nan·di
tout droit	ολο ευθεία	*o* ·lo ef· *thi* ·a

AU RESTAURANT

une table pour ...	Ενα τραπέζι για ...	e ·na tra· *pe* ·zi ya ...
(huit) heures	τις (οχτώ)	stis (okh· *to*)
(deux) personnes	(δύο) άτομα	(*dhi* ·o) *a* ·to·ma

Je ne mange pas de ...	Δεν τρώγω ...	dhen *tro* ·gho ...
poisson	ψάρι	*psa* ·ri
viande (rouge)	(κόκκινο) κρέας	(*ko*·ki·no) *kre*·as
arachides	φυστίκια	fi· *sti* ·kia
volaille	πουλερικά	pu·le·ri· *ka*

Que recommandez-vous ?
Τι θα συνιστούσες ; ti tha si·ni· *stou* ·ses

Qu'est-ce que c'est ?
Τι περιέχει αυτό το φαγητό ; ti pe·ri· *e* ·hi af· *to* to fa·ghi· *to*

Santé !
Εις υγείαν! is i· *yi* ·an

C'était délicieux.
Ήταν νοστιμότατο! *i*· tan no·sti· *mo* ·ta·to

L'addition s'il vous plaît.
Το λογαριασμό, παρακαλώ. to lo·ghar·ya· *zmo* pa·ra·ka· *lo*

ALPHABET GREC

L'alphabet grec compte 24 lettres, dont nous indiquons les formes majuscules et minuscules. Certaines lettres ressemblant à l'alphabet latin se prononcent très différemment, le **B** par exemple, qui se prononce v ; et le **P**, qui se prononce r. Comme en français, deux lettres jointes modifient le son de la syllabe : **ου** se prononce ou et **οι** se prononce i.

Α α	a	de "bar"
Β β	v	de "vin"
Γ γ	gh	"g" plus doux et guttural
	y	de "yaourt"
Δ δ	dh	comme dans l'anglais "there"
Ε ε	e	è de "frère"
Ζ ζ	z	de "zoo"
Η η	i	de "lit"
Θ θ	th	comme l'anglais "throw"
Ι ι	i	de "lit"
Κ κ	k	de "koala"
Λ λ	l	de "la"
Μ μ	m	de "ma"
Ν ν	n	de "net"
Ξ ξ	x	comme dans "axe"
Ο ο	o	de "port"
Π π	p	de "pompe"
Ρ ρ	r	de "route" légèrement roulé
Σ σ, ς	s	de "sable"
Τ τ	t	de "table"
Υ υ	i	de "lit"
Φ φ	f	de "fil"
Χ χ	kh	comme l'allemand "achtung"
	h	"h" aspiré
Ψ ψ	ps	de "psaume"
Ω ω	o	de "port"

La lettre **Σ** a deux formes de minuscules – **σ** et **ς**. La deuxième ne s'utilise qu'en fin de mot. Le point d'interrogation grec est désigné par notre point-virgule " ;".

Mots clés

amuse-gueule	ορεκτικά	o·rek·ti·*ka*
bar	μπαρ	bar
bœuf	βοδινό	vo·dhi·*no*
bière	μπύρα	*bi*·ra
bouteille	μπουκάλι	bou·*ka*·li
bol	μπωλ	bol
pain	ψωμί	pso·*mi*
petit-déjeuner	πρόγευμα	*pro*·yev·ma
café (lieu)	καφετέρια	ka·fe·*te*·ri·a
fromage	τυρί	ti·*ri*
poulet	κοτόπουλο	ko·*to*·pou·lo
café	καφές	ka·*fes*
froid	κρυωμένος	kri·o·*me*·nos
crème	κρέμα	*kre*·ma
traiteur	ντελικατέσεν	de·li·ka·*te*·sen
desserts	επιδόρπια	e·pi·*dhor*·pi·a
dîner	δείπνο	*dhip*·no
œuf	αβγό	av·*gho*
poisson	ψάρι	*psa*·ri
nourriture	φαγητό	fa·yi·*to*
fourchette	πιρούνι	pi·*rou*·ni
fruit	φρούτα	*frou*·ta
verre	ποτήρι	po·*ti*·ri
épicerie	οπωροπωλείο	o·po·ro·po·*li*·o
herbes	βότανο	*vo*·ta·no
chaise haute	καρέκλα για μωρά	ka·*re*·kla yia mo·*ro*
chaud	ζεστός	ze·*stos*
jus	χυμός	hi·*mos*
couteau	μαχαίρι	ma·*he*·ri
agneau	αρνί	ar·*ni*
déjeuner	μεσημεριανό φαγητό	me·si·me·ria·*no* fa·yi·*to*
plat principal	κύρια φαγητά	*ki*·ri·a fa·yi·*ta*
marché	αγορά	a·gho·*ra*
menu	μενού	me·*nou*
lait	γάλα	*gha*·la
noix	καρύδι	ka·*ri*·dhi
huile	λάδι	*la*·dhi
poivre	πιπέρι	pi·*pe*·ri
assiette	πιάτο	*pia*·to
porc	χοιρινό	hi·ri·*no*
vin rouge	κόκκινο κρασί	*ko*·ki·no kra·*si*
restaurant	εστιατόριο	e·sti·a·*to*·ri·o
sel	αλάτι	a·*la*·ti
boisson sans alcool	αναψυκτικό	a·nap·sik·ti·*ko*
cuillère	κουτάλι	kou·*ta*·li
sucre	ζάχαρη	*za*·kha·ri
thé	τσάι	*tsa*·i
légumes	λαχανικά	la·kha·ni·*ka*
végétarien	χορτοφάγος	khor·to·*fa*·ghos
vinaigre	ξύδι	*ksi*·dhi
eau	νερό	ne·*ro*
vin blanc	άσπρο κρασί	*a*·spro kra·*si*
avec/sans	με/χωρίς	me/kho·*ris*

PHRASES-CLÉS

En associant ces phrases simples aux mots de votre choix, vous pourrez vous exprimer en grec :

À quelle heure est (le prochain bus) ?
Πότε είναι (το επόμενο λεωφορείο) ; — *po*·te *i*·ne (to e·*po*·me·no le·o·fo·*ri*·o)

Où est (la gare) ?
Πού είναι (ο σταθμός) ; — pou *i*·ne (o stath·*mos*)

Avez-vous (une carte du coin) ?
Έχετε οδικό (τοπικό χάρτη) ; — *e*·he·te o·dhi·*ko* (to·pi·*ko* *khar*·ti)

Y a-t-il (un ascenseur) ?
Υπάρχει (ασανσέρ) ; — i·*par*·hi (a·san·*ser*)

Puis-je (l'essayer) ?
Μπορώ να (το προβάρω) ; — bo·*ro* na (to pro·*va*·ro)

Pourriez-vous (m'aider s'il vous plaît) ?
Μπορείς να (βοηθήσεις, παρακαλώ) ; — bo·*ris* na (vo·i·*thi*·sis pa·ra·ka·*lo*)

Dois-je (réserver) ?
Χρειάζεται (να κλείσω θέση) ; — khri·*a*·ze·te (na *kli*·so *the*·si)

J'ai besoin (d'aide).
Χρειάζομαι (βοήθεια). — khri·*a*·zo·me (vo·*i*·thi·a)

Je voudrais (louer une voiture).
Θα ήθελα (να ενοικιάσω ένα αυτοκίνητο). — tha *i*·the·la (na e·ni·ki·*a*·so *e*·na af·to·*ki*·ni·to)

C'est combien (par nuit) ?
Πόσο είναι (για κάθε νύχτα) ; — *po*·so *i*·ne (yia *ka*·the *nikh*·ta)

URGENCES

Au secours !	Βοήθεια !	vo·*i*·thya
Partez !	Φύγε !	*fi*·ye
Je suis perdu(e).	Έχω χαθεί.	e·kho kha·*thi*
Où sont les toilettes ?	Πού είναι η τουαλέτα ;	pou *i*·ne i tou·a·*le*·ta

Panneaux

ΕΙΣΟΔΟΣ	**Entrée**
ΕΞΟΔΟΣ	**Sortie**
ΠΛΗΡΟΦΟΡΙΕΣ	**Renseignements**
ΑΝΟΙΧΤΟ	**Ouvert**
ΚΛΕΙΣΤΟ	**Fermé**
ΑΠΑΓΟΡΕΥΕΤΑΙ	**Interdit**
ΑΣΤΥΝΟΜΙΑ	**Police**
ΓΥΝΑΙΚΩΝ	**Toilettes (femmes)**
ΑΝΔΡΩΝ	**Toilettes (hommes)**

Appelez ... !	Φωνάξτε ... !	fo·*nak*·ste ...
un médecin	ένα γιατρό	*e*·na yi·a·*tro*
la police	την αστυνομία	tin a·sti·no·*mi*·a

Je suis malade.
Είμαι άρρωστος. *i*·me *a*·ro·stos

Je suis allergique (aux antibiotiques).
Είμαι αλλεργικός/αλλεργική (στα αντιβιωτικά) *i*·me a·ler·yi·*kos* / a·ler·yi·*ki* (s ta an·di·vi·o·ti·*ka*) (m/f)

ACHATS ET SERVICES

Je voudrais acheter...
Θέλω ν' αγοράσω ... *the*·lo na·gho·*ra*·so ...

Je regarde simplement.
Απλώς κοιτάζω. ap·*los* ki·*ta*·zo

Puis-je le voir ?
Μπορώ να το δω ; bo·*ro* na to dho

Je n'aime pas.
Δεν μου αρέσει. dhen mou a·*re*·si

Combien ça coûte ?
Πόσο κάνει ; *po*·so *ka*·ni

C'est trop cher.
Είναι πολύ ακριβό. *i*·ne po·*li* a·kri·*vo*

Pouvez-vous baisser le prix ?
Μπορείς να κατεβάσεις την τιμή ; bo·*ris* na ka·te·*va*·sis tin ti·*mi*

DAB	αυτόματη μηχανή χρημάτων	af·*to*·ma·ti mi·kha·*ni* khri·*ma*·ton
banque	τράπεζα	*tra*·pe·za
carte bancaire	πιστωτική κάρτα	pi·sto·ti·*ki* *kar*·ta
cybercafé	καφενείο διαδικτύου	ka·fe·*ni*·o dhi·a·dhik·*ti*·ou
téléphone portable	κινητό	ki·ni·*to*
poste	ταχυδρομείο	ta·hi·dhro·*mi*·o
office du tourisme	τουριστικό γραφείο	tou·ri·sti·*ko* ghra·*fi*·o

DATE ET HEURE

Quelle heure est-il ?
Τι ώρα είναι ; ti o·*ra* *i*·ne

Il est (deux) heures.
Είναι (δύο) η ώρα. *i*·ne (*dhi*·o) i *o*·ra

Il est (10 heures) et demie.
(Δέκα) και μισή. (*dhe*·ka) ke mi·*si*

matin	πρωί	pro·*i*
(cet) après-midi	(αυτό το) απόγευμα	(af·*to* to) a·*po*·yev·ma
soir	βράδυ	*vra*·dhi
hier	χθες	hthes
aujourd'hui	σήμερα	*si*·me·ra
demain	αύριο	*av*·ri·o
lundi	Δευτέρα	dhef·*te*·ra
mardi	Τρίτη	*tri*·ti
mercredi	Τετάρτη	te·*tar*·ti
jeudi	Πέμπτη	*pemp*·ti
vendredi	Παρασκευή	pa·ras·ke·*vi*
samedi	Σάββατο	*sa*·va·to
dimanche	Κυριακή	ky·ri·a·*ki*
janvier	Ιανουάριος	ia·nou·*ar*·i·os
février	Φεβρουάριος	fev·rou·*ar*·i·os
mars	Μάρτιος	*mar*·ti·os
avril	Απρίλιοςq	a·*pri*·li·os
mai	Μάιος	*mai*·os
juin	Ιούνιος	i·*ou*·ni·os
juillet	Ιούλιος	i·*ou*·li·os
août	Αύγουστος	*av*·ghous·tos
septembre	Σεπτέμβριος	sep·*tem*·vri·os
octobre	Οκτώβριος	ok·*to*·vri·os
novembre	Νοέμβριος	no·*em*·vri·os
décembre	Δεκέμβριος	dhe·*kem*·vri·os

Questions

Comment ?	Πώς ;	pos
Quoi ?	Τι ;	ti
Quand ?	Πότε ;	*po*·te
Où ?	Πού ;	pou
Qui ?	Ποιος ; Ποια ; Ποιο ;	pi·*os* (m) pi·*a* (f) pi·*o* (n)
Pourquoi ?	Γιατί ;	yi·a·*ti*

TRANSPORTS

Transports publics

bateau	πλοίο	*pli*·o
bus municipal	αστικό	a·sti·*ko*
bus intercités (Intercity)	λεωφορείο	le·o·fo·*ri*·o
avion	αεροπλάνο	ae·ro·*pla*·no
train	τραίνο	*tre*·no

Où puis-je acheter un billet ?
Πού αγοράζω εισιτήριο ; pou a·gho·*ra*·zo i·si·*ti*·ri·o

Je veux aller à ...
Θέλω να πάω στο/στη … the·lo na *pao* sto/sti...

À quelle heure part-il ?
Τι ώρα φεύγει ; ti o·ra *fev*·yi

S'arrête-t-il à (Delphes) ?
Σταματάει στο (Δελφοί) ; sta·ma·*ta*·i sto (del•phi)

Je voudrais descendre à (Delphes).
Θα ήθελα να κατεβώ στο (Δελφοί). tha *i*·the·la na ka·te·*vo* sto (del•phi)

J'aimerais (une) ...	Θα ήθελα (ένα) …	tha *i*·the·la (e·na) ...
1re classe	πρώτη θέση	*pro*·ti *the*·si
2de classe	δεύτερη θέση	*def*·te·ri *the*·si
un aller simple	απλό εισιτήριο	a·*plo* i·si·*ti*·ri·o
un aller-retour	εισιτήριο με επιστροφή	i·si·*ti*·ri·o me e·pi·stro·*fi*
annulé	ακυρώθηκε	a·ki·*ro*·thi·ke
retardé	καθυστέρησε	ka·thi·*ste*·ri·se
quai	πλατφόρμα	plat·*for*·ma
billetterie	εκδοτήριο εισιτηρίων	ek·dho·*ti*·ri·o i·si·ti·*ri*·on
horaire	δρομολόγιο	dhro·mo·*lo*·gio
gare ferroviaire	σταθμός τρένου	stath·*mos* *tre*·nou

Voiture et vélo

Je voudrais louer un/une ...	Θα ήθελα να νοικιάσω …	tha *i*·the·la na ni·ki·*a*·so ...
4x4	ένα τέσσερα επί τέσσερα	e·na *tes*·se·ra e·*pi* *tes*·se·ra
vélo	ένα ποδήλατο	e·na po·*dhi*·la·to
voiture	ένα αυτοκίνητο	e·na af·ti·*ki*·ni·to
jeep	ένα τζιπ	e·na tzip
moto	μια μοτοσυκλέττα	*mya* mo·to·si·*klet*·ta

Chiffres

1	ένας μία ένα	e·nas (m) *mi*·a (f) e·na (n)
2	δύο	*dhi*·o
3	τρεις τρία	tris (m&f) *tri*·a (n)
4	τέσσερεις τέσσερα	*te*·se·ris (m&f) *te*·se·ra (n)
5	πέντε	*pen*·de
6	έξη	e·xi
7	επτά	ep·*ta*
8	οχτώ	oh·*to*
9	εννέα	e·*ne*·a
10	δέκα	*dhe*·ka
20	είκοσι	*ik*·o·si
30	τριάντα	tri·*an*·da
40	σαράντα	sa·*ran*·da
50	πενήντα	pe·*nin*·da
60	εξήντα	ek·sin·da
70	εβδομήντα	ev·dho·*min*·da
80	ογδόντα	ogh·*dhon*·da
90	ενενήντα	e·ne·*nin*·da
100	εκατό	e·ka·*to*
1000	χίλιοι χίλιες χίλια	*hi*·li·i (m) *hi*·li·ez (f) *hi*·li·a (n)

Ai-je besoin d'un casque ?
Χρειάζομαι κράνος ; khri·*a*·zo·me *kra*·nos

Est-ce la route de ... ?
Αυτός είναι ο δρόμος για … ; af·*tos* *i*·ne o *dhro*·mos ya ...

Où y a-t-il une station-service ?
Πού είναι ένα πρατήριο βενζίνας ; pou *i*·ne e·na pra·*ti*·ri·o ven·*zi*·nas

(Combien de temps) Puis je me garer ici ?
(Πόση ώρα) Μπορώ να παρκάρω εδώ ; (*po*·si o·ra) bo·*ro* na par·*ka*·ro e·*dho*

La voiture/moto est tombée en panne (à ...).
Το αυτοκίνητο/η μοτοσυκλέττα χάλασε (στο …). to af·to·*ki*·ni·to/i mo·to·si·*klet*·ta *kha*·la·se (sto ...)

J'ai besoin d'un garagiste.
Χρειάζομαι μηχανικό. khri·*a*·zo·me mi·kha·ni·*ko*

Mon pneu est crevé.
Επαθα λάστιχο. e·pa·tha *la*·sti·cho

Je n'ai plus d'essence.
Εμεινα από βενζίνη. e·mi·na a·*po* ven·*zi*·ni

GLOSSAIRE

Pour les termes culinaires, voyez *Manger comme un Grec* (p. 44) et *La cuisine grecque* (p. 681).

achéenne (civilisation) – voir *mycénienne (civilisation)*

acropole – "ville haute", point le plus élevé d'une cité antique

âges obscurs (1200-800 av. J.-C.) – période durant laquelle la Grèce fut sous la domination des Doriens

agia (f), agios (m), agii (pl) – saint(s)

agora – place publique d'une cité antique ; centre d'activités commerciales dans la Grèce moderne

amphore – grand vase à deux poignées dans lequel on conservait du vin ou de l'huile

archaïque (époque) – (800-480 av. J.-C.) ; période où les cités-États ont émergé des *âges obscurs* et ont accédé aux richesses et à la puissance ; les cités-États possédaient alors en commun un alphabet grec, une culture et une religion, ce qui engendra un sentiment de communauté

archonte – éminent citoyen d'une ville, souvent un riche bourgeois ; principal magistrat

archontika – demeures bourgeoises des XVIIe et XVIIIe siècles

askitiria – (ou skites) ermitages ou chapelles ; lieux de culte solitaires

asclépiéion – sanctuaire antique dédié aux soins et à la médecine

baglama – instrument à cordes ressemblant à un petit *bouzouki*

basilique – église paléo-chrétienne

bouzouki – long instrument à cordes semblable à un luth, emblématique du *rébétiko*

bouzoukia – club où l'on joue du *bouzouki* et où l'on chante des chansons mélancoliques, parfois de qualité médiocre

byzantin (Empire) – cet empire, caractérisé par la fusion de la culture hellénistique et du christianisme, doit son nom à Byzance (actuelle Istanbul), la cité du Bosphore qui devint la capitale de l'Empire romain en 324. Après le partage de l'Empire romain en 395, Rome déclina tandis que la capitale orientale, rebaptisée Constantinople en l'honneur de l'empereur Constantin Ier, prospéra. L'Empire byzantin (324 av. J.-C.-1453) disparut après la prise de Constantinople par les Turcs en 1453.

caïque – petit bateau solide, souvent utilisé pour le transport des passagers

catholicon – église principale d'un monastère orthodoxe

chapiteau – partie haute d'une colonne

classique (époque) – période (480-323 av. J.-C.) durant laquelle les cités-États atteignirent l'apogée de leur richesse et de leur puissance, après la défaite des Perses au Ve siècle av. J.-C. Elle prit fin avec le déclin de ces cités-États à la suite des guerres du Péloponnèse et des aspirations expansionnistes de Philippe II de Macédoine (r. 359-336 av. J.-C.) et de son fils Alexandre le Grand (r. 336-323 av. J.-C.)

corinthien – ordre architectural grec, caractérisé par des chapiteaux en forme de cloche, ornés de feuilles d'acanthe ; voir également *dorien* et *ionique*

civilisation cycladique – civilisation (3000-1100 av. J.-C.) qui émergea après l'installation des colons phéniciens sur les îles des Cyclades

cyclopes (s)– géants à un seul œil de la mythologie

domatio (s), domatia (pl) – chambre, souvent chez l'habitant ; forme d'hébergement bon marché

Doriens – guerriers helléniques qui envahirent la Grèce vers 1200 av. J.-C. et précipité le déclin de la civilisation *mycénienne*. La Grèce entra alors dans les âges obscurs, marqués par l'abandon des apports artistiques et culturels des civilisations mycénienne et minoenne. Les Doriens donnèrent naissance à une aristocratie de propriétaires terriens, qui encouragea l'émergence des cités-États indépendantes

dorique – ordre architectural grec caractérisé par une colonne sans base, un fût cannelé et un chapiteau relativement sobre comparé aux ornements des chapiteaux *ioniques* et *corinthiens*

Ellada ou Ellas – voir *Hellas*

ELPA – Elliniki Leschi Aftokinitou kai Periigiseon ; Automobile club de Grèce

ELTA – Ellinika Tahydromia ; poste grecque

EOS – Ellinikos Orivatikos Syllogos ; association des clubs alpins grecs

EOT – Ellinikos Organismos Tourismou ; office national du tourisme (qui possède des antennes dans la plupart des grandes villes), appelé *GNTO* à l'étranger (Greek National Tourist Organisation)

estiatorio – restaurant de plats préparés ou à la carte

Filiki Eteria – Société des amis ; groupement de Grecs en exil formé sous le règne ottoman pour organiser un soulèvement contre les Turcs

filoxenia – hospitalité

frourio – forteresse ; parfois appelé *kastro*

fronton – partie triangulaire, souvent ornée de sculptures, située au-dessus de colonnes, devant et derrière les temples grecs classiques

géométrique (époque) – époque (1200-800 av. J.-C.) caractérisée par des poteries arborant des motifs géométriques ; parfois qualifiée d'*âges obscurs* de la Grèce

GNTO – Greek National Tourist Organisation ; voit *EOT*

Hellas – nom grec de la Grèce ; également Ellada ou Ellas

hellénistique (période) – (323-146 av. J.-C.) période de prospérité et de rayonnement de la civilisation grecque, inaugurée par les conquêtes d'Alexandre le Grand et durant jusqu'à la destruction de Corinthe par les Romains
hora – ville principale, en général sur une île
horio – village

icône – du mot grec signifiant image ; représentation des saints dans la chrétienté orthodoxe
iconostase – dans les églises orthodoxes, cloison séparant le chœur des fidèles du sanctuaire où officie le clergé (qui est caché). Cette porte symbolique séparant le sacré du séculier est en général couverte d'*icônes*.
ionique – ordre architectural grec caractérisé par des colonnes cannelées et des chapiteaux ornés de volutes, voir aussi *dorique* et *corinthien*

kastro – ville fortifiée ; forteresse ou château
korê – statue féminine de l'*époque archaïque ;* voir aussi *kouros*
kouros (s), kouroi (pl) – statue masculine de l'*époque archaïque*, caractérisée par une posture raide et un sourire énigmatique ; voir aussi *korê*
KTEL – Koino Tamio Eispraxeon Leoforion ; coopérative nationale de bus assurant des liaisons longue distance

laïka – littéralement (chansons) "populaires" ; récentes ou chantées depuis des années ; musique urbaine folklorique
leoforos – avenue ; abrégé en "leof"
libation – dans la Grèce antique, vin ou nourriture offerts aux dieux
limenarhio –police portuaire
linéaire A – écriture minoenne, non déchiffrée
linéaire B – écriture minoenne déchiffrée
lyre – petit instrument semblable à un violon que l'on pose sur le genou ; courant dans la musique crétoise et pontique

megaron – pièce centrale d'un palais mycénien
meltemi – vent du nord qui souffle en été sur une bonne partie de la Grèce
mezedhopoleio – restaurant de mezze
minoenne (civilisation)– civilisation de l'âge du bronze (3000-1200 av. J.-C.) qui se développa en Crète et doit son nom au roi Minos, caractérisée par des poteries et des objets en métal d'une grande beauté. Elle compte trois périodes : proto-palatiale (3400-2100 av. J.-C.), néopalatiale (2100-1580 av. J.-C.) et postpalatiale (1580-1200 av. J.-C.)
moni – monastère ou couvent
mycénienne (civilisation) – première grande civilisation (1600-1100 av. J.-C.) de Grèce continentale, caractérisée par de puissantes cités-États gouvernées par des rois ; également appelée *civilisation achéenne*

Nouvelle Démocratie – Nea Dimodratia ; parti politique conservateur
nécropole – littéralement "ville des morts", cimetière antique
nisi – île
nymphée – dans la Grèce antique, bâtiment comportant une fontaine, souvent consacré aux nymphes

odéon – théâtre antique couvert
odos – rue
OSE – Organismos Sidirodromon Ellados ; organisation ferroviaire grecque
ouzeri – établissement servant ouzo et en-cas légers
OTE – Organismos Tilepikoinonion Ellados ; principale compagnie de télécommunications grecque

Panagia – Mère de Dieu ; nom souvent donné aux églises
panigyri (s), panigyria (p) – festival ; les plus courants célèbrent les saints
Pantocrator – le Christ pantocrator, ou Christ tout-puissant, est une représentation très répandue dans l'art byzantin. Il s'agit d'un Christ peint en buste, avec la main droite levée et les Saintes-écritures à main gauche.
peripteron (s), periptera (pl) – kiosque de rue
péristyle – colonnes entourant un bâtiment, généralement un temple ou une cour
plateia – place
pithos (s), pithoi (pl) – jarre ou urne minéenne
propylon (s), propylaia (pl) – entrée principale d'une cité antique ou d'un sanctuaire. Un *propylon* avait une entrée et un *propylaia* plusieurs
prytaneion – centre administratif d'une cité-État

rébétiko – chansons populaires mélancoliques, associées au monde interlope des années 1920
rhyton – récipient servant aux *libations*

Saracatsanes – communauté de bergers nomades hellénophones du nord de la Grèce
siècles obscurs (1200-800 av. J.-C.) – période du règne *dorien* en Grèce
stele (s), stelae (pl) – pilier ou stèle ornée d'inscription ou de chiffres
stoa – long bâtiment à colonnade, généralement dans une *agora* servant de lieu de rencontre ou d'abri dans la Grèce antique

taverna – type de restaurant traditionnel le plus courant
tholos – édifice circulaire (temple ou tombeau)

Valaques – bergers traditionnels semi-nomades du nord de la Grèce, parlant un dialecte d'origine latine

En coulisses

VOS RÉACTIONS ?

Vos commentaires nous sont très précieux et nous permettent d'améliorer constamment nos guides. Notre équipe lit toutes vos lettres avec la plus grande attention. Nous ne pouvons pas répondre individuellement à tous ceux qui nous écrivent, mais vos commentaires sont transmis aux auteurs concernés. Tous les lecteurs qui prennent la peine de nous communiquer des informations sont remerciés dans l'édition suivante, et ceux qui nous fournissent les renseignements les plus utiles se voient offrir un guide.

Pour nous faire part de vos réactions, prendre connaissance de notre catalogue et vous abonner à Comète, notre lettre d'information, consultez notre site Internet : **www.lonelyplanet.fr**

Nous reprenons parfois des extraits de notre courrier pour les publier dans nos produits, guides ou sites web. Si vous ne souhaitez pas que vos commentaires soient repris ou que votre nom apparaisse, merci de nous le préciser. Notre politique en matière de confidentialité est disponible sur notre site Internet.

À NOS LECTEURS

Merci à tous les lecteurs qui ont utilisé les guides *Grèce continentale* et *Îles grecques et Athènes* et nous ont écrit pour nous faire part de leurs remarques et conseils :
M. Chardonnet, Alix Cluet, Bruno Giraudy, Virginie Kerenfort, Philippe Lukacs, Gautier et Magali Rosso, Alan Graham, Andy White, Anette Uddqvist, Anita Vriend, Apostolos Spyros, Christopher Hansen, David Mason, Dimitris Efstratiadis, Eberhard Zantke, Efrat Ben Shalom, Ester van Zuylen, George & Linda Moss, George Moss, Jeroen Meeboer, Jesse Naiman, Jim Maas, JJ Wytrwal, Joske de Roode, Judith Bowman, Katarzyna Podgorska, Katy Tydeman, Kit Arthur, Lia Spartali, Linda Swinn, Lorna Hitchin, Marina Metalios, Marjatta Reinius, Martijn Huijnen, Martin Kummel, Megan van Rooyen, Melike Sayman, Nicola Long, Philip Howard, Ralf Kaefer, Roland Keller, Roy Sayegh, Sofia Lizzio, Stephen Lioy, Stephen Strand, Susan Howard, Walter Lars

UN MOT DES AUTEURS

Korina Miller

Un immense merci à mes parents qui se sont occupés de la citadelle en mon absence et m'ont permis de réaliser ce projet. Merci à mes fabuleuses filles, Simone et Monique, pour m'avoir laissée travailler mais aussi encouragée à faire des pauses ! Merci Katie, Anna, Angela et Anthony de Lonely Planet pour leur soutien et à mes co-auteurs pour leur perspicacité et leur amitié. Un chaleureux *efharisto* à tous ceux que j'ai croisés en route – Grecs et touristes – qui ont partagé leurs histoires, leurs connaissances et leur enthousiasme avec moi sur la Grèce. Enfin, merci à Kirk, mon Bukowski à moi.

Kate Armstrong

Dans le Péloponnèse, encore un grand merci à Petros et à la famille Zotos pour leur soutien, et à Vaso, Nena et Koula, mes amis chers ; dans le centre de la Grèce, merci à Alexandra Groth, Yiannis et Soyla d'Alsos House. À Delphes, merci à Penny Kolomvotsos, Sotiris et Apostolos – cela n'aurait pas été possible sans vous ; je remercie aussi Chris et Kathy à Pelion, et Chrisoula à Galaxidi. *Efharisto* Anna Tyler, Angela Tinson, Korina Miller et les autres scribes ! Enfin, merci à "SB" (alias Kian) pour ses talents de chauffeur, son intelligence et son humour, et pour avoir éveillé la Philhellène qui sommeillait en moi.

Alexis Averbuck

Honneur à Alexandra Stamopoulou pour ses conseils toujours avisés et son inspiration. Marina Flenga a de nouveau joué les bonnes fées, en me présentant des Grecs insulaires un peu partout. Merci à Marilee Anargyrou Kyriazakou et à Cali Doxiadis (Corfou), Olga Karayiannis et Eleni Masselou (Andros), Elina Dallas, Dimitris Foussekis et Maria Liarikos (Tinos), Michail

Karampatsos et Michalis Pateras (Syros), Christiana Sofianopoulou et Dimitris Liaroutsos (Serifos), Vula Bolou et Sotiris Iliadis (Sifnos), Manita Scocimara-Ponghis (Caphalonie), et enfin Petros Haritatos et Mike Tsanas (Spetsès) qui ont partagé l'amour de leur île et leurs connaissances. À Athènes, Ilias Nikolaidis et Elina Lychoudi ont été le roi et la reine de la nuit. Margarita, Kostas et Zisis ainsi qu'Anthy et Costas m'ont chaleureusement accueilli – merci à eux !

Michael Stamatios Clark

Ευχαριστω, merci, à tous ceux qui m'ont aide en cours de route – en particulier Heather Parsons, George et Mahi (Skopélos) ; Gisela (Skiathos), Chrysanthi Zygogianni et Niko Sekkes (Skyros); Kostas et Bessie (Alonissos) et Kyrillos (Eubée) ; la famille Fouskas, Vasillis et Demetra, Kostas et Nana Vatsis (Ikaria). Remerciements aussi à mes collègues auteurs, Kate et Chris, ainsi qu'à Korina Miller pour son talent de coordinatrice. Enfin, merci à ma famille, Janet, Melina et Alexander – des bises grecques sur vos joues à tous !

Chris Deliso

De nombreux amis grecs m'ont fourni de précieuses informations – et beaucoup d'entre eux portent des noms grecs très répandus. Un merci tout particulier à Lefteris 1 et 2, Georgios 1, 2 et 3, Maria 1 et 2, Anna et Panos, Periklis, Christina, Fotis, Miltos, Daniel, et aux DJ des bars qui ont toléré mes demandes de morceaux de Sonic Youth. Je dois aussi remercier mes camarades de plume de Lonely Planet, et tout particulièrement l'auteure-coordinatrice Korina Miller, la responsables de publication Anna Tyler, la directrice de la rédaction Angela Tinson et tous les acteurs de la cartographie, de la production et des équipes techniques pour leur bonne humeur.

Victoria Kyriakopoulos

Merci à la géniale équipe des auteurs pour avoir partagé leurs opinions et expériences culinaires, et à l'équipe de Lonely Planet pour m'avoir donné l'occasion d'écrire sur la cuisine et la culture grecques. Merci à mon mari Chris, un soutien de toujours, à ma famille et à mes amis grecs, et à tous ceux dont la générosité ont fait de mon voyage en Grèce une véritable joie. *Kali antamosi* – la prochaine fois, mon fils goûtera pour la première fois à la Grèce que j'aime.

Richard Waters

Je tiens à remercier tous ceux dont la *filoxenia* et la générosité ont rendu mon voyage agréable et parfois haut en couleurs. Il s'agit, sans ordre précis, d'Efi et de Spyros, de Marianna Angelou, de Mikalis Melenos, d'Antonios, de Georges, de Rena Kioulafi, du personnel de l'office du tourisme grec à Londres, de Lily Alicabiotis, de Ioannis à Kilindra, d'Enetikon Travel, d'Alexis à Afendoulis, de Fokas, d'Ilidi Rock. Merci également à l'équipe éditoriale et aux cartographes de Lonely Planet, ainsi qu'aux responsables de la publication, Katie O'Connell et Anna Tyler.

REMERCIEMENTS

Données des cartes climatiques adaptées de Peel MC, Finlayson BL & McMahon TA (2007) "Updated World Map of the Köppen-Geiger Climate Classification", *Hydrology and Earth System Sciences*, 11, 163344.
Illustrations de Javier Martinez Zarracina (p. 70-71) et de Michael Weldon (p. 192-193).
Photographie de couverture : le Moni Rousanou (Agias Varvaras), l'un des monastères des Météores ; Michele Falzone/Getty Images.

À PROPOS DE CET OUVRAGE

Cette 1re édition du guide *Grèce* en français est tirée de la 11e édition du guide anglais *Greece*.

Traduction Aurélie Belle, Thérèse de Cherisey, Marie Chouteau, Pierre-Yves Raoult, Jeanne Robert et Bérengère Viennot
Direction éditoriale Didier Férat
Adaptation française Bénédicte Houdré
Responsable prépresse Jean-Noël Doan
Maquette Denis Montagner
Cartographie Cartes originales d'Andrew Bain, Penny Cordner, Laura Gibb, Carly Hall, Kellie Langdon, Anne Mulvaney, Rosie Nicholson, Erin Richards, Sam Trafford, adaptées par Nicolas Chauveau et Caroline Sahanouk pour l'édition française.
Couverture Annabelle Henry pour l'édition française
Remerciements à Julie-Pomme Seramour pour sa comparaison du manuscrit, à Claude Albert, à Agnès Mauxion-Poujol et à Jean-Victor Rebuffet pour leur contribution au texte, ainsi qu'à Claire Chevance et Julie-Pomme Seramour pour leur travail de référencement. Un merci particulier à Christiane Mouttet pour sa précieuse relecture, ainsi qu'à l'équipe des îles grecques, Cécile Bertolissio et Laurence Tixier, pour leur remarquable travail dans l'urgence ! Comme toujours, merci à Dominique Spaety pour son soutien. Enfin, merci à Clare Mercer, Joe Revill et Luan Angel du bureau LP Londres, et à Darren O' Connell, Chris Love, Sasha Baskett, Angela Tinson, Jacqui Saunders, Ruth Cosgrave et Glenn van der Knijff du bureau LP Australie.

Index

B

C

Références des cartes
Références des photos

D

E

Références des cartes
Références des photos

G

H

I

J

K

L

Références des cartes
Références des photos

M

N

Références des cartes
Références des photos

Références des cartes
Références des photos

Références des cartes
Références des photos

INDEX DES ENCADRÉS

Pratique

Transports

Pour les gourmets

Histoire

Itinéraires et découvertes

Arts, culture et société

Loisirs, nature et environnement

Légende des cartes

À voir

- Château
- Monument
- Musée/galerie/édifice historique
- Ruines
- Église
- Mosquée
- Synagogue
- Temple bouddhiste
- Temple confucéen
- Temple hindou
- Temple jaïn
- Temple shintoïste
- Temple sikh
- Temple taoïste
- Sentō (bain public)
- Cave/vignoble
- Plage
- Réserve ornithologique
- Zoo
- Autre site

Activités, cours et circuits organisés

- Bodysurfing
- Plongée/snorkeling
- Canoë/kayak
- Cours/circuits organisés
- Ski
- Snorkeling
- Surf
- Piscine/baignade
- Randonnée
- Planche à voile
- Autres activités

Où se loger

- Hébergement
- Camping

Où se restaurer

- Restauration

Où prendre un verre

- Bar
- Café

Où sortir

- Salle de spectacle

Achats

- Magasin

Renseignements

- Banque
- Ambassade/consulat
- Hôpital/centre médical
- Accès Internet
- Police
- Bureau de poste
- Centre téléphonique
- Toilettes
- Office du tourisme
- Autre adresse pratique

Géographie

- Plage
- Refuge/gîte
- Phare
- Point de vue
- Montagne/volcan
- Oasis
- Parc
- Col
- Aire de pique-nique
- Cascade

Agglomérations

- Capitale (pays)
- Capitale (région/État/province)
- Grande ville
- Petite ville/village

Transports

- Aéroport
- Poste frontière
- Bus
- Téléphérique/funiculaire
- Piste cyclable
- Ferry
- Métro
- Monorail
- Parking
- Station-service
- Station de métro
- Taxi
- Gare/chemin de fer
- Tramway
- U-Bahn
- Autre moyen de transport

Les symboles recensés ci-dessus ne sont pas tous utilisés dans ce guide

Routes

- Autoroute à péage
- Voie rapide
- Nationale
- Route secondaire
- Petite route
- Chemin
- Route non goudronnée
- Route en construction
- Place/rue piétonne
- Escalier
- Tunnel
- Passerelle
- Promenade à pied
- Promenade à pied (variar
- Sentier

Limites et frontières

- Pays
- État/province
- Frontière contestée
- Région/banlieue
- Parc maritime
- Falaise
- Rempart

Hydrographie

- Fleuve/rivière
- Rivière intermittente
- Canal
- Étendue d'eau
- Lac asséché/salé/intermittent
- Récif

Topographie

- Aéroport/aérodrome
- Plage/désert
- Cimetière (chrétien)
- Cimetière (autre)
- Glacier
- Marais/mangrove
- Parc/forêt
- Site (édifice)
- Terrain de sport

Michael Stamatios Clark

Îles du nord-est de la mer Égée, Eubée et les Sporades Les racines grecques de Michael se situent sur l'île d'Icarie, dans le village de Karavostamo qui a vu naître ses grands-parents maternels. Son premier voyage dans le pays, il l'a effectué à bord d'un cargo grec, où il a échangé des leçons d'anglais contre des cours de backgammon ! Pour ce guide, Michael a goûté la gomme tirée du lentisque sur l'île de Chios, écouté des airs de rébétiko sur Skyros, apprécié les sources chaudes d'Icarie et bu des litres de café grec ainsi que quelques verres de retsina...

Chris Deliso

Grèce du Nord À 5 ans, Chris dessinait déjà des cartes de la mer Égée. Vingt ans plus tard, dans le cadre de ses études de deuxième cycle sur la période byzantine à Oxford, il s'est rendu en Grèce. Après des études de grec à Thessalonique (1998) et une année passée en Crète, il y est retourné à maintes reprises. Pour ce guide, il a affronté la tortue qui garde la forteresse de Platamon, découvert la beauté de l'île de Ioannina et failli se battre avec des piliers de comptoir à Kastoria qui le soupçonnaient d'être un agent du fisc déguisé. Consultez son site : www.chrisdeliso.com.

Plus d'informations sur Chris sur
lonelyplanet.com/members/chrisdeliso

Victoria Kyriakopoulos

Victoria est auteure, journaliste et gastronome. Si elle habite à Melbourne, elle a vécu, travaillé et beaucoup voyagé sur la terre de ses ancêtres, nourrissant sa passion et partageant ses connaissances de la Grèce. Elle a écrit pour des journaux et des magazines du monde entier et contribue aux guides Lonely Planet sur la Grèce depuis 2001. Victoria a rédigé les chapitres *Manger et boire à la grecque*, *Arts*, *Cuisine grecque* et *La vie à la grecque*.

Richard Waters

Journaliste, Richard travaille pour *The Independent*, le *Sunday Times*, *Wanderlust* et le *National Geographic Traveller*. Il vit avec sa fiancée et leurs deux enfants dans les Cotswold, en Angleterre. Après plus d'une vingtaine de visites en Grèce (la première eut lieu lorsqu'il était enfant dans les années 1970 sur les îles de Corfou, Rhodes et Zante), la Grèce est devenue sa patrie de cœur. Il en apprécie les histoires, les dieux, la cuisine et, par-dessus tout, les habitants. Il aime leur sens de l'humour, leur chaleur et leur stoïcisme, surtout dans le contexte de la crise actuelle. Richard a écrit les chapitres *La Grèce aujourd'hui*, *Histoire*, *Culture grecque ancienne* et *Architecture*.

LES GUIDES LONELY PLANET

Une vieille voiture déglinguée, quelques dollars en poche et le goût de l'aventure, c'est tout ce dont Tony et Maureen Wheeler eurent besoin pour réaliser, en 1972, le voyage d'une vie : rallier l'Australie par voie terrestre via l'Europe et l'Asie. De retour après un périple harassant de plusieurs mois, et forts de cette expérience formatrice, ils rédigèrent sur un coin de table leur premier guide, *Across Asia on the Cheap*, qui se vendit à 1 500 exemplaires en l'espace d'une semaine. Ainsi naquit Lonely Planet, dont les guides sont aujourd'hui traduits en 12 langues.

NOS AUTEURS

Korina Miller

Auteur coordinateur Adolescente, c'est sac au dos que Korina a découvert la Grèce, dormant sur le pont des ferries et randonnant dans les montagnes. Elle y retourne pour s'imprégner de l'intemporalité des vieilles villes et boire des cafés avec les habitants dans des *kafeneio* de bord de mer. Korina a grandi sur l'île de Vancouver et parcourt le monde depuis ses 16 ans. Elle a visité ou vécu dans 36 pays, possède un diplôme de communication et d'études canadiennes, ainsi qu'une maîtrise en étude des migrations. Korina a écrit près de 30 titres pour Lonely Planet. Elle est aussi responsable de publication et dirige des ateliers d'écriture pour enfants. Korina a également écrit la rubrique *Préparer son voyage*, le chapitre *Environnement* et *Carnet pratique*.

Kate Armstrong

Péloponnèse, Centre de la Grèce Après des études d'histoire et un passage aux Beaux-Arts, Kate est partie en voyage en Grèce. Là, devant la statue d'un *kouros*, elle est tombée amoureuse du pays. La pythie de Delphes lui a soufflé qu'elle reviendrait, une prédiction maintes fois vérifiée depuis. Pour cette édition, elle a escaladé les Météores et cheminé dans la péninsule du Pélion ; elle a rencontré des créatures mythiques dans le Péloponnèse, dégusté des fruits de mer, parcouru 6 000 km et bénéficié partout d'une divine hospitalité. Plus d'information sur le site www.katearmstrong.com.au.

Pour en savoir plus sur Kate :
lonelyplanet.com/members/kate_armstrong

Alexis Averbuck

Athènes et l'Attique, îles du golfe Saronique, îles Ioniennes Alexis vit à Hydra, en Grèce. Elle fait de fréquents voyages à Athènes et sillonne les petites routes de son pays d'adoption chaque fois qu'elle en a l'occasion. Elle tient à dissiper l'idée reçue selon laquelle la Grèce ne serait qu'un long chapelet de jolies plages. Auteure de voyages depuis vingt ans, Alexis a vécu un an en Antarctique, traversé le Pacifique à la voile et écrit des livres sur ses voyages en Asie et en Amérique. Elle est également peintre – plus d'infos sur www.alexisaverbuck.com.

En savoir plus sur Alexis :
lonelyplanet.com/members/ alexisaverbuck

PAGE 739 AUTEURS (suite)

Grèce

1re édition

Traduit et adapté de l'ouvrage *Greece, 11th Edition, March 2014*

Dépôt légal Mai 2014
ISBN 978-2-81614-103-0
Imprimé par Grafica Veneta, Trebaseleghe, Italie

En Voyage Éditions | un département place des éditeurs